全国双拥工作年鉴

QUANGUO SHUANGYONG GONGZUO NIANJIAN

2005

全国双拥工作领导小组办公室编
广东省双拥工作领导小组办公室赞助印刷

中国社会出版社

广东省召开军政座谈会。

广东省双拥工作领导小组召开第19次全体会议。

广州市积极开展科技拥军活动。

★广东省

珠海市领导率团慰问驻澳门部队珠海基地。

汕头市领导率团前往南澎岛慰问驻岛连队官兵。

佛山市领导率团慰问参加海训的部队官兵和民兵预备役人员。

东莞市领导率团走访慰问某部官兵。

南海舰队援建湛江市许屋村敬老院。

湛江舰开展“八一”助学活动。

广东省

广东省

驻中山市部队义务帮助地方清理水渠。

中山市武警战士利用节假日带着孤寡老人看花市。

驻曲江部队义务为驻地百姓提供医疗服务。

天津市召开双拥工作汇报评议会。

河北省召开双拥工作会议。

浙江省双拥领导小组召开全体成员（扩大）会议。

★双拥工作会议

福建省召开拥军优属拥政爱民工作会议。

山东省委、省政府召开中俄联合军事演习拥军支前总结表彰大会。

广东省召开非公经济组织和社会组织双拥共建工作理论研讨会。

重庆市召开双拥工作理论研讨会。

重庆市委召开第六次议军会议。

四川省召开双拥模范城（县、区）命名电视电话会议。

双拥工作会议

辽宁省领导看望优抚对象。

吉林省领导看望在省第一荣军医院疗养的老兵和伤残军人。

吉林省举行“爱心献功臣”医疗队出发仪式。

黑龙江省领导走访慰问省军区抗战离休老干部。

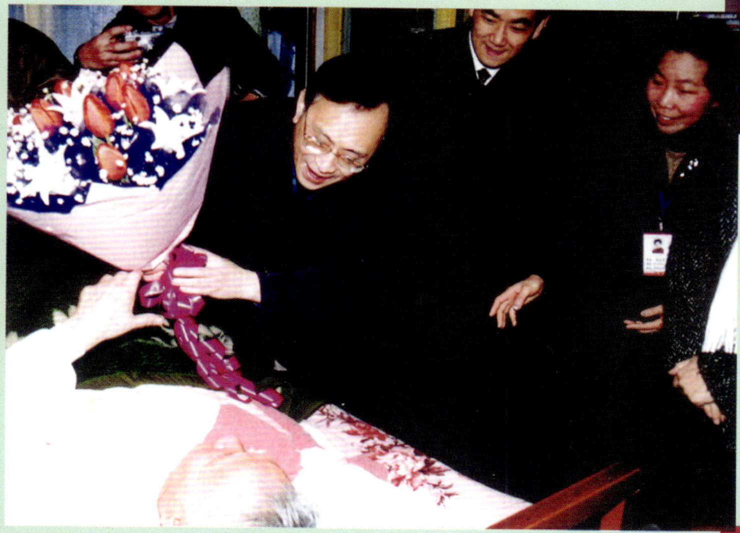

上海市领导慰问卧病在床的军休干部。

山东省领导与参加纪念抗战胜利60周年座谈会的回乡老战士亲切交谈。

河南省领导看望优抚对象。

政策落实

重庆市举行军队离退休干部“手牵手、看战友、扶贫帮困”活动启动仪式。

四川省领导到省革命伤残军人休养院看望伤残军人。

贵州省党政军领导看望军队老干部。

贵州省领导到省荣康院慰问退役残疾军人。

青海省领导慰问西路红军老战士。

“八一”前夕，新疆维吾尔自治区领导走访慰问反分裂斗争中牺牲的革命烈士家属。

政策落实

天津市举办纪念抗日战争胜利60周年暨抗日英烈祭扫活动。

吉林省召开纪念中国人民抗日战争胜利60周年座谈会。

内蒙古自治区组织召开神舟六号飞船内蒙古落区军地协调会。

驻河南某部官兵加固抗洪大堤。

驻河南某部官兵抢救疏散被洪水围困群众。

驻新疆某部队在驻地参加抢险救灾。

首都举行军民双拥文艺晚会。

天津市东丽区成立
民营企业家拥军协会。

总装备部和内蒙古自治区领导参加
专用公路通车剪彩仪式。

吉林省举行抗战胜利60周年暨庆祝建军78周年慰问演出。

济南军区首长走访山东省委、省政府，向山东省各级大力支持部队演习表示感谢。

贵州省黔南州福泉市金山办事处向市武警中队援建图书。

北京市领导慰问航天员大队。

天津市领导慰问驻津部队指战员。

河北省领导走访慰问北京军区某部队。

走访慰问

内蒙古自治区慰问团到总装备部某基地慰问广大官兵并同基地领导座谈。

辽宁省领导走访慰问某海军基地。

辽宁省领导慰问雷锋团官兵。

黑龙江省领导走访慰问驻哈某部队。

上海市政府、市民政局有关领导慰问驻沪部队伤病员和驻海岛部队官兵。

福建省春节慰问团带领文艺小分队深入高山空军某站慰问基层官兵。

山东省慰问团慰问演习官兵。

走访慰问

走访慰问

河南省慰问团向演习部队赠送慰问金。

湖北省领导慰问部队官兵。

湖北省领导慰问部队官兵。

重庆市慰问驻训部队官兵。

四川省暨成都市拥军慰问团走访慰问省军区独立连并向部队官兵赠送慰问品。

贵州省领导慰问省军区。

西藏自治区领导慰问驻藏武警部队。

西藏自治区领导慰问武警西藏总队医院。

走访慰问

走访慰问

青海省领导慰问某汽车团官兵。

新疆维吾尔自治区党委、政府组成慰问团对驻疆部队进行走访慰问。

新疆维吾尔自治区领导走访慰问驻疆空军部队。

内蒙古自治区表彰在神舟六号飞船回收任务中做出突出成绩的先进单位和个人。

江苏省党政军和省双拥办领导接见荣获全国军民共建社会主义精神文明先进单位和先进个人代表。

安徽省召开双拥模范城(县)、模范单位命名表彰大会。

命名表彰

福建省领导为拥政爱民模范单位颁奖。

福建省领导为双拥模范城颁奖。

河南省召开双拥模范城（县）命名暨军民共建先进单位和个人表彰大会。

编委会名单

编　辑　说　明

一、本年鉴是全国双拥工作第五部年鉴，收录资料起讫时间为 2005 年 1 月至 2005 年 12 月。

二、本年鉴分领导讲话、政策法规选编、理论研究和调研报告、重要会议、工作概述、组织机构、命名表彰决定、大事记八个部分，除第一部分外，均按行政区划顺序分类编排。主要记载一年来全国双拥工作的重要实践、主要成果和基本经验。

三、本年鉴收录文稿力求做到权威性、实用性相统一。基础材料由全国及各省区市双拥工作领导小组办公室提供，部分文稿由年鉴编辑人员整理编写。

四、为便于各地开展工作和相互交流，本年鉴收录了部分内部资料，请妥善保管。

五、本年鉴在编辑过程中得到各级双拥组织的大力支持和帮助，谨表示诚挚的谢意。

六、由于编辑时间短，工作量大，错讹和纰漏之处在所难免，恳请各级领导和广大读者批评指正。

《全国双拥工作年鉴》编辑部

二〇〇六年十月

目 录

领导讲话

刘淇同志在首都军政座谈会上的讲话…………(3)
李继耐同志在首都军政座谈会上的讲话…………(4)
罗平飞同志在首都军政座谈会上的讲话…………(5)
罗平飞同志在全国双拥工作理论研讨会上的讲话…………(8)
常生荣同志在全国双拥工作理论研讨会上的总结讲话…………(14)

政策法规选编

天津市创建双拥模范城（县、单位）活动实施办法…………(21)
黑龙江省双拥工作领导小组职能和工作制度…………(23)
黑龙江省双拥工作领导小组办公室职责和工作制度…………(24)
上海市双拥工作领导小组成员单位联络员工作职责…………(26)
江苏省关于开展评选、命名第八届省级双拥模范城（县、区）活动的通知…………(26)
浙江省关于将全省红军失散人员、在乡抗战老战士纳入基本医疗保险管理范围的意见…………(27)
浙江省民政厅　浙江省财政厅转发民政部、财政部《关于提高部分优抚对象抚恤补助标准的通知》…………(28)
福建省双拥模范城（县）创建命名管理办法实施细则…………(28)
福建省省级双拥模范单位和个人评选推荐办法…………(32)
江西省双拥模范城（县）考评标准…………(33)
湖北省民政厅　湖北省教育厅　湖北省军区政治部关于印发《湖北省优抚对象及其子女教育优待暂行办法》的通知…………(35)
湖南省双拥模范城（县）命名管理意见…………(37)
长沙市一至六级残疾军人医疗保障办法（试行）…………(38)
湖南省民政厅　湖南省卫生厅关于做好原8023部队退役军人致残致病医学鉴定和评残补助工作的通知…………(40)
湖南省人民政府　湖南省军区关于做好二〇〇四年冬季退出现役士兵接收安置工作的通知…………(41)
湖南省关于移交政府安置的军队离退休干部及无经济收入家属、遗属医疗保障问题的通知…………(43)
湖南省民政厅关于进一步做好军队离休退休干部移交政府安置管理工作的意见…………(45)
湖南省民政厅　财政厅　省军区政治部、后勤部关于移交政府安置的军队退休干部遗属生活补助费、丧葬费问题的通知…………(48)
广东省双拥工作领导小组办公室职责和工作制度…………(49)

重庆市双拥模范城（县）创建命名管理实施办法 …………………………………………………… (50)
甘肃省民政厅　文化局　旅游局关于旅游景点对军人军车实行免费的暂行规定 ……………… (52)
甘肃省双拥工作“十一五”发展思路、目标及措施 …………………………………………………… (53)
甘肃省关于对优抚对象及其子女教育实行优待的暂行规定 ………………………………………… (56)
青海省军区关于驻青海省部队拥政爱民的若干规定 ……………………………………………… (57)
青海省军区　省公安厅关于建立军警矛盾纠纷预防和处理机制的意见 ………………………… (60)
青海省关于在民营企业等非公有制经济组织中开展双拥创建和
争当双拥模范个人活动的意见 ………………………………………………………………………… (62)
宁夏回族自治区双拥工作领导小组成员单位双拥工作职责 ……………………………………… (64)
新疆维吾尔自治区双拥模范城（县）命名管理办法 ……………………………………………… (68)

理论研究和调研报告

关于全面推进双拥工作进社区的初步探索 ……………………………………………………………… (75)
从民营企业家群体拥军实践看双拥工作的体制创新 ………………………………………………… (81)
对设立双拥节日的断想 ……………………………………………………………………………………… (85)
对新世纪新阶段做好部队训练演习保障工作的实践与思考 ……………………………………… (88)
与时俱进　做好新形势下的双拥工作 …………………………………………………………………… (91)
论加强双拥机构建设的必要性和迫切性 ………………………………………………………………… (94)
新形势下双拥工作面临的问题及应采取的对策 ………………………………………………………… (97)
加强和改进部队双拥工作　携手构建安全稳定和谐有序的北疆屏障……………………………… (101)
对做好新形势下双拥工作的调查与思考……………………………………………………………… (105)
关于城乡退役士兵就业扶持一体化的思考…………………………………………………………… (107)
关于以协会的形式开展双拥工作的调查与思考……………………………………………………… (109)
发挥领导小组作用　积极做好双拥工作……………………………………………………………… (110)
对“两新组织”双拥需求的剖析及发挥“两新组织”双拥作用的思考……………………………… (112)
关于加强双拥法规建设的几点做法和体会…………………………………………………………… (116)
在民营企业中怎样做好双拥工作……………………………………………………………………… (119)
调兵山市双拥工作调研报告…………………………………………………………………………… (122)
发挥双拥共建资源优势　推进民政工作持续发展…………………………………………………… (124)
以“两新组织”为载体，努力做好新形势下拥军优属工作…………………………………………… (127)
如何把创建双拥模范县（城）活动引向深入…………………………………………………………… (129)
积极开展新型双拥工作　构建社会主义和谐社会…………………………………………………… (131)
开展文化拥军活动的实践与思考……………………………………………………………………… (133)
用科学发展观指导双拥工作应注重强化“五个观念” ……………………………………………… (135)
论双拥工作在构建和谐社会中的重要作用…………………………………………………………… (138)
关于鸡西市推进非公有制经济组织开展拥军优属活动情况的调查报告…………………………… (141)
对深入开展军民共建活动的几点思考………………………………………………………………… (146)

关于赴海军东海舰队学习考察、开展“军事日”活动的情况报告……………………………………………(149)
关于修订上海市双拥模范（先进）考评办法和标准的研究报告………………………………………………(152)
市场经济条件下双拥工作社会化的实践与思考………………………………………………………………(156)
双拥工作贯彻落实科学发展观在构建社会主义和谐社会中大有作为……………………………………(161)
创新思想　创新机制　让双拥工作充满活力…………………………………………………………………(163)
试论创建双拥模范城（县）活动在构建社会主义和谐社会中的地位和作用……………………………(165)
如何把创建双拥模范城（县）活动引向深入的几点思考……………………………………………………(168)
当前双拥工作存在的一些问题及对策…………………………………………………………………………(172)
双拥工作面临的新问题与新对策………………………………………………………………………………(174)
双拥工作十大发展趋势初探……………………………………………………………………………………(177)
把共产党员的先进性体现在做好双拥工作之中………………………………………………………………(178)
加强双拥办公室建设的构想……………………………………………………………………………………(181)
在构建和谐社会中推进双拥工作创新发展……………………………………………………………………(182)
关于中俄联合军事演习拥军支前的实践与思考………………………………………………………………(187)
牢固树立“亘在地方”思想　谱写双拥工作新篇章………………………………………………………(192)
关于充分发挥双拥成员单位作用不断推动双拥工作创新和发展的思考…………………………………(196)
适应服务型政府建设，探索具有公共服务理念的拥军优属工作…………………………………………(199)
着眼中国特色军事变革　认真做好新时期的双拥工作……………………………………………………(205)
以科学发展观为指导　推动双拥工作深入发展……………………………………………………………(210)
国防教育应走向规范化…………………………………………………………………………………………(212)
树立拥军支前新理念　积极支持部队做好军事斗争准备…………………………………………………(215)
坚持以科学发展观为指导　努力做好新形势下的双拥工作………………………………………………(217)
服务军事斗争准备　广泛开展双拥工作………………………………………………………………………(220)
浅谈如何建立和完善适应新形势发展要求的双拥工作新机制……………………………………………(223)
积极支持　正确引导　大力推进民营经济双拥共建深入开展……………………………………………(226)
对在非公有制经济组织中开展军（警）民共建工作的思考…………………………………………………(232)
增添拥军工作新力量　开创双拥共建新领域…………………………………………………………………(235)
双拥办在组织协调非公有制经济组织开展双拥共建活动中需要着重解决的几个问题…………………(240)
部队与非公有制经济组织开展共建工作时需要注意防止和克服的问题……………………………………(244)
试论当前创建双拥模范城（县）中存在的问题及对策………………………………………………………(246)
在非公组织中开展双拥共建活动需要注意把握的几个问题…………………………………………………(250)
做好双拥工作应把握的几个问题………………………………………………………………………………(254)
强化意识　突出重点　协调关系积极做好创建“全国双拥模范城（县）”工作 ……………………(258)
加强新形势下基层双拥工作的几点对策………………………………………………………………………(260)
军民共建文明生态村活动在构建和谐社会中的作用初探……………………………………………………(262)
对加强基层双拥工作的几点思考………………………………………………………………………………(267)
关于新时期推进“两新组织”双拥工作的几点思考…………………………………………………………(269)
构建和谐军政军民关系应着重把握的几个问题………………………………………………………………(273)

以科学发展观为指导做好双拥工作…………………………………………………………………………（275）
关于赴攀枝花市等六城县进行双拥工作调研的报告……………………………………………………（279）
构建基层双拥工作运行机制的思考………………………………………………………………………（280）
关于贯彻全国双拥工作会议精神提请省委常委会议研究解决的几个问题的报告……………………（285）
适应城市化发展需要，大力做好城市社区双拥工作，为构建和谐社会做贡献…………………………（287）
在边疆欠发达地区开展双拥共建工作应把握的几个问题……………………………………………（292）
对新形势下密切警民关系的思考…………………………………………………………………………（294）
弘扬鱼水传统　共铸双拥辉煌……………………………………………………………………………（296）
努力做好新形势下的双拥工作……………………………………………………………………………（298）
风雨同舟四十载　雪域遍开双拥花………………………………………………………………………（299）
关于对甘肃五市双拥创建工作督查调研的情况报告……………………………………………………（303）
关于新时期正确处理军地矛盾纠纷的实践与思考………………………………………………………（308）
双拥工作如何贯彻落实科学发展观在构建社会主义和谐社会中有所作为……………………………（310）
贯彻全国双拥工作会议精神的情况、问题和经验………………………………………………………（313）

重要会议

内蒙古自治区双拥工作领导小组会议纪要………………………………………………………………（319）
黑龙江省双拥办主任会议纪要……………………………………………………………………………（319）
安徽省双拥工作委员会第二十一次全体会议纪要………………………………………………………（321）
安徽省双拥工作委员会第二十二次全体会议纪要………………………………………………………（322）
江西省双拥工作领导小组第十三次会议纪要……………………………………………………………（322）
中共山东省委中俄联合军事演习保障工作会议纪要（摘录）…………………………………………（325）
广西壮族自治区双拥工作领导小组会议纪要……………………………………………………………（326）
广西壮族自治区先进双拥办和先进双拥工作者表彰会议纪要…………………………………………（328）
中共重庆市委第六次议军会议纪要………………………………………………………………………（329）

工作概述

二〇〇五年全国双拥工作情况……………………………………………………………………………（333）
北京市二〇〇五年双拥工作总结…………………………………………………………………………（336）
天津市二〇〇五年双拥工作总结…………………………………………………………………………（340）
河北省二〇〇五年双拥工作总结…………………………………………………………………………（344）
山西省二〇〇五年双拥工作总结…………………………………………………………………………（347）
内蒙古自治区二〇〇五年双拥工作总结…………………………………………………………………（351）
辽宁省二〇〇五年双拥工作总结…………………………………………………………………………（354）
吉林省二〇〇五年双拥工作总结…………………………………………………………………………（359）
黑龙江省二〇〇五年双拥工作总结………………………………………………………………………（362）

上海市二〇〇五年双拥工作总结……………………………………………………………(366)
江苏省二〇〇五年双拥工作总结……………………………………………………………(368)
浙江省二〇〇五年双拥工作总结……………………………………………………………(370)
安徽省二〇〇五年双拥工作总结……………………………………………………………(375)
福建省二〇〇五年双拥工作总结……………………………………………………………(378)
江西省二〇〇五年双拥工作总结……………………………………………………………(382)
山东省二〇〇五年双拥工作情况……………………………………………………………(385)
河南省二〇〇五年双拥工作总结……………………………………………………………(388)
湖北省二〇〇五年双拥工作总结……………………………………………………………(394)
湖南省二〇〇五年双拥工作总结……………………………………………………………(397)
广东省二〇〇五年双拥工作情况……………………………………………………………(401)
海南省二〇〇五年双拥工作总结……………………………………………………………(404)
重庆市二〇〇五年双拥工作总结……………………………………………………………(409)
四川省二〇〇五年双拥工作总结……………………………………………………………(412)
贵州省二〇〇五年双拥工作总结……………………………………………………………(415)
云南省二〇〇五年双拥工作总结……………………………………………………………(419)
西藏自治区二〇〇五年双拥工作总结………………………………………………………(423)
甘肃省二〇〇五年双拥工作总结……………………………………………………………(425)
青海省二〇〇五年双拥工作总结……………………………………………………………(429)
宁夏回族自治区二〇〇五年双拥工作总结…………………………………………………(432)
新疆维吾尔自治区二〇〇五年双拥工作总结………………………………………………(434)

组织机构

全国双拥工作领导小组及办公室组成人员…………………………………………………(441)
河北省双拥工作领导小组及办公室组成人员………………………………………………(442)
内蒙古自治区双拥工作领导小组及办公室组成人员………………………………………(442)
吉林省双拥工作领导小组及办公室组成人员………………………………………………(443)
黑龙江省双拥工作领导小组及办公室组成人员……………………………………………(444)
安徽省双拥工作委员会及办公室组成人员…………………………………………………(445)
山东省双拥工作领导小组及办公室组成人员………………………………………………(445)
河南省双拥工作领导小组及办公室组成人员………………………………………………(446)
湖北省双拥工作领导小组及办公室组成人员………………………………………………(447)
广西壮族自治区双拥工作领导小组及办公室组成人员……………………………………(448)
海南省双拥工作领导小组及办公室组成人员………………………………………………(449)
四川省双拥工作领导小组及办公室组成人员………………………………………………(449)
青海省双拥工作领导小组及办公室组成人员………………………………………………(450)
新疆维吾尔自治区双拥工作领导小组及办公室组成人员…………………………………(451)

命名表彰决定

中共河北省委　河北省人民政府　河北省军区关于命名新一届省级双拥模范城（县）的决定………（455）
辽宁省双拥工作领导小组办公室关于表彰拥军优属模范社区和拥政爱民模范连队的通知……………（456）
安徽省双拥工作委员会　安徽省人事厅　安徽省民政厅　安徽省军区政治部
关于表彰全省爱国拥军模范个人和拥政爱民模范个人的决定……………………………………………（459）
安徽省关于命名表彰全省双拥模范城（县）、模范单位的通报 ……………………………………………（460）
中共福建省委关于命名表彰双拥模范单位和个人的决定………………………………………………………（462）
中共山东省委　山东省人民政府关于表彰“和平使命—2005”中俄联合军事演习拥军支前先进
单位和先进个人的通报……………………………………………………………………………………………（465）
山东省妇联　省民政厅　省军区政治部关于命名表彰山东省第四届“十佳好军嫂”和第三届
“十佳兵妈妈”的决定 ……………………………………………………………………………………………（469）
广东省关于表彰军民共建社会主义精神文明先进单位和先进个人的决定………………………………（470）
四川省双拥工作领导小组关于表彰双拥工作先进市（县、区）的决定……………………………………（473）
四川省双拥工作领导小组关于表彰拥军优属和拥政爱民先进单位及个人的决定…………………………（474）
中共四川省委　四川省政府　四川省军区关于命名全省双拥模范城（县、区）的通报…………………（478）

大　事　记

二〇〇五年双拥工作大事记………………………………………………………………………………………（483）

领　导　讲　话

刘淇同志在首都军政座谈会上的讲话

（2005 年 2 月 3 日）

同志们：

在新春佳节即将来临之际，我们在这里欢聚一堂，共叙军政军民情谊，共商首都双拥工作大计。这对于深入贯彻党的十六大、十六届三中、四中全会精神，全面落实全国双拥工作会议精神，进一步加强军政军民团结，促进首都改革发展稳定和部队现代化建设，具有非常重要的意义。借此机会，我代表北京市委、市人大、市政府、市政协和全市人民，向长期以来关心、支持北京市建设与发展的解放军四总部、驻京部队各大单位、武警部队和民政部的各位领导表示衷心的感谢！向为首都各项事业做出重要贡献的驻京解放军、武警部队全体官兵致以崇高的敬意和节日的问候！

刚刚过去的 2004 年，是首都各项事业取得显著成就的一年。在以胡锦涛同志为总书记的党中央领导下，市委、市政府带领全市各族人民全面贯彻落实党的十六大和十六届三中、四中全会精神，紧紧围绕“新北京、新奥运”战略构想，以创新体制、调整结构、优化环境、全面发展为主题，团结奋斗、开拓进取，求真务实、真抓实干，首都经济社会全面发展，城市面貌日新月异，人民生活水平不断提高，奥运筹办工作进展顺利，“三个文明”建设协调推进，军政军民关系更加融洽，各方面工作都取得了新的成就和进步。

首都现代化建设取得的成绩，离不开驻京部队的大力支持，离不开广大官兵的积极参与。在过去的一年里，驻京解放军和武警部队，视首都为故乡，视人民为亲人，以“爱首都、迎奥运、做贡献”为主题，发扬拥政爱民光荣传统，广泛开展拥政爱民系列活动，为首都的经济发展和社会进步做出了重要贡献。驻京部队先后派出官兵 10 多万人次，参加首都环境综合治理和植树绿化劳动。军委郭伯雄、徐才厚等领导亲自率领四总部、驻京部队各大单位 80 多位将军，带头参加植树绿化劳动。广大官兵积极参加扶贫帮困捐助活动，热心扶助地方教育事业，勇于承担急难险重任务，为首都建设发展做出了突出贡献。驻京部队还广泛开展军民共建活动，有力地促进了首都的精神文明建设。在北京举行亚洲杯足球赛期间，驻京部队先后派出 8000 多名官兵到赛场维护秩序，带头做文明观众，确保这一重要赛事圆满完成。这一切都充分展示了驻京部队文明之师、威武之师的良好形象。

2005 年是“十五”计划的最后一年，也是实现“新北京、新奥运”战略构想的关键一年。完成今年的各项任务，离不开军政军民的坚强团结。全市各级党委、政府要把支持国防和军队建设作为义不容辞的政治责任，充分认识双拥工作在首都建设和军队现代化建设中的重要地位和作用。要紧紧围绕着落实科学发展观，围绕着国务院批准的北京城市总体规划，围绕着办一届有特色、高水平奥运会的各项任务，围绕着构建社会主义和谐社会首善之区的新要求，广泛深入地开展双拥活动，推动首都经济社会的全面发展。要积极开展国防教育，进一步增强全民国防观念和履行国防义务的自觉性。要继续做好支持驻京部队后勤保障社会化改革工作，大力开展科技、智力和法律拥军活动，为实现科技强军战略贡献力量。要不断加强双拥政策法规建设，认真落实优抚安置政策，积极接收和妥善安置军队转业干部、复员退伍军人、随军家属和军队离休退休干部，满腔热情地为部队排忧解难，以实际行动支持军队现代化建设。

在新的一年里，我们衷心希望驻京解放军、武警部队一如既往地关心支持和积极参与首都现代化建设，进一步巩固和发展军政军民团结的大好局面，为实现“新北京、新奥运”的战略构想做出新的更大贡献。

春节将至，我代表市委、市人大、市政府、市政协和全市人民给驻京解放军、武警部队全体指战员拜年！

祝同志们新春愉快，身体健康，工作顺利，阖家幸福！

谢谢大家！

李继耐同志在首都军政座谈会上的讲话

（2005年2月3日）

同志们：

今天，北京市和驻京部队各大单位的领导同志欢聚一堂，喜迎新春佳节，共商双拥大计。这对于加强军政军民团结，促进首都的改革发展稳定和驻京部队建设，具有重要意义。借此机会，我代表四总部和驻京部队各大单位领导机关，向长期以来关心支持军队建设的北京市各级党委、政府和广大人民群众，表示衷心的感谢和节日的问候！

过去的一年，是我们国家全面建设小康社会迈出坚实步伐、取得丰硕成果的一年。在以胡锦涛同志为总书记的党中央领导下，全党全军全国各族人民坚持以邓小平理论和“三个代表”重要思想为指导，深入贯彻党的十六大和十六届三中、四中全会精神，牢固树立和认真落实科学发展观，同心合力，开拓奋进，改革开放和经济建设取得新的重大进展，社会主义物质文明、政治文明、精神文明建设和党的建设取得新的成绩，各项社会事业蓬勃发展，人民生活进一步改善，到处呈现出生机勃勃的喜人景象。首都北京同全国一样，各项改革建设事业取得了令人瞩目的成就。经济社会保持良好的发展态势，全市生产总值快速增长，精神文明建设和民主法制建设不断加强，城市现代化水平显著提高，“新北京、新奥运”的战略构想稳步推进。作为驻京部队，目睹北京日新月异的发展变化，分享首都改革建设的丰硕成果，我们深受鼓舞、倍感自豪。

北京市委、市政府在领导首都经济社会发展过程中，对双拥工作高度重视，对国防和军队建设非常关心。刘书记、王市长身体力行，经常过问部队建设遇到的困难，亲自协调解决军政军民关系的一些重大问题。各级党委、政府和有关部门动真情、办实事，千方百计为部队和优抚对象排忧解难。广泛开展科技、信息和教育拥军活动，努力配合部队完成训练演习、战备执勤和科研试验任务，大力支持军事斗争准备工作。认真落实拥军优抚安置政策法规，克服各种困难，采取多种方式安置转业干部、退役士兵和随军家属1.1万多人，用于军队离退休干部的财政补贴达2亿多元。积极协助部队搞好基础设施建设，投资2000多万元帮助改善营区环境，提供干部优惠价住房6万多平方米，热情为官兵创造良好的工作和生活条件。首都各级党委、政府和人民群众对子弟兵的厚爱，进一步激发了广大官兵对首都的热爱、对人民的感激之情。驻京部队牢记我军全心全意为人民服务的宗旨，积极支持和参加“建设新北京、迎接新奥运”的各项工作，在援建城市重点工程、绿化美化奥运场馆周边环境、执行国庆55周年和亚洲杯足球赛安全警卫任务等方面，贡献了自己的力量。实践充分证明，军民同心，其力断金。坚强的军政军民团结，不仅是推动经济社会发展的巨大动力，也是我军发展壮大、战无不胜的力量源泉。

今年，是实现“十五”计划的最后一年，也是进一步推进中国特色军事变革、实现我军现代化跨越式发展的重要一年，我们面临的任务光荣而艰巨。做好双拥工作，巩固和发展军政军民团结，意义重大，影响深远。胡总书记在中央政治局第五次和第十五次集体学习时的重要讲话中，都强调要广泛深入地开展双拥共建活动，进一步加强军政军民团结。驻京部队要深入学习贯彻胡主席的重要指示，充分认清新世纪新阶段我军肩负的历史使命，为党巩固执政地位提供重要的力量保证，为维护国家发展的重要战略机遇期提供坚强的安全保障，为维护国家利益提供有力的战略支撑，为维护世界和平与促进共同发展发挥重要作用。我们要以更高的标准做好拥政爱民工作，努力为首都改革开放和现代化建设增砖添瓦。要加强人民军队性质、宗旨和拥政爱民光荣传统教育，使“驻首都、爱首都、建首都”成为广大官兵的自觉行动。围绕落实北京市经济社会发展目标和“绿色奥运、科技奥运、人文奥运”三大理念，积极参加首都的各项改革和建设事业，主动承担急难险重任务，多办一些地方需要、群众欢迎的好事实事。模范遵守北京市的政策规定和部队纪律，积极预防和妥善处理军警民纠纷，搞好军地联防联治，共同维护首都安全与社会稳定。加强双拥组织机构和工作机制建设，不断提高创建双拥模范城（县）和开展军民共建活动的质量，为建设社会主义和谐社会的首善之区做出新的贡献。

回首过去豪情满怀，展望未来信心百倍。让我们紧密地团结在以胡锦涛同志为总书记的党中央周围，高举邓小平理论和“三个代表”重要思想伟大旗帜，军政军民同呼吸、共命运、心连心，为全面建设小康社会、为推进中国特色军事变革而努力奋斗！

最后，祝大家新春愉快，阖家幸福，万事如意！

罗平飞同志在首都军政座谈会上的讲话

（2005年2月3日）

同志们：

在全国军民深入学习实践“三个代表”重要思想、喜迎新春佳节到来之际，北京市委、市政府在这里隆重举行首都军政座谈会，同叙鱼水深情，共绘双拥蓝图，这对于进一步巩固和发展军政军民团结的大好局面，推动首都经济社会发展和驻京部队现代化建设，都具有十分重要的意义。借此机会，我代表民政部和全国双拥办，向为保卫首都、建设北京做出巨大贡献的驻京人民解放军和武警部队官兵，向全市的烈军属、残疾军人、转业复员退伍军人、军队离退休干部，向高度重视、全力支持、积极参与双拥工作的首都各级党政军领导以及广大军民表示崇高的敬意和节日的祝贺！

刚刚过去的2004年，是我国人民在全面建设小康社会、加快推进现代化建设进程中开拓前进的一年。这一年，我们党胜利召开了十六届四中全会，做出加强党的执政能力建设的决定，坚持从严治党、求真务实，推动党的建设取得了新的成就，为实现全面建设小康社会宏伟目标进一步奠定了思想和组织基础。这一年，我们国家认真落实科学发展观，不断完善宏观调控措施，着力抑制经济运行中的不协调因素，保持了经济平稳快速发展的良好势头。这一年，构建社会主义和谐社会的步伐加快，全社会的创造活力不断增强，各方面的利益关系进一步顺畅，社会管理体制逐步完善，三个文明建设协调推进。这一年，全军部队深入贯彻新时期军事战略方针，积极推进中国特色军事变革，扎实做好军事斗争准备，国防和军队现代化建设成效显著。这一年，伴随着改革开放和现代化建设步伐前进的双拥工作，坚持围绕发展抓双拥，抓好双拥促发展，也取得了新的成就。我们成功召开了具有里程碑意义的全国双拥工作会议，对新形势下开展双拥工作的指导思想、基本任务、创新发展和组织领导等提出明确要求。各地各部队认真贯彻会议精神，广泛进行以爱国主义为核心的国防和双拥宣传教育，军爱民、民拥军的社会氛围进一步浓厚；更加突出军事斗争准备这个重点，各地支持国防和军队建设的力度不断加大；围绕经济社会发展战略，军队支援国家建设的成效更加明显；建立完善适应社会主义市场经济发展要求的政策法规体系，依法双拥迈出新的步伐；注重研究新情况、解决新问题，双拥工作的创新发展持续深入等等。所有这些，进一步巩固和发展了“同呼吸、共命运、心连心”的新型军政军民关系，扩大了双拥工作的社会影响，为国家和军队的改革发展创造了良好环境。

首都军民有着拥军优属、拥政爱民的优良传统。全市军民在市委、市政府的领导下，坚持以邓小平理论和“三个代表”重要思想为指导，认真贯彻党中央、国务院、中央军委关于做好双拥工作、加强军政军民团结的指示精神，围绕实施“新北京、新奥运”战略构想，以增强经济实力、国防实力和民族凝聚力为目标，以落实全国双拥工作会议精神为动力，以促进经济发展、推进军事斗争准备、构建和谐社会为重点，不断完善政策体系、解决难点问题、创新活动方式、狠抓工作落实，成绩突出，特色鲜明。一是各级领导高度重视。特别是市委、市政府和驻京部队领导机关坚持从全局和战略高度，把双拥工作作为一项政治任务，摆在重要位置，纳入经济社会发展和部队建设总体规划，建立坚强有力的双拥组织领导体系和工作运行机制，经常分析形势，研究政策措施。在实践中始终做到凡是涉及双拥工作的重大问题、重要事项、大项活动，主要领导都亲自过问、亲自解决、亲自参加，并在财力物力上予以重点保障。二是双拥热潮不断兴起。通过及时召开领导小组会、双拥办主任会、庆功会、誓师动员会等形式，自上而下有计划、有组织、有步骤地学习贯彻全国双拥工作会议精神。按照会议要求，完善双拥规划、调整工作思路、创新活动形式，使全市上下支持双拥、参与双拥、推动双拥的氛围更加浓厚，行动更加自觉。三是各项工作落实到位。围绕服务经济建设，服务军事斗争准备，服务构建和谐社会，全市各级党委、政府采取得力措施，认真落实国家新出台的军人抚恤、军休安置、退役士兵自谋职业等政策，有效解决了重点优抚对象的生活、住房、医疗难问题，妥善安置了军队离退休干部、转业复员退伍军人和随军家属，较好地解除了部队官兵的后顾之忧。驻京各部队不断强化“首都”意识，在完成教育训练、战备值勤等任务的同时，积极投身于建设新北京、迎接新奥运之中，在支援经济建设、美化绿化环境、参加公益事业、承担抢险救灾、维护社会治安、开展科技助民以及军民共建等方面，做了大量卓有成效的工作，充分展示了威武之师、文明之师的良好形象。四是基层双拥扎实推进。围绕适应部队后勤保障社会化改革需要，创建特色军营社区；围绕构建和谐社会，深化“双三好”、开展“军地互助一帮一”活动；围绕调动基层军民参与双拥积极性，开展评选基层双拥共建先进单位和个人活动等等。这些活动贴近基层、贴近群众、贴近实际，富有创造性，体现时代感，有力地推动了双拥工作在基层的落实。实践证明，坚强的军政军民团结是保持首都社会政治稳定、经济快速发展、部队战斗力提高的重要保证和强大动力。

当前，国际形势继续发生着深刻的变化。世界格局处于向多极化过渡的重要时期，经济全球化趋势继续在曲折中发展。我国面临的发展环境仍然十分复杂。党的十六大确定了全面建设小康社会的奋斗目标，十六届三中全会提出了科学发展观，十六届四中全会强调要加强党的执政能力建设，去年年底召开的中央经济工作会议对2005年经济发展做出全面部署。在这样一个重要历史时刻，更加需要坚强的军政军民团结，更加需要军地双方的相互支持，更加需要把广大军民的积极性凝聚起来，去迎接新的挑战。

北京作为我们伟大祖国的首都，是全国的政治文化中心，也是对外开放的重要窗口，在党和国家工作大局中具有特殊重要的地位。进一步做好双拥工作，加强军政军民团结，不仅对维护首都稳定、促进经济社会发展意义重大，而且对全国也将起到示范和推动作用。全市军民要在市委、市政府的领导下，坚持以邓小平理论和“三个代表”重要思想为指导，树立和落实科学发展观，深入贯彻全国双拥工作会议精神，与时俱进，求真务实，创造性地做好双拥工作。要紧密联系国际国内形势的变化，结合纪念抗日战争胜利60周年，深入进行以爱国主义为核心的国防和双拥宣传教育，不断打牢军政军民团结的思想基础；要紧紧围绕服务全面建设小康社会和推进中国特色军事变革，加强军地之间的支持与合作，促进经济社会发展和军事斗争准备；要积极适应市场经济发展和国防建设要求，抓好双拥政策法规建设，切实维护部队官兵和优抚安置对象的合法权益；要针对新时期双拥工作的新特点、新变化，加强对双拥模范城（县）的创建与管理，积极探索新的活动方式和有效载体，进一步增强双拥工作的吸引力、感召力和生命力；要按照提高党的执政能力要求，切实加强各级双拥组织机构自身建设，努力推动双拥工作向更大规模、更深层次、更高水平发展。

同志们，新时期双拥工作面临的任务光荣而艰巨。让我们更加紧密地团结在以胡锦涛同志为总书记的党中央周围，继续高举邓小平理论和“三个代表”重要思想伟大旗帜，认真落实科学发展观，不断推进拥军优抚安置工作创新发展，一如既往地关心支持军队和国防建设，进一步巩固和发展军政军民团结的大好局面，为构建和谐社会，全面实现小康目标，做出新的更大的贡献！

最后，祝同志们新春愉快、身体健康、阖家幸福！

罗平飞同志在全国双拥工作理论研讨会上的讲话

（2005年11月29日）

同志们、朋友们：

拥军优属、拥政爱民，是中国共产党领导下我国亿万军民的伟大创举，是我党我军我国人民的优良传统和政治优势。在新的历史时期，如何发扬光大这一传统和优势，更好地为党、国家和军队的中心工作服务，是摆在我们面前的一个重大理论和实践课题。之所以这样提出和认识问题，是因为：第一，双拥工作伴随中国革命、建设和改革的伟大实践，走过了60多年的光辉历程，已经形成了一套相对稳固的发展模式，积累了丰富的实践经验，需要对其进行全面系统的理论概括。第二，随着改革开放的不断深入，市场经济体制的日臻完善，国防和军队建设的快速推进，双拥工作所处的环境、遇到的问题、承担的任务以及实践主体、管理体制、运行机制等，都发生了很大变化，需要进行系统的理性分析。第三，进入新世纪新阶段以来，我们党先后提出了“三个代表”、科学发展观、构建和谐社会、“三个提供、一个发挥”等一系列新思想、新理念，要在双拥工作中体现这些新思想、新理念，需要进行创造性思维。第四，当前我国的建设与改革已步入“黄金发展期”和“矛盾凸显期”，安全稳定面临现实挑战，双拥工作如何发挥服务保障作用，需要进行前瞻性的对策研究。无论是理论概括、理性分析，还是创造性思维、对策研究，都必须建立在对双拥工作理性认识的基础上。它属何性质，有什么特征，地位功能如何，有哪些规律可循，当前面临什么样的形势，怎样才能创新发展等等，都需要进行深入探讨。这正是我们组织双拥理论研究的根本动因。

双拥工作涉及政治、经济、军事、社会、管理等诸多领域，需要我们站在不同学科角度进行全方位思考。既要从宏观上把握，又要从微观上认识；既要对指导思想、工作思路做出理性研判，又要对形式、内容、体制、机制、作用、功效等做出科学分析；既要研究当前形势，又要思考今后走向。这些工作需要举社会之力才能完成。这次研讨活动就是一个成功的尝试。本次提交的600多篇论文的作者，既有党政军各级领导，又有基层普通群众；既有理论界专家，又有实际工作者；既有企事业单位人员，又有民间组织成员。这些论文从不同角度、不同侧面对双拥工作进行了深入阐述，提出了许多很有创意、很有价值的见解，对于丰富、完善和发展双拥理论，推动双拥工作创新发展有着重要作用。我们历来主张，理论宣传讲分寸，理论研讨无禁区。今天既然是研讨会，就应该各抒己见、畅所欲言。下面，我想就双拥工作的几个问题，谈点个人的理解和认识，与大家一起研讨。真诚地希望得到各位领导、专家学者及同事们、朋友们的指教，以进一步深化、完善自己的认识。

一、双拥工作的性质及特征

双拥工作，即拥军优属、拥政爱民工作，属于上层建筑范畴，是指在中国共产党领导下，为保障党、国家和军队履行使命，实现全体军民的根本利益而调节军政军民关系实践活动的总和。这一概念至少包含四层含义：第一，双拥工作是党的政治工作的重要组成部分，是党的群众路线的具体实践。第二，双拥工作的主体包括党、政、军、民，企事业单位、人民团体中的全体成员及其组织，有关海外华人华侨及国际友人。第三，双拥工作调节的军政军民关系包括政治关系、经济关系、社会关系在内的诸种关系，核心是巩固和加强军政军民团结。第四，双拥工作的本质是保障党、国家和军队履行使命，实现、维护和发展全体军民的根本利益。

从双拥工作的内涵、外延及实践来看，具有以下基本特征：

（一）政治性。首先，双拥工作是一种政治产物。延安时期，针对军政军民关系曾一度出现的不够融洽和协调现象，我党及时开展了“拥政爱民”、“拥军优抗”运动，双拥工作由此兴起，并成为我党密切军政军民关系的优良传统和特有政治优势。其次，双拥工作是一种政治手段。无论其工作内容的确定还是活动形式的选择，都是围绕完成党的政治任务而展开的。再次，双拥工作具有明确的政治目的。它服务于中国共产党，服务于广大军民。在战争年代主要是为了夺取政权，在和平时期主要是为了巩固政权。纵观半个多世纪的实践，双拥工作彰显了浓厚的政治属性和政治功效，在凝聚军心民心、保障党和国家完成中心工作中发挥了重要作用。

（二）战略性。战略，泛指对全局性、高层次的重大问题的筹划与指导，是一个政党或国家做出的一定历史时期内具有全局性的谋划。双拥工作历来影响中心，牵动全局。从政权建设看，战争年代，它是我们党夺取政权的重要法宝；和平时期，它是巩固我们党执政地位的基础要素。从经济发展看，双拥工作是保持经济建设和国防建设协调发展的重要平台，是促进社会生产力和部队战斗力同步提高的有效载体。从国防战略看，双拥工作是国防建设的重要内容，是军队政治工作在地方以及各个领域的扩展延伸。从安全稳定看，双拥工作与军政军民团结紧紧相连，与军民切身利益息息相关，与政治稳定、社会和谐密不可分。实践证明，每当国家主权、安全和统一面临严峻挑战，每当遇到各种政治风浪的重大考验，每当发生各种突发事件的关键时刻，坚强的军政军民团结都显示了不可战胜的强大力量，成为我们战胜艰难险阻，不断从胜利走向胜利的重要保证。

（三）社会性。社会性是指社会成员参与、适应个人之间或群体之间的关系的必然倾向和本质属性，是人们受社会因素影响制约的结果。双拥工作具有社会性的基本特征。从实施主体看，既包括党、政、军、民，企事业单位、人民团体等组织，又包括这些组织中的所有成员，具有多元性。从工作领域看，涉及政治、经济、军事、文化、科技等各个系统，领域广阔、范围宽泛。从实践效果看，“同呼吸、共命运、心连心”的双拥理念越来越深入人心；广泛参与、踊跃实践，已成为社会各阶层的自觉行动，并向多界面、深层次发展；军民水乳交融、唇齿相依、鱼水情深已成为社会生活的真实写照。

（四）互动性。这主要是指双拥工作调节军地双方，为实现共同目标而相互配合、协同一致的行为，相互适应、和谐融洽和相互促进、有序发展的状态，体现着军地双方相互依存、相互作用的辩证关系。从双拥工作的主体看，民是军的本源，军是民的支撑。也就是我们通常所说的“没有一个人民的军队，便没有人民的一切”，“军队打胜仗，人民是靠山”。从经济与军事的关系看，经济是军事的物质基础，军事对经济具有驱动作用。从生产力与战斗力的关系看，生产力决定战斗力，而战斗力是生产力在军事领域的特殊体现。在政治、文化、社会等其他领域，军政军民之间的相互协调、相互融合、相互促进关系都十分明显。可以说，互动性贯穿于双拥工作的各个方面、每个环节，任何一方的缺失，都不是完整意义上的双拥。

二、双拥工作的地位及功能

所谓地位是指客观事物在特定系统中所处的位置。双拥工作事关经济发展、国防强大，事关政权建设、执政根基，事关社会和谐、人民福祉，是党和国家政治、经济、军事、文化、社会协调发展不可或缺的特殊组成部分。它在不同历史时期，对于保障党、国家和军队完成神圣使命，维护广大军民的根本利益，发挥着举足轻重的作用，主要凸显在以下五个方面：

（一）保障经济社会常态发展。一个国家要保持经济社会持续发展，民众生产生活安宁，需要良好的环境秩序作保障。这种环境的营造需要两大要素：一是内部和谐；二是外部安全。双拥工作在构建内部和谐、外部安全方面，发挥着极其重要的作用。它通过培育并凝聚以爱国主义为核心的民族精神和以改革创新为核心的时代精神，加强军政军民团结，开展军民共建、军民联防等各种活动，激发广大军民的爱国热情，促进经济和国防建设，唤起民众向心力，产生巨大威慑力，对内可以架构保持社会稳定、民众安心的和谐网络，对外可以形成抵御外来干涉、侵略的安全屏障，从而保障国家经济社会正常运行和广大军民有序生活。

（二）引领军民价值取向主流。不同社会、不同时期、不同阶段，人们有着不同的价值取向与目标追求，其主流是人们和社会所倡导、推崇的根本方向。拥军优属、拥政爱民，作为体现党、国家和军队根本利益的一种意识形态，本身就是广大军民价值取向的主流。做好这一工作，凝聚军心民意，能够引领社会特别是引领军民向共同的理想、一致的目标奋进。穿越历史时空，我们可以看到，在战争年代，双拥工作动员军民团结一心，同仇敌忾，形成强大的聚合力，保证了革命的胜利；在和平建设时期，特别是改革开放以来，协调广大军民并肩战斗，在促进经济发展、加强国防建设、构建和谐社会等各个方面，无不发挥着显著的导向作用。

（三）调节军政军民利益趋同。自古以来，军以维护国家安全为天职，民以促进国家发展为己任。军政军民在根本利益上是一致的。同时也应看到，由于社会分工不同，担负的职责不同，因而存在着具体利益的差异。特别是在当前军政军民联系越来越广泛、交往越来越频繁的情况下，难免会出现一些矛盾和纠纷。科学调节军地关系，使之相互促进，达到最佳相融，形成同驱力、倍增力，是一个重要命题。双拥工作正是联系军地之间的“绿色通道”，扮演着调节军政军民关系的独特角色，已成为军政军民日常工作和生活中的“联络员”，解决军政军民矛盾和纠纷中的“调解员”，处置军政军民重大问题中的“调度员”。

（四）整合优化军地双方资源。资源整合，是宏观上的战略思维，通过取舍，优化配置社会资源，获得整体的最优。整合军地资源就是整理和重组军地双方资源的优势，使之成为军地互动、军民兼容、平战结合的过程或结果。在这一过程中，组织、制度和载体等纽带把军地的不同资源结合为一个有机整体，产生 1＋1＞2 的效应。从一定意义上说，双拥工作就是实现军地资源合理配置、充分利用的过程。各级双拥工作机构是整合军地资源的组织，发挥着桥梁和纽带作用；从中央到部门、从军队到地方出台的一系列双拥政策法规，构成整合军地资源的工具，规范约束着资源的流向、程序、范围等；科技拥军、教育拥军、智力拥军、法律拥军，“双拥模范城（县）”、军民共建等活动，是整合优化军地资源的有效形式。

（五）辐射相关领域协调推进。这是指双拥工作依托自身的能量向周边扩散，带动其他领域的发展。双拥工作属于上层建筑范畴，适应并反作用于经济基础的相关领域。在实践中，它通过军民共学党的基本理论、共授科学文化知识、共普法律法规常识、共办文化娱乐活动、共树社会文明新风，可以在政治思想领域出凝聚力；通过发挥部队组织严密、突击力强和人才、科技集中的优势，积极支持和参与国家建设，可以在经济建设领域出生产力；通过支持部队的改革与建设，做好拥军优属工作，安排退役军人生活，有利于稳定军心，可以在军事领域出战斗力；通过扩大双拥工作的群众基础，使其进企业、进乡村、进机关、进学校、进社区、进连队，可以在构建和谐社会领域出亲和力。

三、双拥工作的基本规律

规律是事物发展过程中的本质联系和必然趋势，具有普遍性、重复性等特点。回顾60多年的实践，双拥工作的基本规律似可归结为四个方面：

（一）党的政治理念决定双拥工作的方向。党的政治理念主要指党的基本理论、基本路线、基本纲领和基本经验，具有根本性和导向性。双拥工作是党的群众路线的具体体现，是党的工作的重要组成部分，这一特性决定双拥工作必须以党的政治理念为指导。比如，延安时期，党从中华民族的根本利益出发，确立了抗日民族统一战线的政治路线。当时的双拥运动正是以此为指导，在抗日救国的政治基础上，通过双向拥戴和支援，激发广大军民的政治责任感和历史使命感，团结一致，共同对敌，挽救民族危亡。再如，改革开放以来，党提出“一个中心、两个基本点”的基本路线，集中体现了亿万军民的共同信念、共同目标、共同利益，双拥工作坚持以党的基本路线为指导，在经济建设这个主战场上，动员和组织广大军民同守立国之本，共谋发展之策，齐走强国之路。实践证明，任何时候、任何情况下，党的旗帜就是双拥工作的灵魂，党的理论就是双拥工作的指南，党的宗旨就是双拥工作的原则，党的纲领就是双拥工作的目标。

（二）军民主导意志规定双拥工作的内容。军民主导意志是指军民自觉地确定主要目的，并根据目的来支配、调节自己的行为，实现预定目的的心理过程。它是历史的、变化的、发展的，不同阶段赋予双拥工作不同内容。新民主主义革命时期，军民的主导意志是武装夺取政权，实现民族独立和解放，因而，一切为了巩固根据地、一切为了前方打胜仗、一切为了消灭敌人，便成为当时双拥工作的中心内容。社会主义建设探索时期，保卫新生政权、医治战争创伤、恢复国民经济成为广大军民的最大愿望，那时双拥工作的重要使命就是聚集军心民智，接管城市、恢复交通、清匪反霸、屯垦戍边、发展生产力。改革开放以来，求稳定、求发展、求和谐是广大军民的共同追求，这时的双拥工作就紧紧围绕服务经济建设、政治建设、文化建设、社会建设和国防建设而展开。由此可见，双拥工作的主要内容始终随着军民主导意志的发展而发展。

（三）形势任务变化催生双拥工作的载体。任何一项工作要达到预期目的都需要借助一定的载体，搭建相应的平台。双拥工作的群众性、活动性表征，更加需要适当的载体，而这种载体又总是伴随形势任务的发展要求应运而生。从不拿群众一针一线到“三大纪律八项注意”的形成，从军民大生产运动到“拥政爱民”、“拥军优抗”运动的兴起，从动员翻身农民参军参战到组织广大群众支前，从“五讲四美三热爱”到军民共建社会主义精神文明活动的开展，从行业部门特色双拥到双拥模范城（县）的创建等，都集中反映了当时形势任务的变化和双拥工作自身发展的客观要求，都是牵引和推动双拥工作不断发展的有效形式。如果说双拥工作过去已经创设了群众喜闻乐见、形式多样的有效平台，那么，随着历史的变迁，必将产生更多富有时代特色的生动载体。

（四）健全网络组织支撑双拥工作的运行。网络组织，是由网络联结构成的有机的组织系统。双拥工作涉及党政军民及各个阶层，涵盖政治、经济、军事、科技、文化等各个领域，惠及各个群体，事关执政根基、政治稳定、经济发展、国家安全、社会和谐，更加需要建立具有活性结点的网络连接和有机构成的组织体系作支撑。综观双拥工作的历史进程，它之所以能够保障经济社会常态发展、引领军民价值取向主流、调节军政军民利益趋同、整合优化军地双方资源、辐射相关领域协调推进，根本原因是得益于各级党委、政府和军队领导机关的坚强领导，得益于军地各部门的通力协作，得益于各级双拥机构的顺畅运行，得益于广大军民的积极参与。归结起来，就是建立健全了党委领导、政府主导、部门协作、军地配合、群众参与的完善的活性组织网络。

四、双拥工作的趋向分析

总体上看，当前双拥工作已形成了制度稳定、功效显著、持续发展的良好态势，但仍然面临不少挑战。一是双拥意识淡化与其应有的战略地位不完全适应。军民同心、其力断金。双拥工作始终带有全局性、战略性。长期的和平环境使人们对双拥工作的重要性认识不足，个别领域和层面程度不同地存在说起来重要、做起来次要、忙起来不要的现象，削弱了双拥工作的实践效果。二是双拥保障水平与经济社会发展速度不完全适应。优抚安置对象为党和国家做出过重要贡献，理应得到特殊优待和重点保障。近年来，尽管中央和地方各级政府连续加大对优抚安置事业的投入，但保障水平仍然滞后于国家经济发展速度，优抚安置对象生活难、医疗难、安置难等问题还没有从根本上得到解决，迫切需要在双拥领域进一步落实以人为本、科学发展、构建和谐的理念。三是双拥政策法规与国家各项改革进程不完全适应。应该说，计划经济体制下形成的比较完善的双拥政策法规体系，保证了双拥工作的有效运行。近年来，虽然制定出台了一些新的政策法规，但随着依法行政力度的加大，特别是与双拥工作密切相关的社会保障改革步伐的加快，使现有双拥政策法规日显滞后，有的需要调整完善，有的则需要重新架构。四是双拥保障能力与加快国防和军队建设步伐的需求不完全适应。当前，和平、发展、合作成为时代的潮流，但影响和平与发展的不稳定不确定因素增多。西方敌对势力对我“西化”、“分化”、遏制之心始终不死，我国与周边一些国家在边境、海域等方面有着潜在矛盾，台海局势动荡不安、变数很大。军队履行新时期新阶段“三个提供、一个发挥”使命，推动中国特色军事变革、做好军事斗争准备等正在加速推进。这些都对双拥工作提出了新的要求，对双拥保障能力也将是一个严峻考验。基于上述分析，当前和今后一个时期，双拥工作的着力点应主要体现在以下四个方面：

（一）确立与时代发展要求相适应的新理念。观念是行为的先导。理念的创新，带有根本性。确立新理念，必须与时代发展要求相适应。从宏观看，应牢固树立用科学发展观统领双拥工作的观念；国防建设与经济建设协调发展的观念；改革开放越深入，市场经济越发展，双拥工作越要加强的观念；政府行为与社会行为、行政干预与市场调节、以情双拥与依法双拥相结合的观念；用发展和改革的办法解决双拥工作前进中问题的观念；用平等、互利、双赢的原则处理军政军民关系的观念；双拥工作也要讲求质量、注重效益的观念。从微观看，应逐步实现拥军优属拥政爱民由零散低效型互助向规模效益型互助转变；由自发随意性互助向制度化互助转变；由以体能型互助为主向以智能型互助为主转变；由帮助部队解决眼前实际困难、生产生活问题向支持部队长远建设、提高打赢能力转变；由组织传统的拥政爱民活动向集中援建重大项目为主转变；由注重物质支援向物质支援与精神互助并重，着力提高军民思想道德文化素质转变；由一般模式向多层次、多渠道、多领域转变；由职能部门单一做向党政军各个部门、各个行业、各个阶层齐抓共管转变。

（二）完善与双拥工作本质要求相适应的政策法规体系。依法治国是我国的基本方略，依法行政是建设现代法治政府的基本要求。作为党委领导、政府主导下的双拥工作也必须走法制化之路。依法双拥总的原则应坚持落实已有的、完善不足的、填补空缺的。其基本方法是，上下结合，军地联合，部门配合，先易后难，先简后繁，先急后缓，把实践中形成的好经验、好做法升华为理性认识，通过一定程序上升为法律、规章。形成全局性法规有困难的，可先制定出台区域性法规；不具备形成法律规范条件的，可先制定行政规章；形成行政规章不成熟的，可先出台暂行办法；形成暂行办法也有困难的，可先出台指导性意见。当前应以制定双拥工作条例、军人权益保障、参战支前、退役士兵安置、训练演习群众损失赔偿、“两新组织”拥军、预防和处理军民纠纷等政策法规为重点，逐步构建与市场经济相衔接、与国防建设相适应、与法律规范相协调、与优良传统相承接的政策法规体系，加快依法双拥的进程。

（三）拓展与经济社会发展相适应的实践领域。双拥工作历来与党、国家和军队的中心工作同频共振，每当革命、建设和改革进入重要关头，就开辟新的领域，增添新的内容。当前，应重点在以下五个方面有所作为：一是在服务经济建设上有所作为。积极支援西部大开发、东北等老工业基地振兴、中部地区崛起、东部地区率先发展以及构建和谐社会、建设资源节约型和环境友好型社会等战略工程，参加社会主义新农村建设、基础产业基础设施建设、环境污染治理和自然生态保护等。二是在服务政治建设上有所作为。按照坚持党的领导、人民当家作主和依法治国有机统一的要求，充分发挥桥梁和纽带作用，广泛调动军民参与民主实践，增强法制观念，自觉贯彻党的民族政策、宗教政策，为实现军民自我管理、自我服务、自我教育、自我监督做贡献。三是在服务文化建设上有所作为。深入进行党的“四个基本”教育，弘扬民族精神和时代精神，开展军民共建活动，建设学习型社会，把广大军民凝聚在党的旗帜下，始终保持昂扬向上的精神状态，不断提高其思想道德素养和科学文化素质。四是在服务社会建设上有所作为。围绕落实“民主法治、公平正义、诚信友爱、充满活力、安定有序、人与自然和谐相处”的要求，广泛创建和谐城市、和谐社区、和谐村镇、和谐行业，积极支持社会公益事业发展，为困难群体排忧解难，做好抢险救灾工作，维护军政军民团结，化解矛盾和纠纷，创造安全稳定的社会环境。五是在服务国防建设上有所作为。坚持把推进中国特色军事变革、做好军事斗争准备纳入经济社会发展规划，深化国防教育和双拥宣传，落实各项优抚安置政策，支持部队训练演习、战备执勤、科研试验和国防工程、基础设施等建设，为军队履行“三个提供、一个发挥”职能提供坚强有力的服务保障。

（四）构建与永葆生机和活力相适应的运行机制。构建双拥机制，贵在立足现实、面向未来，继承传统、融入时代，贴近实际、满足需求。在坚持和完善已有机制的基础上，当前应着力应对未来作战的需要，构建军地一体、平战结合、立体拥军、权威高效的支前领导体系；着力抗击自然灾害和突发疫情的需要，构建集灾情预警、应急保障、合力抗击、善后处置于一体的军民抢险救灾体系；着力配合重大军事活动和重大科研试验的需要，构建交通、运输、通信、地理、气象、法律、赔偿等服务保障体系；着力扩大双拥工作群众基础的需要，构建经济利益与拥军优属互相支撑、相互促进的“两新组织”拥军体系；着力调动创建双拥模范城（县）积极性的需要，构建双拥模范城（县）综合评估体系；着力维护社会政治稳定的需要，构建突发性事件、群体性事件应急调处体系。

同志们、朋友们，在实际工作中我深深感到，双拥工作实践已经取得了骄人的成绩，双拥理论研究则刚刚拉开序幕。使命光荣，责任重大。当然，我们也要清醒地认识到，理论研究不可能一蹴而就，它的形成是一个过程。首先，实践是一个过程。实践是认识的源泉，不间断的实践源源不断地产生新的认识。其次，认识是一个过程。它总是随着实践的发展而发展，总要经历一个“去粗取精、去伪存真、由此及彼、由表及里”的发展过程。第三，一个理论体系的形成同样是一个过程。它总是由片面到全面、由零散到系统、由局部到全局的真理性认识的有机构成。实践、认识，再实践、再认识，循环往复以至无穷地不断向更高层次发展的过程，正是理论形成发展的必然途径。不断总结经验，不断完善认识，不断指导新的实践，既是马克思主义认识论的基本要求，也是推动双拥工作创新发展的必由之路。当前，要解决双拥理论相对滞后的问题，除广泛动员社会各界力量外，广大双拥工作者应注意在四个方面用气力：一要不畏艰难，持之以恒。只有付出辛劳，才能有所收获。心浮气躁得不到真知灼见，浅尝辄止不可能攀上高峰。必须坚持不懈，不断探索。二要勤于思考，善于总结。坚持了解情况沉下去，研究问题钻进去，从群众中来到群众中去，尊重群众的首创精神，及时把实践经验升华为理性认识。三要不断用新的理论指导新的实践。同时，要善于在实践中检验和深化认识。这也是理论研究的根本目的所在。四要不断完善自我，努力提高研究水平。双拥工作涉及领域广，涉及学科多，需要不断学习，不断进取，不断提高，不断增强研究问题、解决问题的能力，才能在理论与实践创新中有所作为。总之，我们要通过双拥理论研究，通过双拥理论研究与双拥实践的结合，使全社会不断深化对双拥工作的认识，更加关心重视支持双拥工作，真正形成在邓小平理论、“三个代表”重要思想和科学发展观指导下，紧紧围绕促进经济社会发展和中国特色军事变革，勇于实践、善于总结、敢于创新的良好风气，确保双拥工作始终把握规律性、体现时代性、富于创造性，更加卓有成效地为党、国家和军队的中心工作服务。

常生荣同志在全国双拥工作理论研讨会上的总结讲话

（2005年11月30日）

同志们：

这次会议集中交流了全国双拥工作理论研讨活动的成果。会议开始时，罗平飞主任从历史与现实、理论与实践的结合上，对双拥工作的基本问题作了全面阐述，站立点高，结合实际紧，很有新意，时代感很强，论述很深刻，对我们开阔思路、做好工作启发很大。会上，中国社会科学院景天魁所长作的专题报告，从社会学角度谈了双拥工作的问题，引发我们许多思考。四川省双拥办、成都军区政治部办公室等16个军地单位交流的论文，从不同侧面、不同角度进行了理论探讨，提出了许多新观点和见解，有一定理论深度和借鉴价值。会议开得很好，很有成效，体现了探索、务实、聚智、和谐的特点，必将在我国双拥工作史上写下浓重的一笔。

今年在全国开展的双拥理论研讨活动，得到了各地各部队的高度重视，许多军地领导、有关部门的同志，以及学术界、理论界的专家学者积极参与，集思广益，共收到论文602篇。经专家教授评审，有8篇获特别奖，10篇获一等奖，20篇获二等奖，30篇获三等奖，40篇获优秀奖，还有12个单位获组织奖。我们向获奖单位和个人表示热烈的祝贺。

这次研讨活动，以党的创新理论为指导，以丰富生动的双拥实践为基础，着眼持续发展，着重对双拥发展方向、发展模式和发展规律进行探讨，体现了科学发展观的理念；围绕改进工作，丰富内容、拓展领域、创新载体，体现了与时俱进的精神；立足解决问题，从政策、法规、制度上探求双拥工作新的办法和举措，体现了双拥与民主建设进程相一致的思想；注重超前思维，对一些前瞻性、战略性的理论课题广泛研究论证，体现了较强的战略视角和思维。理论是行动的先导，相信这次理论研讨活动，对双拥工作的创新发展将会产生深远影响。

做好双拥工作，加强军政军民团结，是我们党的优良传统和政治优势，是毛泽东、邓小平、江泽民同志的一贯思想。胡锦涛总书记对双拥工作高度重视，多次强调，要广泛深入地开展双拥共建活动，进一步加强军政军民团结，形成国防建设与经济建设相互促进、协调发展的机制。双拥工作要创新发展，发挥更大作用，就必须以我们党的创新理论为指导，研究探讨重大理论和现实问题，总结实践经验，拓展理论视野，做出理论概括。根据罗主任指示，我对近些年特别是这次双拥理论研究成果简要梳理一下，对运用理论成果指导和推动双拥实践谈些粗浅想法。

一、近几年双拥理论研究的新思想新成果

实践催生理论、孕育理论、升华理论。近年来，随着党的思想理论创新和军政军民团结实践的发展，双拥理论研究也有了新的突破，取得很多成果。这次研讨活动，又提出许多新观点。综合起来，主要有以下一些思想：

一是用科学发展观统领和指导双拥工作。这次我们研讨活动最大的收获，是进一步确立了用党的科学理论，特别是科学发展观指导和统领双拥工作的思想。四川、吉林等地双拥办的同志提出，科学发展观是引领双拥发展方向的旗帜，是指导双拥发展全局的纲领。双拥工作贯彻落实科学发展观，就是要坚持经济建设与国防建设相互促进、协调发展的方针，坚持军民政治、经济、法律、道德等关系的全面发展，坚持在双拥各项活动中重质量、讲效益，坚持以人为本，充分体现军民意愿，满足军民需求，维护军民利益。根据政府职能转变等趋势，

有的提出把公共服务型理念引入双拥。这些思想，把科学发展观与双拥实践紧密结合起来，使科学发展观指导双拥不是简单的口号，进而付诸实实在在的行动，使双拥工作的时代特色更加明显。

二是围绕发展抓双拥，抓好双拥促发展。看起来这是一个老的概念，深入探讨分析，就会感到已经赋予了新的内涵。辽宁大连、河南新乡、广东珠海等地的论文谈到，发展是执政兴国的第一要务，现在的发展是科学的发展，双拥工作必须确立为科学发展服务的思想，围绕经济又快又好发展、经济社会全面发展、人与自然和谐发展等，挖掘军地潜力，发挥双方优势，促进科学发展目标的实现。这样来理解，围绕发展抓双拥就有了鲜明的创新特点，是以科学发展观为统领的。

三是双拥工作要为军队履行新使命服务。胡主席要求军队履行"三个提供、一个发挥"的历史使命，核心是维护国家安全利益和发展利益。这也是今后双拥工作的目标和任务。山东省双拥办、海军大连舰院等单位认为，双拥工作历来是为国防和军队建设服务的，必须适应军队履行新使命的要求，向支持军事斗争准备聚焦，向帮助实施科技强军战略推进，向服务中国特色军事变革拓展，为增强军队应对危机、维护和平、遏制战争、打赢战争能力，提供全方位的服务保障。这就把服务军队履行新使命，具体到支持以军事斗争准备为龙头的各项现实任务中，明确了今后双拥工作的着力点。以履行新使命为重要指示，紧密联系提高党的执政能力、联系党对军队的绝对领导的原则思考双拥，使新形势下双拥工作的政治意义更加凸显。

四是适应构建和谐社会融洽军民关系。构建和谐社会，是我们党从全面建设小康社会全局出发提出的一项重大战略任务。沈阳市双拥办和武警云南总队等单位提出，军地和谐是社会和谐的重要方面，构建社会主义和谐社会，要求双拥工作必须把密切军地感情、融洽军民关系作为经常性的基本任务，坚持从政治上看待和处理军政军民关系的原则，时刻维护团结稳定大局；协调处理好军地利益矛盾，在根本利益一致的基础上兼顾各自实际利益；切实维护军人、军属和优抚对象的合法权益，消除影响团结稳定因素。军民关系是政治性很强的社会关系，这一关系对社会的和谐有着至关重要的作用。把军政军民关系搞好了，构建和谐社会就有了坚实的基础，双拥工作的功能就与构建和谐社会的要求紧紧扣在了一起。

五是把履行双拥责任和义务变成广大军民的自觉实践。双拥的特色是群众广泛参与，双拥的任务要靠军民落实。把广大军民的积极性主动性调动起来，双拥工作才有活力和持久的生命力。广东东莞、广西南宁等地的同志提出，双拥既是军民的责任，也是军民的义务，必须靠教育培养，强化国防观念；靠文化熏陶，浓厚双拥氛围；靠典型示范，弘扬双拥传统；靠政策引导，激发参与双拥、支持双拥内在动力。实践证明，双拥责任和义务的履行，不是完全自发的过程，需要运用有效载体，采取有力措施。这也是对履行双拥责任和义务认识的深化，从这个意义上理解双拥的责任和义务，真正看作是关系国家长治久安的大事，就会真心做好，真心抓实。

六是整合资源推进双拥工作社会化。经过这次研讨，大家对双拥工作适应市场化、社会化等问题的认识逐步深化。普遍认为，随着社会结构和组织形式的变化，双拥工作遇到许多新课题，必须走市场化、社会化的路子。积极向"两新组织"延伸，扩大双拥工作的群众基础；向"窗口"行业延伸，为广大军民提供优质服务；向军地基层延伸，推动双拥任务落实，尤其是要充分利用社区平台，把拥军优属各项政策落实到位。这就使双拥工作与市场化、社会化的联接点逐步清晰。

七是依法开展双拥工作。依法治国是我国的基本方略，加强法制建设是政治建设的重要内容，是民主建设的重要载体。在国家法律法规日臻完善的新形势下，双拥工作十分需要依法规范、依法调节、依法落实。正如许多同志说的那样，依法双拥，走法制化路子，双拥工作才能强化规范性，提高权威性，增强长效性，实现稳定有序健康发展；依法双拥不能坐而论道，而要付诸行动，对立哪些法、谁来立法、由谁执法，都要认真研究，逐一明确，尽快落实，使双拥工作尽快走上法制化轨道。

八是双拥工作要适应形势增强服务效能。强化公共服务意识，发挥服务功能，是建设服务型政府的根本要求。这次研讨，河南省民政厅等单位，围绕适应服务型政府建设，增强双拥工作服务效能进行专题研究。他们提出，双拥工作既是社会行为，又是政府行为，必须把政府的公共服务理念引入双拥，叫响为改革发展大局服务、为国防和军队建设服务、为广大军民服务的口号；在直接促进生产力发展和战斗力生成上多做工作，发挥最大效能；把双拥服务的根本着眼点放在广大军民上，切实解决他们最现实、最直接、最关心的问题。这些思考，使双拥与政府职能转变相适应，与社会结构变化相衔接，丰富了双拥工作的内涵。

九是建立协调顺畅的双拥运行机制。双拥工作涉及军队和地方、关联经济和国防、牵动领导和群众，建立协调顺畅的运行机制是一个重要课题。安徽、江苏南京和西安政院的同志提到，现在尽管许多地方已建立了这样的机制，但机制是动态的、变化的，需要不断完善。这种完善既是社会变革的需要，也源于军民实践的创造。要完善组织领导机制，发挥各级双拥机构的组织、协调和指导作用；完善协调协作机制，沟通军地联系，协商处理问题，合力做好工作；完善监督制约机制，坚持定期检查讲评、重大事项报告、成员单位述职等制度。好的思想必须有好的机制去贯彻，双拥机制创新的问题，已经十分紧迫地摆在了我们面前。

十是双拥工作重在建设、重在落实。双拥工作是一项长期的战略任务，注重建设才能夯实基础，抓好落实才能发挥效能。大家认为，必须着眼长远建设，建强干部队伍，健全组织网络，完善政策制度；着眼增强实效，加强教育阵地、活动场所等基本设施建设；着眼工作落实，在抓基层、打基础上下工夫，使双拥工作扎实推进、稳步发展。在抓落实、重实效方面，山东等地支持中俄联合军演，内蒙古等地支持"神舟"六号飞船发射和回收，北京市出台义务兵乘坐公共交通工具、游览旅游景点免费优待规定等，产生了广泛的社会影响。一些同志谈到，抓落实虽然是个老课题，但从建设的角度看落实，又是一个能动的过程，需要经常抓、抓反复。

二、理论探索对双拥实践的启示

近年来的双拥理论研究，特别是这次研讨活动，以工作需求为课题，着重回答和解决现实问题，既是对理论的探索，也是对实践的深化。经过研讨，把理性思维向双拥实践转化，进而达到从认识到实践的演进，给我们的启示是多方面的。

第一，确立与形势任务相适应的工作思路。思路决定出路，用新的理念认识问题，用新的思路运筹工作，对双拥实践的发展至关重要。必须紧贴时代，充实新的内容，补充新的形式，不断赋予双拥工作以新的特色。必须紧贴中心，围绕全面建设小康社会和推进军事中国特色军事变革开展工作，更好地为国家和军队的中心任务服务。必须紧贴实际，立足国情、民情和军情，确定双拥目标，实现目标与手段、形式与效果的统一。必须紧贴军民，把双拥工作植根于军民之中，使之成为深受军民欢迎的社会工程。

第二，围绕经济社会全面协调发展延伸工作领域。大家感到，围绕经济社会发展做好双拥工作，要在推进经济又快又好发展中加强协作，整合军地资源，在加快城乡基础设施建设、生态环境建设和推进科技进步等方面，发挥军民团结协作的优势；建立完善军地一体的自然灾害预警应急机制，共同做好抢险救灾工作；要在推动社会文明进步中紧密配合，围绕加强政治文明、精神文明建设，组织军民积极参加创建文明城市、文明村镇、文明行业、文明社区活动，提高城乡文明程度和军民文明素质；要在促进社会和谐稳定中形成合力，建立军地协作处置突发事件和群体性事件的应急机制，组织军警民联防联治，为军地改革建设创造良好的社会环境。

第三，形成军地共同做好军事斗争准备的格局。从广义上讲，军事斗争准备是政治、军事、经济、科技等多领域的准备，是军队、武警和民兵预备役部队等多层面的准备，是物资装备、交通运输、信息通讯、医疗卫生等多方面的准备。军事斗争准备需要地方大力支持配合，需要形成军地共同准备、共谋打赢的局面，双拥工作在这方面任重道远、大有可为。要把双拥工作的重心切实放在支持军事斗争准备上，在精力投向、工作安排、经费保障等方面，真正突出出来。要在军事斗争准备中协调行动，发挥地方优势，帮助部队解决训练演习、人才培养和重点军事工程建设等方面遇到的实际问题。要协调做好参战支前各项准备，尽快健全支前领导机构，摸清支前潜力，完善支前预案，为配合部队遂行作战任务打好基础。在支持军事斗争准备上，必须预有准备，在这个重大政治问题上，来不得半点虚假，必须实打实。

第四，重视解决影响军民关系的突出问题。关注军地交往问题，进一步规范交往行为，减少影响军民团结的因素。解决利益矛盾问题，妥善处理地方开发开放与军事设施保护的矛盾，解决好房地产等军地历史遗留问题和训练演习群众损失赔偿问题。重视政策落实问题，对转业退伍军人安置、随军家属就业、重点优抚对象生活保障等重点难点问题，进行深入研究，寻求根本的办法和措施。处理好官兵涉法问题，健全机制，完善措施，加大审理和执行力度，切实维护军人及其家属合法权益。特别对发生的军民纠纷，军地要密切配合，及时妥善处理。在处理这个问题上，要充分认识，我们的军队是党的军队、国家的军队、人民的军队，军队的利益是和党、国家和人民的利益紧密联系在一起的。

第五，加强双拥文化建设。这是双拥工作的新理念。双拥文化是有中国特色社会主义文化的有机构成，是感染熏陶和激励鼓舞广大军民自觉弘扬双拥传统、维护军政军民团结的强大精神力量。双拥工作越发展，越需要营造浓厚的双拥文化氛围。人们的双拥文化素养提高了，国防观念增强了，军政军民团结就有了坚实的思想基础。要结合纪念红军长征胜利七十周年等重大时机，组织开展国防知识竞赛、双拥题材的影视片展播等系列活动。继续办好春节、“八一”双拥晚会，用丰富多彩的双拥文化教育军民；推出一批反映双拥传统的影视、文学作品和歌曲，增强双拥宣传教育的吸引力、感染力。

第六，以改革创新精神推进工作。这次研讨活动一个重要启示是，双拥工作必须有改革的手段、创新的办法。要有机制的创新，注重完善《双拥模范城（县）创建命名管理办法》，强化激励竞争机制。要有内容的创新，继续探索新型经济组织和新的社会阶层开展拥军活动的途径和办法，拓展双拥工作的领域和范围。要有手段的创新，适应发展社会主义市场经济的要求，综合运用行政、经济、法律等手段，促进拥军优抚安置政策的落实。要有制度的创新，建立完善联席会议、现场办公等双拥议事协调制度，加大协调力度，保证双拥工作开展和各项任务落实。

三、对明年双拥工作的一些思考

明年，是国家和军队实施“十一五”规划的开局之年，双拥工作面临的任务很重。这次理论研究的成果，对筹划和做好明年的双拥工作也有一定的现实意义。会后，我们要认真研究梳理，充分吸纳到明年的工作要点之中。对明年的工作，全国双拥工作领导小组全会要研究部署。借这个机会，谈一些初步思考。

一是围绕实施“十一五”规划做好支援国家建设工作。明年要依据“十一五”规划，研究制定军队参加和支援国家建设的计划。继续做好支援西部大开发、东北老工业基地振兴工作，有计划地援建一批新开工的项目。以支援“三农”为重点，扎实开展扶贫帮困工作，启动在革命老区、民族地区和贫困地区援建“八一”希望小学活动。加强与国家和地方有关部门联系，建立自然灾害预测信息交流制度，进一步做好抢险救灾工作。组织驻京、驻沪部队，做好支持北京奥运会和上海市博会工作。

二是进一步加大支持军事斗争准备的力度。根据军事斗争准备需要和大家的建议，明年要在健全支前体系、保障训练演习、完善相关政策法规上下工夫。在抓好试点的同时，指导有关省（区、市）

健全支前领导机构，制定完善参战支前预案。明年部队训练演习任务很重，要搞好场地、道路、通信、食宿等保障，协助做好群众损失赔偿等工作，保证训练演习任务的圆满完成。深入开展科技拥军、信息拥军、教育拥军等活动，帮助培养高素质新型军事人才，促进部队战斗力的生成和提高。启动战时人民群众参战支前有关事项的研究，为制定有关政策作准备。

三是深入开展创建双拥模范城（县）活动。这次研讨中，大家对创建活动反映了一些问题，提出了许多建议。比如，要维护双拥模范城（县）的声誉，减少命名数量，提高质量；还比如，要建立科学的评估体系，像文明城评比一样，对一些项目能细化的细化、能量化的量化；再比如，要把集中检查和平时抽查结合起来，加大检查监督力度，重实绩、看实效，不搞迁就照顾。上海市双拥办同志的发言，给我们很多启发。我们要吸收大家的意见，进一步修改完善创建命名管理办法。引导各地各部队端正创建指导思想，把精力和劲头用在实实在在的工作上，抓好各项工作在基层落实，特别要解决好广大军民普遍关心的重点难点问题，真正把评选推荐过程变成推动工作落实过程。还有一个问题强调一下，在处理军民纠纷上，军地要协调配合。不宜一出问题就往上捅，干扰上面的工作，可在处理好的基础上上报。出现严重问题，军地双方也要协调处理，以免最后结论与原报情况产生较大差异。

四是加强双拥政策法规建设。双拥法规不到位、不配套、不规范、不完善的问题还比较突出，需要认真研究解决。明年要加快立法进程，研究制定双拥工作条例、战时人民群众参战支前条例，启动军人权益保护法、退役士兵安置条例等法规起草工作。各地也要结合实际，制定出台有关地方性法规。要加强执法监督，建立人大监督、舆论监督和群众监督机制，促进双拥法规落实。双拥立法明年一定要有实实在在的动作，尽快启动与军事斗争准备相关的法律法规的起草工作。

五是进一步完善双拥工作机制。这次研讨会上，沈阳军区政治部办公室、湖北省军区政治部、西安政院等单位的同志都建议，要把完善机制作为推动双拥工作创新发展的重要举措，下大力抓好。要总结推广双拥联席会议制度的经验，建立完善训练演习群众损失赔偿机制、支前保障机制、抢险救灾军地协作机制等，为双拥工作持续深入发展夯实组织基础。

这次理论研讨会就要结束了，双拥理论研究和实践探索永无止境。大家回去后，一方面要认真消化吸收这次会议的成果，用以指导和推动双拥实践；另一方面，还要在实践中继续探索研究，回答和解决面临的新情况新问题。通过研究、实践、再研究、再实践，推动双拥工作向更高层次发展。

这次会议在成都召开，四川省党政军领导非常重视，省双拥办和成都军区、四川省军区有关部门做了大量工作，为会议提供了有力保障和周到服务。让我们以热烈的掌声，再一次表示衷心的感谢！

政策法规选编

天津市创建双拥模范城（县、单位）活动实施办法

（2005年11月4日）

第一章 总 则

第一条 为推动我市创建双拥模范城（县、单位）活动广泛、深入、持久地开展，根据全国双拥工作领导小组《双拥模范城（县）创建命名管理办法》，结合我市具体情况制定本办法。

第二条 双拥模范城（县）是拥军优属、拥政爱民工作成绩突出、具有榜样和示范作用，并经过规定程序命名的先进典型，是区县党委、政府、驻军领导机关和全体军民共同的政治荣誉。

第三条 创建双拥模范城（县）活动，要坚持马列主义、毛泽东思想，高举邓小平理论伟大旗帜，以“三个代表”重要思想为指导，按照科学发展观、构建社会主义和谐社会的要求，着眼于巩固和发展同呼吸、共命运、心连心的新型军政军民关系。围绕党的中心任务，为国家的改革、发展、稳定和军队全面建设搞好服务。把促进社会生产力的发展与提高部队战斗力结合起来，促进双拥工作整体水平的提高。

第四条 双拥模范城（县）分为全国和天津市两级。双拥模范单位和个人分为全国、市、区（县）三级。全国双拥模范城（县）、模范单位、模范个人由全国双拥工作领导小组批准，以民政部、总政治部名义命名。市级双拥模范城（县）、模范单位和模范个人由市委、市政府、天津警备区批准并命名。区县级双拥模范单位、模范个人由区县党委、政府批准并命名。

第五条 命名的双拥模范城（县）实行动态管理，坚持标准，注重实效，保证质量，命名工作坚持公开、透明的原则，不搞照顾平衡，不搞终身制。

第二章 双拥模范城（县）的基本标准

第六条 命名双拥模范城（县）坚持以下标准：

（1）组织领导坚强有力。区县党委、政府和驻区县部队把双拥工作纳入经济、社会发展和部队建设的总体规划，作为事关全局、涉及长远的大事来抓，健全以军地主要领导牵头、各有关职能部门参加的双拥工作领导小组及其办公室，党政军领导机关抓双拥工作形成合力，军地各有关部门职责明确，切实履行职责。

落实全国和市关于双拥办建设要求，区县双拥工作办公室做到有组织机构和工作网络、有专项工作人员编制、有专项办公和活动经费、有办公用房、有必要的交通工具，充分发挥双拥办的组织、协调和指导作用。

（2）国防教育广泛深入。认真贯彻《中华人民共和国国防教育法》、《天津市国防教育条例》，把国防教育纳入全民教育体系，列入宣传、教育、文化、广播电视、新闻出版等部门的工作计划，做到年度有部署，平时有检查。有适应本地区、本单位实际情况的教育制度、教育设施、教育方法。重大节日、重大活动主要城镇、街道社区及营区有浓厚的双拥宣传氛围，有永久性双拥标志、标语。通过宣传教育，形成人人关心支持国防建设，自觉维护军政军民团结的良好风尚。

（3）双拥活动坚持经常。开展双拥活动注重落实，讲求实效。每年有整体规划，季度有具体安排，积极探索富有时代特点和当地特色的活动内容和形式，活动经常。各项活动主题鲜明，重点突出，形式活泼，广大军民积极参与。健全各项制度，定期检查总结，推进双拥工作社会化、经常

化、制度化。

（4）军民共建富有成效。在军民共建活动中做到有组织、有制度。坚持把促进军地理想信念、思想道德和科学文化建设，培养有理想、有道德、有文化、有纪律的社会主义新人，作为军民共建社会主义精神文明活动的根本任务，为改革开放和现代化建设提供精神动力和智力支持。贯彻落实《公民道德建设实施纲要》，把道德建设作为军民共建活动的重要内容，大力倡导“爱国守法、明礼诚信、团结友善、勤俭自强、敬业奉献”的基本道德规范。军民积极参加创建文明城市、文明村镇、文明行业活动，对弘扬社会主义道德风尚，加强军政军民团结和民族团结产生促进作用。军（警）民联防联治活动开展经常，在社会治安综合治理中发挥重要作用。百分之七十以上的军民共建点被评为县（团）级以上先进单位。

（5）政策法规落到实处。认真贯彻执行党和国家有关国防建设和加强军政军民团结的政策、法律、规定，适应形势的发展，不断完善与之相配套的政策法规。地方积极支持与配合部队完成军事训练、战备执勤、教学科研、国防施工等各项任务，军事设施得到有效保护，粮油水电等按质按量供应。转业复员军官、退役士兵、军队离退休干部、残疾军人和随军家属得到妥善安置；军人及其家属的合法权益得到保障；国防后备力量建设成效明显，兵员征集保证质量，按计划完成任务；义务兵家属优待和在乡老红军、老复员军人、残疾军人和烈军属抚恤补助优待达到市规定的标准，优抚对象的生活难、医疗难、住房难得到较好解决，重点优抚对象的生活不低于当地平均生活水平。部队模范执行党和国家的政策法规，严格遵守群众纪律，认真落实总部规定的义务劳动日时间；积极支援国家经济建设和社会公益事业建设，做好扶贫帮困、科技助民工作；奋勇参加抢险救灾，在保护国家利益和人民生命财产的斗争中发挥生力军和突击队作用；认真做好应付各种突发事件、维护社会稳定的工作，为改革开放和现代化建设做出应有贡献。

（6）军政军民关系融洽。地方党委、政府和人民群众爱护军队，尊重军人，关心部队建设。军队尊重政府，热爱人民，支持地方工作。军政军民互相关心、互相爱护、互相支持，亲如一家，军地地界清晰，无历史遗留问题；军地之间无重大纠纷。发生纠纷，军地领导主动出面，及时妥善解决。

第三章　双拥模范城（县）命名程序

第七条　市级双拥模范城（县）和模范单位、模范个人，每3年命名一次，命名时间由市双拥工作领导小组确定，命名工作坚持严格掌握命名标准，严格履行命名程序，严格控制命名数量。申报市级双拥模范城（县）须由区县双拥工作领导小组写出自荐报告和事迹材料，经市双拥工作职能部门和区县之间考评，市双拥工作领导小组审核，报市委、市政府、天津警备区批准并命名。市级双拥模范单位、模范个人采取自下而上评选，区县双拥工作领导小组推荐，市双拥工作领导小组审核，报市委、市政府、天津警备区批准并命名。区县双拥模范单位和个人的命名由区县双拥工作领导小组自行确定。

第八条　命名双拥模范城（县）以精神鼓励为主，被命名的市级双拥模范城（县）、模范单位、模范个人由市委、市政府、天津警备区发布命名决定，举行命名大会授予牌匾，颁发荣誉证书。

第九条　全国双拥模范城（县）每3年命名一次。获得市级双拥模范荣誉的区县，可自荐全国双拥模范城（县）。市双拥工作领导小组根据全国下达的表彰名额和考核情况，按程序提出全国双拥模范城（县）、模范单位、模范个人推荐名单和事迹材料，征求北京军区意见，经市委、市政府、天津警备区审议后，报送全国双拥工作领导小组审批并命名。

第四章　双拥模范城（县）管理

第十条　市双拥工作领导小组每年对区县创建双拥模范城（县）活动进行年度考核，市双拥工作考核小组由市双拥办、市双拥工作职能部门、区县双拥办人员组成。区县双拥工作考核分四步进行：

一是区县自查并提交自查报告；二是市考核小组检查工作资料，检查工作资料包括：工作计划、活动方案、工作记录、政策法规、会议记录、文件、讲话、领导批示、工作简报、工作统计、图片档案；三是市双拥办抽查，考核小组根据掌握的情况和区县自查报告中出现的不能准确确定的情况进行抽查。采用随机检查工作资料、座谈了解、入户访问、调查问卷等形式检查军地基层单位双拥工作情况；四是区县双拥工作汇报评议，评议工作分为市双拥工作职能部门对区县工作评议和区县之间相互评议，市双拥工作职能部门评议分占考核成绩的60%，区县评议分占考核成绩40%，评议内容和评分标准按照《市双拥工作职能部门考核评分表》、《天津市区县双拥工作考核评分细则》执行。三个年度考核成绩按30%、30%、40%比例累计计算，依据考核成绩进行排序并评出市级双拥模范城（县）。

第十一条 双拥模范城（县）要以命名为新的起点，坚持巩固、发展、提高的方针，不断研究新情况，解决新问题，总结新经验，取得新成绩。市双拥工作领导小组及时将年度考核情况通报区县，对工作无新进展的提出整改意见，限期改正。

第十二条 双拥模范城（县）如发生军民纠纷，应及时妥善解决，并将情况报市双拥办。隐情不报或不及时采取有力措施解决的给予通报批评。发生重大军地、军民纠纷隐情不报的，取消当年度考核成绩。

第五章 附 则

第十三条 天津市创建双拥模范城（县、单位）实施办法自发布之日起施行。

第十四条 天津市创建双拥模范城（县、单位）实施办法由市双拥工作领导小组办公室负责解释。

黑龙江省双拥工作领导小组职能和工作制度

为了进一步做好新形势下的拥军优属、拥政爱民工作，巩固和发展军政军民团结的大好局面，依据党中央、国务院、中央军委有关指示精神和省委、省政府关于做好双拥工作的要求，制定本规定。

一、主要任务

在省委、省政府的领导下，以邓小平理论和“三个代表”重要思想为指导，贯彻执行党的路线、方针、政策和国家有关法律、法规，紧紧围绕全面建设小康社会和推进中国特色军事变革，指导和协调全省拥军优属、拥政爱民工作，加强军政军民团结，为促进经济发展、维护社会稳定和推动部队全面建设服务。

二、工作职责

贯彻落实全国双拥工作领导小组和全国双拥办的工作任务；指导、协调和研究部署全省的拥军优属、拥政爱民工作；研究解决双拥工作中涉及全省性的问题，制定有关政策、法规；协调处理军地关系中一些重大问题；组织交流情况，推广先进经验，表彰先进典型；承办省委、省政府、省军区交办的有关事项。

三、会议制度

（一）省双拥工作领导小组全体会议。每年召开一次。会议由组长或副组长召集。出席人员为领导小组组长、副组长、成员、办公室负责同志。可根据需要邀请省直有关部门负责人和各地市双拥办主任列席。

会议的主要内容有：研究贯彻落实全国双拥工作领导小组和全国双拥办的工作任务；贯彻落实省委、省政府、省军区有关双拥工作的重要指示；研究决定全省双拥工作的方针、政策和重大措施；研究军政军民关系方面的重大问题；审定年度全省双拥工作要点；审议年度全省双拥工作总结报告和年度经费预算；审批全省双拥模范城（县）、双拥模范单位和双拥模范个人；审批各地市双拥工作领导小组、省双拥工作领导小组成员单位的重要请示和报告；听取省双拥办公室工作报告；研究其他需要领导小组全体会议讨论决定的重要事项。

领导小组全体会议由办公室承办。会前应将议题和所议内容送达领导小组全体成员，会后整理形成纪要，由会议召集人签发。

（二）省双拥工作领导小组组长办公会。由组长视情召集。出席会议人员为组长、副组长和办公室负责同志。可根据需要邀请有关部门负责同志列席。会议的主要内容是：研究解决双拥工作中一些紧急和重要问题以及其他需要由组长办公会决定的事项。

（三）全省双拥工作会议。报请省委、省政府、省军区批准后以省双拥工作领导小组名义召开。一般每5年举行一次，必要时可提前或推后召开。会议的主要任务是：研究制定双拥工作的方针、政策，总结工作，交流经验，部署任务，表彰先进。

（四）全省双拥模范城（县）、双拥模范单位和双拥模范个人命名表彰大会。报请省委、省政府、省军区批准后以省双拥工作领导小组名义召开。依据《黑龙江省〈双拥模范城（县）创建命名管理办法〉实施细则》，一般每3年召开一次，命名表彰全省双拥模范城（县）、双拥模范单位和双拥模范个人。命名表彰大会与工作会议时间相近时，可一并举行。

（五）其他会议。根据需要报批后召开。

四、报告工作制度

省双拥工作领导小组适时向省委、省政府、省军区报告全省双拥工作情况，请示有关重大问题。

各地市双拥工作领导小组要向省双拥工作领导小组报告年度工作计划、年终工作总结和召开的重要会议、做出的重要决定等。

黑龙江省双拥工作领导小组办公室职责和工作制度

省双拥工作领导小组办公室是省双拥工作领导小组的办事机构，负责承办日常工作。

一、主要职责

（一）负责办理省双拥工作领导小组全体会议和组长办公会决定事项。

（二）承办省双拥工作领导小组召开的各类会议和活动。

（三）负责与领导小组成员单位的联系、协调工作，承办向领导小组报告工作事宜。

（四）负责与各地市双拥办联系，承办向领导小组报告工作事宜。

（五）提出研究制定双拥工作政策、法规的建议；研究解决军政军民关系中一些重要问题。

（六）开展调查研究，总结工作情况，推广典型经验；组织协调全省性的双拥宣传。

（七）指导各成员单位和各级双拥办开展双拥业务工作。

（八）负责起草、呈报、收发、管理文电工作。

（九）编印双拥工作简报和资料。

（十）承办省双拥工作领导小组交办的其他事项。

二、会议制度

（一）全省各地市双拥办主任会议。根据需要召开。主要内容是：传达省双拥工作领导小组全体会议精神；研究部署双拥工作；总结、交流双拥工作情况和经验。

（二）省双拥工作领导小组成员单位联络员会议。根据需要召开。主要内容是：传达领导小组全会精神；研究部署双拥工作；总结、交流各单位开展双拥工作的情况和经验；研究提出解决热点难点问题的政策性意见；听取各单位对加强和改进双拥工作的建议。会后将会议情况报告领导小组。

（三）省双拥办主任会议。一般每季度召开一次。由主任或副主任主持，全体同志参加。主要内容是：部署和总结工作以及需要全体会议讨论决定的事项。会前要将有关文件材料送达与会领导，会后形成纪要。

（四）省双拥办业务工作会议。一般每月召开一次。由分管具体工作的副主任主持。主要内容是：研究决定业务工作或自身建设等方面的重要问题，会后形成《议定事项》。

（五）其他会议。根据工作需要适时召开。

三、公文处理

省双拥工作领导小组和省双拥办的公文，是传达贯彻省委、省政府、省军区和省双拥工作领导小组的方针、政策，传达有关双拥工作指示，部署工作，沟通情况，交流经验的主要工具，具有相应的效力和约束力。公文处理必须做到及时、准确、安全、保密。

省双拥工作领导小组行文关系：向全国双拥工作领导小组、全国双拥工作领导小组办公室和省委、省政府、省军区行文，请示事项和报告工作；向省委各部门，省政府各委、办、厅、局，各直属机构，各人民团体，各驻军（警）部队，各地市党委、政府和双拥工作领导小组行文，通报双拥工作情况，通知双拥工作有关事项。

省双拥工作领导小组办公室行文关系：向全国双拥工作领导小组办公室行文，请示和汇报工作；向省委各部门，省政府各委、办、厅、局，各直属机构，各人民团体和各驻军（警）部队有关部门，各地市双拥工作领导小组和办公室行文，传达双拥工作指示，通报工作情况，通知双拥工作有关事项。

省双拥工作领导小组和办公室的公文种类、公文格式、行文规则，公文办理、管理、立卷、归档等，按照国务院办公厅发布的《国家行政机关公文处理办法》（国办发［2000］23号）执行。

四、国有资产、财务和印章管理

（一）国有资产管理

省双拥办的国有资产管理，按照国务院和省政府有关规定进行管理。

（二）财务管理

省双拥办业务经费由省财政厅拨款，专款专用。

省双拥办的业务经费分为日常办公经费和专项经费。日常办公经费主要包括：办公费、设备购置费、车辆维修费、汽油费、租用车库费、调研（差旅）费、文件印刷费、电话费、宣传费、接待费等。专项经费主要包括：定期慰问和临时性慰问所需经费。

经费申请由省双拥办根据年度工作安排制定经费预算，报省双拥工作领导小组领导批准后，由省财政厅核拨。特殊情况下经费开支由省双拥办写出申请，省财政厅核拨。

专项经费结算报双拥办副主任审批；办公经费由主持日常工作的副主任审批。

要按照财务制度加强对经费使用的审核和管理，年终对经费支出情况写出报告报主任、副主任并向全体同志公布，接受民主监督和审计检查。

（三）印章管理

印章由双拥办指定专人管理，并实行用印登记。印制文件凭领导批件用印。其他需要用省双拥工作领导小组印章，由组长或副组长批准；用省双拥办印章，由主任或副主任批准。

五、工作人员守则

（一）努力学习马克思列宁主义、毛泽东思想、邓小平理论和“三个代表”重要思想，具有履行职责所需要的理论素养。

（二）认真贯彻执行党的路线方针政策和上级的决议、命令、指示，严格遵守国家的法律、法规，努力学习双拥工作的政策规定，具有较高的政策水平。

（三）热爱双拥工作，忠于职守，精通业务，勤奋刻苦，具有较强的调查研究能力、文字表达能力、协调办事能力和帮助基层解决问题的工作能力。

（四）顾全大局，坚持原则，公道正派，廉洁自律，谦虚谨慎，团结协作，具有良好的思想品德。

（五）深入实际，联系群众，实事求是，言行一致，自觉为军地服务，为广大军民服务，具有求真务实的工作作风。

上海市双拥工作领导小组成员单位联络员工作职责

上海市双拥工作领导小组成员单位联络员在各成员单位分管领导带领下，负责具体联系、协调、承办本单位双拥工作的日常事务。其职责如下：

一、积极参与本市双拥工作，负责本单位、本系统与市双拥办的日常联系和协调工作。

二、协助本单位有关领导履行本单位、本系统的双拥工作职责。

三、负责向市双拥工作领导小组报告本单位、本系统双拥工作的年度计划、年终总结、重大事项、重大活动、重要会议、重要决定，以及开展双拥工作的基本情况和经验等；负责向本单位分管领导汇报市双拥工作领导小组和市双拥办通过联络员转达的文件、资料、通知等。

四、负责配合市双拥办协调处理涉及本单位、本系统的双拥工作或驻沪部队建设的具体事务。

五、负责及时向市双拥办通报本单位、本系统的双拥工作领导小组成员及其通讯资料的变更情况。

六、参加市双拥工作领导小组或市双拥办组织的有关会议或活动，其中上海市双拥工作领导小组成员单位联络员会议一般每半年召开一次。

江苏省关于开展评选、命名第八届省级双拥模范城（县、区）活动的通知

（2005 年 9 月 2 日）

各市双拥工作领导小组：

为贯彻落实省委、省政府、省军区关于进一步做好新形势下双拥工作，加强军政军民团结的指示精神，推动我省创建双拥模范城（县、区）活动广泛、深入、持久地开展，根据《江苏省双拥模范城（县）命名管理办法》，现就评选、命名第八届省级双拥模范城（县、区）活动的有关问题通知如下：

一、指导思想和总体要求

以邓小平理论、“三个代表”重要思想和科学发展观为指导，着眼于巩固发展“同呼吸、共命运、心连心”的军政军民关系，紧紧围绕我省“两个率先”目标和驻江苏部队现代化建设，积极推动双拥工作重点、难点问题的解决，依据国家和省级双拥模范城（县）命名管理办法，坚持能上能下，不搞终身制，实行“公开、公正、公平”的考核机制，使创建工作更趋科学、合理，推进全省双拥工作整体水平的提高。

二、评选、命名工作的有关事项

1. 时间界定。本届双拥模范城（县）创建、考核时间界定为 2003 年～2005 年。

2. 本届双拥模范城（县、区）统一在省制订的评比标准和控制的指标范围内进行。2005 年 10 月 31 日前，由各市根据创建情况先自评申报，经市委、市政府、军分区（警备区）考核，以市双拥工作领导小组名义向省双拥工作领导小组写出书面申评报告，并附推荐单位的事迹材料一式 5 份，报

省双拥工作领导小组办公室。

3.2005年12月31日前，省双拥工作领导小组办公室将会同省双拥工作领导小组有关成员单位组织对各市推荐命名的单位进行抽查验收，提出初选意见，经省双拥工作领导小组审议后，报省委、省政府、省军区批准命名。

4.考核采用量化制，总分为120分，考评全部合格加奖励20分。考核中，有项目分数被扣除，同时从奖励分中扣除相应奖励分数，名次按得分多少排列，总分不达100分为不合格。

5.评选工作完成后，明年一季度召开全省命名大会。

三、名额分配

第八届省级双拥模范城（县、区）命名名额，依据《江苏省双拥模范城（县）命名管理办法》和2005年8月12日省双拥工作领导小组全体成员会议确定的意见，原则上与上届命名数基本持平（具体名额另行通知）。

四、加强领导

1.各级领导要高度重视，加强领导，精心组织，把这次评选、命名活动作为今年下半年双拥工作的重要任务，把创建的过程作为双拥工作再宣传、再发动、再落实的过程，全面提高本地区、本单位双拥工作的整体水平。

2.各省辖市要严格按考评标准、程序进行，做到评比考核标准公开、评选考核程序公开、评选考核结果公开。要坚持标准和能上能下、不搞迁就照顾的原则，对拟申报双拥模范城（县、区）的单位由双拥工作领导小组办公室在媒体上公示，并设立举报电话，接受群众和广大优抚对象的监督。如有弄虚作假或条件明显不符者，一经查实，取消评选资格。

3.各省辖市申报省级双拥模范城（县、区）的数量不得突破已确定的分配名额。

浙江省关于将全省红军失散人员、在乡抗战老战士纳入基本医疗保险管理范围的意见

（2005年12月1日）

各市、县（市、区）民政局、财政局、劳动和社会保障局：

今明两年，是纪念抗战胜利60周年和红军长征70周年。为做好红军和抗战老战士的医疗保障工作，特别是使红军失散人员、在乡抗战老战士等重点优抚对象更真切地感受到党和政府的关怀，经省人民政府同意，现就全省红军失散人员、在乡抗战老战士纳入当地基本医疗保险管理范围的问题，提出如下意见：

一、范围和对象

全省红军失散人员、在乡抗战老战士由医疗保险经办机构（或社会保险经办机构）按照属地原则分别纳入当地基本医疗保险管理范围。在杭人员纳入杭州市基本医疗保险管理范围。

二、筹资水平和经费保障

红军失散人员、在乡抗战老战士的医疗保障所需经费，人均按上年度全省社会平均工资8%标准筹集，所需经费由省财政预算安排，按年划拨。

三、经费管理

红军失散人员、在乡抗战老战士的基本医疗的统筹管理工作，由民政部门负责统计核实人数；财政部门安排经费，每年按人数将所需经费一次性划拨当地医保经办机构；社（医）保部门承办具体医疗保险业务。红军失散人员、在乡抗战老战士的医疗保障经费由当地医保经办机构纳入当地基本医疗保险统筹基金，统一管理、统一使用。

四、红军失散人员、在乡抗战老战士的门诊医疗费用，由当地政府根据实际统筹解决。

五、红军失散人员、在乡抗战老战士的医疗保障待遇参照当地企业退休人员待遇，从2006年1月1日起执行。当年医疗费用个人自负部分过重影响基本生活的，可申请医疗救助予以解决。

浙江省民政厅　浙江省财政厅转发民政部、财政部《关于提高部分优抚对象抚恤补助标准的通知》

（2005年5月23日）

各市、县（市、区）民政局、财政局（宁波不发）：

为贯彻《军人抚恤优待条例》，民政部、财政部决定从2004年10月1日起，提高部分优抚对象的抚恤补助标准。现将民政部、财政部《关于提高部分优抚对象抚恤补助标准的通知》（民发［2005］52号）转发给你们，并提出如下贯彻意见，请一并遵照执行：

一、按照中共浙江省委《转发〈省委宣传部、省委党史研究室、省军区政治部关于中国人民抗日战争暨世界反法西斯战争胜利60周年纪念活动的请示〉的通知》（浙委发［2005］41号）要求，各地要在今年6月底前建立起重点优抚对象优抚标准自然增长机制，9月前按新的优抚标准发放优抚金。

二、在国家机关、社会团体、企事业单位工作的残疾军人，残疾抚恤金按中央制定的标准执行；无工作的残疾军人抚恤标准，按当地自然增长机制的优抚标准执行。

三、各地重点优抚对象优抚标准自然增长机制的标准低于中央抚恤补助标准的，按中央标准执行。

四、根据民政部、财政部《关于提高回乡务农抗战老战士等在乡复员军人生活补助标准和维修抗日烈士纪念设施等工作的通知》（民发［2005］54号）精神，从2005年1月1日起，抗日战争时期入伍的在乡复员军人，在当地自然增长机制优抚标准的基础上每人每年增加750元补助；解放战争时期和1954年10月31日前入伍的在乡复员军人，在当地自然增长机制优抚标准的基础上每人每年增加250元补助。增加补助所需经费，由中央和省财政另行下达。

福建省双拥模范城（县）创建命名管理办法实施细则

（2005年5月30日）

为了贯彻落实全国双拥工作领导小组修订颁发的《双拥模范城（县）创建命名管理办法》，进一步推动双拥工作的创新发展，结合我省实际，特制订本实施细则。

一、双拥模范城（县）的基本标准

双拥模范城（县）是党政军民共同的政治荣

誉，命名时应坚持以下标准：

（一）各级领导高度重视，办事机构健全得力

1. 地方党委、政府和驻军领导机关高度重视双拥工作，纳入地方和部队建设的总体规划及年度工作计划，摆上重要议事日程，重大事项党政主要领导要亲自过问，及时研究解决双拥工作遇到的重点、难点、热点问题，不断推进双拥活动的广泛深入开展，取得显著成绩。

2. 双拥工作领导小组机构健全，坚持例会制度，认真履行工作职责，对双拥工作做到有研究、有计划、有部署、有检查、有总结，认真抓落实。领导小组各成员单位认真履行职责和义务，主动协作配合，形成齐抓共管双拥工作的坚强合力。

3. 双拥办公室编制、人员、经费、车辆、办公用房落实，重视自身的政治、思想、业务、作风建设，充分发挥谋划、协调、检查、指导和抓落实的作用，成为党政军领导抓双拥工作的得力“参谋”，成为双拥工作领导小组称职的日常办事机构。

（二）国防教育和双拥宣传广泛深入，军爱民、民拥军成为社会风尚

1. 认真贯彻《中华人民共和国国防教育法》，把国防教育纳入宣传、教育、文化、广播、影视、新闻出版等部门的工作计划，并认真组织实施。国防教育办事机构健全，工作运转正常，每年有计划、有部署，平时有检查、抓落实，保证教育对象、教育时间、教育内容、教育效果的落实。重视国防教育基地建设和管理，充分发挥国防教育基地和其他具有国防教育功能场所的宣传教育作用。通过经常性的国防教育，有效地提高全民国防观念，形成人人关心支持国防和军队建设，自觉维护军政军民团结的良好局面。

2. 地方拥军优属宣传、部队拥政爱民教育深入人心，广大军民积极参与各项双拥活动。每年“八一”、元旦、春节期间，广泛开展双拥光荣传统和先进典型的宣传活动，军地互相走访慰问，互办实事，社会双拥氛围浓厚，军政军民关系融洽。

3. 双拥政策法规宣传纳入全民普法教育计划，统一安排部署，统一组织实施，统一检查验收。通过宣传教育，广大军民牢固树立依法双拥观念，现行双拥政策法规得到普遍落实。

（三）支持部队建设卓有成效，军事斗争准备扎实推进

1. 继续保持适度财政投入，有计划地支持和完善驻闽部队的基础设施、训练设施、文化设施、菜篮子工程“四项”建设，帮助驻军不断改善战备、训练、执勤、工作和生活条件，促进部队全面建设。

2. 大力支持部队军事行动，全方位多层次做好拥军支前工作，保障部队圆满完成军事演习等任务。积极帮助部队解决日常军事训练、战备执勤、国防施工等任务中遇到的实际问题，保障部队顺利完成各项战备任务。采取特事特办措施，认真协助新组建、新入闽部队解决住房、交通、水电及物资供应、家属就业、子女入学等实际问题，保障部队尽快安顿下来，顺利执行战备任务。

3. 认真贯彻落实全省科技拥军、科技助民工作经验交流会精神，充分发挥地方科教优势，广泛深入开展科技拥军活动，积极帮助部队培养高素质的新型军事人才，尽力协助部队完成各项科研和技术革新任务，主动为部队提供科技咨询和信息服务，多方面支持部队实施科技强军战略，搞好信息化建设。整合科技拥军“六大资源”、建立“六个基地”，把现有各类资源配置到最能促进部队战斗力跃升的领域，努力实现科技拥军基地化和规范化。

4. 按照省有关部门下达的计划，贯彻“平战结合、军民兼容”的方针，认真抓紧未来战场建设，按时完成交通战备、机场港口、国防光缆、战备仓库以及军供站和支前物资供应站等建设任务。认真贯彻执行《军事设施保护法》，切实维护国防和军事安全，没有发生破坏军事设施的重大案件。认真做好兵员、经济、科技、人防、交通、支前等战时动员准备工作，进行支前保障演练，进一步提高战时快速动员保障能力，圆满完成上级赋予的各项任务。

5. 严格贯彻执行征兵政策，确保兵员质量，

为部队输送合格兵员，无责任退兵，保质保量完成征兵任务。

6. 认真贯彻闽委［2004］32 号文件精神，积极支持部队后勤社会化改革，在饮食、营房、交通油料、医疗保障以及商业服务、职工养老保险等方面，为部队提供良好的保障条件。

（四）优抚安置政策落到实处，拥军优属工作协调发展

1. 认真贯彻执行国务院、中央军委修订颁布的《军人抚恤优待条例》和省政府出台的实施办法，全面落实各项抚恤优待政策。对优抚对象做到政治上关心、生产上扶持、生活上照顾，及时帮助解决实际困难，分享经济社会发展成果。

2. 完善和落实优抚对象抚恤补助标准自然增长机制，确保抚恤补助金按当地上年度城乡人均收入增长比例增长，并及时予以兑现。

3. 义务兵服役期间，其家庭由当地政府发给优待金，优待标准不低于省定标准（2005 年以后按新颁布的《军人抚恤优待条例》的有关规定执行），并确保按时足额发放。

4. 进一步巩固“爱心献功臣行动”成果，继续解决好重点优抚对象的“三难”问题，保障其安度晚年。采取切实有效措施，从政策制度上解决重点优抚对象的医疗难问题，保证重病能得到及时救治。

5. 按照中央关于军队干部转业安置办法和省里有关政策，按时妥善完成军转干部安置任务，做到本人、部队基本满意。

6. 认真落实退役士兵安置政策，采取安置与扶持就业相结合的办法进行妥善安置，使其权益得到保障；大力开展扶持就业的服务工作，认真落实扶持城镇退役士兵自谋职业的优惠政策，自谋职业率达到省定标准。

7. 切实做好军队离退休干部和无军籍职工的接收安置工作，落实其政治、生活、医疗等待遇。重视军休所建设，积极为其解决实际问题，保障军休干部安度晚年。

8. 认真贯彻省人事、劳动、民政、工商、税务等部门联合出台的《驻闽部队随军家属就业保障暂行规定》，多渠道解决随军家属的就业问题。随军随调家属得到妥善安置，下岗随军家属纳入再就业工程，随军家属自谋职业的给予优惠政策照顾，待业随军家属发给生活补助费。重视解决部队子女入托上学问题，使其受到良好教育。

（五）拥政爱民工作富有成效，促进经济社会和谐发展

1. 认真落实总部规定的义务劳动日时间，积极参加海峡西岸经济区建设和社会公益事业建设，在援建重点工程、抢险救灾、扶贫帮困、捐资助学、兴修水利、植树造林、保护环境、科技助民等方面做出积极贡献，受到地方政府和人民群众的普遍赞誉。

2. 积极开展军民共建活动，坚持重在建设，把促进军地理想信念、思想道德和科学文化建设，培养有理想、有道德、有文化、有纪律的社会主义新人，作为军民共建社会主义精神文明的根本任务，为改革开放和现代化建设提供精神动力和智力支持。军民积极参加创建文明城市、文明村镇、文明行业、文明社区活动。坚持军（警）民联防制度，在社会治安综合治理中发挥重要作用。军民共建点有 70％以上被评为县（团）级以上先进单位。

3. 军分区（警备区）、人武部认真做好拥政爱民和军民共建的牵头工作，每年协调组织驻军单位为当地“三个文明”建设办若干件有影响的实事。每年“八一”建军节，由军分区（警备区）、人武部牵头召开驻军拥政爱民座谈会，广泛开展“拥政爱民月”活动，各部队走访驻地政府和有关单位，访贫问苦，积极为驻地群众尤其是优抚对象做好事、送温暖，进一步密切军民关系。

（六）军政军民团结牢固坚强，军民纠纷得到妥善处理

1. 军地双方高度重视做好军政军民团结工作。地方党委、政府和人民群众爱护军队，尊重军人，关心部队建设，切实维护国防利益和军人军属合法权益。部队尊重地方政府，热爱人民群众，关心支持地方工作，模范遵守国家法律和政府政策法令、

群众纪律、交通规则和社会公德。军政军民关系好，无重大军地、军民纠纷，无历史遗留问题。

2. 军地双方主动做好预防纠纷工作。地方党委、政府坚持不懈地对广大干部群众进行“军民团结如一人，试看天下谁能敌”的宣传教育，爱国拥军成为良好社会风尚；经常检查“维权”工作落实情况，发现问题及时研究解决，切实维护军人军属合法权益。各部队经常开展拥政爱民教育和群众纪律检查，广大官兵牢固树立“爱人民、为人民”的观念，端正对人民群众的根本态度。军地有关部门建立军民关系相互通报制度，发现不团结的因素及时消除在萌芽状态。

3. 军民之间发生纠纷时，军地领导亲自出面，按照“团结一协商一团结”的方针，顾全大局，严于律己，及时妥善加以解决，做到不激化、不扩大，维护军政军民团结和社会政治稳定。

二、命名范围、程序与权限

（一）省级双拥模范城（县）的命名范围：设区市、县级市、县、区。

（二）省级双拥模范城（县）由设区市党委、政府、军分区（警备区）推荐，省双拥工作领导小组办公室会同有关部门进行审查，提出初选意见，经省双拥工作领导小组审议通过，报省委、省政府、省军区批准，同时报全国双拥工作领导小组和南京军区备案。

（三）省级双拥模范城（县）采取预分推荐指标的办法，各设区市推荐的数量不得超过预分推荐指标。

（四）各设区市推荐省级双拥模范城（县）前，应组织军地有关人员进行实地考评，按照双拥模范城（县）的基本标准，好中选优，严格把关，确保质量。

（五）省双拥工作领导小组组织军地有关人员对各设区市推荐的双拥模范城（县）进行抽查。

（六）省级双拥模范城（县）一般每3年命名一次，特殊情况可提前或延期。

（七）全国命名双拥模范城（县）时，由省双拥工作领导小组从省级双拥模范城（县）中择优向全国双拥工作领导小组推荐，并按照《双拥模范城（县）创建命名管理办法》第十六条规定，办理报批手续。

三、命名后的管理

（一）双拥模范城（县）应以命名为新起点，坚持巩固、发展、提高的方针，不断研究新情况，解决新问题，总结新经验，取得新成绩，在全省范围内发挥示范和带动作用。

（二）被命名的全国双拥模范城（县），每年年底应做出年度双拥工作报告和下年度双拥工作计划，报送全国双拥工作领导小组办公室，并抄送省双拥工作领导小组办公室。被命名的省级双拥模范城（县），每年年底应做出年度工作报告和下年度双拥工作计划，报送省双拥工作领导小组办公室。

（三）省双拥工作领导小组适时对双拥模范城（县）的巩固、发展、提高情况进行检查，各设区市双拥工作领导小组每年自查一次。对检查、自查情况要进行评估，记录在案，作为下一次评选双拥模范城（县）的重要依据。

（四）双拥模范城（县）工作无新的进展或出现问题的，省、设区市双拥工作领导小组应及时给予帮助，查找薄弱环节，制定改进措施，并跟踪督查，抓好落实。

（五）双拥模范城（县）出现政策法规不落实或重大军民纠纷，应在及时纠正和妥善处理的同时，如实将情况向省双拥工作领导小组办公室报告。对隐情不报或不及时采取措施解决的，给予通报批评；严重影响军政军民团结的，按命名权限撤销其“双拥模范城（县）”荣誉称号。

（六）各设区市双拥工作领导小组应对辖区内的双拥模范城（县）加强管理，帮助做好命名后的巩固、发展、提高工作，使之始终保持其先进性。

福建省省级双拥模范单位和个人评选推荐办法

（2005年5月30日）

一、评选范围与对象

爱国拥军模范单位：厅局级以下机关、群众团体、乡镇、街道、企业事业单位等。

拥政爱民模范单位：师以下单位。

爱国拥军模范：机关、团体、企业事业单位干部、职工、农民、新的社会阶层人员等。

拥政爱民模范：师以下军官、士兵等。

二、主要条件

爱国拥军模范单位：

（一）领导高度重视拥军优属工作，列入单位议事日程，作为一项经常性的重要政治任务来抓，做到有明确的工作计划，有分管领导和承办部门，并采取有效措施，抓好拥军优属各项任务的落实。

（二）重视开展国防和双拥宣传教育，广大干部、群众积极参与拥军优属活动，关心支持国防和军队建设成为自觉行动。

（三）充分发挥本单位优势和特长，尽心尽力支持部队各项建设，积极为部队办实事、解难题，促进军事斗争准备。

（四）认真做好本单位优抚安置工作，做到优抚政策落实，安置任务按时完成，同时关心支持社会优抚公益事业，采取多种形式积极为优抚对象排忧解难。

（五）高度重视做好军政军民团结工作，时时处处维护军人及其家属合法权益，与部队关系融洽，亲如一家。

（六）具备以上条件，且成绩突出，在本地区有重大影响的。

拥政爱民模范单位：

（一）领导高度重视拥政爱民工作，把它列入重要议事日程，作为部队政治建设的一件大事来抓，做到有年度工作计划，有布置检查，有分管领导，有办事部门，有抓落实措施，保证拥政爱民工作落到实处。

（二）认真落实总部规定的义务劳动日，积极支援地方经济建设和社会公益事业建设，每年为地方办若干件有影响的实事好事。特别在抢险救灾、科技助民、援建重点工程、捐资助学、扶贫帮困、植树造林、保护环境、维护社会稳定等方面做出重要贡献。

（三）发挥部队特有的思想政治工作优势，积极开展军民共建活动，在参加创建文明城市、文明村镇、文明行业、文明社区等活动中发挥重要作用，为地方“三个文明”建设做出积极贡献。

（四）经常对官兵进行拥政爱民教育，牢固树立“爱人民、为人民”的观念，端正对人民群众的根本态度。

（五）在拥政爱民工作其他方面做出突出贡献的。

爱国拥军模范：

（一）思想进步，政治坚定，热爱人民军队，关心国防建设，积极为部队排忧解难，乐为官兵服务，事迹感人。

（二）力所能及为驻军和优抚对象办实事、做好事，在部队和群众中反响强烈。

（三）积极支持和参加国防教育活动，热心向周围群众传播爱国拥军思想，带头参加拥军优属活动，在当地起表率作用。

（四）带动周围群众像爱护自己眼睛一样，维护军民团结，维护军人和军属合法权益，把军人当亲人，对部队官兵怀有深厚感情。

（五）在拥军优属工作其他方面做出突出成绩，在本地区堪称楷模的。

拥政爱民模范：

（一）模范遵守国家法律和政府政策法规，严格遵守群众纪律和社会公德，发扬雷锋精神，关心群众疾苦，长期坚持为群众做好事，受到群众高度赞扬。

（二）在抢险救灾、见义勇为、扶贫帮困、保护国家财产和人民群众生命安全等方面做出突出贡献，在社会上引起强烈反响，受到人民群众广泛赞誉，被部队记功或授予荣誉称号。

（三）积极参加军民共建社会主义精神文明活动，在创建文明城市、文明村镇、文明行业、文明社区活动中做出积极贡献。

（四）在拥政爱民工作其他方面做出突出成绩，堪称楷模的。

三、推荐与表彰程序

爱国拥军模范单位、爱国拥军模范（个人），由各设区市双拥工作领导小组组织评选，市委、市政府、军分区（警备区）审查推荐。

拥政爱民模范单位、拥政爱民模范（个人），由部队军级、非隶属的师（旅）级单位政治部组织评选并推荐。

推荐双拥模范单位和模范个人，要征求所在地区军地双方的意见，并按要求填写《呈报审批表》。

双拥模范单位、模范个人的表彰，原则上与双拥模范城（县）命名同时进行。

江西省双拥模范城（县）考评标准

（2005年8月8日）

为促进双拥模范城（县）建设，保证双拥模范城（县）质量，使双拥模范城（县）考评便于操作，根据《全国双拥模范城（县）命名管理办法》、《江西省双拥模范城（县）创建命名管理实施办法》的具体要求，结合我省的实际，制定以下考评标准（总分120分）：

一、领导重视，机构健全（18分）

1. 各级党委、政府和驻军领导机关把双拥工作纳入国民经济、社会发展和部队建设总体规划（2分）；列入各部门、各单位目标考核内容（1分）；对双拥工作遇到的新情况、新问题，有政策性措施（2分）。

2. 各部门、各单位有专（兼）职双拥工作人员，有办公地点和开展正常活动的经费（2分）；各企事业单位，各乡、镇、街道办事处、村（居）委会和部队基层连队都建立了双拥服务网络或服务体系，有工作职责、服务内容、计划安排、优待措施，不断推进双拥工作社会化、经常化、制度化（3分）。

3. 建立了成员单位双拥工作职责（2分）；建立了成员单位工作报告制度，年初有工作计划，年终有工作总结（2分）；形成了各有关职能部门对双拥工作齐抓共管的良好局面（2分）。

4. 人防机构健全。设区市和省级人防重点县（市、区）完成年度人防工程建设计划（1分）；将人防建设经费列入年度财政预算，确保依法建设，结合民用建筑应建防空地下室的面积，依法征收应缴易地建设费（1分）。

二、法规制度完善，政策措施有力（12分）

1. 在企业改制和医疗、住房等社会保障制度改革的有关政策性文件中，明确体现对优抚对象的优待照顾，确保优抚对象的基本生活和合法权益（3分）。

2. 出台了抚恤补助标准自然增长机制文件（2分）。

3. 出台了重点优抚对象医疗减免、医疗补助和大病救助等三个层面的医疗保障文件（2分）。

4. 实行优待金县（市、区）民政（财政）专户管理，运行机制健全（2分）。

5. 优抚事业单位管理制度健全（2分）。

6. 批烈、评残及残疾军人落户，严格按规定的程序和要求办理（1分）。

三、双拥宣传和国防教育广泛深入（10分）

1. 各级政府和驻军将双拥宣传和国防教育纳入全民教育计划和部队政治教育计划（2分）；报刊、电视、广播等宣传媒体把经常性的双拥活动列入年度宣传报道计划，在元旦、春节、“八一”期间，集中一定时间突出宣传双拥活动，形成浓厚的双拥氛围（2分）；依法搞好防空警报建设和人防知识教育（1分）。

2. 市、县班子领导每年坚持过一次“军事日”活动，参加人数达60%以上（1分）。

3. 精心培养、重点宣传1至2个在全省影响大、质量高的双拥先进典型（2分）。

4. 各乡（镇）都设有固定醒目的双拥宣传标语牌，县城的主要街道、公共场所都有较高质量的永久性双拥标语牌（城区永久性标语牌不小于6平方米，不少于5块）（2分）。

四、优抚安置政策落到实处（34分）

1. 各级党委、政府把军队转业干部、复员退伍军人安置纳入目标管理，建立健全领导责任制（2分）；转业、退伍、复员军人和军队离退休干部安置政策得到落实（4分）；在解决随军家属第一次就业和下岗再就业以及帮助自谋职业等方面，积极采取措施并有明显成效，安置率在90%以上（3分）；非农户籍义务兵退伍安置中的自谋职业率达50%以上（2分）。

2. 义务兵家属的优待标准，达到所在县（市、区）上一年平均生活水平（3分）。

3. 生活困难的重点优抚对象都享受了优待（3分）（老烈属、老复员军人、老伤残军人，缺一类优待扣1分）。

4. 优抚事业单位建设达到《江西省光荣院管理暂行办法》和《江西省革命烈士纪念建筑物管理办法》要求，革命烈士纪念建筑物对未成年人免费开放（2分）。

5. 在乡六级（含）以上残疾军人实行公费医疗，医疗费据实报销（2分）；优抚对象的医疗费减免、医疗补助、大病救助按文件规定得到落实（3分）。

6. 抚恤补助标准自然增长机制得到落实（3分）。

7. 重点优抚对象的住房困难得到较好解决（3分）。

8. 没有发生退伍军人和重点优抚对象因政策不落实而集体上访和闹事现象（4分）。

五、军地互相支持，互办实事（28分）

1. 全力支持部队做好军事斗争准备。党管武装制度落实；积极支持部队搞好战备、训练、演习；加强战场建设，对军事斗争准备急需的公路、码头、桥梁等重点建设项目优先建设；军事设施得到有效保护；加强国防后备力量建设，国防动员工作落实，建立了支前保障机制；科技拥军活动扎实有效，并有不少于6个成员单位结合本部门实际制定了具体行动方案（6分）。

2. 支持部队后勤保障社会化改革，认真解决“菜篮子”等有关问题，有措施、有行动、有明显成果。把军队人员购买住房纳入当地政府经济适用住房建设和开发计划，制定操作规程和办法，落实房源及有关优惠政策（2分）。

3. 交通行业的服务窗口，坚持军人优先原则，并根据各自的业务内容，相应设置“军人售票窗口”，“军人候车室”、“军车免费通行”、“军车免费停放”等标志牌（2分）。

4. 适龄青年踊跃参军，圆满完成征兵任务并无责任退兵（4分）。

5. 军供站建设达标，军供站任务完成出色，受到部队和过往军人的称赞（2分）。

6. 支持和配合部队开展争创先进连队和争当优秀士兵活动，奖励立功受奖人员（2分）。

7. 制定并落实了现役军人子女和重点优抚对象子女入学入托的优惠政策（1分）；革命烈士子女考入公办学校的，免交学杂费并优先享受助学金或学生贷款（1分）；城镇未随军家属的工作和住房困难得到妥善解决（1分）。

8. 驻军积极承担抢险救灾等急难险重任务，完成军委和总部规定的义务劳动时间，支援经济建设与社会公益事业建设，成效明显（5分）。

9. 出台了现役军人、残疾军人参观游览公园、博物馆、名胜古迹等优待政策（1分）；出台了现役军人乘坐市内交通工具的优待政策（1分）。

六、军民共建成效显著，军政军民关系融洽（18分）

1. 军民共建形式多样，内容丰富，成效显著。辖区内70%以上的军民共建单位被评为县级以上文明单位（3分）。

2. 军地双方主要领导经常走访，每年“八一”和新年春节都有军地联欢、联谊活动，军政军民关系密切（3分）。

3. 基层双拥扶优服务组织健全，活动经常，成效显著。“结对扶优”的结对数不少于重点优抚对象总数的50%（3分）。

4. 部队严格遵守群众纪律与国家民族宗教政策，无严重违犯群众纪律现象。地方切实掌握部队驻防区周围社情，保障部队驻防区安全，部队驻地无严重被盗等事件发生（3分）。

5. 积极发挥部队优势，驻军在参加地方创建卫生城市、优秀旅游城市、花园式城市、文明城市和文明单位以及扶贫帮困、科技助民活动中成效明显（3分）。

6. 没有发生严重军民纠纷和侵害军人及优抚对象合法权益的影响较大的事件（3分）。

七、附加项

前六项标准采取120分制计分，每个项目在相应的分值内根据工作进行程度及效果记分。有下列情况的采取加减分的办法，加减分实行上不封顶、下不保底。

1. 在双拥工作中，工作有新举措，形成了特色，在全国有影响并推广的加5分。

2. 优抚事业单位和军供站被评为县以上先进单位的，每评上一个加1分。

3. 随军家属安置率90%以上，每增加3%加1分。

八、有下列情形之一的，不得评为双拥模范城（县）

1. 发生影响较大的军民纠纷和严重侵害军人或优抚对象合法权益的事件且性质恶劣的。

2. 驻地军事设施受到严重破坏的。

3. 退伍军人和重点优抚对象因优抚安置政策不落实，发生集体上访、闹事造成不良影响的。

4. 设区市所辖区有三分之一达不到双拥模范城（县）命名标准的。

九、推荐全国命名的双拥模范城（县），在省级双拥模范城（县）命名条件的基础上，还必须具备下列条件：

1. 支持军事斗争准备有规划、有实际举措、有显著成效。

2. 普遍建立了重点优抚对象医疗减免、医疗补助、大病救助制度，基本解决了重点优抚对象的“医疗难”。设区市所辖县（市、区）必须全部建立。

3. 普遍建立了重点优抚对象抚恤补助标准自然增长机制，重点优抚对象的生活水平略高于当地平均生活水平。设区市所辖县（市、区）必须全部建立。

湖北省民政厅　湖北省教育厅　湖北省军区政治部
关于印发《湖北省优抚对象及其子女教育优待暂行办法》的通知

（2005年5月21日）

第一条　为体现国家和社会对优抚对象的关怀，进一步做好拥军优属工作，支持军队建设，保障优抚对象的合法权益，根据《军人抚恤优待条例》和民政部、教育部、总政治部《关于印发优抚对象及其子女教育优待暂行办法》的规定，结合我省实际，制定本办法。

第二条 本办法的优待对象包括：退役士兵、残疾军人、烈士子女、因公牺牲军人子女、一级至四级残疾军人子女、现役军人子女。

第三条 要按照就地就近、优先照顾的原则，对优抚对象及其子女采取增加考试学分、降低录取分数线、减免学杂费等办法实施教育优待，安排教学条件良好、教育质量较高的学校就学。

第四条 退役士兵报考普通或成人高等学校，在同等条件下，优先录取。

自谋职业的城镇退役士兵、在服役期间荣立三等功的退役士兵报考普通高等学校，可在其统考成绩总分的基础上增加10分投档；其中在服役期间荣立二等功（含）以上或被大军区以上单位授予荣誉称号的，可在其统考成绩总分的基础上增加20分投档。

自谋职业的城镇退役士兵报考成人高等学校可增加10分投档；在服役期间荣立三等功（含）以上的退役士兵，可在考生考试成绩基础上增加20分投档。

退役士兵报考研究生的，在同等条件下，可优先予以复试或录取。

第五条 烈士子女入学入托的，在同等条件下优先接收；烈士子女在公办学校学习期间免交学费、杂费，对其中寄宿学生酌情给予生活补助。报考普通高中、中等职业学校时降20分录取。

烈士子女报考普通或成人高等学校的，由省招生委员会决定，可在其高考文化成绩总分基础上增加20分投档。

第六条 残疾军人、因公牺牲军人子女、一级至四级残疾军人子女报考普通高中、中等职业学校的，招生时降10分录取。报考高等学校的，在同等条件下优先录取。残疾军人在校学习期间免交学杂费。

第七条 现役军人子女入公办中、小学校和幼儿园、托儿所，在同等条件下优先接收。报考普通高等学校，在同等条件下优先录取。

第八条 驻边疆国境的县（市）、沙漠区、国家确定的边远地区中的三类地区和军队确定的特、一、二类岛屿部队现役军人子女，在报考普通高中、中等职业学校招生时降20分录取，并不得收取省规定收费标准以外的其他任何费用。

报考高等学校的，在同等条件下优先录取。

第九条 国家实施“西部开发助学工程”地区的优抚对象及其子女，在符合资助标准的前提下优先享受“西部开发助学工程”的相关政策。

第十条 各类优待对象在同等条件下优先享受国家设立的各类奖学金、学校自行设立的奖学金以及社会各界出资设立的奖学金，优先享受国家提供的各项助学贷款，优先享受学校提供的困难补助和社会捐助，同时，学校应优先为他们提供勤工助学岗位。

第十一条 本省行政区域内的教育部门和学校，负有优待优抚对象及子女就学的责任和义务，并按照本规定，落实教育优待。

第十二条 各地民政部门和驻鄂部队团以上单位政治部门，应根据优抚对象个人申请提供相关优待证明，每学期负责将辖区内和所属部队优待对象名单报送当地教育部门。

第十三条 各地教育部门，应根据当地民政部门和部队政治部门提供的优待名单，编制下达优待任务。各个学校也可根据优抚对象提供的有效身份证件、家属和子女户口本以及优待证明材料实施优待，并报当地教育主管部门备案。

第十四条 县、市、区以上教育、民政部门，是负责优抚对象及其子女教育优待的主管部门，要加强对落实优待政策的监督检查，对落实优待工作成绩突出的单位和个人给予表彰、奖励，对拒绝履行优待义务的单位和领导，要通报批评，责令改正。

第十五条 各地要把落实教育优待政策纳入双拥工作检查的内容。优待工作不落实的地区，不得评为“双拥模范城（县）”。未完成优待任务的学校，不得评为“示范学校”。

第十六条 各县、市、区人民政府可根据本规定制定具体实施办法。

第十七条 本规定由省民政厅、教育厅和湖北省军区政治部负责解释。

湖南省双拥模范城（县）命名管理意见

（湘拥发［2005］4号）

为进一步做好新时期双拥工作，加强军政军民团结，推动创建双拥模范城（县）活动广泛深入持久地开展，依据《全国双拥模范城（县）命名管理办法》，提出如下意见：

一、双拥模范城（县）命名管理的指导思想和原则

创建双拥模范城（县）活动，是对拥军优属、拥政爱民优良传统的继承和发展，是加强军政军民团结的重要途径和载体。双拥模范城（县）是拥军优属、拥政爱民工作成绩突出，具有榜样和示范作用的先进典型，是当地党委、政府、驻军领导机关和全体军民共同的政治荣誉。创建双拥模范城（县）活动，要坚持以邓小平理论和党的基本路线为指导，按照江泽民同志“三个代表”重要思想的要求，着眼于巩固和发展同呼吸、共命运、心连心的新型军政军民关系，服务于发展社会生产力、提高部队战斗力和三个文明建设，提高双拥工作整体水平，促进全省的改革发展稳定和部队全面建设。命名双拥模范城（县）应坚持标准，注重实效，保证质量。双拥模范城（县）实行动态管理，不搞终身制。

二、双拥模范城（县）命名的基本标准

（一）组织领导坚强有力。地方党委、政府和驻军领导机关把双拥工作纳入经济、社会发展和部队建设的总体规划，作为事关全局、涉及长远的大事来抓，健全以军地主要领导牵头、各有关职能部门参加的双拥工作领导机构，并充分发挥组织、协调和指导作用。党政军领导机关形成合力，军地各有关部门切实履行职责。双拥工作办事机构有编制、有专职工作人员。

（二）国防教育广泛深入。认真贯彻《中华人民共和国国防教育法》，把以爱国主义为核心、以拥军优属拥政爱民优良传统为主要内容的国防教育纳入全民教育体系，列入宣传、教育、文化、广播影视、新闻出版等部门的工作计划，做到年度有部署，平时有检查。有适应本地区、本单位实际情况的教育制度、教育设施和教育方法。通过宣传教育，形成全社会关心支持国防建设、自觉维护军政军民团结的良好风尚。

（三）双拥活动坚持经常。双拥工作每年有计划，季度有具体安排，节日走访座谈，平时活动经常。积极探索富有时代特点和当地特色的活动内容和形式。各项活动主题鲜明，重点突出，形式活泼，广大军民积极参与。开展活动坚持以基层为重点，讲求实效。定期检查总结，健全制度，实现双拥工作的社会化、经常化、制度化。

（四）军民共建富有成效。坚持重在建设，把促进军地思想道德和科学文化建设，培养有理想、有道德、有文化、有纪律的社会主义新人，作为军民共建社会主义精神文明活动的根本任务，为改革开放和现代化建设事业提供精神动力和智力支持。军民积极参加创建文明城市、文明村镇、文明行业、文明社区活动，在加强军政军民团结、民族团结和弘扬社会主义新风尚中成效明显。军（警）民联防坚持经常，在社会治安综合治理中发挥重要作用。百分之九十以上的军民共建点被县（团）级以上单位评为先进。

（五）政策法规落到实处。认真贯彻执行党和国家有关国防建设和加强军政军民团结的政策、法律和规定，并适应形势的发展，不断完善与之相配套的政策、法规。地方积极支持和配合部队完成军事训练、战备执勤、教学科研、国防施工等各项任务；军事设施得到有效保护；粮油水电等按质按量供应；转业复员军官、退伍士兵、军队离退休干部、残疾军人和随军家属安置政策落实；军人及其家属涉法案件及时办理，合法权益得到保障；兵员按计划征集，质量得到保证；义务兵家属优待和在乡老红军、老复员军人、残疾军人和烈军属抚恤补助达到国家规定标准，重点优抚对象的生活不低于当地平均生活水平。部队模范执行党和国家的政策法规，严格遵守群众纪律，尊重少数民族风俗习惯。

（六）军政军民关系融洽。地方党委、政府和人民群众爱护军队，尊重军队，关心部队建设，及时、有效帮助部队解决战备、训练、工作、生活上遇到的困难。部队积极支援地方经济建设和社会公益事业建设，做好扶贫帮困、科技助民工作；奋勇参加抢险救灾，在保护国家利益和人民生命财产的斗争中发挥生力军和突击队作用；认真做好应付各种突发事件、维护社会稳定工作。军政军民互相关心、互相爱护、互相支持，亲如一家。军民之间发生矛盾和纠纷时，军地领导主动出面，及时妥善解决。

三、双拥模范城（县）命名的程序与权限

省双拥模范城（县）由市（州）党委、政府和军分区（警备区）推荐，经省双拥工作领导小组考核评选，报省委、省政府、省军区批准并命名。推荐、命名的范围为地级市、县级市、地级市辖区、县。

省双拥模范城（县）一般每3年命名一次，除特殊情况外应举行命名大会。评选命名的组织实施由省双拥工作领导小组负责。

全国双拥模范城（县）由省双拥工作领导小组按照规定名额择优推荐。符合基本标准并获得省双拥模范城（县）称号的单位，才有被推荐为全国双拥模范城（县）的资格。

命名双拥模范城（县），坚持以精神鼓励为主。被命名的双拥模范城（县），授予奖匾。

四、双拥模范城（县）命名后的管理

双拥模范城（县）应以命名为新起点，坚持巩固、发展、提高的方针，不断研究新情况，解决新问题，总结新经验，取得新成绩。

被命名的双拥模范城（县），每年年底应做出年度工作报告和下年度双拥工作计划，并报省双拥工作领导小组办公室。

省双拥工作领导小组，不定期对辖区内全国和省级双拥模范城（县）进行检查，并将检查情况作为下一届评选全国双拥模范城（县）的重要依据。

被命名的全国和省级双拥模范城（县），工作无新的进展或出现问题时，省、市两级双拥工作领导小组将及时给予帮助，找出薄弱环节，制定有效措施，切实加以改进。

双拥模范城（县）如发生重大军民纠纷，应在及时妥善解决的同时，将情况逐级上报省或全国双拥工作领导小组办公室。隐情不报或不及时采取有力措施解决的，给予通报批评；严重影响军政军民团结的，按命名权限撤销其“双拥模范城（县）”荣誉称号。

长沙市一至六级残疾军人医疗保障办法（试行）

（长政办发［2005］26号）

第一条 为切实保障一至六级残疾军人（1988年颁布的《军人抚恤优待条例》称为二等乙级以上革命伤残军人）的医疗待遇，根据《军人抚恤优待条例》（国务院、中央军事委员会第43号令）、《国务院关于建立城镇职工基本医疗保险制度的决定》(国发［1998］44号）和《湖南省民政厅、湖南省劳动和社会保障厅、湖南省财政厅关于进一步落实二等乙级以上革命伤残军人医疗待遇的通知》（湘民优发［2004］10号）精神，结合我市实际，制定本办法。

第二条 一至六级残疾军人不列入城镇职工基本医疗保险范围，原享受的医疗保障待遇保持不变。

第三条 按照“单位尽责，社会统筹，财政支持，加强管理”的原则，建立和完善一至六级残疾军人医疗保障机制。

第四条 本市行政区域内的各类企业、社会团体及其他单位（以下统称单位）凡有一至六级残疾军人的，均应参加医疗费用专项统筹。

国家行政机关、依照和参照国家公务员制度管理的其他机关、财政全额拨款的事业单位，其一至六级残疾军人的医疗费用维持现行管理办法，暂不纳入统筹范围，继续由所在单位管理。

第五条 一至六级残疾军人医疗保障工作由各级劳动和社会保障部门主管，所属医疗保险经办机构组织实施。

市医疗保险经办机构负责市属以上单位（含地处县域内的市属以上单位）和在市以上有关部门登记造册的单位的一至六级残疾军人医疗保障工作；区、县（市）医疗保险经办机构负责区、县（市）属单位（含在区、县（市）有关部门登记注册的单位）的一至六级残疾军人医疗保障工作。

各级民政、财政、卫生等部门配合做好一至六级残疾军人医疗保障工作。

第六条 一至六级残疾军人医疗费用统筹金仍按照原有资金渠道筹集，其筹资标准按照上年度一至六级残疾军人人均医疗费用实际发生额，并考虑增减因素，由各级劳动保障部门会同财政部门一年一定。

市本级2005年度一至六级残疾军人医疗费用统筹金暂按每人15000元的标准筹集。

第七条 单位应缴纳的一至六级残疾军人医疗费用统筹金，于每年1月31日前一次性向医疗保险经办机构缴纳。

第八条 破产、撤销、解散企业（单位）的一至六级残疾军人医疗费用统筹金，从资产变现中按当时当地筹资标准一次性向医疗保险经办机构预缴10年的医疗备用金，10年后由同级财政负担。资产变现困难，暂时无法支付一至六级残疾军人医疗费用统筹金的，可先向劳动保障、财政部门申请缓缴，但3年内必须缴足。

第九条 实施改制后新成立的企业（单位）必须承担原企业（单位）一至六级残疾军人的医疗保障责任，及时足额向医疗保险经办机构缴纳一至六级残疾军人的医疗费用统筹金。

第十条 没有工作的一至六级残疾军人的医疗费由区、县（市）财政负担。医疗费不得包干给个人。

第十一条 单位缴纳的一至六级残疾军人医疗费用统筹金，按以下渠道列支：

（一）社会团体及其他单位从单位自有资金中列支；

（二）企业从职工福利费中列支。

第十二条 医疗保险经办机构筹集的一至六级残疾军人医疗费用统筹金，必须设立专项基金账户，专款专用，单独建账管理，任何单位和个人不得挤占、截留和挪用。

第十三条 一至六级残疾军人应在本统筹地区内医疗保险经办机构指定的定点医疗机构就医，在非指定的定点医疗机构就医的，统筹金不予支付。

第十四条 一至六级残疾军人在定点医疗机构就医应持由医疗保险经办机构统一核发的《长沙市一至六级残疾军人医疗手册》和《中华人民共和国残疾军人证》。定点医疗机构在接诊时应认真查验，非本人持证就医，不得就诊。

第十五条 一至六级残疾军人的医疗诊疗项目范围、用药范围和医疗服务设施支付标准，暂按《湖南省离休干部医疗诊疗项目目录》、《湖南省离休干部医疗药品目录》和《湖南省离休干部医疗服务设施支付标准》规定执行。

第十六条　一至六级残疾军人所患疾病因本级统筹地区定点医疗机构的技术和设备等原因暂无法治疗，确需转往外地医疗机构治疗的，实行转院审批制度，其程序如下：由定点医疗机构主诊医师提出转院诊疗理由，填写《转院诊疗审批表》，科主任签署意见，定点医疗机构医疗保险管理科核实并加盖公章，所在单位报所属医疗保险经办机构审核，经批准后方可转院诊疗。

未经审批自行转院诊疗的医疗费用全部自理。

第十七条　一至六级残疾军人经医疗保险经办机构批准的转院诊疗、在境内（境外就医不予报销）探亲访友和因私外出期间急诊就医（必须到当地基本医疗保险定点医疗机构或公立医疗机构）发生的符合规定的医疗费用，先由本人或所在单位垫付，待医疗终结后，由所在单位凭《转院诊疗审批表》或医院开具的急诊证明和其病历资料、费用明细清单和有效票据到医疗保险经办机构报销。

第十八条　定点医疗机构在为一至六级残疾军人提供医疗服务时，要热情周到，继续实行挂号、门诊、住院三优先的办法；要认真执行一至六级残疾军人医疗管理有关政策，切实规范医疗服务行为，提供的医疗服务项目和费用要逐日登记，建立个人台账，实行单独管理；要提高服务管理和服务意识，做到精心治疗和护理；使用需自付费用的药品和诊疗项目时，要先征得一至六级残疾军人本人或家属的同意，并履行签字手续；医疗服务信息应及时向医疗保险经办机构传输或报告。

第十九条　医疗保险经办机构要切实做好一至六级残疾军人医疗费用统筹金的筹集、管理和支付等工作，宣传和解释建立一至六级残疾军人医疗保障机制的相关政策，热情接待一至六级残疾军人的来访和咨询；要提高管理水平和服务质量，制定相关配套措施，加强医疗服务审核和监管，努力保障一至六级残疾军人的医疗待遇。

第二十条　各级政府要加强对一至六级残疾军人医疗保障工作的领导，切实落实一至六级残疾军人的医疗待遇。

第二十一条　本办法自2005年10月1日起施行。

湖南省民政厅　湖南省卫生厅关于做好原8023部队退役军人致残致病医学鉴定和评残补助工作的通知

（湘民优发［2005］6号）

为贯彻落实民政部、卫生部《关于原8023部队退役军人致残致病医学鉴定和评残补助问题的通知》（民发［2005］57号）和民政部办公厅、卫生部办公厅《关于上报原8023部队退役人员体检及待遇落实情况的通知》（民办发［2005］5号）精神，切实做好这部分人员医学鉴定和评残补助工作，现就有关问题通知如下：

一、各地要依据人事档案，对原8023部队退役军人（包括转业复员干部、转业士官、退役义务兵，含离退休和下岗失业人员）进行逐个登记，各市（州）民政局汇总后于7月20日前按附表内容上报省民政厅优抚处。省直和中央驻湘单位由其主管部门负责登记，市（州）所属单位登记责任由市（州）明确。

二、湖南省劳动卫生职业病防治所承担医学检查和职业病诊断任务。各地民政局要通知原8023部队退役军人在7月25日至8月20日期间持身份证和民政部门介绍信到湖南省劳卫所进行医学检查和医学鉴定。该所依据《国家职业病诊断标准》进行医学检查和医学鉴定，对其中残情达到民政部、劳动和社会保障部、卫生部、总后勤部关于《军人残疾等级评定标准（试行）》的，出具残疾等级医学鉴定意见。

三、民政部门根据省劳卫所出具的残疾等级医学鉴定意见，按程序于2005年10月底前评定残疾等级；对指定医疗卫生机构确定或不能排除因核辐射致病但尚未达到评残标准的，按照民政部、财政部、人事部、劳动和社会保障部《关于解决原8023部队退役军人生活医疗困难问题的复函》（民函［2003］117号）关于"对在核武器研制过程中因核辐射致病、尚未达到评残条件的退役军人，有工作单位的，治疗放射性疾病期间享受所在单位因公（工）伤残人员的保险福利待遇；无工作单位的，按带病回乡退伍军人补助标准发给生活补助费，所需补助经费和治疗放射性疾病发生的医疗费由地方财政解决"的规定落实补助。

湖南省人民政府　湖南省军区

关于做好二〇〇四年冬季退出现役士兵接收安置工作的通知

（湘政发［2005］3号）

根据《国务院、中央军委关于2004年冬季士兵退出现役工作的通知》（国发［2004］26号）文件精神，现就做好我省2004年冬季退役士兵安置工作的有关事项通知如下：

一、退出现役对象

今冬士兵退出现役的对象为：服现役满2年未被选取为士官的义务兵、服现役满本期规定年限未被选取为高一期的士官，以及因伤病残等原因滞留部队服现役超过2年的士官；精简整编单位服现役未满规定年限的编余士官（服现役满9年未满10年的士官除外）。其中：成建制撤销的仓库、医院等团级以上单位的服现役未满规定年限的编余士官，除个别专业技术骨干、服现役满9年未满10年的以及经院校2年以上培训服现役未满10年的作调整安排外，全部退出现役；其他有精简任务的单位，可安排服现役未满规定年限的编余士官（服现役满9年未满10年的除外）退出现役。为调整士官队伍结构，安排部分未满本期规定服役年限但服现役满10年以上的士官退出现役。对上述提前退出现役的士官，在其《士官退出现役登记表》"批准单位意见"栏中注明"因部队精简整编提前退出现役"字样。提前退出现役士官的有关待遇，按总参谋部、总后勤部的有关规定执行。因政治、身体等原因被安排提前退出现役的士兵，按有关规定执行。

二、退出现役时间

退役义务兵从11月底开始离队，12月底基本离队完毕；复员士官与退役义务兵同时离队。驻西藏自治区、新疆维吾尔自治区和青海省玉树、果洛地区的部队，因气候原因退役义务兵和复员士官适当提前或推后离队。

转业士官档案集中交接时间，由省民政厅另行通知。

三、认真做好退役士兵的安置工作

（一）切实做好城镇退役士兵安置工作。各地民政部门要按照国防义务均衡负担的原则，坚持"按系统分配任务，包干安置"和"按照职工比例分配任务，包干安置"的指令性分配原则，科学合理地拟订安置计划，报同级人民政府批准后下达。任何单位不得拒绝承担安置任务，不得制定和下发任何歧视或损害退役士兵权益的文件或规定。用人单位对所接收的退役士兵不得以体检或文化考试不合格而拒收，不得实行试用期和收取安置费。退役士兵父母所在单位不得以已有一个子女在本系统工作而拒绝接受退役回来的子女。各地要采取有效措施，确保转业士官、荣立二等功以上退役士兵以及伤病残退役士兵等重点安置对象得到优先和较好安置。转业士官的配偶所在系统有安置能力的，原则上应予以接收安置。对政府安置的二、三等伤残退役士兵，任何单位都不得拒绝接收。对因军队调整精简提前退役士兵的安置，要与服役期满的退役士兵同等对待。中央在湘和省属垂直管理单位接收安置退役士兵任务由省民政厅根据有关政策规定统一下达。各单位要积极支持和配合退役士兵安置工作，在制定相关政策时，要充分考虑接收退役士兵。凡未列入省下达接收退役士兵计划的中央驻湘和省属单位，其接收退役士兵计划一律由当地人民政府下达。国有企业和国有资本占主导地位的单位，要带头接收安置城镇退役士兵。对于社会公益岗位和适合城镇退役士兵就业的其他岗位，各地要尽可能安排符合条件的城镇退役士兵。用人单位确有特殊困难不能按计划承担安置任务的，经报请当地人民政府批准，可实行安置任务有偿转移，按每人4～5万元的标准缴纳有偿转移资金。实行安置任务有偿转移的单位，自批准之日起1个月内将安置任务有偿转移金足额转入政府安置部门指定账户，逾期不缴纳的，必须按计划接收政府分配的退役士兵。

（二）积极推进城镇退役士兵自谋职业工作。各地要认真总结近几年来开展城镇退役士兵自谋职业工作的经验和做法，加大工作力度，完善政策规定，积极推进城镇退役士兵自谋职业工作。城镇退役士兵自谋职业补助经费由当地政府解决，确保自谋职业城镇退役士兵一次性经济补助按时足额发放。要根据《国务院办公厅转发民政部等部门关于扶持城镇退役士兵自谋职业优惠政策意见的通知》（国办发［2004］10号），及时制定具体实施意见，确保自谋职业优惠政策落到实处。民政部门要会同教育和劳动保障等部门，利用现有各级各类学校和相关培训机构，加大对城镇退役士兵的培训力度，努力提高城镇退役士兵的综合素质。省财政继续对安置任务重和经济欠发达地区的退役士兵培训给予适当补助。2005年各地城镇退役士兵自谋职业率要达到当地应安置人数的50%以上。

（三）做好农村退役士兵安置工作。返回农村的退役士兵是我国农村现代化建设不可多得的人才资源，各级政府及有关部门要把培养、开发和使用农村军地两用人才作为建设现代化农业，繁荣农村经济，促进农村民主政治建设的一项重要任务来抓。要结合实际，采取有效措施，在生产服务、技术指导、教育培训、农用物质供应、农副产品收购方面给予支持。要鼓励和扶持有专长的退役士兵创办经济实体，推荐介绍优秀退役士兵为基层组织的后备力量，发挥他们在农村物质文明、政治文明和精神文明建设中的骨干作用。对从事荒山、荒地、荒滩、荒水开发的，从事种植、养殖业的，从事农业机耕、排灌、病虫防治、植保、农牧保险和相关技术培训业务以及家禽、牲畜、水生动物的繁殖和疾病防治业务的，当地政府可根据国家和省现行有关税法的法规政策予以优惠。对生产、生活、住房确有实际困难的农村退役士兵，当地政府应予以扶助。

（四）依法维护退役士兵的合法权益。对符合安排工作条件的退役士兵，要确保其合法权益得到有效保障。接收退役士兵的单位自接到安置介绍信一个月内，要按照《中华人民共和国劳动法》的有关规定，与退役士兵签订劳动合同并安排其上岗。同时，要按国家规定，及时办理失业、养老、医疗等各项社会保险手续，退役士兵的军龄连同待分配时间合并计算为连续工龄。城镇退役士兵待分配期间，由当地政府按照不低于当地最低生活保障标准发给生活补助费，各级政府要将此项经费列入预算。由于接收单位原因导致退役士兵不能按时上岗的，从当地安置部门开出介绍信的当月起，由接收单位按照不低于本单位同工龄职工平均工资的80%，逐月发放生活费。企业破产或停产、半停产的，要优先安置退役士兵再就业，生活困难的要纳入城镇居民最低生活保障范围。用人单位在面向社会招聘员工时，同等条件下要优先录用自谋职业的城镇退役士兵。对办理假材料谋取安置资格、占用农村指标入伍、非户口所在地入伍的城镇退役士兵，以及缺少城镇安置有效凭证、在农村入伍后购买城镇户口的，一律不享受城镇退役士兵的安置政策。对无正当理由不服从组织分配的城镇退役士兵，取消其安置资格。

四、进一步加强对退役士兵安置工作的领导

各级政府要着眼大局，充分认识到做好退役士兵安置工作对于加强国防和军队建设、对于维护祖国统一和国家安全、对于促进社会稳定的极端重要性，切实加强对安置工作的组织领导。要充分发挥政府的宏观调控作用，建立和完善分级管理、目标管理责任制，一级抓一级，层层抓落实，把工作做细做实。政府主要领导要亲自过问，分管领导要及时协调解决退役士兵安置工作中出现的问题。各有关部门要克服困难，密切协作，及时解决安置工作中遇到的突出矛盾和问题。没有完成安置任务的市（州）、县（市、区）和单位不能评为双拥模范城（县）和文明单位。对经反复做工作，仍拒不接收退役士兵的单位，要依法追究责任，并按照有关规定对主要负责人和有关人员予以处罚；对完成安置任务有突出贡献的单位和个人要予以表彰。

湖南省关于移交政府安置的军队离退休干部及无经济收入家属、遗属医疗保障问题的通知

（湘民军休发［2005］11号）

各市（州）民政局、财政局、劳动和社会保障局、卫生局，军分区（警备区）政治部、后勤部：

根据中共中央办公厅、国务院办公厅、中央军委办公厅《关于进一步做好军队离休退休干部移交政府安置管理工作的意见》（中办发［2004］2号）、民政部、财政部、劳动和社会保障部、卫生部、总政治部、总后勤部《关于移交政府安置的军队离休退休干部及离休干部无经济收入家属、遗属医疗保障有关问题的通知》（［2004］政干字第285号），民政部、财政部、总政治部、总后勤部《关于移交政府安置的退休干部及随军家属、遗属医疗、生活补助问题的通知》（［2004］政干字第286号）和湖南省委办公厅、湖南省人民政府办公厅、湖南省军区政治部《关于进一步做好军队离休退休干部移交政府安置管理工作的意见》（湘办发［2005］2号）等文件规定，现将移交政府安置的军队离休退休干部及无经济收入家属、遗属医疗保障的有关问题通知如下：

一、医疗保障对象

军队（含武警部队，下同）离休干部及无经济收入家属、遗属；军队退休干部（含士官，下同）及无经济收入随军家属、遗属。

军队离休退休干部无经济收入家属、遗属是指：随军队离休退休干部移交政府安置的无经济收入的配偶（含安置再婚的配偶）；未满18周岁的子女；已满18周岁，经鉴定确实丧失独立生活能力和劳动能力的子女；经原部队师级以上单位政治部门批准随军供养的无经济收入的父母。

二、医疗待遇

（一）军队离休干部纳入安置地离休干部医疗统筹机构统一管理，享受安置地国家机关离休干部同等医疗待遇，医疗费按照当地同职级离休干部医疗保障规定实报实销。

（二）军队离休干部无经济收入的家属、遗属享受所在地军队退休干部同等医疗待遇。

（三）军队退休干部比照安置地国家机关退休公务员参加基本医疗保险和实行公务员医疗补助、

大病医疗互助，享受同职级退休公务员的医疗待遇。

（四）二等乙级以上的军队离休退休伤残干部医疗待遇，按湖南省民政厅、湖南省劳动和社会保障厅、湖南省财政厅《关于进一步落实二等乙级以上革命伤残军人医疗待遇的通知》（湘民优发［2004］10号）规定执行。

三、医疗照顾

军队离休退休干部享受安置地国家机关同职级离休退休干部的医疗照顾。享受医疗照顾的人员资格、照顾待遇、管理办法等，按照当地政府的有关规定执行。

四、医疗补助

军队退休干部享受基本医疗保险和公务员医疗补助待遇内个人自付医疗费较多且造成生活严重困难者，凭定点医疗机构的病历资料（可用复印件，但必须加盖医院医保科或医务科公章方有效）、费用明细清单和自付部分有效票据，本人提出申请，所在服务管理单位、民政局军休办签署意见，商市（州）劳动和社会保障局、财政局后，由安置管理单位给予适当补助。

军队离休干部无经济收入的家属、遗属和军队退休干部无经济收入的随军家属、遗属自付医疗费用较多且造成生活严重困难的，凭定点医疗机构的病历资料（可用复印件，但必须加盖医院医保科或医务科公章方有效）、费用明细清单和有效票据，本人提出申请，所在服务管理单位、民政局军休办签署意见，商市（州）劳动和社会保障局、财政局后，由安置管理单位给予适当补助。

五、手续办理

（一）军队离休退休干部及军队离休干部无经济收入家属、遗属审核确认后，安置地安置管理部门应及时向当地医疗保险经办机构办理有关医疗保障登记等手续。

（二）军队退休干部在部队参加退役医疗保险的个人账户资金，转入本人基本医疗保险个人账户。转移办法按照总后勤部、劳动和社会保障部《关于军地医疗保险个人账户转移办法的通知》（［2000］后财字第184号）规定执行。

（三）军队离休退休干部的医疗照顾由安置管理部门负责向卫生部门办理申报、登记、发证等有关手续。

（四）对已经接收的军队离休干部的无经济收入家属、遗属和军队退休干部无经济收入随军家属、遗属的确认，由县（市、区）、市（州）民政局军休办逐级核实，报省军休办同意。“无经济收入”是指个人没有任何劳动报酬来源，生活费用完全依靠军队离休退休干部负担，领取定期生活补助费、定期抚恤金，领取当地政府规定的最低生活保障金或国家规定的失业保险金的人员。

（五）2004年1月1日以后移交政府安置的军队退休干部，其无经济收入随军家属、遗属，由部队师级以上单位政治部门审核后，向安置地安置管理部门移交有关手续。

六、经费保障

（一）军队离休退休干部和军队离休干部无经济收入家属、遗属参加相关的医疗保障、医疗保险的筹资标准按所在地规定执行，分别纳入所在地离休干部医疗统筹基金、基本医疗保险基金、公务员医疗补助资金等统一管理。

（二）军队离休干部进入离休干部医疗统筹，离休干部无经济收入家属、遗属、军队退休干部参加基本医疗保险和公务员医疗补助所需由单位缴纳的经费，由省民政、省财政部门根据各地参保人数，将每年的专项军休医疗经费按中央财政安排的定额标准拨付市（州）、县（市、区），不足部分由市（州）、县（市、区）财政解决。对接收安置军队离休退休干部任务重、财政困难的市（州）、县（市、区），由省财政给予适当补助。

（三）军队退休干部和无经济收入的随军家属、遗属及离休干部无经济收入的家属、遗属医疗补助经费，省民政、财政部门将根据其实际开支情况给予适当补助，不足部分由市（州）、县（市、区）财政解决。

本通知从2006年1月1日起执行。

湖南省民政厅关于进一步做好军队离休退休干部移交政府安置管理工作的意见

（湘民办发［2005］2号）

在各级党委、政府和军队各级组织的领导下，经过军地有关部门的共同努力，我省移交政府的军队离休退休干部安置管理工作取得了较大成绩。随着社会主义市场经济体制的逐步完善和国家、军队改革的不断深化，这项工作面临着许多新情况、新问题。为进一步做好军队离休退休干部移交政府安置和服务管理工作，根据《中共中央办公厅、国务院办公厅、中央军委办公厅关于进一步做好军队离休退休干部移交政府安置管理工作的意见》（中办发［2004］2号）精神，经省委、省政府、省军区同意，提出如下意见：

一、严格执行安置政策

军队离休退休干部移交政府安置的范围按照国务院、中央军委有关规定执行。对符合移交政府安置条件的军队离休退休干部，根据个人不同情况，一般可以在部队驻地、本人原籍或入伍地、配偶原籍或配偶、子女、父母居住地安置。

独生子女是现役军官或现役文职干部的，或者子女都是现役军官或现役文职干部且家庭生活基础在当地的，可以到子女所在地安置。

在边远艰苦地区工作满10年且在该地区离休退休的，或者从事飞行、舰艇工作满10年的，或者因战因公被评为二等乙级以上伤残的，师级以上（含师级）的可以到长沙市安置，团级以下（含团级）的可以到地级市安置。

凡符合安置条件的各类军队离休退休干部，各级政府和部门必须按时接收，妥善安置。

安置去向由省民政厅和军队师以上单位（含师级单位，下同）政治部共同审定，上报安置计划。安置去向已审定的不再改变。特殊情况，需在本省内改变安置点的，须报省民政厅审批，在省外改变安置点的，由省民政厅和军队师以上政治部审核后，分别报民政部和总政治部审批。

二、切实搞好住房保障

移交政府安置的军队离休退休干部的住房保障原则上执行军队统一的住房制度，由国家和个人合理负担，实行住房补贴、货币补差相结合的办法，逐步过渡到住房分配货币化、管理社会化。

军队离休退休干部住房补贴所需经费由中央财政专项安排。第五批（不含）以后移交政府安置的军队离休退休干部住房保障方式以购买经济适用住房为主，可以购买或承租符合出售条件的现住房，也可以自理住房（包括自购、自建住房，维修私房或者购买配偶所在单位的住房）。房源由军队协助离休退休干部本人落实。军队离休退休干部购买经济适用住房时，按照国家现行政策规定享受有关税费减免政策。

军队离休退休干部住房逐步由社会供应，需到地方购买经济适用房的，各级政府要将其住房优先纳入当地经济适用房建设和开发计划，有关单位在同等条件下应当优先保证供应。

军队离休退休干部配偶在地方单位工作或者退休的，所在单位在实行住房货币化补贴时，同等条件下应当按照规定优先向其发放住房补贴。

军队离休退休干部住房原则上实行物业管理，所需经费按照有关政策规定落实。

军队离休退休干部住房建设用地，主要采取向政府申请划拨的方式解决。军队离休退休干部住房建设，免收市政设施、商业网点、中小学配套及人防、绿化等费用，并不得向其集资和摊派其他费用，同时享受国家、军队经济适用房建设的其他有关优惠政策。

军队离休退休干部服务管理机构用房，按照集中安置军队离休退休干部购买补贴建筑面积标准的10%安排，由安置地政府统一规划建设，统一调剂解决，其建设用地和税费减免按照国家有关军队离休退休干部住房建设的规定执行。工作人员住房按照有关规定实行住房补贴办法。服务管理机构用房、服务管理工作和工作人员等所需经费，由中央财政给予补助，不足部分由地方财政解决。

各安置地民政部门要有计划、有重点地组织维修第一、二、三、四批移交我省安置的军队离休退休干部住房，当地政府从财政上应给予必要的支持。在办理住房土地使用证和房屋产权证、处理相关的遗留问题时，要本着“服务部队、方便休干”的原则，简化程序，按有关政策规定减免税费。

三、认真落实政治、生活待遇

移交政府安置的军队离休退休干部的政治待遇按照安置地国家同职级离休退休干部的规定执行。

各级党委、政府应将中央和省、市（州）党政机关发至市（州）、县（市、区）的文件发同级军队离休退休干部休养所（含服务站，以下简称军休所）。各级党委、政府及有关部门在传达有关文件和组织重大庆祝会、纪念会等社会活动时，要安排当地同级的军队离休退休干部或代表参加。各级组织、人事、老干等部门在召开老干部工作会议时，应通知同级军队离休退休干部安置管理部门的同志参加。要积极倡导军队离休退休干部发挥自身政治优势和专业特长，参与未成年人思想道德建设、环保、绿化、文化、安全、慈善等社会公益事业活动。军队离休退休干部参加重大庆典和重大政治活动时，可以按照规定着离休退休时的军装，佩带军衔、文职符号和勋章、立功奖章。要及时为军队离休退休人员办理《湖南省老年人优待证》，落实好我省关于老年人享受优待服务的各项规定。

各级政府、军分区（警备区）系统每年要采取不同形式慰问移交政府安置的军队离休退休干部。社会各方面要积极主动地做好优待服务工作，不得向军休所和军队离退休干部乱收费、乱摊派。国家下拨给军队离休退休干部的生活费、军休工作经费，任何单位和个人均不得以任何理由截留、挤占、挪用。

军队无军籍退休退职职工的各种地方性补贴，按民政部、财政部、卫生部、总后勤部《关于进一步做好军队无军籍退休退职职工安置工作的通知》（民安发［1992］23 号）精神，主要由安置地政府财政解决，省财政予以适当补助。

军队退休干部无经济收入的家庭、遗属和随军遗属的生活补助，由省民政厅、省财政厅、省军区政治部、后勤部按照民政部、财政部、总政治部、总后勤部［2004］政干字第 286 号文件规定，结合我省实际制定具体办法和措施。

四、积极做好医疗保障

军队离休干部享受安置地国家机关离休干部同等医疗待遇，医疗费按照规定实报实销。实行离休干部医疗费单独统筹的地区，医疗费按照当地标准统一筹集、统一管理；未实行统筹的地区，按照当地国家机关离休干部保障办法由安置管理单位管理。军队离休干部无经济收入的家属、遗属纳入军队离休干部医疗管理体系统一管理，医疗费按照有关规定报销。

二等乙级以上伤残的军队退休干部医疗待遇不变，按照有关规定执行。

军队退休干部比照安置地国家机关退休公务员参加基本医疗保障和实行公务员医疗补助，享受同职级退休公务员的医疗待遇。所需医疗费用由医疗保险经办机构参照安置地上年度退休公务员平均医疗费开支水平筹集，统一管理。军队退休干部在部队参加退役医疗保险的个人账户资金，转入本人基本医疗保险个人账户。军队退休干部享受基本医疗保险和公务员医疗补助待遇由个人自付医疗费较多的，由安置管理单位给予适当补助。

军队离休退休干部及离休干部无经济收入的家属、遗属的医疗经费，由中央财政按定额拨付，不足部分由地方财政解决；对接收安置任务重、财政困难的市（州）、县（市、区），由省级财政适当补助。

移交政府安置的军队离休退休干部及其家属、遗属的医疗保障的具体问题由省民政厅、省财政厅、省劳动保障厅、省卫生厅、省军区政治部和后勤部按照国家有关政策规定，结合我省实际情况制定实施办法。

五、逐步推进服务管理社会化

军队离休退休干部服务管理工作要从维护军队离休退休干部的合法权益出发，适应社会主义市场经济发展和军队后勤保障社会化的要求，依托社会力量，利用社区资源，拓宽服务渠道，充实服务内容，逐步建立国家保障与社会化服务相结合的模式，不断提高服务保障水平。

各安置地政府要将军休所、服务站纳入社区建设的总体规划，支持他们改善工作和服务环境，在全社会形成关心、爱护、尊重、帮助军队离休退休干部，优先优惠为军队离休退休干部服务的良好氛围。

军休所水、电、气供应，应逐步交由公共部门管理。军队离休退休干部服务用车实行货币化保障，给军队离休退休干部发放交通费。军队离休退休干部的住房应逐步推行物业管理，实行有偿服务。

六、加强组织领导和机构建设

军队离休退休干部是党和国家的宝贵财富。做好军队离休退休干部移交政府安置管理工作是贯彻落实“三个代表”重要思想和坚持执政为民的具体体现，是一项长期的政治任务，是政府和军队的共同责任。各级党委、政府和军队各级组织要切实加强领导，把这项工作列入重要议事日程，纳入本地区社会发展计划，作为开展军民共建活动和评选“双拥模范城（县）”的重要内容。要建立责任制，对工作成绩突出的单位和个人给予表彰奖励；对渎职失职造成严重影响的单位和个人要追究责任，严肃处理。军地有关部门要密切配合，互相支持，圆满完成安置管理工作任务，确保军队离休退休干部老有所养、老有所医、老有所教、老有所学、老有所为、老有所乐。民政部门负责研究制定军队离休退休干部服务管理政策，审定安置去向，编制经费预算，组织接收安置和指导服务管理工作，落实好移交政府安置的军队离休退休干部生活待遇；组织部门负责指导军队离休退休干部党组织建设和政治待遇的落实；财政部门负责经费的审核和保障；公安部门负责军队离休退休干部和随迁家属的落户；劳动保障部门负责医疗保障管理；卫生部门负责医疗服务；编制部门负责核定下达服务管理机构人员编制；人事、劳动保障部门负责办理军队离休退休干部随迁配偶、子女的调动手续及各项社会保险关系的转移接续；教育部门负责军队离休退休干部随迁子女的入学、转学工作；发展和改革、建设、国土资源、税务等部门负责协调军队离休退休干部住房建设和产权办理等工作。

各级党委、政府要进一步充实和加强军队离休退休干部安置管理工作机构。安置管理任务重的地方，可以适当增加行政编制，所需编制由各地在核定的行政编制总额内调剂解决。

各市（州）要根据安置工作实际，设置、调整军队离休退休干部安置管理和服务管理机构。服务管理机构是直接服务和管理军队离休退休干部的专设机构，为财政补助事业单位，执行国家有关事业单位的各项政策。市（州）政府所在地的市、区军休所应由市（州）统一管理。新增工作人员按照接收的军队离休退休干部人数1∶10的比例配备，服务管理人员编制是用于安置管理军队离休退休干部的专项编制指标，各地应严格按照有关文件规定，做到专编专用，不得挪作他用。工作用车按照接收的军队离休退休干部人数1∶50的比例配备。

市（州）军队离休退休干部安置管理办公室及各地军休所（服务站）级别，由各市（州）政府根据现接收安置人数和今后安置任务自行确定。

广大军队离休退休干部要继续保持和发扬党和军队的优良传统，自觉服从国家和军队建设大局，为实现全面建设小康社会的奋斗目标做出新的贡献。

军队退休士官移交政府安置管理工作参照军队退休干部有关规定执行。

武警部队离休退休干部、退休士官移交政府安置管理工作按照本意见执行。

湖南省民政厅　财政厅　省军区政治部、后勤部关于移交政府安置的军队退休干部遗属生活补助费、丧葬费问题的通知

（湘民军休发［2005］5 号）

各市（州）民政局、财政局、军分区（警备区）政治部、后勤部：

为贯彻落实《民政部、财政部、总政治部、总后勤部关于移交政府安置的军队退休干部及随军家属、遗属医疗、生活补助问题的通知》（［2004］政干字第 286 号）精神，现就移交政府安置的军队退休干部遗属生活补助费和丧葬费问题通知如下：

一、遗属生活补助

军队退休干部去世后，从去世的下月起，给其遗属继续发 6 个月的军队退休干部生前退休费。军队退休干部遗属符合享受定期生活补助费条件的，从第 7 个月起领取定期生活补助费。

二、随军遗属定期生活补助

（一）范围。军队退休干部无经济收入随军遗属包括：随军队退休干部移交政府安置的无经济收入的配偶；随军遗属中，未满 18 岁或已满 18 岁经接收安置部门指定医院鉴定确实丧失独立生活能力和劳动能力的子女；经原部队师级以上单位干部部门批准随军供养的无经济收入的父母。

（二）标准。军队退休干部随军遗属，符合《军人抚恤优待条例》规定享受定期抚恤金条件的，在领取定期抚恤金后，参照总政治部、总后勤部《关于调整随军遗属和 1955 年前后复员女同志生活补助费标准的通知》（［1997］后财字第 22 号）的标准给予补助。具体标准为：随军配偶定期生活补助，军队退休干部生前职务级别为团职（含相当职务级别，下同）以下的，每人每月 500 元，师职 600 元，军职 700 元，大军区职以上 800 元；符合［2004］政干字 286 号文件补助条件的子女、父母每人每月 250 元；随军遗属有固定工资收入，其收入总额低于上述标准的，补足差额部分。

（三）审核。军队退休干部无经济收入随军遗属由县（市、区）、市（州）民政部门逐级审核，报省军队离退休干部管理办公室审批。2004 年 1 月 1 日以后移交政府安置的军队退休干部，其无经济收入随军遗属，由部队师级以上单位政治部门审核后向军队退休干部安置地安置管理部门移交有关手续。

三、随军遗属丧葬费

享受定期生活补助费的军队退休干部随军遗属去世后，一次性发放生前 6 个月的定期生活补助费，作为丧葬费，包干使用。

四、经费保障

军队退休干部遗属的生活补助和随军遗属定期生活补助、丧葬所需经费，由中央财政根据实际开支情况给予适当补助，不足部分由地方财政解决。

军队退休士官（含退休志愿兵）遗属生活补助和随军遗属定期生活补助、丧葬费的发放，参照军队退休干部遗属办法执行。

武警部队移交政府安置的退休干部、退休士官遗属生活补助和随军遗属定期生活补助、丧葬费的发放，按照军队退休干部相同职级的办法执行。

本通知从 2005 年 1 月 1 日起执行。

广东省双拥工作领导小组办公室职责和工作制度

广东省双拥工作领导小组办公室是广东省双拥工作领导小组的办事机构，负责承办日常工作。

一、主要职责

（一）负责组织开展拥军优属慰问活动和双拥模范城（县）评比命名表彰活动。

（二）研究制定全省双拥工作的方针、政策，提出建议和措施。

（三）开展调查研究，总结工作情况，推广典型经验；组织开展全省性的双拥宣传。

（四）组织、指导全省开展军（警）民共建活动，研究协调处理军（警）民纠纷中的一些重要问题。

（五）指导有关部门和各级双拥办开展双拥业务工作，协调部队做好拥政爱民工作。

（六）接待军人和群众有关双拥政策和军政军民关系的来信来访。

（七）负责与领导小组成员单位的联系、协调工作，承办向领导小组报告工作事宜。

（八）负责承办广东省双拥工作领导小组全体会议，承办广东省双拥工作领导小组召开的各类会议和活动。

（九）负责起草、呈报、收发、管理文电工作；编印双拥工作刊物和资料。

（十）承办全国双拥办、广东省双拥工作领导小组交办的其他事项。

二、会议制度

（一）全省地级以上市双拥办主任会议。根据需要召开。主要内容是：传达全国双拥工作领导小组全体会议、全国省（区、市）双拥办主任会议和广东省双拥工作领导小组全体会议精神；研究部署有关工作；总结、交流双拥工作情况和经验。会前将召开会议的有关事宜报领导小组批准。会后将会议情况报告领导小组。

（二）广东省双拥工作领导小组成员单位联络员会议。根据需要召开。主要内容是：传达全国双拥工作领导小组全体会议、全国省（区、市）双拥办主任会议和广东省双拥工作领导小组全体会议精神；研究部署有关工作；总结、交流各单位开展双拥工作的情况和经验；研究提出解决热点难点问题的政策性意见；听取各单位对加强和改进双拥工作的建议。会后将会议情况报告领导小组。

（三）主任办公会。一般每月召开一次。由主任或副主任主持。主要内容是：研究决定双拥业务工作或自身建设等方面的重要问题。会前要将有关文件材料送达与会领导，会后整理形成纪要。

（四）办公室工作例会。每周召开一次。由专职副主任主持，双拥办工作人员参加。主要内容是：通报情况，研究工作。

（五）其他会议。根据工作需要适时召开。

三、公文处理

广东省双拥工作领导小组和广东省双拥办的公文，是传达贯彻全国双拥工作领导小组、全国双拥办，省委、省政府、省军区和广东省双拥工作领导小组的方针、政策、指示，部署工作，沟通情况，交流经验的主要工具，具有相应的效力和约束力。公文处理必须做到及时、准确、安全、保密。

广东省双拥工作领导小组行文关系：向全国双拥工作领导小组，省委、省政府、省军区行文，请示事项和报告工作；向省委、省政府各部委、各直属机构、人民团体、驻粤部队各大单位和武警部队，各地级以上市党委、政府和双拥工作领导小组行文，通报双拥工作情况，通知双拥工作有关事项。

广东省双拥工作领导小组办公室行文关系：向省委、省政府有关部门，军队大单位的有关部门以及各地级以上市双拥工作领导小组和办公室行文，传达双拥工作指示，通报工作情况，通知双拥工作有关事项。

广东省双拥工作领导小组和办公室的公文种类、公文格式、行文规则，公文办理、管理、立卷、归档等，按照国务院办公厅发布的《国家行政机关公文处理办法》（国办发［2000］23 号）和省政府办公厅有关规定执行。

四、国有资产、财务和印章管理

（一）国有资产管理

办公室的国有资产管理按照省民政厅有关规定执行。

（二）财务管理

经费申请、使用、管理按照省民政厅有关规定执行。

（三）印章管理

印章指定专人管理，并实行用印登记。印制文件凭领导批件用印。其他需要用广东省双拥工作领导小组印章，由组长或副组长批准；用办公室印章，由主任或副主任批准。

五、工作人员守则

（一）努力学习马克思列宁主义、毛泽东思想、邓小平理论和“三个代表”重要思想，具有履行职责所需要的理论素养。

（二）认真贯彻执行党的路线方针政策和上级的决议、命令、指示，严格遵守国家的法律、法规，努力学习双拥工作的政策规定，具有较高的政策水平。

（三）热爱双拥工作，忠于职守，精通业务，勤奋刻苦，具有较强的调查研究能力、文字表达能力、组织协调能力和帮助基层解决问题的工作能力。

（四）顾全大局，坚持原则，公道正派，廉洁自律，谦虚谨慎，团结协作，具有良好的思想品德。

（五）深入实际，联系群众，实事求是，言行一致，自觉为军地服务，为广大军民服务，具有求真务实的工作作风。

重庆市双拥模范城（县）创建命名管理实施办法

第一章　总　则

第一条　为了做好新时期拥军优属、拥政爱民工作，加强军政军民团结，推动全市创建双拥模范城（县）活动广泛、深入、持久地开展，根据全国双拥工作领导小组颁发的《双拥模范城（县）创建命名管理办法》，结合重庆市实际，制定本办法。

第二条　创建双拥模范城（县）活动，坚持以邓小平理论和“三个代表”重要思想为指导，坚持科学发展观，紧紧围绕经济建设和国防建设的目标要求，以促进生产力的发展、部队战斗力的提高和民族凝聚力的增强为根本任务，充分调动军民共同创建的积极性，把加强军政军民团结同促进我市改革发展稳定、构建社会主义和谐社会结合起来，把物质文明建设、精神文明建设和政治文明建设结合起来，促进新时期双拥工作整体水平的提高。

第三条　双拥模范城（县）是拥军优属拥政爱民工作成绩突出、并经过一定程序命名，具有榜样和示范作用的先进典型，是体现同呼吸、共命运、心连心的新型军政军民关系的重要标志，是当地党委、政府、驻军领导机关和全体军民共同的政治荣誉。

第四条　重庆市市级双拥模范城（县）的命名范围为：区县（自治县、市）。

第五条　重庆市市级双拥模范城（县），由市双拥工作领导小组审定，中共重庆市委、重庆市人民政府、重庆警备区命名。

第六条　命名双拥模范城（县）应坚持标准，注重实绩，保证质量。

第七条　对在创建双拥模范城（县）活动中做出突出成绩的单位和个人，结合命名双拥模范城（县）进行表彰。

第二章　双拥模范城（县）的基本标准

第八条　命名双拥模范城（县），坚持以下标准：

（一）组织领导坚强有力。当地党委、政府和驻军领导机关把双拥工作纳入经济、社会发展和部队建设的总体规划；建立健全以军地主要领导牵头、有关职能部门参加的双拥工作领导小组，经常研究、部署、检查、指导工作；建立健全议军制度、双拥工作领导小组成员单位双拥工作重大事项报告制度、年度工作汇报制度和信息通报制度；区县（自治县、市）双拥工作领导小组办公室健全，编制、人员、经费和办公地点落实，双拥资料管理规范，坚持军地合署办公；党政军领导机关形成合力，军地有关部门切实履行职责，上下密切配合，形成齐抓共管的局面。

（二）国防教育广泛深入。加强国防教育和双拥理论研究，通过理论研究推动双拥工作创新发展；认真贯彻《中华人民共和国国防教育法》，把以爱国主义为核心、以履行国防义务为重点、以拥军优属拥政爱民优良传统为重要内容的国防教育纳入全民教育体系；将国防教育列入宣传、教育、文化、新闻、广播影视等部门的工作计划；各新闻媒体等宣传舆论阵地有双拥、国防宣传专栏和经常性的专题节目；宣传教育坚持经常化、制度化、规范化，做到时间、内容、人员三落实，受教育面达85%，有固定的教育阵地，主要公共场所有固定性标志；军地领导带头宣讲双拥、国防知识；有专门的双拥信息、简报，稿件内容丰富。

（三）双拥活动坚持经常。双拥工作年初有总体计划，年终有总结，半年有具体安排，节日联谊走访，平时活动经常并富有成效；各项活动主题鲜明，内容实在，形式活泼，广大军民积极参与；群众性拥军优属、拥政爱民活动扎实、有效，基层优抚服务组织和拥政爱民活动组织形成网络，有工作职责，有服务内容，有计划安排，有优待措施，推动双拥工作进企业、进乡村、进机关、进学校、进社区、进连队；建立领导干部双拥工作联系点制度，帮助基层解决实际问题。

（四）军民共建富有成效。军民共建精神文明活动的形式灵活多样，内容丰富多彩，领域不断拓展；坚持重在建设，把为改革开放和现代化建设提供精神动力和智力支持，培养有理想、有道德、有文化、有纪律的社会主义新人作为根本任务，并取得明显成效；军民积极参加创建文明城市、文明村镇、文明行业、文明社区活动，对弘扬社会主义道德风尚，促进军政军民团结产生广泛影响；军（警）民联防联治活动开展经常，在社会治安综合治理中发挥重要作用，70%以上的军民共建点被评为县（团）级以上先进单位。

（五）政策法规落到实处。认真贯彻执行党和国家有关国防建设和加强军政军民团结的政策、法律、规定，适应新形势的发展，不断完善与之相配套的地方性政策、法规，军人及其军属的合法权益得到维护；军事设施得到有效保护，部队执行军事训练、战备执勤、国防施工等各项任务得到地方支持和配合；各项优抚安置政策、法规得到落实，重点优抚对象优抚政策不落实或复员退伍转业军人未能得到妥善安置的不能被评为双拥模范城（县）；优抚安置事业单位建设规范、制度健全、服务周到、保障有力；军用粮油水电气等保质保量供应；征兵任务保质保量完成；部队模范执行党和国家的政策法规，尊重地方政府，支持地方工作，维护社会秩序，遵守群众纪律，奋勇抢险救灾，积极扶贫帮困，支持地方改革和经济建设取得明显成效。

（六）军政军民关系融洽。建立完善军地关系协调机制，坚持联席会议、定期走访、信息通报制度；军政军民之间互相关心，互相爱护，互相支持；无历史遗留问题，无重大军民纠纷；出现矛盾，军地领导主动出面，及时协商，妥善解决；军地双方互办实事。

第九条　市双拥工作领导小组依据第八条的规定，提出每届市级双拥模范城（县）评选命名的具体要求。

第三章　命名程序与权限

第十条　重庆市双拥模范城（县）的评选，应在各区县（自治县、市）自查合格的基础上，由其党委、政府、人武部审核同意后向重庆市双拥工作领导小组申报，经重庆市双拥工作领导小组办公室组织检查验收，报市双拥工作领导小组审核批准后，由中共重庆市委、重庆市人民政府、重庆警备区命名。

第十一条 市级双拥模范城（县）每3年命名一次，特殊情况可提前或延期。每次命名，凡符合本办法第八条规定标准的，不论曾经是否被命名为市级或全国双拥模范城（县），均有被评选资格。

第十二条 市双拥工作领导小组办公室在组织考核检查基础上，对推荐命名的区县（自治县、市）进行审核，提出初选建议意见，提交市双拥工作领导小组全体会议审定。

第十三条 凡符合全国双拥工作领导小组颁布的双拥模范城（县）标准并获市级双拥模范城（县）荣誉称号的区县（自治县、市），具备申报全国双拥模范城（县）资格。

第十四条 市双拥工作领导小组在市双拥模范城（县）命名表彰的基础上，根据全国双拥工作领导小组每届命名提出的具体要求和分配名额，择优推荐全国双拥模范城（县）命名单位。

第四章 命名后的管理

第十五条 双拥模范城（县）应以命名为新的起点，坚持巩固、发展、提高的方针，不断研究新情况，解决新问题，总结新经验，取得新成绩。

第十六条 双拥模范城（县）实行动态管理，不搞终身制。

第十七条 被命名的全国和市级双拥模范城（县），每年年底要做出年度工作报告和下年度双拥工作计划，并报市双拥工作领导小组办公室，作为考核检查的依据。

第十八条 市双拥工作领导小组办公室，对市级以上双拥模范城（县）进行检查验收，并将检查验收情况报全国双拥工作领导小组办公室，作为下一次评选全国双拥模范城（县）的重要依据。

第十九条 被命名为全国和市级双拥模范城（县）后，工作无新进展或出现问题的，市双拥工作领导小组应及时给予帮助，找出薄弱环节，采取有效措施，切实予以改进。

第二十条 双拥模范城（县）出现优抚安置政策不落实和发生重大军民纠纷，应在及时纠正和妥善处理的同时，将情况报市双拥工作领导小组办公室。对隐瞒不报或不及时采取措施解决的，给予通报批评；对严重影响军政军民团结或重点优抚对象政策不落实或复员退伍转业军人未能得到妥善安置的，按命名权限撤销其双拥模范城（县）荣誉称号。

第五章 附 则

第二十一条 本办法由市双拥工作领导小组办公室负责解释。

第二十二条 本办法自颁发之日起执行。2002年颁发的《重庆市双拥工作年度考评细则》同时废止。

甘肃省民政厅 文化局 旅游局关于旅游景点对军人军车实行免费的暂行规定

各市、州民政局、文化局、旅游局：

根据《国防法》、《军人抚恤优待条例》的有关规定，充分体现全社会拥军热情，结合我省实际，现就旅游景点对军人实行免费的有关问题规定如下：

一、旅游景点的范围。全省旅游景点（区）是指各类公园、陵园、文化宫（馆）、纪念馆、美术馆、博物馆、文化艺术石窟、名人故居、自然风景区、属旅游性质的寺庙、道观、重大市政基础设施和水利工程参观点等。

二、免费参观的有效证件。在上述旅游景点享受免费参观的有效证件，是指中国人民解放军和武警部队现役军人军官证、警官证、文职干部证、士兵证，军队离退休干部凭退休证，伤残军人伤残证，军校学员证。

三、实行免费和优待的范围。全省所有向社会开放的旅游景点（区），一律对持有效证件的现役军人、伤残军人、军队离退休干部和军校学员，实行免购参观门票（不含需再次购票的内设项目等）的优待。

四、悬挂明显标志。所有旅游景点（区）都应在售票窗口或明显处，设置对军人实行免费参观的告示牌，并悬挂军人优先标志牌。

五、实行军车免费停放。所有旅游景点（区）一律对军车免收停车费，并在停车场悬挂军车免费标志牌。收费公厕对军人免收入厕费。

六、加强监督检查工作。旅游景点主管部门要定期对落实本规定的情况进行监督检查，凡违犯本规定或变相收费的要追究有关领导和当事人的责任。各级双拥办要加强督导工作，凡不执行本规定，造成不良影响的，该景区所在地的城（县）不得评为双拥模范城（县）。

非国有资本投资经营的各类旅游景点（区），参照本细则执行。

甘肃省双拥工作“十一五”发展思路、目标及措施

“十一五”期间，全省双拥工作的总体目标和要求是：坚持以“三个代表”重要思想和科学发展观为指导，认真贯彻党中央、国务院、中央军委关于加强军政军民团结的指示，紧紧围绕全面建设小康社会，以增强经济实力、国防实力和民族凝聚力为目标，以维护社会稳定、促进经济发展、推进军事斗争准备为重点，深入扎实地开展拥军优属、拥政爱民活动，努力为我省的改革发展稳定和部队建设创造良好的社会环境。

“十一五”期间，全省双拥工作的主要任务是：

（一）坚持以做好军事斗争准备为重点，不断增强做好新形势下双拥工作的责任感和紧迫感。在新的历史阶段，双拥工作只有紧紧围绕党的中心任务，以促进改革发展稳定为己任，才能抓住根本，有所作为，才能更加广泛地调动广大军民的参与热情。因此，我们必须用“三个代表”重要思想和做好军事斗争准备统揽双拥工作，真正做到筹划部署工作以此为依据，落实任务以此为动力，检查评比以此为标准，把“三个代表”重要思想体现在双拥工作中，落实到具体行动上。要教育广大军民像珍惜生命一样珍惜军政军民团结，像爱护眼睛一样爱护军民关系。各级党政军领导一定要从全局战略的高度，充分认识做好新形势下双拥工作的重大意义，切实把这项工作作为重大的政治任务，摆上事关全局的位置，加强领导，狠抓落实，努力开创双拥工作的新局面。

（二）适应新形势新任务的要求，进一步加强全民国防教育和双拥宣传工作。在国防教育和双拥宣传工作中，我们既要坚持过去行之有效的好传统、好做法，更要勇于和善于进行创新，努力增强国防教育和双拥宣传的时代感、针对性和实效性。一是更新教育观念。紧跟时代潮流，用新观念谋求新发展，使国防教育和双拥宣传贯彻先进性要求，体现鲜明的时代特征。二是充实教育内容。以爱国主义教育为核心，在继续普及国防知识，加强基本技能训练的同时，有重点地抓好维护国家安全、民族利益的教育和宣传，引导军民树立国家利益至上的观念，强化爱国主义、集体主义和革命英雄主义精神。三是创新教育方法。注重运用现代科技手段，运用多种文艺表现形式，使国防教育形象直观、生动活跃，为群众喜闻乐见。四是拓宽教育渠道。注重把国防教育与各种节日、纪念日和经常性

的教育活动结合起来，使国防教育和双拥宣传向各行各业延伸，从而不断增强广大军民履行国防义务的自觉性。

（三）紧紧围绕发展这个执政兴国的第一要务，组织广大军民在全面建设小康社会的主战场上建功立业。积极投身于西部大开发和全面建设小康社会的伟大事业是军地的共同责任，也是和平时期锻炼部队、提高战斗力的有效途径。要从我省经济和社会发展的实际出发，认真贯彻落实全面建设小康社会的规划部署，动员和组织广大军民积极投身到社会主义物质文明、政治文明和精神文明建设之中去，努力为振兴甘肃做出应有的贡献。驻甘部队要继续发挥组织严密、突击性强和人员集中的优势，有计划、有组织地积极参加和支援地方经济建设。尤其是在重点工程建设、生态环境治理、抢险救灾中发挥突击队和生力军的作用。要从群众最企盼解决的问题入手，就地就近做好扶贫济困和兴教助学工作，着力抓好一批参与支持西部大开发的“样板工程”和军民共建“示范工程”。要引导广大军民支持城乡改革，在促进经济结构调整、振兴区域经济、实施城镇化战略中当先锋、打头阵、做表率；积极参加群众性精神文明创建活动；广泛开展扶贫帮困活动，通过传授科技知识、实用技术和致富经验，带动群众掌握致富奔小康的本领；积极参与生态环境建设，并在退耕还林、还草还牧、荒山荒地造林、小流域治理等活动中，发挥主力军作用；主动配合地方开展社会治安综合治理活动，自觉维护社会稳定。

（四）深入开展创建双拥模范城（县）活动，全面提高联片创建工作质量。要按照坚持方向、严格标准、丰富内容、注重实效的要求，着力提高创建双拥模范城（县）的水平。要围绕“推动联片创建，发展特色双拥”的思路，把争创双拥模范城（县）与联片创建活动有机结合起来，找准依托点，选好突破口，形成发展优势，推进各项工作深入扎实地开展。河西千里双拥模范走廊，在巩固创建成果的基础上，要把重点放在建设较高层次的小康社会上，建设更高水准的双拥共建长廊；兰郎双拥文明线要按照“军政军民团结线、民族经济发展线、城乡社会稳定线”的创建目标，在扩大创建成果，提高创建层次上下工夫，使其更好地为民族地区发展和部队建设服务。今年天兰双拥文明线要抓好起步，尽快实施。经过三五年的努力，把天兰线真正建设成为“安全运输线、军事保障线、精神文明线”。各地各部队要坚持立足基层做好双拥工作，广泛开展军民共建“文明社区”、“文明村镇”、“文明行业”活动。围绕落实《公民道德建设实施纲要》和《军人道德规范》，更加广泛深入地组织军民开展争创“双四好”活动，努力增强基层双拥工作的针对性和实效性。

（五）以求真务实的精神抓好各项任务落实，在改革创新中提高双拥工作的整体水平。在双拥工作中要大力弘扬求真务实精神，切实把广大军民的根本利益维护好、实现好、发展好。一方面，我们要抢抓机遇，迎接挑战，克服困难，把立足点放在动真情、办实事，促进军地共同发展上来。各地各部队要适时把双拥工作重点转移到为改革开放和经济建设服务上来，转移到为军事斗争准备服务上来，转移到为实施西部大开发战略服务上来。要加大科技智力拥军的力度，积极组织辖区科研院所、大中专院校和企业科技力量，开展以“育人才、帮技术、送知识、添设备”为主要内容的科技拥军、科技支训活动，根据部队需要，帮助解决军事训练、战备执勤、后勤保障及装备方面的难题，重点协助部队培养急需的各类人才，努力提高科技智力拥军的质量和水平。要进一步加大优抚安置政策的落实力度，确保各类优抚对象的抚恤金、优待金，达到省上和国家规定的标准并逐步有所提高。要继续深入开展“爱心献功臣行动”，通过结对帮扶、政策扶持等措施，切实帮助他们解决好生活、住房、医疗等方面的实际困难。继续深化安置工作改革，尽快建立完善有偿转移安置机制和基金管理制度，采取安置就业、扶持就业、自谋职业等形式，不断拓宽安置渠道。另一方面，要立足甘肃省情，深入研究全省双拥工作的改革发展和创新问题，进一步转变思想观念，拓展工作思路，丰富创建内容，构建激发创造力的工作机制，创新发展具有时代特色的军民共建形式。要针对不断发展变化的新形势，及时研究制定有利于保护和推动双拥工作发展的综合政策法规及单项办法规定。尤其是要结合转业退伍军人安置、军嫂就业、军人及其家属合法权益保障、重点优抚对象“三难”问题的解决和突破，制定相关的地方性法规和行政规章，为双拥工作的长足发展和建立长效机制提供支持和保证。通过改革创新发展，努力提高全省双拥工作的整体水平。

为确保上述工作目标任务的完成，必须采取以下措施：

第一，提高认识，强化领导，始终把双拥工作纳入党委政府的重要议事日程。各级党委政府要从全局和战略的高度重视双拥工作，加强统一领导，完善工作机制，形成党委政府抓总、军地部门各司其职、各行各业广泛参与的工作格局。各级党政军领导要关心支持双拥工作，经常分析形势，研究相关政策，实施分类指导，及时发现和解决双拥工作中出现的新情况、新问题，重点解决好带有全局性和普遍性的问题。要坚持党政军联席会议和议军会议制度，按照顾全大局、团结协作、互通情况、相互支持、主动配合、多做工作的要求，扎扎实实地开展双拥工作，不断巩固和发展军政军民团结的大好局面。

第二，理清思路，明确重点，坚持把双拥工作纳入经济社会发展和部队建设的总体规划。做好新形势下的双拥工作，必须以发展社会生产力和提高部队战斗力为根本，以维护社会稳定、促进经济发展、推进军事斗争准备为重点，按照省委、省政府确定的“两个高举”、“一个加强”的战略方针和“两抓两放”的重大举措，发挥军地优势，更好地在推进“三个文明”建设中发挥作用。各地各部队要继续完善和落实“四个纳入”、“三个挂钩”制度，即：切实把双拥工作纳入经济社会发展和部队全面建设的总体规划，纳入党委、政府目标管理，纳入党政军领导一把手工程，纳入人大、政协视察内容；与文明城市（单位）评比、与领导干部提拔任用、与年度目标考核挂钩。真正做到有周密的工作计划、有明确的任务目标、有强有力的保障措施、有完备的监督机制，推动双拥工作健康有序发展。

第三，着眼基层，注重实效，切实把双拥工作任务落到实处。双拥工作的活力在基层，源泉在群众。必须着眼于基层、立足于基层开展工作。要按照“组织健全、政策落实、活动经常、关系融洽”的要求，进一步健全基层双拥组织，完善服务网络，推动双拥工作进企业、进乡村、进机关、进学校、进社区、进连队。要在抓好经常性、基础性工作上下工夫，坚持做到工作经常、活动经常、督促检查经常，努力探索建立双拥工作经常化的制度和措施，进一步增强双拥工作持久发展的活力。要紧密结合党委、政府的中心工作和群众普遍关心的社会治安、环境卫生、道德建设等热点问题，有针对性地开展军民共建活动，使双拥工作延伸到社会的各个方面，达到共建共提高、双拥双促进、军地同发展的目的。

第四，履行职责，完善制度，全面加强双拥工作机构建设。做好新形势下的双拥工作，必须有坚强的组织领导作保证。各级双拥工作领导小组是双拥工作的领导机构，担负着组织、协调、指导双拥工作的职能。要以对国家和军队建设高度负责的精神，切实发挥职能作用，在全省形成以军政团结带动军民团结，党政军齐抓共管，军地各部门齐心合力抓双拥的局面。要进一步完善工作制度，完善军地关系协调机制，建立健全领导小组成员单位双拥工作报告制度和年度工作述职制度，充分发挥各部门、各单位的职能作用。各级党委政府要关心支持双拥办的自身建设，落实军地合署办公制度，配齐配强工作人员，提高自身工作能力，加大工作经费投入。切实把各级双拥办建设成为精干、高效、有活力的日常办事机构。

甘肃省关于对优抚对象及其子女教育实行优待的暂行规定

（2005 年 10 月 11 日）

为充分体现国家和社会对优抚对象的关怀，保障优抚对象的合法权益，根据国家颁布的《军人抚恤优待条例》和民政部、教育部、总政治部联合下发的《优抚对象及其子女教育优待暂行办法》的有关精神，结合我省实际，特制定本规定。

一、本规定所指的优待对象包括：退役士兵、残疾军人、烈士子女、因公牺牲军人子女、一级至四级残疾军人子女、现役军人子女。

二、退役士兵报考普通高等学校，在同等条件下，优先录取；自谋职业的城镇退役士兵、在服役期间荣立三等功的退役士兵，在其统考成绩总分的基础上增加 20 分投档；其中在服役期间荣立二等功（含）以上或被大军区以上单位授予荣誉称号的，可在其统考成绩总分的基础上增加 30 分投档。

自谋职业的城镇退役士兵报考成人高等学校增加 20 分投档；在服役期间荣立三等功（含）以上的退役士兵，可在考生考试成绩基础上增加 20 分投档。

退役士兵报考研究生的，在同等条件下，可优先予以复试或录取。

三、烈士子女入学入托的，在同等条件下优先接收；烈士子女在公办学校学习期间免交学费、杂费，对其中寄宿学生酌情给予生活补助，报考普通高中、中等职业学校时降 30 分录取。报考普通或成人高等学校的，由省招生委员会决定，可在高等学校调档分数线 20 分以下投档，降 20 分录取。

四、残疾军人、因公牺牲军人子女、一级至四级残疾军人子女报考普通高中、中等职业学校的，招生时降 10 分录取。报考高等学校的，在同等条件下优先录取。残疾军人在校学习期间免交学杂费。

五、驻边疆国境的县（市）、沙漠区、国家确定的边远地区中的三类地区和军队确定的特、一、二类岛屿部队现役军人子女，在报考普通高中、中等职业学校招生时降 20 分录取，并不得收取省政府规定收费标准以外的其他任何费用。报考高等学校的，在同等条件下优先录取。

六、现役军人子女入公办中小学校和幼儿园、托儿所，在同等条件下优先接收；报考普通高等学校，在同等条件下优先录取。

七、优抚对象及其子女，在符合资助条件的前提下，优先享受“西部开发助学工程”的相关政策。

八、各类优抚对象在同等条件下优先享受国家设立的各类奖学金、学校自行设立的奖学金以及社会各界出资设立的奖学金，优先享受国家提供的各项助学贷款，优先享受学校提供的困难补助和社会捐助，有条件的学校应优先为他们提供勤工助学岗位。

九、退役士兵和优抚对象子女参加各级举办的各类培训应优先录取和给予一定的优惠和照顾。

十、各级招生办公室和学校凭优待有效证件、个人申请书及县（市、区）民政部门的介绍信给予优待。

1. 退役士兵凭《中国人民解放军士官退出现役证》、《中国人民解放军士兵退出现役证》、《立功受奖证书》、个人申请书及本县（市、区）民政局介绍信；

2. 残疾军人凭《中华人民共和国残疾军人证》、个人申请书及本县（市、区）民政局介绍信；

3. 烈士子女凭《革命烈士证明书》、个人申请书及本县（市、区）民政局介绍信；

4. 因公牺牲军人子女凭《革命军人因公牺牲证明书》，个人申请书及本县（市、区）民政局介绍信；

5. 一级至四级残疾军人子女凭《中华人民共和国残疾军人证》、个人申请书及本县（市、区）民政局介绍信；

6. 现役军人子女凭军人所在部队团以上政治机关介绍信、个人申请书及本县（市、区）民政局介绍信。

十一、对弄虚作假，出具伪证者，要追究相关人员的责任，取消当事人的优惠待遇，并按有关规定补交有关费用或取消入学资格。

十二、对不按本优待政策执行入托、入学的单位，当事人及其家属可以向当地政府有关主管部门提出投诉，一经查实，责令限期改正；对无故拖延、拒绝办理的部门不得评为当年双拥工作先进单位。

本规定由民政厅、教育厅、省军区政治部负责解释。

青海省军区关于驻青海省部队拥政爱民的若干规定

（2005年8月31日）

为继承和发扬我军拥政爱民的优良传统，进一步巩固全省军政军民和民族团结的大好形势，为全面推进构建社会主义和谐社会做贡献，根据党中央、国务院、中央军委关于加强新时期军政军民团结工作的一系列重要指示和有关政策规定，结合我省实际，制定本规定。

一、拥政爱民宣传教育

第一条 搞好拥政爱民教育，是落实我军性质、宗旨教育，密切和加强军政军民关系的基础工作。驻青部队各级党委和政治机关，要从维护青海地区社会政治稳定、促进经济发展和精神文明建设的高度，把拥政爱民教育纳入部队政治教育的整体规划，纳入基层经常性思想教育，做到师团有教育计划，营连有具体安排，每年度拥政爱民专题教育不少于3次，团以下单位集中教育每年不少于4个半天。在重大节日、新兵入伍、老兵退伍、外出执行任务时，应适时随机进行教育。

第二条 驻青部队各级党委和政治机关，要紧密结合民族地区实际，深入进行我军性质、宗旨、拥政爱民优良传统和三大纪律八项注意教育，及时传达学习军队各级有关拥政爱民工作指示要求，引导官兵模范遵守党的民族宗教政策，熟悉和尊重驻地少数民族的风俗习惯，关心支持民族地区的改革建设，打牢拥政爱民的思想基础，争当军民团结、民族团结“双模范”。

第三条 大力宣扬拥政爱民先进典型，充分发挥先进典型的示范教育作用。对被省、地（市）评为拥政爱民先进单位和个人的，该部队上级机关要给予宣传表扬和奖励。各级领导要带头树立拥政爱民的良好形象，充分发挥言传身教的垂范作用。

二、拥护地方党委和政府

第四条 尊重和拥护地方党委政府是拥政爱民工作的重要原则。驻青部队各级党委要自觉接受驻地党委政府的领导，积极支持地方中心工作，坚决执行有关决议，带头参加有关活动。省军区系统和武警部队要按照党管武装双重领导的原则，自觉接受地方同级党委政府的领导和监督，主动请示报告工作，当好参谋，增进团结。

第五条 爱护人民群众，尊重地方工作人员。把驻地当故乡，视人民为父母。在与地方工作人员交往时，讲究礼貌，谦虚谨慎，办事要协商，提意见要讲究方法，处理问题要实事求是。部队进行演习、拉练、庆典等重大活动，提前报告地方党委和政府。在遇有重大情况和突发事件时，坚决执行地方党委政府的命令，自觉维护社会稳定，保护人民生命财产安全。

第六条 加强与地方党政机关的密切合作。主动了解官兵执行群众纪律情况，坚持定期征求意见和汇报工作，及时将地方有关部门的意见和建议落实到拥政爱民的具体行动中。部队和干部、战士有需要地方政府解决的困难，要按组织程序反映。

三、积极参加和支援地方经济建设

第七条 坚决贯彻党中央、中央军委关于军队要服从服务于国家经济建设大局的指示，认真执行关于军队参加国家经济建设义务劳动的规定，在完成正常教育训练、战备执勤任务的同时，发挥部队人员集中、突击力强的优势，积极参加重点工程建设、抢险救灾、社会公益事业、扶贫帮困等，努力为驻地经济建设做贡献。

第八条 支援地方经济建设应以无偿支援为主。对因耗费较大需要有偿服务的，应坚持平等一致、军民互利、优质优价原则，按合同和协议收取适量报酬。对抢险救灾、扶贫帮困等方面的支援，不得收取地方任何形式的报酬。

第九条 着眼全省扶贫攻坚任务，广泛开展扶贫帮困活动。驻贫困地区的部队要在原有帮建的基础上，不断加大扶贫帮困的力度和范围。已经完成“希望小学”援建的师以上单位，加大硬件设施和科技帮扶的投入力度，积极为改善驻地学校教学环境和教学质量做贡献。同时，鼓励其他独立小单位与民族地区、贫困地区的学校定点挂钩，从师资力量、教学设备等方面给予援助，帮助民族地区发展教育事业。团以上或相当于团级单位建立一至两个扶贫联系点，积极开展科技扶贫和技术助民活动。营连级单位，通过扶贫挂钩，采取多种形式，帮助驻地群众改善生产生活条件。

第十条 在严格执行军队动用兵员、装备等有关规定的前提下，尽力为地方加强警力和民兵联防队建设提供训练场地、器材和教员，协助有关部门健全社会防范体系，提高维护社会稳定的能力。

第十一条 发挥抢险救灾中的突击队作用。根据驻地自然灾害特点，制定完善各种抢险救灾预案，保证一有灾情，能够拉得出、用得上。主动承担急难险重任务，发扬我军勇敢顽强，不畏艰险和特别能吃苦、特别能战斗的精神，最大限度地减少国家和人民群众生命财产损失。灾情过后，要尽力帮助灾区政府和人民群众恢复生产，重建家园。

四、带头建设社会主义精神文明

第十二条 认真贯彻军队精神文明建设要走在全社会前列的要求，加强部队思想政治建设，围绕培育“四有”新人，努力提高官兵思想道德和科学文化素质。按照省委、省政府、省军区的总体部署要求，深入开展以“军民共建高原千里文明线”和“全省民族团结进步创建活动”为主要形式的军民共建活动，坚持把共建活动同创建双拥模范城（县）活动结合起来，同争创军民团结、民族团结“双模范”结合起来，同创建文明城市、文明村镇、文明行业结合起来，积极为驻地精神文明建设做贡献。

第十三条 做好新时期军民共建工作。在省军区统一协调下，坚持以发动群众为主，以做思想政治工作为主，充分发挥我军政治优势，主动协助搞好地方党政领导“军事日”、青少年夏（冬）令营和大中学校、企事业单位军训等活动。积极配合地方宣传部门搞好经常性的国防教育，有计划地开放军史馆、展览馆、荣誉室，为地方干部群众提供传统教育、国防教育和德育教育素材。共建对象的选择要按照就地就近的原则，主要是学校、街道、村镇和国有、集体企事业单位及车站、光荣院、社会福利院等公益场所。严禁以共建名义搞经济实体，严禁以各种借口派官兵参与地方之间的各种利益纠纷，严禁领导干部参加地方非政府组织的剪彩、庆典活动。

第十四条 积极参加创建双拥模范城（县）活动。按照“组织健全、政策落实、活动经常、关系融洽”的要求，认真落实创建双拥模范城（县）的六条标准和八项要求，重点在抓基层、抓落实、抓制度、打基础上下工夫。主动参与地方组织的各项创建活动，每逢元旦、春节、八一等重大节日前夕和其他适当时机，组织一些规模大、有影响的拥政爱民活动，努力形成军地同心、双拥合一，凝聚力、向心力共增的局面。省军区在协调地方支持部队建设中，把工作的重点放在对现行政策法规的落实上，协同地方有关职能部门，解决好涉军问题及影响军政军民关系的“热点”、“难点”问题，积极为驻军和在外地服役的青海籍官兵排忧解难。妥善处理军地交往中的一些问题，不能借创建双拥模范城（县）的机会，向地方政府和企事业单位要钱要物，防止军民关系出现物化现象，保证双拥工作的健康发展。

第十五条 坚持不懈地传播文明新风，积极开展军民共学雷锋共树新风活动。营连或相当于营连级单位要组成学雷锋小组，定点照顾烈军属、孤寡老人或伤残群众。驻军科研、医疗卫生、文艺等单位，要利用节假日和军地联合组织重大活动等时机，适时开展科技、文化、卫生“三下乡”活动。带头参加和支持驻地城市管理，定期组织官兵走上街头开展各种形式的便民服务和市容整治活动，教育官兵发扬见义勇为精神，敢于同一切违法乱纪和犯罪行为作斗争，积极为创建文明社会做贡献。

五、积极预防和妥善处理军民纠纷

第十六条 从青海发展稳定和军事斗争准备的全局出发，认真组织官兵学习条令条例、国家法律法规和地方政府有关政策规定，不断强化官兵的政策法规意识，提高自我约束能力。驻青部队广大官兵要加强自我管控，不利于军政军民和民族团结的话不说，不利于军政军民和民族团结的事不做，做到自尊、自爱、自警、自励，自觉遵守群众纪律。

第十七条 落实检查、走访和纠查等制度。连每月、营每季、团每半年进行一次检查，八一、元旦、春节、老兵退伍前和驻训结束后，要到地方有关部门和单位走访。城市警备部门要加强对所在地区、各部队要加强对营区附近的纠察。检查、走访、纠察中发现的问题要及时纠正。对违纪现象要严肃处理。

第十八条 积极开展军（警）民联防联治和军地隐蔽斗争协助活动。驻青各部队要积极协助地方公安、安全、司法等部门维护社会治安和国家利益，惩治不法分子，协助地方有关部门健全社会防范体系，搞好巡逻、值勤、警卫、消防监督等工作，妥善处理草山、地界等纠纷，严厉打击各类刑事犯罪活动。落实军地情报互通和会商制度，积极为全面建设和谐社会创造稳定、安全的良好环境。

第十九条 认真贯彻积极预防的方针，努力减少一般性军民纠纷，坚决遏制重大军民纠纷。对于小散远偏单位和零星在外人员，制定相应约束措施，加强重点管理和检查。真实身份未核实清楚前被地方执法人员检查时，应积极配合，自觉服从；出现过错需承担责任的，地方执法人员应立即通知部队有关部门处理；有意见应通过组织向地方有关部门反映，协调解决，妥善处理。严禁采取任何手段进行打击报复。

第二十条 正确对待军政军民交往中的利益得失，妥善处理军民纠纷和历史遗留问题。凡是涉及驻地经济发展的重大问题，部队该支持的要支持，该让步的要让步。地方进行开发建设涉及军事设施保护的具体事项，应与地方有关部门密切合作，按照《军事设施保护法》的规定落实保护措施。

第二十一条 遵循“团结—协商—团结”的方针，依据国家和军队的政策规定，从维护团结稳定的大局出发，主动与地方协商，正确处理军政军民关系，防止发生不良影响。处理一般纠纷，应本着实事求是、不扩大事态和影响的原则，积极主动地靠上去做工作，以求得充分的理解和支持。处理较大或重大纠纷，要做到领导到位、认识到位、工作到位。因训练、演习、交通运输、医疗卫生等给群众造成损失的，要及时给予赔偿。

六、切实加强组织领导

第二十二条 各级党委和政治机关要把拥政爱民工作作为部队思想政治建设的一项重要内容，列入党委议事日程，列入领导干部岗位责任制。各部队要有一名领导干部参加当地双拥工作领导小组，师级单位参加地（市）双拥工作领导小组，团级单位参加县（市、区）双拥工作领导小组。团以上单位都要明确专人负责群众工作，营连级单位也要指定一名干部负责群众工作。

第二十三条 充分发挥省军区系统的桥梁纽带作用，加强驻军之间的联系，建立健全例会、协调、联系等制度，树立拥政爱民工作在构建和谐社会中有所作为的思想，积极研究新情况，探索新办法，使双拥工作不断创新和充满活力。各驻军单位和武警部队要积极参与配合。

第二十四条 落实工作制度，加强对拥政爱民工作的检查指导。驻青各部队团以上单位要结合半年和年终总结，深入基层和驻地周围单位检查考评拥政爱民情况，并根据检查情况，及时调整工作部署，加强工作指导。执行驻训、演习和完成地方政府交给的重大任务后，要及时进行拥政爱民工作总结讲评，对在拥政爱民工作中取得显著成绩的单位和个人，要及时给予表彰和奖励，不断提高拥政爱民工作整体水平。

青海省军区　省公安厅关于建立军警矛盾纠纷预防和处理机制的意见

（2005 年 11 月 27 日）

人民军队和公安机关担负着捍卫国家主权和领土完整、维护国家安全和社会稳定的神圣职责，是保证国防建设和经济建设协调发展的重要力量。加强军政军警团结工作，关系到国家安全、社会政治稳定和部队全面建设。为切实做好预防和处理军警矛盾纠纷，巩固和发展“同呼吸、共命运、心连心”的新型军警关系，促进我省经济社会和谐发展和部队全面建设，结合我省实际，经省军区政治部、省公安厅研究，决定建立军警矛盾纠纷预防和处理机制。

一、指导思想

以“三个代表”重要思想和科学发展观为指导，以党中央、国务院和中央军委关于加强军政军民和军警团结工作的一系列指示为统揽，以提高广大军警人员遵纪守法观念和思想道德修养为重点，紧密结合青海实际，认真贯彻积极预防的方针，妥善处理和解决个别地区军警之间存在的一些问题，大力营造团结、和谐、融洽的军警关系，积极为建设“平安青海”做贡献。

二、基本原则

1. 维护稳定。军警双方都要从维护团结稳定的大局出发，在发生问题时不感情用事，不斤斤计较，不使个别军警纠纷影响到军政军警关系和社会稳定、民族团结的大局。

2. 严于律己。军警发生纠纷时，双方应坚持高姿态，主动承认错误，不回避，不推诿，多作自我批评，敢于面对现实和正视问题，讲友谊，讲谅解。

3. 平等协商。对发生的军警纠纷，应如实向本单位党委首长报告情况，及时提出解决问题的意见和建议，双方应在查明起因，分清责任的基础上，主动协商，自觉谦让，不互提条件，不消极拖延，不搞特权，按政策规定处理纠纷，防止产生不良后果。

4. 依法裁决。遇有分歧难以协商解决时，要以党中央、国务院和中央军委关于正确处理军政军民关系的政策规定为准绳，在保护双方合法权益的前提下，把握政策，依法裁决。对达成的处理意见，必要时可以签订协议，纠纷双方应积极主动履行达成的协议。涉及到经济赔（补）偿的应坚决兑现，坚持一起纠纷一次性解决彻底，不留后遗症。

三、处理军警纠纷的一般程序和方法

1. 领导到场，控制事态。发生军警纠纷，双方领导和有关人员应迅速到场，采取果断措施稳定双方人员情绪，查清事发原因，疏散围观群众，加强沟通，统一认识，防止事态扩大。

2. 严格程序，逐级报告。当事双方都应站在团结稳定的高度，主动配合有关部门和人员保护现场，收集证据，严禁使用威胁和攻击语言，严禁使用专政手段和动用兵力、警力，严禁使用武器警械，严禁扣留对方人员，严禁冲击对方办公场所，严禁打人、骂人或鸣枪。否则，将严肃追究有关当事人和领导的责任。

3. 立足本级，解决问题。依据有关政策规定和条令条例，本着实事求是、避免事态扩大的原则，尽力把纠纷解决在本级、解决在当时、解决在当地。发生一般或较小纠纷时，各单位应尽力自行解决，对于本级无法调和的重大或较大纠纷，应严格按程序逐级上报，必要时可提请预防和处理军警纠纷领导小组协调处理。

四、预防和处理军警纠纷的领导责任

1. 党委统管，机关合力。各级党委和机关要把预防和处理军警纠纷列入党委重要工作内容，坚持与管理教育工作一起研究部署，一起检查落实，建立定期分析检查制度，落实一名副职领导和相关业务部门主抓制度。对于重大纠纷事件，主要领导要亲自出面、亲自协调、亲自处理。

2. 按级负责，归口办理。省预防和处理军警纠纷领导小组，为全省预防和处理军警纠纷的最高责任机构，负有协调处理全省军警纠纷的相关事宜，任何单位和个人不得随意越级上报情况。省军区政治部、省公安厅负有协调联络驻青部队与公安系统有关部门共同开展预防和处理军警纠纷的职责。

3. 奖惩分明，严肃执纪。对于参与纠纷的违法违纪人员，军警双方应在查清事实、分清责任、科学定性的基础上，依法按规定从严、从快处理。处理结果以军警双方的适当级别机关名义共同发布通报。对于发生重大或较大军警纠纷的单位，主要责任在本单位的，当年不能评为先进，两年内不能参加拥政爱民先进单位和双拥模范城（县）的评选。对于隐情不报、久拖不决、处置不当、失之于软的，要追究领导责任。同时，要加大对军警纠纷处理工作政策指导、典型指导和分类指导的力度，切实增强工作的预见性、针对性和科学性。

五、预防军警纠纷的要求

1. 深入进行预防军警纠纷宣传教育。军警双方要认真组织所属人员学习党中央、国务院、中央军委及国家公安部关于加强军政军警团结的一系列重要指示，站在贯彻落实“三个代表”重要思想的高度，教育广大军警人员充分认识加强军警团结的重要性，教育广大军警人员严格按纪律条令办事，自觉遵守党和国家的政策法规，依法维护军警双方的权威和合法权益。引导广大军警人员树立正确的价值观，充分认识人民军队和人民警察根本利益的一致性，处理好利与义的关系，发扬奉献精神，互相支持，多办实事，多尽义务，为预防和妥善处理军警矛盾纠纷打下良好的思想基础和感情基础。

2. 依法从严加强经常性管理。认真贯彻积极预防的方针，对于外出或执行任务的军警人员，应制定相应的约束措施，加强重点管理和检查，落实请销假和请示报告制度。在节假日、业余时间、季节变化、任务转换、人员变动时，对于可能发生的纠纷要及时预测，提出具体要求，防止可能引起军警纠纷的发生。广泛开展“三尊重”、“三关心”活动，即：部队尊重地方党委政府、尊重人民群众、尊重公安民警，公安系统关心部队建设、关心子弟兵成长、关心军人家庭。军警人员要坚决执行条令条例和各项规章制度，严格遵守交通规则，服从交通民警指挥，加强对警灯、警报器的管理和使用，严禁乱用警灯、警报器，严禁动用兵力、警力、武器和警械。

3. 强化自我管控和自我约束。各类执法（勤）人员，应严于律己，加强自我管控和职业道德修养。外出军人遇检查时，应态度谦虚，主动配合，着便装遇检查时，应主动说明情况，并出示证件；公安人员在检查军人时，应出示证件，用语文明，按章办事，在确定其军人身份、不涉及重大案情的情况下，应交由驻军部队警备机关处理，不得对其采取扣留、审讯或其他惩罚措施，坚决防止执法过程中的过激行为。

4. 加强军警之间的团结协作。要建立省预防和处理军警纠纷领导小组参加的走访、互查制度，在省双拥办的统一协调下，定期对驻青部队和公安系统执行《意见》情况进行检查，确保沟通渠道畅通。驻青部队秘群、宣保和军务部门要加强与公安机关、纪检、督察和法制部门的密切合作，积极协助搞好巡逻、值勤、警卫、消防监督和打击违法犯罪活动等工作，维护社会稳定和国家安全，积极为建立和谐的军警关系做贡献。

青海省关于在民营企业等非公有制经济组织中开展双拥创建和争当双拥模范个人活动的意见

（2005年3月27日）

鼓励、支持和引导民营企业等非公有制经济组织积极参与双拥创建活动，是进一步推进双拥工作社会化、群众化的一项新举措，是社会主义市场经济体制的客观要求，对推动非公有制经济健康发展，巩固军民团结和加强国防建设，构建社会主义和谐社会具有十分重要的意义。为在非公有制经济领域掀起开展双拥创建和争当双拥模范个人活动的热潮，现提出以下意见。

一、提高认识，深刻理解双拥创建的重要意义

拥军优属、拥政爱民，是我党我军的光荣传统，是加强国防和军队建设的重要内容，是我国革命和建设事业不断取得新胜利的重要法宝，是我们党的几代领导集体的一贯思想。毛泽东同志提出了“兵民是胜利之本”的精辟论断，倡导和推动了双拥活动；邓小平同志强调军民一致的原则不能变，倡导军民共建社会主义精神文明和创建双拥模范城（县）活动；江泽民同志要求要像爱护眼睛一样爱护军政军民团结，为双拥模范城（县）题词；胡锦涛同志强调要广泛深入地开展双拥创建活动，加强军政军民团结，认真抓好拥军优属各项政策法规的落实。历史和现实证明，坚强的军政军民团结，无论是在争取民族独立、人民解放、保卫国家安全和维护社会稳定中，还是在促进改革开放和社会主义现代化建设中，都显示了不可战胜的巨大力量。

党的十六大报告强调：“个体、私营等各种形式的非公有制经济组织是社会主义市场经济的重要组成部分，对充分调动社会各方面的积极性、加快生产力发展具有重要作用”。全国双拥工作会议明确提出，要引导新型经济组织和新的社会阶层拥军优属，拓宽双拥工作的领域和范围，不断扩大双拥工作的群众基础。这些新概括、新判断、新突破，说明非公有制经济人士作为新的社会阶层中的先进分子，也是我们党执政的物质基础和群众基础，从政治上、经济上明确了非公有制经济及新社会阶层的地位和作用，也为非公有制经济的发展提供了科学指引，也为双拥工作解放思想、更新观念、向非公有制经济领域拓展提供了理论依据。在新世纪新阶段，鼓励和引导民营企业等非公有制经济组织开展双拥创建活动，让双拥光荣传统在非公有制经济领域发扬光大，是双拥工作实践党的创新理论的必然要求，是巩固发展军政军民团结的有力举措，对增强军民凝聚力，构建社会主义和谐社会有着重要的促进作用。

二、在非公有制经济领域开展双拥创建活动的指导思想、基本任务和目标

（一）指导思想

以马列主义、毛泽东思想、邓小平理论、“三个代表”重要思想和党的十六大精神为指导，认真

贯彻落实党中央、国务院和中央军委关于进一步做好双拥工作，加强军政军民团结的指示，全面贯彻经济建设与国防建设协调发展的方针，紧紧围绕促进经济社会发展和军事斗争准备开展创建活动，广泛调动军民的积极性，强化国防观念和双拥意识，形成同呼吸、共命运、心连心的新型军政军民关系，使投身双拥创建活动成为广大群众的自觉行动。

（二）基本任务和目标

1. 进一步加大国防教育和双拥创建活动的宣传力度，切实筑牢做好拥军优属工作的思想基础。要采取多种形式、利用多种渠道，开展多层次、全方位的宣传教育，营造浓厚的双拥氛围，在全省非公有制经济领域掀起创建活动的热潮。要紧密联系国际国内形势变化，结合民营企业的发展实际，建立健全与民营企业管理相配套的国防教育和双拥宣传工作制度，认真组织实施。使“军队离不开各族人民，各族人民离不开军队”、“国无兵不稳、民无兵不安”的思想深入人心，全面增强民营企业广大员工支持国防建设、维护军政军民团结的自觉性，为双拥工作的深入发展奠定坚实的群众基础和思想基础。重点是开展国防教育进民营企业、进新社会阶层活动。在民营经济等非公有制经济组织中建立国防教育制度，把国防教育和双拥宣传与企业的文化建设结合起来，制定切实可行的国防教育计划，开展各类教育宣传活动。积极组织民营企业家及企业骨干参加政府组织的国防教育展览、国防知识竞赛、国防教育日等教育活动。在企业中开办国防教育宣传栏，设立国防教育课，有计划地组织企业主参加“军事一日”活动，把企业公益事业活动与支持国防建设结合起来，发挥非公有制经济组织数量大、就业岗位多的优势，帮助解决拥军优抚安置工作中的热点难点问题，创造条件吸纳下岗伤残军人、退伍军人、军转干部到企业就业，维护他们的基本权益。鼓励企业青年职工踊跃报名参军，履行国防义务。

2. 卓有成效地开展军民共建活动，进一步密切军政军民关系。各级工商联要立足民营企业和驻军部队的实际，主动做好牵线搭桥和协调、帮助、指导工作，把双拥工作的重点放在促进民营企业的发展进步和精神文明建设上来。要适应新形势新任务对双拥工作的要求，积极创造富有时代特色的群众性双拥共建形式，开展军民共同学习实践“三个代表”重要思想、“爱心献功臣”、“科技拥军”等活动。通过开展丰富多彩的军民联谊联欢等群众性文化体育活动和重大节日相互走访慰问活动，进一步加深军民的思想感情，促进军民共建活动上台阶、上水平。

3. 优势互补，互办实事，促进企业发展和部队建设。民营企业要利用人才和资源优势，积极开展科技智力拥军活动，帮助部队培养科技人才，提高科技含量，促进部队现代化建设。要积极支持和参与部队后勤保障社会化改革，发挥民营企业劳动密集型优势，积极吸纳和安置部队随军家属和复员退伍军人，全面落实优抚安置政策。部队要用民营企业发展的事实引导和教育广大官兵特别是即将转业退伍的军人，不断接受市场经济的新知识、新观念，更新择业观念，增强自谋职业的能力和胆识。部队要发挥人员来源广、信息灵的优势，积极为民营企业的生产经营活动提供一些力所能及的帮助和支持。要发挥突击队作用，主动承担急难险重任务，为企业的全面发展做出应有的贡献。

4. 重视和支持民营企业武装工作，不断提高后备力量建设水平。符合编兵条件的民营企业要积极落实军事机关赋予的设立企业人武部和建立民兵组织的任务，健全组织，配强骨干，达到民兵组织“三落实”（组织落实、政治落实、军事落实）。支持员工中的民兵参加教育整组、应急动员、战备训练、参军入伍和其他军事活动。部队要配合企业搞好民兵教育训练，提供必要的训练器材和场地。

三、把握重点，强化措施，确保创建目标顺利实现

一是要端正思想认识。地方各级党委、政府要充分认识在民营企业中开展双拥工作的重要性，从政治上鼓励、政策上扶持，把这一工作纳入精神文明建设的重要内容，当作进一步增强全民国防观念和拥军优属的一项重要举措，切实抓好落实，尽快抓出成效。

二是要注意把握工作原则。在民营企业中开展双拥创建活动，要坚持以地方为主、以群众自发为主、以思想政治工作为主的原则，把活动的着力点放在支持和促进民营企业发展、促进部队战斗力提高上来。要坚持思想领先和自觉自愿的原则，不搞强迫命令和行政摊派。要在认真做好思想工作的基础上，经双方互相协商，确定一年或半年的共建项目内容，组织开展共建活动。各项活动应注意军事和企业科技的安全保密工作，杜绝泄密事件的发生。

三是要积极引导逐步推进。在民营企业中开展双拥创建活动是一项新的工作。各级应采取正面引导的办法，先点后面，稳步推进。应当选择条件较成熟、经济效益较好、有一定生产规模、拥军优属热情较高的民营企业就近与驻军部队结成共建对子，开展活动。

四、加强领导，狠抓落实，推动双拥创建活动向前发展

（一）加强组织领导，明确职责分工。各级双拥工作领导小组作为总的牵头部门，双拥办、人武部和工商业联合会是主要参与部门，要主动配合，各司其职。参加单位都要指定一名分管领导、一个承办处（科）室和具体承办人员。人武部负责驻军的协调联络，牵线搭桥，积极促成共建关系的建立，并作为军地双方签订共建协议的见证方；各级工商业联合会负责民营企业的协调联系，组织引导各类民营企业积极开展拥军优属活动，与驻军及各类优抚对象确立共建或帮扶关系。共建协议的签订由双拥办主持，各方参加。凡工作涉及到的行业和部门，都要认真协助，不得推诿扯皮，影响工作开展。

（二）建立协调联络制度，军地齐抓共管。军地双方及相关部门都要确定联络员，进行定期或不定期的协调联络，及时互通信息，及时解决民营企业与驻军开展双拥活动时遇到的困难和问题。民营企业在研究制定发展规划时，要融入双拥工作，统筹计划安排；在落实企业发展各项工作时，不忘抓好拥军优属和共建工作的检查落实。部队在研究和部署基层工作中，要融入拥政爱民的内容，特别是要重视驻军与民营企业的共建工作，把推进部队基层建设的过程作为落实双拥工作的过程。各级双拥工作领导小组要把民营企业的双拥工作纳入新一轮双拥模范城（县）创建活动的总体规划，努力形成党委、政府领导，军地有关部门配合，企业员工广泛参与的新局面。

（三）表彰先进，推广典型。为鼓励支持和引导全省民营企业等非公有制经济组织积极参与双拥创建和争当双拥模范个人，省工商联决定每3年进行一次表彰奖励活动，各级工商联要注意发现、培养、总结典型，推广先进经验。要借助于新闻媒体，大力宣传报道先进经验，使其更具典型性和示范性，真正起到影响、辐射和带动作用。

宁夏回族自治区双拥工作领导小组成员单位双拥工作职责

（2005年2月20日）

自治区党委办公厅：协调处理军地有关部门提请自治区党委审定的拥军优属和拥政爱民政策法规及事项；会同有关部门组织协调自治区双拥工作命名表彰大会的筹备与召开；会同有关部门组织协调自治区军地重大活动的开展；检查督促拥军优属各项政策、措施的落实；做好本系统的拥军优抚安置工作。

自治区政府办公厅：协调处理军地有关部门提请自治区政府审定的拥军优属和拥政爱民政策法规及事项；会同有关部门组织协调自治区双拥工作命名表彰大会的筹备与召开；会同有关部门组织协调自治区军地重大活动的开展；检查督促拥军优属各项政策、措施的落实；做好本系统的拥军优抚安置工作。

宣传部：把全民国防教育和双拥宣传教育作为宣传教育的重要内容，列入宣传工作计划。协调和督促宣传、文化、新闻、出版、广播影视部门开展国防教育和双拥宣传教育；有计划地宣传双拥典型和先进经验；紧密结合创建文明城市、文明村镇、文明行业活动，大力弘扬和培养以爱国主义为核心的民族精神；协调做好爱国主义教育示范基地、国防教育基地工作的指导和管理；倡导爱国拥军的奉献精神，在全社会形成关心、支持、爱护人民军队，优待、照顾优抚对象的良好社会风尚；做好本系统的拥军优抚安置工作。

民政厅：会同有关部门制定拥军优属和优抚安置工作的政策法规；加强拥军优属工作的宣传，督促拥军优属各项政策、措施的落实；加强对优抚安置各项经费的管理和使用，做好优抚对象的思想教育工作和烈士褒扬工作；指导各级民政部门制定和落实扶持优抚对象生产、生活的政策措施，将重点优抚对象优先纳入社会救助范围；负责自治区级退役士兵、转业士官、复员干部的接收安置工作；指导各级民政部门做好退役士兵、转业士官、复员干部、军队离退休干部和无军籍退休退职职工的接收安置等工作；指导各级民政部门做好符合条件的随军家属的最低生活保障工作；指导光荣院、干休所、烈士纪念建筑物管理保护单位和军供保障单位的管理工作；做好爱国主义教育基地、国防教育基地的指导和管理；会同军地有关部门指导军民共建、争创双拥模范城（县）、双拥模范单位和个人活动；做好本系统的拥军优抚安置工作。

发展和改革委员会：按照国家的总体部署，将国防、军队建设纳入自治区国民经济和社会发展规划；协调军队建设需要解决的重大问题；积极支持军队参加支援西部大开发和国家及自治区重点工程建设；协调有关部门做好部队战备、训练中重要物资和商品供应的保障工作；做好本系统的拥军优抚安置工作。

人事厅：会同军地有关部门研究制定军队转业干部、随军家属的安置和就业政策，做好军队转业干部安置和培训工作；指导各地做好随军家属和转业干部随调家属安置工作；指导各级政府部门所属人才服务机构为自主择业的军队转业干部、自谋职业的退役士兵和未就业的随军家属提供求职优先服务工作；协助做好拥军优属、拥政爱民先进个人的表彰工作；做好本系统的拥军优抚安置工作。

财政厅：参与研究制定有关国防、军队建设和优抚安置工作的政策、法规，根据国防建设的需要和自治区财力可能，为国防军队建设、开展拥军优属、拥政爱民活动和优抚安置工作提供必要的经费保障；加强对优抚安置各项经费使用的检查监督；做好本系统的拥军优抚安置工作。

教育厅：将国防教育纳入各类学校的教学计划，对教职员工和学生进行拥军优属、拥政爱民宣传教育；发挥人才优势，积极开展教育拥军活动；支持军队实施人才战略工程，帮助解决人才建设方面遇到的矛盾和问题；开展军民共建文明学校活动；帮助部队培养军地两用人才；指导学生军训和少年军校活动；指导各级教育部门制定和落实现役军人子女及烈士、残疾军人子女和退役军人在入校就读等方面的优惠政策；指导各大专院校做好以助学方式安置退役士兵等工作；做好本系统的拥军优抚安置工作。

劳动和社会保障厅：配合有关部门做好退役士兵、转业士官、随军家属的安置和军地两用人才培训及开发使用工作；支持军队后勤保障社会化，做好退役军人社会保险的接续和管理工作；指导各级劳动和社会保障部门为优抚对象提供求职登记、职业介绍、就业指导等服务；做好优抚对象的社会保险工作；做好本系统的拥军优抚安置工作。

文化厅：将军队文化建设纳入文化事业发展战

略和发展规划，支持部队活跃军营文化；指导和扶持军队艺术创作与生产；帮助部队培养文艺骨干，搞好文化基本设施建设；组织文艺团体到基层部队进行慰问演出和节日军民文艺联欢；组织开展军民共建社会主义精神文明活动；协调有关部门搞好营区周边的文化环境治理和建设；做好本系统的拥军优抚安置工作。

卫生厅：支持军队发展医疗卫生事业，改进医疗卫生服务；指导部队搞好公共卫生体系建设，提高应对重大传染病等突发公共卫生事件的能力；关心军队医院建设和发展，注重从医疗设备、技术等方面予以支持；会同有关部门研究制定重点优抚对象医疗保险、农村合作医疗办法，指导落实重点优抚对象医疗优惠政策，组织卫生行政部门和医疗卫生机构做好优抚对象的医疗服务工作；做好本系统的拥军优抚安置工作。

建设厅：协助部队依法搞好军事设施建设；支持军队后勤保障社会化，协调指导各地免征配套改造项目城市基础设施配套费；协调指导各地将军人和军队职工经济适用住房建设纳入当地计划；指导地方解决优抚对象和城镇未随军家属的住房困难；协调处理军地之间的房产矛盾和纠纷；在城乡规划中充分考虑国防利益和军事需求；做好军用车辆在城市各停车场点免收停车费政策的落实工作；做好本系统的拥军优抚安置工作。

交通厅：在公路规划和建设中充分考虑军事需求；做好军运工作，保障军事运输；做好国防公路的修建工作，对交通部门管养的路段，做好养护工作，保障军事运输畅通；支持军队后勤保障社会化；开展军民共建文明车站、文明运输线活动；有条件的车站、客运站开设军人售票窗口；对执行紧急任务的部队和军人，凭部队团以上单位介绍信，提供交通便利；做好军用车辆过桥、高速路，现役士兵、革命伤残军人乘坐车、船等优待政策的落实工作；做好本系统的拥军优抚安置工作。

粮食局：进一步完善粮食流通改革中部队粮油供应体制，认真做好部队的后勤保障工作；会同军地有关部门做好转业、复员退伍军人和随军家属的粮油供应关系接转工作；做好本系统的拥军优抚安置工作。

工商行政管理局：制定支持部队建设的优惠政策，做好拥军优属工作；扶持军供保障、优抚安置事业单位及优抚对象的生产经营活动；支持企业安置退役士兵和随军家属，为退役士兵和随军家属自谋职业提供优先优惠服务；引导私营企业开展拥军优属活动；做好本系统的拥军优抚安置工作。

广播电影电视局：将国防教育和双拥宣传教育列入广播影视部门的工作计划；运用广播、电影、电视系统进行爱国主义教育、国防教育和双拥宣传教育，广泛宣传党中央、国务院、中央军委关于双拥工作的指示精神，宣传自治区双拥工作领导小组的决议、指示、工作部署和重大活动，宣传各地双拥工作的典型经验和先进事迹；开展拥军优属活动；做好本系统的拥军优抚安置工作。

国税局：认真贯彻落实国家关于支持军队改革的各项税收政策法规；研究制定自治区军队转业干部自主择业、退役士兵自谋职业和随军家属从事个体经营的税收优惠政策；指导各级税务部门开展军民共建社会主义精神文明活动和拥军优属工作；做好本系统的拥军优抚安置工作。

妇　联：将拥军优属工作列入工作计划；采取多种形式对广大妇女进行国防教育和双拥宣传教育；发动妇女广泛开展群众性的拥军优属活动，宣传和表彰妇女拥军的先进典型和本系统拥军的先进单位；会同军队有关部门表彰做出突出成绩的女军人和军人家属，宣传女军人和军人家属自强不息、艰苦奋斗、开拓创新的事迹；协同有关部门维护军人在婚姻家庭等方面的合法权益；指导各级妇联与驻军开展军民共建社会主义精神文明活动。

团　委：将拥军优属工作列入工作计划；采取多种形式对广大青少年进行国防教育和双拥宣传教育；宣传军地团员、青年爱民拥军的先进典型和事迹；指导少年军校建设，表彰先进单位；组织广大青少年开展拥军优属和军民共建社会主义精神文明活动。

总工会：将拥军优属工作列入工作计划；采取

多种形式对职工进行国防教育和双拥宣传教育；发动和组织职工开展拥军优属和军民共建社会主义精神文明活动；宣扬拥军优属先进单位和个人；积极协调有关部门为企业军转干部、退役士兵、军人家属和优抚对象排忧解难，维护他们的合法权益。积极引导和支持新型经济组织和新的社会阶层投身拥军优属工作。

公安厅：依法维护军事设施安全；依法查处和惩治侵害军人及其家属合法权益的违法行为；按照国家有关政策规定，结合本地实际，制定并指导各级公安机关做好军队离退休干部、转业、复员、退伍军人及随军、随迁家属落户工作；指导征集新兵的政治审查工作；指导各级公安机关积极、稳妥地处理军地之间的矛盾和纠纷，做好部队重要军事行动和重大活动的安全保卫工作，协助部队做好营区及生活区域的社会治安工作；组织战时和部队重要军事行动、重大活动的交通管制；组织查处妨碍和破坏国防动员工作的违法犯罪案件；开展军警民共建社会主义精神文明活动；做好本系统的拥军优抚安置工作。

地税局：认真贯彻落实国家关于支持军队改革的各项税收优惠政策；结合本地实际研究制定军队转业干部自主择业、退役士兵自谋职业和随军家属从事个体经营的税收优惠政策；为军队转业干部自主择业、退役士兵自谋职业和随军家属从事个体经营的市场准入提供优质服务；指导各级税务部门开展军民共建社会主义精神文明活动和拥军优属工作；做好本系统的拥军优抚安置工作。

军区司令部：会同有关部门组织和指导部队、民兵、预备役部队参加抢险救灾、支援国家经济建设、社会公益事业；组织和指导部队、民兵、预备役部队参加和支援西部大开发；指导部队、民兵和预备役部队参加军民联防，维护社会稳定；参与处理军地之间的重大矛盾和纠纷；协调军地主管部门做好军事设施保护工作；配合地方有关部门做好退役士兵的安置工作；会同自治区、军队有关部门搞好学生军训和少年军校活动；严格部队管理，模范遵守群众纪律，树立人民军队威武之师、文明之师的良好形象。

军区政治部：会同有关部门制定拥军优属、拥政爱民的政策法规；组织和指导军队进行人民军队性质、宗旨教育及拥政爱民教育，开展拥政爱民和军民共建社会主义精神文明活动；检查军队执行国家法律、法规、民族政策、宗教政策和遵守群众纪律情况；会同有关部门组织和指导部队参加国家经济建设，进行抢险救灾，支援社会公益事业；组织和指导部队、民兵、预备役部队参加和支援西部大开发；协调驻宁部队做好拥政爱民工作；会同有关部门做好军队离退休干部移交地方安置工作；会同地方有关部门进行全民国防教育；会同有关部门指导争创双拥模范城（县）、双拥模范单位和个人活动；协调处理军民之间的重大矛盾和纠纷；会同自治区、军队有关部门搞好学生军训和少年军校活动。

军区后勤部：会同军地有关部门研究制定后勤保障社会化、军事运输、军人保险、军队房产土地等方面的政策规定；会同军地有关部门做好军队离退休干部移交地方政府安置中的有关工作；会同有关部门指导部队搞好科技开发、科研成果转让，支持地方经济建设；协调处理军地之间在房地产、交通事故等方面的矛盾和纠纷；支援地方扶贫工程、绿化工程和医疗卫生等公益事业建设；加强对战时和平时部队承担危急险重任务中军民兼容大后勤保障体系的研究；指导部队做好武器装备建设和国防科研试验任务中的群众工作，搞好军地协调配合，保证武器装备建设和大型科研试验任务的顺利进行，做好群众损失的善后工作；发挥人才、技术优势，开展科技助民活动，促进军地科技交流与合作；组织所属部队参加地方经济建设，进行抢险救灾，支援社会公益事业。

武警宁夏总队：组织部队广泛开展拥政爱民和军民共建社会主义精神文明活动；组织指导部队深入开展国家法律法规、民族政策、宗教政策和群众纪律教育，检查贯彻执行情况；组织和指导武警部队参加自治区经济建设，援建重点工程，进行抢险救灾，支持社会公益事业建设；组织武警部队参加军警民联防，处置突发事件，维护社会稳定；指导部队加强教育管理，严格遵守条令条例和群众纪律，树立良好形象。会同有关部门指导部队积极参加争创双拥模范城（县）、双拥模范单位和个人活动；协调处理军民之间的重大矛盾和纠纷；会同自治区、军队有关部门搞好学生军训和少年军校活动。

新疆维吾尔自治区双拥模范城（县）命名管理办法

（2005年7月10日）

第一章　总　则

第一条　为保证自治区创建双拥模范城（县）活动广泛、深入、持久、健康发展，根据全国《双拥模范城（县）创建命名管理办法》，结合自治区实际，特制订本实施细则。

第二条　创建双拥模范城（县）活动，是拥军优属、拥政爱民优良传统的继承与发展，是新时期双拥工作的重要载体，是加强军政军民团结和民族团结的有效途径。

第三条　双拥模范城（县）是双拥工作成绩突出、并经过一定程序命名、具有榜样和示范作用的先进典型，是当地党委、政府、驻军和各族军民共同的崇高政治荣誉。

第四条　创建双拥模范城（县）活动，要坚持马列主义、毛泽东思想，高举邓小平理论伟大旗帜，以“三个代表”重要思想为指导，着眼于巩固和发展同呼吸、共命运、心连心的新型军政军民关系，把拥军优属与拥政爱民结合起来，把发展社会生产力与提高部队战斗力结合起来，把物质文明建设与精神文明建设结合起来。把维护祖国统一、维护民族团结、维护社会稳定作为双拥工作的首要任务，促进自治区改革、发展、稳定和驻疆部队全面建设。

第五条　自治区双拥模范城（县）的命名范围为地级市（不含所辖县、区）、县级市、县。

第六条　命名自治区双拥模范城（县）应坚持标准，注重实绩，保证质量。

第七条　双拥模范城（县）实行动态管理，不搞终身制。

第八条　对在创建双拥模范城（县）活动中做出突出成绩的单位和个人，应给予表彰奖励。

第二章　双拥模范城（县）的基本标准

第九条　自治区双拥模范城（县），坚持以下标准：

（一）组织领导坚强有力。各级党委、政府和驻军把双拥工作纳入经济、社会发展和部队建设的总体规划，纳入党委、政府和驻军机关的议事日程，作为事关全局、涉及长远的大事。

1. 完善由地方和军队领导牵头、有关职能部门参加的双拥工作领导机构和有工作人员、有活动经费的办事机构，并充分发挥其组织、协调和指导作用。党政军领导机关形成合力，军地有关部门切实履行职责。

2. 基层单位要有双拥工作组织机构和服务网络。

（二）国防教育广泛深入。把国防教育和双拥教育纳入全民教育体系，列入宣传、教育、文化、广播影视、新闻出版等部门的工作计划，每年有部署，平时有检查。有适应本地区、本单位实际情况的教育制度、教育设施和教育方法。

1. 全民国防教育以爱国主义教育为核心，弘扬爱国主义、革命英雄主义和集体主义精神，深入开展热爱祖国、热爱共产党、热爱社会主义、热爱边疆各族人民和热爱解放军宣传教育，充分认识边疆少数民族地区开展双拥工作的特殊重要意义，打牢双拥工作坚实的思想基础。

2. 民族团结教育以“三个离不开”教育为重点，广泛宣传新疆各族军民在经济建设和国防建设中相互支持，在精神文明建设中密切配合，在维护社会稳定中齐心协力，在战胜自然灾害中并肩战斗的生动事迹。

3. 反对民族分裂教育以维护祖国统一，维护法律尊严，维护各民族共同利益为主要内容，深入宣传党的民族宗教政策和新疆历史、民族史、宗教史，旗帜鲜明地反对民族分裂和非法宗教活动。

4. 双拥教育以拥军优属、拥政爱民优良传统教育为主线，形成人人关心优抚对象、人人支持国防建设、自觉维护军政军民团结的良好风尚。

（三）双拥活动坚持经常。开展双拥活动以基层为重点，注重落实，突出特点，讲求实效。

1. 每年有总体规划，季度有具体部署，每月有工作安排，坚持节日走访座谈，平时活动经常。双拥活动主题鲜明，内容丰富，效果明显，形式活泼，具有时代特色和当地特点，各族军民广泛参与。

2. 各项双拥制度健全、完善，有定期检查、评比、总结、表彰制度。基层单位活动经常，双拥工作实现进机关、进企业、进学校、进社区、进村镇、进军营，不断推进双拥工作社会化、经常化、制度化。

（四）军民共建富有成效。坚持把培养有理想、有道德、有文化、有纪律的社会主义新人，作为军民共建社会主义精神文明活动的根本任务，为改革开放和现代化建设提供精神动力和智力支持。

1. 贯彻落实《公民道德建设实施纲要》，把道德建设作为军民共建活动的重要内容，大力倡导“爱国守法、明礼诚信、团结友善、勤俭自强、敬业奉献”的基本道德规范。

2. 积极参加创建文明城市、文明村镇、文明行业、文明社区活动。积极开展争创“基层双拥工作先进单位和模范个人”活动。

3. 军（警）民联防联治活动开展经常，在社会治安综合治理和边防安全中发挥重要作用。坚决打击民族分裂主义骨干分子，暴力恐怖犯罪分子，宗教极端势力为首分子，确保边防安全巩固，社会政治稳定，人民安居乐业。

4. 军民共建点有70%以上被评为县（团）级以上先进单位。

（五）政策法规落到实处。认真贯彻执行党和国家及自治区有关国防建设和加强军政军民团结的政策、法律、规定。

1. 积极支持与配合部队完成军事训练、战备执勤、教学科研、国防施工等各项任务。积极支援部队科技练兵，广泛开展智力拥军活动。

2. 军事设施得到有效的保护，军地地界清晰，无重大历史遗留问题。

3. 粮油水电等保质按量供应，支持部队搞好社会化保障改革。

4. 转业复员军官、退役士兵、军队离退休干部、伤病残军人得到妥善安置，当年城镇义务兵安置率达到80%以上，军人及其家属的合法权益得到保障，军属一般不下岗，军属分配住房享受双职工待遇。

5. 兵员质量得到保证，优秀适龄青年积极报名，兵员征集应达到1∶3，县、市无责任退兵问题。

6. 义务兵家属优待金实行社会统筹。费改税后，农村义务兵家属优待金得到落实、保障。在乡老红军、复员军人、革命伤残军人及烈属的抚恤补助得到落实，并实行自然增长机制。复员军人定期定量补助达到100%，深入开展“爱心献功臣行动”。

7. 部队模范执行党和国家的政策法规，严格遵守群众纪律，尊重少数民族的宗教信仰、风俗习惯，遵守《拥政爱民公约》。

8. 认真落实总部规定的义务劳动日时间，积极支援西部开发建设和社会公益事业建设，积极参与救助社会弱势群体工作和扶贫帮困、捐资助学活动。

9. 奋勇参加抢险救灾，在保护国家利益和人民群众生命财产的斗争中发挥生力军和突击队作用。树立文明之师、威武之师形象。

10. 认真做好各种突发事件的预案，做到拉得出、用得上、打得赢，为自治区改革开放和现代化建设做出应有贡献。

（六）军政军民关系融洽。地方各级党委、政府和各族群众爱护军队，尊重军人，关心部队建设。部队尊重政府，热爱人民，支持地方工作。军政军民互相关心，互相爱护，互相支持，亲如一家，无重大军民纠纷。发生纠纷，军地领导站在讲政治、讲大局的高度，主动出面，本着“团结—协商—团结”的原则，及时妥善处理。

第十条 自治区双拥工作领导小组办公室依据第九条的规定，按照《自治区双拥模范城（县）检查评比细则》，提出每届自治区双拥模范城（县）评选命名的具体要求。

第三章 申报与命名程序

第十一条 自治区双拥模范城（县）3年命名一次，特殊情况可提前或延期。每次命名自治区双拥模范城（县），由自治区双拥工作领导小组根据地、州、市双拥工作的实际情况分配推荐名额，地、州、市党委、政府（行署）、军分区择优推荐、申报。

第十二条 自治区双拥模范城（县）的申报，由县、市党委、政府、人民武装部向地、州、市党委、政府（行署）、军分区申报，经地、州、市双拥工作领导小组办公室检查、验收，确认符合第九条和《自治区双拥模范城（县）检查评比细则》的规定后，经地、州、市双拥工作领导小组审核，以地、州、市党委、政府（行署）、军分区名义向自治区党委、政府和新疆军区推荐、申报。经自治区双拥工作领导小组同意后，自治区双拥工作领导小组办公室对申报县、市进行检查、验收，确认符合第九条和《自治区双拥模范城（县）检查评比细则》的规定，报自治区双拥工作领导小组审批，以自治区党委、政府和新疆军区名义颁布命名表彰决定，获得自治区双拥模范城（县）称号。同时报全国双拥工作领导小组备案。

第十三条 被命名为自治区双拥模范城（县）的单位，一般应召开命名大会，颁布命名决定。具体命名时间由自治区双拥工作领导小组领导确定。

第十四条 对被命名的双拥模范城（县），授予奖匾，颁发荣誉证书。

第十五条 全国双拥模范城（县）的申报，由自治区双拥工作领导小组办公室根据全国双拥工作领导小组办公室分配的表彰命名名额，提出地、州、市分配名额。各地、州、市党委、政府（行署）、军分区择优申报。

第十六条 全国双拥模范城（县）的推荐，由自治区双拥工作领导小组办公室组织所有申报市、县（市）进行横向检查评比，并向自治区双拥工作领导小组提交检查评比结果，经自治区双拥工作领导小组审核，由自治区党委、政府、新疆军区研究同意后，向全国双拥工作领导小组写出推荐报告，并附被推荐单位的事迹材料。

第十七条 申报全国双拥模范城（县）必须是自治区双拥模范城（县），向全国推荐时，要征求兰州军区的意见。

第四章 命名后的管理

第十八条 被命名的自治区双拥模范城（县），每年年底应做出年度双拥工作报告和下年度双拥工作计划，并报自治区双拥工作领导小组及办公室。

第十九条 自治区双拥工作领导小组办公室，要适时对自治区境内的全国和自治区双拥模范城（县）进行检查、指导，并将检查情况报自治区双拥工作领导小组和全国双拥工作领导小组办公室，作为下一次评选全国双拥模范城（县）的重要依据。

第二十条 自治区双拥模范城（县）在命名有

效期内，工作无新的进展或出现问题的，给予通报批评；出现政策法规不落实或重大军民纠纷，应在及时纠正和妥善处理的同时，将情况报自治区双拥工作领导小组及办公室，没有改进或整改力度不大，下次不予命名；严重影响军政军民团结的事件，自治区双拥工作领导小组应及时给予指导，查找薄弱环节，制定改进措施，对隐情不报或不及时采取措施解决的，按命名权限撤销其“自治区双拥模范城（县）”荣誉称号。

第五章 附 则

第二十一条 本办法由自治区双拥工作领导小组办公室负责解释。

第二十二条 本办法自颁发之日起施行。

理论研究和调研报告

关于全面推进双拥工作进社区的初步探索

天津市河东区双拥办

体现时代性，把握规律性，富有创造性，这是十六大对全党同志提出的新要求，党的十六届四中全会又提出了建立和谐社会的要求，为和平时期的双拥工作拓宽了思路。随着政府职能的转变，如何将拥军优属、拥政爱民这一建党建军建政的基本方略引向深入，如何发挥社会优势扩大双拥的群众基础，都是需要我们认真加以研究和解决的新问题。双拥工作进社区正是在这样的社会条件下提出的新思路、新模式。笔者认为，总结双拥工作几十年的实践经验，钩沉双拥任务变化发展的轨迹，把握其特点与规律，瞻望其发展趋势，对于构建新型的军政军民关系，密切党同人民群众的血肉联系，都具有重要的现实与长远意义。

一、认清形势，牢记使命，充分认识双拥工作进社区的重要意义

双拥工作进社区，就是要紧紧围绕社区组织、社区服务、社区文化、社区卫生、社区治安、拥军优属、科技强军以及建立和谐社会等内容来展开，就是为了把双拥做得更深入、更扎实，就是希望通过军队的介入，加强对新的社会组织、新的双拥形式进行有效地管理和引导，使之起到促进社会和经济发展的积极作用，双拥工作进社区的意义主要体现在六个方面：

（一）是人的素质全面提高的新要求。追求人的全面发展是建设小康社会的重要内容。双拥工作进社区就是促进和推动人的全面发展这个最终目标实现的新途径。我们知道，经济发展能够促进社会发展中的一些具体问题的解决，能够为这些问题的解决创造物质条件，但不能代替这些问题的解决。社会问题归根到底是人的问题。人们在个性、需要和才能发展方面提出的种种问题，是单纯用经济手段所远不能解决的。双拥工作进社区，能够促使经济发展与人的全面发展及其他领域的发展相协调，并通过人的全面发展带动和实现社会的全面进步。

（二）是实现社会稳定、和谐的新保障。保持社会政治稳定，是推进改革开放和现代化建设必不可少的前提条件。军政军民团结历来是维护国家稳定的重要因素，双拥工作进社区，就是进一步增强军民讲大局、讲团结、讲稳定的政治意识，继续做好民族团结进步工作的基础；就是以坚强的军政军民团结促进民族团结和社会稳定；就是加强军警民联防联治，创造安全稳定的社会环境。

（三）是军民共建的新领域。随着军队军事战略方针的重要转变，如何适应高技术战争需要，把地方的科技潜力转化为部队的战斗力，这是双拥工作面临的新问题。双拥工作进社区，有助于提高资源利用率，提高效率，使军事经济和社会经济融为一体，达到军地资源共享。地方可以直接了解和帮助部队解决教育训练、战备值勤、科研实验和工作生活中的实际问题。部队可以根据中央军委和总部的指示精神，直接做好支援地方经济建设、抢险救灾、扶贫帮困等工作。

（四）是加强军地思想道德和文化建设的新形式。双拥工作既是促进社会主义物质文明建设的重要因素，也是加强社会主义精神文明建设的重要途径。党的十六大对发展当代中国先进文化提出了新的要求，为军地在思想、道德和文化领域的交流与合作提供了广阔的舞台。双拥工作进社区有利于军民共同学习实践“三个代表”重要思想，用党的最新理论成果武装广大军民；有利于把《公民道德建设实施纲要》和《军人道德规范》结合起来，组织军民共同开展道德实践活动；有利于发挥军地双方优势，推进创建文明城市、文明村镇、文明行业、文明社区活动的深入开展。

（五）是对敌斗争形势的新需要。加强科技练兵，确保在未来可能发生的战争中能够“打得赢”，是时代赋予我军的神圣使命。现时期的双拥工作必须以打赢未来高科技战争为目标，从各方面为军队建设提供服务。一是通过社区双拥工作，为社会经济的发展提供一个稳定的社会环境，促进生产力的高速发展，为打赢提供雄厚的物质基础；二是通过提高双拥工作的科技含量，帮助部队培养高素质适应现代化需要的人才，通过“科技拥军”、“智力双拥”活动，为部队提供高科技的智力支持。

（六）是加快实施“三步走”战略全面建设小康社会的新举措。当前，我国正处在全面建设小康社会，加快推进社会主义现代化建设的新阶段。面对新时期、新任务，我们更要统筹好经济建设、社会发展与国防建设的关系。双拥工作进社区，可以加大以国防建设推动民用建设、用民用建设推动国防建设的力度，可以使社会生活的各方面都处理好平战结合、相互促进、共同发展的关系。

二、立足现实，着眼变革，正确看待双拥工作进社区的社会条件

伴随着市场经济发展和社会进步，我国社会组织形式也呈现出多元化的特点。从一定意义上说，大量社会组织的存在和发展，表明我们的社会充满生机和活力，是政治民主、经济发展的反映。同时，社会组织形式多样化也给双拥工作的开展带来难度。要使双拥继续深入地开展下去，始终保持旺盛的生机和活力，就必须不断强化广大军民参与双拥的意识，广泛动员社会方方面面的力量共同参与到双拥工作中来。但双拥工作进社区是一项系统工程，涉及到政治、经济、文化、社情、民情等问题，由于下列三个问题的存在，使双拥工作走进社区也面临着一定的困难。

（一）是“政府指令”向“政府指导”转变的问题。双拥工作是我党我军我国人民的优良传统和特有的政治优势，从双拥活动的历史上看，政府的推动和帮助作用是不容忽视的，这就要求强化政府作为双拥工作的主体地位。但目前的问题并不在于我们对这个问题的认识程度，而在于随着社会体制的改革和社区双拥群众性的实际，政治任务的强制性与企事业单位“新的用人机制”之间如何协调统一的问题越来越突出，这种状况又使政府处于两难的境地。

（二）是“制度约束”与“群众志愿”一致的问题。双拥工作进入社区后，社区群众的参与意识强不强，直接影响双拥的效果，特别是新的社会团体、新的经济组织的崛起，为双拥工作提供了新的社会力量，如何把“两新”组织纳入双拥工作的范围，以扩大双拥工作的群众基础，发挥他们的作用并提供更多公平的发展机会，也是我们需要面对的新问题。双拥工作进社区，一方面是改革的必然，但另一方面又可能相对减弱政府在其中的权威，也就是说，是政府自己把自己排除在社区双拥之外，这一点，应该说有悖于社区双拥的初衷。

（三）是“无私奉献”与“互利双赢”统一的问题。社区双拥目标的最终实现，需要的是一种政治信念之外的互惠互利，即政府没有自己的权益，它的利益在于追求群众利益与军队利益的“双赢”中实现自身的利益，也就是所谓的“执政为民”。现在的问题是，双拥工作进入社区后，政府在指导双拥活动中，往往看不到这种间接利益，易因追求直接利益而损害了群众的利益。在这种情况下，不仅政府的自身利益得不到实现，也影响了社区群众作为双拥主体的积极性。这样，制度就使政府作茧自缚，甚至会变成政府官员以权谋私的手段，阻碍双拥新机制的形成。

上述问题说明，政府在双拥进社区过程中，究竟应该扮演一个什么角色，政府应该怎样运用自己的威望来指导、引导社区双拥的开展，成为双拥新体制构建过程中的主要矛盾。双拥工作就是要面对这种状况积极探索，从经济发展和社会进步的实际出发，加强对双拥工作的领导与指导。

三、遵循规律，顺应趋势，准确把握双拥工作进社区的基本特点

一般来说，双拥工作进社区是双拥在新形势下的存在方式，它开始的路径选择必然会带着现存制度的惯性，但是由于双拥的载体发生了变化，要想实现政府的决心，就必须强化社会群体对社区双拥的认同，或者是以更强大的外力实施强制性的变革。双拥工作如何走进社区，并建立起与社会相适应的新的社区双拥机制，实际上是加强军政、军民关系问题中的应有之意，这种结构应该具有以下五个特点：

（一）同一性。双拥工作是一种军地广泛参与的社会活动，是团结和动员广大军民为实现党在各个时期的历史任务而奋斗的一项具有全局性、战略性的重要工作。在计划经济体制下，双拥工作主要依靠政府行为，并习惯于“感情”渗透。政府的指令事实上左右着双拥的发展程度，双拥在事实上是政府指令并由政府官员及各级行政机构来执行的一种行政手段。双拥工作进社区，并不是政府把双拥工作推向社会，而是通过对双拥社会资源的挖掘整合，将潜在的双拥资源转变为现实的双拥资源；将传统的双拥工作转变为具有时代特色的双拥工作；将以政府行为为主导的双拥工作转变为政府行为与社会行为相结合的双拥工作；把单纯靠朴素的感情做双拥工作，转变为带着深厚感情，依靠行政、经济、法律等手段开展双拥工作。

（二）广泛性。社区双拥的主体非常广泛，既可以是国家机关，也可以是民营企业，既可以是物质方面，也可以是精神领域。当双拥工作进入社区后，原有的双拥机构与官员的权利威望可能相对减弱，在政府的指令不具备强制力时，双拥的具体目标就可能容易被轻视，并逐步减弱双拥在国家政治生活中的影响力。因此，社区双拥最根本的是要把坚持党的领导、人民当家作主和依法治国有机统一起来。社区双拥要公开透明，决策过程、意义都要让社区群众知道，调动人民群众参与社区双拥的积极性。

（三）互利性。双拥工作内容很多，涉及政治、经济、文化、科技等各个领域，既要加强军地在经济领域的支持与合作，又要加大军民在思想道德和科学文化方面的交流力度；既要坚持军地互相支援、互办实事，又要防止和克服重物质交往、轻思想互助的倾向，保证军政军民关系健康发展。

（四）前沿性。在社区双拥的模式下，需要解决的问题往往是和现实结合最紧密的话题，是与具体生活息息相关的实际问题。当前，转业退伍军人安置、随军家属就业、重点优抚对象生活保障、训练演习中的损失赔偿等，已成为广大军民普遍关心的热点问题，社区双拥就是要根据变化了的实际，用新视角观察新情况，用新方法解决新问题，使双拥工作在继承中不断创新。

四、均衡发展，系统推进，科学谋划双拥工作进社区的活动途径

完成社区双拥优生途径真正动力来自社会大多数人的利益，就双拥进社区而言，它的最大挑战在于政府，政府既要做到把本来属于强制性的指令，变为群众的自觉行动，又要顺利实现方式的转变。我们经常说，政府的职能、社会的阶层、利益分配方式、双拥的群体等都发生了变化，在这些变化中，核心内容是政府职能的转变，其他转变都是政府职能转变的衍生物。因此，社区双拥既是政府的指令性计划，又不是由政府包办的活动。当前，要将双拥工作引进社区，并轰轰烈烈的开展起来，主要应从注重内容的系列化、突出时代的主旋律、提高活动的高品位三个方面入手：

（一）注重内容的系列化。社区双拥是一项长期的、经常性的工作，必须突出双方的需要，始终注意在活动内容安排上的系列化，按照“长期有规划、年度有计划、季节有安排、月月有活动”的整体思路，努力形成一种“纵向不断深入，横向突出重点”的双拥活动格局。运用军民联欢、知识竞赛、征文比赛、歌咏比赛、演讲比赛、文体比赛、读书演讲、专题演讲、文化广场、消夏晚会、科普长廊和图片展、书画展等多种形式，寓教于乐，丰富军民的文化生活，提高军民文化科学素质。

1. 开展“道德建设进社区”系列活动。道德建设进社区就是要围绕落实《公民道德建设实施纲要》，培养企业员工和部队官兵坚定社会主义信念，讲团结、讲信誉、以诚待人、忠实履行公民义务的高尚情操，树立以人为本的主体道德和以义取利的经营道德，大力弘扬社会主义道德风尚。

比如，开展“弘扬和培育民族精神，全面建设小康社会”主题教育活动，增强社区的民族自尊心、自信心、自豪感；开展“天津精神”大宣传、大讨论活动；开展公民道德实践月活动，普及公民基本道德规范，引导市民群众自觉践行公民基本道德规范；开展“讲文明、讲卫生、讲科学、改陋习、树新风”活动；开展诚信宣传教育活动，引导人们增强诚信为本、操守为重的意识，积极争创“诚信社区”、“诚信行业”、“诚信商店（场）”和“诚信家庭”，努力共筑诚信，形成讲诚信的良好人际关系和社会风尚；开展创建学习型单位、学习型社区、学习型城市活动等。

2. 开展“文化建设进社区”系列活动。随着城市居民文化层次的提高和文化需求的增长，文化成了人们了解和接受精神文明信息的主要渠道，文化载体在城市精神文明建设中的地位和作用更加突出。社区双拥必须认清和把握住这个趋势，充分发挥比较发达的文化教育优势，借以弘扬爱国主义、集体主义和社会主义主旋律，培育和提高军民素质和城市文明建设程度。

比如，开展社区群众歌咏演唱活动；举办“风情文化周”活动；举办书画展览活动；举办戏剧节、艺术节活动；开展全民健身月活动；开展争创全国、全市群众体育先进社区、先进乡镇活动；结合国庆节开展我党、我军革命传统教育，提高思想品德素质和文明程度；创造条件，不断帮助地方领导提高国防教育活动质量，增加“军营一日”活动科技含量；部队选派文艺演出队深入社区演出，展现军人风采，陶冶思想情操，促进人们文明素质提高等。

3. 开展“政治文明进社区”系列活动。加强社区各级党组织建设是社区建设的核心，是社区双拥的重要任务。要做到凡是有党员的地方，就要有党组织的教育管理，凡是有居民的地方，就要有党组织服务群众的工作，就有党员在发挥作用，始终把党组织建设放到首要位置。

比如，地方采取请进来和走出去的方法学习解放军或武警部队开展思想政治工作和加强基层连队党组织建设的经验，促进社区党组织建设；部队请地方同志讲地方改革开放、城市建设发展的成就和生动的社会实践，鼓舞官兵保卫祖国建设天津；开办党务知识培训班；军地共同开展创建先进党支部活动，军地共同上党课，双方不定期交流党建工作经验；建立穿军装的居委会主任和不穿军装的指导员制度，相互做政治思想工作，产生多方面影响，促进基层党建工作等。

4. 开展“文明创建树形象”系列活动。开展这一系列活动，目的是突出人民群众和广大官兵在社区双拥中的主导作用，使社区双拥保持经常、持久。

比如，开展科教、文体、法律、卫生和万册图书“五进社区”活动；开展“走出家庭、融入社区”活动；开展“百家文明单位结对双拥”活动；开展争创评选文明户、好公婆、好儿媳、好妯娌活动；开展文明村、文明小城镇、文明社区创建活动；开展科教文化卫生“三下乡”活动；组织公交、出租车行业开展“文明在车厢”、“文明线路”、“文明驾驶员”、“文明行车”、“文明车组”、“星级文明车”竞赛活动；组织公路货运、汽车维修行业开展“文明诚信、优质安全”争创活动；组织各类非公有制经济组织开展创建文明单位活动等。

5. 开展“军地共创教育基地”系列活动。为了有效发掘社会教育资源的优势，发挥其在双拥共建中的作用，要按照贴近实际、贴近生活、贴近群众、融入社区、服务社会的要求，努力开展建设多层次、多侧面、多角度的系列教育基地创建活动。

比如，开展以部队荣誉馆为重点的革命传统教育基地创建活动；以名胜古迹为重点的爱国主义教育基地创建活动；以区、乡镇文化广场为重点的先进文化教育基地创建活动；以民兵训练基地和“青年民兵之家”为重点的爱军习武教育基地创建活动；以中小学校为重点的校园教育基地创建活动；以“国防教育一条街”为重点的社区教育基地创建活动。以大中型企业为重点的改革开放教育基地创建活动。

（二）突出时代的主旋律。从本质上讲，双拥属于政治工作的范畴，社区双拥必须以“三个代表”重要思想为指导，始终从讲政治的高度统揽双拥工作。

1. 必须把促进生产力发展和战斗力的提高放在第一位。发展是我们党执政兴国的第一要务，是富民强兵的根本所在。社区群众和广大官兵是促进双拥工作深入发展的决定性因素，只要真心诚意地倾听他们的呼声，认真反映他们的意愿，尊重他们的首创精神，社会生产力和部队战斗力就会大踏步地前进。因此，在双拥工作中牢固确立社区群众和广大官兵的主体地位，所蕴藏的无穷智慧和巨大创造力就会最大限度地被激发出来。双拥工作只有以提高生产力与战斗力为己任，才能与国家和民族的脉搏一同跳动，与改革开放和建设小康社会共发展，才会经受住一切风浪的考验，呈现出与时俱进的良好局面。

2. 必须用当代中国的先进文化占领思想文化阵地。随着城乡绝大多数群众温饱问题的解决并向小康迈进，广大人民群众求知、求乐、求美的要求越来越高，越来越迫切，也越来越多样化。但也要看到，一些腐朽的或不文明不健康的生活观念和生活态度也时常会出现，弘扬当代中国的先进文化就要用当代中国的先进文化去影响人们树立正确的世界观、人生观、价值观。必须分清哪些应提倡，哪些应引导，哪些应限制和反对，满足人们多层次的精神文化需求，给人民群众提供更多更好的精神文化产品。

3. 必须把为最广大人民谋利益作为最高标准。党的一切工作的出发点和落脚点都是为人民谋利益。双拥工作进社区，就是坚持党的各项工作与实现人民利益的一致性的具体体现，通过深入群众，深入基层，倾听群众呼声，真实反映群众意愿，把人民群众拥护不拥护、赞成不赞成、高兴不高兴、答应不答应，作为开展双拥工作的准则。在开展各项工作中，认真考虑和兼顾不同阶层、不同方面群众的利益，为部队的高度稳定和集中统一提供强有力的保证。

（三）提高活动的品位。互办实事是社区双拥的载体，开展互办实事活动则是社区双拥的重要形式，因此，社区双拥必须根据双拥主体的特点精心组织各种活动。

1. 围绕社区服务开展活动。社区建设的宗旨是为人民服务，社区服务则是社区双拥的重要内容，这与我党我军宗旨是一致的。军民共同参与社区双拥，就要面向社区残疾人、老年人、优抚对象和全体社区成员服务。让居民群众感受到党和政府的关怀，凝聚党心、民心，创造一个亲善、和谐的良好社区环境。

2. 围绕政治稳定开展活动。部队要充分运用警卫职能优势，积极帮助社区制定防范措施，支持地方搞好社会治安综合治理计划，军民共同巡逻，共同宣传法律知识，共同帮教失足青年，为社区创造一个安全的生活环境。

3. 围绕优化环境开展活动。共同参加环境建设和环境保护，提高人们的生活质量。培养军民的公共意识、环保意识、美的意识。重点治理环境卫生，整顿交通秩序，整治广告“三乱”，规范建筑工地，绿化美化环境，着力解决市容环境方面存在的突出问题。在优化环境中，部队要发挥表率作用，带头把军营建成绿色示范单位、文明单位，创造寂静、舒适、健康和愉快的生活氛围。

4. 围绕互利共益开展活动。军地双方要从各自实际出发，优势互补，取长补短。部队要围绕提高企业综合竞争力需要，用人民军队的优良传统激励企业员工爱岗敬业，对企业员工进行军训，促进他们思想、道德、纪律和风气的好转，增强内部的凝聚力。增强国防意识，促进企业健康发展。地方要围绕部队科技强军需要，充分发挥自身优势，积极开展智力拥军活动，达到互利共益，资源共享，实现军地企业相互促进、相互带动、共同发展的目标。

五、理顺关系，健全法规，精心构建双拥工作进社区的运行制度

没有规矩不成方圆。要不断适应形势的发展，及时重新审视现有的双拥政策法规，并适时进行修订完善。除了及时研究制定具有指导性、操作性、规范性的“红头”文件，出台一些新的政策法规外，还要在理顺关系、完善机制上下工夫。

（一）理顺军地关系，构建军民交往中的协调机制。由于军地双方之间的交往越来越多，不可避免的矛盾也随之增多，这就需要加强并健全军民交往中的协调机制。一方面，要加强机构性协调。根据社区双拥过程中军民交往的特点、规律和活动内容，军地双方都要建立健全必要的组织机构，以保证双拥活动的正常化和经常化；另一方面，要加强政策和法律协调。通过政策法制教育，使军民双方学会用法律解决双拥活动、密切军政关系和加强军民团结过程中的问题，用法律维护各自的合法权益；再一方面，要加强感情协调。双方在交往中既要注意个体形象的影响，又要注意集体形象的作用，充分调动和运用军民交往中的积极因素，拓宽感情交流的路子。

（二）理顺上下关系，构建激发活力的联动机制。在目前的情况下，实现双拥机制的转型，首先要依靠政府的制度约束与舆论宣传的作用，这也是实现双拥由“政府行为”向“社会行为”转型的必然步骤，当政府的决心已定时，少数单位或个人便无法与之相抗衡。双拥进社区要求政府与社区分清职责，各有侧重。凡是社区能做到的，就让社区去做，凡是街道能做的，政府就不要越俎代庖。但政府要做好宏观规划，做到统筹兼顾，在重大事项上给予指导，在资源的集中调配上给予支持。一些大规模的、社区难以做到的事，政府要承担起来。

（三）理顺友邻关系，构建横向和谐的互助机制。在社区双拥工作过程中，许多方面光靠自己的力量或某一个单位的力量是难以完成的。因此，社区中的各个单位都要与其他单位搞好关系，加强联谊，实现网上互联、信息互通，最大限度地实现资源共享。真正做到只要本单位一有需求，其他单位就可以鼎力相助。

（四）理顺经济建设和国防建设的关系，构建拥军优属的社会化服务机制。现在，军队改革和建设的任务越来越重，全军正在加速推进有中国特色的军事变革，部队建设正处在一个跨越式发展的时期。双拥工作，责在双方、重在地方。社区双拥一定要从讲政治、保稳定、促发展的高度，深入研究、分析、解决拥军优属出现的新情况、新问题，要增强责任感，带着感情做工作，对部队和优抚对象要高看一眼、厚爱一分。对涉及部队的事情，特别是对部队后勤保障问题、重点优抚对象的医疗难问题和转业退伍军人、随军家属的安置、部队干部子女的入学入托等常规问题，都要通过制定一系列法律法规来推进拥军优属活动，在全社会形成拥军优属的良好社会风尚。

（五）理顺规范和持久的关系，构建可持续发展的评价机制。双拥工作进入社区后，工作的主体呈现出多样化的特点，不容否认，目前双拥工作的效果评价仍然带有传统的倾向，在某种程度上是对政府指令落实情况的检验。双拥工作进入社区后，要求以社区双拥工作的全面展开为首要目标，因此，准确定位和严格把握双拥工作的评估标准显得尤为重要。社区双拥的评价机制应该是，在质量评价制度的基础上要侧重和突出发展性和创新性，把传统的年终一次性评价和静态评价变成动态评价和全面评价，把双拥主体之间的横向比较变成个体纵向比较为主的发展性评价。运用发展的评价机制对社区双拥开展情况进行评价衡量，能够充分发挥各个双拥主体的主动性、专业性、开创性、前瞻性和科学性。

从民营企业家群体拥军实践看双拥工作的体制创新

河北省双拥办、河北省社会科学院

自从1991年全国首家民营企业——广州一家中外合资中国大酒店与海军广州舰艇学院签订军民共建社会主义精神文明公约开始后，不仅上海、江苏等南方沿海经济发达省市的一些“两新组织”纷纷开展拥军和军警民共建活动，而且北方经济欠发达地区特别是革命老区的一些省市新经济组织和新的社会阶层（以下简称“两新组织”），纷纷加入到拥军优属和军民共建活动的队伍之中。河北省邯郸市“两新组织”在当地政府的大力支持下，民营企业家们主动替政府分忧解难、为部队官兵解难，对新形势下“两新组织”开展拥军优属活动进行了有益的探索和实践。

一、对邯郸市“两新组织”拥军的调查

随着我国市场经济的不断发展和社会的全面进步，河北省民营经济在国民经济中所占的比重越来越大，一大批民营企业家致富思源，在各级政府引导下，积极把关心支持国防和军队建设作为实业报国的重要内容，如火如荼地开展拥军优属各项工作，收到了明显的效果。到2004年底，邯郸市民营企业达214619个，营业收入20849638万元，上缴税金300607万元，民营经济生产值占邯郸市GDP的57.3%，上缴税金占全部财政收入的32.9%。民营经济已经成为开展双拥工作一种不可忽视的力量。近年来，在邯郸市各级政府的引导下，在民政系统的大力协调下，“两新组织”开展拥军活动的数量约占全市民营企业总数的1%，其中有22家的领导被邯郸市授予2005年度拥军模范，占全市拥军模范总数的59.5%。在这些拥军模范中，大专以上学历13人，高中2人，初中以下7人；在年龄构成上，40岁以下7人，占“两新组织”拥军模范的三分之一，41岁以上的15人中，除两位企业家年龄稍大外，其余的都正处在年富力强的创业最佳年龄。从年龄结构特征中，我们捕捉到这样一个信息，即近七成的民营企业家是改革开放政策的见证人和受益人。他们深知，自己富裕是改革开放的结果，尤其是得益于国内的一个和平安定的政治环境。因此，积极寻找回报社会的途径，走实业报国的积极性和创造性日益高涨。

（一）深入开展实业拥军活动。拥军工作是一项实实在在的工作，为部队官兵办点实实在在的事情，是邯郸市民营企业家们多年来达成的共识。每年新兵入伍时，“两新组织”的民营企业家都要参加市政府组织的欢送新兵仪式，并为每名新兵赠送科技书籍和慰问品。邯郸市北方工程机械有限公司总经理刘兰春，多年来一直与从本辖区内入伍的新兵建立联系卡，以便随时为战士及其家属排忧解难；赵王安养园总经理刘树军，为邯山区2005年度新兵统一制作行军包，临行前将“基金管理卡”发放到每名战士手中。平时，民营企业家刘兰春、刘树军等，在驻邯郸官兵沁河清淤、抢险救灾，以及部队进行训练演习时，经常带领公司员工到第一线进行走访慰问。每逢新年“两节”、“八一”，邯郸市的民营企业家们轮流组织慰问。河北省工程学院农学校区实验牧场场长高英，多年来，经常利用空闲时间为战士们缝缝补补、洗洗衣服，将温暖洒向绿色军营，特别是14年来，每个除夕夜都主动放弃与家人团聚的机会，与驻邯郸某部官兵一起度过；每年的大年初一早晨她和战士们一起包饺子，有力地鼓舞了部队的士气、稳定了官兵的思想。

（二）设立拥军优属基金。财力和物力是开展拥军活动必不可少的基本条件。邯郸市“两新组织”为成为保障双拥工作强有力的后劲，不断从创新双拥载体入手，大胆尝试并在自己的企业设立基金，用来奖励在部队立功受奖的邯郸籍官兵，解决

优抚对象的“三难”（住房难、生活难、医疗难）。邯郸兴隆实业有限公司从 1999 年底开始设立 100 万元春生拥军优属基金，到 2001 年初，这 100 万元人民币在邯郸市复兴区委、区政府和人武部的指导下，被注册为“春生拥军优属奖励基金”，使拥军活动逐步实质化、规范化。几年来，已对数十名在部队立功受奖的战士进行了奖励。民营企业家刘树军在自己创建的公司设立了 200 万元“拥军优属专项基金”，主要用于科技拥军、慰问烈军属和激励在部队表现出众的义务兵；同时还制定了《拥军优属基金管理实施暂行办法》，《暂行办法》规定：凡从邯山区入伍的义务兵在部队服役期间被授予荣誉称号的奖励 3000 元，荣立一等功的奖励 2000 元，荣立二等功的奖励 500 元，考上军校的一次奖励 1000 元。邯郸市北方工程机械有限公司刘兰春，近年来拿出 60 万元用于拥军优属。据不完全统计，仅 22 家拥军模范民营企业近年来用于拥军优属的资金达 832.5 万元。这些资金的启用不仅对部队建设起到了极大的推动作用，而且摸索出了家乡的新式激励机制与部队全方位的管理工作的最佳结合点，为新时期双拥工作体制创新开拓了新视野。

（三）突出时代特色。紧紧围绕部队建设的最新需求，是保持民营企业拥军鲜活生命力的根本所在。根据部队完成机械化信息化双重历史任务的需要，邯郸市民营企业纷纷为部队购买电视机、电脑、VCD 机、空调机和科技书籍等。为活跃部队文化生活，邯郸市北方工程机械有限公司拿出 10 万元，以复兴区文教艺术团为基础，组建了“兰春拥军艺术宣传队”，经常到驻邯部队巡回慰问演出，其做法曾在中央电视台军事频道播报。为改善子弟兵生活，河北省工程学院农学校区实验牧场场长高英，近年来先后免费送给驻邯郸部队 3 万斤无污染的绿色柴鸡蛋。邯郸市磁县一家以汽车修理为主的民营企业，利用自己企业的技术优势每年为部队培训两用人才，投入人力物力和财力折合人民币达 2000 万元。邯郸兴隆实业有限公司在驻邯郸某部队建立“春生拥军学习室”，还创建了军地两用人材培训基地。所有这些工作，有效地促进了部队科技练兵活动的深入开展。

（四）帮助做好优抚安置工作。主动为党和国家分忧，积极主动地协助做好各项优抚安置政策的落实，是民营企业拥军价值的根本体现。近年来，随着国有企业改革步伐的加快，退役士兵安置工作成为政府的一大难题。邯郸市“两新组织”主动吸纳退役士兵到企业就业，并且都安置在重要的岗位上，一定程度上缓解了政府安置工作的压力，增强了企业的吸引力。据不完全统计，仅邯郸兴隆实业有限公司、邯郸市北方工程机械有限公司、河北工程学院农学校区实验牧场和赵王安养园 4 个企业，安置的退役士兵和烈军属就业人员达 412 名。其中邯郸兴隆实业有限公司安排退伍军人 260 名，下岗军嫂 60 名，在接收安置的同时还为他们购买了工伤保险、失业保障和医疗保险。河北工程学院农学校区实验牧场场长高英，除安置 34 名退伍军人、军烈属外，还组织专家教授定期到周围县（永年、涉县、曲周、邱县）为退伍军人、军烈属等养殖户提供养殖和病情防治技术，先后使周边村庄的 120 名退伍军人和军烈属依靠养殖业实现了脱贫致富。民营企业还主动配合政府做好军转干部工作，赵恒谦是一名转业自谋职业的副团职干部，后来由于种种原因一直没有找到合适的工作，邯郸兴隆实业有限公司总经理得知这一情况后，以高薪把他安置在公司办公室工作；另有一名同样境况的副团职干部就职于邯郸市北方工程机械有限公司，主管企业的思想政治工作和企业的双拥办公室工作。

（五）发扬拥军优属优良传统。老区良好的拥军传统，铸就了邯郸市“两新组织”的拥军情操。邯郸是革命老区，在这片红色的土地上，民营企业家的前辈们有许多人曾是当年拥军支前的模范，亲眼目睹过老一辈革命家的风采，历史的记忆深深地铭刻在老区人民心中，在时代发展的长河中凝练为一种文化特质，使拥军传统代代相传。在 22 位市级民营企业家拥军模范中，有 15 位企业家特殊的军旅情结更强化了他们拥军的情感，5 位民营企业家曾在部队服过役，军旅生涯奠定了他们对国防事业的格外关注；9 位企业家的家人（父辈、丈夫、儿子等亲属）曾在或正在部队服役，他们对部队有一种特殊情感。还有一位总经理的故乡在抗战时期曾发生过历史惨案，150名同胞丧命，沉重的历史积淀升华为当今的爱国情操。这些最朴素的情感激发了当今“两新组织”参与拥军的积极性。

二、“两新组织”拥军存在的问题及其原因

我们在总结邯郸市“两新组织”拥军经验的同时，也对全省的“两新组织”开展拥军优属活动情况进行了全面掌握，对部分省市的“两新组织”开展拥军优属活动进行了了解，总的感觉，如果把现有的经验拿到更大的范围去考查验证，把现有的做法放到更高的层面上去理解掌握，还存在一些不足：

（一）“两新组织”拥军规模与“两新组织”的社会地位不相对称。邯郸市“两新组织”拥军的实践与全国“两新组织”拥军的一致性，决定了存在的问题的共性。把“两新组织”总体规模与“两新组织”的整体实力相比较，无论是参与拥军的数量还是资金投入数量都还不尽如人意。就邯郸市而言，“两新组织”参与拥军的数量只占1%，投入资金与双拥工作的需求还有很大的“缺口”，即使与“两新组织”投入其他社会慈善事业的资金相比，也有相当大的差距。从近几年双拥工作的大背景看，尽管政府鼎力作为，市场经济的发展与双拥工作面临的任务之间的矛盾日趋激烈，出现了退役士兵和随军随调家属的就业安置越来越难，军人子女入学、军民交往、双拥共建等工作中的随意性、模式化、固定化、低层次等问题也逐渐暴露出来。究其原因，我们认为主要是在社会宣传上、在政策法律层面上没有形成良好的机制，以至于没有在更高的起点、更大的范围营造出“两新组织”拥军的氛围。

（二）“两新组织”开展拥军优属活动的客观需求与现行有关的法律不相适应。法律法规是开展工作的依据，民营企业家拥军也是一样，需要从法律的层面上加以规范。所见到的国家及地方政府的政策文件和领导讲话，对于“两新组织”参与拥军的行为都是采取“引导、鼓励”的思想，“两新组织”参与拥军虽扩大了双拥工作的基础，就目前来讲还不是主体，在实践中拥军的主体仍是各级政府、国有企业及相关部门，“两新组织”作为拥军优属的新成员，由于所有制不同，经济类型有别，政府用来统摄国有企业的政策对其不适用。如在接收退役士兵安置问题上，对于国有企业来说，政府就可以指令性安置，而对于“两新组织”来讲，由于政策没有严格的界定，政府的行为显然缺乏刚性约束。市场经济条件下，追逐利润最大化是民营企业的成功秘诀，也是任何企业追求的目标。拥军行为对于企业来说最大的收益是社会效益而不是近期利润、经济利润，所以除非企业家个人素质优秀或者有刚性的法律法规约束，否则光靠政府引导是难以取得明显成效的。市场经济遵循的自主性原则，决定了经济活动主体充分的自主性，减少各种制约和运行层次，这样容易导致经济活动的主体对岗位规则产生淡化和松弛，使双拥工作“令难行、事难做”。对民营企业来说尤其如此。

（三）目前现行的税收制度也不利于激励“两新组织”拥军优属的热情。我国渐进式的税收制度改革，还没有利用税收杠杆作为调节器，鼓励先富裕起来的阶层参与公益事业的积极性，就连经济较发达的上海、广东等地也未出台相关政策措施。这样容易造成社会资本特别是“两新组织”的资本流向奢华消费与非正常积累。一面是“两新组织”中富有阶层的增加使国民存款达到12万亿，一面是诸如拥军优属等社会公益事业遭遇资金短缺的尴尬；一面是奢华消费盛行，一面是相对贫困的人口数量在增加，凡此种种。我国还没有形成全社会特别是富裕阶层积极参与诸如拥军优属等社会公益事业的大环境，双拥工作的本质与社会公益事业虽不尽相同，但是，如果国家社会公益事业发达了，肯定更加有利于双拥工作的深入开展。

（四）大国防观念的淡化，制约了“两新组织”拥军的热情。思想是行动的先导，观念的高低决定着成就的大小。多年来，广大人民群众远离战争，和平时期国防意识淡漠，加之改革开放20多年来经济建设的热潮，膨胀着人们的物欲，企业注重经济效益，人们更多关心的是自己的发展，而安全特别是国防安全的事情好像远离生活在和平环境下的人们。虽然国家也在通过不同的方式对国民进行国防教育，但实际效果令人担忧，特别是“两新组织”在注重经济效益和企业发展的同时，根本无暇顾及国防教育，特别是在2001年颁布国防教育法之前，“两新组织”的国防教育还是一个盲区。正是这样的背景，弱化了“两新组织”支持国防建设的责任感，在《国防教育法》颁布后，大国防意识才开始在“两新组织”中觉醒。

（五）典型辐射力差、双拥行为不规范，影响着“两新组织”参与拥军的力度。“两新组织”普遍参与拥军优属，对扩大双拥基础显然是重要的，但“两新组织”的广泛参与还需要更多典型的示范和引导。目前，各地都已经培养了一批“两新组织”拥军典型，就典型本身的拥军行为看，随意性很大，工作还不够规范，即便有的“两新组织”想出巨资参与拥军优属活动，但如何运作，缺少社会为其提供的平台，于是只好在自己的企业设立双拥基金，参与社会捐助等。目前，我国还没有出现像美国微软老板比尔·盖茨迄今为公益事业捐献200多亿美元，相当于他的财富中90％以上用于公益事业的典范；也没有能与香港的李嘉诚、霍英东等对公益事业的捐献相媲美的民营企业家。特别是规模以上的民营企业如此热心公益事业者尚不多见。

三、解决制约“两新组织”开展拥军优属活动的对策

“两新组织”是今后双拥工作中的一支重要力量，充分发挥他们在双拥工作中的作用，对进一步扩大双拥工作基础，增强双拥工作活力，推动双拥工作的深入发展，都具有重大的意义。我们认为，当前和今后一个时期，应着重把握好以下三个问题：

（一）调整税收政策，激励“两新组织”参与拥军优属活动的积极性。加速制定遗产税法和社会捐献方面的免税规则，对个人所得税严格执行累进税率制，将能促使高收入阶层尤其是“两新组织”关注并热心公益事业。目前我国的国情是，奉献爱心的捐献风尚还未形成，畸形消费的现象却有目共睹。除了正确引导，在社会上形成一种支持国防建设、支持部队建设的良好机制，使“两新组织”自觉自愿并且能够实现参与双拥、支持双拥的好环境，尤其需要政策支持。如对“两新组织”参与拥军的捐献给予相应的免税待遇，另一方面遵循发达国家的惯例，对高收入阶层的所得税或遗产征收超额累进税，减少或避免畸形消费、不劳而获状况的大量出现，以此鼓励并促使大多数“两新组织”特别是规模以上企业热心公益事业，特别是关注国防事业的发展。也可以仿照发达国家的经验，例如，美国福特汽车公司在1947年老福特去世时，按当时的税率应当征3亿美元的遗产税，福特家族选择了将90％的非表决权形式的公司股票捐献给福特基金会，这一行动使3亿美元的遗产税减为几百万元。而福特基金会主要是社会公益性质的，使少收的税收通过民间组织的形式转化为公益事业，即使福特家庭满足了被社会尊重的需要，又使社会财富没有转变为私人财富。我国“两新组织”中富人不断增加，税收政策对公益事业发展至关重要。如果能够尽快调整税收政策，将会激励“两新组织”参与拥军的积极性。

（二）加强国防教育，树立忧患意识，增强“两新组织”国防建设责任感。对于一个国家来说，莫过于安全与发展两件事。国家的安全、民族的生存和发展是中华民族的最高利益、最大利益和根本利益，离开发展安全也就成了无源之水；没有国家的安全，就不可能有经济的繁荣，发展也就成了一句空话。双拥宣传、国防教育是全社会的共同责任，需要各地各部队利用各种方式、多种渠道广泛开展宣传教育活动，要丰富内容、创新形式、选择载体，从而使“两新组织”从维护国家、民族安全的高度认识和做好双拥工作、开展国防教育的重要性和紧迫性。随着民营经济在国民经济建设中作用日益增强，在承担建设祖国责任的同时保家卫国的义务也要提到议事日程上来。应从维护国家安全和发展的高度认识双拥的重要性和紧迫性，拥军优属与企业经济发展的方向是一致的，都是共建和谐社会的一个方面，从而强化双拥的意识。2004 年 4 月 15 日《中国国防报》披露，陕西省 80%的民营企业设立了国防教育学习室，浙江省温州市民营企业国防教育网络建设健全，山东省德州皇明太阳能集团创建青年国防教育学校。民营企业已经行动起来了。

（三）成立“两新组织”的拥军优属协会。从我们调查了解的情况看，目前“两新组织”在一些地方多是自发的、朴实的，零星零散地进行拥军优属工作。以至于对当前国防和军队建设的需求不甚了解，形不成规模，参与质量也不高。要解决这一问题，我们认为，各级应该探索成立“两新组织”拥军优属协会。这样能吸收更多的单位和个人参与双拥工作，扩大双拥工作的基础。另外，还可以为“两新组织”提供国防和军队建设的需求，能够减少“两新组织”拥军工作中缺少的针对性问题，形成合力。从目前了解掌握到的情况，上海在 1995 年成立了拥军优属公益性民间组织——上海拥军优属基金会。这个基金会以“服务国防、维护稳定”为宗旨，接受社会各界捐赠，并按照捐赠人的意愿和基金会的宗旨举办和资助各项拥军优属事业，为政府优抚事业起到了拾遗补缺的作用。成立 10 年来，已募资 5 亿元为“最可爱的人”解忧。各地可以比照上海经验，成立“两新组织”拥军优属协会，统一管理“两新组织”拥军资金，一方面可以规模使用拥军资金支持国防事业建设，另一方面可以通过支持国防建设的实践，重塑新时代富裕阶层关注公益事业的群体形象。

对设立双拥节日的断想

河北省民政厅

稳固的军政军民关系，是我党在新的历史时期，坚定地团结和带领全国各族人民，实现推进现代化建设、完成祖国统一大业、维护世界和平与促进共同发展三大任务的基本前提，也是构建社会主义和谐社会的必然要求。进入新世纪以来，我国将全面建设惠及 13 亿人口的小康社会，部队面临着推进中国特色军事变革，完成机械化和信息化的双重历史任务还很繁重。双拥工作是一项综合性很强的工作，涵盖了政治、经济、军事、科技等领域，涉及党、政、军、民等各个方面，做好这项工作，宣传教育尤为重要。为适应形势任务的客观要求，提出把每年的 1 月 25 日定为全民双拥日的观点。

一是社会上的各种节日和纪念日，为提出成立双拥宣传日提供了社会依据。有史以来，为大力宣传和弘扬各行各业、社会各个阶层的英勇事迹和实现集体意志，几乎一年四季都有各种节日和纪念日。就世界而言，有 3 月 8 日的国际妇女节，3 月 15 日的世界消费者权益日，3 月 22 日的世界水日，4 月 7 日的世界卫生日，4 月 22 日的世界地球日，4 月 25 日的国际秘书节，5 月 1 日的国际劳动节，5 月 8 日的国际红十字日，5 月 12 日的国际护士节，5 月 17 日的世界电信日，5 月 31 日的世界无烟日，6 月 5 日的世界环境日，7 月 11 日的世界人口日，9 月 27 日的世界旅游日，10 月 9 日的世界邮政日，10 月 16 日的世界粮食日，12 月 1 日的世界艾滋病日，12 月 3 日的世界残疾日等等。就国家而言，有 1 月 15 日日本的成人节、3 月 3 日的桃花节；3 月 17 日爱尔兰的圣帕特里克节，5 月的第二个星期日的母亲节，6 月的第三个星期日的父亲节，9 月 10 日的教师节，12 月 12 日的护士节等等。成立这些节日、纪念日，既体现了时代发展的客观要求，又促进了各行各业、各项工作的创新发展。双拥工作作为我党我军的一项极其重要的工作，也应该有其法定的宣传日。

二是多年的成功探索，为提出成立双拥宣传日提供了实践经验。近年来，我们河北省各地都要集中一个月的时间，利用现代传媒广泛开展“双拥宣传月”活动，大力宣传双拥工作在促进经济社会发展中的历史地位和作用，宣传双拥工作在推进全面建设小康社会进程中的伟大作用，弘扬以爱国主义为核心的民族精神和以改革创新为核心的时代精神，宣传中国人民抗日战争胜利的伟大历史意义，宣传中国共产党在全民族团结抗战中的中流砥柱作用，宣传双拥典型特别是军民共建先进典型的生动事迹等。特别是我们在开展创建双拥模范城（县）活动、实施“双六工程”、“光荣工程”、“爱心献功臣”、“双三好”、“双贡献”活动时，坚持把宣传教育贯穿始终，集中时间大力宣传活动的重要性和必要性，收到了前所未有的效果。在近年来的实践中，河北省军地之所以能够保持协调快速发展的势头，一个重要的原因就是抓住了双拥工作宣传教育的根本，我们所做的工作、所采取的方法和措施符合实际，体现了时代特点和一个时期的工作重点，充分发挥了宣传教育在双拥工作中的基础性作用和决定性作用。1996年，原中央军委副主席刘华清称赞河北的双拥工作“年年都有新发展、年年都有新提高”。2001年，时任中央军委副主席迟浩田称赞河北的双拥工作“创造和总结了许多新鲜经验”。2004年5月，北京军区朱司令员、符政委来视察河北驻军时，对我省的双拥工作给予了很高评价。

三是党和国家领导人的重要论述，为提出成立双拥工作宣传日提供了科学依据。井冈山斗争时期，我们党和毛泽东同志要求苏区政府和人民支援红军，优待红军家属。在抗日战争时期，毛泽东同志提出了军民一致的原则，做出了“兵民是胜利之本”等精辟论断，并亲自倡导了延安双拥运动。1938年，毛泽东同志提出：军队须和民众打成一片。解放战争时期，党中央和毛泽东同志明确提出了全心全意为人民服务的建军宗旨，重新颁发了《三大纪律八项注意》。1963年8月，毛泽东同志在著名的《八连颂》中写道：“军民团结如一人，试看天下谁能敌。”改革开放后，邓小平同志反复强调：“军民一致，这个原则不能变。”于1990年底亲笔题词“双拥模范城”、“双拥模范县”，并亲自倡导了军民共建社会主义精神文明和创建双拥模范城（县）活动。特别是1989年发生政治风波后，江泽民同志深刻指出：“军政军民团结，是我军战无不胜的力量源泉，是保持社会稳定的重要因素。”要求我们“同呼吸、共命运、心连心”；“要像爱护眼睛一样，爱护军政军民团结。”在纪念延安双拥运动60周年之际，他还亲笔题词：“弘扬双拥光荣传统，增强军政军民团结”。2000年1月，胡锦涛同志在全国双拥模范城（县）命名大会上的讲话中指出：“创建双拥模范城（县）活动，是新形势下加强军民团结的有效途径和成功实践，已在全社会产生了积极影响，要坚持标准，注重质量，讲求实效，充分发挥典型引路和榜样示范作用，使这项活动持久扎实地开展下去，取得更好的成效。”党的十六大以来，以胡锦涛同志为总书记的党中央明确提出，要加强国防教育，增强全民国防观念。要求广泛深入开展双拥共建活动，加强军政军民团结，形成国防建设与经济建设相互促进、协调发展的机制。温家宝总理在去年的全国双拥工作会议上提出了“军民同心，其力断金”的重要论断。回良玉副总理提出“要深入进行以爱国主义为核心的国防教育和双拥宣传教育，制定规范统一的国防教育纲要，开展形式多样的教育活动。”成立双拥宣传日，不仅能体现党和国家领导人对加强新形势下开展双拥工作的高度重视，也能体现广大军民的根本意愿。

四是国家法律法规的有关规定，为提出成立双拥宣传日提供了法律依据。1929年12月，红四军第九次党代表大会通过的决议案《古田会议决议》，规定了正确处理军外关系的原则，要求红军必须尊重地方党和政府，认真听取地方党对红军党的批评和群众、政权机关对红军的批评。1931年，中央苏区代表大会通过了《红军优待条例》，颁布了由中央政府主席张闻天签署的《优待红军家属条例》。1943年1月，陕甘宁边区政府确定从1月25日到2月25日为全边区拥军运动月；八路军留守兵团司令部、政治部决定从2月5日至3月4日为拥政爱民月，并公布了《拥政爱民十大公约》。1950

年，国家内务部制定《革命烈士家属、革命军人家属优待暂行条例》。1954年，我国第一部宪法明确规定了保障残疾军人的生活、优抚革命烈士家属、优待革命军人家属的条款，把拥军优属用法律的形式固定下来，增强了地方政府和人民群众做好这项工作的责任感。1991年6月，国务院、中央军委批准成立了全国双拥工作领导小组及其办公室。1993年11月，为了打破创建双拥模范城（县）事实上存在的终身制，全国双拥工作领导小组颁发了《创建双拥模范城（县）命名管理办法》，对创建双拥模范城（县）实行动态管理，不搞终身制；2002年8月，全国双拥工作领导小组修改颁发《创建双拥模范城（县）命名管理办法》，又重申了这一规定。国防教育法第二十三条规定：依照本法第二十八条的规定被命名为国防教育基地的，应当对有组织的中小学生免费开放，在全民国防教育日向社会免费开放；第三十二条规定：在国庆节、中国人民解放军建军节和全民国防教育日，经批准的军营可以向社会开放。落实党和国家的政策法规，方法和途径很多，但从根本上讲，还要靠强有力的宣传教育，而集中宣传则不失为一种增强广大军民的国防观念和双拥意识的有效方式。

五是延安双拥运动的兴起，为提出成立双拥宣传日提供了历史依据。为了巩固根据地建设和扩大抗日民族统一战线，1943年1月，陕甘宁边区决定开展军队“拥护政府、爱护人民”和地方“拥护军队、优待抗日军人家属”活动。陕甘宁边区政府首先发布了《拥护军队的决定》、《拥军公约》和《开展拥军运动月的工作指示》，确定从1月25日到2月25日为全边区拥军运动月。虽然第九届全国人大常委会第二十三次会议审议通过并确定每年九月的第三个星期六为全民国防教育日。但是，国防教育和双拥宣传，无论是形式还是内容，其侧重点都有所不同。提出把介于每年元旦和春节之间的1月25日定为双拥宣传日，主要是军地双方都在两节期间开展走访慰问活动，有利于各种新闻媒体进行广泛深入的宣传报道；农民都处于农闲时节，有足够的时间和精力参加活动；学校学生都已放假，有利于学生接受全面的国防和双拥教育；大量的旅客正处于返乡过年，有利于保持运营秩序和社会安全稳定；各单位、各部门都在集中精力进行年终总结，有利于谋划好来年的双拥工作；部队正在进行节日战备和安全教育，有利于部队的高度稳定和集中统一。在这一日子里，各地可在报纸、电视台、电台开辟时间较长的双拥栏目，邀请省领导发表电视讲话；组织举办专题节目和双拥演讲赛、摄影赛、书法赛活动；请爱国拥军模范、革命功臣讲传统；在城市、乡村主要路口和繁华地段张贴双拥宣传标语、口号；通过网通公司向移动用户发送双拥问候宣传语等等。总之，如果通过一定的法律程序，确定并把每年的1月25日作为双拥宣传日，有利于把广大军民凝聚在“三个代表”重要思想的光辉旗帜下，紧密地团结在党中央周围；有利于发扬延安双拥运动兴起时的优良传统，增进人民群众对党和军队的感情；有利于各级领导树立和落实科学发展观，增强做好双拥工作的自觉性与坚定性；有利于增强全民的忧患意识和国防观念，进一步激发爱国热情；有利于增进军政军民的了解与信任，同心同德地为建设中国特色社会主义而奋斗；有利于推进全面建设小康社会的进程，为构建和谐社会提供精神动力和政治保障。

对新世纪新阶段做好部队训练演习保障工作的实践与思考

河北省唐山市委、唐山市人民政府

和平时期的军事训练演习，既是提高部队防卫作战能力的根本途径，又是检查部队战斗力的有效方法。唐山地区濒临渤海湾，战略地位十分重要。近年来，随着军事斗争准备工作的不断深入，以信息技术为基本特征的部队军事训练演习活动在唐山地区频繁开展。为此，唐山各级坚持部队练打仗、地方练保障的思想，在市场经济条件下开展了拥军支前的方式方法、工作途径等的大胆探索和有益尝试，不仅圆满完成了支持部队训练演习的保障任务，而且还促进了全市双拥工作水平的整体提高。北京军区和河北省委、省政府、省军区主要领导多次亲临唐山检查指导工作，对我们支持保障部队训练演习工作给予了充分肯定。

一、加强领导，健全制度，为部队训练演习提供组织保障

“部队打得赢、训练得先行，部队打胜仗、人民是靠山”是我们唐山各级多年来的工作总结和深刻体会。近年来，我们各级坚持把支持保障部队训练演习当作实践“三个代表”重要思想的具体体现和支持部队做好军事斗争准备的实际行动，从建立健全机构制度入手，自觉摆上重要议事日程。

一是成立领导机构。为了加强部队训练演习的保障工作，2000年唐山市成立了由一名副书记任组长，两名副市长和军分区主要领导任副组长，由民政局、粮食局、公安局、国土资源局、卫生局、交通局等20多个部门“一把手”组成的联合领导机构，并明确了各自的职责任务；涉及部队演习的县、乡也分别成立了支持部队训练演习领导小组。

二是完善工作制度。根据保障演习工作的需要，唐山市制定了《拥军支前工作预案》，并坚持了会议制度、请示报告制度、保密制度、现场办公制度、信息沟通制度、协调制度。每年部队来唐山进行训练演习，市委、市政府、军分区都及时召开支前保障动员大会，启动拥军支前工作预案，积极做好保障部队训练演习的各项准备工作。为了帮助部队官兵提高科学文化素质，我们投资50多万元，购买了60多台微机和其他教学设备，专门为部队官兵建立了人才培训中心，开办了文化补习班和英语、微机培训班；投资50多万元，组织本市网络技术人才，集体攻关，开发软件，建立了唐山市国防动员数据库，为实现快速动员奠定了基础；今年我们又投入资金15万元，为驻军部队购买图书6000多册，帮建图书室7个。

三是健全法规体系。近几年，我们针对部队训练演习征用民船多、占用土地多的实际，依据《国防法》、《军事设施保护法》和《土地法》等，以市委、市政府和军分区的名义下发了文件，要求部队驻训地域的政府和群众，依法搞好对部队训练演习的支持和保障，使支持保障部队训练演习工作逐步走上了法制化、规范化的轨道。2001年，根据上级下达的船只征集任务，针对民用船只平时租用困难较大、费用较高、上级补助金额有限的实际，我们以唐山市国防动员委员会的名义，向乐亭、滦南、丰南三个沿海县下达了征用命令，明确了租用标准和保障措施，从而增强了群众按有关规定政策租借船只和依法保障部队训练演习的自觉性。

二、强化宣传，营造氛围，为部队训练演习提供精神动力

得到广大人民群众的大力支持与帮助，是做好支持部队训练演习的基本前提。由于长期的和平生活，少数党员干部的忧患意识有所淡化，认为“仗打不起来、与己关系不大”，担心部队训练演习会增加地方负担，影响经济发展。为此，我们采用电视报道、张贴宣传标语和组织文艺骨干到驻训营区慰问演出等形式，大力加强宣传教育，努力把广大人民群众的思想统一到共谋打赢的基点上来。

一是宣传有关政策法规。近几年，我们把《国防法》、《兵役法》、《反国家分裂法》以及促进祖国统一的有关文件作为宣传教育的主要内容，通过多种方式，深入基层群众，深入驻训部队，多层面、立体化地强化宣传工作，努力在社会营造支持军事斗争准备，做好拥军支前工作的氛围，通过面上发动，点上宣传，真正形成了国防教育进万家，拥军支前热情高的局面。通过宣传教育，既增强了群众做好拥军支前工作的主动性，又增强了广大驻训官兵遵守群众纪律的自觉性。

二是宣传部队驻训的重大意义。我们坚持把统一思想、提高认识作为首要任务来抓，通过召开议军会、组织军事日活动等形式，深入学习党中央关于实现祖国统一的重要指示和中央军委新时期军事战略方针。同时，发挥冀东革命老区的教育资源优势，宣传拥军支前的优良传统，使全市干部群众充分认识到，完成祖国统一大业是我党新世纪的三大任务之一，准确把握国防建设与经济建设的关系，和平统一面临的形势日趋严峻，做好军事斗争准备刻不容缓；唐山地处沿海的战略地位和作用，做好军事斗争准备，不仅事关国家的安全，也事关自己家乡的安危，支持保障部队训练演习义不容辞；人民子弟兵在1976年大地震抢险救灾，为唐山人民重建家园做出了巨大贡献，人民有危难、军队来救援，部队打胜仗、人民是靠山，支援部队训练演习理所应当。

三是宣传拥军支前事迹。注重对社会各界和广大群众自发地开展拥军支前活动的报道，是增强群众支前积极性的关键。我们采取多种形式，广泛开展国防教育，大力宣传爱国拥军模范常玉珍“致富不忘报国，慷慨回报社会”的先进事迹，激发广大群众支持部队训练演习的政治热情。我们利用电视台、广播电台、报刊和网络技术，及时宣传报道为驻训部队慰问演出，当地群众无偿让出自家渔船、虾池、农田供部队演习，自发地为驻训官兵缝衣煮饭、端茶送水等等拥军模范事迹。我们宣传了玉田镇马头山村民于连池自己出资3000多元为部队官兵购买了一车矿泉水的崇高情怀，特别报道了村民张化忠把家里养的两头大肥猪赶到驻训部队，当连队干部执意付款时，他眼含热泪，满怀深情地说：“我和全家都是解放军从地震废墟中救出来的，是亲人解放军给了我们第二次生命，这个恩情一辈子也报答不完”的感人至深的事迹。思想的统一，认识的提高，有效地增强了各级党委、政府和广大人民群众支持保障部队训练演习的责任感和紧迫感，在全市形成了党政领导高度重视、职能部门积极配合、基层群众踊跃支前的生动局面。

三、特事特办，急事快办，为部队训练演习提供物质帮助

近年来，唐山市针对支持保障部队训练演习工作头绪多、时效性强的特点和支前保障工作的需要，成立了技术抢修分队、医疗救护分队、交通保障分队、信息收集处理分队、应急保障预备队、通信保障分队、生活保障分队、新闻宣传分队和善后处理分队，并明确分工和赋予一定的职责，规定完成的标准和时限，坚持基本原则，确保了各项保障工作的准确性与时效性。

一是打破常规，坚持特事特办原则。部队特别需要地方做什么事，我们就打破常规全力以赴办理什么事。2001年，某导弹部队从北京到唐山驻训，由于装备过重，无法从玉田县境内一座新建不久的桥梁上通过，市交通局当即决定增加50万元额外资金，对该桥进行整体加固，保证了部队按时安全通过。同年，迁安市建昌营镇的黄姑村、柏林村因长期欠费已经被拉闸断电，驻训部队到达后，市电力局组成保障分队，为该镇专门架设了供电线路，及时解决了部队用电问题。2000年以来，每次驻训部队来唐山演习期间，各级党委、政府和社会各界都要到驻训部队进行慰问，为他们带去唐山人民对子弟兵的深情厚谊。2003年6月和12月，北京军区4支部队来唐驻训，市委、市政府主要领导及有关县（区）先后几次带团前去慰问，带去慰问金和慰问品价值50多万元。

二是协调联动，坚持急事急办原则。部队驻训演习到哪里，我们地方的保障分队就跟随保障到哪里。2001年6月，驻训部队机动至唐山地区，我们在部队沿途经过的玉田县、丰润区分别设立医疗点，安排专用救护车，随时为部队服务；市公安局和交通局组织大量警力，在交通要道设置警戒线、调整哨，并派警车开道，确保畅通无阻，使部队比原定计划提前1小时到达驻训地域；当部队到达高速公路唐山服务区后，市政府办公厅、民政局、粮食局、卫生局和军分区、丰南市人武部协调联动，组织了160多人的生活服务队、汽车抢修队、路障清除队、后勤保障队，设立了临时军供点，搭建了临时厕所，对部队实施了定点服务保障。

三是倾注真情，坚持好事办好原则。部队什么时候需要地方支持，我们就什么时候展开保障工作。2000年，当我们得知部队要在我市沿海一带进行演习，并需要占用2号港池时，市支前保障领导小组的压力非常大，因为京唐港是我市耗资40亿元建立起来的地方港口，当年已经确定了十几个工程项目多数集中于2号港池；加之京唐港是多方投资的股份制港口，演习占用后将会给港口股东带来近5000万元的经济损失。为缓解这一矛盾，我们在省委和北京军区的指导下，把港口6至8月份的运营和建设情况及时通报给部队，为部队制定港口使用计划提供资料，并建议部队在不影响训练演习的情况下尽量压缩占用航道、泊位的时间，除大型舰船等重型装备的装卸外，人员和小型民船等轻型装备能不进港的尽量不进港，能减少进港次数的尽量减少进港次数；同时，我们要求京唐港领导科学筹划、严密组织，采取得力措施，稳住客户，保住国际航线。经反复做港口股东和专用码头业主的工作，讲清道理，最终赢得了他们的理解和支持，妥善解决了部队训练需要与港口运营的矛盾。

四、做好善后工作，为部队训练演习打牢群众基础

实践使我们深刻体会到，在物质极大丰富的今天，强化精神支柱必须以物质利益为基础，因为物质利益是人们精神生活的基本出发点和引发人们思想行为的起始要素。因此，在群众物质利益观念愈来愈强的今天，单纯地靠思想工作去解决部队驻训带来的善后问题，从一定意义上讲是很难奏效的，特别是农村土地承包到户，群众对切身利益比较关注，如果一味地强调无私奉献，对群众的损失不给必要的补偿，势必会影响群众拥军支前的积极性和创造性。为此，我们正确运用马克思主义的物质利益原则，在有针对性地做好矛盾化解工作的同时，坚持把善后赔偿作为研究解决新形势下部队训练演习的有效途径来抓。

一是做好事前勘测。做好部队训练演习前的勘测工作，是保证部队正常到达和顺利展开训练演习的关键一环。每年，我们在安排部署任务时，都将对部队训练演习的保障工作列入党委、政府的重要议事日程。在驻训部队到达前，我们市、县、乡都要指定一名领导挂帅，先与有关部队取得联系，由部队派专业人员与地方有关部门组成勘测工作组，召开市、县、乡三级工作协调会，根据部队提供的训练演习的任务要求和规模，共同研制保障部队训练演习的工作计划，划定训练演习所占区域。对训练演习涉及到的县、乡、村，工作组都逐一进行实地勘测，绘制出演习占用区域图，分发到当地党委、政府，并提前做好宣传发动群众的工作。

二是搞好科学评估。科学评估是做好经济补偿的一项重要工作。为此，我们专门成立了由国土资源局、海洋局、农业局、林业局、民政局等有关部门专家或业务骨干和驻训部队参加的评估工作组，在部队演习接近尾声时，对租用的船只、交通工具等深入展开市场调查；部队演习训练刚一结束，我们就组织人员到部队开进时所途经的县、乡、村以及训练演习主战场所占用的道路桥梁、庄稼、池塘、库房等受损情况进行估算，按照有关规定标准，经军地双方协商一致，共同向市、县写出评估报告及补偿建议。

三是搞好赔偿工作。在科学评估的基础上，我们按照“军队补偿一点、政府补贴一点、乡镇照顾一点、村里解决一点”的原则，按照市场价格一一进行赔偿。比如，在“联合—2000”大型军事演习中，我们协助部队成立了11个理赔工作组，对涉及到的玉田县的2个乡镇11个村庄的12万多亩的庄稼、果林受损，军地召开协调会，按演习阶段逐村、逐户对损失情况进行经济和物质补偿；对演习造成的间接影响和损失一时难以估算和补偿的，理赔小组就会同有关专家进行评估，在演习后一个月时间里进行赔偿。这既避免了军民纠纷，又提高了群众支持部队训练演习的积极性和主动性。

与时俱进　做好新形势下的双拥工作

内蒙古自治区双拥办

拥军优属拥政爱民是我党我军我国人民的优良传统，进一步做好新形势下的双拥工作，加强军政军民团结，对于维护国家安全、统一和社会政治稳定，保证改革开放和社会主义现代化建设的顺利进行，实现全面建设小康社会的宏伟目标，推进国防和军队建设，具有重大而深远的意义。温家宝总理在全国双拥工作会议上的讲话中指出："要以与时俱进的精神开展双拥工作，推动双拥工作不断发展创新。双拥工作要永葆生机与活力，必须适应新形势，发扬老传统，开创新局面。要不断探索在社会主义市场经济条件下开展双拥工作的形式和内容。认真研究解决双拥工作遇到的新情况、新问题，探索进一步加强军政军民团结的新思路、新办法。"由此看出，党中央、国务院、中央军委非常重视搞好新形势下的双拥工作。下面就如何做好新形势下的双拥工作谈点自己的看法。

一、要正确认识形势

当今世界是大变革的时代，无论是国际局势还是国内环境，都发生了深刻变化。冷战结束后，世界多极化和经济全球化的趋势在曲折中发展，科学技术进步日新月异，各种社会思潮相互激荡，综合国力竞争日趋激烈。进入新世纪新阶段，我国的社会主义现代化建设事业，既面临难得的发展机遇，也遇到了种种困难和挑战。国际形势对我国总体有利，我们有可能争取一个较长时期的和平建设环境。世界科技革命日新月异，经济全球化深入发展，国际产业转移和结构调整加快进行，为我们发展社会生产力提供了有利时机。我国初步建立起社会主义市场经济体制，形成了比较雄厚的物质技术基础。同时，我们也要清醒地看到面临的严峻挑战。国际形势仍处在深刻复杂的变化之中，天下并不太平。局部动荡和地区冲突时有发生，恐怖主义、霸权主义、国际犯罪活动对人类的和平与发展构成严重威胁。以综合国力为目标的国际竞争日趋激烈。我国改革发展进入关键时期，面临不少突出的矛盾和问题。面对新形势、新任务，我们要战胜前进道路上的种种困难和风险，完成祖国统一大业，实现中华民族的伟大复兴，比以往任何时候都更加需要全党全军全国人民的紧密团结，比以往任何时候都需要亿万军民的齐心协力、不懈奋斗。所以，我们必须站在国家长治久安、民族兴旺发达的高度，充分认识加强军政军民团结的重大政治意义，切实把双拥工作作为一项事关全局的战略任务抓紧抓好，抓出成效，为我区的经济社会发展、军队现代化建设和维护边疆稳定做出贡献。

二、新形势下双拥工作出现的新情况新特点

随着社会主义市场经济的建立和不断完善，双拥工作的领域进一步拓展，内容更加丰富，出现了许多新情况、新特点。概括起来主要有以下几方面：

一是双拥工作的社会环境越来越复杂。近年来，随着改革开放的深入和市场经济的建立，我国的社会经济成分、组织形式、就业方式、利益关系和分配方式日益多样化，新型经济组织和新的社会阶层已经成为爱国拥军的一支重要力量，双拥工作的基础不断扩大；现代社会的高度开放和联系方式的日益广泛，使军地交往的渠道越来越多，呈现出多样性、复杂性的特点；政府职能的转变和社会结构的不断调整，处理军政军民关系的方式也发生了很大变化，迫切需要建立与之相适应的双拥工作运行机制。

二是双拥工作遇到的矛盾越来越突出。随着社会主义市场经济的发展，双拥工作出现了一些新的矛盾和问题。比如，在市场经济条件下，人们的思想观念和价值取向发生了深刻变化，履行国防责任和义务的观念容易淡化；加快开发开放和利益关系调整，军地之间在经济利益方面的矛盾明显增多；政府机构改革、企业改组改制，加大了转业干部、退役士兵、随军家属安置的难度；经济发展的不平衡，社会保障制度的不完善，使一些地区重点优抚对象生活、住房、医疗方面的困难比较突出；随着部队官兵涉法问题的增多，维护军人及其家属合法权益的要求越来越高等等。这些矛盾和问题，不同程度地牵动着双拥工作的全局，影响和制约着双拥工作的发展。

三是双拥工作的任务越来越重。双拥工作直接服务于党和国家的大局，服务于国防和军队建设，在新的历史时期，无论是维护国家安全，还是保持社会稳定，无论是搞好国家和军队改革建设，还是促进社会全面进步，都离不开军政军民的坚强团结。当前，随着社会主义现代化建设的步伐加快，维护国家改革发展稳定的任务十分艰巨。台海局势错综复杂，以陈水扁为首的台独势力在“台独”道路上越走越远，加紧做好军事斗争准备显得尤为重要。这些都需要军地双方在更大范围、更广领域、更高层次互相支持，密切配合，双拥工作的任务比以往任何时候都更加繁重，更加艰巨。面对发展变化了的形势和遇到的新情况新问题，双拥工作必须抓住机遇，迎难而上，谋求大发展，争取大作为。

三、适应新形势，开创双拥工作新局面

江泽民同志曾强调：“在新世纪、新阶段，发展要有新思路，改革要有新突破，开放要有新局面”。我们做好新形势下的双拥工作，最根本的就是要坚持以“三个代表”重要思想为指导，按照党中央、国务院、中央军委关于加强军政军民团结的指示和要求，认真贯彻全国双拥工作会议精神，在更高的起点上思考、筹划和开展工作，不断推动双拥工作在发展中创新，在创新中发展。

（一）创新观念，确立围绕发展抓双拥，抓好双拥促发展的工作思路

温家宝总理在全国双拥工作会议上的讲话中指出：“要紧紧围绕发展这个党执政兴国的第一要务开展双拥工作。”发展是解决中国所有问题的根本出路，要把围绕发展抓双拥，抓好双拥促发展作为双拥工作牢牢把握的基本原则。提高生产力和战斗力，是地方和部队任何时候都必须坚持的中心工作，而双拥工作是服务这一中心的。牢固树立国防建设与经济建设协调发展的观念是做好双拥工作的根本所在。加强双拥工作，首要的是各级领导要予以高度重视，把双拥工作列入“一把手工程”，统一领导，统一规划，统一部署，认真抓好落实。作到“五个同步”，“五个结合”。即：把双拥工作纳入经济社会发展的总体规划，做到双拥工作与经济建设“同步规划，同步实施，同步教育，同步投入，同步发展”。坚持全民国防教育与公民道德规范教育相结合，双拥政策法规建设与社会法制建设相结合，创建双拥模范城与创建文明城市相结合，发挥领导的主导作用与调动群众的积极性相结合。做到传统工作全面提升，特色工作全面加强，政策法规全面落实，规定工作全面到位，推广典型全面开花。真正做到领导与群众之间，军政军民之间，部门与行业之间形成合力，目标明确，责任落实，措施有力，工作到位，使双拥工作成为一项民心工程、社会工程，不断创新和发展。

（二）创新制度，促进双拥工作向制度化、规范化方向发展

近年来，从中央到地方，从自治区到盟市，都建立了一套比较完善的双拥政策法规和制度，对促进双拥工作的发展，保障双拥工作的正常运行起到了积极作用。但随着社会的发展和双拥工作地位的提升，可以看到，有些法规制度还不够完善，有些内容还没有涵盖，有些内容还需要修改，更主要的是一些法规制度没有得到很好地落实。所以，在制

度的创新上首先是要根据发展变化的形势和双拥工作出现的新情况、新问题对法规制度进行补充完善；其次，要出台新的法规制度，诸如抚恤标准自然增长机制，义务兵家属优待金旗县统筹，重点优抚对象纳入医疗保险等。第三，要抓好落实。毛泽东同志曾经说过：如果有了正确的理论，束之高阁，并不实行，那么这种理论再好也是没有意义的。我们双拥政策法规亦然，关键在于落实。比如：建立党政军联席会议制度，军地互相走访制度，人大代表政协委员督察制度，双拥工作检查制度以及双拥工作领导小组成员单位工作报告制度。从而加快双拥工作制度化、规范化的进程。真正做到有章可循，有法可依。

（三）创新载体，增强双拥工作的针对性和实效性

多年来，我区的双拥工作以“双三好”活动为重要载体，双拥工作取得了长足的进步和发展，军民携手保卫边疆、建设边疆取得了可喜的成绩。“双三好”这一双拥工作的重要载体应当很好地继承和发扬，做到一年一个主题，一年实现一次跨越。一是要处理好经济发展和军事需求的关系，坚持经济建设与国防建设的协调发展。制定经济和社会发展规划，要把支持国防和军队建设作为重要内容纳入其中；进行城乡基础设施建设，要考虑部队军事行动的需要，尽量提供方便；加快开发开放，要切实保护军事设施的安全。部队也应当积极参加重点工程、生态工程和社会公益事业建设，以良好的形象影响和教育人民群众。二是要处理好物质支援和精神互助的关系。军政军民关系从根本上讲是一种政治关系，双拥工作实质上是军地之间相互团结、相互支持的政治性工作。用共同的理想、信念和政治追求，团结和动员广大军民为实现党在各个时期的历史任务而奋斗，是双拥工作的根本任务。在新的形势下，既要加强军地在经济领域的支持与合作，又要加大军民在思想道德和科学文化方面交流的力度；既要坚持军地互相支援、互办实事，又要坚持双拥工作的政治方向，防止和克服重物质交往、轻思想互助的倾向。加大国防观念、爱国主义、公民道德、光荣传统教育的宣传力度，积极探讨开展科技拥军、教育拥军、智力拥军活动。三是要处理好整体推进与重点突破的关系。实践证明，整体推进是重点突破的基础，重点突破是整体推进的关键。这些年来，我们在支持部队建设、演习训练、生活保障、转业退伍军人和随军家属安置等方面做了大量的工作，而且也取得明显成效。但也要看到，这些工作在不同时期、不同地区有主有次，有轻有重。这就需要我们抓住主要矛盾，在解决重点难点问题上下工夫。当前，转业退伍军人安置、随军家属就业、重点优抚对象的医疗是广大军民普遍关心的热点难点问题，一定要下大力气解决好。把这些问题研究透了，解决好了，双拥工作就会有一个新的突破和发展。

（四）创新内容，不断拓展双拥工作的领域和范围

不断探索在社会主义市场经济条件下开展双拥工作的形式和内容，积极开展行业拥军、社区拥军，引导新型经济组织和新的社会阶层拥军，拓展双拥工作的领域和范围，不断扩大双拥的群众基础，是今年1月全国双拥工作会议提出的要求。为了贯彻好全国双拥工作会议精神，不断拓展双拥工作的领域和范围，我们应当抓好下列几项工作：一是抓好双拥宣传，使双拥工作深入人心，变为全社会的行动。要协调宣传、教育、文化、广电等部门，确定宣传的形式和内容，加大国防教育场所和爱国主义教育基地建设，设立永久、明显的标志牌。做到广播有声，电视有影，报刊有文字，使老百姓能够听到双拥，看到双拥，了解双拥，支持双拥，扩大双拥工作的群众基础。二是抓好双拥工作“进社区、进企业、进机关、进学校、进乡村、进连队”六进活动，重点是抓好进社区活动。借助社区的文明学校、职工之家、文化活动室等场所在社区单位和居民中开展双拥宣传。调动社会力量，建立服务组织，开展“温暖送军营”、“爱心献功臣”等活动。建立富有特色的“社区双拥志愿服务队”，“医务送健康服务队”，“职介家政服务队”等双拥服务组织，为部队官兵、军人家属、优抚对象提供

服务。还要搞好军警民共建文明社区活动，组织部队与社区，部队与社区单位结共建对子，开展形式多样、行之有效的互助服务，解决双拥中的热点难点问题。三是要抓好两新组织（新的社会阶层和新型经济组织）的拥军活动。在新的历史时期，两新组织行业众多，遍布城乡，经济实力强，群众基础厚。进一步动员和组织两新组织积极参与双拥工作，已成为提高双拥工作社会化水平，实现双拥工作跨越式发展的重要课题。所以，对两新组织开展拥军一是要有要求，因为两新组织的成员也是共和国的公民，也要有关心国防、支持国防的意识。二是要有责任，国无防不立，民无兵不安，两新组织有责任搞好拥军优属工作。三是要有活动，要把两新组织发动起来，组织起来，积极开展实事拥军和爱心献功臣活动。四是要有制度，要认真抓好两新组织拥军优属工作的组织、宣传、建章立制工作，使他们感受到参与双拥工作的自豪感和成就感，而且要给予相应的精神和物质方面的回报，从而推动两新组织拥军优属工作不断向前发展。

（五）创新品牌，巩固发展提高双拥模范城的创建成果

创建双拥模范城活动是双拥工作的一个创举，是加强军政军民团结的有效载体。目前，全区有国家命名的双拥模范城（旗）11 个，自治区命名的双拥模范城（旗、县）54 个，这些城市和旗县是自治区创建双拥模范城的排头兵。但因条件、地区不同，创建水平有些参差不齐。还必须按照《双拥模范城（县）创建命名管理办法》，按照“巩固、发展、提高”的要求，更加深入扎实地开展创建活动，要端正指导思想，不图虚名，不搞形式主义，扎扎实实做好工作；要精心组织，科学安排，立足基层，突出重点，不断提高创建质量。要打造自己的品牌，创出自己的特色，创出自己的名气。要把创建过程作为推动工作的过程，落实法规的过程，增进团结的过程，真正使创建命名活动成为推动双拥工作的发展动力。

论加强双拥机构建设的必要性和迫切性

内蒙古自治区巴彦淖尔市双拥办

一个机构的建立和存在，要从历史、现实和长远发展来看它的作用是否重要。一个地区乃至全国，双拥工作搞得好坏，与双拥机构自身建设有着直接关系。中央领导多次在双拥工作会议上反复强调加强机构建设，其重要意义不言而喻。下面，根据作者从事十多年基层双拥工作的实践，并多次参加内蒙古自治区和本市组织的双拥检查调研的经历，就加强双拥机构建设问题，谈一下个人的认识和看法，与大家共商。

一、双拥组织机构的由来及作用

深刻的历史性是双拥工作的特性之一。双拥工作产生于革命战争年代，兴起于 1943 年延安陕甘宁边区，之后，全国各个抗日根据地遵照毛主席和党中央的指示，掀起轰轰烈烈的双拥运动。虽然受历史的局限，但各根据地兴起的双拥运动，在当时的战争年代起了不可估量的作用，军民互相支持，团结奋斗，赢得新民主主义革命的胜利。新中国成立后，中国人民抗美援朝总会组织了爱国拥军活动。1963 年，总政治部和财贸办公室联合开展了学习解放军活动，这在当时也是部门自发组织开展的。文化大革命中，军政军民关系遭到了很大的破坏。党的十一届三中全会后，党中央、国务院和中央军委十分重视恢复和发扬双拥光荣传统。邓小平指出，现在的情况与战争年代有了很大不同，但军民一致的原则不能变，并倡导提出军民共建社会主义精神文明和创建双拥模范城（县）活动。1991 年 1 月，民政部、总政治部在福州市召开了全国双拥工作会议，命名表彰了保定市等 10 个全国双拥

模范城（县），这标志着双拥工作进入了一个新阶段。为了进一步统一和加强对双拥工作的领导，1991年7月6日，国务院、中央军委决定成立全国双拥工作领导小组及其办公室，随后，全国各地自上而下都成立了相应机构，并开展工作。这对于统一组织领导全国双拥工作，推动和促进双拥工作的发展，无疑起到了积极作用。之所以回顾这一段历史，一方面，我们可以清楚地看到，双拥工作从无到有，从弱变强，从部门自发组织到全国有组织、有领导的统一运行的发展轨迹；另一方面，我们可以充分地肯定，当时为了便于统一组织双拥工作，成立双拥工作领导小组及其办公室是完全必要的，非常及时的。现在回过头来看，没有双拥工作机构的统一领导，就没有当今双拥实践的丰硕成果。

二、现行双拥机构设置的利弊

历史地看，现行双拥工作机构设置模式，是上世纪九十年代初形成的，对服务党、国家和军队中心工作，维护广大军民的切身利益发挥了重要作用。双拥机构功不可没，这是毫无疑问的。但是，随着改革开放的不断深入，市场经济体制的逐步完善，国防和军队建设步伐的加快，双拥工作的内容越来越丰富、任务越来越艰巨、要求越来越高，现行双拥机构设置模式的弊端逐渐显现出来。

（一）机构设置不科学。双拥工作是长期的战略任务，是构建社会主义和谐社会的重要基础。既然是长期的重要工作，就不能延续临时机构的做法。为完成一个时期某些特殊任务而成立的临时性机构，在巴彦淖尔市就有100多个。可以说，这是多中心而无中心，都重要而不重要。因没有正式列编，显然有别于党政机关其他部门。把双拥机构置于临时机构来对待，从理论和实践上看都是不科学的，既不符合中央历代领导人的重要论述和历次双拥工作会议精神，也不符合当前双拥工作的需要。

（二）领导任命不统一。从各地情况看，双拥工作领导小组组长有的是党政一把手兼任，有的是分管领导兼任。下设的办公室主任，有的是党委分管的秘书长或副秘书长兼任，有的是政府分管的秘书长或副秘书长兼任，大部分是民政部门的主要领导或分管领导兼任，配备专职双拥办主任或副主任的很少，存在着上下不统一、左右不一致的现象。

（三）运行程序不规范。双拥办是领导小组下设的办事机构和具体工作部门，无疑应在领导小组的领导下开展工作，直接对领导小组负责。但从实际情况看，运行程序不够规范，也难以规范。比如，领导小组和成员单位联合下文或组织双拥活动等，这既不符合传统习惯，也不符合行文规定，还容易带来诸多工作问题，引起各方误解。

（四）编制配备不合理。从双拥办设置看，内蒙古12个盟市除呼市、巴彦淖尔市、满洲里市等单设双拥办外（但实际也按民政部门的一个科室对待），其他9个盟市的双拥办均设在优抚科。从人员配备看，除巴彦淖尔市配备专职主任外，其他均是民政局领导兼任，副主任也往往不经组织正式任命，绝大部分是局里临时指定优抚科长或其他人员兼任，其他工作人员也很少有专职的。

（五）干部队伍不稳定。这是由机构设置临时性直接造成的。一方面，绝大部分基层双拥工作岗位没有正式编制，许多同志从内心很不情愿做双拥工作。另一方面，单设双拥办机构的工作人员多数是事业编制，无法享受公务员待遇，提升又有一定的局限，自感没有前途，不安心。加之，双拥工作与其他业务相比，文字材料多、协调任务难、具体工作重，更不愿意长期做下去。

（六）办公条件不配套。双拥工作的重点在基层，而恰恰基层办公环境非常差。从内蒙古各盟市情况看，自治区双拥办虽然对改善基层双拥机构办公环境非常重视，明确了双拥办建设“十有”规定，但不同程度地存在着落实难的问题。特别是越往基层，办公场所、办公设备、经费车辆保障越差，已严重影响了双拥工作的正常开展。

以上弊端和问题的核心是机构设置的临时性。

三、加强双拥机构建设势在必行

除了上述弊端和问题需要尽快克服外，目前双拥工作的形势和任务，更迫切需要加强双拥机构自身建设。

一是国内外形势发展的客观需要。当前国际形势并不太平，以美国为首的西方势力亡我之心不死，分化、渗透、颠覆我国的图谋日益加剧；以李登辉、陈水扁为首的“台独”势力也加快分裂祖国的步伐，“台独就是战争”。我们要加强国防建设，正确处理好“战场”与“市场”、“战斗力”与“生产力”的关系，军队练打赢，地方练支前，这就要求我们进一步做好双拥工作，以适应新的军事变革的需要。我国改革开放和现代化建设进入关键时期，这也是社会矛盾突发期，如何保持社会稳定，构建和谐社会，这对双拥工作也提出更高的要求。温家宝总理在去年全国双拥工作会议上精辟指出：“军民同心，其力断金”。这充分说明新形势下双拥工作的重要性，双拥工作只能加强，不能削弱。

二是双拥工作深入发展的需要。随着我国改革开放和现代化建设的发展，双拥工作的任务越来越多，很多难点和热点问题需要各级双拥办去研究落实。仅去年至今，国家先后召开全国双拥工作会议、全国双拥工作领导小组成员单位联络员会议、全国省区市双拥办主任会议、全国双拥工作领导小组全会、全国军民共建表彰会议，这次又召开全国双拥工作理论研讨会。一年多时间内，召开这么多会，对双拥工作的指导思想、任务、要求等多次做出明确具体的强调，在近10多年来绝无仅有。这再次说明党中央、国务院、中央军委对双拥工作的高度重视，说明双拥工作不是短期行为，不是可有可无、务虚不务实的，而是事关全局的重要工作。要落实上级的会议精神，要做好各项双拥工作，必须加强双拥机构建设。

三是全面落实双拥政策法规的需要。双拥工作政策性强、涉及面广。十一届三中全会以来，党中央、国务院、中央军委和内蒙古自治区党委、政府出台了很多双拥政策法规，这还不包括涉军有关部门制定的本行业的条例规定。这些政策法规要靠各级双拥办去落实。如退伍士兵安置、落实优抚政策、随军家属就业、子女入学入托、军地军民纠纷等难点热点问题的解决，都需要双拥办来协调人事、劳动、教育等部门，都需要通过双拥检查和双拥创建来促进落实。

四是适应双拥办地位和作用的需要。一个机构的地位，是由它所承担的工作职能决定的。双拥工作之所以是其他部门不能取代的，就在于它具有军地双重任务和职能的双向性，否则就是“单拥”。为此，无论以拥军优属为职能的民政部门，还是以军区、军分区、人武部为拥政爱民工作的牵头单位，均不能互相代替和领导，更不能作为成员单位去代替双拥工作领导小组，这就决定了双拥办作为一个双拥工作职能部门的特殊地位。双拥办的职能作用较多，概括起来就是参谋、综合、组织、指导、协调的职能作用。参谋作用：就是给党政军领导当好参谋，出好主意，提供决策依据。综合作用：实际上是党、政、军这三条线，由中央到基层，由部队到企业，千头万绪，需要进行总体综合分析，通过文件、材料、宣传、简报、信息交流等来完成。组织作用：主要负责各种双拥活动、会议筹办等。指导作用：主要负责军地双拥创建活动，军警民共建、“两新组织”拥军等工作，做具体的业务指导和调研。协调作用：主要负责军地纠纷，维权工作，落实双拥政策法规等。

五是创建双拥模范城（县）的需要。创建双拥模范城（县）和申报表彰双拥模范单位和个人，是各级双拥办的一项重要工作。能否使所评对象做到高标准、高质量，真正起到模范带头作用，在于各级双拥办人员对评比标准和实施细则的掌握理解，对双拥业务的熟悉，对考评验收时的量化把握程度等。评好，带动全局，评不好，将挫伤各级组织和广大军民的积极性。目前，从全国范围看，创建热情高涨，竞争激烈。因此，各级双拥办和双拥工作者责任重大。

综上剖析，为使双拥工作持续、稳定、协调发展，必须加强双拥机构建设，以适应双拥工作与时俱进新形势的需要。

四、加强双拥机构建设的几点建议

加强双拥机构建设，是当前和今后一个时期双拥工作的关键和基础。我认为，应重点解决好以下四个方面的问题：

（一）设立常设办事机构，以体现长期性。根据双拥工作的地位和作用，按照当前双拥工作的发展和需要，从理论和实践看，现阶段应采取循序渐进的方式，把各级双拥工作领导小组办公室由非常设协调机构改变成常设议事机构，像目前的“人防工作领导小组办公室”、“扶贫工作领导小组办公室”等常设议事机构一样。这样的机构设置，才能真正体现双拥工作的重要性、必要性和长期性，使社会各界、广大军民和双拥干部队伍感受到国家和各级党委、政府对双拥工作的重视，更好地支持双拥、参与双拥。

（二）将机构进行升格，以体现权威性。现行双拥机构为协调机构，协调就需要一定权威性，权威性则主要来自高规格。因此，双拥办的机构应进行升格。省、市、自治区双拥办应升格为准厅级；地级双拥办应升为准处级；旗县区双拥办应升格为准科级建制。我这里所说的双拥办升格，是指专职从事双拥工作部门的升格。另外，根据目前各级双拥办人少事多的实际，为便于机构内部分工明确，提高工作效率，双拥办应内设2至3个相关业务执行部门，并列入机构编制，有固定经费保障、独立核算。这种机构的升格，有利于理顺关系，加强领导；有利于对等与当地军地有关部门协调，并引起下级党委、政府和有关部门的重视；有利于协调形成齐抓共管的整体合力；也有利于调动双拥干部的积极性。

（三）双拥干部配备，要体现统一性和稳定性。鉴于目前双拥办的领导配备不统一、工作人员不稳定，有必要尽快加以调整。各级双拥办应真正落实军地固定专人、合署办公制度。具体地讲，双拥办应配备专职主任或副主任，可以使其专心致志、全心尽力地抓好双拥工作，保证责、权、利相统一。工作人员由军地双方共同组成。从地方讲，应确实把那些有责任感、懂业务、善协调、具有一定写作能力的干部充实到各级双拥办，并纳入公务员序列。从部队讲，抽调到双拥办的人员，无特殊情况，应连续在双拥办工作3年以上。所在部队要在政治、生活等方面给予优先考虑和照顾，使他们能够安心工作。同时，应按照一级抓一级的原则，加强对双拥工作人员特别是基层双拥队伍的培训，以提高他们的素质，适应新形势新任务的需要。

（四）建立完善规章制度，以体现规范性。从全国看，建议国家尽快制定《双拥工作条例》，对双拥工作进行统一规范和要求，做到有法可依、有法必依。抓紧修改和完善双拥模范城（县）评比命名管理办法。在评比标准上可否再具体些，有硬性指标；在报批程序上可否再细致些，以便于操作。如把双拥办是否健全作为考评验收双拥模范城（县）的硬性指标，推荐申报材料要附组织机构、人员编制、经费、车辆等文件。从各地看，应根据自身实际，建立完善相关制度，以加快依法双拥进程。

新形势下双拥工作面临的问题及应采取的对策

内蒙古自治区包头市双拥办

随着改革开放的深入和社会主义市场经济体制的日臻完善，进一步丰富了双拥工作的内容，拓宽了工作领域，给双拥工作注入了新的生机与活力。同时，双拥工作也面临着许多新的情况和问题。本文对新形势下双拥工作面临的问题及应采取的对策，谈一些粗浅的看法。

一、随着社会主义市场经济的发展，引起了社会各个方面利益的调整，使人们的双拥观念受到冲击，要求我们进一步加大宣传力度，不断增强人们做好双拥工作的自觉性

改革开放以来，由于我国的社会主要矛盾变成了人民群众日益增长的物质文化需要同落后的社会

生产力之间的矛盾，党的工作重心逐步转移到经济建设上来，因此加速经济建设步伐，越来越成为社会最关注的“热点”。地方成为经济建设的主体，军队建设要服从于经济建设大局，“经济建设热”使人民群众对军队的直接依赖相对减少，军队的地位和作用容易被人们忽视，从而容易减弱双拥的自觉意识和工作热情。有的部门强调经济工作，唯经济是论，认为经济是硬指标，双拥是软任务，在双拥活动中对政治关系看得较轻，对经济关系看得较重，搞军民共建存在着嫌贫爱富、舍近求远的现象；有的忽视国防教育，认为国防教育是地方职能部门或部队的事情，与自己关系不大，因而遇到部队演习、征地建房、划分军事禁区、铺设通信电缆等问题时，不是从国家大局出发，而是从本地区本部门的需要出发。因此，基层有的同志讲：现在形势变了，经济成为人们关注的“热点”，双拥工作很难像过去那样受到人们的重视。

新形势下，如何进一步强化广大军民的国防观念和双拥意识，经过实践探索，我们认为应重点抓好以下几点：

一是继续搞好宣传教育，充分发挥各级教育部门、宣传文化部门、新闻出版部门、广播电视部门、民政部门、人武部门及社会各团体、企事业单位的作用，大力营造双拥氛围，使双拥意识和双拥观念深入人心、家喻户晓。

二是组织参观学习，有计划有系统地安排党政部门、社会团体和青少年学生到部队和军工企业学习参观，强化干部群众的爱国拥军意识。

三是举行报告会、座谈会、演讲会，每逢“八一”、元旦、春节期间，邀请英雄、模范、先进人物、有关领导作报告，特别是定期报告国际形势，并组织座谈、讨论，使干部群众随时保持清醒认识。

四是把国防教育纳入全民教育规划，各大中专院校，各中小学普遍开设国防教育课，进行爱国主义教育、军事思想教育和双拥传统教育。五是完善国防基础设施，通过建立国防教育园地、修建烈士陵园、出版烈士文集等，使爱国主义和革命英雄主义进一步发扬光大。

按照上述思想，这几年包头市坚持国防、双拥教育从娃娃抓起，从领导干部抓起，从民兵预备役人员抓起，确定了以干部为重点，民兵为骨干，学生为基础，群众为主体的教育格局，建立了宣传、民政、教育、双拥部门及部队“五位一体”的教育体系，充分把握各种有利时机，发挥各种宣传媒体、教育阵地的作用，大力宣传人民军队的地位和作用；宣传人民军队的丰功伟绩；宣传军人及其家属在保卫祖国、支持国防建设上所做出的牺牲和奉献；宣传做好双拥工作对落实“三个代表”要求，促进改革、发展、稳定和军队现代化建设的重大作用，使广大干部群众深刻懂得“没有一个人民的军队，便没有人民的一切”，有国才有家的道理。实践证明，通过这些形式多样、生动活泼，为群众所喜闻乐见的活动，就能深化爱国主义和双拥传统教育，增强做好新形势下双拥工作的时代感、使命感和责任感。

二、随着社会主义市场经济的发展，打破了社会一切固有的模式，使双拥传统的工作方式受到冲击，要求我们进一步加强政府行为的力度，增强做好双拥工作的时效性

计划经济条件下，双拥工作传统的做法是，注重强调双拥活动的社会化，重点突出社会效益，主要依靠党的号召、社会舆论和教育的力量，启发人们的觉悟来自觉实施。指导工作的方法往往注重发现经验、总结推广、以点带面、逐步推进，对双拥工作实行弹性管理，驻军部队和优抚对象遇到困难需要帮助和支援时，只要政府和有关组织向社会发出倡议和号召，就能得到各界的积极响应，一呼百应，有钱的出钱，有力的出力。而在社会主义市场经济条件下，人们的价值取向发生了新的变化，办事情遵循的是社会经济法则，对那些似乎可做可不做、约束性不强的社会公益活动，更多的时候持以冷漠观望的态度。如某地想依靠社会力量帮助部队改善房屋基础设施条件，先后开了动员会，发了倡议书，虽然宣传声势很大，但社会反响甚微，未能达到预期的效果。从目前情况看，由于政府机构改革、人员精简，厂矿企业改组、改制，就已经给军队转业干部安置、家属随迁随调、军嫂就业住房带来冲击，随着改革开放的不断深入，还将有许多重大改革措施出台，双拥工作还将不断面临新的更为复杂的问题。在这种形势下，如果仍用昨天的老办法解决今天的新问题，以不变的方式处理变化了的事务，结果只能是事倍功半，工作越来越难以开展。

针对上述情况，我们认为，要想做好新形势下的双拥工作，在大力倡导、弘扬无私奉献精神和双拥光荣传统的同时，必须进一步加大政府行为的力度，增强做好双拥工作的时效性。社会主义市场经济条件下的双拥工作主体行为，必须用完善的法律来规范和保障，但社会主义市场经济并不完全排除行政干预。法律保障是主体，行政干预是必要的补充，尤其是对有一定伸缩性和可塑性的政策层次的拥军优属工作，更多的需要依靠行政手段来操作，政府行为来落实。加大政府行为力度，首先要从领导上强化抓落实的力度，把双拥工作摆上各级党委、政府检查指导工作的议事日程，把为部队和优抚对象动真情、办实事作为考核领导政绩的要素，以硬措施促落实。其次在创建双拥模范城（县）活动中，把诸如部队干部转业安置、家属随迁随调、军嫂下岗再就业以及义务兵家属优待、老复员军人生活保障等方面的热点、难点问题，作为双拥工作的重要内容列入检查、评比、考核双拥模范城的条件，进行量化、细化，贯彻到具体工作中。第三要明确有关部门的工作职责，特别是劳动、人事、财政、教育、卫生、工商、税务等部门，该做什么，应做到什么程度，必须有明确标准和尺度，而且根据所担负的责任，制定相应的拥军优属优惠政策。各基层组织也要对优抚对象实行领导负责制，专人包户，责任到人，真正把党的温暖送到每一个优抚对象心坎上。近年来，我们包头市通过加大政府行为的力度，先后开展了建设一流边防线、为优抚对象解“三难”联系户活动、科技拥军活动，为部队和优抚对象办了大量的好事和实事，取得了明显的社会效益。实践证明，双拥工作中任何一项困难的解决，都离不开当地政府和有关职能部门的关心、支持，只有通过不断加大政府行为的力度，把领导的积极性转化为群众的积极性，把政府的行为扩大为社会的行为，才能最终形成“拥军优属、人人有责”的局面。

三、随着社会主义市场经济的发展，产生了新的社会阶层和新型经济组织（即两新组织），改变了唯国有企业拥军的局面，要求我们进一步加大引导力度，增强“两新组织”参与双拥工作的主动性

双拥工作是一项需要全社会共同参与的社会实践活动。随着社会主义市场经济的建立和完善，“两新组织”的产生为双拥工作赋予了新的时代内涵。过去主要依托国有企业拥军的格式被打破，因此，我们就必须转变观念，把过去主要依托国有企业拥军向既依托国有企业，又重视“两新组织”转变。而“两新组织”（新的社会阶层和新型经济组织），是改革开放和发展社会主义市场经济的产物，随着社会主义市场经济的不断完善，在社会经济生活和双拥工作中日益突出的“两新组织”为双拥工作赋予了新的时代内涵。但是，由于“两新组织”固有的非强制性的自主行为、离散的个体行为和灵活多样的工作模式等独特个性，拥军活动开展程度如何，取决于企业主的经历和认知，取决于管理人员的素质，而不是政府部门或某一个组织的强制因素。目前，存在着部分个体私营企业主对参与拥军活动缺乏主动性和自觉性，部分民企有拥军的愿望，但又缺乏组织、协调、引导的现状。

如何把“两新组织”纳入双拥工作的范围，激发私企内在的拥军愿望，规范他们的拥军行为，使民企拥军的理论优势成为现实优势，个体优势转变为群体优势，从而增强双拥工作社会覆盖面。我们认为，应把握好以下二点：

一是加强宣传、营造氛围。“两新组织”在双拥工作中的作用发挥得如何，关键在于他们有没有很强的国防意识和责任意识。为此，要对“两新组织”的法人进行爱国主义教育，激发他们爱党、爱国、爱军的政治热情。营造“富而思源、富而思进”，富裕不忘回报社会的良好氛围。

二是要建立组织指导、骨干带动、整体开展、军地互补的双拥格局。强化各级双拥组织的桥梁纽带和指导作用及各种协会的配合作用，加大对“两新组织”拥军的组织指导力度，发挥私营企业中的头面人物、实力人物的骨干带动作用；精心组织、认真谋划，不让积极参与双拥者“空等待”，整体开展拥军活动；发挥部队的政治优势与私营企业的经济优势，做到优势互补。

近年来，我们包头市在企业拥军的实践中，开展了一流边防线建设和“双拥边关行”。组织民企的代表人物参观军营、到边防一线部队体验生活、宣传拥军活动中的典型代表等一系列活动，激发了民企拥军的热情。仅近 3 年来，我市的民营企业到部队慰问和为部队做好事、办实事投入资金达 200 多万元。实践证明，“两新组织”蕴藏着很高的拥军热情和巨大的拥军潜力，具有回报社会的愿望。只要正确引导，精心组织，拥军活动的路子就会越走越宽。

四、随着社会主义市场经济的发展，对依法开展双拥工作的要求越来越高，要求我们进一步加大双拥立法力度，以增强做双拥工作的权威性

双拥工作具有鲜明的政治色彩，直接涉及军民关系的利益，是一项政策性很强的工作。随着社会主义市场经济日臻完善，双拥法规建设所面临的情况是：以往有关双拥的政策，是根据当时的情况制定的，在当时是起了很大作用的。但随着改革开放的深入，市场经济的建立，这些已有的规定和政策明显不适应现实需要，难以解决新形势下出现的新情况、新问题。比如，伴随国有企业的改制和现代化企业制度的建立，部分国有企业生产经营效益下滑，失业下岗职工增加，下岗职工中优抚对象重新就业将更为艰难；在就业体制和格局发生变化的条件下，城镇退伍义务兵安置难的问题日益突出；在社会上一部分人已经先富起来的同时，革命伤残军人、在乡老复员军人、“三属”等优抚对象的生活相对贫困问题，成为影响社会稳定的一个重要因素，如此等等。旧的政策不适应，新的政策尚未产生，这就给双拥工作提出了一个大难题。因此，在社会主义市场经济不断完善的过程中，依法规范、调节、保障和引导军民关系，是新时期双拥工作发展的必然要求。我们应抓住这个机遇，加大政策法规建设力度，用科学、严格、稳定的规章制度，覆盖双拥工作的各个方面，保证军民关系的调节和处理有章可循。当前，转业干部、退伍军人的安置，伤残军人、在乡老复员军人的生活、住房、医疗等方面存在的困难，既是优抚安置工作的重点，也是双拥工作的难点，解决这些带有普遍性的困难和问题，单靠感情是不能长期奏效的。解决这些问题的根本途径就是国家和各级地方政府应从实际出发，制定相应的、切实可行的政策规定，力求通过人大立法，以便增强其权威性。各有关部门和单位也应根据本单位的情况，制定一些制度和规定，企业则应把这些制度和规定作为转换生产经营机制的配套措施。近年来，包头市在双拥的实践中，建立和出台了许多切实管用的制度和政策法规。如改革现役军人优待金的统筹方法，对在部队立功受奖战士实行现金奖励制度，较好地解决了“征兵难”问题；制定“包干安置”与双向选择相结合的措施，解决了安排军转干部“四满意”问题；制定对退伍战士招工、办实体给予扶持政策等，较好地解决了退伍战士安置难问题；建立优抚对象抚恤补助标准自然增长机制，采取优惠政策，公助群帮，建立拥军优属保障金，成立“医疗基金会”等措施，较好地解决了优抚对象工作、生活、住房、看病难的问题等等，为双拥工作的开展提供了政策依据。实践证明，制定完善必要的政策法规，依法调节、规范、保障军民关系，是推动双拥工作走向社会化、经常化、法制化的有效途径。

五、随着社会主义市场经济的发展，军地经济交往日益频繁，具体利益矛盾容易显现，要求我们正视现实，从大局利益出发，保持军政军民关系的纯洁性

发展市场经济，遵循的是价值规律中等价交换的原则。军地之间虽然根本利益是一致的，但毕竟有相对独立的具体利益。一些过去靠讲风格、讲友谊解决的问题，现在都和经济利益联系起来，军地双方为维护各自利益群体，在一些具体事务上，讲条件、讲代价的现象开始增多。地方一些单位和个人认为，部队为老百姓办事是尽义务，提供方便是理所当然的，总想沾部队的“光”；而部队中也有个别单位把支援地方经济建设先考虑是否实惠，这些现象如不及时纠正，势必影响军政军民关系的健康发展。

我国是中国共产党领导下的社会主义国家，在我国，军民关系是建立在根本利益一致基础上的，平等、团结、互助、友爱是军民关系的主流。但由于各种原因，也难免出现一些矛盾和纠纷。一些地区双拥整体水平之所以较高，许多久拖不决的历史遗留问题之所以得到妥善解决，一条很重要的经验，就是始终围绕“讲大局、讲友谊、讲奉献”这个主题开展双拥，以坚强的军政军民团结促进双拥，特别是对新形势下军民关系出现的某些问题，能够以党和国家的利益为重，从团结的愿望出发，坚持把“团结—协商—团结”作为正确处理军政军民关系的重要方针，妥善解决军民之间的历史遗留问题和现实矛盾，巩固和发展社会主义条件下新型的军政军民关系。在具体工作中如何把握好原则，妥善处理军民矛盾和纠纷问题，根据实践经验，我们认为应做好以下几点：

一是在军民交往中，反对把等价交换的原则不分领域、不分性质地作为普遍适用于军民交往联系的各个方面。

二是要本着尊重历史、正视现实、军民兼顾、合理解决的原则，妥善处理军地之间产生的矛盾和纠纷。

三是坚持预防为主的原则，对军政军民关系中的问题，一定要把工作做到前面，见微知著，防患于未然，把矛盾解决在萌芽状态。

四是从严治军，教育广大官兵严格遵守国家的法规，严格执行军队的条令、条例，在市场经济的大潮中经受住严峻的考验。

五是对一些难以通过协商和调解而取得共识的问题，应通过法律的渠道进行解决。

加强和改进部队双拥工作
携手构建安全稳定和谐有序的北疆屏障

武警内蒙古边防总队

构建社会主义和谐社会，是党中央从全面建设小康社会、开创中国特色社会主义事业新局面的全局出发所做出的一项重大战略决策。公安边防部队作为维护边疆社会安全稳定的重要武装力量，只有着眼于构建社会主义和谐社会的时代要求，充分发挥自身优势，创造性地开展好双拥工作，进一步巩固和发展新型的警政警民关系和民族团结，才能为促进警地三个文明建设、构建和谐稳定边疆社会做出应有的贡献。

一、必须适应构建和谐社会要求，不断提高做好新时期部队双拥工作的责任感和使命感

党的十六届四中全会提出“构建社会主义和谐社会”的重大目标。构建社会主义和谐社会，关系到最广大人民的根本利益，关系到全面建设小康社会的全局，关系到党的事业兴旺发达和国家的长治久安。这就对我们新时期部队的双拥工作提出了新的更高的要求。做好新时期部队双拥工作，既是构建社会主义和谐社会的内在要求，也是构建社会主义和谐社会的重要途径和有力保障。我们公安边防部队一定要从构建社会主义和谐社会的高度，充分认识做好部队双拥工作的重要性和必要性。新时期公安边防部队双拥工作与构建和谐边疆社会有着密切的关系，其根本目的就是巩固和发展新型的警政警民关系，营造和谐的边境社会氛围，从而充分调动广大官兵和人民群众的积极性、主动性和创造性，维护边境地区经济社会发展与和谐稳定。总体上看，我区公安边防部队近年来的双拥工作取得了好的效果，群众基础比较牢固，部队内外协调顺畅，警政警民关系融洽，为推动公安边防事业营造了团结和谐的氛围。但也必须清醒地看到，当前我们双拥工作的整体能力和水平有待进一步提高。有的单位领导认识上有偏差，摆不正位置，遇到涉及警地双方的困难和问题，与地方及群众联系沟通的积极性、主动性不够，有事坐等对方找上门，给工作造成了被动局面；有的单位深入群众不够，做群众的思想工作不深不细，群众没有真正发动起来，致使有些工作做了却得不到群众的认可和理解；个别基层单位在帮助群众发展生产上，重财力、物力的投入，而轻精神的培养和塑造，不能使群众从思想根子上脱贫。为此，我们必须切实加强和改进部队双拥工作，不断提高做好双拥工作的能力和水平，努力做到三个“落实到位”：

一是组织领导落实到位。要把拥政爱民工作作为一项重要的政治任务纳入议事日程，与其他工作一起部署、一起落实、一起检查；建立健全党委统一领导、政治委员亲自抓、政治机关具体抓、各方面分工负责、齐抓共管的工作机制。

二是宣传教育落实到位。要把拥政爱民教育纳入部队年度政治教育计划，纳入基层经常性思想政治工作之中；结合“八一”等重大节日开展双拥共建活动，深入进行拥政爱民光荣传统教育，大力宣传拥政爱民先进典型，端正官兵对人民群众的根本态度，不断增强拥政爱民的自觉性。

三是协调指导落实到位。要成立双拥工作领导小组，负责协调与地方双拥工作领导小组的关系，研究制定部队的双拥工作方案，指导并监督基层部队开展好拥政爱民活动。

二、必须充分履行职能，为建设和谐稳定的边疆社会提供有力的安全保障

稳定是和谐社会的重要标志，也是构建和谐社会的根本保证。构建和谐边疆社会，就要坚持以人为本的原则，树立和落实科学的发展观，全面推进社会主义物质文明、政治文明、精神文明建设与和谐社会建设全面发展，使边疆地区社会繁荣昌盛、人民富裕幸福。要在边境地区落实科学发展观、构建以人为本的和谐社会，一个必不可少的条件就是良好的稳定的边境社会环境。边境社会稳定是边境社会和谐的前提，没有边境社会稳定就谈不上边境社会和谐。必须看到，当前，随着边境地区改革的深化和市场经济的发展，不断产生着新的矛盾和问题。由人民内部矛盾引发的群体性事件和影响社会稳定的不确定因素明显增多。境内外敌对势力变换手法，对我进行渗透、颠覆、破坏活动，他们内外勾结、组党结社、插手人民内部矛盾，妄图制造混乱。意识形态领域的斗争尖锐复杂，民族、宗教领域的不稳定因素潜滋暗长，暴力恐怖活动的现实威胁加大，传统与非传统安全因素相互交织，网上对敌斗争形势严峻，网络违法犯罪问题日趋严重，对边境社会的稳定构成了极大的威胁。为此，我区公安边防部队必须把维护边境社会稳定作为双拥工作的重要任务来抓。要立足边疆少数民族地区特点，始终牢记全心全意为人民服务的根本宗旨，充分发挥公安边防职能作用，最广泛最充分地调动一切积极因素，进行群防群治和综合治理，维护边境治安稳定，为构建和谐边疆社会创造安定团结的政治局面和稳定的社会秩序。要结合自治区党委政府提出的建设安全稳定的北国屏障和首都护城河的战略目标，切实加强对边境的管控，继续深入开展各项专项斗争，严厉打击各种盗窃、抢劫、偷渡和走私贩枪贩毒等违法犯罪活动，防止在边境地区发生危害国家安全稳定的各种问题。草原 110，是我区公安边防部队主动适应边境管理的新形势，紧密结合边民群众生产、生活实际，在充分兼容社会治安综合治理、社区警务、军警民联防等诸项功能的基础上，逐步创立起来的以公安边防派出所工作为平台，以流动、固定警务室为依托，以通信技术为支持，集管理、防范、打击、服务等多种职能为一体的综合性新型边境管理警务工作模式。创建 7 年来，为维护我区边境和谐稳定，促进经济发展做出了突出贡献，受到自治区各级领导和边境各族群众的高度评价和广泛赞誉。实践证明，正如自治区连辑副主席指出的，草原110是保家卫国的边防线，打击犯罪的高压线，服务群众的保障线，警务工作的第一线。在新形势下发展部队拥政爱民工作，必须要有创新的思维、创新的载体、创新的办法，作为公安边防部队，必须要把各项拥政爱民工作与草原110这个新型警务工作机制有机地结合起来，用草原110这个有效载体，在推进构建和谐稳定边疆社会中，谋求草原110建设和部队双拥工作的互促双赢，不断提高部队驾驭社会治安局势和服务群众的能力，不断提高广大牧民群众参与社会治安治理的积极性，不断提高警地共建和谐边境社会的水平。

三、必须大力支援地方经济建设，为建设人民安居乐业的边疆社会提供坚实的物质基础

构建社会主义和谐社会，关键在于抓住发展这个党执政兴国的第一要务。要用发展的眼光看待问题，用发展的办法解决问题。部队只有紧紧围绕服务经济发展抓双拥、抓好双拥促进经济发展的要求，积极做好新时期的双拥工作，才能发展和繁荣边疆经济，为和谐社会建设提供有力保障。为此，我们必须树立和落实科学发展观，坚持以经济建设为中心，促进社会主义物质文明、政治文明、精神文明建设与和谐社会建设全面发展。一方面，要立足本职，始终坚持“沿边经济发展到哪里，管理服务就跟进到哪里”，不断深化边防勤务机制改革，加强文明窗口建设，大力提高口岸通关能力，促进边境地区人财物的大流动，为繁荣边境贸易创造更加宽松便利的环境。继续积极开展好“内强素质、外树形象”、“执法为民”服务年、“双争”等系列活动，不断提高服务口岸地区经济社会发展大局的能力，支持口岸大通关建设。始终坚持把服务发展、促进发展、保护发展作为工作的出发点和落脚点，继续研究出台切合实际、反响良好的便民利民新措施，在践行执法为民、规范执勤执法、树立窗口形象等工作中有所突破。要从服务西部大开发的全局出发，进一步深化勤务改革，简化检查验证手续，继续推行一次性验证制度，通过公开工作标准和举报电话，设立咨询台、举报箱、便民服务箱，及警民联系台等形式，加强群众监督，提高工作效率和依法执勤水平。在支持旅游产业发展、加快公路口岸勤务改革步伐、积极介入电子口岸建设、推出旅游团预检预录等方面加大服务力度，努力达到提高部队战斗力、促进社会生产力、增强口岸通关能力的总要求。另一方面，要继续坚定不移地贯彻服从国家建设大局的方针，支援地方经济建设特别是重点工程建设，以实际行动为边疆人民谋福利。积极参加西部大开发，支援自治区的改革开放和现代化建设，充分发挥部队官兵在发展经济、推进改革和维护稳定中的重要作用；充分发挥部队人才、技术等优势，集中力量援建关系自治区国计民生、具有重大国防效益的基础设施和生态建设项目；继续支持“兴边富民”行动，采取常年帮扶、重点扶贫、支援希望工程等形式帮助贫困地区脱贫致富；组织大量兵力和物资投入到抗灾救灾中去，主动承担急难险重任务。进入新世纪以来，全区公安边防部队广大官兵积极参加自治区西部大开发重点工程建设，先后投入警力20余万人次，参加各地绿色屏障生态建设，为再造西部秀美山川做出了应有的贡献。主动为驻地经济建设服务的种种举措，不仅进一步浓厚了部队与各级党委政府、人民群众的血肉联系，而且为部队发展新形势下的拥政爱民工作找到了新的切入点和突破口。

四、必须不断加强警政警民团结，为建设和谐有序的边疆社会提供可靠的政治保证

坚强的警政警民团结是我们做好公安边防工作、构建和谐边疆社会的重要政治保证，对于边疆社会形成民主团结、生动活泼、安定和谐的政治局面具有重要的促进作用。多年来，我区公安边防部队始终坚持全心全意为人民服务的根本宗旨，广泛开展双拥共建活动，尽心竭力为地方党委政府分忧，诚心实意为广大群众办实事、解难事，不断密切了与地方党委政府、广大人民群众的关系，形成了“同呼吸、共命运、心连心”的良好氛围，建立了坚强的警政警民团结关系，不仅推动了部队建设和各项公安边防工作的完成，而且为促进边疆地区三个文明建设与和谐社会建设做出了贡献。为此，今后我们要从维护战略机遇期边境社会安全稳定的高度出发，进一步做好加强警政警民团结的工作，重点把握好三个方面：

首先，搞好与地方党委政府和公安机关的团结。近年来，公安边防部队虽然经历了领导管理体制的调整，领导方式由过去的“条块结合、以块为主”变为“条块结合、以条为主”，进一步强化了垂直领导。但部队各级始终一如既往地尊重和服从地方党委、政府和公安机关的领导，不仅使部队在地方各级的统一领导下更好地发挥了职能作用，而且也为部队全面建设的进一步发展赢得了广阔的空间。因此，发展新形势下的双拥工作，必须更加自觉地加强警政团结，多与地方党委政府和公安机关沟通联系，主动请示汇报工作，争取意见和建议，变双重属性、双重领导为双重关怀、双重支持，使部队各项工作始终在地方改革发展和经济建设大局中发挥应有的作用，赢得应有的地位，为全面实现走进前列奋斗目标创造和谐有利的环境。

其次，搞好与边疆各族群众的团结。必须始终把最广大人民的根本利益作为我们工作的根本出发点和落脚点，端正对人民群众的根本态度，增强对人民群众的感情，想人民所想、急人民所急、帮人民所需。要利用“八一”、元旦、春节等重大节日之机，大力开展丰富多彩的拥政爱民活动，深入到农村牧区群众中，主动为群众排忧解难，解决实际困难。深入开展警民共建精神文明活动，重点放在搞好驻地警政警民关系上，就地就近进行，做好“家门口”的工作，把营区附近的共建活动搞好。特别要注意维护好群众纪律，尊重当地的风俗习惯，主动化解与驻地群众发生的矛盾或纠纷，进一步加强民族团结。

第三，搞好部队内部的团结。和谐团结的部队内部环境，也是构建和谐社会的一个组成部分。要弘扬尊干爱兵的优良传统，建立团结和谐、健康纯洁的官兵关系。干部要确立正确的带兵观念，关心战士的成长进步，维护战士的切身利益，特别是要在入党、考学、改选士官、选学技术等敏感问题上，坚持做到公平、公开、公正；战士要尊重、理解和支持干部，自觉服从领导和管理，增进互相信任；官兵之间要互相关心帮助，自觉抵制庸俗关系，形成团结友爱的风气，真正把我区公安边防部队打造成一支内部和谐、团结友爱的坚强部队。

五、必须坚持引领思想文化发展方向，为建设富于创新、充满活力的和谐边疆社会提供精神动力

社会是否和谐，很大程度上取决于全体社会成员的思想道德素质和科学文化素质。没有共同的理想信念，没有良好的道德规范，没有先进的文化知识，就不可能真正实现社会和谐。部队是先进文化的集中体现者和先进文化的有力传播者，必须切实加强先进思想文化建设，不断增强人们的精神力量，丰富人们的精神世界，为和谐社会建设提供强大的精神支撑。必须看到，当前边境社会上还存在着落后文化和腐朽文化，腐蚀着人们的思想和灵魂，破坏着社会的和谐安宁与健康发展。新世纪新阶段，我区公安边防部队要履行三大政治和社会责任，就必须高度重视并大力发展先进文化，支持健康有益的文化，坚决抵制落后文化和腐朽文化的侵蚀。要结合自身特点，以警民共建为平台，创造性地开展警地共同学习实践“三个代表”重要思想和公民道德规范系列活动，把重大节日确定为“警营开放日”，把国门界碑确定为爱国主义教育基地，经常组织官兵与地方青少年一同参观学习，打牢官兵戍边卫国的思想根基，将警营文化传播到边民群众中。要在警民共建中充分发挥部队思想政治工作的优势，积极向群众宣传党的路线、方针、政策，宣传改革开放和经济建设的大好形势，宣传国家的法律法规，把群众的思想和行动统一到党的路线方针政策和法规上来，从根本上提高广大群众的素质和文明意识。要支持民族教育事业，提高各族群众的素质，广泛开展捐资助学活动，救助贫困失学儿童，为振兴民族教育事业做贡献。要积极组织警地双方开展知识竞赛、演讲会、歌咏比赛、联谊会、书法美术和摄影展及“警营那达慕”等丰富多彩的文体活动，密切警民警政关系，活跃边民群众文化生活，推动边疆社会精神文明建设。同时，各级要严厉打击黄、赌、毒和反动邪教等违法犯罪活动，破除陈规陋习和封建迷信，不断净化社会风气，始终让先进文化牢牢占领边境地区思想文化阵地，为构建和谐社会创造良好环境。

对做好新形势下双拥工作的调查与思考

内蒙古自治区包头军分区政治部

包头市地处祖国北部边疆，建国以来双拥工作一直走在自治区前列，已经连续5次被表彰为“全国双拥模范城”。为了解掌握双拥工作现状，推进双拥工作创新发展，最近，我们走访了两个驻军部队、四个人武部和一个边防团，深入三个驻军相对集中的区（旗、县）党政机关、企事业单位和部分群众进行了调查询问。强烈感到，新形势下双拥工作必须适应新形势，面对新环境，解决新问题，才能取得新作为。

一、面临的问题

随着国家改革、社会发展和军队转型的不断深入，双拥工作无论是在主体上、形式上，还是面临的社会环境上都发生了深刻变化，突出表现在以下几个方面。

一是军地交往功利化趋势凸显。具体表现为：地位作用边缘化。在走访的5个旗县区中，80%的地方党政一把手没参加过军事日活动，50%的党政一把手没有到过驻区部队进行现场办公，一半以上的旗县区不能按时召开党委议军会和军地联席会，双拥工作的核心推动力明显减弱。部分党政领导把双拥当成可有可无的工作，“节日双拥”、“运动式双拥”现象普遍，个别地方甚至存在“平时”不拥“评时”拥的倾向。公益活动功利化。调查感到，军地双方在选择共建单位时，往往都把“实惠”作为首选目标，倾向权力机关、倾向有钱部门、倾向城区单位，功利化趋向明显。个别私营企业想借双拥共建获得政治资本，只图形式不图效果。有的部队也想借双拥共建的机会，结交一些要害单位和部门，获得一些实际利益。实效活动空洞化。有的地方单位开展双拥工作只追求轰动效应，形式上热热闹闹，但实际内容却不多；有的为了图省事，只注重出人出力，给钱给物，重有形轻无形，不愿在开展深层次活动上动脑子，想办法，下工夫。科技双拥、文化双拥、法律双拥等较高层次的活动开展的还比较少。互助活动娱乐化。个别地方单位和领导借双拥共建之名，把部队当成休闲娱乐的场所、观光旅游的天地。边防五团三连曾经一天之内最多接待了6批58名以双拥名义来口岸进行参观游览的各类人员。

二是双拥政策、法规落实难度加大。企业转制、机构改革，使官兵转业退伍安置、家属就业、义务兵优待等方面的问题更加突出，成为当前双拥工作的难点。2004年包头市共接收退役士兵1322人，其中城市退伍兵为802人，一次性安排738人，95%分配在国有大中型企业。全市共有10名荣立二等功和伤残退伍军人，按政策规定可安置到行政事业单位，可至今一个也没有落实。义务兵优待政策落实不到位，2004年包头市落实优待金政策最好的九原区为3600元，只占当年人均收入4907元的73%，而落实最差的石拐区五当召镇优待金只有500元，只占当年人均收入3292元的16%。行政事业单位机构改革后，军转干部安置难度进一步增大。2004年包头市共接收干部88人，其中正团职干部8人、副团职6人，除正团职干部外，其他安置在行政单位的80人，基本没有职务待遇，其中有23人被分到了街道办事处，有10人安置在事业单位。包头市驻军部队共有随军无工作家属233名，2000年以后除个别军属通过关系就业外，政府再没有为军属安排工作，虽然享受全额低保金，但收入仍然偏低。边防5团随军家属有59人，只有15人有工作。

三是双拥工作的区域性差异逐步拉大。调查发现，包头市双拥工作总体情况是市里好于旗（县、区）里，城区好于边远旗县区，大企业好于小企业，“两新组织”好于一般企事业单位。包头市每年用于双拥工作的专项资金大约在500多万元。中心城区昆区党委政府每年用于双拥工作的资金是15万元左右，而条件较差的石拐区每年仅有6万元。调查还发现，城区单位拥军活动多、驻军参建共建活动多；边防部队驻地拥军活动多、共建活动多；而一些小、散基层单位几乎一年也不搞几次活动。

四是双拥工作主体此消彼涨的趋势日益明显。调查时值“八一”建军节，我们走访的两个驻军单位领导给我们算了一笔帐：2000年“八一”建军节有近20家机关和企事业单位来部队慰问，而今年只来了驻区政府和共建单位两家，地方企事业单位“主动拥军”和个人“义务拥军”活动明显减少。与此形成鲜明对比的是，新的社会阶层和新型经济组织自发组织开展拥军的热情高涨，一些私营企业家主动捐资为部队援建生活设施、改善文化条件。去年以来，先后有4家企业共投资42万元为驻地边防部队援建了以自己企业冠名的拥军哨所。

二、产生问题的原因

综合分析产生上述问题的原因：主要包括以下几个方面：

一是思想认识有偏差。受市场经济的影响，部分地方领导尤其是主要领导，对双拥工作的重大意义认识不到位，认为搞双拥工作对经济建设产生不了直接效益，还要出钱出物，加之普遍缺少军队工作的经历，因此对双拥工作缺乏应有的重视，对部队官兵缺乏基本的感情，亲不起来。一些部队干部特别是领导干部认为，搞双拥要出兵动车，影响正常工作不说，还要承担安全风险，不划算，热不起来。

二是整体协调不顺畅。主要表现有：军地开展双拥工作的整体规划机制不够完善，地方在经济建设中不知道部队能够提供什么支援；部队对地方的整体发展规划不了解，对地方需要什么帮助不清楚。结果是有些工作不适宜部队参加的部队参加了，有些任务急需部队支援的部队没到位，有些部队主动支援的地方还不需要。军地整体衔接不够，联动不足。个别领导对相互交往的基本原则如对等、尊重等原则把握不清，对军地交往的基本制度如常委议军会议制度、军地联席会议制度、军事日制度了解不够、坚持不好。

三是提高创新速度慢。新形势下，随着改革开放的不断推进，双拥工作的主体、内容和形式以及面临的社会环境都发生了很大的变化，在计划经济条件下双拥工作是政治任务，在市场经济条件下，人们的效益和利益意识更加突出。在这种情况下，双拥工作还在延续条块分割的老格局，采取下指令、分任务的老办法，依靠公有企业等老对象，必然要造成工作上的被动。

三、破解问题的对策

破解双拥工作面临的难题，必须立足实际从以下几个方面着手：

一是进一步加大核心推动力建设，解决“发动机”动力不足的问题。要正确处理制度规范与行政引导的关系，特别是对那些伸缩性较强的工作，要更多地依靠行政手段来操作，政府行为去落实。首先要抓住领导。把双拥工作摆上各级党委、政府工作的议事日程，把双拥工作作为考核领导政绩的重要内容，建立完善督察制度，定期对双拥工作的落实情况进行检查与通报。其次要明确职责。各级双拥领导小组成员单位特别是政府劳动、人事、财政、教育、卫生、工商、税务等部门及驻军各部队，在双拥工作中应该承担什么任务，该做什么工作、要做到什么程度，必须有明确的标准和尺度，而且根据所担负的责任，制定相应的可操作的双拥政策。第三要加强引导。对有拥军愿望的“两新组织”搞好调查统计，对部队需要援建的项目和能够与“两新组织”开展的活动要科学统筹，整体规划，搞好衔接。适当满足“两新组织”的合理关切，不断调动他们参与双拥工作的积极性。

二是进一步加强协调联络，解决“左右手”配合不紧的问题。要进一步坚持与完善军地协调与联络的各项制度，定期沟通，及时协调。地方在制定经济和社会发展规划时，要把支持国防和军队建设作为重要内容纳入其中；进行城乡基础设施建设，要考虑到部队军事行动的特殊需要；加快资源开发，要切实保护军事设施的安全；需要部队支援的重大事项，要及时向部队通报。省军区（军分区、人武部）系统要切实发挥军地间的桥梁纽带作用，对驻地各部队参建计划和项目进行整体规划，并积极组织参与地方重点工程、生态工程和社会公益事业建设。

三是进一步突出基础建设，解决“运动员”参赛热情不高的问题。人民群众和基层官兵是双拥实践的主体，做好新形势下的双拥工作，必须眼睛向下，面向基层，切实把人民群众和基层官兵参与双拥工作的积极性充分调动起来。要把双拥工作与国防教育、普法教育结合起来，突出爱国拥军、拥政爱民这个主题，既满足基层群众的知识需求，又注重思想素质和道德水准的提高。要突出抓好双拥“进社区、进企业、进机关、进学校、进乡村、进连队”活动，借助社区学校、军民共建点、青年民兵之家，与社区组织开展的“文明家庭”、“五好公民”评选活动结合起来，使双拥工作真正成为官兵爱参与、群众愿参加、军地同受益的长效活动。要发挥驻军和民兵组织分布范围广、信息交流快的优势，结合行业建设，大力开展联片共建、行业共建等活动，通过双拥工作的开展促进企业的管理、提高员工的素质、丰富企业的文化，使双拥工作的触角更深，参与面更广，效果更好。

四是进一步构建双拥工作的法规体系，解决“执行者”无章可循的问题。地方各级政府要结合税费改革，改变现役军人优待金的统筹方法，统一标准，增加政府投入，并力求通过人大立法，使这些政策变成解决问题的“尚方宝剑”。要结合企业改制、机构改革的时机，对团职干部实行政策安置，对团以下干部和复员战士实行“包干安置”与双向选择相结合的措施，并制定出符合当地实际的扶持与优惠政策，切实解决好安置难的问题。要建立拥军优属保障金、医疗基金，解决好随军家属就业、生活等问题。要完善检查监督机制，采取定期检查与不定期抽查相结合的方式方法，促进双拥政策法规的真正落实。要进一步加大科技双拥、文化双拥、法制双拥的深度和广度，不断提升双拥工作的层次和水平。

关于城乡退役士兵就业扶持一体化的思考

辽宁省鞍山市双拥办

随着市场经济的不断发展，我国目前的户籍制度已经不能适应社会发展的要求，户籍制度改革势在必行，也给我们现行的安置工作制度带来很大的冲击，为适应社会发展和国防建设的需要，实行城乡退役士兵就业扶持一体化成为退役士兵安置改革的重点工作。

一、实行城乡退役士兵就业扶持一体化是安置工作改革的发展方向

现行的退役士兵安置模式是计划经济时期制定的政策，随着市场经济的深入，已经不能适应社会发展的要求，实行退役士兵安置改革势在必行，安置工作的重点，也由过去的计划安置转变为大力扶持自谋职业退役士兵就业工作上来。同时，我国《兵役法》规定的安置政策是以城乡二元结构为依据的，由于国家户籍改革的进行，由二元户籍制度变成一元化的户籍结构，退役士兵也就没有了城镇和农村的区别，扶持自谋职业退役士兵就业，针对的是所有的退役士兵。因此说，实行城乡退役士兵就业扶持一体化就成为制约安置工作改革成功的关键。

二、实行城乡退役士兵就业扶持一体化有利于促进国防和军队建设

近年来，随着市场经济的发展，国有企事业单位接收退役士兵能力的萎缩，政府指令性安置的难度不断加大，受传统择业观念的影响，政府指令性安置这个调动城镇青年参军的手段失去了一定的效力，对城镇青年的参军热情构成了影响。从我市2004年冬季征兵情况来看，城镇青年报名参军的人数比2003年有所减少，发展下去势必会影响到我们的国防和军队建设。因此，我们必须未雨绸缪，找到一个切实可行的解决问题方法。而实行城乡退役士兵就业扶持一体化是解决这个问题的有效办法之一。首先，通过扶持退役士兵就业可以达到稳定军心的目的。其次，这种办法可以极大地调动农村青年应征入伍的热情，因为通过参军入伍既报效了祖国又能解决就业和工作问题。

三、实行城乡退役士兵就业扶持一体化有利于促进市场经济的发展

多年来，我们执行的安置政策重点是安排城镇退役士兵，对农村退役士兵的就业问题重视不够。随着全面建设小康社会进程的不断深入，“三农问题”越来越受到中央的重视，需要我们调整安置工作思路，加大扶持农村退役士兵就业的力度，来适应中央的惠农政策；同时，由于传统的户籍制度形成了与市场经济不相适应的用工制度，在农村的退役士兵中有相当一部分人才没有得到合理地的挖掘和使用。实行城乡退役士兵就业扶持一体化是适应市场经济发展和退役士兵安置改革需要的有效方法。由于他们在部队受到严格管理和正规训练，他们的身上有着军人的优良传统和作风，就是极强的大局观念、严格的组织纪律性和特别能吃苦、特别能战斗的精神。这些都是构筑先进的企业文化的要素。另外，在他们中间有许多优秀人才，这些人才只要加以合理地培养和使用，相信一定会在经济发展和全面建设小康社会中发挥重要的作用。

四、实行城乡退役士兵就业扶持一体化的构想

城乡退役士兵就业扶持一体化的基本思路应该是：除对部分重点安置对象由政府指令性安置外，积极鼓励和引导退役士兵自谋职业，加大对退役士兵能力素质培训的力度，通过制定政策、职业介绍等手段，达到扶持退役士兵就业的目的。

一是各级政府要加大支持扶持退役士兵就业的力度。首先，各级政府对接收退役士兵的企事业单位要有一定的优惠政策，鼓励他们积极接收退役士兵。其次，各级政府要研究制定相应的优惠政策，积极鼓励和引导退役士兵走自主创业的道路，这样既能缓解扶持就业的压力，又能拓宽就业的领域。第三，各级政府要在培训经费、场地等方面为退役士兵培训提供条件，使每一名退役士兵都能得到培训，都能掌握一技之长。

二是充分利用社会资源加大对退役士兵技能的培训力度。提高退役士兵的能力和素质是全方位的，单纯依靠退伍办自身的力量是不可能满足退役士兵的要求，我们要积极协调成立由劳动和社会保障部门、工会、妇联、高等院校、科研教学部门、职工培训中心等部门组建的退役士兵培训联合体，以满足退役士兵对培训多方面、多层次的要求。

三是军地携手共同培育两用人才。部队要有针对性地开展技能培训，各级政府要帮助驻军部队成立两用人才培训中心，还要积极协调科研教学单位帮助部队培训两用人才，达到既能促进部队战斗力提高，又使他们掌握了一技之长，提高就业竞争能力的目的，为退役后顺利找到工作奠定基础。

四是抓好职业介绍这个中心环节。推行退役士兵就业扶持一体化的最终目的是使退役士兵有业可就、有职可谋。我们要积极协调劳动和社会保障部门，借助他们先进的人才网和完备的职业介绍机构为退役士兵服务。一方面，在他们的人才网上设立退役士兵人才网页，使用工单位及时了解到退役士兵的情况，便于企业和退役士兵进行沟通达成用工协议。另一方面，积极为退役士兵提供就业信息，使他们能够找到自己比较满意的职业。

关于以协会的形式开展双拥工作的调查与思考

辽宁省鞍山市双拥办

随着改革的不断深入，原有的经济格局被打破，已经形成的双拥工作格局需要重新建立，需要我们积极探索，重新构建新的双拥格局。市场经济多元化的出现，特别是个体、私营企业的增多，如何在私营企业及“两新组织”中开展双拥工作，需要我们认真研究。为此我们就利用以设立双拥协会的形式在个体及私营企业中开展双拥工作进行了调查研究。

一、我市个体、私营企业，“两新组织”及社会人士参与双拥工作的现状及分析

多年来，有许多个体、私营企业及社会人士积极支持、关心和参与双拥工作，有力地促进了我市双拥工作水平的提高，为国防和驻军部队建设做出了重要贡献。但与兄弟城市相比我们还有一定的差距，同时，各县（市）区的发展也不平衡。出现这种状况的主要原因是：

一是随着改革的不断深入及政府职能的转变，政府对个体及私营企业的约束力减小，不可能像过去那样以行政命令的方式来指导他们的行为，同时，如何在私营企业中开展双拥工作还没有形成行之有效的方法。他们参与双拥工作基本上出于自觉和朴素的爱国拥军情感，政府缺乏有效的手段来调动他们参与的积极性。

二是尽管我市的个体及私营企业参与双拥工作的人数很多，但由于缺乏一种有效的方式来整合全市的双拥工作社会资源，因此，他们发挥的作用有限，没有形成合力。

三是我市素来就有优良的拥军传统，尤其是社会上双拥的资源很丰富，但由于沟通的渠道不是特别通畅，因此影响了他们对双拥工作的参与程度。

二、设立双拥协会的现实性和必要性

目前，就双拥工作开展的形式而言，基本上是靠政府来组织运行，成员单位都是政府部门和国营企事业单位。然而，随着改革的深入，市场经济多元化的出现，个体及私营企业在社会发展中的作用越来越突出，拓展双拥工作的领域，提高双拥工作的水平，都需要我们寻求一种新的、有效的机制和手段来调动他们关心、支持、参与双拥工作的主动性和自觉性，因此，通过设立双拥协会的形式来开展双拥工作，首先，可以合理整合社会上的拥军资源，达到最大化地发挥个体及私营企业及“两新组织”在双拥工作中的作用。其次，双拥协会是各级双拥组织的有效补充形式。从目前来看，各级双拥组织在市场经济高度发达的今天，作用的发挥已经受到局限，双拥工作提升的空间受到了限制，而双拥协会既可以发挥各级双拥组织发挥不了的作用，同时又起到了沟通各级双拥组织和社会上的拥军资源的桥梁和纽带作用。第三，双拥协会的成立对构建新的双拥格局，实现双拥工作社会化有极大的促进作用。从双拥工作发展的历史来看，无论是抗日战争时期，还是解放战争以及社会主义建设时期，都离不开人民群众的参与支持，离开了人民群众就成了“无源之水、无本之木”，只有广大人民群众和社会各阶层的广泛参与才是真正意义上的双拥工作社会化。

三、成立双拥协会的构想

一是协会的发起及人员的组成。由市双拥办、市中小企业家协会及有社会影响力的人士发起，并筹备成立协会的相关事宜、制定有关制度及章程等文件，并负责联系企业和个人参加协会；邀请主管双拥工作的市领导担任“双拥协会”的名誉会长、秘书长。邀请部分在我市影响力较大和经济实力较强的个体及私营企业家参加协会，同时，邀请关心和支持国防建设的社会人士参加。

二是吸引社会各阶层参加协会的几点设想。第一，利用电台、电视台、报纸、网络等媒体大力宣传报道他们的事迹，来激励他们参与双拥协会的热情，并吸引更多的人士参加我们的协会。第二，在双拥模范单位和个人的表彰评选中加大对这部分人的表彰力度，同时，建议有关部门对获得市以上双拥模范个人比照同级劳模来落实有关待遇。第三，通过军民共建，定期到部队参观学习，开展军营一日活动来加深军地双方的感情，进一步激发他们的拥军热情。第四，利用部队的人力和人才资源的优势，在不影响正常训练的情况下，帮助企业开发科研项目、军训员工、援建重大工程等活动来回报他们的爱心。第五，与有关部门协调对参加协会的企业或组织在某些政策上给予适当的倾斜照顾。比如：在税收上对为双拥工作做出突出贡献的单位可以给予适当的减免，或在银行贷款上给予适当的优惠，也可以采取在某些项目招投标上给予优先考虑等优惠。

三是双拥协会的职能。第一，设立拥军基金。资金来源：一方面参加到协会的企业、组织采取自愿的形式每年交纳一定的会费。另一方面到企事业单位募捐或接受社会人士捐赠；基金主要用途包括：（1）支持驻军部队改善生活、训练等条件。（2）奖励驻军部队或鞍山籍的军人在部队信息化建设中涌现的优秀分子。（3）帮助家庭困难或出现特殊情况的重点优抚对象家庭解决困难。（4）在资金允许的情况下对特殊困难的一般优抚对象家庭实施援助。第二，积极开展双拥共建，开展科技、文化、智力拥军，帮助驻军部队培训两用人才及信息化建设人才。第三，在一些效益好、规模大的会员单位设立军嫂再就业基地，帮助解决军嫂安置难问题。第四，与一些会员单位签订用工合同，帮助安置部分退役士兵，以缓解政府安置的压力。

发挥领导小组作用　积极做好双拥工作

辽宁省岫岩县双拥办

双拥工作对于增进军政军民团结，维护安全稳定大局，促进经济社会发展和部队全面建设，构建社会主义和谐社会，具有十分重要的作用。做好双拥工作是维护国家安全和社会稳定的需要，是增强社会生产力发展和部队战斗力提高的需要，是促进经济社会健康协调发展、加强国防和军队现代化建设的需要。必要性、重要性、战略性从中央领导，军队、地方各级部门，到平民百姓都十分清楚。这也是我们党政机关、企事业单位、村组社区都要做的工作。一个地区、一定范围怎么统一部署，怎么协调事务，怎么把工作做实做好，发挥双拥工作领导小组的作用显得十分重要。目前，从省、市、县（区）到乡镇（办事处）各级人民政府都有双拥工作领导小组，而且各级的领导小组从人员构成上看，基本上都是党政主要领导担任双拥工作领导小组的组长，党政分管领导及军队一名首长任副组长，民政、军事、组织、人事等一些职能部门的领导或工作人员担任组员。虽然大致一个模式，但结果却不完全相同。实践证明，哪个地区双拥工作领导小组的作用发挥得好，那个地区的双拥工作成果就一定丰硕，哪个地区双拥工作领导小组的作用发挥得不够好，那个地区的双拥工作就不会做得出色。

一、强化思想认识，增强做好双拥工作的责任感和使命感

双拥工作领导小组要结合本地区的实际，着眼新的形势任务，站在实现历史和时代赋予的使命的高度，来认识做好双拥工作的极端重要性。

一是要把做好双拥工作与继承和发扬优良传统结合起来。就以我们岫岩县为例，这里是辽东半岛北部的一个山区县，是十分重要的革命根据地，在历史的各个时期的革命战争中，出现了许多革命英雄和功臣，也是双拥工作的发源地之一，素有拥军优属、拥政爱民的光荣传统。在这片红色的土地上，广大军民不仅孕育了“井冈山精神”，也铸就了新时期的双拥工作新辉煌。双拥工作既是岫岩人民、岫岩驻军的优良传统，也是岫岩的一大政治优势。新的历史时期，尽管社会环境发生了巨大变化，但军队和人民群众的血肉联系没有变。被评为全国爱心献功臣模范县，还两次被评为辽宁省双拥工作模范县。我们县的双拥工作领导小组把继承和发扬双拥优良传统，不断增进军政军民团结，作为永久的历史责任。

二是把做好双拥工作与地区的发展结合起来。把经济建设搞上去和建设强大的国防，是我国现代化建设的两大战略任务。经济建设是国防建设的基础，国防建设是社会主义现代化建设的重要组成部分。牢固树立全面、协调、可持续的科学发展观，在不断推进经济发展和完善社会主义市场经济体制的同时，大力推进国防现代化。目前我们所建设的小康社会是低水平、不全面、不平衡的，还有相当一部分优抚对象存在着生活难、住房难、医疗难的“三难”问题，迫切需要党和政府的体恤、关心、帮助。因此，做好双拥工作，不仅是捍卫国家安全的强大力量，也是保证经济社会协调发展，构建社会主义和谐社会的必然要求。

三是把做好双拥工作与推进中国特色军事变革结合起来。要实现本地区崛起的目标，就要进一步调动全省军民的积极性和创造性，使广大军民在经济建设主战场上通力合作，在抗御各种自然灾害中并肩战斗，在维护社会稳定中密切配合。当前正在进行的中国特色军事变革，各项任务十分艰巨，更加需要各级党委、政府和人民群众的大力支持与配合，只有双拥工作才能筑牢和谐基石。深入扎实地做好双拥工作，认真落实拥军优属各项政策法规，从维护稳定的大局出发，组织有经济实力的单位注重科技拥军，妥善安置复转军人、随军家属和军队离退休干部，对于促进部队官兵思想稳定，确保军队各项改革和建设顺利实施必将起着积极的作用。

二、加强组织领导，切实为双拥工作深入健康发展提供保障

双拥工作领导小组作为一个地区双拥工作的最高组织机构，应该协调党委、政府和军警部队领导机关，把双拥工作纳入总体规划，摆上重要日程，动员各方面的力量，齐抓共管，形成合力。首先要加强组织机构建设。双拥办是双拥工作的组织领导机构，是开展双拥工作的纽带和桥梁，是直接做具体工作的，领导小组工作设想变为现实的执行者。党委、政府和军队领导都要认真贯彻落实全国双拥工作会议的有关要求，本着高度负责的精神，关心和支持双拥办建设；抓好双拥队伍建设，采取传帮带、培训等多种形式，不断提高他们的思想业务素质和驾驭工作的能力；不断加强理论研究，总结工作经验，创新活动形式，推动工作开展。其次要认真履行职责。双拥工作的各成员单位，要切实把双拥工作作为本部门、本单位的一项重要职能，同业务工作统一规划、统一部署、统一检查、统一评比。建立健全双拥工作责任制，做到任务、责任、措施三落实。要加大双拥政策法规建设的力度，针对新形势下随军家属就业、退役士兵安置等问题，按照国家有关政策，结合实际，深入调查研究，拿出切实可行的办法，推进政策拥军迈出新步伐。再次要落实各项制度。坚持党委议军、重大节日军地联席会、开展双拥活动月、军地相互走访慰问、双拥现场办公等工作制度，特别是要建立双拥工作领导小组成员单位年度工作汇报制度，形成重视双拥工作的良好氛围；建立双拥工作联络员制度，建立军地合署办公制度，确保双拥工作关系协调，渠道顺畅。

三、动真情办实事，确保各项工作任务落到实处

领导小组的全体成员，必须做到对双拥工作认识到位、行动到位、工作到位，坚持凡是双拥工作的重大举措，亲自参与研究；凡是双拥工作的重要活动，亲自参加；凡是双拥工作遇到的困难和难题，亲自解决。同时要督促双拥工作领导小组的成员单位，按照各自的职责，积极配合抓好落实；要坚决防止和克服本位主义，真正做到心往一处想、劲往一处使，确保双拥工作任务在本单位、本部门、本系统的落实。另处还要进一步健全基层双拥工作组织，完善服务网络，丰富活动载体，推动双拥工作进企业、进乡村、进机关、进学校、进社区、进连队，形成主要领导亲自抓、分管领导具体抓、有关部门齐心抓、广大军民共同抓的生动局面。政府要把支持国防和军队建设纳入经济和社会发展规划，充分考虑未来战场建设和军事行动需要；在加快开发开放过程中，要切实保护好军事设施安全；在出台各种政策法规时，要切实维护好国防和军队的利益，要按照有关规定，“执行政策、瞻前顾后、适当从优”的原则，采取超常措施，切实把军转干部接收好、安置好、使用好。驻军要把拥政爱民教育作为部队政治教育的一项重要内容，努力形成人人参与拥政爱民活动，时时不忘拥政爱民工作的良好氛围。要发扬拥政爱民的光荣传统，充分发挥部队战斗力、突击力强的优势，积极主动承担和完成各种急难险重任务，奋勇参加抢险救灾，维护人民生命财产的安全。针对发展变化了的新情况，探索以情双拥和依法双拥并用的新办法，进一步规范军地关系，巩固和发展军政军民鱼水情谊。对工作中存在的不足，要采取切实有效的措施加以解决。要积极研究兼顾社会效益、经济效益、国防效益的新途径、新方式，努力使双拥工作获得最大的综合效益。

对“两新组织”双拥需求的剖析及发挥“两新组织”双拥作用的思考

辽宁省本溪市双拥办

随着我国的社会阶层结构发生新的变化，民营企业、外资、股份制等非公有新型经济组织和社区、中介机构、民办非企业单位等新型社会组织如雨后春笋，蓬勃发展，这是深化改革开放和建立市场经济体制的必然结果。以本溪为例，到2004年，全市民营企业发展规模达到约5.6万户，从业人员达到27.1万人，上缴国家税金达到10.5亿元；全市有社区组织229个、社区工作者1080人；全市有社团组织368家、会员100330人；全市有民办非企业单位390家、从业人员6120人。全市“两新组织”在为经济社会发展插上腾飞翅膀的同时，“富而思源、富而思进”，有着回报社会、回报国防的强烈愿望，成为双拥工作不可忽视的重要新生力量。因此，认真研究和剖析“两新组织”内部的双拥需求，挖掘“两新组织”内部的双拥潜力，探索和发挥“两新组织”参与双拥的作用及其办法，对于搞好和推进市场经济条件下的双拥工作，具有十分重要的意义。

一、“两新组织”参与双拥工作的客观需求

任何事物的形成与发展都离不开内部规律和外部关系。“两新组织”参与双拥工作是一种自主自愿的行为，这是与“两新组织”发展过程中内在的本质有必然的联系。

一是自身发展的需要。“两新组织”的发展，靠党的改革开放政策的支持，离不开军政军民团结和巩固的国防做安全保障。“两新组织”的发展命运与党的政策、与国家安全利益紧密相连的关系，为“两新组织”参与双拥、回报国防奠定了思想政治基础。这是因为，新时期的双拥工作是为经济建设和国防建设服务的，最终目的是密切军政军民关系，加强军政军民团结，为经济建设和国防建设创造安全稳定的发展环境。建设强大的军队和巩固的

国防，是顺利进行改革和建设的坚强后盾，是国家政权巩固、经济发展的可靠保证。国家政权巩固了，社会安全稳定了，“两新组织”的生存与发展也就有了前提条件和可靠保证。同时，新时期的双拥工作处于经济建设与国防建设的“结合部”，肩负着发展军地“两力”的双重使命。围绕发展“两力”的基点抓双拥，军地广泛地在政治、经济、科技、文化等领域加强相互支持与互相合作，将会形成巨大的力量，推动社会生产力发展和部队战斗力提高。因此，“两新组织”参与双拥工作，可以充分借助部队的优势和力量，挖掘内部的潜力，增强内部的向心力，促进内部建设的完善与提高，为自身发展提供动力和空间。受政治利益的支配，这也是“两新组织”参与双拥的需要。马克思主义哲学范畴中关于经济利益与政治利益的关系，是辩证统一规律的具体运用，两者之间相互依赖、相互渗透、相互作用。政治利益居支配地位，经济利益对其具有反作用力。由于双拥工作是一项全局性的工作，社会的影响面很大，因此，“两新组织”通过参与双拥工作，可以广泛地融入到社会的各个领域和各个层面，扩大其在社会上的政治影响面，争取社会的认可和支持，提高“两新组织”自身的社会地位。

二是顺应了构建和谐军政军民关系的要求。军政军民关系，归根到底是社会关系，是整个社会关系的一部分。新时期的军政军民关系，以“同呼吸、共命运、心连心”为标志，是经济建设与国防建设互相促进、协调发展的具体反映。在新时期，双拥工作从本质上讲是为广大军民的根本利益服务的。在共同目标的指引下，军民团结合作，保持经济建设与国防建设共同振兴，建设平稳持续发展的和谐社会，是构建和谐军政军民关系的具体体现。因此，“两新组织”参与双拥工作，建立体现社会主义精神文明的新型军政军民关系，实现好、维护好、发展好广大军民的根本利益，从根本上讲，是由新时期军政军民关系的性质所决定的，顺应了构建和谐军政军民关系的要求。

三是顺应了双拥工作环境及发展的变化。双拥工作是为党的中心任务服务的，具有强烈的实践性和广阔的发展前景，随着军地的改革与建设的发展而不断发展。建立市场经济体制和实行依法治国，以公有制为主体的双拥工作模式将被打破，建立与多种所有制形式、与法制化社会相适应的双拥工作新主体。人民的双拥意志将变成国家的意志，依法双拥、全民双拥成为双拥的主要手段。这既是双拥工作发展所具有的社会特点所决定的，也是法制社会对每个公民提出的要求。因此说，在深化改革和市场经济条件下，随着双拥工作主体及双拥社会环境的变化，“两新组织”参与双拥工作，顺应了履行双拥义务的法制要求和社会责任要求。

二、“两新组织”在双拥工作中的作用

“两新组织”的内部不仅蕴藏着很高的双拥热情，而且储藏着很大的双拥潜力和丰富的双拥资源。事实证明，把“两新组织”的资源和潜力挖掘和引入到双拥工作中，对于推进双拥工作全面发展，将发挥着不可取代的优势和作用。

一是扩大双拥工作主体的作用。双拥工作是社会实践活动，主体是人民群众，它的生命力在于广大军民的积极参与。马克思主义认为，人民是实践和认识的主体。“人民，只有人民，才是创造历史的动力”。“两新组织”与政府组织和企业组织以及社会有着密切联系和交融合作的基础，随着政府职能的转变和企事业单位社会职能的剥离，因其功能的定位，不仅成为联系军地的“桥梁”与“纽带”，而且成为双拥工作的对接者和推动者。这是由于“两新组织”所具有的经济实力强、社会联系广、资源丰富、服务管理功能全的特征，决定了它在双拥工作中的重要作用。因此，协调引导“两新组织”参与双拥工作，有助于双拥工作的社会联动，扩大双拥工作的主体力量，推进双拥工作的社会化；有助于社会双拥资源的整合，发挥社会抓双拥的优势，增强双拥工作的生命力；有助于为双拥工作提供物质基础，增强双拥工作的实效性，使双拥工作更好地创财富于人民、强武备于国家。1997年和2001年，结合学习贯彻党的“十五大”精神和中央领导同志在庆祝中国共产党成立80周年大会上的讲话精神，我们本溪市从抓典型入手，先后培养树立了 6 类 20 多个“两新组织”的双拥工作“领头羊”、带头人。在这些典型中，有民营经济组织的拥军典型，有社团组织的拥军典型，有社区组织的拥军典型，有社区居民、个体户的拥军典型以及军队退休干部的爱民典型。在引导“两新组织”参与双拥工作的过程中，通过探路子、树样子、种“试验田”，推动了全市“两新组织”双拥工作由点向面、全面发展，扩大了双拥工作的社会力量。

二是奠定双拥工作物质基础的作用。在市场经济条件下，双拥工作提倡和鼓励军地双向奉献，但也要根据辩证法的矛盾统一性和市场经济的某些特点，在加强思想感情沟通和政策保障的同时，也需要一定的物质投入，离不开一定的物质基础，这样才能体现双拥工作的经济效益和社会效益的有机统一。动真情、办实事、解难题，愈来愈成为广大军民在双拥工作中的迫切向往和需求。由于受地方财力、物力的制约和影响，双拥中需要办的许多好事实事，往往是心有余而力不足。针对问题，我们协调一些民营企业和个体户先后投入 800 多万元的资金，支持部队建营房、建图书室和电教室、铺设道路等等。本溪军分区和预备役炮兵团的办公楼是 20 世纪 80 年代初建设的，使用面积小，设施陈旧。2004 年，市委、市政府提供优惠政策，协调两家民营建筑企业负责支援换建。工程计划 2 月“拍板”，5 月破土动工，年末部队就搬进。分别为部队建成 5669 平方米和 4300 平方米的办公楼，包括附属工程总造价接近 2000 万元。多年来，由于“两新组织”对双拥工作从人、财、物上的大力支持，不仅解决了因财力困扰而难于解决的双拥“老大难”，而且也为双拥工作奠定了坚实和稳固的物质基础。

三是推动科技双拥工作的作用。“两新组织”是技术的窗口、知识的窗口，科技成果丰盈。民营企业大多引进了现代化程度较高的先进技术和先进设备，并且科技人员多、技术工人多，现代化企业管理人才密集，人才培养的步伐较快；社团组织、中介机构等吸纳的普遍是知识渊博、具有较高的专业技术水平和社会知名度较高的人，人才济济。因此，把“两新组织”的这些技术、知识、智力、人才等方面的资源优势引进双拥工作，与部队“联姻”和“嫁接”，将成为转化战斗力的基础和媒介。2000 年，民营建筑企业家刘新盛每年拿出 10 万元资金，设立“本溪市科技练兵新胜奖”，奖励部队科技练兵先进单位和先进个人，激发了部队官兵科技练兵的热情，推动了部队的科技兴训。2001 年，驻军部队军械修理所承担沈阳军区下达的研制新型自行火炮的任务，遇到炮塔自动瞄准系统的技术难题。辽宁科技学院科协和本钢技术中心科协，帮助“把脉”“确诊”，使火炮研制开发项目获得沈阳军区科研项目二等奖。像这样由“两新组织”帮助部队攻克的科研技术难关近几年全市就有 10 多个项目。因此说，“两新组织”参与双拥工作，不仅为部队的科技兴训、科技强军和搞好机械化、信息化建设，提供强有力的技术、智力、文化等方面的支持与保障，而且也有助于双拥工作领域的拓宽，巩固和加强军政军民团结。

四是促进军地双向服务与提高的作用。双拥工作是一项群众性、社会性的活动，它涉及到军地双方和社会生活的很多方面。“两新组织”所具有的社会管理性质和服务经济社会发展的功能，是技术的窗口、知识的窗口，也是管理的窗口、服务的窗口、对外的窗口。它们与国际社会在经济、技术、行业等广泛密切的往来、交流与协作，使它们信息灵通，观念创新，思想活跃，改革的意识极强。特别是社区组织，它所具有“小政府、大社会”的服务管理社会功能，已成为社区双拥工作的直接领导者和组织者，为保证双拥工作在基层落实，稳固基层的双拥工作，发挥着十分重要的作用。因为，社区参与社会共同生活，是联接其他社会关系的纽带，对宣传群众、发动群众、组织群众参与双拥工作起着“平台”的作用；社区具有相适应的历史传统、文化和生活方式的情感要素，对密切军政军民关系起着“粘合剂”的作用；社区具有基本物质和精神需要的服务设施，对解决双拥热点、服务优抚对象弱势群体、发挥军民的潜力和提高军民的素质起着“驱动器”的作用。近两年，我们本溪积极推进民兵工作进社区，并在一些民营企业中组建预备役部队，有力地推动了民兵和预备役部队的建设，在沈阳军区介绍了这方面的经验，《国防报》做了报道。同时，推进双拥工作进社区，由部队领导在社区组织中兼任党支部书记，军地携手共建、共学、共育，地方积极为部队做好事办实事，部队热情为社区开展国防教育，为民营企业军训员工等等，有力地支持了部队建设，提高了社区和民营企业的文明程度和文化品位。实践证明，把“两新组织”的改革经验和服务管理功能引入到双拥工作中，这对于促进军地之间的双向交流、双向服务、双向提高，将发挥着动力和互助的推动作用。

五是调节军政军民关系的作用。我国正处在社会转型时期，军地之间在某些方面、某个环节上出现一些矛盾和纠纷是难以避免的。如，在经济领域、房地产开发等方面的纠纷，以及地方接收安置军队转业干部、退伍士兵和军官家属压力大等等。处理这些矛盾与纠纷，一方面需要由政府调解，另一方面需要“两新组织”的参与和协调，这是由“两新组织”所具有协调社会矛盾、解决社会问题的职责所决定的。因此，引导“两新组织”参与双拥工作，对于改善和密切军地关系将起着“调节器”的作用。“两新组织”有着安置人员就业的广阔空间。近几年，仅我市6家民营企业就接收安置部队军官家属、退伍士兵和优抚对象3000多人(次)，减轻了政府安置人员就业的压力，维护了优抚对象的合法权益，巩固了部队，稳定了社会。

三、对发挥“两新组织”在双拥工作中作用的思考

“两新组织”是相对的独立实体，又自成体系，为行政部门组织协调双拥工作带来一定难度。因此，协调“两新组织”参与双拥工作，在抓典型、用典型引路的同时，还应以教育、引导、激励为主，建立健全双拥工作运行机制，把“两新组织”的双拥热情引向国防意识并转化为双拥的力量。

一是帮助“充电”，打牢根基。重视在“两新组织”中搞好各种形式的国防教育活动，加强形势任务和时事政策的教育，宣传党、政府和军队支持“两新组织”爱国拥军的讲话精神和有关政策等等。帮助他们加深对国防知识的了解，增强依法履行双拥的责任和义务；帮助消除双拥的各种疑虑，理直气壮地开展爱国拥军活动；帮助克服“只想平时，不思战时”的和平麻痹思想，牢固树立国家安全利益至上的观念。平山区是全市民营经济起步早、发展快的地区，民营经济创造的GDP生产总值占全区的83%以上。这个区坚持在民营经济组织中开展国防教育活动，并做到国防教育与爱国主义、社会主义、集体主义相结合，与双拥宣传教育相结合，与其他政治教育相结合，极大地激发了民营经济组织参与双拥工作的政治热情。全区有50多名民营企业的法人和个体户，自发地组织起来开展拥军优属活动，整整坚持了10个年头。先后涌现出“致富不忘回报社会、带头搞好爱国拥军”、“自觉履行民企拥军责任、积极参与支持双拥工作”、“把弘扬雷锋精神融于爱国拥军之中”的民营企业家和个体户。

二是支持发展，激发热情。“两新组织”靠市场竞争生存与发展。它们为双拥工作做出了贡献，部队是直接受益者，因此，军地双方应尽可能地在政策等方面扶持和支持它们的发展。民营建筑企业家刘新盛，每年出资10万元设立“科技拥军新盛奖”，8年中他用于支持部队建设的资金累计达到400多万元。为了回报他对部队建设的关心，驻军部队先后帮助他联系和提供4个比较大的建设项目，支持了他公司的发展。他挣了钱以后，又先后6次拿出120多万元资金为部队建设营区大门、铺设营院道路和建设蔬菜基地。其中，有3支部队与他的公司结成军民共建对子，帮助他军训员工，开展军企文化共建，使他的公司被国家工商总局评为“全国重合同守信誉单位”，刘新盛本人被评为“全国军民共建先进个人”。我们军地双方每次命名双拥模范单位和双拥模范个人时，对拥军事迹突出的“两新组织”人员，都忘不了他们，使他们当中的许多人连续三四次评为市级拥军模范。某“两新组织”的法人感激地说：“党、政府和部队心里想着我们，发展上支持帮助我们，有了政治荣誉首先考虑我们”。

三是当好“向导”，把握方向。“两新组织”由于对双拥工作的认识和了解带有一定的局限性，又缺乏双拥工作的实践经验，往往把双拥热情和有效资金投入不到点子上。因此，军地双方应主动当好“两新组织”抓双拥的“向导”，帮助它们把握双拥工作的正确方向，引导“两新组织”把双拥的热情和投入，释放在发展军地“两力”的基点上。2003年以来，我们军地在平时加强对“两新组织”双拥工作指导的同时，市委、市政府和部队还先后两次召开“两新组织”的法人座谈会，畅谈双拥工作意义，交流双拥工作经验，使“两新组织”在双拥工作中显示了能量。

四是建章立制，促进经常。建立双拥工作激励机制。建立机制，是促使双拥工作在“两新组织”中开展的保证。因此，各级应主动地把“两新组织”的双拥工作纳入党委、政府的重要议事日程，以及全民思想教育体系、工作目标管理责任制和争先创优的评比条件。建立双拥工作组织协调机制。现在一些具备条件的“两新组织”已经建立了党组织，这为协调开展双拥工作创造了条件。因此，各级应积极吸纳“两新组织”的党委负责人或法人代表参加本地区的双拥工作领导机构，共同研究部署、统一协调开展双拥工作。建立双拥工作制度保障机制。如建立军地联席会议制度、联络员工作制度、走访联谊制度等等。建立双拥工作运行机制。今年，我们市经过积极探索，结合“两新组织”的实际，围绕发展生产力和提高部队战斗力的目标，本着双赢、互补的原则，在“两新组织”中建立了五项双拥工作运行机制，即：支援保障部队机制；科技拥军机制；军民共建机制；优抚安置机制；双拥创建机制。使双拥工作在“两新组织”中规范、经常地开展，丰富了内容，拓宽了领域，增强了实效性。

五是成立协会，建立基金。协调“两新组织”成立双拥协会和建立“两新组织”拥军优属基金，顺应了“两新组织”的双拥需求，有利于对“两新组织”的双拥工作统一协调、统一管理，有助于增强“两新组织”履行双拥义务的法律责任，增强“两新组织”双拥工作的“后劲”，提高“两新组织”双拥工作的效益。

六是协助“架桥”，搞好协调。双拥工作是一项社会性、政治性、事务性较强的工作。协调引导“两新组织”参与双拥工作，不能只靠双拥部门，需要双拥、民政、统战、工商联、人武部等部门联手运作，帮助“两新组织”架好“连心桥”。注重帮助“两新组织”搞好双拥的衔接工作，保持双拥活动的经常性；经常了解“两新组织”的双拥工作情况，帮助决策双拥工作，使它们的双拥工作更加贴近实际；检查双拥工作的同时也检查“两新组织”的双拥工作，督促双拥工作的方针、政策和任务在“两新组织”中贯彻落实。

关于加强双拥法规建设的几点做法和体会

辽宁省丹东市双拥办公室

近年来，我市根据双拥工作发展的需要，在认真贯彻落实和执行国家和省双拥法规的基础上，针对新形势下双拥工作出现的新情况、新问题和面临的新任务，积极加强地方性双拥法规建设，使我市的双拥工作逐步走上了规范化、制度化、法制化的轨道，有力地推动了双拥工作的深入发展。

一、加强双拥法规建设的几点做法

我市军地领导对双拥法规建设非常重视，始终把它作为推进双拥工作健康有序发展的一个重要环节来抓，注重在双拥工作的各个方面建立健全规范的、有操作性的、可循性的双拥规章、制度、政策和地方性法规，把双拥工作纳入社会主义法制的大框架中，使双拥工作的运行机制建立在有法可依、有章可循上，以此来规范双拥行为。我们的主要做法是：

（一）制定双拥工作发展规划，全面落实双拥工作责任制。双拥工作既是一项社会系统工程，又是一项长远的战略任务。做好这项工作必须要有计划、有步骤地进行。对此，我们按照全国和省双拥工作领导小组的有关部署和要求，并结合我市实际，在每一轮创建双拥模范城的起始中，都根据每一阶段的不同任务，制定《丹东市双拥工作三年规划》，《规划》对双拥工作的指导思想、基本原则、工作内容、活动形式、方法步骤、措施制度等方面都做出了规范性的规定，使全市的双拥工作做到了思路清晰、方向明确、任务具体、发展有序。与此同时，我市在制定《丹东市双拥工作领导小组成员单位工作职责》的基础上，为强化各部门的纵向管理，制定了《丹东市双拥工作领导小组成员单位考核办法》，对30个部门落实了双拥工作责任制，要求成员单位除落实好本级双拥工作职责外，还要做好对本系统和各县（市）区对口部门的部署指导和检查督促，做到了责任明确，任务清楚，上下步调一致。我市还全面实行了目标管理，制定了《丹东市评选双拥模范县（市）区考核实施细则》，做到了工作有指标、操作有标准、评比有依据、考核有尺度。

（二）建立健全规范性的国防教育和军（警）民共建活动的规定和管理办法，形成统分结合、军地协调、整体运作的格局。我们把建立相对固定、模式统一、便于管理的国防教育制度和军民共建体系，作为规范双拥工作机制的一个重要内容来抓。在国防教育方面，我们根据《国防教育法》制定下发了《丹东市国防教育工作要点》。为确保国防教育的实施，我们还分别制定了《丹东市全民国防教育暂行规定》、《丹东市全民国防教育四级责任制》和《丹东市全民国防教育达标标准》，在全面推行市、县（区）、乡（镇）、村和企事业单位国防教育责任制的基础上，实施了“四有、三结合、两达到、一考核”的国防教育工程。在军民共建工作上，我市制定了《丹东市开展军民素质教育的实施方案》，在全市开展了军民共学“三个代表”、共建“三个文明”、共育“四有新人”、共当文明市民活动。为了解决军民共建对子松散、关系不顺、共建内容缺乏规范性的问题，我市专门制定了《丹东市军（警）民共建社会主义精神文明暂行规定》，以法规形式把军民共建的目的、任务、对象、内容、方式、程序、制度等作了进一步明确。依据这个规定，我们对军民共建对子进行了规范性调整，并完善了内容和形式，使军民共建活动进一步制度化。

（三）适时制定支持部队建设的地方性法规，用法规政策落实双拥工作。随着改革开放的不断深入和社会主义市场经济的不断发展，给军队、军人及其家属带来的需要社会协调解决的问题明显增多。国家和省虽然出台了一系列拥军优属政策规定，但在新的形势下必须要不断充实完善，特别是需要按照国家和省的法规精神予以细化。对此，我市先后对《丹东市拥军优属若干规定》进行了3次修订，内容由原来的32条增加到48条。针对下岗军官家属再就业问题，我市颁布了《关于加强现役军官家属就业安置的若干规定》，用硬性措施，采取“五个一批”的办法给予妥善安置。同时，在落实军人、军属有关待遇上，我市还组织有关部门联合下发了《关于现役军人免费游览景点的规定》和《关于支持部队建设，为军人排忧解难的若干规定》等，使地方支持部队建设工作有了明确的政策依据。

（四）指导基层建立双拥工作配套法规，形成上下结合、细化互补的双拥法规体系。我们在加强全市性双拥法规建设的同时，狠抓了基层双拥法规的配套建设，积极指导各地区、各部门和各单位，制定相关的规章制度和实施办法。先后出台了《关于开展地方“六送”、部队“六到”活动的实施意见》、《关于建立军属服务活动站的实施办法》和《关于企业参与双拥活动的实施方案》。市教育局下发了《关于军人子女入学入托暂行办法》。同时，我市指导各地积极完善优抚法规。宽甸满族自治县和东港市，结合本地实际出台了《优抚对象医疗补助管理办法》；东港市还先后制定了《城镇义务兵安置暂行办法》和《优抚固定开支人员管理办法》；凤城市制定了《农村义务兵家属优待暂行办法》等。这些专项法规，内容具体，具有较强的实用性和操作性。

（五）积极推进拥政爱民工作的规范化。我市驻军各部队，在认真贯彻《驻丹部队拥政爱民若干规定》的基础上，根据工作需要，在实践中推行了一系列行之有效的工作制度。一是把拥政爱民工作纳入部队思想政治建设计划，实行统一部署、统一安排，定期对官兵进行我军宗旨教育，打牢拥政爱民的思想基础；二是建立了驻军政治部（处）主任和驻军秘书科长联席会议制度。定期分析研究和安排部署拥政爱民工作。驻军政治部（处）主任联席会每半年召开一次，驻军秘书科长联席会每季度召开一次；三是建立了双拥工作交接班制度。部队领导工作变动，新老领导及时交接拥政爱民工作，并到地方党政机关和有关部门辞行或建立联系，保证了拥政爱民工作的连续性；四是建立了军地联络和情况通报制度。对部队参加地方的公益活动，承担急难险重任务，处理军地关系，解决军地纠纷等，确定了统一的协调渠道，并实行了定期通报情况，定期反馈信息制度；五是建立了检查、总结、考评制度。做到了季度有分析研究，年中有督促检查，年终有考核总结。

二、工作中的经验和体会

我市在加强双拥法规建设的实践中感到，双拥工作处在市场经济的大环境中，要解决好面临的新问题，协调好各方面的利益关系，处理好遇到的各种矛盾，就必须要以法规为准绳、以政策为依据开展工作。对此，我们主要有以下几点体会：

（一）凭感情双拥不如出台政策，只有建立健全双拥法规，才能保证双拥工作的健康发展。狠抓双拥法规建设，强化政策落实，是我市开展双拥工作始终坚持的基本准则，不断增强全社会依靠政策法规开展双拥工作的自觉性是我们努力的方向。在长期的工作实践中我们感到，只凭号召动员社会参与双拥工作，只凭朴素的感情开展双拥活动，已不能适应现阶段双拥工作发展的需要。靠感情、动员、号召做双拥工作，只能解决个别性、临时性和管一事一时的问题，只有出台法规政策，才能解决大多数、普遍性和管长远的问题。为此，我们把建立健全双拥法规、出台双拥政策，作为双拥工作的一项重中之重的环节来抓，不断加大双拥政策法规建设的力度，使我市的双拥法规建设逐步走向完善。在这方面，几年来，我市先后制定出台的26个双拥方面的政策法规，较好地规范了双拥工作的运行机制，进一步增强了全社会依法开展双拥工作的自觉性，减少了双拥工作的随意性。

（二）形势发展要求与时俱进，只有根据双拥工作面临的新情况、新问题，及时制定相应的政策法规，才能保证双拥工作的约束力。随着改革开放的不断深入和市场经济的不断发展，必然会引起经济利益关系的调整和人们思想观念的变化。做好新时期的双拥工作，无论从对象上、内容上、形式上、还是社会环境上，都不可避免地遇到一些新情况、新问题，特别是企业在转轨、转制后，考虑最多的是经济效益、承受能力和自身发展，致使对应尽的国防义务和拥军优属工作在一定程度上有所淡化。双拥工作要发展创新，就必须认真研究和适应市场经济的新形势，针对双拥工作面临的新情况、新问题，及时制定相应的政策法规，在明确社会各个方面双拥义务和责任的基础上，以具有约束力的手段，推动工作的落实。如我市在解决转退军人安置难问题上，对不能完成接收安置任务的部门和单位，在有关规定中实行了“四停止”办法：即停止调入人员、停止审批工资、停止审批专业技术职称、停止审批非领导职务。从而使安置工作得到顺利进行。

（三）双拥工作需要讲求实效，只有制定符合本地实际、内容具体的政策法规，才能保持双拥工作的生机和活力。双拥工作是一项社会化的系统工程，要使这项工作成为全社会的共识，并有效地运作起来，就必须因地制宜地制定符合实际、便于操作的政策法规，只有这样才能有的放矢地开展好双拥工作，才能使双拥工作走向更广阔的领域。如我市为了解决好下岗军官家属再就业问题，我们在出台的《关于加强现役军官家属就业安置工作的若干规定》中，提出了实行“五个一批”的解决办法，即“企业转制留岗一批，政府定岗安置一批，创办实体吸纳一批，部队自已消化一批，鼓励自谋职业扶持一批”。不仅就业渠道多样化，而且也调动了各方面的积极性。

（四）制定法规重在执行，只有采取积极措施狠抓落实，才能使双拥法规发挥作用。双拥法规政策的制定，是做好双拥工作的前提，关键是要抓好落实。只有这样才能最大限度地发挥政策法规的应有效力。在这方面，我市主要抓了以下几个点：一是广泛宣传，做到家喻户晓。我们十分注重双拥政策法规的宣传，每出台一部双拥法规政策，都通过各新闻媒体进行集中广泛的宣传，并组织基层采取宣讲、测答、研讨等形式进行灌输。二是建立定期指导、督促、检查制度。每年都以市委、市政府名义下发文件，对落实双拥法规政策提出要求和贯彻意见。市双拥办和政府法制办，每半年对全市的双拥法规落实情况进行一次检查评比。同时，市人大每年对双拥法规政策落实情况进行一次视察。三是健全必要的手续制度。为了保证优抚政策的落实，我市对在乡老复员军人实行了“两证一单一卡”制度，即对在乡老复员军人发放了定补证、医疗保健证、群众优待通知单、爱心献功臣帮扶卡，使政策落实有据可查。四是发挥军属服务组织的服务和监督作用。我市各县（市）区、乡镇街道、村（居）委会以及大中型企业，都成立了拥军活动组织和军属服务组织，对落实双拥法规政策实行属地服务和监督，较好地保证了双拥政策法规的贯彻落实。

在民营企业中怎样做好双拥工作

辽宁省丹东市元宝区双拥办

随着改革开放的不断深入和我国社会主义市场经济体制的不断完善，民营经济已从“有益补充”发展为社会主义市场经济的重要组成部分，使我国的经济、社会结构发生了深刻的变化，民营经济占经济总量的比例也越来越大，这些变化将加速向纵深发展。就从我区的情况来看，区委、区政府十分重视发展民营经济。近年来，在实施打好“民营牌”战略中，进一步制订了一系列鼓励、扶持和引导民营经济发展的政策和措施，为民营企业提供了更多的公平的发展机会，促使民营经济不断发展壮大。根据2003年的调查统计，全区民营企业已发展至5800万家，从业人员2.1万人，完成工业增加值3.96亿元，占全区生产总值的78%，实缴税金3246万元。目前，民营企业的发展已成为我区重要的社会、经济力量和重要的双拥工作基础及资源。如何推动民营企业双拥工作深入发展，成为当前双拥工作需要深入探索和思考的一个重要课题。

一、民营企业双拥工作必须围绕国防建设与经济建设协调发展的需要，切实打牢企业员工做好双拥工作的思想基础

国防建设与经济建设是社会主义现代化建设事业中的两个方面，经济建设关系国家的发展，国防建设关系国家的安危，两者互相依存，不可偏废。如果经济建设搞不上去，国防事业就没有牢固的根基；反过来如果没有稳固强大的国防，整个国家的经济建设就无法进行，更谈不上今天民营企业的发展壮大。由于长期的和平环境，致使人们只注重搞好经济建设，在一些人中出现了国防意识淡薄、轻视国防建设的倾向。因此，民营企业在发展经济的同时，应该正确树立“居安思危”和“无军不安”的观念，做到“致富思源不忘国防建设、发展经济更重拥军优属”。

首先，要深入开展国防和双拥宣传教育。采用广播、电视、标语以及召开座谈会和报告会等形式，宣传建立强大的国防是我国现代化建设的战略任务，是维护国家安全统一和全面建设小康社会的重要保障；宣传人民军队在维护国家安全和民族尊严及国家稳定与发展中的重要地位和作用，阐明发展企业经济需要有稳定的投资和建设环境，在企业创业的广大员工更需要有一个安居乐业的社会环境，都离不开国防和人民军队提供的安全保障的道理；使企业员工认识到，党的改革开放政策解放了生产力，促进了经济发展，稳定的社会大局则是经济发展的重要保障，而国防建设则是维护国家安全和社会大局稳定的重要战略举措，企业的发展与国家的安全稳定是密不可分的。

其次，要学习、领会、宣传、贯彻党的十六大精神，以党的十六大关于“加强国防教育，增强全民国防观念。拥军优属，拥政爱民，巩固军政军民团结”和“各级党组织和政府、广大人民群众要关心、支持国防和军队建设。军队要积极支持和参加国家建设”的精神为指导，积极引导企业员工始终把贯彻落实《中华人民共和国国防法》、《国防教育法》、《兵役法》等作为企业依法履行国防的义务，把支持部队建设作为自己义不容辞的责任。

再次，要在广大员工中开展有针对性的宣传教育活动。如举办军民联欢联谊，开展国防知识讲座，组织国防知识竞赛，参加国防军事训练，参观国防教育基地和英模事迹展览等，全方位对广大员工进行国防和双拥知识教育。

通过开展形式多样的国防和双拥宣传教育，切实打牢企业员工做好双拥工作的思想基础，从而使广大私营业主和员工的国防意识和双拥观念得到升华并转化为自觉行动。

二、民营企业双拥工作必须唱响军民共建主旋律，努力推动企业和部队各项建设的全面发展

军民共建是新时期开展双拥工作的一个重要方面，是深化双拥工作的一个基本形式，是实现双拥工作总目标的一条有效途径。近年来，我区广大军民在改革开放实践中相互支持，在经济建设和国防建设中通力协作，在战胜各种困难和自然灾害中并肩作战，在精神文明建设中互相促进，有力地促进了元宝区经济社会发展和共建部队的全面建设，军民共建取得显著成效，双拥工作年年有新发展。虽然我区一直未评上省双拥模范区，但我区一直在为这一党政军最高荣誉在不懈努力。在新的历史时期，把军民共建工作拓展到民营企业，实现由原来单纯公有制经济组织参与双拥活动向多种经济组织参与双拥活动的转变，是军地双方实践“三个代表”重要思想的必然要求，是创新双拥共建领域的一种举措，目前虽然没有成功经验可谈，但我们认为，在民营企业开展军民共建，应着眼企业建设和部队建设的共同需要。辩证唯物主义认为，人们之所以从事某项活动，首先在于他的需要。军民共建只有始终坚持把军地的共同需要和共同利益作为根本出发点和着眼点，把促进社会生产力的发展和部队战斗力的提高作为根本任务，根据军地在改革和建设中的新需求来确定共建的内容和重点，才能从根本上提高双拥工作的整体水平，推动双拥工作迈上新台阶。因此，军地双方要充分认识在民营企业开展军民共建工作的重要性和紧迫性，从政治上给予鼓励，政策上给予扶持，把这项工作作为推动企业和部队各项建设全面发展的大事抓紧抓好。

首先，要建立军民共建网络，形成“上下一条线，层层有人抓，事事有人办”的双拥共建格局。军地双方应选派1名专职干部兼任双拥联络员，具体负责本单位的双拥工作。成立有党组织的企业，可以成立双拥共建工作领导小组，由1名党委或党支部副书记担任组长，成员由公司（厂）各部门和有关部队的领导组成。

其次，要建立军民共建制度，确保双拥共建工作真正取得实效。企业领导要坚持每年到部队召开一次现场办公会；军民共建双方的领导要坚持每年召开一次联席会议；企业双拥共建工作领导小组要坚持每年召开两次双拥共建工作分析协调会；军民共建单位要坚持定期与不定期的结对互访。做到制定规划有内容，部署任务有要求，开展活动有检查，评比先进有标准。

第三，要确定军民共建内容，为开展军民共建活动提供有效途径。一是加强思想道德建设。军民共建双方要围绕落实《公民道德建设实施纲要》，培养企业员工和部队官兵坚定社会主义信念，讲团结、讲信誉、以诚待人、忠实履行公民义务的高尚情操，树立以人为本的主体道德和以义取利的经营道德，大力弘扬社会主义道德风尚。二是加强文化建设。部队要发挥思想政治工作的优势，定期选派干部深入企业为广大员工上国防形势课或传授法律知识，帮助私营业主和员工增强国防意识和法制观念，使企业内部建立起良好的劳资关系和工作秩序，促进企业的精神文明建设，增强企业发展的内在动力。部队官兵在与企业共建文化高地中，要学习企业家艰苦奋斗的创业精神和甘愿奉献的牺牲精神，不断接受市场经济的新理念和新知识，进一步更新官兵的择业观念，增强他们自谋职业的能力和胆识，推动退役军人安置工作的改革与发展。三是优势互补互办实事。企业要围绕部队科技强军需要，充分发挥自身优势，积极开展智力拥军和科技拥军活动。如利用军地两用人才培训基地为部队培育人才，提高官兵综合素质；传技术、送书籍、送设备，支持部队搞好科技练兵；严把征兵质量关，为部队质量建军输送优质兵源等。部队要围绕提高企业综合竞争力，大力支持企业的生产经营和发展。如用人民军队的优良传统和作风激励企业员工爱岗敬业，为民营经济的高速发展贡献力量；对企业员工进行军训，促进他们思想、道德、纪律和风气的好转，增强企业内部的凝聚力；协助职能部门开展严打整治斗争，维护企业市场经济秩序；保护生态环境，促进企业健康发展等。四是企业员工和部队官兵相互走访。企业在春节、“八一”等重大节日期间，要组织慰问团走访慰问部队官兵，军地双方互致问候，互相解决生活和工作上遇到的实际困难。平时企业与部队要互通情况，有计划地组织员工和官兵到部队和企业体验生活，进一步密切军民关系。如举行双拥联欢会，参观企业改革发展成果，到部队过军事日，参观部队的规范化内务秩序等。

在民营企业开展军民共建活动，要坚持“以加强地方领导为主，以发动群众自建为主，以做好政治思想工作为主”的原则，既要保护企业参与拥军的积极性，又要针对私营业主最关注的是经济效益，追求经济利益的最大化的实际，帮助民营企业找准经济工作和拥军工作的最佳结合点，使业主切实感受到军民共建带来的社会和经济效益，防止军民共建出现庸俗的“相互利用”和重物质轻精神等现象。为此，军地双方在选择共建对象时，必须争取精神文明办和组织、宣传、工商、税务、工青妇以及民间组织管理等部门的支持配合，选取具有一定规模、经济效益高、党（团）和工会组织健全、形象好的民营企业。

三、民营企业双拥工作必须在配合政府做好优抚安置工作方面有所作为

做好优抚安置工作是直接为军队和国防建设服务的一项重要工作。做好这项工作，体现了党和国家对人民子弟兵和优抚对象的关怀爱护，对鼓舞部队士气，促进军政军民团结，维护国家的稳定发展都具有重要意义。近年来，区委、区政府从国防建设的大局出发，把做好优抚安置工作作为维护社会稳定的重要工作和创建双拥模范城的硬指标抓紧抓实抓好。“爱心献功臣行动”成效显著，全区实现优抚对象优待、抚恤100％兑现，安置工作深入推进，部队随军家属得到妥善安置，安置工作取得新的突破，推进了双拥工作的深入发展。民营企业作为双拥战线上的一支生力军，有责任和义务配合政府做好优抚安置工作，为我区创双拥模范区做出自己应有的贡献。

首先，要在做好孤老烈军属、革命伤残军人、老复员军人等重点优抚对象的优待服务工作上有所作为。重点优抚对象曾经为民族独立和祖国解放，为中国革命胜利，为创立、保卫和建设共和国立下了不朽功勋，如今大多已年迈体弱、基本丧失了劳动能力甚至生活能力，各方面的困难很多，需要得到国家、社会的特殊关怀和照顾。在优待服务工作中，民营企业要争取民政部门的支持和配合。平时可以采取结对帮扶、“重点扶持”等方式，定人、定户、定期“送温暖”上门，帮助他们解决生产、生活中的困难；春节、“八一”等重大节日期间，要组织慰问团走访慰问重点优抚对象，为他们做好事、办实事，把社会的真爱和祝福送到优抚对象的心坎上。

其次，要在接收安置退伍士兵和部队随军家属方面有所作为。退伍士兵安置和部队随军家属就业是双拥工作的热点难点问题，解决不好就会影响军心稳定和社会稳定。因此，民营企业要大力支持和配合政府全面推进指令性安置与自谋职业、扶持就业相结合的路子，帮助政府拓宽安置渠道，为退伍士兵和部队随军家属的就业安置提供一个较为广阔的新空间。在接收安置退伍士兵问题上，要注意利用他们军政素质好、组织纪律性强、文明素质高、顾大局、讲奉献、见识广、肯吃苦和敢于拼搏进取等优点，把他们培养成为发展私营经济、走专业致富之路的带头人；在接收安置部队随军家属问题上，要注意从随军家属自身素质的实际出发，不断加强对她们劳动技能和专业技术的培训，使其成为适合企业自身发展所需要的人才。

调兵山市双拥工作调研报告

辽宁省调兵山市双拥办

拥军优属、拥政爱民，是我党、我军在长期革命和建设实践中形成并不断丰富、发展起来的优良传统，是我国革命和社会主义建设事业取得胜利的一个重要法宝，是团结和动员广大军民为实现党在各个历史时期任务而奋斗的一项重要工作，也是我们特有的政治优势。市委市政府对双拥工作高度重视。他们始终站在双拥工作关系到国家的稳定、经济的发展、社会的文明和国防的巩固的认识高度，把双拥工作作为一项重要工作纳入工作日程。几十年来，不论驻军几经调防，不管领导班子如何变化，双拥工作始终常抓不懈，并随着时代发展不断赋予崭新的内容。全市党政军民始终保持高度团结，有力地促进了部队战斗力的提高，促进了全市经济的发展和社会的全面进步。为了解掌握双拥工作进展情况，并有针对性地完善双拥政策法规，进一步推动双拥热点难点问题的解决，我局开始对此进行了专门调查。现将有关情况报告如下：

一、我市双拥工作现状

调兵山市辖3个镇、2个街道办事处、一个全国大型煤炭工业企业——铁煤集团股份有限责任公司，驻军有调兵山武警支队、市武装部、公安局消防科以及一个离退休干部休养所。区域面积262.9平方公里，人口24万，其中市政人口18万，农村人口6万。全市共有各类优抚对象6800人，占全市人口的2.83%。

近年来，根据双拥共建工作的总体要求，在铁岭市双拥工作领导小组的指导下，充分发挥拥军职能优势，立足基层，服务大局，注重建设，大力开展多种形式的双拥工作，全市出现军民“同呼吸、共命运、心连心”的大好局面，营造了军爱民、民拥军，军民鱼水一家人的社会氛围，为国家和部队建设，为改革开放和经济发展，创造了良好的社会环境，受到军地双方的充分肯定，完成了从群众自发拥军到网络化、法制化、社会化、特色化拥军的跨越。经过了积极的探索和几年的艰苦努力，目前已初步形成了适合我市的双拥工作的基本框架。

（一）统一思想，认清形势，夯实双拥工作基础和双拥组织建设。我国已进入全面建设小康社会、加快推进社会主义现代化的新的发展阶段。在这个重要时期，更需要军民同心同德、紧密团结，更需要以与时俱进的精神做好双拥工作，密切党和军队与人民群众的血肉联系，巩固和发展同呼吸、共命运、心连心的新型军政军民关系。我们要进一步认清形势，切实把双拥工作作为加强党的执政能力建设的重要内容，作为构建社会主义和谐社会的重要组成部分，增强做好双拥工作的责任感和紧迫感。双拥工作是一项社会性、群众性的工作，双拥工作的重点在基层。要按照“坚持方向、丰富内容、拓宽领域、注重实效”的总体思路，认真落实好双拥创建任务。

（二）健全双拥工作组织机构，加强组织网络建设。双拥工作是一项社会性、群众性工作，双拥工作的重点在基层。要按照“坚持方向、丰富内容、拓宽领域、注重实效”的总体思路，认真落实好双拥创建任务。建立了基层双拥组织网络：第一个层级是市双拥工作领导小组和市双拥办负责的全市双拥组织网络；第二个层级是各部委办局、乡镇、街道办事处、企事业单位与各自驻区部队结成的共建网络；第三个层级是村屯等基层拥军优属服务组织网络。

（三）加强组织领导，部门协调联动，确保双拥工作落到实处。高度重视双拥办机构建设，成立区双拥办机构，落实专职人员。双拥工作要纳入各职能部门的目标管理责任制考核内容。双拥工作领导小组、双拥办年初有计划，年中有检查，年终有总结。双拥工作纳入本区国民经济和社会发展计划和远景目标。高标准执行国家的优抚政策，保证优抚对象合法权益。在贯彻落实国家优抚政策的过程中，政府不仅能够做到认真执行，保证政策到位，而且还能够根据社会的发展和本地及优抚对象的实际，适当提高政策标准。关心优抚对象的生活，动真情、办实事、真抓实干成效好。从关心优抚对象的生活入手，切实为他们解决生活上的难题是政府一贯坚持的重要工作措施。为此他们每年都要定期2次走访优抚对象，了解他们在实际生活中的困难和要求，并加以认真地解决和尽量地满足。

二、双拥工作的主要做法

（一）大力抓好军政军民团结宣传教育，要加强民族精神教育、国防教育和艰苦奋斗精神教育。我市一年来对国防教育始终坚持常抓不懈，主要做法：一是采取各种形式，实现教育方法的多样化。一年来，我们在市电视台、市报等新闻媒体开设了双拥工作专栏，进行了系列化、板块式宣传。二是对重点对象进行教育。如各级领导干部在实施国防教育中负有重要责任，我们利用党校分期进行培训。根据国防教育应从青少年抓起的意见，全市中小学都开设了国防教育课，初高中新生普遍开展了军事训练课。

（二）动真情、解难题、办实事，切实落实好优抚安置政策。市委、市政府始终把优抚安置工作作为双拥工作的重点来抓，一是我市政府始终严格执行各项安置政策，坚持依法行政，积极拓宽安置渠道，保证退役士兵100%的第一次就业。2004年冬季，我市共接收城镇退役士兵221人，“五一”前市里召开了安置会议，现全部得到安置。二是我市2004年农村义务兵优待金标准定为3000元，2004年全部兑现，兑现率100%。在乡老复员军人、伤残军人（在职）、烈属的优抚、优待金，我市在财政比较困难的情况下全部落实，2004年按新标准及时、足额进行发放，优抚政策兑现率100%。在乡老复员军人、伤残军人除按政策享受定期补助外，各镇、村还给每人每年补助医疗保障金300元。在前两年为在乡“三老”人员建房40户的基础上，今年又为“三老”人员建房进行了检查和维修，全市“三老”人员住房难问题基本得到解决。

（三）全力支持驻军建设，千方百计帮助解决后勤保障等驻军普遍关心的热点难点问题。坚持把驻调兵山市武警部队的困难当作自己的困难，千方百计帮助解决。市政府在财政十分困难的情况下，坚持为驻调兵山市武警支队每人每天补助伙食费1元，每年为武警中队解决燃料费2万元，春节和“八一”期间为武装部、武警中队送去慰问品1.5万元。“八一”，市政府送武警中队慰问金5000元。

此外，我们还与本市居民携手共建“双拥林”，大力宣传双拥工作，美化城市环境。还开展“双拥进社区”工作，把双拥工作与社区工作结合开展，使得双拥工作进一步得到开展。

三、进一步开展双拥工作的建议

要深入持久地开展拥政爱民、拥军优属工作，进一步加强军政、军民团结。结合我市实际，积极认真做好双拥工作，努力营造创建双拥社会环境。

不断提高认识，明确开展双拥活动的重大意义。双拥工作是我党我军在长期革命斗争和建设实践中形成的优良传统和政治优势，是巩固和增强军政军民团结的一项重要工作。它直接服务于国防建设和军队建设，与巩固政权、促进经济发展、保持社会稳定息息相关。要不断加强组织领导，加大工作力度，把创建双拥活动提高到一个新的水平。

要以“三个代表”重要思想为指导，高度重视双拥工作。要从党和国家的根本利益出发，以高度的政治责任感，把双拥创建活动纳入重要议事日程，作为一项长期的战略任务来抓。同时，以“组织健全，政策落实，活动经常，关系融洽”为基本要求，把工作重点放在基层，扎扎实实开展群众性双拥创建活动。

进行深入的双拥光荣传统宣传教育，夯实军政军民团结的思想基础。广泛深入地进行双拥光荣传统宣传教育，以增强广大军民的国防观念和热爱国防、献身国防的光荣感和使命感，形成以创建活动为龙头、广大军民积极参与、多种活动相互促进的格局，按照“巩固、发展、提高”的方针，掀起全市双拥创建活动的高潮。

双拥工作作为党的群众路线的重要体现，从本质上讲是为广大军民服务的，也是我们立党为公、执政为民的本质要求。双拥工作与广大军民的切身利益息息相关，是我们党、政府和军队联系人民群众的重要渠道。双拥工作的基础在基层，主体是全市军民，只有下大力气解决好军民普遍关心的重点、热点和难点问题，才能真正做好新时期的双拥工作。对于当前市场经济条件下部队官兵和优抚对象遇到的问题和困难，我们地方各级党委和政府要给予高度重视，不断探索解决的途径和方法。要与时俱进，开拓创新，继续广泛开展双拥创建活动，不断提高双拥工作的整体水平。顺应新形势，站在新起点，落实新任务，不断巩固和发展创建成果，全面推进我市双拥工作迈上新台阶。

发挥双拥共建资源优势　推进民政工作持续发展

辽宁省沈阳市双拥办

一、问题的提出

双拥活动既是一项政策性很强的政治活动，同时又是需要广大军民积极参与的社会活动。诚然，创建双拥模范城的根本目的在于巩固和加强军政军民团结，为全面建设小康社会提供长期稳定的社会政治环境。就其总体效益而言，不仅会产生强大的政治效益，同时还会产生、衍化出巨大的社会效益。由此看来，双拥共建活动的能量资源是极其丰厚的，发展前景也是十分可观的。但是，如果将广大军民共同为之不懈努力并付出很大心血所创造的双拥成果仅仅作为评选一次“双拥模范城”、获得一次荣誉为终极目的，笔者认为这是远远不够的。在一定程度上，是对双拥资源和双拥总体价值的浪费。也就是说，双拥工作除了完成创造“双拥模范城”这一政治任务外，还应该肩负起辐射、影响和促进其他领域、其他层面不断发展的职责。远的不必说，就政府职能部门的民政工作而言，很多部门的业务都与双拥共建有千丝万缕的联系。而现在，民政工作正处在改革发展时期，也是寻求新的增长点的关键时刻。如果能将双拥共建资源优势和丰硕成果有效“延伸”或“融合”于民政系统之中，双拥共建资源既能得到有效利用，又能发挥其附加值的效能，对拓展民政工作新领域，全面推进民政工作快速发展无疑是一种不可忽略的外力作用。

二、双拥成果转化为民政系统工作的优势之所在和有效利用之可能

众所周知，双拥工作本身就隶属于民政部门。从其功能属性看，它本身就是民政工作的一部分。除此之外，还具有以下功能和优势：

其一，从民政工作性质和实际需要看，具备吸纳双拥资源的先决条件。民政事业要发展，要创新，需要社会各界的支持，当然包括部队的大力支持和帮助。事实上很多部门的工作与双拥共建有关联，包括退伍军人安置、基层社区建设、社会救济等等。在实践中，这些部门的业务工作已经与双拥共建密不可分，而且很多具体的工作都依托并植根于双拥共建的深化。近年来，我市在基层单位开展的双拥进机关、进街道、进企业、进学校、进连队、进家庭的“六进”活动，随着不断深化都已逐步渗透于民政工作的方方面面，并且在具体的实践中产生了强大的效力。特别是在城镇基层单位广泛开展的双拥进社区活动，通过组织基层连队与社区结成共建对子，开展多项内容活动，让官兵参与社区管理和服务，一方面，让部队官兵通过与地方干部群众接触，极大地受到社会实践的熏陶和教育；特别在扶贫帮困、救助弱势群体、照顾孤寡老人等方面更能充分发挥积极有效的作用；另一方面，解放军的好传统、好作风在基层社区能得到充分的体现，使广大人民群众在解放军身上看到党和政府的光辉形象。这种感情互动效应，定会加速推进基层社区的建设水平。现在，沈阳市已经有100个社区通过双拥成果转移和深化，达到了高标准双拥社区的水平。

其二，从双拥工作内容看，具备承载扶贫济困的责任和义务。既有国防教育，又有扶贫帮困；既有军民共建，又有军地基层联系。而每项活动内容的展示，都需要双拥这种形式来承载。也就是说，都是通过双拥这一有效载体来实现的。就沈阳市近年来的双拥实践看，在双拥办的积极协调下，驻沈部队积极捐款捐物，先后为新民县建了4所希望小学，2002年底，沈阳军区空军又将广大官兵自觉捐献的10万元人民币、10万斤面粉和1000套崭新的衣被送给辽中县的贫困乡村和敬老院，并走访慰问了农村重点优抚对象，给贫困群众和重点优抚对象送去了人民军队的爱民之情。驻沈部队四大医院长年面向社会、面向人民群众，为我市辽中、新民、康平、法库4县（市）无偿捐助大批医疗设备，为地方医院培训人员。所有这些，不仅为政府分忧解愁，同时，在一定程度上也缓解了社会救助的压力。

其三，从双拥本身具有的价值含量看，具备服务于民政事业的“回馈”功能。它是通过广大军民携手并肩共同营造的具有政治性、经济性、社会性等多重效益的精品工程，其中，更凝聚着民政部门所做出的重大贡献。民政部门的工作突现双拥主题，加大对双拥工作的领导力度和协调功能，并通过多部门、多方面的投入，才使得双拥工作产生巨大的成效。运用双拥产生的效益服务于民政工作，这是实现双拥自身价值的体现，也是实现双拥、民政工作一体化的良性循环。

其四，从双拥工作职能作用看，具备实施双向对接的协调功能。它本身就是执行民政部门赋予的一项特殊的职能任务。从宏观层面看，它既代表政府协调社会各界参与双拥活动，又能代表政府承担解决弱势群体脱贫问题，为稳定社会、全面建设小康社会提供稳定的政治环境；从微观层面看，具备军地双向服务功能和条件，尤其是在组织动员和协调社会各界广泛参与社会救助、扶持优抚对象、解决“三老”“三难”等方面都能发挥其最大潜能和调动各方面力量，这种作用和效力一般部门皆不具备，当然也不可能有效地组织实施。

三、转移和有效利用双拥成果，推进民政工作持续发展的原则及基本设想

如能将军地合力创造的双拥成果转移到民政事业来，那是最为理想的一件大事，也是求之不得的一件好事。那么，如何面对民政工作实际需要切实有效利用这种优势？这是需要认真研究的一个重要课题。通过多年的双拥理论与实践，笔者认为应该力求把握以下原则和方法。

其一，坚持优势互补原则。从民政建设和国防建设相互信赖、相互兼容的角度看，要使军民关系适应新的形势，必须发挥各自优势，实行优势互补。相互信任、相互支持、共同受益，军民关系才能不断巩固发展。在政治文明建设领域里通力合作。通过开展学雷锋、学英模等活动，大力弘扬社会主义新思想新风尚，提高民政干部、职工依法行政和勤政为民的服务水平。在精神文明建设方面要实现有机结合。通过开展军民共建活动，将双拥工作的具体活动向民政部门渗透，特别对民政部门的窗口行业重点倾斜，以此推进民政行业的精神文明建设水平。在经济领域里合作。围绕民政事业发展的总体规划，发挥各自优势，加大军地间的合作力度。民政系统的一些大的建设项目，可以通过共建的方式让部队承担完成；部队后勤保障实行社会化改革，民政部门应积极做好协调并尽其所能帮助部队承担部分困难。在文化领域里合作。通过开展科技拥军、文化扶贫等多种形式的文化交流活动，改善和丰富军地文化生活条件，培养军地高素质人才。

其二，坚持团结互助原则。团结互助的前提是相互理解、相互尊重和相互体谅，着眼于政治上的一致和感情上的融洽。军地要经常沟通情况，密切感情，通过开展“双向服务、双向奉献”活动，把军心、民心紧紧凝聚在一起，共同开创民政工作的新局面。

其三，坚持资源共享原则。关键是要整合双拥和民政资源优势，通过扩大信息渠道，按其所需提供服务，让各自的资源变成互补的优势条件。第一选准突破口，实现双拥成果向民政工作的转移。双拥工作内容丰富而宽泛，撷取哪些成果给民政系统，哪些成果又能适应民政工作的实际需要，从而实现边际效益最大化，这是应该很好研究的问题。笔者认为，至少应该选择以下方面内容：一是与民政系统紧密相连的项目。如军民共建、双拥进社区、扶贫帮困等。这类项目自身的生成与培育过程乃至成熟阶段都蕴含着军地合一的成果，稍加努力，就能“转移”并“融合”到民政工作上来，容易产生效益。二是容易被“吸收”的项目。包括退伍安置、军队老干部移交接收安置、婚姻登记、烈士陵园教育功能的转化等等。三是具有发展潜力的项目。双拥很多工作成果都凸现民政特色，其中相当一部分项目经过历史和实践的检验，已经处于顶级发展状态，它的辉煌成果凝聚了广大军民的心血，这些精品工程的功效是不可估量的。如能发挥好利用好，那么对民政系统的大发展、快发展必将起到强大的促进作用。第二选准载体，搞好双拥成果与民政工作的“对接”。项目确定了，还要创设一些有效载体，从而实现转移渠道的畅通。根据部门业务特点规律，寻求有利于本部门工作长久发展的对象作为载体。可以设想，城镇有条件的社区如全部与驻军部队结成共建对子，以创建高标准双拥社区为载体，并赋予其切实可行的内容，那么，基层社区建设必将提升到一个更高的层次，实现跨越式发展；再如，明年计划实施将驻沈机关8个军以上单位与8个郊区、县（市）结成对口扶贫对子，通过科技、教育和文化等多种形式的扶贫，以此带动贫困地区、贫困群体尽快脱贫；民政部门殡葬、陵园等窗口单位与驻军基层部队建立共建对子，通过开展岗位学雷锋，文明服务活动，将进一步促进优质服务、爱心服务在民政窗口行业的逐步形成。第三，充分发挥职能部门作用，形成“对接”合力。实现双拥成果向民政系统的渗透和转移，是一项利在当前、功在长远的系统工程。不仅需要各级高度重视，更需要有关部门积极配合参与。应该把这项工作纳入各级民政部门长远发展目标和年度工作争先创优的内容，落实责任制，建立健全必要的制度，做到年初有计划，平时有检查，年底有总结。双拥办主要负责整体协调和组织工作。需要对口互帮项目，涉及到哪个部门，哪个部门就应做出具体计划，选准衔接点，细化对接内容。当然，对接项目的选择要坚持实事求是，切实可行，真正做到共谋其利，共同发展。

以“两新组织”为载体，努力做好新形势下拥军优属工作

辽宁省抚顺市双拥办

抚顺是重工业城市，老工业基地，国有大中型企业多，在计划经济年代，为国家做出过重大贡献。随着国家政治体制和经济体制改革的不断深入，许多原来的国有大中型企业先后退出了国有，作为老工业基地的抚顺也不例外，原来那种壮观的轰轰烈烈的国有大中型企业拥军景象已不复存在。另外，抚顺的经济形势持续不景气和1999年起抚顺驻军的锐减，给我市的双拥工作带来很大的负面影响，在第五轮全国“双拥模范城”评选中，我市失去了保持了三届的国家级“双拥模范城”称号。在这种情况下，怎样适应新形势，走出一条拥军优属工作的新路子，重新争创国家级“双拥模范城”，发动和引导新社会组织、新经济组织（以下简称两新组织）积极参与拥军优属工作，无疑是一个好办法和根本出路。近年来，我们对此进行了认真探索和不懈的努力，正确引导和组织“两新组织”主动参与拥军优属工作，巩固了工作成果，提高了双拥工作整体水平。

一、顺应形势发展，转变陈旧观念，充分认识“两新组织”参与双拥工作的重要意义

（一）“两新组织”成为取代依靠国有大中型企业拥军，做好双拥工作新的社会资源。近年来，随着市场化程度不断提高，抚顺市“两新组织”发展如日中天，已经成为重要的社会、经济力量和重要的双拥资源。据统计资料显示，目前，抚顺市共有各类非公有制企业近2万家，其中注册资金超百万元的私营企业多达1000多家。近3年又新增新社会组织500多家，近期又成立了人才、房屋中介等11家行业协会，其发展之势如雨后春笋，不可估量。上述组织每年上缴地方税金6亿多元，约占全市经济总量的一半。上述数据充分说明，“两新组织”已经成为拥军优属工作的重要基础和资源，而且，随着经济结构调整力度的加大，“两新组织”的发展将更加迅猛，双拥工作要与时俱进，就必须认真做好“两新组织”的拥军优属工作。

（二）做好新形势下的双拥工作，迫切需要开发“两新组织”的资源。双拥工作说到底是一项为部队和国防建设服务的工作。新的历史时期，部队和国防建设对拥军优属工作提出了许多新要求。如平时的拥军优属，战时的动员支前等，需要全社会包括“两新组织”的广泛参与；转业军官、退役士兵和随军家属是宝贵的人才资源，但他们的工作安置难度却越来越大，需要动员“两新组织”分担安置任务；兵役工作、优抚工作也需要依托“两新组织”开展。所以，只有充分开发“两新组织”的拥军优属资源，才能不断创新双拥工作，为经济建设和国防建设服务。

（三）做好新形势下的双拥工作，必须充分调动“两新组织”拥军优属的工作热情。“两新组织”中蕴藏着很高的拥军优属工作热情，需要我们悉心爱护，积极引导。从调查情况看，“两新组织”在自身发展壮大过程中，不忘国防责任，做了大量的拥军优属工作。抚顺哥俩好集团是一家闻名全国的民营企业，企业壮大了，发展了，但他们始终把贯彻《中华人民共和国国防法》、《国防教育法》、《兵役法》等作为企业义不容辞的义务，把爱国主义教育作为企业职工教育的重要内容，积极主动地开展拥军优属工作，在安置退役士兵和随军家属工作上起带头作用，从不讲价钱，多次被评为新宾县和抚顺市拥军优属模范单位。抚顺罕王集团董事长杨敏热心支持部队建设，热心于拥军优属事业，在企业内部设置了拥军办公室，以健全的组织，完善的制度，做经常性的拥军活动，每年对持证军人及优抚对象购物的优惠金额达20多万元。这样的“两新

组织”在全市有很多，需要广泛宣传，大力提倡，同时要深入发动，动员更多的“两新组织”参与拥军优属活动。

二、加大宣传力度，充分调动“两新组织”的拥军优属积极性

推进“两新组织”的双拥工作，充分调动他们的拥军优属积极性，必须加强宣传教育，为“两新组织”作好双拥工作营造浓厚的舆论氛围和宽松的社会环境。

（一）加大国防教育力度，增强“两新组织”依法开展拥军优属工作的责任意识。为了充分动员全社会支持军队和国防建设，国家制定了一系列法律法规。《中华人民共和国国防法》规定，一切国家机关和武装力量，各政党和各社会团体、各企事业单位，都要组织本地区、本部门、本单位开展国防教育，在和平时期必须按照法律法规完成动员准备工作，在国家发布动员令后，必须完成规定的动员任务。公民和组织应当支持国防建设，为武装力量的军事训练，战备执勤、防卫作战等活动提供便利条件和其他协助。《抚顺市征兵工作条例》明确规定其适用范围为本市行政区域内的国家机关、社会团体、企业（包括外商投资企业和私营企业）、事业单位、个体工商户和公民。我们要大力宣传《国防法》，帮助“两新组织”树立依法履行国防义务、做好拥军优属工作的责任意识。

（二）加大典型宣传力度，增强“两新组织”做好拥军优属工作的创先意识。“两新组织”是拥军优属的一支新兴力量，要大力宣传“两新组织”在拥军优属中涌现出的先进典型，鼓励他们争先创优。对先进典型，要予以大力宣扬，宣传他们致富思源、富而思进、回报社会的强烈责任意识和高尚品格，从而在“两新组织”中形成政治文明、物质文明、精神文明一起抓的良好氛围。

（三）加大启发引导力度，增强“两新组织”结合经济工作抓拥军优属的效益意识。私营业主最关注的是经济效益，要帮助“两新组织”找准经济工作与拥军优属工作的最佳结合点，做到经济工作与拥军优属工作相互促进，共同发展，保护“两新组织”拥军优属工作的积极性。要广泛动员和组织“两新组织”开展军民共建、军营一日和职工军训等活动，加强职工队伍建设，提高企业综合竞争力。这样既支持了部队建设，也促进了地方的“三个文明”建设。我们要帮助“两新组织”找准经济工作和拥军优属工作的最佳结合点，力求使其在拥军优属工作中有付出更有所得，实现资源共享，形成良性循环。

三、加强组织领导，理顺“两新组织”拥军优属工作的组织体系

与公有企、事业单位比较，“两新组织”没有统一的行政领导体系，社会组织相对松散。为了有效地推进“两新组织”的拥军优属工作，必须认真研究并建立与之相适应的拥军优属组织体系。

（一）充实现有双拥工作领导体系。一是吸纳工商联、新经济组织党工委、新社会组织的业务主管部门参加现有的双拥工作领导机构，并明确其抓“两新组织”拥军优属工作的职责。二是把双拥工作作为“两新组织”党建工作和精神文明建设的重要内容，赋予“两新组织”党建工作领导小组和“两新组织”中的党组织抓双拥工作的职能和任务。三是坚持条块结合，以块为主的原则，充分发挥街道的资源整合功能，明确规定“两新组织”的拥军优属工作主要由街道负责，街道可通过地区党建工作、经济工作、武装工作、工会工作和精神文明建设等，引导和组织“两新组织”参与社区的各项拥军优属活动，努力提高双拥工作社会化水平。

（二）完善国防教育和国防动员工作体系。要树立大双拥的观念，把国防教育和国防动员工作作为双拥工作的重要内容，延伸到“两新组织”中去。军分区、宣传部、国防教育办、双拥办要认真研究，采取措施抓好国防教育、兵员征集、民兵建设、战争潜力调查及动员等项工作在“两新组织”中的落实，确保“两新组织”日益增长的人才、科技实力更好地为军队和国防建设服务。

（三）健全优抚安置工作体系。优抚安置工作是双拥工作的重要组成部分，涉及到优抚对象的切身利益，工作难度较大，需要动员全社会广泛参与。当前，"两新组织"处于快速成长期，与公有企、事业单位比较，做好优抚安置工作具有明显优势。如退役士兵和随军家属的安置工作，对于大幅裁员的国有企业确实是个难点，但对"两新组织"就相对好办一些。"两新组织"内的优抚对象和"两新组织"结对包户优抚对象的具体工作也需要有一个正常的工作体系，可由街道职能部门负责，并在"两新组织"中建立双拥工作联络员制度，保持街道与"两新组织"的沟通，保证优抚工作的正常运转。

四、创新双拥工作机制，促进拥军优属工作在"两新组织"中的落实

当前，在"两新组织"中开展拥军优属工作的主要内容有：一是配合政府做好烈军属、革命伤残军人等优抚对象的优待服务工作；二是支持政府做好退役军人和随军随调军人家属的安置工作；三是与所在地区重点优抚对象及其子女结对帮困、结对助学；四是参与社区组织的慰问部队、走访军烈属等双拥活动；五是开展科技拥军、智力优属活动；六是积极参加拥军优属基金捐赠活动；七是开展军营一日和军民共建活动，推动自身的精神文明和职业道德建设；八是开展国防教育和国防动员工作，完成征兵和民兵工作任务，支持国防后备力量建设。

为了保证各项双拥工作在"两新组织"中的落实，必须研究建立有效的工作机制。根据各单位的做法和经验，以下几条值得我们研究实践：

一是党委负责制。"两新组织"的双拥工作主要由各有关部门党委和街道党工委负责领导，主要形式是结合党建开展双拥工作，做到双拥工作与党建工作同步部署、同步指导、同步检查。将社区"两新组织"的双拥工作纳入街道管理，街道综合党委负责人担任双拥工作领导小组负责人，主要负责社区"两新组织"双拥工作的协调和指导。

二是联席会议制度。各有关部门、各街道研究部署双拥工作，协调重大双拥工作事宜，要召开有"两新组织"负责人或联络员参加的联席会议，广泛听取"两新组织"和社区方方面面的意见建议，动员"两新组织"参与各项双拥活动。

三是检查评比制度。各部门、各街道在评选双拥模范、双拥先进时，都要纳入"两新组织"。组织部门的党建工作评比，宣传部门的精神文明建设评比，人武部门的兵役工作和后备力量建设评比等，都要把"两新组织"的拥军优属工作作为重要内容纳入其中，促进双拥工作各项任务在"两新组织"的落实，不断实现双拥工作社会化的整体水平。

如何把创建双拥模范县（城）活动引向深入

辽宁省开原市双拥办

从2004年起到2006年，我省将开展第六轮创建双拥模范城活动。怎样把创建活动引向深入，提高创建水平，拥军优属工作是关键。这里就如何开展拥军优属工作谈点浅见：

拥军优属工作尽管在各个历史时期的目标和任务不同，但归根结底都是党的群众路线的具体运用和生动实践，都是为了解放和发展生产力，实现、维护和发展广大军民的根本利益。这项工作做得如何，关系到党的执政宗旨的履行，关系到党执政基础的巩固，对完成发展党执政兴国第一要务有至关重要的影响。拥军优属工作既然如此重要，就必须研究拥军优属工作怎样适应新形势发展，怎样在新形势下深入开展下去。

一、拥军优属工作要网络化

强有力的组织领导是做好拥军优属工作的保证。应从机关到基层，从一个地区一个部门的主要领导到从事具体工作的普通人员，建立起庞大的拥军优属工作网络，把人员、经费、办公地点落实到位。就我们开原市而言，应在市成立双拥工作领导小组基础上，各乡、镇、街，各部、委、办、局成立拥军优属领导小组，各村、社区建立拥军优属服务组。建立起这样的组织网络，就会形成主要领导亲自抓，其他领导配合抓的局面，真正做到一级抓一级，层层有人抓，层层有人做，层层抓落实。

二、拥军优属要社会化

全面、协调、可持续的发展观，对全面建设小康社会提出了很高的标准，也为拥军优属工作提供了应遵循的原则，平时的拥军优属和战时的拥军优属尽管任务有所不同，但目的都是一样的，那就是为了提高部队战斗力。拥军优属水平、质量影响着部队的战斗力。平时为战时，战时能打赢，平时拥军优属社会化，战时全民皆拥军，战斗力就会无限提升。拥军优属社会化应主要做好以下两个方面的工作：

（一）发挥组织成员作用

拥军优属领导小组成员单位各自有着不同的职责，只有各成员单位坚持做到不管形势任务如何变化，拥军优属意识始终不淡化；不管领导班子成员如何调整，拥军优属工作领导力量始终不减弱，不管经济发展多么重要，拥军优属工作标准始终不降低，认真履行职责，充分发挥作用，就能不断推动拥军优属工作的发展。

一是发挥宣传教育优势拥军优属。充分利用各种国防教育和爱国主义教育基地，革命烈士纪念建筑物、部队的军史馆、荣誉室等教育场所，把国防双拥宣传教育纳入宣传思想工作总体规划。利用一切手段、一切形式宣传拥军优属的目的意义，通过宣传形成浓厚的拥军优属氛围，进而达到人人讲拥军优属工作、人人做拥军优属工作、全社会参与拥军优属工作的良好局面。

二是充分发挥政策优势拥军优属。市县可根据当地驻军情况，每年战士退伍、干部转业情况，由组织、人事、劳动、民政等部门制定相关政策，拓宽就业渠道，保证转业干部、退伍战士安置，军嫂就业；教育部门重点解决好军人子女入托、择优选校的问题；财政、民政部门根据现行财政体制认真落实优待、抚恤政策，根据社会经济发展建立抚恤补助标准自然增长机制和社会化发放系统。公安、司法系统履行职责，依法维护军人、军属、优抚对象的合法权益。

三是发挥组织动员优势拥军优属。各成员单位对本系统、本行业有组织动员能力，可发挥优势办实事，解决问题送温暖。科协、科委、文化、教育部门可建立科技拥军、智力拥军、文化拥军培训基地，农业、土地等部门可利用人才资源技术优势为部队建立副食品基地，畜牧部门帮助建立养禽、养奶牛基地。

四是发挥行业领导优势拥军优属。成员单位切实加强对本行业、本系统工作的领导和监督，保证政策支持到位，保障服务到位，科技普及到位。

（二）调动非组织成员积极性

非组织成员虽然没有明确的职责和具体的拥军优属任务，它所从事的社会活动都是与拥军优属密切关联的。

一是调动非组织成员宣传拥军优属积极性。非组织成员单位是社会构成一大方面，有党政机关，有社会团体，有公有制经济组织，有民营经济组织，调动了他们宣传积极性，社会就形成人人讲拥军优属，人人思拥军优属，人人做拥军优属工作的氛围。

二是调动他们参与拥军优属工作积极性。非成员单位有拥军优属的实力和潜力，只有去组织、去调动才能发掘他们的潜力，奉献他们的实力。通过行政部门、行业协会、社团组织、中介组织、社区等将公有制经济组织、民企经济组织纳入行业拥军优属、社区拥军优属中来，这样的拥军优属贴近实际，就会充满生机和活力。

三是调动他们监督拥军优属积极性。双拥工作开展得如何，特别是各种政策法规贯彻落实得如何，基层最清楚，百姓最知情，他们反馈的信息就是拥军优属工作开展的晴雨表，要给他们准备反映问题的渠道，鼓励支持他们进言，倾听他们的呼声。

三、拥军优属要法制化

从中国人民解放军诞生的那一天起，我们已走过了78年拥军优属的历程，这一历程多数是靠有组织的拥军优属和群众自发性拥军优属走过来的，进入改革开放、市场经济的时代，有必要将拥军优属法制化，有法律、法规做保证，加之有效的组织，群众积极参与，优军优属工作才能保持旺盛的生命力。我们国家有宪法、兵役法、军人抚恤优待条例等法律、法规，这是我们做好拥军优属的法律依据和法律保证。就县域而言，要把拥军优属工作深入发展下去，在不折不扣贯彻这些法律法规基础上，还要制定本地的规章，如拥军优属实施细则，军嫂就业、子女入学入托的优惠政策，转业干部、退伍军人接收安置办法，奖励措施等；建立双拥工作机制，它应包括“三同时”的制度，即布置工作、检查工作、总结工作的同时布置、检查、总结拥军优属工作；军政联席会议制度、双拥领导小组工作制度、双拥办工作制度、走访慰问制度、军地联谊制度，有了好的法律法规，有了顺畅的贯彻执行渠道，有了可落实的制度，拥军优属工作就会有序健康地发展。

创建双拥模范城是历史的必然，把创建双拥模范城活动引向深入是时代的需要，只要各级领导重视，有法律、法规、制度做保障，全社会齐参与，创建双拥模范城的活动将经久不衰，双拥模范城的档次会再上一层楼。

积极开展新型双拥工作，构建社会主义和谐社会

辽宁省铁岭市清河区双拥办

党的十六届四中全会提出了构建社会主义和谐社会的目标。做好双拥工作，对实现这一目标具有重要的作用。双拥工作是促进军政、军民团结，维护改革发展稳定的工作，是调动军民积极性建设国家巩固国防的工作，是弘扬民族精神，增强民族凝聚力、向心力的工作。双拥工作做好了，亿万军民团结一心，国家的安全稳定就有了坚实的根基，和谐社会的构建就有了稳固的基础。因此，县区双拥部门应该充分发挥职能作用，积极探索，与时俱进，扎扎实实地开展好新型双拥工作。

清河区作为铁岭市的一个辖区，所辖两街、一镇、两乡，总人口10万人，面积465平方公里，有“三属”12人，伤残军人47人，在乡复员军人134人，带病回乡退伍军人16人，入朝一年担架兵23人，在乡复员军人遗孀84人，在乡不发退休费的退休复员军人1人，现役军人义务兵家属93户，当年接收退役士兵62人，驻区部队有清河武警中队、清河消防武警大队和武装部。

一、做好双拥工作，为构建和谐社会创造稳定的社会环境

军政军民团结历来是保持和促进社会安定团结的重要因素。和谐社会是国家繁荣昌盛、人民富裕幸福的前提和基础。军民构建和谐社会的本质和核心是坚持以人为本，构建和谐社会一个重要方面是处理好人与人的关系、人与社会的关系，军队作为国家机器的重要组成部分，它在维护国家安全、社会稳定和促进社会健康协调发展方面所起的作用，决定了军政军民关系在社会关系中的地位和作用。因此，作为双拥工作者，工作中必须增强法规意识，坚持依法办事，妥善处理人民内部矛盾，全面落实新《军人抚恤优待条例》，关心困难优抚对象的生产生活，切实保障他们分享社会发展的成果，满腔热情地解决涉及军民切身利益的实际问题，消除不安定因素，为构建和谐社会创造安定团结的政治局面做出积极的贡献。

（一）积极为驻区部队服务，努力为他们提供良好的学习、工作、训练环境。随着社会主义市场

经济的发展，尽管社会环境发生了深刻的变化，但我军的性质没有变，全心全意为人民服务的宗旨没有变，人民军队的职能没有变，除了为人民、为国家服务外，军队没有独立于人民利益之外的利益，甘愿奉献。军队来源于人民，服务于人民，总是以人民的根本利益为最高利益。无论战争年代，还是和平建设时期，人民的利益就是军队的利益，军队的利益也是人民的利益，“没有人民的军队，便没有人民的一切”。因此双拥部门要从讲政治的高度出发，每年利用春节、“八一”建军节期间进行走访慰问部队，为他们送去慰问金、慰问品并召开有军地主要领导参加的座谈会，现场解决军地双方所提出的各种问题，促进军政军民团结。近两三年来，我们先后为驻区武警部队重新维修装修营房、训练场和活动室，送去了电脑、电视，帮助武警中队建立图书室，使广大武警官兵的周围环境得到了改善，促进了工作和训练任务的完成，保证了“打得赢，不变质”的落实，密切了军政军民关系和保清河一方平安。

（二）在全区开展“千名党员包千户”活动中，所有的优抚对象全部在包抚之列，做到每位“三属”、伤残军人、在乡复员军人，带病回乡退伍军人都有单位和个人承包，帮助脱贫致富，改善生活，提高了待遇，具体体现了“爱心献功臣”实质，使广大党员干部在活动中受到锻炼和教育，广大优抚对象得到了经济和精神实惠，拉近了党员干部与优抚对象之间的距离，消除了优抚对象存在的不安定因素，促进了社会和谐。

（三）建立优抚保障基金，全区农村义务兵家属优待金统一标准，统一发放，杜绝拖欠农村义务兵家属优待金现象，解决了义务兵安心服役的后顾之忧，维护了义务兵根本权益，体现了“军队打胜仗，人民是靠山”的良好关系。

二、解决好“三老”对象“三难”，为构建和谐社会提供了有力保障

“三老”即老烈属、老伤残军人、老回乡复员军人，“三难”即生活难、住房难、看病难，解决“三老”对象“三难”是我们优抚双拥工作的重点，也是难点。“三老”是现阶段农村最急需保障的人员，这些人员曾经对革命做出贡献，他们是一个特殊的社会群体，在农村中具有稳定的社会地位和影响力，社会理应对他们提供必要保障，做好这项工作，对于维护社会稳定，促进国防建设和两个文明建设具有至关重要的意义。近年来，我们清河区为适应建立社会主义市场经济体制的需要，立足本地实际，不断探索解决“三老”“三难”的新路子，紧密围绕党在农村的中心工作，以扶持在乡优抚对象奔小康为着眼点，积极寻求农村优抚安置工作与市场经济的结合点，基本上解决了“三老”存在的“三难”问题。

（一）积极筹措资金，解决“三老”住房难的问题。这个问题在2001年前，一直是困扰着民政局的工作，虽然面对“三老”住危房、险房的实际情况，但由于资金困难每年只能解决一至两户，远远不能解决这一难题。2001年，由省、市、区出资50余万元为全区35户“三老”建房，2003年省、市、区又出资10余万元为4户“三老”建房，维修房屋16户，彻底解决了“三老”住房难和无房住的问题，体现了党和政府对优抚对象的关怀和照顾。

（二）随着农村税费改革的深入，广大优抚对象得到了更多的实惠，每人都享受农村优待金和定期定量补助，同时所有优抚对象都享受农村居民最低生活保障和困难补助，加上按《军人抚恤条例》规定的抚恤金、定期定量补助和“千名党员包千户”扶持的补助以及节日慰问等，我区优抚对象的各种补助费均已超过当地农民年均纯收入，优抚对象的生活难问题已基本得到解决。

（三）认真落实《关于做好重点优抚对象医疗保障管理工作的通知》和农村税费改革中优抚资金医药补助费，对患病住院和平时有小病的补助都已兑现，同时根据优抚对象患病程度给予适当的临时救济，并落实了农村低保居民大病救助制度，使优抚对象治病难问题，基本上得到缓解。

三、开展丰富多彩的军民共建活动，为构建和谐社会提供精神动力和智力支持

军民共建是群众性精神文明创建活动的主要组

成部分，是双拥工作的重要形式，以培育“四有”新人为根本任务，以创建文明行业、文明村镇、文明社区活动为重要任务，对于提高广大市民的文明程度和科学文化素质，加强思想道德建设和科学文化都发挥了重要作用。

清河区第二小学创建了的少年军校，全区初中、高中每年暑期开学全部聘请驻区战士当军训教员，为入学新生开展军训活动，使广大中小学生从小树立国防观念，培养守纪律、不怕苦的团队精神；双拥进社区、进村镇活动的开展，使群众性文化娱乐活动得到落实。社区、村镇帮助优抚对象解决生活困难，帮助下岗现役军人家属再就业，解决了现役军人的后顾之忧。武警中队与区粮库，开展了经常性的共建活动；消防大队与区养老敬老服务中心的互动活动为老人们带去欢乐。消防大队灭火救灾每年达1000余次，挽回经济损失100余万元，受到区委、区政府和广大人民群众的好评，为构建和谐社会奠定了坚实的基础。

四、多种形式的国防教育，为构建和谐社会创造良好社会政治氛围

军队建设和国防建设事关我国全面建设小康社会宏伟目标的实现，江泽民强调指出，“越是在和平时期，越要宣传国防意识的意义，克服和平麻痹思想，增强人民的国防观念”。要开展深入持久的全民国防教育，增强人民群众以爱国主义为核心的国防观念，把广大军民的爱国热情引导和凝聚到建设中国特色的社会主义伟大事业上来，引导和凝聚到为祖国的统一繁荣和富强做贡献上来。每年“八一”前期，区武装部都聘请炮兵学院教授给全区科级以上干部作国防形势报告和预备役高炮演练，并组织全区领导轻武器实弹射击等国防教育，强化国防观念和双拥意识。中小学生在清明节奠扫烈士陵园时组织缅怀英烈，刻苦学习，做“四有”新人；组织入少先队、入团和成人宣誓，进行爱国教育和责任教育；充分发挥新闻媒体和国防教育其他的功能，切实增强教育的影响力和实效性。

双拥工作的深入开展，使清河区在全区范围内真正形成了“同呼吸，共命运，心连心”的新型军政军民关系和“军民团结一家亲”的良好社会风尚，为构建成和谐清河奠定了良好的基础。

开展文化拥军活动的实践与思考

吉林省双拥办

我省素有拥军优属工作的光荣传统，曾率先在全国开展了科技拥军活动，法律拥军、教育拥军等工作在全国也占有一席之地。近年来，随着朝鲜半岛形势的紧张和加剧，中央军委对边境防务进行了调整，一些原驻扎在外省市的部队充实到我省边防一线。我们针对边防部队点多面广、驻地分散以及我省边境线比较长的实际情况，在认真开展各项双拥工作的同时，以白山市为主，在千里边防线上重点开展了文化拥军活动。实践使我们体会到，文化拥军做好了不仅为部队办了实事，还为我们开辟双拥工作的新领域、探索双拥工作运行的新机制做了有益的尝试。文化拥军是双拥工作在新时期的创新和发展，是巩固和发展军政军民关系的成功实践和有益探索，对促进和谐社会建设和边疆稳定发挥了积极的作用。从我省的实践看，主要有以下几点体会：

一、开展文化拥军活动是建设社会主义新文化和学习型军营的现实需要

党的十六大提出，要形成全民学习、终身学习的学习型社会。这是对全党全军提出的共同要求。建设学习型社会、学习型军营，就是要在坚持社会主义先进文化方向的前提下，营造主动学习、持续学习的氛围，建立激励学习、改善学习的机制，达到自我提高、岗位成才的目的。打造学习型军营，是时代变迁、科技进步的客观要求，是履行我军新使命的迫切需要。我们开展的文化拥军活动正是适应了部队建设这一需要，通过搭建文化拥军的平台，极大丰富了边防部队广大官兵的精神文化生活，取得了良好的效果。

一是通过搭建文化拥军平台，提高了广大官兵的科学文化素质。相对于内地部队，边防官兵要有更高的思想觉悟、更全面的能力素质、更强的奉献精神。这就要求我们要用先进文化占领部队的思想阵地，丰富官兵的知识储备，陶冶官兵的情操。为解决边防官兵在文化生活方面的迫切需求，几年来，我省在财政状况比较紧张的情况下，先后投入200多万元资金，为边防一线连队和哨所建成一个集学习教育、歌咏、影视欣赏为一体的综合文化活动室，活动室配备了图书、报刊、电脑、彩电、音响、各种健身器材和乐器。活动室虽小，却是官兵们增长知识、提高素质的平台，官兵们学习的自觉性空前提高，很多战士过去文化基础差，有的甚至连电脑都没有见过，如今已成为连队的“电脑通”。通过学习，官兵卫国守边思想坚定了，本领提高了，“山不在高，有仙则灵，疆不在偏，有兵则宁”，这出自边防战士内心的话，真实地反映出了戍边官兵的崭新的精神风貌。

二是通过开展文化拥军活动，广大官兵的精神生活更加丰富。高雅丰富的文化活动，让边防哨所充满了活力。近年来，地方各级政府坚持把最优秀的文艺节目送到军营，每逢重大节日，都要派出演出队到部队与边防官兵一起举办联欢会。工青妇组织开展的“长白山之约”、“鸭绿江之恋”等军地青年联谊活动，不仅活跃了军营文化生活，密切了军民关系，还使近20对军地青年喜结连理，拓宽了解决基层官兵婚恋问题的路子。我省地方各级政府还依托艺术院校和各种文艺团体，为部队举办乐器、书画、摄影等文艺骨干培训班，为部队开展文化活动奠定了人才基础。还组织著名作家、书画名家、艺术家等文化名人走进哨所，与官兵们现场交流，帮助广大官兵提高文化艺术修养。

三是通过开展文化拥军互动，使边防更加稳固，社会更加和谐。由于边防部队高度分散，边防哨所地理位置偏僻，地方各级政府帮助部队建立的文化室，如今已成为军地互动的平台。地方的专家来哨所辅导战士们学习微机、音乐、科技知识，地方群众也把这里作为接受教育和提高素质的学习舞台。官兵们通过学习掌握一定的农业技术后，主动帮助驻地群众科学种田，增收致富。文化互动的道路越走越宽，边防官兵在完成战备执勤任务的同时，和驻地群众一起开展了维护一条爱民街、服务一所敬老院、共建一所中小学、包保一户贫困户、帮扶一批贫困生等“五个一”活动，促进了当地社会的和谐发展，为筑牢边关奠定了稳定的群众基础。

二、开展文化拥军活动要着眼广大官兵的需求，有的放矢

文化拥军工作的实践使我们感到，在文化拥军的工作方式上，应表现为军人第一，服务至上，不仅要根据部队需要安排文化拥军活动的内容，还要使活动方式便于广大官兵接受，使广大官兵实实在在受益。

一是要从广大官兵的需求出发，搞好文化拥军。文化拥军的内容取决于部队广大官兵的需求。文化拥军内容本身具有多样化的特性，而广大官兵的需求又具有多层次、多角度的特点。这就决定了我们文化拥军活动内容安排的主旨就是要搞好内容与战士文化需求的统一。首先，广大官兵的需求是第一位的，不能因为部队本身的工作的特殊性，而把根据广大官兵需求安排文化活动内容淡化；其次，部队建设是第一位，所有文化拥军活动的安排都应符合和服从于部队的文化建设。有了这样两个“第一位”，文化拥军活动内容的安排就有了遵循，按照这个主旨开展文化拥军，才能有利于部队建设，才能适宜不同层次官兵的需求，达到真正提高广大官兵文化素质的目的。

二是要从提高广大官兵的根本技能出发，搞好文化拥军。要有针对性地通过培训使广大官兵掌握或者提高某一方面的文化技能，这种技能应该说是使官兵终生受用的。而以往的拥军活动多表现为一般性、表面化服务，虽然官兵们在娱乐、文化享受上受益，但缺乏技能、技巧培训这样一些根本性的教育。通过进行计算机基础知识、常用软件的使用等方面的培训，促进官兵计算机使用技能技巧的提高。通过为连队培养文艺骨干，促进广大官兵艺术表演能力的提高；通过举办板报、摄影竞赛，提高的是广大官兵美术设计和审美的能力。应该说，这些看来较为单项的培训和比赛，对提高广大官兵的整体文化素养起到了重要作用。

三要从取得长远效果出发，搞好文化拥军。要通过我们一些活动的举办，通过对官兵的培训，提高官兵们的根本文化素质。要改变以往的那种只注重新闻效果，注重社会影响的做法，虽然广大官兵也有一些收益，但却没有成为活动主角，其实效是短暂的。因此，近年来我们注重在确保文化拥军工作取得长效上下工夫，先后为边防线上所有连队和哨所建立了文化室、建立流动图书馆、成立了文艺演出小分队，以及开展了各种形式的培训和比赛等活动，确保文化拥军工作长流水、不断线。

三、开展文化拥军活动要立足当地实际，强化“四个意识”

文化拥军是新形势下拥军工作的新创造，它加深了军地之间的交流与沟通，党政军警民的关系也更加密切和融洽，和谐的军民关系为建边、兴边、稳边、固边奠定了越来越坚实的基础。要使这项工作深入发展，经久不衰，各级党委和政府还要在强化“四个意识”上下工夫。

一是强化经常意识，坚持把文化拥军工作作为一项长期的任务抓紧抓好。从当前文化拥军开展的情况来看，文化拥军活动开展得比较扎实的地区和单位，军政军民关系都十分密切。各级党委和政府要加强引导和开展经常性的思想教育，建立经常性的文化拥军工作保障机制，克服文化拥军工作时冷时热的现象，强化贵在经常的意识，始终保持工作的连续性和一贯性，坚持把文化拥军工作作为一项长期的任务抓紧抓好。

二是强化基层意识，充分调动各单位各部门自觉参与文化拥军活动的积极性。基层是一切工作的基础，只有把文化拥军工作的重点放在基层，文化拥军工作才能向更好的广度和深度发展，才能保持旺盛的生机和活力。文化教育科学卫生等部门要走在文化拥军的前列，要发挥部门和行业优势，主动延伸服务领域，自觉地将文化拥军工作列入本行业本部门的工作范畴，并根据部队各项文化建设的需求，做出计划安排，加以实施。

三是强化责任意识，下工夫抓好文化拥军工作的落实。要明确各部门各单位参与文化拥军活动的责任，把落实文化拥军工作情况与各单位的绩效考评挂起钩来，与单位领导的考核使用结合起来，避免文化拥军工作中走过场、大帮哄的形式主义，真正把落实好文化拥军的各项工作上升到维护边疆稳定、促进军民团结的高度来认识，使其成为全社会的共同责任。

四是强化大局意识，切实把文化拥军工作提上高度，摆上位置。文化拥军很大程度上现在还是政府行为，要真正把文化拥军提上高度，摆上位置，就要克服短期行为，跳出“局部利益”的小圈子，要站在讲政治、讲大局的高度，在人力、物力、财力上要舍得投入，要更新观念，将新的管理机制融入文化拥军的工作中，使文化拥军工作在促进边疆稳定和社会和谐中发挥更大、更积极的作用。

用科学发展观指导双拥工作应注重强化“五个观念”

吉林省双拥办

科学发展观是我们党以邓小平理论和“三个代表”重要思想为指导，从新世纪新阶段党和国家事业全局上提出的重大战略思想。坚持用科学的发展观指导双拥实践，推动双拥工作深入发展，不断巩固和发展军民团结，更好地为全面建设小康社会服务，是值得我们深思和研究的重要课题。落实科学发展观，指导做好新时期的双拥工作，应注重强化“五个观念”。

第一，强化以军民为根本的以人为本观念。双拥工作植根于军民，服务于军民，这是双拥工作的根本宗旨，也是以人为本思想的集中体现。在实践工作中要增强“三个意识”：一是首位意识。“兵民是胜利之本”是毛泽东同志对军民重要性的精辟论断，实现好、维护好、发展好广大军民的根本利益是我们党群众路线的重要体现，是开展双拥工作的出发点和落脚点。各级谋划双拥工作要以军民的根本利益为先，落实双拥工作要以军民的根本利益为本，验收双拥工作要以军民的根本利益为准，真正摆上位置，优先考虑。二是政治意识。双拥工作不是中心工作，却影响着中心工作，各级要把双拥工作作为一项重要的政治任务，作为检验党的执政能力的重要内容。要破除满足现状的倾向，树立争先创优的思想；要破除被动应付的倾向，树立主动服务的思想；要破除重形式轻效果的倾向，树立讲效率求实效的思想。我省始终坚持定期召开双拥工作办公会或座谈会，认真分析双拥工作形势，研究解决双拥工作问题，切实加强双拥工作领导，认真履行双拥工作职能，使各部门主管领导时刻绷紧双拥这根弦。三是服务意识。各级要把广大军民合法权益的保障程度、正当要求的满足程度作为检验双拥工作成效的重要尺度。实现由被动服务向主动服务的转变，增强超前服务意识；实现由办理具体事务向想长远、谋大局转变，增强服务全局意识；实现由按惯例办事向求新求质转变，增强优质服务意识；实现由传统双拥手段向高效能双拥方式转变，增强技术服务意识。为解决在乡老兵住房问题，今年我省下发了《关于在全省实施“在乡老兵安居工程”指导意见的通知》，集中力量，加大投入，将在两年内彻底改善全省万余名在乡老兵的住房条件。

第二，强化以团结为核心的共建和谐观念。军政军民团结是我党我军我国人民的优良传统和特有的政治优势。无论是在革命战争年代还是和平建设时期，坚强的军政军民团结始终是凝聚中华民族的一种强大精神力量，是夺取革命和建设事业胜利的一种巨大物质力量，对构建和谐社会具有重大意义。军政军民团结是和谐社会安全稳定的可靠保证。邓小平同志反复强调，没有稳定的社会环境，什么都搞不成。党的十六届四中全会对构建和谐社会做出了战略部署，这更加需要亿万军民同心同德，更加需要坚强的党政军民团结，更加需要把军地双方的优势发挥出来，国家的稳定才能有坚实的根基和可靠的保证。军政军民团结是和谐社会充满活力的重要源泉。社会是人的社会，人的活跃必将使社会充满生机和活力。军民共建作为双拥工作的有效载体，是调动军民参与热情的有效形式。2004年我省依托社区建设的新平台，制定了《关于在全省社区开展双拥工作的指导意见》，将双拥共建工作融入到社区建设之中，为社区建设注入了活力。军政军民团结是和谐社会持续发展的重要途径。实现人与自然和谐相处，既是全面建设小康社会的重要条件，也是实施可持续发展战略的迫切需要。在这方面军民团结大有可为。今年4月，吉林省军区集中组织5000余名预备役官兵，在吉林省荒漠化最严重的前郭县组织了“万亩民兵林暨荒漠化治理大会战”，共植树120万株，谱写了一曲军民携手治理荒漠的壮丽篇章。军政军民团结是和谐社会化解矛盾的重要手段。国防建设与经济建设在相互促进的同时，不可避免地会产生一些交叉，这就产生了矛盾，通过军政军民团结可以解决问题和矛盾，增进感情，及时化解和消除这些不利因素，实现平等友爱，融洽相处。

第三，强化以务实为基础的实事求是观念。实事求是是党的思想路线，也是做好双拥工作的工作方法。要围绕军地双方最现实、最紧迫的需要，扎实地办实事、解难题，有一件抓一件，抓一件成一件，力求实实在在的效果。重点突出“五个字”的落实，一是立足“常”字，完善制度。双拥工作是一项长期的、经常性工作，贵在经常、难在经常，必须有专门机构、专职人员经常抓、抓经常，必须有一套完善的规章制度提供长久稳定的体制、机制保障。近年来我省先后出台了《吉林省拥军优属若干规定》、《关于做好驻省部队现役军人子女教育工作的意见》、《吉林省人民政府关于支持驻军后勤保障社会化的实施意见》等一系列的规章制度，使双拥工作步入规范化、制度化、法制化轨道。二是盯住“难”字，明晰职责。要集中精力抓好军民关注的转业退伍军人安置、随军家属就业、重点优抚对象生活医疗住房保障等热点难点问题，各级政府和有关主管部门要层层落实责任，哪个地方、哪个环节出了问题，该是谁的责任，就追究谁的责任。针对优抚对象医疗难的问题，我省坚持把“纳入城镇基本医疗保险”作为优抚对象医疗保障的主渠道（占全省的40%），其他由县（市、区）采取医疗补助和商业保险等方式加以解决。三是强调“细”字，树立形象。细节工作更贴近生活、贴近实际、贴近群众，更能体现党和政府对优抚对象的关怀，更能体现立党为公、执政为民的良好形象。2003年经省双拥办协调，长春市免费接收了12名赴刚果执行维和医疗任务的军队医护人员子女到重点学校上学。事情不大却以小见大，以小见实，解除了官兵后顾之忧。四是突出“亮”字，全面提高。坚持以创建双拥模范城活动为载体，树立好、宣传好先进典型，发挥模范带头作用，不断激发基层工作热情和群众的参与热情，推动双拥工作整体水平的全面提高。五是瞄准“弱”点，加强探索。即盯住存在问题做工作，通过薄弱找差距、找突破、找办法，在克服薄弱环节中求发展。教育拥军作为四平市双拥工作的一个特色，其经验做法得到了沈阳军区和民政部的肯定，但其探索之路并不是一帆风顺的，在经过深入调查、多方论证后，确定军人子女入学为突破口，使教育拥军由“弱”点变“亮”点，在全省推广。

第四，强化以发展为原则的改革创新观念。双拥工作要在改革中发展、在发展中创新、在创新中提高，围绕发展抓双拥、抓好双拥促发展是双拥工作必须牢牢把握的基本原则。在改革创新双拥工作中要搞好“三个结合”，一是继承传统与改革创新相结合。继承与创新是相辅相成、辩证统一的，继承必须着眼发展，创新必须以继承为基础。以文化拥军为例，吉林省白山市在继承文化拥军的传统方式的基础上，在思想、文化上求深化，采取帮助部队强化“五大文化”建设（即网络文化、影视文化、书报文化、体娱文化、长白山文化），探索出一条文化拥军的新路子。二是重点突破与整体推进相结合。改革创新不能一蹴而就，而要循序渐进，要坚持科学规划、统筹安排、分步实施、全面推进，最后靠一个个关键环节的突破，带动全局的突破。面对民营企业的快速发展，我省及时总结了通化东宝、修正药业等8家民营企业开展双拥工作的经验，联合省民营企业发展局、省军区共同下发了《关于在全省民营企业开展双拥工作的指导意见》，有力地推动了双拥工作在我省民营企业中的发展。三是国防效益与经济效益相结合。双拥工作的改革创新要以增强国防实力和综合国力为目标，争创双赢效益。坚持国防建设与经济建设协调发展的方针，既是强国之策，也是强军之道。

第五，强化以“三力”为目标的全面发展观。努力增强经济实力、国防实力和民族凝聚力，是军政军民的共同使命，也是双拥工作的根本任务。双拥工作只有坚持全面、协调发展，加强军地、军民之间在政治、经济、文化等领域里交流与合作，才能与国家和民族的脉搏同跳动，与改革开放和现代化建设共发展。以军事斗争准备为核心，深入开展科技拥军、教育拥军、智力拥军等活动。必须用新的视角看待现代战争，必须搞清在谋打赢上双拥工作的努力方向，必须明确实战中支前拥军的具体措施。2004年长春市抓住未来战争信息化的特点，成立了由院士牵头、大专院校人才为主体的信息化拥军顾问团，设立了每年100万元的信息化拥军专项基金，军地对接科研项目28项，有18项获得沈阳军区和国家级奖项。以经济建设为中心，广泛开展扶贫帮困、援建参建等活动。援建活动要以不影响战备训练为前提，坚持既要有一定的声势和形式，又要注重实际效果；既要做到驻守一方、振兴一方，又要通过援建检验部队的战斗力；既要促进物质文明建设新发展，又要推动精神文明建设新进步。2004年，我省在通化市组织召开了民兵预备役部队投身振兴老工业基地工作会议，专题研究了驻吉部队、民兵和预备役部队参与和支援吉林老工业基地建设的问题，并下发了《驻吉部队投身老工业基地振兴的实施意见》，有力地推动了援建工作的开展。以爱国主义为核心，深入开展国防和双拥教育。充分发挥国防教育网络的渗透作用，进一步打牢全社会参与双拥工作的思想基础；充分发挥现代新闻媒体的导向作用，进一步强化以国防观念、爱国精神为主体的双拥意识；充分发挥红色旅游资源的基地作用，进一步拓展国防教育的渠道和方法。

论双拥工作在构建和谐社会中的重要作用

黑龙江省双拥办

党的十六届四中全会从巩固党的执政基础、实现党执政的历史任务的要求出发，提出了构建社会主义和谐社会这一重大论题。在今年省部级主要领导干部“提高构建社会主义和谐社会的能力”专题研讨班上，胡锦涛总书记进一步明确指出，我们要建设的社会主义和谐社会，应该是民主法治、公平正义、诚信友爱、充满活力、安定有序、人与自然和谐相处的社会。从和谐社会这六个方面的特征看我们所做的双拥工作，可以清楚地看到，双拥工作做的是军政和谐、军民和谐的工作，并以此促进军营和谐，确保社会和谐。可以毫不夸张地说，双拥工作做的和谐工作其本身就是在构建和谐社会，其工作的内容是构建和谐社会的重要组成部分，而其工作的客观效果又为整个构建和谐社会的伟大事业提供了安定有序的环境和保证。因此，无论从历史还是从现实情况看，双拥工作在构建社会主义和谐社会中扮演着不可或缺和举足轻重的角色。

一、双拥工作搭建军政、军民沟通平台，促进军政、军民和谐，有利于推进和谐社会的构建

兴起于延安时期的双拥运动，伴随着中国革命和建设的历史进程，历沧桑而不衰、经风雨而弥坚的一个重要原因，是双拥工作始终围绕党的中心任务沟通军政、军民关系，促进军政、军民团结。革命战争年代，这是我党人民战争思想的体现。军政军民携手并肩，浴血奋战，夺取抗日战争的胜利和新民主主义革命的胜利。历史已证明这是我党我军克敌制胜的法宝。社会主义建设时期，军队是人民的军队，国家也已是人民的国家。从国家角度看，军队担负着保卫国家主权、维护社会稳定的使命；政府承担着国家行政管理的职能。它们是国家的两个不同的职能系统，各自有不同的运作程序。新中国建立后，我国仍坚持开展双拥工作，这不只是为了继承发扬革命传统，而是我国的国情需要。具体说就是为了构建安定团结的和谐社会的需要。大家知道，中国历史上军队闹独立，与地方政府闹矛盾，屡见不鲜。结果，地方政府不支持军队，军队不维护政府，致使社会不安，国家不宁。是中国共产党领导中国人民结束了这种混乱局面，也是中国共产党创造了根治军政、军民对立的有效方略，这就是拥军优属、拥政爱民。

历史经验表明，军政、军民三方两组关系和谐，则能造福于民，造福于社会和国家；军政、军民关系不和、出问题则成祸，祸害社会和国家的稳定与和谐。因此，我们必须清醒地看到，双拥工作历来与国家的安全和社会稳定息息相关，军政军民团结始终是稳定之基、发展之本。近些年来，由于党和国家对双拥工作的正确领导，我们各级双拥部门与军队在双拥实践中的努力创新，军地共同发展，军民互助互利的事例不断涌现；军地共创“文明乡镇、文明村屯，先进连队、先进哨所”等活动开展得十分红火，取得了很好的成效，有力地促进了军营和地方的团结、和谐。

由此可见，双拥工作是沟通军政、军民关系，促进军政、军民团结、和谐的工作。由于军政、军民是国家和社会的组成部分，所以，双拥工作所做的军政、军民团结、和谐的工作本身就是在构建社会主义和谐社会，就是在推动和谐社会的构建。

二、双拥工作化解矛盾、理顺情绪、凝聚人心，为构建社会主义和谐社会提供稳定有序的社会环境

经过改革开放二十多年的不懈努力，我国经济得到了迅猛发展，到2003年我国已经进入了人均GDP由1000美元向3000美元跨越的关键阶段。世界有关国家和地区发展的历史经验表明，这既是一个发展黄金期，又是矛盾凸显期。由于我国正处在初步确立社会主义市场经济体制时期，市场机制还没有完全成熟，多元的利益主体开始产生，追求利益的欲望被激发出来，社会不稳定、不和谐的因素在增长，由此引发的社会矛盾也是大量复杂的。加上社会成员分化，价值取向各异，文化碰撞加剧，使整个社会系统正在经历着急剧而深刻的变化。构建社会主义和谐社会，一方面，要最大限度地完善社会保障体系，减少社会失衡，消除产生社会矛盾的根源；另一方面，要增强军营和谐，提高部队战斗力，为构建和谐社会，提供安定有序的环境。首先，我们应该看到，最大限度地完善社会保障体系，减少社会失衡，是稳定军心、民心的重要措施。当前，在这一措施尚不完善、健全的情况下，切实维护部队官兵和军烈属、革命伤残军人、老复员军人的切身利益，是双拥工作的重要职责。随着市场经济的深入发展，双拥工作面临着许多新情况、新问题。如，在经济体制改革不断深化的新形势下，如何妥善解决好军转干部及退役士兵安置、随军家属就业和军人子女入学，切实解除官兵的后顾之忧；在人民群众生活水平普遍提高的情况下，如何解决优抚对象生活难和医疗难的问题，保证他们享受到改革开放和经济发展的丰硕成果；随着市场经济条件下法律法规的逐步完善，如何依法、优先解决好官兵的涉法问题，从根本上维护军人及其家属的合法权益，等等。这些工作事关国家安全、军队安定和社会稳定。双拥工作做好了，就能够广泛动员社会的资金、物资、科技和人才力量支持军队的全面建设，把地方的综合优势转化为部队的军事实力；就能够全面落实拥军优抚安置政策，切实维护和实现好广大军民的根本利益，最大限度地消除不和谐因素，稳定民心、军心，维护社会的稳定。近年来，我省各级党委、政府坚持把支持国防和部队建设作为义不容辞的职责，先后制定出台了配合部队体制编制调整改革、支持部队军事斗争准备等方面的政策规定20多项，投入资金30多亿元，支持驻省军警部队和民兵预备役部队建设，部队强边固防的能力有了很大的提升，边防的安全有了可靠的保障；制定优惠政策，克服各种困难，安置军转干部6694多人，安置城镇退役士兵87000多人，安置随军家属1100多人，为2500多名军人子女办理了入转学手续，解除了部队的后顾之忧，激发了官兵卫国戍边的政治热情；先后12次提高革命伤残军人、“三属”和在乡老复员军人抚恤补助标准，普遍建立了抚恤补助自然增长机制，重点优抚对象抚恤补助标准都达到或超过了国家标准，重点优抚对象“三难”问题得到了较好解决。

上述一系列拥军优属、理顺关系、凝聚人心的政策措施，在促进军营和谐、军地和谐的同时，极大地激发了部队关心、支持地方工作，维护地方稳定的政治热情。近年来，随着国际反恐形势日益严峻和国内改革不断深入，群体性事件明显增多，突发性事件明显加大，影响力广、破坏力强，对经济发展和社会稳定构成很大的隐患。驻我省军警部队和民兵预备役人员，高举维护法律、维护社会稳定、维护人民群众根本利益“三面旗帜”，始终坚持把处置好大规模群体性事件和重大刑事犯罪案件作为为地方政府发展经济、构建和谐社会提供保证的首要任务。在执行任务中，他们主动宣传党的路线方针政策，做到善待群众，耐心说服，依法处置。2002年以来，在省委、省政府领导下，先后出动兵力2880人次，积极稳妥地处置了5个地区7起较大规模的群体性事件。驻我省边境地区的军警部队，还着眼于强边固防，加强边境管理，严厉查处非法越境人员，打击走私贩私，为我省经济发展和构建和谐社会创造了安全稳定的社会环境。此外，各部队还积极主动承担和完成各种急难险重任务，特别是在今年6月10日宁安市沙兰镇发生特大山洪灾害中，驻地军警部队广大官兵始终战斗在最危险、最艰苦、最繁重的救灾一线，为搜救失踪人员、维护灾区秩序以及灾后重建等工作做出了突出贡献。

实践证明，拥军优属、拥政爱民是促进地方为军队排忧解难，军队为地方的稳定、和谐保驾护航的工作。其结果，既让地方为军营和谐提供保证，又使和谐、协同的部队更有力量为地方维护安定有序的环境。一句话，双拥工作就是要让军地两方和谐发展，获得双赢。

三、双拥工作组织社会开展拥军优属、拥政爱民，有利于动员社会成员参与构建和谐社会，促进社会和谐安定氛围的形成

进入新世纪、新阶段，双拥工作的领域不断扩大，形式不断创新，内容不断拓展，整体水平不断提升，已经成为构建和谐社会的重要组成部分。这是因为双拥工作的主体是部队官兵和基层工人、农民、知识分子以及新的社会阶层等，工作范围涉及众多行业、系统、部门和地域，是一项需要全社会广泛参与的十分庞大的系统工程。它具有其他工作在构建和谐社会中所无法比拟的优势。这种优势表现在数十年的双拥工作，已构成了覆盖全社会的运行机制。这套机制的实践是，积极动员社会力量，发动广大群众参与，利用基层现行组织体系（乃至街道、社区、乡镇、村屯），协调各行各业，组成军地、军民双拥网络。在这个双拥网络上，军地、军民之间呈现的是互拥、互动、互爱的态势。比如，从军队方面讲，随着党和国家工作重点的转移，人民军队自觉服从国家经济建设大局，积极投身于经济建设主战场。近年来，驻我省军警部队和民兵预备役人员，按照党的十六大关于“军队要积极支持和参加国家建设”的要求，制定并组织实施了《关于积极参加和支持振兴黑龙江老工业基地，为全面建设小康社会做贡献的意见》和中长远规划，围绕重点工程、精神文明建设、扶贫帮困、维护社会稳定、抢险救灾等方面组织广大军民积极投身于老工业基地振兴的伟大实践之中。近几年来，先后参与地方重点工程、农业基础设施建设项目80多个，呼兰百万亩生态林、堵大庆西北风口等项目已经成为我省生态环境建设示范工程；帮助农村地区发展科技、教育、文化、卫生事业，举办农业实用技术培训班800多期，建立扶贫点2000多个，援建希望小学70多所，对口扶持乡镇医疗机构60多个，建立民兵农业生态示范区40多个。在驻省军警部队中“振兴龙江、驻军有责，龙江振兴、驻军光荣”的浓厚氛围已经形成，部队官兵和广大民兵预备役人员正以高昂的热情、积极的姿态投身到振兴龙江老工业基地的宏伟大业之中。部队官兵支援地方经济建设的实际行动，宏观上为振兴东北老工业基地提供人力、物力、技术、信息支持；微观上为驻地群众提供各种扶贫服务，这是军队的拥政爱民行动，体现的是军队官兵对社会的关爱。这种关爱说到底，就是对社会各方面拥军优属的回报，体现的是和谐社会的公平正义、诚信友爱。通过丰富多彩的双拥活动，扩大了军政、军民互拥、互动、互爱的范围和层面，强化了构建和谐社会的氛围。

更为令人可喜的是，进入新世纪以来，围绕军地双拥共建开展的活动更加深入，内容更体现民主法治、公平正义、诚信友爱、安定有序的精神。在我省组织开展的“增强发展意识，树立良好精神状态”的讨论活动中，军民之间大力弘扬抗日精神、北大荒精神、铁人精神和抗洪精神，使全社会树立了共同的理想信念，振奋了精神状态，进一步凝聚了军心民心；在围绕实施公民道德建设工程中，军地之间广泛开展以“政策进家家家明、法律进家家家乐、卫生进家家家康、道德进家家家美”为主题内容的道德实践活动，使反对封建意识、破除迷信思想和弘扬新思想、新道德、新风尚蔚然成风。此外，军政、军民还围绕创建文明城市、文明村镇、文明行业、文明社区，组织广大军民共学科学理论，共讲优良传统，共树文明新风，在推动全省各地思想道德整体水平的提高和社会风气明显好转的同时，使和谐、安定的社会风气大大高涨。

我们正处在中华民族复兴的伟大时代。建设和谐的小康社会，是党提出的伟大任务，也是我们民族的梦想，更是我们各级党委和政府部门的重要使命。我们生逢其时，又从事与构建和谐社会息息相关的拥军优属、拥政爱民工作。我们每组织一次双拥共建活动，都将对社会构建和谐社会的风气产生影响；我们每一项有利于双拥工作的举措，都在为构建和谐社会添砖加瓦。双拥工作的这种作用已为历史所证明。而它对今天构建和谐社会的作用必将继续被我们平凡的工作所验证。

关于鸡西市推进非公有制经济组织开展拥军优属活动情况的调查报告

黑龙江省双拥办

鸡西市有着双拥工作的光荣传统，曾先后四次荣获全国双拥模范城称号。近几年来，鸡西市委、市政府针对非公有制经济组织不断发展壮大的实际，积极鼓励和引导非公有制经济组织开展拥军优属活动。这项活动开展三年多来，扩大了双拥工作的群众基础，带动了社会三个文明建设，促进了部队全面建设水平的提升，也使非公有制经济组织呈现出社会效益和经济效益同步增长的良好态势，更为新形势下推进双拥工作的深入发展和增进军政军民团结找到了一条有效的途径。

一、推进非公有制经济组织开展拥军优属活动的主要做法

近年来，鸡西市非公有制经济组织如雨后春笋，发展迅猛，截止2004年底，个体和私营经济组织已发展到8.1万户，从业人员16.15万人，完成产值68.5亿元，财政贡献率达50%以上，已成为当地社会经济的重要组成部分。针对社会经济成份发展变化的新形势，鸡西市从不断扩大双拥工作的群众基础和推进双拥工作创新发展的实际出发，深化宣传教育，完善政策规定，健全组织体系，构建活动载体，有力地推动了非公有制经济组织拥军优属活动的开展，收到了比较好的效果，也探索和总结出了一些成功的经验和做法。

（一）广泛宣传发动，确保非公有制经济组织积极投身到支持国防和军队建设的实践中来

鸡西市双拥工作有着广泛的社会基础，包括非公有制经济组织在内的基层群众性双拥活动深入持久，成效显著。但是，在非公有制经济组织从业人员中，对双拥工作的认识也不尽相同，有的认为双拥工作是各级党委、政府和企事业单位的事情与己无关，有的怕开展双拥工作影响了企业的经济效益，也有的怕别人说捞政治资本，等等。对此，鸡西市有关部门积极主动地开展多种形式的宣传教育活动，极大地提高了非公有制经济组织人员对双拥工作重大意义的认识，激发了置身双拥工作实践、支持国防和军队建设的政治热情。

一是加大国防教育力度，增强非公有制经济组织对双拥工作重大意义的认识。近年来，鸡西市把个体、私营经济组织纳入到国防教育范围，通过市统战部、工商联、工商局等单位，定期组织非公有制经济组织法人代表和从业人员开展国防教育，学习《宪法》、《国防法》、《兵役法》、《国防教育法》，

学习党中央、国务院和中央军委关于军政军民团结的一系列重要指示，宣扬人民军队在中国人民解放事业中建立的不朽功勋和在社会主义建设事业中做出的突出贡献。市双拥办还组织人员深入到非公有制经济组织当中，传达国家关于鼓励和引导非公有制经济组织开展拥军优属活动的指示精神，介绍各地开展拥军优属活动的经验，宣传驻鸡军警部队积极参与地方“三个文明”建设的感人事迹，等等。使非公有制经济组织从业人员澄清了双拥工作与已无关的思想，明确了自己在支持国防和军队建设上应承担的责任和义务，加深了对非公有制经济组织开展拥军优属活动重大意义的认识。

二是开展多种形式的教育活动，调动非公有制经济组织参与双拥工作的积极性。通过召开驻鸡部队官兵与全市民营企业家座谈联谊会，加深相互之间的沟通和了解；请老英雄讲述战斗经历和邀请部队首长做安全形势报告，使他们提高了对新形势下加强国防和军队建设重大作用的认识；组织民营企业家到部队开展“军营一日”活动，使他们亲身感受到了部队官兵保卫和平、维护安全的无私奉献精神；组织部队官兵为民营企业开展军训和进行光荣传统教育，使他们看到了双拥活动给企业带来的新变化。通过这些积极有效的教育活动，使非公有制经济组织从业人员形成了“国无军不安”、“军队要发展，人民是靠山”、“支持军队建设，人人有责”的共识。大家纷纷表示：“企业的成功与发展，得益于强大的国防所创造的和平环境，要感谢党和政府以及社会各界的关怀和厚爱，首先就要做好支持国防和军队建设的各项工作。”从而强化了支持国防和军队建设的责任感。

三是坚持正面引导，为非公有制经济组织做好拥军优属工作营造良好的社会氛围。鸡西市注重对非公有制经济组织开展拥军优属活动的扶持和培育。活动伊始，就在《鸡西日报》、鸡西电视台、鸡西广播电台刊登播发了《致全市非公有制经济组织法人及全体员工的一封信》，号召大家积极投身到拥军优属活动中来，并就此项活动开展了群众大讨论，从而确立了正确的舆论导向，收到了良好的社会效果。非公有制经济组织开展的每项双拥活动，各新闻单位都能及时宣传报道，尤其是在“八一”建军节和新年春节期间开展的双拥月活动，各新闻媒体都采取系列报道与典型宣传相结合的办法，重点宣传非公有制经济组织的拥军优属事迹。通过舆论宣传，提高了非公有制经济组织的社会地位，树立了良好的公众形象，赢得了社会的认可，坚定了非公有制经济组织参与双拥活动的信心。同时，鸡西市还充分发挥典型的示范作用，先后选树了佳和集团翟玉和、东源焦化有限公司辛乐贤、龙海矿业有限公司张会军、东安煤化公司李英宇等一大批民营企业拥军优属先进典型。在他们的影响和带动下，全市非公有制经济组织“学军、拥军、爱军”的热情空前高涨，形成了你追我赶、争做拥军模范的良好局面。

（二）加强组织领导，确保非公有制经济组织拥军优属活动有序进行

以往非公有制经济组织开展拥军优属活动大都自发进行，相对分散，难以形成规模，作用和效果都不十分明显。对此，鸡西市结合实际，完善政策规定，强化组织领导，整合现有资源，健全规章制度，构建起了推进非公有制经济组织开展拥军优属活动的组织体系和运行机制。

一是加强领导，形成合力。制定和出台了《鸡西市关于在新型经济组织中开展双拥活动的实施意见》，明确了指导思想、基本原则、工作任务和目标要求，为非公有制经济组织开展拥军优属活动提供了基本遵循。把组织和引导新型经济组织开展拥军优属活动作为双拥工作一项重要内容来抓，纳入各级党委、政府的议事日程，切实摆上了重要位置。重新调整双拥领导组成单位，把统战部、工商联合会等部门和组织吸纳到双拥工作机构中，赋予了相应的组织协调职责。把双拥工作作为非公有制经济组织党建工作和精神文明建设的重要内容，坚持做到了常抓不懈。从而形成了推进非公有制经济组织开展拥军优属活动的合力。

二是建立组织，整合资源。为确保非公有制经济组织拥军优属活动健康有序地进行，在鸡西市有

关部门的倡导下，经有关部门批准，2005年1月，鸡西市非公有制经济组织拥军优属协会正式成立。协会由鸡西市行政区域内非公有制经济组织和热心支持拥军优属活动的有关人士组成，是依法成立的群众性拥军优属社会团体，有明确的宗旨、目标和任务。协会实行机构自律、参加自愿、经费自筹、活动自主的原则，隶属于市工商联，业务上接受市双拥办的指导。拥军优属协会成立后，积极有效地组织开展拥军优属活动，仅2005年春节，就组织20多家民营企业，筹集资金30多万元，先后走访慰问了20多支驻鸡军警部队。拥军优属协会的成立，为非公有制经济组织开展双拥活动搭建了平台，整合了资源，形成了规模，取得了实效，标志着鸡西市双拥工作社会化进入到了实质性阶段。

三是完善制度，规范运行。建立了年度工作规划和总结制度。年初，在市双拥办的指导下，制定拥军优属活动规划；年底，对活动情况进行总结，肯定成绩，查找不足。建立了联席会议制度。每月召开一次驻鸡部队群工干部和市委统战部、市工商联、市双拥办及协会负责人参加的军地联席会议，交流和沟通情况，研究部署工作。建立了检查评比表彰制度。还成立了由市委统战部、驻鸡部队、市双拥办、市工商联、协会负责人参加的新型经济组织开展双拥活动检查评比表彰小组，定期检查评比，适时表彰奖励。

（三）构建活动载体，确保非公有制经济组织拥军优属活动富有成效

在组织非公有制经济组织开展拥军优属活动过程中，鸡西市坚持以发展生产力和提高战斗力为目标，坚持精神互助与物质支持相结合的原则，按照“双赢、互补、务实、高效”的要求，找准了军地双方互相支持的“结合点”，实现了部队建设和非公有制经济组织互相促进和共同发展。

围绕精神文明建设，大力开展共建共育活动。全市先后有36家民营企业与驻鸡部队签订了共建共育协议，围绕科学文化和思想道德建设，共学科学文化，共讲优良传统，共树文明新风，共育“四有”新人。市中洲文化传播公司与武警二中队结对后，在“八一”、春节期间组织文艺团体到基层连队进行巡回演出，丰富官兵文化生活；市广汇家电有限责任公司2000年以来，每年“八一”都与驻地官兵共同举办庆祝建军节大型文艺晚会。市私立学校惊鸣中学与消防恒山大队共建后，不断拓宽共建内容，取得丰硕成果，被评为全省军（警）民共建共育先进单位。为激发驻鸡部队官兵卫国戍边的政治热情，立足本职岗位建功立业，拥军优属协会还专门设立了优秀军人奖励基金，对有突出贡献的驻鸡部队官兵不仅给予物资奖励，还邀请到企业做事迹报告。通过一系列扎实有效的活动，促进了“三个文明”建设的健康发展。

围绕提高部队战斗力，大力开展科技拥军活动。鸡西市非公有制经济组织充分发挥自身科技、资源和人才优势支持部队建设。为解决部队科技设备短缺的实际困难，拥军协会成员集资6万多元为边防部队一次购买了5台品牌微机。拥军协会会员单位、市一鸣电脑网络公司常年为驻鸡部队维护电脑，培训技术骨干。拥军协会会员、市大河马网络公司经理李银元自费承建了鸡西双拥网站，并派出技术骨干帮助部队构建边防信息传输平台。拥军协会副会长、市龙海矿业有限公司总经理张会军投资3万余元，为武警鸡西支队安装营区和执勤监控系统。市北方外国语学院积极帮助边防部队培养俄语专业人才，并免收学杂费近3万元。据不完全统计，3年多来，全市非公有制经济组织自筹资金100多万元，为驻鸡军警部队赠送科技设备300多台（件），无偿为部队培训各类技术骨干1000余人。

围绕热点难点问题，积极帮助政府排忧解难。针对退伍军人安置及随军家属就业这一难点和热点问题，全市非公有制经济组织充分发挥体制灵活、安置空间广阔的优势，积极为政府排忧解难。拥军协会会长、市小太阳集团董事长王刚，一次就接收退役士兵20人，全部给予了妥善安置。拥军协会副会长、市佳源煤炭销售有限公司董事长马奎兰，主动到市安置办申请接收安置退役士兵，并提供最好的工作岗位，养老保险一分不欠，开民营经济组

织的先河。拥军协会会员、市东联会计师有限责任公司经理蔡晓冰，了解到共建对子有两位军嫂是财会专业毕业后在家待业，便马上聘用，每月工资都在1500元以上，并办理了医疗保险和养老保险。截止目前，全市个体、私营经济组织共接收转业退伍军人184人，安置随军家属就业37人，不但为政府分了忧，还为退伍军人、随军家属解了愁。

围绕部队后勤保障，发挥行业优势开展拥军服务。全市非公有制经济组织充分发挥自身优势，在部队后勤保障、训练生活等多方面开展拥军活动。拥军协会会员、市四海居饭店经理刘志辉与消防特勤中队结成共建对子，免费培训等级厨师；拥军协会会长王刚得知消防滴道中队取暖煤短缺的情况后，立即送去了10吨原煤，并对在本企业洗浴、住宿的现役军人、重点优抚对象免费接待；拥军协会副会长杨长友，对在本企业购买药品的现役军人、重点优抚对象实行零利润销售；拥军协会副会长刘恩福对部队购买的微机定期上门维护，免费维修；拥军协会会员李银元对来本企业查询资料的现役军人全部免费；市时代美容美发中心校长孙立珠每月都组织学员到营房为官兵义务理发，还为官兵发放了2000多张“拥军卡”，持卡可以免费理发。

围绕扶贫帮困，大力开展向人民功臣献爱心活动。全市非公有制经济组织从业人员积极响应政府号召，主动开展扶贫帮困活动，先后与全市120多名烈军属、革命伤残军人、在乡老复员军人结成了帮扶对子，采取多种形式开展向人民功臣献爱心活动。拥军协会的38名会员每人都有献爱心帮扶对子，有的还不只一户。副会长张会军在自己办的乳业养殖场，设立了爱心扶贫基金，专门拿出一头奶牛，把所创造的利润，全部用来帮助重点优抚对象。市赛龙水泥制造公司在企业改制过程中，确保伤残军人不下岗，同时对原二等乙级以上伤残军人给予医疗保障，该公司董事长崔云飞还主动帮扶老复员军人郭福来，每月为老人补助50元，已坚持多年。会员、密山烧烫伤专科医院院长王海林得知所在地区伤残军人王丙斋因不慎将自己烧伤，无力支付医药费，便主动将老功臣接到医院，免费医治。

二、非公有制经济组织开展拥军优属活动的重要作用

鸡西市推进非公有制经济组织开展拥军优属活动的成功实践，对新形势下双拥工作的创新发展有着重要的推动作用，带来了良好的效益。

（一）扩大了双拥工作的群众基础。双拥工作是一项群众性的社会实践活动，离不开广大军民的积极参与和真诚奉献。新形势下，双拥工作的主体发生了很大变化，特别是随着企业产权制度改革的不断深化，过去，国有企业作为双拥工作一支重要力量的情况正在发生变化，而个体、私营等非公有制经济组织作为一种新的所有制形式，呈现出发展速度快、经济实力强、从业人员众多的特点。鸡西市针对社会经济成分的变化，适时推进非公有制经济组织开展拥军优属活动的实践表明，个体、私营等经济组织已经成为双拥领域一支活跃和富有成效的力量，使得占全市总人口近十分之一的从业人员参与到双拥活动中来，从而扩大了双拥工作的群众基础和社会基础，推进了基层群众性双拥活动的开展。

（二）推进了双拥工作社会化进程。双拥工作是由各级党委、政府领导的、增进军政军民团结的重要政治工作。随着市场经济的不断发展，单纯靠政府行为推进双拥工作的方式，已越来越不适应形势和任务的要求。鸡西市推进非公有制经济组织开展拥军优属活动的做法，把政府行为和社会行为有机地结合起来，活化了双拥工作的运行机制，极大地发掘了社会资源爱国拥军的巨大潜力，形成了政府与社会双向互动的优势力量，进而推动了双拥工作社会化。

（三）促进了部队的全面建设和非公有制经济组织的发展。“双向奉献”、“共建共赢”是鸡西市非公有制经济组织与驻鸡部队开展双拥活动的一条重要的原则。非公有制经济组织通过向部队赠送科技设备、培育专业人才、丰富文化生活、支援后勤建设，为部队的各项建设提供了有力支持。企业家们慷慨解囊、真诚拥军的感人行动，极大地激发了部队官兵卫国戍边的无私奉献精神，也促进了部队全面建设的跨越式发展。驻鸡军警部队也积极回报非公有制经济组织对部队的关心和厚爱，通过组织企业员工进行军训、开展思想道德教育等活动，提升企业文化，培养诚信精神，强化纪律观念，增强了企业的凝聚力和向心力，推动了企业的发展。

（四）丰富了精神文明建设内容。鸡西市把推进非公有制经济组织开展拥军优属活动，作为向全社会进行爱国拥军教育的重要载体，积极开展多种形式的宣传教育活动。先后宣传了鸡西军分区“百名校官助功臣”的典型事迹，沈阳军区“学雷锋标兵单位”驻鸡某部爱民助民的感人事迹，鸡西市“十大杰出青年”东乐贤焦化有限责任公司董事长辛乐贤以及鸡西市“十大杰出民营企业家”龙海矿业有限公司总经理张会军等6名民营企业家拥军优属的动人事迹，教育了广大群众，带动和影响了全社会。与此同时，鸡西市还在驻军部队和民营企业中广泛开展创建先进连队、文明企业和争当优秀士兵、争做文明员工的活动，丰富了精神文明建设的内容。

三、非公有制经济组织开展拥军优属活动的启示

鸡西市推进非公有制经济组织开展拥军优属活动的成功探索，顺应了时代的要求，反映了新型经济组织和新的社会阶层爱国奉献的客观需求，为新形势下双拥工作的创新发展，巩固和发展军政军民团结的大好局面，提供了有益的启示。

（一）双拥工作是我党我军政治工作的重要组成部分，是贯彻党的路线、方针、政策的重要载体。双拥工作只有紧紧围绕党的创新理论创造性地开展工作，才能永葆生机与活力。兴起于延安的双拥运动，伴随着中国革命和建设的历史进程，历沧桑而不衰、经风雨而弥坚的一个重要原因，是双拥工作始终围绕党的创新理论，围绕着党的中心任务来开展工作，从而始终保持着旺盛的生机与活力。党的十五大第一次明确提出了“非公有制经济是我国社会主义市场经济的重要组成部分”这一重要论述，表明了我党在新的历史条件下解放思想、实事求是，不断深化对所有制结构认识的理论突破。鸡西市深刻领会这一重要论述，进行积极的实践，因此，在政府转换职能，企业产权制度改革，双拥工作的主体、对象、内容不断发生变化的新形势下，积极鼓励和引导非公有制经济组织开展拥军优属活动，扩大了双拥工作的群众基础，推进了双拥工作社会化进程，使双拥工作在理论和实践的结合上得到了创新和发展。

（二）非公有制经济组织开展拥军优属活动是新形势下双拥工作的创新形式，需要在实践中不断探索和完善。只有各级党委和政府给予高度重视和积极支持，才能为非公有制经济组织拥军优属活动提供生存和发展的条件。双拥工作是我党特有的政治优势和光荣传统，做好双拥工作是各级党委和政府应尽的责任和义务。个体和私营经济组织依靠党的政策不断发展壮大，因而在他们之中蕴藏着很高的拥军热情，具备参与双拥工作的优势条件，然而，由于非公有制经济组织自身的特殊性质，需要各级党委、政府的鼓励引导和全社会的关心扶持。鸡西市委、市政府开阔思路，慧眼识金，挖掘潜力，从支持国防和军队建设的大局出发，把非公有制经济组织拥军优属活动作为双拥工作创新发展的重大举措，摆在了十分重要的位置，纳入议事日程之中，采取得力措施，倾力抓好落实，为非公有制经济组织开展拥军优属活动创造了良好的外部环境，有力地推进了这项活动的开展。

（三）双拥工作的目的是增进军政军民团结，目标是提高部队战斗力和发展社会生产力。只有坚持军企之间优势互补、共建共赢，才能保证非公有制经济组织拥军优属活动长期坚持和求得实效。坚持加强军地之间在多个领域的交流与合作，推进经济建设和国防建设的共同发展，是新形势下双拥工作需要把握的一条重要原则。鸡西市在推进非公有制经济组织开展拥军优属活动过程中，注重引导军企双方发挥各自优势，既坚持在科学文化和思想道德领域加强交流，也坚持互相支持、互办实事、互解难题，从而保证了双拥工作的政治方向，也提升了部队的战斗力和促进了企业的发展壮大，使得这项活动从一开始就走上了健康发展的轨道，既扎实稳妥，又富有成效。

（四）非公有制经济组织相对松散，缺乏统一的行政管理体系。只有健全组织、完善制度、整合力量，才能确保非公有制经济组织拥军优属活动规范运作和有序进行。非公有制经济组织都是自主经营和自行管理，同行政、事业、国企等单位相比，相对松散，在没有形成集中有效的组织体系和协调顺畅的运行机制的情况下开展拥军优属活动，势必难以形成规范和产生良好的效益。鸡西市在推进非公有制经济组织开展拥军优活动中，把强化组织领导作为切入点，及时出台有关政策，充实领导力量，建立相关制度，特别是拥军优属协会的建立，把那些政治觉悟高、社会影响好、热心社会公益事业和有一定的经济实力的民营企业家聚集在一起，整合了资源，搭建了平台，从而推动了非公有制经济组织拥军优属活动健康有序的进行。

对深入开展军民共建活动的几点思考

上海市浦东新区双拥办

军民共建社会主义精神文明建设，作为新时期双拥工作的一个创举和加强军政军民团结的重要途径，在邓小平理论和“三个代表”重要思想及科学发展观的指引下，走过了二十多年的光辉历程。在军地各级领导的高度重视和社会各界及广大官兵的积极参与下，伴随着浦东开发建设历程，自1993年全面启动以来，军地单位成为市和新区级军民共建先进集体的数量和增幅呈上升趋势。目前，所有独立建制连以上的驻区部队全部与新区各部委办局、各街镇和企事业单位结成军民共建对子，常年开展活动。截止2005年6月底，新区共有军民共建对子340对，其中，团以上部队的军民共建对子普遍达10对以上，最多的达48对。

多年来，驻区部队始终牢记“军队精神文明建设要走在全社会前列”的要求，通过积极开展军民共建活动，使我党我军双拥光荣传统得到继承和发扬，也为浦东的开发建设创造了良好的外部环境，为新区的“三个文明”建设和在更高的起点上实现快速发展，做出了有力的贡献。同时，通过积极开展军民共建活动，部队的自身建设也得到加强。广大官兵在社会大课堂的学习和实践中，进一步加深了对国家改革开放政策的理解。智力拥军和军地两用人才培养，改善了部队的知识结构，为部队履行“打得赢”、“不变质”的历史使命和加强军事斗争准备提供了动力。

实践证明，军民共建活动在推进军地思想道德和文化建设、在密切军政军民关系中发挥了重要作用，已成为社会主义精神文明建设的一面旗帜和强力“助推器”，必将在今后浦东开发建设和构建和谐社会的进程中发挥越来越重要的作用。

总的看，浦东新区的军民共建活动的势头是好的，成效是有目共睹的，也越来越受到社会各界的欢迎。但是，随着我国改革开放的不断深入，社会主义市场经济的迅猛发展，军政军民的关系发生了变化，无论在军民交往的成员范围、方式、领域上，还是在交往的主导地位、利益关系上都呈现出新的特点。这些新情况、新特点既给我们搞好军民共建活动提供了难得的发展机遇，同时也给我们的工作带来了新的挑战。我们如何适应新形势，遵循党中央关于构建社会主义和谐社会的重大战略部署，不断推进军民共建活动创新发展?

笔者认为：当前的军民共建活动要注意克服五种倾向：

一是要克服重领导轻群众的倾向。要自觉克服双拥共建就是军地领导互访，与群众参与多少关系不大的观念。组织安排活动，既要突出军地领导，又要突出广大群众，扩大共建活动的参与面，不能把活动的实施过程中变为简单的地方领导与部队首长握手，而忽视了广大员工与官兵“携手”。如：部队既要考虑地方领导到部队过“军事日”、“走访慰问”等活动，也要注重协调组织教师、学生、群众等群体到部队进行军训、国防教育，参观部队荣誉室、观摩军事演示等；地方既要考虑部队领导参观座谈，也要创造机会让更多的官兵参与到地方的各类文明创建活动，并为官兵到驻地高新技术开发区、高品质的生活社区、高科技的院校参观学习创造条件，让军地更多的人的素质得到全面发展，使更多的人受益。

二是要克服重创建点轻一般面的倾向。目前，军民共建活动的开展主要还是固定在几个签约单位之间，一方面容易造成双方人力、物力、财力、智力等资源的重复浪费，另一方面，也使受益群体局限在个别单位上，军地双方都要注重研究和解决这个问题。如部队在实施“希望工程”、“春蕾”计划、开展帮困助学活动时，是否可由有关部门协调，与社会加强联系，把扶助对象从一所学校、几个对象辐射到一个地区、一个群体，在不断扩大受益群体的同时扩大工作的影响面。

三是要克服重形式轻效果的倾向。资源共享、优势互补，是军民共建的一个重要目的。而从一些单位的情况看，停留在相互走访慰问、打扫卫生、开展联谊活动、组织军训活动等表面内容上还较多，满足于“走访慰问、开会座谈、节日联欢”等形式，还没有真正把双方最缺少什么、最需要什么、最大优势是什么把握住，致使开展双拥工作的实效性不强，充分发挥各自优势，以己所长、补彼之短的办法不多。

四是要克服重评比轻创建的倾向。军民共建，两年一评。每到评比时期，一些单位对荣誉、对名次较为看重，搞总结、报材料，投入精力较大，但出思路、抓基础，完备长效机制则考虑较少，正如一些军地单位描述的那样：“评比时热情高涨，平常时没了方向”。军民共建活动贵在经常、难在经常。要在开展经常性活动、持之以恒上做文章，做到有事没事常来往，大事小事常商量，工作形势常分析，各种活动常开展，要自觉纠正“评比时期一阵风，荣誉到手就放松”的倾向，做到自我加压，年年争取上新的水平。

五是要克服重传统对象轻“两新组织”的倾向。虽然，这几年来，根据分类指导和“属地化”的原则，新区依托党建优势，双拥共建工作加大了向“两新组织”延伸的力度，但由于一些思维定势，双拥工作的制度、运作模式还习惯于传统看法，致使军民共建活动在“两新组织”的开展，就浦东新区来说，还显得很不够。截止2005年6月底，目前在新区340对军民共建对子中，“两新组织”单位仅占5.88%，为20家。但目前，新区的新社会阶层组织就达389家，各类私营企业在册数达32181户，其中注册资金5000万元以上的达120多家，自然人设立的有限责任公司和分公司达27098户，个人独资企业和独资企业分支机构达2761户；在新区商会登记在册的企业会员近1300多家。可见，军民共建活动在“两新组织”的上升空间之大！现在的关键是，如何跳出惯性思维，积极开发“两新组织”的拥军资源，从政治上鼓励，政策上扶持，制度上完善，根据“两新组织”需求，找准军民共建活动的“切入点”，有效激发“两新组织”自觉参与军民共建活动的积极性，不断拓宽军民共建领域和范围，推进军民共建工作的创新发展。

基于上述情况，笔者认为，要进一步推动、深入开展新形势下的军民共建活动，应该重点坚持和把握以下“五个必须”：

一是必须着眼于人的全面发展，把保持和强化思想共建放在更加突出的位置来抓。

我们要以党的创新理论为指导，贯彻落实科学的发展观，突出思想道德建设和科学文化建设，体现共建的时代特征。根据形势任务的变化和广大军民的思想实际，大力宣传“三个代表”重要思想，军地双方应按照“三个代表”重要思想和“以人为本”贯彻科学发展观的要求，校正共建思路，制订共建计划，确定共建内容，增强共建实效。如前一时期，结合军地开展“先教”活动，新区大部分驻区部队与结成军民共建的单位进行联学交流，观摩学习、体会成果，开展“高兴、放心、凝聚、覆盖”主题实践活动，加强思想共建，使军民共建活动体现了时代特征，增加了新的内涵，深受军地欢迎。

二是必须着眼于经济建设和国防建设同步，把军民共建作为增强全民国防意识的社会系统工程来抓。

在军民共建活动不断深入的形势下，我们应当清醒地看到，还有相当一部分基层干部群众对国防建设关心不够、重视不够、支持不够。这种状况与共建活动是不相适应的。要通过军民共建活动，教育大家深刻认识到浦东改革开放十五年来，经济发展之所以取得举世瞩目的成就，成为“上海现代化建设的缩影”、“中国改革开放的象征”，是由国防作坚实后盾的。这就告诫我们，要保护改革开放成果，必须有现代化的国防建设，有备才能无患。加强国防教育，不仅要做好征兵动员、拥军优属和民兵预备役等各项具体工作，更重要的是把国防意识提升为人们崇尚的社会公德，树立“国家至上”、“民族至上”的观念。对浦东来讲，就是要通过军民共建活动进一步凝聚人心、鼓舞士气，从而转变为推进浦东开发开放、建设中国特色社会主义的强大精神动力。对此，我们必须要有清醒的认识。

三是必须着眼于社会结构和社会生活的深刻变化，把军民共建作为构建和谐社会、推动整个社会协调发展的基础工程来抓。

构建社会主义和谐社会，是党中央在理论上不断拓展新视野，对社会主义事业发展规律和前景做出更加清晰和具体的新概括，构建社会主义和谐社会的要义是“民主法治、公平正义、诚信友爱、充满活力、安定有序、人与自然和谐相处”。上海市委要求，构建和谐社会涉及方方面面，贯穿经济社会发展全过程，当前主要是抓好八项工作：打造诚信上海、构筑和谐社区、抓好民生问题、培育社会力量、确保社会稳定、强化网络管理、做好群众工作、抓好生态建设。构建和谐社会是一项艰巨复杂的系统工程，无论是长计划还是短安排，需要全市各方各司其职、形成合力，积极创造必要条件和保障措施：大力实施科教兴市主战略，不断巩固和谐社会建设的物质基础；稳妥推进社会主义民主政治建设，不断加强和谐社会建设的政治保障；大力发展社会主义先进文化，不断增强和谐社会建设的精神支撑。而已被实践生动证明的军民共建活动，已经成为推进军地思想道德和文化建设、密切军政军民关系、提升城市和部队发展“软实力”的一个重要抓手，一个不可或缺的载体。现在的关键是：军地单位要不断深化认识，增强军民构建和谐社会的紧迫感和自觉性，围绕中央和市委要求、部署，军地互动，优势互补，资源共享，共谋发展，发挥好军民共建在弘扬上海和浦东精神中的引导和拓展作用、提升和凝聚作用、渗透和创新作用，特别是部队在军民共建中要有更大作为，自觉把军民共建活动纳入地方“三个文明”建设和构建和谐社会的总体规划，积极主动参加各类创建活动，发挥模范带头和影响示范作用，认清责任，坚定信心，发挥优势，把军民共建活动扎扎实实、卓有成效地开展下去，完成党和国家赋予我军在精神文明建设中努力走在全社会前列的光荣使命。使上海和浦东真正成为兼具软硬发展实力、经济社会协调发展、社会和谐繁荣的现代化国际大都市。

四是必须着眼于加强组织领导，把军民共建作为再创全国双拥模范城（县）活动的主体工程来抓。军地各级领导要从讲政治的高度来关心和重视军民共建工作，自觉做到认识到位、组织到位、措施到位。要充分认识开展军民共建活动对促进本地区、本单位、本系统进步与发展的重要作用，及时调整充实军民共建组织机构，制定有效措施，确保军民共建机构健全、活动经常、制度落实、成效明显。要把军民共建工作纳入军地精神文明建设总体规划，纳入党委议事日程，纳入目标管理责任制，纳入社会双拥工作系统。要有相对稳定的共建骨干队伍。要做到共建工作与中心工作相结合，与本单位实际相结合，与自身建设相结合。整体推进与典型引路相结合，统一要求与分类指导相结合。这些行之有效的制度和方法，在今后的共建工作中应很好坚持。要加大对军民共建典型的宣传力度，扩大军民共建在社会的影响。要更好发挥新区文明办、武装部和双拥办对共建工作的组织指导和协调作用，加强军地间业务部门的联系，力求避免和妥善处理军民矛盾和纠纷。同时，要及时总结、检查、指导基层的军民共建，使新区的军民共建工作不断健康持续发展。

五是必须着眼于正确处理社会效益与经济效益的关系，把军民共建作为进一步提高社会生产力、部队战斗力和军民凝聚力的“亮点”工程来抓。

重视物质利益的原则，是我们党和国家在道德建设上的一条重要经验，同样适用于我们的军民共建工作，这与我们强调把思想政治建设摆在首位并不矛盾，关键是我们如何把握和处理好二者的关系。在和平建设时期，军队和地方肩负着不同的历史责任，国防建设和经济建设互为前提，互相依存，不可分离。但是，军地双方在政治目标一致的前提下，又有着各自的实际利益。特别是在当前市场经济的条件下，军地之间经济上的交往也必然会反映到军民共建中来，我们不应回避这个现实，而是要在开展军民共建活动中，区分不同情况，自觉地把二者有机结合起来。在共建活动中，必须把社会效益放在第一位，这是必须坚持的基本原则，同时要设法寻找社会效益和经济效益的最佳结合点，增强军民对开展军民共建活动的认同感和积极性。从地方而言，应主动为部队的发展多提供一些经济上的支援。通过支援部队建设，鼓舞部队官兵士气，促进部队稳定，坚定部队官兵献身国防的决心。就部队而言，应充分看到地方支援部队的成果，多体谅地方的难处，不能对地方提过高的要求。事实证明，军民之间坚持优势互补，就能防止和消除因经济反差而形成的感情隔阂，军地之间就能在谋求共同利益的基础上不断得到发展。

关于赴海军东海舰队学习考察、开展“军事日”活动的情况报告

上海市双拥办

应海军东海舰队邀请，市委、市政府有关领导，于2005年10月中旬，率领上海市学习考察团前往地处宁波、舟山的东海舰队及其所辖部队开展“军事日”活动，体验军营生活，取得了圆满成功。现将主要情况报告如下。

一、基本情况

上海市学习考察团一行共20人，在市委、市政府有关领导带领下，由市委、市政府办公厅，市委组织部，市发改委、建委，市民政局（双拥办）、财政局、规划局，黄浦区、杨浦区等上海市部分部、委、办、局、区有关负责同志组成。全体人员都自觉把这次“军事日”活动，当作进一步了解部队、学习部队，进一步增强国防意识、增强支持部队建设自觉性的重要工作，认真对待。

两天行程中，考察团通过座谈交流、实地参观，以及与部队官兵交流联欢等形式，先后参观和考察了东海舰队军史馆、部分海军部队及装备。

对于此次学习考察，海军东海舰队领导高度重视，舰队司令员赵国钧中将、政委刘卫东中将亲自安排接待工作，赵国钧司令员亲自迎送并参加了考察团在舰队机关所在地的参观活动，刘卫东政委全程陪同考察团参观学习，舰队有关常委，司令部、政治部领导及所辖有关部队的军政主官都参加了接待工作。海军上海保障基地政委卫宗沛大校，政治部主任张晓天大校等陪同考察团往返舰队。

二、考察内容

（一）辉煌的成就

东海舰队军史馆坐落于舰队机关所在的东钱湖畔，由江泽民同志题写馆名，集中展示了东海舰队走过的光辉历程，乃至缩写了我国海军从无到有、

从小到大、从弱到强的历史轨迹。

1949年4月23日，东海舰队的前身，也是人民海军的第一支部队——华东军区海军在江苏泰州白马庙成立，标志着我党我军有了一支真正属于自己的人民海军。

历史上，东海舰队所属部队先后对敌作战870余次，击沉击伤和俘获敌舰266艘，击落击伤敌机250多架，毙敌俘敌5500余名。与兄弟部队一起解放了17个东南沿海岛屿，创造了“海上白刃战”、“小艇打大舰”等经典战例，涌现了一大批敢打硬仗、能打硬仗的战斗集体和战斗英雄。舰队组建的舰艇编队参加“神五”飞船发射工作时，圆满完成了海上搜救、海洋调查测量等重大任务。舰队所属部队积极支援驻地建设事业，积极开展爱民助民活动，上海的宝钢二期、浦东国际机场等许多重点建设工程，都凝聚了海军官兵的汗水。

军史馆里，3000余张图片资料、600余件文物展品、雕塑、实景模型和50多个舰艇飞机模型所书写的历史，以及展板展品所意味着的未来，把考察团成员与人民海军的心贴得更近，情系得更紧。

（二）光荣的使命

东海舰队由原华东军区海军转制而来，于1955年10月24日在上海成立，1967年8月，舰队机关由上海迁驻现址，经过几十年的发展，东海舰队已由原来的单一水面舰艇部队，发展成为包括水面舰艇、潜艇、岸防导弹、海军航空兵、电子对抗及各种专业勤务部队等诸兵种合成的、具有一定规模的海上武装。

东海舰队驻守祖国东南沿海，担负着保卫东南领海主权，维护祖国统一，保卫我国社会主义建设的任务。所守卫的海岸线，南起福建诏安头，北讫江苏绣针河口，全长6288公里，防线中心恰与我国18000公里海岸线的中心基本对应，战时承担南援北助的重任，战略位置十分重要。

在肩负战斗任务的同时，东海舰队还承担了护渔护航、抢险救灾、巡逻警戒、科学试验和支援地方重大工程建设等任务。舰队官兵以辛勤的劳动和出色的成绩，为巩固发展军政军民团结的大好局面做出了积极的贡献。

（三）强大的力量

东海舰队各部队向考察团展示了一批我国海军拥有的先进装备。这其中有水面、水下作战舰艇，有配套的各式武器，还包括现代化的港口设施。

考察活动中，我们了解到，潜艇具有能移动、善隐蔽，可以通过靠近敌对目标增加攻击纵深的特点，还具有出其不意等特殊功能。而导弹护卫舰、导弹驱逐舰则是一种兼具海、空作战能力的水面舰艇。护卫舰既具有攻击作战能力，又要担负舰艇编队的海、空防卫任务。考察团所参观的两种护卫舰全部是我国自主设计、独立建造的，而引进的现代级导弹驱逐舰是我国海军目前船体、吨位最大，武器装备最为先进的舰种，作战时，该类舰艇既是攻击敌方的主力，又是舰艇编队的旗舰（指挥舰），与当今世界各国海军舰艇相比，具有一定的优势。

位于舟山岛的外洋螺军港是一座建成不久的新型军港，这里航道深、岸线长、泊位多，设施齐、装备好，是我国海军目前规模最大，最具现代化水平的重要军港。为建成这座港口，所在地党委、政府积极配合，为了国防需要，无条件地拿出了最好的建港岸线。海军官兵努力学习，刻苦钻研，用最短的时间掌握专业知识，使先进的武器装备及时形成了强大的战斗力。

三、收获和体会

通过东海舰队之行，考察团看到了人民军队的艰苦之所在、精神之所在，感受到了我国富国强军的希望之所在，同时，更加明确地意识到了自己爱国拥军的责任之所在。在部队的所见所闻，震撼了考察团的每一位同志，大家都感到此行收获很多，体会很深。

（一）加深了情谊

考察团所到之处，无不洋溢着浓浓的军政军民鱼水深情。赵国钧司令员等部队各级领导讲话时，饱含感情、高度评价、真诚感谢上海市委、市政府和上海人民对东海舰队的有力支持，他们反复强调，东海舰队源起于上海，绝大部分装备产自于上海，舰队许多干部的家安在上海，军官本人转业，家属就业，子女入学等诸多问题都得到了上海市地方各级的大力支持和帮助，盛赞上海是提高东海舰队战斗力的重要动力源之一。通过形象的比喻，他们还将上海、东海的两个“海”字紧密联系，以新中国海军史和东海舰队史与上海的历史渊源为背景，从地缘、人缘紧密相连等多个角度，颂扬了上海和东海舰队的团结和友谊。

考察团领导同志在讲话中代表市委、市政府表达了对东海舰队及其所属部队的感谢，对于东海舰队及其所属部队，在上海承办 APEC 会议期间，派出潜水人员，默默无闻地工作，彻底排摸黄浦江等水底险情；在上海城市建设过程中，配合地方规划要求，积极让地、换地；在上海重大工程建设中，主动冲锋陷阵，承担急难险重任务等积极贡献给予了高度评价。讲话始终贯穿了学习部队、感谢部队，积极做好双拥工作的主旨。通过两天的朝夕相处，军地之间加强了沟通，加深了理解，增进了友谊，浓浓的鱼水深情是军地双方共同的感受，一致认为，增进双方友谊、加强合作交流、坚持双向支持是这次学习考察活动的一项重要成果。

（二）学到了精神

东海舰队之行使考察团成员更加深刻地领略了子弟兵特别能吃苦、特别能战斗、特别能奉献的精神风采，以及海军部队及其官兵在物质上能吃苦、善忍耐，在技术上能战斗、善钻研，在思想上讲忠诚、重奉献，在精神上敢拼搏、求向上的顽强作风。考察团参观了泊于码头的潜艇，艇内最大的空间是一条狭长的开放式通道，通道两侧半悬的两列吊床就是官兵们的“家”，部队首长介绍说，对潜艇官兵而言，就这些长才 1.68m，宽不足 70cm 的床位，其总量还够不上每人一张，执行任务出航时，潜艇官兵们要按照值班和休息的区分轮流“享用”，而且执行一次任务的时间周期往往是十多天、一个多月、最长时可达两个月以上。可能是空气稀薄的原因，也可能是空间压抑的因素，才在潜艇舱里停留几十分钟，有些考察人员返回地面时，甚至感到有点头晕，但是，就在同样的生活条件下，而且又处在潜于水下的状态，战士们不仅要长时间生存，而且要肩负使命、工作战斗。这是一种常人难以想象、更难以承受的艰苦，但是，海军战士们不仅勇敢面对，而且引以为荣。

驱逐舰某部领导特别介绍，“驱三人”在实践中提炼总结了“铁拳”精神，简练地用“忠诚、先锋、顽强、钻研、敬业、奉献”十二个字，概括地道出了“驱三人”的追求。支队所辖各舰、各单位官兵不仅牢牢铭记着十二字方针，而且认真落实在具体行动中，乃至演化为各自独有的工作目标。在一艘导弹护卫舰的橱窗里，最醒目的是“忠诚、团结、勇敢、智胜”八个大字。铁拳精神既是对“驱三人”的真实写照，也反映了海军官兵、人民解放军指战员共同的英雄本色。

出于对党、对祖国、对人民的无限忠诚，出于坚定的信念，子弟兵身上的那一股愿拼敢赢、勇往直前的精神，给考察团留下了深刻的印象，更让考察团经历了一次振奋精神、努力工作的现场教育。

（三）增添了信心

通过学习参观，考察团切实感受到了人民军队的日益强大。近些年来，按照党中央、中央军委“打得赢”的总要求，人民军队，尤其是海军部队，正在逐步实现装备上的大投入、大跨越；官兵素质上的大进步、大提高；作战能力上的大强化、大提升。

就装备而言，一艘现代级导弹驱逐舰价值几十亿元，一艘新型导弹护卫舰造价达十多亿元，甚至一枚舰载导弹都要用数千万元采购。这种大投入所带来的跨越式发展是国家安全的需要，也是党中央战略意图的体现。

相比装备，海军官兵的素质更值得骄傲，海军作战部队的一线领导普遍具有不同寻常的能耐。我们就遇上一位毕业于海军专业院校，又专门赴国外培训深造，目前“上天能驾机，下海能操舰”的支队级领导干部。据介绍，驱三支队机关的军事干部和舰艇主官或曾受过研究生教育，或曾留学国外。考察团亲历了某舰的简单演练过程，在位于底舱的指挥室里，面对大屏幕和各式按钮，年轻的舰长指挥若定，通过键盘、按钮和简单的语言，井然有序地指挥着战舰。

这是一支强大的人民海军，这是实现中华民族伟大复兴，实现国家强大、人民富裕美好愿望的重要保障。有着这么一支不断强大的人民军队的守护和帮助，共和国的安全和发展、上海的各项事业都有了坚强的后盾，考察团的同志对未来无不充满信心。

（四）强化了责任

对于从事地方工作的同志而言，参加“军事日”活动无疑是一堂意义深刻、效果显著的国防教育课。考察团的同志深刻地认识到，国家的综合实力要靠经济、国防和社会发展等多项指标共同支撑，这其中，经济建设和国防建设是一种相互促进、相互保障的联动关系。党中央一再指出，发展是我党执政兴国的第一要务，党所追求的发展是包括了经济建设和国防建设等诸多方面的全面发展。按照科学发展观的要求，不管身处何职何岗，我们都要向解放军学习，主动增强做好本职工作的责任意识，自觉地恪尽职守，振奋精神、昂扬斗志、勤奋工作、促进发展，通过岗位目标的实现，直接或间接地促进国民经济持续、快速、健康发展，为国家强大、人民富裕添砖加瓦，同时，也为巩固国防提供强有力的支持。我们还要结合岗位特点，主动增强做好双拥工作的责任意识，通过做好拥军优属和支持部队建设的各项工作，努力提高上海双拥工作水平，用实际行动回报子弟兵为奉献祖国，保卫国家安全；奉献人民，全心全意支持地方建设所做出的牺牲和贡献。

学习考察活动的过程是短暂的，学习考察活动产生的效果却是持久的。考察团所有人员的心里，都升腾着一种火一样的热情，那就是真情热爱子弟兵的热情；那就是学习解放军，吃苦耐劳、勤奋工作的热情；那就是主动关心、支持人民军队的热情。

关于修订上海市双拥模范（先进）考评办法和标准的研究报告

上海市双拥办

自1991年起，全国各地蓬勃开展的军民共建双拥模范城（县）活动，已经成为深入持续推进双拥工作的一个重要载体，并被各地军民所拥戴。在上海，我市各区（县）、驻军各部队普遍把双拥模范（先进）视作为一项崇高的政治荣誉，积极动员和组织党政军民共同做好创建工作，掀起了一轮又一轮双拥工作新热潮。

面对不断高涨的双拥热情，作为这项活动的具体组织者，通过对14年来创建工作的回顾和思考，我们感到，创建双拥模范城（县）活动是一项涉及面广、时代特征明显、实践性特别强的系统工程。《全国双拥模范城（县）创建命名管理办法》对这项活动的开展在宏观上做出了科学而严密的规范，但各省市在制订各自的考评办法和标准时，大多偏重于依托实践经验，缺少理性分析和挖掘提炼。随着时代的发展，其中部分内容已与深入发展的双拥工作不相适应，一些考评方法欠科学之处也日渐凸现。为此，我们在广泛征求意见，并借鉴兄弟省市做法的基础上，进行了初步探索，对上海市双拥模范（先进）考评办法和标准作了较大幅度的修改，使其更加完善。现将我们在此次修订过程中的做法和心得体会简述如下：

一、上海开展双拥模范（先进）考评活动所遇到的问题

我们感到，随着创建双拥模范（先进）活动的不断深入，与之相对应的考评办法和标准存在着一些问题和不足，制约了该活动的长效发展。主要有以下三个方面：

（一）在考评方法上，对科学性和客观性的体现不够充分。纵观上海历届考评情况，在考评时，

基本上以申报单位的自我评定为基础，再由主管部门抽调人员组成工作组进行检查和考核。由于考评工作组是临时组成的，因此对被考评对象的日常工作缺乏全面系统的了解，且考评形式较为粗放，往往对一些指标的评定凭印象、凭感觉，易出现深入调查不够，社会公众参与程度较低，成绩公平性较难体现的问题。

（二）在价值导向上，较易导致功利色彩和惰性倾向。一些前一届已被评为双拥模范（先进）的对象往往只图完成任务，考评过关，保住既得荣誉，不利于培养开拓创新的进取意识。

（三）在评估标准上，缺乏对应性。定性标准较多，而定量标准缺乏，导致考评结果的客观性、可靠性相对较差。

二、修订上海市双拥模范（先进）考评办法和标准的指导思想

（一）贯彻落实科学发展观，形成强有力的目标导向。双拥工作的内涵十分丰富，要最大限度地发挥其效能，将其落到实处，转化为各级各部门工作的指导思想和实际行动，需要以科学发展观为指导。同时，要努力将科学发展观的原则融入考评办法之中，科学设计考评标准，强化各级各部门的绩效意识，形成正确的思想指导和决策导向，以进一步适应全面建设小康社会和构建社会主义和谐社会的时代要求。

（二）适应经济社会发展水平，成为推动双拥工作发展的积极动力。一个地区创建双拥模范（先进）的水平，是该地区军政军民团结的重要体现。当前，我国正处于计划经济向市场经济的转轨期，随着经济体制改革的不断深入，广大军民对双拥工作提出了更高更新的要求，传统的考评模式将受到严峻挑战，必须与时俱进地建立科学、客观、有效、公正的双拥模范（先进）考评体系。

（三）采用绩效评估模式，建立科学合理的绩效考核体系。通过设立科学合理的绩效指标，促进双拥工作适应政府职能转变、依法行政和绩效管理三结合的发展趋势，用绩效作为衡量政策落实效果的标准，作为评价和考核区（县）开展双拥工作的基本尺度，从而引导社会资源的高效合理配置，强化效率意识和服务意识，激发和调动各级各部门和广大军民开展双拥工作的积极性、主动性和创造性。

（四）注重理性思考和提炼实践经验，促进考评活动制度化。在完善和修订考评办法和标准的过程中，对双拥工作进行理性思考，提炼实践经验，把双拥创建活动中行之有效的做法和经验予以肯定，进行普及和推广，并以此为依据制定考评办法和标准，鼓励各地大胆探索开展创建双拥模范（先进）活动新模式，创造新经验，进一步推进创建双拥模范（先进）活动制度化、规范化建设。

从上述指导思想出发，我们在修订具体办法和标准时，特别注意把握以下七个基本特征：

一是导向性，即明确考评的目标和意义，从而引导被考评对象的工作重点和行动方向。

二是客观性，即把体现被考评对象开展双拥工作绩效的原始事实资料的评估，纳入统一的考评指标，排除人为因素和主观干扰，克服打印象分、人情分、关系分的考评行为。

三是公平性，即对所有被考评对象使用统一的标准和尺度，适用相同的程序和方法，杜绝例外。

四是适度性，即考评标准既有一定难度，但又是适度的，可以通过努力而实现的。反之，标准畸高或畸低，对于被考评对象而言要么不切合实际，要么不足以引起重视，难以起到激励督促作用。

五是可操作性，即考评指标与被考评对象工作绩效的对应关系清楚，从原始事实到最终分数的统计过程明晰。

六是激励性，即实现对被考评对象日常工作的目标激励，鼓励被考评对象在创建过程中创造新经验，起到奖勤罚懒、奖优罚劣的激励作用。

七是稳定性，即能在一个时期内使用，不至于朝令夕改，使被考评对象无所适从，左右为难。

三、上海修订双拥模范（先进）考评办法和标准的主要做法

在此次完善和修订的过程中，我们的主要做法是注重“六个结合”，具体是：

（一）在考评主体方面，注重封闭式考核与开放式评估相结合。我们认为，在双拥模范（先进）考评中，既要不断完善政府业务主管部门的考评机制，也要广泛开展社会评议活动，实现双拥模范（先进）考评工作由主管部门内部封闭式考核转变为适度向社会开放式评估，从而使考评具有更加广泛的群众基础，其过程具有更高的透明度和公信力，其结果更易赢得广大军民的认同。以往上海双拥模范（先进）的考评主体是市级业务主管部门，社会参与面较为狭窄。在修订新一轮考评办法时，我们一方面不断强化市级业务主管部门条线考核的力度，强调各级各部门之间形成合力，营造军地齐抓共管的双拥工作格局，并且重点考核区（县）各有关职能部门，特别是区（县）双拥工作领导小组成员单位履行职责、落实政策的具体情况。另一方面，我们拟引入社会测评机制，设计合理的测评样本，委托“第三方”机构进行抽样调查。例如，我们计划，面向各级行政机关、事业单位工作人员，驻军部队军官，大中学校师生，测评国防和双拥知识知晓度；面向广大军休干部测评干休所服务管理满意度等。

（二）在考评程序方面，注重规则明确与公平公开相结合。考评程序包括考评方案的制定与公开，考评的组织动员与具体实施，社会各界的参与和监督，考评结果的公布与表彰等多个环节。考评程序是保证考评顺利进行的重要条件，从某种意义上说，程序公正是实质公正的保证。创建双拥模范（先进）活动的考评程序应当采取适当的方式予以明确和公开，使考评进程中的重要环节、事实依据以及最终结果能接受社会监督。例如，在新一轮双拥模范（先进）考评中将增加公示环节，明确规定对申报上海市双拥模范区（县）的事迹材料进行公示，接受公众监督，一经发现弄虚作假并查实，将取消该部分的总分，直至取消参评资格；考评结果待上海市双拥工作领导小组审定通过后，将公布总体排名和四个不同考核阶段的实际得分，以体现公开、公平、公正的考核原则。

（三）在考评指标方面，注重定性与定量相结合。考评指标是测量各级各部门开展双拥工作实际效果和成绩的工具，其设计既要考虑全面性，涵盖政府各级各部门在双拥工作方面的基本任务，突出地区发展和时间阶段性的重点，又要根据各级各部门的职责范围；既要强调定性指标，又要规定绝对量等定量指标。例如，对照《全国双拥模范城（县）创建命名管理办法》中有关“组织领导坚强有力”的要求，我们在制订“双拥工作纳入地区经济社会发展与部队建设总体目标和规划，纳入区（县）政府对各职能部门目标管理责任制考核内容”的定性标准的同时，也制订了“区委或区政府每年召开不少于一次专题议军（或议双拥）会议；区（县）双拥工作领导小组每年召开不少于一次会议；区（县）双拥工作领导小组成员单位联络员每半年举办不少于一次的会议或活动；各区（县）人武部建立拥政爱民工作联席会议制度，每年召开不少于一次会议”等定量指标。

（四）在评估标准方面，注重普遍达标与反映差距相结合。评估标准是针对各项指标数据设定水平线，是考察各级各部门开展双拥工作优劣的尺度，是规定考评指标与评估事实的对应关系，可以根据事实情况计算指标分数，既能够以分值的形式来反映被考评对象总体创建水平，也能反映被考评对象之间的相对差异；既设立常规达标线，也设有一票否决线和激励加分线。比如，在新一轮考评标准中，我们一方面将“因政策未落实或工作失误，导致5人（含）以上到市级以上机关3次（含）以上群访”作为否决性指标，区（县）若出现该情况将被一票否决，取消申报上海市双拥模范区（县）的资格。另一方面，我们又设计了“做好优抚对象的稳定工作，未发生因政策不落实、落实政策不当或工作方法欠妥，向市级以上机关信访事件”的标准，根据各区（县）的实际情况按照合格、良好、优秀等标准进行对照打分。

（五）在权重分配方面，注重务求实效与破解难题相结合。权重分配是对于各项指标的重要性的权衡与评价，能反映各级各部门在双拥工作的重点、难点、热点问题上资源、精力投入的差别。整个双拥模范（先进）考评指标是一个多项指标的集合体，各项指标在指标体系中的分值比例不应等量齐观，分值不应按指标条款数平均分配，而是应通过被考评对象对权重较高的指标的关注和重视程度，反映双拥工作的中心任务的完成情况，从而引导被考评对象把握工作重点，强化关键责任，确保双拥工作总体水平稳步提升。我们在设计新一轮考评标准时，着重强调各级各部门对于双拥工作中各项重点工作的关注度、有关法规政策的落实度，以及对军地双方普遍关注的热点、难点问题的破解度。如对应《全国双拥模范城（县）创建命名管理办法》六条标准中关于“各项政策法规落到实处”的单项要求，设计了43条细化指标，约占整个考评指标条款总数的48%，虽然其得分不完全等于48%，但必然高于总分值的1/6，目的是促进各级各部门在日常工作中积极贯彻落实有关政策法规，抓好重点工作，进一步保障部队官兵和广大优抚对象的切身利益。

（六）在日常创建方面，注重年度检查与日常管理相结合。考核评比是一项阶段性工作，而日常创建却是经常性事务。为避免双拥工作出现“考评年热、中间年冷”的现象，上海在新一轮考评办法中明确日常创建管理工作的主体和主要工作，对各区（县）的创建规划等提出明确要求，并规定区（县）每年自查一次，市级业务主管部门对双拥工作中的重点内容每年评定一次，市双拥工作领导小组及其办公室组织人员复查一次，其结果作为下一届评选的重要依据，从而促使对被命名表彰的双拥模范（先进）集体和个人实施长效管理，保持工作常态，不断提高整个创建活动的水平。

基于上述考虑，我们初步完成了新一轮双拥模范（先进）考评办法和标准的雏形，具体包括一个总纲和两个分目。我们制定了《上海市创建双拥模范（先进）活动暂行办法》，作为今后开展双拥模范（先进）创建活动的纲要性文件。在这个总纲指导下，今后在每一届考评前，再依据经济社会的发展要求和双拥工作侧重点，对照修订作为分目的实施办法和考评标准。

此次，2005年版的实施办法对双拥模范（先进）的表彰类型和数量、申报推荐程序、考核评比规则、命名表彰主体和日常管理要求进行了具体解释和明确。其中考核评比主要采取主管部门评估、实地检查、社会测评和集中评议等四种方式，具体是：

（一）主管部门评估是指由上海市级有关业务主管部门每年就各区（县）相应部门履行双拥工作职责情况进行评估，上海警备区政治部会同驻沪部队各大单位政治部每年就各区（县）开展拥政爱民工作情况进行评估，分别列出名次，向上海市双拥办反馈。上海市双拥办再按一定系数将历年名次转换成分值并加权平均，作为各区（县）在拥军优属和拥政爱民方面的评估成绩。

（二）实地检查是指由上海市双拥办牵头，组织驻沪部队各大单位政治部、上海市双拥工作领导小组成员单位和有关职能部门组成若干个检查组，通过听取汇报、现场提问、实地考察等方式，对申报双拥模范的区县进行实地检查。实地考察结束后，各检查组汇总检查情况，并进行评分，剔除一个最高分和最低分后加权平均，为本次实地检查阶段的得分。

（三）社会测评是指聘请专业测评机构对各区（县）开展双拥工作情况开展抽样测评，其得分以各区（县）实得总分计。

（四）集中评议是指由上海市双拥工作领导小组召集专门会议，听取申报区（县）对上届命名表彰大会以来，本区（县）开展双拥工作的总体情况、主要特点汇报，以及对存在问题和解决措施进行分析。上海市双拥工作领导小组成员单位、市有关职能部门、驻沪部队各大单位政治部领导现场打分，剔除一个最高分和最低分后加权平均，为本次集中评议阶段的得分。

上述四个阶段性考评结束后，由上海市双拥办根据既定比例对其得分进行加权处理，计算出总得分，列出总体排名。

2005年版的考评标准对照《全国双拥模范城（县）创建命名管理办法》的六条标准设立了否决

性指标、常规性指标、激励性指标等三类九十余条具体标准。否决性指标是指凡在创建期内出现符合指标情况之一的区（县），不得参加上海市双拥模范区（县）的评选。常规性指标是指对照《全国双拥模范城（县）创建命名管理办法》的六条标准设计的近90条达标要求。激励性指标是指凡在创建期内具备指标情况之一的，可视情增加其考核分。例如，我们根据科教强军、科教兴市的发展战略和与时俱进的时代要求，计划设立"军地合作的科研项目获得全国、全军或上海市颁发的奖项；在创建双拥模范（先进）活动中，创造出的经验和产生的成果受到市级以上双拥工作部门表彰或推广"等激励性指标，各区（县）若出现上述情况之一者，将给予酌情加分，鼓励各级各部门在双拥工作中与时俱进，探索创新。

四、相关建议

（一）双拥模范城（县）考评工作是一项较为复杂的系统性工作，任务重、涉及面广，其考评对象涉及军地双方较多部门和单位，考评内容涵盖拥军优属、拥政爱民工作的各项指标，原每三年考评一次在时限上略显急促，且根据政府部门的工作任期一般为五年一届的惯例，建议将创建全国双拥模范城（县）活动的年限由原来的"每三年评选命名一次"调整为"每五年评选命名一次"，以便较好地与政府责任目标相结合，进一步确保其持续性和稳定性。

（二）就全国而言，不同省市之间对于双拥工作，无论是从地区资源、驻军分布情况、优抚对象绝对量，还是从双拥工作重难点问题、广大军民的切实需求等方面来看，都存在着较大的客观差异。因此，建议全国双拥办在全国双拥模范城（县）考评标准中兼顾不同地区、不同特点，给予分类指导。

双拥工作任重道远，双拥模范（先进）考评活动已成为加强军政军民团结、推动双拥工作发展的重要载体和有效途径。目前，上海在修订考评办法和标准方面进行了一些尝试，但仍处于摸索阶段，仅是在上海市双拥办工作层面的初步意向，还将进一步广泛征求上海军地双方的意见，并报市双拥工作领导小组审议。我们将在这一方面继续扎实推进，促进上海双拥工作再上新台阶。

市场经济条件下双拥工作社会化的实践与思考

浙江省双拥办

双拥工作是一项政治性群众性很强的重要工作，同时也是一项复杂的社会系统工程，它连接军地，根植基层，涉及长远，关系全局。改革开放特别是党的十四届三中全会以来，我省在党中央的正确领导下，以邓小平理论和"三个代表"重要思想为指导，坚持从实际出发，勇于探索，不断创新，从农村到城市，从经济领域到社会领域，从局部突破到全面展开，走出了一条富有鲜明浙江特色的改革之路。目前，我省市场经济体制改革的进程相对领先，基本经济制度比较完善，开放有序的市场体系基本确立，政府职能转变取得实质性进展，新的分配制度初步形成，多层次社会保障体系基本形成，社会主义市场经济体制基本建立。我省社会主义市场经济体制的建立，既为双拥工作注入了新的生机和活力，也为双拥工作带来了一些新困难和新问题。一是政府职能的转变，使解决双拥工作实际问题的难度越来越大。政府已从管理微观经济活动转为宏观调控经济活动，政府高度集中配置一切政治经济资源的强有力的行政手段在逐步减弱。二是新的分配制度的建立，使人们的思想观念和价值取向发生了深刻变化。履行国防责任和义务的观念容易淡化，经济利益、自身发展的问题想得多了，而国家安全、社会稳定等公共利益则容易忽视。军地交往讲物质利益和等价交换的多了，讲精神共建和思想互助的少了。所有这些，都给传统的双拥工作带来了新的挑战。尽快适应社会主义市场经济体制的要求，加快推进我省双拥工作社会化进程，是新的形势和任务提出的客观要求。

一、以改革创新的精神建立健全“政府主导、各方参与”的社会化双拥工作运行机制

双拥工作涉及到政治、经济、文化等各个领域和社会生活的各个方面，是一项跨行业、跨领域，涉及社会各个层面的工作。改革创新是双拥工作深入发展、永葆生机与活力的关键。随着社会主义市场经济体制的不断深化和政府职能的转变，单纯强调双拥工作的政治性，强调政府的行政管理作用已远远不够。要认真分析新形势下双拥工作出现的新情况新变化，研究加强军政军民团结的新思路、新办法，增强工作的针对性、创造性，适应当前社会经济成分、组织形式、就业方式、利益关系和分配方式日益多样化的形势，积极探索新型经济组织和新的社会阶层开展双拥活动的路子，充分发挥各行业、各部门、各单位的职能作用，调动广大军民的积极性与创造性，扩大双拥工作的群众基础，形成与市场经济相适应的政府主导、军民共建、社会组织、各方参与的社会化双拥工作运行机制，使双拥工作始终保持坚实的基础和旺盛的生命力。

第一，要发挥政府主导作用，不断完善双拥工作组织体系和社会化服务网络。随着我省社会主义市场经济体制的基本建立，双拥工作的政府职能要从传统的统包统揽，转变到加强组织领导、提供政策法规保障上来。各级党委和政府不能因为以经济建设为中心和政府职能的转变，而忽视对双拥工作的领导，把双拥工作看成是一项临时性的工作，一项民政部门的业务工作，甚至是一项可抓可不抓的工作，而要从贯彻落实“三个代表”重要思想的高度，从国家长治久安的全局，来思考和认识新形势下的双拥工作。对涉及双拥工作中的重大事情，作为党委和政府必须履行的重要责任和义务，认真组织、周密协调、及时处理。不断建立健全各级双拥工作组织体系，做到县、市有双拥领导小组，街道、乡镇有双拥工作小组，居委会、村委会有双拥服务小组，从而形成“上下一条线、左右联成片、层层有人抓、事事有人办”的社会化双拥服务网络。

第二，要适应非公有制经济组织迅速发展的形势，积极推进非公有经济组织中的双拥共建工作。改革开放以来，我省非公有制经济组织发展迅猛，到2002年底，全省共有非公有制企业24.7万个，从业人员达680余万人，GDP总量达4100亿元，占全省GDP总量的53%，涉足的领域从工业扩展到交通、金融、文体、教育等社会生活的各个方面，成为全省经济发展的主导力量。针对我省社会经济发展的现状，以及现代社会高度开放和联系方式日益广泛，军地交往的渠道越来越多，呈现复杂性、多样性的特点，政府职能的和社会结构的不断调整，处理军政军民关系方式也发生了很大变化，迫切需要我们在双拥工作中面对现状，转变观念，把过去主要依靠政府和国有企事业单位，向动员社会各界力量，尤其是非公有制经济组织转变，组织开展行业拥军、企业拥军，把政府行为与社会行为、行政调节与市场调节结合起来。近年来，温州市在积极发展市场经济的同时，利用非公有制企业上规模、上水平的机会，引导一批大型民营企业集团树立“无商不活，无军不安”的观念，热心支持国防建设，利用行业优势、科技优势和相对较强的经济实力，为当地驻军的军事训练、战备执勤、科技练兵和两用人才培养等提供资助，积极开展文化拥军、智力拥军和科技拥军。温州社会拥军资金每年以20%的幅度增长，现已占全市拥军资金的70%左右。台州市60多家民营企业，出资200万元为驻军赠送电脑、电教设备和科技图书。同时，非公有制企业还成为在市场经济条件下解决双拥工作热点难点问题的重要力量。温州江南集团创建复退军人创业基地，计划接纳500名退伍和伤残军人就业；正泰集团、吉利集团、德力西集团和飞跃集团等省内一大批大型民营企业也把吸纳退伍军人和随军家属列入企业发展计划，作为支持国防建设的一项具体行动。而驻浙部队也突破观念束缚，积极与当地非公制经济组织开展军（警）民共建活动，利用部队优势为民营企业建立基干民兵组织和进行国防教育宣传，既维护了企业和社会的稳定，又促进了民营企业的思想文化建设、信用道德建设和生产力的提高，从而激发了广大非公有制经济组织更大的拥军热情。随着我省众多非公有制经济组织广泛开展爱国拥军活动，双拥工作的社会基础进一步扩大，有力地推进了双拥工作社会化进程，保证双拥工作各项任务的落实。

第三，要顺应城市管理模式变化的新情况，逐步树立社区双拥工作的新观念。城市社区作为新时期我国城市管理模式的一种创新，给双拥工作带来了新的机遇和挑战。随着社区建设的开展，社区内丰富的文化、人才、教育、科学、卫生等资源为开展双拥工作提供了极为有利的条件，使基层双拥工作更富有生机和活力。宁波市北站、江北岸、东海等社区不断探索社区双拥工作新路子，充分挖掘、整合利用本社区的资源优势，使社区的双拥活动形式由过去单一的走访慰问向依靠社区资源实施科技拥军、智力拥军的方向转变，通过开展“送科技进军营”系列科技拥军活动和为驻军培养电脑、英语等两用人才，深化了社区双拥工作的内容，军地齐抓共管社区建设的积极性不断提高，有力地推动了社区和驻军的精神文明建设，维护了社区稳定，繁荣了社区文化，扩大了双拥工作的社会影响，推动了双拥工作社会化的健康发展。

二、以真抓务实的作风努力营造“军地协调、齐抓共管”的双拥工作社会氛围

服从大局、服务中心，是双拥工作的出发点和落脚点，也是保持双拥工作生机和活力的根本途径。在社会主义市场经济不断发展，国家和军队改革向纵深推进的新形势下，逐步实现双拥工作的社会化，是一条有效的途径。而要实现双拥工作的社会化，营造浓厚的双拥社会氛围，宣传是基础，教育是根本，活动是途径。

一是要切实加强双拥宣传。首先是抓好重大节日和部队重大行动的重点宣传，激发群众的参与热情。近年来，随着台海局势的变化，总部和南京战区先后在我省组织军事活动，浙江省委、省政府把支持部队完成重大军事行动任务作为军事斗争准备中拥军工作的具体行动，积极做好沿海各地企业、群众的宣传发动工作，明确提出：部队练打仗、地方练支前，要求各级要像战争年代拥军支前一样搞好各种保障。几年来，每次驻军到我省沿海地区进行海训时，当地政府、企业和群众都积极为部队让路、让房，为部队送水、送米、送衣、送被，场景感人至深。其次要注重平时和基层的宣传，把双拥宣传搞得生动活泼。充分发挥报刊、电台、电视、网络等传播媒介的作用，利用街道、乡镇、社区、基层连队的宣传阵地，积极开展双拥宣传，做到报纸常有文、广播常有声、电视常有影、基层常有形，使全社会置身于浓浓的双拥氛围之中，激发广大私营企业主、个体工商户、群众和部队官兵的双拥热情。第三要大力宣传富有时代特色和地域特点的先进事迹和典型。用典型引路，以点带面，不断扩大宣传教育的覆盖面，使双拥工作从个体和少数示范点扩展到群体和整个社会领域，在全社会形成军民团结共促社会生产力发展和部队战斗力提高的良好风尚。从1998年开始，全省先后组织24个沿海县、市、区6700艘余民船进行了动员演练，涌现了许多拥军支前的感人事迹。仅舟山市在动员民船配合“成功8号”演习中，直接经济损失就达5000多万元。岱山县在财政比较困难的情况下，从银行贷款300余万元专款支持保障部队演习。广大渔民群众面对经济损失毫无怨言，全市1500余艘渔船接到征集命令后，全部按时参加演习，涌现出了“兄弟俩驾新船争相报名”、“五兄弟带头参演”、“女书记随船指挥勇当海岛‘花木兰’”、“62岁船老大冒险下海抢救子弟兵”等一大批先进事迹。

二是要深入进行国防教育。根据新时期军事斗争准备的需要，我省近年来，广泛深入地开展全民国防教育，把不断强化各级领导和人民群众的拥军支前意识作为军事斗争准备中双拥工作的基础工程来抓。按照《浙江省全民国防教育五年规划》，建立健全了省、市、县三级国防教育体系和923个国防教育基地，紧紧围绕军事斗争准备，广泛开展了“兴我国防、固我长城”等一系列国防教育活动，针对不同社会阶层人群，开展不同层次的教育活动，使全社会树立起“居安思危、富而思安”的思想，爱国拥军成为广大人民群众的自觉行动，群众性拥军热情空前高涨，社会化拥军成为军事斗争准备中双拥工作的一个显著特点，社会化拥军也越来越显现出强大的生命力。温州市突出“一手抓市场经济、一手抓国防教育”的观念，在加快发展市场经济的同时，坚持以国防教育为先导，把国防教育列入全民教育体系，大力提高广大群众的国防意识，树立起了“城固国稳、军强民安”的思想，使广大群众特别是私营企业主正确处理市场“商海”和“沿海”国防的关系，激发了他们支持国防事业、参与双拥活动的政治热情，为双拥工作的社会化提供基础保证。全市形成了学生、青年的参军热潮，每年自愿报名参军率在95%以上，涌现出“家富不忘报国”、“有万贯家财不如子女当兵成才”的新观念。

三是要广泛开展双拥共建活动。双拥工作既是社会主义精神文明建设的重要内容，也是加强社会主义精神文明建设的重要途径。改革开放以来，我省开展军民共建等群众性创建活动，使党和军队的优良传统在广大军民中得到发扬，对提高全社会的思想道德和科学文化素质产生了重大影响。要使双拥工作持续深入地开展下去，始终保持旺盛的生机和活力，就必须不断探索和创造富有时代特色、能够吸引军民广泛参与的形式和载体。近年来，从军民共建精神文明、培养军地两用人才到创建双拥模范城（县）活动，从科技拥军、智力拥军、到“爱心献功臣行动”，每个活动的创造和兴起都产生了广泛的社会影响，推动了双拥工作的深入发展。在社会主义市场经济体制基本建立的新形势下，要继续按照巩固、发展、提高的方针，充实内容、突出重点、拓宽领域，把双拥共建活动深入持久地开展下去。从提高地方生产力和部队战斗力的需要出发，尊重群众的首创精神，及时总结和推广广大军民在实践中创造的新鲜经验，不断创造新的共建内容和形式，逐步适应市场经济和开放社会的要求，推动双拥共建向跨行业、跨行政区域和跨所有制方向发展，使群众性的双拥共建活动更加丰富多彩，更加富有吸引力和感召力。实践证明，双拥共建活动，有利于发挥军地双方的优势，使军地双方在思想、政治、科技、教育等领域进行广泛交流和合作，推动经济建设和国防建设的协调发展和全面进步。

三、以科学认真的态度制定完善“系统规范、衔接协调”的双拥政策法规体系

近年来，我省结合形势的需要，先后制定下发了《浙江省拥军优属若干规定》、《关于解决随军家属就业问题若干意见的通知》、《关于支持驻浙部队搞好“菜篮子”工程建设的通知》和《关于做好革命伤残军人生活保障工作的通知》等十几项综合性政策法规，各市、县也相继出台了一些具体的实施办法和地方性法规。但是，随着市场经济的发展和市场经济体制的基本建立，我省双拥工作也出现了许多新情况和新问题，就双拥政策法规建设情况看，也存在一些不适应的地方，主要表现在以下三个方面：一是双拥政策法规不够健全，协调军政军民关系的政策法规还有空白点；二是部分双拥政策法规可操作性差，缺乏硬性规定，起不到有效规范和约束作用；三是有些政策法规滞后于形势的发展，不能与社会生活中的其他改革政策协调配套。因此，加紧建立和完善双拥政策法规体系，已成为推动双拥工作社会化和促进双拥工作落到实处的重要保证。要把双拥政策法规建设提高到依法治国、依法治军的高度来认识，针对新形势下双拥工作遇到的新情况、新问题，尽快建立与市场经济体制相适应的双拥政策法规体系，调节军政军民关系，维护军人和优抚对象的合法权益，加强军政军民团结，进一步促进全省双拥工作制度化、法制化和社会化建设。

第一，要适应市场经济新形势，抓好双拥政策法规的制定。

社会主义市场经济体制的建立，必然涉及到利益格局、利益关系的调整和思想观念的转变。要妥善解决军地之间的矛盾和双拥活动中的问题，就必须制定适应社会主义市场经济需要的双拥政策法规，用法律、政策、制度的形式规范军地交往、双拥活动，使双拥工作真正落到实处。在制定双拥政策法规中，在注重政策法规的时效性、系统性和科学性的同时，还应着重把握好五条原则：

1. 与国家双拥政策法规相一致的原则。地方性政策法规是国家政策法规的延伸。因此，我省制定的双拥政策法规必须贯彻国家双拥政策法规的精神，体现一致性。从当前来讲，就是要和国家的《兵役法》、《国防法》和《军人抚恤优待条例》等保持统一。

2. 军地协调发展的原则。军民的利益从根本上来说是一致的，双拥政策法规的目的也是要促进军地的协调发展。一方面，地方制定拥军优属的政策法规时，要强调对军队和军人权益的特殊保障，并给予一定的优惠；另一方面，部队在制定拥政爱民政策时，也要突出积极参加和支援地方经济建设。只有建立在相互理解、相互支持基础上的双拥政策法规，才有利于军地的协调发展，同步提高。

3. 开拓创新的原则。在市场经济体制建立过程中，双拥工作同样面临着深化改革的任务。双拥政策法规的制定要有与时俱进、开拓创新的精神，凡是有利于增强军政军民团结，有利于提高“两力”，有利于军地稳定发展的都要及时总结，大力推广。

4. 与其他部门政策法规相协调的原则。双拥政策法规是国家和地方法制建设的有机组成部分，涉及到社会生活的方方面面、各行各业，只有与其他部门的政策法规相互衔接、相互协调，才能有效实施和落实。

5. 继承性、连续性和稳定性的原则。保持政策法规的连续、稳定，是双拥工作法制化的内在要求。在双拥政策法规体系建设中，既要及时把实践证明了的正确的经验、做法，通过政策法规等形式加以肯定；不能将一时一事的新鲜做法，不经深入的调查研究轻易立法。

第二，要采取积极有效的措施，抓好双拥政策法规的贯彻落实。

法贵于行。在双拥政策法规建设中，既要注重抓双拥政策法规的制定出台，又要注重抓双拥政策法规的贯彻落实，不能重此轻彼，使法流于形式。在落实双拥政策法规上，首先要加大双拥政策法规的宣传，把双拥宣传、国防教育和法制教育有机地结合起来，在全社会形成一种爱国拥军、执行政策的氛围。其次要发挥双拥政策法规的四个功能：一是发挥双拥政策法规的教育功能，在全社会形成浓厚的依法双拥氛围，把以情双拥和依法双拥很好地结合起来，使双拥变成军民的自觉行动。其次发挥双拥政策法规的保障功能，依法维护军地的合法权益。特别是近年来，社会比较关注的转业退伍军人就业安置、革命伤残军人医疗保障和重点优抚对象生活标准提高等问题，都必须利用双拥政策法规进行有效维护。三是发挥双拥政策法规的服务功能，促进军地共同发展。要合理利用现有的双拥政策法规，调节社会各种双拥资源，有效地促进军地“两力”的提高。四是发挥双拥政策法规的激励功能，激发官兵为国建功立业的热情。再次要加大督促检查力度，不定期地组织人大、政协和有关部门，对各地贯彻执行情况进行检查。对执行好的部门和单位，予以表扬奖励；执行差的部门和单位，予以批评教育直至行政处罚，并追究领导责任。

第三，要着眼于社会发展需要，抓好双拥政策法规的完善配套。

社会在不断发展，人们的需求也在不断发生变化，双拥政策法规同样需要不断充实、完善、配套。首先要不断完善各项双拥政策法规，积极梳理现有政策、规定和制度，着眼全局、狠抓落实，采取消除重叠、拾遗补缺、拾零归总的办法进行归纳和完善，实现由单项向综合的转变，分散向集中的转变，低档次向高档次转变，粗线条向具体化转变，确保双拥政策法规的科学性、完整性和现实性。其次要抓好各项双拥政策法规的系统配套。从稳定部队、稳定社会的全局着眼，帮助部队解决一些热点、难点问题；建立约束机制，采取必要的行政手段和经济手段，予以调控督促；狠抓基层双拥政策法规建设，做到省市有政策，县市有规定，街道乡镇有公约，居委会、村委会和基层单位有制度。目前，全省95%以上的街道乡镇都制定了《拥军优属规定》和《军民共建公约》，90%以上的居委会、村委会和基层单位建立了拥军优属工作制度，全省双拥政策法规体系初成规模。

双拥工作贯彻落实科学发展观

在构建社会主义和谐社会中大有作为

安徽省双拥办

拥军优属、拥政爱民，是中国共产党领导下我国亿万军民的伟大创造，是我党我军我国人民的优良传统和特有的政治优势，是伴随着中国革命和建设发展起来的一项重要工作。在中国革命的重要关头，发挥了重要作用。1943年在延安兴起的双拥运动，已经走过了62年的光辉历程。60多年来，我们党的三代领导核心都始终高度重视双拥工作。毛泽东同志提出了“兵民是胜利之本”的精辟论断，亲自倡导和推动了双拥运动。邓小平同志强调军民一致的原则不能变，亲自倡导了军民共建社会主义精神文明和创建双拥模范城（县）活动。江泽民同志要求要像爱护眼睛一样爱护军政军民团结。

“构建社会主义和谐社会”，是以胡锦涛同志为总书记的党中央从全面建设小康社会、开创中国特色社会主义事业新局面的全局出发提出的重大任务。实现社会和谐，建设美好社会，始终是中国共产党人孜孜以求的理想。构建以民主法治、公平正义、诚信友爱、充满活力、安全有序、人与自然和谐相处为基本特征的和谐社会，既是对我国改革开放和现代化建设经验的科学总结，也是在新的国内外形势下提高党的执政能力、贯彻落实科学发展观、更好地推进我国经济社会发展的战略举措。“构建社会主义和谐社会”，就是要建立起人与人之间互相尊重、互相信任的社会关系，“形成全体人民各尽其能、各得其所而又和谐相处的社会”。它是我们党的执政目的，是由我们党全心全意为人民服务的根本宗旨决定的，也是社会主义革命和建设的命题中应有之义；它既体现了广大人民群众的“最近的目的和利益”，也体现了广大人民群众的“未来”利益。

一、用“三个代表”重要思想统领双拥工作

双拥工作作为我们党的一项重要事业，是在党的思想理论指引下创立和形成的，也是在党的思想理论指引下发展和进步的。“三个代表”重要思想已经成为把广大军民凝聚起来、团结起来的光辉旗帜和共同思想基础。在新世纪新阶段，要牢固确立“三个代表”重要思想在双拥工作中的指导地位。按照“三个代表”重要思想的要求，理清思路，明确方向，丰富内容，把促进社会生产力发展和提高部队战斗力，加强军地思想道德和文化建设，维护广大军民的根本利益，作为双拥工作的根本出发点，以此来统领双拥工作。坚持用“三个代表”重要思想武装头脑，就是要求从事双拥工作的领导干部和职能部门，要毫不动摇地坚持把马列主义、毛泽东思想、邓小平理论、“三个代表”重要思想的学习教育，贯穿于全面建设小康社会的全部过程和每个环节，牢固树立马克思主义的世界观、人生观、价值观和正确的权力观、地位观、利益观，坚持用科学的立场、观点和方法去观察和处理问题。坚持用现代技术，特别是高技术武装头脑，要教育广大军民牢固树立科学技术是第一生产力的思想，大力实施科教兴国、科技强军战略。想方设法帮助

广大军民掌握现代科学技术知识，在积极投身经济建设的同时，要顺应时代发展要求和未来战争的需要，把开展科技拥军和科技助民活动作为推进双拥工作创新发展的途径。

二、更新思想观念，不断加强双拥制度建设

双拥工作要贯彻落实科学发展观、构建社会主义和谐社会，关键要进一步加强双拥制度建设。双拥工作能否正常进行以及其效果如何，取决于其制度是否科学、合理，取决于制度的运转是否顺畅、灵活、高效。只有建立健全双拥工作新机制，全面落实双拥政策法规，双拥工作才能做得尽善尽美。双拥工作中要更新思想观念，观念决定思路，思路决定出路。我们对科学发展观的认识仅是初步的，不能仅仅停留在对字面的理解，必须在双拥工作的实践中逐步深化。科学发展观本身就蕴含了科学的思维方式，因此处理矛盾、解决问题，就是要自觉运用科学发展观的方法论功能，寻求新办法、新途径；确立与科学发展观相适应的思维方式，变封闭保守为创新开放，由狭隘近视改为胸怀全局；把科学发展观作为检验我们工作成效的尺度和标准，以此衡量双拥的成效和得失。

三、与时俱进推动双拥工作有所发展创新

双拥工作要保持生机与活力，必须适应新形势，发扬老传统，开创新局面。不断探索在社会主义市场经济条件下开展双拥工作的形式和内容，形成经济建设与国防建设相互促进、协调发展的新机制。认真研究解决双拥工作遇到的新情况、新问题，探索进一步加强军政军民团结的新思路、新办法。要把政府行为与社会行为结合起来，使双拥工作制度化、法制化、经常化、社会化。积极开展行业拥军、社区拥军，引导新型经济组织和新的社会阶层拥军，拓宽双拥工作的领域和范围，不断扩大双拥的群众基础。在开展过程中，坚持把适应“战场”与适应“市场”一致起来。“市场”要求，就是要求各级双拥办要引用市场机制指导基层开展双拥工作。在作决策、分任务时，要服从国家开放大局，遵守市场规则，按照市场规律办事。适应“战场”需要，就是在组织开展双拥活动时，要着眼世界政治格局多极化、经济全球化、社会信息化和军事高技术化的特点，加强对策探讨，充分发挥经济在国防和军队建设中的服务保证作用，努力提升双拥工作的地位和作用。

四、以双拥作保障使部队“打得赢”、“不变质”

科学发展观贯穿于双拥全过程，必须在保障部队提高战斗力上见成效。“打得赢”是部队肩负的一个历史使命，就部队而言，就是要加强对高技术条件下局部战争的特点及外军作战的研究，不断提高作战本领，保证做到“首战用我、用我必胜”。实践证明，只有坚持以科学发展观为指导，紧紧围绕服务改革稳定大局和部队战斗力的提高，积极探索双拥工作新路子、丰富新内容、拓展新领域，才能切实增强双拥工作的生机和活力。为了加大支持部队现代化建设的力度，国家在制定经济和社会发展规划时，要把支持国防和军队建设作为重要内容纳入其中；在进行城乡建设时，要充分考虑未来战场和军事行动的需要；在加快改革开放中，要切实保护军事设施；健全国防动员机制，全面提高社会保障能力，努力为部队训练、演习搞好交通、水电、食品、卫生等后勤保障；大力开展科技拥军和知识拥军活动，高标准落实各项优抚政策。正确处理改革、发展、稳定的关系，确保社会政治稳定和国家长治久安，使社会更加和谐，更加美好。做到“不变质”，就是要永远忠于党、热爱祖国，忠于社会主义、热爱人民，从根本上保证党对人民武装的绝对领导，始终保持政治上的坚定性和思想道德上的纯洁性。双拥工作中贯彻落实科学发展观、构建社会主义和谐社会，根本的体现是为部队官兵办实事、办好事。我们讲科学发展观，就是要坚持以人为本，实现好、维护好、发展好人民群众和广大官兵的根本利益。这是双拥工作的出发点和落脚点，也是树立和落实科学发展观的必然要求。立足于实现、维护和发展好广大军民的根本利益开展双拥工作，进一步密切军政军民的血肉联系。双拥工作作为党的群众路线的重要体现，从本质上讲是为广大军民服务的。把双拥工作深深植根于军民之中，全

心全意为广大军民谋利益，才能更好地践行立党为公、执政为民的本质要求，才能充分调动广大军民参与双拥工作的积极性和主动性。要把实现好、维护好、发展好广大军民根本利益的要求，落实到制定和实施双拥政策法规中去，落实到双拥工作的方方面面。

创新思想　创新机制　让双拥工作充满活力

安徽省双拥办

近年来，我省的双拥工作在省委、省政府和全国双拥办的领导支持下，紧紧围绕发展抓双拥，抓好双拥促发展，取得了一些成绩，进行了一些探索，可以说是年年有进步，时时在探路。政策与法规，件件有进度。体会逐渐加深，认识不断提高。已经从初始阶段的“握握手、喝喝酒、春节看、八一走”，发展时期的“共建栽栽树、双拥修修路、地方送送过节费、部队济贫又救助”，走向深入阶段的“有事无事常来往、大事小事一处想、军民共建讲实效、考核命名求质量”，到巩固阶段“工作有制度、参观有去处、军地有典型、全民有任务”，体现了不断发展和渐进的双拥工作环节及态势。方法不断改进，检查全面谨慎。讲优抚安置，促系统双拥；抓子女就学，促军嫂就业；查军转安置，促人事劳动。特别是去年以来，在认真贯彻全国双拥工作会议精神、掀起新一轮创建全国、全省双拥模范城（县）活动中，我们结合双拥工作和创建的实际，总结提炼出我省现阶段双拥工作以“有情、有责、有权、有利、有为”为主要内容的“五有”活动，得到了各级双拥组织普遍的贯彻和全省军民的认同。这就是双拥工作既要发扬优良传统、总结经验、巩固成果，更需要创新思想、创新机制，开创新局面，做出新贡献。动员全社会都来重视双拥，支持双拥，参与双拥，推动双拥，把“有情、有责、有权、有利、有为”作为一种全新的理念去推广，去贯彻（在“五有”中：“情”是先导、“责”是基础、“权”是保证、“利”是动力、“为”是核心）。即共建不劳民、创模不伤财、“五有”成制度、效果自然来。

一、把困难双拥转变为有情双拥（有情）

有情，就是根据国情、省情、市情、县情相统一的原则，结合实情抓双拥，因地制宜搞共建。在实际工作中，由于我省经济发展滞后和支持部队的财力不足，存在许许多多实际困难，这些困难在某种程度上被一些驻军比较多的市县当作负担。怎样把负担变责任，又怎样把责任变成为解决双拥困难和矛盾的自觉行动，奉献又出力，倾情又使劲，于是就不断涌现出像池州、滁州、合肥等地的双拥有情内涵：硬件不足软件补，软件不足文件补，文件不足感情补。只要有感情，军地就双赢，只要有感情，就是模范城（群众点评：双拥有情，力量无穷）。体现了双拥无难题、共建不漏缺的生动局面。

二、把节日双拥转变为责任双拥（有责）

人人有责是双拥工作社会化的基本理念，是增强国防观念和双拥意识的关键一环。人人有责，双拥的氛围才能浓烈，政策法规才能落到实处。党政领导有责，系统单位有责，工农兵学商各行各业有责，机关、基层、城乡、村镇、街道、社区都有责，“四纳入三挂钩”（“四纳入”即纳入党政军重要议事日程，纳入经济和社会发展总体规划，纳入精神文明创建重要内容，纳入干部政绩考核范围；“三挂钩”即双拥工作与领导干部升迁挂钩，与部门行业责任挂钩，与评先评优挂钩）。每个公民、每个解放军指战员都为双拥工作出一份力、尽一份责，双拥已成为全省军民增强军政军民团结和认真履行国防义务的共同责任。这种责任的表现形式，有的是责任书，有的是责任状，条块不漏缺，城乡连成网。我们考核验收时基层从事双拥工作的同志说：“双拥有责，利民又利国，双拥不定责，只能粥一锅。”

三、把关系双拥转变为制度权利双拥（有权）

这里的权利，既是广大军民享有共建模范城（县）美誉的共同享有的权利，又是争创模范单位、争当模范个人的基本权利，也是检查、监督双拥政策法规落实，同破坏军政军民团结的人和事做斗争以及维护国防利益的权利。同时强调，相关双拥机构对完不成双拥任务，不尽双拥、国防职责，有一票否决的权利；有检查验收和奖励、批准双拥先进合格单位的权利。我们在创建模范城（县）中开展的双拥合格单位创建活动，合格不合格，通过考评由双拥办说了算，验收合格，再报党政军领导机关审批、公示后，才能发双拥创建奖，才有评先进、评模范的资格。基层的同志说：双拥有权，不招人嫌；双拥没有权，添烦又招嫌。

四、把部门双拥转变为全社会利益双拥（有利）

首先是双拥工作给国家和民族带来的利益，为国家带来安全稳定的环境，带来改革开放的成果，带来富民强省奔小康的实惠，为广大军民深深地感受。同时，双拥奖励为双拥工作注入生机与活力，全省已有滁州、蚌埠等五个市设立双拥创建奖，为双拥工作做贡献的在经济上都有奖，惠及广大军民的切身利益，有的月奖，有的年奖，有的届奖（三年一届），有的市年人均奖励近千元。有的晋级晋职，有的考试加分、考勤加薪，既有精神，又有物质，把无形的工作做得有形，把有形的工作尽可能做得有声有色，变被动为主动，变不动为生动，变“单枪匹马”为千军万马，从而使部门双拥变为社会双拥，全社会都关心支持和参与双拥工作，极大地鼓舞广大军民双拥创建的热情，体现了双拥有奖，群众向往，精神物质都奖励，党政群团都满意。这是在市场经济条件下，双拥创建的有益尝试和必然走向。

五、把应付双拥转变为目标有为双拥（有为）

双拥工作有可为、大有可为已经成为全省广大军民的共识，全省各级党委政府已把双拥工作纳入国民经济发展的总体规划，纳入党委和政府的任期目标，列入党政领导的考核目标。双拥模范城（县）已成为改革发展稳定的重要标志，已把双拥模范城优势当作一个城市（县）的政治资源优势，作为良好的建设环境、良好的投资环境、良好的生活环境来创造，作为一个城市（县）的高尚荣誉名片来刻画，作为一个响亮的品牌来打造。围绕发展抓双拥，抓好双拥促发展，正在全省如火如荼地展开，已成为全省党政军民双拥双提高、双拥双前进、双拥双发展的共同心声。基层的同志说，双拥有了为，进了两代会（人代会、党代会）。只要进了“两代会”，那就是向全市（县）人民作了承诺，目标必须实现，不实现就会被党代表、人大代表质询，会被认为不作为。党委和政府重视双拥工作，双拥工作就有了保证，就大有可为，双拥创建的成果就会不断地巩固和迅速发展。

总结几年来我省的双拥工作，也还存在着这样那样与发展形势不相适应的地方，有好多事不但军队不满意，优抚对象不满意，连双拥工作者自己也不满意，这都需要我们改进作风扎实工作，我们之所以力推“五有”目的也在于此。通过双拥的“五有”来适当地提高双拥工作社会地位和影响力，就是大力推进双拥工作的社会化、经常化，开展创建双拥合格单位活动和“五有活动”的展开就是我们在这方面的一点探索。通过创建为部队解决困难，通过促进发展为群众带来些实惠。使整个双拥工作在巩固中发展，在发展中提高，在不断提高创建质量中不断前进，把双拥工作的根扎得更深，基础打得更牢，使军政军民团结和谐的局面更加巩固。

试论创建双拥模范城（县）活动在构建社会主义和谐社会中的地位和作用

安徽省蚌埠市双拥办

党的十六届四中全会从加强党的执政能力建设的高度要求全党不断提高构建社会主义和谐社会的能力。这是我们党从全面建设小康社会、开创中国特色社会主义伟大事业新局面的全局出发而提出的一项重大任务。广泛深入地开展邓小平同志亲自倡导的创建双拥模范城（县）活动，巩固和密切加强新时期军政军民团结，是我国改革发展稳定和适应新军事变革的迫切需要，也是构建社会主义和谐社会的必然要求。

一、创建双拥模范城（县）活动和构建社会主义和谐社会的内在和本质联系

（一）社会主义和谐社会的内涵和外延。和谐，《现代汉语词典》解释为配合得适当和匀称；《辞海》解释为协调、和衷共济，如《礼记·乐记》："共声以和柔"。它泛指一切事物和社会现象的和谐，其外延包含画面和谐、音调和谐、布局和谐、色彩和谐、人际关系和谐、社会和谐、人与自然和谐等等。党的十六届四中全会提出的构建社会主义和谐社会，其内涵是特指在全面建设小康社会、建设中国特色社会主义的伟大事业中，树立和落实科学发展观，构建社会主义社会的和谐。其外延涉及政治、经济、军事、文化、自然、国际、国内、城乡、区域、行业等领域和方面。诚然，中国历史上的所谓"文景之治"、"贞观之治"、"开元盛世"、"康乾盛世"，其统治者也都希图通过缓解社会矛盾、与民休生养息，促进经济发展，建立相对的和谐社会的办法来巩固其统治地位。当今比较发达的资本主义社会，也希图通过所谓"和平、自由、博爱、平等"，"三权鼎立"来鼓吹社会和谐，缓解社会矛盾。但他们由于社会的根本矛盾无法解决，其鼓吹的和谐社会只能是一厢情愿。我们提出的构建社会主义和谐社会是建立在国家的一切权力属于人民的基础之上的，与其他一切社会有着本质上的不同，也必然会有截然不同的结果。综上所述，从逻辑学角度，和谐是上位概念、种概念，和谐社会是下位概念、属概念；和谐社会是上位概念、种概念，社会主义和谐社会是下位概念、属概念。本文所分析探讨的是社会主义和谐社会与创建双拥模范城（县）活动的内在联系和关系，其余暂不涉及。

（二）新时期创建双拥模范城（县）活动的本质要求。新时期创建双拥模范城（县）活动必须坚持以马列主义、毛泽东思想、邓小平理论和"三个代表"重要思想为指导，用建设中国特色社会主义的共同政治基础凝聚军心民心，保证双拥工作始终沿着正确方向发展；必须自觉服从大局、服务中心，紧紧围绕国家和军队的改革与发展开展工作，促进经济实力和国防实力同步增强；必须按照立党为公、执政为民的要求，坚持办实事做好事解难事，实现、维护和发展好广大军民的根本利益；必须从政治上看待和处理军政军民关系，不断密切军队与人民群众的血肉联系，维护社会政治稳定大局；必须坚持与时俱进，不断拓展新领域、探索新形式，使双拥工作充满旺盛的生机和活力；必须切实把双拥工作作为党的事业和军队建设的重要内容，不断加大组织领导力度，形成军地齐抓共管的合力。其根本目标是增强经济实力、国防实力和民族凝聚力；基本原则是围绕发展抓双拥、抓好双拥促发展；核心是巩固和加强军政军民团结；本质要求是实现、维护和发展好广大军民的根本利益；重点是维护社会稳定、促进经济发展、推进军事斗争准备；重要措施是完善政策法规体系、创新活动方式、建立和完善运行机制等要求，体现了社会主义条件下新型军政军民关系的本质要求，具有十分丰富的内涵和外延。

（三）创建双拥模范城（县）活动与构建社会主义和谐社会的本质和内在联系。创建双拥模范城（县）活动是新时期双拥工作的重要载体，其重要内容是加强党政军领导机关对巩固和发展军政军民关系的协调和领导，营造巩固和发展军政军民关系的浓厚氛围，落实拥军优属和拥政爱民政策，妥善解决市场经济体制下出现的新矛盾、新问题，促进改革发展稳定和国防军队全面建设，也必然会促进社会和谐。按照马克思主义哲学普遍联系和发展的观点来分析，创建双拥模范城（县）活动和构建社会主义和谐社会同属于上层建筑。上层建筑是为经济基础服务的。因此，创建双拥模范城（县）活动和构建社会主义和谐社会的共同目标是为全面建设小康社会、建设中国特色社会主义服务的，其内涵和外延都有着本质和内在的联系。从逻辑学上分析，二者又属从属概念，即构建社会主义和谐社会，是全社会、全方位的构建，当然也包括创建双拥模范城（县）活动的成果对构建社会主义和谐社会的努力和贡献。

二、创建双拥模范城（县）活动在构建社会主义和谐社会中的重要地位

（一）从加强党执政能力建设的高度看创建双拥模范城（县）活动在构建社会主义和谐社会的重要地位。《中共中央关于加强党的执政能力建设的决定》指出："党的执政能力建设，就是党提出和运用正确的理论、路线、方针、政策和策略，领导制定和实施宪法和法律，采取科学的领导制度和领导方式，动员和组织人民依法管理国家和社会事务、经济和文化事业，有效治党治国治军，建设社会主义现代化国家的本领。"我们要从始至终把国家主权和安全放在第一位，坚决维护国家安全的战略高度，深刻理解党中央从加强党的执政能力建设的战略全局提出的坚持国防建设与经济建设协调发展，支持部队现代化、正规化建设，确保国家安全和维护社会稳定的重大政治意义。我们必须居安思危，强化忧患意识，深刻理解无产阶级政党夺取政权不容易，执掌好政权尤其是长期执掌好政权更不容易的政治含义。从为人民执好政、掌好权的高度，在创建双拥模范城（县）活动中，军地领导要从加强党的执政能力建设的战略全局高度统一认识，互相理解、互相谅解、互相支持，加强在共同政治基础上的新的团结，把创建双拥模范城（县）活动的丰硕成果转化为推进经济和社会发展、构建和谐社会的优势，成为维护国家安定和社会政治稳定的重要保障，进一步巩固党的执政地位。

（二）从全面建设小康社会的迫切需要看创建双拥模范城（县）活动在构建社会主义和谐社会的重要地位。全面建设小康社会是全党和全国人民的共同心愿，也是我们一切工作的中心。构建社会主义和谐社会是全面建设小康社会的必要条件。没有社会主义的和谐社会，全面建设小康社会的目标就不能实现。改革开放以来，蚌埠人民解放思想，实事求是，锐意进取，取得了辉煌的成就，为安徽经济发展做出了积极贡献。但是，纵观安徽经济社会发展状况，纵向看成绩很大，横向比差距不小。经济发展的相对落后，制约了社会事业的发展，跟不上时代的需要。因此，我们比任何时候都更加需要凝聚党心军心民心，更加需要坚强的党政军民团结，更加需要把军地双方的优势发挥出来，把广大军民的积极性、创造性调动起来，形成党政军民一心一意谋发展，携手并进建小康的良好氛围。兵员大省战略地位十分重要的安徽，要紧紧围绕构建和谐社会、全面建设小康社会的工作中心，广泛深入地开展创建双拥模范城（县）活动，把广大军民的积极性、创造性调动起来，把创建"全国双拥模范城（县）"这一政治优势和双拥优良传统转化为加快发展、营造和谐、全面进步的优势，促进安徽的奋力崛起，加快全面建设小康社会的步伐。

（三）从支持军队做好军事斗争准备的要求看创建双拥模范城（县）活动在构建社会主义和谐社会的重要地位。经济建设需要良好的国际国内环境，建立一支强大的人民军队是维护良好的国际国内环境的重要保证。但是，天下虽安，忘战必危。我们应当清醒地看到，当今世界并不太平。西方敌对势力亡我之心不死，“台独”分子仍很猖獗。全国人大通过的《反分裂国家法》，充满了对台湾同胞的骨肉深情，体现了我们和平解决台湾问题的最大诚意，但也以法律形式明确规定了三种情况下非和平方式解决台湾问题的原则立场。我们要完成继续推进现代化建设、完成祖国统一、维护世界和平与促进共同发展三大历史性任务，必须有强大的人民军队和坚强的军政军民团结做后盾。否则，敌对势力炫耀武力于国门，“台独”分子蠢动于台湾，刑事犯罪分子扰乱治安于国内，我们如没有足以震慑敌胆的军事力量来应对，那么构建社会主义和谐社会岂不成了一句空话，全面建设小康社会也将成为泡影。我们通过广泛开展创建双拥模范城（县）活动，把适应新军事变革、做好军事斗争准备，为国防和军队现代化建设服务作为双拥工作的根本宗旨，进一步密切军政军民关系，积极为部队解决战备训练和生活中的实际问题，促进部队做好军事斗争准备和提升部队全面建设的水平，使人民军队充分发挥在维护国际国内环境、构建社会主义和谐社会、全面建设小康社会中的中流砥柱作用，就体现了创建双拥模范城（县）活动在构建社会主义和谐社会的重要地位。

三、创建双拥模范城（县）活动在构建社会主义和谐社会中的重要作用

（一）创建双拥模范城（县）活动为构建和谐社会密切了军政军民关系。创建双拥模范城（县）活动是在党政军领导机关统一领导下的全体军民共同参与的重要活动，是党的群众路线的重要体现，核心是加强军政军民团结，本质是为广大军民服务的。我们创建全国、全省双拥模范城（县）的实践证明，各市军民在市委、市政府、军分区领导下，围绕发展地方生产力和提高部队战斗力，军民共建，互动双赢，形成了“同呼吸、共命运、心连心”的新型军政军民关系和军爱民、民拥军的良好社会风尚，特别是在抗洪抢险、完成急难险重的任务中，人民子弟兵以血肉之躯发挥了特别能吃苦、特别能战斗的突击队作用，保护了人民的生命和财产，地方政府和人民群众视军人为亲人，部队走到哪里，拥军工作就做到哪里，建立了水乳交融、密不可分的鱼水关系，促进了社会主义和谐社会的构建。

（二）创建双拥模范城（县）活动为构建和谐社会创造稳定的社会环境。我们应当清醒地看到，我国正处于并将长期处于社会主义初级阶段，人民日益增长的物质文化需要同落后的社会生产力之间的矛盾仍然是我国社会的主要矛盾。随着政治体制改革和经济体制改革的深化，利益格局的调整，军政军民之间也将出现新的矛盾，军地之间的利益冲突和纠纷也会时有发生，地方解决部队战备训练和生活实际困难的压力大，特别在经济欠发达驻军又相对较多的地方，矛盾更加突出。双拥工作的区域发展不平衡，退役士兵、随军家属安置难、企业军转干部的政治、经济待遇和重点优抚对象医疗难等新问题也不断显现。这些实际问题如不能妥善解决，将会成为社会不安定因素，影响社会主义和谐社会的构建。我们在创建双拥模范城（县）活动中，军地双方在维护军政军民团结的大局下，互谅互让、互相支持，妥善处理军地利益关系，通过落实拥军优抚安置政策，妥善解决新形势下双拥工作中遇到的新问题，化解和消除不稳定因素，不断巩固和发展军政军民关系，密切党和政府同人民群众的关系，促进全社会的和谐。组织军（警）民联防，落实社会治安综合治理措施，依法维护社会秩序，为构建社会主义和谐社会创造稳定的社会环境。

（三）创建双拥模范城（县）活动为构建和谐社会做出了积极贡献。我们在创建双拥模范城（县）活动中，围绕发展抓双拥，抓好双拥促发展，用共同的理想凝聚军心民心，调动一切积极因素和各方面力量，紧紧围绕“加快发展、奋力崛起、争先进位、构建平安蚌埠、全面建设小康社会”的工作中心，为经济发展服务、为国防和驻蚌部队建设服务、为维护社会稳定服务，促进了经济和社会的协调发展，为构建社会主义和谐社会提供雄厚的物质基础；在营造“军爱民、民拥军”浓厚的双拥氛围时，努力宣传以爱国主义为核心的民族精神和以改革创新为核心的时代精神，把国防教育作为双拥工作的重要内容。用国防教育所形成的国防观念和双拥意识，夯实军政军民团结的基础。爱国是先进政治文化的主要内容和现代民主政治的文化条件，以爱国主义为核心的国防教育所培育的爱国奉献精神，可以调节公民与国家间的关系，有利于强化国家意识，促进政治参与；有利于优化公民政治道德，促进政治文明建设。在创建双拥合格单位和模范县（区）、模范单位活动中，不断激发和调动全省军民积极参与创建活动的政治热情，以共同的政治目标促进军政军民团结，促进和谐社会的构建，促进改革发展稳定和部队战斗力的提高，夯实创建双拥模范城（县）的基础；在广泛开展军民共建社会主义精神文明活动中，军地双方相互奉献、相互支持，以培育“四有”新人为根本任务，以创建文明城市、文明行业、文明村镇、文明社区活动为重要载体，对提高广大军民文明素质和科学文化素质，加强思想道德建设和科学文化建设等方面都发挥了重要作用。在推进双拥进社区活动中，把建设和谐社区作为社区双拥工作目标，为构建社会主义和谐社会奠定坚实基础。

创建双拥模范城（县）活动是邓小平同志亲自倡导的，是推动双拥政策落实，加强军政军民团结的有效途径和成功实践。军民团结出凝聚力、出战斗力、出新的生产力。我们不仅要在理论上弄清楚创建双拥模范城（县）活动在构建社会主义和谐社会中的地位和作用，更应该在实践中体现创建双拥模范城（县）活动在构建社会主义和谐社会中的地位和作用，使创建双拥模范城（县）活动为构建社会主义和谐社会和全面建设小康社会的伟大事业做出新的更大的贡献。

如何把创建双拥模范城（县）活动引向深入的几点思考

安徽省池州市双拥办

创建双拥模范城（县）活动，是我国双拥传统在社会主义市场经济条件下一种新的表现形式。这项活动起源于佳木斯市，1989 年以后在全国推广。1990 年 12 月 7 日，邓小平同志为双拥模范城（县）题词。自此，各地创建活动如火如荼。新形势下，如何把创建双拥模范城（县）活动引向深入，使之持续健康发展，各地都进行了积极大量的探索。我们认为，创建双拥模范城（县）一定要吃透创建原则、内容和标准，通过建章立制提供政策保障，通过创新活动形式丰富双拥内涵，通过各项政策在基层的落实来夯实双拥工作基础，从而不断把创建活动引向深入。

一、正确把握创建的原则、内容和标准是创建活动的前提

创建双拥模范城（县）活动要在创建原则的指导下，按照双拥模范城（县）的六条标准，不断充实创建内容。这就要求军地各级领导和直接从事双拥工作的同志要吃透创建原则、内容和标准，有的放矢。

（一）创建原则

创建双拥模范城（县）活动，必须遵照党中央、国务院、中央军委关于加强军政军民团结的一系列指示精神，紧紧围绕实现国民经济和社会发展规划的目标，为社会主义现代化建设提供重要的政治保证。工作中应遵循以下原则：

一是坚持以党的基本路线为指导的原则。创建双拥模范城（县）活动，要坚持四项基本原则，适应改革开放和发展社会主义市场经济的新形势，使双拥工作为党和国家的中心工作任务服务，为发展社会生产力和提高部队战斗力服务。

二是坚持军民一致的原则。军民一致，是我们党、政府和军队在长期革命战争和社会主义建设中正确处理军民关系的基本原则。坚持军民一致的原则，就是要用共同的政治信念、理想追求、奋斗目标，增强军民之间的凝聚力，不断巩固和发展军队与人民群众血肉相连的亲密关系。

三是坚持协商解决问题的原则。军民之间在根本利益一致的基础上，有时也会产生一些矛盾。在处理军民矛盾和纠纷的过程中，军地双方都要以大局为重，从团结的愿望出发，经过主动的协商妥善解决，在新的基础上达到新的团结。

四是坚持把工作重点放在基层的原则。创建双拥模范城（县）活动，是一项群众性的社会实践活动，需要动员和组织广大军民积极参与。要从各单位、各行业的具体情况出发，从创建拥军优属模范街道、乡镇、企业、学校抓起，从创建拥政爱民模范连队、舰艇、飞行中队及其他基层单位抓起，使基层的双拥工作真正做到“组织健全、政策落实、活动经常、关系融洽”。

（二）创建内容

一是开展全民国防教育，加强军政军民团结。要根据国际国内形势变化，结合党和国家的中心任务，常抓不懈。地方主要是搞好爱国拥军教育，宣传强大的国防是国家安全和民族尊严及利益的保障；宣传人民军队在党的领导下英勇奋斗的历史和光荣传统，在维护国家稳定与发展中的重要地位和作用。部队主要是结合拥政爱民的实践，宣传保卫祖国、保卫人民的职责；宣传全心全意为人民服务的宗旨，人民群众是建设现代化、正规化革命军队的力量源泉。通过宣传教育，使广大军民牢固树立军队与人民相互依存、不可分离，经济建设与国防建设相互促进、统筹兼顾的思想。

二是军地相互支援，促进社会生产力的发展和部队战斗力的提高。地方各级党委和政府要把关心、支持部队建设作为义不容辞的责任，积极帮助部队解决各种实际问题，支持配合部队完成战备训练、施工、农副业生产等各项任务。协助部队做好干部、战士及其亲属的思想工作，帮助解决各种实际困难。驻军部队要爱人民、学人民、为人民，在搞好自身建设的同时，努力为国家和当地的经济建设多做贡献。积极参加重点工程和社会公益事业建设，奋勇参加抢险救灾，做好扶贫帮困工作。认真落实军委义务劳动的规定，为社会、为人民多办实事。

三是进一步开展军民共建活动，巩固发展社会主义思想文化阵地。军民共建社会主义精神文明活动，是新时期双拥工作的一个新发展，已经成为社会主义精神文明建设活动不可缺少的重要组成部分。在军民共建中，要深入进行党的基本路线教育，使广大军民更加坚信党的领导，坚定社会主义信念。开展军民共学雷锋、树新风活动，帮助广大军民树立正确的人生观。开展读好书、唱好歌、演好戏等健康有益的军民联谊活动，丰富精神生活，陶冶思想情操。加强法制宣传教育，搞好军警民治安联防，优化社会环境。

四是做好优抚安置工作，固长城，稳军心。城乡基层组织和机关、团体以及企事业单位，要认真落实《军人抚恤优待条例》、《退伍义务兵安置条例》、《革命烈士褒扬条例》和其他有关政策法规，履行各自应尽的职责和义务，帮助优抚对象排忧解难。关心支持优抚事业单位的建设和发展；搞好转业干部的培训和安置，尽力解决他们的实际问题；妥善安置退伍义务兵，重视开发和使用军地两用人才；按期安置军队离退休干部，搞好管理和服务。

五是互相尊重、主动协商，及时解决军政军民关系出现的问题。部队要尊重地方党委和政府，自觉执行国家和地方政府有关法规；遇有重大活动和执行重要任务，要及时向地方政府通报；领导机关要经常深入到地方征求意见，及时发现和解决问题。地方工作涉及驻军的事项，应事先征求意见，对驻军的意见和批评，应通过组织提出，求得内部解决。在处理军民矛盾中，双方都要严于律己，多为对方着想。遇有重大军民纠纷，军地双方主要领导要亲自出面，采取果断措施，迅速加以处理，并及时做好善后工作。

（三）创建标准

创建双拥模范城（县）的六条基本标准不是对内容的简单重复，而是创建的准则，它是全国的基本标准，是创建必须达到的。因此，要对照标准找差距，有的放矢地开展创建活动。

一是组织领导坚强有力。地方党委、政府和驻军领导机关把双拥工作纳入经济、社会发展和部队建设的总体规划，作为事关全局、涉及长远的大事来抓，健全由地方和军队领导牵头、有关职能部门参加的双拥工作领导机构和有相应人员、经费的办事机构，并充分发挥其组织、协调和指导作用。党政军领导机构形成合力，军地有关部门切实履行职责。

二是国防教育广泛深入。认真贯彻《中华人民共和国国防教育法》，把国防教育纳入全民教育体系，列入宣传、教育、文化、广播、影视、新闻出版等部门的工作计划，每年有部署，平时有检查。有适应本地区、本单位实际情况的教育制度、教育设施和教育方法。通过教育大力弘扬拥军优属、拥政爱民的优良传统，形成人人关心支持国防建设、自觉维护军政军民团结的良好风尚。

三是双拥活动坚持经常。开展双拥活动以基层为重点，注重落实，讲求实效。每年有总体计划，季度有具体安排，坚持节日走访座谈，平时活动经常。各项活动主题鲜明，内容实在，形式活泼，具有时代特色和当地特点，军民参与广泛。健全各项制度，定期检查总结，推进双拥工作社会化、经常化、制度化。

四是军民共建富有成效。坚持把促进军地理想信念、思想道德和科学文化建设，培养有理想、有道德、有文化、有纪律的社会主义新人作为军民共建社会主义精神文明活动的根本任务，为改革开放和现代化建设提供精神动力和智力支持。贯彻落实《公民道德建设实施纲要》，把道德建设作为军民共建活动的重要内容，大力倡导“爱国守法、明礼诚信、团结友善、勤俭自强、敬业奉献”的基本道德规范。军民积极参加创建文明城市、文明村镇、文明行业、文明社区活动，对弘扬社会主义道德风尚，促进军政军民团结和民族团结产生广泛影响。军（警）民联防活动开展经常，在社会治安综合治理中发挥重要作用、70%以上的军民共建点被评为县（团）级以上先进单位。

五是政策法规落到实处。认真贯彻执行党和国家有关国防建设和加强军政军民团结的政策、法律、规定，适应形势的发展，不断完善与之相配套的政策、法规。地方积极支持与配合部队完成军事训练、战备执勤、教学科研、国防施工等各项任务；军事设施得到有效保护；粮油水电等按质按量供应；转业复员军官、退役士兵、军队离退休干部、伤病残军人和随军家属得到妥善安置，现役军人及其家属的合法权益得到保障；兵员质量得到保证；义务兵家属优待和在乡老红军、复员军人、革命伤残军人及烈属的抚恤补助得到落实。部队模范执行党和国家的政策法规，严格遵守群众纪律，尊重少数民族的宗教信仰和风俗习惯；认真落实总部规定的义务劳动日时间，积极支援国家经济建设和社会公益事业建设，做好扶贫帮困工作；奋勇参加抢险救灾，在保护国家利益和人民群众生命财产的斗争中发挥生力军和突击队作用；认真做好应付各种突发事件、维护社会稳定工作，为改革开放和现代化建设做出应有贡献。

六是军政军民关系融洽。地方党委、政府和人民群众爱护军队，尊重军人，关心部队建设；部队尊重政府，热爱人民，支持地方工作；军政军民互相关心，互相爱护，互相支持，亲如一家，无历史遗留问题；军地地界清晰，无重大军民纠纷；发生纠纷，军地领导主动出面，及时妥善解决。

二、完善的政策法规体系和规范的工作制度是创建活动的根本保证

创建双拥模范城（县）是一项系统性工程，是地方和军队的共同任务，需要各部门、各单位齐心协力来做，需要广大军民参与，只有建立规章，建立完善的政策法规体系和规范的工作制度，才能保证创建活动顺利开展。加强双拥法规建设，完善各项制度，制定相关配套政策，是创建双拥模范城（县）的重要环节。有了规章制度，才有章可循，才能保证活动正常开展。

一是健全双拥组织网络，保证创建任务的贯彻落实。成立由书记或市长担任组长，各职能单位为成员的双拥工作领导小组，下设双拥办公室，实行军地合署办公，并建立双拥联络网。为更好地做好拥军优属工作，我市还成立了“三拥军”（智力拥军、法律拥军、科技拥军）小组，保证了各项拥军活动有条不紊地开展。

二是完善政策规定，保障权益，规范双拥活动。近年来，我市制定出台了如《池州市拥军优属若干规定》、《池州市农村特殊保障对象保障经费管理暂行规定》、《池州市军转安置工作意见》、《池州市城镇退役士兵安置暂行办法》、《池州市重点优抚对象医疗保障暂行规定》和《拥政爱民公约》等一系列的政策规定，有效地保证了创建内容的落实。军地双方每年还就有关政策的落实情况进行检查、督促，促进了我市双拥创建工作进一步步入法制化、规范化轨道。

三是制定规划，分解任务，保证创建活动正常有序开展。创建双拥模范城（县）是庞大的系统工程，需要制定周密的规划，还要把任务分解到各单位，这样才能有序开展创建，各单位也才能够分工协作。双拥模范城（县）每三年评比一次，但创建工作贵在经常。因此，创建活动要有长效机制，要有长期创建规划，年度有工作要点，每月有工作计划，逢年过节要有具体的活动安排。双拥工作领导小组成员单位工作职责明确，创建任务分解具体、可行。

三、创新活动形式、丰富创建内涵，是创建活动永葆生机的源泉

在新的历史时期，双拥工作只有创新才能生存，创新才有出路，创新才会发展。双拥创建以活动为依托，新时期的创建工作要富含创新的活动才能不断丰富活动内涵。根据新的形势和任务，我们对双拥创建工作从内容到形式都进行了新的探索和实践，继承和发展了双拥的优良传统，在建立新型军政军民关系中发挥了重要作用。特别是在实行改革开放、建立社会主义市场经济体制的情况下，各类经济组织广泛参与双拥，不断发挥地方特色，充分挖掘双拥素材，也创造了许多富有时代特色的新鲜经验，大大丰富了双拥创建活动的内容，给双拥活动注入了新的活力。

为把双拥模范城（县）创建活动引向深入，我们开展了丰富多彩的双拥活动。

一是开展“军营一日”活动，体验军旅生活。我们先后组织了党政领导干部和民营企业家进军营，体验军旅生活，增强国防观念。

二是开展“兵妈妈进军营”活动，让亲情融入军营。为了让新兵感受第二故乡的温暖，池城的兵妈妈每年春节期间都自发带着自己亲手缝制的鞋垫、用平时省吃俭用的钱购买的水果等慰问品，走进军营，给刚入伍的新兵洗衣缝被、做可口的饭菜，为他们送去体贴、照顾、关心和挚爱，表达了池城慈母般的拥军热情。

三是实施“百点千兵”示范工程，让部队的战斗力切入地方经济建设的主战场。通过建立100个民兵示范点，1000个民兵示范兵，扶持民兵发展生产，发挥广大民兵在全面建设小康社会中的示范带头作用。

四是坚持“节日走访慰问”制度，把关怀送进军营。

五是开展“双拥进社区”活动，增强双拥工作的群众性。在池城，翠微苑、府学、古舜、城北等社区居委会，普遍开展了双拥进社区活动。同时，驻池部队在全面完成战备、值勤、训练的同时，认真开展“爱人民、学人民、为人民”为主要内容的拥政爱民活动，在抢险救灾，维护社会稳定，支援地方经济建设等方面做了大量的富有创新的工作。

四、重在实效，贵在经常，关键在基层，是创建双拥模范城（县）活动持续健康发展的根本

双拥模范城（县）活动的内容和标准决定了创建工作必须重在实效，贵在经常，关键在基层。组织领导要坚强有力，职责明确，各项工作要有专人负责；宣传教育要广泛深入，双拥意识、国防观念要深入人心；双拥活动要以基层为重点，贵在经常；军民共建要讲究相互支持，互办实事，注重实效；政策落实关系到广大军民的切身利益，实实在在，来不得半点虚假；军民关系是双拥工作的晴雨表，是社会和谐的基础，也是保障。因此，创建双拥模范城（县）活动不能为创建而创建，不能不重平时只重评时，更不能摆花架子，弄虚作假。而要紧紧围绕发展这个党执政兴国的第一要务开展双拥工作；围绕实现、维护和发展好广大军民的根本利益开展双拥工作；围绕全面建设小康社会和社会主义和谐社会开展双拥工作。所以说创建双拥模范城（县）活动重在实效，贵在经常，关键在基层。池州市在刚组建不久，就将池州军分区从安庆搬回，并帮助盖起了全省最好的分区大楼。武警、消防支队也都顺利地完成了搬迁任务，建起了全省一流的营房，改善了办公和训练条件。市委、市政府把驻池部队作为我市特殊的"市情"，对部队更是高看一眼，厚爱一层，处处为驻军提供方便，解决实际困难。优抚安置政策全面落实，立功受奖官兵得到重奖，军政军民关系融洽，所有这些都是我市荣获全国双拥模范城（县）实实在在的成绩。

总之，创建双拥模范城（县）必须正确把握创建的原则、内容和标准，进一步完善双拥政策法规，规范双拥工作机制，不断创新双拥活动形式，丰富活动内涵，在抓经常，抓基层、抓落实上下工夫，才能保证创建工作持续健康发展。

当前双拥工作存在的一些问题及对策

安徽省芜湖市双拥办

在我国社会主义市场经济体制逐步建立完善、全面推进小康建设进程、大力倡导构建和谐社会的特定历史时期，双拥工作领域中还存在哪些新情况、新问题，如何建立相应对策和落实解决方案，都是双拥工作者的职责。近一段时间来，我们双拥办的同志，带着这一课题深入到我市的三县四区、驻芜部队和基层共建单位，通过座谈、走访、问卷调查等形式，做了一些必要的调研。通过调研，我们认为：近几年来，我市的双拥工作呈现出了全面发展、整体推进的良好态势，但毋庸置疑，在发展和前进的同时，也还存在普遍的共性问题，特别是在一些基层单位尤为突出，主要表现在以下几方面：

存在问题之一：部分单位抓双拥工作不扎实，效益不高。造成这一现象虽然有诸多因素，但主要还是一些单位的领导对双拥工作的重视程度不够。讲求效益是现代社会发展的一条基本准则，双拥工作也不例外。双拥工作是一项政治性很强的任务，有其突出的社会效益，表现在巩固国防、加强军民团结、促进精神文明建设、维护社会稳定、加速现代化建设、形成并提高部队战斗力等，但双拥工作也是一项具体的工作，要消耗大量的人力、物力和财力。如何使尽可能少的投入取得尽可能大的效益，运用有限的财力产出最大的社会效益，这就要求我们必须坚持社会效益与经济效益的统一，辩证地处理好双拥工作社会效益与经济效益的矛盾。如何做到这一点，我们认为应从以下几方面考虑：一要抓好对双拥工作的科学决策，向科学管理和科学技术要效益，不论是拥军优属，还是拥政爱民，特别是在资金有限的情况下，集中财力办大事。二要加强对双拥工作的监督和管理，推进双拥工作的规范化和科学化，以增强双拥工作的吸引力。三要加强对双拥工作重大项目的可行性和科学性的论证，确保投入对路，投资合理，效益明显。

存在问题之二：双拥共建的路子需要进一步拓宽。随着改革的不断深入和社会主义市场经济体制的不断完善，非公有制经济组织、新的社会组织已成为国民经济和社会发展的重要力量，在两个文明建设中已成为一支十分活跃的生力军，在拥军优属和安置就业工作中发挥了不可替代的作用。据我们调查了解：目前，非公有企业所占比重越来越大，新增社会组织、协会等也呈直线上升趋势。因此，我们认为：双拥共建工作的运行机制，应尽快实现由原先的公有制经济组织参与向多种经济组织共同参与模式转变，进一步推动双拥工作向多层次多领域发展。让双拥创建工作进民营企业、进社会组织、进社区，真正拓宽双拥共建路子。如何做到这一点，我们的观点是：一要加大宣传，充分调动民营非公有企业、社会组织、社区参与双拥的积极性，帮助他们树立依法履行国防义务、做好拥军优属工作的责任意识，形成“致富思源”、“富而思进”、富裕不忘回报社会的良好氛围。私营业主最关注的是经济效益，追求经济利益的最大化，我们要帮助他们找准经济工作与拥军优属工作的最佳结合点，做到相互促进，共同发展。要通过军民共建、军营一日活动和职工军训等形式，加强从业职工队伍建设，提高企业综合竞争力。二要加强组织，明确任务。与公有企事业单位相比，私营企业、社会组织、社区等没有严格意义上的行政领导体系，相对松散，必须要认真研究并建立与之相适应的组织体系，比如把工商联、新社会组织协会、街道党工委组织起来，参与双拥共建，这样既拓展了双拥共建的新领域，同时双拥共建又为构建和谐社会发挥了特定作用，取得了“双赢”。

存在问题之三：双拥工作缺乏创新意识，方法单调，观念陈旧。造成这一状况的原因主要是一些部门领导思想僵化、保守，孤立地把双拥当作一项可有可无的工作对待。双拥工作是由战争时期的支前卫民、经济建设时期解放和发展“两力”，到现阶段科技强军、科教兴国，这已经是一个飞跃。我们抓双拥工作，不能仍停留在老的工作方法上。因此，我们下一步抓双拥，必须要有新的手法和工作思路。创新是一切工作取得进展的灵魂，利用创新的观念和手段指导和谋划双拥工作，是解决双拥工作中遇到的新情况、新问题，推动双拥工作向广度和深度发展所必须遵循的根本原则。要围绕双拥工作面临的时代课题求创新，坚持服从大局、服务中心的方向，团结广大军民紧紧围绕促进社会生产力的发展和部队战斗力的提高开展工作，是双拥工作在新世纪新阶段的根本任务。只要我们坚持解放思想、更新观念，自觉遵循市场经济和部队建设的客观规律，就能找到创新的最佳切入点。通过座谈，基层的许多同志也意识到，一要针对“热点”、“难点”问题求创新。双拥工作中的“热点”、“难点”问题往往就是制约双拥工作向纵深发展的“瓶颈”，认真分析双拥工作中“热点”、“难点”问题产生的原因、背景及与其他问题的关联点、相同点、分叉点和不同点，敢闯敢试，敢为人先。二要立足自身现有条件创新。创新是旧事物向新事物的转化和飞跃，需要相应的条件。如果忽视现有条件搞创新，这样的创新将是无本之木，无水之源。反之，如果一味强调底子薄，物质条件落后，既不利用现实有利条件，又不积极创造新的条件，创新也无从谈起。因此，立足现有基础，积极创造条件是对双拥创新的必然要求。三要在抓点带面的统一中求创新。抓点带面，体现了唯物辩证法的两点论与重点论相统一的原理，也是做好双拥工作的成功经验。抓好“点”上的工作创新，就是要善于抓住双拥工作中带根本性、全局性的问题求突破、搞创新。这些“点”也就是双拥工作的主要矛盾，解决好“点”上的问题，注重“点”上成功经验的总结、推广，就能带动和促进双拥工作的全面发展，形成抓重点带动全盘的创新格局。

存在问题之四：双拥政策法规不完善，导致工作忙乱。双拥工作从本质上讲，只有符合法律规范的行为才是可行的、持久的。市场经济的发展，从客观上要求双拥工作尽快纳入规范化、法制化的轨道。唯有从法律上规范全民的拥军行为，才能真正夯实双拥工作的社会基础，我们的国防才能真正获得广泛的持久的社会资源。在过去半个世纪多的双拥工作中，军地交往主要依靠政府行为，随着市场经济体制的不断完善，特别是加入世贸组织后，政府指令性干预逐渐弱化，健全而完善的法律、法规、规章、细则，既是市场经济的需要，也是开展双拥工作的依据。要借助依法治国、以德治国的东风，就如何把靠传统、靠情感维系的工作与法制结合起来，纳入法制建设轨道，依法规范和约束全民双拥行为，加速健全法制化双拥工作体系。只有符合法律规范的情感才能更普遍更持久，所以双拥工作必须要从法律上规范所有法人和城乡军民的拥军行为，并规定履行义务的具体方式或组织形式，这样才能打牢双拥工作的思想和社会基础。我市已草拟了《拥军优属实施细则》，但由于一些因素，至今未能颁布实施，下一步，我们将着力在颁布《细则》上下工夫，力争早日出台。

存在问题之五：军民共建活动中物化现象较突出。形成这一现象的主要原因是：随着市场经济体制的不断建立完善，人们的思想观念、价值观念方面趋于多元化，经济意识增强，导致军民关系物化倾向日益明显。一方面，地方有些单位和个人认为，部队为老百姓办事是尽义务，提供方便是理所当然的。另一方面，部队中也有个别单位支援地方建设考虑到有偿服务。这些现象如不及时纠正，势必影响双拥工作的健康发展。因此，我们认为一是要深入抓好双拥政策教育，打牢思想基础，深入进行我军性质、宗旨教育和拥政爱民优良传统教育。其次要针对官兵现实思想，深入进行服从大局、无私奉献教育，正确认识和对待改革中的利益调整。虽然利益的追求是市场经济的自然属性，共建中“互利互惠”符合市场经济原则，但仍要坚持“奉献在前，互利在后”的原则。二是要切实加强军地之间的联系和交往，打牢感情基础。江泽民同志曾要求部队的精神文明建设，要走在全社会前列，部队要积极支持地方经济建设，为第二故乡做贡献，为驻地群众做好事、办实事，地方政府要引导人民群众牢固树立大国防观念，积极支援部队建设，开展科教拥军等活动。三是军队要遵守各项规章制度，打牢形象基础。事实证明，当代军人的自身价值和光辉形象，不仅仅要靠执行作战和抢险救灾任务来体现，而且还要靠积极参加地方三个文明建设的实际行动、全心全意为人民服务的无私奉献精神来体现。

双拥工作面临的新问题与新对策

山东省双拥办

改革开放的不断深化发展、市场经济体制的逐步建立完善，给我省双拥工作带来了很好的发展机遇，也带来了一些新问题、新矛盾，概括起来主要有以下几点：

一、面对国际新军事变革和国内改革发展的新形势，需要进一步强化双拥观念，树立新型国家安全观

在当今世界，以军事实力为后盾谋取战略和经济利益的倾向日益突出。世界主要国家大幅增加军费开支，新军事革命向纵深发展，新军事战略调整纷纷出台，高新技术武器的研发装备进入了新阶段。在国内，随着改革开放的深化，经济飞速发展，社会蒸蒸日上，人民生活水平不断提高。全社会的开放意识、竞争意识、效益意识、发展意识、创新意识不断强化，但国家安全意识、居安思危意识、责任奉献意识也容易淡化。比如，有的对经济建设高度重视，而对涉及到国防建设的问题认识不足；有的只看重局部利益、自身利益，而没有从保障国家安全和发展的角度看待双拥工作；有的只看到双拥工作任务重、付出多、受益少，而没有看到双拥工作对稳定发展、提高综合国力的巨大作用；有的视经济指标为政绩，而把双拥工作看作是额外负担。这些问题归结到一点，就是双拥观念与时代脱节，新型的国家安全观没有得到有效确立，没有看到坚强的军政军民团结，是国家安宁、社会稳定、经济发展的根本保障。

二、面对法制化社会的建立和市场经济的客观要求，需要进一步健全法规，完善政策

市场经济就是法制经济。随着法律制度的日益健全，我国逐步走上了法制化社会的轨道。双拥工作必须抓住这个机遇，建立健全与之相配套的政策法规，这是做好新形势下双拥工作的迫切需要，也是双拥工作深入发展的基本保证。但从目前看，双拥政策法规仍存在着不健全、不配套、不完善，甚至有法不依、执法不严的问题。比如，在市场经济条件下，双拥工作在对象、内容、方式上都遇到了未曾有过的复杂情况，单靠行政的和感情的手段，无济于事，必须走依法做好双拥工作的路子；已有的双拥法规与其他法规相错位、不对接，致使安置、优待等工作落实不易，难题越来越多；国防建设的立法滞后于国家的法制建设，使国防建设和经济建设不同步、不适应。这就要求把双拥政策法规建设纳入整个法制建设的总体规划，不断加大双拥政策法规的建设力度，推进双拥工作的规范化、法制化。

三、面对社会结构的调整和政府职能的转变，需要进一步提高效能，创新机制

在改革开放和发展市场经济的条件下，我国传统社会结构发生了复杂而深刻的变化，经济成分和经济利益、社会生活样式、社会组织形式、就业岗位和就业方式等多样化的趋势日益明显。同时，政府逐步从微观管理转向宏观调控，从统包统揽转向协调、监督和服务，从配置政治资源转向发育社会。这就理所当然地要求双拥工作适应新形势，确立新的运行机制。但从目前的情况看，双拥工作市场化程度不够，行政干预和指令仍然起着十分重要的作用；社会化程度不高，一些部门、行业和群众参与双拥工作积极性仍没有调动起来；激励措施不到位，从事双拥工作的同志主观能动性不能充分激发；约束措施不力，一些单位对履行国防义务、承担国防责任的认识不清。这些问题说明，双拥工作必须顺应社会结构和政府职能的转变，努力探索和构建新的运行机制，进一步提高效能，不断推动双拥工作深入发展。

四、面对跨越式发展的新形势，需要进一步理顺经济建设与国防建设的关系，坚持军地统筹兼顾、协调发展

在当前我国经济快速发展和军队现代化建设进一步加快的新形势下，如何坚持经济建设和国防建设协调发展的方针，是全社会面临的重大课题，也是双拥工作必须牢牢把握的基本原则。必须看到，不从国家发展的全局上摆正国防建设的位置，超越国家财力的可承受程度去搞国防建设，势必对国家的经济建设和长治久安带来负面影响，甚至会将国家拖垮；而如果没有强大的国防，就难以维护国家安全统一和保障全面建设小康社会。但从实际情况看，在有些地方，没有做到一手抓经济，一手抓国防，对经济建设高度重视，大投入、大发展，而没有充分地考虑到国防和军队的需求，关心不多、支持不大；有些驻军没有充分考虑经济建设的需要，最大限度地提高国防资源的利用率，服务大局的意识不强，支持地方建设积极性主动性不高。这就要求双拥工作要以推进国防建设与经济建设协调发展为使命，理顺关系，明确责任，同步推进。

在新形势下推进双拥工作向新的更高层次发展，需要不断研究新情况，努力解决新问题，做好以下几个方面的工作：

一、广泛开展宣传教育，在思想认识上要有新提高

提高认识，营造浓厚双拥氛围，强化双拥观念，宣传是基础，教育是根本。要坚持教育内容的时代性。针对市场经济条件下，人们受物质利益的影响，容易淡化忧患意识，弱化国防和双拥观念的实际，必须进一步加强以爱国主义为主旋律的国防和双拥宣传教育，激励广大群众的爱国之情、报国之志。要着眼增强民族精神，搞好爱国传统教育；着眼增强民族忧患意识，搞好国家安全教育；着眼实现祖国统一大业，搞好军事斗争准备教育；着眼培养报效祖国的献身精神，搞好革命英雄主义教育；着眼发展地方生产力和提高部队战斗力，搞好双拥共建教育。切实通过多种形式的国防教育和双拥教育，真正使国家利益高于一切的思想根植于全民的头脑之中。要坚持教育内容的广泛性。针对社会阶层的多样化，要抓好不同对象的教育。对领导干部的教育，要纳入党委中心组学习内容，纳入党校培训计划，纳入目标责任制，纳入政绩考核范围，真正使他们既受到教育，又自觉抓好教育；对广大青少年的教育，要采取增加教育课程、开办少年军校、举办国防夏令营等多种形式，使他们学习国防知识，接受爱国主义教育，打牢爱国拥军的思想基础；对广大群众的教育，要与普法教育、全民教育、时事政治教育、社会主义思想教育等有机结合，不断强化他们的国防意识和双拥意识；对广大官兵的教育，要坚持进机关、进课堂、进连队，深入进行“军队打胜仗，人民是靠山”的教育，切实端正对人民的根本态度，增强拥政爱民的自觉性。要坚持教育方法的多样性。既要坚持传统的基地教育、知识竞赛、灌输式教育等宣传教育形式，更要适应信息化社会发展的趋势，开展远程教育、网上教育、媒体教育，做到报纸有文章，广播有声音，电视有图像，网络有内容。

二、适应社会需要，在政策法规建设上要有新进展

双拥政策法规建设难度大、要求高，必须加大立法、完善、配套、落实的力度，只有这样才能推进双拥工作健康持久发展。一是没有立的要立。全国要尽快出台《双拥法》，用一部综合性的法规规范双拥工作的地位、作用，责任、义务，目标、内容，方法、手段等。各地也要制定与之相配套的法规。二是对不完善的要完善。要针对新形势下双拥工作的重点、热点和难点问题，对已颁布实施的优抚、安置、国防、支持部队建设、拥政爱民等方面的政策法规，进行修订、补充、完善、提高。在转业干部、退役士兵、随军家属的安置工作中，要将已经探索成功的一些好的经验，升华为法规，推进安置工作的创新发展。优抚政策法规要适应最低生活保障、医疗制度改革、税费改革的新形势，尽快完善充实起来。在拥军政策法规上，要进一步明确责任、措施、目标、任务，建立对责任和义务不作为的约束机制。三是要加大落实力度。对已经颁布和实施的双拥政策法规，要通过监管、监督、督查、巡视等多种形式，对落实难度大的政策法规重点抓，对执行中容易出现反复的政策法规经常抓，对新出台的政策法规集中抓，确保双拥工作落到实处。

三、加大探索力度，在运行机制建立上要有新突破

双拥工作只有适应深化改革的新形势，努力探索和构建新的运行机制，才能保证各项任务的落实和整体水平的提高。要强化组织领导机制。党政军主要领导要把双拥工作作为“一把手”工程，从全局的高度，认识、重视双拥工作，对涉及到双拥工作中的重大事件、重要问题亲自出面协调处理；分管领导要尽职尽责，靠上抓落实、做工作；职能部门要各司其职、各尽所能，切实形成强有力的组织领导体系。要建立健全各级双拥工作机构，切实形成上下一条线、左右连成片的双拥工作组织网络体系。要强化社会化运行机制。在坚持政府主导的同时，积极拓宽社会化的路子，充分发挥各职能部门、企事业单位的积极性，推进双拥工作的落实。要强化激励机制。要制定双拥工作的长期目标和近期目标，以目标激励；制定严格的考核总结制度，以成就激励；开展比学赶帮超活动，以竞争激励；组织评比表彰先进，以荣誉激励，最大限度地调动广大军民参加双拥工作的主观能动性。要强化保障机制。双拥工作的长期性，决定了各级双拥办不是可有可无的机构，也不是旨在完成某项突击任务的临时机构，必须在编制上固定、人员上加强；双拥工作的艰巨性，决定了要在财力、物力上大力投入，既需要政府的财力支持，又需要发挥部门、行业、企业优势，不断增强双拥工作的实力。

四、不断拓展领域，在促进军地共同发展上要有新成效

随着形势的发展，双拥工作既要坚持已被实践证明了的行之有效的传统做法，又要积极拓展领域，加大办实事的力度，促进军地建设新发展。要适应兴起学习贯彻“三个代表”重要思想新高潮的要求，通过报告会、座谈会、研讨会、知识竞赛等多种形式，组织军民同学“三个代表”重要思想，深化“三个代表”重要思想对双拥工作指导地位的认识，进一步增强做好双拥工作的责任感；要适应非公有制经济组织迅速发展的新形势，依托党建工作和企业文化建设，组织发动他们参加爱国拥军活动，使之成为双拥工作的重要领域和生力军；要适应城市管理模式变化的新情况，充分利用和依托社区开展双拥共建活动，推进双拥工作进社区；要适应新城区、高新区、旅游风景区开发建设的新需要，在保证军事设施安全的前提下，驻军要自觉服从大局、服务中心，为经济建设做出新贡献；要适应全面建设小康社会的新目标，组织驻军和人武部门广泛开展帮扶活动，扶持人民群众奔小康。我省今年组织开展的“千家企业拥军行动”和“万户奔小康帮扶行动”，就是拓展双拥工作领域新举措。

双拥工作十大发展趋势初探

山东省双拥办公室

全省军民在建设“大而强、富而美”新山东的历史进程中，发扬拥军优属的光荣传统，以与时俱进的大思路、大举措，推进双拥工作整体水平的不断提高，初显十大新趋势：

一、科技拥军基地化

适应新军事变革，大力支持部队科技强军，各地开展了群众性科技拥军活动。在开展送电脑、送图书、送器材进军营的基础上，又开展了送知识、送技术、送文化的“新三送”活动，并正向建立培训基地，帮助培养高素质军事人才延伸。各地依托大专院校、高新企业、科研院所建立科技拥军基地1000多个，每年有3万多官兵受到培训，帮助部队科技攻关项目120多个。

二、军供保障系列化

做好军供保障是适应军队后勤保障改革的新课题。全省在一般解难题办实事的基础上，正向兴办系列工程延伸。从拥军米袋子、菜篮子到拥军水电路工程，纳入地方建设规划，统筹安排，成系列建设。已经帮助部队建设生产基地137处，蔬菜大棚2000多个，修拥军路229条，建设拥军楼近百处。

三、文化拥军多样化

适应建设先进文化的要求，我省正组织建设学习型军营和学习型社区。军民共建活动由一般军地联谊、联欢活动，正向组织政策、法规、文化、科技、卫生进军营活动延伸。各地在军营设立流动图书室310个，帮助70多处驻军建起局域网，安装有线电视，军民召开各类政策法规咨询会、文艺演唱会、歌咏会、学理论演讲会4000多场次，军民共学雷锋、共倡新风、共建道德文明活动1200多场次，大力弘扬了社会主义先进文化。

四、政策拥军规范化

适应依法治国、依法治军的新要求，全省在靠感情、讲友谊加强军民团结的基础上，正向依靠政策法规拥军延伸。先后出台了支持部队军事斗争准备、支持部队后勤保障社会化改革、支持退伍军人自谋职业、建立优抚医疗保障体系等拥军优属政策法规110多件。普遍建立了维护军人军属合法权益领导小组、涉军案件法庭、法律咨询站、法律援助中心。

五、部门拥军职能化

适应政府机构改革、提高行政效能的新形势，在党委、政府主导双拥工作的基础上，积极发挥部门的职能作用，让有权的部门办用权的事。围绕支持部队做好军事斗争准备，省财政部门积极安排支持国防和军队建设资金；为了保障优抚对象的合法权益，年协调落实抚恤补助金3.7亿元；省劳动保障、人事部门为转业退伍军人、随军家属多渠道年安排就业岗位3万多个，劳动保险部门配合部队办理随军家属社会保险2000多人。工商、税务部门积极为转业退伍军人、随军家属自谋职业办理优先优惠手续；城建、土管等部门对涉军房地产和重点军事工程坚持特事特办，积极维护国防和军队利益。

六、行业拥军规模化

适应社会改革、强化行业管理的新形势，在行政部门拥军办实事的基础上，正向各行各业拥军拓展，让专门专行的人办专门专行的拥军事。省电力行业大力实施了拥军彩虹工程，充分利用行业的自动化监控系统保障了部队用电，利用光纤、载波、微波等高技术优势，为部队培养电工和电管人才每年达 5000 多人次；粮食供销行业坚持开展好米好面送军营活动，积极支持部队后勤社会化改革，有 140 多家粮食供销行业参加部队医院、学院、训练基地的餐饮、副食生产供应社会化改革，使一大批官兵从后勤战线解放出来，投入到执勤训练之中。交通运输行业，千方百计保障战备交通的畅通，做到了千军万马在行动，千车万船无故障。

七、社团拥军多元化

适应社会结构多样化的新趋势，我省社会拥军力量在工会、共青团、妇联、民兵等党领导的群众社团传统拥军的基础上，正向个体劳协、文化团体、科技协会、法律协会、双拥共建促进会等新兴的民间经济组织和社会组织拓展。省个体劳协组织一年为随军家属、复员干部、退伍士兵提供就业岗位 3000 多个，支持部队培养两用人才 500 多人次，赠送拥军物品 2 万多件。民间书画协会、戏曲协会、种植养殖协会等民间组织每年都为部队官兵办了大量的好事实事。

八、企业拥军规模化

适应企业改革新要求，在国有企业拥军为主渠道的基础上，正向民营企业、私营企业扩展，拥军办实事也由随机为部队解难向集中财力物力成规模办实事发展。在支持部队建设中，海尔集团、济南钢铁厂、前金集团、和平集团都投入上百万元，用于部队的基础设施建设；在支持部队演习、海训中，有上千家民营企业捐钱献物到现场慰问；在抗击非典斗争中，上百家民营企业为赴京抗非官兵和家属捐赠慰问；在创建双拥模范城（县）活动中，有 4000 多家民营企业与部队结对帮扶；各类民营企业每年吸纳随军家属就业达 1300 多人。

九、社区拥军网络化

适应城市化发展的新要求，在城市街道、居委会和乡镇建立拥军优属服务组织的基础上，正向以社区为平台建立健全双拥服务网络延伸，整合起社会拥军资源，壮大服务队伍。全省已建立社区志愿者服务组织 6100 多个，从军人子女上学到家政服务，从优抚对象医疗到生活照料，在社区服务中心都可得到办理，参加服务人员达 32 万人。在一些社区还形成了政治思想工作联做、科技文化联教、职业道德联抓、社会治安联防、公益事业联办、文明卫生城区联创的新型双拥文明社区。

十、社会拥军典型群体化

适应社会群众生活多样化的新形势，社会拥军内容进一步丰富多彩，群众参与拥军的程度更加广泛，拥军典型正向群体化方向发展。从宣传好军嫂韩素云后，涌现出大批好军嫂，各地每年都评十佳好军嫂，形成了拥军的十佳好军嫂群体；宣传兵妈妈齐亚珍后，也涌现出一批拥军兵妈妈群体；宣传了拥军的好书记蔡大禹后，双涌现出一批拥军的好书记、好市长，同时涌现出一批批科技工作者、理论工作者、企业家、农民等拥军模范群体，进一步推进了双拥工作的社会化。

把共产党员的先进性体现在做好双拥工作之中

山东省双拥办公室

胡锦涛总书记在庆祝党成立 85 周年大会上，明确要求“要紧密结合构建社会主义和谐社会的实践加强党的先进性建设。”做好双拥工作，加强军政军民团结，是构建和谐社会的重要方面，在双拥工作中保持党的先进性有重大而现实的意义。

在双拥工作中保持党的先进性，就要牢记党的宗旨，强化为军为民服务的理念。革命为什么，这个人生价值观最核心、最根本的问题，毛泽东主席“为人民服务”的五字箴言，以简朴的话语，已经道出了人生的大命题。共产党之所以是先进的政党，就在于它立党的根本宗旨是为人民服务，共产党员的先进性首先也要体现在为人民服务上。“我们这个队伍完全是为着解放人民的，是彻底地为人民的利益工作的。”完全彻底为人民，概括了共产党立党之基，道出了共产党人力量之源。党历来都把为民谋福造利作为共产党人的最大价值，要求党员想问题、办事情，一切从人民的利益出发，要热爱人民、关心人民、服务人民、取信于民，甘为人民公仆。邓小平把人民拥护不拥护、赞成不赞成、满意不满意、高兴不高兴作为衡量是非的标准；江泽民要求党要始终成为最广大人民根本利益的忠实代表；胡锦涛要求情为民所系，权为民所用，利为民所谋。双拥事业是党的事业，双拥工作者也是党的工作者，直接服务于国防、军队、广大官兵及其家属和优抚对象，双拥工作者的宗旨只能是全心全意为军民服务，当好军民的公仆。也只有在为军民搞好服务中才能实现人生价值，才能体现共产党员的先进性。离开本职工作谈人生是空洞的人生，离开本职工作谈先进性也是虚无的先进性。党把我们放到这个岗位上，我们就应当爱岗敬业，扎扎实实做好本职工作，不因和平时期社会容易居安忘危、轻军忘兵而避难，不因社会转型政策错位军民协调难度加大而畏难。要珍惜人生、珍惜岗位，在做好本职工作为军民服务中保持党的先进性。我们在与部队联系中，了解到部队同社会一样，军人家属也有七灾八难造成的特困户，及时向领导反映，得到领导支持，拨出专款，救济了特困军人家属；我们利用休息日走访了兵妈妈、好军嫂，看望了孤老烈属，延续双拥人十多年关注孤老情。在这些微不足道的小事中，大家既向服务对象学到了爱国奉献的优秀品质，又使党的宗旨进一步在大家心中深深扎根。

在双拥工作中保持党的先进性，就要牢记职责，增强干事创业的责任感。马克思、恩格斯在《共产党宣言》中明确指出：“过去的一切运动都是少数人的或为少数人谋利益的运动，无产阶级的运动是绝大多数人的、为绝大多数人谋利益的独立运动。”“在无产阶级和资产阶级的斗争所经历的各个阶段上，共产党人始终代表整个运动的利益”。这就明确地告诉我们，共产党人谋的是大多数人的利益，代表的是大多数人的利益。从延安兴起的双拥运动，是在我们党的领导下，亿万军民共同参与的为实现党的奋斗目标而团结奋斗的群众运动。这项活动已经延续了60多年，党的宗旨没有变，这项活动的目标也没有变，作为当今这项活动的参与者，只有把工作的岗位作为为军为民服务的阵地，才能无愧于党和人民的重托。我们深知，在市场经济条件下，由于社会生活的“四个多样化”，每个人都会面临各种复杂的价值评判和选择问题。在权与利的考验面前，我们一直坚持大力倡导“为军为民不为名，求真求实不求荣，多思多干不多怨，争苦争累不争功”的双拥工作者精神，使大家以此共勉，牢记职责，在双拥岗位上永葆共产党员的先进性。双拥办公室是军地之间的协调机构，有协调之责，无决策之权，“没权要办用权的事，没钱要干花钱的活”。做好双拥工作靠什么？除靠争取领导、依靠群众外，还要靠双拥工作者为军为民服务的坚定信念。要协调不怕碰钉子，组织活动不怕跑断腿，沟通不怕有误解。千言万语、千辛万苦为的是军政军民大团结，为的是富国强兵，把广大人民群众和官兵的根本利益实现好、维护好、发展好。在其位，守其责，出其力，尽其心，以心架起军民连心桥，以情温暖官兵优抚对象心，让党的形象在双拥岗位上闪光，要成为每个双拥工作者自觉的行动。

在双拥工作中保持党的先进性，就要强化创新发展意识，开拓创新争一流。保持党的先进性，提高党的执政能力，关键是提高谋发展的能力。党的先进性不是喊出来的，是干出来的。争创双拥模范城（县）“六连冠”后怎么办，是我们在双拥工作中一直追问和要解决的一个大问题。“六连冠”的成绩哪里来，不是办公室几个人之功，是省委、省政府、省军区领导的重视，是厅党组、厅领导和全厅职工的大力支持，是广大军民的积极参与。我们不能把成绩和荣誉当歌唱，更不能把过去的成绩、荣誉当包袱背。过去的一页已经过去，过去不能说明现在。时代在前进，形势在发展，党的要求在提高，在双拥工作中要保持先进性，必须要有新发展，再创新业绩，才能赢得新荣誉。双拥工作要有新发展，在新年度必须抓好“三新”：一是必须要有新认识。当前要紧的是树立起国防建设与经济建设协调发展的观念，以情双拥与依法双拥相结合的观念，政府主导、部门协作、社会参与的观念，讲求质量、注重效益的观念，强化富国强兵、加强国防建设的责任感、使命感。这种责任和使命是很现实的。面对台独分裂祖国的图谋，军事斗争准备正抓紧进行。山东的战略地位又决定在反分裂维护祖国统一中，山东军民面临的是更艰巨的任务，军事斗争准备的任务十分繁重。维护祖国的统一，就是维护人民的根本利益。我们必须以国家和人民的根本利益为重，在搞好经济建设的同时加大拥军力度，支持部队搞好国防建设。二是必须丰富双拥新内容，拓宽双拥新领域。要由帮助部队解决眼前实际困难、生产生活问题向支持部队长远建设、提高打赢能力转变，由注重物质支援向物质支援与精神并重，着力提高军民政治觉悟、道德观念和综合素质转变。三是要壮大新力量。既要发挥职能部门的作用，又要增强党政军各部门齐抓共管的合力，既要发挥工、青、妇、民兵等传统组织的作用，又要动员组织新经济组织和新社会组织参加到双拥队伍中来，推进双拥工作在多层次、多渠道、多领域的开展，努力提高双拥工作的整体水平。围绕“三新”，我们正在做三项工作：一是深化双拥理论研究，组织专题研究新时期双拥工作遇到的新问题，在研究的基础上，推出一些双拥新举措；二是抓好一批双拥新典型，宣传一批好军嫂、兵妈妈、新红嫂；三是组织对全省双拥模范城（县）的检查，督导各项双拥任务的落实。

在双拥工作中保持党的先进性，就要牢记两个“务必”，强化爱国拥军的奉献意识。毛主席在党的七届二中全会上，意味深长地告诫全党，中国的革命是伟大的，但革命以后的路程更长，工作更伟大，更艰苦。这一点现在就必须向党内讲明白，务必使同志们继续保持谦虚、谨慎、不骄、不躁的作风，务必使用权同志们继续地保持艰苦奋斗的作风。邓小平同志也多次强调，人是要有点精神的，必须发扬大公无私、服从大局、艰苦奋斗、廉洁奉公的精神。江泽民和胡锦涛总书记也多次强调，要牢记“两个务必”，大力培养和弘扬民族精神。爱国奉献是双拥之魂，要做好双拥工作必须牢记“两个务必”，大力弘扬爱国奉献的民族精神。一要有以民为本、爱兵为要的服务精神，心想群众，心贴军民，以滚烫的心，火热的情，把群众和官兵的根本利益实现好、发展好、维护好；二要有围绕中心、服务大局的干事创业精神，以科学发展观作指导，军地兼顾、军民兼顾，努力促进国防建设与经济建设的协调发展；三要有与时俱进、争创一流的开拓创新精神，要与时俱进谋发展，当好时代双拥排头兵；四要有廉洁奉公、勤政为民的奉献精神。双拥工作，在军队连接千军万马，在地方连接千家万户，接触面广，社会影响大。要让双拥战线党旗红，必须廉洁奉公，勤政为民，在为官兵和群众多办好事、办实事中，体现出共产党员与人民群众的血肉联系，体现出共产党员的先进性。这些年，我们坚持为官兵和优抚对象分忧解难办实事，因而赢得了官兵和群众的好评。我们还要坚持弘扬奉献精神，保持艰苦奋斗的工作作风，以俭养德，以廉树威，为军民多办好事实事，让官兵和优抚对象从我们的言行中感受到党的先进性，为党旗增光添彩。

加强双拥办公室建设的构想

山东省双拥办公室

党的十六届四中全会做出了加强党的执政能力建设的决定。做好新时期的双拥工作，也是加强党的执政能力建设的重要课题，是做好双拥工作的一项根本性建设。最近，省委省政府给省双拥办公室荣记集体一等功，这既是对省双拥办公室同志们的关心、支持和鼓励，也是对全省各级双拥工作者的殷切希望和鞭策，体现了省委省政府对双拥工作的高度重视。荣誉只能说明过去，要创造明天双拥工作的辉煌，尚须进一步发挥好双拥办公室在推进全省双拥工作中的参谋、组织、协调、指导的职能，尚须全省双拥工作者以省委省政府的表彰为新起点，戒骄戒躁，不懈努力，争创新业绩，开创新局面。结合双拥办公室建设的实践，我们对进一步加强自身建设作些构想。

一、坚持以“三个代表”重要思想为统领，加强政治思想建设。结合双拥办公室工作实际，更深入扎实地开展学习“三个代表”重要思想，开展“学理论，比工作，创新业”活动，坚持以民为本，兵心为上，情系国防，爱岗敬业，努力做发展先进生产力、提高部队战斗力的促进者，弘扬爱国拥军先进文化的传播者，落实官兵群众合法权益的维护者。积极适应发展变化的国内外形势，更有效地组织全省军民同心同德迎接各种严峻挑战，保证国防安全和改革建设的顺利进行；在全面建设小康社会中，更有效地协调军地利益，促进国防建设与经济建设协调发展；在抗御各种严重自然灾害中，更有效地动员军民发扬风雨同舟、患难与共的顽强拼搏精神，夺取抢险救灾的新胜利；在反分裂、促统一、保稳定的斗争中，更有效地组织军民紧密配合、协调行动，形成人民战争的强大威力，维护祖国统一，促进社会稳定；在建设“大而强、富而美”新山东的进程中，弘扬双拥传统，开创我省军政军民团结的新局面。

二、坚持以学习为事业之基，全面提高业务素质。认真学习党的基本理论、基本路线、基本纲领、基本经验，增强做好双拥工作的政治敏锐性和工作责任感；学习党中央、国务院、中央军委关于加强军政军民团结的一系列指示精神，正确把握双拥工作的发展方向；学习协调军地统筹发展的法规政策和社会发展及军事高科技知识，增强为军民服务的本领。妥善处理好工学矛盾，建设学习型集体。坚持终身学习、全员学习、全过程学习，把学习纳入工作生活日程，做到集中学有讨论纪录，分散学有读书笔记，结合工作学习有调研文章。要厚德博学，广闻博览，知军知民，在学习中获取做好双拥工作的新知识、新思路、新办法，不断提高工作能力和业务水平，争当双拥工作的行家里手。

三、坚持军民互帮互助，增强团结奋斗的聚合力。双拥办公室要成为团结战斗的集体。参加军地合署办公的地方同志，要主动团结军队同志，带头做爱国拥军的模范；参加合署办公的部队同志，要支持地方同志的工作，带头做拥政爱民的模范。军民之间要坚持互敬互爱，互谅互让，识大局，顾大体，心往一处想，劲往一处使，团结协作干事业，聚精会神谋发展。办公室要营造凝心聚力的工作生活环境，日常工作中坚持情况常通报，思想多交流，处处以团结为重，多律己宽待人，多沟通多协作，大事讲原则，小事讲风格，工作一起抓，活动一起搞，步调一致，齐心协力，为省委、省政府、省军区领导机关当好参谋，出好主意；为各领导小组成员单位当好桥梁，搞好沟通服务；为驻鲁部队广大官兵和优抚对象当好公仆，做排忧解难的知心人。

四、坚持求真务实的作风，创建务实型双拥集体。大力弘扬双拥办公室一贯倡导的“为军为民不为名，求真求实不求荣，多思多干不多怨，争苦争累不争功”的“四不”精神，坚持讲实话、出实招、办实事、务实效。为领导当参谋，求军情民情之真，务军地协调发展之实；组织军地开展双拥活动，求服务大局之真，务为军民兴利造福之实；协调军民关系，求军民团结之真，务增进军民情感之实；指导基层双拥，求解决军民关注的热点难点问题之真，务维护官兵群众根本利益之实。在军地基层各建一个工作联系点，经常深入基层，倾听官兵群众呼声，关心官兵群众疾苦，做到权为民所用，情为民所系，利为民所谋。树立科学发展观、政绩观，老老实实做人，实实在在干事，扎扎实实谋发展，做务实型双拥工作者，建务实型双拥集体。

五、坚持开拓创新的精神，争创一流双拥业绩。把与时俱进、开拓创新，作为双拥办公室保持先进性和再创辉煌的不竭动力，不断增强创新意识，提高创新能力。抓好“四个转变”，从注重协调办事向既能协调办事又能出谋划策转变，以新思维谋划双拥工作，超前调研思考，提出自己的真知灼见，给领导小组决策提供有参考价值、操作性强的建议方案；从注重收发传递信息向既能收发传递信息又能综合处理信息，指导组织双拥工作开展和转变，适应社会和军队变革新形势，拓宽科技双拥新领域，丰富信息双拥新内容，探索多元化双拥工作新路子，推进双拥工作信息化；从注重以老经验、老办法协调军地关系向既能用老办法协调又会以新手段解决双拥工作遇到的新问题转变，把行政调控与市场调控结合起来，把依法双拥与依情双拥结合起来，建立有效的军地协调沟通机制；从注重完成领导交办事宜的被动服务向既要保质保量完成领导交办事宜，又能围绕地方和军队的中心工作主动服务转变，按照党委、政府和驻军领率机关的决策部署，做好参谋、组织、协调、督导工作，保证各项双拥任务的落实，让领导满意，让领导小组成员单位满意，让官兵群众满意。

六、坚持“两个务必”的要求，廉洁勤政为军民。办公室全体工作人员，都要牢记毛泽东同志关于“务必使同志们继续地保持谦虚、谨慎、不骄、不躁的作风，务必使同志们继续地保持艰苦奋斗的作风”的教导，在成绩面前保持清醒的头脑，正确对待荣誉，正确对待自己，不自满，不自夸，谦虚谨慎对同志，埋头苦干创新业。要严守党中央“八个坚持、八个反对”的要求和省厅领导倡导的机关工作“敢、严、细、实、高”的作风，严格要求，严守纪律，廉洁从政，勤政为民，热情为军；发扬艰苦奋斗的精神，勤俭节约，珍惜民力，维护兵利；克己奉公，以俭养德，做堂堂正正双拥人，办扎扎实实双拥事，高标准、高效率、高质量，争创一流业绩，为我省双拥事业增光添彩。

在构建和谐社会中推进双拥工作创新发展

山东省双拥办公室

今年4月，胡锦涛总书记对山东工作提出了以科学发展观统领全局、建设和谐社会和加强党的先进性建设“三个走在前面”的要求。省与济南军区联合召开会议，把落实胡总书记的要求作为深化山东双拥工作的一次新机遇，对军民共建平安山东构建和谐社会作了具体部署。在这个新机遇面前，总结军民共建的社会实践，探讨建设和谐社会构建和谐军政军民关系的基本规律，对推进双拥工作深入发展有着重要的现实意义。

一、军民共建和谐社会十项新实践

马克思主义认识论的最根本特征，就是一切从实际出发，坚持理论与实践的统一。双拥理论研究也必须着眼双拥工作实践，在新的实践过程中进行理论思考，深化对双拥工作规律性认识和把握。当前，山东双拥新实践是根据全国全面建设小康社会、和谐社会的战略部署开展的“增强添美”活动。省委、省政府根据国家本世纪经济社会发展的总体部署，从实际出发提出了建设“大而强、富而美”社会主义新山东的总目标，“大”就是经济总量大，“强”就是综合竞争力强，“富”就是社会财富多，“美”就是城乡面貌美。“大而强、富而美”也蕴含着在建设和谐社会中建设“不变质、打得赢”的强大文明的现代化新型人民军队。这个总目标已经成为凝聚山东9000万军民智慧和力量一心一意干事创业的时代之魂，并得到党中央的肯定和赞赏。全省围绕建设“大而强、富而美”新山东，开展了以“军民团结增其强，双拥共建添其美”为主题的“增强添美”活动，做着十个方面的工作：一是军民同学“三个代表”重要思想，凝聚军心民心。近两年组织军民报告会、座谈会、演讲会、交流会1700多场次，大力宣传了“以民为本、爱兵为要、双向奉献，共谋发展”的新双拥精神，奠定军民团结奋斗的坚实政治基础。二是深入抓好以“强国防、兴中华、奔小康”为主题的国防教育。全省2200所党校开设了国防教育课，3000多所各类学校把国防教育纳入教学计划，250多家报刊、电台、电视台开设了国防栏目，大力营造了“兴中华、奔小康，祖国在我心中，国防在我心中”的社会氛围。三是与时俱进抓好双拥传统教育。山东双拥传统教育资源丰富，从胶东半岛的天福山抗日起义到鲁西平原抗日“红三村”，从鲁南沂蒙老区的孟良崮到鲁北滨海的华东战略区后方基地，到处有双拥传统教育基地。每年有上千万军民在这里接受双拥传统教育，使“山东战略位置不忘、双拥传统不丢、走在前列的决心不移”的“三不”观念不断在军民中强化。四是协调驻鲁部队参加构建和谐山东的“八大建设”：参加物质基础建设，利用部队技术、知识、人力优势，支援地方经济建设，每年投入义务劳动日上百万个；参加民主法制建设，派出部队人员积极宣传党和国家的政策法规，支持地方各项改革；参加平安山东建设，军地联防，联手联治，合力维护社会稳定，同建和谐家园，去年参加兵力达8万多人次；参加社会事业建设，大力支持地方铺路修桥，治理江河等城乡基础建设；参加民心工程建设，开展抢险救灾、扶危助难活动，今年参加救灾活动达400多次，建立扶贫帮困点2300多个；参加“文明山东”建设，全省2400多军民共建点被评为文明先进单位；参加生态环境建设，绿化荒山，植树造林，治理海洋，保护自然环境，去年义务植树11万株，营院多数成为当地花园式营院；参加党的先进性建设，军地党组织共办业余党校，组织党员联谊活动，相互参观学习，共同实践党的宗旨。五是大力支持部队以编制体制调整为主要内容的新军事变革。配合部队推进了后勤保障社会化改革，接收安置了大批部队转退人员，开展了科技拥军、信息拥军等活动。六是坚持不懈地落实国家新的优抚安置政策。全省每年接收安置转退军人和随军家属6万多人，投入抚恤补助优待金10亿多元。七是依法维护军人军属合法权益。建立和完善了“一组一庭一站”法律拥军机制，开通了法律咨询和服务热线，每年接受涉军法律咨询上万人次，及时处理涉军案件100多起。八是深入抓好社区双拥工作。军民共建的文明社区已经达1200多处，使和谐的军政军民关系在基层深深扎根。九是掀起创建双拥模范城（县）新热潮。我省有94个城县达到省级模范城（县），15个城县达到国家级模范城（县）。随着创建活动的深入发展，群众喜闻乐见、广泛参与的争先创模活动也蓬勃开展。“争当优秀士兵”、“争当十佳好军嫂”、“争当百佳优秀士兵家庭”、“争当兵妈妈”，“争当关心国防十佳人物”等活动，在军民中已有广泛的影响力。十是加强新时期双拥工作的组织领导。各地参加走访慰问、现场办公、重大军地共建活动的县团级领导干部达13000多人次，批办件500多件，领导带头撰写的双拥论文120多篇。

十项双拥新实践，促进三个新变化：一是促进军政军民团结的政治基础更加牢固。“三个代表”重要思想、以民为本、爱兵为要、建设“大而强、富而美”新山东、军民团结“谋打赢”等新理念成为军政军民团结奋斗的新共识。二是促进军政军民团结奋斗的物质成果更加显著。改革开放20年来，我省国民经济和社会发展一直走在全国前列，提前达到了总体小康水平。过去10年，全国GDP年均增速为10.1%，我省为13.8%。去年全省实现生产总值15490亿元，比上年增长15.3%。驻鲁部队建设协调发展，军事斗争准备有序推进，“铁拳2004”、“和平使命—2005”中俄联合演习圆满成功。三是促进军政军民团结的社会氛围更加浓厚。6000多军（警）民共建点遍布城乡；部门、行业新社会组织和新经济组织参与拥军，上万个社区双拥服务组织活跃于部队驻地；“新红嫂”、“好军嫂”、“兵妈妈”不断涌现，为双拥增添着新亮点、新光彩。

二、军民共建和谐社会四个新问题

马克思主义告诉我们，事物矛盾的法则，是自然和社会的根本法则。矛盾存在于一切客观事物和主观思维的过程，矛盾贯串于一切过程的始终，这是矛盾的普遍性和绝对性。和谐的社会，不是没有矛盾的社会，和谐的军政军民关系，也不是否定矛盾，而是要在解决矛盾的过程中求得统一、和谐。现阶段军民共建和谐社会中存在那些新矛盾、新问题？我们感觉到的主要有四个方面：

（一）面临严峻新挑战和应有的国防意识不协调。我们要构建的和谐社会是民主法治、公平正义、诚信友爱、充满活力、安定有序、人与自然和谐相处的社会。我们要走的道路是“和平崛起”。但是世界并不太平，以军事实力为后盾谋取战略和经济利益的倾向日益突出，世界主要国家大幅增加军费开支，新军事革命向纵深发展，新军事战略调整出台，以综合国力为标志的国际竞争日趋激烈，恐怖主义、霸权主义对人类和平与发展构成了严重威胁，台海局势错综复杂，维护祖国统一的任务依然十分艰巨。我国改革和发展又处在一个关键时期。一些国家和地区的发展历程表明，在人均国内生产总值突破1000美元之后，经济社会就进入一个既是发展“黄金期”又是矛盾“凸显期”的阶段。我国正处在这样一个关键阶段。但是，在灯红酒绿、歌舞升平中，人们对当今世界新挑战的关注却在淡漠。表现在现实生活中，有的“建了厂房，忘了国防”，无视国家经济基础设施建设与国防建设同步发展的要求，将外商投资建设项目规划在军事禁区周围，影响军事设施的安全；有的“发了自家，忘了国家”，对军事设施保护不力，国防工程和电缆有时还受到人为破坏；有的“抓了钱袋子，忘了枪杆子”，在发展海上养殖时只看重局部利益、自身利益，不惜挤占军港、航道，发展电信时，乱用电磁频率，影响了军用飞机场净空和飞行安全。这些现象的背后是强化的市场观念、经济利益观念、个人价值观念对国防观念的冲击和淡化，是国防责任意识的缺失。

（二）维护官兵合法权益与落实政策力度的不协调。全心全意为人民服务是我军的根本宗旨，人民的子弟兵可以为人民流血牺牲奉献一切。但是，前提是我们的子弟兵也有自己的合法权益需要维护，如果连自己的权益都维护不了，又何谈维护人民的根本利益、维护广大群众的权益。从现实看，在有的地方军人还得不到应有的尊重，国家规定的伤残军人乘车优先权、军人军属的优惠权在一些地方并没有很好落实；有的不按国家政策安置转退军人和随军家属，有的甚至拒收政府已经分配的退伍军人，有的地方即使勉强安置了，上岗率也不高；尽管国家和各地尽了很大努力，一些困难企业军转干部、伤残军人、老复员军人在生活、医疗、就业等方面仍有许多实际困难和问题需要解决；随军家属子女在就业上学入托等方面也有一些问题急需政府和社会群众的关心帮助和支持；困难军人家庭在生产、生活及维护涉法权益等方面也需社会的服务和帮助。

（三）协调军民关系需要与法规政策建设不协调。突出反映在军地经济利益的协调上。随着社会改革的深化和利益格局的调整，各地方、各部门利益相对独立，如果涉军问题与地区部门利益相冲突，没有法规政策作保障，协调工作就相当难进行。每年都有大批部队来我省野营训练演习，有时需占用群众养殖海域，有时需清除果园林木开挖道路。仅中俄演习清理的海上养殖区即达1万多亩，造成群众一定损失，但政策赔偿标准低，多数要由当地政府先行垫支赔偿。在市场经济条件下，组织协调军地活动，调解军民在经济合同纠纷、房地产矛盾、维护各种优先优惠权益等方面，单靠行政的和感情的手段，有的已无济于事，必须走依法做好双拥工作的路子。有的部队在房地产开发中产生的债务达数百万元，找到政府协调也很难处理。也有的双拥法规与其他法规相错位、不对接，致使军地关系协调，安置、优待政策落实等工作很难到位，难题越来越多。

（四）社会结构调整、政府职能转变与双拥机制建设不协调。在改革开放和发展市场经济的条件下，我国传统社会结构发生了复杂而深刻的变化，经济成分和经济利益、社会生活样式、社会组织形式、就业岗位和就业方式等多样化的趋势日益明显。同时，政府逐步从微观管理转向宏观调控，从统包统揽转向协调、监督和服务，从配置资源转向发育社会。这就理所当然地要求双拥工作适应新形势，确立新的运行机制。但从目前的情况看，双拥工作法制化程度不够，行政干预和指令仍然起着十分重要的作用；社会化程度不高，一些部门、行业和群众参与双拥工作积极性仍没有充分调动起来；激励措施不到位，从事双拥工作的同志主观能动性不能充分激发；约束措施不力，一些单位对履行国防义务、承担国防责任的认识不清。

三、军民共建和谐社会六点新对策

我们所要建立的社会主义和谐社会是民主法治、公平正义、诚信友爱、充满活力、安定有序、人与自然和谐相处的社会。我们所要建立的和谐军民关系是凝聚在党的旗帜下，为实现党的奋斗目标而“同呼吸、共命运、心连心”的新型军政军民关系。高举党的旗帜，为党的执政目标服务，军民共建和谐社会，就应采取这样几点新对策：

一是用党的创新理论铸造新的双拥之魂。“三个代表”重要思想、科学发展观、建设和谐社会、加强党的先进性建设、提高党的执政能力等党的创新理论，既是新时期我们党执政兴国的科学指南，也是新时期做好双拥工作的基本遵循。双拥工作贯彻党的创新理论，必须结合双拥实际，用最新理论武装军民头脑，铸造新时期双拥之魂。要坚定不移地以“三个代表”重要思想统领双拥工作。“三个代表”重要思想是马克思主义中国化的最新成果，是立党、执政、兴国三者统一的科学理论和强大思想武器，也是双拥工作的“纲”和“魂”。用“三个代表”重要思想作统领，重要的是树立以民为本、爱兵为要、富国强军、协调发展的双拥新理念，大力培养和弘扬拥军爱民、无私奉献、团结奋斗、同心报国的双拥精神。要落实科学发展观、提高党的执政能力、加强党的先进性建设，军民共建和谐社会。党的创新理论适应了我国改革发展进入关键时期的客观要求，体现了广大人民群众的根本利益和共同愿望。用党的创新理论武装军民头脑，在党的旗帜下凝聚，为党的目标奋斗，实践党的基本纲领、基本路线，军民就有共同的理想和信念，就有军政军民团结的政治基础，就有协调的步伐和行动，就会军民一条心，一股劲，形成构建和谐社会的强大合力。

二是深化以爱国主义为核心的国防双拥教育。军政军民关系是与国防和军队建设紧密联系在一起的。要建立和谐的军政军民关系，必须针对和平时期人们在灯红酒绿、歌舞升平中容易重视对物质享受的追求而国防观念淡化的现实，搞好“三个教育”、认清“三个关系”、强化“三个意识”：搞好居安思危的形势教育，引导军民既要看到和平与发展是时代主流，又要看到霸权主义、强权政治、恐怖主义对和平的威胁，认清战争与和平的关系，牢固树立“国无军不立，民无兵不安”意识，自觉支持国防和军队建设；搞好军民团结奋斗的双拥传统教育，引导军民认清军政军民一家亲的鱼水关系，牢固树立“兵民是胜利之本”意识，自觉热爱和尊重军人军属，加强军政军民团结；搞好富国强军的责任使命教育，认清经济建设与国防建设的关系，牢固树立军地统筹兼顾、科学发展的意识，自觉把国防建设纳入经济社会发展总体规划，“市场”与“战场”建设统筹安排，富国与强军协调发展，促进社会安定有序，和谐发展。

三是坚持唱响军民共建社会主义精神文明的主旋律。开展军民共建社会主义精神文明活动，是新时期双拥工作的创举，已经取得丰硕成果。党的十六届四中全会又把精神文明建设放在了社会主义物质文明、政治文明、精神文明、和谐社会建设四位一体的中国特色社会主义事业总体布局中，提出了新的要求。根据“文明山东”建设的部署，我省军民共建精神文明活动主要是抓好“十大行动”：营造环境行动，参加“人人是山东文明形象”的主题活动，营造解放思想、干事创业、加快发展的浓厚氛围；文明养成行动，贯彻落实《公民道德建设实施纲要》、《军人道德规范》，做文明公民、文明军人；繁荣文化行动，开展军民联谊联欢活动，共建学习型社区、学习型军营；塑造品牌行动，培养一批军民共建文明乡镇、文明街道、文明社区、文明营区、文明单位的典型，提升军民共建水平；科学普及行动，军民共同弘扬科学精神，普及科学知识，传播科学思想和科学方法，提高军民科学素质；诚信友爱行动，参加“诚信山东”建设，开展“友爱在社区、友爱在军营”活动，把真情友爱洒民间、诚信友爱注军营；容貌整治行动，军民积极参加社会开展的“小区绿化、营区美化、家庭净化”活动，共建“文明生态山东”；环境保护行动，参加社会开展的“蓝天碧水工程”、“大环境绿化工程”建设，倡导绿色文明生活习惯和价值观，推进人与自然和谐发展；奉献爱心行动，参加社会“爱心捐助”，弘扬助人为乐、见难相助的社会主义道德新风尚；关心青少年行动，军民共同关心青少年的健康成长，努力培养祖国的明天，让社会充满活力。

四是努力促进社会和谐发展。党中央提出构建和谐社会的执政新目标，极大地丰富了建设中国特色社会主义事业的内涵，也为我们从更广阔的视野来处理经济建设与国防建设的关系提供了更完整、更科学的坐标系。军民共建和谐社会，就要坚持经济建设与国防建设、社会改革与军事变革、维护群众利益与军人军属合法权益、社会管理机制转换与完善双拥协调机制的统筹兼顾，协调发展。从地方说，要做到经济观念与国防观念同步提高，经济建设投入与国防建设投入同步加大，经济建设问题与国防建设问题同步协调解决，群众权益与官兵权益同步维护，经济效益与国防效益同步考核。要像战争年代支前那样，围绕部队提出的解决“打得赢、不变质”两个重大历史性课题和完成机械化、信息化建设双重任务，大力开展科技拥军、智力拥军、教育拥军，大力支持部队重点工程建设，大力支持军队改革与训练，大力开展社区拥军，大力落实拥军优属政策法规，全面为部队建设分忧解难。从军队方面说，要着眼经济建设大局，积极参加地方重点工程建设，支持地方经济发展；发挥军事科技优势，开展科技助民活动；充分考虑经济建设的需要，最大限度地提高国防资源的利用率，勤俭建军，减轻国家和群众负担；发扬全心全意为人民服务的光荣传统，维护好最广大人民群众的根本利益。军民团结起来，为社会发展“增强添美”，为部队发展“增强添力”。

五是妥善处理新时期军政军民矛盾。构建和谐社会的过程，就是在妥善处理各种矛盾中不断前进的过程；构建和谐的军政军民关系，也是消除不和谐因素、不断增加和谐因素的过程。新时期军政军民关系涵盖着经济、政治、文化、思想、道德、法规政策等多种社会关系，随着改革开放和社会生活的多元化，军政军民关系问题也越来越多，越来越复杂，处理难度也越来越大。妥善处理好军政军民关系，从山东实践看，必须坚持好四项基本原则：一是坚持服务大局的原则。要从政治上看待和处理军政军民关系问题，有矛盾和纠纷首先看对国家改革发展稳定大局的影响，化消极因素为积极因素，在促进发展上力争双赢。近几年我们对遇到的涉军房地产纠纷都在坚持这一原则下得到妥善解决的。二是坚持平等协商沟通的原则。要及时沟通，平等协商，以诚相见，相互体谅，相互支持。每当军地改革出台新的政策法规，军地都及时通报情况，对由新政策容易引发的一些纠纷和矛盾加以预防。转退军人安置和随军家属安置是近年来军地共同关注的矛盾焦点，许多时候是军地领导一起讲政策、做工作，加深理解，相互体谅，消除误解，增进团结，既维护官兵利益，又使官兵对地方改革加深理解和支持。三是坚持团结互利的原则。军政军民关系既是一种政治关系，同时也存在建立在一定物质基础之上的经济利益关系。特别是在处理涉及官兵群众的切身利益的问题上，既要照顾群众利益也要维护官兵利益。近几年在解决群众养殖与军港争航道、争码头的矛盾中，我省地方财政就投入上亿元，既帮助群众解决生产困难，又维护了国防利益。四是坚持依法办事的原则。在依法治国、依法治军的新形势下，处理军政军民关系既要讲感情，又要讲法制，要依法维权、依法协调。随着社会改革的深化和利益格局的调整，军民在经济承包、房地产纠纷、港口航道、海上养殖、邻里关系、政策落实等方面涉法问题越来越多。对这些涉及军人军属权益问题的处理，不能以权代法、以情代法，必须依法办事，才能化解矛盾增进友谊，不留后遗症。近几年我省出台了一系列协调军政军民关系的法规政策，依法协调处理了一批涉军案件，军政军民关系在法制的轨道上更加健康和谐的发展。

六是健全完善军地沟通协调机制。主要是健全完善“四级组织”、“二支队伍”、“三个会议制度”：“四级组织”是省、市、县、乡镇（街道）四级健全沟通协调的双拥工作领导小组和职能部门联合办事机构。“二支队伍”是指基层的拥军优属服务队和拥政爱民服务小组；“三个会议制度”是党委议军会、政府联席会和军地情况通报会。“四二三”的沟通协调机制，重在抓两头：一头是上层领导的沟通协调，层次高、范围广、力度大，是起关键作用的；一头是基层的沟通协调，具体、实在、针对性强，是双拥落实的基础。这几年我省双拥工作能健康、持续、卓有成效地开展，就赖于这个机制作用的发挥。特别是这次中俄大演习，军地四级组织早沟通，各有关部门早协调，省主要领导亲自召开通报会、协调会，一级带着一级干，一级催着一级办，形成了军民团结一条心、一股劲，共谋打赢的感人景观。

做好双拥工作，构建和谐的军政军民关系，归根到底是把军政军民的积极性充分调动起来，把军心民心更有力地凝聚起来，为构建和谐社会提供有力的政治保证和支持。军民同心，其力断金。我们一定要认真学习胡锦涛总书记视察山东时的讲话精神，强化“走在前面”意识，进一步加强军政军民团结，在建设和谐社会中推进双拥工作的深入发展，为建设“大而强、富而美”新山东和现代化人民军队做出新贡献。

关于中俄联合军事演习拥军支前的实践与思考

山东省双拥工作领导小组

举世瞩目的“和平使命－2005”中俄大型联合军事演习于2005年8月在山东举行。这是中俄两国两军历史上首次进行的陆、海、空三军大规模、高标准、高技术的联合军事演习，是党中央维护地区和世界和平与稳定的一次重大实践。在演习中全方位地做好拥军支前工作，保障演习能够按中央要求安全、顺利、高质量地进行，在国内外都有重大意义，这是对山东各级党的执政能力的一次考验，也是对新时期双拥工作的一次最实际的检验。在省委、省政府正确领导下，我们组织协调各有关部门和演习地域各级党委政府周密计划、密切配合，全力以赴为演习服务，圆满完成预定任务，受到胡锦涛总书记肯定和表扬。全国双拥工作领导小组也予以通报表彰。这次历史性的军演拥军支前实践充分证明，在现代战争条件下，如何组织地方和人民群众搞好拥军支前工作，是值得各级党委、政府和双拥部门研究并做好的一个重大课题。

一、要把握军事演习新特点，认清拥军支前新使命

这次中俄联演有三大社会背景和四大军事特点。特殊的社会背景是：在新的战略机遇期，争取和平崛起、和平发展成为我们治国的新方略；世界走向多元化，遏制中国发展的敌对势力仍然存在，维护和平和祖国统一任重道远；建设小康社会、和谐社会成为党和国家新世纪、新阶段的奋斗目标，更加需要和平与稳定的社会环境。演习的代号“和平使命”揭示出了这次联合军事演习新的时代意义。同时，从军事上说，这次演习具有不同于以往军演的四大特点：多兵种、高技术、国际性、大规模。我国海军三大舰队都有部队参加，空军包含了济空、南空、兰空、北空、广空，陆军又有炮、工、装、特各部队，中俄派出的都是精锐之师，应用的是最新装备和武器，上海合作组织成员国国防部长参加观摩。这些特殊的社会背景和军演特点赋予了拥军支前工作新使命，提出了新的更高要求。马克思唯物主义史观认为，战争是人与人的抗争。虽然时代变迁，高科技对战争胜负的影响增大，但人心向背是战争胜负决定因素的基本规律没有变。在现代战争中要谋打赢，仍然需要动员和依靠人民进行战争，需要组织起群众做好拥军支前工作。新时期拥军支前工作要适应现代军事演习的新特点，必须认清新使命，增强责任感。我们认为培养下列三种意识十分重要：

一是大局意识。不谋一国难谋一域，不谋大局难成大事。演习保障工作涉及地方许多部门、行业、单位，在市场经济发展和利益多元化的今天，要动员方方面面搞好拥军支前，必须树立国家利益至上的大局观。省委领导在搞支前动员时就号召在演习地区开展“三大讲”活动，一讲国家的发展给地方发展带来的新面貌，强化干部群众的国家意识；二讲富国强兵给发展带来的好环境，强化干部群众的国防意识；三讲搞好军演维护和平稳定促发展的深远意义，强化干部群众落实军地协调发展的科学发展观意识。深入的动员教育，引导群众深刻认识了国家的事、军队的事就是自己的事，做好拥军支前工作，促进军地共同发展，就是维护了群众的根本利益。由此营造起“大局在胸，军演支前一通百通”的社会氛围。

二是政治意识。这次带国际性的军事演习，不仅是国家军事力量在世界的展现，更是国家经济实力、政治影响力、军民凝聚力、综合国力在世界的展现。做好拥军支前工作，展示的也不是简单的军政军民关系，展现的是党的形象、军队的形象、人民的形象，是中华民族的形象。壮军威、强国威，树立民族自尊自强蓬勃发展的新形象，是军民应有的政治意识。为了强化干部群众政治意识，我们要求大家在拥军支前中做到“三维护”，即：维护好国家形象，维护好人民军队形象，维护好老区人民爱国拥军形象。在支前工作中，党委、政府处处讲政治，人民群众事事讲奉献，以热心、诚心、实心做好拥军支前工作的实际行动赢得了广泛赞誉。军队称“铁军遇到了铁靠山”；群众称“拥军支前看军演，子弟兵让我们鼓斗志、添信心”；国际友军称“中国充满生机活力，民族充满希望，军队了不起，人民了不起”。

三是责任意识。保障搞好军演，同担和平使命，是军民的共同责任。武圣孙子有言：“兵者，国之大事，死生之地，存亡之道，不可不察也。”这次中俄联合军事演习，是中央准确把握国际形势，应对威胁挑战，维护世界和平而采取的重大国家行为，涉及国家根本利益，全社会都应察之、助之。我们认真传达贯彻党中央、中央军委关于做好军演工作的指示，把干部群众对军演的认识统一到党中央和中央军委的要求上来，在全省叫响了“人民与军演官兵心连心”的口号，激发了大家“服务军演在心中、支前责任在肩上”的强烈责任感，全省上下想的是大局，牢记的是责任，不负重托，不辱使命，全力以赴，高标准做好拥军支前的保障工作。

二、要适应军事演习新要求，构建拥军支前新机制

这次军事演习，集战略磋商、战役指挥、战术行动于一体，涉及陆、海、空和电磁多维战场空间，对地方拥军工作要求高、依存度大。同时这是一次引起国际广泛关注的联合演习，出于军事行动保密需要，部队的很多任务不能提前通知地方，支前保障的压力很大，要求地方必须做好应变准备，具备较强的应对突发事件的能力。在这种情况下，保障工作要做到万无一失，很重要的方面就是要建立健全快捷高效的拥军支前保障工作机制，机制是否科学、完善、便捷，决定着拥军支前工作的成效。

建立领导决策机制。拥军支前工作要搞好，关键在领导。现代战争条件下，拥军支前工作组织更加复杂，没有坚强有力的领导做保障，是很难形成拥军支前合力的。我们借助省委、省政府一贯重视双拥工作的优势，从省到相关市地迅速建立了主要领导亲自挂帅，分管领导靠上抓的领导机制。省领导特别强调，参加领导小组的部门领导必须是实职，虚职不要。要让有权的人办用权的事，保障领导及时到位。在这次三个多月的拥军支前工作中，省委书记张高丽、省长韩寓群及分管领导省委副书记高新亭、副省长谢玉堂多次召开会议，专题研究部署演习有关保障工作，对演习场地建设、安全保障等重大问题，亲自决策，亲自协调，督导落实，亲临现场组织走访慰问。在青岛、潍坊两市和胶南市、昌邑市等地，也是主要领导挂帅部署调度拥军支前工作。全省先后组织110多个党政领导带队的慰问团组，走访慰问参演部队，现场帮助解决军演中的实际问题。

建立组织协调机制。现代战争中，随着高科技的投入，战争时空在缩短，战场的一体化要求拥军支前保障工作也必须快速高效整体运作，在部门间建立快捷高效的协调机制就十分必要。这次中俄军演中，省和相关市地的双拥办公室充分发挥了特有的组织协调功能，成为沟通军地、联动八方的拥军支前桥梁和纽带。在党委、政府领导下，双拥办牵头协调，组织民政、财政、公安、卫生、交通、电力、粮食、海事等部门参加演习保障机构，按军演需要设立了综合协调、交通通信、安全警卫、支前慰问办公室和装备运输保障组，明确职责分工，定人、定岗、定任务、定标准，快捷高效地保障了演习所需。军地沟通开行“直通车”，建立完善了值班、请示报告、情况交流等制度，重要情况互相通报，重大活动共同参加，重点难题协商解决。演习期间，当50年一遇的高温天气袭来时，当灾害性强风暴“麦莎”降临时，从省到有关市地都在这个机制下做出快捷的反应，将降温物资及时送达，将演习官兵及时转移，确保了演习训练安全顺利进行。

建立督导落实机制。完善有效的监督机制可以保障执行体系的有效运转，使目标责任层层分解落实。省委提出在全省逐步建立决策目标、执行责任、考核监督“三个体系”。按照这一要求和思路，我们在拥军支前工作中逐步建立了督导落实机制。一方面，省和相关市地把各项拥军支前工作纳入了党委、政府督察室的工作职能，及时了解拥军支前情况，反馈落实信息；另一方面，发挥双拥办的督导职能，三次派工作组赴演习现场，督导拥军支前工作落实情况，保障交通、公安、军供、水电、通信等部门服务人员到位、走访慰问到位、清理场地和修建道路、机场等保障工作到位。

三、要着眼军事演习新形态，探索拥军支前新路子

现代战争形态是陆、海、空、天、电磁多维度立体战争，作战的空间骤然增大，具有全高度、全纵深、全方位的作战空间，各兵种配置分散，且作战中行动频繁机动，使拥军支前保障困难大增。同时参演的都是我军精锐之师，信息化程度高，对科技、场地、保密、安全的保障需要远远大于生活保障。为提高支前保障的时效性和可靠性，必须改变传统的拥军支前路子，综合运用各种保障手段，采取全方位的拥军保障举措。我们针对此次现代化高水平演习需要，提出“立体支前，深度拥军，一体联动”，努力为参演部队提供良好的生活保障、顺畅的交通通信保障、充足的电力保障、稳定的社会环境保障和必要的经费物资保障的总体思路和要求。

立体支前。多维战争的新形态，决定了拥军支前的立体性。我们从“车轮滚滚支前忙”的传统支前观念中解放出来，积极配合部队拓展支前保障领域，探索科技拥军支前新路子，并围绕保生活、保战备、保作战组织了八个方面的保障。一是演习场地保障。这次演习需占用上万亩的养殖海域和数百平方公里的滩地，搞好演习海域、陆上区域清障工作，加强道路、机场、码头等基础设施建设的任务十分繁重。根据战场设计，潍坊市投资完成了演习区内的公路建设；胶南市出动3万多人次、民船1万多艘次清理海域，解决了演练的最大难题。二是交通运输保障。这次参演部队从空中、海上、陆地立体开进。在陆上，做到交警上路、警车开道，设立军演车辆专门通道；在海上，巡逻舰引航，腾空港口保障；在空中，停飞民航，开放空域，确保演习部队安全顺利进驻和撤出。三是通信保障。这次军演信息化程度高，对演习场地民用电磁频谱管理要求严，通信管理部门为确保部队各级指挥机关联络畅通，增添了设备，开设了演习通信光缆；为部队提供所需的频谱资料，实行了无线电限时管制。四是水电保障。这次参演部队野外驻训在缺水的盐碱滩区，为保障部队用电用水，电力部门制定详尽的保电方案，加强军演线路特殊巡查，根据部队要求及时调整供电负荷。水务部门为演习部队铺设管线，打井拉水，设供水站全天供水。五是食品保障。这次军演部队多，兵种全，对食品供应要求高、供应量大。粮食部门在训练演习场设立了野战军供站，开展“好米好面送军营”活动，保障军队粮油供应，并严格挑选供货商，确保驻训部队肉、蛋、奶、蔬菜等物资定时、定点、保质、保量供应部队。六是卫生保障。这次军演，部队驻在野外，正逢炎热天气，易发生疾病，为保障官兵身体健康，我们在驻地指定多处定点医院、后备医院作为军训部队定点保障单位，组织医疗小组为部队巡诊，并采取多种措施做了食品卫生安全和传染病防治工作。七是装备运输保障。为保障装备运输安全，各地根据部队需要，积极提供各种特种车辆和机械保障。为了俄军大型运输机在机场降落，潍坊需扩建机场道路和停机坪，且时间要求急，地方立即从一些在建工程抽调机械和专业施工队伍与部队一起日夜奋战，提前完成了扩建任务。青岛流亭机场投巨资改建机位，重修巡场道路，停飞航班，无偿提供飞机起降和空中保障。八是安全保障。这次军演牵动世界神经，在对外开放的条件下，保密和安全工作要求更高。演习地域上空有50多颗国外卫星在监视，地上正逢旅游旺季，大批国外游客在涌进。要做到该放的放开，该守的守住，安全保密任务十分繁重，省和相关市地公安部门、安全部门对演习重点地区强化了布控、全天候监控，在社会上加强了防奸保密教育，确保了军事机密和演习官兵及群众的安全。

深度拥军。现代战争条件下，军事行动与社会联系更加密切。我们要求拥军支前工作做到三个结合：一是物质与精神结合。参演部队在演习区域驻训数月，天气炎热，条件简陋，训练艰苦。我们在搞好物质保障的同时，不断对官兵们进行精神激励。省和各地组织了多场拥军文化演出，深入一线部队慰问，丰富了官兵的文化生活；省委、省政府印发了《致参加“和平使命—2005”演习官兵慰问信》及时送达各演习部队，表达了山东9200万人民对子弟兵的崇高敬意，对鼓舞参演官兵的战斗精神起了很好的作用。二是前方与后方结合。拥军到一线是激励，做好官兵后方分忧解难工作也是鞭策。演习期间，省里特为演习官兵特困家庭发放了特殊救助金，各地开展了走访慰问参演官兵家庭活动。对此，参演官兵家属十分感动，有的当即给战士们打电话，鼓励他们安心参演，刻苦训练，以优异的成绩回报党和政府的关怀。三是政府与社会结合。各级政府在开展演习保障工作的同时，积极动员社会力量和广大人民群众开展了声势浩大的拥军支前活动。官兵进入、撤出演习场地，都千人迎、万人送，一个鸡蛋、一杯茶水都是情，温暖了官兵心，激发了报国志。正如将军们所说，铁军要靠铁靠山，军队打胜仗，还靠人民来支援。

一体联动。现代战争诸要素的一体化进程加快，决定了拥军支前一体联动的发展新趋势。所谓一体联动，首先是军政一体联动，即决策层的联动。这次中俄联演，从党中央、国务院领导到省委、省政府领导，一个决策一个令，从相关市县到基层领导，一个号令一个调，一个心劲一股绳，千方百计保军演，为维护和平做贡献。再是军民一体联动，部队及时向地方通报情况，地方把组织动员情况及时向部队反馈，军民围绕谋打赢、练支前，心往一处想，劲往一处使，服务军演，保障军演。三是社会一体联动。拥军支前中，不分部门行业，不分前方后方，部队需要哪个部门行业，哪个部门行业立即行动，军演需要保障什么，地方立即组织实施。从高速路开通专用通道到通讯部门架设专用电缆，从空中无线电管制到海上落弹区清理警戒，要设备有设备，要船艇有船艇，使雄厚的社会资源及时随部队需要转化为战斗力。

四、要立足军事演习新实践，总结拥军支前新理念

理论源于实践，观念指导行动，生活之树常青。这次军事演习在山东举行，给我们提供了一个宝贵的学习和新实践机会，使我们对如何适应世界新军事变革，做好现代化战争条件下的拥军支前工作有了一些更加直接而深刻的思考和认识。

坚决贯彻落实党和国家的战略决策，保证政令畅通，是全省上下一致、齐心协力做好拥军支前工作的关键。世界经典军事理论都认为，国家政策决定军事政策的目的。拥军支前工作是为军队和国防建设服务的，更是为国家战略服务的。中俄联合军事演习是党和国家站在和平发展的全局，积极协调大国关系，为建设中国特色社会主义事业创造良好国际环境的英明战略决策，代表着全国各族人民的根本利益。贯彻落实好国家的战略决策，就能最大限度地调动起社会方方面面和广大人民群众拥军支前的积极性。为此，省委、省政府主要领导多次批示，要求迅速贯彻落实党中央、国务院、中央军委领导关于做好中俄联合军事演习工作的一系列指示，要求把干部群众对军演的认识统一到国家的战略决策上来，竭尽全力做好拥军支前工作。省双拥工作领导小组也多次发文转发各级领导的批示、要求，组织有关市地认真贯彻落实，保障把拥军支前工作落实到位。实践又一次验证了《孙子兵法》讲到的制胜之道“令民与上同”的真理性。党和国家的英明战略决策在社会和群众中最有号召力、影响力、凝聚力。上下一个目标，才会心往一处想，劲往一处使，步调一致、齐心协力做好拥军支前工作，产生出军民共谋打赢的聚合效应。

坚持发展这个党执政兴国的第一要务，不断增强经济实力和综合国力，是做好拥军支前工作的基础。战争是力量与力量的较量。现代高技术局部战争，在某种意义上说就是综合国力的对抗。美国在伊拉克战争中充分利用各种非军事力量，最大限度地使用国力，围绕着战争需求调动了经济、外交、舆论等各方面的力量，许多民营企业和民用设备参与了战争的保障工作，从而迅速达到了战争目的。这次中央决定把演习放在山东举行，很重要的一点就是看到，山东在改革开放的前沿地区，经济发展带来综合实力的增强。这些年，省委、省政府坚持发展这个党执政兴国的第一要务，组织动员全省军民在建设“大而强、富而美”的社会主义新山东中下了工夫。经过军民努力，提前实现了“十五”计划，国内生产总值达到了15000亿元，年均增长10%以上。过去小车扁担支前忙，现在高速公路三千里，金戈铁马任驰骋；过去红枣鸡蛋送亲人，现在电脑、科技送军营。在这次演习中，无论是保生活、保战备还是保作战，地方政府和群众的承受能力都增强了。军地都深切地感受到发展经济的重要，坚信只要我们牢牢把握发展这个第一要务，紧紧抓住重要战略机遇期，积极促进经济社会更快更好发展，就能进一步增强维护和平的综合实力，为军事斗争准备提供更坚实的物质基础。

做好社会稳定工作，保持社会的团结和谐稳定，是做好拥军支前工作的重要条件。山东在历史上就是“孔孟之乡、礼仪之邦”，素以民风淳朴、爱国尚武著称。这几年，我省大力开展平安山东、文明山东、和谐山东建设活动，更形成了一个军民聚精会神搞建设，一心一意谋发展的良好社会环境，促进了社会的聚合与稳定。当这次演习确定在山东后，全省军民想的是党的信任、军队的重托，想的是拥军支前、报效祖国，凝聚起军心民心，形成了保军演、谋和平、促发展的社会共识，三个月演习期间没有重大治安和刑事案件发生，为拥军支前热潮的兴起提供了良好的社会条件。

坚持党的群众路线，相信群众，依靠群众，为了群众，是做好拥军支前工作的根本保证。邓小平同志指出，“我们的战略是毛泽东主席制订的。毛主席的战略思想就是人民战争”，“我们现在还是坚持人民战争”。坚持人民战争，就要坚持党的群众路线，相信群众，依靠群众，组织群众做好拥军支前工作。这次军演中，中央军委领导对群众利益特别关注，要求部队，能不占的地尽量不占，能用荒地的不占农田，能不砍的树尽量不砍，影响群众生产生活的炸点能移的尽量转移，实在避不开给群众造成损失的，一定赔偿。实弹演习中转移的群众感动地说，部队领导和官兵这样爱民，咱们更得为军演出力尽心，国家的事，军队的事，都是咱们自己的事，受点损失没事。这次军演中，地方对群众的利益也特别关注，在国家补偿金未到位的情况下，先期垫付受损群众的损失，为转移群众提供方便，调动起群众拥军支前的积极性，许多群众为演习让房、让地、让海域，不讲价钱、不计报酬。实践证明，以人为本做好群众工作，维护好、实现好群众的利益，赢得民心，不论在战时还是在平时，都是我们事业取得胜利的根本保证。

党的十六届五中全会提出，要“深入开展‘双拥’活动，巩固和发展军政军民团结”。这对新形势下的拥军支前工作提出了新的更高要求。只要我们在党中央领导下，高举邓小平理论伟大旗帜，全面贯彻“三个代表”重要思想，按照科学发展观的要求，振奋精神，与时俱进，开拓创新，就一定能把双拥工作做得更好，不断巩固军政军民团结的大好局面，为推进中国特色的社会主义伟大事业做出新的贡献。

牢固树立“重在地方”思想　谱写双拥工作新篇章

河南省双拥办

历经六十余年，拥军优属、拥政爱民的光荣传统代代相传。随着时代的发展，双拥工作的内涵和外延发生了很大变化。做好双拥工作责在军地双方，但从新时期双拥工作面临的形势和任务来看，地方在推进双拥工作中应该承担更大的责任，肩负更重的任务，需要有更高的自觉性和更大的主动性。地方各级党委、政府和广大群众要切实认识到新形势下肩负的重要职责和任务，牢固树立“重在地方”的思想，站得更高，看得更远，看得更重。

一、部队建设的新任务决定了双拥工作重在地方

我军是党绝对领导下的人民军队，是执行党的政治任务的武装集团，其主要使命是维护国家安全、主权和稳定。当今世界，形势复杂多变，天下并不太平，局部动荡和地区冲突时有发生，恐怖主义、霸权主义、国际犯罪活动对人类的和平与发展构成严重威胁，我国的现代化建设面临十分复杂的国际和周边环境。国内改革发展也进入关键时期，面临不少突出矛盾和问题，尤其是台海局势错综复杂，维护祖国统一的任务非常艰巨。人民军队作为社会主义国家政权的主要组成部分和人民民主专政的柱石，担负的职能和发挥的作用越来越重要。时代的发展赋予了军队现代化的建设目标和更加重要的历史任务，围绕实现“打得赢”、“不变质”两大历史使命，全军正加速推进中国特色军事变革，部队建设正处在一个跨越式发展时期，既面临难得的机遇，也面临严峻的挑战。我军肩负的保卫国家安全、维护祖国统一的任务十分繁重，部队的主要精力放在自身建设和发展上。双拥工作要广泛深入发展，不断促进生产力和战斗力的提高，不断促进军民凝聚力的提升，理所当然地需要地方政府和人民群众投入更多的精力和人员，付出更大的决心和努力，承担更多的责任和义务。

二、部队建设的新特点决定了双拥工作重在地方

市场经济条件下，军队的建设和发展已从过去相对封闭和独立的状态，转向更多地依赖和依靠地方的支持和帮助。现代战争信息化程度高、技术含量高的特点，决定了现代化军队战斗力的生成必须集中全社会的智慧，仅仅靠部队自身力量很难实现，必须广泛动员和依靠地方教育力量和科技力量，全面推动科技拥军向纵深发展，按照“平战结合、军民兼容”的原则，把军事设施建设纳入地方经济社会发展的总体规划。特别是部队进行大规模军事演习和训练时，对地方的各项保障要求和依赖性更加突出。部队在立足自我搞建设的同时，越来越需要最大限度地利用改革开放的建设成果和各种社会资源，来促进部队的机械化、信息化建设的快速发展。另外，军队转业和离退休干部安置、退役士兵安置、随军家属就业、军人子女入学入托、军属优待等工作，关系着广大官兵的切身利益，直接影响着军心的稳定和部队各项建设，解决的主要途径只能靠地方政府和人民群众。同时，由于国民经济的快速发展和地方财力不断增强，人民群众生活水平的不断提高，对部队的支持能力也不断增强。因此，地方支持部队建设和发展，形势更加需要，条件更加具备，任务更加艰巨，双拥工作的主要任务必然落在地方政府和人民群众肩上。

三、进一步开创双拥工作新局面决定了双拥工作重在地方

随着改革开放的不断深入和社会主义市场经济体制的逐步完善，双拥工做出现了许多新特点、新变化。首先，所处的环境发生了新变化。经济成分的多元化、社会生活的多元化，使广大军民的竞争观念和效益观念明显增强，有必要进一步加强国防观念和双拥意识教育。军地交往日益广泛、多样化，各种利益错综交织，处理军民关系的难度增大。其次，工作主体出现了新扩展。新经济组织和新社会组织已成为爱国拥军的重要力量。其三，工作领域更加广阔。军队和地方需要在更大范围、更广领域内进行支持与合作。面对新的形势和任务，河南军民坚持与时俱进，从思想观念、工作内容、方式方法上不断开拓进取，用改革的思维研究新情况，用创新的手段解决新问题，全省双拥工作取得了显著成绩。但是，与时代发展的要求、与部队建设的要求、与兄弟省区市的工作相比，我们还有一些不足。比如，双拥工作发展不平衡，基层工作不深入扎实，检查督促力度不够，在经费、物资投入和转业干部安置上还存在一定差距，全省的双拥工作在内容、形式、手段、机制等方面还存在着与进一步弘扬双拥光荣传统、开创双拥工作新局面的要求不相适应的地方。我们地方的同志一定要保持清醒头脑，增强责任感和紧迫感，更加负责地担起重任，更加负责地承担义务。

四、河南省情的新变化决定了双拥工作重在地方

“得中原者得天下”，河南历来是兵家必争的战略要地。河南地处中原，承东启西，连南贯北，是全国重要的交通枢纽和战略要地，是战争策应和战略纵深的中心地带。在全省 17 个省辖市和 1 个直管市中，有 16 个被列入国家人防重点城市，其中一类城市 2 个、二类城市 4 个、三类城市 10 个，其余的周口、济源市也是济南军区和省定的人防重点城市。河南资源非常丰富，粮食总产居全国第一位，是部队重要的后勤保障基地。河南又是驻军大省、兵员大省，有诸多军级单位和师级单位在我省驻扎，汇集了我军的精锐之师。重要的战略地位和精锐的驻军，要求地方各级政府和人民群众必须大力加强双拥工作，更好地服务和保障部队建设，更多地承担国防责任和义务，以适应时代发展的要求，更好地推进经济建设和国防建设。

“重在地方”的思想，对地方各级党委、政府和人民群众在新形势下更好地开展双拥工作，提出了新的更高的要求。我们必须超前思维，超前规划，超前部署，超前落实，转变工作思路、工作方法和工作措施，对肩负的责任更加看重，工作更加主动，行动更加自觉。

第一，要切实加强对双拥工作的领导。多年来，河南各级领导在双拥工作中既挂帅又出征，唱好“主角”，重大活动亲自参与研究，重大问题亲自出面处理，有相当一部分领导同志经常深入基层，认真研究双拥工作新情况，解决新问题，为双拥工作广泛深入地开展提供了坚强有力的政治保证。实践证明，做好双拥工作，责任在军地双方，重在地方，关键在地方党委、政府。一是要端正认识。长期的和平环境使人们居安思危、准备打仗的意识有所淡化，体制改革中利益格局的调整使人们对国家利益、国防建设的关心有所淡漠，市场经济中发展经济的压力使人们对国防现代化在“四化”中地位的认识有所淡薄。一些领导干部认识出现偏差，感情有所疏远，尤其是在集中精力抓经济建设的过程中，有的只顾追求经济利益，忽视甚至忘记了国防建设，从而削弱了对国防和军队建设的支持力度。作为领导干部，必须正确处理经济建设与国防建设的关系，不断增强政治意识、全局意识、忧患意识，安不忘危，和不忘战，努力在双拥工作中更加主动、更加适应。二是要摆上位置。各级党委、政府一定要把双拥工作摆上重要议事日程，与地方经济社会发展一起规划、一起部署、一起检查，把双拥工作同推动地方中心工作紧密结合起来，围绕中心，服务大局，统筹兼顾，合理安排，真正做到措施到位、工作到位、步步抓到位。要在“主动”二字上下工夫，主动了解情况、主动汇报情况、主动征求部队意见、主动为部队办实事。三是要抓好落实。把各项任务落到实处，是双拥工作发展的基本要求，必须在经常上下工夫，在落实上做文章，在提高整体水平上见成效。各级各部门都应从自己的实际出发，提出切实可行的工作规划，明确具体任务，并一件一件地落到实处。特别是对双拥工作比较薄弱的地区和单位，要加强督促检查，具体帮助指导，切实把“重在地方”的思想落实到服务和保障好部队建设的实际行动上。

第二，逐步完善双拥工作的政策法规。完善法规，依法拥军，是社会主义市场经济条件下双拥工作的必然选择。要健全完善政策法规，把“重在地方”确定的各项责任和义务以政策法规的形式固定下来，纳入地方党委、政府职责范围，推进双拥工作法制化、规范化。一是进一步抓好已有政策法规的落实。凡是政策法规已经明确的，都要坚持依法行政，按政策办事，认真落实，不讲价钱；凡是政策规定参照执行的，要严格参照执行，不降低标准；凡是政策明确分工的，有关部门应认真履行职责，热情服务，负责到底。当前，特别要坚定不移地贯彻落实已有的转业退伍军人安置、随军家属就业、军人子女入学入托、重点优抚对象生活保障等政策法规，加大督办落实检查的力度。二是制定和完善配套的政策法规。要结合政策落实中面临的新情况新问题，因地制宜，分类试点，积极探索，不断总结，把握内在规律，上升到理性认识。既要考虑到当前生产力发展水平、人民群众生活现状、优抚对象实际困难，还要兼顾到地方综合实力、支付能力，统筹兼顾，深思熟虑，反复比较，公开听证，通过法定程序，填补空白，抓紧制定完善符合当地实际的双拥政策法规，逐步建立和完善与市场经济相接轨、与法律规范相协调、与国家行为相一致、与优良传统相承接的双拥政策法规体系，推动双拥工作向经常化、制度化、规范化、法制化方向发展。近年来，河南省委、省政府为配合部队的重大改革，在支持部队体制编制调整改革、科技练兵、后勤保障社会化改革、随军家属劳动就业和社会保障等方面及时出台了相关配套政策，全省18个市和158个县（市、区）也分别制定出台了综合性和具体的政策法规，有力地支持了驻豫部队的现代化建设。

第三，要建立健全双拥工作的运行机制。保证双拥工作的深入发展，必须在健全双拥机制上研究新情况，创造新办法。一是要健全军地协调机制。双拥工作涉及军地许多方面，需要形成协调顺畅的工作机制。要通过多种途径及时沟通军地关系，通过各种机制解决军地之间的各种问题和困难，真正在国防教育、军民共建、抢险救灾、训练演习、解决军民纠纷等方面形成齐抓共管的合力。二是要健全工作保障机制。做好双拥工作，需要地方各级政府投入必要的人力物力财力，支援重点军事工程建设，加强部队驻地基础设施建设，不断改善军队生活、居住、交通、营区环境。“十五”以来，河南多渠道筹措人防建设资金近20亿元，建设人防工程近百万平方米，相继建成了郑州、洛阳、新乡等一批社会经济和战备效益兼备的城市公共防护工程，提高了城市整体抗毁能力。近两年，河南仅省级财政补助驻豫部队经费就有2.7亿元，筹措军粮差价补贴资金1亿多元，为供应优等军粮提供了保障。地方各级财政也投入2亿多元，有力支持了民兵、预备役部队建设。三是要健全监督评估机制。双拥工作涉及面广，政策性强，任务艰巨，各地、各成员单位要建立健全自下而上的监督评估和自上而下督办落实制度，定期进行检查督办，确保各项工作和政策落到实处。要建立年度目标责任制，细化目标责任，制定考评标准和细则，规范考评程序，做到奖惩分明、激励有效、约束有力，确保双拥工作富有成效。

第四，认真做好基层双拥工作。双拥工作活力在基层，基础在基层。党中央、国务院、中央军委关于双拥工作的重要指示和决策部署，最终都要落实到社会各界，落实到城乡基层。因此，在双拥工作中，既要发挥党政机关的模范带头作用，又要动员组织社会各阶层积极投身这项活动，广泛发动群众和吸引群众参与，克服上层活动多、基层活动少，领导指导多、群众参与少的现象，使广大群众成为双拥工作的直接参与者和推动者。一是要营造良好氛围。新时期双拥工作的内容、形式和广大群众的思想都在悄然发生着变化，这就需要不断进行宣传教育，努力营造双拥工作的良好社会环境，强化广大群众的国防观念和双拥意识，增强其做好双拥工作的积极性和主动性。近几年，我省不断加大国防教育力度，增强双拥宣传工作的渗透力和影响力，采取各种群众喜闻乐见、富有成效的形式和办法，多渠道、多层次开展宣传活动，并树立了爱国拥军模范乔文娟、好军嫂姜君英等一大批富有时代特色的先进个人和临颍县南街村、邓州市编外雷锋团等一大批富有地区特点的拥军先进集体，广大群众的爱国拥军热情更加高涨，重视双拥、支持双拥、关心双拥、参与双拥的氛围更加浓厚。全省上下已经形成了这样一个共识：不重视国防建设的领导干部不是称职的领导干部，不关心国防建设的公民不是高素质的公民。二是要健全群众性双拥组织。基层群众性双拥组织如拥军优属服务小组、送温暖小组等植根于广大人民群众之中，是双拥工作的基本队伍，是一支有组织领导、训练有素、充满生机和活力的队伍。要充分发挥这些基层群众组织的巨大作用，推动双拥工作进企业、进乡村、进机关、进学校、进社区、进连队。要鼓励更多的新经济组织和新社会组织建立双拥协会，使双拥工作覆盖全社会。近年来，我省坚持把基层双拥组织当作双拥工作的细胞和根基，全省10万多个学雷锋小组、送温暖小组、军人家庭服务中心等基层群众性组织长年活跃在乡村、连队，为官兵和优抚对象做好事，形成了上下结合、行业结合、条块结合，军警民相互联系、相互配合的组织网络，较好地激发了群众的参与热情，促进了双拥工作在基层的落实。

第五，要不断丰富双拥工作活动形式。形式是内容的有效载体，二者相辅相成，相得益彰，而且良好的形式对内容具有至关重要的表现作用。不断创新双拥活动形式，对于丰富双拥活动内容，落实“重在地方”的思想有积极的促进作用。一是巩固行之有效的活动形式。近年来，根据经济社会发展情况和部队建设实际，双拥工作创造了许多极富吸引力和感召力的活动载体，如创建双拥模范城（县）活动、军民共建活动、“爱心献功臣活动”等，在社会上产生了重大影响，取得了极为显著的成效。我们要继承好这些生动活泼、行之有效的活动形式，使之发挥更大的作用，把双拥工作开展得红红火火，扎扎实实。二是不断创造新的活动载体。要积极探索富有时代特色、有助于推动双拥工作深入发展的好形式，拓宽领域，使双拥工作既生动活泼、又富有时代特色和感召力，通过各种扎实有效的载体，把双拥工作的各项任务寓于丰富多彩的活动之中，成为人民群众的自觉行动。近年来，我省不断创新双拥工作的活动形式，取得了很好的效果。成立维护军人军属合法权益的巡回法庭，专门处理涉军案件的“汤阴经验”，开辟了司法拥军的新路子；部队、地方和战士家庭三位一体相互配合，加强战士教育管理的“平舆经验”，成功探索了军地共管共育的新渠道；周口市以选送好入伍的、服务好在伍的、安置好退伍的为内容的“三好”活动，郑州市上街区在广大转业复员退伍军人和军属中开展的珍惜光荣称号、塑造光荣形象、谱写光荣篇章的“三个光荣”活动，都已经在全省普遍推开。这些新的活动形式，得到了广大人民群众的拥护，受到了上级领导机关的肯定和好评，成为推动双拥工作深入发展的有效载体。

第六，要更加注重双拥工作的开拓创新。要研究和解决新形势下双拥工作中出现的新情况新问题，不断探索双拥工作的新途径、新方法、新经验，把双拥工作抓得更实，做得更好。一是思路理念创新。要把做好双拥工作与提高党的执政能力、贯彻落实科学发展观、构建社会主义和谐社会紧密结合起来，进一步认清双拥工作在新形势下的地位和作用，增强责任感，提高自觉性。要从以往拥军的固定思维模式中跳出来，加大政策拥军、科技拥军、智力拥军、法律拥军含量，由帮助部队解决眼前实际困难、生产生活问题向支持部队长远建设、提高打赢能力转变，不断提高拥军的质量和水平。二是工作内容创新。要围绕中心，服务大局，把双拥工作与党和国家的中心任务紧密结合起来，使双拥工作紧跟时代要求、紧贴时代脉搏。当前，要坚持服务中国特色军事变革，把推进军事斗争准备作为双拥工作的重点，不断深化国防教育和双拥宣传，大力支持部队训练演习、战备执勤、科研试验和国防工程建设，积极配合部队做好体制编制调整改革、人才战略工程实施、后勤保障社会化和改善基础设施建设，为军队“打得赢、不变质”提供坚强有力的保障。三是方法手段创新。要在双拥工作方法手段上不断推陈出新，为双拥工作注入生机和活力。既要注重发挥地方做好双拥工作的主动性，又要充分发挥部队在双拥工作中的积极作用；既要坚持党和政府对双拥工作的领导地位不动摇，确保双拥工作的正确方向，又要动员和组织全体社会成员，积极投身双拥实践；既要继续采用行政手段，又要注重发挥市场功能，切实把二者有机地结合起来；既要注重阶段性工作目标，又要做好经常性工作，防止时冷时热、时紧时松，努力获得最大的综合效益。

关于充分发挥双拥成员单位作用不断推动双拥工作创新和发展的思考

河南省双拥办

双拥工作是一项政治性、政策性、社会性很强的工作。做好新形势下的双拥工作，是党政军民的共同任务和责任，需要全社会的共同努力。在新的历史时期，如何充分发挥双拥成员单位的作用，加强双拥资源整合，保证双拥工作任务的完成，促进军政军民团结作用的有效发挥，是需要认真研究和解决的重要问题。

一、要深化思想认识，切实增强成员单位做好双拥工作的责任感、紧迫感

为了做好新时期的双拥工作，各地都成立了双拥工作领导小组，能否充分发挥成员单位作用，对做好工作影响很大，特别是随着军地交往的日益频繁，军地双方对双拥工作的要求越来越高，双拥工作的任务十分繁重；加之市场经济体制的建立和完善，政府职能逐步发生转变，单纯靠政府的行政命令和人民群众的自发行动，已经很难适应双拥工作的实际需要。因此，要认真组织成员单位的领导同志深入学习党的三代领导核心关于双拥工作的重要论述，不断深化对新时期双拥工作的认识，明确成员单位肩负的重任，从根本上增强责任感和紧迫感。一是双拥工作历来是为党和国家大局服务，为国防和军队建设服务的，无论是革命战争时期，还是和平建设时期，无论是计划经济条件下，还是市场经济条件下，各级党委和政府，各条战线、各个部门、各个行业都要高度重视和主动抓好双拥工作，不断巩固和发展军政军民团结的大好局面。二是双拥工作涉及军地双方和社会生活的各个层面，是一项社会系统工程，牵扯面广，工作量大，必须动员一切力量和积极因素，把军地双方的积极性调动起来，把各行各业的力量凝聚起来，把双拥的责任和义务变成广大军民的自觉实践，才能推动双拥工作的深入开展。三是各成员单位既是当地党委政府的组成部门，也是本行业本系统的领导决策机关。成员单位的双拥意识强了，职能作用发挥好了，不仅能充分发挥好部门优势、行业优势，支持部队建设，而且可以产生良好的示范带头作用，影响和带动整个社会的双拥工作。在统一思想认识的基础上，还要根据各成员单位的性质、业务等实际，经过认真地研究酝酿，及时研究制定双拥工作领导小组成员单位职责，采取在党校开设国防知识课程、组织领导干部参加国防教育活动、评选“关心支持国防建设十佳人物”等形式，有效地增强成员单位领导的双拥意识，使他们牢固确立“抓好双拥责无旁贷，不抓双拥就是失职”的思想，自觉地把双拥工作与本部门工作目标结合起来，进行统一安排、统一检查、统一落实、统一考核。改革开放以来，河南省随着形势的发展，根据人事变动、职能转换和双拥工作需要，省双拥工作领导小组成员单位作了几次大的调整，如今已发展成为由军地40多个部门和单位组成的双拥领导机构。十多年来，各成员单位坚持做到不管形势任务如何变化，双拥意识始终不淡化；不管领导班子如何调整，双拥工作领导力量始终不减弱；不管双拥任务多么艰巨，双拥工作标准始终不降低。认真履行职责，充分发挥作用，为河南的双拥工作，为支持部队建设做出了突出贡献。省电力公司十几年来领导班子换了4届，但届届班子都十分重视双拥工作。在他们关心下，驻豫部队团以上单位全部实现了双回路供电，有力地保证了部队的战备训练，被誉为河南行业拥军的一面旗帜。

二、要规范工作机制，确保成员单位认真履行职责

发挥成员单位作用，仅仅依靠教育是不够的，必须建立有效的工作机制，做到有职责、有制度、有检查，才能促使各成员单位积极主动地参与双拥工作，确保双拥工作落到实处。

一是明确成员单位职责。根据双拥工作的形势任务，对成员单位必须担负和完成的任务，需要解决落实的问题，应该协调配合的工作等，做出具体明确的规定，使各成员单位开展双拥工作任务明确，职责清晰，有章可依。

二是建立完善工作制度。坚持成员单位议事制度，每年定期召开双拥工作领导小组全体成员会议、军地联席会议，分析形势，部署任务，研究解决双拥工作中的重大问题；坚持成员单位报告工作制度，成员单位定期向双拥工作领导小组报告年度开展双拥工作的情况、履行职责完成任务的情况，重要的双拥活动及时报告；坚持成员单位责任制度，双拥工作领导小组根据各成员单位职责，将重要的双拥活动、创建双拥模范城（县）、保障部队训练演习等重大任务进行分解，由各成员单位具体负责抓好落实；坚持成员单位双拥工作领导制度，要求各成员单位建立双拥工作领导机构，确定主管领导和负责处室，明确一名处级干部担任联络员，负责联系本单位的双拥工作。

三是加强监督检查。对成员单位落实双拥工作任务情况、部队反映问题的解决情况、党政军领导批示的落实情况进行督查，并将检查情况与部门年终评先和部门领导年度政绩考核结合起来，做到严格奖惩。河南省各个省辖市每年制定下发《双拥工作目标责任书》，明确成员单位的目标任务，由市政府督察室进行检查考评，有效地保证了成员单位双拥工作目标责任的落实，比较好地发挥了部门的职能作用。

三、要突出各自特点，积极发挥成员单位的行业优势

根据双拥工作需要，依据成员单位行业特点，要着力发挥成员单位的四个优势：

一是宣传教育优势。国防教育和双拥宣传是强化群众双拥意识的基本手段。宣传、教育、文化、工青妇等成员单位在双拥宣传教育中具有特殊的优势，负有重要的责任。这些成员单位要把党政干部、青少年作为教育的重点对象，充分利用各种国防教育和爱国主义教育基地、革命烈士纪念建筑物等教育场所，把国防双拥宣传教育纳入宣传思想工作总体规划，纳入各类学校教学计划，纳入党校、行政学院干部培训主要课程，纳入主流媒体重点宣传计划，以形成浓厚的国防双拥宣传教育氛围，使双拥工作成为全社会的共识和广大军民的自觉行动。

二是参与决策优势。围绕双拥工作的重点难点问题，参与制定和出台重要的双拥政策和规定，要重点做好四个方面的政策配套：做好退役军人安置和随军家属就业的政策支持。在安置难问题日益突出的情况下，组织、人事、劳动等部门出台政策，千方百计拓宽就业渠道，妥善安置好转业军官、城镇退伍士兵和随军家属。做好军人子女入学入托的政策支持。教育系统要把解决好军人子女入学入托问题，作为解除官兵后顾之忧的重要问题摆上议事日程，出台优惠政策，做出具体规定，抓好督促落实。做好优抚政策支持。财政、民政等部门要密切配合，认真落实优抚政策，普遍建立优抚对象抚恤补助标准自然增长机制，使优抚对象的生活水平略高于当地群众的平均生活水平。做好涉军案件的政策支持。为了维护军人军属的合法权益，省军区和法院系统要出台文件，形成制度，在全省普遍建立维护军人军属合法权益巡回法庭，在乡一级设立法律咨询服务机构，认真负责地解决部队官兵的涉法问题。

三是组织动员优势。组织和动员本行业、本系统、本部队的人力物力财力，积极做好双拥工作。动真情，办实事，解难题，送温暖，坚持做到四个大力支持。大力支持和保障部队的训练演习。公安、交通、民政、电力等部门要积极做好服务保障工作，从保障部队输送集结、建立训练场地、保障物资供应，到派出保障演习人员、转移疏散群众、慰问驻训部队，给予全方位的服务。大力支持部队质量建军和科技强军。根据军事变革要求，把拥军工作的重点由钱物支持转移到科技支持上来。科技、教育部门要帮助部队建立科技拥军培训基地，依托地方高等院校为部队培养各类人才。大力支持部队基础设施建设。粮食、经贸、土地等部门要为部队建立副食品基地，交通部门要把解决部队的进出道路问题列入建设计划，确保部队的训练和出行，提高部队的快速机动能力。大力支持地方三个文明建设。部队要充分发挥自身组织严密，突击力强的优势，积极参加大型水利设施建设、城市建设、光缆施工、高速公路等重点建设项目，为地方的经济发展和社会进步做出贡献。河南开封驻军与人民群众连续10年治理开封郊区50万亩沙化土地，先后投入兵力16.8万人次，使这片沙荒盐碱的不毛之地田成方、林成网，形成集观光林业、生态林业、旅游林业、高效林业为一体的田园绿色风景线，成为“治沙绿化精品工程”，受到国务院、林业部和全国绿化委员会的肯定和表扬。

四是行业指导优势。各成员单位要切实加强对本行业、本系统双拥工作的指导和监督，纳入行业目标管理，纳入领导干部政绩考核的重要内容，年终和业务工作一并考评，保证双拥工作在本系统、本行业的落实。河南省粮食局每半年对各省辖市粮食部门的拥军优属工作进行一次检查，明确提出，凡拥军优属工作做得不好，驻地官兵不满意的军供部门，一律取消评选先进单位资格，并责令限期改正。河南省教育厅成立了厅长任组长的双拥工作领导小组，对双拥工作实行目标管理，把双拥工作目标任务量化分解到处室，部署安排到学校，厅领导经常深入基层，加强分类指导和督促检查，确保双拥工作落到实处，省教育厅被评为全国爱国拥军模范单位。

四、要加强协调指导，为成员单位发挥作用创造良好条件

双拥办是双拥工作领导小组的办事机构，担负着组织、协调、指导双拥工作的职能，岗位重要，责任重大。加强双拥办自身建设，充分发挥双拥办的作用，是确保各成员单位有条不紊地开展双拥工作的关键。河南省委、省政府对双拥办的建设十分重视，特批了专项编制，下拨了专项经费，配备了工作用车，并经常听取省双拥办的工作汇报，就双拥工作的重大问题进行专题研究，为双拥办开展工作、组织协调成员单位奠定了坚实的基础。我们在多年的实践中感到，双拥办要注重发挥好四个作用。

一是发挥好参谋助手作用。根据双拥工作形势和任务，及时为军地领导提出年度双拥工作的建议，下发双拥工作计划，为成员单位开展双拥工作提出指导性意见。对一些大项工作和重要活动及时做出计划安排，具体分解各单位的任务，保证成员单位作用的有效发挥。

二是发挥好组织协调作用。对双拥工作一些重点难点问题的解决，要注意广泛征求有关成员单位意见，使各单位意见协调一致，确保政策规定的权威性和可行性。在大的军事活动中，要及时向成员单位通报情况，明确职责，区分任务，形成上下畅通、高效精干的服务保障网络。同时，在军事设施保护、军地历史遗留问题的处理、军警民纠纷的调解、随军家属工作安置，以及地方动用兵力等方面，都要通过双拥办协调军地各部门，共同协商解决。为了适应市场经济的新形势，加强军警民团结，妥善处理军警民纠纷，我们省双拥办协调省军区、省武警总队和省公安厅联合制定下发了关于处理军警民纠纷的若干规定。为了规范部队参加社会公益活动，保证部队兵力科学合理地使用，郑州市双拥办协调军地成员单位制定下发了部队参加社会公益活动的规定。这些规定的出台和贯彻，受到了总政首长的充分肯定和部队官兵的热烈欢迎。

三是发挥好交流沟通作用。利用简报、文件、联席会议、联络员会议等形式，搞好成员单位之间的情况交流，及时把重要活动通报给成员单位，重要会议请成员单位参加，使各成员单位对双拥工作全局做到心中有数，增强做好工作的积极性有效性。四是发挥好典型激励作用。对在双拥工作中做出突出成绩的成员单位，要及时提请党委、政府给予表彰，并大张旗鼓地进行宣传。2002 年，河南省委、省政府、省军区联合表彰了省电力系统、教育系统、粮食系统、交通系统等 9 个先进系统，对成员单位发挥作用起到了积极的导向和示范作用，进一步激发了各成员单位做好双拥工作的积极性。

适应服务型政府建设，探索具有公共服务理念的拥军优属工作

河南省双拥办

党的十六大从全面建设小康社会的高度，提出了深化行政管理体制改革的目标和任务，要求完善政府的经济调节、市场监管、社会管理和公共服务职能，形成行为规范、运转协调、公正透明、廉洁高效的行政管理体制。胡锦涛总书记于 2005 年 2 月 19 日在省部级主要领导干部提高构建社会主义和谐社会能力专题研讨班上的讲话中强调：各级政府要进一步完善社会管理和公共服务的职能，改善公共服务质量，提高依法管理社会的能力和水平。温家宝总理在十届人大二次会议和 2005 年政府工

作报告中明确指出，要努力建设服务型政府，创新政府管理方式，寓管理于服务之中，更好地为社会服务，为基层服务，最终为人民服务。

提出和建设服务型政府，不是一个政治口号，也不是政府改革局部操作层面的调整，而是在深化行政管理体制改革，转变政府职能，进一步加强政府建设过程中，树立和落实科学发展观，提高政府施政能力，坚持立党为公、执政为民，实现计划经济时期管制型政府向市场化背景下服务型政府治理模式的转变，是对我国未来政府改革和发展方向的重要定位。

拥军优属作为党和政府的一项传统工作，如何在新的历史时期，面对新形势新任务，继往开来，历久弥新，永葆创造力与生命力，既是时代与社会的呼唤，也是拥军优属工作改革发展的内在要求。及时适应党和政府执政施政理念的转变，准确把握当前创建现代服务型政府的趋势与内涵，更新工作观念，拓展工作思路，创新工作机制，改进工作方法，应该成为今后一段时期拥军优属工作的战略性目标。

一、适应服务型政府建设，赋予拥军优属工作公共服务理念的必要性与迫切性

西方公共管理理论认为，政府行政的最大目的在于实现公共利益，提供公共服务；政府是“公共服务的机关”，公共行政最重要的性质也在于提供服务。在中国，政府行政改革离不开国际公共行政发展的宏观背景和中国自身发展的特殊条件，特别是社会主义市场经济和中国成为世贸组织成员的特殊要求。定位“服务型政府”，确立“公共服务”理念，是把旧体制实际运行中颠倒了的政府和公众间的“主仆”关系重新校正过来，让政府更好地体现“为人民服务”的宗旨。它既是解决我国当前社会和经济发展中的一些突出问题、全面建设小康社会、构建和谐社会的需要，也是适应全球化和信息化时代世界政府变革潮流的基本要求。拥军优属工作是政府工作体系的组成部分，长期以来围绕党和国家的中心任务，服务于广大优抚安置对象，服务于国防和军队现代化建设，服务于军政军民团结大局，在继承中发展，在发展中创新，发挥了独特的政治功能和行政效用。新的历史机遇期，从政府公共管理的角度思考拥军优属工作的战略规划，公共服务的理念应是其组织愿景和使命的客观选择。

适应服务型政府建设，赋予拥军优属工作公共服务理念，是贯彻党的“全心全意为人民服务”宗旨的需要。全心全意为人民服务，既是中国共产党的立党之本、成事之基、制胜之道，也是中国共产党区别于其他政党的重要标志。自毛泽东同志于1944年发表《为人民服务》的讲话，党的七大首次把全心全意为人民服务写入党章，历经“三个有利于”是非得失评判标准的提出、“三个代表”重要思想的形成，“为人民服务”的内涵不断得到丰富和发展。拥军优属工作在1943年延安兴起的双拥运动中被正式提出和倡导，60余年的光辉历程，所走过的就是全心全意为军民服务的道路。毛泽东同志提出“兵民是胜利之本”，为“兵民团结”这一中国革命与建设的“胜利之本”努力服务，既是拥军优属产生兴起的客观始因，也是拥军优属前进发展的动力源泉。历史的经验告诉我们，拥军优属工作之所以经久不衰，正是因为它代表了广大军民的利益，得到了广大军民的支持和拥护。温家宝总理在2004年全国拥军优属拥政爱民工作会议上再次强调：“双拥工作作为党的群众路线的重要体现，从本质上讲是为广大军民服务的。把双拥工作深深植根于军民之中，全心全意为广大军民谋利益，才能更好地践行立党为公、执政为民的本质要求，才能充分调动广大军民参与双拥工作的积极性和主动性。”在全面建设小康社会、实现社会主义现代化建设的新的历史时期，必须树立“权为军民所用，情为军民所系，利为军民所谋”的服务观，坚持“向军民学习、为军民服务、请军民评判、让军民满意”的工作原则，不断强化公共服务功能、创新公共服务机制、改善公共服务方式、提高公共服务的水平和质量，才能实现好、维护好、发展好广大军民的根本利益，更好地落实“全心全意为军民服务”的工作宗旨。

适应服务型政府建设，赋予拥军优属工作公共服务理念，是落实科学发展观，构建社会主义和谐社会的需要。党的十六大报告第一次把“社会更加和谐”作为全党为之奋斗的一个重要目标明确提出来。党的十六届三中全会提出要“坚持以人为本，树立全面、协调、可持续发展观，促进经济社会和人的全面发展”。党的十六届四中全会进一步阐明了“构建社会主义和谐社会”的任务，强调“要适应我国社会的深刻变化，把和谐社会建设摆在重要位置”。落实科学发展观，构建社会主义和谐社会，关系到最广大人民的根本利益，关系到全面建设小康社会的全局，关系到党的事业兴旺发达和国家的长治久安。拥军优属工作要切实贯彻科学发展观，必须引入公共服务理念，强调“以人为本”的思想。要始终把广大军民的根本利益作为开展工作的根本出发点和落脚点，倾听并尊重广大军民各方面的利益诉求，并随着经济发展，努力满足广大优抚安置对象日益增长的物质文化需要，保证他们共享改革发展的成果，从而促进人的全面发展。赋予拥军优属工作公共服务理念，始终深怀关爱军民之心，恪守为军民解难之责，就能够在实际工作中进一步牢固“以军民为本”的服务观、政绩观；能够推动拥军优属工作切实服务于军政军民团结大局，团结一切可以团结的力量，调动一切可以调动的积极因素，把广大军民的积极性、主动性、创造性都充分发挥出来，为实现全面建设小康社会的宏伟目标而奋斗；能够正确认识和妥善处理新形势下的人民内部矛盾，协调好兼顾好各方面的利益关系，保持良好的社会秩序，维护社会稳定；能够抓紧解决广大军民生产生活中的突出问题和困难，夯实党执政的阶级基础和群众基础，保持党同人民群众的血肉联系。只要把这些工作都做好了，就能进一步加快形成广大军民各尽其能、各得其所而又和谐相处的局面，进一步促进民主团结、生动活泼、安定和谐的政治局面的巩固和发展。

适应服务型政府建设，赋予拥军优属工作公共服务理念，是因应社会转型期政府职能转变与行政体制改革的需要。中国目前正在经历着一场极为深刻的社会转型。随着计划经济体制向市场经济体制的转变，尤其是中国“入世”后，从人治的专政政府走向法治的民主治理，从集权的“全能政府”转变为强调服务的“有限政府”，从传统行政管理过渡到现代公共管理，以转变政府职能、改革行政体制为重要内容的政治领域改革，已成为深化经济体制改革的迫切要求。拥军优属工作承载着厚重的历史传统，在政府行政体制发生重大变革的新阶段，其理念、机制、方式、方法等方面存在的诸多不适应日益凸显出来，逐渐成为这项工作更好地实现宗旨、发挥作用的障碍和阻力。从当前实际情况看，在观念理念方面，多年来强调拥军优属工作“领导重视是关键、怀有感情是条件、亲抓落实是手段”，这在传统体制下对推动工作有效开展确实起到了一定的积极作用，但实质仍是“人治”、“情治”，透明度不高、责任性不强、制度化欠缺，“官本位”、“管本位”的局限性日益突出，直接造成了整体工作不平衡，具体工作时冷时热、时松时紧。在运行机制方面，拥军优属工作各项决策的民主化、科学化程度，政策执行的规范化、行政监督的刚性化程度与形势、任务的要求仍有一定距离，服务成本的降低和服务效能的提升也亟待重视。在行为方式方面，行政主体实际行使职能过程中还存在不同程度的“越位”、“错位”、“缺位”、“不到位”现象，实现拥军优属特别是优抚安置工作的法制化、市场化、社会化问题需要抓紧研究、探索和解决。在方法、技术方面，拥军优属工作目前仍带有传统行政管理的特点，主要依靠各级领导及工作人员的感性和经验，重行政指令、思想教育、定性判断等传统行政方法，轻经济调节、法律规制、定量技术以及系统分析、电子政务等现代公共管理方法、技术，工作方法的科学化、现代化进程与部队及广大优抚安置对象对政府提供优质、高效、便捷服务的期待，有明显的差距。拥军优属工作的兴利除弊、创新发展不应迟滞和游离于政府行政体制改革之外。因此，认清趋势，与时俱进，顺应建设服务型政府的潮流，在实践中探索、工作中贯彻公共服务的理念，已成为适应新形势，发扬老传统，开创新局面，永葆拥军优属工作生机与活力的迫切要求。

二、理解和把握具有公共服务理念的拥军优属工作的科学内涵

现代公共管理是以政府为核心的公共部门整合社会资源，对社会公共事务进行有效治理的一套制度、体制和机制的安排。其理论体系的形成是现代经济社会变动和现代政治文明发展的产物。以公共管理的新视野、新理念和新方法推动中国行政体制改革，促进以人为本的服务型政府的建构，是时代发展的要求，也是全面建设和谐的小康社会、实现国家现代化的制度保障。

公共服务作为现代公共管理的主要内容与本质特征，其理念的基本特性集中表现为“公共性”与“服务性”。因此，公共服务的宗旨与目的便是满足公共需要，实现公共利益，为公众服务，促进社会进步与发展。它具体体现在拥军优属工作中，就是从国防和军队的现代化建设、广大优抚安置对象的实际需要出发，立足于实现、维护和发展好广大军民的根本利益，全心全意、竭尽所能地提供优质高效的公共物品和公共服务，从而巩固和发展军政军民团结、合作、共进的和谐局面，促进中国特色军事变革，最终为建设强大的国防和构建社会主义和谐社会、全面建设小康社会创造良好条件。用公共服务的理念指导拥军优属工作的具体实践，有必要正确理解、准确把握其在应用过程或运行模式中所体现的相互关系和科学内涵，以揭示出公共服务理念在拥军优属工作中的实施及其价值实现的重要作用。具体来探讨，有这样几个方面：

具有公共服务理念的拥军优属应是包涵公共行政伦理规范的工作。行政伦理或称行政道德，是以责、权、利的统一为基础，以协调个人、组织与社会的关系为核心的行政行为准则和规范系统。公共行政伦理规范的内容主要包括服务、效率、公正、责任、自律、民主、法治、廉洁、开拓创新等基本价值理念。赋予拥军优属工作公共服务理念，实质是对公共行政主体即政府拥军优属职能部门的角色定位，是明确和规制其与服务对象、与社会的伦理关系。拥军优属工作的公共行政伦理实践，理应高举“爱国、拥军、亲民”的旗帜，以服务对象为本位，建构符合时代需要和广大军民利益需要的价值规范，并以此作为工作高效率、高效能运行的价值基础。譬如，贯彻“服务”原则，要倡导“领导就是服务”、“服务就是奉献”的行政道德，强化“为军民服务”的根本宗旨；贯彻“公正”原则，要扶弱助困，保护优抚安置对象平等的生存、获取、发展的权利和机会，维护其合法权益，彰显社会公平与正义；贯彻“责任”原则，要明确负有的政治责任、行政责任、法律责任和道德责任，提高行政主体的自律意识，强调对公共责任的回应性；贯彻“法治”原则，要加强行政立法，促进拥军优属工作由“消极行政”向“积极行政”转变，并坚持依法行政；贯彻“开拓创新”原则，要适应新形势新任务的要求，不畏难、不守旧、不盲动，善于研究、勤于探索、勇于实践，努力开创拥军优属工作新局面。

具有公共服务理念的拥军优属应是体现“以人为本”的工作。服务型政府是一种以公民为本位的政府，政府及其主导的公共管理活动必须坚持以人为本、以公民为本，全心全意服务于社会和公众。只有这样，政府才能得到公众的认同、支持和拥护，从而构成政府自身合法性的来源与基础。“以人为本”的理念体现在拥军优属工作中，就是以服务对象为中心，强调“军民本位”、“优抚安置对象本位”。必须充分认识拥军优属作为政府的一项公共职能，广大军民的需要、认可、支持和拥护是其存在、发展的根本依据和目的。“以军民为本”的拥军优属工作，应以保障广大军民的基本权益、促进军民权益的实现为要务，不仅要谋划促进国防和军队现代化建设的大举措，更要以人文关怀的精神解决“军民最现实、最直接和最关心”实际问题。特别是对当前矛盾较为突出的转业退伍军人安置、随军家属就业、重点优抚对象医疗保障、军队移交政府离退休人员服务管理社会化等热点、难点问题，要把为军民纾难解困担为重任，不畏难、不推托，积极主动进行协调，想方设法帮助解决。坚持把军民“高兴不高兴、满意不满意、赞成不赞成、答应不答应”，作为开展拥军优属各项工作的实施标准和衡量依据。要不要服务、要什么样的服务、要多少服务、要什么样的服务方式，以及服务结果的评价等问题，都应以军民为中心、为导向，切实将满足广大军民的合法期待和需求作为拥军优属的基础性工作。

具有公共服务理念的拥军优属应是科学行政、民主行政、依法行政的工作。科学行政要求尊重客观规律，尊重民意和科学决策；民主行政以透明和开放为其特征，以法保障并促进民主参与行政决策和行政实施；依法行政是要求行政主体树立和强化政策观念和法制意识，恪守法规，在法治轨道上实施政务。三者之间的关系相辅相成。具有公共服务理念和品质的拥军优属付诸实践，即是科学行政、民主行政、依法行政。实现“科学、民主、依法”行政，就是要在拥军优属公共政策的制定、执行、评估、领导、控制、创新等各个基本环节都充分体现科学、民主、法治的要求。要适应服务型政府对公共政策过程规范化、科学化、现代化的要求，在作决策、定政策的工作中，熟练掌握公共行政决策的信息原则、预测原则、系统原则、可行原则、择优原则、民主原则、动态原则，认真遵循科学程序，高度重视系统分析、定量分析等现代政策分析方法，确保拥军优属决策方案、政策制定的科学性、适用性、有效性和稳定性。要因应当前改革发展进程中出现的“矛盾凸显期”，职能部门在政策实施中要强调民主行政，注意与广大军民的沟通互动，增进理解和互信；要主动公开政府相关信息，积极为服务对象了解拥军优属政策提供机会和途径，切实保障他们的参与权、知情权，实现军民利益的最大化。要适应“依法治国、依法行政”的趋势，特别是在优抚安置工作中，进一步牢固政策观念、法制意识，无论是落实广大优抚安置对象的合法权益，还是处理发展中出现的各种利益关系和矛盾，都要依法作为、依法行政；越是工作重要，越是事情紧急，越是矛盾突出，越要坚持依法办事，按政策办事。

具有公共服务理念的拥军优属应是求真务实、注重绩效的工作。服务型政府是轻“控制”重“服务”的有限政府，但“有限”并不代表政府“弱势”或“无为”，恰恰相反，是对政府有效履行自身职能提出了更高的标准和要求。公共管理的绩效是衡量行政活动成功与否的重要标准，是检验政府改革创新成果的客观尺度，也是政府求真务实工作作风的具体体现。适应服务型政府建设，以服务军民为宗旨的拥军优属工作理应是有效率和高绩效的。这意味着各级拥军优属职能部门能够充分利用各种资源来实现组织目标，意味着各级决策者及具体工作人员能够重视投入费用的价值（经济的原则）、重视时间的价值（效率的原则）、重视结果的价值（效能的原则）、重视服务的价值（军民满意的原则）。为此，要深入研究拥军优属管理与服务的规律，不断加强体制、机制的建设和创新，完善优抚安置政策法规，努力规避由于“人治”造成的政务成本不合理附加；要整合社会管理资源，推进拥军优属工作的市场化、社会化，引导和培育行业、社区、民间组织，以及新型经济组织和新兴社会阶层投身拥军优属事业，构建参与式、网络式的拥军优属服务体系，追求“累加效应”，形成“整体绩效”；要通过行之有效的培训工作和经验交流，全面提高各级决策者及工作人员的专业素质；要倡导求真务实的工作作风，力戒形式主义、文牍主义、官僚主义；要创造条件，广泛运用信息处理技术，推行电子政务，逐步实现拥军优属服务技术手段的现代化，提高工作的效率和质量。

三、适应服务型政府建设，拥军优属工作贯彻公共服务理念的长期性与艰巨性

作为政府的一项社会管理与服务职能，拥军优属工作的自我完善与变革之路，脱离不开经济社会发展的新趋势新背景，脱离不开政府不断延伸的改革轨道。长期计划经济体制对政府在观念、制度、机制和运行方式等方面造成的思维羁绊与负面影响，已构成拥军优属工作持续健康发展的严重制约；拥军优属在经济社会全面转型阶段面临的一些亟待解决的突出矛盾和问题，又对传统工作加快改革创新步伐提出了迫切要求。因此，适应服务型政府的建构，在拥军优属的实际工作中全面塑造公共服务的理念与品质，既是一条与时俱进、回应时代挑战的自我完善、自我革新之路，同时也将是一个长期、复杂、渐进的实践进程。根据我们对公共管理、公共服务的理解，结合拥军优属工作自身存在或面临的主要问题，当前应集中在以下方面做出努力：

转变观念，创新政策理论，是塑造拥军优属工作公共服务理念的前提。“没有革命的理论，就没有革命的运动”。拥军优属工作贯彻公共服务理念，首先必须理解“服务型政府”的思想内涵，要以军民本位、社会本位、权力服务观，代替过去的官本位、管本位、权力服从观，牢固树立“以人为本”、“以服务为本”的理念；要理解“学习型政府”的思想内涵，追踪现代管理科学发展的新趋势，学习研究政府公共管理的科学理论、方法和规律；要树立与科学发展观相适应的政绩观，用全面的、实践的、群众的观点看待工作成绩，让广大军民群众真正得到实惠；要以现代政府的理念，深刻领会公共服务伦理精神的实质，准确把握公共服务“公共性”、“服务性”的本质特征，实现拥军优属各项工作的科学行政、民主行政、依法行政。为此，必须紧密结合当前实际，围绕新时期拥军优属工作如何体现和贯彻公共服务理念这一重大课题，在深入扎实的调查研究基础上，进行系统、科学的政策理论研究工作。要积极地将理论研究成果转化为完善的政策法规和切实可行的工作思路，推动拥军优属工作的不断创新发展。

适应形势，更新工作机制，是拥军优属工作实现公共服务理念的关键。良好的工作运行机制既是确保工作规范、协调、高效运转的制度性保障，也是在拥军优属的具体实践中全面履行“为军民服务”宗旨的载体与依托。要适应形势发展与时代要求，建立健全拥军优属重大决策的民主参与机制，强调决策过程的开放度与透明度，实现政策制定程序的民主化，与军地各方受政策影响的利益牵涉人进行充分的互动与合作，切实保证广大军民能够有效地行使权力、维护权利、表达利益诉求；探索建立优抚安置工作的市场化、社会化机制，要明确政府职能部门的角色不是亲自“划桨”、“执行”，而是“掌舵”、“提供必要的公共服务”，在充分运用市场机制作用、调动社会自主服务力量的基础上，强化政府拥军优属工作中发挥宏观调控、政策引导、依法监督等方面的作用；建立健全公共责任的回应机制，加强政府与拥军优属服务对象的沟通与互动，确保信访、建议、咨询、社会监督等渠道的畅通，并及时回应服务对象的各类要求，减少或防止由于信息不对称造成的疏离、隔阂、误解和对抗，努力维护团结稳定，实现军民正当利益诉求；建立拥军优属工作的绩效管理系统，通过科学的绩效管理制度，如设立合理的绩效目标，进行客观的绩效评估，建立人性化的绩效诱因机制等，来不断改善和提升拥军优属公共服务的绩效；建立服务承诺制度，用条规形式将拥军优属工作部门服务的内容、程序、时限、责任等公示于众，接受群众监督，实现提高服务水平和质量的目的；建立服务对象的满意度评价机制，量化相关指标，以广大军民的满意度作为政府及其工作人员绩效的最终评价标准。

贴近时代，改进工作方法，是拥军优属工作践行公共服务理念的途径。如果将完善健全的组织体制、机制比作政府公共管理的“硬件”，那么科学有效的行政方法则是各种管理资源有机结合、高效运行的“润滑剂”。拥军优属工作有效贯彻公共服务理念，科学、多样、适用的方式、方法，是提高服务功效和实现服务目标的根本途径。要健全和完善拥军优属工作目标管理这一系统的管理方法（目标管理虽然在拥军优属工作中得到长期广泛的运用，但仍存在诸如缺乏科学的目标指标体系、权责不明、目标实施监督不力、考评机制不健全等亟待解决的问题），通过完善行政决策机制来不断提高目标质量，通过加强自我控制来推动目标顺利实施，通过健全目标考评制度来完善激励约束机制；要在调查研究、政策制定的工作中重视定量分析方法，改进以感性与弹性为突出特点的传统决策和管理模式，学习运用数学规划、数据分析、博弈模型等多种数学工具，为拥军优属工作决策和管理提供更客观、更精确、更科学的定量依据；要全面认识现代信息技术的应用对提高拥军优属公共服务效能的意义，积极创造条件实施拥军优属工作的"上网工程"，通过电子政务为广大军民提供高效化、经济化、便捷化的公共服务。

适应服务型政府建设，积极探索具有公共服务理念的拥军优属工作，是一个重大课题、系统工程。既需要理论上的理性思考和大胆尝试，也需要实践中政府各级各部门经验与教训的交流、总结；既需要关注现代公共管理改革的趋势与公共服务发展的特点，也需要考虑社会转型期拥军优属的工作实际与任务要求。相信有时代发展的迫切需求，有政府各级各部门的积极推动，有理论界、学术界专家和实际工作者投身其中，具有公共服务理念的拥军优属工作会在今后的理论和实践中取得更深层次的探索和发展，使拥军优属这项具有优良革命传统和鲜明中国特色的工作永葆蓬勃生机，焕发时代光彩。

着眼中国特色军事变革　认真做好新时期的双拥工作

河南省双拥办

如何做好新时期的双拥工作，找准推动双拥工作上台阶、上水平的途径和着力点，是双拥工作者都在认真思考的重大问题。鉴于我军目前正在如火如荼地推进中国特色军事变革，双拥工作如何适应部队这一重大战略调整，如何服务和保障部队这一核心工作，应是当前和今后一个时期双拥工作的重中之重。按照这一指导思想，我们深入到野战部队、训练基地、预备役部队和有关地区，采取多种形式，进行认真调研，同部队和地方的同志进行了广泛的探讨，形成了初步的思路。

一、中国特色军事变革的背景

自20世纪80年代末90年代初以来，世界军事领域兴起了一场新的深刻变革，被称为"新军事变革"。这是人类历史上迄今为止影响最深刻、最广泛的一场军事变革，这场新军事变革目前正加速进行，并成为国际战略格局剧烈变动的重要原因之一。这场变革的出现主要有两个原因：一是国际安全形势发生演变，随着冷战结束、两极格局解体，爆发世界大战的可能性不断消退，但局部战争仍时有起伏，全球安全态势出现了"大战不打、小战不断"的新局面，而传统的以应付大战为重心的军事体系，不得不顺应冷战后的新形势和新趋势，进行重大调整。二是随着以信息技术为核心的高新技术的迅速发展，对武器装备的发展、军事思想和战争形态的变化，以及军队建设及体制编制的调整均产生重大而深远的影响。这场新军事变革实质是信息化革命在军事领域的反映。以信息技术为核心的高新技术在军事领域广泛应用，战场向陆、海、空、天、电多维空间扩展，中远程精确打击成为重要作战样式，战争形态正在向信息化方向发展。世界主要国家普遍进行军事战略调整，加快以高技术为基础的军队现代化建设。发展中国家与发达国家的军事技术差距进一步拉大，发展中国家维护国家主权和安全的斗争面临严峻挑战。

中国意识到新军事变革的必要性并不是一朝一夕的事，这是一场酝酿了10年之久的变革。1993年，江泽民同志主持制定了我军新时期军事战略方针，提出"必须把未来军事斗争准备的基点，放在打赢可能发生的现代技术特别是高技术条件下的局部战争上"。1997年，他在对新形势下国防和军队建设面临的主要任务进行深刻分析的基础上，进一步提出，要把"打得赢"、"不变质"作为新时期军队建设的两个历史性课题。这就为新时期国防和军队建设指明了目标和方向。他进一步强调，要以新时期军事战略方针统揽军事斗争准备和军队现代化建设的全局，努力实现"两个根本性转变"，即在军事斗争准备上，由应付一般条件下的战争向打赢现代技术特别是高技术条件下的局部战争转变；在军队建设上，由数量规模型向质量效能型、人力密集型向科技密集型转变。“两个根本性转变”，是应对世界新军事变革挑战的战略举措，是我军建设指导思想实行战略转变的继续和深入。由此，引发出军队建设方方面面工作思路的变化，引发出全军思想观念的变革。2000年12月，江泽民同志又提出“信息化正成为军队战斗力的倍增器”，“要在加强军队机械化建设的同时，加强信息化建设，以信息化带动机械化，努力争取我军现代化建设的跨越式发展”。2002年11月8日，在具有承前启后意义的中共十六大上，江泽民在报告中明确提出：我们的国防和军队建设要“适应世界军事变革的趋势”——这是“军事变革”的名词被党和国家领导人首次在正式场合引用。在2003年3月份召开的“两会”上，江泽民同志明确提出“要积极推进中国特色军事变革”。2003年5月23日，新一届中央政治局进行第五次集体学习，主题是“世界新军事变革的发展态势”，中共中央总书记、国家主席胡锦涛同志强调指出：要坚持以毛泽东军事思想、邓小平新时期军队建设思想为指导，全面贯彻“三个代表”重要思想，认真落实十六大提出的国防和军队建设的各项任务，从我国国情出发，借鉴世界新军事变革的经验，抓住机遇，在国家经济发展、科技进步的基础上，实现国防和军队现代化的跨越式发展。至此，这一紧随世界军事变革潮流、实践了10年之久的部队军事战略调整，被中央领导人正式确定为“中国特色军事变革”，并由此进一步深化了这场变革的内容和形式，开始了在更大范围、更深领域、更高层次上的完全意义的中国特色军事变革。

二、当前的双拥工作还不适应中国特色军事变革的形势和要求

从我们调研的情况看，当前的双拥工作还不能够适应中国特色军事变革的要求，主要体现在：

（一）思想观念与部队军事变革形势的要求不相适应。中国特色军事变革，已经超出了军事领域的范畴，实际上是整个国家战略构想的重要组成部分。从我们调研的情况看，如何适应这一重大转变，许多同志并没有从思想上真正认真地思考过，没有下工夫研究过，缺乏系统深入的思想和理论准备，一些同志存在着知识结构陈旧，创新能力不强，工作方法和手段与担负的任务不够适应，决策运筹能力与肩负的职责不够适应等问题，与军事变革的现实需要还有较大差距，没有跟上变化的时代。

（二）服务部队演习和训练方面还有不足。小规模的训练，场地大多选在人烟稀少、山高林密、比较荒凉的地域，训练部队一般饮用山泉、小溪，水质差、不卫生，易患肠道疾病。用电一般都是部队自带发电机，燃油、机械故障问题比较突出，难以满足演习需要，而且耗资比较大；大规模或级别较高的演习，有正规的训练基地，但须用部分当地群众的房屋，军民混用，保密较差，给吃水、用水等带来一定的困难；部队搭建帐篷，短期训练能保障，长期住帐篷对官兵的身体健康不利；部队演习，涉及群众的土地和迁避，是一项综合性的工作，工作量很大；长期训练时，因部队远离城市，水、电、粮、油需求量大，训练场地附近物资价格比较高；目前，民情、社情比较复杂，影响部队演习训练的保密工作；部队在演习期间，动用的军用装备较多，牵涉面广，安全保障压力很大；在新闻报道中，一些新闻工作者保密意识不强，泄密现象时有发生；在训练演习时，极少数群众把眼光盯住部队，偷窃军用物资，盗割军用地下电缆，造成军用通讯中断等等。驻洛阳某部在豫西的一次短期综合演练中，通讯、物资、土地、保密等都出现过一些问题。演练间隙，战士们到地方群众家中使用公用电话，发生泄密；演练场周围群众自办的销售部哄抬价格；演练使用群众土地没有统一的补偿标准，演练结束后在部队对群众的补偿问题上意见不一致，影响了军民关系；演练场周围群众捡弹壳，给安全保卫工作增加了难度。

（三）国防基础设施和军事设施的建设和保护有待进一步加强。在国防通讯方面，建设力度不够，一些部队至今没有军用线路，一些地方政府和群众对军事设施保护意识不强，通往一些小散远部队的通信线路经常被破坏。一些训练场地被当地群众占用，影响训练。如71352部队淇县秦窑炮兵射击训练场被当地群众建庙搞迷信活动，影响部队炮兵射击训练，安阳县水冶装甲团铁路装卸点长期被居民侵占，并且部分地段已建有民宅，影响部队输送。部分营区没有办理土地使用证。在地方经济建设中，国防通信线路常受到施工的破坏。一些训练场地和库房电力供应级别低，不能适应大型设备供电需要。现有公路设施与国防交通要求不相适应，部队机动的路线单一，易暴露。

（四）科技拥军针对性不强。科技拥军的针对性、实效性还不够强，没有根据驻军单位的任务和特点灵活安排。物资拥军多，科技拥军少。部队科技设备、器材和教材、图书等相对缺乏，种类单一，内容相对陈旧，难以满足官兵不断增长的文化生活需要。干部学历升级愿望强烈，在职成才学习缺少必要的指导。军地科技交流活动少，军地科技对接不到位。

（五）优抚安置工作困难和问题较多。一些景点对军人的优惠措施不能兑现，一些地方的优待金发放标准低，不及时。随军家属被指令安置后，单位难以落实或被拒绝接收，随军家属安置上岗率普遍不高，特别是驻军较多的城市，这种现象发生的情况更多，牵扯部队干部精力多，直接影响部队干部安心服役。

三、双拥工作服务和保障中国特色军事变革的重点内容

双拥工作的重心在地方，主要为部队的改革和建设提供服务和保障。当前部队正在进行的重大战略调整，对双拥工作提出了新的更高的要求，也提供了难得的机遇。我们必须尽快转换角色，树立大双拥的观念，大力弘扬与时俱进的精神，着眼于新的形势与任务的需要，用新的理论指导新的实践，用新的观念研究新的问题，用新的办法解决新的矛盾，动员和组织各方面的力量，为中国特色军事变革提供良好的大环境。综合我们调研的情况，应主要做好以下工作：

（一）积极支持部队的人才战略工程。面向21世纪，努力培养和造就大批高素质的新型军事人才，是摆在部队面前的一个十分紧迫的历史任务。这些年我军人才建设取得了很大成绩，但是形势在发展，特别是以信息化为核心的世界新军事变革，对我军人才建设提出了更高要求。军事领域的科学技术往往代表了科学技术的最高发展水平，仅仅掌握一般的知识或对高新技术一般的了解，已经远远不能满足作战的要求。军事领域的科学技术门类多、更新快，军官的知识更新面临新的挑战。现代高技术武器装备是以信息技术为核心的高技术群，单纯掌握一门技术往往难以胜任工作。目前解放军拥有硕士博士的比例不足2%，而且主要是军事学方面的。科学素质的差距，成为推进中国特色军事变革的“瓶颈”因素。人才培养是一项战略工程、系统工程。能否站在时代发展的高度，审时度势，培养和造就大批高素质军事人才，直接关系到我军能否适应世界新军事变革的趋势，能否在未来高技术战争中立于不败之地。双拥工作在支持部队人才战略工程中大有作为：一是为部队吸引大批高素质人才创造良好的外部环境。充分利用地方的优势，积极配合部队，以各种优厚政策和措施，吸引和吸收各类专家、学科带头人和专业骨干投身部队的改革和建设，协助部队组建优秀的科学家队伍，作军队建设的“思想库”和科学决策的“智囊团”。二是加大依托国民教育体系培养军事人才的力度。据有关资料介绍，美陆、海、空三军，在400多所地方大学，设置了533个后备军官训练团，注册在训学员11万余人，每年培养1.5万多名军官，占生长军官的45%。美军依托地方培养的高技术人才也占30%以上。我国应借鉴他国经验，加大依托普通高等教育培养军队干部的力度，充分发挥普通高等教育在国防和军队现代化建设中的作用，拓宽选拔培养高素质军队建设人才的途径。三是军地并轨，走联合办学之路。军队各院校在充分利用本单位资源搞好“圈养”的同时，应该走出去，充分运用社会资源、周边资源搞好适度“放养”，可以将驻地相邻、专业相近或学科互补性较强的军地院校合并，办成理、工、文、管、经济、军事学科齐全的综合大学，以此造就大批新型军事人才。四是积极开办适应部队信息化建设的各种类型的培训班。除了加大干部的学历教育外，目前情况下，绝大多数干部和战士的知识更新主要还是通过短期培训解决，地方要充分利用各种教育资源，根据部队军事变革的要求，结合干部战士的特点，开办各种类型的培训班，加大官兵培训的力度。

（二）积极支持部队武器装备的现代化。武器装备，是实现“打得赢”的物质基础，是军队现代化建设的阶段性标志。不同时代的装备，代表着不同时代的军队。据有关资料统计，目前发达国家军队战斗力的增长，60％以上是通过科技进步实现的。历次军事变革的实践告诉人们：每一种先进科学技术出现后，总是首先应用于军事，催生新的武器系统，这是军事技术促进军事变革的客观规律之一。而在这个过程中，充分利用民用技术甚至直接拿来使用，又是一个十分重要的方法。如美军在将传统重力炸弹中安装全球定位系统，改成精确制导炸弹时，就使其可以利用低成本的商用全球定位系统技术，既有效地发挥了成果转化优势，又降低了几乎一半费用。可见，抓好科技动员工作，认真研究和推进民用技术向军用的转化，对提高部队的战斗力有着多么重要的意义和作用。再者，中国的财力不允许铺开摊子来搞武器装备，因此必须进一步集中力量，突出重点，通过局部跃升，带动整体发展。中国军队的装备建设要想“有所为”，只能“有所不为”，要想“有所赶”，只能“有所不赶”。这除了要统观全局，突出重点，还要充分利用民用资源，大力协同，集智攻关。鉴此，国家和军队有关部门要积极鼓励、支持地方科研单位及生产企业，加快军民通用高新技术的开发利用，搞好重要军民通用设施的系列化、模块化储备。同时，要制定科技动员计划和方案，做好和完善对军民兼容高技术企业的平战结合工作。各军事单位也应主动和地方有关部门、高等院校、科研企业联系，提出需要帮助解决的军事课题，共同攻关。

（三）大力支持部队军事演习和训练。随着“科技强军”战略的实施，人民军队练兵史揭开了新的一页：科技练兵热潮在全军兴起。中华人民共和国成立后，我军经历了20世纪50年代的正规化训练热潮，60年代以“大比武”为特征的群众性练兵活动，七八十年代的“三打三防”训练，90年代的科技练兵，是我军军事训练的新发展，是提高我军打赢未来高技术战争能力的根本途径。当前部队的军事演习和训练科技含量高、涉及范围广，次数也较多，对地方的服务和保障工作提出了新的更高的要求，必须建立健全完善的军事演习保障体系：加强军地之间的沟通和协调，部队在演习之前应提前将有关演习涉及的场地、人员通报地方有关部门，军地双方成立联合指挥部，共同做好服务保障工作；在保密的前提下，通讯、物资、土地、公安等有关部门可派出专职人员深入演习场地附近服务部队；商业部门可分阶段，集中采购部队所需物资，开设临时销售部服务训练部队；群众土地补偿问题，地方政府要出台有关详细、明确、规范的操作性较强的统一标准，政府要出面亲自解决，不能把补偿的纠纷推给部队和群众解决；针对演习部队中水电保障的问题，地方政府要采取组织运水车为部队输送淡水，电业部门要采取紧急架线措施，确保部队演习后勤保障跟得上。

（四）积极支持重点国防和军事工程建设。要做好物资保障动员工作，切实提高平战转换能力，通盘考虑“市场”与“战场”的需要，逐步建立平战结合、军民兼容的国民经济综合保障体系。要加快道路、港口、码头等基础建设，加强工程抢修、运输队伍建设，确保交通战备任务的落实。在交通通信基础设施建设时，要兼顾国防需要，充分考虑军队机械化、信息化建设的需求，交通、通信管理部门及城市规划部门在制定本地区交通、通信基本建设和城市道路建设规划、计划时，应将需要实施国防要求保障的建设项目列入相应的规划和计划，按相应要求和技术指标进行规划、施工；在新建铁路主要控制点时，做到与公路、水路、航道、管道运输线路衔接，并适当靠近军事基地和主要部队驻地及大型军工企业；在新建高速公路和干线公路以及具有重要军事意义的县乡道路的选线、城市出入口设置，都要兼顾部队进出方便和战时快速机动需要。对部队使用频率较高的重点公路，在设计、建设和维护上应实行特殊标准。按照有关法律，加强对军用通信线路的保护，加大对破坏军用通信设施者的打击和惩处力度。

（五）积极支持部队做好后勤保障社会化改革。为精干后勤保障机构和提高国防费的使用效益，人民解放军在非作战部队的军以上机关和驻大中城市的军队院校、医院等单位，推行了后勤保障社会化改革。经过近三年的努力，后勤保障社会化改革在饮食保障、商业服务、营房保障和职工管理制度改革等方面取得实质性进展，并在生活用车、油料保障、服装货币化供应等方面进行了尝试。地方要全力配合部队的后勤保障改革。一是加强组织领导。成立有关工作机构，抽调军地双方人员参加，加强领导和协调。二是饮食保障。各级政府要将部队饮食保障纳入城市“菜篮子”工程，农业部门和科研单位积极推广适合部队种养、符合部队需求的绿色食品生产技术和种养技术。粮食部门要确保军供粮油质量，提供优质服务。支持部队运用竞争机制，通过招投标等方式引进社会力量，承包部队饮食保障任务。三是商业服务保障。各级政府要将驻军商业服务纳入地方商业网点规划，将商业服务体系延伸到驻军，支持有资质、有实力、有信誉，特别是具有连锁性质的商业企业服务到部队。地方商业企业租用原部队军人服务社房屋设立商业网点的，应尽量吸收原部队军人服务社的职工。四是营房保障。各级政府要把驻军的水、电、气供应纳入城市（镇）建设规划，将管道（线）铺至营区边界，对军人、军队离退休干部、军队职工住房的水、电、气应分户计量，执行城市居民的收费标准，由经营单位直接向用户收取。有关部门在军队办理出售住房的报批、办证等工作中要给以政策优惠，对军队经济适用住房建设要减免有关规费。驻军营房工程建设项目、后勤保障社会化需要配套改造的项目，要在有关费用上予以减免。五是医疗保障。要把无军籍军队在编事业单位职工全部纳入当地医疗保险体系，应由单位缴纳的保险费，财政可酌情补助。对军人看病应实行优先优惠。六是交通运输和油料供应保障。交通管理部门和交通运输企业要按照《国防交通条例》的规定，优先安排军事运输，并做好保密工作。驻军征用交通运输企业担负战备物资运输、民兵武器装备运输、抢险救灾运输等任务，其运输费用由当地政府全额解决。驻军未开通公交车的，地方运输单位要积极创造条件增设站点，把公交线路延伸到部队营区边界，增加偏远地区客运班次。石油公司要为部队指定油料供应点，为军油提供代储代加服务的油库（站），在有关费用上要优惠。对符合改革条件的部队加油保障实体，在不影响执行平、战时任务的前提下，逐步从军队保障体系中分离出去。此外还要在社区服务、军队职工分流安置等方面积极支持部队。

（六）认真做好优抚安置工作。为中国特色军事变革提供安定的社会环境，就必须认真做好优抚安置工作。当前，对优抚对象的基本生活保障主要是按要求建立抚恤补助标准自然增长机制。同时，要动员社会力量，与优抚对象挂钩帮扶，从“给照顾”转向“给科技”，帮助他们发展生产，从根本上解决生活困难和问题。解决优抚对象的医疗难问题，仅靠优先、减免和补助等措施，很难从根本上解决问题，应结合即将在农村进行的医疗保险制度，拿出切实有效的长远的举措。同时，对“三老”医疗要从“保费用”转向“保健康”，组织乡村医疗单位向“三老”普及健康知识，健全健康档案，组织强身健体活动，帮助改善饮食起居等方面的不良卫生习惯，提高身体素质，减少发病率特别是大病的发生率，这样，可以大大降低医疗优待成本，提高“三老”生活质量。对退役安置，除了要强化指令安置外，还要从“给岗位”转向“给技能”，随着社会主义市场经济体制改革的深入，政府机构精简、企业分流裁员，现有岗位日益成为紧缺资源，缺乏技能的转退军人要求上岗与在职职工下岗形成强烈碰撞，而市场经济发展中产生的许多新的产业及岗位，需要有新技能的人来承担，抓好转退军人技能培训及技能资格认定，推出技能就业的优待举措，提倡到市场中、到新兴产业中自谋职业和寻找岗位，使“给技能”成为转退军人就业的主出路，这是对转退军人长远负责而不是暂时应对的根本举措。随军家属安置，是牵涉部队干部很大精力的热点问题，由于安置对象期望较高，而自身年龄、知识结构等又多处于劣势，安置工作比较困难，需要进一步加大对随军家属岗前培训力度，使其业务技能不断提高，更好地胜任所分配的工作，对暂时没有安排工作的随军家属要根据各地情况发放生活补助费。

以科学发展观为指导　推动双拥工作深入发展

河南省新乡市委

拥军优属、拥政爱民是伴随着中国革命和建设而产生发展起来的一项重要工作，在我国革命和建设的各个历史阶段和重要关头，都发挥了重要作用。当前，我国正处在全面建设小康社会的重要时期，双拥工作也出现了一些新情况新问题，不同程度地影响和制约了双拥工作的发展。要解决双拥工作发展中的问题，关键是要牢固树立和认真落实科学发展观。从新乡市双拥工作实践来看，应着重把握好以下“三个结合”：

一、坚持支援国防建设与推进经济社会发展相结合，促进双拥工作协调发展

科学发展观包含了许多辩证关系，其中很重要的一个方面就是要坚持国防建设与经济建设协调发展的方针，在经济发展的基础上推进国防和军队现代化。这为新形势下做好双拥工作提出了更高的标准和要求。

一是要着眼增强责任感和紧迫感，进一步认清协调发展的政治意义。胡锦涛同志指出，经济建设是国防建设的基本依托，经济建设搞不上去，国防建设就无从谈起。国防实力是国家综合国力的重要组成部分，国防建设搞不好，经济建设也就失去了安全保障。我们一定要充分认清二者协调发展的重大政治意义，牢固树立“做好双拥工作，不是时紧时松的权宜之计，而是必须常抓不懈的战略大计；不是增加的额外负担，而是军地双方义不容辞的应尽责任；不是可有可无的一般性工作，而是社会经济平稳发展的必然要求”的观念，围绕提高社会生产力和部队战斗力这一根本标准，切实把双拥工作抓紧抓好，抓出成效。

二是要着眼推进中国特色军事变革，积极为驻军提供强有力的支持。当前，各级党委政府要把支持部队做好军事斗争准备作为拥军的重点，纳入经济和社会发展总体规划，纳入党政重要议事日程，纳入领导任期目标责任制，纳入年度财政预算决算，纳入各部门单位年度工作计划。广泛开展科技拥军、文化拥军、智力拥军活动，充分发挥大专院校、科研机构、培训基地等资源优势，帮助部队培养高素质新型军事人才，提高练兵的科技含量。协助部队做好后勤保障社会化改革工作，搞好基础设施建设，改善战备、训练和生活条件。认真落实各种优抚安置政策，实现好、维护好、发展好广大军人及其家属的根本利益，为推进部队现代化建设创造良好环境。近年来，新乡市注重发挥地方科研院所科技含量高、仪器先进、人才密集等优势，积极开展“科技人才进军营，科普知识传军营，科技书刊送军营”活动，组织科技人员500余人次，投资经费100多万元，帮助部队成功研制出退弹计时器、侦察模拟训练飞机、自动步炮缩点瞄准器等高科技训练器材，提高了驻军科技练兵的质量。

三是要着眼实现全面建设小康社会的宏伟目标，充分发挥驻军的生力军作用。按照“军队要积极支持和参加国家建设”的要求，各级党委政府要主动为驻军搭建参与地方经济建设的舞台，使驻军积极发挥突击能力强的优势，在参加地方生态环境治理、抢险救灾、重点工程建设、维护社会稳定等急难险重任务中当先锋、打头阵；积极传播新思想、新道德、新风尚，大力弘扬和培育民族精神，在参加文明城市、文明行业、文明村镇、文明社区等创建活动中树新风、当样板；积极为人民群众办实事、做好事、解难题，在开展扶贫帮困、巡诊治病、捐资助学等社会公益活动中树形象、当标兵。近年来，新乡驻军以促进驻地经济社会发展为己任，积极参与我市创建优秀旅游城市活动，主动承担河道清淤、防汛救灾等急难险重任务；新乡军分区广泛开展了以“一部带一村”为基本形式的扶贫帮困活动，受到了两级军区的肯定，同时也赢得了地方党委政府和人民群众的赞誉和支持。

二、坚持以情双拥与依法双拥相结合，促进双拥工作持续发展

多年来，以情双拥已深深根植于广大人民群众之中，军民之间形成了亲密无间的鱼水关系，推动了双拥工作的深入发展。但是，在社会主义市场经济条件下，双拥工作遇到一些新情况、新问题，要使双拥工作深入持久地健康发展，这既需要军地双方讲感情、讲风格、讲奉献，更需要加强政策法规建设，把双拥工作纳入法制化轨道。

一是密切军地关系，打牢开展双拥工作的思想基础。密切融洽的军政军民关系是双拥工作的基础，深厚的军民感情是双拥工作的纽带。饱含深情抓双拥是我们做好双拥工作的基本经验，是行政、法律等手段替代不了的重要方法。有了诚挚的军民情爱，再困难的问题也会迎刃而解；缺少深情厚爱，即使是简单的问题也会复杂化。因此，以情双拥要以军地和谐为目的，以互相支持为内容，自觉防止和克服双拥工作就是单纯地出钱、出物、出力的肤浅认识，防止和克服“八一、春节一阵风，节日一过就放松”的临时观念，防止和克服今天你投之以桃，明天我报之以李，把“互办实事”变成“互办私事”的不良动机，真正把双拥工作建立在融洽的军民关系之上。

二是完善政策法规，增强开展双拥工作的规范性。双拥工作法制化，是依法治国的重要内容之一，也是双拥工作深入、持久、健康发展的客观要求。随着法制社会的建立和完善，仅靠行政命令已很难激发全社会关心支持双拥工作的积极性，仅靠感情投入很难把双拥工作摆上应有的位置，仅靠个别领导的一般号召很难推动双拥工作整体上台阶。因此，各地要针对广大军民普遍关心和影响军政军民关系的突出问题，依据有关法律和上级要求，本着落实已有的，完善不足的，填补空缺的原则，把双拥工作实践中的成功经验提炼规范，通过一定程序上升为地方性政策法规，逐步建立和完善与市场经济相接轨，与法律规范相协调，与国家行为相一致，与优良传统相承接的双拥政策法规体系。近年来，新乡市紧密结合实际，注重抓了地方性配套法规制度建设，规范社会组织和个人双拥活动的权利和义务。比如，在复转军人安置、随军家属就业、子女入学等方面，新乡市先后出台了《关于进一步解决双拥工作中有关问题的意见》和《新乡市军队干部随军家属生活补助发放办法》等10多个规范性文件，确保了转业干部、退伍军人安置，军人子女入托入学，随军家属就业，解决涉军纠纷四个100%，较好地促进了部队战斗力的提高和军政军民团结。

三是严格检查评比，提高依法开展双拥工作的积极性。要建立科学有效的考核激励机制，对各单位开展国防教育、军民共建活动、落实优抚政策、国防政策法规建设和军政军民关系等情况，要结合阶段性双拥工作检查、年度双拥工作考核和争创双拥模范城（县）活动验收等时机，组织职能部门专项检查组、人大和政协考察组等，进行严格检查考评，并把考核结果与领导干部的升迁、部门责任、评先创优挂钩。对那些不作为、无作为，甚至违法行为，该批评的就批评，该追究责任的要坚持追究，确保双拥政策法规的严肃性；对评上双拥模范城（县）、先进单位和个人的，给予适当的奖励，充分调动大家依法履行双拥义务的积极性。比如，新乡市明确规定：实行双拥工作“一票否决制”，凡双拥政策法规不落实的单位不得评为精神文明建设先进单位，共淘汰了12个开展双拥工作不力的单位和个人，较大地激发了各级各部门和全市军民的热情。

三、坚持政府行为与社会行为相结合，促进双拥工作全面发展

在市场经济条件下，随着地方政府职能的转变，单纯依靠行政控制或直接干预解决问题的难度增大。在解决双拥工作中遇到的矛盾和问题上，既要坚持党和政府对双拥工作的领导，确保双拥工作的正确方向，又要动员和组织社会力量积极投身双拥实践，使双拥工作充满生机与活力。

一是要强化政府职能。双拥工作具有很强的政治性、政策性、社会性，各级党委政府一定要积极适应新形势、新任务的要求，注重加强组织领导，加大协调力度，在加强双拥办机构建设上下工夫；要组织开展以爱国主义为主要内容的国防教育和双拥宣传教育，在切实增强全民的国防观念上见成效；要适时组织双拥重大活动，在推动群众性双拥工作深入开展上用力气。近几年，新乡市党委政府和驻军联合组织开展了“蓝天绿地工程”、“城市管理年活动”、“扶贫帮困活动”、“爱心献功臣行动”等活动，通过这些大项活动，使双拥工作一个时期突出一个重点，一项活动显示一种特色，此起彼伏，波浪式向前发展。

二是要建立群众性双拥组织。双拥工作是一项系统复杂的社会工程，也是一项群众性、经常性的工作，单靠政府行为还远远不够，没有广大人民群众的积极参与，就会失去生机与活力。要注重拓展双拥工作的领域，把工作重点放在基层，克服上层活动多、基层活动少，领导指导多、群众参与少的现象。要充分调动社会各界的积极因素，推动双拥工作进企业、进乡村、进机关、进学校、进社区、进连队。要鼓励更多的新社会组织和新经济组织建立双拥协会，使双拥工作覆盖全社会。新乡市坚持把基层双拥组织当作双拥工作的细胞和根基，建立了300多个军民共建“对子”和3500个群众性拥军组织，形成了上下结合、行业结合、条块结合，军警民相互联系、相互配合的组织网络，较好地激发了群众参与的热情，促进了双拥工作在基层的落实。

三是要营造良好氛围。随着构建社会主义和谐社会相关工作的深入开展和做好军事斗争准备步伐的不断加快，双拥工作的内容、形式和广大军民的思想也悄然发生着变化。这就需要不断进行宣传教育，努力营造双拥工作的良好社会环境。要深入开展全民国防教育，利用当地新闻媒体分别设立“国防之声”、“绿色长城”等双拥栏目，广泛宣传国防知识和国防法规。要注重运用典型引导，积极培养树立不同类型的双拥典型。近几年，新乡市在出入市口建起双拥宣传标志塔，各企事业单位在主要路口、街道、商场、车站、旅游景点等公共场合设立了“军人优先”、“军人免费”等双拥宣传标语牌，并树立了矢志不渝拥军的预备役中校军官买世蕊、20年拥军不断线的红旗区“老妈妈服务队”等先进典型，全市上下形成了这样一个共识：不支持国防建设的领导班子不是合格的班子，不重视国防建设的领导干部不是称职的领导干部，不关心国防建设的公民不是高素质的公民。

国防教育应走向规范化

河南省双拥办

深入开展国防教育，增强全民的国防意识，是双拥工作的重要内容。在新的历史条件下，随着《国防教育法》颁布实施，国防教育的地位和作用，越来越引起各级的高度重视。在具体实施的过程中，由于与之相配套的教材、内容，阵地、场所、形式、方法跟不上形势的变化，国防教育始终走不出“念材料、上大课”，“学条令、走队列”的老套路，离不开“战备宣传教育”的老圈子，既影响了参与者的积极性，又降低了国防教育的效果。为此，国防教育在内容、方法、机制、时机上应走向规范化，进一步增强全民参与国防教育的责任感和自觉性，提高国防教育的质量，保证国防教育的全民化。

一、着眼做好军事斗争准备，科学设置教育课题，使国防教育的内容走向规范化

国防教育的内容是根据国防建设和军事斗争准备的任务决定的，不同历史时期有着不同的内容。从当前国防教育基本情况看，以爱国主义为核心的教育主题不突出，课题太宽、内容太散，层次太低，缺乏理论性、启发性和引导性，影响教育的质量和效果。在新时期，应紧紧围绕增强全民的国防观念，围绕支持部队做好军事斗争准备工作，着眼不同层次、不同对象的思想状况，从三个方面设置教育课题，充实教育内容。

一是以国防基础知识为课题，规范理论学习方面的内容。紧紧围绕打赢高技术条件下局部战争，建设强大的军队、强大的国防等军事理论和国防法制、现代军事战略思想，系统学习马克思主义战争观、毛泽东军事思想、邓小平新时期军队建设思想和江泽民国防和军队建设的一系列重要论述，形成积极贯彻中央军委新时期军事战略方针，推进中国特色军事变革的强大动力。

二是以爱国主义思想建设为课题，规范政治教育方面的内容。围绕公民道德建设、法纪法制建设和民族团结等思想文化建设，积极开展以爱国主义为核心的集体主义、社会主义、革命英雄主义教育和革命人生观、革命气节教育，引导人们把党的事业、国家和民族的利益放在首位，形成国家利益高于一切的民族向心力、凝聚力，并有针对性地军事上转化为旺盛的战斗力，经济上转化为强大的生产力，促进国防建设和经济建设协调发展。

三是以军队现代化建设为课题，规范军事知识方面的内容。围绕做好军事斗争准备中科技练兵、技术拥军、科技支前、技术保障等以提高部队战斗力为核心的重大课题，组织军事高科技相关理论学习和业务技能培训，进行以保护自己、战胜敌人为课目的军事体能、智能和优良作风训练和教育，增强保卫祖国安全的意志、技能和体魄，做好国防后备力量储备。

二、围绕当地教育资源环境，切实抓好形式配合，使国防教育的方法走向规范化

国防教育不仅仅是政治思想和军事知识教育，而且应充分发挥当地资源优势，采取“三个结合”的教育形式，贯穿于经济、科技、文化教育之中，不断丰富教育方法。

一是学校国防教育切实抓好课堂教学与课外活动、军事训练的结合。在抓好课堂理论教育的基础上，首先要充分利用当地烈士纪念馆、科技馆、文化馆、青少年宫等便利场所，进行课外教育，用革命烈士的英雄事迹、当地历史文化风情和优良传统，激发学员的爱国之心、报国之志。其次，积极发挥当地驻军和城市民兵训练基地的优势，组织开展军训活动，提高国防技能。

二是社会国防教育切实抓好国防知识讲座与理论研究渗透的结合。充分利用党校国防教育的教学力量、“民兵之家”的国防后备力量，进行形势战备教育和国防知识理论学习，广泛研究探讨高技术条件下局部战争中拥军支前的新路子，市场经济条件下双拥工作的新模式，不断增强全民国防意识，进一步打牢国防基础知识。

三是职能部门抓好履行职责与普及国防知识的结合。加强国防教育，普及国防知识是全社会的共同责任。各地区、各部门应充分发挥自己的职能作用，扎扎实实地开展国防教育，文化、新闻、出版、广电等单位根据特定时机、形势、任务，采取举办国防知识竞赛、文艺演出等形式，宣传国防知识；电台、电视台、报刊采取开设国防教育节目或专栏，普及国防知识，在全社会营造国防是全民的国防，军队是人民的军队的思想意识，形成人人关心国防建设，支持军队发展的浓厚氛围。

三、针对领导机构责任义务，积极完善教育制度，使国防教育的机制走向规范化

国防教育是一项全民参与、长期坚持、讲求实效的社会化系统工程，需要一切国家机关和武装力量、各政党和各社会团体、各企事业组织以及基层群众性自治组织，积极参与，密切配合。在实际工作中，由于各级国防教育工作机构大多数是虚设、领导是虚职，引起机构松散、权力弱化，从而增加了组织协调的难度，影响了工作开展。为此，各地应根据本地区的实际情况完善教育制度，规范教育机制，促进教育落实。

一是建立和完善党委议教制度。军地双方要把开展国防教育纳入党委议事日程，及时利用联席会、议军会、武委会等时机，分析国防教育形势，制定国防教育计划，并积极协调教学力量，落实教育内容。

二是建立和完善国防教育责任制度。县级以上负责国防教育工作的机构，依据全民国防教育大纲，结合本地区的特点，做好教材的编写和本行政区域内国防教育的指导工作；负责各类人才培训的教育机构，应当将国防教育纳入培训计划，设置适当的国防教育课程；各企事业组织、社会团体，负责组织所属干部、职工进行国防教育。

三是建立领导授课和形势报告制度。领导积极参与是做好工作的关键。围绕国际国内动态和如何支持部队做好军事斗争准备，军地领导应带头宣讲国防理论、现代战略思想和军事知识，强化国防建设使命意识；及时结合国际国内形势、世界政治格局和当地的社情民情，定期邀请专家学者介绍世界军事发展趋势，认清国防建设现状，增强全民支持国防和军队建设的紧迫感和自觉性。

四是建立评教评学制度。各级国防教育工作机构应重视做好国防教育教员的选拔、培训和管理工作，加强国防教育师资队伍建设，特别是对热爱国防教育事业、并做出突出贡献的个人，政府应采取多种形式给予表彰和奖励。同时，坚持把国防教育纳入党委政府的工作评定，纳入领导干部的政绩考核范围，促进国防教育时间、人员、内容、效果“四落实”。

四、结合形势任务发展变化，认真做好教育准备，使国防教育时机走向规范化

国防教育是通过意识形态的教育，引导人们克服长期和平环境带来的麻痹思想，增强危机感和忧患意识，正确处理经济建设与国防建设的关系，打牢“国富民强不等于国防强大”思想。但是，由于国防教育涉及社会各行各业，牵涉人员面广、成分复杂，所以应根据形势、任务和各阶层工作状况的实际，重点抓住四个时机，做好教育准备。

一是抓住国内外政治性活动的时机进行国防教育。利用国家领导人出国访问、参加国际性重要会议或国家加入国际性重要组织和出台新政策、新规定的有利时机开展国防教育，使广大人民群众深深懂得，党和国家在国际上的重要地位，取得的重要成绩，做出的重大决策等，都与国防和军队的强大是密不可分的，从而进一步增强广大人民群众爱党、爱国、爱军队的真挚感情。

二是抓住重大军事行动和保障任务的时机进行国防教育。当国家举行重大军事演习、重要军事试验和管区部队打靶、城市民兵点验、民兵军事训练、兵役征集等时机开展国防教育，增强人们支持国防建设、参加国防建设的使命感，努力营造“国防建设、人人有责”的浓厚氛围，筑牢适龄青年依法服兵役的责任感，为人民群众更好地履行国防义务奠定牢固的思想基础。

三是抓住企业民兵整组、内部机构改革和重大生产任务的时机进行国防教育。引导广大民兵在企业的调整改革中，正确处理好个人与集体、眼前与长远、整体与局部的关系，正确对待利益得失，特别是在急、难、险、重任务面前，保持昂扬向上的革命斗志，帮助企业打好攻坚战。

四是抓住重大节日、纪念日的时机进行国防教育。抓住每年“八一”、“十一”、春节、防空警报试鸣日、国防教育日等机会，举行系列活动，分别向城市居民、农民和青年学生有侧重点地宣传《国防法》、《国防教育法》等法律法规，介绍国防知识，宣传国防建设取得的新成就，使国防教育延伸到社会各行各业和人民群众生活行为当中，切实增强国防教育的效果。

树立拥军支前新理念 积极支持部队做好军事斗争准备

河南省双拥办

在新的历史时期，高技术条件下的战争作战样式，市场经济条件下的人民战争理念，都发生了很大变化。但是，支持军队做好军事斗争准备，完成祖国统一大业，是中华民族的根本利益所在，仍然需要遵循毛泽东同志人民战争的思想，广泛动员组织人民群众发扬拥军支前的优良传统，树立拥军支前的新理念，尽心尽力为部队做好军事斗争准备提供坚强有力的服务保障。

一、树立拥军就是拥护党的领导，支前就是维护国家利益的新理念，形成支持军事斗争准备的浓厚氛围

由于长期的和平环境，一些干部群众的国防观念有所淡化，片面认为军事斗争准备是部队的事，与自己关系不大，也有的感到部队军事训练、演习需要征地、占道，影响投资环境，阻碍当地的经济发展。在这种情况下，要动员广大人民群众和社会各界力量支持军事斗争准备，必须广泛开展宣传教育，引导他们认清党和军队的关系，树立拥军就是拥护党的领导，支前就是维护国家利益的新理念，使全社会增强民族忧患意识，正确处理国防建设与经济建设的关系，增强支持军事斗争准备的责任感，为支持军事斗争准备提供强大的精神动力、牢固的思想基础和坚强的智力支持，创造良好的社会氛围。

一是搞好维护国家统一的形势教育。采取多种方法，利用多种形式，全面、系统、深入地对群众进行国际国内形势教育，党和军队的性质、宗旨教育。重要时期，要动员和组织各级各类新闻媒体，拿出重要版面、重要时段、重要网页、重要栏目，通过评论、言论、专题采访、网上论坛等多种形式，社区、村庄通过墙报、黑板报、宣传栏、悬挂横幅、张贴标语等传统手段，进行深入的形势政策教育，使“国家兴亡，匹夫有责”的思想观念深入人心，形成支持国防和军队建设的浓厚氛围。

二是抓好爱国主义革命传统教育。着眼军事斗争准备的需求，以双拥共建为载体，采取报告会、演讲会、图片展览等群众喜闻乐见的形式，大力宣传古今中外军民团结奋战、共御外敌的优良传统，各级党委政府和广大人民群众关心爱护部队的先进事迹，新形势下支持军事斗争准备涌现出的先进典型，使拥军支前的光荣传统深入人心，努力营造“爱国拥军光荣、支持军事斗争准备有功”的浓厚氛围。

三是抓好人民战争观教育。各级利用召开国防动员委员会、武委会、议军会等机会，组织学习毛泽东、邓小平、江泽民、胡锦涛同志关于加强军政军民团结和依靠人民建设军队、建设国防的论述；结合部队演习、训练，学习人民战争的指导思想，深刻阐述现代战争离不开人民群众支持的深刻道理，打牢“军队打胜仗，人民是靠山”的思想基础。

二、树立优先保障国防需求，大力支持未来战场建设的新理念，促进军事斗争准备适应现代战争要求

现代战争是与强敌对垒，诸兵种联合作战的立体化战争，战场不分前方和后方、前沿和纵深，突发性强、杀伤力高，部队要担负起保卫祖国、抵抗侵略、捍卫主权的神圣使命，必须具有较高的快速反应和机动作战能力，这就对未来战场建设提出了新的更高的要求。努力为部队快速机动提供有利条件是支持军事斗争准备的重要途径。

一是要完善交通设施建设。战时，铁路、公路和高速路等重要的交通要道、桥梁容易遭到破坏而造成交通中断，在部队仓库、机场、码头等战略要地，必须修建一定数量的迂回通道，以保证武器装备、弹药、油料、兵员等战备物资和人员机动运输的需要，对军事斗争准备急需的公路、码头、桥梁、隧道等重点建设项目，要优先建设。

二是要推进军事基础设施建设。按照“平战结合、军民兼容”的要求，在城市新区建设、老城改造中，在通信光缆线路建设、修建机场、修筑道路等重大工程项目中，要充分考虑和兼顾军事需求，如有些宽带信息网、移动通信网、光纤网等信息基础设施建设要预留军用接口，县级以上政府的电子政务系统预留军队席位，信息技术开发和信息设备制造要增强军民兼容性等等，做到地方基础设施建设与部队军事基础设施建设同步推进，协调发展。

三是要注重保护重要军事设施。认真落实《军事设施保护法》，对军事设施及其安全控制范围内的违章建筑、厂房，要及时进行清理，确保人防工事、预定战场、航道指示、行军标示等重要军事设施，在战时能迅速启用，为提高部队应急指挥、快速作战奠定基础。

三、树立科技拥军、技术支前的新理念，促进部队战斗力提升

随着以信息技术为核心的高新技术在军事领域的广泛应用，军事装备不断更新换代，科技含量不断提高，部队专家型、科技型等新型军事人才的需求不断增长，在大力办好军事院校的同时，要充分利用地方教育和科技力量，树立科技拥军、技术支前的新理念，促进部队战斗力提升。

一是开展科技理论拥军。在新的历史条件下，开展舆论战、心理战、法律战是发挥人民战争的作用、做好军事斗争准备、打赢未来高技术条件下局部战争的重要保证。针对“三战”要求，从传媒机构、信息产业研究机构、法律研究机构和院校相关专业的教研机构中，遴选一批专家、学者、研究员，组成一支专家队伍进行课题研究，为国防动员提供咨询和建议，给广大人民群众和部队官兵开展心理和法律服务，增强打赢未来高技术条件下局部战争的信心。

二是开展科学知识拥军。充分利用地方教学、科研、企事业单位的优势，定期选派专家、学者到部队举办培训班、科普讲座，向官兵传授新知识；积极吸纳军队技术骨干到专业对口的地方高等院校，学习新装备训练中必需的科学知识，为部队培养高素质的专业人才。

三是开展装备技术支前。高等院校、高新企业和科研院所坚持“以我为主、优势互补”的原则，挑选政治思想坚定、业务技术精湛的技术人员，组成技术队伍，研究部队新装备的技术性能和训练方法，配合部队搞好新装备的技术保障，实现由普通人力型支前向技术专家型支前转变，由普通物资保障向高科技支援转变，为军事斗争准备提供强有力的技术支撑。

四是开展科技资源拥军、网络技术支前。着眼现代战争的需求，发挥信息资源的技术、材料优势，协同部队搞好信息网络、通信网络和数据库建设，在确保不泄密的情况下，建设专用信道网与部队的自动化指挥网相对接，形成具有较高科技含量的信息化指挥平台，推动部队的数字化和信息化建设，提高部队的打赢能力。

四、树立拥护重大军事行动，支持部队训练演习的新理念，提高战役机动保障能力

现代战争中，高科技武器装备将在一定程度上影响战争的进程和胜负。重大军事训练、演习中动用武器装备种类多、数量大，不仅占用陆上交通要道，而且还要占用空中航线和海上航道，保障任务十分繁重，仅靠部队难以实现，必须树立军民统一指挥，各系统密切配合，综合支前的新理念，拥护重大军事行动，支持部队训练演习。

一是建立拥军支前指挥协调机制。针对未来战争作战参战部队多，而且隶属关系不一，多为异地作战的情况，地方政府和有关部门要会同驻军，研究战时部队对地方政府保障的要求，进行国防支援潜力调查，建立统一协调机制，重点做到“六个清楚”，即地方对部队的保障需求清楚、部队对地方的支前保障能力清楚、军地联系单位和人员清楚、军地双方联络渠道和联系方式清楚，保证战时支前军地协调工作高效、有序、落实到位。

二是建立完善拥军支前工作预案。要结合军事斗争准备的需要和各地的实际情况，制定拥军支前工作预案，结合执行重大任务、应付突发性事件和部队重大军事演习，进行必要的演练，并及时修订完善，增强其操作性，更加适应战役机动保障的需要。

三是建立拥军支前服务保障体系。根据军事斗争准备的需求，结合保障部队重大军事行动，建立以生活、科技、医疗卫生、宣传动员、交通运输、安全保卫等综合性支前服务保障体系，确保关键时刻能够拉得出、用得上、保障得好。

五、树立保守军事秘密，支持隐蔽战线斗争的新理念，保证军事斗争准备的最佳效果

军队是执行特殊任务的武装集团，其性质任务、人员编制、装备编成、营区分布和重要军事设施，备受国内外敌特分子的关注，公安、安全部门和广大人民群众要牢固树立“保密就是保胜利的思想”，保护军队的秘密，支持隐蔽战线斗争，作好防奸保密工作。

一是搞好重要目标的防护。军队保卫部门、公安干警、社区治保组织或村委会要建立军警民治安联防小组，加强对重要军事设施、军事要地和交通要道等重要防护目标的巡逻、管理和监控；遇有部队重大军事行动，协助搞好交通管制，确保道路安全畅通。

二是做好重点人员的审查。公安、安全等部门要配合军队保卫部门对参加国防工程施工的技术人员，参加部队技术保障的地方相关人员和重大军事行动中安全警卫人员，进行认真审查，对有泄密嫌疑或政治上不可靠人员，及时教育，迅速调换。

三是抓好重要区域的监测。随着部队办公自动化设备和通信工具的投入使用，增加了失泄密的危险性，安全部门要按照有关规定，主动对部队营区周围的空中信号和地方通信设备进行监测，尤其要加强对“三资”企业通信设备的技术监控，确保信息通信安全，保证部队军事斗争准备达到军事和政治的最佳效果。

四是搞好重点部队和重要军事设施周边环境整治工作。随着市场经济的发展，一些重点部队和重要军事设施形成军地混杂、军民混居的现象，一些重要营区附近的土地开发和房屋建设过滥，不适应部队保密要求。地方政府要依法对重点部队、重要军事设施周边环境进行综合治理，防止军事重地、军事要地等“禁区难禁”现象的发生，更好地保护各种军事设施和军事秘密的安全。

坚持以科学发展观为指导　努力做好新形势下的双拥工作

河南省驻马店市双拥办

双拥工作是一项政治性、群众性很强的工作，同时也是一项复杂的社会系统工程。在社会主义市场经济体制下，传统的双拥工作面临新的挑战，尽快适应科学发展观的要求，加快推进双拥工作的社会化、制度化、规范化进程，是新的形势和任务对双拥工作提出的客观要求。

一、牢固树立和落实科学发展观，用与时俱进和改革创新的精神推动双拥工作健康发展

双拥工作涉及到政治、经济、文化等各个领域和社会生活的各个方面，是一项跨行业、跨领域、涉及社会各个层面的工作，必须坚持以科学发展观为指导，动员全社会广泛参与双拥活动，建立起新型的军政军民关系，以推动双拥工作向纵深发展。

（一）坚持把双拥工作组织体系从政府主导向社会化服务网络延伸，着重解决单方面依靠政府行政行为、缺乏广大群众主动参与的问题。双拥工作不仅有赖于军地各级领导的高度重视和支持，更需要广大人民群众的积极参与。各级党委、政府应坚持从贯彻落实“三个代表”重要思想和科学发展观的高度，从国家长治久安的全局来思考和认识新形势下的双拥工作，努力在健全领导体制、完善工作机制上下工夫。近年来，我市各级各有关部门都建立健全了双拥工作组织体系，做到市、县区有双拥工作领导小组，街道、乡镇有双拥工作小组，居委会、村委会有双拥服务小组，形成了“上下一条线、左右联成片、层层有人抓、事事有人办”的社会化双拥服务网络。各级领导小组认真履行职责，认真研究解决双拥工作中遇到的实际困难和问题，保证了双拥工作的正常开展。

（二）坚持把双拥工作的宣传教育从党政机关、街道乡镇、国有大中型企业和学校向社区、民营企业和民间组织延伸，重点解决新兴组织机构的双拥宣传教育问题。实现双拥工作的社会化，营造浓厚的双拥社会氛围，宣传是基础，教育是根本，活动是途径。随着改革开放的深入和社会主义市场经济体制的建立和完善，政府职能和社会结构也在不断调整，双拥工作也要转变观念，把过去主要依靠政府和国有企业单位，向动员社会各界力量，尤其是非公有制经济组织转变，同时逐步树立社区双拥工作的新观念。为此，在双拥宣传教育中，我们充分利用街道、乡镇、社区、私营企业、基层连队的宣传阵地，开辟专题专栏，做到报纸常有文、广播常有声、电视常有影、基层常有形，在全社会营造浓厚的双拥氛围，激发广大私营企业、个体工商户、群众和部队官兵的双拥热情，从而不断扩大宣传教育的覆盖面，使双拥工作从个体和少数示范点扩展到群众和整个社会领域，收到了较好的宣传教育效果。

（三）坚持把军民共建从精神共建向军地互办实事、互解难题延伸，着重解决好部队后勤保障社会化、转业军人安置、随军家属就业、军人子女入学等方面的问题。在新形势下，要使双拥工作持续深入地开展下去，始终保持旺盛的生机和活力，就必须不断探索和创造富有时代特色、能够吸引军民广泛参与的形式和载体。双拥工作的出发点和落脚点是发展社会生产力，提高部队战斗力和增强民族凝聚力。近年来，我们始终围绕这个总目标，紧密结合市委、市政府的中心工作，充分发挥军地双方优势，相互支持，注重办实事、解难题。坚持“双节”和“八一”期间走访慰问驻军和优抚对象，积极为驻军驻训部队的训练和生活提供支援和服务。我们高标准、高质量地整修了确山至石滚河的双拥大道；开通了驻马店火车站至确山训练基地的公交专线；协调解决了部队随军家属安置和驻军部队子女入学问题。参训部队到确山训练基地演习期间，全市各级党委、政府多次对参演部队进行大规模的慰问，受到了济南军区和参演部队的高度赞扬。认真落实优抚安置政策，广泛开展拥军优属活动，优抚对象抚恤定补款按季度足额发放。同时，及时总结和推广广大军民实践中创造的新鲜经验，不断创造新的共建内容和形式，逐步适应市场经济和开放型社会的要求，使群众性的双拥共建活动更加丰富多彩，更加富有吸引力和感召力。

二、坚持按章办事，用法制化、制度化来规范和促进双拥工作的可持续发展

双拥工作既是一项政治任务，同时也是一项政策性很强的行政管理工作，是国家实现依法治国方略中不可缺少的一部分，必须用法律、法规的形式予以明确和规范，才能保证双拥工作的健康发展。近年来，我们紧紧围绕双拥工作的可持续发展，注重加强法规建设，完善工作制度，为双拥工作的健康发展提供强有力的保证。

（一）加强双拥政策法规体系建设。随着社会主义市场经济的发展和市场经济体制的建立和完善，双拥工作在政策法规建设方面确实存在一些不适应的地方，主要表现在：双拥政策法规不够健全，协调军政军民关系的政策法规还有空白点；部分双拥政策法规可操作性不强，缺乏硬性规定，起不到有效的规范约束作用；有些政策法规滞后于形势的发展，不能与社会生活中的其他政策协调配套等等。因此，加紧建立和完善双拥政策法规体系，已成为推动双拥工作社会化和促进双拥工作落到实处的重要保证。近年来，我们结合形势发展的需要先后制定下发了《驻马店市人民政府拥军优属若干规定》、《关于解决随军家属就业问题若干意见的通知》、《关于认真落实各项优抚政策的通知》和《关于认真开展创建双拥模范城（县）活动的意见》等十几项综合性政策法规，各县、区也相继出台一些具体的实施办法和细则。通过制定完善双拥工作的系列政策措施，使双拥工作有章可循，有规可依，用法律、政策、制度的形式进一步规范军地交往、双拥活动，努力把双拥工作纳入到规范化、制度化轨道上来。

（二）强化各项政策法规的落实。法贵于行。各项双拥政策法规的制定出台，才只是完成了一半，还有更重要的一半，那就是狠抓双拥政策法规的贯彻落实，做到不重此轻彼、使法流于形式。近年来，我们突出重点，狠抓关键和薄弱环节，在促进各项政策落实上下工夫。围绕落实政策、保障权益，认真解决好军人、军属涉法问题及随军家属就业和子女入学问题；认真落实各项优抚安置政策，依法维护优抚对象的合法权益；着力解决好烈属、在乡老复员军人、伤残军人、带病回乡退伍军人等重点优抚对象治病难问题；完成转业干部、复退军人的安置工作任务。同时，发挥双拥政策法规的保障功能，依法维护军地的合法权益；发挥双拥政策法规的服务功能，促进军地共同发展；合理利用现有的双拥政策法规，调节社会各种双拥资源，有效地促进军地“两力”的提高。

（三）做好双拥政策法规的完善配套工作。一方面，积极梳理现有政策、规定和制度，立足当前，着眼长远，使双拥政策法规实现由单项向综合、粗线条向具体化的转变，确保双拥政策法规的科学性、完整性和可操作性。另一方面，抓好各项双拥政策法规的系统配套。从稳定部队、稳定社会的全局着眼，既帮助部队解决一些热点、难点问题，又建立相关约束机制，采取必要的行政手段和经济手段，予以调控督促，真正把双拥政策法规的落实提高到依法治国、依法治军的高度来认识。针对转业军人安置难的问题，我们制定出台了《驻马店市城镇退役士兵安置办法改革意见》和《驻马店市城镇退役士兵自谋职业暂行办法》，并在随军家属就业和农村优抚优待工作等问题上也都制定出台了一些实施办法和意见。为切实加强国防教育工作，我们制定出台了《驻马店市全民国防教育五年规划和实施意见》，建立健全了市、县、乡三级国防教育体系和185个国防教育基地。全市各地各部门紧紧围绕军事斗争准备，广泛开展了“评选关心支持国防建设十佳人物”等一系列国防教育活动，使全社会树立起“居安思危、富而思安”的国防思想，爱国拥军成为广大人民群众的自觉行动。为强化双拥工作责任、形成全社会齐抓共管的工作局面，我们制定出台了《关于印发市双拥工作领导小组成员单位工作职责的通知》，使双拥工作在社会的各个部门、各个行业和社会方方面面都得到较好地落实，推动了双拥工作深入健康开展。

三、坚持以人为本，用科技服务推动双拥工作向纵深发展

依靠社会资源实施科技拥军、智力拥军，开展“送科技进军营”系列科技拥军活动，是坚持以人为本，让双拥成果惠及广大军民，扩大双拥工作社会影响，推动双拥工作向纵深发展的重要途径。

（一）坚持从一般性低层次科技服务向科技攻关解决重大问题延伸，重点解决军地科技资源、科技成果共享的问题。为支持军队的科技发展，充分利用驻地科研单位、大专院校的优势，组织专家、学者和技术人员成立“科技拥军服务站”、设立“科技拥军贡献奖”，帮助部队解决科研立项、攻关解难、技术保障及培养专业人才等问题。为有效配合部队“质量建军、科技强军”战略思想的实现，充分利用部门、行业的优势，建立科技拥军、法律拥军、行业拥军、文化拥军基地，发挥示范带头作用。法制部门为部队官兵举行法律讲座和法律咨询，提供法律援助；交通部门为部队官兵出行提供拥军专线；农业和其他部门为丰富部队“菜篮子”工程，帮助指导驻军部队科学养猪种菜，为驻军部队官兵举办科学种菜技术培训班；大专院校发挥学校文化拥军的基地作用，为部队官兵举办电脑培训班，为基层连队培训文体骨干，丰富了官兵的科技、文化生活，真正使“科技拥军”活动落到实处。

（二）加强科技助民工作，确保科技双拥工作齐头并进。适应科教兴国、科技强军的战略要求，驻军部队会同地方把开展科技拥军、科技助民活动作为拥政爱民工作的重要内容。组织开展了科技助民、科技扶贫等系列活动，帮助贫困地区发展生产、改善生活。同时，积极开展各种形式的军民共建活动，如近年来部队为学校举办“少年军校”、“军营夏令营”等活动，丰富学生的文化生活，使双拥工作实现了由人力支援向科技助民转变、由钱物支援向智力支持转变。

（三）强化“双赢”理念，努力实现好维护好和发展好广大军民的根本利益。近年来，我们大力开展“三项建设”（项目建设、平安建设和作风建设），紧紧抓住发展这个第一要务，牢固树立稳定是第一责任的意识，把双拥工作的触角延伸到“三项建设”的各个方面。各级党委、政府和各驻军部队围绕强力推进“三项建设”，实现驻马店平安崛起，奋发有为解难题，坚定不移抓落实，齐心协力促发展，取得了改革发展稳定的新成就。驻我市部队组织官兵踊跃承担抢险救灾、重点项目建设和维护社会稳定工作，积极支持地方经济建设和社会事业发展，保持了全市经济社会发展的好势头。

通过党政军各级各部门的携手并进、奋发进取，我市的双拥工作取得了显著成绩，今年我市再次被命名为全国双拥模范城（县）。

我市的双拥工作，尽管取得了一些成绩，但我们驻马店作为发展中的农业大市，改革发展稳定各个方面的任务都很重，双拥工作确实还存在着很多困难和问题。在今后的工作中，我们要按照立党为公、执政为民的要求，在“实”字上下工夫，在“新”字上做文章，努力维护好发展好实现好广大军民的根本利益，让驻军部队官兵同享驻马店经济社会发展的成果，为驻马店经济社会的全面协调可持续发展做出新的贡献。

服务军事斗争准备　广泛开展双拥工作

河南省洛阳市双拥办

目前，我国正处在经济社会发展的关键时期，做好和平建设时期的军事斗争准备工作就显得十分重要，如何做好当前军事斗争准备工作，支持部队现代化建设，就这一问题，谈几点意见。

一、建立和完善军事斗争准备工作的合理机制

军事斗争准备工作是一项十分严密、复杂的工作，不断建立和完善军事斗争准备工作的运行机制，是做好军事斗争准备工作的关键所在。首先是建立健全组织领导机制。军事斗争准备工作是一项长期的战略任务，只要霸权主义和强权政治存在一天，军事斗争工作就准备一天，不能有丝毫的懈怠和麻痹思想，为此，必须建立健全组织领导机制。就洛阳市来说，市委、市政府、洛阳军分区把军事斗争准备工作纳入了拥军优属、拥政爱民工作的重要组成部分，成立了以市长为组长、军地主要领导为成员的双拥工作领导小组，下设双拥办公室，配备了专职人员，与交通战备办公室、国防教育办公室、人民防空办公室形成了稳定、协调、规范的组织领导网络，保证了驻军军事斗争准备工作训练、演习任务的完成。其次，不断完善政策法规体系。军事斗争准备工作涉及方方面面，就必须有一套完整的法律、政策、规章体系来保障。洛阳驻军多、军事斗争准备工作任务重，每年保障驻军内训、外训和大型军事演习都在七八次以上。我们根据新时期军事斗争准备工作和双拥工作的实际，制定了《做好拥军优属工作进一步支持部队现代化建设的通知》等一系列政策规定，涵盖了从驻军日常生活到外训、演习等工作的服务保障内容。第三，为做好各项斗争的准备工作，必须全面加强国防教育。在战争年代，我们有全民皆兵的好传统，战争的实践证明，要取得战争的全面胜利，除了先进的武器装备以外，更重要的是人民群众的广泛参与和大力支持。就目前而言，市场经济的发展，农村联产承包责任制的实行，人民群众的思想观念发生了巨大变化，经济发展了，国家经济综合实力增强了，人民群众富裕了，这是国家兴盛发达的具体体现。然而，部分群众的国防意识和居安思危的观念淡化，个人欲望增强了，集体观念淡薄了，追求个人享受、安逸思想增强了，维护国家、集体利益思想弱化了，认为战争是国家的事，打仗是军队、军人的事等等。这些观点，对新时期加强军事斗争准备工作提出了严峻的考验，必须加强全民的国防教育，教育广大人民群众充分认识加强国防现代化建设，增强国防实力是经济发展、社会稳定、国家强盛、人民富裕的先决条件；充分认识没有了强大的国防，就没有幸福的家这一道理，从国际局部战争中吸取经验和教训。近年来，洛阳市国防教育领导小组顺应新形势的发展，制定了适合本市的国防教育实施办法，规定了从各级领导干部抓起，从中小学生抓起。采取党校培训、参观国防教育基地、设立国防教育课，上街宣传等形式，不断强化全民的国防观念。牢固树立拥军优属、拥政爱民人人有责的大国防观念。只有人民群众的国防观念提高了，忧患意识增强了，我们的国防才会在任何形势下都坚如磐石，无坚不摧，我们的军队才能招之即来，来之能战，战之能胜。

二、建立完善军事斗争准备工作保障体系

历史上，我国人民备尝外国侵略者的凌辱，其原因就是民不富，国不强，国防力量弱。在中国共产党领导下，人民军队从小到大，从弱到强，在正义战争中，用小米加步枪打败了日本帝国主义，打败了国民党反动派，靠的是什么？靠的是人民，靠的是中国共产党坚强领导，靠的是坚定的共产主义信念，靠的是人民群众的支持。这就是我们的教训和经验，我军克敌制胜的法宝。半个多世纪过去了，国际国内形势发生了翻天覆地的变化，尤其是在军事领域，先进武器装备和高科技的诞生与发展，尤其是现代信息技术在战争中的运用，使现代战争和现代战场瞬息万变，从参战人员的动员集结到战争结束，都是在较短的时间内完成。落后的武器装备和落后的思想观念，已远远不能适应现代化战争的需要，落后就要挨打，这已是全中国人民的共识，如何保障未来战争取得胜利，这是今天人们在军事斗争准备工作中必须认真加以思考的一个重要课题。

一是必须加强对驻军日常工作的保障。常言道“养兵千日，用兵一时”。平时，加强武装力量的高质量建设，对敌人起到震慑作用，遏制战争的爆发，促进经济的发展，增强国家实力。除保障战争装备现代化，地方各级政府必须解决好部队的吃、住、行问题，充分体现人民是靠山这一真理。和平时期，军地长期住在一地，吃、住、行保障工作相对比较稳定。市场经济的发展，为部队的吃、住、行提供了方便。军粮供应，洛阳各县（市）区都成立了军粮供应公司。每年三四月份，各军供粮店，都要到外地购买优质粮油，高价购进，平价供应部队，仅此一项全市就需垫支 3000 多万元。部队住房、办公、设备一流，地方从土地上满足部队营建要求，部队出行，宽阔的柏油公路直通军营，公交车设站到营区附近。这是在和平建设时期，如果一旦发生局部战争，吃、住、行这三个字就显得十分重要。2004 年，驻地某部进行野外实战演练，上千辆运输车和几千名官兵在几小时内从不同地点集结到演练目的地，涉及到地方交通、公安、土地、民政、粮食、电业、通讯等 20 多个部门，一环扣一环，环环相扣，哪个环节出差错，都会影响到演练的时间、效果。为保障好演练，军地双方“战前”会议只开了一个半小时，任务明确，军令如山，从交通、吃住、演练场地保障仅用半个月时间。部队出发当夜，三条公路主干道全线戒严；交通、公安、警卫部门足不出户，动用高科技指挥系统，全线指挥，使部队车辆、物资、装备、人员准时到达演练现场，做到了万无一失。对全市军事斗争准备工作进行了一次大检验。

二是训练、演习场地保障。地方政府除保障部队在未来战争中出得去、行得快、打得赢，更重要是为部队提供“战场”保障。驻洛某部在豫西的一次短期综合演练中，通讯、物资、土地、保密等都出现过一些问题。演练间隙，战士们到地方群众家中使用公用电话，结果发生了泄密；演练场周围群众自办的销售部哄抬价格；演练使用群众土地没有统一的补偿标准，演练结束后部队对群众的补偿问题上意见不一致，影响了军民关系；演练场周围群众捡弹壳，又为安全保卫工作增加了难度；另外，在军事设施保护中，少数群众把眼光盯在了部队，扒围墙，偷窃部队军用物资，盗割军用电话线；有的地方施工人员不与部队联络，私自施工，挖断军用地下电缆事故时有发生，造成军用通讯中断等等。要解决好这些问题，必须加强军地之间的沟通与协调，在保密的前提下，通讯部门、物资部门、土地部门、公安部门可派出专职人员深入演习场地附近服务部队；商业部门可分阶段，集中采购部队所需物资，开设临时销售部服务训练部队；群众土地补偿问题，地方政府可出台有关详细、明确、规范、可行性、操作性强的统一标准，政府要出面亲自解决，不能怕出事、怕麻烦，把补偿问题推给部队和群众解决。广泛宣传《军事设施保护法》，提高人民群众的法制观念。

三是水、电保障。平时，驻军的水电保障，洛阳市地方各级政府都是一类保障。但是，部队演习中的水电保障如何解决，是部队十分关注的问题。一般情况下，部队演习场地远离城市，选在人烟稀少、山高林密、比较荒凉的地域。演习部队都是临时饮用山泉、小溪，水质差、不卫生、不清洁，易患肠道疾病，影响战斗力；用电一般都是部队自带发电机，燃油、机械故障难以满足演习需要，而且耗资比较大，这就要求地方政府采取组织运水车为部队输送淡水；电业部门采取紧急架线措施，确保部队演习后勤保障跟得上。

三、认真做好军事斗争准备工作的稳军心工作

军队是肩负神圣使命的特殊团体，他们随时随地都有为祖国、为人民牺牲的危险，舍小家、顾大家，无私奉献，有着崇高的精神品质。支持国防现代化建设，积极帮助解决后顾之忧，是做好军事斗争准备工作的一项重要内容。随着社会主义市场经济改革的深入发展，政府机构精简、企业人员分流裁员，部队转业干部、退役士兵、随军家属安置已成为部队干部战士、家属十分关注的焦点。“铁打的营盘流水的兵”，部队干部转业、士兵退役是我军现代化建设的重要组成部分，做好这些工作，是地方各级政府义不容辞的职责和光荣任务。为解决好这一问题，洛阳市委、市政府采取了在党政机关、行政事业单位预留位置，使占全省六分之一的转业干部得到了妥善安置；对退役士兵采取了行政指令性和有偿转移、自谋职业的办法，每年安置3000多名退役士兵；对随军家属安置各县（市）区都设立了安置阵地，得到了妥善安置。但是，在安置工作中，比较困难的是随军家属。由于部队干部随军家属对地方政府安置期望值过高，自身年龄、知识结构等条件限制，安置工作越来越困难。如何解决这一问题，需要进一步深入调查研究。目前就洛阳市来说，主要采取自谋职业、政府生活补助的办法，一方面行政指令性计划安置已不适应市场经济的发展，另一方面随着农村城市化进程和非公有制企业改制，又为随军家属的就业提供了优越条件，困难和机遇同在，只有随军家属的思想转变到市场经济上来，自立、自强，这一问题才会得到较好地解决。

四、认真做好军事斗争准备工作中的优抚工作

认真落实抚恤优待政策，是军事斗争准备工作的长期任务，能否把党和国家的优抚政策落到实处，也是对一个地区、一级政府军事斗争准备工作的检验。人们都知道，国家的抚恤优待政策，是战争的重要组成部分，享受国家和政府抚恤政策的，是曾经在战争中负过伤、立过功的复员退伍军人，失去亲人的烈属和正在服役的军人。对他们的抚恤优待，一方面是党和国家对他们曾经为共和国解放做出过贡献的褒奖，另一方面是激发当代军人为国防的现代化建设建功立业。就目前来说，大部分优抚对象生活在农村，抚恤金的发放，国家财政抚恤款要在每年的十月份左右才能下拨，基层垫支比较困难，仅洛阳市15个县（市）区每年需垫支上千万元。在乡老复员军人月定补金大部分都是由地方财政负担，各县（市）区经济发展不平衡，所处的地域、自然条件不同，财政收入有差距，优抚对象分布不均，目前，全市一个标准，不是很合理。优抚对象的看病难已是一个十分突出的问题，尤其是生活在边远偏僻地区优抚对象，怕生病、看不起病的现象仍然存在，除二等乙级以上革命伤残军人国家规定看病实报实销外，对其余优抚对象看病没有政策规定，各级政府虽然采取了减免措施，但从根本上解决不了问题。在乡带病退伍军人国家也没有明确的补助标准，享受抚恤定补的“老烈属、老伤残军人、老复员军人”一方亡故，另一方就失去了生活来源。这些都需要在认真调查研究的基础上，出台符合市场经济发展的新形势、符合基层实际的政策法规，进一步完善当前军事斗争准备工作中的抚恤优待政策。

五、全面加强人防工程建设

人防工程建设是新时期加强军事斗争准备工作的重要内容，直接涉及到武装力量的隐蔽和人民群众的生命安全。目前，随着人们商品意识的增加，过去遗留的人防工程，被合理地改造成为地下商店、地下商场、仓库等，对和平时期充分利用人防工程为经济建设服务起到了积极的作用。合理开发使用城市人防工程，在和平时期既解决了管理上的问题，同时，又可以增加资金来开发新的人防工程。从现代战争的演变来看，新的武器装备、信息技术在战争中的应用，其准确率、摧毁率又为城市人防工程带来了新的挑战。这一挑战在两伊战争中得到了有力的证实。

现代战争一般都以城市为目标。城市人口密集，如何在战争中将大量的人员、技术设备、高科技产品有效地进行疏散和隐蔽，从目前的军事斗争准备工作的需要出发，应着重处理好三个关系。一是处理好城市建设与人防工程建设的关系。城市大规模的改造与建设，不能忽视人防工程，在城市现代化建设中，不但要合理开发和保护过去遗留下来的人防工程，而且要从战争的长期性、复杂性、突发性上把城市建设与人防工程建设有机地结合起来，处理好城市建设与人防工程建设的关系，做到防患于未然。二是处理好大局利益与局部利益的关系。要站在国家和民族安危的基点上，从国家的大局利益出发，认真履行职责，克服军事斗争准备工作与己无关，眼睛只盯着局部的、小团体的、个人的利益的错误思想，牢固树立居安思危、无军不安的思想。三是正确处理城市人口疏散中的城乡关系。现代战争的目标主要为城市，紧急疏散城市人口到乡村，减少人员伤亡，是战争之前必须做好的工作。这就需要我们认真处理好城乡关系，做到无论城市还是乡村，军事斗争准备工作全国一盘棋，只有这样，如果侵略者胆敢来侵犯祖国的一寸土地，必将侵略者消灭在现代化人民战争的汪洋大海之中。

军事斗争准备工作，有着实实在在的内容，直接关系到国民经济的发展和部队革命化、现代化、正规化建设，必须引起全民的高度重视，只有各级政府像抓经济建设一样，狠抓军事斗争的准备工作，只有人民群众像爱护眼睛一样，爱护军政军民团结，军民携手，同心同德，按照“三个代表”重要思想的总要求，与时俱进，我国的经济实力和国防实力才会得到提高，我们的国家才会永远矗立于世界强国之林。

浅谈如何建立和完善适应新形势发展要求的双拥工作新机制

河南省三门峡水利枢纽管理局

拥军优属、拥政爱民是我党我军和我国人民的优良传统和特有的政治优势，是毛泽东、邓小平、江泽民同志的一贯思想，是中国革命和建设从胜利走向胜利的重要法宝。双拥运动是我党于 1943 年 1 月首先在延安兴起的。温家宝总理在今年全国拥军优属拥政爱民工作会议上指出：“要以与时俱进的精神开展双拥工作，推动双拥工作不断发展创新。要不断探索在社会主义市场经济条件下开展双拥工作的形式和内容，形成经济建设与国防建设相互促进、协调发展的新机制”。

创新双拥工作机制，对加强军政军民团结，捍卫国家安全、主权和统一，维护社会稳定，加快改革开放和现代化建设，实现全面建设小康社会的奋斗目标，推进中国特色军事变革具有重大意义。

一、建立坚强有力的双拥工作领导机制

坚强有力的组织领导是抓好双拥工作的保证，是衡量军地双方双拥工作开展好坏的重要标准。和平与发展是当今时代的主题，但影响和平与发展的不确定因素在增加。特别是“9·11”事件后，国际形势更加错综复杂，霸权主义和强权政治又有新的表现。西方敌对势力始终没有放弃西化、分化和遏制我国的战略图谋。我国周边地区也存在一些不稳定因素（如日本军国主义抬头、朝鲜核问题等），民族分裂主义、宗教极端主义、国际恐怖主义对我境内的渗透从没停止。台独势力日益猖獗，“法轮功”组织还在进行非法活动。同时，随着市场经济的发展，双拥工作在社会经济领域也面临着一些崭新的课题。如新经济组织和社会阶层不断涌现，在这些组织中如何推进双拥工作；企业改制不断深化，由此而带来的伤残军人福利待遇如何保障；退役士兵和转业军官安置难问题如何解决，等等。不断变化的国际形势、受到台独势力威胁的台海局势和新旧体制转轨中双拥工做出现的新问题，要求我们必须站在战略的高度，从保卫国家安全、维护祖国统一、保持社会稳定、促进经济发展的大局出发，增强做好新时期双拥工作的责任感和使命感，牢固树立经济建设与国防建设同样重要的思想。把不重视双拥工作的领导就是不称职的领导，不重视双拥工作的班子就是不合格的班子，作为衡量领导干部施政能力的标准。

建立坚强有力的双拥工作领导机制，必须健全由军地主要领导牵头，有关职能部门参加的双拥工作领导小组，统一领导部署各地区的双拥工作。要把双拥工作纳入经济社会发展和部队全面建设的总体规划，建立健全党政议军、党政领导过军事日制度和部队军官牵头扶贫帮困、希望工程、生态工程、重点项目建设、抢险救灾、维护稳定等工作制度，全面提升双拥工作领导水平。

领导小组下设的双拥办事机构，是具体负责双拥的组织、协调和宣传、督促工作的机构。因此，建立强有力的双拥工作领导机制，必须强化双拥办事机构建设。一要把双拥办事机构纳入党政机构序列，独立设置，避免当前多数地方存在的双拥办与民政优抚等部门合署办公，没有专职双拥工作人员的情况。二要强化人员配置，选派政治强、业务精、作风正、纪律严、水平高的人到双拥办工作。三要保障工作经费。各级财政应为双拥办开设专户，将正常经费列入财政预算，临时性重大活动经费，由双拥办申请，政府领导审批，财政核拨。要严格双拥经费管理，确保专款专用。四要强化办公设施硬件建设，设立专门的双拥办公场所，配备现代化办公设备及工作用车。

二、建立高效顺畅的双拥工作协调运行机制

双拥工作是一项系统工程。在地方，涉及各级政府、各条战线、各个行业；在军队，涉及司、政、后、装各级机关和基层单位。各地、各部门既要各司其职、各负其责，又要形成合力，协同作战。只有建立高效顺畅的双拥工作协调运行机制，才能调动不同隶属关系单位和个人参与双拥工作的积极性。

建立高效顺畅的协调运行机制，要着眼综合协调作用的发挥，整合办事机构；着眼组织职能的加强，强化成员单位意识。要健全政府主导、部门协作、社会参与的拥军优属工作机制；健全党委（政治机关）主导、司政后装机关部门协作、广大官兵参与的拥政爱民工作机制。地方应经常向部队通报当地“三个文明”建设情况，主动关心支持部队建设。部队也应经常关心支持地方的“三个文明”建设，要认真落实《军政联席会议制度》、《军地互访制度》、《军地信息交流制度》、《双拥现场办公会议制度》，形成军地互动、齐抓共管的工作格局。军区（人武部）作为军事指挥机关，要积极组织协调驻军与政府和群众之间的关系，做好筹划建议工作，发挥参谋助手作用；做好沟通协调工作，发挥桥梁纽带作用；做好自身拥政爱民工作，发挥骨干带头作用。地方的人大、政法机关和行政执法机关，要依法做好双拥法律、法规、条例的监督检查和贯彻实施。

三、建立和完善依法拥军保障机制

依法拥军，是贯彻依法治国方略的重要内容，是双拥工作深入、持久、健康发展的客观要求。在新的历史时期，市场经济价值取向已经逐步渗透到军政军民关系的各个方面，与计划经济下传统的思想观念发生冲撞，使军政军民关系无论在形式、内容上，还是在社会环境上，都遇到了前所未有的挑战。在这种情况下，调节军民关系仅仅依赖于政府行为就显得很不够了。只有加大双拥法律法规和方针政策研究和建设的力度，实现双拥工作法制化和章程化，才能保证军民关系的调节和处理有章可循，有法可依。

应当承认，当前我国双拥工作法律法规政策建设与现实需求存在着不少的差距和问题。一是法制建设滞后，与社会发展脱节；二是法律、法规和规章缺乏约束力，作为不作为一个样。一些单位和个别领导受“人治”惯性的影响，不依法办事，使法律法规规章流于形式，没有约束力。

要解决这些问题，首先要切实加强双拥法制建设。根据实践需要，及时出台与建立市场经济体制相适应的双拥工作法律法规和政策规定；其次，在抓好市场经济条件下双拥法律法规建设的同时，狠抓地方规章配套建设。第三，要大力开展“无军地矛盾纠纷地区”活动。依法解决好影响军民鱼水关系的各种矛盾和问题，尤其要落实好军转安置、社会优待等事关军民切身利益的法律法规和方针政策，及时研究解决双拥工作中的新情况、新问题。对执行过程中出现的乱作为或不作为行为，应严肃查处，决不姑息。

四、建立行之有效的双拥工作激励约束机制

双拥工作中引入激励约束机制，对于激发广大军民想双拥、干双拥的内在潜力，具有不可替代的特殊作用。

一要建立严格的目标责任制，形成齐抓共管的工作合力。要强化各级职能部门的目标责任，使军地双方充分发挥各自优势，互办实事、互相促进、共同发展。要强化基层军民岗位双拥目标责任，通过调整军民共建点、签订《军民共建协议书》等，强化军地基层岗位双拥的责任感和使命感，使双拥工作真正落到人头，落实到岗位，产生更为广泛的社会效应。

二要建立严格的奖惩制度。对按时、保质、保量完成工作目标和执行双拥法律法规和方针政策好有功人员要大张旗鼓地给予表彰和奖励，在提拔使用、立功、选学、奖励上优先考虑。对因主观原因没有按时完成任务的单位或个人，应进行重点帮助，限期改正；情节严重的，要依法追究责任。奖惩制度的制定实施，要做到公平、公正、公开，实行“阳光工程”，杜绝暗箱操作。

三要发挥典型示范带头作用。结合时代特色和本地特点，选树一批各层次的双拥典型，如双拥模范城（县）区、先进双拥办公室、爱国拥军好妈妈、好军嫂、十佳拥军好书记等。同时，要重点做好典型的宣传工作，扩大先进典型的影响，使之起到评出一个双拥模范城（县）带动一个地区；评出一个模范单位带动一个市（县）的作用，从而把领导和群众的积极性调动起来，把地方和部队的积极性结合起来，为双拥工作注入新的生机和活力。

五、建立科学合理的双拥工作评估机制

双拥工作评估机制，就是按照规定的原则、程序和标准，运用科学、可行的方法对双拥工作任务的实施和政策效果进行定量、定性分析，总结双拥工作实施情况，研究双拥工作实施效果和目标出现差异的原因，提出相应的对策和措施，促进双拥工作任务全面有效落实的一种评判活动和制度。实施双拥工作评估机制的意义在于，它具有判断、预测、选择、导向、激励、约束等多种功能。借助于评估机制，可促进双拥资源的优化配置，推动双拥工作向绩效导向型转变。

建立科学合理的双拥工作评估机制是一个新课题，需要在实践中不断探索、充实和完善。在具体实施中应重点把握以下几点。

坚持正确的评估原则。即应遵循科学合理，公

平、公正、公开的原则，保证评价活动依据客观事实，做出客观的评价。

明确评估的标准。评估总的标准是“三个有利于”，即是否有利于发展生产力、是否有利于提高部队战斗力、是否有利于增强民族凝聚力。基本标准就是全国双拥工作领导小组颁布的《双拥模范城（县）命名管理办法》中第二章第十一条规定的6条标准。在具体实施中，可按照“三效”原则来衡量，即通过具体的双拥工作所产生的效果、效率和效益来进行评估。（1）双拥工作效果主要侧重于质量考核，其评估项目包括：合法标准（看其效果是否符合法律、法规、规章及党的方针政策），公众利益标准（看其效果是否维护了国家、部队和社会公众利益），质量标准（看其是否达到了预期的要求）。（2）双拥工作效率侧重于速度和数量的评估。其评估项目主要有：数量标准（一定时期内完成工作量的标准），时间标准（在规定的时限内是否完成任务），速度标准（完成任务是否执行了“最短时间标准”和“最快速度原则”），成本标准（在耗费相同数量的行政资源情况下能否完成相应或更多的任务）。（3）双拥工作效益侧重于对双拥工作所带来的实际利益进行评估。

建立规范的评估程序和办法。即明确规定评估各环节的先后顺序，确定评估工作的流程。评估双拥工作的主要程序一般可分为拟定方案、搜集资料、抽样调查、分析总结、张榜公示、评估结果的发布和公众参与反馈等。评估办法分四步进行：一是基层工作部门自查。依据评估考核标准确定的主要内容，先行自查，写出自查总结报告，连同自评结果，经党委主要负责同志签字后（有驻军的，部队领导也一同签字），上报上级双拥工作部门。二是随时抽查。根据县区乡镇数及驻军情况抽查部分乡镇和基层单位（连队）。将其作为评价重要参考。抽查方式以听汇报、查档案、召开军民座谈会、民意测验、代表评议等形式进行。三是部门评价。由驻军领导机关、双拥工作部门、国防教育办、文明办、组织、人事、劳动、民政、信访等部门，按照职能和责任分工，根据平时掌握情况，提供各地双拥工作情况，作为考核双拥工作参考。四是综合评价。双拥工作办公室根据自查报告、抽查情况、部门意见和平时掌握情况，按照客观公正、实事求是的原则进行综合分析，提出评价档次，报双拥工作领导小组审定。

及时发布和应用评估结果。这是整个评估过程中不可忽视的重要环节。因为评估的目的就是改进双拥工作，推动双拥任务落实。要使评估的结果及时反映到各级政府的决策之中，反映到组织部门之中，作为评价各县区、各单位党政领导班子年度工作实绩的依据之一。对评估结果要实行动态管理，不搞一劳永逸。

积极支持　正确引导　大力推进民营经济双拥共建深入开展

广东省军区政治部

党的十六大报告明确提出了深入开展“拥军优属、拥政爱民”活动，进一步“巩固军政军民团结”的战略任务。在改革开放和发展社会主义市场经济的新形势下，如何充分调动一切积极因素，进一步做好双拥共建工作，是摆在全国军民面前的一个新课题，也是国内形势发展必须回答的一个重要现实问题。最近，我们到广州、深圳、佛山、珠海、江门、惠州、中山等珠江三角洲的7个城市进行了一次调研。调查情况显示：到目前为止，珠三角地区的9个城市都是全国双拥模范城（县），双拥工做出现了连片发展、整体推进的良好势头。探其原因之一，就是该地区的民营经济组织在双拥共建中发挥了重要作用，为全省全国的双拥工作探索了一条新路子。

一、解放思想，更新观念，民营经济组织开展双拥共建大有作为

从调查情况看，民营经济组织参与双拥共建工作，对于全面贯彻“三个代表”重要思想，推动新时期的双拥工作创新发展，提高社会生产力和部队战斗力，具有重要的现实意义。

（一）引导民营经济组织开展双拥共建，是践行“三个代表”重要思想的必然要求。珠三角地区的党政军领导对如何学习贯彻“三个代表”重要思想，开创新时期双拥工作的新局面，都有一个比较明确而深刻的认识。比如，珠海市党政主要领导和市双拥办的同志一致认为：双拥工作的根本问题是政权问题。做好双拥工作，战争年代是为了夺取政权，和平时期就是为了巩固政权。民营经济的从业人员作为新的社会阶层，既是中国特色社会主义的建设者，也是新时期双拥工作的重要参与者。在当前新形势下，正像我们党要不断增强党的阶级基础和群众基础一样，双拥工作也要在改革开放和全面建设小康社会的伟大实践中，不断增强社会基础和群众基础。正是基于这个认识，珠海市委、市政府和双拥办对引导发动民营经济参与双拥共建问题，认真研究并实行了许多独创性的措施：在几年前就举办了民营企业负责人双拥工作培训班，努力增强民营企业员工的国防观念和双拥意识；率先在全省民营企业中建立了双拥基金和双拥工作联络员制度，运用多种形式广泛开展拥军优属活动，他们多次组织带领 85 家民营企业的主要负责人上海岛、下连队，积极开展“科技进军营”慰问活动，受到驻军官兵的热烈欢迎。近几年来，江门市双拥办依据“三个代表”重要思想的要求，在全市抓了 12 个不同类型的民营经济组织开展双拥共建的试点，其中有大型私营企业大长江摩托车集团公司，也有科技拥军的个体户“三同”电脑公司。江门市双拥办认真总结推广了这些试点做法，有效地促进了该市双拥工作的深入开展。

（二）引导民营经济组织参与双拥共建，是由我国民营经济所处的地位和作用决定的。随着改革开放的深入和股份制经济的发展，我国民营经济组织蓬勃发展，成为我国社会主义市场经济的重要组成部分，民营经济组织的从业人员也成为中国特色社会主义事业的建设者和生力军。近 20 年来，我国非公经济年增长速度超过 30%；民营经济工业总产值的比例由 1980 年的 0.5%上升到 1998 年的 38.8%（其中广东省 2000 年已达到 76.6%）。目前，私营企业已占全国企业总数的 80%，经济总量达 25%。到 2002 年底，广东省个体和私营经济企业达 201.2 万户，注册资金 3816.3 多亿元，年产值达 2800 多亿元，民营企业从业人员占全省从业人数的 56.8%；今年上半年新增民企 3.77 万户，注册资金 369.78 亿元，同比增长 38.1%和 26.96%。今年 1 至 10 月份，广东省民营经济缴纳地方税收达 114.8 亿元，占全省地税收入的 12.85%，民营经济税收增长速度远高于全省平均税收增长速度，同时广东民营经济注册资金和缴纳税收规模均居全国第一。可见，民营经济组织作为经济社会发展的重要力量和社会主义市场经济的重要组成部分，其地位和作用正日益凸现和不断提升。因此，新时期的双拥工作，不能局限于政府拥军的传统模式，必须着眼于国家和本地区改革发展稳定和部队建设大局，高度重视和发动引导民营经济组织这支重要力量，大力支持鼓励他们参与双拥共建的热情，充分发挥他们的积极作用，使双拥工作更好地为加强军政军民团结、促进军地共同发展、营造安全稳定的社会环境服务。

（三）引导民营经济组织参与双拥共建，是广大民营企业主的迫切愿望和要求。调查显示，被调查的私营企业主开办企业前的职业构成表明，这个新的社会阶层与改革开放初期比较，已有很大的差别。现在民营企业主约 95%的人来自国企负责人、干部、转业复退军人、专业技术人员、下岗工人、农民等主流社会群体或阶层，而且大学毕业生的比例已从 1993 年的 16.6%上升到 33.5%，出现了越来越多的高学历企业主。据新华社报道的一个抽样调查显示：私营企业主中党员比例从 1997 年的 18.1%上升到 2002 年的 30.2%。这些表明，私营企业主群体的整体素质在逐步提高，政治上也显得越来越趋于成熟。这些“根正苗红”的民营企业、个体老板在各级党委、政府关于“开放不忘国防、致富更重拥军”、“越是改革开放，越要做好双拥工作”的号召下，不但热衷于捐资社会公益事业，而且踊跃参与各项拥军优属活动。高德良，是广州市政协委员，原东山区个体劳协会长，1980年最早一批离职下海，1985年广州市第一批入党。他以经营祖传的“太爷鸡”发家致富，到目前为止，向国家缴纳税收100多万元，为拥军、扶贫等公益事业捐款200多万元。在1989年“六·四”政治风波期间，旗帜鲜明地在关键时刻组织带领12个先富起来的个体户到广州军区机关慰问，并与所属的汽车勤务队建立了军民共建关系。同时，他又带头发动个体劳协会员共捐资120多万元，在湖南永顺县贫困山区兴建了“军民希望小学”。2001年和2003年，他两次被中宣部、国家新闻出版总署、广电总局、中国记协等部委评为“中华十佳新闻人物”，在北京人民大会堂受到国家领导人的亲切接见。全省各地许多民营企业主动与军警部队结对开展双拥共建，为民营经济组织开展双拥活动起到了良好的示范作用。大量事实说明，我们有理由相信，民营经济组织在政治上、经济上均有条件、有能力参与双拥共建工作，并具有广阔的发展空间和良好前景，必将为进一步巩固发展军民团结，为促进部队建设提供强大的精神动力和物质基础。

调查的大量数据和事实显示：引导民营经济组织开展双拥共建，有“四个有利”：第一，有利于整合双拥共建社会资源。双拥工作具有很强的社会性和实践性，需要广泛动员各方面力量来共同参与。民营经济组织通过参与双拥共建工作，既可以充分调动新的社会阶层的积极性，不断扩大双拥工作的覆盖面，突显民营经济的社会地位和作用，又利于适应政府转变职能，为政府减轻社会负担。第二，有利于增强军政军民团结。民营经济组织参与双拥共建，进一步增强了民营企业主及员工的国防意识、忧患意识，增强了部队官兵的竞争意识和敬业奉献精神。民营企业接收大量复退军人和社会青年就业，为部队和政府排忧解难，促进了部队建设和社会稳定。近年来，该地区没有发生重大军警民纠纷，一般性军民纠纷也越来越少。第三，有利于促进民营经济健康发展。民营经济组织参与双拥共建活动，培养了企业员工爱国守法、团结友爱、敬业奉献的思想观念，提升了员工的综合素质，提高了企业的经济效益和社会效益。调查显示，珠三角地区与部队开展双拥共建活动的民营企业，基本上都进入各级先进行列，许多还是创利纳税大户。中外合作企业、“五星级”酒店广州中国大酒店，1983年开业以来，带头在三资企业建立党团、工会组织和民兵组织，带头送员工依法服兵役，带头坚持开展拥军优属和军民共建活动，一直是省市双拥共建标兵单位。他们学习部队的管理和思想政治工作经验，推动企业不断发展，酒店累计完成营业额56.9亿元，经营利润24.3亿元，上缴国家税费7.4亿元，经济效益连续多年位居全国同行的前列。第四，有利于促进部队和国防后备力量建设。民营经济组织广泛参与双拥共建活动，不仅为部队建设提供了物质援助、技术支持和精神鼓舞，而且推动了国防后备力量建设。据调查，珠三角地区民营企业为军警部队办实事、做好事的款物达8000多万元，安置转业复员军人1.83万人，安排随军家属和优抚对象就业3500多人，培训军地两用人才3万余人次。比如，民营企业“广州五洲经济发展中心”董事长黄宁深，是入伍20多年的转业干部，对部队有着深厚的感情。他为支持部队建设，去年为总参、广州军区机关、成都军区、武警总部、第一军医大学、省军区等单位，一次性捐赠电话机12.3万台，价值1600多万元。近年来，随着城市民兵组织的调整改革，民营经济组织中的退伍军人比例增大，基干民兵和普通民兵明显增多，基层党支部和民兵组织相继成立，民营企业的思想政治工作也相应加强。

二、着眼实际，创新模式，民营经济组织开展双拥共建取得初步经验

珠三角地区各级党委政府、双拥部门和驻军单位，高度重视在实践中探索总结民营经济组织开展双拥共建的新路子、新办法，取得了明显成效。目前，与军警部队开展双拥共建活动的民营经济组织2430多家，其中780多家正式签订了军民共建协议。他们开展双拥共建活动的形式，主要有如下三种模式。

第一种：民营经济组织通过当地双拥办和民营经济行业协会出面联系协调，与部队开展双拥共建活动。民营经济组织开展双拥共建工作，涉及到宣传、民政、工商、企业、部队等单位，要做好这项工作，关键在加强组织领导和联系协调。因此，充分发挥各级双拥办和成员单位，以及军分区、人武部、各级个协、私协、工商联等组织的桥梁纽带作用，显得尤为重要。在具体实践中，要注意把握好两个问题：一是在活动的组织形式上，坚持有组织有计划地进行。随着社会主义市场经济的发展，民营经济组织越来越多，情况也比较复杂。针对这种情况，采取什么样的组织形式开展活动比较好，全省各地市都作了一些探索。今年7月，广州市荔湾区双拥办和民营企业协会就此问题，召开了专题研讨会，达成了共识：在一般情况下，就大多数民营企业来说，通过当地双拥办与民营企业协会进行联系协商，结合每年“八一”、春节或特定的共建活动，有组织有计划地开展活动，比较稳妥且效果好。二是在活动的具体内容上，坚持各自发挥优势，互办实事好事。民营企业不仅到部队走访慰问，而且更注重在帮助军警部队解决随军家属就业和科技文化拥军上多做工作。这样有组织、有计划的定向、定点拥军，既便于协调组织民营经济参与双拥共建，又可以防止民营经济组织与部队之间一些负面问题的发生。比如，东莞市在今年“八一”前夕，在普遍发动的基础上，组织开展了“百家民营企业进军营”双拥慰问活动，共捐资100万元为驻军做好事、办实事，在东莞市和全省产生了良好的社会影响。广州市荔湾区金象工业生产有限公司董事长、全国政协委员谢仲馀，从450元注册资金开办“五金机械工场”的小企业，发展到拥有厂房2万多平方米、固定资产4000多万元、企业员工400多人的集团公司。他深知没有部队的奉献，就没有民营企业的繁荣发展。20多年来，他不但向驻区部队捐款捐物200多万元，而且通过区双拥办和民营企业协会，积极发动和带领本区的民营企业参与双拥共建活动。荔湾区双拥办与民营企业协会共同组织彩虹街、逢源街创办了军地两用人才进修班，捐赠电脑80多台、图书5万多册、资金230多万元，慰问部队和军烈属，开展“摊位连着哨位，民心连着军心”、观摩部队军事演习等活动，使该区的双拥共建、民政优抚和社会治安等项工作，都进入全国先进行列。

第二种：规模较大、人员较多、党团和工会组织健全的民营经济组织，可单独选择合适共建对象。许多大型民营企业主动选择共建对象结成对子，民营企业支援部队建设，部队支持企业发展。深圳旭飞集团公司是全国第一家收购国有上市公司的房地产民营企业，成立于1999年，当年就组建了党团、工会、妇联组织，成立了企业武装部，民兵导弹连和应急分队，现有员工近2000人，总资产约30亿元，每年上缴税收3000多万元。该集团与深圳武警边防某部开展军民共建5年来，做到优势互补，互相学习，在争先创优促发展、军地联防保平安、共育新人强素质等方面，取得了良好效果。旭飞集团出资400多万元为部队修缮美化营院、购置办公生活设施，主动为部队官兵排忧解难；每年安排部分优秀退伍战士及随军家属就业；拨出专款30万元，设立了“军民共建基金”和“军地两用人才基金”，建立了“军地两用人才培训基地”，积极鼓励官兵敬业奉献、岗位成才，资助有特殊困难的军人家庭及伤残官兵。部队定期为员工进行时事政治、国家安全和法制宣传教育；帮助企业对保安、物业管理员工、民兵应急分队进行军事训练，提高员工素质。共建双方还建立了商议工作、联席会议、联系协调等制度，使军民共建活动正规有序，长期坚持，扎实有效。该集团公司被民政部和总政治部评为“爱国拥军模范单位”。据了解，深圳市像这样的共建对子还有不少。中山市凯达精细化工集团公司是一个大型股份制企业，从1990年起，就与南沙群岛赤瓜礁守备某分队建立了军民共建关系。13 年来，军地领导、员工和分队官兵换了一茬又一茬，但他们的共建关系从未因千里之遥而间断过，相互之间来往密切，公司领导多次组织员工上岛慰问，而分队官兵休假探亲路过广州都专程到凯达做客。集团公司先后接收了 26 名优秀士兵到企业工作，成为公司的生产技术骨干，被官兵称为“南沙海军之家”。1997 年，该公司被民政部和总政治部评为“全国军民共建先进单位”。珠海市东方外语实验学校是一所集小学、初中、高中为一体的全日制民办学校。他们在与驻军某部开展双拥共建中，经历了由被动适应型向主动服务型发展的转化过程。2000 年，学校主动与驻军联系，双方签订了《军民共建协议书》，部队利用军史馆、训练场、军训等教育资源，作为对学生思想道德教育的大课堂，开展爱国主义和国防教育，增长了师生的国防知识，强化了纪律观念；而学校每年抽调优秀教师对部队士兵进行文化辅导，帮助 39 名战士考入军校，还免费招收 11 名有家庭困难的部队子女入校学习，择优安排了 8 名退伍士兵和军嫂从事学校生活管理、图书资料保管等工作。2002 年，该校被珠海市评为“军民共建先进单位”。佛山市参与双拥共建活动的 52 家民营经济组织，都有一定的规模，有的是由国有企业转制后的股份制民营企业。比如，顺德港货柜码头集团有限公司，成立初期就与容奇边检站建立共建关系。1999 年改制后，双拥共建工作得到进一步加强，公司先后安置转业、复退军人 81 人。从 2001 年开始，每年还为解放军女足赞助 20 万元。每当全国女足联赛的关键场次，虽然远在千里之外，但集团公司的领导都去为解放军女足加油鼓劲。董事长张海涛自信地说：企业改制后有自主权，可以更好地为双拥共建活动出力办事。

第三种：以自愿为原则，民营经济组织就地就近开展拥军优属活动。民营经济组织开展拥军优属活动，必须坚持鼓励引导、自愿和就地就近的原则，不能作强制要求和硬性规定。对积极参与双拥共建活动的民营企业，地方政府和有关部门要给予大力支持和鼓励。惠州市桥胜集团公司是由 1985 年惠阳地区第一家私营建筑企业，发展成为集建筑、五金、电子等为一体的集团企业（进入全国民营企业 500 强）。该集团公司董事长陈桥顿是国家工商联执委、省政协常委、市人大代表。10 多年来，他不但为公益事业捐款 500 多万元，在广东、广西、内蒙古等地新建改建希望小学和办扶贫企业，设立“桥顿奖学金”支持鼓励家乡师生搞好教学，而且就近与驻军教导大队建立了军民共建关系。该公司 1994 年就成立了党支部和工会组织，组建了民兵应急分队；坚持拥军支前、送子参军、慰问部队，热情帮助官兵亲属解决困难。集团公司所在的沥林镇有 50 多户军烈属和五保户。他不但逢年过节上门慰问，而且坚持每人每月发给 20 元水果费。他经常请驻军部队领导和国防大学的专家为企业员工作时事报告，进行全民国防教育。驻军每年新老补退，也请他去作报告，以他艰苦奋斗的创业史、发展史，勉励官兵爱岗敬业，正确对待去留。惠州市通过各种传媒大力宣传了陈桥顿爱国拥军的先进事迹，产生了良好的社会影响。

上述三种民营企业开展双拥共建模式，都有各自的特点和优势。实践证明，民营经济组织开展双拥共建活动，必须坚持从实际出发，选择适合本地区、本企业、本部队开展双拥共建的形式，不能盲目照搬硬套。

三、把握原则，正确引导，民营经济组织开展双拥共建必须加强领导

民营经济组织开展双拥共建，是改革开放和发展社会主义市场经济涌现的新事物，目前，还处在全面起步阶段，今后还会遇到许多新情况、新问题。如何把这项工作不断引向深入？珠三角地区的军地双方均认为，必须坚持“支持鼓励、正确引导，自觉自愿、量力而行，优势互补、共同提高”的原则，切实加强组织领导，不断完善法规政策，使双拥共建活动朝着健康有益的方向发展。

一是加大宣传力度，为民营经济组织开展双拥共建营造良好社会氛围。从调查情况看，发动引导民营经济开展双拥共建，还存在不少模糊认识。在民营经济方面，普遍存在“三怕”：一是怕露富，树大招风，因拥军共建带来乱摊派等麻烦；二是怕社会上不理解，说他们“动机不纯”、“捞政治资本”；三是怕政府和部队不支持，做了好事反挨批。在各级领导和有关部门方面，也有少数同志存在“拿不准”等顾虑，对这项工作缺乏紧迫感。要克服这些模糊认识，必须充分利用广播电视、报刊、文学艺术、网络新闻等大众媒体，广泛宣传民营经济组织在学习实践“三个代表”重要思想，促进“三个文明”建设中的地位和作用，大力宣传他们爱国拥军、为维护社会稳定所作的重要贡献，以此激发他们积极参与双拥工作的积极性；大力宣传党政军领导支持鼓励民营经济开展双拥共建的重要讲话和政府有关政策规定，大力宣传表彰民营企业双拥共建先进典型，帮助他们消除忧虑心理，理直气壮地参与双拥共建活动；通过举办国防知识讲座、图片巡回展览、组织民营企业人员军训等时机，广泛宣传双拥共建的法规政策，使民营经济开展双拥共建活动，始终保持高昂热情和规范有序。通过宣传引导，逐步形成各级领导重视、社会积极支持、全民自觉参与的双拥共建格局。

二是健全法规制度，为民营经济组织开展双拥共建工作提供法规保障。民营经济组织开展双拥共建，不仅要靠各级领导重视推动和靠军地感情交流牵动，而且更需要建立健全规章制度进行规范和保障。这就要求有关职能部门要适应形势发展需要，在今后实践中建立和完善相关的配套法规、政策。珠三角地区的双拥办和许多民营企业主认为，当前要尽快做好两方面的工作：一方面，认真研究民营经济组织支持部队建设的有关政策，制定相关的规定和各项制度，出台如《民营经济组织开展双拥共建工作若干规定》或《民营经济组织开展双拥共建实施办法》等具有指导性、规范性和操作性的法规性文件，保证政策法规落到实处；另一方面，为了鼓励民营经济组织参与双拥共建活动，必须在税收政策上给予支持，妥善解决民营企业“拥军纳税”的问题（即组织开展双拥活动的经费和送给部队的款物不能计入企业成本，仍要照常纳税）。比如，民营企业“广州五洲经济发展中心”向部队赠送的价值1600多万元的电话机，就向国家交纳税收200多万元。如果这个问题不解决，势必影响他们拥军积极性。建议对民营经济组织开展拥军活动的费用、慰问金和部队空余营房出租的租金给予减免税收；对安置军转干部和军嫂就业的民营企业，给予一定的优惠政策。通过完善政策和法规，使民营经济组织开展双拥共建工作长期坚持、有序运转、发挥作用。

三是不断创新形式和内容，努力提高民营经济组织开展双拥共建的成效。目前，有些民营经济组织开展双拥共建活动，还停留在单纯捐款捐物、节日走访慰问等传统方式上，不利于双拥工作的深入发展。因此，民营经济组织开展双拥共建工作，必须按照“三个代表”要求，要着眼双拥变“双赢”的理念，推动双拥共建活动向深层次、高格调发展。在双拥共建方向上，不能停留在互相走访慰问、迎来送往的交往之中，要以国家社会安全稳定和实现全面建设小康社会为战略目标开展双拥共建活动，要把双拥共建的基点放在推动“三个文明”建设上，尤其要在搞好社会主义精神文明和公民道德建设上下工夫见成效。同时，要把发展生产力和提高战斗力作为根本目标，积极支援地方经济建设，抓好各项军事斗争准备，营造军地合力想“打赢”、练“打赢”的社会环境。在双拥共建形式上，重点抓好一批富有时代特色、指导作用强的双拥共建示范点，首先搞好就地就近拥军，建立联片共建网络；对没有驻军或驻军较少的地区，也可以通过双拥办联系协调，开展异地双拥共建，逐步形成高层次、多领域、全方位的区域共建格局，形成民营经济组织主动参与双拥共建活动的良好局面。在双拥共建内容上，着眼科技和文化拥军，突出思想道德素质建设。部队应充分发挥思想政治工作优势，帮助民营企业培养员工良好的精神风貌。民营企业则要充分利用改革开放大好形势，配合部队宣传党的改革开放和富民政策，引导官兵加深对社会主义市场经济的理解，使部队官兵安心军营做贡献；突出科技文化建设，不断提升双拥共建的科技文化含量。不久前，广州市、中山市民营经济组织拥军优属服务小组跨地域与珠海守岛部队和惠州罗浮山某团结对共建，深受官兵的欢迎。

四是加强组织领导，不断完善民营经济组织开展双拥共建工作的运行机制。民营经济组织开展双拥工作，是与民营经济发展的大环境分不开的。我们要在发展民营经济的政策上、办事环节上，想方设法为民营企业创造开展双拥工作的有效机制。归纳起来，主要是抓好“四个转变”。首先，转变领导观念，增强服务意识。各级党委、政府和部队要因地制宜地加快健全、完善促进民营经济组织发展的政策、法规，为民营经济组织发展创造良好的条件。在建立和健全双拥工作领导小组和办公室时，要吸收民营经济组织的主管部门负责人参加，如工商局、工商联合会、私营企业协会、个体劳动者协会等，充分发挥他们参与活动和协调处理有关事务的积极作用。其次，转变传统观念，健全有效机制。要克服对民营经济组织的各种偏见，把民营经济组织开展双拥工作纳入各级党委、政府的重要议事日程，纳入当地经济建设、社会发展和部队建设的总体规划，做到同步计划安排、同步组织实施；纳入工作目标管理责任制和全民思想教育体系，做到同步督促检查，同步总结表彰，从体制上有效调动民营经济组织参与双拥共建的积极性。第三，转变工作作风，坚持各项工作制度。建立透明的监督制度，军地双方明确分工有关领导和工作人员负责，确保这项工作有人管有人抓，有工作计划，有督促检查，确保工作落实；健全联席会议制度，定期召开有关部队、双拥办和民间组织、民营企业代表参加的军地联席会议，分析工作形势，研究改进措施；建立联络员工作制度，在民营企业和社团组织建立联络员队伍，搞好业务培训，收集反馈双拥活动信息；健全走访联谊制度，利用节日和重大活动等时机，开展联谊活动，走访征求意见。第四，转变激励机制，增强对民营经济组织的信任。广泛发动社会各界特别是民营经济组织深入扎实地开展群众性双拥共建活动，是不断为振兴中华增添新力量的战略举措，也是新时期开创双拥工作新局面的客观要求。珠三角地区各级党委政府和职能部门注重在政治上关心民营企业主，努力提高他们的政治地位。对经济发展和双拥共建成效突出的民营经济组织的负责人，安排他们在各级人大、政协任职，使他们在发展经济的同时，成为双拥共建工作的“排头兵”和带头人。这一做法，对促进民营经济组织开展双拥共建工作，取得了良好的社会效果。

对在非公有制经济组织中开展军（警）民共建工作的思考

广东省民政厅

江泽民同志在庆祝中国共产党成立80周年大会的讲话中，以开辟马克思主义与中国实际相结合新境界的巨大理论勇气和恢宏的政治魄力，阐述了民营科技企业的创业人员和技术人员、私营企业主等新的社会阶层的地位和作用，提出了要在新形势下深化对社会主义社会劳动和劳动价值理论的研究和认识的要求。他指出，不能简单地把有没有财产、有多少财产当作判断人们政治上先进与落后的标准，而主要应该看他们的思想政治状况和现实表现，看他们的财产是怎么得来的以及对财产怎么支配和使用，看他们以自己的劳动对建设有中国特色社会主义事业所作的贡献。他还明确指出，贯彻“三个代表”要求，必须坚持党的工人阶级先锋队的性质，始终保持党的先进性，同时要根据经济发展和社会进步的实际，不断增强党的阶级基础和扩大党的群众基础，不断提高党的社会影响力。这些新的观点和论断，是我党理论创新的重大成果，是对马克思主义建党学说的新贡献，不但为非公有制经济组织（以下简称“非公经济组织”）党建工作的发展而且为推进党在非公经济组织的其他工作包括军（警）民工作提供了理论依据。运用这一理论成果，把军（警）民共建拓展到非公经济组织领域，对加强军民团结，增强全民国防观念，促进非公经济健康发展和部队战斗力提高具有重大的现实意义。

一、在非公经济组织中开展军（警）民共建的必要性

（一）在非公经济组织中开展军（警）民共建是贯彻江泽民同志“七一”讲话精神、实践“三个代表”重要思想的必然要求。江泽民同志的“七一”讲话为军（警）民共建工作的发展创新带来了新的条件和机遇。过去，按照马克思主义经典作家关于资本主义“劳动”和“劳动价值”原理，我国非公经济组织中由于占有生产资料的企业主雇用劳工搞经营获得利润，存在明显的剥削行为，与之进行军（警）民共建活动，在政治上违背了马克思主义。因此，长时期没有在非公经济组织开展军（警）民共建工作。现在，江泽民同志的“七一”讲话站在时代前列，指出了社会主义和资本主义两种制度下“劳动”、“劳动价值”的区别，在非公经济组织中创业的新的社会阶层，也是中国特色社会主义事业的建设者。这就解决了长期困扰人们的思想认识问题。以这一论断为指导，把军（警）民共建工作拓展到非公经济组织领域，是实践“三个代表”重要思想的必然要求。

（二）在非公经济组织中开展军（警）民共建是适应非公经济迅速发展，进行领域创新，扩大双拥工作社会基础，加强军民团结的需要。改革开放后，非公经济从“有益补充”发展为“重要组成部分”，使我国的经济、社会结构发生了深刻的变化。一是非公经济占我国经济总量的比例越来越大。据国家统计资料表明，非公经济的工业总产值占我国工业总产值的比例从 1980 年的 0.5%上升到 1998 年的 38.8%，广东省 2000 年已达到 76.6%；而目前，私营企业已占全国企业总数的 80%，经济总量达到 25%。二是社会阶层结构发生深刻变化。众多民营企业主形成了一个新的社会阶层，其创办的企业吸引了 1.3 亿城乡大量富余劳动力、机关分流和国企下岗人员就业，70%是 35 岁以下的青年。2001 年广东非公有制组织的从业人员已占全省职工总数的 43%。在非公经济组织中开展军（警）民共建是适应非公经济迅速发展，进行领域创新，扩大社会覆盖面，加强军民团结的需要。

（三）在非公经济组织中开展军（警）民共建是促进非公经济组织健康发展和精神文明建设的需要。虽然，我国非公经济在高速发展，但是，我们也要看到非公经济组织存在着制约自身发展的一些问题。如一些企业业主和员工素质参差不齐，小农经济思想，信用问题，内部管理不善，政治思想工作薄弱等等，影响了企业向高层次发展。解决这些问题，单靠法制手段难以奏效，只能通过加强企业的思想、道德和文化建设来逐步解决。军（警）民共建工作以此为切入点，通过开展军（警）民共建活动，发挥部队的思想政治工作优势，加强企业的思想政治工作，抓好国防教育，增强业主和员工的国防意识和法制观念，在企业内部建立起良好的劳资关系和工作秩序，促进企业的精神文明建设，增强企业发展的内在动力，促进企业的健康发展。

二、在非公经济组织中开展军（警）民共建的主要内容

与公有制单位相比，非公经济组织具有许多自身的特点：一是形式多样、结构复杂、规模大小不一；二是业主是最高权威，主宰企业的所有活动；三是追求利润最大化的同时也易受市场经济负面影响，思想政治教育、精神文明建设容易滞后。因此，在非公经济组织中开展军（警）民共建，一定要针对企业自身特点，把加强思想建设、道德建设、文化建设，密切军政军民关系，维护社会稳定作为主要内容，有的放矢地开展活动。

（一）着眼建立社会主义市场经济的信用体系，加强思想道德建设。围绕落实《公民道德建设纲要》和《军人道德规范》，开展社会公德、职业道德、家庭美德教育。营造明礼诚信、文明礼貌的良好氛围，增强诚信意识和规则意识，改善信用环境。培养业主、员工和官兵讲信誉、守信用、以诚待人、言而有信，不侵犯他人利益，忠实履行公民义务的良好品质。树立以人为本的主体道德和以义取利的经营道德。倡导勤俭节约、科学文明、健康向上的生活方式，大力弘扬社会主义新思想、新道德、新风尚。

（二）围绕外树形象内强素质，加强思想文化建设。致力于培养企业的凝聚力和部队的战斗力，不断加强思想政治工作，军地双方共同抓好国防教育和爱党、爱国、爱军、爱民教育，不断增强部队官兵和企业员工的国防意识，提高他们的思想政治觉悟，树立正确的人生观。开展形式多样的文化体育竞赛活动，丰富官兵、员工的文化生活，培养互相爱护、团结合作、积极拼搏精神。致力于改善和加强企业管理，发挥部队的优势，宣传法律知识，增强业主和员工的法制观念，在企业建立良好的劳资关系和内部秩序。致力于树立企业的良好形象，引导业主和全体员工把关注社会、服务社会作为企业文化的灵魂，组织开展扶贫帮困和爱心公益活动。致力于搞好民营企业的人才队伍建设和军地两用人才培养，开展读书育人、学历教育和职业技能培训活动。致力于新观念的宣传灌输，加强军营与“市场”的有机联系，使官兵不断接收市场经济的新知识、新观念，进一步更新官兵的择业观念，增强他们自谋职业的能力和胆识，推动退役军人安置工作改革的深入发展。

（三）开展争先创优活动，进行环境综合治理。围绕创建部队基层先进单位和文明企业，积极参与群众性的创建活动，促进双方的精神文明建设。开展社会治安综合治理，进行联防联治，改善驻地和非公经济组织的治安环境；开展维护市场经济秩序的各项活动，参与严打整治斗争，协助职能部门打击制售假冒伪劣、损害消费者利益等扰乱市场秩序的行为和市场流通领域的帮派势力和黑社会组织；携手搞好生态环境保护，落实环保措施，促进非公经济的健康发展。

（四）优势互补互办实事，促进双方的全面建设。共建双方要贯彻“两手抓，两手都要硬”的方针，发挥各自优势，互相支持，共同发展。非公经济组织要积极开展拥军优属活动，力所能及地支持部队改善学习、工作和生活条件，开展科技拥军，帮助部队官兵解决实际问题，帮助部队培养两用人才，创造条件接收部分退役士兵和军转干部到企业工作。部队要在政策和纪律允许的情况下，帮助非公经济组织解决发展中遇到的实际问题，如帮助训练保安人员，帮助搞好员工村管理，帮助遇到重大困难的员工克服困难，每年为共建单位办一些实事好事。

三、在非公经济组织中开展军（警）民共建要注意把握的几个问题

在非公经济组织中开展军（警）民共建是一个新的课题。目前，这项工作在我省还处于探索阶段，尚没有完全成熟的经验和做法。但从一些单位的实践和我们调查的情况看，在非公经济组织中开展军（警）民共建活动要注意把握好如下几个问题：

一是要端正思想认识。军地双方要以江泽民同志“七一”讲话精神统一思想，顺应非公经济迅速发展的新形势，充分认识在非公经济组织中开展军（警）民共建工作的重要性和紧迫性。各地各部队要从政治上鼓励、政策上扶持，把非公经济组织的军民共建工作纳入精神文明建设和部队建设的重要内容，促进三个文明建设，进一步增强全民国防观念和军民团结。军队基层单位要消除与非公经济组织开展共建政治上是否允许等模糊认识，增强与之开展共建活动的积极性和主动性。非公经济组织要注意克服畏难情绪，消除共建活动影响企业经营的顾虑，把军（警）民共建作为促进企业自身发展的动力，主动与当地部队联系，结成共建对子，成立共建机构，建立和健全共建制度，开展富有特色的共建活动。

二是要把握好共建方向。共建双方要树立正确的共建观念，按照“三个代表”重要思想的要求，坚持“以地方为主，以群众自建为主，以思想政治工作为主”的原则，把共建的重点放在精神文明建设上来，注重开展体现社会主义先进思想文化的共建项目。共建活动要注重思想、文化方面的效果，力戒形式主义，防止出现重物质利益、轻精神文明建设的倾向。要在深入开展共建精神文明的前提下，再从义利统一和“双赢”的理念出发，双方互办实事，加强在其他领域的相互支持与合作。

三是要注意调动业主的积极性。非公经济组织生产资料个人私有，业主决定企业的所有活动。非公经济组织中的军（警）民共建工作能否开展起来，与企业主的态度密切相关。因此，在民营企业开展共建活动，首先要注意调动业主的积极性。要借鉴非公经济组织党建工作的经验，把共建工作的着力点放在支持和促进企业经营发展上来，放在培养企业内部爱岗奉献精神，加强企业文化建设，改善企业管理水平上来。从业主关心和迫切要求解决的问题入手，从实实在在的事做起，寓共建于企业的经营、管理和文化建设之中，使业主切实感受到共建的社会效益和经济效益，增强他们开展共建活动的主观能动性。

四是要选择好共建对象。非公经济组织形式多样，结构复杂，规模大小不一，分布于社会的各行各业。在选择共建对象时，要争取精神文明办和组织、宣传、工商、税务、工青妇以及民间组织管理等部门的积极支持和配合，按照江泽民同志“七一”讲话精神，选取具有一定规模、经济效益好、党（团）和工会组织健全的民营企业开展军（警）民共建。外资独资企业和个体工商户目前尚不宜开展军（警）民共建活动。

五是要注意抓好典型，逐步推开。在非公经济组织中开展军（警）民共建工作一定要从当地实际出发，不能搞形式主义。要有明确的目标和总体规划。要在深入调查研究的基础上，选取一些企业进行试点，树好样板，待取得经验后，再在面上推开。只有这样，才能保证非公有制经济组织中的共建工作稳步、健康、顺利地向前发展。

增添拥军工作新力量　开创双拥共建新领域

广东省民政厅

拥军优属、拥政爱民工作（简称双拥工作）是为我党中心工作服务的，是我党我军的优良传统，是我国特有的政治优势。改革开放20多年来，我党理论创新的不断深入、民营经济的快速增长、新社会阶层的发展壮大，使我国的政治、经济、社会生活发生了深刻变革，也大大改变了双拥工作的环境，打破了双拥工作单一公有制经济领域的格局。民营经济组织、新社会阶层已发展成为双拥工作的新领域和新力量。以“三个代表”重要思想和党的十六大精神为指导，充分调动民营经济组织、新社会阶层支持军队和国防建设的积极性、创造性，鼓励和引导他们发挥自身优势开展爱国拥军和军民共建活动，对于扩大双拥工作群众和社会基础，进一步增进军民团结，加快发展生产力、提高部队战斗力具有重要的现实意义。

一、引导民营经济组织开展双拥共建活动的必要性

（一）引导民营经济组织开展双拥共建活动是实践我党创新理论的需要。近几年来，为深化改革，党中央对民营经济等非公有制经济和新社会阶层的地位和作用提出了一系列新观念、新论断、新概括。党的“十六大”报告强调：“个体、私营等各种形式的非公有制经济是社会主义市场经济的重要组成部分，对充分调动社会各方面的积极性、加快生产力发展具有重要作用。”江泽民同志在“七一”重要讲话中指出，个体、私营企业主等六种人构成的新社会阶层是中国特色社会主义的建设者，要把他们中符合条件的优秀分子吸收到党内来，加强非公有制企业党的建设，增强党的阶级基础和扩大党的群众基础。十六届三中全会提出，要建立现

代产权制度，依法保护私有产权，要进一步鼓励、支持、引导非公有制经济发展。这些创新理论，从政治、经济、社会上明确了民营经济和新社会阶层的地位和作用，明确了民营经济和新社会阶层的先进分子也是我党执政兴国的物质基础和群众基础，是加快生产力发展、全面建设小康社会的重要力量。这不但为我们认识、对待和发展民营经济提供了科学指引，也为加强党在民营经济领域的各项工作提供了理论支持。在新世纪新阶段，进一步解放思想，更新观念，鼓励、引导民营经济组织开展双拥共建活动，让双拥光荣传统在民营经济领域发扬光大，是双拥工作实践我党创新理论的必然要求。

（二）引导民营经济组织开展双拥共建活动是增强双拥工作群众和社会基础的需要。改革开放 20 多年来，非公有制经济经历了限制发展，到有益补充，再到重要组成部分的发展历程。在这一过程中，许多公有、集体所有制企业在精简、改制，人员在不同所有制领域之间频繁流动，作为非公有制经济重要部分的民营经济及其从业人员数量在逐年上升。据广东省统计数据表明，1997 年至 2003 年 9 月，我省个体工商户、私营企业数量从 159 万户增加到 214 万户，从业人员从 244 万人增加到 696 万多人。随着市场经济的进一步完善和我省大力发展民营经济战略的实施，这种发展趋势还将继续下去。同时，我们还应该看到，新时期我国的民营经济组织和新社会阶层与马克思主义经典作家批判的资本主义私营工厂、私营业主迥然不同，他们是靠党的路线方针政策和国家的长期安全稳定发展而来，其基本属性是社会主义的，对党和军队有深厚感情；他们艰苦创业积累的民营资本主要用于扩大再生产，丰富社会的物质文化生活，并积极支持公益事业和扶贫帮困活动；不少民营企业建立了党团、工会组织，加入了社会团体，与党和政府保持着密切联系。因此，可以说，新时期的民营经济组织具有双拥工作的思想基础、物质基础和组织基础。他们不但是建设小康社会的重要力量，而且也是双拥工作的新生力量。按照党的十六大关于“对为祖国富强贡献力量的社会各阶层人们都要团结”的要求，逐步建立部队与民营经济组织、官兵与新社会阶层的联系机制，是双拥工作适应民营经济快速发展，扩大社会基础和群众基础的必然要求。

（三）引导民营经济组织开展双拥共建活动是尊重群众首创精神，总结推广双拥运动群众经验的需要。1991 年，经上级批准，中外合资中国大酒店与海军广州舰艇学院签订了军民共建社会主义精神文明公约，开展了共建活动，这是全国第一家具有非公有制经济成分企业与部队开展共建的对子。近年来广东省以及上海、江苏等省市的一些民营企业在“两思”教育活动中，自发地开展拥军和军（警）民共建活动。从广东省来看，有深圳、中山市的民营企业与武警、边防部队，惠州、东莞市的民营企业与驻军某部，珠海市民办外语学校与驻澳部队珠海基地，汕头、潮州市的民营企业与广东省军区系统的部队结成共建对子，他们找准结合点，发挥各自优势，开展共建活动，促进了企业发展和部队的基本建设，达到了“双赢”效果。这些来自基层、敢为人先的双拥实践，是群众首创精神的生动体现，应当引起我们的充分重视。他们创造的新鲜经验，值得我们总结推广。他们的双拥活动需要我们加以正确的鼓励、组织和引导。

二、民营经济组织开展双拥共建工作的重要意义

有利于增强军民团结，进一步维护社会稳定。民营经济组织、新社会阶层开展双拥共建活动，通过走访慰问、军民联谊、军（警）民共建等活动，加强部队官兵与新社会阶层的联络交往，发挥双拥工作的“引导”、“凝聚”、“团结”作用，用共同的政治基础把众多的新社会阶层人员、民营企业员工与广大军民一起，团结在党的旗帜下，必将使军民团结更加坚强。

有利于促进国防与军队的现代化建设。在民营经济组织和新社会阶层的双拥活动中，通过开展《国防法》、《国防教育法》、《兵役法》和双拥光荣传统的宣传教育，使他们明确肩负的国防责任和义务，正确认识经济发展与国防建设的关系，激发他们支持军队与国防建设的积极性，把自身企业的发展与建立强大国防结合起来，自觉履行国防责任与义务，发挥企业资源、技术、人才优势支持部队建设，创造条件吸纳军转干部、退役士兵、随军家属就业，协助解决拥军优抚安置工作的难点热点问题，将促进军队和国防建设的快速发展。

有利于促进民营经济组织的健康发展。精神文化建设是民营经济组织发展壮大、赢得市场竞争的内在动力和核心要素。在军民共建活动中，通过军地联谊、共建企业和军营文化、共育“四有”新人等活动，建立双拥工作为民营经济服务的途径，把部队组织管理、思想工作、制度建设和文化建设方面的经验、做法融入到企业的经营管理之中，培养员工的爱岗敬业、顽强拼搏、积极奉献精神，建立良好的劳资关系和科学的管理制度，搞好企业的精神文化建设，将为企业提供强大的发展动力。

三、民营经济组织双拥共建的工作思路和主要内容

因经济成分、运行机制、管理体制的不同，民营经济组织具有与公有制经济组织不同的特性。一是生产资料私有，业主决定企业的所有活动；二是勤奋务实，讲求节约，追求利润最大化；三是观念更新快，创新能力强；四是社会覆盖范围广，数量大；五是劳动力需求量大，就业岗位多，就业方式灵便，吸引了大量城乡青年、下岗职工在其中创业，等等。

民营经济组织双拥共建工作的思路，要从民营经济组织的特点出发，以“三个代表”重要思想和十六大精神为指导，以发展社会生产力、提高部队战斗力为目标，按照“双赢”、互补、务实、高效的原则，坚持精神文化建设为主，精神互助与物质支持相结合的方向，找准“结合点”，发挥双方优势开展各项工作，实现部队建设和民营经济组织建设互相促进、共同发展。按照这一工作思路，开展以下主要工作：

（一）开展双拥宣传和国防教育，激发新社会阶层和民营企业职工的爱国主义热情。开展国防教育进民营企业、进新社会阶层活动。在民营经济组织中建立国防教育制度，把国防教育和双拥宣传与企业文化建设结合起来，制定国防教育计划，开展各项教育宣传活动。坚持节日走访慰问驻地部队，密切新社会阶层与部队官兵的关系，增进军民团结。配合政府做好企业的国防教育工作，组织职工参加政府举办的国防教育活动。在企业中办国防教育宣传栏，上国防教育课，组织职工参加军训和“军事一日”活动，激发官兵和企业员工的爱国之心、报国之情、强国之志。

（二）发挥各自优势，互相支持共同发展。在政府的引导和组织协调下，民营经济组织发挥资源、技术、人才、设备优势支持部队建设。发挥观念更新快、市场机制完善的优势，为部队官兵提供了解社会经济形势的窗口；在企业发展壮大的同时力所能及地帮助驻地部队改善训练、工作、生活条件，帮助官兵解决实际困难；民办高等院校、高新技术企业等民营经济组织，发挥科技优势开展科技拥军，支持国防科研和部队人才培养；民办房地产业、粮油食品销售行业、饮食服务业、物流业等从行业的实际出发，支持部队搞好后勤保障社会化改革，促进部队的改革发展。

部队应从肩负的职能出发，在条件允许的情况下，支持民营经济组织的发展。武警部队要协助民营企业搞好社会治安、维护市场经济秩序，创建良好的生产经营环境。边防部队要热情为民营进出口企业、物流企业提供优质服务，在确保通关安全的前提下，加快人流、物流的通关速度。消防部队要帮助企业搞好消防知识培训，完善消防设施，查找和排除消防隐患，协助企业制定消防应急疏散方案，促进企业安全生产。解放军系列部队要把支持民营经济发展作为支持地方经济建设的一项重要内容，在纪律允许的情况下，发挥自身优势为企业办实事好事，支持企业发展。

（三）开展爱心公益活动，支持征兵优抚安置工作。把企业公益事业活动与支持国防建设结合起来，开展爱心献功臣活动，帮助解决重点优抚对象的生活、医疗难问题。发挥民营经济组织数量大、范围广、就业岗位多的优势，主动为国家分忧，创造条件吸纳下岗伤残军人、退役士兵、军转干部、随军家属到企业就业并维护他们的基本权益，努力帮助解决社会转型时期拥军优抚安置工作的热点难点问题。同时要激励企业青年职工踊跃参军，履行国防义务，大力支持征兵工作。

（四）开展军（警）民共建活动，建立现代军营和企业文化。围绕树立坚定的思想信念、弘扬中华民族传统美德、建设先进文化，大力开展共建精神文明活动，用先进理论、先进思想、先进文化占领民营经济阵地。

1. 共建思想道德信念。把牢固树立政治思想信念放在军民共建活动的突出位置，学习、宣传“三个代表”重要思想和党的路线方针政策，宣传中国特色社会主义的优越性，宣传人民军队在经济建设中的重大作用；热情讴歌我国改革开放的大好形势，赞颂国防建设、经济建设的重大成就；开展“两思”教育，引导企业主致富报国；围绕落实《公民道德建设实施纲要》和《军人道德规范》，开展社会公德、职业道德、家庭美德教育，树立以人为本的主体道德和以义取利的经营道德；在企业员工和官兵中培育讲信誉，守信用，以诚待人，言而有信的良好品质，增强诚信观念和规则意识；倡导勤俭节约、科学文明、健康向上的生活方式。

2. 共建企业和军营文化。贯彻落实广东省委、省政府关于建设文化大省的要求，把培养“四有”新人、提高文化素质作为军民共建的主要任务。开展政治思想教育、学历教育、职业技能培训、业余爱好培养，促进企业和部队的人才队伍建设。军地联合举办“军营一日”、“企业一日”等内容丰富、形式多样的文化体育竞赛活动，丰富官兵、员工的文化生活，把部队的优良传统融入到企业管理之中，培养员工遵章守纪、团结合作、爱岗敬业精神，建立良好的劳资关系和内部秩序。共建双方共同组织开展扶贫帮困、社会公益活动，引导新社会阶层人员关注社会、服务社会、回报社会，树立良好的企业形象，促进企业的文化建设。加强军营与“市场”的有机联系，以民营企业为窗口，拓宽官兵的社会视野，学习市场经济和企业经营管理知识，增强官兵立志成才的胆识和综合素质，促进部队的改革发展。

3. 开展群众性的基层创建活动。围绕促进军地基层的精神文明建设，开展创建部队基层先进单位、优秀民营企业、文明社区、文明行业活动。开展社会治安综合治理，进行联防联治，为驻地的民营经济组织营造安全文明的生产生活环境。参与严打整治斗争，打击制售假冒伪劣、损害消费者利益的行为和市场流通领域的帮派势力、黑社会组织，维护市场经济秩序。联合开展生态环境保护活动，落实企业的环保措施，促进民营经济与社会的协调发展。

四、民营经济组织开展双拥共建工作的组织领导

目前，民营企业开展的双拥共建活动，多数是自发、分散进行的，缺乏系统的组织引导。为使这一领域双拥工作的健康发展，应结合民营经济组织的特点，通过如下方法和途经，逐步建立起科学、统一规范、有效的组织领导体系和运行机制：

（一）设立组织协调机构。民营经济比较发达的地区，可由双拥办牵头，设立由宣传、民政、工商、税务、经贸、省军区（军分区、警备区）政治部等党政军职能部门，以及工商联、工会、共青团、私营企业协会等组成的民营经济组织双拥共建工作组织协调小组，并建立和落实联席会议制度、民营企业双拥联络员制度。负责民营经济组织双拥共建的宣传发动、组织指挥和联络协调工作。

（二）建立组织领导运行机制。目前，民营经济组织双拥共建的组织领导要与其行政管理和党建、工会、社团工作结合起来，通过下列途经逐步建立运行机制，并纳入当地双拥工作领导小组的统一领导。

1. 以民营经济组织行政管理部门为载体建立组织领导机制。民营经济组织主要包括民营企业和民办非营利企业。目前管理民营经济组织的政府职能部门有民政、工商行政管理、经贸、税务等部门。民营经济组织双拥共建的组织领导可借助这些部门的行政管理机制来实施，通过把这些部门纳入双拥领导小组成员单位，以及调整现有双拥工作领导小组成员单位的部门双拥工作职责的办法，赋予它们指导民营经济组织双拥工作的责任，实施对民营经济组织双拥共建的组织领导。

2. 依靠民营经济单位的党群组织落实组织领导措施。近年来，在党的十六大精神指引下，建立党组织、共青团组织、工会组织的民营经济单位不断增多。民营经济组织双拥工作的组织领导应借助这些组织的成功经验，把双拥共建与党团组织建设、工会工作结合起来，依靠企业内这些组织的力量，搞好民营经济组织双拥共建的组织领导。

3. 通过民间组织搞好宣传发动和组织协调工作。工商联合会、私营（个体）企业协会、民营经济研究会等民间组织，是管理民营经济组织的社会团体，是民营经济组织联系政府的桥梁纽带。要发挥它们熟悉民营经济单位情况、与民营经济组织联系密切等优势，通过它们搞好宣传发动，提高思想认识，调动业主的积极性，并整合民营经济组织的力量，开展爱国拥军活动。

（三）转变工作作风，做好服务工作。各级双拥办，要充分认识民营经济组织的特点，转变靠发文件、下行政命令等在公有经济领域推动工作的做法。要深入企业中去，耐心做好宣传发动工作，使他们了解双拥活动的目的、意义。要协助找准“结合点”，帮助确立共建内容，订立共建公约，协调组织好各项活动，解决好军地交往中遇到的问题。要及时总结推广它们的典型经验，大力宣传表彰爱国拥军工作搞得好的民营企业和民营企业家，为民营企业开展拥军活动提供良好的服务保障。

五、民营经济组织双拥共建工作要注意把握的问题

一是提高认识。民营经济组织、驻地部队和双拥工作机构，要以“三个代表”重要思想和党的十六大精神为指导，统一思想，提高认识。双拥办要把这一新生事物作为双拥工作实践“三个代表”重要思想和十六大精神的重大工程来抓，克服民营经济单位双拥工作“难发动、难管理”的畏难情绪，以创新的精神和勇气，做好组织协调和服务工作。双拥领导小组的有关成员单位要通过宣传双拥工作的目的、意义，通过宣传双拥共建提高民营企业经济效益、促进企业发展的生动事例，消除一些民营经济组织中存在的双拥工作与企业无关、会影响生产的“无关论”、“影响论”。军队群工部门、基层部队要学习领会党中央关于非公有制经济工作的创新理论，正确认识民营经济和新社会阶层的地位和作用，把思想从双拥工作领域姓“公”与姓“私”的禁锢中解放出来，解放思想，消除疑虑，大胆实践，增强与民营经济组织开展双拥共建的坚定性。

二是摆正方向。在军民共建中，要坚持以精神文化建设为主，精神互助与物质支持相结合的原则开展共建活动。军地双方首先要大力开展思想道德和精神文化共建。在此基础上，开展物质上的互相支持。企业对部队的物质支持，要以自主自愿、量力而行为原则，要用在做好军事斗争准备上，用在部队训练、执勤和人才培养上，用在解决遇到重大困难官兵的实际问题上。部队对民营企业的支持，要在确保国防机密和设施安全、在政策法规允许的前提下进行，主要是用在改善投资、经营环境，承担急、难、险、重任务和帮助搞好企业内部管理，促进企业快速发展上。保持军民关系的纯洁性。

三是选好共建对象，找准工作“结合点”。选好共建对象、找准“结合点”是民营经济组织双拥共建工作的重要环节。在筛选共建对象方面，军地双方应争取组织、宣传、工商、税务、工青妇民间组织管理等部门的支持配合，总的原则是选取具有一定规模、守法经营、照章纳税、党（团）和工会组织比较健全的民营企业开展双拥共建。主要面向大中型民营企业、民营高科技企业、民营院校和科研机构。规模小、投资少的个体工商户和外资独资企业目前尚不宜开展军民共建活动。在共建的“结合点”上，要按优势互补、实现“双赢”为原则确定共建内容。如：武警基层部队可从搞好治安管理、改善投资经营环境的角度，边防部队可从培训通关知识、提高通关速度、改善服务质量的角度，消防部队可从培训消防知识、预防火灾事故、促进安全生产的角度，解放军系统部队尤其是省军区系统部队可从搞好民船战备动员、建立战时后勤保障体系、搞好后勤保障社会化改革的角度，与有关企业找到共建的结合点，使双方的共建活动长期进行下去。

四是讲究方式方法，提高共建质量。民营经济是讲求效益的经济。在双拥共建工作方式方法上，要处理好双拥活动与企业生产经营的关系。双拥活动方式要以业余、小型、分散、灵活为主，除了国防教育搞大型集体活动外，其余活动应采取业余、小型、分散的方式进行。在工作方法上，要征得民营企业同意、不能急于求成，不能搞形式主义，多务实，少务虚，使业主切实感受到双拥共建给企业带来的社会和经济效益。要注重提高共建质量，共建对子成熟一个，建立一个，在培育、树立、宣传典型的基础上，逐步推开，增强双拥共建活动的效果。

双拥办在组织协调非公有制经济组织开展双拥共建活动中需要着重解决的几个问题

广东省广州市双拥办

近几年来，各级双拥办积极组织非公有制经济组织开展双拥共建活动，为新时期双拥共建工作向深层次发展注入了新的活力，取得了不少成绩。但从目前的实际情况看，各地双拥办在组织协调非公有制经济组织开展双拥共建活动中仍存在一些不容忽视的问题，主要表现在以下方面。

第一，思想不够解放，对非公有制经济组织双拥共建的认识不够统一，工作不够主动。从调查的情况看，51％的基层双拥办对非公有制经济组织双拥共建工作没有规划；35％的双拥办工作人员认为有无非公有制经济组织双拥共建工作无所谓。之所以出现这种局面，究其原因，一是对非公有制经济组织双拥共建工作的重要性认识不足。总认为双拥共建工作是党委政府的事情，只要抓好党政机关、事业单位、国有企业和学校等就可以了，非公有制经济组织的双拥共建工作可管可不管，不会影响大局。二是对非公有制经济组织双拥共建工作有畏难情绪。有的同志认为机构改革后双拥办的人员少了，做好现有的军地协调工作已有不少难度，难以再分心抓好非公有制经济组织双拥共建工作；也有一些同志认为，部队机关对共建工作有不少规定，没有必要踩非公有制经济组织双拥共建工作这个“雷区”。三是部分双拥工作者特别是领导干部思想不够解放，抓非公有制经济组织双拥共建工作不够大胆。认为，非公有制经济组织双拥共建工作政策性强，总担心非公有制经济组织参与双拥共建会出乱子，怕干不好，不如等上级定条条、拿办法，存在着等待、观望情绪，从而对非公有制经济组织双拥共建工作不管不问，放任自流。

第二，工作思路不够开阔，对非公有制经济组织参与双拥共建的途径、内容研究不多，仅停留在传统的双拥共建路子上，缺乏创新的意识。一是指导思想陈旧。没有适应市场经济发展的规律，对非公有制经济组织与部队单位共建还是用指令性配对等方式，乱点“鸳鸯”，这样就必然造成非公有制经济组织与部队双方热情不高，难以经常开展活动，即使开展活动，也是走形式、过过套，效果不佳。二是工作作风不够深入。仅停留在发个通知、收集点情况、搞点表面活动上，而对非公有制经济组织参与双拥共建工作的特点、规律研究不多，从而使本地区的非公有制经济组织双拥共建工作吸引力不强，局面难以打开。三是双拥共建方式单一。在组织非公有制经济组织开展双拥共建活动中，沿用过去军民共建活动的方法，搞点走访、送点钱物、造点气氛，活动没有新的方式、新的突破，非公有制经济组织双拥共建工作难有新的发展。

第三，组织协调力度不够，对非公有制经济组织参与双拥共建放任自流的多，规范引导不够，双拥共建动力不足。从调查中发现，目前，各地双拥部门在这方面主要存在三个问题：一是统筹规划不力。大部分的双拥共建职能部门对非公有制经济组织双拥共建工作缺乏应有的筹划，有的只是在上级有关部门下来检查时，才临时抓一个共建对子应付了之；有的等到共建活动已初具规模了，才下去了解点情况，总结点经验。尤其是街镇、社区，对非公有制经济组织双拥共建工作有总体安排的更是不多。二是协调机制不畅。军地之间、双拥部门与共建部门之间、政府部门与社会团体之间分属不同的机构，难以统管，造成政出多门，要么都不管，要么都来管，影响了指导非公有制经济组织双拥共建工作合力的形成。三是激励办法不多。非公有制经济组织参与双拥共建活动取决于经营管理者的意愿，不宜采取强制性的约束手段。而我们现在引导和调动非公有制经济组织参与双拥共建的方法不多，除了宣传表彰等方式外，在激励办法创新方法上研究不够，导致非公有制经济组织参与双拥共建的动力不足。

第四，掌握政策不够准确，对非公有制经济组织参与双拥共建的基本原则把握不好，致使部分非公组织参与双拥共建的动机不纯，难以长期坚持。从调查中发现，个别双拥部门特别是基层双拥部门对非公有制经济组织双拥共建工作的政策原则把握得不好也是影响双拥共建质量的一个因素。在市场经济的大环境下，非公有制经济组织总是要追求利益的最大化。个别私营企业主通过与部队共建，以为有了保护伞，而从事非法经营活动，造成不良影响；也有的私营老板为了提高企业知名度或捞取政治资本，才参与双拥共建活动，动机不纯，双拥共建的质量很难保证。如原广州大东园酒店老板蓝永东，通过参与双拥共建活动，成为天河区拥军优属先进典型，还当上了人大代表，最后因经营不善而到处举债，企业也破产了，在军地造成了很不好的影响。

如何改变这一局面，推动非公组织参与双拥共建工作深入发展，是当前各级双拥职能部门必须认真加以研究的重要课题。从广州市非公有制经济组织双拥共建工作的实践看，我们认为，应着重解决以下几个问题。

一、强化使命意识，始终把非公组织参与双拥共建工作作为一项战略任务抓紧抓好

首先，要从抓认识入手，打牢做好非公有制经济组织双拥共建工作的思想基础。认识到位，才能工作到位。党的十六大报告明确指出，个体私营企业主等社会阶层，也是中国特色社会主义事业的建设者。应该充分认识到：随着市场经济的深入发展，民营、私营企业等非公有制经济组织蓬勃发展壮大，从业人员日益增多，素质不断提高，逐步成为社会主义现代化建设的新兴力量。正确引导非公有制经济组织参与双拥共建活动，是保障国家长治久安、经济发展的迫切需要，是促进双拥工作社会化的重要途径。我们还必须清醒地看到，在新的形势下双拥工作遇到了不少新情况新问题。如国有大中型企业减少，安置优抚对象就业的主渠道梗塞；伴随着社会体制及经济结构的变革，军地交往的目的、对象面临调整，双拥共建的感情基础发生变化等等。只有不断探索新的双拥共建模式，不断扩大双拥共建工作的群众基础，才能使双拥工作满足形势发展变化的新要求，推动双拥工作向前发展。因此，各级双拥办要从贯彻落实“三个代表”重要思想的高度来认识做好非公有制经济组织双拥共建工作的重要性，开拓创新，与时俱进，努力开创双拥共建工作的新局面。

其次，建立健全非公有制经济组织参与双拥共建工作的责任制。实践经验告诉我们，做好非公有制经济组织双拥共建工作，职能部门的作用至关重要。有些单位工作上不去的主要原因，就是没有建立非公有制经济组织双拥共建工作责任制。要在军地双拥共建职能部门中，实行党委领导下的抓非公有制经济组织双拥共建工作责任制，一级抓一级，将非公有制经济组织参与双拥共建工作成效与工作政绩挂钩，与评选双拥模范单位挂钩，做到赏罚严明，使非公有制经济组织双拥共建工作层层有人管，上下有责任，形成齐抓共管的良好工作局面。与此同时，各级领导要加强督促检查，注意分类指导，及时纠正工作中存在的问题，保证非公有制经济组织双拥共建工作的健康发展。

再次，解放思想，更新观念，把非公有制经济组织共建工作推上新台阶。面对新的事物，要有全新的理念。各级双拥办工作人员尤其是领导干部要有敢为人先的精神，抓住机遇，迎难而上，谋求大发展，争取大作为。不仅对建立了党组织的非公有制经济组织双拥共建工作要抓好、抓出成效，而且对外资、合资企业等敏感单位双拥共建工作，在保证部队内部安全的前提下，也要大胆地去探索、去实践。对在开展非公有制经济组织参与双拥共建工作中出现的一些问题，要用新的视角观察新的情况，用新的方法解决新的问题。总之，要破除旧观念，敢于打破常规，在更高的起点上思考、筹划和开展工作，不断推动非公有制经济组织参与双拥共建工作的发展创新。

二、强化创新意识，开拓非公有制经济组织双拥共建工作的新路子

非公有制经济组织双拥共建工作是一项全新的事物，做好这项工作，必须坚持与时俱进，开拓创新。从广州市 20 多年非公有制经济组织参与双拥共建工作的实践，我们从中得出许多有益的启示：只有在继承传统的基础上发展创新，非公有制经济组织参与双拥共建工作才有生命力，只有在指导思想、工作内容、工作手段等方面不断创造新途径，总结新经验，非公有制经济组织参与双拥共建工作才能出现新局面。

（一）在指导思想上，要有兼顾社会效益、经济效益、国防效益的新思路。做好非公有制经济组织双拥共建工作，必须贯彻“三个代表”重要思想的要求，把发展社会生产力和提高部队战斗力，发展和传播先进文化，培育高素质“四有”公民作为工作的出发点和落脚点。目前，军地在提高“双力”、维护社会稳定、加强队伍的素质建设等方面有着许多共同的愿望，一方面，在改革开放中不断发展壮大的非公有制经济组织已积累了一定的资金和技术，他们参政议政的意识越来越强烈，政治上的要求日益迫切；同时，私营企业主对社会稳定与发展经济的关系认识加深，回报社会、促进稳定的热情越来越高。另一方面，军队是维护社会稳定的重要力量，部队建设需要社会各方的大力支持。各级双拥办在谋划非公有制经济组织双拥共建工作思路时，要充分考虑到这些需求，做到社会效益、经济效益、国防效益统筹兼顾，努力使双拥共建工作获得最大的综合效益，促进经济建设与国防建设协调发展，构建新型的军民关系。

（二）在工作内容上，要拓宽适应军队改革和非公有制经济组织需要的新领域。必须坚持以解决双方实际需求为主要内容，使双拥共建达到双赢。首先，要从一般的做好事转向共同促进“双力”上，提高工作的层次。通过非公有制经济组织与部队双拥共建活动，共同维护社会治安，创建文明社区、文明单位，营造一个良好的适宜生活和适宜创业的地区环境，促进地区经济发展和部队全面建设；通过开展双拥共建活动，提升企业的社会影响力和认同感，为企业的发展铺路搭桥；通过发挥双方的优势，互惠互补，加强内部的管理和沟通，提高部队战斗力和企业的经济实力。其次，要从走访联谊转向“知识双拥”，构建“学习型”、“教育型”、“智力型”双拥共建空间。市场经济又是知识经济，伴随知识经济产生的是知识军事。要通过共同帮助官兵和员工进行学历教育、两用人才培训等形式，提高队伍的文化层次；要利用高新技术企业，对具有一定知识基础的部队干部，按照复合型人才和科技人才的目标进行培训，使他们“一专多能”、军地两用。通过知识搭桥，既能提高部队的战斗力和企业的竞争力，又使企业找到可用的转退安置人才。再次，从纯物质型双拥共建转向物质与精神相结合的双拥共建，创造全新的企业文化品牌。要通过组织私营企业主到军营体验生活等形式，向解放军学习，充实他们的管理经验和精神动力；发挥部队党建优势，帮助非公有制经济组织做好企业党建工作，培养企业内部的奉献精神，加强企业文化建设。广州市中国大酒店在这方面的实践就是很好的证明。他们与部队双拥共建工作不仅创造了全国的“六个第一”，而且经济效益也连续9年列全国同类行业的第一，双拥共建成为中酒的企业文化品牌。

（三）在工作手段上，要探索情感方式和激励方式并用的新办法。从调查的情况看，非公有制经济组织参与双拥共建工作特点主要体现在：一是非强制性的自主行为。非公有制经济组织作为独立的市场经济主体，其双拥共建行为，取决于私营企业主的意愿，而不是政府部门或某一组织的强制性因素。二是离散性的个体行为。非公有制经济组织的存在与发展取决于自身的生命力，决定了其个体化倾向，因此，其参与双拥共建工作的行为亦表现为离散性的个体行为，开展的时间、模式、内容等，各个企业之间有较大的区别。三是灵活性的工作模式。非公有制经济组织的实力，企业主的经历、认知，管理人员的素质直接影响双拥共建的模式、内容和方式。基于上述特点，各级双拥办在工作中要采取有别于传统双拥共建的措施，通过一定的载体，引导、保护、激励非公有制经济组织参与双拥共建工作的热情，使更多的非公有制经济组织参与这项工作。一要运用宣传引导。根据非公有制经济组织的政治要求，加强双拥共建工作的宣传力度，广泛开展形式多样的国防教育活动，提高私营企业主的国防观念和双拥意识，使他们形成富裕不忘回报社会、经商更要重视国防的共识，自觉参与双拥共建活动。二要运用典型引导。多年的实践证明，榜样的力量是无穷的，树典型立标杆，是很好的激励办法。要适应私营企业主提高政治地位和企业形象的迫切意愿，本着实事求是的精神，注意发现、培养和宣传非公有制经济组织参与双拥共建工作的先进典型，通过表彰等形式，树立典型，并充分发挥先进典型的示范作用，带动一批私营企业主投身到双拥共建工作之中。三是运用政策引导。各级双拥办要积极沟通政府有关部门，制定一些鼓励非公有制经济组织参与双拥共建工作的优惠政策，如安置随军家属就业可减免部分税费、把参与双拥共建工作作为评选企业等级的条件等等。通过这些政策措施，使非公有制经济组织感到参与双拥共建不一样，可得到政府和社会的认同。还可以在政府开展拥军慰问活动时，让有经济实力的民营企业主参加。这样，既增强了私营企业主的荣誉感，又扩大了影响力，还可以减少政府负担，非公有制经济组织参与双拥共建工作意识就会大大增强。

三、强化协调意识，构筑齐抓共管的新网络

非公有制经济组织双拥共建工作是一个社会系统工程，涉及到军地多个职能部门。在非公有制经济组织双拥共建工作中，必须加强军地之间、部门之间的协调，建立高效有序运行的工作指导机制。各级双拥办是党委政府领导双拥工作的办事机构，是双拥工作的牵头部门，必须主动加强与有关部门和社会团体的协调沟通，共同做好工作。

（一）加强部门协调。要主动沟通军地关系，与部队群工、保卫、军务部门建立定期联系制度，及时交流非公有制经济组织参与双拥共建工作的情况，研究推动双拥共建不断深入的措施以及解决难点问题的对策。要协调工商、税务等非公有制经济组织的主管部门，从政策、制度、资金等方面大力支持非公有制经济组织参与双拥共建工作。要协调宣传、国防教育部门做好宣传发动工作，形成良好的社会氛围。通过动员和依靠各部门各方面的力量广泛参与，形成整体合力，推进非公有制经济组织参与双拥共建工作的经常化和社会化。

（二）加强社团协调。各级双拥办要改变包揽全部工作的做法，加强与社会团体、横向中介组织的协作，紧紧依靠社会推进非公有制经济组织双拥共建工作。要把工商联、私营企业协会、个体劳动者协会等社会团体和非公有制经济组织参与双拥共建工作积极分子吸收到双拥共建工作领导小组中来，充分发挥他们协调处理社会事务的作用，从体制上调动非公有制经济组织参与双拥共建工作的积极性。

（三）加强基层指导。基层是一切工作的基础，也是非公有制经济组织双拥共建工作的基础。各级双拥办要把工作的重点放在街道，放在社区。要指导街道党委、地区党工委和社区党支部组织非公有制经济组织拥军优属服务队伍，推动非公有制经济组织双拥共建工作的深入发展。

四、强化政治意识，确实把握好非公有制经济组织参与双拥共建工作的正确方向

开展非公有制经济组织双拥共建活动是一项政治性、政策性都很强的工作。如果把握不好，不仅会使双拥共建活动偏离正确的方向，而且会直接影响军政军民关系。因此，各级双拥办在组织非公有制经济组织开展双拥共建工作中，必须加强政治意识和政策观念，时刻保持清醒的头脑，多从政治上思考问题，把握好双拥共建工作发展的方向。一是要坚持正确的指导原则。既要坚持党的统一领导，又要充分发挥部队和非公有制经济组织的主观能动性；既要相信和依靠私营企业主，又要积极引导，使活动健康发展；既要注重加强思想道德文化建设，又要始终坚持为经济建设这个中心服务，使物质文明和精神文明互相促进。二是要坚持高格调。在双拥共建中，要注意防止渗进庸俗的人际关系和价值观念，坚决纠正和克服双拥共建物化倾向；要突出思想道德和文化建设，共育“四有”公民；要始终保持双拥共建活动的鲜明政治特色，把学习党的基本路线，普及法律常识，传播科学文化知识，弘扬社会主义、共产主义思想道德作为活动的主旋律。三是要加强统一管理。对军民共建点的选择，要由军地双方共同确定，尤其是涉及到一些保密要求高或战备任务繁重的部队单位，要经部队政治机关批准。对共建点检查指导工作，也要与部队有关部门共同进行。在与非公有制经济组织双拥共建工作时，要特别注意纠正交往中的不良现象，保证双拥共建工作的健康发展。

部队与非公有制经济组织开展共建工作时需要注意防止和克服的问题

广州军区司令部

部队与非公有制经济组织开展双拥共建活动是新形势下适应市场经济发展的需要，也是贯彻落实党的十六大精神，与时俱进开创双拥工作新局面的新课题。近年来，军地各级在抓非公有制经济组织双拥共建中，取得了一定的成绩，摸索了一些成功的经验，也探索了一些新的方法。但也应该看到，目前在工作中存在一些带原则性和倾向性的问题，需要我们认真探讨做好预防工作，确保与非公有制经济组织双拥共建健康发展。从部队的实践看，应着力做好五个方面的防范工作。

一、防止共建方向错位

开展部队与非公有制经济组织双拥共建活动，是新时期双拥共建工作的一个全新课题。在探索过程中，把握共建工作的正确方向十分重要。根据多年来与公有制经济组织共建的经验，结合非公有制经济组织的特殊性，部队在参与非公有制经济组织双拥共建活动中，应重点克服三种不良倾向。

利益第一倾向。部队作为国家的特殊集体，吃的是“皇粮”，本身并无经济效益可言，如果把与非公有制经济组织建立双拥共建看成是你对我一些“经济”上的帮助，我对你便提供一些特殊的“关照”，把共建当作是一种利益补充、经济往来，这就偏离了双拥共建工作的方向，必须防范和克服。

脱离组织倾向。目前，大部分非公有制经济成分还没有建立党的组织，或组织不健全，在这种情况下，部队与其开展双拥共建工作，就可能出现不是组织对组织，而是组织对非公有制经济个体负责人的现象，更有可能随着共建工作的进一步开展，形成部队单位领导对个体负责人的现象。这样一来，共建活动的开展就失去了组织基础，就很容易出现脱离组织领导、脱离集体活动等现象。因而，与非公有制经济组织确立为双拥共建对象时，一定要认真考察其组织建设情况，把双拥共建工作建立在组织对组织的基础上。

过多过滥倾向。与非公有制经济组织开展双拥共建活动过去不允许，现在放开了，是一个新生事物，有可能会出现不择良莠、“一窝蜂”都上的情况。要防范这种情况的发生，必须坚持两项工作制度：一是试点制度。旅团单位要按照先个别试点，积累经验，再普遍推广，全面铺开的程序进行。二是审批制度。基层建立共建单位，仍要旅团单位审批，不能擅自建立共建单位；旅团单位一定要把好审批关，严格执行每个建制连以上单位不得超过一个共建单位的规定，防止出现“一连多建”的情况。

二、防止共建质量低下

双拥共建工作在非公有制经济组织这个领域内展开，为军地双拥共建活动拓展了新的空间。部队面对这块试验田，在组织实施双拥共建工作的过程中，需要结合实际情况，积极采取新方法，力求高质量，避免出现方法老套、形式单一等现象。具体而言，应特别注意防止以下三种情况：

内容低格调。在共建的内容上不能一味停留在以往的老模式、老方法上，要跳出扫大街、搞军训、搞联欢等老框架，要推陈出新，以创新的意识搞活共建工作。例如，可以在坚持以往好做法的基础上，充分发挥非公有制经济成分中生产设备科技含量高、专业技术人才密集的优势，使官兵拓宽视野，增长见识，学习新知识，增加新本领；部队也可以向非公有制经济性质的企业交流一些好思想、好的管理方法，并通过军训、过军事日等形式，帮助非公有制企业形成先进高效的企业文化，从而使共建的内容更广、形式更新、格调更高。

时间低频率。与非公有制经济组织进行共建，可以更为灵活自由地安排活动的开展，不要出现过节慰问一下，平时不相往来的现象。要把活动的开展与私营企业的需要相结合、与部队建设实际相结合，活动的规模可以小一些，次数可以多一些；活动的范围可以小一些，效果力求好一些。要确立“不为过节才活动，为求双赢才共建”的观念和工作机制。

组织低水平。由于非公有制经济组织与部队开展双拥共建活动还是一个新课题，肯定存在人员经验不足、组织协调困难等问题，在一段时间内可能会出现组织的无序状态或低水平的情况。作为部队一方，人才相对多些，经验相对丰富一些，应更多地做些工作，在尽可能短的时间内，改变组织无序状态，提高共建工作的质量。

三、防止错误思想影响

非公有制经济与公有制经济相比，因经济主体的不同，其本质也有所区别。它以营利为目的，追求的是个人价值、个体利益。因而部队与其进行双拥共建活动时要筑牢官兵的思想防线，重点防范三种错误思想的影响。

个人主义思想影响。非公有制经济成分代表的是个体、个人的利益，在企业的发展中难免会出现个人利益至上的思想。作为部队却要求摈弃利己主义思想，崇尚集体主义思想。共建过程中，这两种思想势必要产生交锋，利己主义思想势必会对官兵的思想产生负面的影响。这是需要认真抵制和克服的。

金钱万能思想影响。赚钱是非公有制经济的根本目的，也是非公有制经济从业人员的首要目的。在市场经济条件下，尤其是在非公有制经济从业人员中，金钱万能的思想有相当的市场，是一种十分现实、普遍存在的价值观。这与部队吃“皇粮”，追求国家利益，而不是追求一己之私的价值观是格格不入的。因此，在与非公有制经济组织开展双拥共建工作的过程中，部队官兵需要树立正确的金钱观，自觉抵制金钱万能等错误思想的影响，过好“金钱关”。

极端民主化思想影响。大部分非公有制经济的企业主、员工因为工作环境的影响，个人意识强，观念开放，思想比较前卫，民主意识也比较强。而部队是一个武装集团，必须保持高度的集中统一。因而部队在与非公有制经济组织开展双拥共建活动时，也要特别注意地方的极端民主化思想对官兵带来的影响。要加强职责和纪律教育，使官兵懂得部队是个特殊集体，只有在高度统一和集中的基础上才能出战斗力，才能成为坚不可摧的钢铁长城。

四、防止部队管理失控

随着部队与非公有制经济组织双拥共建工作的展开和深入，不难预见，一些非公有制经济主体会在一些利益关系的驱使下，借共建之名，用各种方法拉拢、依靠，甚至利用部队官兵这个特殊群体，为己谋利。这就要求部队官兵在开展双拥共建工作时必须坚持原则、坚持制度，自觉抵制各种诱惑。

出现不当交往。在共建过程中，部分地方青年和少数部队战士有可能发生感情纠葛，这样既违反部队规定，同时也会给部队工作和管理带来一系列问题，必须认真加以防范和克服。

插手地方纠纷。共建单位的部分人员甚至可能借共建关系一来二往之际，在与部队官兵熟悉之后，利用部队官兵存有感情上过不去、碍于情面等心理，要求帮助解决其私人问题，插手地方纠纷，致使官兵置纪律于不顾，违反规定受到处理，这种情况不能不引起部队官兵的注意。

进入不洁场所。非公有制经济成分的企业主、地方人员可以进入卡拉OK厅、桑拿按摩浴室等场所，但部队条令明文规定不允许进入这些场所。共建过程中，人员相互熟悉之后，地方人员可能会以各种理由，请部队的官兵去一些不健康场所消遣。这时候就要求官兵能保持清醒头脑，在关键时刻能坚持原则，坚持制度，经得起诱惑。

五、防止失密泄密问题

非公有制经济成分的多样性，及其外部环境、内部关系的复杂性，决定部队官兵在与其开展双拥共建工作时必须加强保密观念，严格遵守各项保密规定，防止各种失泄密问题的发生，

军事禁区失泄密。共建过程中，需要到部队参观时，必须进行严格的控制，要按规定落实审批权限，严禁将外来人员带入军事禁区参观，更不能在军事禁区附近录像、拍照，更不得把活动安排在军事禁区内进行。

部队编制失泄密。与共建单位人员交往的过程中，要教育官兵增强保密意识，言谈中不能涉及部队编制体制、武器装备、部队番号等密级情况，严防在无意间导致失泄密问题的发生，

密级文件失泄密。严格遵守文件保密规定，加强对密级文件的保管，不得把地方人员带到存放密级文件的地方，不得私自复制、携带密级文件到共建单位、共建场所。

试论当前创建双拥模范城（县）中存在的问题及对策

广东省双拥办

创建双拥模范城（县）活动是双拥工作在新的历史时期的伟大创举，它适应了广大军民思稳定、求团结、谋发展的强烈愿望。特别是邓小平同志亲笔为双拥模范城（县）题词，江泽民、胡锦涛同志多次接见出席全国双拥模范城（县）命名大会代表，各地各部队深受鼓舞，把获得双拥模范城（县）称号看成很高的政治荣誉，看成衡量一个地方政治稳定、经济发展和社会进步的重要标志，进一步加大了创建活动的工作力度，在全国各地形成了创建双拥模范城（县）的热潮。全国和省级双拥模范城（县），像一面面旗帜，成为调动广大军民双拥工作积极性、主动性、创造性的源泉，成为密

切军政军民关系的样板。但是，当前创建活动中还存在一些不容忽视的问题，影响着创建活动的深入开展。主要表现在“四重四轻”问题：

一是重荣誉轻工作。有的地方创建双拥模范城（县）的指导思想不够端正，过分看重“牌子”和荣誉，不是把主要精力花在基础工作上，而是在评比命名前做表面文章到上级机关伸手去要、去争。

二是重数量轻质量。有的认为双拥模范城（县）越多越好，越能代表该地双拥工作的质量和水平，越能显示该地双拥工作的实力，因而片面地追求双拥模范城（县）的数量，单纯地把数量多少作为衡量双拥工作水平高低的唯一标志，忽视创建双拥模范城（县）质量和整体水平的提高。

三是重评比轻平时。有的地方抱着急功近利的心态，平时不做好经常性的、深入扎实的工作，而到评比时，采取几次集中突击，把功夫下在迎检工作上。评比时轰轰烈烈，搞全民动员，党政军机关全体出动，光办公室人员就达十多人甚至几十人，有不达目的誓不罢休的气势，而一旦双拥模范城（县）到手，办公室人员各回原来单位，平时双拥工作任务没人去完成。

四是重形式轻内容。有的地方在创建活动中片面追求形式，不注重创建活动的实际内容，不是把创建活动的重点放在认真抓好双拥宣传和国防教育、深入开展双拥活动和军民共建活动、落实拥军优抚安置政策、健全双拥工作机构、完善双拥工作制度等六条标准的落实上，而是刻意作秀，热衷于上电视，出新闻，拉条幅，贴标语，造声势，做表面文章，搞形象工程等，片面追求一些形式主义的东西。

这些问题程度不同地制约着创建活动的深入、持久、健康发展。分析产生“四重四轻”问题的原因，主要有以下三个方面：

一是创建双拥模范城（县）指导思想不够端正。有些领导没有充分认清和正确把握创建活动的根本目的，在创建活动中不是以密切军政军民关系、增强军政军民团结、提高生产力和战斗力为出发点和落脚点，而是把创建双拥模范城（县）与自己的政绩和名利紧密联系在一起，过分看重双拥模范城（县）这块牌子，因而出现片面追求数量忽视质量、急功近利、做表面文章等问题。

二是未能真正实行动态管理机制。全国《双拥模范城（县）创建命名管理办法》规定命名表彰实行动态管理机制。省、（区、市）根据全国规定，都制订了本级的评比命名办法或者量化标准，并且明确规定了实行动态管理机制。但严格地说，各地并没有真正落实全国《双拥模范城（县）创建命名管理办法》中的这一规定，做到有上有下、有进有出，尤其是在控制地级市比例方面，还程度不同地存在着迁就照顾情绪，普遍存在着只上不下、只进不出的问题。这样，导致双拥模范城（县）数量逐届增多，但质量却不尽如人意。

三是检查评比命名程序不够规范。主要是：有的因时间和人力关系，检查时只抽查一些市、县（区、市），对一些单位实行免检，免检单位成为下届理所当然的双拥模范城（县）；在检查过程中听汇报的时间长，到基层检查的时间短，走马观花，掌握不到基层详细的、全面的双拥工作情况；平时的检查考察少，而且也未把平时检查考察情况列为检查评比命名的重要依据；确定命名表彰对象时受一些人为的、主观的因素影响，变通的可能性比较大，等等，这些都客观上造成了评比的不公正、不公平，助长了上述“四重四轻”问题的产生。

要认真地解决“四重四轻”的问题，坚持不懈地把创建双拥模范城（县）活动深入持久开展下去，必须正确处理好以下四个方面的关系：

一是要切实端正对创建活动的认识，正确处理好荣誉与工作的关系。军地共创双拥模范城（县）活动是拥军优属、拥政爱民优良传统的继承和发展，是新时期双拥工作的一个创举，是加强军政军民团结的重要途径。创建双拥模范城（县）活动贵在坚持、重在落实。创建双拥模范城（县）活动的最终目的是为了密切军政军民关系、增强军政团结，维护社会政治稳定，为提高生产力和战斗力提供坚强有力的保障。思想是行动的先导，只有把思想认识端正了，把创建的目的搞清楚了，才能充分调动党政军民自觉参与创建活动的积极性，保持创建双拥模范城（县）活动的正确方向。因此，各级军地领导和机关要切实端正对创建双拥模范城（县）活动的认识，正确处理荣誉与工作的关系，明确荣誉和牌子要靠扎扎实实的工作和优异的成绩去获得，靠搞形式主义、做表面文章、采取不正当手段去获取荣誉、牌子，那是不可取的，也是十分有害的。各级党政军领导一定要把创建双拥模范城（县）活动作为事关全局的一项重要工作来抓，切实将这项工作纳入本地区、本部门经济、社会发展和部队建设的总体规划，不断提高社会各界和广大军民自觉参与创建活动的积极性，正确处理好荣誉与工作的关系，按照“坚持方向、丰富内容、拓宽领域、注重实效”的原则，真正把功夫用在经常性的工作上，切实抓好各项双拥工作任务的落实。当前，双拥工作有许多热点、难点问题需要我们去研究解决。比如：如何按照全国双拥工作会议要求，落实双拥办人员编制，配齐配强干部，建立顺畅、高效运行的双拥工作机制，以适应日益繁重的双拥工作任务需要；如何正确处理国防建设与经济建设的关系，适应新军事变革，支持部队搞好战场建设和军事演练；如何面对社会变革带来的利益关系调整，认真研究落实拥军优抚安置政策，做好转业复员退伍军人安置、随军家属就业、军人子女入学入托、重点优抚对象生活保障等方面的工作，及时化解不稳定因素，等等。这些问题解决好了，创建活动才能真正落到实处，创建双拥模范城（县）的目标才能真正实现。

二是要控制好命名表彰的数量，正确处理好数量与质量的关系。据了解，近几届全国和各省的双拥模范城（县）评比命名数量，地级以上市（区）比例普遍是比较高的，而县（区、市）比例普遍是偏低的。按照2002年颁发的全国《双拥模范城（县）创建命名管理办法》第八条规定，“各省、自治区推荐的县及县级市所占比例不得低于推荐总数的百分之三十”，但遗憾的是，未能真正按照这一规定执行。以广东为例，上一届广东省的全国双拥模范城（县）有13个，地级以上市就有11个，所占比例为84.6%，占全省21个地级以上市的50%；县（市）只有2个，所占比例为15.4%，仅占全省67个县（市）的3%。上一届广东省双拥模范城（县）有79个，其中地级以上市有18个，占全省地级以上市的85.7%；县（区、市）有61个，占全省122个县（区、市）的50%。从总体情况来看，有些评上的质量并不高。质和量是一个问题的两个方面。质量以一定的数量为前提，数量以一定的质量为基础。质量和数量都有自身的规定性。如何把握好数量与质量的辩证关系，处理好增加数量与提高质量这对矛盾，这是在创建双拥模范城（县）活动发展到一定程度的时候必须慎重考虑的问题。笔者认为，当务之急是探讨一种数量与质量的平衡关系，在保证质量的基础上求数量，在质量稳定的前提下谈发展，走质量、数量兼顾、质量优先的路子。为确保质量，在评比命名办法中要明确规定被命名表彰的地级市占该省地级市总数的比例、县（市）占该省县（市）总数的比例。从目前创建活动发展的水平来看，全国双拥模范城（县）命名表彰的比例，地级市控制在50%以下，县（市）控制在10%以下；省级双拥模范城（县）命名表彰的比例，地级市控制在80%以下，县（区、市）控制在60%以下。这样的比例比较适中，既能充分体现先进性，又能充分调动广大军民创建双拥模范城（县）的积极性。目前地级以上市的辖区没有纳入全国双拥模范城（县）评比命名的范围，应当尽快将其纳入与县（市）一起评比命名表彰。为确保双拥模范城（县）的质量，要严格按照全国《双拥模范城（县）创建命名管理办法》办事，尽量减少人为的干扰因素，真正做到能上能下、有进有出。比如，可以试行末位淘汰制，按照评比检查和平时考察综合打分，从高分到低分排列，将上届双拥模范城（县）分数最低的最后一二名淘汰，在控制总的数量的前提下，可将以前未曾命名但检查评比和平时考察总分高于末位的补选上来。另外，可考虑设立单项表彰名额，拥军优属工作做得比较好而拥政爱民工作相对比较薄弱的，可考虑命名为拥军优属模范城（县）；拥政爱民工作做得比较好而拥军优属工作相对比较薄弱的，可考虑命名为拥政爱民模范单位，以调动地方和部队各方面的积极性。

三是要建立平时考评机制，正确处理好评比与平时的关系。全国和各省、区、市对双拥模范城（县）命名表彰的依据主要是只有几天时间的评比检查结果，几天的检查评比时间不可能深入到基层对全部量化指标一项一项详细了解、认真检查。由于检查评比的时间紧，有些地方还实行免检制度，加之各级双拥办人少事繁，平时下去检查考评的时间又少，也没有把平时考评的结果作为双拥模范城（县）评比命名的重要依据。这样的评比命名就难免带有一定的片面性和主观随意性，影响双拥模范城（县）评比命名的公正、公平。应当考虑修改全国《双拥模范城（县）创建命名管理办法》，建立一种平时考评机制，比如在不评比命名表彰的年份，每年对双拥模范城（县）考评一次，把考评结果作为下届双拥模范城（县）评比命名的重要依据之一。平时考评和检查评比分数各占一定比例，如平时考评占40%，检查评比占60%。在开展双拥模范城（县）检查评比时要尽量缩短听汇报的时间，尽量安排时间多到基层，多到广大军民中去了解情况，摸清底数。以后要取消免检，对申报单位全部进行检查评比。要把双拥办人员编制落实情况，作为检查评比的一项硬指标，实行一票否决。为保证创建双拥模范城（县）活动公平公正公开，可考虑在评比过程中建立公示制度，从制度上保障广大军民有更多的知情权、参与权和监督权。为确保公示效果，可通过报刊、广播、电视等媒体进行公示，以提高创建活动的透明度，完善社会监督机制，促进创建活动深入开展，运行规范。

四是要把创建活动的重点放在解决实际问题上，正确处理好形式与内容的关系。辩证法告诉我们，形式与内容是辩证的统一。内容与形式之间，内容决定形式，内容起着主导的、决定的作用，形式又反作用于内容。没有一定的形式，就没有一定的内容，但没有一定的内容就根本谈不上什么形式。在创建双拥模范城（县）活动中，注重形式，搞好宣传，造一些声势是必要的，但不能忽视创建活动的实际内容，刻意作秀，搞形式主义，一定要注意把创建活动的重点放在解决实际问题上，按照全国《双拥模范城（县）创建命名管理办法》中规定的六条基本标准一条一条抓好落实，切实克服片面追求形式而忽视内容的形式主义。当前，就是要大力加强国防教育和双拥宣传教育，弘扬拥军优属、拥政爱民的优良传统，不断增强全民国防观念和双拥意识，正确处理经济建设与国防建设的关系，形成人人关心支持国防建设和双拥工作、自觉维护军政军民团结的良好局面；积极开展科技拥军、信息拥军、教育拥军等活动，以高度的政治责任感，积极支持部队建设、配合部队做好军事斗争准备，特别是多帮助边防、海岛等条件特别艰苦的部队解决教育训练、生活设施等各个方面的困难和问题；按照党的十六大精神和“三个代表”重要思想的要求，切实做好军民共建工作特别是非公有制经济组织和社区的双拥共建工作，不断扩大双拥工作的群众基础和社会基础；扎实做好转业复员退伍军人、军队离退休干部和随军家属安置工作，不断提高并落实好义务兵家属优待和烈属、残疾军人、老复员军人的抚恤补助标准，维护和保障军人及其家属和优抚对象的合法权益，切实帮助他们解决实际困难和后顾之忧；本着对双拥工作、对国家和军队建设高度负责的精神，抓好省、市、县（市、区）双拥办的组织机构建设，落实人员编制，配齐配强人员，建立起顺畅、高效的省、市、县（市、区）三级双拥工作运行机制，推动创建活动的深入开展。

在非公组织中开展双拥共建活动需要注意把握的几个问题

广东省双拥办

在非公有制经济组织和社会组织（以下统一简称为“非公组织”）中开展双拥共建活动，是伴随着改革开放出现的新生事物，也是新形势下巩固和发展军政军民团结、构建社会主义和谐社会所面临的重要课题。改革开放特别是党的十六大以来，在“三个代表”重要思想和科学发展观的指引下，广东军地各级党委高度重视在非公组织中开展双拥共建工作，积极探索在非公组织中开展双拥共建的特点规律，广东省各地非公组织的双拥共建工作有了长足发展。目前，已有 670 多家非公组织与部队结成共建对子，开展共建活动，有力地促进了非公经济的健康发展和部队战斗力的提高。总结这些年的基本经验，我们认为，在非公组织中开展双拥共建尤其要注意把握以下几个问题。

一、要深化思想认识，切实把非公组织作为双拥共建的重要力量

个体、私营、外资等各种形式的非公有制经济是社会主义市场经济的重要组成部分，是大力发展社会主义文化、建设社会主义精神文明不可忽视的一支重要力量。党的十六大报告明确指出：“在社会变革中出现的民营科技企业的创业人员和技术人员、受聘于外资企业的管理技术人员、个体户、私营企业主、中介组织的从业人员、自由职业人员等社会阶层，都是中国特色社会主义事业的建设者。”在 2004 年 1 月召开的全国双拥工作会议上，温家宝总理指出：“要引导新型经济组织和社会阶层拥军，拓宽双拥工作的领域和范围，不断扩大双拥工作的群众基础。”党的十六大精神和温家宝总理的讲话为在非公组织中开展双拥共建工作指明了方向。长期以来，由于传统观念对非公组织形成的片面的思维定势，将其视为异已力量，因而在军地一些领导和干部群众中对非公组织的双拥共建工作还存在一些模糊认识。从部队方面来讲，有的同志怕非公组织动机不纯，担心与非公组织搞共建迎合企业老板的功利需求，偏离双拥共建的方向；有的担心官兵与企业老板和私营业主接触太多，容易助长官兵唯利是图、重利轻义和拜金主义等不正之风，给部队教育管理带来负面影响，得不偿失。从地方领导和双拥部门来讲，一些同志对非公组织了解不多，对在非公组织中开展双拥共建工作的必要性、迫切性和重要意义认识不足，认为只要抓好党政机关、事业单位、国有企业和学校就可以了，不抓非公组织的双拥共建工作不会影响大局，因而缺少紧迫感和责任感，仍持等待、观望态度。从非公组织来讲，有的个体老板、协会负责人认为开展共建工作是政府行为，与企业、协会无关；有的把开展双拥共建活动理解为感情投资；有的怕暴露经营状况，给竞争者有机可乘；有的甚至认为与部队搞双拥共建会影响企业、协会发展和正常生产经营，等等。对此，要加大理论学习、政策宣传和思想工作力度，组织广大军民认真学习党的十六大和十六届三中、四中、五中全会精神，学习 2004 年初召开的全国双拥工作会议精神，学习《“三个代表”重要思想学习纲要》和胡锦涛总书记视察广东重要讲话精神，用邓小平理论、“三个代表”重要思想和科学发展观统一思想认识，使广大军民充分认识非公组织的地位和作用，充分认识在非公组织中开展双拥共建工作的必要性、重要性和迫切性，明确非公经济是社会主义市场经济的重要组成部分，非公组织及其从业人员已经成为爱国拥军的重要力量，是新时期双拥工作的新的重要资源，把双拥共建拓展到非公组织领域是践行"三个代表"重要思想的必然要求；明确在非公组织中开展双拥共建工作是适应非公组织迅速发展的新形势，促进社会生产力发展和部队战斗力提高的迫切需要，是加强社会主义精神文明建设和文化道德建设、扩大双拥工作群众基础和社会基础的迫切需要，是树立和落实科学发展观、加强军政军民团结、密切军政军民关系、构建和谐社会的迫切需要，从而解放思想，更新观念，切实把非公组织作为双拥共建的重要力量，积极主动地做好非公组织的双拥共建工作。

二、要突出共建主题，积极开展与非公组织特点相适应的共建活动

军民共建的根本任务是培养有理想、有道德、有文化、有纪律的社会主义公民，提高整个中华民族的思想道德素质和科学文化素质。根据近几年在实践中探索和总结，我们认为，在非公组织中开展双拥共建，一定要突出共建主题，始终抓住培养"四有"新人这个根本，有的放矢地开展活动。具体来说，要突出抓好以下五个方面：一是深入进行邓小平理论和"三个代表"重要思想教育，引导广大军民树立中国特色社会主义的共同理想。邓小平理论和"三个代表"重要思想是我们全党、全军和全国各族人民团结前进的共同政治基础。共建中，要大力开展邓小平理论和"三个代表"重要思想宣传教育活动，引导广大军民树立中国特色社会主义的共同理想，正确处理个人与社会、竞争与协作、先富与共富的关系，坚决抵制拜金主义、享乐主义和极端个人主义的影响。要紧密结合非公经济在党的路线方针指引下，不断发展壮大的历史，引导广大军民坚定对党的热爱和信赖、坚定对社会主义的信念、坚定对改革开放的信心，不断增强政治意识、大局意识、责任意识。二是深入开展爱国主义教育，激发非公组织参与双拥共建活动的积极性。爱国主义是我们伟大民族精神的核心，是中华民族生生不息、发展壮大的精神力量。尤其面对国际敌对势力加紧对我推行"和平演变"的严峻现实，弘扬爱国主义精神显得更为重要。在共建中，要把弘扬爱国主义精神作为一项重要内容，充分利用我国历史上无数志士仁人，为了国家的独立，民族的振兴，战死于沙场、尽瘁于职守的悲壮事迹和我军为了捍卫和平不怕牺牲、英勇杀敌的英雄壮举，以及在社会主义建设事业中，涌现出来的英模人物爱祖国、爱人民的先进事迹，引导非公企业主和广大员工把个人的前途命运同国家民族的根本利益联系起来，增强民族自尊心、自信心和自豪感，提高加强国防、加强军民团结的自觉性，提高全民抵御外敌入侵、捍卫和维护国家主权与领土完整的自觉性，积极参与爱国拥军和军民共建活动。三是着眼建立社会主义市场经济的信用体系，大力加强思想道德建设。道德建设是社会主义精神文明建设的重要内容。要围绕落实《公民道德建设纲要》和《军人道德规范》，开展社会公道、职业道德、家庭美德教育。营造明礼诚信、文明礼貌的良好氛围，增强诚信意识和规则意识，改善信用环境。培养业主、员工和官兵讲信誉，守信用，以诚待人，言而有信，不侵犯他人利益，忠实履行公民义务的良好品质。树立以人为本的主体道德和以义取利的经营道德，倡导勤俭节约、科学文明、健康向上的生活方式，自觉抵制封建迷信、伪科学及其他腐朽思想文化的侵蚀影响。四是围绕外树形象内强素质，大力加强思想文化建设。加强思想文化建设，提高全民族的科学文化素质是社会主义精神文明建设的重要任务。共建中，军地双方要致力于加强思想政治工作，抓好国防教育和爱党、爱国、爱军、爱民教育，不断增强部队官兵和企业员工的国防意识，提高他们的思想政治觉悟，树立正确的人生观。致力于改善和加强企业管理，发扬部队的优势，宣传法律知识，增强业主和员工的法制观念，在企业建立良好的劳资关系和内部秩序。致力于活跃军地的文化生活，利用重大节假日，举办内容生动活泼的联谊联欢活动。致力于树立企业的良好形象，引导业主和全体员工把关注社会、服务社会作为企业文化的灵魂，组织开展资助教育、扶贫帮困和爱心公益活动。致力于搞好民营企业的人才队伍建设和军地两用人才培养，开展读书育人、学历教育和职业技能培训活动。致力于新观念的宣传灌输，加强军营与“市场”的有机联系，使官兵不断接收市场经济的新知识、新观念，进一步更新官兵的择业观念，增强他们自谋职业的能力和胆识，推动退役军人安置工作改革的深入发展。五是围绕创建部队基层先进单位和文明企业，积极开展争先创优活动。共建中，军地双方要下工夫塑造和培养奋发向上的群体意识，增强单位的凝聚力和向心力，充分调动部队官兵和企业员工关心、支持、参与争先创优活动的主动性和积极性；大力开展技术创新、岗位练兵、技术比武、技能竞赛等活动，形成单位的综合竞争力；按照当地党委、政府的统一部署，开展社会治安综合治理，进行联防联治，维护社会政治稳定，改善驻地和非公组织的治安环境；开展维护市场经济秩序的各项活动，参与严打整治斗争，协助职能部门打击制售假冒伪劣、损害消费者利益等扰乱市场秩序的行为和市场流通领域的帮派势力和黑社会组织；积极开展爱国卫生运动，搞好绿化美化工作；携手搞好生态环境保护，落实环保措施，做好控制环境污染以及卫生防疫等工作。

三、要遵循四项原则，始终保持非公组织开展双拥共建的正确方向

非公组织蕴藏着很高的爱国拥军热情，具有回报社会的愿望，但他们是按照市场经济规律运作的，追求经济利益的最大化是最主要的目的，与之开展双拥共建工作，必须遵循服务中心、注重实效、依法办事、互助互利四项原则：

一是服务中心的原则。双拥共建的任务，总是同党和国家的中心任务以及军队的中心任务联系在一起的。必须服务于党和国家的中心任务以及军队的中心任务。要正确认识处理好经济建设和部队建设的关系，坚持围绕当地党和政府的中心工作确定内容，着眼保证部队中心任务的完成开展活动，使双拥共建与地方的经济发展、与部队的中心任务真正融为一体；通过开展丰富多彩的双拥共建活动，加强军地之间的联系和协调，密切军政军民关系，为地方经济发展和部队各项任务的圆满完成，创造良好的社会环境。非公组织的双拥共建活动以不影响部队正常训练执勤和企业正常生产经营为前提，双方平时活动，主要以业余为主，在重大节日、重要时期可以搞一些大型的、集体的活动。

二是注重实效的原则。为改革开放和全面建设小康社会、推进社会主义现代化建设服务，为中国特色军事变革和军队的革命化现代化正规化建设服务，是双拥共建工作的根本出发点和落脚点。在非公组织中开展双拥共建工作，一定要积极适应社会主义现代化建设和中国特色军事变革的新形势、新要求，着力实现好、维护好、发展好军地双方的根本利益。一切活动都要从实际出发，着眼建设，注重实效，坚决防止和克服脱离实际、做表面文章、搞形式主义的问题。

三是依法办事的原则。坚持依法办事是依法治国、依法治军的具体体现，也是非公组织双拥共建健康发展的重要保证。在开展双拥共建活动中，军地双方都必须依照有关法律法规行事，一切行动都必须符合法律规范。要认真执行双拥共建政策规定，严格履行双方签定的共建公约，不要涉及企业的人事管理、利益分配、生产技术机密等敏感问题，避免引起误会、产生矛盾，尤其要注意做好部队保密工作。共建过程中，需要到部队参观时，必须进行严格的控制，要按规定落实审批权限，严禁将外来人员带入军事禁区参观，更不能在军事禁区附近录像、拍照，更不得把活动安排在军事禁区内进行，以防止失泄密问题的发生。

四是互助互利的原则。军队和地方是两个任务不同的群体，在根本利益一致的前提下，双方在客观上还存在着某些具体的利益。互助互利，就是在开展双拥共建活动中，部队与非公组织要互相学习、互相帮助、互相支持、互相促进，既要有利于社会的发展进步和人民群众的利益，又要有利于军队的现代化建设；既要维护好军地双方的共同利益，又要保障好各自的合法权益，满足军地双方的客观需要，促进经济建设和国防建设的协调发展。非公组织要积极开展拥军优属活动，力所能及地支持部队改善学习、工作和生活条件，开展科技拥军，帮助部队官兵解决实际问题，协助部队培养两用人才，创造条件接收部分退役士兵、随军家属和军转干部到企业工作。部队要在政策和纪律允许的情况下，帮助非公组织解决发展中遇到的实际问题，如帮助训练保安人员，协助搞好员工村管理，帮助遇到重大困难的员工克服困难，每年为共建单位办一两件实事好事。

四、要加强组织引导，积极稳妥地推进非公组织双拥共建活动的深入开展

在非公经济组织中开展双拥共建工作是一项政治性、政策性、社会性很强的工作。这就要求各级党政军领导必须牢固树立政治意识、大局意识，从贯彻“三个代表”重要思想和科学发展观的高度，把非公组织双拥共建作为双拥工作的一项重要内容，纳入重要议事日程，纳入当地经济建设、社会发展和部队建设的总体规划，加强组织引导，积极稳妥推进。从我省近几年非公组织双拥共建的工作实践来看，做好非公组织的双拥共建工作尤其要注意以下几个问题：

一是要选好共建对象。选好共建对象是非公组织双拥共建工作的重要环节。非公组织形式多样，结构复杂，规模大小不一，分布于社会的各行各业。在选择共建对象时，要争取精神文明办和组织、宣传、工商、税务、工青妇以及民间组织管理等部门的支持配合，按照“三个代表”重要思想和科学发展观的要求，选取具有一定规模、经济效益好、守法经营照章纳税、党（团）和工会组织健全的非公组织开展军民共建，主要面向具有一定规模的民营企业、民营科技企业、民营院校和社会团体。规模小、投资少的个体工商户和党团组织不健全的民营企业、背景复杂的外资、独资企业，目前尚不宜开展军民共建活动。另外，在选择共建对象时，要注意就地就近，不要舍近求远。要注意充分发挥各级双拥办和军分（警备）区、人武部的桥梁纽带作用，加强部队同非公组织相互之间的联络、协调与沟通，有计划地开展调查研究，认真抓好选点建点工作。

二是健全组织，制定好共建活动规划。各级双拥办是抓好非公组织双拥共建工作的主要部门，双拥办自身建设如何，直接影响着非公组织双拥共建工作的质量和水平。当前，各级双拥办组织机构建设方面还存在着人员编制不落实，工作人员业务素质还不能完全适应新形势、新任务的要求等一些实际问题。这些问题程度不同地影响和制约着非公组织双拥共建工作的深入发展。因此，做好非公组织双拥共建工作，必须加强双拥办组织机构建设，落实人员编制，配齐配强人员，完善工作制度，建立起协调、顺畅、高效的省、市、县（市、区）三级双拥工作运行机制。做好非公组织双拥共建工作，还必须制定好共建活动规划。要结合本地区本单位本系统实际，精心制定非公组织双拥共建活动的总体规划和年度计划，把长期目标与近期任务结合起来，做到指标明确、安排合理、分步实施。要认真落实非公组织双拥共建工作责任制，把抓非公组织双拥共建与工作成效挂钩，与工作政绩挂钩，与评选双拥模范城（县）挂钩，形成齐抓共管的局面，使非公组织双拥共建工作始终充满生机与活力。

三是要构筑联动平台，形成合力。非公组织的双拥共建工作牵涉到军地建设的方方面面，任务重、头绪多，与机关各部门都有关系，许多工作需要协调有关部门共同去做。抓好非公组织双拥共建工作，要在党委和政府的统一领导下，形成以双拥共建工作机构为骨干，有关部门密切配合、齐抓共管的合力。要积极吸纳工商联、非公组织党工委等业务主管部门参加双拥共建工作机构，赋予非公组织党建工作领导小组和非公组织的党组织抓双拥共建工作的职能和任务。要完善非公组织双拥共建工作网络，整合管理非公组织双拥共建工作的政府部门资源，构筑党委政府机关与民间组织、社会团体、企事业单位联动的平台，形成军地联手、配合协作的工作模式。

四是要抓好典型、树好样板。抓好典型的培养、宣传、推广，对于非公经济组织双拥共建工作的深入发展具有巨大的推动作用。近几年来，我们广东先后宣传树立了中国大酒店、广东旭飞集团有限公司、珠海东方外语实验学校、广东省桥胜集团有限公司董事长陈桥顿等一批非公组织双拥共建先进单位和个人，在全社会产生了巨大的影响力。要进一步推进非公组织双拥共建工作广泛、深入开展，带动和吸引更多的非公经济组织参与双拥共建活动，必须进一步加大典型的培养、宣传力度。要善于发现和挖掘先进典型，扶持和培育先进典型，宣传和推广先进典型，为先进典型的脱颖而出创造条件。要通过各种新闻媒体，或采取先进事迹报告会、座谈会等多种形式，大张旗鼓地、广泛深入地对先进典型进行宣传表彰，营造学习先进、追赶先进、争做先进、奋发向上的良好氛围。要及时组织广大军民认真学习先进典型的事迹，不断扩大先进典型的社会影响，带动和吸引更多的非公组织自觉加入爱国拥军行列，参与双拥共建活动，扩大双拥共建的覆盖面。全国和省、市、县各级表彰军民共建先进单位和先进个人时，要把非公组织的军民共建先进单位和先进个人列入表彰对象，并占有较大比例。全国和省也可在适当时候对非公组织的军民共建先进单位和先进个人进行单独表彰，以推动这项活动的广泛深入健康发展。

五是要正确处理义利关系，防止共建中的物化倾向。在改革开放、发展社会主义市场经济条件下，无论是非公组织的从业人员，还是部队的官兵，在政治追求、思想观念、价值取向、行为方式、交往需求等方面都发生了很大变化，并呈现多样化特征。他们当中许多积极的因素为双拥共建工作增添了活力，但也有些人由于受市场经济的负面影响，国防观念淡化，对加强军政军民团结重要性的认识远不如战争年代那么高，有的过分追求经济利益，过分看重财物支援，甚至背离双拥共建原则，出现重利轻义、搞等价交换的倾向。对此，要认真做好思想疏导工作，引导广大军民正确处理军政军民义利关系，自觉保持军政军民关系纯洁。要正确对待军地间的相互支援、互助互利，严格界定军地有偿往来的界限，决不能把等价交换渗透到军政军民关系当中。

做好双拥工作应把握的几个问题

广西壮族自治区双拥办

新的形势对双拥工作的开展提出了新的要求，在工作中我们按照服务大局、注重建设、立足基层、求实创新的思路开展双拥工作，坚持按照“巩固、发展、提高”的要求，做到“五个坚持”，进一步调动广大军民拥军优属、拥政爱民的积极性，广泛深入地开展创建双拥模范城（县）活动，珍惜和保持了“同呼吸、共命运、心连心”的新型军政军民关系，进一步巩固和发展了军政军民团结的大好局面，有力地促进了经济发展、社会稳定和部队建设。涌现了一大批双拥先进典型，被国家民政部、解放军总政治部授予“优秀军人妻子”称号的军嫂韩素云、“爱国拥军模范”称号的南宁市市长宋福民、“全国拥军模范个人”称号的退休工人黄桂娥，被中央军委授予“新时期英雄战士”光荣称号的抗洪英雄李向群。全区有12个市县共29次被评为“全国双拥模范城（县）”，柳州、桂林、贵港3个市实现了争创“全国双拥模范城（县）”五连冠。

一、双拥工作要坚持围绕一个中心，不断增进军政军民团结

党的十六大报告指出：“各级党组织和政府、广大人民群众要关心、支持国防和军队建设。军队要积极支持和参加国家建设。加强国防教育，增强全民国防观念。拥军优属，拥政爱民，巩固军政军民团结。”在新的历史时期，无论是维护国家安全还是保持社会稳定，无论是搞好国家和军队建设还是促进社会全面进步，都离不开军政军民的精诚团结，双拥工作就是要围绕“增进军政军民团结”做文章。

一要把维护社会政治稳定作为双拥工作的重点。军政军民团结历来是维护国家稳定的重要因素和坚实基础。要按照十六大要求，进一步增强讲大局、讲团结、讲稳定的政治意识，继续做好民族团结进步工作，以坚强的军政军民团结促进民族团结和社会稳定；加强军（警）民联防联治，努力创造安全稳定的社会环境。特别是对一些突发性事件，军地更要密切配合，采取坚决果断措施，千方百计消除各种不稳定因素。

二要把促进社会生产力发展和部队战斗力提高作为双拥工作的关键。要按照党的十六大关于“各级党组织和政府、广大人民群众要关心、支持国防和军队建设，军队要积极支持和参加国家建设”的要求，加强军地之间的相互支持与合作。地方要利用经济、科技、人才和信息优势，大力支持部队战斗力建设，为部队培养专业技术人才，帮助攻关科研项目，切实解决战备训练、官兵生活、军人及家属涉法等问题，坚持把力量向“两力”集中，工作向“两力”聚焦，钱物向“两力”投入，切实做到围绕中心，服务中心，保证中心。部队要充分发挥政治、人力优势，大力支持地方经济建设，积极参加以西部大开发和地方重点工程、抢险救灾、环境保护、扶贫帮困等活动，做到急难险重任务冲在前，公益事业走在前，便民助民活动干在前。

三要把加强军地思想道德和文化建设作为双拥工作的切入点。双拥工作既是促进社会主义物质文明建设的重要因素，也是加强社会主义精神文明建设的重要途径。党的十六大对发展社会主义文化、建设社会主义精神文明提出了新的要求，为军地在思想道德和文化领域的交流与合作提供了广阔的舞台。要适应新形势新任务的要求，继续开展军民共同学习实践“三个代表”重要思想活动，用党的创新理论成果武装广大军民；学习落实《公民道德建设实施纲要》和《军人道德规范》，组织军民共同开展道德实践活动；发挥军地双方优势，推进创建文明城市、文明村镇、文明行业、文明社区活动的深入开展。

二、双拥工作要坚持贯穿一条主线，认真贯彻全国双拥工作会议精神

确保双拥工作正规有序健康地开展，全国双拥工作会议精神是方向和依据，各项具体工作的开展都必须围绕全国双拥工作会议精神并结合本地的实际来进行。

一要以改革创新的精神抓好会议精神的贯彻落实。全国会议后，要尽快向党委和政府汇报会议精神，结合本地、本部门工作实际，提出贯彻落实会议精神的具体意见和方案。要利用贯彻落实会议精神的契机，促进各级政府进一步重视发挥双拥工作在构建社会主义和谐社会，促进经济社会协调发展中的重要作用，更加关怀和支持双拥工作，加强和改善对双拥工作的领导，确保双拥工作各项任务的顺利完成。要及时召开本地区双拥工作会议，传达、贯彻、落实好会议精神。利用召开市县常委会、双拥工作领导小组全会、双拥办主任会、双拥总结表彰会、军民座谈会等形式，对照会议精神，分析双拥形势，总结经验，查找教训，商讨双拥工作可持续发展思路。

二要以求真务实的作风保障会议精神的贯彻落实。各地各部门对于开展双拥工作都有自己的思路，发展也是不平衡的。这就要求我们必须从实际出发，因地制宜，分类指导，区分不同情况，采取不同措施，增强做好双拥工作的针对性和实效性。要围绕会议明确的基本思路和工作要点，抓住主要矛盾和关键环节，提出切实可行的对策措施。要找准突破口，做好方案，明确责任，加强督促检查，集中力量确保重点工作分步骤、有计划地落实，取得实质性进展。在整体推进双拥工作进程中，要注意处理好大政方针贯彻与政策法规具体实施之间、全局工作顺利开展与具体问题妥善解决之间的相互关系，切实把广大军民的满意度作为工作效果的最终衡量标准，着力解决军地各方最关心、要求最迫切、最容易见效的问题。

三要以切实有效的宣传促进会议精神的贯彻落实。贯彻落实好会议精神，必须有广泛的社会参与。这就要充分发挥报纸、广播、电视、网络和其他媒体的各自特点和优势，广泛深入地宣传会议精神，宣传双拥工作所面临的形势、对经济社会发展的影响，宣传做好双拥工作对构建社会主义和谐社会、建设社会主义新农村、全面建设小康社会和推进中国特色军事变革的重要意义，宣传本地受表彰的先进典型和经验。通过宣传，进一步浓化全社会参与双拥工作的舆论氛围，提高全社会开展双拥工作的责任感和自觉性。如荣获“全国双拥模范城（县）”称号，举行迎匾和挂匾庆祝活动，在进城的显要位置制作“全国双拥模范城（县）——欢迎您”的标语牌，既展示了获得的荣誉，又提高双拥的知名度。

三、双拥工作要坚持夯实一个基础，深入抓好基层双拥工作

江泽民同志指出：“基础不牢，地动山摇。”双拥工作的着力点在基层，完成双拥工作任务的主力军在基层，深化教育，创造良好的社会氛围要靠基层，各项政策的贯彻落在基层，双拥工作的成果体现在基层。要切实按照“组织健全，政策落实，活动经常，关系融洽”的要求，立足基层、面向基层，抓好基层双拥工作。

首先，要正确处理好基层双拥工作与大局工作、与社会力量和基层双拥工作行为性与实效性的关系。要想高质量做好基层双拥工作，就必须树立一盘棋思想，树立全面发展、整体推进、统筹兼顾的工作思路；就必须强化以党和政府工作大局为基层双拥工作根本任务的共识，强化经济建设与国防建设在国家建设大局这个根本问题上一致的共识。要发挥地方部门、行业优势，形成合力，特别是政府职能部门和各行各业参与双拥活动，在解决军地间热点难点问题中发挥作用，做到职责清楚，任务明确，责任到人。要注重发挥基层双拥协会、拥军优属服务小组等基层群众组织和广大军民力量，形成强大合力，人人参与。基层双拥工作忌虚求实，必须以做为主，解决“做”还只能使基层双拥工作开展起来，而解决了“实效”才能保证基层双拥工作高质量、高标准进行。在衡量一个地区、一个单位的双拥工作时，不仅看计划订了没有，规划搞了没有，更要查落实了多少；不仅要看干了多少事，更要看工作实效及所产生的效应。

其次，要努力发挥各级双拥机构和舆论导向的作用。在健全基层双拥组织的基础上，按照长远谋划，阶段突破，注重提高，进步发展的工作思路，形成主要领导亲自抓，职能部门直接抓，下层组织分工抓的有基层特色的工作机制。充分发挥各级各类双拥组织机构的作用，落实工作职责，及时准确地沟通双拥工作情况，不断调整充实其工作内容，深入扎实地开展工作。各级双拥办要充分发挥参谋、组织、协调、指导、监督和服务作用，着力在提升把关定向能力、谋划指导能力、抓点带面能力、协调各方能力、解决问题能力和开拓创新能力上下工夫，使基层双拥工作适应新形势，遇事能拿出办法，抓一项成一项，参到关键处，谋到点子上，不断地出新招、创新业，推动基层双拥工作创新发展。发挥新闻媒体的主渠道作用、典型的带动作用。采用开辟国防双拥专栏，进行专题报道等形式，大造舆论，及时发现培养双拥工作中的先进典型，大张旗鼓地予以宣传。充分利用各种优势，开展街头宣传，义务咨询服务，举办联谊活动，组织参观军营（舰），建立国防双拥教育基地，在交通要通、繁华市区设立双拥、国防标语牌，强化军民的双拥观念。

第三，要着重抓好双拥政策法规、军民共建活动、军民纠纷的预防和处理工作的落实。实践证明，只有抓好双拥政策法规的落实，双拥工作才会有空间上的社会化，时间上的经常化，才能行之有效，持之以恒。因此，我们在贯彻执行国家对基层双拥工作制定的政策、规定时，要注意把握中央有关双拥方面的政策法规与本地实际的结合，制订配套性规定，使双拥工作有法可依，政策得到落实。要从军地实际出发，找准落脚点，以活动为先导，以共建为纽带，以沟通为桥梁，促进军民共建社会主义精神文明活动的深入开展。要善于发现隐患问题，从防止和消除各种诱发军民纠纷的隐患入手，加强对交通、餐饮、娱乐等场所的管理，加强广大军民政策法规的教育。对容易发生问题的地区和单位，要经常上门走访，帮助查找原因，总结经验教训，提出改进措施，不断密切军政军民关系。

四、双拥工作要坚持培育一个载体，扎实推进军民共建活动开展

军民共建是双拥工作中最有生命力的一个载体，是新时期建立和发展新型军政军民关系的重要形式和途径，对于促进社会风气的好转，发展社会生产力和提高部队战斗力，增强民族凝聚力；对于国家的长治久安、民族的兴旺发达和构建社会主义和谐社会及促进双拥工作自身的创新发挥着巨大的推动作用。

一是要确保军民共建工作有一个正确的方向。“三个代表”重要思想，不仅为新时期党的建设指明了方向，而且对新时期军民共建工作提出了更高的标准和要求。我们认为，确立“三个代表”重要思想在新时期军民共建中的指导地位，就是要深刻认识新世纪新阶段我党我军担负的任务的发展变化，努力找到理论指导实践的“结合点”。当前，我国正处于世界政治多元化、经济全球化一体化的重要战略机遇期，人们思想观念的转变，各方面利益关系的调整，使我们比以往任何时候都更加需要保持社会稳定，需要全党全军全国各族人民团结一心，迎接新的世纪新的挑战。因此，确立“三个代表”在军民共建中的指导地位，进一步加强军政军民团结，做好双拥工作，维护国家改革、发展、稳定的大局，就显得尤为重要。实际工作中，谋划军民共建工作要以“三个代表”重要思想为指导，开展军民共建工作要以“三个代表”重要思想为依据，考评验收军民共建工作要以“三个代表”重要思想为标准，使“三个代表”重要思想不断向军民共建工作中延伸，向实践拓展。

二是要不断提高军民共建的质量。双拥工作中，军民共建活动的本身不是目的，目的在于通过各种形式的活动来建立友谊，促进发展。军民共建工作要坚持“以地方领导为主，以发动群众自建为主，以做思想政治工作为主”。要做到军民共建与地方自建相结合、精神文明建设与物质文明建设与政治文明建设相结合、军民共建精神文明与军地共育人才相结合。要坚持一切从实际出发，因地制宜，有针对性地开展双拥工作。要符合军地实际，量力而行，就地就近挂钩共建；要紧密结合党和政府的中心工作，服从和服务于中心工作；要符合军地双方的意愿，做到急对方所急，帮对方所需，配合抓大事，协助办急事。要加强军民共建活动的监督机制建设。主管部门要建立和完善一套完整的军民共建活动监督管理机制；要监督军民共建协议的履行，要形成经常性的军民共建活动检查和评估制度；要对军民共建活动进行目标管理和科学的量化考核，把共建活动的计划真正落到实处；要建立齐抓共管的共建工作网络，加强信息收集管理，建立评估监督机制和奖励机制。

三是要注重加强军民共建活动中感情的培养。军民共建活动是双拥工作的生动体现和有效载体，是军地双拥的桥梁和纽带。在现实的共建中时常发生流于形式的现象，往往都是感情的基础不牢。要在共同的目标中建立感情。在共建活动中一定要纯洁思想，端正动机，把双方的需求统一到为了国防建设和军地双方的共同发展的目标上来，以统一的思想、和谐的行动，来建立双方之间的真情实感。要在经常的活动中培养感情，自觉克服敷衍了事的应付思想，科学合理地计划和安排各种共建活动，把活动的计划性与灵活性有机结合起来，既要按照计划开展既定活动，又要根据需要组织临时活动，切实保持活动的经常性，不断密切双方关系，培养双方感情。要在互助的关爱中增进感情。共建的本身就蕴含着彼此互助的精神和要求，想对方之所想，急对方之所急，助对方之所需。要在真诚的交流中升华感情。重视思想上的交流，虚心地学习相互之间好的作风和经验，诚恳地指出相互之间存在的问题和不足，以此来促进双方的共同进步。要在领导的更新中保持感情。不能认为双方单位领导多聚几次，共建活动就算活跃了，而应通过有效的教育，提高群众的参与意识，让大家都能以主人翁的姿态积极参加各种共建活动，以个人之间的友谊来凝聚单位之间的感情。

五、双拥工作要坚持营造一个氛围，广泛开展理论研讨活动

双拥工作要发展，必须不断地研究新情况，解决新问题。如：在市场经济条件下，人们的思想观念和价值取向发生了深刻变化，如何防止履行国防责任和义务的观念容易淡化的课题；非公有制经济组织和新社会阶层的发展壮大，如何组织、引导非公有制经济组织和新社会阶层承担国防义务、支持军队现代化建设的课题；建设和谐社会，如何创建学习型军营的课题；围绕反“台独”应急作战准备，如何深入开展科技拥军的课题；加快开发开放和利益关系的调整，如何解决军地之间的经济利益时而发生矛盾的课题；政府机构改革、企事业单位改组改制情况下，如何做好转业干部、退役士兵、随军家属安置的课题；如何落实一些师职以上干部转业和离退休干部享受同等职级的地方行政干部医疗保健的课题；随着部队官兵涉法问题增多，涉军案件增多，怎样维护军人及其家属合法权益的课题；由于地区经济发展的不平衡，贫困地区因经济落后，如何建立优抚对象抚恤补助自然增长机制，解决重点优抚对象的生活、住房、医疗难的课题；面对社会经济深刻变革的新形势，如何推进双拥工作社会化的课题，等等。所有的这些课题，唯有通过调查研究和理论研讨才能找到好的解决途径和办法。按照“体现时代性、把握规律性、富于创造性”的原则，从上述课题中选取部分课题，组织各级双拥机构、社会各界人士和驻军单位撰写理论研讨文章，对做好新时期的双拥工作进行有力的探索，提供新的思路。比如，通过研讨活动的开展，在开展军民共建社会主义精神文明活动中，形成军地双方“宣传教育联抓、公益事业联做、人才培训联手、军民共建联谊”的做法，走出一条以双拥为平台，以互动为手段，以共建为目的，在创建“文明广西、平安广西、和谐广西、生态广西”的实践中，实现军地“双赢”的大有可为的新路子。

强化意识　突出重点　协调关系
积极做好创建“全国双拥模范城（县）”工作

广西壮族自治区双拥办

我区在双拥工作中，以实现军地双方愿望、满足军地双方需求、维护军地双方权益为根本出发点和落脚点，着眼于巩固和发展同呼吸、共命运、心连心的新型军政军民关系，把拥军优属与拥政爱民结合起来，把发展社会生产力与提高部队战斗力结合起来，把“三个文明建设”结合起来，狠抓双拥各项工作落实，全面提高了双拥工作整体水平，呈现出了良好的发展势头。全区9个市、县获得全国双拥模范城（县）1次以上，柳州、桂林、贵港3市获得全国双拥模范城（县）“五连冠”，南宁、梧州、桂平3市获得全国双拥模范城（县）“三连冠”。

一、强化“三种意识”，营造良好的双拥氛围

在市场经济条件下，人们的思想观念和价值取向发生了深刻变化，双拥工作要保持一种健康有序的良好发展势头，就应该营造良好的双拥氛围，调动全社会各界各阶层群众的参与意识和参与热情。首先是强化领导意识。在我区党政军领导中流行着这么一句话：“不抓双拥工作的班子，不是合格的班子；不重视双拥工作的领导，不是称职的领导。”通过我办的协调，为全区14个地级市落实了双拥办人员编制、办公场所和活动经费。区、市、县三级一贯坚持对双拥工作领导小组成员进行适时、及时调整补充，并保证领导小组成员有80%以上的正职领导，使得各成员单位主要领导多了一份责任，为做好双拥工作多了一份保证，确保我区双拥工作持续、健康、有序地开展。在实际工作中，我们各级党委、政府和驻军坚持做到“五个纳入，六

个亲自”，即把双拥工作纳入军地双方重要议事日程，纳入经济和社会发展总体规划，纳入领导任期目标责任制，纳入年度财政预算决算，纳入各部门单位年度工作计划；军地主要领导亲自担任双拥工作机构主要负责人，亲自参与制定双拥规划，亲自组织双拥重大活动，亲自检查双拥共建成果，亲自出面解决双拥重大问题，亲自签阅双拥重要文件。据不完全统计，自2000年以来，我区四家班子领导参加双拥活动达890多人次，亲自协调解决重大问题160多项，筹集资金8000多万元支援部队建设。其次是强化责任意识。我们坚持站在讲政治、讲大局的高度开展双拥工作，在地方倡导“再穷不能穷国防，再难不能难子弟兵”的思想，在部队倡导“视驻地为第二故乡，义不容辞地爱故乡、建故乡、保故乡”的思想，共同实现促进地方社会生产力和提高部队战斗力的“双赢”目标。各级党委、政府各部门始终把支持部队建设作为已任，想方设法帮助驻军部队排忧解难。我区各地有针对性地实施了“菜篮子”工程、“米袋子”工程、“书橱子”工程、“随军家属就业”工程、“优抚安置”工程、“科技优抚”工程以及“交通信息”工程等拥军优属“七大工程”，各有关职能部门坚持做到军人优先，军人优惠。驻军也发挥组织纪律性、机动性、突击力强的优势，积极参与地方“三个文明建设”，主动承担急难险重任务。再次是强化宣传意识。我们既抓好集中的宣传月，如把每年的1月定为双拥宣传月、9月定为国防教育月、11月定为征兵宣传月，同时还注重抓好平时的经常性宣传，如结合元旦、春节、“八一”、国庆以及重要时节进行宣传，特别是我区2004年获得“全国双拥模范城（县）”的9个市县，都结合迎匾、挂匾仪式进行创城的再动员、再教育。注重利用各种载体，开展双拥宣传。做到重点路段有标语牌、报纸有文、广播有声、电视有影、网络有主页。全区大部分市县在主要街道、重点路段设立了固定双拥宣传标语牌。据统计，全区在城市和乡镇、军营新树立了700多块永久性双拥国防标语宣传牌，并对200多块残旧的永久性双拥国防标语宣传牌进行了翻新维修。我们还要求荣获“全国双拥模范城（县）”称号的市县，都要在进城的显要位置制作“全国双拥模范城（县）——欢迎您”的标语牌。

二、突出“三个重点”，提高双拥工作整体水平

双拥工作是一项群众性社会活动，其重点在基层，为此，我区紧紧围绕做好群众性拥军优属工作、广泛开展军民共建活动和完善双拥政策法规三个重点开展工作。

首先，切实做好群众性拥军优属工作，推动双拥工作社会化。我区始终坚持抓基层，打基础，从创建拥军优属先进街道、乡镇、行业、窗口做起，推动拥军优属服务组织网络化，使双拥工作进机关、进企业、进学校、进村（街）、进社区。在服务活动中，我们十分重视解决军人军属最关心的热点难点问题。如为解决义务兵家属优待金兑现难的问题，我们下决心把优待金列入年度财政预算，按时足额拨付；为解决“三老”的“三难”问题，我们组织千名科级以上干部帮扶重点户，使“爱心献功臣行动”富有成效；为确保各项优抚安置政策落到实处，在明确各部门责任的同时，加大执法力度、依法推进政策落实，确保维护军人和广大优抚对象的合法权益，以实际行动支持国防建设和部队全面建设。目前，我区基层服务网络不断健全，群众性拥军优属工作不断向社会化、经常化和制度化发展。

其次，广泛开展军民共建活动，推动双拥工作在基层的发展。各级把军民共建活动纳入社会主义精神文明建设总体规划，坚持把坚定理想信念、加强思想道德和科学文化建设，培养“四有”新人作为根本任务，把道德建设作为重要内容，有力地推动军民共建活动的开展。通过军民共建文明路、共筑防洪堤、共育双拥林、共打西部大开发“三大会战”等影响较大的共建活动，取得了良好的社会效益和国防效益。

三是建立完善双拥政策法规，推动双拥工作制度化、法制化。我区先后出台或进一步完善了《拥军优属若干规定》、《在乡重点优抚对象医疗保障实施办法》、《随军家属就业安置暂行规定》、《关于解决在乡老复员军人生活医疗困难问题的通知》和《关于提高全区特、一等革命伤残人员护理费标准的通知》等一批双拥政策法规，在全区建立了抚恤补助标准自然增长机制。驻军团以上单位对以前制定的《驻桂部队拥政爱民若干规定》、《积极参加西部大开发建设的意见》等文件作了完善补充。全区各地还健全完善了双拥工作会议、军地合署办公、国防和双拥教育、领导过军事日、现场办公、双拥共建、总结评比表彰等制度，大大推动双拥工作法制化和制度化，促进全区优抚安置政策的全面落实。去年抓了抚恤补助标准财政拨款的落实，使重点优抚对象每人每月提高了10元的抚恤补助。

三、协调“三种关系”，促进军政军民团结

在新的历史时期，无论是维护国家安全还是保持社会稳定，无论是搞好国家和军队建设还是促进社会全面进步，都离不开军政军民的精诚团结，双拥工作就是要围绕“促进军政军民团结”做文章。首先，协调好军政关系，协商解决重大问题。通过召开军地联谊会、议军会、武委会、党管武装工作会、双拥工作领导小组会等形式，军地领导坐在一起，互相沟通，互谅互让，使军地间的历史遗留问题、部队的基础建设问题均得到较好的解决。如去年全区双拥工作会议上，自治区党委副书记、双拥工作领导小组组长马铁山提出要坚持以领导干部为重点，以民兵预备役人员为主体，以大中小学生为基础，采取政府组织、军队配合、舆论宣传、学校教育的办法，完善政府、军队、社会、学校、家庭“五位一体”的国防教育网络。目前，此项工作正在柳州市进行试点。其次，协调好军民关系，妥善解决重大纠纷。军队打胜仗，人民是靠山。当遇有重大军（警）民纠纷时，做到军地领导亲自出面，主动承担责任，积极化解矛盾。目前，我区军（警）民纠纷的发生率急速下降，近几年来未出现有重大影响的军（警）民纠纷。针对中央提出的构建和谐社会和推进新军事变革的战略目标，驻柳州、桂林某部深入进行了做好“家门口”群众工作探讨，总结了一系列的经验做法。三是协调国防建设和经济建设关系，统筹解决重大事项。国防建设和经济建设是一个不可分割的整体，也是双拥工作协调的重点。随着改革开放的不断深入和国际国内形势的不确定性，国防建设和经济建设出现一些不同步的现象。作为全国唯一一个既沿边、又沿海的省区，借助西部大开发的实施，以地方为主，驻军本着量力而行，尽力而为，积极参建，开通了所有边防一线分队的沿边公路，解决了边、远、散单位的吃水用电出行难等问题，既促进了边贸的发展，又提高了部队的边防执勤能力。

加强新形势下基层双拥工作的几点对策

广西北海市双拥办

在社会主义市场经济条件下，经济发展成了全党的中心工作和社会关注的热点，这时，人们的国防观念容易淡化，双拥工作的自觉意识和工作热情容易减弱，双拥工作遇到了新情况、新问题。而改革开放的不断深化和和谐社会的构建，却越来越需要通过双拥工作使广大军民更加紧密地团结起来，形成推动建设社会主义和谐社会的巨大动力。军政军民团结的基础在基层，双拥工作的立足点和着眼点在基层。深化国防双拥教育，创造良好的社会氛围要靠基层；双拥工作各项政策制度和法规的落实也要靠基层。因此，抓基层，抓落实，切实加强新形势下基层双拥工作，巩固双拥成果在当前就尤为紧迫和重要。下面结合一些基层单位双拥工作“忙事务、疏教育、重慰问、轻沟通”的实际，就做好基层双拥工作应着力把握的几个问题作点探讨。

一、做好基层双拥工作应正确处理好三个关系

一是处理好基层双拥工作与大局工作的关系。基层双拥工作是大局工作的有机组成部分，是个别与全局的关系，是服从和服务的关系，应当把它纳入整体工作范畴，找准两者之间的结合点，协调发展，共同促进。要想高质量做好基层双拥工作，就要做到两个必须：必须树立一盘棋思想，树立全面发展、整体推进、统筹兼顾的工作思路；必须强化以党和政府工作大局为基层双拥工作根本任务的共识，强化经济建设与国防建设在国家大局这个根本问题上一致的共识。实践证明，只有正确处理好基层工作与大局工作的关系，军政军民团结的思想和工作基础才能打牢，基层双拥工作在新形势下才能跃上一个新台阶。

二是处理好基层双拥工作与社会力量的关系。基层双拥工作是一项综合性的社会系统工程，是一项群众性工作，需要全社会力量广泛参与，尤其需要党政军及各行各业各部门与人民群众的共同配合。因此，在基层双拥工作中，一方面要发挥部门、行业优势，形成合力，特别是政府职能部门和各行各业参与双拥活动，在解决军地间热点难点问题中发挥作用。如北海市县区的基层双拥领导机构都有人事、劳动保障、财政、工商、税务、教育、卫生、交通等20多个部门参与；各成员单位、各行业都有拥军优属职责制度，任务明确，责任到人。另一方面，要注重发挥基层双拥协会、拥军优属服务小组等基层群众组织的作用，形成强大合力，人人参与。如北海市各级双拥协会和1765个拥军优属服务小组，在双拥工作中付出了大量艰辛的劳动，夯实了基层双拥工作基础，发挥了较好的影响和带动群众的作用。

三是处理好基层双拥工作行为性与实效性的关系。基层双拥工作忌虚求实，必须以做为主，脚踏实地，一步一个脚印地做好各项工作。解决“做”只能使基层双拥工作开展起来，而解决了“实效”才能保证基层双拥工作高质量、高标准进行。因此，必须建立一系列行之有效、切实可行的规章制度，使之科学化、系统化、制度化，着力在办实事上下工夫，说一件办一件，办一件成一件，杜绝表面文章。在衡量一个地区、一个单位的双拥工作时，不仅看计划订了没有，规划搞了没有，更要查落实了多少；不仅要看干了多少事，更要看工作实效及所产生的效应。通过规范运作，建立公开、公正、公平的激励制约机制，使基层双拥工作焕发蓬勃生机和活力。

二、做好基层双拥工作应努力发挥两个作用

一是发挥各级双拥机构的作用，做到组织到位、领导到位、人员到位、制度到位。在健全基层双拥组织的基础上，立足长远谋划，阶段突破，注重提高，进步发展的工作思路。形成主要领导亲自抓，职能部门直接抓，基层组织分工抓的有基层特色的工作机制。充分发挥各级各类双拥组织机构作用，落实工作职责，及时准确地沟通双拥工作情况，不断调整充实其工作内容，深入扎实地开展工作。各级双拥办要充分发挥参谋、组织、协调、指导、监督和服务作用，着力在提升把关定向能力、谋划指导能力、抓点带面能力、协调各方能力、解决问题能力和开拓创新能力上下工夫，使基层双拥工作适应新形势，遇事能拿出办法，抓一项成一项，抓到关键处，谋到点子上，不断地出新招、创新业，推动基层双拥工作创新发展。

二是发挥舆论导向的作用，营造良好的双拥氛围。面对新形势下双拥工作任务越来越繁重、环境越来越复杂、遇到的矛盾越来越突出的新情况和党的十六届四中全会对双拥工作提出的新要求，要使基层双拥工作继往开来，乘势而上，开创新局面，就要求我们不断总结经验，发现、培养典型，在宣传内容和方式上做文章，加大力度，突出四个环节：一是要抓好典型的带动作用。要及时发现培养双拥工作中的先进典型，大张旗鼓地予以宣传，营造双拥工作人人参与的氛围，调动广大军民的积极性，打牢双拥工作的社会基础，使基层双拥工作广泛、经常、深入持久地开展下去。二是发挥新闻媒体的主渠道作用。开辟国防双拥专栏，进行专题报道，认真进行国防教育，利用各种形式，大造舆论，充分发挥烈士纪念碑（馆）等教育基地作用，进一步激发广大军民的双拥热情。三是宣传双拥优

抚政策的保障作用。将双拥工作融入基层社会工作中去，突出双拥工作的重要性，植根于人们的心中，稳军心，固民心。四是发动社会各界力量。充分利用各种优势，开展街头宣传，义务咨询服务，举办联谊活动，组织参观军营（舰），建立国防双拥教育基地，在交通要通、繁华市区设立双拥、国防标语牌，强化军民的双拥观念和国防意识。

三、做好基层双拥工作应着重抓好四项工作

要确保基层双拥工作持之以恒、扎实有效地开展下去，最重要的是抓好各项制度的落实。

一是着力抓好双拥政策法规的落实。做好基层双拥工作的重点之一，就是要切实抓好双拥政策法规的落实。实践证明，只有抓好双拥政策法规的落实，双拥工作才会有空间上的社会化，时间上的经常化，才能行之有效，持之以恒。因此，我们在贯彻执行国家对基层双拥工作制定的政策、规定时，要注意把握中央有关双拥方面的政策法规与本地实际的结合，制订配套性规定，使双拥工作有法可依，政策得到落实。

二是狠抓优抚政策的落实。着力在解决优抚对象的“三难”上下工夫，真正帮助他们解决一些看得见、摸得着的实际问题。依托各基层经济发展的优势，探索新形势下科技优抚的新路子，有计划、分期分批地抓好“三难”工程，扶持优抚对象奔小康，使优抚对象的生活水平与广大群众同步提高。

三是着力抓好军民共建活动。这是新时期精神文明建设的一个重要组成部分，也是军地双方的共同需要，要从军地实际出发，找准落脚点，以活动为先导，以共建为纽带，以沟通为桥梁，促进精神文明建设的深入开展。

四是抓好军民纠纷的预防和处理。要善于发现隐患问题，从防止和消除各种诱发军民纠纷的隐患入手，加强对交通、餐饮、娱乐等场所的管理，加强对广大军民政策法规的教育。对容易发生问题的地区和单位，要经常上门走访，帮助查找原因，总结经验教训，提出改进措施，不断密切军政军民关系。

军民共建文明生态村活动在构建和谐社会中的作用初探

海南省双拥办

2000 年 9 月，海南省委、省政府为了建立生态省，加快农村发展，决定在全省开展创建文明生态村活动，计划用 5～8 年的时间把全省半数以上的自然村建成文明生态村，带领农民走出一条生产发展、生活富裕、生态良好的文明发展道路。几年来，海南驻军部队广大官兵响应省委、省政府的号召，积极利用军民共建文明生态村这一新的共建载体，推动双拥工作向基层延伸，向深度拓展，取得了明显的成效，促进了农村精神文明建设，开创了双拥工作的新局面。这个尝试得到了中宣部、全国双拥办、中央文明办等有关部门和领导的充分肯定。2005 年元月，全国农村精神文明建设座谈会在海南召开，推广了海南军民的经验。

一、军民共建文明生态村活动在构建和谐社会中的积极探索，文明生态村活动以“优化生态环境、发展生态经济、培育生态文化”为主题

主要内容是：（1）整治生活环境。通过硬化道路、绿化美化、治理脏乱差，改造民房、改水改厕等项工作，改变农村落后的人居环境。（2）发展生态经济。引导农民大力发展绿色农业、热带高效农业，生产无公害农副产品。（3）培育生态文化。在广大农民中广泛开展社会主义思想道德教育，完善文化基础设施，开展农民喜闻乐见的文化娱乐活动。四年来，海南全省已建起以优美生态环境、特色生态经济、健康生态文化为特征的 4800 多个文明生态村，占自然村总数的 20.6%。展现出人与自然关系协调、人与人关系融洽的和谐农村新面貌。

军民共建文明生态村活动，引起了海南省双拥工作领导小组的高度重视，认为新形势下双拥工作必须围绕党的中心工作来展开，只有和当地经济社会发展建设的大局“同频共振”才能有所作为。决定将军民共建文明生态村活动纳入双拥工作的一项重要内容，作为双拥模范城（县）评比的一项重要条件来推动。明确提出了驻琼军警部队每年共建100个文明生态村的目标。在工作中，省、市（县）双拥办积极组织、周密计划、多方协调，深入发动广大官兵投身文明生态村建设。各部队成立了创建工作领导小组，制订了切实可行的文明生态村创建计划，从将军到普通士兵人人都踊跃参加创建，开展了轰轰烈烈的军民共建文明生态村活动。共建中，官兵们发扬人民军队的光荣传统，主动承担了大量的急难险重任务，要人给人，要物给物，从人力、物力、车辆等方面给予了大力支持，并从有限的经费中挤出部分资金投入文明生态村建设活动，推动了军民共建文明生态村活动的深入发展。几年来军民共建文明生态村活动的生动实践，取得了丰硕成果，在农村精神文明建设中发挥了重要的作用。

（一）军民共建文明生态村活动找到了构建和谐农村的切入口。文明生态村建设从最容易见到实效的脏乱差问题入手，从道路硬化、推广沼气、庭院经济、民房改造等方面突破，并逐步延伸到农村的各项工作，彻底改变了农村脏、乱、差的人居环境，促进生态经济的发展。创建中，各地结合实际，围绕发展特色种植业和无公害的热带农产品，想了很多办法，取得了明显成效。如屯昌县大力推进各具特色的农户庭院经济，“一村一业”、“一村一品”的热带种植业红红火火；海口市、三亚市把创建活动与开发乡村和民族风情休闲旅游相结合，大力发展特色旅游业，拓宽了农民的增收途径。近几年来，国内外到海南参观文明生态村的旅游团队多达900多个，6万多人次，产生可观的经济社会效益。军民共建文明生态村活动成为了海南农村经济发展的“助推器”，海南农民的纯收入持续增长，从建省初期的人均纯收入1000多元跃升到2004年农村居民人均纯收入2826元，绝大多数农民实现了脱贫梦想，海南的贫困人口从1993年的68万减少到目前的7万左右，广大农民迈上了绿色小康的道路。

（二）军民共建文明生态村活动提升了农村文明程度。文明生态村建设改变了农民传统的生活习惯，增强了农民的自豪感和自信心。他们用自己的双手美化环境，美化的环境又反过来美化自己的心灵。村民们对体育健身、文艺演出、学习文化和科技知识的兴趣日益浓厚，文昌、琼海等地农民还组织了琼剧团、农民乐队，经常举办歌舞戏剧演出。富裕起来的农民在身心愉悦的过程中，受到先进文化的熏陶，他们对现代文明、先进文化的追求更加强烈了。生态文化的发展推动了农村精神文明建设的深入发展。2001年以来，全省有400多个军民共建文明生态村被省、市（县）评为精神文明建设先进单位。农村文明程度得到了大幅度的跃升，文明生态村地区出现了“重科技、重教育、重道德”的三个明显变化，出现了社会安定、邻里和睦、移风易俗、经济发展的喜人景象。

（三）军民共建文明生态村活动促进了人与人、人与自然的和谐发展。建设和谐社会首先要实现人与自然的和谐。创建文明生态村活动，大力开展“两改”“五化”工程，（改水改厕和硬化、亮化、净化、绿化、美化），一个个绿树环绕、环境整洁、村道硬化、清风扑面、具有现代文明气息的社会主义新农村呈现出清新诱人的新气象。与之相随的是生态循环经济也得到迅猛发展。在文明生态村建设中，海口市、文昌市、澄迈县利用海南光、雨、热的优越条件和沼气产气率高的优势，大力推广新型猪圈、厕所、燃气灶“三联通”沼气池，既带动了畜牧业发展，又可以利用有机肥沼液、沼渣发展无公害农产品，农民点灯烧饭不砍林木，保护了植被，促进了人与自然的和谐。海口市在创建活动中，积极引导村民改陋习、树新风，培育文明健康的生活方式，为构建和谐农村夯实了健康的思想文化基础。五指山市、东方市认真贯彻《公民道德建设实施纲要》，引导村民积极开展道德实践活动，大力营造助学助残助老助贫的村风民风，形成了尊老爱幼、和睦相处、互相帮助的新型人际关系。村民之间、村与村之间的关系也更为和睦了，过去因争水、争地发生冲突，甚至爆发宗族械斗的村子，在创建文明生态村的过程中化解了长期积累的矛盾，建起了连心桥、团结路，社会治安状况也大为好转。全民素质的提高，促进了农村社会和谐。

（四）军民共建文明生态村活动密切了军政军民关系。在军民共建文明生态村的活动中，广大官兵身体力行，指导并参与文明生态村的规划和创建工作。他们出主意、想办法，为农民寻找致富门路，帮助农民解决生产生活中的实际困难。五指山市南圣镇新村文明生态村，创建于 2003 年 4 月，是驻军 75560 部队官兵和南圣镇新村村民联手共建的文明生态村。经过半年多的奋战，投入资金 40 多万元，投入劳动工日 5000 多个，出动机械车辆 180 多台次，兴建了一个多功能的村文化室，内设会议室、图书阅览室等。建成标准篮球场和表演舞台各 1 个，建起了黎寨绿化公园和村民休闲活动中心，为村民开展各项文化体育活动提供了场所。新建硬化村道 380 米，平整公共用地 3680 平方米，清除垃圾 120 吨。全村 68 户农户全部建起了沼气池，家家户户做到了“牛入栏，猪入圈”。经过一年多的创建，村容村貌发生了可喜变化，经济发展步伐加快，全村人均收入达到 2850 元，呈现出一派生机盎然、环境舒适、小康富裕的喜人景象。黎族村民从创建文明生态村给自己生产生活带来的变化中，切实感受到部队官兵是真心实意为他们办实事、解难题的。称部队官兵是党派来的救星，帮黎寨脱贫致富的亲人。5 年来，海南军警部队以连为单位广泛参与了军民共建文明生态村活动，据不完全统计，各部队共投入兵力 10 多万人次，机械车辆 3 万多台次，直接参建文明生态村 500 多个。部队官兵用自己实实在在的行动实践着人民军队的宗旨，实践着“三个代表”重要思想，光大了人民军队文明之师的良好形象，进一步密切了军政军民关系。

实践表明，军民共建文明生态村活动顺应了时代发展的客观要求，确实是广大军民在建设有中国特色社会主义伟大实践中的一大创举，是推进农村三个文明建设协调发展的有效途径，是把双拥工作的目标、任务和要求落实到基层的有效形式，是构建和谐社会的有益探索。但应该看到，海南军民共建文明生态村活动才刚刚起步，还存在一些这样那样的问题，需要在今后的实践中不断探索和完善。

二、注意把握发展趋势，处理好“四个关系”，确保军民共建文明生态村活动在构建和谐社会中的正确方向

（一）要正确处理军民共建文明生态村活动和其他群众性精神文明创建活动的关系，充分发挥军民共建文明生态村活动在群众性精神文明创建活动中的示范辐射作用。军民共建文明生态村活动，是海南群众性精神文明创建活动的重要载体，是当前和今后一个时期加强农村社会主义精神文明建设的基本形式。军民共建文明生态村活动作为军地共同参加的一项社会实践活动，只是社会主义精神文明建设的一个组成部分，它与创建文明城市、文明单位“三位一体”，共同构成社会主义精神文明建设的一个整体。它既包含于群众性精神文明创建活动之中，又在整个创建活动中起着龙头示范作用。因此，军民共建文明生态村活动要纳入群众性精神文明创建活动的整体格局，要把着力点放在提高共建点的示范辐射功能上。既要抓好农村的文明生态村建设，又要积极组织部队广泛参与文明城市、文明单位创建活动，要注意用军民共建文明生态村的积极成果和新鲜经验带动各种形式的群众性精神文明创建活动，把共建的成果扩展到城市、农村的各个领域，各个方面。

（二）要正确处理硬件建设与软件建设的关系，促进文明生态村建设的协调发展。创建文明生态村活动，整治环境是手段，发展生态经济是目的，促进农村社会的和谐进步是方向。在阶段性工作中，既要有所侧重，逐步推进，又要注重协调发展；既要高标准抓好生态环境建设等硬件建设，大力发展生态经济，又要大力抓好农村精神文明建设等软件建设。诚然，软件建设工作难度大，是一个长效工程，比不上硬件建设那样容易见到成效。但是，在市场经济条件下，全面提高人的素质，加强村民的思想道德建设显得更为迫切，更为重要，因为只有人的素质的全面提高，文明生态村建设才有坚实的思想基础，才有强大的发展后劲。“一手软、一手硬”，必然引起工作的落后和被动。因此，在文明生态村创建活动中，我们要正确处理硬件建设与软件建设的关系，防止片面追求硬件建设的倾向，做到“两手抓，两手都要硬”，促进文明生态村建设的协调发展。

（三）要正确处理保持特色与发展创新的关系，不断创造适应形势发展的文明生态村创建形式。军民共建文明生态村活动，是海南军民的一个创举，具有鲜明的主创性特点。军民共建文明生态村的成功经验和实践，是一笔宝贵的精神财富，应当长期坚持。但随着形势的发展变化，创建的样式也不能墨守成规，必须正确处理保持特色与发展创新的关系，既要自觉借鉴以往有指导价值的经验，保持工作的连续性，又要积极适应形势发展的要求，能动地创造新的样式。在创建工作中，应当充分尊重人民群众的创造精神，千方百计地调动人民群众参与创建的积极性和主动性，使文明生态村建设始终保持旺盛的创造力，在创新中求突破，求发展。在这方面，我省军民从没有停止探索的脚步。比如琼海市军民共建文明生态村活动从起步时的整治村容村貌、改变脏乱差的状况，到发展沼气池、特色种养业和庭院经济，增加农民收入；从改变农民群众落后的生产、生活习惯，到提高农民群众的文化素质、文明程度，解决农村社会治安、社会稳定等，取得了明显成效。又如文昌市从单一自然村的创建，到提高文化设施、基础设施的利用率，开展13个自然村的“连片创建”，既保持了特色，又在原来的基础上有新的发展。广大军民在实践中的不懈探索和创造，为军民共建文明生态村活动注入了新的内涵，创造出了新的活力。

（四）要正确处理质量与数量的关系，确保文明生态村建设成为名副其实造福海南百姓的富民工程。文明生态村建设内容丰富、任务很多，有一整套完整的创建机制和标准。在创建活动中，必须正确处理质量与数量的关系，保证文明生态村建设的质量。唯物辩证法告诉我们，质和量，是构成事物发展变化的两个重要因素。量变是质变的必要准备，质变是量变的必然结果。当前，海南经济实力有限，文明生态村创建的摊子不可能铺得太大，只能量力而行，先易后难，逐步推进。这就要求我们的创建工作要实事求是，因地制宜，不能急于求成、片面追求创建数量，忽视创建质量。在保证质量的前提下，不断扩大创建范围，推动军民共建文明生态村的深入发展。因此，军民共建文明生态村活动，必须牢牢把握质量互变规律，正确把握量变和质变的关系，坚持创建标准，用扎扎实实的工作，推动全省文明生态村建设的健康发展。

三、贯彻落实科学发展观，自觉做到“四个加强”，进一步推动军民共建文明生态村活动在构建和谐社会中的深入发展

（一）加强农村社会主义精神文明建设，着力克服文明生态村“生态有余、文明不足”的问题。文明生态村建设涉及到农村建设的方方面面，也是一个小的系统工程，在创建活动中，如果把握不好，容易出现顾此失彼的现象。如在阶段性推进中，有的村组大搞环境整治，村容村貌等硬件建设搞得红红火火，由于忽视了精神文明建设，村民打架斗殴、迷信、赌博等现象时有发生，出现了文明建设滞后的现象。因此，军民共建文明生态村活动必须软件硬件一起抓，整体推进。要注重发挥部队思想政治优势，大力加强农村精神文明建设。一是大张旗鼓地搞好理想信念和爱国主义、集体主义、社会主义思想教育。进一步坚定村民的理想信念，倡导爱国主义、集体主义和社会主义思想，切实提高村民的思想政治素质。二是积极宣传党的路线、方针、政策，普及法律常识，传播科学文化知识。认真抓好“四五”普法教育，营造人人知法、懂法、守法的氛围。三是加强公民道德建设。广泛宣传《公民道德建设实施纲要》，引导村民深入开展群众性的公民道德实践活动，移风易俗，改陋习、树新风，推动农村公民道德实践活动的深入开展。

（二）加强科技扶贫工作，努力克服文明生态村的“贫血”问题。海南虽然地处热带，具有发展热带高效农业的优越条件，但由于目前海南整体经济发展水平不高，海南农村经济“贫血”和“造血功能不足”的现象仍然存在。发展农村经济的任务仍很繁重。因此，在全面建设小康社会的新阶段，军民共建工作必须紧紧围绕促进农村经济发展来展开，找准军地所需、军地所能的结合点，进一步加大扶贫帮困工作力度，努力增强文明生态村的“造血”功能。一是搞好“科技下乡”活动。要利用部队官兵的文化知识优势，积极做好科学普及工作。通过举办科学讲座、农民夜校等形式，大力传播科技知识，使渴望致富的农民掌握一定的科技知识。二是组织好致富技能培训。利用部队和市县农科所、职业技能培训机构的力量，举办致富技术培训班，帮助村民掌握1～2门致富本领。三是抓好科技示范。引导农民大力发展绿色农业、热带高效农业，生产无公害农副产品，利用村组致富小能人搞好带头示范，推动生态经济的蓬勃发展。

（三）加强村组综合管理效能，努力克服文明生态村“美景不长”的问题。文明生态村管理较难，农村千百年来形成的生活陋习和农民生产生活过程中不断产生的废弃物，使农村环境卫生保持问题成为文明生态村建设的一个制约因素。为了建立健全有效的文明生态村管理格局，保持文明生态村的文明魅力，必须充分发挥军民共建在社会建设和管理中的积极作用，使其真正成为军地双方互帮共建的桥梁、服务群众的窗口、关怀社会的平台，把广大群众团结凝聚起来，确保文明生态村建设的健康发展。一是充分调动广大村民参与生态环境管理的积极性，着力培育文明健康的生活方式，大力营造“人人参与创建、人人投身生态环境管理”的良好氛围，激发村民维护生态环境、保护自然生态的积极性，为文明生态村的创建和管理奠定坚实的思想基础。二是大力抓好文明生态村的环境卫生管理，细化村镇卫生管理区域，实行环境卫生“三包”责任制，保持村镇环境的清洁卫生。坚持行之有效的星级文明户创建评比制度，把保持村镇卫生列入重要评比内容，使文明生态村环境清新、美景长驻。三是加强公共活动场所的管理。大力抓好文化室、体育场、农村生态公园和村道等公共场所的维护管理。充分依托文化室、体育场开展经常性的文化体育活动，使公共文化体育设施发挥出最佳效益。

（四）加强村组全面建设，促进农村各项事业的协调发展，努力克服文明生态村“一条腿长、一条腿短”的问题。海南建省时间短，农村的各项建设欠账较多，创建活动千头万绪，把握不好容易出现顾此失彼的问题。因此，在文明生态村建设中必须因地制宜，科学规划，协调发展。首先是制定科学的文明生态村创建实施方案，确保文明生态村建设科学、规范地推进。在创建活动中，坚持按科学规律办事，反对盲目攀比，杜绝“形象工程”，真正办实事、求实效。坚持一切从实际出发，根据各地的发展水平，因地制宜，不搞一刀切。其次是抓好分类指导。对不同情况的村庄，提出不同的要求，使每个村庄都有一个具体的、明确而且经过努力能够达到的工作目标，扎实有序地推进工作。再次是抓协调发展。文明生态村的创建要根据各自的条件，发挥现有优势，取长补短，固强补弱。进一步完善文明生态村建设的内涵和机制，不断提升文明生态村建设的质量和档次，促进文明生态村各项事业的协调发展。

对加强基层双拥工作的几点思考

海南省海口市双拥办

拥军优属、拥政爱民是我党我军我国各族人民在长期的革命斗争和建设事业中形成的优良传统，是我们战无不胜、永远立于不败之地的一大政治优势。无论过去、现在、还是将来，我们都必须“深入持久地开展拥军优属、拥政爱民工作，进一步巩固军政、军民团结”。在市场经济条件下，如何加强基层的双拥工作，进一步提高双拥工作的整体水平，是双拥活动深入发展过程中应当注意解决的一个重要课题。近年来，海口市在注重抓好基层双拥工作方面下了一些功夫，促进了双拥工作的全面落实，取得了很大的成绩，已经连续五次获得“全国双拥模范城（县）”的光荣称号，全市建立了军民共建点118个，其中80%被省市区各级评为双拥工作先进单位。实践中，我们认为，加强基层的双拥工作应该把握好以下几个方面：

一、领导重视，切实把双拥工作的重点放在基层

海口，是海南大特区的省会城市，既处在改革开放的前沿，又处在对台军事斗争的前哨，做好双拥工作有着十分重要的意义。正因为如此，海口市历届市委、市政府和驻市部队领导都高度重视双拥工作，把它当作全局性的政治任务来抓，促进了经济实力、国防实力和民族凝聚力的增强，取得了令人瞩目的成绩。其中一条重要经验，就是用军政团结来带动军民团结。军政关系搞好了，可以在更大范围内解决问题，在多方面起重要作用。但是军政关系密切了，不等于军民关系就自然密切了，上层提出的关于双拥工作的各项任务和要求，不通过艰苦的扎实有效的工作，也难以在基层开花结果。一些军民之间的矛盾纠纷，绝大多数发生在基层，大量的、具体的经常的双拥工作要靠基层去做。因此，海口市在注重搞好军政关系的同时，重心向下，注重抓好基层双拥工作的落实。如结合海口行政区划的变化，对军民共建点进行调整，做到数量适中，布局合理。加强对基层双拥共建工作的检查、指导，使之达到“组织健全、政策落实、活动经常、关系融洽”的要求，促进了双拥工作整体水平的提高。总之，拥军优属、拥政爱民是一项群众性的社会实践活动。军民团结的基础在基层，双拥工作的重点也应该在基层。因此，各级军地领导必须正确处理上层活动与下层活动的关系，重视把基层双拥工作作为整个双拥工作的大头和重要环节来抓。

第一，军地领导要率先垂范。抓好基层双拥工作的落实，不能仅仅满足于说在嘴上，写在纸上，贴在墙上，更重要的是领导干部要以身作则，率先垂范，深入实际，真抓实干。海口市军地各级领导做到了“三个亲自”，即：亲自研究策划双拥项目，亲自带头参加双拥活动，亲自出面深入基层解决实际问题，以领导干部自身的模范行动来影响和带动全市军民参与双拥工作的热情。市双拥办经常到部队听取关于做好双拥工作的意见，到各区和共建点检查指导工作，从而保证和促进了双拥工作在基层的落实。

第二，建立基层双拥工作联系点。近年来，海口市各级双拥工作领导小组成员和驻市军警部队首长都确定了自己双拥工作的挂钩联系点，他们经常下去面对面地帮助指导工作，总结经验，以点带面。如市领导所挂钩的滨濂村，今年七月份被评为全国军民共建社会主义精神文明先进单位，省军区领导所挂钩的太乙村去年被评为省级文明生态示范村。实践证明，市区主要领导、各级双拥工作领导小组成员和部队的主要领导，建立基层双拥工作联系点很有必要。可以掌握真实情况，及时发现问题，解决问题。特别是对工作比较薄弱的基层单位，更应坚持到实地，查实情，靠上抓，帮到底，不见成效不撒手。

二、齐抓共管，充分发挥机关行业部门的职能作用

双拥工作是一项涉及各行业、各部门的社会系统工程，它既需要党委、政府的统一领导，更需要机关各部门齐抓共管，形成合力；既需要主管部门充分发挥组织协调、检查督促的职能作用，更需要各行业、各部门各负其责。只有这样，才能使双拥的各项任务、要求在各条战线、各个领域落到实处。应当通过上上下下、方方面面的努力，形成领导带机关、机关带行业、行业带社会的双拥声势。为此，应当注意以下几点：

一是明确职责。即依据各部门的职能，赋予具体的工作任务。宣传系统，利用报纸、电台、电视台等宣传工具和各种文化设施，开展多种形式的宣传教育活动，营造良好的双拥工作社会氛围；警备区和人武部，要发挥为部队开展双拥工作的牵头协调作用，及时了解反映部队的困难和要求，带头承办涉及军地双方的有关活动，协商调解矛盾纠纷，发挥桥梁纽带作用；民政部门，做好组织、协调、指导、综合工作，当好党委、政府的参谋，重点抓好有关优抚政策的落实，搞好退伍军人、离退休干部安置以及两用人才的开发使用；组织人事部门，做好军队转业干部的安置、培养和使用工作。对其他部门以及工、青、妇等群众团体，也都应依据其工作特点和实际情况，明确其具体任务。为明确职责，海口市双拥工作领导小组研究制定了《海口市双拥工作职责》，根据工作性质，对38个双拥工作领导小组成员单位明确了双拥工作职责。近年来，海口市各区、各行业部门每年都要与市政府签订年度双拥工作的目标责任书，年终工作总结时，要有双拥工作的内容。并建立了督察制度，双拥办每年要将各单位完成双拥工作目标任务的情况向市政府督查室写出专题报告，从而较好地完成了双拥工作任务，实现了双拥工作目标。实践证明，坚持一系列行之有效的措施，有利于各部门、各行业将双拥工作纳入工作部署，按职尽责，抓好落实。

二是分口督导。即各级双拥工作领导小组和双拥办，要注意经常深入到有关部门、行业，听取汇报，座谈了解，现场检查，督促指导。着重检查是否将双拥纳入了工作部署，是否对干部群众进行了宣传教育，是否结合实际制定了双拥规划和措施，是否在本机关、本系统落实了双拥的有关政策法规。近年来，海口市双拥工作领导小组多次深入4个区以及行业部门检查双拥工作的落实情况，与他们一起研究探讨、完善双拥措施；市双拥办采取走出去、请进来、电话联系等途径，经常了解、指导、汇集各部门、各单位开展双拥活动的情况，从而有效地促进了机关各部门、各行业认真履行双拥工作职责。

三是考核述职。要把本单位双拥工作的落实情况和成绩，纳入各部门、各行业领导干部的目标管理责任制，列入干部政绩考核的内容，适时地组织他们述职，对他们进行考核，并体现奖优罚劣；在每年年底前，要求各成员单位将履行双拥职责的情况，向领导小组写出专题报告。领导小组应适时地对机关各部门、各行业进行双拥工作讲评。这样就会使他们自觉"加压"，进一步增强双拥观念，把双拥工作摆上日程，常议常抓。近年来，海口市在建立健全督察制度的同时，市人大每年都要组织对相关市领导和由其所任免的机关部门的主要负责人进行述职评议，对领导干部进行政绩等多方面考核，有效地增强了领导干部的事业心和责任感，促进了行业部门双拥工作目标任务的完成。

三、立足基层，不断促进双拥工作的全方位发展

双拥工作的重点在基层，要按照"组织健全、政策落实、活动经常、关系融洽"的要求，积极开展工作，加大抓好基层双拥工作的力度。做到部署安排工作，要有基层的内容；检查指导工作，要深入实际、深入基层；评比表彰先进，要把双拥工作是否在基层落实作为主要衡量标准。要以解决好军民普遍关心的问题作为突破口，推动双拥工作在基层的深入开展。

第一，充分发挥基层双拥组织的作用。目前，军地双方都成立了双拥共建工作领导小组，地方基层单位建立了拥军优属活动小组或群众性服务网络，部队团以下基层分队也建立了群众工作（或军民共建工作）领导小组。军地各种学雷锋小组、利民服务队、优抚小组遍布城乡，基本上形成了自上而下、纵横相连的双拥工作领导体系和组织网络。应当继续巩固发展这些群众组织，并充分发挥其作用。地方要以实际行动关心、支持部队建设，部队应当努力为驻地“三个文明”建设和构建社会主义和谐社会做贡献。双拥工作贵在经常，要把做好重大任务、重要节日的双拥工作同经常性工作结合起来，努力使双拥工作经常化、制度化。要克服“节日期间抓一阵，节日过后不过问；领导强调抓一阵，领导不讲不过问”的现象，做到年度有计划安排，节日有联谊走访，平时有互帮互学，始终保持双拥工作不断线。

第二，多组织一些面向基层的双拥活动。军地各级组织的双拥活动，要注意从基层抓起，从基层赛起，从基层评起。这样有利于使更多的干部群众受到教育，动员更多的人参与双拥工作，形成“双拥工作人人有责”的良好社会风尚。近年来，海口市每年都组织进行国防知识竞赛活动，自下而上，分级选拔，决赛还在市电视台进行转播，军地双方同台角逐，直接参加活动的人数达到上万人次，同时在《海口晚报》开设“椰岛长城”、“椰城双拥情”、“国防教育园地”等栏目，大力进行双拥宣传和国防教育，从而极大地推动了国防教育的普及和深入，营造了“大特区、大国防”的浓厚双拥氛围，增强了全市军民的国防观念和双拥意识。

第三，善于运用典型的力量来推动工作。要注重培养各类双拥共建的典型，对双拥工作取得显著成绩的单位和个人进行表彰奖励，认真总结经验，充分运用典型的力量推动双拥工作在基层的开展。近年来，海口市重点宣传了“全国爱国拥军模范单位”市第二十七小学的先进事迹，宣传了“全国军民共建社会主义精神文明先进单位”龙华区滨濂村的先进事迹。去年六月份，海口市召开了双拥工作总结表彰大会，表彰了一批双拥工作的模范单位和先进个人。这当中，既有双拥模范区、村镇、街道居委会，又有机关企事业单位和个人，对基层的双拥工作起到了很好的示范和推动作用。在通过报纸、电台、电视台、会议等多种形式的广泛宣传、推广的基础上，市双拥办还坚持每月出版一期《双拥简报》，对在开展双拥工作中的一些好的做法、经验和涌现出来的先进事迹，及时进行宣传和交流，从而较好地影响和推动了双拥工作的深入开展，提高了双拥工作的整体水平，也为海口市第六次创建“全国双拥模范城（县）”打下了坚实的基础。

关于新时期推进“两新组织”双拥工作的几点思考

重庆市渝中区双拥办

近年来，随着新社会组织、新经济组织（以下简称“两新组织”，包括三资企业、民营企业、转制企业、社会中介组织、新社会团体等）迅猛发展，如何在这片新的领域，积极引导和推进双拥工作，成为新时期新阶段亟待研究和探索的一个新课题。本文结合渝中区的实践，就此作些粗浅探讨。

一、树立与新形势相适应的思想观念，切实把“两新组织”双拥工作摆上重要位置

总体来看，当前推进“两新组织”双拥工作进展不平衡，难度较大，既有载体不丰富，机制不完善的因素，更关键的还在于思想认识跟不上。思想认识滞后，必然导致工作的滞后。面对新的形势任务，必须进一步解放思想，树立三种观念，提高对新时期推进“两新组织”双拥工作重要意义和作用的认识。

（一）树立“两新组织”是双拥工作重要社会资源的观念。“两新组织”是不是传统双拥主力军（包括党政机关、国有企事业单位等）之外的双拥重要社会资源，需做到两个“充分认清”：一是要充分认清改革开放20多年，特别是党的十六大召开以来，已形成了数量众多的非公有制经济组织和新社会阶层。从渝中区来看，目前全区有近7000家私营企业和2.5万户个体工商户，300多个新社会组织，几十万从业人员。二是要充分认清“两新组织”是靠党的路线方针政策和国家的长期安全稳定发展起来的，对党和军队有深厚感情。他们艰苦创业积累的民营资本主要用于扩大再生产，丰富社会的物质文化生活，并积极支持公益事业和扶贫帮困活动。不少非公有制企业建立了党团、工会组织，加入了社会团体，与党和政府保持着密切联系。由此可见，把“两新组织”作为重要社会资源引入双拥工作，时机已经成熟，已经具有思想基础、物质基础和组织基础。

（二）树立“两新组织”双拥工作是事关全局的重要政治任务的观念。从构建社会主义和谐社会的全局来看，引导“两新组织”与部队开展双拥工作，通过走访慰问、军民联谊、军警民共建等活动，有利于用共同的政治基础把众多的新社会阶层人员、民营企业职工团结在党的旗帜下，与广大军民一起，使和谐社会构建的基础更加稳固。如平时的拥军优属，战时的动员支前等，需要全社会包括“两新组织”的广泛参与。转业军官、退役士兵是宝贵的人才资源，他们的安置需要“两新组织”发挥作用。兵役工作、优抚工作也需要依托“两新组织”开展。因此，“两新组织”双拥工作，牵动全局，事关全局，必须作为一项重要政治任务来推进。

（三）树立在“两新组织”开展双拥工作是扩大双拥工作群众基础的观念。积极探索新型经济组织和新的社会阶层开展拥军活动的途径和办法，既是贯彻落实全国双拥工作会议精神的具体体现，而且对于新形势下丰富双拥工作内涵，拓展双拥工作领域，扩大双拥工作群众基础，促进双拥工作全面发展进步具有十分重要的作用。渝中区在研究部署双拥工作中，确立的“抓‘两新’、强社区、全面创新发展”的路子，正是基于这一认识的结果。

二、突出针对性搞好宣传引导，充分调动“两新组织”参与双拥工作的积极性

“两新组织”参加双拥工作，很大程度上是一种自主自愿行为，其参与度能不能提高，积极性能不能调动起来，往往取决于宣传引导是否有效。“两新组织”的特殊性，决定了不能沿袭旧有的工作方式方法，必须晓之以理、动之以情，从渝中区的实践看，可以采取“三讲一抓”的办法。

（一）讲法定义务，强化责任意识。“两新组织”参加双拥工作，既有自愿的成分，也是法定的义务。《宪法》规定，每一个公民都有保卫祖国、抵抗侵略的神圣义务。“两新组织”的经营者、管理者及员工都是中国特色社会主义的建设者和保卫者，为双拥尽义务的传统不仅不能有丝毫淡化，还应发扬光大。《国防法》明确要求，公民和组织应当支持国防建设，为武装力量的军事训练、战备执勤、防卫作战等活动提供便利条件和其他协助。同时，《兵役法》也有相应的规定。工作中要理直气壮地向“两新组织”宣传这些法律法规，帮助其破除“与己无关”论，树立双拥工作是全社会成员义不容辞的责任，是企业履行法定义务的一项重要工作的观念。

（二）讲政策规定，消除思想顾虑。在参与双拥共建过程中，“两新组织”可能存在“三个担心”：担心带来乱摊派麻烦，担心社会上说他们动机不纯、装“门面”、捞“政治资本”，担心政府和部队不支持。部队与“两新组织”开展双拥共建，也可能出现“三怕”：怕偏离了双拥共建的正确方向，怕助长了部队官兵的不正之风，怕迎合了企业老板的功利需求。要在准确掌握情况、摸清底数的基础上，一方面用党的十六大精神帮助部队官兵认识“两新组织”的作用和地位，冲破思想禁锢，另一方面用党和国家鼓励“两新组织”拥军的有关政策规定，帮助“两新组织”消除疑虑，理直气壮地投入爱国拥军活动。

（三）讲“共赢”观念，激发内在动力。确保“两新组织”持久的双拥热情，就要大力宣传“共赢”观念，引导他们不仅认识到扩大自身在各个领域的联系，参与双拥是一个非常重要的途径，而且通过军地联谊、智力竞赛、学习观摩等活动，能够吸纳部队好的思想作风和管理经验，培养员工的爱岗敬业、顽强拼搏、积极奉献精神，为企业提供强大的发展动力。

（四）抓典型宣传，增强号召力。“两新组织”行业广、人员多，且相对松散，不便于集中开展教育宣讲，用典型说话往往影响更持久、说服力更强，常常能起到宣传一个典型、带动一大片的群体效应。以渝中区为例，2003 年渝中区召开了“两新组织”双拥工作研讨会，组织协信商厦、百事达公司等 5 家单位在大会上发言，并将事迹材料印发到全区“两新组织”。这次会议以后，有 80 多家单位纷纷与所在街道联系参加双拥工作。

三、着眼发挥各自优势，科学设计“两新组织”双拥工作的思路和内容

开展“两新组织”双拥共建工作，要把握特点，按照共赢、互补、务实、高效的原则，坚持精神文化建设为主、精神互助与物质支持相结合的方向，找准军地双方的结合点和着力点，发挥各自优势开展各项工作，实现部队建设和“两新组织”共同发展。

（一）发挥“两新组织”特有优势，力争在四个方面有所作为，支持部队建设。“两新组织”社会覆盖范围广，分布于商品销售、制造加工、交通运输、房地产等各行各业，尤其是在科技、教育等方面有着较大的优势。如何将这些优势发挥出来，推进双拥工作，可以从以下四个方面入手：一在构筑科技强军的智力平台上有所作为。发挥民办高等院校、科研机构、高新技术企业等“两新组织”科技人才优势开展科技拥军，支持官兵完成学历教育、学习信息技术，帮助部队进行军事装备挖潜和技术革新。二在构筑部队后勤保障平台上有所作为。“两新组织”中的房地产业、粮油食品销售行业、饮食服务业、物流业等可从实际出发，支持部队搞好后勤保障社会化改革，促进部队的全面建设。1999 年我驻南大使馆被炸后，重庆协信集团、信桥物业公司业主深受震动，出资 20 万元支持某部红军团开展科技大练兵。三在构筑排忧解难的保障平台上有所作为。企业发展壮大的同时，力所能及地投入资金和物质，帮助驻地部队改善训练、工作、生活条件；创造条件吸纳退役士兵、军转干部、随军家属到企业就业，帮助解决优抚安置工作的热点难点问题。2004 年“八一”前夕，渝中区组织举办了“退伍军人、军嫂大型专场招聘会”，来自房地产、商贸等行业的企业踊跃参与，提供了 1800 多个岗位。四在支持国防后备力量建设上有所作为。积极开展国防教育和国防动员工作，激励企业青年职工踊跃参军，履行国防义务。

（二）发挥部队特有优势，强化三个结合，支持“两新组织”发展。一要结合需求提供支持。企业除实现利润最大化外，还有安全需求、文化需求、环境需求和社会认同需求等。部队支持要找准部队优势与这些需求的结合点，双拥共建工作才会有更大的拓展空间。渝中区驻区部队与“两新组织”建立了“三联两共”机制，即公益事业联办、区域治安联防、思想工作联做、企业文化共建、“四有”新人共育，就是从企业的需求与部队参与三个文明建设的结合点出发的。二要结合肩负的职能提供支持。比如消防部队要帮助企业搞好消防知识培训，完善企业消防设施，查找和排除消防隐患，协助企业制定消防应急疏散方案，促进安全生产。三要结合军营特色文化提供支持。发挥部队组织纪律性特别强、思想政治工作特别有力、国防教育资源特别丰富的优势，通过军地联合举办“军营一日”、培训保安人员、军训员工等活动，帮助“两新组织”强化员工队伍的组织纪律观念和团队意识。

（三）做到“三个坚持”，力求共赢实效。“两新组织”双拥共建本质上属于社会主义精神文明建设范畴，工作中一定要把握好这个方向，切实做到“三个坚持”，努力创造共赢实效的双拥局面。一是要坚持把好双拥共建的入口关。总体要求是选取具有一定规模、守法经营、经济效益好、党（团）和工会组织健全的“两新组织”参与双拥共建。具体来讲主要面向大中型民营企业、民营高科技企业、民办院校和科研机构，以及党（团）、工会组织比较健全的企业。工作中，要做到“两不涉及”，确保“两新组织”不涉及部队的军事机密，部队不涉及企业的人事管理、利益分配等问题。二是要坚持自主自愿、量力而行。要把握以精神文明建设和文化建设为主、精神互助与物质支持相结合的方向开展双拥共建活动，避免出现以物质支持多少论“亲疏”等庸俗化倾向。“两新组织”对部队的物质支持，要用在改善部队训练执勤工作、生活条件、搞好人才培养、解决个别遇到重大困难官兵的实际问题等方面。三是要坚持灵活的活动形式和方法。处理好双拥活动与部队建设、企业生产经营的关系，双拥活动方式要以业余、小型、分散、灵活为主，不能影响企业的生产经营和部队的训练执勤。在工作方法上，不能急于求成，多务实，少务虚，使军地双方切实感受到双拥共建带来的社会效益和经济效益。

四、建立长效运行机制，确保“两新组织”双拥工作长期化和经常化

从渝中区探索的情况看，可以通过建立“133”工作网络（即一个小组、三条组织链、三项制度）的方法和途径，逐步建立起科学、统一规范、有效的组织体制和运行机制。

（一）设立一个小组负责总体协调领导。在现有双拥工作领导小组的基础上，可组成由宣传、民政、工商、税务等党政相关部门和辖区部队，以及工商联、工会、共青团、私营企业协会、行业协会等等参加的双拥工作领导扩大小组，负责制定工作计划、总结推广典型经验、做好组织协调，研究解决活动中遇到的新情况、新问题。

（二）构建三条组织链，实现有效推进。一是依托服务“两新组织”的行政管理部门实施组织领导，构建双拥主管部门→“两新组织”行政管理部门→“两新组织”法人代表的组织领导链。目前工商、税务等政府职能部门在服务管理“两新组织”过程中，要做好双拥工作的宣传引导，起到“桥梁”作用，切不可行政强制。二是依托“两新组织”内部的党群组织实施组织领导，构建双拥主管部门→街道党工委→“两新组织”的党群组织的组织领导链。党的十六大以来，“两新组织”中建立党组织、团组织、工会组织的单位、企业不断增多，要充分利用这些成果和优势，依托街道党工委、社区党组织、“两新组织”中党群组织或党团骨干，组织协调双拥工作。三是依托民间组织实施组织领导，构建双拥主管部门→民间组织→“两新组织”的组织领导链。工商联合会、私营企业（个体）协会、各个行业协会等民间组织，对“两新组织”具有管理和指导的职能，应该积极主动加强与他们的联系协商，争取他们对双拥共建工作的支持，并通过他们搞好宣传发动，提高思想认识，调动和整合“两新组织”开展爱国拥军活动。

（三）建立三项制度确保各项工作落实。一是联席会议制度。广泛听取“两新组织”、辖区部队和街道社区等方方面面的意见建议，通报工作情况，协调研究有关事宜。二是联络站（点）、联络员工作制度。依托街道（社区）建立联络站（点），依托社区和“两新组织”中党（团）员或志愿者，建立双拥工作联络员队伍，共同推进双拥共建工作，及时收集反馈信息。三是工作激励制度。各级在双拥模范、双拥先进评选时，将“两新组织”及成员纳入，而且在精神文明建设等方面的评比也要将“两新组织”的拥军优属工作作为重要内容纳入其中，以此起到激励促进作用，不断开创双拥工作新局面。

构建和谐军政军民关系应着重把握的几个问题

77100部队政治部

构建和谐军政军民关系，是贯彻落实胡锦涛总书记“要扎扎实实做好构建社会主义和谐社会的各项工作”重要指示的现实要求，也是保持我军性质宗旨、推进部队建设的重要法宝。目前军政军民关系总体比较和谐，但也存在一些亟待解决的问题。从部队与渝中区共创全国双拥模范城（县）“两连冠”的实践来看，推进军政军民关系和谐发展，从部队来讲要重点把握以下几个问题。

一、坚持以增进理解促进和谐，防止和克服因切身利益问题未能有效解决而滋长埋怨情绪

相互理解、信任，是构建和谐军政军民关系的感情基石。当前军民感情是融洽的，工作是相互支持的，困难是相互体谅的，但也出现一些不和谐的现象。如近年来部分官兵因家属就业、子女入学、转业退伍安置等得不到有效解决，对地方政府有埋怨情绪。有的认为部队驻在当地，随军家属就业、子女入学等，理应由地方解决，转业官兵为国家尽了义务、献了青春，应该得到妥善安置；有的认为现在到某些地方单位办事，门难进、脸难看，即便是应该解决的问题也得“过五关斩六将”，办成一件事得费很大劲。这些情绪日积月累起来不可避免地对军政军民关系产生负面影响。解决这些问题，需要军地双方认真思考，从部队来看，一是要克服特殊化思想，强化特殊职业服从特殊国情的观念。军人职业特殊，往往多数官兵军事素质强、民用技能弱，家庭收入少、实际困难多，对外交往少、转业安置难，客观上需要国家给予更多关心照顾。同时也要看到，我国正处于社会主义初级阶段，各方面困难矛盾不少，部队待遇、地位不可能同战争年代“中心位置”比、同20世纪五六十年代“受尊敬位置”比、同一些西方发达国家军人比。我们要教育部队，从特殊国情这个大背景出发，克服“特殊化”思想，对地方政府少一些埋怨、多一些理解，少一些指责、多一些尊重。二是要克服索取思想，强化改革调整中让人民先受益的观念。随着改革不断深化、利益关系不断调整，自然会出现一些人先受益、一些人后受益，一些人得的多、一些人得的少等现象。我军的宗旨是紧紧地和人民站在一起，全心全意为人民服务。在利益面前，军队要勇于牺牲、奉献，让群众先受益，而不能与民争利、与民争“先”。只要人民富起来了，军人迟早也会受益，一些发达地区拥军热情高涨的生动事实就充分说明了这一点。三是克服依赖思想，强化创造条件解决困难观念。军队打胜仗，人民是靠山，但这种依靠是“大依靠”，是依靠地方保证我军履行保家卫国、支援地方建设的神圣使命，保证以军事斗争准备为中心的各项任务的完成。依靠不是依赖，如果什么问题都完全依赖地方解决，既不现实、也不可能。作为部队在积极利用地方拥军资源同时，也要立足自身，创造条件解决问题。如针对随军家属就业难的问题，近年来我们通过建立营区服务网点，先后安置157名随军家属就业，既缓解了地方压力，也给官兵解决了实际问题。

二、坚持以纯洁交往促进和谐，防止和克服因利益观念增强而在军地往来中“重物质、轻精神”

对利益的追逐是市场经济主要特征，一旦进入军民共建领域，负面影响就会随之显露。近年来受社会不良风气影响，一些单位和官兵同地方交往有功利主义倾向，有利就交，无利就撤，支援地方先看是否实惠、有无补偿；搞共建嫌贫爱富，把有钱的、有权的和有用的作为选点标准，甚至有的以经济利益多少决定共建力度大小，使共建活动呈现经济联系增多、政治关系淡化的倾向；个别人甚至打着同地方搞共建旗号，捞取个人私利，因为个人得了一点好处，竟干一些有损部队长远利益的事。这些，给部队建设造成负面影响，淡化了与人民群众感情，让纯洁的鱼水关系受到了污染。解决这些问题，我们认为：一是要多算“政治账”，在端正交往动机上下工夫。要教育引导官兵，认清加强军民团结是战斗力增长的重要源泉，是维护国家安定团结的重要条件，是建设和谐社会的重要组成部分。认清军地交往无小事，军地交往不是金钱物质上的你来我往，不是捞取小团体利益和个人私利的手段，而是展示部队文明之师形象的途径、密切军政军民关系的主渠道，具有很强的政治性，自觉处理好政治利益与经济利益关系，多算“政治账”、少打“小算盘”。二是要坚持高格调，在纯洁交往内容上下工夫。要突出共建社会主义精神文明这个主旋律。如围绕共学科学理论，组织官兵深入社区、深入群众，宣传党的方针政策和部队优良传统，用部队精神文明建设丰硕成果，示范和影响社会风气；围绕共育“四有”新人，利用驻地教育资源，创建军民共建共育基地，培养高素质新型军事人才；围绕共保一方平安，配合驻地公安、街道和居委会搞好军警民联防联治；围绕共建文明行业、文明社区、文明村镇，组织官兵参与公益事业、扶持弱势群体等。三是要倡导好风气，在廉洁交往上下工夫。要制定规范措施，堵塞非正常交往渠道，抑制交往中不健康、不文明行为。军地交往坚持以组织出面协调为主，杜绝个人之间乱拉关系。不能借共建之名办个人私事，不能在共建活动中索要好处，不能借共建之事违规使用兵员、枪弹、部队房地产等。

三、坚持以创新发展促进和谐，防止和克服因工作模式不合时宜而降低官兵参与拥政爱民工作的热情

构建和谐军政军民关系，离不开官兵积极踊跃的参与。从调查的情况看，当前部分单位存在对拥政爱民工作遇到的一些新情况新问题研究不够，拥政爱民活动层次较低、内容单调等问题，尤其是一些内容缺乏时代感、形式缺乏吸引力的活动，受到官兵的冷落。如节假日上街打扫卫生，路上行人多，满街尘土飞扬，群众不得不掩鼻而过。下乡搞助民劳动，一些村干部把官兵领到亲朋好友家干活，群众不但不欢迎，而且还有意见。搞军民共建，喜欢与机关、厂矿企业结对子，冷落了“两新”组织。地方群众不支持、不理解、不响应，部分官兵逐渐失去了参与拥政爱民活动热情。要改变这种现状，必须在“高”、“新”、“活”上做文章。

一是要让工作起点高起来。要改变表面上热热闹闹，而无多少实效的工作方式，从那种上街宣传、打扫卫生、联谊活动、便民服务等低层次活动中走出来。要着眼发挥自身优势，以提高人民群众国防观念和整体素质为牵引，加大拥政爱民工作辐射力，把拥政爱民活动从以体力型为主向科技型转变，从自发式、随意性向制度化、规范化转变，从少数单位、职能部门向全社会、各行业转变，进一步提高双拥工作层次和质量，增强双拥工作吸引力、感召力。

二是要让共建领域新起来。当前要突出与“两新”组织开展双拥共建活动。过去，双拥共建主要领域是国有企事业、集体企业单位。随着改革的深化，新经济组织、新社会组织（包括三资企业、民营企业、转制企业、社会中介组织、新社会团体等）大量涌现，成为新时期双拥工作的重要资源。以驻地渝中区为例，目前全区有近7000家私营企业和2.5万户个体工商户，300多家新社会组织，有几十万从业人员。与这些组织开展双拥共建，有利于用共同政治基础把众多新社会阶层、民营企业职工与广大军民联系起来，团结在党的旗帜下，从而使和谐社会的构建有更加稳固的基础。

三是要让活动形式活起来。一方面要解决好“走出去、请进来”的问题。建立和谐军政军民关系不单是为群众好、为地方好，而是两家共建，双方受益。因此，开展拥政爱民活动不能关起门来搞，不能端起架子搞，更不能板着面孔搞，否则活动就活不起来。另一方面，要在增强活动的吸引力和感染力上下工夫。充分利用军地各种教育基地和现代传媒，把共建活动变得更加直观、更具感召力、更富实效。

四、坚持以依法办事促进和谐，防止和克服单靠感情和行政手段处理军地纠纷

对于军地纠纷，首先要加强预防，杜绝发生。一旦发生纠纷，要及时妥善解决。分析近几年发生的13起军民纠纷，主要有两个特点：一是因经济利益冲突引发纠纷比较突出。13起纠纷中，因生产经营、房地产等引发的6起，由其他纠纷转化的4起，占全部纠纷的77%。二是因官兵合法权益受侵害引发纠纷呈上升趋势。共有7起，表现为地方要求或强行在军事禁区内搞生产经营、开发资源，在营区内外违章建筑、违规建厂，侵占军事设施、房地产等。这些纠纷由于关系双方切身利益，政治性、政策性很强，单靠感情手段，解决难度较大。而随着政府职能由“指令”到“指导”的转变，靠行政手段干预也越来越力不从心。在当前处理军地矛盾纠纷中，健全法制，增强官兵依法办事的能力已势在必行。一是要做到有法可依。当前，国家相继出台了《国防法》、《军事设施保护法》等，但并没有覆盖军地的所有问题。因此，要从宏观上综合考虑，出台一些对军地都有约束力的法规，重点规范三个方面内容：一个是要把军民之间利益格局、处理军民关系基本原则，用法的形式确定下来。另一个是对部队因演习、训练等给地方造成损失，在赔偿标准上具体细化。再一个是对政府部门行为进行规范，如对地方有关单位和行业到部队检查，向部队摊派、集资、罚款等问题做出明确规定。二是要做到有法必行。军队宣传部门要继续抓好普法教育，强化官兵法律意识；部队法律服务机构，要自觉把维护部队和军人合法权益作为首要职责，为解决军民纠纷提供法律依据，协调处理好军地间涉法问题。同时要建立健全军政军民关系方面的司法机构和司法制度，使这方面违法行为能得到及时追究、制裁。三是要始终保持高姿态。江泽民同志指出：“在妥善处理军民之间的矛盾时，希望军队一定要高姿态。”我们强调在解决军民纠纷时依法办事，并不等于不讲大局、不讲风格、不讲感情。作为人民军队，绝不能把自己等同于一般群众，要坚持对党和人民高度负责态度，从团结愿望出发，严于律己、宽以待人，有责任主动承担，无责任得理让人，尽可能避免“赢了官司、伤了感情。”要始终保持清醒头脑，保持克制和忍耐，坚决避免以错对错、以违法对违法。

以科学发展观为指导做好双拥工作

四川省双拥办

四川省位于祖国西南腹地，是中央实施西部大开发战略的重点省区之一，幅员48.77万平方公里，人口8600余万，有53个少数民族，辖21个市、州，181个县（市、区）。省内有驻军军以上单位×个，是西南战区指挥中心；优抚对象319万（占全省人口3.7%），其中重点优抚对象65万人（占优抚对象的21%）。幅员大，人口多，驻军多，出兵多，优抚对象多，老少山穷地区多，战略地位重要，辐射影响广是我省双拥工作的显著特点。

2003年10月党的十六届三中全会提出“坚持以人为本，树立全面、协调、可持续的发展观，促进经济社会和人的全面发展”以来，我省军民认真学习贯彻。双拥工作在全国双拥工作领导小组指导下，在省委、省政府、省军区的领导下，始终坚持以邓小平理论和“三个代表”重要思想为指导，紧紧围绕改革发展稳定的大局和“两力的提高”，坚持以科学发展观为统筹，明晰“抓基层、打基础、抓重点、求发展”的工作思路，巩固和发展了“同呼吸、共命运、心连心”的良好局面，全省现有新近评为全国双拥模范城（县）12个，“爱国拥军模范单位”5个，“爱国拥军模范”2名；“军民共建社会主义精神文明先进单位”7个，“军民共建社会主义精神文明先进个人”4 名；省级双拥模范城（县、区）86 个。先进单位和个人的命名表彰在社会上产生的示范影响，极大地推动了全省的双拥工作可持续深入开展，有力地促进了四川跨越发展和驻军的全面建设。

一、牢固树立科学发展观，夯实做好双拥工作思想基础，增强全民国防意识，就必须坚持国防建设与经济建设协调发展的方针

坚持科学发展观，是以胡锦涛为总书记的新一届中央领导集体总结世界各国经济社会发展规律，从新世纪新阶段的实际出发，提出的重大战略思想，是全面建设小康社会必须坚持的指导方针。科学发展观是指导发展的世界观和方法论的集中体现。坚持国防建设与经济建设协调发展的方针是科学发展观十分丰富的内涵之一。我省各级党委、政府和驻军领导把做好双拥工作作为树立和落实科学发展观的实际体现，作为全面建设小康社会的大事来抓，始终做到“四个坚持”并形成了制度。即：坚持双拥工作纳入经济社会发展和部队建设总体规划；坚持把争创双拥模范城（县）活动列入党委、政府和部队的重要议事日程；坚持把双拥工作列入目标责任管理；坚持军地互访、领导定点联系驻军、定期召开军地领导会议和检查总结表彰制度。

2003 年以来，我省将树立和落实科学发展观，作为国防宣传教育和搞好双拥工作的思想基础，通过对全民教育和部队官兵教育，使全省军民的思想认识统一到胡锦涛总书记在中央政治局第十五次集体学习时的关于“经济建设是国防建设的基本依托，经济建设上不去，国防建设就无从谈起。国防实力是综合国力的重要组成部分，国防建设搞不上去，经济建设的安全环境就难以保障”；“必须坚定不移地走和平发展的道路，促进国防建设与经济建设的协调发展”的重要论述上来，紧紧围绕改革发展稳定，树立和坚持以人为本，全面、协调、可持续的发展观，全面建设小康社会目标，采取普遍教育与重点教育、传统教育与形势教育、经常教育与集中教育相结合的方法，深入持久地开展了多形式、多层次宣传教育活动，增强了广大军民的国防观念和双拥意识，营造了浓厚的双拥氛围。在宣传教育中做到了“四个突出”。一是突出以人为本，全面协调可持续的发展观和爱国主义为核心，以双拥为主要内容的宣传教育；二是突出新时期双拥工作重大意义教育，增强广大军民的国防意识；三是突出抓好县以上领导干部和青少年的教育，使广大干部身体力行、率先垂范去影响和带动广大军民开展双拥工作，使广大青少年继承和发扬双拥光荣传统；四是突出英模人物、模范先进单位、先进个人事迹的宣传教育，激励广大军民奋发向上，相互支持，为构建和谐四川，促进全省新跨越和部队全面建设做出新贡献。

二、牢固树立科学发展观，增强双拥工作的生机与活力，促进地方发展和部队建设，就必须围绕中心，以人为本，注重统筹

我省各级党委、政府和驻军针对新形势下双拥工作的特点，按照“三个代表”重要思想和科学发展观的要求，围绕党的中心工作来开展，把促进社会生产力发展和部队战斗力提高作为开展双拥创建工作的根本出发点和落脚点，坚持国防建设与经济建设协调发展的方针，抓巩固、求发展、创特色、重实效，深入持久地开展了形式多样的双拥创建活动。各地认真对照全国《双拥模范城（县）创建命名管理办法》，找差距，订措施，解难题，“按照统筹城乡发展、统筹区域发展、统筹经济社会发展、统筹人与自然和谐发展、统筹国内发展和对外开放的要求”，坚持创建活动中的“三个结合”：一是与国家和省扶贫计划相结合，认真开展扶优脱贫奔小康活动，做到了扶贫先扶优抚对象，救灾先救优抚对象；二是与配合部队科技练兵和“双争”活动相结合，积极开展科技拥军、智力拥军活动。2003 年以来，地方共投入 580 多万元为驻军购买科技书籍、电脑等科技器材；三是与西部大开发战略相结合，大力促进我省跨越式发展，军地紧密合作，加速了 10 多项国家和地方重点工程的建设步伐。工作中心明确、重点突出，军地同心协力，使双拥工作保持可持续发展的良好势头。

我省在 1994 年以开展行业为龙头的军警民共

建社会主义精神文明活动基础上，进一步拓宽了共建领域。各地各部队在开展共建文明单位活动中，推出了一批先进典型和示范点。继“军民共建文明川藏运输线”、“成渝高速公路文明示范路”后，省农行系统与省武警部队从1996年开展的“共建文明行业活动”受到中宣部和解放军总政治部表彰。2002年8月，省交通厅、省公安厅与省军区联合开展了“军警民共建成雅高速公路文明示范路活动”，得到了总政、军区和省委、省政府的肯定。今年按照张中伟省长的要求，我省旅游局与省民政厅和省军区政治部积极配合，将省政府主要领导倡导的、在全省重点风景区于2000年开展的“警民共建安全文明旅游区活动”，扩展为“军警民共建安全文明旅游区活动”。这些共建活动规模大、影响广，对企业的文明程度和军民素质的提高，对自然环境和人文历史遗产的保护，对军地改革发展稳定和提高双拥工作的整体水平起到了积极推动作用。随着双拥工作的深入发展，创造出了智力拥军、科技拥军、岗位拥军等一系列丰富多彩的拥军活动形式，如乐山市在双拥活动实践中，创造出了部队“为驻地群众服务好，遵守群众纪律好，参加地方两个文明建设好，维护驻地社会稳定好”和地方“优抚安置政策落实好，复转离退休军人安置好，为部队排忧解难好，支持部队安全稳定好”的“双四好”活动形式。宜宾市以开展“美好家园”、巴中市开展“文明村镇”等为载体的双拥活动，进一步深化了双拥工作在基层的发展。上述活动，不仅探索了双拥工作的新路子，也推动了我省双拥工作向纵深发展。

三、牢固树立科学的发展观，统筹发展，提高双拥工作的实效性，就必须认真做好帮困分忧和“解难”工作

我省在学习和落实科学发展观中意识到，双拥工作要提高针对性和实效性，就是要将在乡老复员军人“三难”问题，以及随军家属下岗再就业和军人子女入学入托等热点、难点问题作为检验工作成效的突破口，加大工作力度和针对性，不能空谈。一是各级财政增加投入，逐步提高在乡老复员军人的定期生活补助标准，着力解决优抚对象住房难的问题，建立医疗保障基金和实行医疗减免，以尽力缓解优抚对象治病难的矛盾。现在我省在乡老复员军人的定期生活补助标准已提高到每人每月135元以上。据统计，2004年各级财政投入资金1660万元，为3707户优抚对象修建和维修了住房；投入资金2828万元用于优抚对象治病并为其减免医疗费1600多万元。二是采取措施解决军队干部子女入学入托和军嫂就业问题。各地为解决部队干部后顾之忧，千方百计想办法，解决干部子女入学入托和家属就业问题。泸州市、西昌市等地采取给部队子女升学加5分，攀枝花市等地专门召开军嫂就业招聘会，收到较好效果。三是着眼于军队有效履行新世纪新阶段的历史使命，全力支持部队建设。全省各地针对部队推进中国特色军事变革，努力提高信息化条件下防卫作战能力这一目标，积极主动进军营、下连队征求部队意见，现场解决部队的实际困难。据不完全统计，2004年，全省各地共支出购买科技书籍、电脑等科技器材经费550多万元，帮助部队解决科技练兵中的难题。拨款8600多万元解决驻军营房、民兵训练基地和武器库建设，并减免城市建设配套费2160多万元，为部队划拨生活用地760亩。同时，全省每年还为驻军解决生活补助费1.2亿多元。仅成都市就拨出4210万元用于支持成都军区机关建设。

驻川各部队认真学习和落实科学发展观，积极教育和引导官兵投身西部大开发建设中，正确处理国防建设与经济建设的关系，视驻地为故乡，视人民为亲人，时时处处显现出人民子弟兵的政治本色，为四川跨越式发展做出了重大贡献。驻川部队在圆满完成援建“小平故里”建设后，又启动了援建“朱德故里”行动；省军区以开展“百万民兵建功长征路”活动为牵引，以富裕文明新村“双百”工程为重点，率百万民兵和预备役人员投身西部大开发；驻川空军部队大力开展捐资助学和科技扶贫活动；武警各警种部队在抢险救灾和急难险重任务中发挥了主力军的作用，不仅为保护国家和人民群众的生命财产建立了功勋，也为四川经济的发展和社会进步做出了突出贡献。一是在帮扶助学上，成效明显：据不完全统计，2003年来，驻川部队通过对口帮扶，共捐资和引资600万元，修建和改造中小学140所，使3000多名失学儿童重返校园，使16000多名贫困学生不同程度地改善了学习条件；官兵个人捐款达500多万元，引进扶贫项目500多个，并帮助60万群众脱贫，使300万群众受益；捐资建希望小学110多所；二是在抗洪抢险中，作用巨大：出动8万人次、车辆700多台次参加抢险救灾，解救受灾群众近10万人次；三是在保护生态环境建设上，贡献突出：驻川部队先后出动10万余兵力，退耕还林8万余亩；四是在维稳处突、保一方平安方面，功不可没：驻川部队无论是在处置“沱江污染”、还是“汉源10·27”事件中，以及开展军警民联防，维护稳定、保一方平安，都做出了突出贡献，协助当地公安抓获1300多名犯罪嫌疑人，打掉10多个犯罪团伙，收缴枪枝44549支，有力地维护了社会的稳定，为四川省实施跨越式发展提供了良好的社会环境。

四、牢固树立科学发展观，使双拥工作向法制化规范化方向健康发展，就必须注重法规建设，抓好政策落实

各级党委、政府和驻军领导在学习和落实科学发展观、开展双拥活动的实践中认识到，要使双拥活动深入持久地开展下去，就必须注重法规建设，抓好政策的落实。几年来，各级党委、政府和驻军部队，都重视双拥政策法规的建设和抓落实工作。一是双拥政策法规建设取得突破性进展，省双拥工作领导小组及时出台了《四川省双拥模范城（县、区）命名管理办法实施细则》和《四川省双拥先进市（县、区）命名管理办法实施细则》以及《四川省双拥先进集体和先进个人评选办法》，各市州也相继出台了配套办法；二是全省实行义务兵家属优待金社会统筹和纳入地方财政预算转移支付兑现；三是建立了优抚对象抚恤补助标准自然增长机制，使重点优抚对象的生活水平与当地群众的生活水平同步提高；四是全省实行优抚对象抚恤补助费社会化发放，并在县乡两级实行了优抚政务（优抚政策、对象）公开，接受社会监督和方便优抚对象领取；五是进一步维护和保障军人及其家属的合法权益；六是认真做好军转干部、军休干部和退役士兵安置工作；七是落实下岗复转军人生活补助和六级以上残疾军人医疗保障；八是大力支持驻川部队搞好后勤保障社会化改革；九是不断加强和完善双拥模范城（县）命名管理机制。通过以上政策的落实和法规建设，使我省的双拥工作整体水平得以明显提高，并使双拥活动得以深入开展。

我省在树立和落实科学发展观、开展双拥工作中，虽然受到了全国双拥办的肯定，但是，按照科学发展观的要求，我们深知在工作中还存在着一些问题。

一是在抓统筹区域、城乡上，双拥工作在地区间发展不平衡。我省地处西部，人多、地广，地区和城乡间社会和经济发展水平差别大，双拥工作在我省地区之间、行业与系统之间、单位与单位之间发展不平衡，有的地方对双拥工作重要性认识不足，重视不够，不同程度影响了全省双拥工作整体水平的发展。

二是在构建和谐社会中，双拥工作在解决随军家属和退役士兵安置难上成效不明显。市场经济的建立、政府职能转变和企业单位改制，国家有关法规的规定、随军家属和退役士兵的择业观念与用工单位实行的竞争上岗和择优录用的现行用工制度，形成激烈碰撞，呼唤传统的安置工作加快改革的步伐，而双拥工作在破解此难题上缺乏力度。

三是在以人为本上，因地方财力不足，优抚对象治病难问题仍很突出。特别是在乡老复员军人和带病回乡的退伍军人，大多年老体弱，疾病缠身，已丧失自救能力，如遇生病仅靠定补费用就医，因病致贫问题突出，成为建设和谐社会的一个不可忽略的因素。以上问题有待于在今后的工作中加以认真解决。

在今后的双拥工作中，我们要认真学习、贯彻落实党的十六届五中全会和全国双拥工作会议精神，坚持“三个代表”的重要思想，牢固树立和认真落实科学发展观，贯彻党中央、国务院、中央军委关于加强军政军民团结的一系列指示精神，更加广泛地进行以爱国主义为核心的国防宣传教育，深入开展双拥创建活动，坚持抓基层、办实事、解难题，不断巩固和发展“同呼吸、共命运、心连心”的大好局面，实现“十一五”规划和四川的跨越式发展，为促进部队全面建设做出新的贡献。

关于赴攀枝花市等六城县进行双拥工作调研的报告

四川省双拥办

根据《二○○五年全国双拥工作要点》、《四川省二○○五年双拥工作要点》精神，按照全国双拥办《关于开展双拥工作进行集中调研的通知》（国拥办［2005］4号）要求，省双拥工作领导小组于6月13日至23日，派出两个抽查调研组分别对荣获新一届全国双拥模范城（县）的攀枝花、乐山、广元、广安、西昌市和大竹县等6个城（县）双拥工作进行了抽查调研。现将有关情况通报如下：

一、抽查调研的基本情况

这次被抽查和调研的6个单位中，既有连续多届被命名为全国双拥模范城（县）的老先进，又有首次进入全国双拥模范城（县）行列的新先进，还有跨越式进入全国先进行列的单位和少数民族地区的先进单位。两个抽查调研组通过听汇报、查资料、实地走访了解、召开座谈会和交换意见等方法，先后深入到6个市、县的5个区（县）、8个乡（镇）和2个军供站、1个社区及优抚对象家中，与驻地部队领导和30多位优抚对象进行了座谈；此外，还走访了攀钢（集团）公司、乐山市国税局、广元市建设局、广元市北街小学和广安市爱众投资控股集团有限公司，看望了乐山预备役步兵旅干部和武警大竹县中队战士，查看了医院、车站、银行、旅游景点等窗口单位。两个抽查调研组返蓉后即召开碰头会，对检查调研的情况进行了分析汇总和梳理，总的感到：被抽查的6个市（县）在抓双拥工作中领导重视、制度健全、工作积极、氛围浓厚、成效明显，特别是通过创建全国双拥模范城（县）活动，提高和增强了广大军民的国防观念及双拥意识，有力地促进了各项优抚安置政策的落实，军政军民关系得到了进一步的加强，对地方经济社会的发展和部队的全面建设起到了积极的推动作用。

二、存在的问题

（一）深入贯彻落实全国双拥工作会议精神的工作需进一步加强。抽查发现个别市（县）学习贯彻全国双拥工作会议和省双拥模范城（县、区）命名电视电话会议精神的力度不够，会议精神在具体工作中还未得到很好地贯彻落实；个别地区“党政军领导重视，职能部门履职，社会广泛参与”的双拥工作格局有待进一步加强和完善；个别单位军地合署办公制度尚未落到实处；有的单位在对实现双拥工作阶段性目标和抓经常性工作落实的统一上认识不够，导致双拥工作在创建年纳入了目标考核，而创建后则是取消纳入；部分单位没有按要求完成自查工作，未向省双拥工作领导小组写出自查报告。

（二）落实优抚安置政策的工作需进一步加强。从抽查情况看，多数单位都建立起了较为全面的双拥工作规章制度，也相继出台了一些政策法规，促进了优抚安置工作的落实。但在实际工作中个别单位也还存在落实不够和落实不好的情况。比如：有的优抚对象生活状况和居住条件还不尽人意，与当地基本生活水平还有差距；有的单位优抚对象抚恤补助标准自然增长机制和优抚对象的定期抚恤补助金实行金融部门代发等工作还需进一步完善和落实。特别是在新形势下，如何落实军休干部两个待遇；如何把工作做细，不断提高优抚对象的“满意度”；如何适应市场经济的发展变化，搞好退伍士兵、下岗军属就业安置等问题，还需积极探索。

（三）双拥宣传教育和军地互办实事的工作需进一步加强。有的单位开展双拥宣传和国防教育的内容较单一、载体不够落实，全社会参与的氛围不浓厚；有的单位尽管也在积极为驻军办实事解难题，但效果还不够明显；有的单位在与驻军特别是当地驻军牵头单位——军分区、人武部的协调沟通上还需加强；在解决随军家属就业和军人子女入学入托问题，做好带“军字号”人员稳定工作方面还应加大工作力度。

三、进一步做好双拥工作应注意的几个问题

（一）要深入抓好全国双拥工作会议和省双拥模范城（县、区）命名电视电话会议精神的再学习、再贯彻、再落实。要继续深入学习全国双拥工作会议和省双拥模范城（县、区）命名电视电话会议精神，努力在深入贯彻落实上下狠功夫、长功夫。要从讲政治和重全局的高度，进一步增强做好新形势下双拥工作的信心和决心。一要注意在学习贯彻的广度和深度上下工夫；二要针对双拥工作面临的新情况，着力研究新问题，拿出新思想、新办法、新举措；三要根据会议精神进一步加强双拥法规政策建设；四要按照与时俱进的要求，不断创新开展双拥工作的内容和形式。

（二）要努力解决热点、难点问题，以求真务实的作风落实好基层双拥工作。要按照“围绕发展抓双拥，抓好双拥促发展”的思想，加大军地互办实事、互解难题的力度。要把双拥工作的重点放在基层，使双拥工作贴近基层、融入群众、进入生活。要密切关注和认真解决军队、地方普遍关心的热点、难点问题，如：退役军人安置，重点优抚对象生活保障、医疗待遇，下岗军属就业，军人子女入学入托以及部队遵守群众纪律、维护群众利益等问题，力争每年集中人力、物力、财力重点解决几件热点、难点问题。

（三）以科学的发展观指导双拥工作实践，推进双拥创建工作规范化、制度化建设。省和各市州双拥工作领导小组在今后推荐新一届全国（省）双拥模范城（县、区）要严格按“六条标准”进行考核，对申报单位坚决实行“七个一票否决”，以确保全国（省）双拥模范城（县、区）在双拥工作中的示范作用。要通过广泛深入地开展双拥工作和争创双拥模范城（县、区）活动，把政府行为与社会行为、以情双拥与依法双拥、行政调节与市场调节结合起来，保证双拥工作持续稳定开展，为促进驻川部队的全面建设和我省全面建设小康社会、构建社会主义和谐社会做出积极贡献。

被抽查单位要对抽查反馈的意见和建议进行认真梳理，提出整改措施，并向省双拥工作领导小组写出专题报告。本次未被抽查的新一届全国双拥模范城（县），要根据本通报精神认真对照检查本地双拥工作，在8月20前将自查情况和要求上报的调研文章一并报省双拥办。

构建基层双拥工作运行机制的思考

四川省南江县民政局

拥军优属、拥政爱民工作作为一项事关全局的战略任务和社会系统工程，通过巩固军政军民团结，为经济社会发展，加强军队现代化建设和维护社会稳定提供强大动力，这是党和国家中心任务的基本要求，也是双拥工作指导思想的核心内容。双拥工作的重点在基层。全面建设小康社会，构建社会主义和谐社会的新形势和新任务，要求基层双拥工作组织更加健全，活动更加经常，政策更加落实，军民关系更加融洽。窃以为，根本在机制，关键在制度。建立科学协调高效的基层双拥工作运行机制，已经成为推进双拥事业新发展的重要前提。

一、建立“统筹抓”的思维机制，关键是思想认识到位，着力在统筹兼顾上下工夫

基层工作千头万绪，任务繁重。对于地方党委和政府来说，发展是硬道理，是第一要务；稳定是硬任务，是第一责任。双拥工作要适应这一要求，必须提高战略思维能力和科学决策能力，牢固树立和落实科学发展观，坚持统筹兼顾，协调运行，整体谋划，实现和谐发展。

坚持重要性认识和紧迫性认识相统一，强化基层双拥工作新理念。思想认识的深度决定着开展工作的力度。历史发展和经验证明，无论战争年代还是和平建设时期，双拥工作都是我们战胜困难、夺取胜利的重要法宝。双拥工作的核心是加强和巩固军政军民团结。“军民同心，其力断金”，充分发挥军民同心同德干事业的积极性，我们的事业就会无往而不胜。新世纪新阶段，国际局势发生新的深刻变化，我国改革发展处在关键时期，基层也面临不少突出矛盾和问题。我们必须居安思危，强化忧患意识，增强紧迫感，站在国家长治久安、民族兴旺发达、基层稳定和谐的战略高度，充分认识军政军民团结的极端重要性，在任何时候、任何情况下，都不能有丝毫懈怠。

坚持战略性地位和工作性定位相协调，明确基层双拥工作新目标。要切实把双拥工作全局性、战略性地位落实到基层工作中，把准定位，找准位置。实践证明，基层双拥工作定位过头，“唯此唯大”不现实；估计过低，“可有可无”不符合；游离中心，“独来独往”行不通。唯有紧紧围绕发展第一要务，坚持“围绕发展抓双拥，抓好双拥促发展”，定位在立足发展、服务发展、促进发展、保障发展这一恰当位置，确立发展地方生产力、提高部队战斗力、增强军民凝聚力，“三力合一力，综合强国力”的目标，才真正找准了位置，抓住了关键，把握了“双拥之魂”。

坚持思想方法和谋划部署相统筹，确立基层双拥工作新思路。坚持以“三个代表”重要思想统领双拥工作，以促进社会生产力发展和部队战斗力提高，加强军地思想道德和文化建设，维护广大军民的根本利益为出发点，以当地党委和政府的工作中心为着眼点，去研究、谋划、部署，“锣随鼓转”，基层双拥工作才能站得高看得远，辩得清统得住，想得深抓得实。用发展解决基层的所有问题，包括双拥工作中的一切问题，使“抓经济发展，必须抓双拥工作；抓双拥工作，就是抓经济发展”成为人们的共识和行动。

坚持整体工作与单项工作相兼顾，推进基层双拥工作新发展。双拥工作是党的一项重要事业，是构建和谐社会的首建之域。“不谋全局，不足以谋一域”。必须贯彻综合集成的思想，对双拥工作和经济工作同步安排，同步管理，同步实施，同步推进。

坚持政府行为与社会行为相结合，建立基层双拥工作新机制。搞好双拥工作，促进经济建设与国防建设协调发展，关心支持国防和军队建设，是各级党委、政府义不容辞的政治责任。迫切需要把政府行为与社会行为结合起来，建立健全党委领导、政府主导、军政一体、民政牵头、部门配合，军地互动、社会协同、公众参与、齐抓共管、整体合力的基层双拥工作运行机制和管理格局。在党的领导下，积极推进双拥工作向法制化、制度化、经常化、社会化发展，努力适应新形势，发扬老传统，增创新优势，开创新局面，不断提高基层双拥工作水平。

二、建立“强有力”的组织机制，关键是工作队伍到位，着力在增强能力上下工夫

基层双拥工作，关键在人。要保证基层双拥工作有人办事、有能人办事、社会群众热心为双拥办事，建立健全“军地一盘棋，上下一条线，服务一条龙，层层有人抓，事事有人管”的工作体系和服务网络，强内功，增外力，具备从事双拥工作的能力和职业素质。

一是加强双拥工作领导班子建设，建立健全强有力的“指挥部”。双拥领导班子建设，首先要选准总揽全局、围绕中心、热心双拥的“领头人”。基层双拥工作的“主帅”由党政一把手兼任，这是无疑的。同时要把当地驻军，党委、政府各有关部门及工、青、妇等群众团体的主要领导吸纳进来，也要适应市场经济发展形势，把经济发展、技术推广、社会管理、执法监督部门和一些退伍军人多、影响面大、经济实力强的企事业单位领导吸纳进来，形成“党政军三位一体，上下左右贯通”的高规格、大阵容、有权威的领导体系，充分发挥指挥、协调、倡导、示范作用，组织发动和带领全社会重视双拥，支持双拥，推动双拥。

二是加强双拥办事机构建设，建立健全强有力的“施工队”。双拥工作在全局工作中的重要地位和作用，决定了双拥办事机构和双拥工作人员是推进双拥事业发展的中坚力量，是党政军民连心工程的“施工队”。基层双拥工作办公室是必不可少的常设办事机构，要把那些政治坚定、热爱双拥、组织协调和实干能力强的干部安排或抽调到双拥工作班子中来，实行军地合署办公，使基层双拥工作办公室成为精干、高效、办实事、有作为的办事机构。基层双拥工作成效的好坏，相当程度取决于民政部门职能作用的发挥。民政部门要不断加强自身的思想、组织、作风建设，发挥好组织、协调、牵头作用，当好军地领导重视双拥工作的“参谋部”；积极开展双拥工作和各项活动，当好实施双拥部署的“行动部”；努力协调各方为驻军和优抚对象办实事、解难事、做好事，当好军警部队在地方的“后勤部”。

三是加强双拥服务体系建设，建立健全强有力的“互联网”。充分发挥社会组织协同作用和社会群众参与作用，建立健全多层次、全方位、大合力的双拥服务组织网络。充分发挥乡镇、院、校、站、所、社、店等基层单位的社会服务职能作用，建立乡镇双拥服务站，按照各自的能量，“优先、优质、优惠”，为驻军和优抚对象开展多方面的服务；充分发挥基层党组织和共产党员的战斗堡垒和先锋模范作用，建立党员双拥服务组，把广大群众团结凝聚起来，积极组织和带头开展双拥活动；充分发挥城乡基层自治组织协调利益，化解矛盾，排忧解难的作用，在村（居）委会内设立拥军优属委员会，协助本村（居）开展经常性社区拥军、村民优属活动，发动和组织村（居）民群众在生产、生活和精神上就地为优抚对象提供各种便利、及时、有效的服务，以满足他们的日常所需；充分发挥社团、行业协会和民办非企业单位的社会调节作用，设立双拥工作服务员，反映优抚对象诉求，开展行业拥军活动，捐助双拥事业发展；充分发扬全民双拥的优良传统，成立双拥服务志愿者协会，把关心国防、热心双拥工作的社会群众组织起来，按照自觉自愿、主动参与、义务服务的原则，有力出力，有钱出钱，有物出物，开展各种形式的双拥活动，不断扩大群众基础，使基层双拥工作成为全社会的共同责任，达到促进双拥、服务军队和国防建设的目的。

四是加强双拥队伍能力建设，建立健全强有力的“专家组”。从事双拥工作的党政军领导和专兼职双拥干部既要当好抓经济的“行家”，又要成为抓双拥工作的“专家”，必须具备总揽全局能力、调查研究能力、组织决策能力、协调配合能力、指导督促能力、解决实际问题能力。能够通晓天下形势，把握时代特点，熟悉双拥工作方针政策、原则及工作程序，熟知自己的工作对象和业务范围，具有“军民一家亲”的情感和责任。特别是基层服务组织要把为双拥工作尽一份责任、出一份力量、做好每一件事情作为共同的职业素质要求。

三、建立“打紧板”的驱动机制，关键是活动开展到位，着力在讲求实效上下工夫

双拥工作是一项长期的战略任务。战略任务的实现方式需要有战略突破，持续开展主题鲜明，内容实在，形式活泼的系列化双拥活动是一种有效的工作方式。紧抓活动，激发热情，增添激情，形成军地呼应、上下互动，人人关心、处处可见，常抓常新、经常不断的基层双拥工作局面。

一是经常性双拥工作紧锣密鼓。始终围绕发展第一要务，立足密切加深军民关系，坚持长打算、紧安排、勤布置，随时走出去、请进来、深下去，抓贯彻、抓检查、抓督促、抓落实，力求避免双拥工作节日忙、平时闲，有的干、有的看的冷热情况。随时绷紧双拥工作这根弦，硬任务一项紧接一项，工作部署一环紧扣一环，连轴运转，连续作战，使基层双拥工作增强稍有忽略和松懈就有跟不上趟的紧迫感。

二是宣传教育活动常年不断。把双拥宣传、国防教育纳入宣传工作计划和全民教育体系，使国防教育、爱国主义教育进机关、进军营、进企业、进社区、进乡村、进入城乡千家万户，多渠道、多形式、经常抓。抓住“兴奋点”，增强吸引力，扩大感召力，不断强化广大军民的国防观念和双拥意识。

三是阶段性双拥活动环环紧扣。从农村、社区和基层单位的实际情况出发，有计划、有步骤、有重点，相对集中开展一些诸如“国防日”、“双拥周”、“双拥月”等阶段性活动，每年突击那么几个回合，掀起群众性、社会化双拥热潮，不断向纵深延伸和拓展。

四是节日双拥活动紧抓紧办。基层双拥工作平时离不开，重要节日、关键时间更重要。每年“八一”、元旦、春节和红军长征纪念日、抗战胜利纪念日等特殊节日期间是双拥工作的重点，这既是传统的做法，又是人们心理惯性的要求，双拥各方都盼望在这些时间把双拥工作推向高潮。因而需要超前安排，抓住时机，精心组织，精心实施，保证其效果。节日期间的双拥活动，重点是走访、慰问，联欢、联谊，真正体现“军队和老百姓，亲如一家人”的鱼水深情。

五是深层次双拥活动抓紧抓实。主要是积极开展办实事、解难事、做好事主题实践活动，实实在在解决问题，增强双拥工作的说服力。重点是办好驻军在战备、训练、国防施工、科研等任务中急需解决又必须解决而且可能解决的那些具体事情，为部队排忧解难；解决好优抚对象生活、住房、医疗、就业、子女入学等方面的难题。紧抓双向服务，从深层次鼓劲助力，起到军爱民、民拥军、军民同心固长城的作用。

六是高层次双拥活动始终抓紧。重点是开展带全局性和整体性的军民共建社会主义精神文明和创建双拥模范县（区）、先进乡（镇）、先进单位活动。这类活动层次高、范围广、内容多、影响大，对基层全局工作具有带动牵引作用。关键是要目标明确，方案具体，措施有力，责任落实，自始至终都抓紧，扎实推进见实效。

七是非常时期的双拥活动紧急行动。当有急、难、险、重任务和重大灾变、重大疫情、重大事故、重大隐患发生或出现时，党政军民更需携手合作，双拥各方更要紧密配合，团结一致，奋勇拼搏，渡过难关，完成任务。非常时刻正是大提升双拥活动质量、大跨度推进双拥发展的最佳时机。“紧板”打在点子上。双拥工作要按照应急预案，高速运转，火速行动，全程参与，紧急应对，以充分展示其作用和威力。

八是双拥工作先进表彰活动紧抓不舍。通过表彰先进，树立典型，总结推广经验，样板带动辐射，不断研究和解决新形势下军民关系中的新情况和新问题，推进基层双拥工作的新发展。这是不可或缺的一种有效形式。

四、建立“把好关”的管理机制，关键是政策落实到位，着力在规范运作上下工夫

加强法制建设是双拥工作的一项根本性任务和基础性工作。从基层的实践看，重点是监督把关，全面贯彻落实双拥政策法规，规范操作行为，逐步把社会化、经常性双拥纳入法制化管理运行轨道，保持良好的基层双拥工作秩序。

第一，把好政策法规执行关。双拥工作是法定的，一定要做，而且要做好，不做就是失职。“政策法规兑了现，基层双拥去一半”的说法不无道理。军地双方和各有关部门、单位都要增强执行力，不折不扣地确保“政策法规落到实处”。要认真贯彻执行党和国家有关国防建设和加强军政军民团结的政策法律规定；认真贯彻执行中央和省、市党政军领导机关关于加强新时期双拥工作的一系列指示精神；认真贯彻执行同级党委、政府和双拥工作领导机构的工作部署和规定。地方要特别落实好党和国家的各项优抚安置政策，依法维护和保障广大优抚对象的合法权益；军队要模范执行党和国家拥政爱民的政策法规，严格遵守群众纪律，为当地发展稳定做出应有贡献。

第二，把好政策措施制发关。一般说来，上级的政策规定是从全局和整体提出来的，是指导全盘的，它不可能也没有必要代替基层每个单位处理具体问题。这就需要基层制定出台一些具体的措施办法。在制订时，一要防止照抄照转的“大政策”，二要禁止背离双拥要求的“土政策”。要紧密联系本地区、本单位的实际，制定出具体有力的措施，使党和政府的双拥政策规定更加符合当地实际情况，更便于操作，更利于落实兑现。这样，基层双拥工作就会事半功倍，充满生机。

第三，把好操作运行原则关。一是军民一致、目标一致的原则。邓小平同志讲“军民一致，这个原则不能变”。双拥工作与基层其他工作具有整体性和统一性，不可分割。二是思想共建、精神互助的原则。充分发挥军（警）民共建社会主义精神文明的优势和作用，不宜以给钱给物多少来检测双拥活动成效，或用以衡量军地情谊和对优抚对象的关心程度，更不能因双拥活动增加军民的经济负担。三是军民为本、服务优先的原则。双拥工作的本质是为广大军民服务的。要着力解决好广大军民普遍关心的热点难点问题，努力实现好、维护好、发展好广大军民尤其是军人的根本利益。四是创新特色、分类指导的原则。有特色才有生命力，要与时俱进着力培育自己的“特色双拥品牌”。同时，视区域内有无驻军、优抚对象多少、区位优劣势等实际情况，对具体工作要求、目标设定等不搞“同步走”、“一刀切”。五是公平公开，“阳光双拥”的原则。要将双拥工作政策、方案、过程、结果全程公开。走访慰问时，对同一驻地的各序列军警单位要一视同仁，不能厚此薄彼。对优抚对象也要总体平衡，慰问金发送要规范，避免失误而影响军地军民关系。

第四，把好双拥工作监督关。健全监控体系，形成“大监督”网络，确保双拥政策、法律、法规和安排部署贯彻落实。要主动邀请基层人大代表、政协委员视察双拥工作，开展执法监督和民主监督；要强化司法机关的监督职能，依法保护驻军和优抚对象的合法权益不受侵犯；要自觉接受纪检、监察、审计等职能部门监督，使有限的优抚事业费和双拥工作经费发挥应有的使用效益；要加强民政部门和双拥工作内部的自我监督和层级工作监督，完成好各项工作任务；要欢迎群众监督和新闻舆论监督，保证监督工作的落实。实行监督关口前移，监督在工作进程之中。要建立双拥工作快速纠错和责任追究制度，畅通信息反馈渠道，使有损于军政军民关系的苗头和问题得到有效预防和及时处置。

第五，建议尽快启动系统的双拥立法。双拥工作自产生、运行、发展 60 多年来，至今尚无一部专门的、系统的、高层次的双拥大法。现行双拥工作规则，多散见于国家的优抚安置、兵役、军事设施保护等单体法规条文中，多源于党政军或双拥工作机构的文件规定或领导人的讲话，基层的具体实施方案也多出自于一些地方的工作总结、经验介绍，甚至一些报刊文章，然后通过文件、简报或其他形式推行，这既无硬度，又欠规范，不成体系，也不方便工作。从总体上看，双拥工作的实施主体、对象、范围、原则、内容、方式、监督、管理、责任、义务等方面，还缺乏法律的有效规范。笔者建议，应尽快颁布和实施系统的国家级双拥法案，出台《拥军优属拥政爱民保障法》，各省、市、区、县应制定《实施办法》，使双拥工作有法可依、有章可循、健康发展，更有利于基层双拥工作的法制化、规范化管理和运作。

五、建立“大合力”的保障机制，关键是制度建设到位，着力在整体推进上下工夫

完善配套的制度建设是基层双拥工作的重中之重。邓小平同志曾经指出，制度问题更带有根本性、全局性、稳定性和长期性，引申到双拥工作中，就是要建立完善“军地两条线、合二为一体”的制度体系，真正按制度运行，靠制度落实，用制度保证，提高双拥工作的整体水平。

其一，建立完善实体性制度体系。实体性制度着重解决的是做什么、什么不能做的问题。一是高层决策制度。党政军领导联合对双拥工作的决策范围、对象、重大事项、运行规范、操作程序做出明确的规定，防止随意性、盲目性、多变性而影响决策效果。二是军地双拥工作职责制度。主要是军地双方各级各部门和单位、双拥工作机构和基层服务组织对双拥工作的职能、任务、责任做出明确界定。军方侧重于拥政爱民方面的内容，地方侧重于拥军优属方面的事项，规范双拥行为，防止“不作为”和“乱作为”。三是双拥工作目标设定制度。要结合各自的职能和岗位职责，对双拥工作所要达到的近期目标和长远目标，分层次、分阶段地提出具有操作性的实施计划和方案，分解落实。四是协调指导制度。高层次决策性协调，由军地联席会议施行；指导性协调，由主管部门牵头实施；执行性协调，由双拥办事机构为主，各职能部门参加进行，以保证双拥工作各司其职，各负其责，落到实处。五是决策调研制度。组织军地领导和工作人员深入开展双拥专题调查研究，形成专题报告，使认识在调研中深化，思路在调研中形成，决策在调研中完善，更加有力地指导双拥发展。

其二，建立完善程序性制度体系。程序性制度着重解决的是怎么做，即做的方法和步骤问题。主要包括各种会议、业务规范、检查督导等方面的一系列规章制度。要运用系统的思维方式和科学方法考虑、研究、办理和解决问题，要提高效率和质量。双拥工作作为一项系统工程，一种活动手段，其全部活动反映出与系统工程的相关性，在什么情况下、什么范围内、对什么对象、开展什么样的活动及内容，采用什么方式，要达到什么目的及效果，都要有可行性分析，并要靠具体的制度规范来保证。

其三，建立完善保障性制度体系。保障性制度着重解决的是做得怎么样，若没有做到怎么办的问题。一要建立完善配套的保障机制。军地领导机关要把基层双拥工作摆上重要议事日程，加强领导，高度重视。要加大精力、人力、物力、财力投入，特别要加强各级双拥办事机构建设，做到有行政编制、有得力人员、有工作经费、有办公场所和办公设备，保障最基本的工作条件。二要建立科学规范的评估机制。要把双拥工作纳入各级各部门综合指标考核内容，以工作实绩为核心，科学制定考评标准，合理确定考评内容，严格规定考评办法，实行开放式考评方式，公开公示考评结果，切实把各基层单位双拥工作的真实状况反映出来。三要建立奖惩严明的激励机制。坚持和谐发展和整体推进的事业导向和用人导向，把双拥工作纳入基层单位各类创先争优、评优，文明单位创建的重要内容；纳入社会事业发展项目选址定点、无偿资金和物资安排使用的参考条件，真正走出“奖优罚劣、优秀得惠、先进先用、末位淘汰”的路子。要建立基层双拥工作责任制和失误、过错、违法责任追究制，坚持有误必改、有错必纠、违法必究。坚持对双拥工作先进、模范单位实行动态管理，广泛开展基层双拥政风、行风、社风民主评议，努力营造内有动力、外有压力的双拥氛围和环境。

关于贯彻全国双拥工作会议精神提请省委常委会议研究解决的几个问题的报告

贵州省双拥办

2004年1月全国双拥工作会议后，同年4月16日省委召开常委会，听取了省双拥办关于全国双拥工作会议精神的汇报和我省贯彻会议精神的意见。根据《中共贵州省委常委会议纪要》（九届［2004］第14号）中“关于经费、人员编制、人员优抚、纪念物维修等问题由省双拥办报省政府研究并征求省军区意见后报省委常委会审定”的要求，省民政厅向省人民政府上报《关于贯彻全国双拥工作会议精神进一步做好全省双拥工作的意见》，就经费、人员、编制等提出了建议，并送省军区、省财政厅、省编委办、省卫生厅征求意见。2005年1月18日，省人民政府第七十二次省长办公会议听取了省民政厅关于做好双拥工作有关情况的汇报。会议确定：“原则同意省民政厅《关于贯彻全国双拥工作会议精神进一步做好全省双拥工作的意见》，按程序报请省委常委会议审议”（《贵州省人民政府省长办公会议纪要》第72期）。现将有关问题提请省委常委会议研究确定：

一、召开全省市、州、地双拥办主任会议，进一步学习传达贯彻好全国拥军优属拥政爱民工作会议精神

同意在2005年适当时候召开全省市、州、地双拥办主任会议，进一步学习传达全国拥军优属拥政爱民工作会议精神。总结回顾近年来全省双拥工作取得的成绩和存在的问题，安排部署当前和今后一个时期我省双拥工作任务。

二、建立优抚对象抚恤补助自然增长机制

国务院、中央军委新公布的《军人抚恤优待条例》第三条规定：“保障抚恤优待对象的生活不低于当地的平均生活水平”。民政部、财政部、卫生部根据《国务院办公厅关于加强优抚工作的通知》（国办发［1998］7号）要求，制定了《关于解决在乡老复员军人生活医疗困难问题的通知》（民发［2002］135号）文件，要求“尚未建立（自然增长机制）的地区要高度重视，各有关部门要密切配合，尽快予以建立，切实保证在乡老复员军人的生活达到当地农村居民的平均生活水平”。近年来，全国已有19个省区市建立了优抚对象抚恤补助自然增长机制，我省有52个市、县（区、特区）建立了优抚对象抚恤补助自然增长机制。省财政将从2005年起的3年内，在原资金已安排998万元的基础上，每年增加在乡老复员军人定期定量生活补助经费预算50万元。根据去年全国双拥工作会议和全国优抚工作会议精神，同意以省人民政府办公厅名义制定下发《关于建立优抚对象抚恤补助自然增长机制的通知》，要求各地于2005年建立起优抚对象抚恤补助标准与人民生活水平同步提高的自然增长机制。每年按当地经济的增长比例提高老复员军人等重点优抚对象的抚恤补助标准，确保优抚对象生活水平与当地人民群众同步提高。

三、认真解决农村重点优抚对象的医疗难问题

同意在我省建立的新型农村合作医疗试点县，采取设立“优抚门诊”和医疗费减免等优惠政策，多渠道解决重点优抚对象，特别是在乡老复员军人医疗难问题。

四、大力推行城镇退役士兵自谋职业安置改革

近年来随着我省安置改革的不断深化，退役士兵自谋职业比例逐年加大，去年我省应安置的城镇退役士兵共4426人，其中自谋职业的1335人，占应安置总数的30.2%，各地总计发放一次性自谋职业经费2228.19万元。在毕节、铜仁等贫困地区，一些退役士兵要求自谋职业，由于县级财政不堪重负，因而只能控制自谋职业人数。鉴于地方财政较为困难的实际，同意从2005年起在3年内每年安排120万元资金，对开展城镇退役士兵自谋职业试点工作而财政困难的县进行补助。不足部分可从省劳动和社会保障厅解决下岗职工再就业有关资金中解决。

五、做好对烈士纪念建筑物的建设工作，发挥在精神文明建设中的窗口作用

贯彻落实我省“十五”计划中关于“在红军长征经过我省的沿线，有选择地建设一批纪念设施和爱国主义教育基地，完成一批重点烈士纪念建筑物的维修”的要求，去年省民政厅向省人民政府上报《关于对全省红军长征沿线标志性革命烈士纪念建筑物普查的报告》。涉及红军长征经过我省共有48个县（市）设立了标志性革命烈士纪念建筑设施。鉴于我省红军长征曾经过的县（市）财政普遍困难，为加强对涉及县（市）的烈士纪念建筑物的维修、管理和保护工作，同意省级财政2005年安排一次性专项维修经费200万元，并在原来每年安排20万元的基础上增加

50万元，即每年安排70万元专项补助资金用于我省烈士纪念物的维修、管理和保护工作。同时结合贯彻《中共中央办公厅国务院办公厅关于印发〈2004～2010年全国红色旅游发展规划纲要〉的通知》（中办发［2004］35号）精神，我省在做好编制上报重点红色旅游景区建设方案工作时，要把我省涉及的全国红色旅游精品线和全国红色旅游经典景区的烈士纪念建筑物，纳入景区建设项目和重点景区建设方案上报。通过多方努力，共同把我省烈士纪念建筑物建设好、维护好，使之发挥爱国主义教育基地的作用。

六、进一步加强双拥办建设

省双拥办是省双拥工作领导小组的日常办事机构，现设在省民政厅优抚处，“一套人马，两块牌子”，但负责日常工作的只有1人，对承担大量的组织、协调、指导、参谋等工作不利。遵照回良玉副总理在全国双拥工作会议上提出的关于“各级双拥办是双拥工作领导小组的办事机构，要切实加强自身建设，配齐配强干部，落实办公经费，完善合署办公制度，保证各项工作有序运转”的要求，为进一步发挥好省双拥办的职能作用，同意由省编委办给予省双拥办增加1名处级干部编制。

适应城市化发展需要，大力做好城市社区双拥工作，为构建和谐社会做贡献

贵州省双拥办

拥军优属、拥政爱民活动是毛泽东同志在1943年延安亲自发动和领导的。从那时起至今，双拥工作一直成为我党我军和我国人民的光荣传统和特有的政治优势。无论在革命战争年代还是在社会主义和平建设时期，双拥工作都始终围绕党和国家的中心工作，与时俱进，为中国革命的胜利和社会主义建设做出了重要贡献。特别是党的十一届三中全会以后，全国军民广泛兴起了军民共建社会主义精神文明建设活动，有力地恢复了曾一度被林彪、“四人帮”破坏的军政军民关系。20世纪90年代初以来，在以邓小平同志为第二代领导核心和江泽民同志为第三代领导核心的党中央和中央军委的倡导下，广大军民又积极开展了创建双拥模范城（县）活动，并把开展创建活动的过程作为解决军民普遍关心的热点、难点的过程，极大地调动了全社会方方面面和人民群众及部队官兵参与双拥工作的积极性，使双拥工作得到了进一步的巩固和发展。当前，全国军民团结一心，积极适应改革开放、发展社会主义市场经济和推进中国特色军事变革的新形势，树立和落实科学发展观，共同构建社会主义和谐社会，促进“三个文明”建设协调发展，为全面建设小康社会和推进中国特色军事变革做出新的贡献。

在新的形势下，随着城市化发展战略的实施、城市基层管理体制的改革和部队后勤保障社会化的推进，城市驻军与社区的联系越来越密切，双拥工作也在不断迎接新的挑战。从构建和谐社会、加强社会建设和管理、不断提高社会管理水平高度出发，要努力适应城市化发展的要求，不断整合社会管理资源，形成社会管理和社会服务的合力，开创社区建设新局面，必须大力做好城市社区双拥工作，拓展新形势下双拥工作的新路子，进一步推进军民共建社会主义精神文明和创建双拥模范城（县）活动深入开展，解决双拥工作中的新情况、新问题，使基层双拥工作在创新工作机制，加强组织领导，落实政策法规，丰富活动内容，密切军政军民关系中不断取得新的经验和成绩。

一、正确认识社区建设与双拥工作的关系

2000年，中共中央办公厅、国务院办公厅《关于转发〈民政部关于在全国推进城市社区建设的意见〉的通知》（中办发［2000］23号）指出："社区是指聚居在一定地域范围内的人们所组成的社会生活共同体。目前城市社区的范围，一般是指经过社区体制改革后作了规模调整的居民委员会辖区。"社区以地域性为特征，体现人们的认同感、归属感。它是按照便于服务管理，便于开发社区资源、便于居民自治的原则，并考虑地域性、认同感等构成要素，对原有街道办事处、居民委员会所辖区域做调整，以调整后的居民委员会辖区作为地域，并冠名社区。"社区建设是指在党和政府的领导下，依靠社区力量，利用社区资源，强化社区功能，解决社区问题，促进社区政治、经济、文化、环境协调和健康发展，不断提高社区成员生活水平和生活质量的过程"。通过这一过程，将社区建设成为管理有序、服务完善、生活便利、卫生整洁、环境优美、治安良好、人际关系和谐的社会主义新型社区。社区建设是实现城市居民自治的重要管理方式，它变过去的户口管理为主为以居住地管理为主；以条块结合、条条为主，变为条块结合、块块为主；以行政化手段管理为主，变为在党的领导下，居民依法自治、自我管理为主。社区建设的基本原则是：以人为本、服务居民，资源共享、共驻共建，责权统一、管理有序，扩大民主、居民自治，因地制宜、循序渐进。社区建设的基本内容是：扩展社区服务、发展社区卫生、繁荣社区文化、美化社区环境、加强社区治安等。

就全国和我省的实际情况来看，目前社区建设尚处在起步、完善阶段。但它作为一种新的管理方式，随着城市化的发展，已经得到党和政府的进一步重视和支持，成为促进城市化进程的重要手段。社区建设之所以成为政府关注、社会关注、人民群众关注的热点，究其原因，一是单位办社会、企业办社会的格局已经不适应日益深化的经济体制改革和日益完善的社会主义市场经济体制的要求，使企业已经无法发挥昔日的社会功能，从而使居民的自我管理、自我服务、自我教育成为必要、必然和可能；二是经济的发展不仅加快了城市化进程，而且迫切要求建立与之相适应的社会保障机制、社会生活机制和社会管理机制。市场经济的建立和经济持续增长，需要加强社区建设；国家的长治久安和人民生活质量的提高，需要加强社区建设；推进城市化进程，需要加强社区建设。从这个意义上说，社区建设已经成为我国经济和社会发展整体战略中的一个必不可少的重要组成部分，也是构建社会主义和谐社会的重要组成部分。

由于双拥工作的落脚点是在基层，双拥工作在社区具有天然的、适宜它发展的"气候"、"土壤"等条件，以社区为单位开展的基层双拥工作将成为双拥工作的新的增长点。现在有的同志认为在社区中不好开展双拥工作，主要在于不是所有的社区中都驻有部队单位，烈军属等优抚对象数量也不多，开展一些常规性的、传统的活动，比如在节日期间慰问一下有关对象就可以了。这是认识上的误区，没有看到双拥工作与社区建设的重要关系和在社区开展双拥工作的重要性。在社区做好双拥工作，是以开展创建双拥模范城（县）活动和军（警）民共建社会主义精神文明活动（简称双拥创建或共建活动）为主要载体，是以提高居民素质和社区文明程度，提高双拥工作整体水平，密切军民关系为主要目标，是按照"巩固、发展、提高"的工作方针和"组织健全，政策落实，活动经常，关系融洽"的要求，军民共同建设环境优美、秩序优良、服务优质、管理优化的现代化城市社区，形成崇尚先进、团结互助、扶正祛邪、积极向上的社区道德风尚和军民"同呼吸、共命运、心连心"的社会氛围，促进城市两个文明建设的协调发展的重要途径，其意义十分重大。社区建设和双拥创建及共建活动之间既有共性，又有区别。从共性上看：第一，不论是社区建设，还是双拥创建或共建，均以社区为单位开展工作，社区是工作对象。第二，两者都是以提高社区整体质量为目标，都是有目标、有计划、在人的主观能动性作用下的动态过程。它们的部分内容是相同的，包括社区服务、社区文化、社区教

育、社区环境、社区治安等。但是社区建设与社区双拥工作也是有较大差别的：社区开展双拥工作，通过创建或共建，着重从双拥政策在社区落实，密切军民关系，加强军民思想、文化和道德方面建设，而社区建设是社区的全方位建设；在开展社区双拥创建或共建工作中，不涉及社区体制改革和社区组织体系，而社区建设相反。由此可见，社区内军民开展双拥工作所涉及的内容，社区建设中也有，而社区建设所涉及的有些内容，如社区的划分，社区组织体系的建设，实行社区居民自治、扩大基层民主理念等，双拥工作中却没有，因此，社区做好双拥工作，实质上是社区建设工作的一部分，是整体与局部的关系。社区建设中包含了双拥工作的重要内容。抓好社区建设必须把抓好双拥工作作为重要内容；双拥工作开展得好，可以有力地促进社区建设，提高社区建设的质量和水平。因此，在社区开展双拥工作绝不是可有可无的事情。

二、努力加强社区双拥工作是推进军地现代化建设和构建和谐社会的现实需要

党的十六届四中全会提出了构建社会主义和谐社会的战略任务，提出了加强社会建设和管理的新要求。当今中国社会发展已经到了从农业社会向工业社会、从乡村文明向城市文明、从层级管理向民主法治大转型的历史进程。必须高度重视经济、政治、文化、社会的协调发展问题，否则不仅会制约经济的进一步发展，而且还会影响整个现代化建设全局。正是在这样的大背景下，党中央提出了坚持以人为本、全面协调可持续发展的科学发展观，这是我国社会主义现代化建设指导思想的重大创新和发展。坚持科学发展观，核心是以人为本，就是以人民群众的根本利益为发展的依据和归宿；关键是科技创新，就是依靠科学技术创新提高发展的速度和效益；根本要求是做到“五个统筹”，就是统筹城乡发展、统筹区域发展、统筹经济社会发展、统筹人与自然和谐发展、统筹国内发展和对外开放的有效体制机制。如果说科学发展观是中央关于我国现代化建设指导思想的重大创新，构建和谐社会理论则既是科学发展观理论的重要组成部分，又是对科学发展观理论的丰富和完善。当代中国的社会主义现代化建设，就是科学发展观统领下的社会主义市场经济建设、民主政治建设、先进文化建设以及和谐社会建设，这四个方面共同构成了我国社会主义现代化建设的整体，也构成了科学发展观的完整理论体系。构建社会主义和谐社会是现代化建设的四个方面内容之一，必须以科学发展观为指导，必须总体把握胡锦涛总书记明确提出的“民主法治、公平正义、诚信友爱、充满活力、安定有序、人与自然和谐相处”的六条标准，总揽全局，总体部署，合力推进，统筹抓好经济、政治、文化和社会建设，促进四个方面协调发展，共同进步。

社区建设是落实科学发展观，构建社会主义和谐社会的重要组成部分。它的重要原则之一是资源共享、共驻共建，调动社区内机关、团体、部队、企业事业组织等等一切力量广泛参与社区建设，最大限度地利用社区资源，强化社区功能，解决社区问题，促进社区政治、经济、文化环境协调和健康发展，不断提高社区成员生活水平和生活质量，营造共驻社区、共建社区、构建和谐社会的良好氛围。社区建设为军民做好双拥工作开辟了新的发展空间。随着社区先进思想文化建设的加强，军民创建和共建活动的内容将更加丰富；社区服务网络化、管理规范化，军地间双向服务质量将进一步提高；社区环境的综合治理，社区同营区将更加整洁优美；社区军民联防活动深入开展，社区治安将进一步得到加强；创建文明社区与军民创建、共建活动有机结合起来，文明家庭、文明单位、文明营区将更多涌现。军地双方在社区建设中进一步相互支持与合作。驻军部队积极支持地方发展社会生产力，搞好社区政治、经济、文化、卫生环境等各项建设；同样，地方积极支持部队做好军事斗争准备工作，支持部队的改革建设，努力提高部队战斗力，积极开展各项形式多样的爱国拥军活动，帮助部队完成教育训练战备执勤任务，搞好部队思想政治教育，创造良好的内外环境；加强营区建设管理和后勤保障，做好军队家属子女就业入学入托工作等。军民携手共建社区，从基层抓起，把官兵和社区群众的利益实现好、维护好、发展好，就能保持我党我军与人民群众的血肉联系，既实现共驻、共繁荣的社区建设目标，又推进双拥工作深入发展。总之，加强城市社区双拥工作是落实科学发展观，推进军地现代化建设的需要，是构建社会主义和谐社会的需要，是深化双拥工作、落实各项双拥政策法规、密切军队与人民群众血肉联系的需要。

三、把握社区双拥工作的指导思想和基本原则

社区双拥工作的指导思想是：以邓小平理论和“三个代表”重要思想为指导，树立和落实科学发展观，认真贯彻落实党中央、国务院、中央军委关于做好双拥工作的一系列重要指示精神，以拥军优属、拥政爱民为主要内容，以解放和发展社会生产力，提高部队战斗力为目标，以开展军（警）民共建活动和创建活动为载体，军地间相互支持，双向奉献，落实基层双拥工作，共建环境优美、秩序优良、服务优质的文明社区。为强化社区功能，提高人民群众和驻军官兵及优抚对象的生活质量和文明程度，密切军政军民关系，维护社会政治稳定，促进城市经济和协调发展，构建社会主义和谐社会做出新贡献。

社区双拥工作的基本原则是：

（一）双拥共建，协调发展。在制定社区建设规划中，要军地兼顾，统一部署，把军（警）民共建社会主义精神文明和创建双拥模范城（县）活动作为重要载体。在落实规划中，要协调好军地关系，优化社区资源配置，突出思想共建和精神互助，军地共同培育“四有”公民和军人，促进地方生产力发展和部队战斗力提高，做到军民共驻共建、共同发展。

（二）双拥奉献，服务社区。驻军要主动做好“家门口”的群众工作，多办立足社区的“爱民工程”；地方要立足当地，面向全军，认真落实拥军优抚安置政策，积极为驻军和烈军属等优抚对象排忧解难，多办面向营区的“拥军工程”，努力形成军民相互办实事、解难题，军爱民、民拥军的社区新风尚。

（三）实事求是，因地制宜。要立足军情、民情、社情，确定社区双拥活动内容；坚持从军民最需要解决的问题和军地双方都能办到的事情入手，确定社区双拥工作重点；坚持从方便军民参与，有利军地建设的实际出发，确定双拥活动组织方式，力戒形式主义，务求实效。

（四）继承传统，开拓创新。既要坚持发扬基层双拥的优良传统，又要适应新形势、新任务要求，与时俱进，探索拓宽社区双拥工作新路子，解决新问题，总结新经验，促进新发展，使社区双拥活动常抓常新，始终保持旺盛的生机和活力。

四、明确社区双拥工作的基本任务和目标

（一）深入进行社区双拥宣传教育，努力形成军民“共建社区美好家园，共筑钢铁长城”的双拥舆论环境。要紧密联系国际国内形势变化，采取军民喜闻乐见、生动活泼的形式，广泛开展国防和双拥教育，引导军民立足社区、心系国防，把爱社区、建社区同爱祖国、爱人民军队结合起来。

（二）积极参加社区服务活动，努力形成优良社区工作环境。地方要利用社区资源优势，搞好科技拥军，支持部队后勤社会化改革，扶持随军家属就业，照顾军人子女入学，全面落实双拥各项政策。部队要关爱社区弱势群体，协助地方照顾好优抚对象、老年人、儿童、残疾人、贫困户，热心为他们提供力所能及的帮助与服务。

（三）扎实开展社区军民共建活动，努力形成健康向上的社区文化环境。军民要开展共建“学习型家庭”、“学习型军（警）营”活动，加强政治理论和科学文化知识学习，加强社区政治思想建设；共育“四有”新人；组织互教活动，开展丰富多彩的军民联谊、联欢等文娱活动；发展社区卫生，搞好军民健身活动，倡导健康文明的生活方式；深入扎实地开展学雷锋活动，传播文明新风，提高居民的思想道德水平和文明程度。

（四）热情支持社区公益事业建设，努力形成优美的社区生活环境。军民要积极支持国家可持续发展战略，搞好社区绿化、美化、净化、亮化等城市容貌工程。在治理环境脏、乱、差中，部队要发挥突击作用。地方要支持部队搞好营区建设，把建设文明营区同建设文明社区融为一体。

（五）搞好社区军民联防，努力形成团结稳定的社区发展环境。军地要互通社情，经常开展普法教育；加强军（警）民联防，健全社区治安防范预案。军地要着眼大局，互谅互让，妥善处理军民矛盾纠纷。

五、完善社区双拥工作机制

（一）建立社区双拥工作站。要依托社区服务中心或社区服务站，建立社区双拥工作站，作为开展社区双拥活动的阵地。工作站设双拥工作联络员，负责各社区居委会双拥工作点的管理、联络、协调。

（二）建立社区双拥工作队伍。在组织驻军（含武警、消防等部队）、民政和工、青、妇、民兵为骨干的双拥工作队伍基础上，积极发展社区双拥志愿者队伍，广泛动员新型经济组织和新的社会阶层（简称“两新组织”）等社会各界力量参与社区双拥工作。

（三）建立社区双拥服务网络。社区军民在“一帮一”结对帮扶的基础上，要依托社区服务中心和服务网络，形成一个融思想教育、家政服务、社区文化、医疗保障、优抚安置、助残帮困为一体的双拥服务网络，满足社区军民不同服务需求，提高服务质量。

（四）制定社区双拥规章制度。着眼于社区的稳定发展，定思路、定目标、定规划，使社区双拥成为有计划、有步骤进行的社会性群众活动。同时，要建立完善领导责任制度、工作协调制度、国防教育制度、信息反馈制度、双拥考评制度等，做到办事有章程，行为有规范，推进社区双拥经常化、制度化。

六、加强社区双拥工作的领导

（一）地方各级党委政府要把社区双拥工作摆上议事日程，把社区双拥工作站纳入社区基础设施规划和年度工作目标管理考核内容。研究制定社区建设规划时，要融入社区双拥工作，统筹规划安排；结合指导落实社区服务、社区卫生、社区文化、社区治安、美化社区环境等各项工作，抓好拥军优属工作检查落实。市、区、街道、社区居委会各级领导在抓好社区双拥工作中要以身作则，做出表率。做到资金给予保障，责任分工到人。

（二）驻军领导机关要把社区双拥工作纳入落实《军队基层建设纲要》规划。在研究部署部队基层工作中，要融入社区驻军拥政爱民的内容，把推进部队基层建设的过程作为落实社区双拥工作任务的过程。要把社区驻军的拥政爱民工作列入评比先进连队和优秀士兵的内容加以考核，及时总结表彰。

（三）各级双拥工作领导小组要把社区双拥工作纳入创建双拥模范城（县）活动的总体规划。领导小组各成员单位要按照职能分工，抓好本系统驻社区单位的双拥工作。民政部门是社区建设的牵头部门，在推进社区双拥工作中要当好党委政府的参谋助手。各级人武部门是联系军地的桥梁纽带，要做好社区驻军单位的协调工作。要努力形成党委政府领导、军地有关部门配合、社会群众广泛参与、党政军民齐抓共管的社区双拥工作新局面。

在边疆欠发达地区开展双拥共建工作应把握的几个问题

云南省双拥办

开展双拥共建工作，是新形势下履行我军宗旨，密切军政军民关系的重要途径。云南省地处西南边陲，由于受地理环境、自然条件、交通不便等因素的制约，社会经济、文化发展相对滞后，人民生活水平普遍不高。全国592个扶贫开发工作重点县中，云南省就有73个，占全国的12.3%。驻滇部队立足云南边疆实际，发挥部队优势，有针对性地开展双拥共建工作，对于推动云南的经济发展、社会进步、边防巩固和民族团结具有重大的现实意义。从当前情况看，就部队而言，应把握好以下几点。

一、要切实克服"额外负担"的思想，增强做好双拥共建工作的责任意识

近年来，驻滇各部队结合各自优势，积极开展双拥共建工作，取得了一些成绩，受到了驻地政府和人民群众的一致好评。但少数单位的工作还存在时紧时松、断断续续的现象。其主要原因是认识上还存在偏差，行动上还缺乏主动。少数同志认为，在边疆欠发达地区搞双拥共建工作，是部队出力，地方受益，只有付出，没有回报；还有的认为部队是随时准备打仗的武装集团，平时主要任务是抓战备训练，支援地方建设是没事找事，把它看成是部队的"额外负担"。因此，要进一步深化双拥共建工作，必须克服"额外负担"的思想，站在讲政治的高度认识其重大意义，牢固树立"责任"意识。做好双拥共建工作：一是我军宗旨决定的。紧紧地和人民站在一起，全心全意为人民服务，是我军的唯一宗旨。在边疆欠发达地区开展双拥共建工作，帮助边疆欠发达地区脱贫致富，不仅是我军特有的政治优势和光荣传统，更是践行"三个代表"重要思想、维护民族团结、巩固边防稳定大局的政治任务；是立足平时，着眼战时，加强国防建设，适应未来战争需要的必然要求。搞好边疆欠发达地区双拥共建工作，保持与人民群众血肉联系，是实践全心全意为人民服务宗旨的具体体现，是我军永远立于不败之地的深厚的力量源泉。二是部队自身建设的需要。边疆欠发达地区各族人民群众勤劳朴实，民风纯正，官兵通过双拥共建活动，可以学习到人民群众优良品质和作风，促进部队的思想政治建设。从长远利益上讲，部队建设有赖于社会的发展，有赖于综合国力的提高，只有帮助边疆欠发达地区摆脱贫困，走向富裕，促进社会的全面进步，军队和国防建设才会有坚实的基础。在边疆欠发达地区开展双拥共建工作，有利于巩固边防，有利于促进边疆"三个文明"建设，有利于树立驻滇部队文明之师的良好形象。三是时代赋予驻滇部队的政治责任。党的十六大报告强调"军队要积极支持和参加国家建设"。云南是解放后经历战事最多的省份。长期以来，边疆各族人民与驻滇部队一道，谱写了无数双拥共建的篇章，共同创造了"老山精神"这笔宝贵的财富。但由于云南的建设基础差、起步晚，近三分之二的人口还处于温饱线以下。作为驻滇部队，我们有责任和义务帮助驻地人民群众摆脱落后和贫困，共同走向富裕和文明。驻滇部队必须自觉克服"与己无关"、"额外负担"等模糊认识，真正以饱满的政治热情、足够的领导精力、良好的精神状态，积极为云南的建设和发展作贡献。

二、要进一步提高"主动参与"的自觉性，在双拥共建工作中发挥示范带头作用

驻滇部队在边疆欠发达地区开展双拥共建活动，必须从实际出发，因地制宜，以参加扶贫开发、促进驻地经济发展为己任。当前有少数同志认为扶贫开发是地方政府的事，部队只能唱配角，能做多少算多少；有的还认为部队本身经费紧张，官兵在战备、生活上还存在不少困难，没有更多的经费去投入。这种认识是片面的。实现扶贫帮困战略目标，对于推动整个国家的现代化进程，促进民族团结和社会安定，具有十分重大而深远的意义。如何发挥部队自身优势，帮助人民群众脱贫致富，这是我们开展双拥共建工作的突破口，也是我们的一大优势。只有紧密结合自身实际和驻地特点，本着就地就近、量力而行、有所作为的原则，在支援地方经济、助学兴教、科技扶贫等群众迫切需要、直接受益的事情上出效益、出成果，我们的双拥共建工作才有特色、有生机、有活力。近年来，云南省军区针对驻地经济发展慢，信息闭塞，人民群众迫切希望脱贫致富的愿望，积极开展“八千里文明边防线”共建活动，坚持强边固防与兴边富民相结合，坚持走开发式扶贫的路子，通过举办科普培训班、提供致富信息、推广农科技术等办法，提高了边疆欠发达地区的自我发展能力。武警云南总队针对边疆地区教育落后、办学条件差、失辍学率高的实际，发挥部队人才集中、文化水平较高的优势，采取筹资兴建校舍、捐助教学设备、派出校外辅导员、资助失学儿童等办法，积极为失学儿童开办“春蕾班”，支援少数民族地区发展教育事业，实实在在为驻地人民群众做好事、办实事，促进了驻地教育水平的提高，受到人民群众的热情称赞。驻滇空军充分发挥部队装备技术优势为民造福，积极开展航空护林，实施飞播造林，促进了云南“绿色经济”的发展；利用飞机进行航测、航拍，支援地方重点工程建设，为实施科学决策提供了依据。这些经验和做法很值得借鉴。

三、要紧紧把握时代“主旋律”，在拓展军民共建活动的领域上下工夫

双拥共建是双向服务、共同受益的活动，它离不开一定的物质交往。但军民关系首先是政治关系，更需要在政治思想领域进行交流与互助。特别是在边疆欠发达地区，地方财力物力有限，不可能在双拥共建工作中投入很多，这就需要部队正确对待，处理好“物质交往”和“思想互助”的关系，保持双拥共建工作的正确方向。驻滇部队要紧紧抓住云南“建设民族文化大省”的战略机遇，把提高边疆人民群众思想素质和文化水平作为支援地方建设的一项重要内容，争做社会主义新思想新道德的传播者，不断巩固农村思想文化阵地。要改变只注重形式，忽视效果，表面热热闹闹，而无多少实际作用的活动方式，切实从那种“拉拉横幅、贴贴标语、说说唱唱搞联谊”的低层次活动中走出来，广泛开展适合驻地特点、主题鲜明的思想、文化共建共育活动，进一步提高共建的质量和效益。目前，有的地方在这方面已经做了一些有益的探索，也创造了成功的经验。如把革命纪念地、战斗旧址、烈士陵园、烈士故居等作为艰苦奋斗、革命优良传统教育基地，经常组织机关事业单位的干部职工参观，接受革命传统、艰苦奋斗教育，这样就把革命传统教育与发挥“红色旅游”景点优势有机结合起来，使得双拥共建工作既具有时代和地区特色，又富有时效。要认真贯彻《公民道德建设实施纲要》和《军人道德规范》，围绕创建文明城市、文明村镇、文明行业，把双拥共建工作不断引向深入。比如：在思想道德建设方面，要共同学习宣传邓小平理论、“三个代表”重要思想和党的路线方针政策，深入进行我党我军优良传统、革命人生观、社会主义思想道德、爱国主义和国防教育，开展学雷锋树新风活动，弘扬中华民族的传统美德和社会主义新风尚。在文化建设方面，要发挥军地双方的各自优势，互助互补，传播科学文化知识，开展健康有益的联谊活动，丰富军民业余文化生活；要广泛开展文化下乡活动，经常组织业余文艺宣传队，深入驻地厂矿、街道和乡村，寓教于乐，用自编自演的节目讴歌改革开放的辉煌成就，倡导先进的思想文化。在社会综合治理方面，要深入开展普法教育宣传活动，利用农闲时节，组织村民学习《刑法》、《刑事诉讼法》、《治安管理处罚条例》、《婚姻法》等法律法规，深入农户搞好辅导，切实增强村民的法律意识；要大力开展军民“共治”活动，开展军民联防，维护驻地社会治安。

对新形势下密切警民关系的思考

武警云南省总队政治部

警民共建社会主义精神文明，是警地双方践行“三个代表”重要思想的具体体现，也是武警部队参加社会主义精神文明建设的重要途径。因此，做好新形势下的警民共建工作，对武警部队保持与人民群众的血肉联系，圆满完成以执勤、“处突”为中心的各项任务，具有十分重要的作用。近几年，我总队在与地方开展警民共建活动中，认真贯彻“三个代表”重要思想，坚持从讲政治的高度认识和处理警民关系，警民团结不断得到加强。但随着改革的进一步深入和市场经济体制的逐步完善，加之“四个多样化”的影响，警民关系也随之出现了许多新情况新问题，必须认真研究解决。

一、当前警民关系面临的新情况新问题

（一）对外交往的广泛性。武警部队领导管理体制的双重性、担负任务的特殊性，决定了警地交往具有广泛性、复杂性等特点。从担负任务看，部队与地方各级领导和广大人民群众接触非常广泛；从地域分布看，既有驻守城市的部队，也有驻守边境一线的部队，官兵接触社会层面多、接触的对象多样化；从交往对象看，改革开放以来，合资企业、股份合作企业、私营企业等迅猛发展，各种交往渠道不断拓宽，部队与地方联系途径增多，官兵交往的对象既有党政领导和机关工作人员，也有国家、集体企事业单位的干部、职工，还有个体私营老板、外资企业员工，以及外来务工人员，可以说驻地有什么样的单位，部队就有什么样的联系点，有什么样的人员，官兵就有什么样的朋友。据调查，相当一部分官兵都有与驻地单位或个人联系的通讯录，记录的电话号码、通信地址甚至网址少则几十个，多则上百个，两年以上的老兵多数与驻地群众建立或保持了联系。这样不仅加大了部队管理难度，而且由于交往对象素质参差不齐，难免在交往中存在着不健康、不文明的行为，若对官兵教育引导不力，相互之间很容易发生矛盾和摩擦。

（二）价值取向的多样性。社会主义市场经济条件下，物质利益对人们思想行为的驱动作用明显增大，不可避免地渗透到警民关系中来。从群体交往看，存在着双拥共建活动重实惠、图利益，轻政治影响和社会效益的现象，有的选择共建对象嫌贫爱富、舍近求远、急功近利；有的警地联系中，物质交往多，思想文化交流少；有的甚至以给钱给物的多少来衡量警民共建的效果和好坏；有的部队向地方伸手要钱，地方则向部队摊派任务、请求用兵用车多的问题比较突出；有的警地单位之间一些因历史等原因造成的权属不清、边界不清的土地、房产问题也引起了部队和地方的争议。从个人交往看，有的不能正确处理“义”和“礼”的关系，功利主义色彩明显，过分看重自身利益，个别人甚至打着同地方搞共建的旗号，谋取个人私利，甚至为得到一点“好处”，竟不惜去干丧失党性原则的事情。这不仅对部队建设造成一定的影响和危害，而且也容易淡化部队与人民群众的感情，把纯洁的“鱼水”关系变成“油水”关系，甚至成为诱发警民矛盾和冲突的“导火索”。

（三）思想观念的差异性。部队与地方担负的任务不同，双方的生活氛围、管理方式、教育环境也有所区别，必然在思想观念上存在差异。长期的和平环境，使一些地方领导和群众的国防观念淡化，他们对部队的地位作用看得不像过去那么重要，与部队的联系不像过去那么迫切和主动，少数地方群众对官兵缺乏理解，有时甚至不够尊重，认为部队吃“皇粮”就应该无条件地讲奉献，官兵在人民群众面前就应该无原则地忍让，当与军人发生矛盾时，个别人用“穷当兵的”、“傻大兵”等语言讽刺挖苦官兵，甚至故意找茬滋事，以此发泄对军人的不满。有的官兵则认为，当兵尽义务，在待遇上已经做出了牺牲奉献，随军家属就业、军人子女入学、官兵转业、退伍安置等实际问题，地方理应照顾。而事实上，随着政府职能的转变，地方拥军政策落实难度也在增大，很难让每个官兵都如愿以偿。就云南情况来看，虽然双拥走在了全国前列，但在部分州、市仍有不尽如人意的地方，如官兵进旅游景点、公园、上公厕、停车等还要交费；许多商场、车站都没有“军人优先”的标志；农村税费改革后，有的战士优待金少了，甚至有的还拿不到优待金；有的官兵家属下岗、子女入托入学困难等问题，也使官兵对此产生一些埋怨情绪，更容不得少数地方群众的讽刺挖苦，这些不平衡心理一旦被触发，很容易激化矛盾，诱发警民纠纷。

二、进一步密切警民关系的几点对策

新形势下密切警民关系，是贯彻军民一致原则的基本要求，是推进精神文明建设的重要内容。做好这项工作，需要部队和地方多方面地共同努力。从部队来看，当前和今后一个时期，应着重做好以下几个方面的工作：

（一）从讲政治的高度把密切警民关系作为践行“三个代表”重要思想的政治任务来抓。做好新形势下的拥政爱民工作，是三代领导核心的一贯要求和部队政治合格的具体体现，是践行“三个代表”重要思想的一项政治任务，是维护云南边疆少数民族地区社会稳定，构建“和谐云南”、“平安云南”，促进民族团结和经济发展的现实需要。在新的形势下，胡锦涛总书记强调指出：“一定要从民族振兴、人民幸福和国家长治久安的战略高度，充分认识军政军民团结的重要性，把双拥工作摆在事关全局的重要位置，坚持不懈抓紧抓实抓好。”因此，部队各级党委必须从维护国家和军队稳定的大局出发，一定要把拥政爱民工作作为一项重大政治任务来抓，切实加强对基层拥政爱民工作的指导，发扬与时俱进的精神，创造性地开展拥政爱民工作，不断强化新思想、充实新内容、落实新措施，进一步改进创建办法，完善激励机制，主动联合地方组织开展行业拥军、社区拥军，努力形成机关基层合力、部队地方共建的良好局面，不断增强双拥工作的吸引力和感召力，切实提高双拥共建工作的质量和水平，进一步巩固和发展“同呼吸、共命运、心连心”的警民关系。

（二）从实现“两个确保”的高度把密切警民关系融入“三项经常性工作”，常抓不懈。经常性的思想工作、管理工作和执勤工作，是武警部队的基础性、经常性工作。一些先进单位的经验做法证明，预防工作必须结合“三项经常性工作”一道去做，做到密切外部关系与密切内部关系同抓并举，才能收到事半功倍的效果。对此，一要抓教育，统一思想。坚持把拥政爱民教育纳入部队政治教育计划，组织官兵深入学习三代领导核心有关拥政爱民工作和民族团结的重要论述，广泛开展群众纪律、民俗民风和有关法规教育。尤其每年新兵下连队、老兵退伍等重要时期，都应邀请地方老干部和“双拥模范”到部队作优良传统报告，不断深化官兵对“军队打胜仗、人民是靠山”的认识，把“视人民为父母，把驻地当故乡”植根于官兵头脑。坚持每月检查一次群众纪律、每季度分析一次群众工作形势、每半年至少召开一次军地联席会，及时增进了解，化解矛盾。要着眼新的形势和部队人员流动性大的特点，坚持不懈地抓好“三个代表”重要思想和我军性质任务宗旨、拥政爱民优良传统、群众纪律等内容的学习教育，着重纠正少数官兵存在的“特权思想”、“哥们义气”等不良思想，从根本上解决好少数官兵对待人民群众态度不够端正的问题。二要抓管理，遵纪守法。严格按照部队条令条例和规章制度约束官兵言行，严格规范警民交往行为，重点加强 8 小时以外的人员管理，严禁官兵涉足酒吧、发廊、歌舞厅等场所；重点加强小、远、散、直单位的管理，严肃查处违反群众纪律的人和事，最大限度地堵塞诱发警民纠纷的各种隐患和漏洞。三要抓制度，规范秩序。党委机关要注重研究制定预防和处理警民纠纷的对策措施，切实把预防警民纠纷工作融入部队“三项经常性工作”之中，充分利用“三互”、“三共”等有效载体，使预防警民纠纷工作坚持做到经常化、制度化和规范化。四要抓调研，未雨绸缪。深入贯彻与时俱进的精神，加强对预防和处理警民纠纷工作的研究预测，经常分析形势，总结特点规律，完善对策措施，加强工作指导，及时解决好影响警民关系的突出问题，力争杜绝重大和较大警民纠纷，最大限度地减少一般纠纷。

（三）从国家安定团结的高度把警民团结作为政治建设的重要任务来抓。既要加强部队管理教育，消除诱发警民纠纷的各种隐患，又要在积极开展双拥活动中增进相互理解和信任，使警民之间既有工作、业务上的往来，又有思想感情上的交流与互动。一要抓好走访联系。主动走访地方党政机关、目标单位和友邻单位，广泛征求对部队的意见和建议，及时发现和纠正存在的问题。二要抓好共建活动。坚持以提高警地双方人员的思想道德和科学文化素质、培育“四有”新人为目标，积极配合地方深入开展群众性精神文明创建活动，不断提高警民共建的层次和水平。三要抓好拥政爱民工作。紧紧围绕建设“平安云南”、“和谐云南”，深入开展警民共建活动，经常组织部队参加以西部大开发为重点的地方经济建设、公益事业建设，积极参与扶贫帮困、兴学助教、抢险救灾等关系人民群众切身利益的活动，主动承担各种急难险重任务。加强社会公德、职业道德和家庭美德教育，大力传播新思想、新道德、新风尚，弘扬和培育民族精神，不断提高共建水平，扩大共建规模，深入开展创建文明城市、文明城镇、文明社区、文明行业等活动，推动双拥工作稳定发展，再上台阶。

弘扬鱼水传统　共铸双拥辉煌

西藏自治区民政厅、西藏军区政治部

拥军优属、拥政爱民是我党我军我国人民的优良传统，坚强的军政军民团结是我们战胜一切困难、夺取革命和建设胜利的重要保证。长期以来，自治区广大军民坚持以邓小平理论和“三个代表”重要思想为指导，认真贯彻党中央、国务院、中央军委关于加强军政军民团结的指示精神，积极适应发展社会主义市场经济和推进中国特色军事变革的新形势，把双拥工作纳入经济社会发展和部队建设的总体规划，加强领导，常抓不懈；采取多种形式，进行生动活泼的国防教育和双拥宣传教育，拥护和支持军队、尊重和爱护人民的观念日益深入人心；紧紧围绕发展党执政兴国的第一要务，军地在政治、经济、科技、文化等领域相互支持、通力合作，有力地促进了自治区各项改革事业；坚持从维护国家和民族利益出发，广大军民在军队和国防现代化建设中，齐心协力、密切配合，形成了军地协调行动、共筑钢铁长城的生动局面。

一、以全国和全区双拥工作会议精神为指导，加大区内各地各部队双拥工作力度

2004年1月初，全国拥军优属拥政爱民工作会议召开。为传达落实全国双拥工作会议精神，自治区人民政府和西藏军区于2004年7月21日在拉萨召开了全区第二次双拥工作会议。会上，军地双方领导针对我区双拥工作作了重要指示，并对全区双拥工作今后一个时期的任务进行了安排和部署。要把学习贯彻两级双拥会议精神作为双拥工作的一件大事来抓，通过召开双拥工作领导会、双拥工作交流会，举办双拥工作领导干部培训班等多种形式，统一各级的认识，把全国和全区双拥工作会议精神传达到各个层面。军地双方要不断加大双拥工作的力度，各个层次要通力合作，密切配合，互解难题，互办实事，努力营造我区双拥工作全社会参与、全方位推进的新格局。

二、坚持不断改革创新，积极探索双拥工作新路子

全区各级双拥组织要紧跟时代步伐，着眼形势任务需要，坚持与时俱进，着力在实现双拥工作“四个转变”上取得新成果。注重把双拥工作潜在的资源转变为现实的双拥工作能力；注重把传统的双拥工作内容转变为具有时代特色的双拥工作，使双拥工作在继承中发展创新，不断丰富双拥工作的内涵；注重把以政府为主导的双拥工作，转变为群众的具体行动，充分调动广大军民广泛参与双拥活动的积极性，把双拥工作拓展到社会的各个层面，使之进入社会、连队、村镇、校园、企业；注重把朴素的双拥感情转变为依靠法规开展双拥工作，促进双拥工作法制化、制度化、规范化。

三、坚持抓基层打基础，做好双拥工作的基本建设

全区要适应双拥工作深入发展的需要，按照重在建设的要求，在加强基层双拥工作和基本建设上下工夫。军地双方要充分发挥主动性、创造性，努力使双拥工作在基层得到全面落实。各级双拥组织要从建章立制入手，规范双拥工作办事程序，努力实现我区双拥工作依法、有序、健康发展，制定和完善转业退伍军人安置、随军家属就业和社会保障、军人子女入学入托、开展科技拥军、处理官兵涉法问题、重点优抚对象生活保障等措施，促进各项工作落实。要深入进行双拥理论研究，在组织力量编写自治区双拥工作简史的同时，力争尽快推出一批有深度、有价值的理论成果来指导我区双拥工作的进一步发展。

四、深入持久地开展军民共建活动，不断巩固和发展军政军民团结

军民共建由于目标的一致性和地域联系的需要，在地方一些相对独立、没有联系的部门和单位之间架起了一座桥梁，使军地各方在双拥工作中围绕一个目标、朝着一个方向，发挥各自优势，协同一致地做工作，从而形成了党政军民齐心协力、齐抓共管的大好局面，不断促进和增强军政军民团结。同时，军地还通过在政治思想、人才培养、环境治理、生产经营等方面，广泛进行双向交流，实行优势互补，促进改革和建设事业的发展。要主动做好这项工作，把军民共建活动纳入军地建设的总体规划，不断开展富有边疆民族区域特色的共建活动，及时总结和推广共建经验，树立和表彰共建典型，引导军地在共建活动中大力开展思想政治上的同教共育互帮活动、感情交流上的军民共学雷锋活动、文化生活上的同娱同乐联谊活动、社区秩序上的军民联防共治活动，从而丰富共建内容，克服“单向输出”或“一头热”的问题，实现真正意义上的“双拥共建、双向奉献”效应。

五、不断完善军警民联防体系，维护边疆和社会稳定

我区各族军民在长期同守共建边疆的实践中，形成了富有自身特色的军警民联防体系，这是我区军政一致、军民一致的生动体现。过去军警民联防组织在堵卡验证、防止内潜外逃、维护边境秩序方面发挥出巨大的作用，积累了不少经验。在新的历史条件下，要继续保持我区军警民联防的优势，不仅要保证联防组织健全，人员落实，而且要有统一明确的指挥关系和完善的联防方案。要通过双拥工作，把各种军警民联防组织建设得更加健全有效，充分发挥其守边控边和维护稳定的潜力、作用，真正使我区边疆成为一道坚不可摧的钢铁防线，使社会呈现出安定团结的祥和局面。

努力做好新形势下的双拥工作

西藏自治区双拥办

党的十三届四中全会以来的13年，在中央的亲切关怀和全国人民的大力支持下，我区经济社会取得了长足的发展，双拥工作也取得了可喜的成绩。13年来，西藏自治区党委、政府和驻藏部队积极适应国际国内形势的发展变化，按照西藏经济社会发展的客观要求，带领全区各族人民和广大官兵，认真贯彻落实党中央、国务院、中央军委的一系列方针政策，紧紧围绕“抓住机遇，深化改革，扩大开放，促进发展，保持稳定”的工作大局，深入持久地开展拥军优属、拥政爱民活动，进一步增进了军民鱼水情谊，增强了军政军民团结和民族团结，为西藏的改革开放、经济发展、社会稳定、边防巩固和军队现代化建设做出了积极贡献。

做好新形势下双拥工作，要坚持以邓小平理论、“三个代表”重要思想和党的“十六大”精神为指导，紧紧围绕西藏“以经济建设为中心，紧紧抓住发展经济和稳定局势两件大事，确保西藏经济的加快发展，确保社会的全面进步和长治久安，确保人民生活水平的不断提高”的工作指导方针，抓住西部大开发和社会局势日益稳定两大机遇，不断推动双拥工作新发展。

一、坚持“三个代表”重要思想，不断谋求双拥工作新发展

“三个代表”重要思想既是党的立党之本，执政之基，力量之源，也是做好新形势下双拥工作，进一步加强军政军民团结的思想武器，要从贯彻“三个代表”重要思想的高度，充分认识做好新时期双拥工作的重要意义，切实把这项工作作为一项长期的战略任务，摆在重要位置，抓紧抓好抓实。要更加自觉地把“三个代表”重要思想运用到双拥工作实践中，按照服务大局、注重建设、立足基层、求实创新的思路，与时俱进地开展双拥工作。要坚持用“三个代表”重要思想指导双拥实践，进一步理清思路，明确方向，丰富内容，提高标准，使双拥工作在更高的起点上推进，更好地为国家和军队改革建设服务。

二、紧紧围绕全面建设小康社会的奋斗目标，加大双拥工作力度

双拥工作必须紧紧抓住发展这个执政兴国的第一要务，围绕全面建设小康社会的奋斗目标，不断丰富内容，拓宽领域，加大力度。实现全面建设小康社会的宏伟目标，需要党政军警民的共同努力。一方面，驻藏解放军和武警部队要按照中央军委的要求，研究制定参加和支持全面建设小康社会的规划。进一步做好参加和支援西部大开发工作，集中力量援建基础设施建设的重点工程，参加植树种草、防风治沙等生态环境治理。发挥部队人才、技术等优势，组织开展扶贫帮困，参与“兴边富民”行动，加大教育、科技、文化、卫生等扶贫力度。继续做好抢险救灾工作，研究掌握自然灾害的特点规律，制定应急方案，确保一有灾情，部队能够迅速行动，圆满完成任务。另一方面，各级党委、政府围绕推进中国特色军事变革，扎实做好支持国防和军队建设工作。要深入进行以爱国主义为核心的国防教育和双拥宣传教育，制定规范统一的国防教育纲要，开展形式多样的教育活动，引导广大干部群众牢固树立国家利益至上的观念，增强关心支持军队建设的责任感和自觉性。积极配合部队搞好体制编制调整改革，做好人员安置、单位交接、部队移防和军事设施保护等工作。切实把支持军事斗争准备作为拥军重点，配合部队完成各种训练演习任务，支援重点军事工程建设，继续协助部队搞好基础设施建设，改善营区环境，做好军队后勤保障社会化工作。研究制定支持军队实施人才战略工程的规划措施，多形式、多渠道帮助培养高素质新型军事人才。在进行经济建设特别是基础设施建设时，要按照“平战结合、军民结合”的要求，充分考虑军事需求，进一步形成经济建设与国防建设相互促进、协调发展的机制。

三、以与时俱进的精神，推动双拥工作改革创新

发展靠改革，改革靠创新。新形势下做好双拥工作要大力弘扬与时俱进的精神，认真分析新形势下双拥工做出现的新情况、新问题，研究加强军政军民团结的新思路、新办法。用新的观念研究新的问题，用新的办法解决新的矛盾，力求使双拥工作在围绕中心、服务大局上有新的作为，在解决重点难点问题上有新的突破，在完善政策制度上有新的发展，在推进社会化经常化上有新的成效。组织开展行业拥军、社区拥军，推进双拥工作社会化。不断完善双拥工作运行机制，把政府行为与社会行为、以情双拥与依法双拥、行政调节与市场调节结合起来，保证各项任务落实，开创双拥工作新局面。

四、围绕保持社会政治稳定加强军地团结协作

完成改革发展的各项任务，必须保持和谐稳定的社会环境。各地、各部队要把维护社会政治稳定作为双拥工作的重要任务，教育广大军民充分认清保持社会政治稳定的重要性，倍加顾全大局，倍加珍视团结，倍加维护稳定。组织军民积极参加民族团结进步活动，搞好党的民族宗教政策的宣传教育，旗帜鲜明地维护社会稳定、维护民族团结、维护祖国统一。要引导转业退伍军人珍惜荣誉，发扬优良传统，自学维护稳定大局。加强军警民联防，依法维护社会治安秩序。对一些危害国家安全和社会稳定的突发事件，部队和地方要密切配合，果断处置，及时消除不稳定因素。军地双方要从维护稳定大局出发，积极预防和妥善处理军民纠纷。对军地历史遗留问题，要认真梳理，尽快解决，防止久拖不决引发纠纷。

五、进一步加强对基层双拥工作的指导

双拥工作的基础在基层。要按照“组织健全、政策落实、活动经常、关系融洽”的要求，下大力气抓好基层的双拥工作。无论是创建双拥模范城（县），还是开展军民共建活动，都要着眼基层，立足基层。要进一步健全基层群众性双拥组织，完善服务网络，推动双拥工作进企业、进乡村、进机关、进学校、进社区、进连队。要建立领导干部双拥工作联系点制度，帮助基层解决实际问题。要坚持典型引路，大力培养和宣传先进典型，推动双拥工作广泛开展和各项任务落实。

六、积极创建双拥模范城（县）活动，提高双拥工作的整体水平

要按照“坚持方向、丰富内容、拓宽领域、注重实效”的要求，深入开展创建双拥模范城（县）和军民共建社会主义精神文明活动，充分发挥广大官兵和人民群众的积极性、创造性，努力探索富有时代特色和地域特点的双拥工作新路子。要根据发展变化了的实际，不断丰富双拥工作的新内容，把军民共建同共建文明城市、文明街道、文明社区、文明行业、文明乡镇的活动有机地结合起来，要着眼于社会主义物质文明、政治文明和精神文明协调发展，扎实开展军民共建活动，大力传播新思想、新道德、新风尚，弘扬和培育民族精神，总结宣扬典型，不断提高军民共建水平，进一步促进双拥工作整体水平的提高，更好地为社会稳定和经济发展服务，为国防和军队建设服务。

风雨同舟四十载　雪域遍开双拥花

西藏自治区双拥办

西藏自治区地处祖国的西南边陲，全区面积120万平方公里，占全国国土总面积的八分之一，平均海拔在 4000 公尺以上，素有“世界屋脊”之称。边境线长达 3900 多公里，与印度、尼泊尔、不丹、锡金、缅甸等国接壤，战略地位十分重要。在这里，分裂与反分裂、渗透与反渗透，颠覆与反颠覆斗争十分尖锐复杂，做好双拥工作对维护社会稳定，促进经济发展，巩固边陲安宁具有十分重要的意义。

拥军优属、拥政爱民，是我党我军我国人民的优良传统和特有的政治优势。在西藏，拥军优属，拥政爱民，更有着其独有的特色，在长期的革命斗争和建设过程中，驻藏部队和我区各族人民精诚团结，并肩作战，军爱民，民拥军，军民鱼水情谊深，谱写了无数军民团结战斗的光辉篇章。早在 20 世纪 50、60 年代，西藏人民认识共产党是从认识解放军开始的。当时在极其艰苦的条件下，各族人民主动赶着牦牛为部队运送进藏物资，当向导、当翻译、为部队带路，协助部队开展工作。有的群众在“头人”的监视下，冒着生命危险悄悄地把糌粑送到部队，许多群众还同部队一起修筑进藏公路。据不完全统计，当时参加修路的民工就达 3 万余人。1959 年平叛和 1962 年对印自卫反击作战中，军民同呼吸，共命运，共同作战，取得了平叛和中印边界自卫反击战的伟大胜利，保卫了祖国的神圣领土，巩固了边防，维护了祖国统一，建立起了军民之间深厚的鱼水情谊。驻藏人民解放军视驻地为故乡，视群众为父母；而广大人民群众把人民解放军看作共产党的化身，视为亲人，把人民解放军亲切地叫做“金珠玛米”。流行于西藏的一曲《洗衣歌》，真实地反映了西藏军政军民之间的鱼水关系，唇齿亲情。在新的历史发展时期，特别是 20 世纪 90 年代以来，根据形势发展的需要，全区广泛掀起了双拥活动的热潮，自治区党政领导和驻藏部队领导，互相走访，征求意见，共商军民共建大计；慰问基层连队、哨所，开展军民共建活动热火朝天，全区上下谱写的是双拥之曲，唱的是军民共建之歌。

继 1990 年全国首次双拥会议后，1991 年西藏召开了首次全区双拥工作会议，标志着西藏双拥工作进入了一个崭新的发展阶段。2004 年 7 月召开了第二次全区双拥工作会议，为新世纪西藏双拥工作描绘了新的蓝图并指明了方向。西藏自治区成立 40 年来，全区各族人民和驻藏官兵以邓小平理论和“三个代表”重要思想为指导，认真贯彻落实党中央、国务院、中央军委关于加强双拥工作的重要指示，积极适应国际国内形势的发展变化，按照西藏经济社会发展的客观要求，紧紧围绕“抓住机遇，深化改革，扩大开放、促进发展、保持稳定”的工作大局，深入持久地开展拥军优属、拥政爱民活动，进一步增进了军民鱼水深情，增强了军政军民团结和民族团结，为西藏的改革开放、经济发展、社会稳定、边防巩固和军队现代化建设做出了积极贡献。

一、加强领导、健全制度，促进了双拥工作的社会化、制度化和经常化

自治区党委、政府和驻藏部队始终站在国家长治久安、民族兴旺发达的高度，把双拥工作作为事关西藏发展稳定的大事来抓，纳入当地经济社会发展的总体规划，建立健全了具体办事机构和日常工作机制。成立了由地方党委、人大、政府、政协和军区、武警部队主要领导担任正、副组长的各级双拥工作领导小组，形成了党政一把手负总责，分管领导具体抓落实的领导制度。40 年来，全区共充实和完善双拥组织机构 81 个，建立基层拥军优属服务组织 974 个，拥政爱民工作组、为民服务队 2600 余个。为使双拥工作的各项部署和任务落到实处，全区各地各部队普遍建立了双拥工作定期会议制度、基层定期汇报制度、节日军警民联欢座谈制度、慰问互访制度、双拥共建公约等，同时还结合西部大开发战略和当地实际制定了《双拥工作“十五”规划》，做到部署工作重视双拥，总结表彰不忘双拥，形成了党政军警民讲双拥、学双拥、促双拥的良好局面。

二、深入开展国防教育和双拥宣传教育，军民团结的良好氛围进一步形成

全区各级党委、政府和驻藏部队，高度重视国防教育和双拥宣传教育，成立了国防教育领导小组和办公室，把国防教育和双拥宣传教育纳入了国民教育体系和部队教育计划，有针对性地开展了以爱国主义为核心的国防教育和双拥光荣传统教育。认真组织广大军警民学习党的三代中央领导集体关于加强军政军民团结的重要论述，大力宣传在党的领导下军民团结一心，艰苦奋斗，不断从胜利走向胜利的辉煌历史；宣传坚强的军政军民团结，在国家的改革、发展、稳定和军队建设中发挥的巨大作用；宣传各条战线涌现出的双拥先进典型集体和个人模范事迹，引导广大军民不断加深对做好双拥工作重要性的认识，进一步激发了广大军民做好双拥工作的政治热情。通过广泛开展以《国防法》、《兵役法》等为重点的法制宣传教育，以广播影视、烈士陵园、军民共建工程等为载体的爱国主义、国防观念和革命传统教育，以双拥典型、先进事例为主要内容的激励引导教育，以召开党政军警座谈会和开设国防教育课为主要形式的经常性双拥教育活动，切实增强了军警民的国防观念和双拥意识，进一步加深了军民鱼水关系，“无军不安、无军不稳”，“军队离不开各族人民、各族人民离不开军队”的思想深入人心，爱国拥军、爱民奉献成为良好的社会风尚。

三、多渠道、多形式开展拥军优属活动，促进了部队的全面建设

全区各级党委、政府把关心国防和军队建设、支持军事斗争准备作为义不容辞的责任，继承和发扬优良传统，结合实际，积极探索，不断创新，多渠道、多层次、多形式地开展拥军优属活动，满腔热情地为部队办实事、解难题，取得了显著成绩。全区广大群众自觉爱国拥军，视军队为长城，把军人当亲人，处处爱护部队，关心子弟兵，对稳定军心、鼓舞部队士气起到了重要作用。据不完全统计，仅1991至2004年，全区地方各级党委、政府和人民群众为支持军队各项建设累计投资1.5亿元，无偿划拨营建、训练、演习及生产等用地15315亩，及时解决了驻藏部队的实际困难。认真贯彻落实优抚安置政策，积极为部队改革和建设服务。全区共接收安置转业干部、退役士兵、军休干部、无军籍退休职工、随军家属、开发使用军地两用人才1万余名；教育部门选拔到地方大中专院校学习深造的部队优秀人才1900余名；为1万多名随军家属、子女办理了入户手续，军人子女入托入学等问题得到妥善解决；落实发放义务兵家属优待金200余万元；在全区广泛开展了“爱心献功臣”活动，筹集资金514万元，帮助革命功臣解决了生活中的难题；成立基层拥军优属组织，在部分县（区）建立了维权法庭和维权法律咨询站，军人军属的合法权益得到维护。各级党委和政府高度重视军地历史遗留问题，把解决好军地军民关注的热点难点问题作为双拥工作的重要内容，认真排查，狠抓落实。

四、积极组织部队官兵参加地方建设和抢险救灾，有力地推动了西藏经济社会的发展

驻藏人民解放军和武警部队官兵按照江泽民同志“五句话”总要求，时刻牢记党和人民的重托，认真履行我军宗旨，牢固树立“三个离不开”的思想，坚持党的民族宗教政策，尊重当地民族风俗习惯，把驻地当故乡，视人民为亲人，积极参加地方建设，大力支援驻地发展教育、卫生事业，广泛开展科技开发和扶贫帮困活动，奋勇抢险救灾，在促进西藏经济发展、社会稳定、边防巩固、民族团结以及各项社会事业中做出了突出贡献。1991至2004年，驻藏部队投入大量人力、物力，积极支援和参加“兰西拉”光缆、青藏铁路、国防公路、“一江两河”综合开发、拉鲁湿地保护工程等地方重点工程建设80多项，有力地支持了地方的经济建设。在科技、教育、医疗扶贫方面，共向希望工程捐款1400多万元，开办支助希望小学、鱼水小学、“蓝天春蕾女童班”等150余个。免费为群众治病100多万人（次），减免医疗费3000多万元，为地方医院赠送医疗器械、药品价值500多万元。建立扶贫联系点980个，通过举办科技、文化培训班等多种形式，帮助3万多群众走上致富道路。在重大自然灾害面前，驻藏人民解放军和武警部队官兵无私无畏，冲锋在前，发扬特别能吃苦、特别能战斗、特别能忍耐、特别能团结、特别能奉献的老西藏精神和“九八”抗洪精神，奋勇抢险救灾，充分发挥了突击队作用。在历次抢险救灾斗争中，尤其是在 1997 年 9 月至 1998 年年初那曲、阿里等地区百年不遇的特大雪灾中，在 2000 年易贡特大山体滑坡泥石流灾害中，在 2000 年年楚河特大洪灾中，驻藏部队官兵凭着钢铁般的意志和超常的承受力，冲锋陷阵，战灾害，排险情，发挥了中流砥柱作用，树立了人民部队英雄之师、威武之师、文明之师的良好形象，谱写了一曲曲生动感人的英雄赞歌。据统计，13 年来，驻藏部队参加各种抢险救灾数千次，抢救遇险群众 16 万人（次），抢运各种物资 2 万多吨；向贫困地区和灾区群众捐款捐物 2600 多万元。

五、深入开展创建双拥模范城（县）活动，双拥工作整体水平明显提高

全区各级党委、政府、驻藏各部队以争创双拥模范城（县）和军民共建活动为动力，不断掀起双拥热潮。军地双方围绕创建文明城市、文明村镇、文明行业，认真贯彻《公民道德建设实施纲要》和《军人道德规范》，军警民共建活动不断深入，逐步形成了军警民共学科学理论、共讲优良传统、共树文明新风、共育“四有新人”的社会主义新风尚。不少地区和部队还积极开展“双三好”、“科技拥军”、“三个光荣”等群众性活动，丰富了双拥工作内容，创新了双拥工作形式，把双拥工作不断引向深入。自 1990 年以来，我区有 8 个城（县）被命名为全国双拥模范城（县），自治区级双拥模范城（县）34 个，涌现出了一大批双拥先进典型，对弘扬双拥光荣传统起到了示范和激励作用。创建双拥模范城（县）活动已成为加强军政军民团结、促进经济社会发展的重要载体和有效途径。

40 年来，西藏军地各级领导和广大军民，始终站在维护祖国统一和民族团结的立场上，重视双拥、支持双拥、推动双拥，同心同德，携手并肩，顾全大局，共同奋斗，在世界屋脊奏响了一曲曲“军爱民、民拥军，军民团结一家亲”的壮丽凯歌，证明了“军民团结如一人，试看天下谁能敌”这一颠扑不破的真理，涌现出了一批又一批像武警边防总队帕里边防派出所和被驻地部队亲切尊称为“拥军老妈妈”的岗巴县群众拉吉同志那样的双拥模范单位和个人。这些模范，在西藏既是双拥模范，又是民族团结的模范，他们为促进西藏经济社会发展，维护安定团结的政治局面，全面推进部队现代化建设做出了突出贡献。特别是武警边防总队帕里边防派出所，由于事迹突出，2003 年 12 月被国务院、中央军委授予“模范边防派出所”光荣称号，成为我区双拥工作的一面旗帜。

40 年来，我区双拥工作取得了显著成绩，创造和积累了许多成功经验，我们深深体会到西藏的双拥工作：

必须坚持新时期西藏工作指导方针，切实加强党对双拥工作的领导。“一个中心，两件大事，三个确保”的新时期西藏工作指导方针，是中央在认真研究了西藏的发展历史和现实情况，科学总结了几十年来特别是改革开放以来治藏治边宝贵经验的基础上提出来的，是邓小平理论和“三个代表”重要思想在我区光辉实践的总结，是做好我区各项工作的根本指针。确保双拥工作始终沿着正确的方向发展，只有切实加强党对双拥工作的领导，始终坚持这一指导方针，自觉服从服务于党的工作大局，才能逐步形成军地齐抓共管的整体合力，才能使双拥工作得以创新和发展。

必须坚持把双拥工作作为加强军政军民和民族团结的坚强基石，切实维护社会稳定。西藏地处祖国西南边陲，加之达赖集团的干扰破坏，边防对敌斗争和反分裂斗争任务非常繁重。在这种特殊情况下，巩固和发展良好的军政军民关系，建立牢不可破的民族团结，更为重要。多年的实践证明，做好双拥工作，是加强军政军民和民族团结的坚强基石，是捍卫国家安全、保持社会稳定、凝聚中华民族的强大精神力量，是我们战胜一切困难和风险、不断夺取新胜利的重要保证。我们必须坚决贯彻执行党的民族宗教政策、统战政策和各项优抚安置政策，更加主动地做好双拥工作，促进军政军民和民族团结。只有这样，才能肩负起“对内反分裂，对外反蚕食”的历史使命，才能应付各种可能发生的突发事件，才能为西藏社会主义现代化建设创造安定团结的社会政治环境。

必须坚持国防建设和经济建设协调发展的思想，积极推进军地共同发展。西藏和平解放50多年来，党政军警民相互支持与合作，团结奋斗，战胜了种种困难，在西藏革命和建设的征程中取得了一个又一个的伟大胜利。只有一如既往地关心和支持国防建设，为部队多办实事，多办好事，多解决实际困难；充分发挥部队优势，大力支援地方经济建设，军地共同协调发展、共进共荣，才能确保社会稳定、边防巩固、经济快速发展，才能推动双拥工作向纵深发展。

必须坚持立党为公、执政为民，努力实现、维护和发展好广大军民的根本利益。坚持立党为公、执政为民，根本目的就是要为最广大人民的根本利益而不懈努力，不断把人民群众的利益实现好、维护好、发展好，这也是我们贯彻“三个代表”重要思想的必然要求。双拥工作作为党的群众路线的重要体现，其本质是为广大军民服务。只有立足于实现广大军民的根本利益，切实为广大军民办实事、办好事、解难题，才能更好地践行立党为公、执政为民的本质要求，才能充分调动广大军民参与双拥工作的积极性和主动性，才能充分发挥双拥工作在发展经济、巩固边防、维护稳定、服务国防建设中的重要作用。

这些经验是多年双拥工作实践的结晶，反映了新形势下西藏双拥工作的特点和规律，必须长期坚持，自觉运用，并不断发展创新。

新世纪新阶段新任务，为我们推进跨越式发展和全面建设小康社会赢得了新的发展机遇，但在前进中还面临着许多不利因素。国际国内形势正在发生复杂而深刻的变化。以美国为首的西方敌对势力从未放弃对我实施“西化”、“分化”的政治图谋，民族分裂势力、宗教极端势力、暴力恐怖势力和“法轮功”等邪教组织的破坏活动始终没有停止。要战胜前进道路上的种种困难和风险，完成我区“一加强、两促进”的历史任务，比以往任何时候都更加需要党政军警民的紧密团结，比以往任何时候都更加需要广大军民的齐心协力和不懈奋斗。我们一定要站在国家长治久安、民族兴旺发达的高度，充分认识加强军政军民团结的重大政治意义，切实把双拥工作摆在事关全局的重要位置，坚持不懈地抓紧抓实抓好。

做好新形势下的双拥工作，要坚持以邓小平理论、“三个代表”重要思想和党的十六大精神为指导，认真落实党中央、国务院、中央军委关于加强军政军民团结的指示精神，紧紧围绕跨越式发展和全面建设小康社会的目标任务，完善工作机制，创新工作方式，巩固和发展军政军民团结，为推动经济社会发展、构建和谐西藏、加强军队现代化建设和维护社会稳定提供强大动力。

关于对甘肃五市双拥创建工作督查调研的情况报告

甘肃省双拥办

从2005年8月2日起，省双拥工作领导小组副组长、副省长罗笑虎，省双拥工作领导小组副组长、省军区副政委丁德福和省双拥办公室副主任、民政厅副厅长张和平带领省双拥工作督查调研组，历时21天，分别对陇南、天水、武威、白银、兰州五市的双拥创建工作，进行了一次认真的督查调研。调研组深入市（县、区）、部队、学校、街道、社区、乡镇、村户，通过听取汇报、实地察看、军地座谈、观看录像、走访慰问、查看资料、总结评述等形式，边走边看、综合分析、调查思考，深入细致地开展督查调研活动。同时，针对各地创建新一届双拥模范城（县）、开展“双四好”活动情况和当前双拥工作中存在的一些热点、难点问题，广泛与各地和驻军领导、基层干部、优抚对象等进行了座谈交流，初步形成了一些新的认识和思考。概括起来主要有四个方面：

一、基本情况和特点

通过调研，总的感到，陇南、天水、武威、白银、兰州五市双拥工作整体发展形势比较好。自上届全国、全省双拥模范城（县）命名和全省双拥工作会议以来，各地各部队对双拥工作的力度不断加大，军民参与双拥创建活动的热情不断高涨。各级党政军领导高度重视，组织机构健全，规章制度完善，宣传氛围浓厚，工作扎实有效，体现出了许多新的特点。

（一）思想认识明确，双拥工作领导坚强有力。各级党委、政府以“三个代表”重要思想为指导，认真落实科学发展观要求，从讲政治、讲大局的高度，不断加强对双拥工作的组织领导。各地、各部队结合实际，始终把双拥工作作为改革、发展、稳定的大事来抓，适应形势，开拓创新，增强活力。普遍调整充实了双拥工作领导机构，将其列入重要议事日程，纳入经济社会发展和部队建设的总体规划，狠抓各项工作任务落实。天水市党政军领导从大局和战略的高度认识双拥工作，市委、市政府主要领导经常过问双拥工作，常委会议定期研究部署双拥工作任务，全市上下高起点谋划，高标准要求，高质量创建，高水平落实，双拥创建活动始终热情不退、干劲不减、标准不降，建成了一批高质量的社区、乡镇双拥共建示范点，不断提升了双拥工作的整体水平。

（二）宣传力度加大，双拥工作氛围更加浓厚。各地普遍加大了国防教育和双拥宣传的力度，注重依托国防教育体系开展双拥宣传，纳入全民教育总体规划和党委年度宣传工作计划。结合双拥创建活动，利用重大节日、重要活动，采取群众喜闻乐见的有效形式，集中、直观、形象地开展国防教育。民勤、秦州等县区在电台、电视台常年开设双拥专栏，播发稿件500多篇，举办展室30多处，开展爱国拥军主题教育3万多人次，建成国防教育基地20多家，每年军训学生6000多人次。为使国防教育和双拥宣传更加深入人心，打牢基础，各地坚持从“娃娃”抓起，采取寓教于学、自办专栏、演讲比赛、知识竞赛、有奖征文等多种形式，使宣传教育的内容一年比一年新，力度一年比一年大，效果一年比一年好。通过广泛深入地宣传教育，进一步增强了广大青少年的双拥意识和国防观念。

（三）注重互办实事，双拥工作成效更加显著。各地各部队紧紧围绕经济建设和国防建设大局，自觉把双拥创建工作与社会经济发展融为一体，在实践中建立了军民一致、团结合作、相互支持、双向奉献的鱼水情谊。军地加大交流合作力度，始终把着眼点放在动真情、办实事、重实效上，进一步密切了军政军民关系。各级党委、政府和广大群众围绕构建和谐社会，通过开展窗口、政策、职能、法律、文化和科技拥军活动，大力支持部队建设，极大地促进了部队战斗力的提高。武威市先后投入资金1000多万元，划拨土地200多亩，帮助部队解难题86个，办实事93件。陇南电力局先后投入95万元帮助军分区建起了高水平的信息化作战指挥平台，大大提升了军分区信息化、现代化的水平。部队官兵积极投身扶贫帮困、希望工程、生态环境、重点项目建设、抢险救灾和维护稳定活动，有力地促进了地方生产力的发展。

（四）强化保障措施，各项优抚安置政策基本落实。各地坚持把优抚安置政策落实作为双拥工作和双拥创建的重点，以解决热点、难点问题为突破口，坚持优待金统筹支付，普遍建立了优待抚恤金自然增长机制。义务兵家属优待标准基本按上年农民人均纯收入水平发放，七里河区、白银区达到了3799元和3360元。在乡老复员军人月定补标准提高到了190元和130元，超过了国家和省上规定的标准。五市积极探索拓宽退役士兵安置渠道，加大协调力度，采取一系列积极有效措施，加快了安置工作的进度。

（五）拓宽共建领域，双拥工作内涵更加丰富。各地进一步完善了军民共建体系，推动了双拥工作的全面发展，80%以上的军民共建点被树为文明单位。以“双四好”活动为契机，各级党委、政府把解决基层双拥工作中的难点、热点问题作为重点，加大投入，帮建帮扶，收到了明显效果。驻军部队从当地政府和人民群众最关心、最期盼的事情入手，积极参与地方经济建设和公益事业建设。二炮驻天水某旅、解放军第十医院、兰州军区通信团、陇南公安消防支队等驻军，在以人为本、服务军民、资源共享、共驻共建的原则下，广泛开展了送医送药、生态绿化、爱心奉献和双拥进社区、进乡村活动，取得了显著成效。各地充分发挥新经济组织和新社会组织的经济优势、科技优势和就业优势，积极开展拥军优属活动，进一步夯实了双拥工作的社会基础。

二、主要成效和经验

陇南、天水、武威、白银、兰州五市在巩固发展双拥成果的基础上，积极适应新形势、新任务的要求，把双拥创建活动有机地纳入到地方经济发展和部队现代化建设之中，拓展领域、提升层次，并在科技拥军、共建文明社区等方面，都有一些新探索、新发展、新突破和新经验。

一是立足于维护稳定，军政军民关系有了新的发展。各地从政治上看待和处理军政军民关系问题，积极预防和妥善解决军地军民之间的矛盾和纠纷，以坚强的军政军民团结促进社会政治稳定。近几年来，各地、各部队始终从这一根本目标出发，心系大局，着眼稳定，立足发展。为了共同的利益、共同的目标，把广大军民凝聚在一起，军地联系更加广泛，关系更加密切，感情更为深厚。特别是以军民共建为基本形式，互相学习、互相交流，达到了互相促进、共同发展的目的。

二是立足于服务大局，双拥工作的层次有了新的提高。近几年来，各地、各部队在抓好双拥基础性工作的同时，以促进社会生产力发展和部队战斗力提高为出发点，立足于新时期军事斗争准备和部队建设需要，把双拥工作的重点转移到了科技拥军和智力助民上，为新时期拥军优属、拥政爱民工作的新发展注入了生机和活力。各地把科技拥军和智力拥军作为新一轮双拥模范城（县）创建的重点，纳入到科技兴市、科技兴县、科技兴区的总体规划，摆上了各级党委的议事日程和政府兴办的实事之列。各部队充分发挥人员集中、组织严密、突击性强的特点和优势，积极投身西部大开发，广泛开展扶贫济困和兴学助教活动，帮助驻地群众实现经济、文化“双脱贫”，为全面建设小康社会做出了积极的贡献。

三是立足于巩固提高，双拥工作的领域和内容有了新的拓宽。各地在坚持以往行之有效共建活动的基础上，着眼于创造安全稳定、健康文明的社会环境，把双拥工作与军民共建精神文明活动和军警民联防联治有机结合起来，拓宽共建领域，丰富共建内容，提高共建层次，创建双拥模范城（县）的态势有了新的发展。五市严格按照双拥模范城（县）的命名标准，在总结多年创建活动成功经验的基础上，及时调整工作思路，不断深化双拥宣传，加强政策法规建设，大力推动改革创新，狠抓热点、难点问题的解决，积极探索提高双拥模范城（县）创建活动质量的途径和办法，全面启动了新一轮双拥模范城（县）创建活动的开展。

四是立足于打牢基础，齐抓共管的工作机制出现了新的局面。各地始终把双拥工作作为改革、发展、稳定和军政军民团结的大事来抓，在乡村、社区、企业、连队双拥工作充满生机、蔚然成风。包户包项、结对帮扶等“三定四包”在农村和城市社区形成制度，“把驻地当故乡”、“视军人如亲人”的口号已成为广大军民的自觉行动，各个战线、各个行业包括新的社会阶层和新的经济组织中，产生了新的强大的双拥力量，形成了上下一条线、层层有人抓、军民齐努力、共建模范城（县）的双拥工作新机制，使双拥工作在组织领导上不断强化，在工作制度上不断完善，在整体合力上不断增强。

三、存在的主要问题

从这次督查调研的情况看，各地双拥工作的整体水平虽然都有新的提高，但是，工作中也还存在一些不容忽视的薄弱环节和问题。一是个别地方的领导对双拥工作的认识和重视程度不够，组织领导不力，落实在具体行动上还有一定的差距。二是双拥创建工作发展很不平衡，宣传教育不够深入，工作上缺乏创新和发展，处于一般化状态。三是优抚安置政策落实不到位的问题依然比较突出，一些难点、热点问题没有从根本上得以解决。如农村义务兵家属优待金标准偏低，老复员军人医疗难的问题比较突出，城镇退役士兵安置难和上岗率不高，随军家属和下岗军嫂安置就业仍面临比较大的困难等等。四是双拥模范城（县）创建工作缺乏活力，思想发动不充分，创建措施不得力，工作处于一般化和被动应付的状态。五是一些地方在机构调整改革中，没有保留双拥工作机构和工作骨干，削弱了双拥组织机构建设，影响了正常工作的开展，许多市（县、区）双拥工作经费不落实。

四、加强双拥创建活动的几点建议

通过这次督查调研，我们认为，当前我省的双拥工作发展态势是好的，各级党政军领导普遍比较重视，机构健全，制度完备，宣传教育不断深化，群众性的创建活动经常开展。军地互办实事、双向奉献的力度进一步加大，基层的双拥工作比较活跃，各方面都取得了较大的进步和发展。随着形势的发展，我们感到，双拥工作面临的任务越来越重，工作层次和质量要求越来越高，工作环境越来越复杂，遇到矛盾和困难也越来越突出。面临新形势、新任务和新要求，我们必须抓住机遇，迎难而上，在继承优良传统、巩固发展提高的基础上注重研究新情况、解决新问题、拿出新举措，不断创造新业绩、开创新局面。

第一，必须牢固树立和落实科学发展观要求，进一步推动双拥工作的创新与发展。与时俱进地做好双拥工作，对实现构建和谐社会具有重要的促进作用。双拥工作做好了，广大军民团结一心，国家的安全稳定就有坚实的根基，和谐社会的构建就有了稳固的基础。因此，我们必须在创新上狠下工夫。要立足于创新观念，保持双拥工作的正确方向。以始终紧紧围绕全面建设小康社会和做好军事斗争准备为中心，全面谋划双拥工作增强创建活动的针对性和实效性；要立足于创新思路，积极探索具有时代特征、符合甘肃实际的双拥工作新路子。扬强项、创特色、求发展。要立足于创新机制，促进双拥工作制度化、规范化，逐步建立起推动双拥工作健康发展的长效机制。要立足于创新载体，增强双拥创建工作的生机与活力。在充分发挥“双拥模范城（县）”、社区双拥、联片创建、军民共建点和各类服务机构载体功能的基础上，进一步组织开展“双四好”活动，积极推进“关爱关怀工程”、“送温暖工作”、“夕阳工程”、“爱心工程”等活动在城乡深入开展。通过创新载体，增强双拥工作的实效性。要立足创新领域、拓宽双拥工作的新渠道。进一步抓好双拥工作“六进”活动，重点向新经济组织和新的社会组织拓宽。

第二，必须着眼于提高双拥工作的质量和水平，进一步加强对双拥模范城（县）创建活动的指导力度。实践证明，争创双拥模范城（县）活动是推进双拥工作不断发展进步的有效载体和手段。要切实加强对创建活动的指导，严格按照双拥模范城（县）的命名标准，按照“坚持方向、丰富内容、拓宽领域、注重实效”的要求，在总结成功经验的基础上，积极探索提高双拥模范城（县）创建活动质量的途径和办法，把解决好热点、难点问题作为工作的重点，加强政策法规建设，采取有力措施，高标准、严要求，加大督促检查力度，一项一项地抓好各项双拥工作任务的落实。要立即着手安排部署新一轮双拥模范城（县）创建工作，制定工作计划，明确验收标准，出台相关措施规定，迅速在全省掀起争创新一届双拥模范城（县）活动的热潮。建议适时召开一次双拥工作领导小组会议，专题研究部署这项工作。

第三，必须坚持优待抚恤金自然增长机制，进一步加大落实优抚安置政策的力度和措施。随着改革开放和社会主义市场经济的发展，双拥工作遇到了一些热点、难点问题，特别是退役士兵安置、随军家属工作调动和就业、军人合法权益保障、义务兵家属优待、重点优抚对象生活住房医疗困难等问题，直接影响着双拥共建活动的深入开展，关系到广大官兵和优抚对象的切身利益。各级要高度重视，严格按照国家法律法规和上级的有关文件要求，结合当地实际，研究提出切实可行的对策和措施，加强检查监督工作，保证优抚法规政策的落实，促进热点、难点问题的有效解决。要继续巩固和发展“爱心献功臣行动”的成果，完善优待抚恤金自然增长机制，加大优抚经费的投入，逐步提高抚恤补助标准，真正使重点优抚对象生活住房医疗等方面的实际困难得到缓解。继续深化退役士兵安置工作改革，通过政策引导和扶持，引导退役士兵进入人才市场、竞争择业、自谋职业和到非国有企业就业；加大安置任务有偿转移力度，采取安置就业、经济补偿等多种形式，不断拓宽安置渠道，确保退役士兵第一次就业。建议年底前，责成有关部门对各市、州和县、市、区的优待抚恤金列支情况进行一次全面检查。

第四，必须切实加强对社区、乡镇工作的帮助和指导，进一步促进双拥工作任务在基层落实。各地的实践说明，双拥工作的关键在于领导，重点在于基层，根基在于感情，动力在于改革，发展在于创新。可以说，真抓真管用，实抓见实效，常抓常受益。为此，必须加强对基层双拥工作的指导，努力实现“四个转变”、“五个提升”。即：双拥工作要由过去零星、分散、不规范的活动向有组织、经常性、系统化的运作转变，由交往性、友谊型、口号式的拥军向动真情、办实事、重实效的方向转变，由偏重于走访慰问、节日拥军向感情、资源、物力、政策和科技拥军转变，由检查评比时搞突击、搞形式、搞“过关”向突出重点、体现特色、全面推进、扎实深入的方向转变，努力促进双拥工作长盛不衰、长足发展。各级都要把工作的重点放在基层，切实帮助基层在完善机制、强化基础、宣传教育、阵地建设、结对共建等方面提升层次、提高水平。帮助他们总结开展双拥工作的新经验、好做法，注重发现、培养和推出一批具有时代特色的双拥工作先进典型。建议今年第四季度，以省双拥工作领导小组的名义召开“全省军民开展‘双四好’活动经验交流会”。通过军地在思想、文化等领域的交流与合作，大力弘扬社会主义的新思想、新道德、新风尚。通过军民共建活动，引导广大军民树立正确的人生观、价值观，让部队的好传统、好作风进入社区、村镇，让地方的教育、科技、文化等具有时代精神的新思想、新观念进入军营。

第五，必须始终把宣传教育摆在重要位置，进一步提高全社会对双拥工作重要性的认识。要紧密结合评选命名双拥模范城（县）、“八一”建军节、元旦、春节军地走访慰问、国防教育“宣传日”以及征兵等重大活动和重要节日，坚持不懈地在广大军民中进行拥军优属、拥政爱民光荣传统和国防教育活动，大力宣传我省军民在党的领导下为民族解放和国家富强而团结奋斗的光辉历史，宣传新时期军爱民、民拥军的生动事迹，教育广大军民从维护国家安全、社会稳定、祖国统一实现新世纪我国宏伟战略目标的高度，充分认识加强军政军民团结的重要性，进一步增强做好双拥工作的政治责任感和历史使命感。要始终把国防教育和双拥宣传有机结合在一起，纳入全民教育体系，列入各级党校、行政学院和各类学校教育计划，列入各级党委宣传工作年度计划和党政机关、企事业单位、各类组织的政治学习计划，有重点地抓好一批国防教育和双拥宣传基地建设，做到有机构、有设备、有经费、有活动，真正实现双拥宣传和国防教育制度化、经常化。要继续完善新闻媒体舆论宣传、爱国主义教育基地阵地宣传、双拥先进单位和个人典型宣传、双拥标志、标（语）牌形象宣传为主要内容的宣传网络，努力营造浓厚的双拥氛围，真正使双拥创建工作家喻户晓、深入人心。

第六，必须积极适应新形势的发展和要求，进一步加强对双拥工作的组织领导。双拥工作作为构建社会主义和谐社会的重要组成部分，要始终摆在重要位置，做到力度不减弱，措施再加强。各级党委、政府要切实加强对双拥工作的领导，关心和重视双拥工作。要把双拥工作纳入国民经济和社会发展总体规划，统一研究、统一部署、统一督促检查，及时研究和解决双拥工作中的困难和问题，为双拥部门创造必要的工作条件，调动全社会各方面力量共同做好双拥工作。为适应新形势的发展和要求，建议尽快以省委、省政府、省军区的名义出台《关于进一步加强双拥工作的意见》，以及与之相配套的有关双拥工作的文件、政策和规定。要进一步优化财政支出结构，逐步加大对双拥工作的投入，为双拥工作的发展提供必要的财力、物力保障。针对部分市、县双拥工作机构不健全、工作人员不落实的问题，提议以省双拥工作领导小组的名义发文提出要求，并作为检查验收双拥模范城（县）的硬性指标来衡量。各级双拥部门要站在全局的高度，精心谋划双拥工作，为党委和政府当好参谋，用新的思想观念调整工作思路，以开阔的视野观察思考问题，在实践中创造新的双拥经验。

关于新时期正确处理军地矛盾纠纷的实践与思考

青海省双拥办

军民关系无小事。新时期的双拥工作，需要我们针对社会主义市场经济和社会发展给军地关系带来的新情况新问题，以新的思维理念研究探索正确处理军政军民关系，预防和化解矛盾纠纷，为构建社会主义和谐社会服务。针对我省地处祖国西部青藏高原、民族众多、驻军部队多，容易发生军地矛盾纠纷的实际，我们就如何正确处理军政军民关系，妥善处理纠纷、化解矛盾，认真进行了理论与实践的初步探讨。

一、成绩不可磨灭，问题不可小视，要在进一步密切军民关系和正确处理各种矛盾纠纷上形成共识

十三届四中全会以来，在改革开放不断深入，社会主义市场经济体制逐步建立的新形势下，青海省的军政军民关系有了新的发展和进步，其中标志之一是率先成为全国实现军地无重大历史遗留问题和无现实重大军民纠纷的省份。但近年来也出现了一些不可忽视的新情况新问题。主要表现为：

一是人们的思想观念和价值取向发生很大变化，双拥意识淡化。由于强调以经济建设为中心，有的地方政府重经济建设、轻国防建设的倾向比较突出，对双拥工作有所放松，拥军优属的观念淡化，对部队官兵的感情有了距离。在市场经济的冲击下，部分官兵在价值取向上也潜移默化地发生了变化，对人民群众的态度也随之发生了变化，注重追求经济利益。军民间的这些变化，不但无形中在一定程度上冲淡了过去那种军民鱼水深情的优良传统，而且矛盾纠纷时常发生，影响到了军民关系。二是加快开发开放和利益关系调整，军地之间在资源开发、道路修建、土地房屋产权、训练演习场地及损失补偿等方面的利益矛盾有所增多，社会影响面大，处理起来难度大。三是政府机构改革和企业改制改组，军队转业干部、退役士兵和随军家属安置难度越来越大，官兵的合法权益在一些地方得不到保障，个体和群体上访事件猛增，影响到了军政关系。四是军地交往范围扩大，成份复杂，涉法问题越来越多，特别是一些执法部门特权思想严重，最典型的是军人与警察间发生冲突纠纷的事件逐年上升。

分析目前军政军民关系中出现的各种矛盾纠纷，原因是多方面的。但最主要的是，军地双方对矛盾纠纷的危害性认识不够，协调处理方式方法失当。面对军民关系中出现的这些问题，需要军地携手同心，在处理这些矛盾纠纷中进一步统一思想，统一步调，形成新的共识。其中最主要的是，要从政治上看待和处理军政军民关系，这是我党我军的性质和军政军民关系的本质决定的，是新形势下加强军政军民团结的必然要求。毛泽东同志早在延安时期就讲过，从根本上说，政治问题主要是对人民的态度问题、同人民群众的关系问题。在我国，军政军民关系是社会关系的一个重要方面，但又不同于一般的社会关系，它的实质是军政军民之间在根本利益一致基础上的政治关系。这种关系如何，直接关系到军队在人民群众心目中的形象，关系到军政军民之间的感情，关系到构建和谐社会和军队现代化建设。因此，只有站在讲政治的高度，正确看待和处理军政军民关系问题，才能着眼大局，见微知著，倍加珍视军民团结；才能坚持高姿态、严要求，及时妥善解决军地之间的各种矛盾纠纷；才能使军政军民团结不断巩固和发展，经得起任何风浪的考验。

二、从根本上密切军政军民关系，决策要科学民主，关键要从源头上减少矛盾纠纷的发生

在经济社会发展中，社会矛盾当前集中表现为各种利益冲突。在这些利益冲突中，大都是由涉及群众切身利益的问题引发的，属于人民内部矛盾。军队来自于人民群众，交往中发生各种利益冲突在所难免，其矛盾纠纷同属于人民内部矛盾。在预防和处理中，做到科学决策很重要。

一是要坚持以人为本的决策理念。就是要把军民的根本利益作为制定政策、开展工作的出发点和落脚点，在进行各项改革和决策时，首先考虑军地双方的承受能力，善于从政策取向上找准双方具体利益的结合点，既正确反映并妥善处理军民不同方面的利益关系，同时也要体现军地的共同利益。比如，军队复员转业退伍军人和随军家属的安置、市政建设中营院的拆迁、营院建设和训练演习征地等，都是涉及部队和群众切身利益的大问题，决策时必须慎之又慎，对损害军地利益的决策必须坚决纠正；超过军民承受能力的决策，必须暂缓出台，等待时机成熟。最近几年，青海省需要部队农场移交地方实施“三江源”环境保护和退耕还草工程、城市道路改扩建需要部队营院拆迁、部队营房建设和训练演习需要征用农民土地等，都是在当地党委的统一领导下，各级双拥工作领导小组协调有关军地部门进行反复调查论证和照顾军民利益的基础上做最后决策的。这些与人民群众生产生活和部队建设密切相关的问题，由于顺应军心民意，得到了全省上下的一致拥护和各方面的大力支持。

二是要坚持依法决策，以政策法律作为决策依据。党、国家和军队的政策、法规和法律体现了最广大军民的根本利益，是我们想问题、做决策、办事情的准绳。在处理军民矛盾纠纷时，如果不依据政策法规决策，就是乱决策。调解纠纷，化解矛盾，必须符合有关政策法规，合乎军心民意，如果背离了政策法规，不但不能解决问题，而且还会使矛盾纠纷复杂化。

三是要坚持科学决策，正确处理改革、发展、稳定与国防建设的关系。军地双方要在科学发展观统领下，真心实意地做到双向支持，共同发展，力戒以损害一方利益为代价换取发展，给军民关系埋下隐患。近几年，青海在政府机构改革和企业改制改组中坚持的一条原则，就是改革要充分考虑到维护官兵的切身利益，减员不减复转军人，下岗不下军嫂；转业干部安置率连续多年达到了100%，退役士兵安置率达到98%以上；制定《关于将转业复员退伍军人纳入社区管理服务的意见》，比较好地解决了分散安置的军队退休干部、自主择业干部、复员干部和自谋职业的退役士兵在落户、过组织生活、就业、养老和医疗保险等方面的突出问题，保障了他们的合法权益，化解了矛盾，使个体和聚众上访事件大为减少。实践证明，只有从源头上预防和减少军政军民矛盾纠纷的发生，真正做到妥善协调军地利益关系，在改革发展中实现军民团结，进而促进社会和谐稳定。

三、正确处理军政军民关系中出现的矛盾纠纷，机制要创新，措施要得力

新时期，处理军政军民关系，化解各种矛盾纠纷，需要进一步健全和完善机制：

（一）健全组织领导机制。目前，处理军地矛盾纠纷一般都是由当事双方的领导出面，成立一个临时机构，由于协调权限问题，在处理一些纠纷中，或久拖不决，或留下后遗症，或使问题复杂化。为了适应新形势下解决军地纠纷的需要，应当加强统一领导，建立顺畅的协调机制，在当地党委的统一领导下，省、市、县双拥工作领导小组下设军地矛盾纠纷应急处置协调机构，由双拥工作领导小组组长亲自负责，真正形成强有力的领导，消除情况不明、协调不畅、职能受限等制约因素。

（二）建立政策法规保障机制。应该针对军地矛盾纠纷，尽快制定、修订并形成上下结合、配套齐全、具有权威性的预防和处理矛盾与纠纷的政策法规体系。当前，转业、复员、退伍军人和随军家属安置中遇到的矛盾与纠纷，已成为热点难点问题，其中有政策不落实的问题，也有政策连续性不够的问题，也有个人方面的原因，已影响到军政关系、社会稳定和部队稳定。在处理中，应注重从实际出发，保持政策法规的整体性、同步性、连续性和多向性。在整体性上，政策法规的制定和完善，应当和相关领域和行业配套改革相一致，具有权威性、规范性和可操作性。在同步性和连续性方面，主要是工作运行中既不能政府包揽一切，也不允许部门各自为政，更不能以市场行为为借口推诿扯皮，真正体现其统一连续和协调性。在多向性方面，政府、军队和社会各阶层都要各司其职，使责任、义务和任务合理分流，需要部门承办的事情，要坚决办好，使军地间各种矛盾与纠纷通过深化改革得到正确处理。

（三）建立军地关系协调机制。军政军民间要始终坚持团结的政治大方向不动摇，在处理军地关系上，要克服见利忘义思想，不能打着市场经济的招牌搞等价交换。要从维护军政军民团结和社会稳定的大局出发，牢固树立“团结就是讲政治，团结就是守纪律，团结就是顾大局”的思想，在当地党委的统一领导下，以“团结——协商——团结”为原则，建立军地矛盾纠纷预防和处理机制，通过定期召开军地联席会、现场办公会、双拥工作领导小组会、工作协调会等形式，加大信息交流，不断强化军地关系协调机制，达到有效预防和正确处理军地各种矛盾纠纷，增进军政军民团结之目的。

双拥工作如何贯彻落实科学发展观
在构建社会主义和谐社会中有所作为

新疆维吾尔自治区双拥办

双拥工作是一项政治性群众性很强的重要工作，随着我国政治经济体制改革的不断深入和完善，对双拥工作提出了新的发展要求。特别是党的十六大、十六届三中、四中全会提出了坚持科学发展观、努力构建社会主义和谐社会、最终实现中华民族伟大复兴的宏伟战略。那么双拥工作如何才能贯彻落实科学发展观，在构建社会主义和谐社会中有所作为，是我们当前和今后一个时期应着手抓紧抓好的工作。

一、认清双拥工作形势，把握双拥工作特点

在社会主义计划经济体制下，双拥工作呈现出政府包办的特点。也就是说，政府对双拥工作是直线型的命令式手段进行操作，在军转干部、退伍军人、随军家属的工作安排上，只要政府下发红头文件都能得到解决。而在社会主义市场经济体制下，经济和社会领域发生了深刻的变化，给双拥工作带来了新的问题和冲击。主要表现在双拥工作政策性强，涉及面广，要解决的实际问题多。首先市场经济遵循自主原则，它要求经济活动的主体有充分的自主性，减少各种制约和运行层次，这样容易导致经济活动的主体对岗位责任产生淡化和松弛，使双拥工作“令难行、事难做”。其次市场经济遵循平等性原则，它冲破了等级观念和服从思想，在双拥工作中表现为经济活动的主体对双拥工作的随意性和排他性。再次在市场经济条件下，政府对社会组织制约的手段，主要依靠法律和政策来调整和调解，而并非完全采取行政手段，政府职能作用的调整，政府决策的变化以及经济环境的改变，势必造成政府指令性干预功能的弱化；同时军地交往的目的除了保持政治利益上的一致，还要与一定的社会经济利益相关联，使双拥共建的指向性发生了变化。

从近年来双拥工作的实践看，市场经济的发展与双拥工作面临的任务之间的矛盾日趋激烈。尽管政府鼎力作为，但退役士兵和随军随调家属的就业越来越难，优抚对象包括义务兵及其家属的需求越来越高，军人子女入托入学、军民交往、双拥共建等工作中的随意性、模式化、固定化、低层次等问题也逐渐暴露出来。针对这些问题，我们认为只有解放思想、大胆探索，与时俱进、开拓创新，充分发挥经济活动主体的积极性和创造性，才能推动市场经济条件下的双拥工作向纵深发展。

二、把握双拥社会效益，发挥政府调控作用

双拥工作是以追求社会效益为目的，特别是在计划经济向市场经济的转型期，双拥工作要逐步改变传统的管理模式，在不断引入法律的、经济的管理手段的同时，要始终把握双拥工作的社会效益，政府应充分发挥以下三个作用：

（一）把双拥工作纳入经济和社会总体规划，实行同步规划、同步实施的同时，努力协调决策层、指导层、执行层之间的关系。引导双拥工作的两大主体，自觉增强双拥意识，培养广泛而坚定的双拥工作的群众基础。号召全社会支持双拥工作，把双拥工作由地方民政部门和部队群工部门抓转变成社会各个方面和部队每个官兵都关心的工作。

（二）围绕双拥工作的宗旨，把服从和服务于国家经济建设的大局与弘扬时代主旋律结合起来。发扬双拥工作的传统，用共同的政治信念和理想追求，来统领双拥工作。教育部队要虚心从人民群众中汲取丰富的政治营养，使双拥工作变成广大人民的坚定意志和自觉行为，从而达到“共建共育、优势互补、共建共益、共同进步”的目的。

（三）切实转变思想，淡化对双拥工作的“官办”思想，激发企事业单位参与双拥工作的积极性。把密切基层军民关系作为双拥工作的出发点和落脚点，坚持拥政与爱民、拥军与优属两手抓，两手都要硬，多层次发展，形成全社会齐参与的双拥局面。

三、坚持科学发展观，探寻双拥工作新路子

我们要在市场经济条件下，坚持“以人为本”，不断探索与市场化要求相适应的工作方法和手段，把双拥工作做得更贴近时代和部队建设，实现双拥工作规范化、社会化、经常化、市场化。为了有效地推进行业、社区和企事业单位的拥军优属工作，在规范和完善原有双拥工作组织机构的基础上，要积极吸纳他们参与双拥工作的组织领导，并赋予其拥军优属工作的职责，赋予他们的党组织抓双拥工作的职能和任务。坚持条块结合，以块为主的原则，充分发挥街道资源整合功能，明确规定他们的拥军优属工作主要由街道负责，街道可通过社区党建工作、经济工作、武装工作、工会工作和精神文明建设等，引导和组织他们积极参与各项拥军优属活动。同时结合新形势任务，完善和落实现有的各项规章制度，建立和健全适应市场经济体制下的双拥工作法律法规，逐步解决双拥工作中的随意性、模式化等问题。走行政推动和法律保障相结合的道路，保证双拥工作的广泛性和经常性得以落实。加强国防宣传教育，多层次强化双拥工作。把国防教育纳入全民教育体系，作为加强基础的重要工程来抓；政府把国防教育纳入年度考核目标，规定社会各行各业和每个人都有接受国防教育的义务，企事业单位要将国防教育纳入生产经营管理，学校应纳入年度教育计划，建立健全全区国防教育体系。努力做到点面结合，层层联动，真正形成“国防教育进万家，安全连着你我他”的局面。充分发挥企事业单位、街道和社区服务资源的作用，采用政府主导、政策扶持、社会参与、市场运作的模式，加强对重点优抚对象的文化娱乐、居家养老、退役士兵和随军随调家属的劳动就业培训、教育管理；开展形式多样的健康娱乐活动，使广大优抚对象走出庭院，融入社会。发扬人民军队拥政爱民的光荣传统，深化和完善地方救助、结对包户、为民服务等常规性工作，通过建立拥政爱民示范社区，不断推进双拥工作的经常化、规范化、社会化。同时，结合形势任务的变化，通过“共学”、“互帮”、“双促”等形式，以党的建设为突破口，构建双拥工作新平台。以促进部队战斗力和社会生产力的“双提高”为出发点，拓宽双拥工作新视角；以军地精神文明建设“双促进”为切入点，丰富双拥工作新内容。

四、认真制定和完善双拥政策法规体系

近年来，自治区结合实际，先后制定下发了《新疆维吾尔自治区拥军优属若干规定》、《新疆维吾尔自治区双拥模范城（县）命名管理办法》等政策法规，各地、州、市也相继出台了一些具体的实施办法和地方性法规。但是，随着市场经济的发展和市场经济体制的基本建立，双拥工作也出现了许多新情况和新问题。就双拥政策法规建设情况看，也存在一些不相适应的地方，主要表现在以下三个方面：一是双拥政策法规不够健全，协调军政军民关系的政策法规还有空白点；二是部分双拥政策法规可操作性差，缺乏硬性规定，起不到有效规范约束作用；三是有些政策法规滞后于形势的发展，不能与社会生活中的其他改革政策协调配套。因此，加紧建立和完善双拥政策法规体系，已成为推动双拥工作社会化和促进双拥工作落到实处的重要保证。要把双拥政策法规建设提高到依法治国、依法治军的高度来认识，针对新形势下双拥工作遇到的新情况新问题，尽快建立与市场经济体制相适应的双拥政策法规体系，进一步促进双拥工作制度化、法制化和社会化建设。

（一）要适应市场经济新形势，抓好双拥政策法规的制定。建立社会主义市场经济体制必然涉及到利益格局、利益关系的调整和思想观念的转变。要妥善解决军地之间的矛盾和双拥活动中的问题，就必须制定适应社会主义市场经济需要的双拥政策法规，用法律、政策、制度的形式规范军地交往活动，把双拥工作真正落到实处。

（二）要采取积极有效的措施，抓好双拥政策法规的贯彻落实。在双拥政策法规建设中，既要注重抓双拥政策法规的制定出台，又要注重抓双拥政策法规的贯彻落实，不能重此轻彼，使法流于形式。在落实双拥政策法规上，首先要加大双拥政策法规的宣传，把双拥宣传、国防教育和法制教育有机地结合起来，在全社会形成一种爱国拥军、执行政策的氛围。其次要发挥双拥政策法规的四个功能：一是发挥双拥政策法规的教育功能，在全社会形成浓厚的依法双拥氛围，把以情双拥和依法双拥很好地结合起来，使双拥变成军民的自觉行动。二是发挥双拥政策法规的保障功能，依法维护军地的合法权益。三是发挥双拥政策法规的服务功能，促进军地共同发展。要合理利用现有的双拥政策法规，调节社会各种双拥资源，有效地促进军地“两力”的提高。四是发挥双拥政策法规的激励功能，激发官兵为国建功立业的热情。

（三）要着眼于社会发展需要，抓好双拥政策法规的完善配套。社会在不断发展，人们的需求也在不断发生变化，双拥政策法规同样需要不断充实、完善、配套。首先，要不断完善各项双拥政策法规，积极梳理现有政策、规定和制度，着眼全局、狠抓落实，采取消除重叠、拾遗补缺、拾零归总的办法进行归纳和完善，实现由单项向综合的转变，分散向集中的转变，低档次向高档次的转变，粗线条向具体化的转变，确保双拥政策法规的科学性、完整性和现实性。其次，要抓好各项双拥政策法规的系统配套。从稳定部队、稳定社会的全局着眼，帮助部队解决一些热点难点问题，同时，建立约束机制，采取必要的行政手段和经济手段，予以调控督促。

贯彻全国双拥工作会议精神的情况、问题和经验

新疆维吾尔自治区阿克苏地区双拥办

为了认真贯彻落实全国和自治区双拥工作会议精神，阿克苏地委、行署、军分区于2004年10月做出了《关于进一步加强双拥工作的决定》，就进一步做好新时期边疆地区的双拥工作进行了探索。目前地区各县（市）、地直各单位和驻军部队认真贯彻落实《决定》，双拥工作取得了新成绩，主要体现在如下方面：

一、领导重视，认真贯彻落实全国和自治区双拥工作会议精神

各级党政军领导认真贯彻全国、自治区和地区双拥工作会议精神和地区《决定》，在巩固双拥工作过去取得成绩的基础上，不断前进，继续发展，不断提升双拥工作水平。各县（市）坚持和发扬地区双拥工作的优良传统，坚持长期以来行之有效的思路和做法，特别是坚持与时俱进，以地区双拥工作《决定》为指导，紧密结合实际，找准工作中的薄弱环节，有针对性地加以解决；拓宽双拥工作的思路、办法和措施，推动双拥工作深入开展；加强思想发动和宣传教育，引导军民、军地各方的广泛参与，把双拥工作转化为各族军民的自觉行动。

二、宣传双拥力度较大，营造了双拥氛围

地区主要媒体较好地宣传了全国、自治区和地区双拥工作会议精神及地区的《决定》。《阿克苏报》摘要刊登地区双拥《决定》，报道各县市、各部门和驻军部队双拥工作的好做法；选择部分国防知识、双拥法规进行宣传；对双拥先进单位和个人先进事迹进行宣传，刊发具有典型意义的双拥故事。《阿克苏人民广播电台》在《927新闻早报》、维语《阿克苏新闻》节目中开辟专栏，宣传了《决定》；汉语栏目在每周安排播出关于国防知识、双拥法规的内容。《青青芳草地》播出有关双拥先进事迹的专题；《花样年华》安排播出有关双拥的先进个人的专访，向青少年宣传先进，营造学习先进人物的氛围。阿克苏地区电视台在电视上编发了标语口号，营造双拥宣传氛围；制作一期关于阿克苏地区双拥工作的专题片，宣传新形势下地区双拥工作的典型事迹。各媒体也结合本地宣传工作的实际，做到宣传时间、宣传内容、宣传形式、宣传目的、宣传效果的落实。同时，各县（市）也通过电视、有线广播、社区文化活动进行了广泛宣传。通过宣传，双拥工作深入人心，营造了家喻户晓、人人皆知的氛围。为了加大地区双拥工作的宣传，地区双拥办、阿克苏军分区积极协调中央电视台“相约西北边防”栏目组对地区双拥工作进行采访，6月初，中央电视台7频道连续3天分3期播发了我地区双拥工作的先进事迹。

三、以爱国主义为核心的全民国防教育和双拥宣传教育比较扎实

地委宣传部成立了国防教育办公室，专人负责地区国防教育工作，年初制定了工作要点和安排意见，并认真抓好落实。各县（市）、各单位结合实际，把广泛深入地开展国防教育、形势教育、军政军民团结教育和“三维护、两反对”教育作为重点，以各族军民和广大青少年为主要对象，不断改进教育方法，增强教育的针对性、系统性和时效性。通过广泛的宣传教育，各族军民牢固树立了越是改革开放越要做好双拥工作的意识，在全社会形成良好的双拥工作氛围。特别是各县（市）、各单位和驻军部队从实际出发，注重培养和树立典型。通过多种形式宣传教育，广大军民的国防意识不断增强，自觉参与到“军爱民、民拥军”活动中来。

四、结合实际，发挥自身优势，创造性地开展各具特色的拥军活动，科技拥军、教育拥军、文化拥军、智力拥军和利用工作职能服务拥军活动深入扎实

地区工商系统认真贯彻落实《关于扶持城镇退

役士兵自谋职业优惠政策的意见》，对符合条件的士兵从事个体经营的，3年内免交个体工商户注册登记费、个体工商户管理费、集贸市场管理费、经济合同示范文本工本费，并配合有关部门做好复转军人和军属的劳动人事保障工作，扎扎实实地为复转军人和军属排忧解难。推行军人优先服务制，为从事经营活动的军属优先提供咨询服务，优先办理开业登记，先后优先服务12人次；地区劳动和社会保障系统认真落实国家关于军属的优待抚恤政策，对军属就业、职业介绍、就业培训等实行优先照顾。今年以来，培训并扶持复员军人及家属175人就业。其中，在职业介绍服务中心登记就业军人家属8人，通过劳动力市场的便利条件积极为退伍军人牵线搭桥，成功就业8人。为使转业退伍军人掌握一门专业技术，促进他们早日就业，培训转业退伍军人87人，通过职业技能鉴定28人。地区八县一市就业岗位开发工作仅上半年就吸纳退伍转业军人52人。同时，在公务员招考和工作人员聘用中，在同等条件下优先考虑录用退伍转业军人。地区卫生医疗系统认真解决优抚对象医疗难问题，对老红军、4级残疾以上的优抚对象，医疗费账户单列；“三老”优抚对象享受“四优先、四优惠、二免费”的待遇，为他们办理医疗优惠卡，缓解“三老”就医难问题，使他们生活待遇和供养水平得到了提高。地区各医疗单位先后制定了军人就医优先的措施，并得到了落实。地区建设系统对退伍后从事建筑行业的士兵，在法律和政策允许的范围内给予适当照顾。加强城市规划的修编，将军民休闲娱乐场所作为规划的一项内容。地区八县一市将官兵休闲、娱乐场所作为编制详细规划和城市设计的一项重要任务来抓，确保规划出一定的区域，作为开展双拥活动的场所。同时加大双拥市政设施的投入，在抓好全地区城市基础设施建设的同时，有侧重地加大了驻警部队工作区、生活区及其家属区基础设施建设的力度。在部署“十一五”期间基础设施建设重点项目时，适当加大了投入，特别是加大在供水、排水、垃圾处理、园林绿化方面的投资，解决驻军（警）官兵及家属的用水、垃圾处理的实际困难。地区旅游系统制定出符合政策、行业特点、针对性强、便于操作的措施和办法，规定了地区境内各A级旅游景区（点），在“八一”建军节、春节、古尔邦节期间，军人凭现役军（警）官证、士兵证，参观游览旅游景区（点）实行免门票优惠；在其他时间参观游览旅游景区（点）给予门票减半优惠；地区税务系统认真落实自谋职业退役军人从事个体经营减免税收的政策，凡是此类人员的税收都按照有关规定得到了减免；地区教育系统开展了科技拥军和文化拥军活动。一是积极为部队解决士兵的学历教育和非学历教育，将地区职业技术学院和技工学校作为教育基地，对部队官兵进行培训，制定了培训工作实施方案。职业技术学院为部队官兵开办了中专层次的理、工、农、医、财经、师资等类专业，大专层次的农学、畜牧兽医（牧医）、园艺、金融、会计电算化、旅游与酒店管理、机电一体化、电气技术、农业机械化、高等护理、计算机及应用、计算机入网络技术、汉语言、小学教育等专业，并开设了各层次的职业技能教育培训。技工学校为部队官兵开设了技能工种培训，专门培训中、初级技术工人。这两所学校由部队官兵自由选择。二是积极在部队官兵中宣传国家自学考试、全国计算机等级考试、成人高考相关政策，主动到部队为官兵服务，做好报考的咨询、报名、教材发放工作；三是组织学校开办课外辅导班，尤其是在寒暑假期间，积极从学校抽调教学经验丰富的教师到部队为官兵进行了文化补习、考前辅导，提高了驻军部队士兵报考军校的录取率，提高了士兵的科学文化水平和综合素质。实现了“入伍也上学，习武又成才，回家能上岗”的目标，为今后走向社会实现再就业提供了保障，也为国家培养了大批实用人才，真正使教育拥军落到了实处。各县（市）树立国防建设与经济建设协调发展的思想，为部队办实事，帮助解决他们的实际困难。库车县建立奖励“部队军事训练尖子”表彰制度和“十佳军嫂”表彰奖励制度，每年都拿出5万元实施奖励，极大地鼓舞了士气。阿克苏市、拜城县、库车县和沙雅县驻军部队干部子女入学、入托免收择校费、借读费，商业性公共服务场所均有明显的军人优先标志，并切实落实军人优先制度。拜城县、沙雅县落实了为部队干部子女购买学生意外伤害保险，部队排以上干部 5～18 岁的 13 名子女都购买了学生医疗综合保险。拜城县的保险费由县财政支付。

五、拥军慰问活动进一步高涨

每逢“八一”、春节等重大节日来临之际，地区双拥办无需行文要求，全地区八县一市党政机关和各共建单位，都能自觉开展拥军慰问活动，拥军氛围十分浓厚。据不完全统计，2005 年春节，全地区各级党委政府、群众团体和军民共建单位以及社会各界群众拥军慰问经费达 350 万余元，2005 年“八一”预计 230 万余元。特别是一些个体私营户也积极参与到拥军慰问活动中来。如阿克苏盛苑园艺场经理张连治，每年向共建单位赠送 5000 元～8000 元慰问品。

六、优抚安置政策得到较好落实，优抚对象和复转军人的合法权益得到保护

各县（市）认真研究优抚安置工作的新情况、新问题，解决广大军民普遍关心的热点难点问题，切实作好军队转业干部、退伍军人安置、重点优抚对象生活保障等工作，帮助农村军属贫困户增收致富。各级民政部门按照国家和自治区规定的标准及时发放优抚对象的抚恤金、定补金和优待金。阿克苏市、拜城县、沙雅县、库车县、温宿县认真落实义务兵优待金制度，拜城县落实农村义务兵家属优待金 20.4 万元，沙雅县落实了 25.4 万元。各县（市）结合实施抗震安居工程建设，优先安排重点优抚对象建房补助资金，为 38 户重点优抚对象建了新房，解决他们住房难问题。地区和各县（市）组织人事部门认真做好军队转业干部的安置工作，当年安置率达到百分之百。各县（市）退伍军人安置办公室积极做好退役士兵的安置工作，至今已安置今年城镇退役士兵 65 人。各县（市）关注农村重点优抚对象普遍存在的医疗难问题，正在逐步把他们纳入农村新型合作医疗范围和医疗救助范围。卫生医疗部门做好了医疗费用减免政策，对丧失劳动能力、家庭生活困难的重点优抚对象在挂号费、门诊诊查费等方面给予减免。各县（市）积极保护好军事设施，做好国防后备力量建设，做好征兵工作，保证了兵员质量。

七、驻军（警）部队积极参加三个文明建设，谱写拥政爱民新篇章

驻军（警）部队继续发扬拥政爱民的优良传统，牢固树立“视人民为父母，把驻地当故乡”和“军队打胜仗，人民是靠山”的思想，围绕经济建设和社会稳定这个中心，围绕建设和谐社会这个首要任务，积极支持地方经济建设和公益事业建设，把扶贫攻坚和帮助驻地各族群众脱贫致富奔小康作为义不容辞的责任，把群众性的双拥活动与创建文明城市、文明村镇、文明行业活动结合起来。一是开展扶贫济困活动，进一步密切了军（警）民关系。在元旦、春节、古尔邦节等重大节日到来之时，各单位都主动走访慰问困难群众，为他们送去节日的生活用品，使他们感受到了社会大家庭的温暖。据不完全统计，2005 年上半年，各部队共走访慰问困难群众 1128 人次，送去慰问金 15825 元，煤 3800 公斤，粮食 11280 公斤。二是积极投身地方经济建设。参加柯柯牙的绿化工程和库车工业园区绿化工程，植树达 11.2 万余棵，参加市政建设义务劳动 11200 余人次。地区武警边防支队针对温宿、乌什两县石油、矿产和旅游开发的需要，主动跟进服务，推出了 8 项便民举措，简化办证和证件查验手续，在边境地区创造了良好的投资环境。各部队将科技扶贫作为支队双拥的重要内容，向人民群众发送各类科技知识手册，帮助农牧民学科学、用科学。三是深入开展捐资助学活动，帮助 700 多名贫困生重返校园。四是全力参加抢险救灾，主动为人民群众排忧解难。2005 年 2 月 15 日，乌什县发生 6.2 级地震后，驻军（警）部队迅速做出反应，在第一时间赶赴救灾现场，帮助灾民搭建帐篷，抢救财物，拆除危房，组织医务人员在灾区巡诊，抢救受灾群众 1300 余人，成为了这次抗震救灾的主要力量。地震灾害发生后，各部队官兵还主动捐款 9.2 万元帮助灾区重建。他们用实际行动在人民群众中树立了文明之师、威武之师的良好形象。

在贯彻落实全国、自治区和地区双拥工作会议精神和地区的《决定》中，各县（市）、各单位和驻军各部队在抓落实上虽然做了大量工作，取得了一定的成绩，但是也存在一些问题和薄弱环节：一是个别单位对《决定》的学习贯彻抓得不紧，成效不够明显；二是《决定》中的部分任务还没有落实。如现役军人凭有效证件免费乘坐市内公交车，参观游览公园、博物馆、名胜古迹享受优待，个别县（市）还没有实施；三是个别县（市）双拥工作组织机构不健全、工作人员不落实、经费无保障的问题还不同程度地存在；四是理论研究不够，导致创新不够，影响和制约了地区双拥工作整体水平的提高。

今后双拥工作的思路：

一、深入贯彻“三个代表”的重要思想，坚持认真落实科学发展观和地区双拥工作会议精神，切实加强对双拥工作的指导，加强督查力度，把地区的《决定》落到实处。

二、结合纪念抗日战争暨世界反法西斯战争胜利60周年和自治区成立50周年，以及解放军进疆56周年，广泛开展国防教育和双拥宣传。要组织开展多种形式的国防教育和双拥宣传，大力弘扬以爱国主义为核心的民族精神和以改革创新为核心的时代精神，着力宣传抗日战争胜利的伟大历史意义，着力宣传共产党在全民族团结抗战中的中流砥柱作用，宣传军政军民团结在经济建设和改革进程中发挥的重要作用，宣传双拥典型特别是军民共建先进典型的生动事迹。各县（市）、驻军部队要举办报告会、座谈会、书画展、知识竞赛等活动，增强全民国防观念和双拥意识。

三、继续做好科技拥军、教育拥军、文化拥军、智力拥军和利用工作职能服务拥军。地区《决定》下发后，各县（市）、各单位都制定了落实《决定》的具体措施和办法。下一阶段，要进一步加大督查力度，狠抓落实，确保各项任务落到实处。

四、认真组织好“援建军营图书室，共建学习型军营”系列活动。此次活动是新时期拥军工作的一个举措，是民政部发起的，旨在以双拥共建为纽带，以建设军营图书室、创建学习型军营为目标，增强全社会服务国防和军队建设的意识，不断巩固和发展“同呼吸、共命运、心连心”的新型军政军民关系，推动“三个文明”建设、构建社会主义和谐社会。自治区计划援建200个军营图书室，我地区计划援建50个军营图书室。

五、认真解决涉及军民切身利益的实际问题。各县（市）、各部队要树立以人为本的观念，想方设法解决广大军民普遍关心的热点难点问题。地方要对转业复员退伍军人安置、随军家属就业和生活保障、义务兵家属优待、旅游景点和公共服务场所对军人优先优惠、官兵涉法问题处理等情况进行检查，发现问题及时纠正，维护军人及其家属的合法权益。

六、充分调动广大军民的双拥热情，深入扎实地开展创建双拥模范城（县）活动。各县（市）、各部队要认真总结开展创建双拥模范城（县）活动的基本经验，探索进一步将创建活动引向深入的具体措施。要贯彻坚持标准重实效、解决问题求发展的思想，把创建的精力放在扎扎实实抓工作上，防止和克服重数量轻质量、重名誉轻工作的倾向，确保我地区双拥模范城（县）的质量。

重 要 会 议

内蒙古自治区双拥工作领导小组会议纪要

2005年11月15日，内蒙古自治区党委副书记、双拥工作领导小组组长杨利民同志主持召开了自治区双拥工作领导小组会议，自治区双拥工作领导小组副组长、内蒙古军区副政委孙忠泰和民政厅厅长庞启及双拥工作领导小组成员30多人参加了会议。审议《内蒙古自治区支持载人航天工程暨庆祝神舟六号圆满成功总结表彰大会方案》和拟表彰的85个支持载人航天工程先进单位和102名先进个人，并就近期的双拥工作进行了安排部署。现纪要如下：

会议指出，载人航天工程实施13年以来，6艘“神舟”飞船相继在内蒙古发射和着陆，协调保障任务涉及我区6个盟市、11个旗县（区）。特别是在今年创造了我国载人航天飞行“多人多天”历史的神舟六号飞船的成功发射和回收过程中，我区党政军各部门、各有关地区和各族人民群众以高度的政治责任感和使命感，积极支持配合参试部队圆满完成了发射和回收任务，在确保治安、电力、通信、交通、气象、运输等服务保障工作方面，做出了突出贡献，受到了解放军总装备部的充分肯定。

会议认为，从神舟一号到六号飞船在内蒙古发射和回收，为内蒙古服务祖国航天事业提供了千载难逢的机遇。内蒙古能够身在其中为伟大的事业做出应有的贡献，这既是我们的骄傲和自豪，也极大地提高了内蒙古的知名度，为内蒙古经济社会发展创造了新的机遇。召开支持载人航天工程暨庆祝神舟六号圆满成功总结表彰大会，对在配合神舟一号到六号飞船发射和回收工作中涌现出的先进单位和个人给予隆重的表彰，对我区多年来支持载人航天工程做好服务保障工作进行认真总结，是十分必要的。

会议同意自治区双拥办提出的《内蒙古自治区支持载人航天工程暨庆祝神舟六号圆满成功总结表彰大会方案》和拟表彰的先进单位和个人。

会议对近期的双拥工作进行了安排部署。一是要充分认识新形势下双拥工作的重要性。内蒙古作为边疆、少数民族地区，有着拥军优属、拥政爱民的光荣传统，双拥工作具有更加突出的地位、更加特殊的作用，我们一定要继承优良传统，适应新的形势，进一步做好双拥工作。二是要把双拥工作的各项任务落实到基层，不仅要做好节日期间的慰问活动，更要抓好各项优抚安置政策的落实，双拥工作要进社区、到乡村，切实使优抚安置对象应享受的政策得到落实。三是要加大双拥工作的宣传力度，宣传双拥工作的政策、法规和有关文件精神。特别要向城镇退役士兵宣传安置就业政策，激发适龄青年应征入伍的积极性。四是进一步加强对双拥工作的领导。双拥工作不仅仅是自治区党委、政府机关的事，而且是全区各级党委、政府，全区各部门、各单位的共同任务，要形成齐抓共管落实双拥工作的合力。各级都要把双拥工作列入重要议事日程，切实加强领导，认真落实责任，形成齐抓共管的合力。特别要安排好元旦、春节期间优抚安置对象的生产、生活，把双拥工作的各项任务真正落实到基层，使我区双拥工作迈上一个新的台阶。

黑龙江省双拥办主任会议纪要

一、会议听取了省双拥办主任曹志斌关于全国双拥办主任会议精神的报告

会议认为，2004年10月20日召开的全国双拥办主任会议，主题鲜明，内容丰富，是深化贯彻落实全国双拥工作会议精神的具体措施和步骤。会议要求，各地各部队要认真学习贯彻、领会这次全国双拥办主任会议精神和全国双拥办主任、民政部副部长罗平飞的讲话精神，结合实际，搞好工作筹划，推动双拥工作创新发展。

二、听取了省双拥办副主任宿滨跃关于2004年全省双拥工作总结和2005年全省双拥工作要点的汇报

会议认为，2004年我省的双拥工作坚持以邓小平理论和“三个代表”重要思想为指导，围绕军地改革与发展大局，狠抓各项任务的落实，取得了新的成绩和进步。一是采取多种形式深入传达全国双拥工作会议和省双拥工作领导小组全体会议精神，形成了“爱国拥军、爱民奉献”的浓厚社会氛围；二是各级党委、政府采取得力措施进一步加强双拥工作组织领导和机构建设，为双拥工作持续健康发展提供了坚强的保证；三是围绕军事斗争准备和老工业基地振兴开展工作，发挥服务保障作用，取得了阶段性成果；四是完善政策法规，创新活动方式，推动了双拥工作的创新发展。

会议指出，少数市、县创城后，存在着懈怠思想，领导力度减弱，部门热情不高，工作落实不到位的问题还比较突出，军民反应较大；一些单位双拥领导小组没有很好地发挥研究和解决重大问题的职能作用，成员单位的合力作用还没有得到充分地发挥；部分市、县双拥办人员不足，办公条件落后，缺乏经费支持，影响了工作的开展。

会议要求，2005年全省双拥工作要重点抓好七项工作：继续深入搞好全国双拥工作会议精神的学习贯彻；进一步加强双拥工作组织领导和机构建设；加大双拥优抚政策法规建设的力度；全力支持军队搞好军事斗争准备；组织部队积极参与老工业振兴和改造；全面提升基层双拥创建工作的整体水平；切实搞好各级双拥办自身建设。

三、会议听取并讨论了省双拥办王广焱关于制定进一步规范双拥模范城（县）考核评比工作的意见和修改考核内容与标准几点说明的汇报

会议认为，此次修订的双拥模范城（县）考核评比内容与标准科学规范，方式方法灵活多样，对于推进双拥工作全面发展，提升双拥工作整体水平有着重要现实意义。会议要求，将意见和考核评比细则下发试行文件，结合基层运行过程中反映出的一些问题，再进一步修改完善。

四、会议听取了省双拥办王丽华关于修改省双拥工作领导小组成员单位职责说明的汇报

根据国家要求，省双拥办对新增的11个成员单位双拥职责做了具体明确，同时对部分原成员单位职责做了修改。会议要求，修订后的职责要分别与成员单位进行逐个会签，而后形成文件下发成员单位。

五、会议研究了2005年省双拥工作经费预算

会议认为，近几年来省财政厅对双拥工作高度重视，特别是在双拥经费的保障上给予了重点倾斜。2002年安排了220万元，2003年安排了142万元，2004年又安排了145万，有效的经费保障促进了双拥工作各项任务的落实。明年双拥工作大项任务和重要活动比较多，考虑到物价上涨等因素，2005年经费预算有所增加。会议原则通过了预算报告，会后与省财政厅进一步协商确定。

六、会议听取了省双拥办副主任王润增关于提请省双拥工作领导小组解决省双拥办增配专职副主任（副厅级）问题的汇报

会议指出，随着军地改革的不断深入，台海局势的加剧，双拥工作面临的环境越来越复杂，担负的任务越来越繁重，遇到的矛盾和问题也越来越突出。根据2005年全国双拥工作会议和10月份全国双拥办主任会议关于加强各级双拥办建设的要求，着眼我省双拥工作创新发展的实际需要，会议同意，拟增配省双拥办专职副主任（副厅级）一名，负责省双拥办日常工作，并报省双拥工作领导小组审定后，按有关程序上报。

安徽省双拥工作委员会第二十一次全体会议纪要

2005年5月19日下午，省双拥工作委员会召开第二十一次全体会议。省委副书记张平主持会议并作了重要讲话，省双拥工委第一副主任、副省长徐立全，省双拥工委副主任刘玉尧、张秋保、李宏塔、陈文华，省军区政治部副主任刘加莹等双拥工委成员和有关厅局负责同志共40余人出席了会议。

会议听取并审议通过了陈文华所作的《安徽省2004年双拥工作情况和2005年双拥工作安排》；讨论并通过了刘加莹所作的《2005年全省双拥模范城（县）、模范单位、模范个人命名表彰方案》。

会议认为，我省去年的双拥工作在省委、省政府、省军区的领导下，以“三个代表”重要思想为指导，认真贯彻党的十六大和十六届三中、四中全会以及全国双拥工作会议精神，在经济建设和国防建设中通力协作，在维护国家安全和社会稳定中密切配合，在社会主义精神文明创建中携手共进，军政军民同呼吸、共命运、心连心的大好局面得到了进一步巩固，为我省改革发展稳定和驻皖部队的正规化、现代化建设创造了良好的社会环境，取得了新的成绩。

会议指出，拥军优属、拥政爱民是我们党多年来形成的光荣传统，无论是战争年代还是和平建设时期，双拥工作都是一项带有全局性、战略性的工作，是我们战胜困难、夺取胜利的重要法宝。当前，我省正处于“抢抓机遇、乘势而上、奋力崛起”的重要时期，我们比以往任何时候都更加需要广大军民同心同德、紧密团结，更加需要密切党和军队与人民群众的血肉联系。我们要从落实科学发展观、构建社会主义和谐社会的高度，从加强党的执政能力建设、巩固党的执政基础的高度，从促进军队现代化建设、提高部队战斗力和保障国家长治久安、维护社会稳定的高度，充分认识双拥工作的重要意义，进一步增强责任感和使命感，把这项工作摆在重要位置，采取切实措施，把我省双拥工作提高到一个新的水平。

会议强调，面对新形势、新情况、新任务，各级各部门要切实加大对双拥各项政策的落实力度。当前要重点做好军转干部、退伍士兵的安置工作，妥善解决随军家属就业、子女入学入托等问题。要热情关心转业退伍军人、烈军属、残疾军人及所有生活困难的优抚对象，想方设法为他们排忧解难。各有关部门要加强协作配合，共同落实双拥优抚安置政策，真正做到依法双拥，按政策办事。

会议研究决定：

一、同意于今年第四季度适当时间召开省双拥模范城（县）命名表彰大会。由省委、省政府、省军区联合表彰双拥模范城（县、区）40个，爱国拥军模范单位30个，拥政爱民模范单位30个，爱国拥军模范个人20名，拥政爱民模范个人15名。有关命名表彰具体事宜，由省双拥办、省人事厅按程序抓紧办理。

二、鉴于省双拥工委有关人事变动，同意调整、充实省双拥工委成员。

三、依据国家新出台的《优抚优待条例》有关条款，由省双拥办、省民政厅对《安徽省〈军人抚恤优待条例〉实施办法》提出具体修改意见和建议，并及时报请省人大予以修订；各市要抓紧制定现役军人凭有效证件乘坐市内公共汽车、电车和轨道交通工具享受优待的具体办法；县（市、区）要制定现役军人、残疾军人凭有效证件参观游览公园、博物馆、名胜古迹享受优待的具体办法。

安徽省双拥工作委员会第二十二次全体会议纪要

2005年12月9日，省双拥工委举行第二十二次全体会议，省委副书记、省双拥工委主任杨多良主持会议并作了重要讲话。副省长、省双拥工委第一副主任何闽旭，省军区副政委、省双拥工委副主任曲文，省双拥工委副主任周光全、李宏塔、陈文华、刘加莹和双拥工委成员及有关厅局负责同志共40余人出席了会议，会议听取并审议通过了由陈文华所作的《关于对各市、各部队推荐双拥模范城（县）和模范单位检查考核情况的汇报》；讨论并通过了刘加莹所作的《安徽省双拥模范城（县）、模范单位命名表彰大会方案》。

会议认为，近年来，在省委、省政府的正确领导下，各部队积极参与，各地各部门密切配合，省双拥工作稳步推进，有力地增强了军政军民团结，促进了我省经济发展和社会政治稳定，在构建和谐安徽、全面建设小康社会的伟大进程中发挥了重要作用。

会议要求，省双拥工委各成员单位要根据本部门的职能认真履行职责，制定相应的政策措施，把双拥工作落到实处。

会议强调，拥军优属、拥政爱民是我党的优良传统和政治优势，是我国革命和建设事业不断取得胜利的法宝之一。做好新形势下的双拥工作，必须以邓小平理论和“三个代表”重要思想为指导，坚持用科学的发展观统领和指导双拥工作全局。一要高度重视，在全社会大力营造关心、支持部队建设和国防建设的浓厚氛围，真正把双拥工作植根于军民心中，成为“同呼吸、共命运、心连心”的社会工程。二要扎实有效，以求真务实的态度积极帮助部队办实事、解难题，把拥军、优抚、安置等各项政策措施落到实处。三要满怀深情，真正关心部队建设，热爱人民子弟兵。坚持与时俱进，不断创新工作内容和形式，巩固军民鱼水情谊。四要尽职尽责，把双拥工作纳入党委、政府重要议事日程，纳入社会经济发展总体规划，纳入精神文明建设之中。军地双方要齐心协力，克服困难，共同开创双拥工作新局面，为我省奋力崛起、实现跨越式发展做出新的更大贡献。

会议研究决定：

一、同意于今年底适时召开全省双拥模范城（县）、模范单位命名表彰大会。由省委、省政府、省军区联合表彰双拥模范城（县）40个，爱国拥军模范单位30个，拥政爱民模范单位30个。

二、同意以省双拥工委、省人事厅、省民政厅、省军区政治部名义表彰爱国拥军模范个人20名，拥政爱民模范个人15名。具体有关事宜由省人事厅会同省双拥办等有关单位按程序负责办理。

三、省双拥模范城（县）命名表彰大会请省委、省政府办公厅相关部门负责协调，省双拥办、省民政厅、省军区政治部具体承办。

江西省双拥工作领导小组第十三次会议纪要

2005年4月12日，省委副书记、省拥军优属拥政爱民（以下简称“双拥”）工作领导小组组长彭宏松主持了第十三次会议，省双拥工作领导小组副组长、省军区副政委石成林，省双拥工作领导小组副组长、省长助理熊盛文，省双拥工作领导小组副组长、省政府秘书长魏小琴，省双拥工作领导小组副组长、省民政厅厅长罗筱玉，以及省双拥工作领导小组全体成员出席了会议。会上，省民政厅副厅长、省双拥办主任汪国光传达了全国双拥办主任会议精神，听取了省双拥办的工作汇报，部署了近两年的双拥工作任务，研究决定了有关事宜。现就会议有关情况纪要如下。

一、会议认为，2004 年我省的双拥工作，在省委、省政府、省军区的领导和全国双拥办的指导下，紧紧围绕学习贯彻全国双拥工作会议精神这条主线，按照“打基础、办实事、抓典型、创特色、上台阶”的总体思路，突出了科技拥军、科技助民、为军队办实事和优抚安置等重点工作，坚持科学的发展观，以务实的精神研究解决双拥工作中遇到的新情况新矛盾新问题，进一步密切了军政军民关系，双拥工作整体水平有了很大的提高，促进了我省“三个文明”建设，为我省的经济发展、社会稳定和驻赣部队全面建设，为江西在中部地区崛起做出了积极的贡献。

二、会议强调，根据党中央、国务院领导的指示和全国双拥办主任会议精神，近两年的双拥工作，重点抓好以下几个方面的工作：

一是广泛开展国防教育和双拥宣传活动，进一步增强广大军民的国防和双拥观念。认真贯彻《国防教育法》，广泛开展以爱国主义教育为核心，以拥军优属、拥政爱民光荣传统为重要内容的宣传教育，把国防教育和双拥宣传活动纳入国民教育体系和部队政治教育计划，以领导干部和大中小学生为重点，抓好不同层次人员的教育。指导新闻媒体开设国防教育和双拥宣传教育专栏，宣传双拥共建工作中的典型和先进事迹，及时反映全民国防教育和双拥宣传教育中的新做法、新经验、新成就，推动双拥工作的创新发展。

二是认真贯彻落实新颁布的《军人抚恤优待条例》，抓好双拥政策法规建设，维护广大官兵和优抚对象的合法权益。为认真贯彻落实新《条例》，有关部门要抓好新《条例》中规定由省级制定的规章进行调研。一是就出台《江西省军人抚恤优待实施办法》的有关问题开展调研。由省民政厅、省财政厅、省政府法制办联合组成调研组，在充分调研的基础上，年底形成初稿，明年列入省政府立法计划。二是就制定义务兵家属优待金标准有关问题进行调研。由省民政厅、省财政厅、省统计局组成联合调研组进行调研，共同拿出解决办法。三是就在乡老复员军人定期定量补助标准指标有关问题进行调研。由省民政厅、省财政厅就我省在乡老复员军人生活状况、提高幅度、经费分担等问题进行调研。四是就制定重点优抚对象医疗优惠办法有关问题进行调研。由省民政厅、省劳动和社会保障厅、省财政厅、省卫生厅组成调研组，在调研的基础上，出台我省 7～10 级残疾军人的医疗优惠办法。五是就重点优抚对象和军人承租、购买住房优先优惠办法的有关问题进行调研。由省民政厅、省建设厅组成调研组，在调研的基础上，出台我省重点优抚对象承租、购买住房以及军人和军队职工购买经济适用房的优先优惠办法。

同时，指导各市县政府尽快出台现役军人、残疾军人参观游览公园、博物馆、名胜古迹和现役军人乘坐市内交通工具的具体优待办法。

三是加强军地之间的支持与合作，促进经济社会发展和军事斗争准备。要紧紧围绕服务全面建设小康社会和推进中国特色军事变革做好双拥工作。地方要以军事斗争准备作为拥军的重点，配合部队完成各种训练演习任务，支援重点军事工程建设，维护军事设施安全。支持部队搞好基础设施建设，改善战备、训练和生活条件。推进驻赣部队后勤保障社会化，帮助军人和军队职工解决住房困难。广泛开展科技拥军活动，推进实施军队人才战略工程。认真做好转业复员退伍军人和随军家属就业安置工作以及军人子女入学入托优待工作，解除官兵的后顾之忧。驻赣部队要大力开展科技助民活动，积极帮助贫困群众科技致富奔小康。研究制定适应地方建设需求、符合部队实际的援建规划。充分挖掘部队潜力，积极提供人才、科技、教育、卫生支援，扎实做好以支援“三农”为重点的扶贫帮困工作，组织开展“富民兴赣”行动，参加社会公益事业建设，承担抢险救灾等急难险重任务，协助维护社会治安，为国家改革发展稳定创造良好条件。要着眼社会主义“三个文明”协调发展，深入开展军民共建活动，促进军地思想政治、科学文化和未成年人思想道德建设。注重发现、培育和总结军民共建的典型，推动共建活动持续深入发展。

四是积极探索双拥工作社会化新途径。适应社会经济成份、组织形式、就业方式、利益关系和分配方式多元化的实际，积极整合双拥资源，探索新经济组织和新的社会阶层开展拥军活动的途径和办法，积极组织开展行业拥军、社区拥军，扩大双拥工作的群众基础，推进双拥工作社会化。

五是积极做好优抚工作。实施“优抚安居工程”，有计划、分批次地解决特、一等革命伤残军人的住房困难。对解决其他重点优抚对象的住房难，实行修（建）房补助。实施“优抚安康工程”，统一规范全省各类优抚对象的医疗优惠待遇。做好残疾军人的换证工作和带病回乡退伍军人中精神病员的补评残工作。

六是加大双拥模范城（县）创建和管理力度，不断提高双拥工作整体水平。创建双拥模范城（县）活动在推动双拥各项任务落实、巩固和发展军政军民团结中发挥了重要作用。各地各部队要认真总结开展这项活动的成功经验，探索进一步将创建活动引向深入的新途径。要贯彻坚持标准重实效、解决问题求发展的思想，把创建的精力放在扎扎实实抓工作落实上，紧紧围绕促进经济社会发展和军事斗争准备开展创建活动，不断充实内容，改进办法，完善机制，巩固和发展创建成果。坚持把创建活动的重点放在基层，进一步健全群众性双拥组织，完善服务网络，创新活动形式，推动双拥工作进企业、进乡村、进机关、进学校、进社区、进连队。把创建双拥模范城（县）与争创双拥模范单位、争当双拥模范个人结合起来，推动创建活动社会化。要加强对双拥模范城（县）的动态管理，完善竞争激励机制，形成争先创优的良好局面。按照全国双拥办的要求，各设区市双拥工作领导小组要组织对辖区内获得省以上双拥模范城（县）称号的地方进行自查和检查，省双拥办将于下半年对全国双拥模范城（县）进行检查，并抽查部分省双拥模范城（县）。通过检查，认真分析形势，查找薄弱环节，研究制定改进措施。对工作扎实且有创新的予以宣扬推广，对工作松劲滑坡或出现问题的进行帮助，并作为新一轮评比表彰的依据。

三、会议审议通过了各级双拥工作领导小组成员单位双拥工作职责和新一轮双拥模范城（县）考评标准，并做出如下决定：

1. 为与全国双拥模范城（县）命名表彰同步，新一轮双拥模范城（县）命名表彰安排在2006年下半年进行。

2. 建立省双拥工作领导小组成员单位和各设区市双拥工作领导小组报告工作制度。各单位要结合自身职责，于翌年一月底前向省双拥工作领导小组写出书面报告，总结上一年的双拥工作，提出新一年双拥工作打算。

最后，彭宏松副书记强调，在当今世界政治格局错综复杂的情况下，做好双拥工作比其他任何时候都显得更加重要。各级党委、政府和军事领导机关要充分认识做好双拥工作的极端重要性，不断增强做好双拥工作的责任感，把双拥工作摆上重要议程，把支持部队建设，支持军事斗争准备作为自己义不容辞的责任。要大兴求真务实之风，各职能部门要更加努力地履行好各自的拥军优属职责，动真情、办实事，在抓落实上下工夫。政策规定要办的，要抓好落实；政策没有规定的，只要有利于部队建设，有利于做好军事斗争准备工作，有关部门都要想方设法举全力支持和配合，以实际行动落实《反国家分裂法》。同时，驻赣部队要进一步做好支援地方经济建设和扶贫帮困的工作，为江西的经济发展、文明建设和社会发展做出贡献。要进一步加强军地之间的相互理解、支持与合作，保证军政军民关系的健康发展，保持双拥工作正确方向，发扬优势，创出特色，努力提高双拥工作的整体水平，为实现江西在中部地区的崛起，建设和谐平安江西，共创富民兴赣大业，为促进驻赣部队全面建设做出新的贡献。

中共山东省委中俄联合军事演习保障工作会议纪要（摘录）

根据中俄两国两军达成的协议，“和平使命—2005”联合军事演习将在山东半岛举行。省委、省政府对搞好军事演习的保障工作高度重视，省委书记、省人大常委会主任张高丽，省委副书记、省长韩寓群专门做出批示，省委召开专题会议做出部署。7月12日，张高丽同志又在潍坊市主持召开演习保障工作汇报会，进一步研究部署做好演习保障工作的有关事宜。省委副书记、省长韩寓群，省委常委、秘书长杨传升，省委、省政府有关负责同志，潍坊市委、市政府、军分区主要负责同志，潍坊市联合军事演习保障工作领导小组及办事机构主要负责同志参加了会议。

会议听取了潍坊市演习保障工作情况汇报，张高丽、韩寓群同志分别就做好演习保障工作讲了重要意见，在充分肯定前段工作的同时，对下一步的工作提出了明确要求。会议指出，6月初，省委、省政府召开演习保障工作部署会以来，潍坊市和我省有关市县把做好演习保障工作作为重大政治任务，从大局出发，坚决贯彻落实党中央、中央军委和省委、省政府的决策部署，建立健全了领导机构，制定了保障计划和方案，迅速召开会议安排部署，各项保障工作正在有条不紊地展开，参演部队对地方的支持感到满意。随着演习日期的日益临近，参演部队人员和装备陆续进入，各项工作正进入临战状态，对保障工作的要求越来越高。会议要求，各级各有关部门要进一步提高认识，明确任务，加大工作力度，更加积极主动地做好保障工作，为演习圆满成功做出应有的贡献，向党中央、中央军委交上一份满意答卷。

一、充分认识做好联合军事演习保障工作的极端重要性

“和平使命—2005”联合军事演习是中俄两国两军历史上首次进行的联合军事演习，具有极其深远的战略意义和政治意义，世界瞩目，周边国家十分关注。这次演习地点选在山东，是党中央、中央军委对山东各级党委、政府的极大信任。山东人民历来具有拥军支前的光荣传统，无论战争年代还是和平时期，都为部队建设做出了很大的贡献。山东的双拥工作，多年来一直走在全国前面。这次演习保障工作做得如何，直接关系到演习的成败，关系到军政军民团结，关系到山东的形象，是对我们大局意识、国防观念的一次考验，也是对各级领导干部执政能力和领导水平的实际检验。各级各有关部门一定要深入学习中央领导同志和军委首长的重要指示，深刻领会党中央和中央军委的战略意图，从讲政治的高度，深刻理解联合军事演习的重要意义，切实统一思想认识，高度重视做好演习保障工作。潍坊寿光是胡锦涛总书记先进性教育活动的联系点，又是联合军事演习点，任务光荣，责任重大。必须进一步强化政治意识、大局意识、责任意识，全力以赴做好演习保障工作，踊跃拥军支前，决不辜负党中央、中央军委的期望和信任。

二、高标准严要求确保完成联合军事演习保障任务

要坚持高标准、严要求，想演习之所想，急演习之所急，明确任务，强化措施，扎实有效地做好各项保障工作。一要认真、周密、细致地制定保障工作计划和方案。对演习保障的各项工作要想在前、做在前，认真分析保障工作中可能遇到的困难和问题，制定具体应对措施，做到保障及时、处置到位、快速高效。二要全方位提供各项保障。通过积极努力，为演习提供良好的生活保障、顺畅的交通通讯保障、充足的电力保障、严密的安全保障、稳定的社会环境保障、必要的经费物资保障。三要深入细致地做好群众工作。特别要认真做好思想政治工作，自觉服从演习任务的需要。同时，也要注意保护群众利益，尽量减少损失，赢得群众的理解、支持和帮助。四要确保演习期间不出任何问题。要未雨绸缪，居安思危，高度重视稳定工作，维护良好的社会秩序。对各种敌情动态要严密控制，做好演习期间的防奸保密工作。认真做好疏散工作，加强海上渔船管理，防止安全事故发生。协助部队搞好演习地区的安全保卫，认真做好军地领导和外宾的安全警卫工作。五要积极开展双拥工作。要深入部队征求意见，及时了解部队需求，有针对性地帮助部队解决实际困难和问题。要精心策划、周密安排支前慰问活动，准确把握合理度，不给部队添麻烦。六要加强军地之间、省市之间、部门之间的沟通协调。省直有关部门要全力支持潍坊等地做好保障工作，涉及哪个部门的事情都要认真负责地抓紧办理。各方面要密切配合，互相支持，形成合力，共同把演习保障工作做好。

三、切实做到演习保障工作领导落实责任落实督查落实

省市县各级党委、政府要以临战的姿态，加强对演习保障工作的领导，主要领导要亲自抓，分管领导要靠上抓。对保障工作中的重要环节，有关方面的负责同志要亲自检查、亲自落实，确保万无一失。要按照建立完善决策目标、执行责任、监督考核“三个体系”的要求，严格落实保障工作责任制，明确分工，分清责任，确保各项工作有人抓、有人管、有人干。要严格责任追究，对不负责任、工作不落实出现的问题，严肃追究相关责任人的责任。要充分发挥政治优势，充分发挥各级党组织的政治核心和战斗堡垒作用，充分发挥党员的先锋模范作用，用做好演习保障工作检验先进性教育活动的成效，组织动员各方面的力量，齐心协力把联合军事演习保障工作搞好，确保演习取得成功。

广西壮族自治区双拥工作领导小组会议纪要

经报请自治区党委副书记、自治区双拥工作领导小组组长马铁山批准，2005 年 7 月 8 日下午，自治区双拥工作领导小组在南宁召开会议，专题研究推荐全国军民共建精神文明先进集体和先进个人，部署下一阶段的双拥工作。会议由广西军区政治部副主任刘清书主持，区党委副秘书长谭勇在会上作了讲话，38 名领导小组成员单位的成员及代表参加了会议。

会议决定，推荐自治区军粮供应中心、建设银行南宁江南支行、桂林市民政局、梧州市工商行政管理局、贵港市中西医结合骨科医院、百色市五中 6 个单位为全国军民共建社会主义精神文明先进单位，自治区军转处处长周红、南宁市青秀区党委书记赖贵寿、柳州市鱼峰区党委书记纳翔 3 名个人为全国军民共建社会主义精神文明先进个人。

会议认为，自去年全区双拥工作会议召开以来，我区双拥工作坚持以邓小平理论和“三个代表”重要思想为指导，紧紧围绕全面建设小康社会的奋斗目标，按照以人为本的要求，认真贯彻落实科学发展观，与时俱进，开拓创新，不断巩固和发展军政军民团结，双拥工作始终充满了蓬勃的生机与活力。通过加强组织领导，确保了双拥工作的有序开展；注重宣传教育，营造了双拥工作的浓厚氛围；动真情办实事，增进了军政军民的团结和友谊；着眼时代要求，开创了双拥工作的新路子。为加快实现富民兴桂新跨越、构建和谐社会、推进以军事变革为牵引的部队信息化建设做出了新的贡献。

会议指出，我区双拥工作得到了新的发展进步，整体水平进一步提高，但也存在一些薄弱环节：各地双拥工作发展不够平衡，少数地方少数单位对双拥工作重视不够；个别地方双拥政策法规落实不够好，存在上访现象；随军家属安置难的问题和矛盾仍然比较突出；军民共建形式单一，质量还不够高。

会议强调，要从讲政治的高度深刻认识抓好双拥工作的重大意义，增强使命感、责任感和紧迫感。随着台海局势的复杂化和经济全球化，我国周边地区存在着不少影响国家安全的不稳定因素。面对这些新情况、大趋势，必须要有强烈的紧迫感和忧患意识，要从战略角度，加深对做好新时期双拥工作重大意义的认识。不能把双拥工作简单看成安置几个转业退伍干部战士工作的问题、安排几个随军家属就业的问题、解决几个优抚对象待遇的问题，要认清做好这些具体工作的政治意义在什么地方，双拥工作不仅仅是一项事务性的、福利性的工作，更是一项重大的政治任务。要高度重视加强对双拥工作的组织领导，确保双拥工作的正确方向和深入开展。双拥工作领导小组应当成为自治区党委、政府和驻军领导全区军民开展双拥工作和军民共建社会主义精神文明活动的司令部、指挥部，要统一组织，统一计划，统一协调双拥工作，检查督导双拥工作的贯彻落实，及时收集反映双拥工作情况。双拥办要当好领导小组的参谋助手和军地之间的桥梁纽带，在组织全区开展双拥工作的同时，加强自身建设，不断完善工作机制，提高办事效率，切实做到组织健全，人员到位，指挥畅通，及时准确传达贯彻自治区党委政府和部队领导机关的指示。各地各部队要一如既往地关心双拥办建设，在落实编制，人员配备，经费保障，合署办公等方面给予大力支持。领导小组各成员单位也要明确领导分工，专人负责，注重抓好双拥干部的培养使用，建设一支政治思想好、文化素质高、业务能力强的双拥干部队伍，保持双拥工作发展的后劲和潜力。要紧跟时代要求认真研究解决双拥工作遇到的新情况新问题，促进双拥工作创新发展。在新的形势下，双拥工作特别是拥军优属工作要进一步提高层次和水平，要立足于大局，着眼于发展，致力于服务，使我区双拥工作路子走得更宽。特别是要加强随军家属就业工作的协调，使之成为保证部队战斗力，稳定部队军心的“民心工程”。在当前实施科教兴国、人才战略，科技强军、质量建军的大背景下，双拥工作要立足为国防军队建设服务，为军事斗争准备服务，高度重视科技拥军，要把科技拥军作为新时期双拥工作的首要任务认真抓好落实。各级党委、政府和各部门各单位都要把拥军优属当作分内事，真抓实干，认真解决实际问题和困难。要继续抓紧落实已经提出的各项措施，包括国防教育、双拥宣传，军嫂医疗、养老保险等；要努力营造一个全社会都关心支持国防军队建设良好氛围，争取社会各界的大力支持；要实实在在为驻桂部队办实事，创造拴心留人的环境；要按照新的《军人抚恤优待条例》，认真落实转业和复员退伍军人及其家属的抚恤优待政策，实实在在为优抚对象排忧解难，办好事、办实事，办棘手的事；为部队的稳定和构建和谐社会创造条件，把广西的双拥工作提高到一个新的水平。

出席人员：自治区党委谭勇，广西军区政治部刘清书，自治区文明办王志珍，自治区民政厅何军，自治区发展和改革委员会杨秀英，自治区教育厅郑作广，自治区科技厅刘勇，自治区民族事务委员会黄苹，自治区公安厅谭泽厚，自治区财政厅关礼，自治区人事厅岑可成，自治区劳动和社会保障厅冯振年，自治区国土资源厅傅义华，自治区文化厅班华勤，自治区卫生厅欧波，自治区国税局，自治区地税局张永红，自治区广播电视局赵愚，自治区粮食局李建国，自治区物资集团总公司潘清，自治区边防委员会办公室银友明，自治区总工会肖健芳，自治区妇女联合会班美月，自治区对外贸易厅覃国宽，自治区工商局于惠深，自治区民政厅优抚处刘兆文，自治区双拥办苏耀南，柳州铁路局武装部王建设，75100部队张先旺，95072部队王砚秋，76140部队卓名信，91832部队田卫民，武警广西总队郭云疆，武警广西边防总队何斌，武警广西消防总队龙明强，武警水电一总队姜楠，武警广西警卫局林维克。

广西壮族自治区先进双拥办和先进双拥工作者表彰会议纪要

经自治区双拥工作领导小组批准，区双拥办于2005年12月27日下午，在西圆饭店召开了自治区先进双拥办和先进双拥工作者表彰会议。会议以邓小平理论和“三个代表”重要思想为指导，认真贯彻党的十六大和十六届五中全会精神，总结分析了2005年我区双拥工作形势，研究部署了2006年的双拥工作任务，表彰了一批先进双拥办和先进双拥工作者。会议由自治区双拥办副主任苏耀南同志主持。广西军区政治部副主任、自治区双拥办副主任刘清书同志代表广西军区作了重要讲话。民政厅副厅长、自治区双拥办副主任何军同志代表区双拥办作了题为“创新双拥、营造和谐”的双拥工作报告。各市分管双拥工作的局长、双拥办主任和优抚科长等54人出席会议。

会议指出，拥军优属、拥政爱民是我党我军我国人民的优良传统和特有的政治优势，是我们党三代领导核心的一贯思想。党的十六大以来，以胡锦涛同志为总书记的党中央明确提出，加强军政军民团结，形成国防建设和经济建设相互促进、协调发展的机制。一年来，在党的军政军民团结思想理论指引下，我区双拥工作不断创新发展，成绩显著。国防教育内容丰富、深入人心，各级双拥办自身建设组织坚强、工作有序，军地之间相互支持、关系融洽。双拥工作所形成的坚强的军政军民团结，在抗击桂东南洪水的危急时刻，在“服务南博会、建设新广西”的活动中，在参与东巴凤和沿海设施大会战上，发挥了极其重要作用。

会议强调，新的一年，是国民经济和社会发展第十一个五年规划的开局之年。自治区双拥工作要继续以邓小平理论和“三个代表”重要思想为指导，深入贯彻党的十六届五中全会精神，认真学习运用全国双拥工作理论研讨会议成果。按照自治区党委政府的总体要求和驻桂部队建设需要，确立“创新思路，服务大局；拓宽领域，突破重点；狠抓落实，多出成果”的双拥工作思路，更加巩固好、维护好、发展好军政军民团结的大好局面，推进国防和军队建设，为建设和谐广西创造新的成绩。一是创新双拥工作思路，适应新形势需要。二是围绕实施“十一五”规划和建设富裕广西、文化广西、生态广西、平安广西做好双拥工作。三是以开展创建双拥模范城（县）活动为契机，促进双拥工作在基层全面落实。四是创新双拥工作的资源配置，强化全社会参与意识。五是加强双拥办自身建设，强化职能彰显作用。

会议认为，各级双拥办是双拥工作的具体工作部门，肩负着重要职能和神圣使命，其能力如何直接影响着双拥工作的质量和水平。各级双拥办要努力加强自身建设。首先，要坚持两条原则。一是必须坚持军地兼顾的原则；二是必须坚持协商办事的原则。其次，要搞好军政军民协调。积极主动地协调各部队与地方有关部门的联系，特别是双拥领导小组成员单位之间的关系，与相关部门、部队多联系，牵好线、搭好桥，在军地之间起到“二传手”的作用。第三，要加强双拥政策监督。第四，要强化双拥典型宣传。坚持以点带面，发现、培养、塑造好典型，总结、推广、创新好经验。推动我区双拥工作上层次、上台阶。

中共重庆市委第六次议军会议纪要

2005年11月8日，中共重庆市委召开了第六次议军会议。市委常委，重庆警备区领导，独立师以上驻渝部队、武警部队单位，市级有关部门、单位和有关区县的负责同志参加会议。市委书记黄镇东作了重要讲话；市委副书记、市长王鸿举主持会议。

会上，市委常委、秘书长、办公厅主任范照兵通报了市委第五次议军会议确定事项的落实情况和第六次议军会议的筹备工作情况；市委常委、重庆警备区政委段树春代表驻渝部队作了讲话；陆军第十三集团军政委崔昌军、渝中区委书记刘隆铸、市国土房管局局长张定宇作了发言。

会议认为，市委议军会议是我市落实党管武装、加强驻渝部队建设、密切军政军民关系、做好新形势下双拥工作的重要措施。自2000年5月市委召开第一次议军会议以来，我市形成了每年一次的议军会议制度。6年来，全市各级财政投入资金1亿多元，减免各项费用近亿元，为驻渝部队、武警部队解决了近200个重点、难点问题，促进了经济建设与国防建设协调发展，增进了军政军民团结，维护了社会和谐稳定，全市军政军民关系呈现出更加可喜的局面。

会议充分肯定了市委第五次议军会议确定事项的办理工作和第六次议军会议筹备工作，对列入第六次议军会议研究解决的问题进行了分类交办。会议认为，市委第五次议军会议以来，通过各有关区县和市级部门的积极努力，有力推动了决定事项的办理落实，列入议题的问题已基本得到解决。今年，市委高度重视第六次议军会的筹备工作，积极组织有关部门超前谋划，精心安排，及时沟通，推进办理，整个筹备工作卓有成效，保证了会议的顺利召开。驻渝解放军和武警部队提请市委第六次议军会议研究解决的33个问题中：已在会前协调解决的5个，通过协商不列入议军会议议题的12个，列入本次议军会议研究解决的16个。对于列入本次议军会议研究解决的问题，分别落实了牵头单位和协办单位，明确了办理要求，有的问题已经有了明确的解决方案，正在逐步落实之中，有的已经开展了前期调查研究，正在协调制定具体办法。

会议指出，关心和支持部队建设，积极主动地为驻地部队排忧解难，是地方党委、政府义不容辞的职责。重庆驻军部队军工企业和科研单位多，担负着国防建设的重要任务。各地各有关部门要深刻认识加快推进国防和军队现代化建设的极端重要性，进一步增强国家安全意识，自觉从支持国防建设、密切军地关系、促进军民团结的高度，切实把落实市委议军会议的决定事项作为一项重要的政治任务，摆在突出位置，列入重要日程。要坚持特事特办、要事先办、大事必办的原则，切实解决好部队提出的问题。要切实加强领导，明确责任，主要领导作为落实会议决定事项的第一责任人，要亲自抓、负总责。对本次议军会议确定问题，要完善措施，加大力度力争在明年6月底前基本办理完毕。对目前已基本解决的，要进一步抓好落实；对条件成熟、能够解决的，要立说立行，抓紧办理；对条件基本具备、一时难以办结的，要制定方案，分步实施；对解决起来难度较大的问题，要主动与部队沟通，取得理解和支持。市委督察室、市政府督查室要将这次议军会议决定事项落实情况作为下一年度督查工作的重点任务之一，把办理落实议军会议决定事项纳入对有关区县和市级有关部门的目标考核内容，加大督查督办力度，在明年7月底前向市委写出办理落实情况专题报告，确保市委议军会议决定的事项落到实处、取得实效。

会议强调，要从全面落实科学发展观的战略高度，正确认识和把握国防建设与经济建设的关系，切实做好关心、支持国防现代化建设的各项工作，积极帮助驻渝部队解决好实际困难和问题，进一步形成国防建设和经济建设相互促进、协调发展的良好局面。各区县和市级部门在制定地方和行业“十一五”规划时，要充分考虑当地军事管理区和军事设施建设的需求，主动听取部队同志的意见。要加强党管武装和国防动员工作，支持军民结合、平战结合，努力提高民兵、预备役部队平战转换、快速动员和持续保障能力，全面加强国防后备力量建设。要把支持驻渝部队进行军事斗争准备作为支持国防和军队建设的重点，配合部队完成各种训练演习，支援重点军事工程建设，进一步形成军地协调、共谋打赢的局面。要继续完善议军会制度，坚持议军会集中解决问题与平时发现问题及时协调解决相结合，进一步健全支持部队建设的长效机制，不断总结经验、丰富内容、创新形式，努力探索出一条符合我市实际的地方支持国防建设、部队参与地方发展的双拥工作新路子。

会议强调，要充分发挥驻渝部队军兵种齐全、教学科研力量雄厚、作风顽强、能打硬仗的独特优势，加快重庆“十一五”发展步伐。未来 5 年是我市为全面建设小康社会进一步“打基础、建平台、增后劲”的关键时期，加快重庆改革开放和现代化建设，既要依靠驻渝部队这支重要力量，也为驻渝部队参与地方建设提供了广阔舞台。希望驻渝部队、武警部队进一步发挥自身优势，一如既往地关心和支持重庆的经济建设，继续为重庆的经济发展和社会进步献计出力。重庆警备区要发挥好驻渝部队的牵头协调作用，及时了解和反映各部队参与地方经济建设的需求。市协调驻渝部队参与和支援西部大开发领导小组，要坚持以科学发展观指导驻渝部队参与地方发展，充分发挥“协调、联系、合作、服务”的职能作用，不断完善领导小组联席会议、情况通报、信息和经验交流等制度，会同重庆警备区切实做好协调服务工作。各级各部门要多向驻渝部队提供有关政策、项目等方面的信息和指导，积极配合驻渝部队探索军队参与地方经济建设的新领域、新路子。

会议要求，要加强军政军民团结，建立良好的军政军民关系，为全面建设小康社会，加快构建和谐重庆提供可靠保证。全市各级党委、政府要紧紧围绕全面建设小康社会的总体目标，广泛深入开展双拥共建活动，促进军地双方共同发展。要把维护社会政治稳定作为双拥工作的重要任务，加强军（警）民联防，严厉打击各种违法犯罪活动，果断处置危害国家安全和社会稳定的突发事件。军地双方都要倍加珍惜军政军民紧密团结的可喜局面，遇事多沟通、多支持，坚持讲大局、讲团结、讲稳定，妥善处理和解决好军地之间的问题，不断巩固和发展军爱民、民拥军，军民团结一家亲的鱼水深情。要认真宣传贯彻《国防教育法》，形成人人关心国防、人人支持国防、人人建设国防的浓厚氛围。警备区和市双拥办要积极组织协调好驻军同政府、同人民群众之间的关系，在密切军政军民关系中当好桥梁和纽带。全市各级党委、政府和各部门、各单位要认真贯彻国务院颁布的《军人抚恤优待条例》，切实把各项优抚安置政策落到实处，努力维护军人及其家属的合法权益。

工 作 概 述

二〇〇五年全国双拥工作情况

2005年，各地各部队各部门坚持以邓小平理论和“三个代表”重要思想为指导，认真学习贯彻党的十六大和十六届三中、四中、五中全会精神，牢固树立和落实科学发展观，按照全国双拥工作会议要求，紧紧围绕服务经济社会发展和军事斗争准备，丰富内容，创新思路，完善政策，狠抓落实，圆满完成各项任务，为国家改革发展稳定和中国特色军事变革做出了新的贡献。

一、以纪念抗战胜利60周年为主线，国防教育和双拥宣传力度不断加大

2005年是中国人民抗日战争暨世界反法西斯战争胜利60周年，中央安排了一系列纪念活动。各地各部队各部门紧紧围绕贯彻落实中央部署，结合保持共产党员先进性教育，采取多种形式，深入进行了以爱国主义为核心的国防教育、双拥宣传和主题实践活动。中宣部、教育部、广电总局推出一批纪念抗战胜利的音像、影视、书籍等作品，在中央电视台、人民日报开辟《永远的丰碑》、国防时空、人民子弟兵等专栏，及时宣传著名英烈、双拥模范和军民共建的先进事迹，为爱国主义教育提供了生动教材；会同有关部门共同举办了“全国国防教育讲演大赛”、“国防连着千万家广播电视宣传活动”，对推动国防教育起到了积极作用。总装、国防科工委等部门突出“两弹一星”和载人航天精神教育，使国防教育更具时代特色。江苏、江西、广西、陕西、四川、云南等地以“勿忘国耻、固我国防”为主题，广泛开展国防知识竞赛、革命歌曲联唱、抗战图片展览，举行“百名抗战老兵入城式”等活动，收到了良好教育效果。共青团中央、全国工商联和辽宁、湖北、湖南、西藏、新疆等地，以领导干部、青年学生和民兵预备役人员为重点，通过“军营一日”、组织军训、军民座谈会等，把国防教育落到实处，仅接受国防教育和体验军营生活的少年儿童就达2000多万人。国家民委以召开第四次全国民族团结进步表彰大会为契机，大力宣传军警民在民族团结进步方面涌现出来的先进典型，进一步密切了少数民族地区军政军民关系。各部队紧密联系国际形势和台海局势的发展变化，有针对性地开展战斗精神教育，强化了广大官兵的职能意识。“八一”前夕，成功召开全国军民共建社会主义精神文明表彰会议，回良玉同志作了重要讲话，新华社、人民日报、光明日报、经济日报、解放军报以及中央电视台、中央人民广播电台等中央级媒体，除对会议情况报道外，还刊登了298个先进单位、198名先进个人光荣榜，进一步激发了军民相互支持、互相配合的政治热情。

二、以服务我军履行新使命为重点，支持国防和军队建设向纵深发展

保障军队履行“三个提供、一个发挥”历史使命是军地双方的共同责任。去年，军事斗争准备任务十分艰巨，高层次、大规模的军事活动比较多，部队信息化建设步伐加快，后勤大联勤改革试点进入关键时期，服务保障工作异常繁重。各级党委、政府和有关部门站在政治和全局的高度，自觉把做好服务保障工作放在突出位置，精心筹划，严密组织，认真落实。特别是在“和平使命—2005”中俄联合军事演习中，山东成立以省委书记、省长挂帅，省双拥工作领导小组牵头，民政、财政、公安等部门参加的演习保障机构，大力搞好卫生、通信、场地、交通等各项保障，为演习取得成功做出突出贡献，受到了胡锦涛总书记和军委领导的高度评价。河南、湖北两省在这次演习中也做了大量工作。神舟六号载人航天飞行任务实施期间，内蒙古集党政军民之智、聚各行各业之力，积极提供电力、气象、搜救、安全等全方位的保障；四川、甘肃、宁夏等地，公安、铁路、交通、水利等部门从不同方面提供有力支持，为试验的圆满成功创造了良好条件；各大新闻媒体按照统一部署，全力以赴，出色完成了神舟六号新闻宣传任务。在配合做好军事斗争准备方面，福建等东南沿海地区搞好支前潜力调查，修改完善支前预案，初步建立起支前保障体系。浙江、江西、重庆、贵州等地筹措资金5亿多元，帮助部队进行武器装备性能升级，加强未来战场建设。国防科工委注重增加武器装备研制生产的科技含量，积极为部队打得赢提供装备保障。科技部把国防科技建设纳入国家中长期科学和技术发展规划纲要，加强了对军队技术装备研究开发的支持。全国总工会积极弘扬劳模精神，广泛开展劳动竞赛，促进了国家重点型号军品任务按节点完成。交通部为支持部队提高应急能力，投资5亿元用于国边防公路水路建设。建设部、国土资源部认真履行职责，配合部队加大了军用房地产、基础设施保护管理力度。共青团中央注重发挥号召力强的优势，动员组织青年志愿者为烈军属等重点优抚对象提供医疗、教育、生活等服务。为支持部队实施人才战略工程，天津、贵州、广东、内蒙、甘肃等地以开展图书进军营活动为载体，深化科技拥军、信息拥军、教育拥军，帮助培养高素质新型军事人才，推动部队信息化建设。全国100多所地方高校与军队签订依托培养国防生协议，各地向驻边远艰苦地区的基层部队赠书300多万册。山东、河南在部队大联勤改革试点中，积极协调公交车进军营、饮食业进机关、地方经济适用住房向军人出售等，促进了三军一体、军民兼容、平战结合的后勤保障体系建设。卫生部坚持从提高部队疾控技术装备、信息网络建设等方面入手，较好保证了军队疾病预防控制体系建设与国家公共卫生体系建设同步发展。武警福州指挥学校驻训基地遭山洪袭击后，福建、安徽、山东、河南、河北等地及时派出157名领导干部和工作人员，协助处理失踪（遇难）学员善后工作，再次彰显了军爱民、民拥军的深情厚意。

三、以科学发展观为统领，支援国家经济社会协调发展取得更大成效

全军和武警部队认真贯彻落实科学发展观，在完成军事训练、战备执勤、科研试验等任务的同时，积极参加和支援国家经济社会建设。围绕西部大开发和东北等老工业基地振兴，兰州、成都、沈阳、广州军区和驻西部、东北地区的武警部队，成建制组织参加国家重点工程建设，先后出动近20万名官兵，投入380余万个劳动日和50万余台次机械车辆，帮助援建西气东输、西电东送、青藏铁路和西部地区光缆通信等大型基础设施；总参指导军队院校搞好科技成果转让，增加西部地区兵员到东部地区服役比例，总装优先与西部地区的企事业单位和科研院所建立承研承制合作关系，保持持续订货，为西部地区发展提供支持。围绕建设环境友好型社会，总政和团中央，动员组织2万余名青年官兵参加“保护母亲河”行动，在长江、黄河沿岸营造“青年万亩林”；空军部队先后出动飞机近900架次，飞播造林、人工降雨面积达230余万亩；总后指导部队搞好营区和“三荒”绿化，配合地方环保部门进行环境治理，有力地支援了地方的生态建设；北京、兰州军区部队在京津风沙源治理、环塔克拉玛干沙漠防护林等生态环境建设和保护中，发挥了突击队和生力军作用。围绕建设社会主义新农村，海军、二炮和济南、南京军区，采取定点、对口扶贫的形式，巩固和新建扶贫点2万余个，转让技术成果1000余项，带动20余万群众脱贫致富；沈阳、兰州军区和空军在贫困地区援建援助“八一”、“春蕾”希望小学170余所，帮助1.5万余名失学儿童重返校园；总后在组织军队百所医院对口支援西部105所贫困县级医院的同时，积极参加国家“万名医师支援农村卫生工程”，促进了贫困地区的卫生事业发展；全军官兵积极响应胡锦涛总书记的号召，捐款7349万元、衣被160.5万件，以实际行动为灾区群众送温暖、献爱心。围绕保持社会稳定，武警部队积极参加社会治安综合治理，抓获各类犯罪嫌疑人7600多名，铲除犯罪团伙210多个，有力震慑和打击了各类犯罪活动。在台风“龙王”、“麦莎”登陆，江西九江地震，吉林化工厂爆炸等抢险救灾中，驻地部队不畏艰险，冲锋在前，最大限度地挽回人员伤亡和经济损失，展现了人民军队为人民的本色。

四、以完善落实双拥政策法规为手段，军民合法权益得到有效保障

依法双拥是促进双拥工作持续健康发展的必由之路。去年，各地各部队各部门着眼维护军民的合法权益，进一步加快了制定、完善和落实双拥政策法规的进程。围绕落实新的《军人抚恤优待条例》、《关于进一步加强军队离休退休干部移交政府安置管理工作的意见》、《关于做好2004—2006年军队体制编制调整改革期间转业干部安置工作的通知》、《关于加强和改进军队无军籍退休退职职工移交安置工作的意见》、《关于扶持城镇退役士兵自谋职业优惠政策的意见》等政策法规，在保障重点优抚对象医疗，解决老复员军人生活困难，接收安置伤病残退役士兵，深化城镇退役士兵安置改革，改进军队无军籍退休退职职工安置管理等方面，组织、民政、财政、人事、劳动和社会保障、建设、税务、工商、总参、总政、总后等部门，出台了20个政策性文件，各地人民政府制定配套规定和实施办法2000多个。军队围绕做好拥政爱民工作，出台了《军队参加抢险救灾条例》、《关于进一步做好军队参加和支援西部大开发工作若干问题的意见》、《关于进一步加强部队参与扶贫开发工作意见》以及与之相适应的配套政策和实施办法。为保证各项政策法规落到实处，中央有关部委、解放军四总部，各地各部队多次派出联合督导组，对部队遵守群众纪律、地方落实优抚安置政策情况进行了跟踪检查。中组部采取参与军转安置制度改革调研和政策研究、对没有完成上年度军转任务的单位冻结干部调京审批事项、首次向中央国家机关下达师职转业干部计划、带头多接收军转干部等措施，顺利完成了师职转业干部安置任务。据统计，去年各地共安置军队转业干部7.8万人，军队离退休干部1.6万多人，退役士兵近60万人，随军家属及子女近20万人。全国大多数地区实行现役义务兵、残疾军人免费乘坐公共交通工具，免费参观游览公园、博物馆、名胜古迹的优待办法，产生了很好的社会影响。发改委、司法部、信息产业部、农业部、商务部、文化部、国资委、全国妇联等成员单位认真履行双拥职责，抓好本部门、本行业、本系统双拥工作的落实。

五、以理论研究为牵引，双拥工作改革创新迈上新台阶

随着改革开放的不断深入，社会主义市场经济的逐步完善，国防和军队建设的快速推进，双拥工作面临许多新情况新问题。一年来，各地各部队把做好双拥理论研究作为推动工作创新发展的基础性工作来抓，动员组织军地各级领导、专家学者及社会各界人士广泛参与，形成了勤于探索、勇于实践、敢于创新的浓厚氛围。各地普遍对创建双拥模范城（县）进行调研，广东、内蒙古、北京、黑龙江、重庆、陕西等地围绕支持军事斗争准备、服务构建和谐社会、引导“两新组织”拥军等问题进行了深入研究。在此基础上，全国双拥工作理论研讨会深入分析了当前双拥工作的热点、难点、前沿问题，全面系统地阐述了双拥工作的性质特征、地位功能、基本规律及发展趋势，形成了适应形势增强服务效能、建立协调顺畅的双拥运行机制等一批理论性、实践性、前瞻性强的研究成果。各级注重把理论成果转化为创新工作的实践活动。全国双拥工作领导小组重新颁布了《全国双拥工作领导小组职能和工作规则》、《全国双拥办职能和工作规则》。各地普遍建立健全军地关系协调机制，完善军地联席会议、定期走访等制度。上海重新修订双拥模范（先进）考评办法和标准，设立了否决性、常规性、激励性等3类90余条具体指标，江苏、天津分别制定了新的省级双拥模范城（县）、双拥示范社区创建标准和评分细则，使双拥模范评比更加科学合理。吉林、青海等地出台了关于在民营企业和非公有制经济组织中开展双拥工作的意见，规范了“两新组织”的拥军活动。黑龙江、海南等省和成都军区分别开展“千里双拥水道”，军民共建“文明生态村”，“伟人故里”精神文明连片创建活动；广东、江苏、上海、山西等许多地区成立企业拥军协会、双拥理论研究会、拥军优属基金会，为双拥工作注入了生机与活力。

一年来，双拥工作取得了显著成绩，但也存在一些问题和不足：一是有的地区、有的部门、有的行业对双拥工作重视不够，双拥工作发展还不够平衡。二是双拥模范城（县）命名后的动态管理力度不够，还存在重评时、轻平时的现象。三是双拥组织机构建设还不能完全适应形势任务需要，一定程度上影响和制约了双拥工作的深入发展。这些问题都需要在新的一年里认真加以克服和解决。

北京市二〇〇五年双拥工作总结

2005年，全市各级党委、政府和驻京部队，紧紧围绕实现“新北京、新奥运”战略构想和推进中国特色军事变革，以增强经济实力、国防实力和民族凝聚力为目标，结合保持共产党员先进性教育活动，积极开展形式多样、内容丰富的双拥活动，进一步加强军政军民团结，巩固和发展“同呼吸、共命运、心连心”的新型军政军民关系，为维护首都改革发展稳定的大局、构建社会主义和谐社会首善之区做出了新的贡献。

一、广泛进行双拥宣传，首都军民双拥意识不断增强

拥军优属、拥政爱民，是在我国长期的革命和建设实践中形成和发展起来的优良传统。在深化改革和发展社会主义市场经济的新形势下，继承和发扬双拥光荣传统，重要的是要广泛进行双拥宣传，营造浓厚的双拥氛围。因此，全市各级党委、政府和驻京部队高度重视，认真做好双拥宣传工作，充分利用各种有效载体，大力宣扬拥军优属、拥政爱民的光荣传统以及军政军民团结在捍卫国家安全统一、维护社会稳定、促进军地改革建设中的重要作用，通过宣传军民共建先进单位和个人的典型事迹，充分调动首都军民支持双拥、参与双拥的积极性和创造性。

一是借助网络平台，开辟双拥宣传新阵地。为进一步推进双拥宣传向更广阔、更深度的领域拓展，市双拥办借助网络平台，建立了“北京市双拥优抚信息网”，开辟了北京市双拥宣传新阵地，架起了市双拥办与区县双拥办相互沟通的桥梁，同时也为各区县开展双拥宣传、进行横向交流提供了平台。广大军民可以在第一时间了解到基层双拥活动的开展情况，掌握首都双拥新动向，对基层双拥起到了很好的指导和宣传作用。

二是依托新闻媒介，扩大双拥宣传辐射面。北京市为贯彻新的《军人抚恤优待条例》，研究出台部队现役义务兵、残疾军人免费乘坐北京市内公共交通工具，免费游览市、区县属博物馆和名胜古迹的优待政策颁布实施后，我们及时利用北京电视台、《北京日报》、《北京晚报》、《解放军报》等新闻媒介，向社会各界进行广泛宣传，让双拥政策及新举措能及时渗透到各个层次、多个领域，让更多的军民了解双拥、关注双拥、参与双拥，确保了各项优待政策的顺利实施。

三是利用重大节日，掀起双拥宣传新高潮。充分利用元旦、春节、“八一”等重大节日，采取各种宣传方式，大力宣扬拥军优属、拥政爱民的优良传统，充分总结双拥工作取得的成功经验和丰硕成果。在《北京日报》等报纸刊登市委、市政府、北京卫戍区关于认真做好拥军优属、拥政爱民工作的通知，部署全市双拥工作。掀起了双拥宣传的新高潮。

各区县也纷纷以各种形式加大了双拥宣传力度，有的区县在一些重点显目地段建立国防教育广场、双拥长廊；有的区县在一些繁华街道设立了双拥标语宣传牌、宣传栏、灯箱；有的区县在区县政府门户网站上开设双拥专题、双拥网页，在区县级报刊、电视台、电台上开辟《双拥工作专栏》，播出双拥专题节目等，广泛深入地宣传双拥工作，全面报道受各级表彰的先进单位和个人事迹，宣扬典型，激励民众，在全社会形成了人人重视双拥、支持双拥、参与双拥的良好风尚。

二、深入开展国防教育，全民国防观念进一步提高

去年是抗战胜利60周年，全市各级党委、政府和驻京部队，采取多种形式开展以国防教育为主要内容的纪念活动，弘扬爱国主义精神，增强军民国防观念。

一是建设爱国主义教育基地，为首都军民提供更多的受教育场所。顺义焦庄地道战抗日纪念林奠基，全国人大常委会副委员长何鲁丽、市人大常委会副主任索连生、副市长牛有成、市政协副主席张和平等领导同志出席奠基仪式；房山平西抗日纪念馆新馆竣工落成，龙新民等市领导同志出席新馆开馆典礼仪式；市政府拨专款642万对全市抗日烈士纪念设施进行全面改造和维修。

二是采取多种形式进行国防教育，使国防走进千万家。市国防教育办公室出版发行《首都全民国防教育读本》，与北京电视台联合举办“国防走进千万家”电视晚会，并在国防教育日黄金时间播出，还与中国科协在中国科技馆举办“战火利剑——纪念抗日战争胜利60周年装备展览”；中央电视台新闻节目播发我市张自忠、赵登禹、佟麟阁等抗日烈士的英雄事迹；北京市双拥办以平西、平北抗日斗争史为题材摄制两集电视专题片，在北京电视台播放；许多单位采取举办报告会、座谈会、参观抗日纪念馆等多种形式进行国防教育，引导广大军民牢记历史，勿忘国耻，为中华民族的伟大复兴而发奋工作。这些行之有效的国防教育活动，激发了首都军民的爱国热情，增强了首都军民建设强大国防的责任感。

三、认真扎实做好拥军优属工作，积极参与首都和谐社会首善之区建设

拥军优属工作政策性强，直接关系部队和广大优抚对象的切身利益，更是维护首都稳定，建设首都和谐社会首善之区的一个重要方面。因此，全市各级党委、政府，坚持做到抓经济不忘国防，从维护国家安全和祖国统一的高度支持部队现代化建设，从保持首都稳定的大局努力做好优抚安置工作。在拥军上注重办实事。

一是开展科技拥军、智力拥军。充分借助首都高等院校教育资源的优势，为部队实施人才战略工程服务。清华大学、北京大学、北京航空航天大学、北京理工大学、北方交通大学等高校，认真履行与总参、总政、北京军区等单位签订的为部队培养1500名国防生的协议，按照部队要求完成招生任务；许多高等学校还采取开办军营本科班、研究生班等形式，积极为部队培养高学历、高素质人才。全市依托140个军地两用人才培训基地，为部队开办文化补习、烹调、电脑、英语、种植等培训班237期，培训官兵3万多人次；普遍开展军民共建学习型军营活动，与部队基层单位共建图书室75个，赠送部队图书11.6万册。

二是积极做好接收安置工作。全市各级党委、政府，采取指令性分配与市场调节相结合的办法，多渠道、多途径、尽全力安置军队转业干部、复员退伍军人和随军家属。在接收安置随军家属工作中，一方面充分调动接收单位积极性，每接收安置1名随军家属，市政府给单位奖励5000元；另一方面鼓励随军家属自主择业，针对部分随军家属年龄偏大、文化偏低、缺乏一技之长，在市场竞争中处于劣势的实际，区县政府给自谋职业的随军家属每人2～3万元的补助。昌平、通州等区县还专门成立了军嫂安置服务中心，对随军家属实行培训、就业、保障一体化服务，促进随军家属就业。去年全市共接收安置军队转业干部5089人，复员退伍军人3836人，随军家属2700人，累计接收军队离退休干部26810人，占全国接收任务的七分之一。

三是加大财政投入帮助部队解决实际困难。随着首都经济快速发展，全市各级财政支出的拥军资金不断增加。有的区县帮助驻地部队改造、建设营房、炮库、车库、训练场地，以及营房供电、供暖、供水设施改造维修，改善官兵训练、生活环境。有的区县与部队一起修筑通往营区的道路，方便官兵出行。有的区县以补贴的形式低价出售住房给部队，缓解部队干部住房困难。在“八一”、春节等节日期间，全市各级组织走访慰问部队官兵，赠送慰问品及慰问金。在“神舟六号”载人宇宙飞船升空前夕，北京市慰问团慰问了训练备战“神六”飞行任务的航天员大队官兵和科研人员，并向航天员大队赠送了 70 万元慰问品和 10 万元的慰问金，鼓励他们勤奋备战，为国争光。据不完全统计，全市全年支持部队教育训练、战备执勤、科研和生活保障的钱物共计 9000 多万元，有力地支持了部队现代化建设。

四是多方协调制定实施军人优待新办法。市委、市政府贯彻《军人抚恤优待条例》有关精神，明确规定：从 2005 年 8 月 1 日起，解放军、武警部队现役义务兵、残疾军人凭有效证件，免费乘坐北京市内公共交通工具，免费游览市、区县属博物馆和名胜古迹。这项新的军人优待政策受到了中央军委副主席郭伯雄、总政治部主任李继耐的高度赞扬，总政治部办公厅给北京市双拥工作领导小组致函表示感谢。在优属上注重解难题、办难事。全市各级党委、政府，紧紧围绕解决优抚对象“三难”（生活难、医疗难、住房难）做工作、抓落实。生活方面，进一步完善优抚对象抚恤补助标准自然增长机制，保障优抚对象生活水平不低于本市城乡居民平均生活水平。全市调整提高了各类优抚对象抚恤金、补助金标准，最多的每月提高了 100 元；调整提高了一至四级残疾军人的护理费标准，最多的每月提高了 530 元；依照《条例》调整了国家机关工作人员以及人民警察因公牺牲、病故一次性抚恤金的发放办法，其标准由原来的因公牺牲 20 个月本人工资、病故 10 个月本人工资分别调整提高到 40 个月和 20 个月本人工资。医疗方面，各区县严格执行《北京市优抚对象医疗费用减免管理办法》，各类优抚对象的医疗费用，按照标准及时、足额核销，优抚对象看病难的问题基本得到解决，优抚对象比较满意。住房方面，继续执行农村优抚对象第四个三年规划，市、区县、乡镇三级政府共投入 720 万元，补助 328 户农村住房困难的优抚对象新建住房 1372 间，这项工作作为市政府为民办实事之一来完成，市督察办、市人大代表视察后给予了充分肯定。

在“八一”、春节等重大节日期间，全市各级党委、政府，各级领导坚持走访慰问优抚对象。在纪念抗战胜利 60 周年之际，全市普遍走访慰问抗日老战士，颁发“中国人民抗日战争胜利 60 周年纪念章”，并给在乡抗日老战士每人 2000 元慰问金，把党的关怀、政府的温暖、人民的爱意送到广大优抚对象的心坎里。拥军优属政策的贯彻落实，为维护首都社会稳定，构建和谐社会首善之区创造了良好氛围。

四、驻京部队积极投身地方建设，努力推动首都经济社会新发展

驻京解放军和武警部队，牢固树立“驻首都、爱首都、建首都”的思想，在完成教育训练、战备执勤任务的同时，积极参加首都各项建设事业。

一是积极参加首都绿化美化建设。驻京部队广大官兵发扬特别能吃苦、特别能战斗的作风，先后派出官兵 15 万余人次，分别在国家奥林匹克森林公园、城市铁路周边等 20 多个重点地段及驻地周围，参加首都绿化美化义务劳动，共植树 10 万余棵，平整土地 80 余万平方米，种草 20 余万平方米。3 月 24 日，军委副主席郭伯雄、曹刚川、徐才厚等领导同志率领四总部、驻京部队各大单位近百名将军，参加国家奥林匹克森林公园植树绿化劳动，为广大官兵做出了表率，也为建设碧水蓝天、环境优美的首都做出了贡献。

二是勇于承担急难险重任务。广大官兵始终牢记全心全意为人民服务的宗旨，认真履行职责，出色地完成了首都大型会议、重大活动等安全警卫任务。在纪念抗日战争暨世界反法西斯战争胜利 60 周年活动期间，北京卫戍区、武警北京总队和总政军乐团承担了中央领导向人民英雄纪念碑敬献花篮仪式的任务，广大官兵高标准、严要求，加班加点地刻苦训练，圆满完成了党中央和市委赋予的任务。驻京部队在遇有突发事件、危急的险情和灾情时，冲锋陷阵、战斗在前。全年派出官兵 1 万余人次，参加扑救山火等抢险救灾 20 多次，挽回经济损失近千万元，树立了人民军队在人民群众中的良好形象。

三是积极参与首都社会公益事业。驻京部队积极参加全市统一组织的扶贫帮困活动，捐款200多万元，捐赠衣被30多万件。驻京部队还投资200多万元，帮助9所“八一爱民小学”和部队驻地学校添置教学设备500多套，赠送图书2万多册。进一步改善了这些学校的教学条件。为帮助学校学生军训，部队派出官兵1000多名，军训学生30多万人次。

五、紧贴基层开展双拥活动，全市双拥工作整体水平稳步提升

双拥工作的基础在基层，重点在落实。因此，各区县、各部队以基层为主战场，以军民共建为载体，普遍开展了具有时代特色、北京特点的双拥活动，保持了双拥工作的生机和活力。

一是军民共建精神文明。北京作为首善之区，2008年要举办一届有特色、高水平的奥运会，这给首都军民的文明素质提出了更高的要求。在军民共建活动中，全市按照《公民道德建设实施纲要》要求，以为人民服务为核心，以集体主义为原则，以诚实守信为重点，依托全市2232个军民共建对子，广泛开展创建“文明城市、文明行业、文明社区、文明村镇”的活动。同时，在军民中开展以“做文明市民、文明军人、迎奥运盛会”为主题的文明礼仪宣传教育实践活动，广大军民的文明素质不断提高。其次，军民共创和谐社区。按照市委、市政府《关于建设和谐社区和和谐村镇的若干意见》提出的构建和谐社区总目标——“民主法治健全、基本社会均衡、公共服务完善、社会安全稳定、生活环境良好”的要求，各区县、各部队结合实际，因地制宜地开展了以双三好（部队：遵守纪律好，参加地方经济建设好，为驻地群众服务好；地方：转业干部安置好，优抚政策落实好，为部队排忧解难好）为主要内容的贴近群众、贴近基层、贴近实际的军民共建和谐社区活动。

二是军地共创双拥新机制。有的区县开展“一帮一、一带一”活动，全区处级以上干部与困难优抚对象结对帮扶；有的区县在军地中实施“五双”（双扶、双建、双优、双促、双育）工程，促进社会生产力和部队战斗力提高；有的区与驻军建立双拥工作新机制，坚持“七个纳入”做到了“三个一”，即：把驻军部队营房建设和官兵生活保障纳入城区发展规划；把拥军优属和部队子女入学纳入社会保障体系；把军队转业干部、士官、义务兵及驻区部队家属安置纳入人事制度和用工制度的总体规划；把驻军两用人才培训纳入地方教育工程；驻军把支援地方重点工程建设纳入工作日程；把全民国防教育纳入部队教育训练计划；把维护驻地稳定和抢险救灾纳入部队行动方案，军地双方严格按照机制内容落实；区领导坚持每季召开一次“议军会”、听一次国防知识课、过一次“军事日”，每季检查各项优抚政策的落实，使双拥工作走向经常化、规范化、制度化轨道。有的区县开展“八项承诺、六项服务”活动，积极为优抚对象办实事、解难事，当好优抚对象的贴心人；有的区县成立“军人法律援助服务站”，为军人和军人家属义务提供法律援助。这些活动的开展，进一步密切了军政军民感情，融洽了军政军民关系，增进了军政军民团结，提高了全市双拥工作整体水平。

一年来，在全国双拥工作领导小组的具体指导下，在驻京解放军和武警部队的大力支持下，经过全市各级党委、政府的齐心努力，以及首都广大军民的积极参与，全市的双拥工作取得了可喜成绩，整体水平有了长足发展。但是，我们深深感到双拥工作中还存在着一些薄弱环节：一是双拥工作发展还不平衡，个别区县、单位双拥工作主动性不强，成效不明显。二是一些区县双拥机构建设、双拥办的力量有待加强。三是少数荣获双拥模范城（县）的区县，工作平淡、创新不够。这些问题我们将认真研究，在今后的工作中切实加以解决，进一步提高全市双拥工作整体水平。

天津市二〇〇五年双拥工作总结

2005 年，天津市双拥工作在市委、市政府和天津警备区的领导下，认真贯彻落实全国和市双拥工作领导小组会议精神，以发展新型的军政军民关系、构建和谐社会作为重要内容，广泛开展双拥创建活动，使今年双拥工作呈现出十个特点。

一、党政军领导高度重视，组织领导更加坚强有力

全市各级党委、政府和驻津部队从讲政治、顾大局的高度，坚持把双拥工作作为一项政治任务，摆上重要议事日程，予以高度重视。年初，市双拥工作领导小组召开扩大会议审议 2004 年工作报告和 2005 年工作要点，市领导和警备区领导听取市双拥工作领导小组成员单位的双拥工作报告，市委副书记、常务副市长黄兴国代表市委、市政府对做好今年的双拥工作提出了明确具体的要求。元旦、春节期间，中央政治局委员、市委书记张立昌，市委副书记、市长戴相龙，市委副书记、常务副市长黄兴国带领市委、人大、政府、政协四大机关和各委办局的领导组成慰问团，分六路走访慰问驻津部队。市委专门召开常委议军会议研究加强民兵预备役建设，解决部队战备值勤中的困难。天津警备区副政委李德顺亲自参加组织全市双拥领导干部培训，带领区县领导赴外省市考察学习双拥工作；带领市双拥办深入 18 个区县进行双拥工作调研；参与修订《天津市拥军优属工作条例》、《天津市双拥工作考核细则》；参加研究确定每年双拥工作要办的具体实事。各区县“一把手”高度重视双拥工作，将双拥工作纳入三个文明建设的总体规划，纳入党政军领导的重要议事日程，纳入领导任期目标责任制，纳入年度工作计划，纳入财政预算保障。坚持双拥工作与其他工作同步规划、同步落实、同步检查和考核。塘沽区委书记刘长喜坚持每月第一周的周三到预备役部队办公，解决困难。南开区委书记刘长顺、区长佘清文亲自抓天津警备区第二干休所的改造工程。河北区委书记张同庆、区长边仁权亲自解决辖区内的高炮仓库搬迁问题。河东区委书记杜彩霞、区长陈彦云亲自组织军地双方科技成果洽谈会，推动全区科技双拥活动的深入开展。东丽区委书记张有会被评为华北地区党管武装先进个人。北辰区副区长张金锁在国防工事维护管理表彰大会上被总参谋部评为全国军事设施保护先进个人。市双拥办为了推进新形势下双拥工作的改革、发展与创新，及时制订了 2005 年市双拥办 13 项重点工作任务；组织全市双拥领导干部分两批实地考察、学习了湖南、贵州两省双拥工作好的做法、好的经验；对区县双拥工作进行了调研和指导，为全市双拥工作健康发展提供了领导和组织保障。

二、成员单位积极行动，发挥行业拥军优势

市双拥工作领导小组扩大会议后，进一步增强了小组成员单位做好双拥工作的责任感和使命感，极大地调动了各成员单位履行职责真抓实干的积极性。城建系统为落实部队减免建设费用的有关规定，深入部队工程建设现场办公，优先审批，减免征地费、配套费。公交、地铁等单位克服困难，落实全市伤残军人免费乘车和现役军人半价乘车的规定。一商集团、市供销合作总社、市粮食局等单位，进一步完善了双拥工作措施，发挥自身优势，积极配合驻津部队搞好后勤保障社会化工作，与部分驻津部队签订了技术、物资、生活保障协议。商业网点实行军人购物优先、优质服务的规定。共青团天津市委在全市青少年中开展“我为优抚对象献爱心活动”，5000 多名青年志愿者与 1000 多名军烈属和重点优抚对象签订了生活服务协议。市教委优先安排 1138 名部队子女入学入托，组织大中学生军训人数达 30 万人。市人事局为适应军队体制调整改革、转业军官数量增大的实际，组织人员到驻津各部队宣讲安置政策，提供咨询服务，安置军队转业干部 1104 名，其中计划分配 880 名，自主择业224名，计划分配的数量比去年增加了54名，是近年来人数最多的一年；完成了807名自主择业军转干部退役金的调整、增资的核定工作，确保了退役金准时无误发放；目前已为今年来津工作的31名军官家属全部办理了调转、落户手续，落实了工作岗位。市民政局为做好退役士兵安置工作，增强退役士兵在市场经济条件下的就业本领，帮助他们顺利实现社会角色的转换，专门请有关专家学者编写了《退役士兵安置政策和创业指导》以及《退役士兵职业技能培训》教材，这套教材，信息量大，实用性强，受到了退役士兵的欢迎。今年全市共接收3485名退役士兵，其中有2477名退役士兵由政府安置。为了做好退役士兵安置工作，市财政拨款2000万元，区县匹配资金580万元用于退役士兵自谋职业补助，在政府各部门和接收单位的共同努力下，我市退役士兵安置率连续5年达到100%。市劳动和社会保障局给随军家属提供实实在在的就业帮助，于“五一”期间开设了“免费培训、就业超市”，免费为参训随军家属提供就业服务，为632名复转军人提供再就业培训，提高了他们的职业技能和上岗竞争水平，深受复转军人和广大“军嫂”的欢迎；市教委、市双拥办与南开大学联合举办了驻津部队军官攻读硕士学位班。市公用事业管理办公室决定对驻津部队水、气配套建设免收增容费。天津铁路办事处不仅在军人服务的硬件上进行投资改善，开设了军人购票和革命伤残军人购票专口，在军人候车室内增设电热水器、婴儿床；还组成客运小分队，分赴驻津部队各院校，送票上门万余张，直接办理行包托运七千余件，赢得了部队官兵的广泛称赞。天津警备区发挥牵头部队作用，组织陆海空和武警部队开展拥政爱民活动，支持地方经济建设，参加驻地创建国家卫生城活动以及城市美化绿化、卫生清整等活动。截止到目前，仅驻蓟县、武清区、西青区、河东区的部队，就出动官兵13000余人次，车辆、机械1100余台次，清整绿化带104公里，运送土石方12000余方，平整植树林地1400余亩，植树50000余株，受到了地方政府和群众的赞扬。

三、坚持军地互办实事，促进“两力”提高成效显著

军地互办实事，是天津市双拥工作好的传统。市委、市政府坚持每年都把为驻津部队基层连队办实事列入全市办实事规划之中，围绕提高部队战斗力这一根本目标，积极主动为驻津部队办实事、解难题。连续15年为基层连队办实事。今年春节期间市政府拨款200万元，为基层连队配置数码相机等文化生活用品。今年10月市政府又拨付200万元资金为驻津部队基层连队建立军营图书室，配置图书柜和240多种新版图书，丰富部队精神文化生活。各级政府每年从财政中拿出专项资金支持部队营房建设、整修训练场地等重点项目建设，今年全市各级用于支持部队建设的资金达1.99亿元，其中用于部队营房道路和设施改造资金达5441万元，用于扶持退役士兵就业资金2580万元，全市各级慰问部队经费2300多万元。南开区投资800万元为天津警备区第二干休所打造了“精品小区”，汉沽区投资1000万元重建武装部办公楼；大港区投资1000万元为新迁入的武警五支队建起了新营房，北辰区出资650多万元为消防支队安了新家，宜兴埠镇投资100万元为武警六支队安装局域网和战士食堂，东丽区出资80万元为驻区空军93675部队整修、改造两栋宿舍楼，东丽区民营企业家协会为该部重新安装了暖气设备；河西区为海军测绘研究所修建网球场地，武清区在驻该区主要部队营区附近开通了公交线路，解决了官兵出行难的问题，深受广大官兵欢迎。

驻津部队广大官兵视人民如父母，把驻地当故乡，积极参加和支援地方“三个文明”建设，在急难险重任务中发挥了主力军作用。警备区组织协调部队官兵和民兵预备役军人带头落实“双三好”要求，广泛开展“八个一”活动，积极为天津市实施“三步走”战略目标做贡献。今年出动兵力5万人次、机械和车辆1万多台次，投入义务劳动，参加了山区生态农业开发和绿化美化等工程建设。广大官兵积极支援社会公益事业建设，开展助残支教、扶贫帮困活动，对驻地烈军属、孤老户、特困户，实行定人员、定时间、定内容承包服务。部队院校和科研单位，发挥人才技术优势，通过提供科技信息，转让科研成果，帮助地方企业提高经济效益。

四、精心建设服务体系，军休干部服务管理再上新水平

全市19个干休所加强军休干部服务管理体系建设，形成了在政府领导下，以民政牵头，以干休所为主体，依托社区，动员社会力量为军休干部服务，探索出军休干部服务进庭院、实事做到家的做法，这一经验得到国家民政部的肯定和推广。今年，河北区干休所投资18万元建立了电脑信息服务系统，该系统存储了300多名军休干部资料和52个服务单位的资料，形成了以干休所为中心、8个活动站、52个服务网点的社会化服务体系，将军队离退休干部医疗保健服务、精神文化生活服务和日常家政服务纳入服务体系中，军休干部若有需求或求助，信息中心可立即调动52个服务单位中的任何一个给予有针对性的服务，增强了快速反映能力，提高了服务质量。

五、突出抓基层打基础，双拥政策法规不断完善

全市双拥工作一直坚持把工作的重点放在抓基层上。做到部署任务想着基层，工作指导深入基层，力量使用投入基层，实事好事办到基层，发现问题解决到基层。军地基层单位充分发挥主动性、创造性，努力使双拥工作在基层得到全面落实。全市基层双拥组织从建章立制入手，规范双拥工作办事程序，实现了双拥工作依法、有序、健康发展。目前，全市有拥军优属服务小组12916个，拥政爱民服务小组729个，军民共建点1820多个。其中798个单位被评为市级文明单位，14个单位受到中宣部、总政治部表彰。全市形成了条块结合、渠道畅通、组织严密、纵横相连、覆盖全市城乡的双拥服务网络。

为适应新的形势、依法开展拥军优属活动，市双拥办就如何贯彻落实国务院、中央军委新颁布的《军人抚恤优待条例》，积极与市建委、市文化局、市园林局、天津客运管理办公室、地铁运营公司、泰达控股投资公司等单位进行了工作协调，并联合下发《关于贯彻落实〈军人抚恤优待条例〉有关规定的通知》；今年将《天津市拥军优属工作条例》列入市人大立法计划。全市拥军优抚安置工作步入法制化、制度化、规范化的轨道。按照城乡居民平均可支配收入的提高比例，调整优抚对象的抚恤补助标准，从而使全市优抚对象生活有了相对稳定的保障机制。目前我市优抚对象的生活水平达到或略高于当地人均生活水平。各区县根据本地实际情况，制定出台了操作性很强的医疗保障制度，使在乡优抚对象医疗有了基本保障。全市各系统、各单位根据自身行业特点，制订具体的拥军优属规定，保证国家政策法规落到实处。

六、适应形势任务需要，科技拥军有了进一步发展

各级党委、政府紧紧围绕做好军事斗争准备和“打得赢”、“不变质”及科技强军的战略，更加积极主动支持部队全面建设。市和区县把科技拥军纳入科技兴市、兴区规划，以共建为载体、以广大官兵为服务对象，以提高部队战斗力为主要目的，发挥各区县的优势，通过帮助部队开办培训班、举办高科技知识讲座、成立育才学校、建立培养军地两用人才基地等形式广泛开展科技拥军。使官兵学到了高科技知识，提高了高科技观念，掌握了科技操作技能，在军营形成了学习运用高科技知识的热潮。天津大学、南开大学、天津中医学院和天津农业科学院等16个院校和63个科研所，为驻津部队提供最新科技动态、农业科技讲座、人才技术培训、各层次学历教育、武器装备技术改进、网络维修等20多项服务，为部队“打得赢”提供了强有力的支持。天津广播器材公司、光电公司先后12次组织科技人员深入部队，协助进行导航设备维修，完成战役演习、军事训练等重大技术保障任务，加快了部队新装备形成战斗力的步伐。北辰区宜兴埠镇为武警六支队投资100万元建成自动化指挥系统和部队政治教育局域网，做到了“电脑到班，信息到兵”。和平区提出3年内使驻区部队“班班有电脑，人人懂操作”的目标。一年来全市为部队赠送电脑261台、科技书籍43558册，培养军地两用人才5076人，有4000多名官兵通过了各类专业和不同层次的学历教育考试。

七、积极开展双拥示范社区活动，社区拥军充满生机活力

全市在推动双拥工作进社区的过程中，把构建和谐社会作为基层双拥工作的重要任务，将双拥工作与社区党建工作紧密结合起来；与创建星级社区活动紧密结合起来；与创建学习型社区紧密结合起来；与社区精神文明活动紧密结合起来；与社区志愿者服务活动紧密结合起来，达到了既夯实双拥工作基础，又促进和谐社区建设的目的。和平区、河西区认真抓双拥工作示范社区的创建，形成了一套有效的评比、管理办法。制定下发了《双拥示范社区创建标准》和《双拥示范社区评分细则》，加大了检查考核力度。全市各区县都培养了3～5个双拥工作示范社区（村），并推广他们的典型经验，进一步促进了基层双拥工作的蓬勃发展。

八、与时俱进，积极探索民营企业拥军新途径

今年全市在积极开展行业拥军活动的基础上，积极探索在行业协会和新经济组织中开展双拥活动的新途径。一些区县吸收工商联加入双拥工作领导小组，明确其协调民营企业拥军的职责。东丽区通过建立“企业拥军协会”和“民营企业家拥军协会”，为民营企业开展双拥搭建了较好平台。东丽区企业和民营企业家协会先后投资近60万元，为驻军空军某部装修宿舍楼、负责供暖设备安装。大港区蓝盾公司投资46万多元为武警大港中队修建了篮球场、训练场，购买电脑、健身器材。武清区召开民营企业拥军推动会，极大地调动了民营企业家的拥军热情。宝坻区组织民营企业老板到军营体验生活，增进他们对部队的了解，促进对部队的感情。

九、军民共建活动经常，精神文明建设取得新成果

各级党委把军民共建活动作为加强社会主义精神文明建设、促进军地共同发展的重要工作，纳入地方精神文明建设和部队思想政治建设的总体规划，列入重要日程。健全和完善军民共建活动的领导体制和工作机制，形成党委统一领导，党政军齐抓共管，军地单位积极参与的工作格局。各职能部门加强联系与合作，建立了有效的协调机制。加强对军民共建活动的分类指导，坚持联席会议、定期走访、信息通报等制度，及时沟通军地关系，协商开展军民共建活动，及时解决好军民共建活动中的问题。军地紧紧围绕培育“四有”公民和军民共学党的创新理论，共学科学文化知识，共普法制宣传教育，共办文化娱乐活动，共树社会文明新风，军民思想道德和科学文化素质明显提高。各区县及时总结军民共建活动先进经验，大力培养和宣扬先进典型，坚持典型引路，推动军民共建活动广泛开展和各项任务落实。今年，全市军地7个单位和4位个人在全国军民共建社会主义精神文明表彰大会上受到表彰。

十、建立科学的动态管理机制，双拥工作考核更加科学严谨

为确保全市双拥工作落到实处，市双拥工作领导小组对各区县双拥工作实行年度考核制度，制定了《天津市创建双拥模范城县（单位）实施办法》、《天津市区县双拥工作考核办法》和《天津市区县双拥工作考核评分细则》。在平时了解掌握区县双拥工作情况的基础上，市双拥办组成由10个市双拥工作职能部门和区县代表参加的考核小组，坚持每年对各区县的双拥工作进行检查考核，确保双拥工作考核体现公开、透明和动态管理的原则。经过对考核程序的精心设计，使双拥工作考核做到了“有成果可看，有依据可查，有实物可比，有经验可学”。通过检查考核，各区县相互学习，相互借鉴，取长补短；激发了热情，鼓舞了干劲，促进了全市双拥工作整体水平的提高。

一年来，我市双拥工作虽然取得了一定的成绩，但也存在不足。主要是全市双拥工作发展不够平衡。明年将重点加强双拥典型的培养、总结和推广，搞好双拥工作的理论研讨，加强双拥工作政策法规建设，争取在“八一”前夕由市人大颁布《天津市拥军优属条例》，在科技拥军、行业拥军、社区拥军、“两新组织”拥军方面争取有新的突破，为加快天津经济发展和促进部队战斗力提高做出新贡献。

河北省二○○五年双拥工作总结

2005年，在全国双拥办的具体指导下，在省委、省政府的正确领导下，全省军民高举邓小平理论和“三个代表”重要思想伟大旗帜，坚持以科学发展观为统揽，全面贯彻落实党的十六大，十六届三中、四中、五中全会精神和省委、省政府指示精神，深入扎实开展拥军优属、拥政爱民工作，有力地促进了河北省的改革发展稳定和驻冀部队的现代化建设。全省军地有9个单位和20名个人受到国家级表彰和奖励，有636个单位被评为省、市、县文明单位。

一、紧贴实际，扎实开展抗战胜利60周年纪念活动

今年是世界反法西斯战争暨中国人民抗日战争胜利60周年。为使纪念活动丰富多彩，我们及时下发了《关于做好慰问在乡抗日老战士老同志工作的通知》，对全省开展纪念活动进行统一安排部署，明确规定了提高在乡抗日老战士老同志的补助标准，由卫生部门负责对在乡抗战老战士、老烈属进行免费体检。随后，我们多次协调省财政和督促各市、县提高了在乡老复员军人定补标准，2005年所需资金由省财政统筹解决，所需地方财政配套资金从2006年起，省、市、县财政按比例分别列入年度财政预算，使全省抗日时期的在乡复员军人定补标准平均每人每月达到了220元以上。8月22日至23日，我们接待并安排民政部李学举部长带队的民政部、河北省政府慰问团，到我省革命老区安新县慰问部分抗战老战士和烈属，李部长对我们的工作给予了高度评价。随后，省领导亲自带队，到清苑等县走访慰问了部分抗战老战士。省民政厅、党史办、省委宣传部在华北军区烈士陵园举行了“英雄河北——抗日英烈事迹展”，8月29日举行了开幕仪式，社会各界代表、大中专院校学生1000多人参加了开幕仪式，省委常委、宣传部长张群生作了重要讲话。9月1日～4日，组织保定籍的11名抗战老战士赴京参加全国纪念抗日战争胜利暨世界反法西斯战争胜利60周年活动；9月3日，在省会举办了“英雄河北”大型文艺晚会，19名抗战老战士出席了晚会现场。各地也都开展了形式多样的纪念活动。唐山市开展了抗日战争胜利60周年暨冀东烈士陵园建园50周年纪念活动；保定市举办了有社会各界参加的纪念抗日战争60周年理论研讨会；石家庄市组织机关干部和基干民兵到市民兵训练基地接受国防教育，同时，举办了国防教育讲座；邯郸、邢台、沧州等市的主要领导都亲自带队走访抗日战争时期老复员军人、老烈属。全省共为5万多名在乡抗战老战士免费进行了体检，为每人发放了不低于100元的慰问品，及时向抗战老战士发放了由解放军总政治部制作的、胡锦涛总书记题写的“抗日战争胜利60周年纪念章”8万余枚。

二、紧抓发展机遇，扎实有效地开展双拥各项工作

全省各地各部门紧紧抓住全国双拥工作迅速发展的机遇，乘势而上，扎实有效地开展双拥工作，取得丰硕成果。

一是加大了拥军优属工作力度。在元旦、春节和“八一”期间，我们及时对做好节日期间的双拥工作做出全面部署，并结合实际提出了新的要求，全省各级领导都亲自带队走访慰问驻地部队，有力地推动了双拥工作在基层的开展。春节前，省委、省政府、省军区向驻冀部队和广大优抚对象发送了慰问信，为驻冀部队购买并发放了价值100万元的慰问品，为部分困难优抚对象购买和发放了价值150万元的药品、羽绒服等。为解除空军专机部队飞行员的后顾之忧，确保中央首长的出行安全，我们配合空军专机部队家访组，对河北籍26名飞行员家庭进行了慰问。为帮助部队提高信息化建设水平，6月9日，省委、省政府向北京军区某集团军防空旅赠送80万元慰问金。在开展“援建军营图书室，共建学习型军营”系列活动中，社会各界向驻冀部队捐赠了价值150万元的科技图书74500册。10月24日，省委、省政府为在唐山市演习的部队赠送了价值30万元的慰问品。针对“10·2”特大山洪袭击武警福州指挥学校两幢楼房导致学员重大死亡的情况，我们抽调骨干力量，赶赴福州市积极协调处理我省5名遇难学员的善后事宜。我省在伤亡人员较多的省份中最早处理完善后工作，由于工作措施得力，进度快，没有后遗症，我们的工作得到军委“10·2”工作领导小组的肯定。11月8日，在北京军区召开的华北地区军事设施保护工作电视电话会议上，我省有4个单位和14名个人受到了表彰，张家口市副市长侯亮作为先进个人代表在大会上介绍了经验。

二是加强了双拥组织建设。根据军地领导变动情况，5月27日，省委对省双拥工作领导小组成员进行了调整充实。各市、县也根据军地领导变动情况，及时对双拥工作领导小组作了调整补充。我们针对当前军地协调关系出现的新情况、新问题，按照北京军区的要求，结合河北省的实际，及时下发了《关于建立完善规范军地协调关系有关制度的通知》（冀办字［2005］32号），有效规范了军地关系协调工作。

三是加大了双拥模范城（县）创建工作的力度。5月中下旬，省双拥办分三组分别由省民政厅厅长夏玉祥、副厅长程鸿飞，省军区政治部副主任梁军带队，对各地申报的新一届省级双拥模范城（县）进行了检查验收。7月30日，省委、省政府、省军区在秦皇岛市召开了河北省庆祝“八一”建军节暨新一届省级双拥模范城（县）命名大会。省委、省人大、省政府、省军区领导白克明、季允石、钟志明、张连仁等出席会议。省长季允石、省军区政委张连仁和省政府副省长柳宝全作了重要讲话。省双拥工作领导小组成员、各市双拥工作领导小组军地负责人、民政局局长以及被命名的新一届省级双拥模范城（县）代表150余人参加了会议。会议命名62个市、县（市）为新一届省级双拥模范城（县）。

四是加强了双拥理论的调研工作。为提高我省双拥理论水平，参加全国双拥理论研讨会，我们组织石家庄、唐山、沧州、邯郸等市组成专门组织，会同省社会科学院的专家、学者对全省的双拥优抚工作进行广泛深入的调研。在11月29日召开的全国双拥工作理论研讨会上，我省推荐的12篇文章有3篇获奖。

五是军民共建社会主义精神文明取得新成效。我们认真指导各地、协调各有关部门，深入开展军民共建社会主义精神文明活动，涌现出了一大批先进典型，在7月24日召开的全国军民共建社会主义精神文明先进单位、先进个人电视电话表彰会议上，我省军地共有9个单位和6名个人受到表彰。

三、完善工作手段，狠抓各项双拥优抚政策制度的落实

我们紧紧按照以人为本，树立和落实科学发展观的要求，坚持因地制宜、因时制宜、因人制宜、因事制宜，千方百计把广大优抚对象的切身利益维护好、实现好，各地各部门以开展保持共产党员先进性教育活动和开展行风评议、创建文明窗口单位为载体，进一步强化服务手段，加大执法监督力度，确保了各项双拥优抚政策的落实。

一是提前完成新残疾证的换发工作。今年残疾证件换发工作是继1990年之后又一次集中换证工作，整个工作历时3个多月，共审核相关资料32万多件、项目400多万条，换发证件7万多个，我省比国家规定的时间提前一个多月完成了任务。

二是及时下拨抚恤补助资金。年初，我们按时完成了2004年度优抚对象数据更新录入和上报工作，为中央下拨抚恤补助资金提供了科学的数据。同时，我们还利用各种机会，采取与创建双拥模范城（县）相结合等办法，督促各市积极争取财政支持，千方百计落实配套资金，确保了抚恤补助资金及时足额发放到优抚对象手中。

三是认真做好原8023部队退役军人的有关工

作。为切实做好原8023部队退役军人的有关工作，省民政厅、卫生厅、劳动和社会保障厅等部门在深入广泛调查的基础上，制订了科学的工作方案，并及时提请省政府确定了原8023部队退役军人体检人员范围，制定了不排除核辐射致病的诊断标准，明确了体检费用开支渠道，规定了落实待遇的条件、程序，指定具有职业病体检诊断资质的石家庄市职业病防治所承担体检诊断任务。各市县为组织好体检工作，做了详细安排和周密部署，投入了大量的人力、物力和财力，有的市县还是主要领导亲自召集会议、坐阵指挥。全省已对7000多名原8023部队退役军人进行了体检，并出具了诊断结果。现正在积极为他们办理伤残评定、落实相关待遇。同时，及时有效地处理了几起原8023部队部分退役军人集体赴省、进京上访工作。目前，除几个重点人员外，绝大多数人员思想相对稳定。

四是加强了优抚事业单位建设。7月28日，省委宣传部、省民政厅、省文化厅等9部门联合下发了《关于加强爱国主义教育基地工作的实施意见》（冀宣发［2005］17号）。筹措下拨了1000多万元资金，支持省民政厅直属的4所优抚医院以及市县的40多所光荣院和11所烈士陵园的维修改造。为进一步加强烈士纪念建筑物保护单位建设，我们经过深入细致地调研，向省政府写出了专题报告，省领导给予了充分的肯定。在此基础上，我们积极争取省财政的支持，从2006年开始，省财政将烈士纪念建筑物保护单位维修改造经费列入预算，分5年实施对省级以上重点保护单位的维修改造工程，同时对县级以上重点保护单位的维修改造予以支持。

五是举办了烈士纪念建筑物保护单位讲解员形象大赛。为强化优抚事业单位窗口建设，提高全省烈士纪念建筑物保护单位讲解员的整体素质，9月22日至23日，我们在石家庄市举办了全省烈士纪念建筑物保护单位讲解员形象大赛。全省有10个设区市及厅直属3个陵园等13个单位推荐的33名讲解员参加了比赛。比赛共评选出金奖1名、银奖3名、铜奖6名，优秀组织奖7个。

六是举办了全省优抚系统业务培训班。针对各地从事优抚工作人员变化较大的情况，在新修订的《军人抚恤优待条例》颁布实施一周年之际，于10月29日至11月2日，在邯郸市举办了由各市、县主管优抚工作的副局长、科（处）长以及主管评残批烈的工作人员近400人参加的优抚业务培训班，系统培训了评残批烈、优抚事业经费管理、抚恤优待、优抚事业单位建设与管理等相关内容，以及工作中的具体操作办法与办理程序，受到广大基层优抚工作者的热烈欢迎。

四、建设第二故乡，驻冀部队为全面建设小康社会和构建和谐河北做出新贡献

驻冀部队在深入做好以军事斗争准备为龙头的各项工作的同时，积极参加驻地的“三个文明”和和谐社会建设。据统计，驻冀部队全年共出3002359个义务劳动日，动用车辆36494台次，支援驻地重点工程建设项目1346个，绿化种植草坪840000平方米，植树3220292棵，转让科技成果252项，培训各类技术人员21327名，帮助群众修理农机具49515件，义务为群众治病90927人次，修筑爱民公路260公里；累计建有双拥组织、共建对子2954个，学雷锋活动小组10041个；抢险救灾272次，抢救遇险群众106人，抢运各类物资2340吨，先后向灾区困难群众捐款1454837.3元，捐赠衣服被褥44554套（床），为河北省的经济社会快速、健康和可持续发展做出了巨大贡献。

一年来，全省的双拥工作在军地各级的共同努力下，虽然在不同方面和不同领域都有了长足进步，但也存在着一些不容忽视的问题。一是工作不平衡，地区间的差距还比较大；二是基层双拥工作还不够活跃；三是拥军优属的工作质量还有待于提高。

山西省二〇〇五年双拥工作总结

2005年，全省双拥工作在省委、省政府、省军区和省双拥工作领导小组的领导下，以邓小平理论和“三个代表”重要思想为指导，牢固树立和落实科学发展观，紧紧围绕全面建设小康社会和推进中国特色军事变革，广泛开展“双服务”活动，通过军地双方互办实事、双向服务，不断巩固和发展双拥成果，为全省改革发展稳定和部队现代化建设提供了有力支持和可靠保证。

一、围绕纪念抗日战争胜利60周年，深入进行双拥宣传和国防教育，广大军民的双拥意识和国防观念进一步增强

各地、各部队坚持把国防教育和双拥宣传作为双拥工作的首要任务，开展以爱国主义为核心的多种形式的全民国防教育和双拥宣传活动。各地注重日常宣传与重点宣传相结合，把双拥宣传和国防教育纳入全民教育内容，利用新闻媒体开辟专栏专题。以纪念抗日战争胜利60周年为契机，举办“太行精神光耀千秋”图片展，展出照片450余幅，珍贵文物50余件，生动地再现了党领导八路军和太行山军民同仇敌忾、浴血奋战的历史场景，在全国巡回展出中引起强烈反响。各地都举行了纪念抗日战争胜利60周年座谈会，走访慰问抗日老战士等活动。太原市举办抗日战争大型图片展览活动。晋中、阳泉等地开设双拥和国防网站。长治市编辑出版了双拥大型画册《共铸的丰碑》，朔州市编写了《朔州抗战史》一书，运城市芮城县民政局长冯当顺主编了《古魏丰碑》一书，真实记载了芮城在战争年代为革命做出牺牲和奉献的40多名英烈事迹。忻州市开展了“高唱军民连心歌，大谱军民连心曲活动”，收集整理《军歌专辑》四辑。长治、太原、大同等地组织党政军领导过“八一”军事日活动。晋中市举办“双拥杯”和谐晋中摄影展，集中展示晋中军民在双拥创建活动中取得的成绩和精神风貌。长治、阳泉等地举办国防形势报告会，永济市离休干部王英军20年如一日，先后深入全市13个县（市、区）机关、学校、军营、厂矿企业300多个单位，行程8万多公里，总计宣讲2924场次，受教育人数达170万人次。各地还紧紧依托国防教育基地、革命纪念馆和烈士陵园等爱国主义教育基地，在全社会广泛开展双拥宣传和国防教育活动。据不完全统计，地方党政机关干部、部队官兵、民兵和预备役人员受教育面达95%，一般群众受教育面达85%以上。各级政府继续不断加大爱国主义教育基地建设的力度。阳泉市投资800万元新建革命烈士纪念碑广场，朔州市平鲁区投资200万元对李林烈士陵园进行了大规模的维修，陵园面貌焕然一新。临汾市在浮山县兴建了抗日英雄纪念碑。长治市建成了声光电为一体，多层次、全方位，图片与实物相结合的太行太岳英烈纪念馆。晋中市通过社会力量投资90万元兴建了宇华军体彩弹射击中心，收到了良好的社会效益。各地充分利用设置双拥标志、标语、橱窗等形式，增强宣传效果。长治市投资50万元在市区主要路口和公共场所设置双拥宣传标志牌。太原市建立“鱼水情”双拥主题雕塑。大同、晋中等地在城区主要街道、公共场所和主要交通干线普遍设置了固定的双拥标语标志。各地在搞好广泛宣传的同时狠抓了先进典型的宣传。新华社对吉林省四平市原军分区政委崔小满离休后，舍弃安逸的城市生活，回到家乡泽州县，以一名普通党员的身份，带领群众建校兴学、修路兴村、致富兴民的事迹进行了宣传报道，在全社会引起了强烈反响。全国人大代表、拥军模范欧学联继续保持和发扬先进，给驻港部队官兵寄去500双精绣鞋垫，驻港部队政治部来信感谢大同老区人民和“兵妈妈”欧学联浓厚的拥军情意。风雨拥军20载、全国拥军模范郑加兰，在老兵退伍前夕，自制600份军营纪念册赠送给即将踏上返乡的66075部队的老战士，受到了部队的高度评价。各地、各部队就新形势下如何做好双拥工作，开展了深入的理论研究，通过理论研究推动双拥工作的创新发展。收集优秀双拥理论文章30多篇，其中3篇论文在全国获奖，并在全国双拥理论研讨会进行了书面交流。通过卓有成效的双拥宣传、国防教育，进一步提高了广大军民的双拥意识，增强了国防观念和做好双拥工作的责任感、使命感。

二、军地互办实事共谋发展，“双服务”活动取得显著成效

去年初，省委、省政府、省军区做出了在全省军地双方广泛开展以为全面建设小康社会服务，为军队现代化建设服务为主题的“双服务”活动的决定后，军地双方以科学发展观为指导，着眼建设和谐山西，围绕落实《决定》提出的“双六条”做了大量工作，取得了明显成效。

一是支持农村教育发展事业迈出了坚实的步伐。驻晋部队坚持把资助农村发展教育事业作为主要服务内容，省军区机关和各师（旅）级单位捐资608万元，在革命老区和贫困山区援建了35所希望小学，总建筑面积达1.4万平方米。各县（市、区）人武部、预备役团还以各种形式对驻地贫困学校进行帮扶，投入资金达130万元，帮扶了256所贫困学校。驻晋部队官兵与5000多名贫困家庭学生结成1+1帮扶对子，确保这些学生不因家庭贫困而辍学。驻忻州市的63710部队为神堂坪中学添置了10台微机，帮助建立多媒体教室，投入20万元援助岢岚县三井星星希望中学等3所学校改善教学条件。

二是驻晋部队在投身生态工程和基础设施建设方面发挥出了重要作用。围绕当地经济社会发展规划，驻晋部队官兵参与治水、改土、县乡公路改造等基础设施建设2972项，完成植树造林、荒山绿化41万亩。63710部队投资100万元，帮助驻地神堂坪乡团城旧村移民搬迁，使56户、134名老弱群众乔迁新居，改善了驻地群众的居住条件。驻大同市的93601部队、驻朔州市的93582部队为沿大运高速公路绿化和退耕还林还草植被480亩。武警8650部队在晋中市“双百项目”工程北路拓宽改造中，以大局为重，无偿腾让土地37.62亩，拆迁房屋3000多平米。驻晋部队积极参与的大同以北至丰镇一线防风固沙林带建设、在永济黄河滩开辟的万亩丰产林基地建设，已基本成型；晋西北地区人武部组织民兵开辟的小流域治理项目，目前已初步形成区域连片。

三是在维护社会稳定和完成急难险重任务中发挥了突击作用。全省共组建157个民兵应急分队，在乡村、厂矿企业中组建了2.5万个治安联防队。应急分队配合公安部门整治治安混乱场所601个，担负重大节日和大型活动执勤巡逻7万多人次，参加矿山救护、森林火灾扑救行动1.1万多人次，先后有311个民兵预备役营连和个人受到各级党委、政府的表彰。特别是在和顺县发生特大森林火灾，部队官兵1000多人次在第一时间赶赴火灾现场组织扑救，省委、省政府专门发电慰问。省军区、省武警总队等驻晋部队积极参与“扶贫济困送温暖”募捐活动，捐款资金达50多万元，捐赠衣被1.5万余件。

四是选送合格兵、共育优质兵、开发使用退伍兵活动进一步引深和发展。目前，全省县（市、区）兵役机关都与本籍官兵相对集中的部队建立了走访慰问和定期联系制度，配合部队共同做好管理教育工作。对复员返乡的退伍军人大胆开发使用。全省村级“两委”班子中，有近30%的村党支部书记或村委会主任由退伍军人担任。许多退伍军人已成为当地带领群众致富、为贫困群众提供服务的骨干力量。

三、认真贯彻执行双拥政策法规，双拥工作重点难点问题得到有效解决

全省各地认真做好安置工作，妥善安置军转干部、城镇退役士兵和随军家属就业。今年全省共有1742名转业干部，除个别自愿到企业外，全部安置到了行政事业单位。为做好退役士兵安置工作，省政府专门制定下发了《关于做好退役士兵安置工作的通知》，一年来，全省共安置城镇退役士兵20343人。各地通过采取“政府指令性安置、办理劳动关系挂靠、购买社会保险、帮助自主择业”相结合的办法，帮助一大批随军家属走上了工作岗位。太原市通过政府指令性安置、按比例逐步解决的办法，对210名随军家属一次性进行了安置；市区两级专门为“4050”人员设置社会公益性岗位，对随军家属给予最大限度地放宽条件。大同市通过行政手段和双向选择相结合的办法，安置随军家属17人。长治市成立了“军嫂服务中心”，采取对口安置、政策引导、自谋职业等形式，想方设法解决随军家属的就业难题。晋中市制定出台了《关于解决随军家属安置等有关问题的意见》、《关于解决驻晋中市榆次区部队随军家属安置和挂靠劳动关系、办理社会养老保险有关问题的具体办法》，为86名随军家属解决了调动和挂靠手续，办理了养老和医疗保险，并为87名随军未就业家属每人每月增发200元的生活补助。晋城市对随军未就业家属每人每月补助生活费用230元。全省各地通过建立优待抚恤标准自然增长机制，义务兵家属优待和在乡老红军、老复员军人、革命伤残军人及烈属的抚恤补助都能按时足额发放到位，没有发现拖欠、挪用现象。各地不断巩固“爱心献功臣”活动成果，发动社会力量，多方筹集资金，通过领导包扶、纳入低保范围等办法，积极改善优抚对象的生活、住房条件，帮助有一定能力的优抚对象开展生产自救、发展多种经营。晋城市结合小康建设，广泛开展了优抚对象“六项扶优奔小康”工程，在项目、资金、科技、政策、择业、智力六个方面帮助扶持，使有劳动能力的优抚对象达小康比例大大提高，占到总数的70%。各地普遍建立了对重点优抚对象实行定点医疗和大病补助、公费医疗和医疗减免、最低保障和临时救济相结合的医疗保障制度，使“看病难”问题得到明显进展。大同出台了《驻大同部队子女入学暂行规定》，采取“就近入学、择优划片、降分录取、平等收费”的办法，对军人子女入学给予了最大限度的优惠，彻底解决了驻大同部队军人子女入学难的问题。忻州市双拥办协调市教育局，把中考考分低、进不了教学质量较好高中就读的军人子女，全部安排进了理想的学校。

四、大力开展军民共建活动，支持部队实施科技强军、质量建军工作取得新进展

全省各级党委、政府紧紧围绕部队实施科技强军战略，把军民共建活动列入重要议事日程，把支持部队体制编制调整改革和做好军事斗争准备作为主要服务方向，帮大事、办实事、解难题。省、市、县三级财政分别拨出专项经费，为驻晋部队解决完善基础设施、更新装备器材、修建训练中心、建立信息网络、解决生活保障等难题，成效明显。在省军区开展的“双应一体化”演习中，省及参与演习的6个市，两级财政共计投资2000余万元，构建了“两纵两横”的国防动员指挥信息平台。在全省广泛开展了“援建军营图书室，共建学习型军营”系列活动，共捐赠图书10万余册，援建军营图书室156个，总价值达200多万元。大同市投资1500万元对拥军路进行了拓宽改造并修建了驻大同66077部队门前的军民路，整顿维护营区门前的交通秩序；投资59.5万元，对驻大同66075部队营区内防洪渠进行了拓宽改造，保证了营区的正常泄洪。忻州、阳泉等市在财力十分紧张的情况下，共筹资1800多万元支援武警部队的“四配套”建设，大大改善了部队的训练生活等条件。运城市投资300万元，为消防支队购置通讯指挥、抢险救灾等专用车辆和消防器材。阳泉市投资850万元，为消防支队新建了3500平米的消防指挥中心，投资200万元，为预备役团改善基础设施配套建设。在全国军民共建社会主义精神文明先进单位和先进个人电视电话表彰会议上，我省有太原市煤气公司等7个单位和朱汝国等4名个人被全国双拥工作领导小组、中宣部、中央文明办、民政部、总政治部授予全国军民共建社会主义精神文明先进单位和先进个人荣誉称号。武警总队突出军民共建点的规范，坚持把帮助弱势群体脱贫致富作为军民共建活动的重点内容，建立共建点404个，共建领域逐步发展成为联片共建、跨区共建和参与群众性创建活动。各地积极适应社会经济成分、组织形式、就业方式、利益关系和分配方式日益多样化，积极培育新型经济组织和新的社会阶层的共建路子，省双拥工作领导小组增加精神文明办和中小企业局为成员单位。太原市把经济开发区、高新技术开发区、民营企业开发区纳入为双拥工作领导小组成员单位，为

“两新组织”开展军民共建活动提供组织保证。长治、晋中、大同、吕梁等地制定《关于开展科技拥军的实施方案》，组织军地科研院所、科技企业结对共建，对部队官兵进行高等学历教育和专业技能培训。太原、运城、晋城、忻州等地积极完善和强化社区功能，以社区为载体，广泛开展社区双拥活动，开辟了一批爱国主义教育基地，成立了军地两用人才计算机培训基地、“拥军妈妈服务队”、“军警民应急分队”、“帮战友小组”，进一步扩大了双拥工作的社会范围和群众基础。

五、领导重视，制度落实，双拥工作机制运行良好

全省各级、各部队坚持以“三个代表”重要思想为指导，牢固树立和落实科学发展观，坚持把双拥工作作为一项强国固军的战略任务常抓不懈。根据新形势下赋予双拥工作的新任务，结合驻晋部队体制编制调整改革的实际，省双拥工作领导小组及时调整充实了成员单位，成员单位由原来的35个增加为42个，并进一步明确了各成员单位的双拥工作职责。各市也相继调整充实了双拥工作领导小组，制定完善了成员单位双拥工作职责，加强了双拥工作的领导。全省各级双拥工作领导小组认真组织和协调有关部门齐抓共管，及时沟通军地关系，研究解决了许多重大问题。各成员单位结合各自担负的双拥职责，较好地完成了各项工作任务。全省各级逐步建立完善了协调顺畅的双拥工作机制，在坚持军地合署办公、定期走访、信息通报等工作制度的基础上，建立了党委议军会、军地联席会议、双拥工作联络员等工作制度。在全省各市及时转发了《全国双拥工作领导小组职能和工作制度》和《全国双拥工作领导小组办公室职责和工作制度》两个文件，对省双拥办的经费管理制度进行了明确和完善，要求各市明确双拥工作职责权限范围，实现双拥工作的规范化、制度化管理。重新修订了《山西省创建双拥模范城（县）考核验收评分标准》，结合新形势下双拥工作的新任务，重点把落实优抚安置政策、解决重点难点问题作为考核内容的重要方面，增加考核范围和考评分值，进一步规范和完善双拥模范城（县）的考评工作制度。各地各部队进一步健全完善了双拥工作重要事项报告制度、年度工作汇报制度、重点工作督办制度，增强了军地有关部门履行双拥职能的意识，推动了双拥工作在各部门、各系统的落实。太原、晋中、长治、运城等地把双拥工作列入各级领导干部岗位目标责任制的基本内容，在年度领导干部岗位目标考核时与其他工作一并进行考核，提高了各级领导干部关心支持双拥工作的积极性。大同、忻州等地把双拥工作列入“一把手”工程，加大了对双拥工作的领导，保持了争创全国双拥模范城的强劲势头。长治市在双拥工作中做到了政治上关心不撒手、工作上支持不甩手、经费上保障不缩手，为双拥工作的良好运行提供了有力保障。侯马市在荣获全国双拥模范城“四连冠”后，荣誉面前不止步，明确提出了争创全国双拥模范城（县）“五连冠”的奋斗目标和具体措施，推动了双拥工作更加广泛深入持久地开展。

一年来，在全省军地双方的共同努力和密切配合下，全省双拥工作取得了很大成绩，但是我们仍要清醒地看到存在的问题和不足：一是运用科学发展观指导双拥工作实践的办法手段还不够。面对发展的形势和变化的环境，用新思路谋求大发展，用新举措解决新问题的成效还不够明显。二是开展工作的经常性和工作落实的全面性还不够。各地发展不够平衡，有紧一阵、松一阵的现象。这些问题必须引起高度重视，在今后的工作中认真研究解决。

内蒙古自治区二○○五年双拥工作总结

2005年，我区的双拥工作在全国双拥办的指导下，在自治区双拥工作领导小组的领导下，认真贯彻十六届四中、五中全会精神，全面落实各项优抚安置政策，隆重举行了抗日战争胜利60周年纪念活动，广泛开展“援建军营图书室、共建学习型军营”活动，深入研究双拥工作理论，积极支持配合“神舟”六号载人航天飞行任务，巩固了军政军民团结的大好局面，进一步提高了双拥模范城（县）的创建质量和水平。

一、切实加强领导，不断健全和完善双拥工作机制

自治区党政军领导对双拥工作高度重视，坚持把军政军民团结作为重大政治原则，站在巩固政权、维护稳定、促进发展的高度，切实抓好双拥工作。

一是亲自参加双拥活动，身体力行推进双拥工作上新水平。元旦、春节和“八一”期间，自治区领导亲自带队，组成10多个慰问团（组），分赴12个盟市慰问驻区部队和优抚对象。春节前夕，自治区党委、政府在《内蒙古日报》、内蒙古人民广播电台和电视台发表了致全区驻军指战员的慰问信。自治区党委书记储波、主席杨晶亲自参加议军会议，研究解决驻区部队需要地方帮助解决的问题。在“神舟”六号飞船发射和回收过程中，自治区主要领导和分管领导高度重视，亲自参与，具体组织指导。“神舟”六号载人航天飞行圆满成功后，自治区党委、政府和内蒙古军区组成以杨利民副书记为团长、郭子明副主席和孙忠泰副政委为副团长的党政军慰问团，率70多名文艺工作者组成的演出队伍，驱车近万里，专程赴额济纳旗和西安，对东风航天城和西安卫星测控中心的指战员进行慰问，分别赠送1台越野车和30万元慰问金，进一步密切了军政军民关系。

二是不断健全和完善双拥工作机制。根据区直单位人员变动情况，及时对自治区双拥工作领导小组成员进行了调整充实，修订并印发了《内蒙古自治区双拥工作领导小组成员单位工作职责》、《内蒙古自治区双拥工作领导小组成员单位联络员职责》，确定了成员单位联络员，建立了联络员制度，做到了领导变，双拥工作的目标不变；机构变，双拥工作的制度不变；人员变，双拥工作的责任不变。

三是召开议军会、双拥工作领导小组会议，分析双拥工作形势，确定双拥工作重点，解决双拥工作中的问题。各级普遍制定了双拥工作计划（规划），明确双拥工作的重点和努力方向。积极开展双拥工作的调研和检查，有力地促进双拥工作的开展。

二、创新活动方式，促进双拥工作的深入发展

一年来，我区军地双方不断创新双拥工作的活动方式，使双拥工作开展得既轰轰烈烈又扎扎实实。

一是积极开展了国防教育和双拥宣传。据不完全统计，各地在各级媒体上发表双拥宣传稿件1157篇。额尔多斯市政府投资100多万元，建起了军事主题广场和华北地区首屈一指的国防教育一条街。赤峰市在互联网上开通了国防教育网，还开辟了《塞外兵哥》电视专题栏目，每天在自治区电视台第一、二、三套节目滚动播出，成为老百姓心中的品牌栏目。

二是在全区开展了“援建军营图书室，共建学习型军营”活动。截止目前，12个盟市筹资80多万元，为200多个基层连队援建图书200多套。通过动员社会力量援建军营图书室的方式，促进了新形势下智力拥军的热潮。

三是军民共建社会主义精神文明活动取得显著成效。我区包头第二热电厂等5个先进单位和满洲里市人大副主任孙菊亭等3名先进个人受到了全国双拥工作领导小组、中央宣传部、中央文明办、民政部、总政治部的表彰。

四是在保持共产党员先进性教育活动中，全区各级民政部门采取上下联动的形式，开展了“进军营，访亲人”的主题实践活动，深入17个基层连队，为部队官兵解决了一些亟待解决的问题。

五是全区各地隆重开展了抗日战争胜利60周年纪念活动，自治区财政拨出256万元专款，向抗战老战士每人发放慰问金1000元。

六是召开了全区双拥工作理论研讨会。全区军地共组织研讨文章48篇，其中向全国双拥办报送18篇。在10月份召开的全国双拥理论研讨会上，我区荣获优秀组织奖，有4篇论文分别获二等奖、三等奖和优秀奖。

七是在全区范围内开展了双拥工作检查和调研工作。为了做好全国第八次、自治区第七次双拥模范城（县）、双拥模范单位和个人的推荐表彰工作，全区12个盟市普遍对拟申报自治区的双拥模范城（旗县）进行了评比检查，通过评比检查进一步提高了双拥模范城（旗县）的创建水平。

三、发挥桥梁纽带作用，积极做好“神舟”六号载人航天飞行任务的各项协调保障工作

在“神舟”六号载人航天飞行任务从准备阶段到圆满成功先后近5个月的时间里，自治区双拥办全力以赴，充分发挥了军地之间桥梁和纽带的作用。一是为总装备部和二十、二十六基地领导多次赴我区执行任务做了大量的联络协调和迎送接待工作；二是协调涉及保障任务的6个盟市、11个旗县和10多个相关部门认真做好各项服务保障工作，先后7次赴主着陆场区督促检查各项服务保障工作的落实情况；三是为杨晶主席会见总装备部陈炳德部长，自治区党委、政府召开的两次军地协调会，总装备部与自治区领导座谈会，内蒙古自治区支持载人航天工程暨庆祝“神舟”六号圆满成功总结表彰大会等进行了多方协调、筹备和材料准备工作。四是协调组织了毕克旗机场迎送航天员活动和“神舟”路的命名仪式及自治区党政军慰问团赴二十、二十六基地慰问活动；五是代自治区党委、政府、内蒙古军区起草了《内蒙古自治区支持载人航天工程配合“神舟”六号发射和回收工作的情况报告》，以内党报［2005］33号上报党中央、国务院、中央军委。以上，为自治区做好支持载人航天工程所进行的服务保障工作，得到了总装备部领导的肯定，受到了自治区党政领导的好评。总装备部迟万春政委在答谢内蒙古自治区座谈会上讲道：自治区双拥办的同志大力加强任务间的协调，保证了各项工作顺利进行；杨利民副书记在自治区支持载人航天工程总结表彰大会上的讲话中指出，各级民政部门、双拥办公室充分发挥参谋助手作用，做了大量的军地协调工作，有力地保证了各项任务的落实。郭子明副主席在总装备部发给自治区党委、政府的感谢电上批示“感谢你们做了大量的工作”。中央军委委员、总政治部主任李继耐同志在《内蒙古自治区支持载人航天工程配合“神舟”六号发射和回收工作的情况报告》（内党报［2005］23号）上批示“我看到这份报告，很受教育，很受感动。内蒙大地是我神舟飞船发射和着陆的地方，为确保圆满成功，自治区党委、政府和各族人民群众为之付出了大量心血和汗水，为之做出了巨大贡献，不愧当年被周恩来总理誉为的‘模范自治区’光荣称号，祖国、人民和军队永远不会忘记。‘神舟’飞船的成功和内蒙大地紧密联系在一起”。

四、抓重点、解难点，促进优抚安置政策的落实

全区各地紧紧抓住双拥模范城（县）检查评比的机遇，积极解决重点、难点问题，有力地促进了优抚安置政策的落实。

一是以开展纪念抗日战争胜利60周年活动为契机，进一步健全和完善了优抚对象抚恤补助标准自然增长机制，12个盟市先后出台了相关的政策和实施意见，提高了重点优抚对象的生活水平。乌海市人民政府出台的《关于建立优抚对象抚恤补助标准自然增长机制的意见》规定：凡享受在乡抚恤补助的优抚对象，以现享受标准为基数，每年以市统计局发布的上年度人均可支配收入增长幅度的百分比增长，城乡“三属”增长25%，在乡退伍红军老战士、红军失散人员、残疾军人、老复员军人、带病回乡退伍军人均增长50%。

二是加大了解“三难”工作的力度，使优抚对象得到了“多重救助和多重保障”。各地城镇重点优抚对象普遍享受全额低保，农村、牧区重点优抚对象优先享受特困救助和医疗救助，不少地区的重点优抚对象还参加了农村、牧区新型合作医疗，在一定程度上解决了重点优抚对象的医疗难问题。

三是提高了农村牧区义务兵家庭优待金。各地普遍改变了农村牧区义务兵家庭优待金的拨付发放方式，解决了税费改革后优待金标准偏低的问题。巴彦淖尔市及时下发了《关于进一步做好农村牧区义务兵家庭优待金兑现工作的紧急通知》，全面提高了农村牧区义务兵家庭的优待金标准，发放方式也由原来的各乡镇发放改变为由旗县区财政拨付到民政局直接发放，全市优待金标准较过去翻了一番，最低的也达到了每个家庭3200元。

四是按照国务院关于对1998年以来应安置未安置人员要尽快安置到位的要求精神，进一步强化行政调控职能，依法保障退役士兵的合法权益，安置1998年以来应安置未安置人员4950人，占应安置人数的81%。

五是积极推行政府安置就业与自谋职业相结合的办法，想方设法拓宽筹资渠道，争取中央财政自谋职业一次性补助金1591万元，地方财政1061万元，保证安置改革顺利进行。

五、军地真情互动，地方经济建设和部队现代化建设双促进

我区各级党委、政府全力支持部队建设，把帮助部队提高战斗力和做好军事斗争准备作为义不容辞的责任。

一是想方设法解决部队建设中需要地方帮助解决的问题。2005年自治区及各盟市政府投资近亿元为驻军和边防部队建设营区、拓宽道路，解决供水、供电、信息化建设等问题。各级在春节、“八一”期间组织慰问团组400多个，为驻地部队赠送慰问金（品）548万多元，极大地鼓舞了部队指战员的士气。

二是开展多种形式的活动，把双拥工作的各项任务落实在基层。包头市开展了军人好妻子、好母亲边关行活动和边防一线官兵看包头活动，增进了军人家属对部队官兵的理解和部队官兵对驻地的了解。乌兰察布市把双拥工作渗透到社区，建立了拥军优属青年志愿者队伍、军（警）民治安巡逻队、社区军民文艺队三支队伍，使社区双拥工作充满生机和活力。呼和浩特铁路局组织了有26个处室、500多人参加的15次军事日活动，增强了干部职工的国防意识。

三是积极为部队官兵解除后顾之忧。据不完全统计，全区为300多名军人子女解决了入学入托问题，为200多名军人家属解决了随迁随调和就业问题。仅呼伦贝尔市就一次性解决了39名符合对口安置在党政机关和事业单位条件的随军家属的工作问题，对稳定军心有着十分重要的意义。

驻我区各部队认真贯彻落实中央军委的指示精神，在圆满完成训练、执勤任务的同时，积极为自治区经济社会发展做贡献。

一是大力支援地方重点工程建设。内蒙古军区组织部队官兵和民兵、预备役人员参加了28项自治区重点工程建设，动用车辆6104台次，投入劳动日30016个。武警内蒙古总队广大官兵积极参加和支援西部大开发，在“大青山千亩双拥林”和“百亩第二故乡林”等生态建设中，植树造林25000株。呼和浩特、包头、鄂尔多斯支队先后支援了达拉特电厂三期工程建设、呼市西河清淤、托克托电厂西电东送、苏里格大型气田西气东输、岱海电厂建设等重点工程建设项目，为驻地经济建设的全面、协调、可持续发展贡献了力量。

二是积极参加抢险救灾。全区各部队参加抢险救灾出动车辆2万多台次，抢救遇险群众上万名，抢运各种物资2153吨。武警内蒙古森林总队投入兵力6472人次，扑灭森林草原火灾80起，消除火灾隐患39起。阿盟额济纳旗赛汉桃来边防派出所利用“草原110”，紧急救助了8名误入大漠被困民工，保护了群众的生命财产。内蒙古消防总队全年接警出动4616次，动用兵力5.3万人次，出动各种消防车辆8839台次，抢救80余人，抢救财产价值45亿元，为我区的经济社会稳定和人民安居乐业做出了重要贡献。

三是开展多种形式的拥政爱民活动。武警内蒙古总队组织广大官兵积极参与驻地的双拥共建活动，形成了“思想工作联做、社会治安联防、公益事业联办、科学文化联教、环境建设联搞”的“五联五创”新格局。武警内蒙古边防总队各级党委把扶贫帮困、捐资助学作为一项重要政治任务，投入扶贫帮困资金20余万元，捐款捐物38万余元，救助灾民1200多人。同时，走访辖区人口81965户232566人，走访率达90%以上，收到合理化意见920多条，先后召开警民座谈会、讨论会450多次，进一步密切了与地方党委政府和人民群众的关系。包头军分区在协调驻包21个部队开展“拥政爱民月”活动中，部队领导亲自带队，深入全市9个旗县区，行程3000多公里，走访慰问优抚对象及困难群众近百户，并送去了慰问金和慰问品，受到了驻地人民群众的好评。全区部队还积极开展军（警）民共建活动，在环境治理、公益事业建设中发挥了重要作用。

2005年我区的双拥工作成绩斐然，得到了自治区领导和有关方面的肯定。但也存在一些问题，需引起足够重视。一是双拥政策法规相对滞后，难以适应新的形势，亟待对原有的政策法规进行修订；二是少数盟市对双拥办建设重视不够，没有专职人员、单独的办公场所和活动经费；三是各级双拥工作领导小组成员单位的作用发挥不够，没有形成各部门齐抓共管双拥工作的合力；四是不少地区争创双拥模范城（县）的积极性不高，争创的动力不足。诸如此类，均需针对性地加以解决，使我区的双拥工作不断发展，再创佳绩。

辽宁省二〇〇五年双拥工作总结

2005年，我省的双拥工作在省双拥工作领导小组的具体指导下，在省委、省政府和省军区领导下，以促进我省经济振兴、构建和谐辽宁、支持驻军部队加快军事斗争准备为目标，以提高驻军部队战斗力为着眼点，以提高重点优抚对象的生活水平为重点，以退役士兵安置改革为突破口，开拓创新、扎实工作，形成了上下一心、军地互动、成员单位配合、全社会广泛参与的双拥新格局，进一步增强了军民的凝聚力，提高了驻军部队的战斗力，提升了双拥工作的水平，为辽宁老工业基地振兴提供了可靠的保障。

一、以纪念抗战胜利60周年为契机，做好各种抗战纪念和国防教育活动

（一）组织开展内容丰富多彩的国防教育宣传活动。全省紧紧围绕纪念抗日战争暨世界反法西斯战争胜利60周年的有利契机，做了大量扎实有效的宣传活动。其中包括在广播电台、辽阳电视台开设专栏专题，宣传抗战时期我军民英勇顽强的斗争史与和平时期双拥工作中涌现出的先进经验和先进典型，并展映了一批纪念抗日战争和世界反法西斯战争胜利的影视作品；举办以纪念抗战为主题的美术、书法、摄影作品展和文艺晚会；邀请抗日老战士到学校机关作爱国主义报告；其中营口市为确保国防教育活动持久开展，成立了国防教育基金管理委员会，现已募集国防教育基金380万元。

（二）举行各种形式的纪念抗战胜利60周年活动。在这次大规模的纪念活动中，当地积极响应党中央的号召，除了将中央军委印制的纪念奖章和省里统一购置并烫金包装的真空不锈钢保温水杯送到全省1550名抗战老战士手中外，还组织了形式多样的慰问活动。其中包括各级领导干部带头到抗日老战士家中走访慰问并送去收音机、电视机等各种形式的慰问品以及数额不等的慰问金，据不完全统计，全省共赠送慰问金110余万，慰问品折合人民币40余万元；组织在校学生慰问团深入农村，为抗战老战士家打扫卫生、拆洗被褥等义务服务；协调医疗部门为老战士进行义诊；对抗战老战士的危房、险房进行了维修。

（三）组织学习法律知识，强化国防意识。盘锦、锦州等一些地区在开展各种纪念慰问活动的同时，不忘从法律法规上去强化市民的国防意识，举办国防教育讲座，从部队和军事院校请来一些资深的军事理论方面的教授，围绕《反分裂国家法》、《国防教育法》、《兵役法》等军事法律法规，并结合当前的军事斗争形势，深入浅出地讲解了这几个重要法律法规的现实意义，收到良好的效果。

二、以部队建设为重点，全面做好各项拥军保障工作

（一）支持部队打赢，做好拥军支前工作。全省以拥军支前工作为牵引，积极配合部队做好军事斗争准备工作。着眼于帮助部队提高“打赢”能力，各地从维护国家安全和祖国统一的大局出发，加大对部队建设支持的力度，积极配合部队做好军事斗争的准备工作。在部队外出训练、演习的时候，各地均会组成由主要领导参加的慰问团，慰问参加演习的部队官兵，此外社会各界也是全力支持，主动为部队提供场地、交通、住宿、警卫等方便，有的部队训练占用了当地老百姓刚刚出苗的庄稼地，地方领导表示不要部队一分钱赔偿，损失自行解决；每逢部队开展较大规模的演习，当地政府组织人员到部队训练地“打前站”，为部队购置大米、面粉、豆油和部分保暖衣物，据不完全统计，全省共为部队训练腾民房20000多间，慰问肉类产品9000多公斤，各类水果和饮料4000箱25000余公斤，蔬菜12000多公斤，烧开水10000多吨；其中抚顺市在全省率先实现了民兵训练费统筹，每年拿出209万元用于城市民兵训练费，还拿出专款作为加强团队信息化建设的专项经费。

（二）适应部队建设需求，开展多种形式的拥军工作。全省各地在现有经验做法的基础上，积极探索新形势下的拥军形式和内容，闪现出许多值得借鉴和推广的拥军亮点。（1）在科技文化拥军方面。各地继续以科技拥军培训基地为依托，建立科技拥军服务队，为部队开展电脑网络、烹饪、汽车驾驶、机械修理、种植养殖等方面的培训；继续加大资金投入力度，为部队购置电脑、打印机、影印设备，提高部队的现代化水平。葫芦岛市认清部队当下网络建设的重要性，投入40万元为驻葫部队建设双向多媒体教学训练系统和教学训练局域网。鞍山市则以提高部队官兵的心理素质为切入点，针对部分官兵存在的心理问题，专门与师范学院心理研究所协调，成立军人心理健康咨询门诊，帮助驻军部队培训心理健康咨询员，编写心理健康知识讲座软件，并到驻军部队宣讲心理健康知识；此外各市认真开展民政部在全国开展的“援建军营图书馆，共建学习型军营”系列活动。积极筹措资金，共为驻辽66个连队援建了图书馆，购置科技文化图书共计20万册，受到驻辽官兵的一致好评。（2）在政策拥军方面。围绕军转干部及退伍士兵的安置、随军随调家属安置、军人子女入学入托、复转退伍军人的就业保障等热点敏感问题，各地纷纷出台旨在解决军人后顾之忧的政策规定。如为了提高退役士兵的就业能力，抚顺市采取了政府指令性安置与鼓励自主择业两轮同时驱动的安置思路，制定了新的《退役士兵安置暂行办法》。为退伍士兵开设了“专项劳务交流市场”，对农村入伍的退役士兵，免费进行职业技能培训；为了解决军人家属的工作和学习，锦州市出台了《锦州市随军随调家属安置办法》、《驻锦部队现役军人子女入学优待暂行规定》，铁岭市出台了《铁岭市军嫂安置办法》和《现役军人子女入学入托暂行规定》。这些法规办法很好地维护了军人、军人家属及优抚对象的合法权益，也凸现了各地政府对拥军工作的高度重视。（3）在法律拥军方面，各地以提高部队官兵的法律意识为出发点，通过举办培训班或成立咨询站点的方式有效地搞好普法教育。如辽阳市各县（市）区设立“军人军属法律咨询站”，成立“双维”法庭，配合驻军部队搞好普法教育，受理大量涉军案件，使驻军部队的国防利益和军人军属及优抚对象的合法权益得到了有效维护。锦州市及各县（市）区人民法院，普遍成立了维护军人军属合法权益合议法庭，县（市）区人武部分别成立了军人军属法律服务站、法律咨询站。

（三）配合部队改革后勤保障体制，推动社会化深入开展。在省一级还没有成立军队后勤保障社会化常设办公机构的情况下，各地由市级领导分管牵头，建委、房产、煤气、自来水、环保、医疗、粮食等部门密切配合，根据各自的实际状况，充分地利用优势资源，积极适应军队体制变革及当前的军事任务，大力支持部队推进后勤保障社会化。在部队供水、供电、交通、通讯、粮油供给及医疗等方面加大保障力度，相应地出台了政策文件并成立专门的办公议事机构。(1) 在住房保障方面。如营口市依靠军分区土地资源，综合解决现役军官住房，对工程所需物业管理用房和商业网点用房收缴一次性土地费，统筹所有配套费。另外解决了军队离退休干部及现役干部住房，并给予改造工程各项优惠政策，免收或减收工程涉及的行政事业性和服务性收费、人防基建费，自来水配套费、供暖配套费。(2) 在供水、供电、供暖保障方面。如辽阳市基本实现驻军部队的供水、供暖、供电并入市网。市粮食局积极为驻军部队搞好军粮供应服务，确保驻军官兵吃上优质粮油。鞍山市为改善驻军部队后勤基地生态环境，让官兵吃上放心的无公害农产品，农委投资建了一座以沼气为纽带，集种植业、养殖业于一体，良性循环的大型农村能源生态模式。(3) 在医疗保障方面。如鞍山市印发了《鞍山市支持驻军医疗保障社会化实施办法》，确定驻军医疗保障定点单位，所有的定点医疗单位在挂号处、收款处、取药处等窗口位置设立"军人优先"的标示，建立军人病房，给予军人及家属享受优先挂号、优先诊查、优先治疗待遇。对医疗保障对象免收挂号费，检查费、治疗费（药费、血费除外）、手术费、住院费按省、市物价管理部门规定的标准减免20%。

三、以落实优抚政策为切入点，做好优抚对象的保障工作

（一）解决重点优抚对象的生活难、治病难和住房难问题的工作取得新进展。在解决重点优抚对象生活难问题上，各市在全面落实民发［2005］52号和民发［2005］54号文件基础上，加大了市级财政的投入力度。全省在伤残抚恤金、"三属"抚恤金、老复员军人等人员的定期定量补助平均值均高于国家标准。另外，抗美援朝支前民兵、民工和带病还乡退伍军人的补助标准也有较大幅度的提高，有效地减少了因补助标准偏低而引起的长期上访；在国家文件没有出台的情况下，大多数市提高了1～4级伤残军人的护理费标准。以上措施，有效地解决了重点优抚对象的生活难问题。在解决治病难问题上，各地深入研究探索医疗方面的新情况、新问题，通过完善机制，加大投入，规范措施，强化服务，建立卓有成效的多元化保障机制。各地按照全省双拥办主任会议的具体要求提高了在乡复员军人的医药费补助标准，全省平均已达到每人每年800元。鞍山、本溪、营口、盘锦等市达到1000元。大连市达到1200元。在建立医疗保障机制方面全省呈现多元化局面，城镇基本医疗保险、商业保险、农村新型合作医疗、大病救助均有成功的范例。其中大连市在全国率先将1.4万名在乡重点优抚对象（不包括1～6级残疾军人，国家另有规定）纳入当地城镇职工基本医疗保险和大额补助医疗保险，享受参加医疗保险退休人员医疗待遇，解决了困扰在乡重点优抚对象多年的"医疗难"问题。在解决住房难问题上，从2001年全省实施"三老"建房以来，各地按照当时的精神继续为符合条件的"三老"维修新建房屋，今年共为农村"三老"维修新建房屋1100余间。其中丹东市还结合"连片棚户区"改造工作，与建委、土地规划、工会及开发建设等部门进行了积极沟通，把涉及到的优抚对象纳入到优先、优惠范围。

（二）优抚对象的各项优待工作取得新的成效。各地积极贯彻落实《军人抚恤优待条例》及各种配套文件，在义务兵家属、医疗、交通、参观游览、教育等多个方面按照国家的和省里配套的政策认真执行。在义务兵家属优待上，农村义务兵家属优待金在文件规定的上年度当地农民人均纯收入的70%基础上各地都或多或少地给予补贴。由于地区财政之间的差距，目前全省最高达每户每年6000

元，最低为1500元。在城镇义务兵家属优待金上，尽管没有文件规定，但在沈阳、营口、盘锦等市，突破政策由市财政出资给予优待，尤其沈阳市已出台文件将城镇义务兵家属优待金提高到每户每年1000元，入伍的全日制在校大学生优待金每年1万元，今年入伍的大学生达到362人，居全国同级城市之首。在医疗优待上，主要是针对重点优抚对象，由于民政部的医疗配套文件尚未出台，各地做法不尽相同，其中包括定额包干、纳入新型农村合作医疗、纳入商业保险，力度最大的是大连市在全国率先将农村1.4万多名重点优抚对象纳入城镇职工基本医疗保险，给我省下一步出台医疗办法提供了值得借鉴的经验。在交通优待上，除按国家文件执行的之外，大连市出台文件，规定现役军人乘坐市内公交车免费。在参观游览优待上，沈阳市出台了免收现役军人第一门票的文件。在教育优待上，我省出台《关于在高考中贯彻〈优抚对象及其子女教育优待暂行办法〉的实施意见》（辽招考委字［2005］10号），这一文件对民政部的文件有所突破，即烈士子女高考总分低于所投学校调档分数线10分之内，可以提供档案。各地认真贯彻执行此文件，并在一些方面超过了文件规定，譬如在军人子女免费择校、免收差分自费等等。

（三）转业干部、退役士兵和军嫂的安置工作得到落实。在企业转属转制、机关事业单位人事制度改革的形势下，各地普遍采取指令性安置与多元化安置相结合的办法，鼓励扶持自谋职业，拓展培训就业服务层面等多形式多渠道安置。如鞍山市针对企业转属转制实行了属地化管理，市政安置的重点相应转移到城区的情况，坚持确保重点、放开一般、双向选择、挂牌分配的安置原则，合理安置；大连市为了增强自谋职业退役士兵的就业能力，各级安置部门开设了数十个专业技能培训班，免费为退役士兵进行培训，各市灵活有效的安置策略确保圆满完成了安置任务。

四、以工作创新为推动，双拥工作扎实有效发展

（一）军民共建工作蓬勃开展。各地在市场经济条件下积极探索共建的新形势，坚持以“双赢”为目标积极开创军民共建新局面。共建双方充分利用各自的优势，以建设和谐社会中和谐的军民军政关系为出发点，在改善部队基础环境、加大科技含量、保障地方重点工程建设、科技下乡扶贫、教育扶贫等方面形成良性循环。在各地军政领导的高度重视和积极协调筹措下，全省军民共建呈现以重点共建工程和中长期规划带动微观工作的良好局面，如辽阳市开展“三二九”共建活动，即29个市直部门、29个中（省）直企业、民营企业，29个乡（镇）、村与29个驻军部队分别签订了双拥共建协议，并做到了活动有计划，机构有组织，联络有人员，工作扎实有效。锦州市开展了包括“军民共建一片双拥林”、“军民共建一条绿化带”、“军民共建一簇八一绿”在内的绿化锦州南山工程，拟用3年时间，完成造林2.5万亩，植树275万株的任务。

（二）“两新组织”拥军空前活跃。随着市场经济的不断发展，新经济组织和新社会组织也在不断兴起和壮大，而且对建设物质文明、精神文明、政治文明和构建和谐社会已显现出新的特点。各地利用这样一个全新的局面，深入研究并鼓励优秀的“两新组织”参与到双拥活动中来，通过政策支持和宣传，提高了他们的国防和双拥意识。如营口市要求各级双拥组织主动联系区域内“两新组织”、主动向“两新组织”宣传双拥工作、主动为“两新组织”搭桥共建；吸收“两新组织”队伍参加双拥活动，并将“两新组织”纳入双拥表彰。在科技文化拥军方面，“两新组织”利用自己的领域专长为部队提供科学技术培训及提供资金改善各种现代化设备；发挥“两新组织”吸纳劳动力灵活优势，着力解决了一部分军人及家属就业问题，减轻了各级政府面对的就业压力。“两新组织”在社会上营造了浓厚的拥军氛围，企业自身也因此而获得良好的美誉，形成了共建双赢的局面。如丹东市组织开展了“百名企业家进军营”活动，同时在个别区先行试点，组织数十家企业和社团成立了“民营企业、社会团体拥军协会”。

（三）双拥典型更具时代特色。各市充分认识到榜样的力量、典型的带动作用，注意发掘、培养和宣传双拥先进典型。各地把培养和宣传先进典型作为开展国防教育和双拥教育的一个重点，用典型引路，有力地推动了全市双拥工作的开展推动了双拥工作再上新台阶。另外，各地注重把发掘双拥典型趋向基层。目前全省各地涌现的个人典型有基层干部、民营企业家、普通老百姓、军嫂等等，在今年全国军民共建社会主义精神文明先进个人评选中脱颖而出的丹东市供电设备厂董事长杜云吉，充分发挥几十年如一日地帮助驻丹部队，起到了带头示范作用。

（四）基层双拥工作更加扎实深入。各地适应新形势，扎实推进基层双拥共建。各地在巩固传统共建项目的基础上，适应城区管理体制改革，全面加强了社区双拥建设。社区和基层连队的共建活动深入广泛开展，形式和内容呈现出新的局面。基层双拥共建能够扎实高效地开展得益于军地各级领导的重视，在机构编制、组织活动方面给予极大的政策支持，各地相继成立基层拥军优属领导小组和服务队，制定了工作职责、活动内容、完成时限等，并密切关注基层共建的新做法、新典型，形成良性循环。基层连队和社区能够发挥各自的政治优势、人力优势、灵活性等开展经常性的共建活动，努力创造“双赢”、“多赢”局面，使双拥共建有组织保证、有活动计划、有资金保障、有服务网络，收到了明显的共建效果。如沈阳市开展的国防教育进社区、双向认亲进社区、爱民服务进社区、科技拥军进社区、拥军优属进社区、帮扶解困进社区和共学、共育、共建、共享、共创、共管的军民共建“六进六共”活动，以军地和谐促进社会和谐。

（五）双拥理论调研成效明显。按照全国双拥办关于做好双拥调研理论文章征集工作的精神，省双拥办分别与省内几十所高校及各市双拥办联系，征集20余篇双拥理论文章。其中有《关于城乡退役士兵就业扶持一体化的思考》、《关于以协会的形式开展双拥工作的调查与思考》、《浅谈随军家属安置工作的改革》、《农村税费改革后转移支付中“优抚资金”管理使用情况的几点思考》、《以“两新组织”为载体努力做好新形势下拥军优属工作》等，在全国双拥理论研讨会上获一等奖和三等奖。

五、以辽宁老工业基地振兴为己任，为地方经济建设做出新贡献

（一）从地方经济建设的大局出发，牺牲局部利益全力支持辽宁老工业基地的振兴。驻辽部队，积极参加驻地经济建设，在植树造林、小流域治理、市政工程建设、派驻部队科技人员等方面倾心尽力，竭尽全力，为老工业基地振兴做出了巨大贡献。一年来，驻辽部队共出动官兵20万人次、车辆近万台次，清运垃圾30万立方米、植树近60万株。在周水子机场的迁移中，大连驻军主动腾出营房，体现了部队对驻地的深情厚爱；驻葫92941部队针对地方对网络技术的需求，派出科技人员帮助市教育局筹建的“葫芦岛市教育网”，制作了信息发布、工作动态、政策法规宣传、自动化办公、BBS论坛及在线电影、娱乐等版块。

（二）从保护人民群众生命财产出发，义不容辞担负急难险重任务。驻辽部队面对急难险重任务，表现出人民军队为人民的良好作风。如驻抚部队在面对抚顺突发的洪灾时，积极组织协调，以雷锋生前所在团和市武警支队为主力，发动广大民兵预备役人员投入到抗洪一线，不畏艰险，英勇奋战。共动用民兵4万人次，动用车辆1800台次，解救被洪水围困群众2300人次，转移疏散群众5.7万余人，抢修交通道路5.2万米等。受到地方人民的高度赞扬。阜新2·14矿难发生后，军分区司令员、政治委员在第一时间赶赴现场，全程参与救援工作，先后协调驻军部队解决了6处停尸场地，并召开驻军协调会，通报矿难救援情况，号召各部队伸出援助之手，捐款捐物23万余元。军分区主要领导还主动参与矿难职工的承包工作，建立帮扶对子长期帮助，深入矿难职工家庭面对面地做深入的思想疏导工作，确保帮扶对象在第一时间签订了协议，受到了省委、省政府的充分肯定。这些都表现出在危难关头驻辽部队对第二家乡人民的热爱和保一方平安的坚定信念。

（三）从解决弱势群众最关心的问题出发，广泛开展形式多样的帮扶活动。一年来，驻辽部队官兵积极开展了形式多样的扶贫帮困和捐资助学活动。其中包括对偏远地区群众进行医疗扶贫、帮建医院诊所，救助重点优抚对象；向贫困地区捐赠助学款，资助贫困学生，帮建希望小学；文化艺术下乡，进行有军队特色的慰问演出。一年来，驻辽部队向贫困地区捐款捐物共计400多万元，3000多名贫困学生得到资助，800余名农村重点优抚对象得到医疗救助。

吉林省二〇〇五年双拥工作总结

2005年，我省双拥工作在全国双拥办的指导下，在省委、省政府、省军区的领导下，认真贯彻落实“三个代表”重要思想，坚持以维护社会稳定、促进经济快速发展、推进军事斗争准备为重点，大力深化有特色的双拥活动，不断丰富和创新双拥工作内容和载体，强化双拥法规建设，广泛开展了以纪念抗日战争胜利60周年为主题的拥军优属和纪念活动，全省双拥工作整体水平进一步提升。

一、完成的主要工作情况

（一）以纪念抗战胜利60周年为契机，深入开展国防和双拥宣传教育

结合纪念抗战胜利60周年，全省各地广泛开展了以弘扬爱国主义为核心的国防和双拥宣传教育工作，激发了广大军民爱国热情，促进了军民团结，增强了民族凝聚力。

一是利用重大节日开展形式多样的纪念活动。清明期间，我省在通化市杨靖宇烈士陵园隆重召开了“纪念杨靖宇将军诞辰100周年大会”。省委书记王云坤、副省长李斌、国家民政部副部长罗平飞、总政治部群工办副主任范巨通等参加了大会。“八一”前夕，省委、省政府为驻军部队官兵举行了专场文艺演出，由孤儿学校的孩子演出了抗日战争题材的舞台剧《嘎子》。9月3日，召开了纪念抗战胜利60周年座谈会。省领导与抗战老兵代表进行了亲切交谈。全省各界也都以座谈会、演讲、图片展览、军地联谊、英模报告、文艺演出等形式，组织了规模较大的纪念活动。

二是大力宣传抗日老兵的历史功绩。我省充分发挥新闻媒体的宣传作用，在报刊、电视、广播中均设立了抗日老兵宣传专栏和专题，通过放映抗战革命影片、宣传英烈事迹、回顾革命历程，激发了广大军民的爱国热情，极大地增强了民族凝聚力。省民政厅与《新文化报》联合开辟的《抗战英雄谱》栏目，集中宣传了20余名在世的抗日老战士的英雄事迹，提高了这些共和国功臣的政治荣誉，在社会上产生了强烈反响。永吉县抗日老兵赵忠来作为我省参加全国纪念活动的唯一代表，受到党和国家领导人的接见。中央电视台“焦点访谈”栏目专题报道了赵忠来和在荣军一院疗养的抗日老兵的情况。全省各地通过多种形式，为2897名在乡抗日老战士颁发了纪念章。

三是积极走访慰问抗日老兵等优抚对象和部队官兵。节日期间，全省各级党委和政府对优抚对象和部队官兵普遍进行了走访慰问。“八一”前夕，省委、省政府组成3个慰问团分别对驻军官兵进行了慰问；省委书记王云坤到省第一荣军医院看望了抗日老兵，为抗日老兵和两院荣军赠送了慰问品；省民政厅、省军区政治部、省慈善总会连续5年组织“爱心献功臣医疗队”，为在乡抗日老兵等重点优抚对象送医送药，今年组织了19支军地医疗队送去价值50余万元药品，充分表达了党和人民对共和国功臣的关爱之情。

四是加强了爱国主义教育基地建设。按照国家纪念抗日战争胜利60周年的部署，省民政厅及时下发了《关于大力弘扬烈士精神，加强烈士纪念建筑物管理工作的通知》，要求各地加强烈士纪念建筑物的管理和保护。目前，四平、通化、延边、吉

林、临江5个国家级管理的烈士陵园建设已具有一定的规模，在精神文明建设中发挥了重要作用。省里的专项补助经费全部用于补助8个安葬抗日烈士的省级陵园。今年，通化市筹措资金1000多万元，在靖宇陵园扩建了东北抗联烈士纪念馆，临江市争取国家支持建成了纪念馆，白城、扶余的烈士陵园的维修建设也取得了较大成绩，新建的辽源市烈士陵园已经跨入省级管理的行列。

（二）着眼部队需求，不断深化有特色的双拥工作

全省各级党委政府、各有关部门、各企业事业单位，自觉坚持从巩固国防和发展“同呼吸、共命运、心连心”的大好局面出发，不断研究探索具有自身特色的双拥工作内容和形式，努力克服困难，千方百计为驻军及官兵办实事、解难题。

一是科技拥军深入发展。科技拥军是我省双拥工作的“品牌工程”。随着部队军事斗争准备的不断推进，我省科技拥军已形成了规范化、经常化、基地化发展格局。长春市充分发挥自身科技优势，成立了有大专院校和科研院所专家组成的科技拥军顾问团，设立了科技拥军专项基金，为部队信息化建设提供了强有力的服务和保障。7月份，召开了“科技拥军顾问团成立暨科研项目对接大会”，确定了19项支持部队信息化建设的重点科研项目。在5所地方高校建立了科技拥军基地，今年，为驻长部队开办英语、计算机等培训班5期；组织了150名现役军官参加吉林大学硕士研究生考试。

二是教育拥军成效显著。针对军人职业的特殊性给其子女在入学入托等方面带来的实际困难，为解除部队官兵后顾之忧，全力支持部队建设，全省各地认真贯彻落实省政府下发的《关于做好驻省部队现役军人子女教育工作的意见》，目前，全省9个市（州）均制定了军人子女教育优惠政策。四平市不断加大教育拥军力度，建立了完善的监督检查机制，切实把军人子女教育优待落到实处。今年，全省共有400多名军人子女享受到教育优待，共减免费用330多万元。

三是文化拥军成为新的亮点。今年，按照国家民政部关于在全国范围内开展“援建军营图书室，共建学习型军营”系列活动的通知要求，省民政厅专门下发了通知，进一步明确了活动的内容和标准。截止目前，我省共投资80多万元，购买了200多套连队图书室图书，捐赠给部队，有力地推动驻我省部队的文化建设。白山市文化拥军深入扎实。从去年开始，他们加强了对基层连队娱乐室、荣誉室、图书室等文化基础设施建设的投入，积极开展思想共建、文化互动等活动。在去年投入资金64万元，建成了8个基层连队文化示范站点的基础上，今年白山市各级政府又投入80万元，建设了15个文化站点。

四是政策拥军有新的突破。全省各地认真抓好新的《军人抚恤优待条例》和民政部、教育部、总政治部印发的《优抚对象及其子女教育优待暂行办法》的落实，对过去相关的双拥政策法规进行了补充和完善，加大了对军人子女教育、转业退伍军人安置、军人家属就业等优待力度，使双拥政策法规体系建设进一步完善。9月27日，长春市举办了“驻军部队随军家属就业专场招聘会”，组织了102家用人单位，提供了2130个就业岗位供军嫂选择，上千名随军家属参加了招聘会，在社会上引起了很大反响。

（三）广泛开展群众性双拥共建活动，促进双拥工作全面发展

我省坚持把开展群众性军民共建活动，作为双拥工作的重要内容来抓。针对市场经济不断发展和部队军事斗争准备的加速进行，我们注重研究新形势下双拥工作的特点和规律，不断拓宽双拥共建领域，丰富双拥共建内容，努力在全省广大军民中建立起“军爱民、民拥军”的良好氛围。

一是积极发展社区双拥工作。城市社区建设的蓬勃发展，为双拥工作提供了广阔的活动空间。我省双拥工作充分利用社区这个平台，以共建社会主义精神文明为主要内容，开展了丰富多彩的军民共建活动。目前，全省1400个社区共结成军民共建对子1300多个。各社区都成立了由社区、部队、驻社区单位等有关人员组成的社区双拥共建领导小

组，结合不同时期的工作重点，围绕社区组织、社区服务、社区文化、社区卫生、社区治安等社区建设的主要内容，经常组织驻社区单位、居民和部队官兵开展丰富多彩、富有特色的双拥共建活动，形成了军民共建文明社区的新局面。

二是引导双拥工作向民营经济组织渗透。随着改革开放的不断深入，民营经济已成为市场经济发展的重要组成部分，我们积极适应新形势，及时开拓了这一领域的双拥工作实践，下发了《关于在全省民营企业开展双拥工作的指导意见》。在去年总结推广大安市成立非公经济组织拥军协会经验的基础上，今年长春市又成立了民营企业拥军协会，并在最繁华的商业街建立了民营企业拥军一条街，有力地推动了这项工作的深入开展。目前，我省民营企业在退伍士兵安置和支援部队现代化建设中正发挥着越来越重要的作用。

三是群众性军民共建活动蓬勃发展。我省驻军与企事业单位、机关、学校、社区等单位广泛结成双拥共建对子，军地双方发挥各自的优势，互帮互助，经常开展文化交流、扶贫帮困等活动，增进了军民团结。每到元旦、春节、“八一”等节日，各地街道、社区、厂矿、学校、企事业单位、民营企业拥军协会都会自发地组织到部队慰问广大驻军官兵，体现了深厚军民鱼水情。今年7月，在“全国军民共建社会主义精神文明电视电话表彰会议”上，我省吉林市船营区南京街道办事处等5个单位和白城市民政局局长王文新等3名个人受到国家表彰。

（四）落实优抚政策法规，积极为优抚对象解难题

我省在开展双拥工作的同时，注重用双拥的浓厚氛围和产生的良好社会效益，推动优抚工作难点问题的解决。今年，下大力解决了老兵“三难”问题。

一是在乡重点优抚对象纳入城镇职工基本医疗保险取得重大突破。将在乡重点优抚对象纳入城镇职工基本医疗保险是我省一大创举，也是去年全国优抚工作会议上大力推广的经验之一。目前，我省长春、延边、图们等33个市（州）和县（市、区）已完成纳入工作，占全省县（市）的45%。其他县（市、区）将采取医疗补助和商业保险等方式加以解决。

二是在乡老兵安居工程进展顺利。通化市、白山市、延边州政府，通过各种渠道和办法在全省率先解决了在乡老兵住房难问题，特别是延边州实施的“千户扶优安居工程”，在去年全国优抚工作会议上进行了推广，为全省争得了荣誉。今年省政府办公厅又转发了省民政厅《关于在全省实施在乡老兵安居工程指导意见》，各地迅速行动，纷纷制定了《实施方案》，成立了相应组织，明确了资金来源、包保任务等项内容，预计全省将投入8000万元，用两年时间，为全省近万户住房困难的在乡老兵彻底解决住房问题。目前，已完成建房5343户，其中松原地区为747户老兵建房已全部完成。

三是各项优抚政策得到较好落实。各地能够按照国家现行标准，及时、足额发放各类优抚对象的抚恤补助费，并建立起了优抚对象抚恤补助标准自然增长机制。去年，全省义务兵家庭优待金平均为2337元，其他在乡重点优抚对象的优待金平均737元。其中，和龙市在乡重点优抚对象优待金达到了944元，为上年度农村人均收入的70%，并创下了连续19年不跨年度兑现优待金的佳绩，《中国社会报》和《吉林日报》分别报道了该市的做法。

（五）发挥部队优势，大力支援地方建设

驻吉部队按照“军队要积极支持和参加国家建设”的总要求，自觉以拥政爱民、建设第二故乡为己任，充分发挥组织严密、突击力强的特点，积极参加和支援地方建设，为维护社会安全稳定、促进地方经济发展做出了突出的贡献。

一是积极投身驻地重点工程建设任务。当前，是振兴吉林老工业基地的关键时期，我省驻军部队注重发挥自身优势，主动参加和支援地方重点工程建设项目，在保护生态环境、参加基础设施建设、科技助民、扶贫帮困、加强精神文明建设和维护社会安全稳定等方面发挥了重要作用。今年4月，为保护我省生态环境，吉林省军区集中6个军分区、

两个预备师（旅），共5000余名预备役官兵，在我省荒漠化最严重的松原市前郭县组织了“万亩民兵林暨荒漠化治理大会战”，共植树120万株，受到了省委、省政府领导的高度赞扬。明年1月，省委、省政府和省军区还将联合召开“驻军、武警部队参加和支援振兴吉林老工业基地工作会议”，进一步总结部署援建工作。

二是勇于承担急难险重任务。入夏以来，我省多数地区普降大雨，吉林市等部分县（市）区洪水泛滥，灾情严重。驻军部队充分发挥大无畏的革命精神，先后出动人员1万多人次，动用车辆300台次，投入到抗洪抢险行动，保证了人民群众的生命财产安全。在蛟河矿难和舒兰矿难中，民兵应急分队和吉林市武警支队在第一时间赶到现场，较好地完成了抢险救援和执行警戒任务。

三是广泛开展扶贫、济困和助学活动。驻吉部队和军事院校利用自身优势，积极开展科技助民活动，今年共转让技术成果19项。上半年，长春警备区组织驻长部队与农安县15所贫困小学结成帮扶对子，部队投入了大量的人力、物力、财力，为学校修建校舍、配备桌椅、购买微机、赠送图书、资助贫困学生，使各学校的教学环境、教学设备和办学条件都得到了很大的改观。同时，驻吉部队响应省委、省政府的号召，广泛开展了“双日捐”活动，为省贫困地区和灾区群众献爱心。

黑龙江省二〇〇五年双拥工作总结

一年来，黑龙江省双拥工作在党中央、国务院、中央军委的领导下，在全国双拥工作领导小组的指导下，以邓小平理论和“三个代表”重要思想为指导，树立和落实科学发展观，紧紧围绕省委、省政府提出的“努力快发展、全面建小康”战略目标，服从服务于经济建设这个中心大局，与时俱进，开拓创新，立足基层，注重建设，在求实中发展，在继承中进取，进一步密切了军政军民关系，维护了社会稳定、部队稳定和边防稳定，促进了全省经济社会发展和部队全面建设。

一、搞好宣传，深化教育，双拥舆论氛围更加浓厚

2005年是纪念抗日战争胜利60周年，也是建军78周年，各地各部队把全民国防教育和双拥宣传教育作为一项基础性工作，通过扎实有效的宣传教育，极大地激发了广大军民拥军优属和拥政爱民的热情。

一是广泛开展了形式多样的纪念活动。召开了全省纪念抗战胜利60周年纪念大会，组织省领导走访慰问抗战老战士和具有抗日传统的英雄部队，为4000多名在乡抗战老战士发放了纪念章等系列活动，并圆满完成了“八一”、春节省领导走访慰问活动。省双拥办与省军区联合制作了《黑龙江双拥谱新篇》电视专题片，并在省、市电视台等4家宣传媒体播放，受到社会各界的好评。省康复中心举办两批200名抗战老功臣康复疗养活动，受到功臣们一致好评。大庆私营企业红太阳集团出资20万元，组织36位抗战功臣、老英雄共踏红色之旅，感受中华盛世。佳木斯隆重举行万人纪念大会，在社会各界引起了强烈反响。绥化、鹤岗、伊春、黑河、七台河开展了以“以史为鉴、面向未来”为主题系列教育活动，缅怀革命先烈，弘扬民族精神，坚定奋斗信心。

二是进一步深化了全民国防教育。一年来，省委、省政府始终把全民国防教育作为全民教育的重要组成部分，作为国家长治久安、促进经济发展和社会稳定的思想基础来抓，纳入各级党政军领导议事日程，成立了党政军主要领导和有关部门负责同志参加的全民国防教育领导小组，设置了办事机构，定期研究，统筹安排，实行规范化、系统化、目标化管理。省人大常委会颁布了《黑龙江省国防教育条例》，省委宣传部制定了《黑龙江省全民国防教育大纲》，并分层次制定党政干部、民兵预备役、边境居民、企业、农村、小学、初中、高中和大学9个不同教育对象的《国防教育纲要》，制作了小学和预备役人员国防教育录像片。在开展教育中，做到了“六个结合”，即：同国际国内形势教育、同学生的军训、同学雷锋学苏宁活动、同重大节日纪念活动、同征兵工作、同民兵整训等各项经常性活动结合起来。

三是加大了国防教育基地建设力度。召开了“全省爱国主义教育基地建设交流会”，推进了全省烈士陵园建设，乡镇级烈士陵园纳入县级管理，有效地解决了乡镇级烈士陵园管理不规范的问题。厅优抚处3个优抚事业单位全部达到国家等级院的标准。完成了海林、肇源、汤原等8处国家和省级烈士陵园的改造任务。组织全省烈士纪念馆讲解员进行集中培训，有5人在全国烈士纪念馆讲解员大赛中获奖。各地充分发挥烈士陵园爱国主义教育基地褒扬先烈教育群众的主体作用，还为配合先进性教育积极提供优质场所和鲜活材料。省双拥办现场为在苏宁纪念馆参观的部队官兵解答优抚政策法规，并开通了服务咨询热线。牡丹江军休所、安达荣誉军人疗养院组织抗战老功臣深入机关、企事业近百家单位做巡回演讲，受教育党员近万人。2005年全省各级烈士陵园等教育场所，共接待学习参观人数近500万人次，老英雄、老功臣作报告达200多场次，推动了先进性教育扎实开展，取得了显著成效。

二、领导重视，健全机构，双拥组织领导更加有力

党政军各级领导始终坚持把双拥工作当成一项政治任务摆上重要议事日程，强化双拥工作的组织机构建设，为各项工作的落实提供了坚强保障。

一是各级领导亲力亲为。省四大班子领导每逢重大节日都亲自带队深入基层走访慰问，号召全省人民全力以赴支持部队军事斗争准备。为增强国民经济动员意识，省委书记还亲临“油城—05”演练观摩现场，参加演练观摩活动；齐齐哈尔市主要领导组成慰问团带着牛羊等慰问品深入部队；绥化市委书记胡世英先后4次主持召开市委常委议军会，专题研究双拥工作重大问题；大庆市委书记盖如银率队赴洮南慰问演习官兵，鼓舞了部队官兵士气。绝大多数市、县还都把“三亲自”、“四纳入”、“五挂钩”双拥工作要求摆上重要议事日程。据统计，春节、“八一”期间，全省共组成750多个慰问团，深入部队和重点优抚对象家中走访慰问，赠送慰问金600多万元。

二是加强了机构建设。组织召开了首届省双拥领导小组成员单位领导及联络员会议，明确了成员单位职责及联络员职责，并制订《双拥工作联络员手册》，有效地整合了双拥资源，解决了成员单位之间沟通协调难问题，提高了双拥工作效率。按照国家要求重新修订了《省双拥工作领导小组工作制度》和《省双拥工作领导小组办公室工作制度》，为双拥工作走向规范化起到推进作用。与此同时，各地全部落实了军地合署办公制度，军地双方双向互动，资源共享，极大地提高了工作效能。目前，已有8个地市、县双拥办单独列编，级别升格，为双拥工作提供了坚强的组织保证。

三、突出重点，解决难点，双拥法规建设更加完善

为适应部队建设改革发展的需要，省委、省政府提出要把支持部队做好军事斗争准备和解决优抚对象实际难题结合起来，作为双拥工作的重点抓好抓实。各地以巩固“爱心献功臣”成果为牵引，坚持动真情、办实事、求实效，双拥优抚政策法规得到较好的落实。

一是多方协调资金，保证优抚对象得到实惠。今年积极争取国家和省两级财政用于双拥优抚经费达2.9699亿元，同比增长117%。全省统一了义务兵家属优待金标准，并全部列入省级财政预算(包括转移支付资金)，达8139万元。10月份省政府决定每年从省财政增加投入4000万元，用于提高义务兵家属优待金和在校大学生入伍补助，省财政投入比去年增加了50%。省里先后出台了提高重点优抚对象抚恤补助标准政策文件3个，抚恤补助标准全省统一，优抚对象“三难”问题从根本上得到有效缓解。省委、省政府从2006年起将义务兵家属优待金由原来城镇80元、农村2000元增加到现在150元、4000元，极大地调动适龄青年应征入伍积极性。双鸭山、七台河、大庆将优抚对象纳入社会救助、最低生活保障体系，优抚对象每人每年可节省医疗费上千元，缓解了医疗难问题。佳木斯、牡丹江、富锦、明水等地修建光荣院、军人托老所、功臣大院集中供养优抚对象，解决了优抚对象住房难问题。

二是想方设法办实事，解决军人后顾之忧。为继续配合驻省部队精减调整工作，今年省委、省政府把落实中央23号文件列入省政府督查事项，积极争取省财政支持，为全省退役士兵自谋职业落实一次性补偿金690万元，自谋职业率达55%，安置率达97%。伊春对转业干部实施政策倾斜，兑现了“千难万难，不能让子弟兵为难”承诺。佳木斯、哈尔滨在强化指令性安置同时，不断探索安置有偿转移、自谋职业和双向选择的新路子，开办电脑、烹饪技能培训班，增强退役士兵择业竞争能力。各地安置部门采取妥善措施，有效地解决随军家属安置、军休干部两个待遇落实难问题。

三是依据政策法规抓落实，拓展双拥工作新领域。年初以来，针对双拥工作难点热点问题，省双拥办制定下发了6个双拥政策性法规文件。其中，出台了《黑龙江省双拥模范城（县）考核标准细则》，制定了千分制考核办法，首次实施了动态管理的年度双拥工作考核机制，对全省12个地级市双拥工作进行了年度考核，各地双拥工作呈现出了“比在平时、干在平时、考在平时”喜人局面。结合我省非公有制经济组织不断发展壮大的实际，在鸡西进行了非公有制经济组织开展双拥活动的试点，出台了《关于在全省非公有制经济组织中开展双拥活动的意见》，全国双拥办转发了经验作法。佳木斯、牡丹江、大庆等地相继出台了现役军人子女入学暂行规定、现役随军家属享受补助的意见，为部队官兵解除了后顾之忧。

四是注重研究解决棘手问题，妥善处理群体性上访事件。在有关部门的密切关注和有力指导下，抽调专人负责，完成了省委书记交办的《建国前企业退休老军人要求提高生活待遇问题》等5件批示，接待、劝阻群体上访人员9批600多人次，使上访人员初步得到稳定。组织协调有关部门妥善处理了原8023部队受核辐射人员上访和部分残疾军人要求调整等级难度较大上访问题，及时出台了《关于对建国前企业退休老兵实行优待的补充通知》等4个政策性文件，使处理群体性上访事件取得了阶段性成效。

四、军地联动，通力协作，双拥共建活动更加扎实

今年以来，各地各部队围绕军地改革与发展的实际，发挥优势，积极参与，充分显现了双拥工作围绕中心、服务大局的保障作用。

一是扶贫帮困动真情。各地驻军部队团以上单位采取一乡一县进行帮扶，营以下单位采取一村一户进行帮扶。省军区机关连续4年为包扶的克东县82户伤病残军人和军烈属，送去价值10万多元的扶贫物资和1万多元助学金，解决他们生活及子女入学等难题。各部队十分注重帮助扶贫对象学文化、学知识、学技能。由省军区发起开展的“科技之冬”活动，把科技助民、扶贫帮困、精神文明等工作结合在一起，现已推广农业新技术148项，培训群众8万人次，4万多户农民脱贫，6000户农民走上富裕道路。鸡西、绥化、鹤岗、双城、鸡东开展“百名校官助功臣”、“爱心救助行动”、救助“春蕾女童”、捐助“希望工程”等活动，产生了良好的社会效益。一年来，全省驻军帮建希望小学26所，赠送教学器材2384件，微机174台，图书8400多册，资助贫困学生3483人等。

二是军警民共建共育有成效。一年来，全省各地普遍举办军民联欢会和广场文艺演出等多种形式的联欢活动，充分展示了双拥共建工作的累累硕果，进一步体现了军政军民之间的鱼水深情。组织开展了“图书进军营、共建学习型军营”和“优抚政策进连队”等活动，各级法院设立“涉军案件协议厅”，军人涉法咨询站，保障了军人及其家属的合法权益。哈尔滨、大庆依托知识密集型企业建立科技拥军网络，免费为部队开办各类高科技培训班15期，培训人员共6000人，为部队建设储备了大量高新技术人才；佳木斯小学总结共建经验，倡导双拥工作从娃娃抓起的新理念，在全市教育系统引起强烈反响。驻省各军（警）部队注重发挥军民共建共育的辐射作用，深入学校、企业、社区、村屯，与驻地联手举办形式多样、内容丰富的军警民共建共育活动，促进了精神文明建设。目前，全省军民共建成果显著，网络覆盖面达98％。在全国军民共建社会主义精神文明表彰电视电话会议上，我省有4个单位和3名个人被分别授予全国军民共建社会主义精神文明先进单位和先进个人称号。

三是抢险救灾见行动。6月上旬，宁安市沙兰镇遭受洪灾，省军区、65435部队、省武警、森警、消警、边警等组织所属部队官兵火速赶到，全面展开抢险救灾工作，以实际行动赢得了人民群众的拥护和信赖。特别是在11月下旬国内国际瞩目的应对松花江水污染事件中，各部队积极配合地方党委、政府，采取有效应对措施，与灾区群众携手共渡难关。省军区由司令员带队7名将军组成的送水队，让老百姓在危难之时能与将军站在一起；省武警总队长、政委连续48小时与官兵一道完成净水厂滤料更换任务；空军一飞院出动15台车，一天24小时不间断为供热公司、电业局、老年公寓等重点用水保障单位及市区居民义务送水；65435部队发挥野战部队作风过硬、突击力强的优势，先后完成1500多吨饮用水、活性炭的卸运任务。尤其是在事关国家形象、中俄战略伙伴关系和两国人民情感的抚远“引流筑堰”工程中，驻省各部队密切配合，团结协作，不畏严寒，连续奋战，为夺取防治松花江水污染全面胜利做出了突出贡献。国务院总理温家宝、中央军委副主席曹刚川又分别做了重要批示，给予了充分肯定。总参、总政对此专门下发了《慰问电》。据不完全统计，今年以来驻省军警部队实施抢险救援850次，出动官兵17万人次，救助人民群众3100余人，保护财产价值近15亿元，为保卫国家财产和人民生命安全做出了突出贡献。

五、注重研究，不断探索，双拥创新成果更加突出

针对双拥工作出现的新情况、新问题，各地各部队加大双拥理论探索和研究力度。各地各部队始终把理论研究作为推进工作创新发展的重要途径，省双拥办撰写的《新时期双拥工作思考》获2005年国家民政论坛三等奖，《论双拥工作在构建和谐社会重要作用》、佳木斯市双拥办撰写的《创千里双拥水道实践与思考》在全国双拥理论研讨会上分别获得二等奖和三等奖，省双拥办获得理论研讨会优秀组织奖。鸡西在全省率先建立双拥网站，拓宽了双拥成果展示与宣传的平台；各地市不断更新双拥办公现代化设备，保证了省、市、县双拥信息交流及时、沟通畅通。一年来，省双拥办整理上报的双拥信息500多条3万多字，编发双拥简报11期，其中11篇稿件被全国双拥简报、《优抚与健康》、《解放军画报》等20多种媒介转载、刊发。为探索新的参建工作模式和途径，7月份，省军区在绥化市召开了“为振兴龙江、建设小康做贡献”活动推进会，表彰了20个先进集体和个人，交流了26个典型经验，总政编发专辑推广经验作法。10月份，在全国民兵预备役政治工作会议上，播放了省军区参建工作专题片，交流了绥化军分区参建工作经验。

2005年，我省的双拥工作虽然取得了一定成绩，但按全国双拥办和省双拥工作领导小组的要求还存在一定差距：一是个别市、县双拥领导小组没有很好地发挥研究和解决重大问题的职能作用，成员单位的合力作用还没有得到充分地发挥；二是一些单位在军地共建过程中，重物质交往、轻思想建设的现象比较突出，军地关系有物化的倾向；三是少数市、县创城后，存在着懈怠思想，领导力度减弱，部门热情不高，工作落实不到位的问题还比较突出，军民反映较大；四是部分市、县双拥办人员不足，办公条件落后，缺乏经费支持，影响了工作的开展，等等，这些问题将在明年的工作中注意研究解决。

上海市二○○五年双拥工作总结

2005年，在市委、市政府和上海警备区的直接领导下，本市双拥工作坚持以邓小平理论和“三个代表”重要思想为指导，以合力构建社会主义和谐社会和适应军队改革要求为目标，以落实《军人抚恤优待条例》和《关于加强本市拥军优属工作的若干规定》为抓手，以完善政策为重点，围绕法制化、社会化、规范化，创新发展双拥工作，进一步巩固和发展了军政军民“同呼吸、共命运、心连心”的大好局面。

一、以解难题、办实事为重点，积极落实拥军优属政策

本市各级各部门把驻沪三军、武警部队普遍关注的热点问题和涉及广大优抚对象切身利益的焦点问题视为工作重点，积极协调，努力落实。

（一）认真办理驻沪部队人大代表团在十二届人大三次会议期间提出的4条建议。对此，市领导高度重视，多次召开专题会议具体协调，各有关部门共同努力，较快形成了各方赞同的处理意见，使这些“建议”件件有回应。在处理意见初步形成后，市双拥办会同市委组织部、财政局、人事局、劳动保障局走访部队，进一步征求部队首长和人大代表的意见，同时，主动通报情况，加强交流沟通，得到了部队首长和人大代表的肯定和理解。

（二）各项优抚安置政策落到实处。去年，我市对重点优抚对象抚恤补助标准进行了建国以来幅度最大、地方投入最多、惠及面最广的一次调整；残疾军人等级套改工作按期优质完成，为全市7000多名残疾军人换发新证；本市退役士兵安置工作初步形成了计划与市场相结合、计划向市场过渡的新机制，全年安置退役士兵4635人，安置率100%；截至去年8月1日，移交地方且符合条件的841名师职退休干部，分两批全部落实医疗保健待遇。

二、以营造氛围为基础，精心培育爱国拥军情怀

全市各级各有关单位采取多种形式，开展内容丰富、形式多样的国防和双拥宣传教育活动，产生了良好的社会效果。

（一）举办广场文艺演出，传播军旅文化，激发拥军热情。上海双拥艺术团坚持走上街头举办广场文艺演出，用丰富多彩的文艺形式表现火热的军旅生活，艺术地展现了本市双拥工作中的先进典型，反映了新型军政军民关系，吸引了许多过往群众驻足观看，产生较好的社会效果。

（二）通过主旋律作品，弘扬革命传统。去年，市双拥办会同市委政法委、市文广集团引进空政文工团编排的国家舞台艺术精品工程剧目之一的现代舞剧《红梅赞》，在上海大剧院连演5场。市领导和驻沪部队首长，与本市千余名烈军属等重点优抚对象，以及驻沪部队官兵共同观看了首场演出。这次演出有效地弘扬了革命先辈的献身精神，给人们以深刻的教育。

（三）抓住各类活动契机，展示拥军优属社会化成果。上海市拥军优属基金会抓住契机，引领社会各界的拥军热情。在纪念中国人民抗日战争暨世界反法西斯战争胜利60周年之际，基金会出资160余万元，慰问了全市3000多名各类抗战老同志。在基金会成立10周年之际，又专门编排了一台大型文艺节目，反映基金会10年历程，同时，也对上海社会化拥军优属活动进行了一次展示。

（四）充分发挥各级各类爱国主义教育基地的功能，坚持为广大军民和精神文明建设服务。龙华烈士陵园等14个烈士陵园主动纳入本市红色旅游景点，一年中共接待参观群众近200万人次，产生了良好的社会影响。地方各级各部门领导普遍接受国防教育，积极参与“军营一日”活动。市领导率先垂范，亲自带领有关部门负责人赴东海舰队过

“军事日”，体验军旅生活，进一步增进了军地之间的理解和友谊。

（五）宣传军民共建成果，推进军民共建工作。本市10个单位、3名个人荣获全国军民共建社会主义精神文明先进单位和先进个人称号。本市有关部门通过广泛宣传他们的先进事迹，以点带面，推动军民共建活动进一步蓬勃开展。

（六）开展驻军英模代表和本市重点优抚对象疗（休）养活动。坚持依托所属的双拥活动中心、荣誉军人疗养院等活动基地，全年安排54批近2000名部队英模代表和重点优抚对象参加疗（休）养活动。

三、以创建双拥模范活动为抓手，着力构筑双拥新高地

本市各级各有关部门高度重视双拥、主动支持双拥、积极推进双拥，在实践中坚持重实效、重引导、重创新。

（一）重实效，全面检查区县创建工作。去年，结合全国双拥办要求，我市采取全面自查总结和重点抽查相结合的办法，对本市各区县双拥工作的效果进行了一次全面检查。市区两级以检查为契机，认真分析形势，主动查找薄弱环节，积极研究改进措施，推动双拥工作常做常新、越做越实。

（二）重引导，创建活动朝着规范有序方向发展。为进一步发挥评比表彰对双拥工作的推动作用，2005年以来，市双拥办会同驻沪部队各大单位政治部、市双拥工作领导小组各成员单位、各区县双拥办共同研究，对双拥模范（先进）考评办法和标准进行修改和完善。期间，市双拥办先后两次书面征求有关各方意见，分别召开了7个座谈会，充分听取各方意见、融合各方智慧。在有关各方的共同努力下，目前，已初步形成了“上海市双拥模范先进创建命名管理暂行办法”，以及与之相配套的实施办法和考评标准的初稿。全国双拥办对此极其关注，要求我市以此为主题，撰写理论研讨文章，在全国双拥工作理论研讨会上交流发言，获优秀论文二等奖。

（三）重创新，积极顺应社会化趋势。我市“两新”组织蓬勃发展，“两新”组织双拥共建工作逐步推开，全市共有6万多个不同类型的“两新”组织以不同形式参加了双拥共建工作，吸纳3万余名不同时期的退役军人和近500名随军随调家属上岗就业，有2000余名“两新”组织的法人代表参加了“军营一日”活动。在这样的形势背景下，市双拥办、市文明办和上海警备区政治部共同召开了“两新”组织双拥共建工作经验交流会，通过不同类型经验的介绍交流，进一步开拓了思路，收到较好效果，为推动我市双拥共建工作向纵深发展，打下了良好基础。

四、驻沪部队大力弘扬拥政爱民的光荣传统，主动支持地方各项事业

在过去的一年里，驻沪部队广大官兵坚持以科学发展观为统领，忠实履行军人职责，切实加强军队全面建设，涌现出了舍身救战友光荣牺牲的王庆平烈士和“全军十大学习成才标兵”、“上海市十大杰出青年”刘国法等一大批先进典型。指战员们牢记我军宗旨，坚持“学习上海、融入上海、保卫上海、奉献上海”，积极支持上海的改革开放和现代化建设，广泛开展军民共建和拥政爱民工作，积极参加抢险救灾、突击劳动、扶贫帮困送温暖等活动，在上海的建设和发展中，发挥了重要作用，做出了重大贡献。

驻沪三军、武警部队官兵以思想引领为重点，以社区建设为平台，大力开展军民共建社会主义精神文明活动；通过开展“献爱心、送温暖、军民共建和谐社会”等活动，广泛开展为民助民、扶困送温暖活动；用攻坚抢险、勇挑重担的实际行动，有力地支持了上海的各项建设事业，也促进了我市双拥工作蓬勃发展。特别在处置“4·16”民间涉日游行，保卫洋山深水港、东海大桥等重点工程建设，支援中环线建设，执行长途押运“神六”飞船等特殊任务过程中，以及在全市人民全力迎战“麦莎”、“卡努”台风期间，驻沪部队、武警部队发挥了重要作用，奋勇投身第一线，有力地维护了社会稳定，处处展现了“威武之师”“文明之师”的良好形象。

江苏省二〇〇五年双拥工作总结

2005年，我省的双拥工作在省委、省政府和省军区的正确领导下，在全国双拥办的有力指导下，以邓小平理论和“三个代表”重要思想为指针，认真贯彻党的十六届四中、五中全会精神，以争创第八届省级双拥模范城（县、区）为契机，进一步加大了双拥工作的力度，全省创建双拥模范城（县、区）的活动保持良好的发展势头，科技拥军活动开展得广泛深入，取得了实实在在的效果，“爱心献功臣行动”得到进一步的巩固与发展，支持军队建设取得了新的成效，驻苏部队积极支持我省“两个文明”建设，拥政爱民工作做出了新的贡献。全省双拥工作整体水平得到进一步的提高，军政军民关系是历史上最好时期之一。

一、召开了驻宁军事院校领导和省双拥工作领导小组成员单位会议

在春节刚过，各个驻宁军事院校普遍开学之际，省双拥工作领导小组在南京双门楼宾馆召开了驻宁军事院校双拥工作座谈会，驻南京的陆军指挥学院、海军指挥学院、解放军理工大学、南京政治学院、国际关系学院、炮兵学院南京分院、第二军医大学南京军医学院等7所院校的院长（校长）政委参加了双拥座谈会。会上，副省长、省双拥工作领导小组副组长王湛同志通报了2004年全省经济社会发展和双拥工作情况，各个军事院校的负责同志都作了热情洋溢的发言。同时，也提出了一些意见和建议，对此省双拥办进行了认真梳理，并登门到汤山炮校进一步听取意见，整理后报省领导阅示，经与省有关部门联系，有些问题已得到了较好的解决，有些问题正在协商之中。会议结束时，省委副书记、省双拥工作领导小组组长张连珍同志作了重要讲话。通过此次会议的召开和对驻宁军事院校的慰问，加深了军地双拥方的感情，进一步密切了与驻宁军事院校的关系，很多方面取得了共识和谅解。

省双拥工作领导小组于8月12日召开了全体成员单位会议，会议听取了省双拥办主任徐国柱同志的工作报告，确定了第八届省级双拥模范城（县、区）命名工作，议定了纪念抗日战争胜利60周年有关慰问事项，与会成员单位进行认真讨论，发表了很多建设性的意见。

二、完成了“八一”走访慰问和纪念抗日战争胜利60周年系列活动

今年8月1日是中国人民解放军建军78周年纪念日，全省重点对海边防部队和抗日老战士、老红军进行走访慰问。省厅由几位厅长带队，分别对连云港、盐城、南通海边防部队和省荣军医院、省复员退伍军人精神病医院和光荣院进行慰问。李源潮书记节日期间还到省军区通信站二连对部队官兵进行慰问，张连珍副书记、王湛副省长到淮安市的涟水县、盱眙县和南京市六合区对红军老战士进行了走访慰问。此外，今年我省第一次由省民政厅和省军区司令部组成慰问团赴西藏，由省双拥办副主任、省民政厅副厅长陶礼仁同志带队，对去年冬季入伍的1505名进西藏义务兵进行了走访慰问。慰问团在拉萨、林芝与战士们共叙军民情谊，介绍家乡建设的大好形势，鼓励他们在军营建功立业报效祖国，并向每一位进藏义务兵赠送了一台MP3，供他们学习娱乐之用。

9月3日又是中国人民抗日战争胜利60周年纪念日，为体现党和政府对在乡抗日老战士和抗战时期烈士遗属的关怀，对全省2.1万多名抗日老战士和近万名抗战烈士遗属进行走访慰问，每人发放慰问金1000元，全省共发放慰问金3175.2万元，并为抗日老战士发放了由胡锦涛总书记题写“纪念抗日战争胜利60周年”纪念章，受到抗日老战士的高度评价。根据民政部的要求，我省组织了7名在抗日战争时期立过战功老战士赴北京参加纪念抗日战争胜利60周年庆祝活动，整个组织工作比较圆满，社会反响较好。

为加强对爱国主义教育基地建设，我们抓住抗日战争胜利60周年契机，向省政府写出专题报告，对抗日战争时期修建的11处国家级和省级重点烈士纪念建筑物单位进行维修改造，共筹集资金1010万元，其中省级财政投入830万元，中央财政投入180万元，加上各地筹措的资金总计有2亿多元，其中徐州市投入5000多万元，常州市投入2500万元，启东市投入资金2300多万元，从而使我省烈士陵园建设进入了一个新的发展时期。

三、制定并出台了第八届省级双拥模范城（县、区）标准和评分细则

为了进一步提高全省双拥工作的整体水平，夯实双拥工作基础，推进双拥工作深入发展，省双拥办在过去双拥模范城（县、区）标准的基础上，根据形势发展的变化，适时制定了新的标准，共有18条，总分120分。同时，省双拥办及时在扬州召开了各市双拥办常务主任会议，在听取各地双拥工作亮点汇报后，陶礼仁副厅长对考核工作进行了具体部署，并对重点工作进行了强调，对创建要突出动态管理，提倡能上能下，好中选优，优中选模范的原则，以充分发挥双拥模范单位的典型示范作用。今年11月下旬开始至12月中旬为止，省双拥办根据各地申报的名单，组织省双拥工作领导小组有关职能部门和各地双拥办共计30多人，分成三个大组进行交叉考核验收。

四、深入开展“一助一”扶优志愿服务，加快推进建立优抚对象大病住院医疗保险制度

我省各地均把解决重点优抚对象“三难”问题列入双拥工作一项重要内容，普遍开展“一助一”扶优志愿服务活动，坚持因地制宜，因人制宜，有什么困难就帮助解决什么困难。地处苏中的南通市、泰州市、扬州市，发动党政干部和有实力的单位给重点优抚对象送温暖献爱心，有的帮项目，有的帮资金，有的帮技术，有的帮助学，有的帮建房，有的送医药，实实在在，情真意切，一方面帮助重点优抚对象解决了实际困难，使他们尽快与当地群众一道走上小康致富之路，另一方面也使广大干部密切了与革命功臣的关系，自己的心灵得到了进一步的升华。

全省各地均将解决重点优抚对象医疗难摆上了重要议事日程，特别是引入了市场竞争机制，在保险公司办理住院医疗保险。目前，我省南京、淮安、连云港、宿迁、扬州、泰州、南通、盐城等10个市与人寿保险公司通力协作，按照市场化操作的方式与当地人寿保险公司签订了重点优抚对象住院医疗保险协议。规定重点优抚对象生病住院，按80%比例报销，60岁以上年龄最高可获赔付3000元，60岁以下的年龄最高可获得4000元的赔付。据统计，今年我省重点优抚对象参加住院医疗保险118019人，参保率达77%，比去年提高27个百分点，参保总金额达2009.32万元。全省预计将有1万多名重点优抚对象住院治疗得到理赔，从而有效地缓解部分重点优抚对象看病住院难或因治病重新致贫、返贫问题的发生，受到广大重点优抚对象的热烈欢迎。同时，省民政厅还出台了《江苏省优抚对象住院医疗保险管理办法（暂行）》，进行规范性操作，保障这项工作健康、有序进行。

五、驻苏部队发扬我军优良传统，拥政爱民工作取得新的成绩

驻苏人民解放军和武警部队坚持全心全意为人民服务的宗旨，在完成科技练兵、政治教育和战备执勤等项任务的前提下，积极支援我省现代化建设和社会主义精神文明建设，部队拥政爱民工作又做出了新的贡献。

一是大力支持地方重点工程建设和社会公益事业。驻苏部队积极参加和支援南京长江三桥、宁启铁路、南京奥林匹克中心场馆等重点工程建设和南水北调、农田水利等项基础工程建设，主动参加地方植树造林，绿化美化城市。为迎接中华人民共和国第十届全国运动会，驻宁部队和军事院校先后出动官兵4万名人次、机械车辆3370多台次，积极参与城市建设与老城改造，为确保第十届全运会的顺利举行做出了新的贡献。省军区各级积极组织部队和民兵预备役人员投身地方经济建设，特别是在开展“双带、双扶”活动中，展示了人民军队威武之师、文明之师的形象。最近，省军区召开了“双带、双扶”总结表彰大会，对进一步开展好“双带、双扶”活动进行了部署。

二是军民共建成绩显著。各部队充分发挥政治优势，主动参与驻地创建文明城市、文明村镇、文明行业等文明创建活动，积极配合机关、厂矿、学校开展爱国主义、国防知识的宣传教育，协助地方开展军训和“军营一日”活动，增强了参训干部群众的军事素质和国防观念。驻镇江第一集团军部队围绕军民共建活动，出动1000多名官兵，在新建的润扬大桥植树，一天建成200亩“双拥林”，得到了人民群众的高度赞誉。

三是急难险重任务面前勇于承担重任。驻苏部队出动数万官兵参加应急抢险、扑灭森林山火战斗。今年4月，驻连云港警备区部队，在扑灭云台山森林大火中，警备区司令身先士卒，亲临现场组织指挥，连续奋战两天三夜，终于扑灭了山火，保护了人民生命财产的安全。

四是扶贫帮困模范带头。驻苏部队建制团以上单位和县一级人武部普遍建立了扶贫帮困挂钩点，帮助驻地优抚对象和困难群众脱贫致富。驻徐州某集团军部队多年来坚持每年春节前筹措数十万元资金、物品，看望慰问受灾群众和贫困家庭，把子弟兵对人民群众的关爱送到千家万户。驻苏州的装甲部队连续9年将自己生产的上百万斤大米送给贫困居民和困难职工，帮助地方政府开展扶贫济困活动。

六、积极完成全国双拥办部署的几项重要工作

一是援建军营图书室活动取得阶段性成果。为深入开展军民共建活动，活跃部队军营文化生活，省双拥办及时下发了《开展援建军营图书室、共建学习型军营活动的通知》。要求各市双拥办至少援建2个以上基层连队，省双拥工作领导小组成员单位各捐赠图书一套、援建一个单位，省双拥办援建13个单位。据不完全统计，今年全省共援建军营图书140套，7万多册，价值人民币56万多元。

二是深入开展对双拥工作理论的探讨。我省根据全国双拥办的通知要求，组织全省双拥部门开展对双拥理论的研讨，特别是结合新的历史时期新的任务要求，对双拥性质功能，双拥发展理念，双拥工作内容，双拥发展模式以及双拥法制体系进行了探讨。全省共收集双拥理论研讨论文30多篇，在全国双拥工作理论研讨会上我省获得了优秀组织奖。同时，我省扬州市双拥办常务副主任顾秋华同志撰写的《浅谈双拥公共服务模式的构建》获得二等奖；南京市双拥办撰写的《关于建立军地联席会议制度完善军地协调机制的探讨》和常州市双拥工作研究会撰写的《对深入开展军民共建活动的几点思考》分别获得三等奖。

今年我省的双拥工作虽然取得了一定的成绩，但与上级的要求，与广大优抚对象的期盼还有不小的差距。一是双拥工作发展不平衡，特别是经济发展的水平制约着当地双拥工作的发展。二是有些地区在优抚政策的落实上还不同程度地存在一些问题，如少数乡镇优抚金不能及时足额到位，影响优抚对象基本生活的保障。三是个别地区在军民关系上发生了一些不该发生的事，在社会上造成了不好的影响。这些问题都需要我们在今后的工作中认真加以克服和改进。

浙江省二〇〇五年双拥工作总结

2005年，全省双拥工作在省委、省政府的正确领导下，在全国双拥办的直接指导下，坚持以邓小平理论和“三个代表”重要思想为指导，牢固树立和全面落实科学发展观，紧紧围绕构建社会主义和谐社会和建设“平安浙江”，积极探索社会主义市场经济条件下双拥工作的新路子、新办法，深入开展争创双拥模范城（县）活动，进一步巩固了军政军民团结的大好局面，促进了全省经济社会各项事业的全面发展和部队战斗力的提高，全省双拥工作整体水平迈上了一个新台阶。

一、坚持国防建设与经济建设协调发展的方针，广泛开展双拥国防宣传教育，全民国防意识进一步增强

坚持国防建设与经济建设协调发展的方针是科学发展观的重要内涵之一。各级党委、政府和驻军领导把做好双拥工作作为树立和落实科学发展观的实际体现，作为全面建设小康社会的大事来抓，始终做到"三个坚持"并形成制度，即：坚持把双拥工作纳入经济社会发展和部队建设总体规划；坚持把双拥工作列入地方党委、政府和部队的重要议事日程，列入领导干部政绩考核，列入部门目标责任管理；坚持军地互访、军地联席会议、领导定点联系驻军等制度。

为切实增强全社会的国防观念和双拥意识，全省各地把开展全民国防教育和双拥宣传，作为调动人民群众拥军支前积极性的基础工程来抓。

一是隆重举行第五个"全民国防教育日"宣传活动。在第五个"全民国防教育日"，全省广泛开展了声势浩大的国防教育宣传活动。省国教委在驻杭空军某部隆重举行了以"走进军营、关注国防"为主题的全民国防教育日宣传活动，通过参观师史馆，观摩军事训练表演，进一步增进了大家对国防和军队建设的关注和了解。舟山市组织全市党政领导在舟山鸦片战争遗址举行了以"牢记历史、强我国防、珍爱和平、开创未来"为主题的宣传教育活动；宁波市开展了百部爱国主义军事题材影片进社区活动；衢州市组织部分离退休老同志成立了"老战士老英雄"报告团，深入机关、学校、军营、厂矿、农村，宣讲革命传统，传播国防知识；嘉兴市开展了以"红色之旅"为主题的国防知识竞赛和网上国防教育征文比赛；台州、丽水市共制作了10万份印有国防教育内容的明信片，免费发放到各级党政机关、学校、企事业单位以及社区、乡村，取得了很好的社会效果。

二是广泛开展经常性的双拥国防宣传教育。清明节期间，全省各地组织党政干部和青年学生及民兵预备役人员到烈士陵园缅怀先烈丰功伟绩，激励爱国斗志。结合民兵预备役人员训练执勤、整组点验以及参与重大军事活动等时机，积极开展形式多样的国防教育活动，强化民兵预备役人员的国防观念。结合纪念抗战胜利60周年，各地普遍进行了防空演习和演练，通过鸣放防空警报，警示人们勿忘国耻、强我国防。通过把国防教育内容纳入学校课堂教育、落实国防教育"书架工程"和组织学生军训等途径，扎实抓好青少年学生的国防教育，进一步激发青少年学生爱军习武情感。一年来，全省有500多万群众受到系统的国防教育，61所高校、968所高级中学开展了军训，48万多学生接受军训。全省各级通过组织形势报告会、党管武装例会、过"军事日"、党校培训、述职报告、参与重大军事活动等，不断强化领导干部的国防意识。省国教委首次依托浙江国防教育网站，对268名省级机关各部委厅局主要领导和全省市、县两级党政主要领导，进行了网上国防知识考核，参考率达93%，取得了很好的成效。

三是重视加强双拥国防宣传教育阵地建设。积极依托信息网络技术，拓展双拥国防宣传教育平台，扩大教育辐射面。截止到今年11月份，省国防教育网站点击率达61万余次，日平均访问量近2000余人次。全省11个地市和30多个县（市、区）也相继利用地方政府网络资源，构建和开通双拥国防宣传教育网站，基本形成了报纸、杂志、电视、广播、网站"五位一体"的双拥国防教育网络。各地紧贴形势任务，积极研究探索新形势下双拥国防宣传教育的特点和规律，着力解决双拥国防宣传教育的重难点问题。针对浙江非公有制经济组织迅猛发展的实际，八月份，我省在乐清市召开了全省非公有制企业国防教育工作会议，集中研究、探讨非公企业开展国防教育的有关问题，总结规律性经验，以进一步促进全民国防教育的普及和深化。国家《国防教育通讯》以专刊的形式转发了我省开展非公企业国防教育工作的经验做法。

二、坚持把支持军事斗争准备作为拥军重点，支持部队建设力度不断加大

"越是改革开放越要加强国防建设，越是发展经济越要拥军优属"。全省各级党委、政府，抓经济不忘国防，把关心国防和军队现代化建设、支持做好军事斗争准备，作为义不容辞的政治责任，满腔热情地为部队办实事、解难事。

一是大力开展科技拥军活动。各地充分发挥地方教育、科研部门、技术密集型单位人才和技术的优势，积极开展向部队送“新技术、新知识、新智能”活动，推动科技拥军活动的深入开展，支持部队提高“打赢”能力。一年来，地方先后开展为部队创办军营科技夜校、科技拥军培训中心，帮助部队搞好士兵文化补习、科技人才培训和复合型人才培养等工作。浙江大学、宁波大学等重点院校采取招收定向国防生、开办军营研究生班等形式，积极为部队培养高学历高素质人才，今年共培养研究生180名、国防生352名。各地利用自身的科技资源优势，成立科技攻关小组，结合部队需要，安排课题和项目的开发研究，向部队“嫁接”、“移植”各类科技成果。杭州市发改委立项建立的“国家净水设备技术动员中心”和“国家钢结构动员中心”，为部队在高科技条件下机动作战时快速提供物资保障奠定了扎实的基础。各地广泛开展了“援建军营图书室，共建学习型军营”系列活动，使智力拥军、文化拥军落到了实处。一年来，全省累计向部队赠送电脑800多台，科技文化书籍30万余册。

二是全力做好拥军支前工作。随着军事斗争准备的不断深入，部队在我省的战备行动和训练演习任务不断增多。各级党委、政府和广大人民群众把支持部队完成战备演习任务作为义不容辞的职责，不惜损失经济利益，积极做好拥军支前工作。今年，大量部队到舟山、宁波、嘉兴、温州等地海训。为保障部队完成训练任务，驻训地党委、政府全力做好支前保障工作，为海训部队提供场地、通讯、水电等有利条件。人民群众主动让出航道、承包海塘，承受损失，全力保障演习任务的完成。各地还广泛发动社会各界做好各类保障工作，据不完全统计，部队海训期间，各级累计提供住房4万余平方米保障部队住宿，提供900万元钱物慰问海训部队，为全力保“打赢”做出了无私奉献。

三是真心实意为部队排忧解难。为改善部队的战备、训练、工作和生活条件，各级有计划、有重点地帮助部队搞好基础设施、训练设施、文化设施和菜篮子工程等建设。舟山市为了保证海军舟山保障基地指挥机关的拓展扩建，不惜700万元的赔偿，中断已签订的房地产开发协议，把市中心的体育场这一黄金地段置换给部队。杭州市投资1000余万元，为部队解决营区绿化、水电供应、有线电视等问题。嘉兴市在用地指标十分紧张的情况下，行政划拨土地100多亩，财政投入2000多万元兴建了嘉兴军分区机关办公大楼和部分基层武警中队的营房设施。台州市筹集资金3500万元用于台州军分区步兵营营房搬迁。绍兴市做出驻绍军官享受公务员同等待遇和机关年终岗位目标考核奖的规定，对战士实行伙食费每天补助3元、夜间值勤补助6元的标准，使人民子弟兵享受到了改革开放的成果。衢州市农业局先后帮助部队建起5个特色蔬菜基地，并为部队培养了一批种养殖能手。象山县专门安排资金对部队蔬菜生产所需的农药、有机肥料给予半价供应，并利用“菜篮子”行业配送中心和名优加工示范企业、特色基地向驻军优惠配送商品。据统计，去年全省共投入资金1.5亿元用于支持部队建设，累计划拨土地3600余亩，为部队修建各类用房40多万平方米，解决训练演习中的各类问题260余件，为加强部队建设、提高战斗力创造了良好条件。

四是大力加强战场建设和国防动员建设。各地各部队积极适应反“台独”应急作战准备需要，贯彻“军民结合、平战结合”的原则，大力加强未来战场建设。一年来，全省新建和改造国防公路800多公里，基本建成与福建、江西、安徽、上海相邻省市相连接的高速公路，沿海8个水路战备建设项目、两座适合重装备装载的滚装码头已陆续开工，战场交通保障条件不断完善。以对台军事斗争准备为牵引，进一步加强后备力量建设，不断提高高技术条件下民兵、预备役部队动员和遂行任务的能力。进一步搞好交通战备和人防基础设施建设，不断提高部队快速机动和城市防空抗毁能力。进一步重视科技动员准备工作，重点抓好高科技人才、高科技设备、高科技成果数量和分布情况的调查，探索高科技动员能力转化的路子。依托联通、移动通信网络，建成了军地互通的国防动员信息网，覆盖全省。

三、坚持双拥工作法制化规范化方向，军人和优抚对象的合法权益得到有效保障

加强和完善双拥政策法规建设，是双拥工作广泛深入、持久发展的有力保证。本着“落实已有的，完善不足的，填补空白的”原则，各级党委、政府把不断完善优抚安置政策作为规范双拥工作、依法行政的具体工作来抓。新的《军人抚恤优待条例》颁布施行后，为使国家的优抚政策在我省得到及时贯彻落实，省双拥办组织力量开展专项调研，广泛听取意见，起草了《浙江省军人抚恤优待实施办法》（修订稿），已提交省政府。为使重点优抚对象的生活水平与当地经济社会发展水平同步提高，省民政厅、财政厅在去年制定出台重点优抚对象优抚标准自然增长机制的基础上，结合贯彻中发［2005］4号文件，重点抓好各地的建章立制工作，现全省11个市、90个县（市、区）全部规范建立了重点优抚对象优抚标准自然增长机制。据统计，一年来，全省各级财政投入6亿元，使重点优抚对象的优抚标准得到大幅度提高。一级残疾军人的年优抚标准达到18000元至26000元，在乡复员军人年优抚标准为3000元至7000元，大大高于全国水平。为解决重点优抚对象医疗问题，遵照吕祖善省长关于“将红军失散人员、在乡抗战老战士纳入城镇职工医疗保险”的指示要求，省民政厅、财政厅、劳动和社会保障厅在认真研究的基础上，制定出台了《关于将全省红军失散人员、在乡抗战老战士纳入基本医疗保险管理范围的意见》。各级党委、政府把军队转业干部安置、退役士兵安置和随军家属就业作为双拥工作的大事来抓，纳入政府目标管理体系，采取多形式、多渠道的安置措施，保证安置任务的完成。2005年，全省共接收安置转业干部3137名，安置随军家属5300余名，新接收安置军休干部200余人，安置复员退伍军人24536名，其中城镇退役士兵自谋职业率达到96.5%，完成了省政府年度考核目标。为进一步维护和保障好军人及其家属的合法权益，省政法委、省高级法院、省检察院、省军区政治部等单位联合下发了《关于维护国防利益法律保障工作的意见》，要求市、县两级法院与军分区、人武部建立维护国防利益领导小组及其办公室。一年来，全省各地普遍建立了以“维护国防利益领导小组”为龙头，以司法行政部门“法律援助中心”和人民法院“涉军案件合议庭”为主体，以人武部“法律服务中心”为纽带，以乡镇“法律咨询站”为基础的“一组、一庭、一中心、一站”四位一体法律服务保障网络，为部队和军人、军属提供法律服务和咨询近2万人次，解决和调解涉法问题1800余件，有力地维护和保障了军人及其家属的合法权益。在积极帮助优抚对象和军人解决实际困难的同时，各级双拥工作机构和驻军机关加强了思想教育力度，引导他们发扬优良传统，顾全大局。各地在“八一”、春节期间普遍开展了走访慰问活动，妥善解决优抚对象和复退军人反映的一些遗留问题，使一些不稳定因素得到了及时化解，有力维护了社会的稳定。

四、坚持以创建双拥模范城（县）活动为载体，有力推动双拥工作向更高的水平迈进

今年是省级双拥模范城（县）考核评比年。为做好推荐申报和考核验收工作，省委、省政府、省军区高度重视，在年初省双拥工作领导小组全体成员会议上，对此项工作作了全面部署和安排，并印发了《浙江省双拥模范城（县）考核评比细则》。各地围绕创建双拥模范城（县）的“六项内容”和“55项具体要求”，按照把标准树起来，把责任定下来，把问题摆上来，把办法和措施找出来的工作思路，立足基层，加大力度，狠抓落实，促进了双拥工作整体水平的提高。

一是力度大。为了切实推进双拥工作上台阶、迈大步，各地普遍把双拥工作纳入到经济社会发展和部队建设总体规划，纳入党委、政府的重要议事日程，纳入“三个文明”建设总体规划，纳入评价领导政绩的重要内容。杭州、湖州、衢州、金华等地按照《全国双拥模范城（县）创建命名管理办法》，制定了评选考核细则，分解目标，进行量化和细化；舟山、宁波、台州等地通过召开动员大会、誓师大会、形势分析会、工作汇报会等，加大工作推进力度；绍兴、温州、嘉兴、丽水等地建立了创建工作责任制，形成了一把手亲自抓，分管领导负责抓，专职人员具体抓的工作落实和责任追究制。省及各市双拥办严格按照《浙江省双拥模范城（县）考核评比细则》，坚持原则，查找问题，严格把关，按照省双拥工作领导小组的部署，认真搞好双拥模范城（县）检查考核和评选、推荐工作，确保了双拥模范城（县）的质量。

二是落点实。在创建过程中，各地既重形式的轰轰烈烈，更求效果的扎扎实实，把主要精力倾注在抓基层，打基础，求实效上。各地各部队本着“在探索中创新，在发展中提高”的指导思想，进一步深化基层双拥工作内容，广泛开展思想教育联做、公益事业联办、社会治安联防、社区文化联兴，使军民共建由原来的浅表型向深层型发展。积极适应形势的变化，在继续抓好国有企业、厂矿学校、党政机关共建的基础上，把共建的领域向非公有制经济组织、社会弱势群体、社会急需帮助人群和新经济组织、新社会阶层延伸，进一步扩大了双拥共建工作的群众基础和社会基础。今年8月，我省有3个单位和3名个人分别被评为全国军民共建先进单位、先进个人。

三是形式活。各地各部队坚持解放思想，与时俱进，创新发展，积极研究探索新形势下双拥工作的新形式，推动了全省双拥工作的深入发展。杭州市创建的优抚对象“三保一助服务中心”，舟山市开展的“拥军阳光工程”活动，湖州、嘉兴开展的“评比十佳好军嫂”活动，衢州开展的“12345”军民共建示范工程等，既体现了传统精神，更具时代特色，这些活动既源于基层，又服务于基层，体现了双拥工作在继承中提高、在创新中发展的思想。绍兴、宁波等地把双拥工作融入到社区建设之中，军民共建和谐社区，使双拥工作实现了向基层的延伸，拓展了内容，注入了活力，充满了新意。温州、台州、金华等地借助民营企业安置随军家属和退役士兵、开展拥军优属活动，为民营企业回报社会找到了一个有效的载体。

五、坚持拥政爱民的光荣传统，驻浙部队为浙江的现代化建设做出了重要贡献

驻浙部队认真贯彻落实上级关于拥政爱民的指示精神，在圆满完成战备、训练等任务的同时，积极支持地方经济建设。

一是主动参加抢险救灾行动。今年浙江省连续遭受四次强台风袭击，驻浙部队和民兵预备役人员视灾情为命令，视灾区为战场，积极投入抗台救灾斗争，出动部队8000余人次，民兵预备役5万余人次，解救被困群众9000余人，协助地方转移群众35万余人次，抢运各类物资2400余吨，为保护人民群众生命财产安全做出了贡献，受到了地方党委、政府和人民群众的高度称赞。

二是积极参加地方重点工程和社会公益事业建设。在各地义务劳动植树造林、清运垃圾净化城市、义务献血等活动中，驻军部队官兵奋勇当先，付出了艰辛劳动。一年来，驻浙部队先后出动官兵12万人次，动用车船2万台（艘）次，参加重点工程、公益事业项目建设100多项，完成义务劳动日48万个，义务植树15万株，无偿献血21万毫升。驻浙部队还积极支持驻地城市改造和建设，为浙江的改革开放和现代化建设，为“第二故乡”的经济发展做出了卓越贡献。

三是大力开展扶贫帮困和捐资助学活动。驻浙部队发扬人民军队全心全意为人民服务的优良传统，积极开展扶贫济困活动。省军区部队先后与70多个贫困村镇300多户贫困户结成互助对子，坚持每月联系走访、主要节日上门慰问，及时帮助解决生活困难，传授科技文化知识，帮助他们脱贫致富。东海舰队出资400万元，在西部建造“海军希望小学”，并长期开展对口援助工作。73011部队积极组织部队进行扶贫济困活动，全年捐款达90多万元，捐献衣被1.6万余件。空军等有关部队积极支持地方政府的人工增雨作业，为久旱的浙江大地送去阵阵喜雨，直接减少经济损失几十亿元。宁波军分区离休干部黄斌，13年如一日资助贫困学生，先后与105名贫困学生结成对子，资助资金20余万元，被总政治部评为先进离休干部。

四是积极参与“平安浙江”建设。驻浙部队积极参加地方重大节日和重大活动的安全保卫工作。在西湖博览会、中国食品博览会、孔子国际文化节、国际湖笔文化节等重大活动中，部队出动官兵2万多人次负责值勤保卫任务，为活动的顺利开展提供了安全保障。省武警总队积极协助地方做好社会稳定工作，广泛开展军警民联防联治活动，为建设“平安浙江”做出了积极贡献。

安徽省二〇〇五年双拥工作总结

2005年的双拥工作在省委、省政府、省军区的正确领导下，在全国双拥办的指导帮助下，认真贯彻落实党的十六届四中全会和全面深入贯彻落实全国双拥工作会议精神，以党的先进性教育为动力，全省各级双拥组织以“三个代表”重要思想为指导，上下配合，积极进取，锐意创新，抓落实、促创建、保重点、促全面，狠抓双拥队伍的思想建设和作风建设，认真完成省委、省政府、省军区和全国双拥办交给的各项双拥任务，在积极努力抓好双拥创建这个主体的同时，还在元旦、春节、“八一”等重大节日走访慰问活动、认真协调军地矛盾纠纷、积极向基层军营援建图书室、参加全国双拥理论研讨等诸项工作中，不但较好地完成了任务，而且有些工作还取得了突破性的进展。积极运用双拥创建这一重要载体，紧紧围绕双拥创建这一主题，把双拥模范城（县）、模范单位的创建推向了一个新的阶段。2005年12月29日，省委、省政府、省军区隆重召开全省双拥模范城（县）、模范单位命名表彰大会，共命名表彰双拥模范城19个，双拥模范县21个，拥军优属模范单位30个，拥政爱民模范单位30个，拥军优属模范个人20名，拥政爱民模范个人15名。全省各地、各部队普遍加大了创建工作力度，拓宽了创建领域，提高了创建层次，党政军领导高度重视，广大军民积极参与，双拥氛围浓厚，创建成效十分明显，主要体现在以下几个方面：

一、思想认识更加明确，组织领导进一步加强

各级党委、政府坚持以邓小平理论和“三个代表”重要思想为指导，始终坚持从讲政治、讲大局、讲稳定的高度，不断加大对双拥工作的领导力度，基本做到：有健全的组织机构、有明确的任务目标、有完善的工作制度、有系统的服务网络，保证了各项任务落到实处。

一是始终把双拥工作作为一项重要工作任务来抓。各级党委、政府、军事部门从讲政治的高度，切实把双拥工作列入议事日程。合肥、蚌埠、马鞍山、池州、安庆、宿州、淮南、滁州、铜陵、黄山等市把双拥工作列入党代会、人代会工作报告，全省绝大部分市（县）党政军领导始终把双拥工作当作一项重要政治任务，坚持做到“三亲自”、“四纳入”、“三挂钩”，即党政军主要负责同志亲自审定双拥工作规划，亲自过问双拥工作重大问题，亲自参与双拥工作重大活动；将双拥工作纳入党政军领导的重要议事日程，纳入领导干部政绩考核范围，纳入经济发展和部队建设的总体规划，纳入精神文明建设的重要内容；双拥工作与领导干部升降挂钩、与部门责任挂钩、与争先创优挂钩。合肥、蚌埠、马鞍山市还把双拥工作作为一把手工程，书记或市长亲自担任双拥工委主任，全省有7个市的人大、政协领导积极配合双拥创建各项活动。

二是加强了双拥组织机构建设。针对新形势、新任务、新情况的实际需要，省双拥工委加强和充实了领导机构，各市（县）根据领导人事变动情况，及时明确分管领导和调整各级双拥工委成员，修改充实成员单位职责任务。宿州、蚌埠、淮北、祁门、明光、庐江、繁昌等市县的乡、镇也成立了双拥工作机构，形成双拥工作网络，保持了双拥工作的连续性和稳定性。合肥、蚌埠、马鞍山、阜阳、淮北、安庆、滁州、宣城、黄山、芜湖、六安、铜陵、淮南、宿州等市双拥办确定了人员编制，合肥、蚌埠、马鞍山、淮北、淮南、宿州、安庆、六安等13个市双拥办由科级升为县级或副县级机构，专职负责双拥办日常事务性工作。全省有6个市落实了军地合署办公制度，大大提高了办事效率。

三是高标准、严要求，坚持了创建标准。自全国双拥工作会议后，各级各部门按照全国双拥工作会议精神和省双拥工委要求，结合本地实际情况，开展丰富多彩的双拥活动。尤其被命名为全国双拥模范城（县）的市（县），通过各种有效形式，始终保持创建热情不减，创建标准不降。马鞍山、芜湖、宣城、绩溪等许多市（县）为争创全国和省双拥模范城（县），从当地实际出发，认真分析形势，全面制定创建规划，努力补缺补差，取得了可喜成效。滁州、蚌埠、合肥、池州、淮南、黄山、铜陵、淮北等市开展了双拥合格单位评比活动，设立双拥奖，以此进一步推动和激励广大军民的创建积极性。

二、双拥氛围更加浓厚，宣传教育力度进一步加大

各地各部队把双拥宣传列入年度宣传工作计划，制定宣传措施，充分运用和发挥广播、电视、报刊、杂志等宣传媒体，报告会、座谈会、研讨会、墙报、黑板报等多种形式，各类学校、党校等阵地的作用，开展了以爱国主义为核心、以光荣传统和《兵役法》、《国防教育法》、《安徽省拥军优属条例》等为主要内容的国防教育和双拥宣传教育。芜湖市制作的《城市的光荣》、淮北市制作的《军事天地》专题片在当地电视台播放后，反响很大。合肥市在《合肥晚报》上开辟了固定的双拥版面，宣传双拥先进人物和典型。为切实加强宣传，合肥、淮南、马鞍山三市还与全国《双拥》杂志开展联办，极大地推动了双拥宣传工作。3年来，全省有数百万少年在学校受到了国防教育和爱国主义教育，净化了他们的心灵。淮南市开展的“三个百”工程活动，池州市组织的百名民营企业家过“军事日”活动等，对提高国防意识、巩固国防观念起到了有力的推动作用。

各市（县）根据本地实际，把双拥宣传工作与精神文明建设有机地结合起来。2005年我省积极参加全国军民共建社会主义精神文明创建活动，有5个单位和2名个人被全国双拥工作领导小组等五部委授予先进单位和先进个人称号。各地各部队积极开展双拥共建结对子，领导干部过军事一日生活制度，动员“两新”组织参与双拥共建。马鞍山、芜湖、滁州、合肥、铜陵市开展了军民共建双拥路、双拥街、双拥园、双拥大型雕塑和标牌宣传方式，淮北市、定远县开展了双拥书画展、百题军事知识问答活动，马钢股份有限公司、新集煤矿、淮北矿业集团、蚌埠玻璃厂、安徽维尼纶厂等发挥大型企业的优势，积极参与双拥创建活动，积极接纳退役军人的安置工作等，有力地促进了双拥工作“六进”的步伐。各地还围绕今年抗日战争胜利60周年组织文艺晚会、电影周、瞻仰烈士陵园和淮海战役纪念馆等一系列活动。通过上述活动的开展，一个讲政治、顾大局、强国防、自觉维护军政军民团结的良好社会风尚蔚然成风。

三、各项政策更加落实，法规制度进一步完善

针对广大拥军优抚对象普遍关心的重点难点问题，各级都注重加强政策法规建设，认真研究解决新情况新问题。根据国家相关新的政策，省有关部门联合制定出台了《关于自谋职业退役士兵享受有关优惠政策的通知》，池州市政府出台《关于对重点优抚对象实施医疗救助的意见》，黄山市出台了《驻军军人配偶随军就业安置及社会保障暂行办法》，芜湖市出台了《拥军优属实施细则》。多数市（县）已制定并实施了军人乘车、参观旅游景点等场所的优惠政策。全省各地均建立了优待标准自然增长机制，优抚经费管理和发放逐步规范，实行“一卡通”社会化发放，实现了减少环节、避免漏洞、提高时效。军队转业干部安置进度和安置质量都得到了保证。全省数万名退役士兵实行安排就业和自谋职业的安置办法，自谋职业率逐年提高，在部分市、县基本完成了城镇退役士兵的安置任务；军队移交地方管理的离退休干部政治、生活待遇得到了较好的落实。

四、国防和军队现代化建设更加迈上新台阶，部队战斗力进一步提升

各级党委、政府把关心国防和军队建设，支持军事斗争准备，提高部队战斗力作为义不容辞的责任，满腔热情为部队办实事，解难题。一是大力开展智力拥军、科技拥军，支持部队提高“打得赢”能力。发挥地方教育、科技部门技术和设备的优势，“嫁接”到科技练兵领域；发挥地方大专院校、科技院所知识密集和师资力量雄厚的优势，帮助部队做好复合型人才培养和科技人才培训。今年全省各地为驻皖基层部队援建军营图书室172个，投入资金128万余元。二是强化基础设施配套建设，为提升部队建设需求创造良好的条件。各级党委、政府把关心支持部队建设作为政治任务，全力支援国防重点工程和部队环境建设与经济建设同步，全力配合部队完成训练演习任务，做好场地征用、基地建设、道路保障、物资供应、营区绿化、供电供水、通讯等配套工作。合肥、马鞍山、蚌埠、池州等市为驻地部队分别投资数千万元；宿州电力公司为保障部队演习顺利进行，部队帐篷搭到哪里，他们就把电杆架到哪里；芜湖市为新组建的预备役部队营房建设投入大批经费。三是对现役军人家属就业难、子女入学难问题，各级党委、政府及相关部门克服困难、千方百计、想方设法进行解决。祁门县委决定，专门设置12个事业编制岗位用于军嫂安置；合肥、芜湖、滁州、黄山市等把这项工作作为拥军重要任务来抓，并相继出台有关政策。今年以来，全省先后安排军嫂就业数千人，免收择校费，军人子女入学率达百分之百。四是各地高度重视维护军人合法权益，及时化解军民纠纷。各级司法部门主动为军属提供司法援助，合肥、黄山、芜湖、明光等市的安全、公安部门对重要的军事重地和作战演习场所实施监控。五是坚持春节、“八一”期间走访慰问部队活动和一年一度议军会议制度，表达了地方党委、政府对人民子弟兵的一片真情。

五、驻皖部队支持地方经济建设更加积极主动，为地方发展稳定做贡献的思路进一步拓宽

在致力于国防现代化建设的同时，驻皖部队发扬我军拥政爱民传统，“把驻地当故乡，视人民为父母”，自觉服从和服务于经济建设这个大局，积极支持和参加地方经济建设和社会公益事业，促进了驻地经济发展和社会进步。省军区系统发挥牵头协调作用和桥梁纽带作用，动员和组织驻皖部队和民兵、预备役官兵积极开展双拥共建、“三个文明”建设、扶贫开发、助学助残、抢险救灾等活动，为加快安徽奋力崛起、富民强省做出了重要贡献。驻黄山96151部队、驻芜湖94669部队，驻合肥电子工程学院、炮兵学院，驻蚌埠军事院校等单位充分发挥高科技优势，积极开展科技助民、科技助教、科技兴农、科技兴企等活动。广大武警、消防、边防部队和警卫系统官兵在做好本职工作的同时，积极配合驻地开展军民联防，传播精神文明，弘扬社会新风，维护社会稳定，在完成急难险重任务方面，受到了地方党委、政府的高度评价和广大人民群众的赞誉。

纵观一年来的双拥工作，我们虽然在双拥模范城（县）模范单位的创建工作中取得了一些成绩，但是由于受中心工作调整和一些人事变动的影响，使得今年的双拥工作也还存在着一些问题和矛盾。主要是：检查指导双拥创建不够深入，考核验收不够细致，特别是由于改革的不断深化，进一步加大了城镇退役士兵和军人家属就业的难度，一部分城镇退役士兵对安置工作存在着这样和那样的意见，相当一部分军人家属还未安排到较如意的岗位。一些行业和部门的拥军观念还比较淡薄，拥军的步伐还比较迟缓，甚至有的部门和行业不能够发挥主观能动性，积极去做好拥军优属工作，而是过分的强调困难和原因，致使双拥工作很难在这些系统和行业推进。这都有待于我们在新的一年里改进思想、改进方法、改进作风，进一步加大为部队和广大重点优抚对象办实事、做好事、解难题的力度，努力为驻皖部队和广大重点优抚对象服务，为提高部队的战斗力、发展社会生产力、增强民族凝聚力，为我省的改革发展稳定和迅速崛起做出新贡献。

福建省二〇〇五年双拥工作总结

2005年，我省双拥工作在省委、省政府和驻闽部队领导机关的高度重视下，各地、各部队按照省双拥工作领导小组的部署，以邓小平理论和“三个代表”重要思想为指导，紧紧围绕建设海峡西岸经济区和做好反“台独”军事斗争准备这一中心任务，认真贯彻全国和省双拥工作会议精神，坚持与时俱进、求真务实，开拓创新，注重基层，狠抓落实，在深入开展“创模”活动，支持部队全面建设、做好军事斗争准备，开展科技拥军活动，切实搞好调研工作、解决难点热点问题，构建拥政爱民工程、支持地方“三个文明”建设等方面，做了大量工作，取得了新的成绩。

一、全省双拥工作会议隆重召开，“创模”、“创先”活动取得丰项成果

自从2002年7月全省双拥模范城（县）命名大会召开以来，全省各地、各部队广泛开展新一轮“创模”活动，已评上双拥模范的单位认真做好巩固提高工作，力争再上一个新台阶，创建高标准的双拥模范单位；未评上双拥模范的单位奋起直追，加大工作力度，争取新一轮命名时榜上有名。经过军地双方近3年的共同努力，全省“创模”活动取得显著成效。今年又是新一届省级双拥模范城（县）命名年，结合贯彻全国双拥工作会议精神，省委、省政府、省军区决定“八一”前夕在福州隆重召开的全省双拥工作会议，是我省双拥工作的一次盛会，也是我省新时期继续做好双拥工作的动员大会。省委书记卢展工出席会议并作重要讲话，省委副书记、省双拥工作领导小组组长王三运做工作报告，省政府副省长、省双拥工作领导小组副组长陈芸作会议小结。会议全面总结了我省12年来双拥工作所取得的成绩和经验，研究确定了当前和今后一个时期双拥工作的主要任务。会上，命名了55个省级双拥模范城（县），首次表彰了72个爱国拥军模范单位、29个拥政爱民模范单位、45名爱国拥军模范、23名拥政爱民模范。这次命名比上一届增加了6个单位，既体现了全省双拥工作的整体水平，又反映了军地齐心协力“创模”的呼声和要求；既调动了军地双拥工作的热情，又进一步增强了军政军民的团结。这次大会，是对全省开展创建双拥模范城（县）活动的一次全面检阅，也是推进双拥工作创新发展的一次展示，有力地推进双拥工作向广度和深度发展。在“八一”前召开的全国表彰军民共建社会主义精神文明先进单位和先进个人电视电话会上，我省福州市仓山区地方税务局等9个军地单位被评为全国社会主义精神文明先进单位，厦门建发集团有限公司董事长王宪榕等4人被评为全国军民共建社会主义精神文明先进个人。会后，各地、各部队召开工作会议、领导小组会、军地联席会和表彰会等形式，认真传达贯彻这次会议精神，对“十一五”双拥工作做出全面规划，提出进一步贯彻落实的措施和办法，为完成新时期双拥工作任务起到了积极的推动作用。

二、军事斗争准备扎实推进，科技拥军工作成效明显

近年来，面对日益严峻的台海形势和复杂多变的国际形势，各地以强烈的政治责任感和紧迫感，把双拥工作的重点放在军事斗争准备上，放在提高部队“打赢”能力上。

一是大力支持部队重大军事行动。一年来，各级各部门全力保障驻闽部队遂行演练任务，大力支持东海9号、“05·8”活动、“2005·2”、闽海3号和预备役高炮师战时转服现役等演习（练）。有关部门积极做好支前保障工作，圆满完成演习任务。今年在漳州、泉州地区举行的一系列军事演习，各地一如既往给予密切配合，大力支持。漳州各级党委、政府提出了“部队练打仗、地方练支前”的响亮口号，成立了拥军支前工作机构，由党政领导亲自挂帅，各相关部门负责人参加，统一组织实施演习全过程的支前保障工作，从人力、物力、财力、技术等方面全方位保障部队完成军事演习任务，受到了军队各级首长和参演官兵的高度赞扬。

二是着力解决新组建部队的“安居”等实际问题。今年我省为解决新组建和入闽部队的“安居”问题，省和当地政府已经或正在为部队征地3000多亩，解决部队修建营房和战备设施的用地问题；帮助部队解决吃水用电、进出道路以及随军家属就业、子女上学等方面问题。省直有关部门和福州、泉州、龙岩市主动根据部队需要，在土地征用、水电路等基础设施方面做了大量工作，为部队尽快遂行战备任务做出应有贡献。

三是进一步完善国防动员机制。加强国防动员信息建设，着力探讨战时防空袭、护路保交通和支前保障的措施和办法，省支前办和有关市县积极完成了38个支前物资供应站建设任务，为战时准备打下坚实的基础。此外，还大力加强军事设施保护和未来战场建设。目前已基本建成12条入闽通道，62个路网改造项目也已完成，战场交通保障条件不断改善。经过多年的摸索实践，我省已初步形成了军事演习的住宿保障、场地保障、物资保障、交通保障、通信保障、安全保障、战时动员保障和卫生防疫保障等机制，有效地保障了部队军事演习、拉练任务的圆满完成。

各地把科技拥军作为军事斗争准备的重要工作来抓，认真贯彻全省科技拥军科技助民经验交流会精神，积极“整合六大资源、建立六大基地”，成立“科技拥军专家库”，广泛开展“科技送军营活动”，取得了明显成绩。据统计，全省已建立13个试点的科技拥军基地，依托这些基地为部队培养高素质人才500多人，帮助部队完成科研项目100多个，培训各类技术骨干700多人，革新装备器材40多件。各级各部门共投入近2500多万元，为部队科研项目实施资金扶持。通过试点、总结经验，为今后全面推广整合资源、建立基地的经验，进一步开展科技拥军活动发挥了良好作用。省委、省政府今年又拨款600万元对驻闽部队申报的57个科研项目给予了资金扶持。在去年省委、省政府扶持45个科技拥军项目中，90%以上项目取得良好效果，其中5个项目获得军队科技进步奖。

三、“四项”拥军工程不断完善，促进驻闽部队全面建设

全省各地每年有计划地共投入近亿元，帮助驻闽部队搞好基础设施、训练设施、文化设施和菜篮子工程设施建设，有效地改善了部队的战备、训练、工作和生活条件。在基础设施建设方面，主要是修建部队各营区与国道、省道的连接道路，提高部队快速机动能力。同时逐步解决高山、海岛、沿海突出部驻军的供水、供电等困难。在训练设施建设方面，主要在土地、资金上给予部队大力支持，只要部队训练需要，地方有关部门想方设法给予解决。在文化设施建设方面，着重帮助部队完善军人俱乐部、图书室和体育设施，丰富官兵文化生活，陶冶官兵情操，增强官兵体质。在菜篮子工程建设方面，省政府每年安排专项资金700万元，各设区市也相应配套资金，主要扶持基层连队建设“三个一好”、“四个一好”。今年，省委省政府又投入700万元，继续帮助驻闽部队建设“两中心一基地”（即示范培训中心、生活服务中心、农副业生产基地）项目13个，帮助基层连队建设“四个一好”（即一个好食堂、一块好菜地、一个好猪圈、一个好饮水）项目75个。驻闽部队战备训练、生产生活又迈上了新的台阶。

四、扎实开展“四个专题”调研，推动热点难点逐步解决

针对我省新时期双拥工作面临的新情况、新问题，根据省委王副书记的指示，在省双拥办协调下，由人事厅、劳动和社会保障厅、教育厅和民政厅分别牵头，部分成员单位及驻闽部队军级单位政治部参与，组成“军转干部安置、随军家属就业、部队子女入学和优抚安置政策落实情况”等四个专题调研组，于今年第四季度分赴全省9个设区市和当地驻军进行工作调研。通过调研达到了“情况进一步摸清，问题基本搞准，采取措施推动工作”的目的。11月25日召开省双拥工作领导小组组长办公会议，听取专题调研工作汇报。会上，王三运副书记作了重要指示，指出省委、省政府对双拥工作及其相关的军转干部、随军家属、部队子女入学和优抚安置等方面工作，历来高度重视；特别是福建在这方面任务繁重、压力很大。在这种特殊情况下，各级党委、政府积极为做好部队的安置以及双拥其他工作而努力，这是主流。但这项工作还面临繁重任务，与中央要求、部队希望相比有差距，要继续提高认识，加强领导，采取措施，做得更好。

从有关职能部门反馈情况看，今年在“四个专题”调研工作的推动下，上述四个方面总体解决是比较好或工作是有进步的。一是优抚工作取得新进展。各地以评选命名双拥模范城（县）为契机，推动了各项优抚政策的落实。优抚对象抚恤补助标准自然增长机制全面实施并兑现，再次调整提高重点优抚对象抚恤定补标准，普遍落实义务兵家属的优待金，进一步巩固了解“三难”成果。协助做好武警“10·2”事件善后工作及其遗属抚恤工作。二是军转干部、退役士兵安置任务大部分完成。全省共接收军转干部1512人（其中：师团干部396人，营以下干部810人，专业技术干部309人），选择计划安置的有1201人，占总数的79.43%；选择自主择业的有311人，占总数的20.56%。在安置压力大、安置去向集中的情况下，经过各级政府和军转部门和接收单位的共同努力，目前计划分配军转干部安置任务已完成98%，自主择业军转干部已全部报到，并正在抓紧做好退役金发放准备等服务保障和管理工作。全省接收退役士兵13759人，其中：城镇退役士兵3808人（含转业士官348人），选择自谋职业的3034人，占应安置人数的84%，目前已完成安置任务数的95%，预计春节前可完成安置任务。同时，有关部门积极做好复转军人的维护稳定工作。三是部队随军家属就业率也有很大提高。据统计，今年全省共安置900多名随军家属就业。各地对待业随军家属，根据其财政状况，每月发给130元至300元不等的生活补助费。解决了部分军官的后顾之忧。四是积极做好部队子女入学工作。今年共解决1100多名部队干部子女入学。

五、积极参加地方“三个文明”建设，部队拥政爱民成效突出

今年来，驻闽各部队在担负繁重战备任务的情况下，充分发挥自身优势和特长，着力构建拥政爱民工程，为海峡西岸经济区和地方“三个文明”建设做出了积极贡献。据统计，今年驻闽部队和武警官兵共投入80多万个劳动日，出动车辆（机械）1万多台次，冲锋舟和船艇300多艘次，支援地方重点工程建设，帮助抢险救灾、植树造林、兴修水利、治理环境、扶贫帮困等公益事业。在支持地方经济建设方面：我省各项建设事业成果都与驻闽部队和武警官兵的支持分不开的。从重点工程建设到社会公益事业建设，从部队资源和优势上支持地方建设到派出大量兵力参加地方义劳动，都做出突出贡献。今年空军福指共参加地方建设义务劳动日8万多个，保障民航安全起降7679架次，参加重点工程建设项目9个。在抢险救灾方面：今年我省自然灾害频发，先后遭受“泰利”、“海棠”、“龙王”等强台风和特大暴雨、山林火灾等突发灾害的袭击，驻闽部队、武警官兵和预备役部队发扬了“特别能吃苦、特别能战斗”的优良作风，参加抢险救灾260多次，在抗灾救灾中发挥了中流砥柱的作用，为人民立了新功。10月2日，受第19号台风“龙王”影响，福州市遭遇短时间、高强度、超百年一遇的特大暴雨侵袭，致使131个乡镇（街道）受灾，灾情十分严重。驻闽各部队视灾情为命令，全力以赴投入抢险救灾。驻闽三军和武警官兵共出动10万人次（含民兵预备役官兵）、机械车辆1800多台次、冲锋舟和船艇300多艘次，共营救和转移遇险群众2.1万多人，清理路面卫生35公里，清除垃圾淤泥2500多吨，组织转移船只4500多艘，搬运沙包20多万袋，加固、封堵海堤2300多米，抢运物资2万多吨，为群众送水4100多吨。武警九十三师还出动官兵5000人次、车辆200多台次、冲锋舟7艘从莆田增援福州救灾。驻闽部队的大力支援，使省会福州灾情得到了很大的缓解，损失也大大减轻，灾后群众生活秩序得到尽快恢复。今年6月间，闽北连降暴雨，灾情严重，牵动着省军区官兵的心。7月，省军区张司令员亲自率师旅单位领导赴南平、三明两市慰问，赠送慰问金100万元，支持地方政府和人民群众重建家园。在精神文明建设方面：各部队发挥政治工作的优势，以军民共建为载体，帮助搞好道德建设、政治教育和党的方针政策宣传，创建先进党支部，大部分军民共建点在当地精神文明建设中发挥了示范作用。各部队还积极参加创建文明城市、文明街道、文明社区、文明乡村建设，为社会和群众办了许多实事好事。驻厦门各部队积极参与厦门市创建文明城市活动，坚持不懈地参加植树造林、栽花种草、治理污染和城市基础设施建设等公益事业活动，为厦门市荣获全国首批文明城市做出积极贡献。驻泉州各部队注重加强对新形势下拥政爱民工作的探索和实践，不断完善拥政爱民工作机制，联合制定出台了《驻泉部队拥政爱民工作纲要》，力求在拥政爱民工作的形式和内容上、在抓工作落实的力度上，推进拥政爱民活动取得更多的实效，促进拥政爱民工作规范化、制度化。驻泉部队还积极与三峡移民村结对共建，促进三峡移民思想稳定，安居乐业，促进地方精神文明建设。海军福建保障基地注重把拥政爱民教育与纪念崇武以东海战胜利40周年活动紧密结合起来，深入开展我军宗旨和拥政爱民优良传统教育活动，促进了精神文明建设。在扶贫帮困方面：驻闽各部队共捐款900多万元，捐赠图书8万多册，电脑200多台，派出校外辅导员2700多人次，积极开展“定点帮扶、挂钩结对子”、捐资助学活动。目前共有6100多户摆脱贫困，2600多人失学儿童圆了上学梦。第三十一集团军今年共有扶贫帮困点76个，帮扶脱贫群众2000多人，建立帮学对子196对，为灾区、贫困地区群众及失学儿童捐款10万多元，向驻地中小学赠送电脑62台。2006年元旦前该部队又向灾区献爱心捐款近70万元和1.3万多件过冬衣被，为灾区重建做出了积极贡献。在维护社会治安方面：驻闽部队和武警官兵积极配合公安部门维护社会治安，严厉打击各种刑事犯罪活动，及时处置各种突发事件，有效地维护了社会政治稳定。各部队与驻地广泛开展“平安福建”活动，并取得明显成效。武警福建总队始终把维护社会治安作为工作落脚点，努力完成执勤、处突为中心的各项任务。今年总队在确保固定执勤目标绝对安全的同时，圆满完成各类临时勤务1716起，处置突发事件13起，累计用兵15100多人次。其中协助公安机关成功抓获公安部A级通缉大毒枭刘招华，在社会上引起极大反响，为维护社会治安做出积极贡献。

六、各级党政军领导高度重视，军爱民、民拥军社会氛围浓厚

重视国防教育，做好双拥工作，促进军政军民团结，已成为各级党政军领导的共识。今年各级和各类学校按照《国防教育法》的规定，普遍开设国防课程，紧密联系国内外形势的发展变化，有针对性地进行以爱国主义为核心、以拥军优属为重点的国防教育，开展各种形式的军训活动，引导广大群众把市场与战场、思富与思危、稳定与发展结合起来，强化国防观念和忧患意识。同时，各地还重视群众性的国防教育和双拥宣传活动，利用国防教育日和纪念抗日战争胜利60周年、红军长征胜利70周年等纪念日，举办国防影视展播、组织参观爱国和国防教育基地，邀请老红军作传统报告，开展国防军体活动，扩大国防教育的覆盖面，增强国防教育的影响力。据统计，各级党校和各类学校的国防教育覆盖面达90%，社会国防教育覆盖面达45%。通过广泛深入的宣传教育，“无兵不安、无军不稳”的思想深入人心，“参军热”、“支前热”持续升温，英雄群体和个人不断涌现，已形成“军爱民、民拥军”的良好社会风尚。在刚结束的“中国骄傲”评选中，建瓯消防大队与厦门消防支队英雄群体和抢险救援勇士郑忠华烈士分别入选公安部和中央电视台联合举办“中国骄傲”。今年12月边防少尉警官张志华在缉私中遭走私分子反抗，光荣牺牲，他英雄事迹全国和省新闻媒体报道后，在社会上引起强烈反响，他的事迹在人民群众中广为传颂。

在充分肯定我们工作成绩的同时，也要看到不足和薄弱环节：一是双拥工作发展不平衡。大部分单位领导重视，双拥工作力度大，成效比较明显；但少数单位领导认识不到位，对“创模”热情不高，工作也不够落实，不同程度地影响了全省双拥工作整体水平的提升。二是军转干部、城镇退役士兵安置以及随军家属就业等热点问题，有些地方矛盾突出，安置就业难度越来越大，有效的措施和办法也不多。三是部分重点优抚对象的生活仍然比较困难，需要政府和社会给予更多的关爱。四是有的市（县）双拥办机构还不够健全，作用发挥不太理想，有待进一步加强。

江西省二〇〇五年双拥工作总结

2005 年我省的双拥工作，在省委、省政府的领导和全国双拥办的指导下，按照“打基础、办实事、抓典型、创特色、上台阶”的总体思路，突出了科技拥军、科技助民、为军队办实事和优抚安置等重点工作，进一步密切了军政军民关系，双拥工作整体水平有了很大的提高，促进了我省两个文明建设，为我省的经济发展、社会稳定和驻赣部队全面建设，为江西在中部地区崛起做出了积极的贡献。

一、以爱国主义为主要内容的双拥宣传教育明显加强

各地充分利用我省红色资源丰富的优势，结合开展保持共产党员先进性教育活动，狠抓国防和双拥宣传教育。近几年来，各级政府先后投入 3 亿元建设资金，对全省 9 个国家级、60 个省级、268 个市县级爱国主义教育基地进行修缮建设，形成了以“中国革命的摇篮井冈山、共和国的摇篮瑞金、人民军队的摇篮南昌、工人运动的摇篮安源”等“四大摇篮”为龙头的国防教育基地群。两年来，各地以这些基地为依托，广泛开展形式多样的国防和双拥宣传教育。各地各部队普遍把国防和双拥宣传教育纳入了全民教育规划，列入党委宣传工作和部队政治教育计划；双拥宣传月、领导干部过军事日、中小学生军事夏令营等活动形成了制度；制作了一批高质量的双拥宣传标牌，创作了一批反映军民鱼水情的文艺作品。通过宣传教育，广大军民的双拥意识普遍提高，军队和地方各级各部门抓双拥工作的自觉性明显增强，双拥创建的氛围进一步浓厚。

二、围绕军事斗争准备，竭尽全力支持部队建设成效显著

为稳固“钢铁长城”，确保“打得赢”，我省针对区位的特点，紧紧围绕提高部队战斗力和保畅通，努力建好大后方，搞好大保障，从军地共谋打赢高技术条件下局部战争大计出发，地方竭尽全力支持部队建设成果显著。全省各级党委政府抓经济建设不忘国防建设，正确处理经济与军事、市场与战场的关系，组织协调各方力量，积极支持驻赣部队做好军事斗争准备。

一是积极支持部队搞好战备训练。全省各地按照省委省政府主要领导提出的“像当年支援红军打胜仗那样支持部队谋打赢”的要求，积极支持部队搞好战备训练。去年以来，省里投入 5700 万元启动了江西省防空兵训练中心、梅岭地下指挥所改造、预备役部队调整组建“三大工程”。赣州市筹资 9000 万元，新建了战时军地联合指挥所。为帮助驻县部队改善战备训练条件，安福县在财政比较困难的情况下，先后投入 300 多万元为县人武部、消防大队和武警中队新建办公楼和靶场、训练基地，而县委县政府的办公楼，却始终因为经费困难得不到修缮，部队官兵深受感动。目前，全省大部分县市的人武部、武警、消防部队都新建或改建了较现代化的作战指挥设施、训练场地、办公楼、住宅楼，部队的战备训练、工作生活条件得到很大改善，全省县以上单位都建立了战备基金。

二是不断深化科技拥军工作。各地普遍把开展科技拥军活动作为新的历史条件下支持部队建设的重点工作来抓。普遍下发了《关于广泛开展科技拥军活动的意见》，拟制了工作规划和具体实施方案，成立了科技拥军工作领导小组，认真落实了以“一定、两办、三传、四送”为主要内容的科技拥军活动形式。鹰潭市有101个单位与驻军结成17个科技拥军对子，投入资金30多万元支持部队科研攻关。解放军第一八四医院在鹰潭市有关部门的帮助下，有三项成果获市科技进步二等奖。两年来，各地向驻军赠送科技图书近20余万册，送电脑350多台。

三是大力支持国防后备力量建设。各地认真落实党管武装各项制度，积极支持国防后备力量建设。坚持把第一书记和预备役部队第一政委履行武装工作职责的情况，纳入领导岗位任期目标，定期组织述职、统一进行考评。地方各级主要领导自觉把军分区、人武部建设作为一项义不容辞的职责，定期到军事机关现场办公，帮助解决重难点问题。据统计，仅2004年，在地方财政并不宽裕的情况下，全省共投入3000多万元用于支持军分区、人武部建设。

三、着力抓好“两就”工作，为部队官兵办实事解难题

部队干部家属子女就业就学工作，是部队官兵普遍关注的难点热点问题。各地坚持从讲政治、讲大局的高度把这项工作做好。为解决好现役军人子女的入学入托等问题，各地以贯彻新的《军人抚恤优待条例》为契机，出台了对现役军人和革命烈士、因公牺牲军人、病故军人的子女中考加10～20分录取等优惠政策。为认真做好随军家属就业安置工作，省市两级成立了专门的组织领导机构，并创造性地提出了“计划性安置与市场化就业相结合，实行双向选择”的安置新方式，即：由各级政府下达安置计划，确定用人单位和数量，再组织随军家属与用人单位举行专场招聘会，采取市场化的运作方式进行“双向选择”。今年，南昌市在招聘社区专干工作中，拿出近100个指标安置随军家属，随军家属可不参加考试直接录用。2005年，全省就安置随军家属就业650多人。此外，各地还出台了重点优抚对象乘坐市内交通工具、参观游览景点等方面的优惠政策，激发了官兵安心军营建功立业的热情。我省认真做好“两就”工作，得到了南京军区首长的高度赞扬，并将在南京军区召开的部队干部家属子女“两就”工作军地座谈会上作典型发言。

四、弘扬抗洪精神，驻赣部队支持地方建设再立新功

驻赣部队围绕“富民兴赣”大业，积极参加地方“三个文明”建设。

一是积极参加和支援地方经济建设。驻赣部队自觉服从和服务于国家经济建设大局，在完成战备训练执勤任务的同时，积极参与国家和地方重点工程建设。两年来，先后投入20多万个劳动日，出动机械车辆2万多台次，参加和支援重点工程建设50多项。

二是广泛开展扶贫帮困活动。各部队普遍采取定点挂钩、结队帮扶、重点援助等多种形式，广泛开展科技扶贫、医疗扶贫和教育扶贫等活动，帮助驻地群众改善生产生活条件。江西省军区先后在全省人武系统中开展了定点挂钩扶贫、科技扶贫和争当江西崛起先锋等活动，创办民兵科技培训示范基地2150多个，举办各类科技培训班1000多期（次），培训各类技术人员25万人（次）。各部队还着眼于老区长远发展的需要，采取捐资新建学校、改建校舍、捐赠教学设备等办法，支持当地兴办教育、培养人才。吉安军分区根据赴井冈山接受革命传统教育的军队单位比较多的特点，积极为发展老区教育事业牵线搭桥，先后联系军队系统捐资320多万元，兴建了7所希望小学，资助2246名特困生完成小学学业。

三是深入开展军民共建活动。各部队按照“军队精神文明建设要走在全社会的前列”的要求，带头参加精神文明建设。2005年，南昌市首次参评国家级文明城市，驻南昌部队积极响应，先后组织300多名机关干部和专武、民兵干部深入城乡街道和厂矿企业开展宣讲活动，组织近千名官兵和民兵预备役人员在重点街道、重点部位进行环境整治会战，参与城市绿化美化亮化。各部队先后选派

2000多名官兵到共建点开设时事政策讲座、形势教育辅导3300多场次，派出1000多名官兵担任校外辅导员，派出2000多名官兵军训学生5多万人。80%以上的军民共建点被评为县级以上文明单位。在2005年6月召开的全国军民共建社会主义精神文明电视电话表彰会上，我省军地6个单位和6名个人受到全国表彰。

四是积极参加九江抗震救灾工作。驻赣部队把抢险救灾作为维护人民群众根本利益最实际的行动，哪里出现灾情、险情，哪里就有子弟兵。今年11月26日，我省九江市发生里氏5.7级地震。灾情发生后，省军区、省武警总队等单位迅速启动抗震救灾应急预案，先后出动官兵和民兵预备役人员1.2万余人次，车辆280多台次参与抗震救灾工作。此外，还主动承担急难险重任务。今年9月，第十三号台风“泰利”入侵我省，赣西北九江、宜春、南昌等地出现严重洪涝，一批水库、圩堤出现险情，部分地区发生山体滑坡和泥石流，驻赣部队共出动官兵8600余人次，动用舟艇120艘次，车辆320台次，转移疏散群众两万多人。为保护人民群众的生命财产安全做出了积极贡献，受到省、市领导和人民群众的高度赞誉。

五、深化“爱心献功臣行动”的成果，重点优抚对象的生活质量普遍提高

为巩固和发展“爱心献功臣行动”成果，把“爱心献功臣行动”引向深入，我们把为重点优抚对象解决住房难、医疗难、生活难的问题提到了重要的位置，深化了“爱心献功臣行动”，重点优抚对象的生活质量得到较大提高。

一是实施优抚医保工程，建立优抚对象三个层面的医疗保障体系。优抚对象的医疗难是“三难”中的难中之难，它往往是导致重点优抚对象生活难的重要因素。省民政厅、财政厅、卫生厅联合下发了《关于解决在乡老复员军人等重点优抚对象生活医疗难问题的通知》，从保障内容、做法和经费保障等方面进行了规范，建立了包括医疗优待、定额医疗补助和大病救助三个层面的重点优抚对象医疗保障制度。在乡老复员军人等重点优抚对象持县级民政、卫生部门制发的《重点优抚对象医疗优待证（卡）》在定点医院（卫生院）就医，免收挂号费、注射费、换药手续费，所免经费由定点医院（卫生院）自行消化。大小便化验、胸透、血化验、检查费、住院床位费、换药费各减免50%；在医疗减免的基础上，实行医疗补助。“两红”、“三属”、在乡老复员军人等重点优抚对象到定点医院（卫生院）就医，在普遍实行医疗减免的同时，每年给予260元的医疗费补助；对患大病、生活又特别困难的在乡老复员军人等重点优抚对象，按住院医疗费总额的一定比例给予救助。“三个层面”的对优抚对象的医疗保障体系，已在全省普遍实施。许多县市在“三个层面”医疗保障体系的基础上，将重点优抚对象优先优惠纳入农村合作医疗和农村医疗救助体系。对家居城镇的重点优抚对象优先优惠纳入基本医疗保险和伤残保险。全省各地定点医院都较好履行了拥军优属义务，对优先优惠政策及享受待遇的优抚对象在显要处公示。

二是实施优抚安居工程，切实解决优抚对象的住房困难。为全面解决重点优抚对象的住房困难，省里去年下拨了2100多万元，解决了2000多户重点优抚对象的住房困难。其中一级至四级残疾军人的建房补助列支了300万元，共补助100户。各地正在按照省民政厅、省财政厅赣民字［2004］249号文件要求，逐户摸准情况，规范操作，做到公开、公正、公平，使重点优抚对象的住房难得到及时合理的解决。对由政府和社会资助修建的优抚对象住房，悬挂由省民政厅统一制作的“优抚安居工程”标牌，以增强优抚对象的光荣感，营造拥军优属的社会氛围。

六、落实优抚安置政策，促进双拥政策法规在基层的落实

一是确保军转、军休干部和退伍士兵的妥善安置。我省接收的军转干部，绝大部分都安排在行政事业单位工作。对到地方安置的军休干部，做到了及时接收、妥善安置。各地对城镇退役士兵的安置，在认真落实指令性计划的同时，积极推进有偿安置和自谋职业的安置改革，基本做到了军队、地方、个人“三满意”。

二是农村义务兵家属优待金逐年增加。新的《军人抚恤优待条例》颁后，各地进一步加大优待金的扶持力度，努力使农村义务兵家属的生活不低于当地平均生活水平。2005 年全省农村义务兵家庭的优待金标准平均每户达到 1977 元，比上年增加 263 元。城镇义务兵家庭优待金标准平均 660 元，比上年翻了一翻。全省基本实行了优待金由县级财政或民政专户管理，有效地保障了农村义务兵家属优待金及时足额兑现。

七、双拥创建如火如荼，呈现你追我赶的大好局面

根据全国双拥工作领导小组的安排，我们对上一届双拥创建活动中被授予全国双拥模范城（县）称号的南昌、新余、景德镇、九江、萍乡、井冈山市以及兴国、广丰县等 8 个市县的双拥工作进行了全面检查，同时对授予省双拥模范城（县）称号的部分市、县进行了抽查。通过检查，我们感到，无论是全国双拥模范城（县），还是全省双拥模范城（县），都能在荣誉面前不骄不躁，再接再厉，以命名表彰为新的起点，不断加强领导，按照新时期双拥工作要求，与时俱进，开拓创新，扎实工作，推动了双拥创建工作的深入开展。各地认真贯彻全国和全省双拥工作会议精神，结合当地实际提出了新一轮双拥创建工作目标。已取得荣誉的决心保持荣誉，使双拥工作再上新台阶；暂时未获命名的也不气馁，不断改革创新，一步一个脚印扎实工作，创建的决心和力度都很大。双拥精神发祥地之一的吉安市，召开了万人动员大会，部署争创全省、全国双拥模范城（县）；瓷都景德镇为争创全国双拥模范城（县）五连冠，召开了市县乡三级动员大会；鹰潭市委书记亲自担任双拥工作领导小组第一组长，亲自主持召开创建全国双拥模范城（县）动员大会，要求举全市之力，争创全国双拥模范城（县）。信丰县在上一届创建中落榜，面临新一轮创建工作，他们扎实工作，一项一项抓落实，力争在新一轮双拥创建中榜上有名。全省双拥创建活动涌现出你追我赶的大好局面，掀起新一轮双拥创建热潮，双拥创建的热潮正以如火如荼之势燃遍赣鄱大地。

一年来，我省的双拥工作虽然取得了一定的成绩，全省双拥工作的整体水平有了明显的提高，但离全国双拥办的要求，特别是离新形势下双拥工作的要求，还有一定的差距。随着改革的不断深入和市场经济的逐步建立，也面临着一些新的矛盾和问题。比如，随着企业改制的不断深化，城镇退伍军人和随军家属安置的困难越来越大；随着部队装备的不断更新和科技练兵的要求越来越高，进一步提升科技拥军的层次难度较大；又如，如何增强双拥工作的活力，积极引导新型经济组织和新的社会阶层参与双拥工作等等，还有待于进一步研究探索。

山东省二〇〇五年双拥工作情况

2005 年，全省双拥工作紧紧围绕党和国家的中心工作，以邓小平理论和“三个代表”重要思想为指导，全面贯彻党的十六届三中、四中、五中全会精神，认真落实科学发展观，坚持以人为本，着眼促进经济社会和军队国防建设全面、协调、可持续发展，抓重点，抓基层，抓典型，抓落实，取得显著成效，进一步巩固了我省军政军民团结的大好局面，促进了全省改革发展稳定和军队现代化建设。

一、以党的先进性教育为契机，推进国防双拥教育深入开展

根据党中央的战略部署，全国自上而下地开展了党的先进性教育活动，我省军民积极参加，并以教育活动为契机，加强了对国防双拥的宣传教育。

一是把发扬爱国拥军精神作为保持共产党员先进性的重要内容。教育中，军地通过忆党史、访英模、谈体会，拓展了有效载体，丰富了教育内容，搞活了教育形式，增强了各级关心国防、支持双拥、爱国拥军的政治热情和责任意识；大力倡导了“让党员的先进性体现在双拥工作实践中”的主题活动，军地党员自觉在双拥活动中践行先进性要求，互相学习、互办实事、互解难题，推动了双拥工作向深层次发展。

二是充分利用山东革命老区丰富的“红色旅游”资源，加大了爱国拥军传统教育。全省有国防双拥教育基地 1047 个，开辟了以蓬莱阁、刘公岛甲午战争纪念地等为重点的胶东红色旅游路线，以莱芜战役、孟良崮战役、台儿庄战役为重点的鲁南沂蒙红色旅游路线，以枣庄铁道游击队、微山湖运河支队、菏泽鲁西革命纪念馆为重点的鲁西南红色旅游路线，接待游客 400 多万人次，在红色旅游中使广大军民受到爱国拥军光荣传统的教育和熏陶。

三是结合纪念抗战胜利 60 周年和第五个国防教育日，深入进行了“爱我中华，心系国防”的纪念教育活动。省组织召开了纪念抗战胜利 60 周年座谈会、抗战回乡老战士座谈会，举行了大型文艺晚会。各地组织报告会 600 余场次，全省县以上党政领导干部参加活动 15300 余人次。在大中小学开设国防教育课程达 95％以上，学生军训率达 100％。各地在公共场所共设立国防双拥宣传标牌 1.5 万个，在广播、电视、报刊、网络等新闻媒体开设国防双拥宣传栏目 6200 余个，发放国防双拥宣传材料 275 万份，社会群众参与国防双拥教育率达 85％以上。

四是宣传了一批双拥新典型。在省委组织部、宣传部、人事厅、省妇联、省工会、省军区政治部和新闻单位支持下，按照中宣部的要求，在全国和省内各大媒体集中宣传了“时代先锋”、“全国爱国拥军模范”、山东“新红嫂”石贤芹，宣传报道了菏泽、莱芜市“退伍军人的好榜样”梁远献、谷体东等，“八一”前表彰和宣传了全省新一届“十佳好军嫂”、“十佳兵妈妈”、军民共建先进单位和个人，各地也都推出了一批有时代特色的双拥新典型。济南的“兵妈妈爱心团”和泰安的“拥军妈妈队”都在全国产生了良好的反响。

二、以保障“和平使命—2005”中俄联合军事演习为重点，积极支持部队做好军事斗争准备

去年举世瞩目的“和平使命—2005”中俄联合军事演习在我省举行，这是中俄两国两军历史上首次进行的陆、海、空三军大规模、高标准、高技术的联合军事演习，政治、军事意义都非常重大，也是对我省双拥工作一次最实际的检验。全省各级党委、政府高度重视，主要领导亲自挂帅，有关部门积极参加，全力做好拥军支前工作。张高丽书记、韩寓群省长分别做出重要批示，对做好演习保障工作提出明确要求，并亲临演习现场检查指导。高新亭副书记、谢玉堂副省长全面负责演习保障服务工作，主持制定保障方案，指导省双拥办牵头筹划拥军支前活动，并分别带领省直有关部门和单位领导到演习一线慰问官兵。在济南军区、省军区指导下，省委办公厅、省政府办公厅领导亲自协调部署，省民政厅、财政厅、交通厅、公安厅、安全厅、卫生厅、粮食局、文化厅、经贸委、海洋与渔业厅、海事局、信息产业厅、电力集团、济南铁路局、网通公司、民航等部门和单位通力合作，在交通、通信、水电、饮食、卫生、文化、设备、场地和安全警卫等方面提供了全方位优质服务保障。演习地域的青岛、潍坊、胶南、昌邑市投入了大量人力、物力、财力，清海域、修道路、扩机场，保食宿、保交通、保安全。广大人民群众发扬拥军支前的光荣传统，停养殖、停捕捞、让场地、让航道，不计报酬和条件，尽心尽力为军演服务。济南、济宁、威海、烟台、聊城、泰安、日照、莱芜、菏泽等 9 市迎接慰问参演部队，走访慰问参演官兵家庭。全省组织拥军慰问团 110 多个，投入人力上万人次、资金和物品价值上亿元，保障部队安全、顺利、高质量地完成了军演任务。我省拥军支前工作创造了现代战争条件下“立体支前、深度拥军、一体联动”的新经验，受到胡锦涛总书记和中央军委首长的充分肯定和表扬，全国双拥工作领导小组也给予通报表彰。同时，我省积极做好十二集团军、二十集团军海训部队、济南军区赴苏丹维和部队慰问工作；协助北空、济空处理了两起飞行事故，协助武警部队处理了福州“10·2”特大自然灾害中14名山东籍遇难学员善后事宜。各地继续积极开展科技拥军、智力拥军活动。全省建成科技拥军训练基地1289个，为部队培养技术人才6.6万余人次；支持部队重点工程、“菜篮子”工程和营区建设，为部队协调划拨土地1500余亩；投资5000余万元支持驻鲁部队2414战场建设、总参三部四局战场建设、北舰天线场地建设、济空机场道路建设、驻军供电线路改造等一批重点军事工程；投资2750多万元整修驻军营区道路30多条。

三、围绕建设平安文明和谐山东，深入开展军民共建活动。一年来，驻鲁部队和武警官兵参加地方重大抢险救灾活动300多次，出动兵力30多万人（次），车辆20多万台（次），抢救遇险群众万余人；协助公安机关破案400多起，抓获犯罪嫌疑人700多人次。广泛开展了营造环境、文明养成、繁荣文化、塑造品牌、科学普及、诚信友爱、容貌整治、环境保护、奉献爱心、健康成长等“十大行动”。胶东军民普遍抓了“六个一”建设，军民共建一片爱民林、修一条拥军路、帮扶一个贫困村、帮助一所敬老院、建一所希望小学、建一个文明社区。驻军出动车辆1000多台次，人员1万多人次，美化营区300多个，清运垃圾1000余吨，植树10万余株。鲁中军民开展了志愿者文化、卫生、艺术、科技、法律、家政、体育、绿化、扶贫、慰问等十进军营社区活动，军地互办实事上万件；在鲁南、鲁西、鲁北等地开展了“邻里情、温馨家”、“为奉献者奉献”、“同谱双拥曲，共建模范城”等活动。各地在“援建军营图书室，共建学习型军营”活动中，广泛发动机关、团体、企业事业单位和社会各界人士踊跃参加援建活动，共援建军营图书室982个，赠送图书138万册。省发展改革委共计安排资金2190万元用于部队战备、营房、后勤等设施建设。驻鲁官兵积极参加“慈心一日捐”活动，捐款捐物100余万元。济南军区总医院、空军四五六医院、武警山东总队医院等部队医院派出医疗队走村入户为3万多优抚对象和困难群众送医送药。驻鲁部队新增助学对子9300对，结对帮扶贫困户15900户，帮扶贫困村1730多个，援建援助贫困地区希望小学250余所，投入93万多义务劳动日参加烟台国际机场跑道扩建、青岛“绿色奥运”工程、福山区万亩良田综合开发区建设等重大工程130多项，树立了部队文明之师的良好形象。

四、狠抓双拥法规政策落实，切实维护军人军属合法权益。在转业干部安置政策落实上，全省接收安置军转干部6909人。各地严格落实各项安置政策，按照“公开、公平、公正”原则，普遍实行了考试考核及双向选择分配转业干部的办法，认真做好自主择业转业干部管理服务工作，保证军转干部妥善安置。在退役士兵安置政策落实上，全省接收退役士兵5.7万人，接收安置军休干部、无军籍职工2000多人，投入安置费5亿多元。在坚持政府计划安置的基础上，着重加大了支持退役士兵自谋职业力度。省出台了鼓励城镇退役士兵自谋职业办法，各地通过财政拨款、筹集有偿安置转移资金等形式，扶持退役士兵自谋职业、自主创业。在随军家属安置政策落实上，通过加大政府安置力度，举办随军家属就业洽谈会，组织开展“送岗位到军营”活动，全省安置随军家属2435人，安置率达96.7%。一些地方开展了“心系国防固长城，真情送岗到军营”活动，提出了对军嫂安置“像给自己亲姐妹找工作一样抓好落实”，对因各种原因不能就业的随军家属，发放基本生活补助金500多万元。在优抚政策落实上，全省落实抚恤、补助金4亿多元，优待金5亿多元，落实了提高优抚对象抚恤补助标准的政策，建立了优抚对象医疗补助、救助制度，落实了军人子女加分优待政策，落实了旅游景点军人旅游免费政策，仅泰山、曲阜、蓬莱阁一年免收游览费800多万元。在法律拥军工作上，建立和完善了“维护军人军属合法权益领导小组”、“涉军法庭”、“法律咨询服务站”等组织机构，构筑了依法维护军人军属合法权益的“绿色通道”，全省共建立涉军维权组织1992个，召开军地协调会、现场办公会120多次，处结涉军纠纷和案件1500多起。

五、以抓好基层为重点，深入扎实开展双拥模范城（县）创建活动。根据全国双拥办的要求，各地组织了双拥模范城（县）自查活动，以检查促落实，以检查促创新。通过自查，在五个方面推进了“创城”活动的落实：一是组织领导落实。建立健全社区双拥工作站、拥军优属服务队、学雷锋小组24万个，军地层层签订了双拥目标责任状，参加活动人员达260多万人次。二是工作制度落实。各地普遍健全和规范了议军会议制度、领导干部过“军事日”制度、军地联席会议制度。出台规范性文件498件。调整了双拥工作领导小组，加强了双拥办公室和双拥队伍建设，县以上专兼职双拥办事人员1160多人。三是“创城”活动落实。泰安市组织了以“泰山桃花峪军警民双拥共建促进会”为代表的100多个社会团体与部队开展结对共建；淄博市星火技校、双语高级中学、艺术研究院发挥自身优势，常年为驻军培训技术人才；东营市网通公司投资10余万元，为部队生产基地建成了军用专线，开通了军事局域网。各地开展联谊、联欢、竞赛等活动2300多次。四是落实省里“三个突破”的发展战略。东部烟台、中部济南、西部菏泽在双拥工作上都有新的突破。烟台的突破是在全方位支持部队建设上，投入1500多万元，解决了部队建设中的难题600多个；济南的突破是在落实拥军政策上，出台了37个文件，解决了未就业随军家属补助、军人子女上学、现役军人游览、伤残军人免费乘车等问题；菏泽的突破是在落实优抚政策上，投入3000多万元，解决了优抚对象的住房、医疗等困难，开展的法律拥军活动为全省提供了新经验。五是双拥理论研究成效显著。各级领导带头，社会各界广泛参与，共撰写双拥理论文章350余篇。在全国评比中，我省有14篇文章分获特别奖，一、二、三等奖和优秀奖，数量和质量都在全国前列，省双拥办和济南军区政治部办公室获得优秀组织奖。这些理论文章从不同侧面、不同角度对双拥和创建模范城（县）活动进行了理论探讨，为双拥创城工作提供了强有力的理论指导。

河南省二〇〇五年双拥工作总结

2005年，河南省双拥工作在省委、省政府、省军区的领导下，以“三个代表”重要思想为指导，以2005年双拥工作要点为目标，深入进行双拥宣传教育，认真开展争先创优和拥军支演活动，全面落实各项政策法规，进一步密切了军政军民关系，为实现中原崛起和构建和谐社会做出了积极贡献。

一、深入开展国防教育，不断夯实双拥工作的群众和思想基础

一年来，全省以纪念抗日战争暨世界反法西斯战争胜利60周年为契机，深入开展以爱国主义为核心，以拥军优属、拥政爱民光荣传统为重要内容的国防教育，进一步打牢军民军政团结的群众基础和思想基础。

首先是加强对国防教育的组织领导。根据当前国际国内形势，各级认真研究全民国防教育重点，细化教育内容，加强对国防教育的组织领导。年内，全省组织开展了国防教育广播电视演讲比赛和“国防连着千万家”广播宣传活动，各地根据通知要求，认真筹划、广泛发动，有关部门密切配合、精心组织，共确定选手720多人，组织演讲比赛32场次，宣传关心支持国防建设好家庭70多个。其中，林芳同志在全国比赛中获优秀奖，夏邑县县委书记蒋美兰被评为“情系国防”好家庭，《兵妈妈乔文娟和她的中国拥军网》被评为优秀作品，我省获得纪念奖和单位组织奖。

其次是扎实开展纪念抗日战争暨世界反法西斯战争胜利60周年活动。宣传部门专门下发文件，制订宣传方案，做出工作部署，各地结合实际开展形式多样的纪念活动。省电视台、省人民广播电台、《河南日报》开设专栏，宣传抗日战争胜利的伟大历史意义和党在全民族团结抗战中的核心领导作用，宣传军政军民团结在中国革命、建设和改革进程中的中流砥柱作用，宣传双拥典型的主要事迹；省军区广泛收集、认真准备，精心组织了“见证”——纪念抗日战争胜利60周年图片展，共制作展板250块，收入抗战历史资料图片1600张，在全省巡回展出9场次，直接受教育群众达10万多人；省文联和省军区国教办举办了“国教杯”摄影大赛，收到参赛作品2000多幅，其中66幅获奖。各地电视台、电台、报纸分别划出专栏，展播优秀国防题材影视片、报道抗日历史故事，激发了广大军民的爱国拥军热情。

三是加大重点对象的教育力度。各地坚持把领导干部、中小学生、民兵预备役人员作为国防教育重点对象，采取开展过军事日、举办国防形势报告会、参观军事纪念场所、军训等多种形式，全方位、多渠道搞好双拥宣传教育和国防教育。省委党校为省直机关处以上领导干部进行了国防形势报告和高技术战争与新军事变革知识讲座，教育厅把国防教育纳入未成年人思想道德建设，团省委和省教育厅在郑州成立了河南省少年军校总校，积极探索依托少年军校对中小学生进行国防教育的新途径；各军分区、人武部坚持把国防教育贯穿到民兵预备役部队整组、征兵、军事训练、政治教育、执行任务等各项工作之中，通过完成急难险重任务、参加地方经济建设、开展岗位练兵，增强职能意识，深化了国防教育效果。

四是加强对双拥工作优良传统的宣传。郑州、洛阳、三门峡、周口等地，把每年八月份定为双拥宣传月，充分利用广播、电视、报刊、橱窗等多种手段，深入宣传拥军优属、拥政爱民的优良传统和全国双拥工作的先进典型；新乡、商丘、漯河、许昌等地定期举办军民座谈会、联欢会和先进事迹报告会，深化广大军民对双拥工作的思想认识，提高军爱民、民拥军的积极性和主动性，进一步密切了军政军民关系，促进了双拥工作的新发展。

二、扎实做好新形势下拥军支演工作，为军队“打得赢”提供强有力的支持和保障

各地着眼部队做好现实军事斗争准备，把支持驻军完成战备训练、军事演习和战备设施建设，作为拥军工作重点，千方百计帮助部队解决实际问题，全方位地做好新时期拥军支演工作，为军队“打得赢”提供了强有力的保障。

一是出台支持部队军事斗争准备新举措。针对部队做好现实军事斗争工作中遇到的困难和问题，各地结合驻军担负的工作任务和特点，出台支持部队军事斗争新举措。为支持部队搞好战场建设，洛阳市下发了《关于支持部队建设有关问题的通知》，要求各级从讲政治的高度，简化土地征用程序，及时给96251部队和71282部队划拨了新装备训练场地，帮助某部进行了146亩军用土地地界认证，解决了长达20多年的土地纠纷；驻马店市投资1000多万元拓宽双拥大道，投资280多万元修复了刘庄至石滚河的国防公路，使部队战场建设实现了快征、快建、快用、快训，快速形成战斗力。为支持部队人才建设，郑州市出台了《关于大力支持驻郑部队做好军事斗争准备工作的若干规定》，要求大中专院校、科研院所发挥优势，帮助部队培养人才。河南大学、安阳师范学院采取成人函授、定期辅导的形式，对官兵开展技术培训和学历升级；针对部队训练中遇到的技术难题，郑州大学协助某部研制出“某型火箭布雷车瞄准镜”、“某型装载机液压系统试验台”等技术革新成果22项。为帮助部队解决生活难题，商丘市出台了《关于支持部队做好军事斗争准备工作的通知》，要求各有关部门把驻军的水、电、气、暖供应，纳入城镇建设规划，把驻军人员购房需求纳入当地经济适用住房建设计划，先后投资160万元为市区部队改造水路、电路，以优惠的价格为现役军人提供了100套住房。

二是进一步完善拥军支演工作预案。各级紧紧围绕部队军事训练、演习，结合战时群众工作可能担负的任务，就如何发挥中原地理位置重要，铁路、公路交通便利和广播、电视、通讯等信息资源丰富的优势，进一步完善战时群众工作预案，加强对拥军支演工作的组织领导。年初，商丘市针对驻军成建制组织野营拉练，专门下发了《关于全力保障部队做好军事训练工作的通知》，梁园、睢阳、虞城、夏邑等县（市）区高度重视，迅速成立了拥军支演领导小组，修订拥军支演工作方案，公安、交通、教育、水利、卫生、电力、通信等部门密切配合，全力合作，形成了“部队练打赢，地方练保障”的浓厚氛围。11 月份，驻豫某部在确山实施战术实兵演练，新乡、洛阳、漯河等地紧贴实战、实在管用的原则，专门进行预测筹划，建立健全各种保障组织，充实完善战时群众工作预案，努力做好战役军团快速行进中道路交通、安全警戒和宿营地的粮秣给养、水电供应，确保了部队安全顺利到达演习地域；驻马店市以此为契机，进一步规范战时群众工作程序，做好演习地区各乡（镇）村民的思想工作，使演习部队在构筑各类堑壕、修筑机动道路时占用群众庄稼地等遇到的问题，都得到圆满解决。年内，全省各地共保障炮兵实弹演习、合同战术演练等 20 多批次，近 16 万余人，无任何军政军民纠纷和失泄密现象发生，确保了演习区域的治安稳定，促进了各项演习任务的圆满完成。

三是开展形式多样的拥军支演活动。各级紧贴演习任务，把拥军支演当作义不容辞的政治责任，坚持实施跟进保障，竭尽全力搞好服务。今年 6 月份，驻豫 71521 部队和空军 94371 部队官兵赴山东参加“中俄联合军事演习”，全省各级党委政府和广大人民群众针对部队到外地演习困难多、不便多，坚持多法并举，开展形式多样的支前活动。郑州铁路局专门成立了装载指挥所，14 个装载点实行责任分工，严把各个关口，切实做好各项工作；洛阳火车站从站长到普通职工，主动加班加点，合理调度车皮。在部队开进沿途，郑州、开封、洛阳、新乡等地实行一级警备，所有路口都有警力负责疏通道路和保障部队行车安全，各地还设立了演习保障安全总调度电话，24 小时提供服务，使部队在开进对接中定时定位，万无一失。据统计，全省共出动警力 2300 余人次，动用车辆 800 余次，安全顺利地完成了铁路、公路运输任务。

为鼓舞参演部队士气，省委省政府省军区专门组织慰问团赴山东济宁、潍坊看望参演部队官兵。在训练现场，原省委副书记、省双拥工作领导小组组长支树平同志发表了热情洋溢的讲话。他说：“演习场上无亚军，铁军展现铁风采”、“两军演习夺胜利、万里长空写战绩”、“军民团结一条心，前方后方齐努力”，道出了全省 9700 万人民群众和全体参演官兵的共同心声，激发了官兵的斗志。广大官兵慷慨激昂，高声回应：“两国演习打胜仗，铁军遇到铁靠山”、“中俄军演创佳绩、军民团结得胜利”、“千里送真情、助我扬国威”！场面震撼人心，热烈感人。郑州、洛阳、新乡、开封等省辖市党委政府也多次组织慰问团，冒酷暑到潍坊、济宁、青岛、烟台等地，深入一线看望部队，荥阳、伊川、新安、宜阳等地群众自发组织起来，为演习官兵送去人丹、风油精、茶叶、矿泉水等降暑用品和牙膏、牙刷、香皂、背心等日用品。在部队近 3 个月联合军事训练演习中，各地先后有 16 个支前小组深入一线慰问参演官兵，共赠送 201 万元慰问金和 17 万元的慰问物品，给部队提供了物力支持；为活跃参演部队文化生活，省文化厅组织文艺界的专家、演员千里迢迢赴山东潍坊，为官兵表演相声、小品、歌舞，新乡市组织文艺宣传队，到各驻训点为官兵送去了精彩的文艺节目和第二故乡人民的心声。广大官兵深受鼓舞，人人摩拳擦掌，个个轻松上阵，全身心投入到训练中，使各项课目从正式合练到预演、演习，100%的命中目标，受到了“前指”的高度赞扬。

三、积极开展创建双拥模范城（县）活动，双拥工作的整体水平得到进一步提高

按照全国双拥工作领导小组颁布的《全国双拥模范城（县）命名管理办法》，根据我省实施方案的总体部署，今年全省进行了创建省级双拥模范城（县）暨军民共建先进单位和个人评比、表彰，各地和驻豫各部队把创建活动当作一种政治责任，纳入经济社会发展总体规划和部队政治工作计划，军地密切配合，军民积极参与，普遍对照标准，自我检查。在此基础上，通过书面申报、综合考评，全省共命名表彰了 64 个城（县）、100 个单位、38 名个人，带动了全省双拥工作整体水平全面提高。

一是提高了全民创建的积极性。为做好省级双拥模范城（县）检查、评比工作，各级广泛进行思想动员，不断提高广大军民争先创优的积极性。省军区专门下发了《关于“八一”期间积极协调地方为部队办实事解难题的通知》，各军分区、人武部以“八一”建军节和全省双拥模范城（县）表彰大会为契机，充分发挥桥梁纽带作用，从转业干部安置、城镇退伍士兵安置、随军家属工作安置、军人子女入学、军地历史遗留问题等5个事关部队建设和广大官兵切身利益的重点问题入手，积极协调地方党委、政府，切实为部队官兵解难题、办实事。17个省辖市纷纷召开动员大会，部署创建工作。济源市召开了双拥创建联席会议，认真研究新形势下双拥工作的新情况、新问题，积极采取措施，深入做好基础性工作；商丘市组织召开了动员大会，层层签订创建双拥模范城（县）目标责任书，全市形成了上下联动、军民互促的创建热潮。焦作市召开了双拥工作领导小组成员会议，明确双拥工作的重点，形成了推动双拥工作健康发展的强大合力。新乡市组织召开了双拥指挥部成员单位会议，对今年的双拥工作任务进行专题研究，制定改进措施，确立争创目标。各地在市区主要位置、乡镇主要街道，增设宣传新标牌，刷新老标牌，在乡村、田野书写双拥标语，进一步浓厚了氛围，极大调动了广大军民支持创建、参与创建的积极性。

二是促进了优抚安置政策全面落实。5月中旬，全省在辉县市召开了优抚科长会议，会议传达了民政部福州和北京会议精神，集中探讨了解决重点优抚对象医疗难问题，新乡、漯河、兰考介绍了经验和做法。各省辖市采取以会代训的形式，学习新《条例》，研究新情况，理清新思路，各项抚恤标准全部按新标准发放到位，农村义务兵优待金按当地上年农民人均纯收入的70%兑现到户。各地积极采取措施，做好解“三难”工作。受19号“龙王”台风影响，河南籍10名武警福州指挥学校学员遭山洪袭击遇难后，省委省政府高度重视，省双拥办主任、省民政厅副厅长张中华同志，率工作组迅速赶赴到福州，及时向当地民政部门和武警部队了解情况，认真研究开展善后工作的思路与措施，从讲政治、讲大局、讲稳定的高度，耐心听取牺牲军人家属的意见，主动劝慰、安抚，坚持把政策用足，切实解决家庭实际困难，全力以赴做好善后工作，达到了地方政府、部队、亲属三满意。平顶山、濮阳、信阳、南阳等地组织白衣战士开展“爱心献功臣活动”，共出动服务队116个，服务车90台（次），队员遍布300多个乡镇，共医治9000多人，赠送46万元的药品和价值达19万元的医疗设备。内乡县采取县级财政投入、企事业单位和“两新”组织捐资帮扶、群众募捐等方式筹措资金，为老烈属和在乡老复员军人修缮房屋；武陟县七级以下残疾军人、在乡老复员军人、“三属”等优抚对象，全部纳入农村合作医疗范围；许昌市深入开展“发扬光荣传统、珍惜光荣称号、再创光荣业绩、争做光荣公民”活动，鼓励广大退役士兵在经济建设和全面建设小康社会的历史进程中，自觉体谅国家困难，积极发扬创业进取的优良传统，保持全心全意为人民服务的优良作风，带领当地群众脱贫致富，从而促进了经济社会发展，受到了党和政府的高度赞扬。

各地把做好安置工作作为构建和谐社会的重中之重，积极采取措施，认真落实政策，取得了明显的工作成效。在转业干部安置方面，新乡市拿出33个市直局委副职位置，供14名正团职干部选择，17名副团职干部全部安排在行政机关；拿出64个行政指标用于安排营以下干部，其余全部安排在全供事业单位。许昌市在市直有关部门挤出80个职位，供60名转业干部挑选。濮阳市加大转业干部安置力度，92名军转干部全部得到了妥善安置，4名正团职干部全部安排了副县级实职。南阳市符合进市直单位条件的86名营以下转业干部，全部落实到位。今年，全省共接收转业干部3995人，其中师职干部22人，团职干部490人。在城镇退伍士兵安置方面，各地按照政府安置与自谋职业相结合的原则，深入开展“三好”活动，积极拓宽渠道，创新方法。新乡市采取提高补助标准、增发补助费的方式，鼓励退役士兵走向市场；鹤壁市采取安置就业、扶持就业和自谋职业等多法并举，城镇士兵安置率达96%以上。年内，全省共接收退役士兵49902人，其中农村28716人，应安置21928人，安置率达90.19%，农村两用人才开发使用率占98.2%。濮阳市多次召集有关部门召开随军家属协调会，郑州市采取双拥办和劳动、人事部门联合办公，安阳、新乡、三门峡、商丘和信阳等地采取工作安置与经济补偿相结合的办法，安排无工作随军家属；开封市对军人子女上小学和初中需择校的，由市教育局协调解决，考高中的降低20分录取；信阳、驻马店、焦作等地专门出台文件，规定军人子女在九年义务教育范围内，可以在市内选校就读。针对部队反映突出的历史遗留问题，许昌、驻马店等地采取征求意见、现场办公的方式协调解决。年内，全省共安置无工作随军家属1200多人，安排随迁军人子女入学200多人，处理军地遗留问题30多件，进一步促进了全省军政军民团结。

三是增强了支持部队基础建设的责任感。各级以支持部队建设为己任，积极解决官兵学习、训练、工作、生活中遇到的难题。驻焦62111部队奉命赴利比里亚执行国际维和任务，焦作市举行了隆重的出征誓师大会，并送去电脑、图书等价值16万元的学习用品。为解决官兵取暖问题，商丘市给空军71315部队飞行员宿舍，安装了50台最新式冷暖分体空调。为实施国防道路畅通工程，南阳市投资580万元，帮助71669部队、96265部队修通了营区内外的道路，济南军区专门在南阳召开现场会，推广了他们的经验。为支持部队人才建设，省教育厅制定了《教育系统拥军优属公约》，各大中专院校积极选派优秀教师帮助部队举办形势报告会，进行计算机、法律、英语等培训，提高官兵的文化素质；重大节日开展走访慰问活动，帮助军烈属解决子女入学和生活、就医等方面的困难。9月份，河南理工大学与济南军区签订了联合育人协议，分批为部队培养在职研究生；河南师范大学、新乡医学院多次召开动员大会，鼓励在校大学生应征入伍。省国土资源厅下发了《关于规范建设用地审批工作意见》，明确提出对军事项目用地随时受理，随时审批。年内共受理和服务军事建设项目20余个，面积260公顷，已批准258公顷，最大限度地保障了军事项目建设。各地公安系统派出干警协助部队留守人员维护营区安全，粮食系统把最好的粮油送到营区，电业系统深入营区征求部队用电意见，有效地保护了军事设施，解决了用水用电等实际困难，促进了部队的全面建设。

四是推动了“援建军营图书室，共建学习型军营”活动的开展。根据民政部的通知精神，省双拥办专门成立了“双建”办公室，并下发通知提出具体要求。各地把援建军营图书室，共建学习型军营，作为支持部队做好军事斗争准备的重要内容，广泛进行思想发动，积极采取措施推动“双建”活动的深入开展。洛阳、新乡等地把援建军营图书室纳入为驻军要办的实事之一，采取定目标、定任务的方式，统一安排、统一部署、统一挂牌；安阳、濮阳等地作为创新军民共建活动的新内容、新载体的重要任务，采取思想动员、双向联系的方式，结成援建对子，开展读书交流活动；焦作、平顶山把“双建”活动当成拥军工作的新举措，服务部队建设的新内容，军民共建社会主义精神文明建设的新形式，积极动员社会各界帮助条件艰苦、文化基础设施较差的基层连队建立和充实军营图书室；信阳市把援建活动与服务军队建设、打造智力拥军新品牌、创建全国双拥模范城（县）、争创军民共建先进单位结合起来，广泛开展“比思想、比奉献、比荣誉”活动，各行业系统、各企事业单位和广大人民群众弘扬拥军优属、拥政爱民光荣传统，主动到部队征求意见，积极征订、购买官兵急需的政治法律、军事百科、文史知识和科学普及等学习书籍，组织开展国防知识竞赛、演讲比赛和诗歌朗诵等读书交流活动。据统计，全省共为驻豫部队援建图书200余套，有效地活跃了官兵文化生活，促进了学习型军营建设。

四、大力弘扬拥政爱民优良传统，努力为“实现中原崛起”做贡献

驻豫各部队党委响应省委省政府的号召，在完成战备、教育、教学、训练任务的同时，充分发挥部队人员集中、突击力强的优势，深入开展“热爱河南、建设河南、宣传河南、增辉河南”活动，积极参加地方“三个文明”建设，努力为实现中原崛起做贡献。

一是广泛开展扶贫帮困活动。针对驻地群众在生产生活中存在的实际困难，驻豫各部队采取定点帮扶、挂钩帮助、捐款赠物等形式，帮助脱贫致富。省军区在人武系统广泛开展了“科技扶贫、科技富民”和“双帮扶、双促进”活动，各级紧密结合当地实际，积极帮助当地农民调整农业种植、养殖结构，多层次培训技术人员，大力发展特色种植、养殖业。全省共建立1600多个带建帮扶点，组织民兵结成近12万个帮扶对子，帮助协调各种贷款，扶持新建实体，约76%的贫困户、88%的帮扶村基本脱贫。71320部队组织全体党团员交纳“特殊党团费”，先后用16.15万元为商丘、确山等地的敬老院、光荣院、儿童福利院和下岗职工购买大米、面粉6420多公斤，棉衣、棉被4180余件；信息工程大学信息工程学院“科技助民服务队”、“家电维修队”长年坚持开展活动，测绘学院“大兵修车队”，连续16年利用双休日为群众义务修车，累计达12万辆。解放军一五三医院、省武警总队医院对困难群众实行“爱民优惠”，减免医疗费、医药费。“五四”期间，各部队基层团组织举办了“和谐校园行动——爱心1+1”结对子活动，广大官兵积极捐款捐物，帮助贫困地区援建希望小学，资助失学儿童重返校园，在人民群众中树立了文明之师的良好形象。

二是积极支援地方重点工程建设。驻豫部队官兵从大局出发，自觉服从服务于地方经济建设，积极参加绿化荒山、美化城市、清理河道、治理河滩、修桥筑路、植树造林，以实际行动为国兴利、为民造福。在2005中国信阳茶叶节、中国洛阳牡丹花会、河南省第八届环卫工人节等重大活动期间，各地驻军积极出兵出力，帮助清扫街道、维持秩序；在郑州“四城联创”、信阳市平桥工业园、新县板栗培植基地等重大项目建设中，71872部队、71511部队出动大型机械设备500余台次，挖土石方25万多立方，为当地政府节约资金近1600多万元。驻豫各军事院校充分发挥科研、人才优势，推动科技成果转化。信息工程大学研制的“小浪底传播安全综合系统”，大大提升了小浪底工程的信息化管理水平；为省社科联承担的“计算机犯罪及其对策研究”和“幽默文学建设在全面建设小康社会中的作用研究”等项目，解决了重大现实理论问题，为构建和谐社会注入了活力。

三是坚决完成抢险救灾等急难险重任务。在人民群众遭受各种灾害的关键时刻，驻豫部队广大官兵急地方之所急，解群众之所难，主动为当地政府排忧解难。今年夏季，豫南地区普降暴雨，淮河干流、洪河、唐河等水域均出现较大洪水，大中型水库普遍超过警戒水位，信阳、南阳、驻马店3个省辖市所属10多个县（市、区）出现程度不同的洪涝灾情，省军区迅速启动应急预案，精心筹划，严密组织，先后组织官兵和民兵预备役人员3.2万多人，车辆2000余台次，冲锋舟166艘投入抢险救灾，共转移群众5.6万人，解救围困群众2.15万人，加固堤坝5.2公里，排除险情70余处。平煤集团四矿发生爆炸后，71622部队36名官兵迅速奔赴现场，在4小时内发射炮弹126枚，及时排除隐患。信阳平桥化工厂发生氨气泄漏，71811部队防化连及时出动46名官兵，分3批进入工厂危险地段排除险情，经过21小时的奋战，最大限度地保护了人民群众的生命和财产安全，受到各级党委政府高度赞扬。

五、努力加强双拥办自身建设，推动双拥工作上水平上台阶

今年，各级在加大双拥经费投入、完善办公设施等硬件建设的基础上，注重加强人员的思想、作风、制度等软件建设，努力提高双拥工作的质量。首先，加强思想政治建设。各级双拥办在保持共产党员先进性教育中，深入学习《关于加强党的执政能力建设的决定》和全国双拥工作会议、全国双拥办主任会议精神，认真通读《保持共产党员先进性教育读本》，省双拥办还以此为契机，组织全体人员到焦裕禄烈士陵园重温入党誓词，缅怀先烈事迹，到当地重点优抚对象家中走访慰问，了解生活中遇到的实际困难，进一步增强了做好双拥工作的责任感和使命感。其次，完善各项工作制度。为适应双拥工作形势的发展，各级把健全双拥工作机构，完善双拥工作机制，作为确保各项任务完成的关键环节，全省形成了双拥工作层层有人管、时时有人抓、事事有人办的良好势头。漯河市双拥办建立了双拥工作例会、信息交流和定期走访等7项工作制度，保证了双拥工作有计划、有重点、有步骤地顺利开展；周口市双拥办出台了《双拥工作领导小组组长和成员职责》、《周口市拥军优属若干规定》、《周口市双拥工作的几项规定》等法规制度；省双拥办修订完善了《双拥办工作职责》，新建了会议、公文处理、印章管理、军地合署办公、工作人员职责等5项工作制度，促使双拥工作走上了规范化、制度化。根据省双拥工作领导小组十三次全会精神，省双拥办除省军区固定1人外，省武警部队和信息工程大学也派人长期参加工作，采取以会代训、以老带新、边干边学的方式加强人才建设，集中力量对近十几年的工作资料进行梳理、分类、装订、归档，并编撰出版了《双拥手册》。结合新形势新任务，省双拥办积极指导各地加强对双拥工作理论研究，共向全国双拥办报送论文109篇，其中12篇获奖，报送数量和获奖数量位居全国第一，荣获全国双拥工作理论研讨会组织奖。

我省双拥工作取得了一定成绩，但还存在一些薄弱环节和问题，一是对双拥工作的检查督查力度不够，个别县、市落实制度不经常，双拥工作有死角；二是缺乏开拓进取精神，有的单位在工作中遇到难题等政策，碰到困难靠上级；三是全省的双拥工作发展不够平衡。今后，我们将针对以上存在的不足，加强内外学习交流，加大研究探索的力度，积极开展工作，推动我省的双拥工作再上一个新台阶。

湖北省二〇〇五年双拥工作总结

2005年，全省双拥工作在全国双拥工作领导小组和省委、省政府、省军区的领导下，坚持以邓小平理论和“三个代表”重要思想为指导，认真贯彻落实全国双拥工作会议精神，以维护和保障优抚对象基本权益为重点，坚持以人为本，开拓创新，积极探索解决新形势下双拥工作重点、难点问题的新途径、新方法，各项双拥政策得到较好地落实，全省双拥工作取得了新的成效。一年来，主要抓了以下几项工作。

一、广泛开展国防和双拥宣传教育，增强了人民群众的国防观念

为强化广大军民的国防观念和双拥意识，各地各部队广泛开展了形式多样的国防教育和双拥宣传。

一是结合纪念中国人民抗日战争暨世界反法西斯战争胜利60周年，广泛进行了以爱国主义为核心的国防教育。在纪念活动期间，各地在省委、省政府的统一领导组织下，开展了一系列的宣传教育活动，中国人民抗日战争暨世界反法西斯战争的伟大胜利及著名英烈们感人至深的英勇事迹，在广大党员干部、大中小学生和部队官兵中引起了强烈共鸣。国家和各级人民政府通过大幅度提高生活补助标准、开展走访慰问、颁发纪念章等活动，提高了抗战老战士及其他优抚对象的政治和社会地位，激发了社会青年和在校学生参军入伍的积极性。省军区会同省委宣传部，在全省开展了“爱我中华，心系国防”电视演讲比赛，强化了人民群众的国防观念。

二是认真开展了党政领导干部的国防教育。省成立了《国防教育讲师团》，举办了全省第三期教育师资培训班。各地通过组织形势报告会、军事理论讲座、开展军事日等形式，加大了对党政领导干部的培训力度，提高了他们的国防观念，增强了支持部队建设的自觉性。

三是各地各部队充分利用在全党开展的以实践

“三个代表”重要思想为主要内容的保持共产党员先进性教育活动，组织开展了各种爱国主义主题实践活动。一年来，全省的抗日战争纪念馆、烈士陵园等爱国主义教育基地，不断接待前来瞻仰的党员，仅红安烈士陵园就接待近10万名党员。

四是抓了青少年的国防教育。各地各部队依托教导队、民兵训练基地，结合学校素质教育，定期组织大、中、小学生进行军训，派出部队官兵担任学校国防教育兼职教员，普及国防常识，培养国防意识。全年共为学校军训学生10万多人次。省军区政治部会同省委宣传部、省委党校、省教育厅联合组织了湖北高校国防教育电影展映月活动，有效推进了湖北高校国防教育工作。

二、召开了高规格的全省拥军优属拥政爱民工作会议

2005年元月5日至6日在武汉召开了全省双拥工作会议。俞正声、罗清泉、周坚卫、孙志刚、高瑞科、蒋大国、蒙美路、李祖明等省党政军领导出席会议。俞正声书记、罗清泉省长发表了重要讲话，对做好新形势下双拥工作提出了明确要求。全国双拥工作领导小组副组长、全国双拥办主任、民政部副部长罗平飞同志专程亲临会议指导，充分肯定我省的双拥工作。各市、州、省直管市、神农架林区政府分管领导，省双拥工作领导小组各成员单位负责人，驻鄂部队副军以上单位领导及市、州双拥办主任、民政局长等共200多人参加了会议。会上，传达贯彻了全国双拥工作会议精神，武汉市、空降兵95829部队等10个军地单位就如何做好新形势下的双拥工作交流了经验，命名表彰了“教子育兵模范军属”杨进群、46个双拥先进单位和双拥先进个人。最后，副省长、省双工作领导小组副组长蒋大国及省军区副司令员李祖明少将就如何贯彻会议精神作了部署。这次会议规格高、内容实、经验新，对推动当前和今后一个时期全省双拥工作有着十分重要的作用。

三、大力推进“关爱行动”和“手牵手、帮战友”活动

2004年省委办公厅、省政府办公厅转发《省民政厅关于在全省开展特困优抚对象“关爱行动”的实施意见》，决定从2004年至2006年，用3年的时间在全省开展以解决3万名特困优抚对象生活难、住房难和医疗难为主要内容的“关爱行动”。2005年是3年“关爱行动”的第二年，也是关键的一年。各地党委、政府高度重视这项工作，各级民政部门积极努力，取得了显著成效。据不完全统计，2004年以来全省共投入资金8700多万元，帮扶特困优抚对象37567人，其中解决生活困难17584人，解决治病困难17139人，解决住房困难5196人，解决子女上学困难1494人。12月27日在咸宁市咸安区召开了“关爱行动”现场会，总结交流经验，进一步推动“关爱行动”的深入开展。以省军区政治部牵头并组织的我省驻军开展的“手牵手、帮战友”活动，各部队都成立了帮扶组织，制定了帮扶方案，深入到对口联系单位调查了解情况，确定帮扶对象，“手牵手、帮战友”活动取得明显成效。据统计，全省驻军官兵向困难复退、转业军人捐款300多万元，捐衣物5万多件（套），帮助500多户困难复退、转业军人解决了实际困难。全省“关爱行动”、“手牵手、帮战友”活动的开展，解决了优抚对象自身难以解决的困难问题，维护了优抚对象的稳定，是一种积极维护稳定的重要举措，得到了省委、省政府和国家民政部的充分肯定，民政部还将“关爱行动”的做法转发全国。

四、认真组织“八一”期间双拥等系列活动

2005年是中国人民解放军建军78周年，又是中国人民抗日战争胜利60周年。“八一”期间的双拥活动内容丰富。一是以省政府、省军区名义发出了《关于2005年“八一”建军节期间开展拥军优属、拥政爱民活动的通知》，对全省双拥活动做出了具体部署；二是省党政军领导分两路慰问原武汉军区、武汉军区空军曾参加抗日战争的老领导，并组织回乡抗战老战士代表参加全国和省纪念抗战胜利60周年系列活动；三是省委、省政府、省军区召开湖北省纪念中国人民解放军建军78周年座谈会；四是组织收听收看全国军民共建社会主义精神文明先进单位和先进个人电视电话表彰会议，蒋大国副省长对贯彻落实全国电视电话会议精神进行了强调；五是以省委、省政府、省军区名义组织慰问团慰问我省指战员参加“和平使命—2005”中俄联合军事演习活动。这项活动得到民政部和全国双拥办的充分肯定。

五、认真学习贯彻《军人抚恤优待条例》，提高双拥优抚干部的政策业务水平

为配合新《条例》的学习、宣传和贯彻实施，使各级从事双拥、优抚干部尽快了解掌握新《条例》的实质和内容，9月下旬在宜昌举办全省学习贯彻《军人抚恤优待条例》培训班。各市、州、县（市、区）民政局从事双拥、优抚工作的同志共150多人参加培训。通过培训大家一致认为，提高了思想认识和业务水平，明确了全省双拥、优抚工作的任务，增强了做好双拥、优抚工作的信心。

六、各地各部门认真学习贯彻全省双拥工作会议精神，为驻军优抚安置对象办实事，掀起创建双拥模范城（县）的热潮

2005年6月17日，省双拥办在第二炮兵指挥学院召开了第三次军地双拥工作联席会议，就如何进一步加强军地相互沟通、相互支持，促进地方经济发展和部队建设进行经验交流。省直部门、省双拥工作领导小组成员单位，在省委、省政府的领导下，把为部队、优抚安置对象办实事作为落实全省双拥工作会议精神、保持共产党员先进性教育的具体行动。省委办公厅、省政府办公厅积极协调，省委组织部、省委宣传部、省委政研室、省发改委、省人事厅、省编办、省劳动和社会保障厅、省财政厅、省教育厅、省卫生厅、省民政厅、省军区政治部等部门相互配合，深入部队驻地、优抚安置对象家中调查研究，及时采取相关措施，做了大量工作。2005年已出台《湖北省优抚对象及其子女教育优待暂行办法》、《关于解决1953年底前参军复员转业到企业工作的退休人员生活困难的通知》、《关于提高部分优抚对象抚恤补助标准的通知》、《关于提高在乡复员军人定期定量补助标准的通知》、《关于进一步做好军队离退休干部安置管理工作的通知》等文件规定，撰写了军转干部安置、退役士兵安置、军队离退休干部安置、复员退伍军人抚恤优待、涉核退伍军人等近10份有份量的调研报告。省文化厅、省交通厅、省国土资源厅、省工商局、省粮食局、省广播电视局、省税务部门、省总工会、团省委、省妇联等成员单位认真履行双拥职责，抓好本部门、本行业、本系统双拥工作的落实。武汉市2004年以来为驻军办实事43件，直接投入资金2150万元，得到中共中央政治局委员、省委书记俞正声同志的充分肯定，深受驻军部队的好评。荆门市2005年3月召开议军会议，研究解决民兵训练基地设施、人员编制问题，以及军队转业干部和随军家属安置等问题，解决民兵训练基地建设经费和二类预备役军官训练经费150万元。天门市2005年为驻军部队、武警部队解决建设经费170多万元。据统计，全省为驻军部队解决训练、生活方面的实际问题300多件，为支持部队建设投入经费5000多万元；接收安置军队转业干部2518人，安置复退军人11900人，解决随军家属就业360多人。恩施州、咸宁市、随州市、荆门市、襄樊市等单位，在学习贯彻全省双拥工作会议精神中明确提出了创建省级“双拥模范城（县）”目标，十堰市提出了第五次创建全国“双拥模范城（县）”的目标。

七、积极做好复退军人的稳定工作

2005年，我省复退军人的稳定形势严峻。一是上访群体和群体上访多；二是有组织、跨地区上访规模大；三是上访对象范围广；四是上访诉求高。据此，省委、省政府高度重视，多次做出指示、批示。6月23日，我省成立了“湖北省复退军人稳定工作专班”（9月12日更名为“湖北省复员退伍军人问题工作小组办公室”），在工作任务重，人员少的情况下，抽调人员，认真做好复退军人的稳定工作。一是参与制定工作方案、工作制度、群体上访处置预案、工作手册，制定复退军人上访接谈口径，编印有关政策单行本；二是对复退军人稳定情况进行认真梳理，尤其是对涉核退役军人、企业复员军人、下岗失业残疾军人等重点上访对象的基本情况进行摸底排查，对他们的各种诉求进行了分析归类，并就解决这些问题及时向省委、省政府及中央有关部门汇报，提出建议；三是及时处理各种群体性上访事件，凡是涉及优抚对象的群体性上访，做到第一时间派员赶赴现场，认真接谈，耐心解释；四是及时上报全省复退军人稳定工作动态；五是召开全省复退军人稳定工作专题会议，统一全省各级双拥、优抚干部的思想，切实做好复退军人的稳定工作。与此同时，认真扎实做好1953年底以前参军，复员转业到企业工作的退休人员的核查工作。据核查，全省共有此类对象29165人。现这部分对象的生活补助已按标准及时发放；及时组织涉核退伍军人体检及评残工作，已完成体检3032人；认真开展对优抚对象人数核查，全面实行抚恤补助经费社会化发放，确保各项双拥优抚政策落到实处，维护社会稳定。

在取得成绩的同时，我省双拥工作目前仍存在一些问题和不足：一是不同地域、不同行业、不同部门的双拥工作发展不够平衡；二是双拥组织机构自身建设还不能适应工作需要。在新的一年里，对这些问题要认真加以解决和克服。

湖南省二〇〇五年双拥工作总结

一、去年以来双拥工作基本情况

我省双拥工作坚持以“三个代表”和党的十六大精神为指导，紧密结合我省实际，围绕促进社会生产力、提高部队战斗力和增强军政军民凝聚力开展工作，取得了新的成绩，为促进我省经济发展、社会稳定和提高部队战斗力提供了保障。

（一）深入开展国防和双拥宣传教育，全民国防观念进一步增强

我省把国防教育和双拥宣传教育纳入了全民教育体系，积极推进国防教育和双拥宣传教育社会化、制度化和经常化，夯实了热爱国防和搞好双拥工作的思想基础。全省各地普遍制定了《国防法》、《国防教育法》等宣传教育提纲，广泛开展“双拥活动周”、“国防教育日”、“全民国防教育月”、“军营一日”、学生军训等活动。许多地方采取自办专栏、有奖征文、演讲比赛等多种形式，宣传教育内容新，力度大，效果好。各地和部队团以上单位充分利用国防教育馆（室）、国防教育园地、宣传橱窗等大力宣传国防知识和双拥工作情况。各地把国防教育纳入了党委中心组理论学习计划，纳入了公务员培训考核内容；市县领导每年都参加“军事日”活动。各级党校都开设了国防教育课，各级教育部门把国防教育、双拥教育列入教学计划，有组织、有计划地开展国防和双拥宣传教育。经统计，全省110多个县市（区）依托职业中学建立了预备役学校或预备役班，利用学生军训和重大节日等时机，有针对性地进行国防理论、国防形势和国防法规常识教育。省委宣传部、省军区政治部、省双拥办在元旦、春节、“八一”和国庆等传统节日和重要时机，利用新闻媒体开辟双拥宣传专栏和专题节目。特别是下半年以来，各地以纪念抗日战争暨世界反法西斯战争胜利60周年为契机，广泛深入开展多种形式的纪念活动，大力弘扬抗战精神和长征精神，教育广大军民牢记历史、不忘过去、爱我中华、强我国防，把国防教育和双拥宣传推向了一个新的高潮，营造了爱国拥军的社会氛围，产生了良好的国防和社会效应。

（二）广泛开展以“结对共建”为主体的双拥活动，双拥工作服务领域进一步拓展

各地结合实际，按照省双拥工作领导小组关于开展“双拥结对”工作的要求，积极开展“双拥结对”活动，结对对子累计达600多对，结对单位节日走访慰问、座谈和思想交流等经常性工作形成了制度，军民关系融洽，互办实事成效明显。全省共建文明路、文明车站、文明商贸城、文明学校、文明社区和文明医院等达400多个，把双拥工作推上

了新领域、新行业、新阶层，为共建活动注入了新的活力。去年“八一”前夕，我省有5个单位3名个人被全国双拥工作领导小组、中宣部、中央文明办、民政部、总政治部评为全国军民共建社会主义精神文明先进单位和个人。全省有160多个单位和个人参加“援建军营图书室，共建学习型军营”活动，援建军营图书室80个。双拥理论研究也取得成效。去年我省有12篇论文获省级优秀论文奖，其中2篇被全国双拥理论研讨会评为二等奖。积极进行涉军维权活动，全省各级涉军维权机构受理来信来访5167次，处理来信1203件，处理涉军纠纷1432件，其中法院受理303件，一审结案275件，避免和挽回经济损失1534万元。全省以“结对共建”为主体的双拥活动有效地宣传了党的基本路线、法律知识，传播了新的道德风尚和科学文化知识；实现了双拥活动由“节日化”向“经常化”的转变，双拥领域由党政部门、群众团体、传统经济组织向新生的社会团体、经济组织和社会阶层发展，双拥内容由物质双拥向物质精神（智力）相结合转变，拓宽了双拥服务领域，扩大了双拥内容，加快了双拥工作与时俱进的步伐。

（三）积极整合军地资源，军民互办实事的力度进一步加强

根据全面、协调、持续发展的要求，我省双拥工作充分整合军地资源，积极发挥服务军地共同发展的保障作用，互相协调、互相合作、互办实事，有效地促进了我省国防和经济建设更快更好地发展。地方各级党委、政府关心支持驻湘部队建设，在保证部队战备、训练、执勤、科研、教学和生活等方面，给予了人力、物力和财力上的支持和保障，使驻湘部队、武警、消防90%以上的营房、基础设施得到完善和更新。长沙、怀化、湘潭、株洲、岳阳、郴州拨出经费用于民兵预备役建设，并推出了正常工作经费预算保障，大项工作经费专项保障，应急工作经费跟踪保障，保障经费随财政增长逐年增加的“三保一增加”制度，确保了部队和民兵预备役建设持续发展。去年7月，广州军区从严治军和城市警备工作现场会在长沙召开，长沙市委、政府投入500多万元用于部队建设和购买器材，保证了现场会的圆满召开。据不完全统计，一年来全省各级政府用于支持部队建设和退伍安置、优抚对象补贴等经费达4.2亿元。驻湘部队继承和发扬拥政爱民的光荣传统，紧紧围绕地方经济社会发展目标，积极参与地方重点工程建设，主动承担急难险重任务，为建设“小康湖南、和谐湖南”做出了突出贡献。全省广泛发动部队官兵和民兵预备役人员开发种植药、果、花、木，创建“民兵生态环境示范户”、民兵科技示范户、建立扶贫联系点，协助兴办民营企业。部分地区山洪暴发期间，驻湘部队和民兵预备役人员共出动车船180多台（艘），抢救转移群众1.6万人，抢运物资160多吨，修复公路桥梁300余公里，加固水库堤坝120多处，用鲜血和汗水保卫了人民群众的生命和财产安全。驻湘部队还广泛兴起“为驻地教育出一份力，尽一份爱心”活动，广大官兵和民兵预备役人员尽自己所能，全力资助失学儿童，全年共有7000名官兵和民兵预备役人员参加了助学活动，解决了2500名学生上学问题。筹资捐资500多万元，修建希望小学、建设移民新村。

（四）优抚、安置政策落实较好，拥军优属有新的突破

全省普遍建立了抚恤补助标准自然增长机制，提高了优抚对象抚恤补助标准，困难优抚对象按政策纳入“低保”，实行医疗补助，安排子女就业。为鼓励士兵安心服役，有的地市组团到部队走访，有的设立军功奖励制度，立功受奖人员能得到500至2000元奖金。全省为7110名在职伤残军人改领在乡残疾抚恤标准，大幅度提高了补助标准。各地普遍提高了义务兵家属优待金标准，省民政厅统一制作核发了烈军属光荣牌。全省军队离退休干部、退休士官、无军籍职工和伤病残干部和士官接收安置工作进展顺利，得到民政部、总政治部和广州军区的表扬。为确保城镇退役士兵安置政策的落实，有的地方采取“四冻”措施，即冻结人员调配、录用，冻结工资审批和职称评定，冻结和扣减单位行政事业经费，冻结其行政事业收费资格；有的将退

役安置工作纳入政府绩效考核内容，对单位一把手年终考核实行一票否决；有的通过增加事业编制的办法，安置退役士兵。由于措施得力，去年不仅保障了本年度13000多名安置任务的完成，还解决了6000余名过去遗留下来的问题。全省普遍开展了领导干部、党政机关、企事业单位、富裕户与优抚对象结对帮扶活动，做到帮扶对象明确、帮扶任务具体、解决困难到位。

二、存在的主要问题

一是部分地区和单位双拥意识不强。在以经济建设为中心的相对和平时期，一部分人由于受和平麻痹思想影响，看不到国家受外部威胁的形势，忽视了人民军队的重要作用，没有充分认识到双拥工作的重要意义。有些地区和单位对双拥工作重视不够，支持国防建设的热情不够高，双拥工作落实的力度不够大。有的市（州）对双拥模范城（县）命名后的动态管理重视不够，存在重评时、轻平时的现象。有的地区和单位创新双拥工作方法不够，办法不多，没有形成可行的双拥工作制度和良好的双拥工作氛围，没有真正调动各级参与双拥工作的积极性和主动性，工作被动参加的多，主动参与的少，部分地区和单位双拥共建和军地双方互办实事没有取得新的成效。

二是双拥工作经费投入不足。双拥工作既需要各级领导高度重视，也需要一定的工作经费来保障。由于各级财政比较紧张，政府想为军队多做贡献，但不少都是心有余而力不足；优抚安置工作也受到经济条件的制约，很多需要各级地方财政配套的优抚经费很难完全落实到位。目前部分优抚对象的生活水平尚未达到当地人民群众的平均生活水平，这在一定程度上影响了双拥工作的深入开展。

三是优抚安置政策有待进一步规范完善。虽然各级党委、政府对双拥和优抚安置工作比较重视，各级各部门也在认真落实政策，但从目前情况看，有些地区优抚安置政策落实仍不够好，地方补贴标准偏低，“四难”问题（即随军家属就业、重点优抚对象就医、企业复退军人的生活保障、退役士兵安置）仍然比较突出。部分市、县双拥工作机构不落实，没有常设机构和专门工作人员。这种状况，很难适应新形势下双拥工作发展的需要。

三、今后一个时期双拥工作的主要打算

全国双拥工作领导小组近期指出，当前的双拥工作应重点在五个方面有所作为：即，在服务经济建设上、在服务政治建设上、在服务文化建设上、在服务社会建设上、在服务国防建设上有所作为。

当前和今后一个时期，我省双拥工作要围绕“五个作为”，在“五抓五促”上做工作。

（一）抓宣传教育，促军民团结

今年是红军长征胜利70周年。我们将按照中央统一部署，会同相关部门，开展“纪念红军长征胜利70周年双拥系列宣传活动”，依托我省现有国防教育基地和网络，充分利用广播、电视、报纸等媒体，集中宣传长征胜利的历史意义、军政军民团结的重要作用和双拥典型的先进事迹，增强双拥责任，统一思想认识，扩大双拥工作的社会影响。充分利用烈士陵园、革命博物馆和红色旅游景区等爱国主义教育基地开展专题教育；举办双拥主题演讲、知识竞赛、书画展览、影视展播、参观学习等系列活动，不断激发广大军民爱国拥军、爱民奉献的政治热情。省双拥办拟于下半年适当时候组织双拥领导小组部分成员单位领导走出去参观学习。根据国家双拥办的安排，组织好双拥文艺节目创作活动，力争推荐的节目在全国获奖。要结合贯彻落实新《湖南省实施〈军人抚恤优待条例〉办法》，抓好双拥和优抚政策的学习教育，采取报告会、讲座等形式向驻湘部队和优抚对象宣讲双拥优抚政策，把党的有关政策及时送到军营、送到优抚对象手中，用政策统一优抚对象的行动，促进军政军民团结。

（二）抓拥军服务，促部队建设

今后一段时期，各地各部门在拥军方面要在以下六个方面做出努力：一要把解决部队基础设施建设和住房难问题纳入经济和社会发展总体规划，为部队建设划拨土地、搞好营区置换、减免各种规费，着力营造拴心留人的环境；二要把科技拥军纳入科技强省的工作目标，坚持做到科技人才进军营、科普知识进军营、科技书籍进军营、科技服务进军营，帮助官兵提高文化素质、解决训练难题、提供科技场所和经费，着力支持部队做好反“台独”军事斗争准备；三要把安置军嫂就业纳入全省再就业工作对象，开辟多种渠道解决军嫂就业问题，如指令性安置、对无工作的随军家属发放生活补助、为接收军嫂的单位发放就业安置和劳动保险鼓励性补贴、对从事自主创业的军嫂免征相关税收和规费，人事、劳动保障单位及职介所实行联网对接，及时为军嫂就业提供信息等，千方百计解决现役干部的后顾之忧；四要把保护军事设施纳入地方规划建设体系，在规划用地与工程建设时依法保护军事禁区和军事管理区；五要把解决军人子女入学入托纳入人才培养的统一范围，保证军人子女优先就近接受良好教育；六要把提高部队官兵的物质文化生活纳入为民谋利进行通盘考虑，随着经济的不断发展，逐步增加慰问金，举办各种文艺演出和体育比赛，邀请部队官兵参加，军民共享经济发展的丰硕成果。拥军服务要与帮助部队解决“五难”问题结合起来。国家拟在有关省份进行解决这一问题的试点，我们要力争成为试点省份，积极做好试点工作。

（三）抓拥政爱民，促进经济发展

驻湘解放军、武警消防部队要依据省“十一五”规划研究制定援建工作措施，有计划有重点地开展援建行动。要围绕贯彻落实省委、省政府关于加快推进工业化、农业产业化、城镇化进程的经济社会发展战略，广泛开展结对扶贫、民兵科技示范户、民兵生态环境建设示范户活动。要适应我省建设社会主义新农村需要，深化“三下乡”活动，积极做好扶贫助学活动，做好在革命老区、贫困地区援建5所“八一”希望小学活动，为农村经济持续发展创造条件。要按照《军队参加抢险救灾条例》，积极做好抢险救灾工作。要围绕建设“和谐湖南”，积极做好涉军人员来信来访工作，加强军警民联防联治，为经济发展提供安定的社会环境。

（四）抓政策落实，促社会稳定

双拥政策涉及部队官兵和优抚对象的切身利益，直接关系到军队的稳定、国防巩固和社会的安定。各级双拥工作部门必须把全面落实双拥政策作为拥军优属的一件实事，予以高度重视。要把落实在乡老复员军人、参加过自卫反击战二次入伍退役人员、转业在企业的志愿兵、残疾军人和原8023部队退役人员相关政策作为当前重要工作，切实解决上述人员企业拖欠工资问题、退役人员就业再就业问题、“三险”问题和残疾军人医疗问题。要继续坚持计划分配和自主择业、自谋职业相结合的办法，切实做好军队退役人员的安置工作；要认真落实移交地方管理的军队离退休干部和无军籍职工的政治生活待遇；要坚持行政调配和市场调节相结合的原则，保障随军家属劳动就业需求，暂时不能就业的，要按规定给予生活补助；要进一步完善抚恤补助标准自然增长机制，真正实现重点优抚对象生活水平达到或高于当地人民群众的生活水平；要按照依法优先原则，解决好现役军人涉法问题，维护军队军人及家属的合法权益。

（五）抓双拥共建，促文明建设

要坚持以人为本的理念，突出思想共建和精神互助。在双拥结对共建中采取多种形式，开展军地共同学习实践“三个代表”重要思想活动，使广大军民坚定社会主义信念；要深入进行党的光荣传统和形势政策教育，弘扬民族精神和时代精神，引导军民参与各项改革和建设事业；要按照《公民道德建设纲要》和《军人道德规范》、“八荣八耻”的要求，加强社会公德、职业道德、家庭美德建设，传播科学文化知识，弘扬社会文明新风；要开展健康的文化娱乐活动，在基层共建中着眼提高城乡文明程度。基层双拥共建要与创建文明城市、文明村镇、文明社区、文明行业活动结合起来，切实使各项工作在基层得以落实。要从本地区经济发展水平、文化教育状况、社会风俗习惯和驻军分布等实际出发，以村镇、街道、社区、学校、厂矿企业和部队团营连为重点，结对开展富有时代特征、能吸引广大军民积极参加的文明共建活动。部队集中的地区，要统一开展文明片区、文明路段、文明运输线等活动，形成共建文明的规模效应。

广东省二〇〇五年双拥工作情况

2005年，广东省双拥工作在省委、省政府、省军区和省双拥工作领导小组的领导下，高举邓小平理论和“三个代表”重要思想的伟大旗帜，认真贯彻落实党的十六大、十六届五中、六中全会和省委九届五次、六次全会精神，按照科学发展观的要求，着眼于全面建设小康社会和改革发展稳定大局，着眼于推进中国特色军事变革和做好军事斗争准备工作，着眼于加快建设经济强省、文化大省、法治社会、和谐广东、实现富裕安康，创造性地抓好各项双拥工作任务落实，进一步巩固和发展了军政军民“同呼吸、共命运、心连心”的大好局面。

一、深入开展国防教育和双拥宣传，进一步增强全民的国防观念和双拥意识

各地各部队认真贯彻胡锦涛总书记关于“高度重视和加强国防教育”的重要指示精神和《国防教育法》，把国防教育和双拥宣传纳入国防教育体系和部队政治教育计划，结合保持共产党员先进性教育活动和“爱国、守法、诚信、知礼”现代公民教育活动，有计划、有组织、有步骤、有重点地开展了国防教育和双拥宣传活动，增强了广大军民的国防观念和双拥意识，打牢了军政军民团结的思想基础。各市、县普遍制定了《国防法》、《国防教育法》宣传教育提纲，广泛深入地开展了“国防教育日”、“全民国防教育月”等活动，充分利用各种新闻媒体，采取开展军营一日、军事日、学生军训、有奖征文、演讲比赛等多种活动形式，引导大家牢固树立国家利益至上的观念，自觉把参与双拥、支持国防建设作为应尽的责任和义务。省双拥办在广东民政信息网上开辟了双拥网页，大张旗鼓地开展双拥宣传，扩大了双拥工作的社会影响。各地利用特色资源搞好特色教育，使国防教育和双拥宣传教育活动既生动活泼，又富有成效。如深圳市利用明思克军事主题公园进行国防教育，江门市充分利用周文雍陈铁军烈士陵园开展国防教育，韶关市摄制大型电视系列片《天南地北韶关兵》，汕头市在国际互联网“汕头信息港”网站上开辟了《国防知识之窗》网页，都收到了显著效果。各地结合纪念中国人民抗日战争暨世界反法西斯战争胜利60周年，采取举办报告会、座谈会、书画展等多种形式，组织开展了以“勿忘国耻、固我国防”为主题的系列活动，强化全民国防观念和双拥意识。省委、省政府召开了广东省纪念中国人民解放军建军78周年暨抗日战争胜利60周年军政座谈会，以及党政军领导和社会各界人士参加的纪念大会，畅谈和回顾抗战胜利的重大意义和广东人民为抗战胜利做出的历史性贡献。佛山市举办了“黄河魂—纪念抗战胜利60周年合唱音乐会”，通过演唱《大刀进行曲》、《南泥湾》、《保卫黄河》等20首耳熟能详的革命歌曲，展现了中华民族不屈不挠的革命精神。据统计，全省共军训学生303万人次，举办国防教育活动2200多场次，接受国防教育人员达1443万人次。

二、适应中国特色军事变革，积极支持国防和军队建设

全省各级党委、政府以高度的政治责任感，积极组织协调社会各界力量，支持国防和军队建设，开展了内容丰富、形式多样的拥军慰问活动，为部队办实事、解难题。“八一”前夕，省双拥办、省民政厅组织了8个拥军慰问团，代表省委、省政府深入到驻粤陆、海、空军和武警部队8个基层单位走访慰问，征求部队意见，帮助基层官兵排忧解难。省政府帮助驻粤某集团军解决了部分信息化建设经费。各市、县（市、区）也都广泛组织开展了拥军慰问活动，积极帮助部队解决训练演习中的实际问题。广州市一次性拨款400万元，为驻穗10个基层部队解决训练设施建设经费。东莞市投入9200多万元，协助部队开发政治工作指挥系统、信息化网络以及生活设施，并组织民营企业分别为赤山75235部队、东莞边检站、市消防支队和市边防支队赠送了电脑、摄像机和健身器材等物品。为推进部队人才战略工程，全省各地广泛开展了科技拥军、智力拥军、法律拥军活动，向部队赠送电脑，组织专家、学者进军营开办科技培训班，举办科技知识讲座，为培养军地两用人才，提高官兵文化素质做了大量的工作。广州市在全国率先启动“八一”远程教学，为驻军100个基层部队购买100套各类图书；湛江海洋大学15个分院与海军南海舰队15个团级单位结成科技对子，帮助部队培养高学历人才。一年来，全省各地共投入5.2亿元资金帮助部队解决训练场地、生活设施、自动化指挥设施和信息化建设，支持部队建设项目726个；支持部队后勤保障社会化改革资金达1.2亿元，减免有关税费8968万多元；召开军政座谈会4608次，组织拥军慰问团（组）4736个，赠送慰问金2.1亿元，举办双拥晚会、表彰会1208场。在全省开展了“援建军营图书室，共建学习型军营”活动，共援建部队图书室256间，捐赠图书20万册。围绕军事斗争准备，各地积极做好拥军支前工作，全省共派出演习保障人员109.5万人次，疏散转移群众37.1万人次，供应保障演习物资3021吨，慰问演习部队经费达6763万元。汕头、汕尾、阳江、湛江、茂名等市主动把方便让给演习部队，在市民用水紧张的情况下，全力保障近10万参演官兵的饮食及生活。南澳县为配合部队演习，及时调整102艘拥军船只，45辆交通运输车，并发放支前牌照，积极为参演部队做好场地、道路、船只、通信、安全、生活等各项保障工作。

三、认真贯彻服从国家建设大局，积极参加和支援地方经济建设

驻粤部队认真贯彻服从国家建设大局的方针，在完成战备、训练、执勤等任务的同时，积极参加兴学助教、扶贫济困、植树造林、兴修水利等社会公益事业活动，主动承担急难险重任务，参与维护社会稳定行动，为我省经济社会发展、社会政治稳定做出了重大贡献。省军区政治部汇集驻粤部队扶贫帮困捐款，在汕头、汕尾、梅州、清远等四市援建了4所希望小学。75200部队机关干部捐助100多万元为惠城区小金口镇白石村捐建了一所“八一”希望小学。驻东莞部队开展军地“一助一”扶贫帮困活动，组织连以上干部与地方800多户贫困家庭开展结对帮扶，资助贫困户子女完成小学至初中学业。驻深圳部队协助地方公安机关开展“曙光行动”、“伏牛行动”、“捕鼠行动”等维护社会治安行动，查获犯罪嫌疑人1640人，为保一方平安做出了贡献。2005年6、7月份，我省遭受了超百年一遇的特大洪水袭击，暴雨洪水共造成河源、韶关、佛山、肇庆、惠州、梅州、清远、云浮、汕尾、珠海等17个市89个县（市、区）779个乡（镇）受灾，驻粤人民解放军、武警部队和民兵预备役官兵按照省委、省政府的号召迅速出动，积极参加抗洪救灾，弘扬了“万众一心、众志成城；不怕牺牲、顽强拼搏；坚忍不拔、敢于胜利”的伟大抗洪精神，表现出特别能吃苦、特别能战斗的顽强作风，成功抵御了这场历史上罕见的暴雨洪灾，把灾害损失降到了最低程度，夺取了抗洪抢险斗争的最后胜利。武警8730部队积极完成了西江、北江流域抗洪抢险和广州市花都区扑灭山火任务。汕头消防支队先后扑救“6·10”、“8·7”、“8·14”重特大火灾，从火场疏散抢救出近百名被困群众。在“8·7”矿难中，驻梅州部队迅速派出680名官兵参加抢险救灾，连续在一线奋战22昼夜，赢得各级党政领导和人民群众的高度赞扬。一年来，驻粤部队共出动官兵53万多人次，投入劳动日38万多个，出动机械、车辆4.6万多台次，参加和支援地方工程建设304项，协助公安机关抓获犯罪嫌疑人1.9万多人，抢救遇险群众30.6万多人次，为地方挽回经济损失近3亿元。驻粤部队官兵以实际行动展示了人民军队的良好形象，谱写了新时期军爱民、民拥军的崭新篇章。

四、全面落实拥军优抚安置政策，维护了军人和优抚安置对象的合法权益

各地以贯彻新的《军人抚恤优抚条例》为契机，认真落实拥军优抚安置政策，维护了部队官兵和优抚安置对象的合法权益。一是进一步加大了优抚经费的投入。省财政安排资金659万元，对经济欠发达地区2745名在职二等以上下岗失业残疾军人每人每年补助2400元，作为医疗保障资金，较好地解决了他们的“医疗难”问题。省财政投入1258万元提高了在乡老复员军人的定期补助标准，投入630万元对“百座革命烈士纪念建筑物”进行维修保护，赢得了社会各界的一致好评。二是转业复员退役军人得到妥善安置。2005年我省安置军转干部4742人；应安置退役士兵9505人，已安置8688人，其中8050人选择自谋职业，占应安置总数的87%，城镇退役士兵自谋职业率达到预期目标。省财政拨款2697万元，补助我省12个经济欠发达市60个县（市、区）4496名历年未安置退役士兵自谋职业，较好地解决了这一遗留问题。三是基本完成了军休干部接收安置任务，军休干部“两个待遇”得到全面落实。民政部优抚安置局、总政治部干部部下达我省接收736名原第一军医大学移交地方安置的军队离退休干部的任务，广州、深圳、珠海、惠州4市积极做好这批离退休干部移交接收工作，目前，接收工作已基本完成。四是军人军属的合法权益得到维护。各地开展了“送法进军营”、“送法进海岛”系列活动，各级法律援助机构与驻军结成法律服务对子，积极维护国防利益和军人军属的合法权益。一年来，全省共安排1.2万名随军家属就业；各级维权机构接受部队和军人军属法律咨询1万多人次，解决部队官兵涉法问题1600个，为部队和军人军属挽回经济损失近亿元。

五、广泛开展军民共建活动，进一步巩固和发展新时期新型的军政军民关系

各地、各部队着眼于形势发展的要求，始终把军民共建工作的重点放在基层，不断拓宽共建领域，创新共建载体，丰富共建内容，着力提高基层双拥工作的水平，进一步巩固和发展了新时期新型的军政军民关系。军地双方把军民共建活动与精神文明创建活动有机结合起来，在共建内容上突出思想道德建设和科学文化建设，突出军民之间的科技文化交流；在共建形式上把参加文明城市、文明行业、文明村镇、文明社区创建活动作为重要载体，全面推进双拥共建走向各社区、学校、单位、非公组织和部队基层连队。广州、深圳、佛山、东莞、中山、江门等6市长年与海军南沙守备部队6岛礁开展远程共建活动，军地双方通过互通信息和走访，增进了军民鱼水情谊。各地各部队积极应对非公经济组织和社会组织蓬勃发展的新形势，积极在非公组织中开展双拥共建活动，取得了明显成效，涌现出了广州中国大酒店、广东旭飞集团有限公司、珠海东方外语实验学校和谢仲馀、陈桥顿、黄少良等一批非公组织开展爱国拥军活动的先进典型，为我省双拥工作增添了新的生机与活力。据统计，我省非公组织共建点已发展到845个，非公组织支持部队建设资金2966万多元，接收安置退役士兵8604人，安排随军家属就业1855名。适应城市管理社区化和建设现代化新型文明社区任务的新形势，各地把双拥共建工作融入创建“六好”平安和谐社区活动之中，开展了军民共建文明社区、平安和谐红旗社区、平安和谐先进社区活动，做到社区建设有双拥位置，社区服务有双拥内容，社区考核有双拥要求。广州市推广了“四方共建”、“六进军营”、“六联六共”等不同类型的军民共建文明社区经验。湛江市赤坎区8个街道都成立了双拥工作领导小组，都与驻地部队签订了共建协议，仅寸金街道办就与4个部队开展了军民共建活动。据统计，全省共有军民共建点5713个，其中社区共建点就有1609个，有80%以上被各级评为先进单位。在7月召开的全国军民共建社会主义精神文明先进单位先进个人电视电话表彰会议上，我省有广州中国大酒店、75204部队等14个单位和珠海市委副秘书长、市双拥办主任李天增，75232部队63分队副分队长易建雄等6名个人，分别被评为全国军民共建社会主义精神文明先进单位和先进个人。我省也于“八一”前夕通报表彰200个军民共建社会主义精神文明先进单位和先进个人，推动了群众性精神文明共建活动更加深入扎实地开展。

六、积极开展双拥理论研究，推动双拥工作发展创新

各地各部队以党的十六大精神为指导，以丰富生动的双拥实践为基础，对一些双拥理论和实践问题进行了深入的研究和探讨，取得了丰硕成果。5月份，省双拥办在深圳召开了“广东省非公经济组织和社会组织双拥共建工作理论研讨会”，全面总结了我省非公组织开展双拥共建的情况，对非公组织开展双拥共建活动遇到的新情况、新问题进行了认真探讨，会议共收到论文60篇，经专家评审，有1篇获一等奖、4篇获二等奖、6篇获三等奖，29篇获优秀奖。为做好全国双拥工作理论研讨会的有关准备工作，省双拥办专门组织力量深入东莞、珠海、江门、湛江、清远、韶关等市就非公组织双拥共建、创建双拥模范城（县）活动、双拥办机构建设等问题，进行了专题调研，并指导各地各部队着力解决影响双拥工作发展的问题，帮助各市双拥办落实人员编制，配齐配强人员。在省双拥办的指导下，各市都加强了双拥办自身建设，珠海、河源、东莞等市在成立双拥科的基础上，配齐了工作人员；汕头、佛山、阳江、韶关、中山、潮州等市落实了人员编制，正在挑选物色双拥办工作人员；湛江市配备了双拥办专职副主任；深圳、惠州、茂名、揭阳等市都已向市编委写了请示，正积极争取人员编制。在11月底召开的“全国双拥工作理论研讨会”上，我省有6篇论文获奖，省双拥办获得优秀组织奖。

海南省二〇〇五年双拥工作总结

2005年，海南省的双拥工作以邓小平理论和“三个代表”重要思想为指导，认真贯彻落实党的十六届五中全会和全国双拥工作会议精神，紧紧围绕服务全面建设小康社会和军队履行新使命的工作目标，以维护社会稳定、促进经济发展、推进军事斗争准备为重点，加大工作创新力度，求真务实，开拓创新，扎实开展各项双拥工作，进一步推动了群众性双拥活动的深入开展，巩固和发展了“同呼吸、共命运、心连心”的军政军民关系，为构建和谐海南，促进地方经济社会发展和驻琼军警部队的全面建设做出了新的贡献。

一、年度双拥工作的基本情况

（一）坚持用科学发展观指导双拥工作实践，进一步强化组织领导，创新双拥工作机制

一是强化组织领导。一年来，军地各级领导把双拥工作作为一项重要的政治任务来抓，当作“一把手”工程来组织实施，摆上了重要位置。坚持将双拥工作“四纳入”、“两同步”。即纳入党委、政府的重要议事日程，纳入各部门重要职责范围，纳入地方社会经济建设和部队建设的总体规划，纳入考核各级干部政绩的主要内容；同步规划，同步推进。各级党政军主要领导担任双拥工作领导小组组长、副组长，省、市、县（区）及时调整扩充了双拥工作领导小组成员单位，使双拥工作领导小组成员单位分布到大多数职能部门。普遍坚持了党委议军会、军地联席会、成员单位双拥重大事项报告、工作汇报等制度。军地各级领导干部带头开展国防双拥教育、带头参加双拥活动、带头解决双拥难题、带头协调军政军民关系，为双拥工作提供了强有力的组织领导保障。

二是创新工作机制。针对构建社会主义和谐社会的新形势，今年来，各市县（区）加强了双拥理论研究工作，完成研究课题20多个，撰写研究论文30余篇。各地以理论研究为牵引，结合本地实际，进一步建立完善了双拥工作制度，健全了基层双拥网络，制定出台了一批优抚保障工作地方性配套法规，逐步形成了政府主导、部门协作、军地互动、群众参与、模式多元的双拥工作机制。

三是以迎检为契机，广泛掀起争创全省全国双拥模范城、县（区）的热潮。今年，我省按年度工作计划开展全省双拥模范城、县（区）检查考评。各市县（区）抓住这一契机，广泛进行思想发动，积极开展创建活动。海口、屯昌、澄迈、陵水等6个全国双拥模范城（县）注重从金匾里面找问题，

加大了工作创新力度。响亮地提出“开拓创新，再创全国双拥模范城（县）”的口号，全面启动实施了国防教育、科技拥军、扶贫帮困、优抚安置等双拥创建工程，创建活动开展得有声有色。儋州、临高、万宁等市县针对本地双拥工作的薄弱环节，认真查找自身存在的不足，认真研究对策，围绕争创全国双拥模范城（县）的目标，提出了“打牢基础、巩固提高、开拓创新、再创佳绩”的工作思路，制定了详实的《创建双拥模范城（县）实施方案》，扎实开展各项双拥活动，全年的双拥共建活动起点高、步子实、效果好。掀起了全民争创全省全国双拥模范城（县）活动的新高潮。

（二）用活阵地，创新方式，善于结合，全民国防和双拥宣传教育广泛深入

一年来，全省各级党委、政府把国防双拥教育纳入全民教育体系，作为社会主义精神文明建设的一项基础性工程来抓，不断完善国防双拥教育制度，创新国防双拥教育形式，深化国防双拥教育内容，使全省国防双拥教育取得了较好的成绩。

一是将国防双拥教育纳入全民教育体系一同组织实施。各市县根据形势的发展变化及时修订了《国防教育实施方案》，明确各级各类人员的教育时间、内容和要求。各级党政军领导干部纷纷走上讲台，讲授国防教育课，年内全省各地共组织大型国防教育报告会50多场次，听众达5万人次。各市县普遍开展了双拥宣传月、国防教育周和领导干部过军事日活动。举办了一系列以双拥为主题的国防和双拥知识电视竞赛，书画、征文比赛。海南日报、海口晚报、三亚晨报、海南广播电视台等新闻单位发挥主流媒体的作用，开设国防和双拥宣传教育专栏。及时报道双拥动态，宣传双拥工作先进模范事迹，扩大了国防双拥教育的社会效果，使国防双拥教育做到了“六进六入”。即进机关入科室、进学校入课堂、进农村入农户、进社区入家庭、进工厂入车间、进渔村入船只。

二是狠抓青少年学生的国防教育。全省各大中专院校、中小学坚持将国防双拥教育纳入学校思想道德教育体系，开设国防知识课，定期进行国防知识教育。不少学校通过举办少年军校、少年警校和军事夏令营活动，激发学生爱国拥军的热情。今年秋季新生入学，全省大中专院校、中小学校组织学生进行了一周以上的军训，使10余万名学生受到了严格的部队生活锻炼。

三是依托教育阵地广泛开展国防双拥教育。各市县充分发挥国防教育培训中心、民兵之家、农村文化室、国防教育基地、烈士陵园等阵地的作用，定期开展国防双拥教育活动。省直、海口、澄迈、定安、万宁等市县在开展共产党员先进性教育中组织机关干部职工和学生参观母瑞山琼崖纵队革命根据地纪念园、瞻仰革命烈士陵园等，缅怀先烈，接受革命传统教育。东方、儋州、五指山、琼海、万宁、白沙、乐东等市县依托国防教育基地举办了党政干部国防教育讲座、国防教育学习班30多期，培训党政干部1万多人。

四是结合重大节庆活动广泛开展国防双拥教育。年内，全省各地隆重纪念海南解放55周年和中国人民抗日战争暨世界反法西斯战争胜利60周年，全省各地积极开展以“勿忘国耻、强我国防”为主题的国防双拥教育。组织了全省“爱中华、强国防”电视演讲比赛和《国防教育法》知识比赛，发放宣传资料15万余份。举办了一系列的演讲会、抗战大型图片展、演唱会、抗战老战士座谈会等，使全省公民受到了一次生动的国防双拥教育。

五是开展重大活动强化国防观念。今年防空日到来前夕，海口市广泛宣传《人民防空法》，组织党政机关、学校、工厂、街道居委会共1万余人开展了防空演习，市民们通过实际体验，进一步强化了国防观念和爱国拥军意识。通过开展一系列声势浩大、富于实效的活动，把我省国防双拥教育活动推向了高潮，进一步激发了广大军民的双拥热情。

（三）以高度的政治热情为部队履行新使命服务，支援部队建设取得新的突破

今年以来，各级党委、政府牢固树立国防建设与经济建设协调发展的思想，把支持部队建设作为义不容辞的政治责任，动真情、办实事，全面支持部队建设。

一是积极支持部队做好对台军事斗争准备。今年，省委、省政府专门召开议军会，讨论研究我省国防后备力量建设和支持部队建设等问题。海口市把支持部队战斗力建设放在重要位置，今年拨款1000多万元支持部队建设。三亚市委、市政府“一班人”牢固确立国防利益第一的观念，在支持部队战斗力建设上舍弃局部利益，特事特办，全力支持几支新组建部队的建设，该市先后出动上万人次，做好某国防重点工程的建设征地、村民搬迁安置工作。在土地资源稀缺、地价不断升值的某旅游景区，共划拨和征用12381亩土地给部队使用，保障了1112国防重点工程建设的顺利完成，为增强我国国防实力做出了突出贡献。儋州、万宁、琼海、屯昌、东方等市县无偿划拨土地，拨出专项资金帮助驻军和预备役部队修建营房和训练基地，解决了部队战备训练上的难题。

二是积极开展科技拥军和援建军营图书室活动。各市县（区）普遍开展了科技拥军、智力拥军等活动，纷纷举办电脑培训班、科技夜校等，培训军地两用人才。三亚、琼海、五指山、澄迈、屯昌、陵水、临高等市县，把驻军的科学文化学习纳入成人教育轨道，从师资、场地、教学设备等方面给予支持，为官兵自学成才创造条件，帮助部队培养高素质新型军事人才，促进部队战斗力的生成和提高。与此同时，各市县积极开展援建军营图书室活动。海口、三亚、琼海等市县集中购买图书，援建军营图书室75个。文昌、屯昌、五指山、澄迈等市县广泛发动社会各界参加援建工作，积极开展为子弟兵送精神食粮的活动，将援建计划分解到共建单位和“两新组织”，募集图书1.5万余册。截止12月中旬，全省共捐赠各类图书2.3万余册，援建和充实军营图书室400余个。

三是想方设法为部队排忧解难。各级党政主要领导干部时刻把官兵的冷暖放在心上，经常深入部队了解情况，征求意见，想方设法为部队解难题、送温暖。陵水、文昌、澄迈、琼海等市县领导主动为部队解决了行路难、吃水难和看电视难等问题，体现了深厚的爱兵情谊。各级政府还安排专项资金，奖励立功受奖官兵。与此同时，各市、县（区）根据实际情况，对现役军人、军烈属及伤残军人子女入学入托给予了不同程度的照顾，有的减免学杂费，有的打破县区和户口界限，实行跨学区接收，受到了部队官兵的普遍欢迎。

四是妥善安置军队转业干部和退役士兵。各市、县（区）坚持把安置使用好军转干部作为一项政治任务来抓，采取预留位置、超编配备等超常措施，使军转安置工作做到了部队、接受单位和军转干部本人“三满意”。今年全省500余名军队转业干部全部安排在党政机关和事业单位。各市县加大工作力度，采取政府指令性安置、办理劳动关系托管、购买社会保险、帮扶自主择业等措施，安置随军家属就业。海口、三亚等市积极适应市场经济条件下劳动用工制度改革的新形势，不断探索随军家属就业安置的新路子，年内多次举办随军家属职业技能培训班，举办随军家属就业专场招聘会，使数十名随军家属实现了就业。临高县把安置城镇退役士兵当作大事来抓，出台了《临高县城镇退役士兵自谋职业优惠政策暂行办法》，在县财力十分困难的情况下，挤出200多万元用于城镇退役士兵的货币化安置，保障了城镇退役士兵的正当权益。今年来，全省各级先后拨款5000多万元，支持部队科技练兵、战备训练，修建道路、完善基础设施建设，各地共为部队办实事50余件，受到部队官兵的广泛赞誉。

（四）以构建和谐海南为己任，驻琼军警部队拥政爱民工作取得丰硕成果

驻琼军警部队广大官兵时刻牢记人民军队宗旨，在完成自身建设任务的同时，积极支持地方改革开放、经济建设和维护社会安全稳定，以实际行动为构建和谐海南献力。

一是广泛开展了军民共建百个“文明生态村”活动。创建“文明生态村”活动是加强农村精神文明建设，构建和谐海南的重要载体，驻琼军警部队官兵积极响应省委、省政府的号召，积极借助这一新的共建载体，推动双拥工作创新发展。在创建“文明生态村”活动中，坚持高起点谋划、高标准

建设、全方位推进。海南省军区、南航部队、海军榆林保障基地、省武警总队、省公安边防总队、省公安消防总队、总参八处等单位积极参加创建“文明生态村”活动。海口美兰区辖区驻军18个单位在该区演丰镇开展“区片联创、军民共建”文明生态村活动，经过一年的艰苦奋战，建成了92个村庄连片的文明生态园区，这些“文明生态村”标准高、步子实，受到了省市领导的高度赞扬，成为了全省文明生态示范工程，在“文明生态村”创建活动中产生了积极的示范效应。一年来，驻琼军警部队以连为单位广泛参与了军民共建文明生态村活动，据不完全统计，各部队共投入兵力3万多人次，机械车辆8000多台次，直接参建文明生态村165个。有力地促进了农村精神文明建设，开创了双拥工作的新局面。

二是积极参加抢险救灾。去冬今春，海南遭受50年不遇的特大旱灾，全省受旱面积30.4万公顷，89万群众饮水困难。驻琼军警部队官兵和预备役民兵捐款62.06万元支援抗旱救灾。出动官兵和预备役民兵32.45万人次，打抽水井4019口，修渠和清理河道98.4公里，为夺取抗旱救灾的胜利做出了重要贡献。今年10月，海南遭受32年来最大台风“达维”的袭击，造成全省18个市县606.92万人受灾，倒塌房屋2.05万间，直接经济损失达100多亿元。在巨大的灾害面前，驻琼军警部队紧急出动官兵1.5万多人次，车辆3480台次、船艇275艘次，安全转移群众5.62万人，救助困难遇险群众8000余人次，挽回经济损失上亿元，保护了国家和人民财产免受重大损失，受到海南人民的高度赞誉。

三是积极支援地方重点工程和公益事业建设。驻海口市军警部队认真贯彻市委、市政府提出的“做大做强做精做美海口”的要求，先后组织官兵参加了西海岸清理油污，迎宾大道、龙昆南路绿化美化工程等活动。为配合海口市城市综合整治工作，省公安消防总队主动拆除了花费400多万元新建不久的铺面；省武警总队主动出让市区黄金地段土地140多亩；海南省军区、南航部队、省公安边防总队等单位不讲价钱，不提条件，主动拆除临时性建筑21242平方米，为海口市城市建设做出了贡献。今年“十一”黄金周前夕，“达维”台风横扫海南，三亚城区一片狼藉，驻三亚海军榆林保障基地等军警部队官兵主动挑重担，发扬连续作战、无私奉献的优良作风，昼夜突击，清理倒树和垃圾，圆满完成了城区环境卫生整治任务，使三亚以优美的风光和整洁的环境迎接八方游客，在服务驻地支柱产业发展上做出了突出贡献。据不完全统计，今年以来，驻琼军警部队先后出动官兵1万多人次、机械车辆5000多台次，支援地方重点工程和公益事业建设，为驻地经济和社会发展做出了积极的贡献。

四是大力开展了扶贫帮困和“一帮一”助学活动。驻琼军警部队组织开展了“一帮一”助学活动，部队每个团以上单位对口帮扶一所小学，每位团以上干部资助1至2名贫困学生。截止目前，已资助1200多名贫困学生上学。省公安边防总队在扶贫帮困中广泛开展了“三访”活动，即：访贫问苦、访疾问难、访外（外来人员）问弱（弱势群体）。活动中，边防官兵共走访慰问困难群众3738户，慰问钱物折合人民币计20余万元；结成帮扶对子645对，落实帮扶资金70多万元；为群众办实事、做好事、解难事1268件，有效推进了拥政爱民工作的深入开展。

（五）进一步完善优抚保障法规，促进各项优抚政策的全面落实

一是进一步完善了优抚政策法规。为贯彻落实新的《军人抚恤优待条例》，省民政厅加快立法调研，针对海南优抚工作实际，拟制了《海南省重点优抚对象医疗保障暂行办法》、《海南省人民政府关于建立重点优抚对象抚恤补助自然增长机制的通知》和《海南省人民政府关于实施重点优抚对象安居工程的通知》等3个配套性法规，目前正在上报审议阶段，力争尽快出台。各市、县（区）在认真贯彻执行国家、省有关优抚政策和法律法规的基础上，根据社会发展的形势，结合本地实际，制定出台了《优抚对象医疗保障暂行办法》、《关于扶持城

镇退役士兵自谋职业的意见》、《义务兵家属优待实施细则》、《优抚对象抚恤补助标准自然增长机制实施细则》、《随军家属就业安置暂行规定》、《驻军部队干部子女入学入托优惠政策》和《解决部分企业军转干部生活困难工作实施方案》等地方性政策法规，逐步完善优抚保障法规，使拥军优属工作更加规范化。

二是抚恤优待得到全面落实。近几年，为解决优抚对象“三难”问题，国家大幅度提高了优抚对象的抚恤补助标准。各市、县（区）也相应地采取增加财政投入的办法，提高抚恤补助标准，确保优抚对象生活水平随着社会的发展不断提高。目前，全省在乡红军老战士、在乡老复员军人、军烈属、因公牺牲军人家属、病故军人家属和义务兵家属的优待面都达到了100%。针对农村税费改革后义务兵家属优待金统筹出现的新情况，全省各市县及时将义务兵家属优待金列入财政预算，采用财政转移支付的手段确保义务兵家属优待金按时足额发放。在此同时，各市县（区）加强对优抚工作的组织领导，把优抚对象生活、医疗和住房等问题纳入社会发展的总体规划，满腔热忱地为优抚对象排忧解难。琼海市将全市优抚对象全部纳入低保范围，组织优抚对象参加农村合作医疗，孤老优抚对象纳入农村医疗救助，较好地解决了优抚对象的生活困难。澄迈县开设优抚诊所13处，年度为重点优抚对象治病4000多人次，全县各医疗机构坚持为重点优抚对象治病实行医疗费减免20%的做法，累计减免各种收费20多万元。昌江县组织医疗队为优抚对象送医上门，为163名重点优抚对象进行了体检治疗。儋州市对优抚对象看病实施“五免一减”的优惠政策，今年为优抚对象看病治疗6000多人次，减免各种医疗费用85万多元，有力地缓解了优抚对象的“治病难”。一年来，全省各级筹集资金100多万元，为200多名重点优抚对象改建了住房，解决了部分重点优抚对象的“住房难”。

三是涉军维权工作取得新的进展。各市、县（区）十分重视采取法律手段维护国防利益和军人军属合法权益，普遍建立了维权工作领导小组，健全了工作机构，完善了工作制度。今年5月，省涉军维权办组织人员对各市县涉军维权工作进行了检查，对基层涉军维权工作进行了具体指导。各地广泛开展了法律拥军活动。组织律师、法官走进军营为官兵上法制课，提供法律咨询，积极开展涉军维权工作。据统计，一年多来，各级维权机构接受部队和军人军属的法律咨询5000余起，受理涉军纠纷和案件53起，已经妥善处理40起，有力地维护了国防利益和军人军属的合法权益。

二、存在问题

2005年，我省双拥工作虽然取得了较大成效，但也存在一些问题，有待于在今后的工作中努力加以改进。

一是少数领导对双拥工作重视不够。有的单位领导对新形势下开展双拥工作的重要性和必要性认识不足，认为双拥工作是“软指标”，工作好坏无关大局，有业务部门和主管人员抓一抓就行了，没有真正把双拥工作作为一项长期的政治任务和系统工程去落实，致使工作抓得不主动，成效不明显。

二是双拥工作发展不够平衡。表现在个别单位为了争创模范单位，把时间、精力、资金集中用于部分乡镇，重点抓好几个点，应付检查验收，忽视了面上的工作，双拥工作发展不够平衡。一些比较偏僻、经济条件较差的单位双拥工作多年没有新的起色。

三是农村义务兵优待水平有待进一步提高。改革开放初期，我省各市县普遍实行了与当时经济发展水平相适宜的农村义务兵优待标准，较好地起到了鼓励应征入伍青年报效祖国的热情。随着经济发展，农民人均收入的逐步增加，部分市县没有相应调整农村义务兵的优待标准，农村义务兵的优待标准仍处于较低的水平。大多数市县为600～800元/年/人。目前，除琼海、屯昌、陵水等市县较大幅度调高农村义务兵优待标准外，其他市、县都存在农村义务兵优待金标准偏低的问题。

四是有些职能部门创新意识不够强。少数职能部门领导工作创新意识不强，抓双拥工作沿用老经验老做法多，主动创新抓特色少，开拓新的局面比较困难。研究新情况解决新问题力度不够。对新形势下双拥工作面临的一些新的矛盾和问题，缺乏深层次思考，缺少有效对策，工作比较被动，解决问题乏力。个别单位开展双拥活动的层次还比较低。

重庆市二〇〇五年双拥工作总结

2005年，我市双拥工作在全国双拥办的指导下，在市委、市政府和警备区的坚强领导下，以党的十六大精神和“三个代表”重要思想为指导，牢固树立和落实科学发展观，紧紧围绕经济建设与国防建设协调发展的总体目标，以促进生产力、战斗力、民族凝聚力为根本任务，充分调动全市军民做好双拥工作的积极性，把加强军政军民团结与促进全市经济社会发展、构建和谐社会结合起来，把双拥工作与精神文明、政治文明、物质文明建设结合起来，积极研究新情况，解决新问题，适应新形势，与时俱进，改革创新，使“同呼吸、共命运、心连心”的新型军政军民关系得到进一步巩固和发展，为经济社会发展和军队现代化建设提供了有力支持和可靠保证。

一、抓组织，建制度，双拥工作规范有序

市和各区县（市）按照全国双拥工作会议精神要求不断加强组织机构和制度建设。

一是及时调整双拥工作领导小组成员，充实双拥工作组织力量。各级双拥工作领导小组根据人事变动和工作需要，及时调整领导小组成员，制定领导小组成员单位工作职责任务，形成“一把手”亲自抓、分管领导具体抓、相关部门配合抓，一级抓一级、层层抓落实的双拥工作新局面。

二是双拥办机构、人员、经费得到较好保障。为了加强双拥办建设，市双拥办从优抚处单列出来，同时完善了军地合署办公，落实了办公经费。各区县（市）相应完善了双拥组织机构，落实双拥办人员、经费，逐步实行军地合署办公。

三是加强双拥工作制度建设。市和区县（市）进一步建立和完善了党委政府专题研究解决部队重难点问题的议军制度、军地联络员联系会议制度、双拥工作领导小组联络员联系制度、双拥工作重大事项报告制度、军地互办实事制度、军地相互走访慰问制度、双拥工作的奖惩制度、双拥政策法规落实监察督导制度，通过组织机构建立和制度建设，促进了双拥工作的规范有序开展。

二、抓教育，强氛围，国防意识不断增强

市和各区县（市）在双拥宣传和国防教育方面，除了利用广播、电视、报纸等媒体宣传外，积极探索双拥宣传的新途径。

一是不断创新双拥宣传和国防教育的内容和形式。市和各区县（市）结合党员先进性教育组织广大党员走进军营，对广大党员干部进行革命传统和爱国主义教育，增强了党员的国防观念和为国防建设服务意识；南岸区探索出“政府引导、社会单位参与”的双拥宣传模式，区政府组织社会单位参加双拥宣传活动，各单位投入双拥宣传经费200多万元，在各主要公共场所修建了永久性双拥宣传牌、电子公告牌，形成浓厚的双拥宣传氛围；渝中区、沙坪坝区、江北区、南岸区建起了“双拥网站”，扩大了双拥宣传的范围和影响力；沙坪坝区投资4000多万元修建了醒目的双拥大道；永川市、江北区、九龙坡区等30个区县（市）将双拥宣传和国防教育深入到机关、学校、部队、企业、社区、农村，使国防、双拥宣传教育深入人心；江北区、大渡口区、九龙坡区等区县积极与部队联姻投入资金修建了多功能国防教育基地，强化了双拥宣传的阵地建设；全市大多数社区建起了双拥宣传腰鼓队，扩大双拥宣传的群众基础。

二是强化双拥典型宣传。为了加大对双拥先进典型的宣传，市双拥办组织各区县（市）在渝中区召开社区拥军、“两新组织”拥军现场会，创新双拥思路，同时也扩大了双拥典型宣传影响力；市双拥办积极协调市委宣传部，精心组织电视台、广播电台、重庆日报社等多家新闻媒体对全国军民共建社会主义精神文明先进单位和先进个人进行专题采访报道，在社会上引起了强烈的反响。

三是开展牢记历史宣传教育活动。我市以纪念抗日战争胜利60周年为契机，广泛深入地开展勿忘国耻、牢记历史、珍爱和平的爱国主义教育活动。各级党政军领导和广大群众通过参加形式多样的纪念活动，激发了广大军民的爱国热情，增强了国防意识。

三、抓共建，谋长远，军地共建结硕果

各区县（市）军地双方紧紧围绕军民共建文明单位为目标，积极探索新形势下双拥共建的新路子、新方法和新举措，形成了全面开花，纵深推进的双拥共建模式。

一是开展创建库区绿色屏障的双拥共建工作。万州区、开县、奉节、城口、巫溪、涪陵、江津等区县（市）将建设绿色长江线、保护母亲河与创建文明单位、治理生态环境、增强卫生健康意识、加强双拥共建紧密结合起来，组织广大军民开展长江沿岸清漂，植树造林，环境污染治理等活动，搭建军民共建新平台，一年来共打捞长江水面垃圾1000万余吨，植树3890万余株，绿化面积达3000余亩；南岸区、沙坪坝区、渝中区、渝北区、江北区、九龙坡区等积极开展军民共建文明城市、文明乡镇、文明社区、文明行业活动，引导军民参加美化城市、清理环境卫生活动，产生了广泛的社会影响。

二是广泛开展双拥结对活动。全市各区县（市）十分重视引导社会单位和“两新组织”拥军，开展了双拥结对活动。大足县中学与驻渝某飞行团结为共建对子，采取部队出地、学校出资的方式建起了双拥共建学校，解决了军人和群众子女入学难的问题。据不完全统计，一年来全市军地共建结对子1200个以上，建起了40所双拥共建学校，为驻地官兵、下岗军嫂免费进行职业培训10万余人次；南岸区利用区域特色开展了由双拥工作领导小组成员单位、社区、社会单位、基层部队结对的双拥共建活动，打造出高校、社会单位、驻军共建的双拥大道。

三是不断加强社区双拥建设。各地、各部队在深入开展群众性双拥共建活动中坚持与时俱进，开拓创新。全市有35个区（市）县加强社区双拥建设，做到社区建设有双拥内容，社区服务有优抚对象，社区工作考核有双拥工作目标。全市通过组织1000多个社区双拥志愿者服务队，担负起双拥宣传、军民共建、军地协调和为优抚对象提供生活、医疗、法律等多方面服务。

四、抓重点，解难题，双拥工作求创新

各地在围绕解决拥军优抚安置工作中的重点、难点问题进行了积极的探索。

一是通过理论研究，指导双拥工作实践。市双拥办和部分区县召开了双拥理论研讨会，用双拥理论研讨成果指导双拥工作实践，探索双拥优抚安置工作中的突出矛盾和问题的解决办法。

二是围绕军事斗争需要，支持部队建设。各级党委政府通过议军制度，投入8000多万元资金解决部队训练场地和设施建设问题；市委市政府组织慰问团慰问某集团军外训官兵，赠送慰问金80万元，支持了部队的国防建设；沙坪坝区、璧山县、铜梁县等县区领导率队远赴四川西昌、喜德，云南马龙等地慰问外训的驻区部队，鼓舞了部队的士气；迪马、龙鑫、金冠、蜂鸟、嘉陵、长安、建设集团等10多家国有企业、民营企业出资2300余万元，免费为驻渝部队进行现有武器装备性能改造和升级，有力地促进了驻渝部队武器装备性能的提升；重庆移动、联通等公司为提高部队信息作战能力，免费为部队提供信息技术支持，对部队的信息设备进行系统升级和改造，确保了军事信息保密、快速传输，进一步提升了驻渝部队的信息作战能力；全市30个区县（市）义务为驻区部队开办了文化补习班、技术培训班，受教育和技术培训人数达3万余人次。

三是加大财政投入，提高保障能力。全市大多数区县（市）将双拥、优抚安置事业经费纳入当地财政预算，加大了财政投入；对优抚对象的优待、抚恤补助金实行了银行代发，确保了优抚对象的优待抚恤补助金足额按时发放；保证了退役士兵、军队离退休干部的安置经费落实到位。

四是加强政策法规建设，解决双拥工作中的重点难点问题。我市为解决双拥工作中的重点难点问题制定了一系列的政策法规。市法制办针对军用机场设施保护难的问题，制定了《军用机场禁空管理办法》；市政府和有关职能部门针对优抚安置难的问题出台了《关于认真做好2004年冬季退役士兵接收安置工作的通知》、《关于进一步加强城镇退役士兵职业技能培训和就业服务工作的通知》、《重庆市关于建立重点优抚对象医疗优惠制度的通知》等10个政策性文件。各区县（市）也相继出台具体办法。全市通过建立完善重点优抚对象抚恤补助标准自然增长机制，提高了优抚对象的抚恤补助标准；通过建立重点优抚对象医疗减免、医疗保险、医疗补助、医疗救助等保障体系，有效地缓解了重点优抚对象的医疗难；通过普遍建立退役士兵职业技能培训和就业服务工作制度，加大了对退役士兵的职业技能培训力度，拓展了就业渠道，较好地完成安置任务。

五是广泛开展帮扶活动，解决优抚对象生活难问题。九龙坡、北碚、江津、铜梁等区县（市）积极开展“万名优抚对象奔小康”“百台彩电送功臣”和“优抚对象一帮一活动”，落实资金、项目、人员帮助优抚对象勤劳致富，较好地缓解广大农村优抚对象的生活难问题。

六是着眼法律拥军，确保军人及其家属的合法权益。全市40个区县（市）都建立维护军人及其家属的维权机构，各级公检法机关派出人员320人次深入到驻渝部队团以上单位讲授法律、交通、消防等知识；各级法院审理涉军案件200多起，提供法律咨询和法律援助3000多件（次），切实维护了军人及其家属的合法权益。

五、抓扶贫，保稳定，拥政爱民做贡献

驻渝部队在完成战备训练任务的情况下，积极参加西部大开发，并在维护社会稳定、完成急难险重任务、参加生态环境治理和扶贫帮困、捐资助学等活动中，发挥了带头作用，以实际行动为驻地经济发展、民族团结、社会稳定做出了积极贡献。

一是基础建设挑重担。今年，驻渝部队组织官兵和民兵预备役人员参与驻地基础设施建设，投入劳动日48万多个，出动人员3万多人次，车辆上千台，参与援建渝怀铁路、渝遂铁路、重庆市火车站、重庆大学城、库区移民搬迁等重点工作建设。驻渝某集团军1000余名官兵，参与重庆大学城水气管道建设。重庆武警总队组织官兵援助渝北区修建村级公路。重庆警备区积极协助地方党委、政府进行三期移民搬迁，受到移民群众的高度赞誉。重庆通信学院花20万元为群众修建两条机动车道和一座人行天桥，被群众誉为“爱民路”、“爱民桥”。

二是救灾维稳当先锋。无论是在面对各种突发自然灾害，还是在维护社会稳定中，驻渝部队始终发挥着中流砥柱作用，招之即来，来之能战。一年来，投入人员8000余人，车辆100台次，参加抢险救灾40余起，协助地方紧急疏散群众15万人。特别是在今年亚太城市市长峰会时，驻渝部队官兵以大局为重，主动放弃休息时间，担当起峰会期间的反恐应急任务，朝天门焰火晚会封控、城区巡逻等安全保卫任务，共出动官兵3950人，车辆125台次，值勤300人次，确保了峰会的顺利进行。

三是扶贫帮困作表率。驻渝部队由重庆警备区牵头，对口帮扶奉节县17个特困村实施“整村推进”战略，全年投资75万余元，在贫困乡、村、社实施人畜饮水、公路建设、希望小学等扶贫项目，救助贫困学生203人，救助贫困户209户。警备区投入资金83万元为重庆革命老区启动了乡村公路、板栗基地、卫生教育等12个扶贫项目，收到较好的社会和经济效益。武警重庆总队捐款20万元开办了“春蕾女童班”，资助200名贫困儿童上学，筹资8万元建起了千亩奶牛饲料草基地。第三军医大学为群众开展义诊义治40余次，为困难群众减免医疗费300多万元。在支持地方经济建设和扶贫帮困的同时，驻渝部队还积极投入到驻地精神文明建设中。驻渝部队官兵、民兵预备役人员积极协助主城区美化旅游景点，整治公园环境，治理城镇河道，使城市面貌焕然一新。

全市双拥工作虽然取得了较大成绩，但也存在一些问题和薄弱环节：一是双拥工作在各地发展不平衡；二是有少数区（市）县特别是经济不发达地区抓双拥工作热情不高；三是各地双拥办自身建设有待提高，对双拥工作指导力度不够；四是理论创新发展不平衡，有的区县对理论研究不够重视；五是少数区县优抚安置政策落实不够好。

四川省二〇〇五年双拥工作总结

2005年，四川省双拥工作在省委、省政府、省军区和省双拥工作领导小组的领导下，在全国双拥办的具体指导下，以邓小平理论和“三个代表”重要思想为指导，深入贯彻全国双拥工作会议精神和新颁发的《军人抚恤优待条例》，紧紧围绕落实科学发展观和全面建设小康社会、服务军事斗争准备为重点，通过命名表彰新一届省级双拥模范城（县、区）和表彰军民共建社会主义精神文明先进单位（个人）工作为引领，抓住年度性的元旦、春节和“八一”建军节期间开展双拥工作的黄金时机，指导部署好“援建军营图书室，共建学习型军营”系列活动和展开双拥调研及考察等工作，使全年工作稳步推进，为四川的经济跨越式发展和驻军部队全面建设做出了积极贡献，涌现出了新一届省级双拥模范城（县、区）86个，全国军民共建社会主义精神文明先进单位7个和先进个人4名。现将全年工作总结报告如下。

一、以命名表彰新一届省级双拥模范城（县、区）和全国社会主义精神文明先进典型为引领，不断推进双拥创建活动向纵深发展

2005年4月21日，省委、省政府、省军区召开电视电话会议，隆重命名表彰了新一届86个省级双拥模范城（县、区），省双拥工作领导小组表彰了163个双拥先进集体和97名双拥先进个人。这批被新命名表彰的模范（先进）单位，是按照“坚持标准，好中选优；照顾国模，鼓励创先；总数控制，梯次发展”的原则和申报、考核检查和审定评选出来的。在全省双拥模范城（县、区）命名表彰电视电话会上，省委书记、省人大主任张学忠，成都军区副政委屈全绳中将出席会议并作了重要讲话，会议由省长、省双拥工作领导小组组长张中伟主持。全省21个市（州）、县（市、区）的主要领导出席了分会场会议。会后，省双拥工作领导小组下发了学习贯彻会议精神的通知。全省各地按照通知要求，传达学习了会议精神，结合本地实际，制定双拥创建发展规划，明确目标任务。

按照全国双拥办《关于对双拥工作进行集中调研的通知》（国拥办［2005］4号）要求，荣获国家级、省级的双拥模范城（县、区）的市县区对照双拥模范城（县）的标准开展了自查活动，并将自查情况写出专题报告上报省双拥办。在此基础上，省双拥工作领导小组派出调研组，抽查了6个市县，省双拥办将抽查的情况通报了全省。通报中把当前全省双拥工作中存在的问题及对策作为重点进行了强调。省双拥办积极与省军区政治部、省委宣传部、省精神文明办密切合作、严密组织、严格评审标准，按要求及时上报省双拥工作领导小组批准向全国双拥办推荐了我省“军民共建社会主义精神文明先进单位和先进个人”，组织好了全国表彰会议四川省分会场的工作，全省各新闻媒体对我省受表彰的先进典型进行了采访和宣扬。通过两次表彰大会对先进的树立宣传和一次检查调研对工作的指导促进，激发了各地各部队进一步做好双拥创建工作的热情，一些未曾获得全国双拥模范城（县）的市（县），表达了争创愿望，并在人员配备和工作计划上做出了安排。

二、以多种形式深入开展双拥国防宣传教育，进一步增强广大军民的国防观念和双拥意识

各地各部队普遍开展了以传达学习和贯彻全国双拥工作会议和省双拥模范城（县、区）命名表彰电视电话会议精神和新颁发的《军人抚恤优待条例》以及有关国防建设的法律法规为重点，以纪念中国人民抗日战争暨世界反法西斯战争胜利60周年系列活动为载体，深入进行双拥国防知识和政策法规宣传教育，用“三个代表”重要思想、科学发展观和爱国主义精神武装广大军民、凝聚军心民心，使广大军民树立经济建设与国防建设协调发展的观念，不断增强国防观念和双拥意识。

一是全省各级党委、政府和各部队在组织开展双拥国防宣传教育中，把双拥国防知识纳入党委中心组学习内容和干部教育培训内容，组织机关干部进军营开展“国防习武日”活动，大中学校开设国防教育课和军训活动，省国防教育动员委员会就开办少年军校专门下发文件，指导和规范全省少年军校的开展，卓有成效地推进了国防知识在少年学生中的普及。

二是宣传教育部门和驻川各部队充分发挥自身优势，宣传双拥政策法规、国防知识，宣传教育工作的力度不断加强，做到了教育有计划、宣传有阵地、活动有特色、阶段有检查评比。据不完全统计，全省共书写宣传标语10万多条，办板报、专栏600多期，召开座谈会、报告会2000多场次，撰写双拥理论文章130多篇，有4000多篇稿件在电视、报刊、广播上发表，1篇获全国双拥工作理论研讨论文二等奖，有600多个双拥工作先进单位和1500多名先进个人受到表彰。

三是采取互动和外出考察学习的形式，加强调研更新观念。成都、泸州、乐山、宜宾、广安、攀枝花、达州等地双拥办组织辖区双拥工作专兼人员开展双拥理论调研活动，采取走出去的办法，学习兄弟单位的先进经验；省双拥办组织了4个市的双拥办赴桂、琼、粤三地学习考察双拥工作。通过省内外互动和考察学习交流活动，开阔了眼界，更新了理念，促进了工作和理论的研究，年度各地共向省双拥办报送41篇双拥理论稿件。

四是发挥新闻媒体和网站的作用，抓住有利时机大力营造双拥氛围。省市广播电视报刊、省民政厅网站、《国防时报》、市县《双拥简报》宣传报道双拥国防知识、军民共建活动信息、双拥先进典型事迹，大力营造了讲国防爱国防、讲双拥军爱民民拥军的氛围。抓住纪念中国人民抗日战争暨世界反法西斯战争胜利60周年、“八一”建军节、兵员补退有利时机，采取教育宣传活动形式多样化、主题鲜明化、内容丰富化，把国防教育和双拥宣传不断推向深入。以“勿忘国耻、固我国防”为主题的纪念中国人民抗日战争暨世界反法西斯战争胜利60周年的系列活动普遍开展，军政军民联手，举办国防知识比赛、文艺晚会等，形式多样，内容丰富，大力宣扬了中国人民伟大的抗战精神，激发了全省军民爱国热情。“八一”建军节之际，全省各地扎实开展了拥军传统教育，驻川各部队普遍开展了爱民守纪为主题的专项教育整顿，积极为驻地群众办实事办好事；地方采取走访慰问部队，举办党政军警民联欢座谈会、召开双拥先进表彰会等形式，掀起了全省双拥活动的高潮。坚持了双拥月、双拥周以及国防教育日开展双拥传统和国防法规宣传教育活动。宣传教育活动的广泛深入持久开展，增强了全省军民的国防观念和爱国拥军意识，激发了广大军民拥政爱民拥军优属的政治热情，巩固和发展了军政军民团结的大好局面。

三、以扎实开展互办实事为重要内容的双拥共建活动，有力地促进了军地建设的共同可持续发展

各地各部队抓住西部大开发历史机遇，着力推进四川经济跨越式发展和驻川部队的全面建设，围绕全面建设小康目标和做好军事斗争准备这根主线，通过以开展军地互办实事共谋发展为主要内容的双拥创建活动，成效显著。

一是在帮困解难上。一年来，全省各地帮助部队解决实际困难问题7000余件、投入经费近5000余万元，为改善驻地部队生活条件补助经费4000多万元。成都、乐山、宜宾、攀枝花、泸州等地市，针对部队普遍反映的热点难点问题，制定年度拥军计划，免费培训随军家属、失业军人家属，举办军嫂专场招聘会，优先吸纳军嫂从事城镇社区、村组工作，设立随军家属失业军嫂创业金，想方设法解决随军家属失业军嫂的就业问题。对一时不能解决的问题，有的市县采取纳入城市居民低保，给予适当的生活补助，创造性地解决部队这一普遍关心的难题。

二是在支持部队训练中。部队外出演习训练，沿途军供站和地方政府，积极开展拥军活动，派警察维持道路交通畅通，保证部队行军安全，组织慰问团慰问参演部队官兵，军供站服务热情周到，饭菜品种多，色香味俱佳，训练演习场地有保障，驻训有慰问，返回驻地有热烈的欢迎仪式，为部队驻训演习训练提供了服务保障。

三是在智力拥军和慰问时。元旦、春节和“八一”建军节，各地送慰问金、慰问品折合人民币近1100万元，其中，在全国组织开展的“援建军营图书室，共建学习型军营”活动中，全省共认购图书73套、在当地购买图书2.16万本，近200家地方单位与部队结对开展系列活动。

各部队认真落实党中央、国务院、中央军委指示，响应省委、省政府和驻地党委政府的号召，积极参与西部大开发，认真组织官兵开展军民共建社会主义精神文明活动，在维稳处突和抗洪抢险救灾中冲锋在前，在援建希望工程、帮困助学上大显身手。省军区系统深化了“百万民兵建功长征路”主题活动，完成了“献军人爱心，建朱德故里”——“朱德纪念园军旗标志和兰径生态林”等工程。壤塘县人武部官兵“地处偏僻思想不保守，条件艰苦创一流”的创业精神和拥政爱民事迹受到中宣部和总政治部主要领导的肯定，其事迹在中央新闻媒体得到宣传报道；空军捐资30万元在朱德故里建希望小学，还赠送一批教学器材，并要求成空部队积极参与朱德故里建设；武警部队在维稳处突和抗洪抢险救灾、扑灭森林火灾中发挥了主力军作用。省武警消防总队在10月份被中央文明委授予“全国精神文明建设先进单位”称号，省委、省政府、省森林防火指挥部9月在攀枝花市专门召开命名表彰大会，对在今年扑灭森林大火中做出突出贡献的省武警森林总队中的先进单位和个人进行了命名表彰；总装某基地积极配合驻地绵阳开展的“红色科技旅游”活动，承担了“两弹一星”科技博物馆重点项目的援建工作。驻川风景旅游区部队和民兵预备役人员积极参加军警民共建安全文明旅游景区活动，主动承担了62个旅游景区和沿线生态资源保护、基础设施维护和旅游环境治理等工作，为推动四川的旅游产业发展做出了贡献。军民共建活动的深入扎实广泛开展，进一步密切了军政军民关系，有力地促进了四川的跨越发展和部队的全面建设，使双拥创建活动得以可持续发展。

四、以加大贯彻落实优抚安置政策法规工作力度为动力，推进双拥创建工作再上新台阶

各地各部队抓住贯彻落实国务院、中央军委新颁发的《军人抚恤优待条例》和继续推进退役士兵安置办法改革为契机，采取措施，加大落实优抚安置政策的工作力度，努力使双拥工作再上新台阶。

一是严格执法检查。省民政厅先后派出多批工作组，对全省21个市州的优抚安置工作进行了抽查，重点抽查了优抚安置政策法规的兑现落实情况、县（市、区）、乡（镇）两级优抚政务公开情况和优抚对象的抚恤补助优待金自然增长机制的落实以及实行金融机构代发情况。通过抽查督促，切实维护了优抚对象的合法权益。

二是启动法规草拟工作。全省优抚系统认真学习贯彻《军人抚恤优待条例》，省民政厅将起草新的《四川省军人抚恤优待办法》纳入年度目标管理，采取自上而下、横向征求意见的方法，完成了《四川省军人抚恤优待办法（送审稿）》的草拟工作，年前可上报省政府。

三是集中力量换证。按照民政部要求，省民政厅集中人力物力，保证了在规定时限内为材料、证件齐全的47151名伤残军人办理换发了新证。并对材料不齐、证件有疑问的829人已向有关部队发出了协查函，查处弄虚作假问题。

四是提高抚恤补助标准。按照民发［2005］52号文件的新标准和提标类别，对重点优抚对象进行了提标，及时下拨了经费。为解决我省在乡老复员军人定补标准低、生活困难的问题，全省各级财政共追加预算资金900多万元，其中省财政追加预算资金485.35万元，把在乡老复员军人的定补标准提高到不低于135元/月/人，回乡抗战老战士的定补标准提高到不低于180元/月/人。

五是特事特办。针对优抚对象治疗难和一部分优抚对象住房条件差的情况，全省各级积极想办法筹措2734余万元，为111887位优抚对象解决看病难问题，同时筹措2800多万元（其中省财政下拨453.5万元），拟为5115户优抚对象改建住房。

六是兑现政策。各级党委、政府把军队转业干部、退役士兵安置工作作为讲政治、顾大局、守纪律和维护社会稳定的大事来抓，纳入政府目标管理，强化行政手段，采取多形式、多渠道的安置措施，确保了安置任务的完成。全省全年共接收安置转业干部4099名，安置城镇退役士兵和转业士官共15265名，筹集落实安置经费共计17206万元。

七是搞好优待。认真做好义务兵家属优待工作，全省农村义务兵家属优待金标准最高的为成都市成华区4900元，一般为800至1200元；城镇义务兵家属优待金标准高的为成都市5城区1050元，一般为200元。全省向12624位立功受奖军人家庭发放奖励金139万元。全省各风景区和多数医院都对现役军人和伤残军人实行了减（免）优待政策。同时，给予4位烈士子女符合普通高等学校招生加分照顾和对296名优抚对象子女予以优先录取。

我省双拥工作虽取得了一些成绩，但也存在着一定的差距：一是地区与地区之间、县与县之间有明显差距，发展还不平衡，整体水平有待于进一步提高；二是老、少、贫地区财力不足，影响和制约了双拥优抚优待安置政策的落实；三是双拥运行机制的手段、树立落实双拥工作科学发展观有待于进一步加强。

在新的一年里，我们将深入贯彻落实“三个代表”重要思想和十六届五中全会精神，按照“更新理念，统筹发展，拓宽领域，全面提高”的工作思路，以推进全省各地创建国家级双拥模范城（县）为契机，继续加大落实双拥政策法规的力度，在实现“三个转变”和确保“两力”上下工夫，促进双拥工作再上新台阶，为“十一五”规划开好局、起好步，为四川的发展和提高部队战斗力做出新的贡献。

贵州省二〇〇五年双拥工作总结

贵州省2005年双拥工作在省委、省人民政府的领导和全国双拥工作领导小组的指导下，以邓小平理论和“三个代表”重要思想和科学发展观为指导，认真贯彻党的十六大、十六届三中、四中全会和省委第九次党代会精神，坚持“围绕发展抓双拥，抓好双拥促发展”的方针，以推进构建社会主义和谐社会和军事斗争准备为重点，以开展保持共产党员先进性教育活动为动力，以全面建设小康社会和富民兴黔为战略目标，继承和发扬了双拥工作的优良传统，认真落实了各项双拥政策法规，巩固和发展了军政军民团结，为构建社会主义和谐社会、实现贵州经济社会发展的历史性跨越和部队全面建设做出了积极贡献。

一、进一步重视和加强双拥工作，思想认识到位，组织领导有力

一年来，各级党委、政府和驻军领导机关进一步重视双拥工作。省委九届八次全会提出的《中共贵州省委关于制定贵州省国民经济和社会发展第十一个五年规划的建议》中明确把“坚持和完善党管武装制度，大力加强国防后备力量和武装警察部队建设，提高国防动员能力。增强全民国防意识，做好双拥工作，巩固和发展军政军民团结”写入其中。各级党委、政府在制定当地“十一五”规划时，也把双拥工作作为重要内容与重要经济社会发展目标一同安排部署。今年初，省委副书记、省双拥工作领导小组副组长孙淦同志在全省双拥工作领导小组全体会议上的讲话中要求：“要进一步树立和落实科学发展观，认真落实双拥工作各项任务，把军政军民团结的作用发挥出来，把广大军（警）民同心同德干事业的积极性充分调动起来，为开创我省改革开放和现代化建设新局面做出新的贡献”。一年来，省双拥工作领导小组落实了双拥工作责任制，规范了双拥工作的政策法规，形成了党政军三位一体、上下一条线、左右连成片的工作运行机制，做到了党政军一把手亲自抓，分管领导具体抓，办公室人员经常抓，全社会积极参与的良好格局。

各级党委、政府经常组成联合工作组深入到各基层单位及驻军部队现场办公，加强督导，狠抓工作落实，定期或不定期听取双拥工作情况汇报，及时掌握和了解双拥工作中出现的新情况、新问题，研究分析双拥工作的热点和难点问题，并主动征求和听取驻军部队对双拥的意见和建议，协调各有关部门及时解决。大多数县、市双拥办都有专职人员和专门的办公室，落实了工作经费。铜仁地区是我省经济欠发达地区，今年共落实了双拥工作经费达32万元，确保了双拥工作在本地的顺利开展。贵阳市、福泉市、遵义市、平坝县和六盘水市等把双拥工作纳入年度工作考核目标管理体系和年终政绩考核工作内容，与成员单位、驻军部队签订目标责任书，把任务层层分解，全省各地州市普遍制定了双拥工作计划和实施方案，做到了年初有计划，半年有检查，年终有总结。各地还结合争创双拥模范城（县）活动，召开座谈会、形势分析会等，兴义市双拥工作领导小组坚持逢双月召开军地联席会议，研究部署双拥工作，每年双拥工作协调会和领导小组成员会议达4次以上。

各级坚持做到双拥工作“四纳入”：一是纳入当地国民经济和社会发展及部队建设的总体规划和年度工作计划；二是纳入物质文明、政治文明和精神文明建设的重要内容；三是纳入党委、政府工作的重要议事日程；四是纳入党政军领导的工作目标管理考核内容。全省双拥工作逐步建立了良好的运行机制，建立健全了以下“八项制度”，并始终坚持落实：一是党委、政府议军会议制度；二是每年元旦、春节、“八一”节开展“双拥宣传月”暨军地领导相互走访慰问活动制度；三是领导干部双拥工作联系点制度；四是军地领导现场办公制度；五是领导干部参加“军事日”活动制度；六是双拥政策法规检查落实制度；七是双拥及优抚安置工作先进典型评比表彰制度；八是双拥工作领导小组、军转安置工作领导小组和退伍军人及军队离退休干部安置工作领导小组全体会议制度。

二、双拥工作宣传到位，活动经常持久，国防和双拥观念更加深入人心

一年来，全省各级党委和政府紧紧围绕党的中心任务，努力把国防教育和双拥宣传作为推动双拥工作深入发展的基础性工程来抓，认真贯彻落实全民参与、长期坚持、讲求实效的国防教育方针，坚持经常教育与集中教育相结合，普及教育与重点教育相结合，理论教育与行为教育相结合的原则，依托烈士纪念建筑物、革命战争遗址、革命纪念馆等爱国主义教育重要基地，从党政机关、乡镇、街道、国有企业和学校向社区、民营企业延伸，充分利用报纸、电视、电台等各种新闻媒体，在元旦、春节、“八一”等重大节日，适时刊登和播放双拥专题、专栏，宣传党中央、国务院、中央军委和省委、省政府、省军区关于加强双拥工作的重要指示，宣传双拥先进典型的事迹，及时报道双拥有关活动，使双拥工作长期保持浓厚的氛围。贵阳市、遵义市、福泉市、思南县、从江县等全国双拥模范城（县）还多次摄制双拥专题片，使广大军民进一步增强了双拥模范城（县）的政治荣誉感，不断强化双拥观念和国防意识。特别是在纪念中国人民抗日战争暨世界反法西斯战争胜利60周年活动和纪念遵义会议召开70周年活动中，各级双拥工作领导小组对440名抗战老战士进行了走访慰问，并为每人发放了500元的慰问金。贵州省武警总队开展了“忆红军传统、走革命征途、学先辈事迹”主题活动，邀请老红军到部队讲光荣传统，组织官兵观看革命战争影片，唱革命战斗歌曲，举办“纪念红军入黔70周年暨抗日战争胜利60周年”大型文艺晚会等。武警总队在组织文工团和军乐团送文化下乡服务活动中，组织了威风锣鼓队、腰鼓队、舞龙舞狮队、女子合唱队，与地方开展了广场文化等各项健康向上的文娱活动，大力宣扬社会主义新思想、新道德、新风尚，深受广大群众喜欢。结合开展保持共产党员先进性教育活动，把国防和双拥宣传教育纳入地方思想政治工作规划和部队教育计划，抓住对不同层次的人员进行教育，以党员领导干部和青少年学生及青年官兵为重点教育对象，调动参与双拥实践活动的积极性，引导广大军警民牢固树立国家利益高于一切的观念，使参与双拥、支持国防和军队建设成为自觉行动。2005年7月，我省5个单位被全国双拥工作领导小组、中央宣传部、民政部、总政治部授予全国共建社会主义精神文明先进单位；5人（含部队2人）被表彰为全国共建社会主义精神文明先进个人。

三、双拥优抚政策落实，法制健全，工作扎实有效

一年来，贵州省党政军（警）民遵照江泽民同志和胡锦涛同志关于加强军政军民团结，支持国防和军队建设的重要指示精神，高举爱国拥军旗帜，满腔热情地从人力、物力、财力等方面为部队和优抚对象办实事、解难题。

一是认真落实优抚政策。省委、省政府就关于支持部队建设、加强国防后备力量建设问题先后召开省委常委会或省长办公会，研究拥军优抚安置政策落实问题。各级政府及时提高优抚对象的抚恤补助标准，不断改进对烈军属、残疾军人的优待、抚恤工作，全省拥军优属社会化程度不断提高。全省各地结合开展“爱心献功臣行动”，积极发动社会各界为在乡烈军属、革命伤残军人、老复员军人解决生活、住房、就医“三难”问题。在财力较弱的情况下，经省委、省政府领导研究，决定在中央财政提高对老复员军人定补标准的基础上，省财政从2005年起3年内，在原来安排998万元的基础上每年增加50万元，按照今年6月省政府下发的《省人民政府办公厅关于建立优抚对象抚恤补助自然增长机制的通知》（黔府办发［2005］51号）精神，在全省普遍建立优抚对象抚恤补助标准自然增长机制，确保老复员军人的生活水平与当地群众平均生活水平同步提高。目前，全省在乡老复员军人定补标准已达到了1580元以上，达到了上年农民人均纯收入的平均水平以上。各地优待义务兵家属标准逐年提高，省财政从2005年起在3年内每年安排120万元资金，用于对开展退役士兵自谋职业试点工作而财政困难的县进行补助，使全省义务兵优待金达到了当地人民平均生活水平。各地加快建立重点优抚对象医疗保障体系步伐，结合建立农村新型合作医疗制度，采取设立优抚医院、优抚门诊、优抚病房和进行医疗救助、医疗费减免等措施，大力解决“三老”（老烈属、老伤残军人、老复员军人）等优抚对象医疗难问题。贵阳市云岩区的重点优抚对象持区民政局介绍信到区属医院就医，免收挂号费、诊查费，医药、化验、特殊检查费只收成本，住院床位费减免20%，办卫生许可证和健康证减免50%。

二是加强法制建设，促进依法行政。为保证双拥工作深入、持久、健康发展，我省相继出台了《贵州省军人抚恤优待实施办法》、《贵州省实施〈退伍义务兵安置条例〉细则》、《贵州省拥军优属规定》、《贵州省驻军拥政爱民规定》、《贵州省征兵工作条例》、《贵州省国防教育条例》；省民政厅与省教育厅、省军区政治部联合下发了《优抚对象及其子女教育优待暂行办法的通知》（黔民发［2005］19号），与省财政厅联合下发了《关于提高部分优抚对象抚恤补助标准的通知》（黔民发［2005］22号）和《关于提高回乡务农抗战老战士等在乡复员军人生活补助标准的通知》（黔民发［2005］4号）等政策法规，把实践工作中总结出来的、行之有效的好做法和经验用法规的形式确定下来，形成了针对性和可操作性较强的双拥优抚政策法规体系，做到了有法可依。贵阳市、遵义市、毕节地区、铜仁地区和不少县（市、区）还结合区情、市情、县情出台了适用当地的综合性、规范性法规。省委、省人大、省政府出台双拥和国防教育等政策法规之后，各地、各部门、各部队结合实际认真抓好宣传贯彻落实，制定了切实有效的措施，并结合重大节日走访慰问部队和优抚对象，认真检查拥军优抚安置法规贯彻落实情况，发现问题及时解决；专门组织执法检查组，对执行双拥和国防教育法律、法规进行认真检查，督促落实；结合开展创建双拥模范城（县）活动，把贯彻落实双拥法规政策作为评比双拥模范城（县）的重要条件，对很多拥军优抚安置工作的条款实行“一票否决制”；各级把双拥政策法规的贯彻落实作为对各部门、各单位目标管理考核的重要内容，有力地促进了双拥工作的健康发展。新的《军人抚恤优待条例》出台以后，省民政厅积极与省政府法制办、省军区政治部等有关部门协商，现已把《贵州省军人抚恤优待办法》作为明年省政府的立法项目。目前，调研工作已基本结束，草拟稿已于近日出台，正在征求各有关厅（局）意见。

三是适应形势发展变化的需要，不断加大转业士官和城镇退役士兵安置工作改革力度。2002年8月，省人民政府出台《贵州省城镇退役士兵安置任务有偿转移和自谋职业试行办法》后，各地积极拓宽退役士兵安置渠道，探索安置工作改革路子，不断推进城镇退役士兵自谋职业。2005年我省共接收退役士兵、转业士官12063人，符合政策应安置的4135人，其中自谋职业达1627人，占应安置总数的37.2%，占已安置数的37.7%。各级累计发放一次性自谋职业经费2877.52万元。今年自谋职业改革试点县（市、区）增加到50个，全省自谋职业率比上年提高了7.5%。

四是积极为驻军、武警、消防部队排忧解难。各级党委、政府及有关部门从政策、资金、物资等方面全力支持部队建设，为部队排忧解难。据不完全统计，在全省财政十分困难的情况下，今年，各级政府拿出3亿多元资金，帮助部队解决战备、执勤、教育、训练、生产、生活和国防后备力量建设等方面遇到的各种实际困难，同时积极发动机关、企事业单位、非公有制企业及社会各界参与双拥优抚工作。为解决部队和军人的后顾之忧，贵阳市委、市政府研究制定拟出台《贵阳市人民政府关于做好驻筑部队随军家属劳动就业和社会保障工作的实施意见》。全省各地积极开展科技拥军活动。在开展“援建军营图书室，共建学习型军营”系列活动中，机关、学校、乡镇、街道、社区、企业、事业单位和新型经济组织及新的社会阶层等各界社会力量积极参与，共购买了246套图书，帮助驻地部队建立了226个拥军图书室。贵阳市双拥办与市广电局村村通中心为驻深山某部安装了5套数字电视接收系统，并配备了7台高清数字电视机，为驻艰苦地区部队解决了看电视难的问题。

四、广泛开展创建双拥模范城（县）活动，双拥工作整体水平提高较快

在开展创建双拥模范城（县）活动中，各级党委、政府和军事机关坚持以拥军优属、拥政爱民为主要内容，以解放和发展社会生产力、提高部队战斗力为主要目标，把领导的积极性与群众的创造性结合起来，把加强军政军民团结与经济社会发展结合起来，使各项双拥工作整体推进。

一是全省各级党委、政府、驻军领导对开展创建双拥模范城（县）活动十分重视，军地双方联合提出争创双拥模范城（县）的意见。各级领导身体力行，亲自参加双拥实践活动，并对照标准找差距；亲自带领有关部门负责人到全国、全省双拥模范城（县）进行考察学习，对照先进找不足；亲自出面到部队和优抚对象家中解决一些有影响带全局性的热点难点问题。

二是认真按照全国双拥工作领导小组颁发的《双拥模范城（县）创建命名管理办法》和《贵州省双拥先进单位及个人命名表彰管理办法》的规定，对荣获全国和省级双拥模范城（县）进行检查，调动广大军民参与双拥工作的积极性。今年6月，省双拥工作领导小组分别派出了以民政厅厅长郭猛、副厅长覃祖祥和省军区政治部副主任为组长的双拥模范城（县）检查考核组，对全省5个全国双拥模范城（县）和30个省级双拥模范城（县）进行了考核，深入县市双拥办、军（警）民共建单位和基层部队、烈军属、残疾军人家中检查基层双拥工作落实及军政军民关系等情况，并把考核情况上报全国双拥工作领导小组办公室。

三是加强对模范城（县）的培育和管理，积极引入竞争激励机制。全省各级双拥工作领导小组按照《双拥模范城（县）创建命名管理办法》的要求实施分类指导，把广大军（警）民开展双拥创建活动的积极性引导到扎扎实实做好各项具体工作上来，注重把功夫下在平时，落实到基层。各级党委、政府和驻军在组织开展创建活动时，对拥军优抚安置工作中存在较大问题的市、县和单位，及时指出，并大力帮助。对存在问题长期得不到解决的申报单位，坚决不予命名表彰。

五、驻军部队积极参建参治，开展拥政爱民活动，为地方经济建设和社会稳定做贡献

驻黔人民解放军、武警、消防等部队官兵始终牢记全心全意为人民服务的宗旨，保持和发扬我军光荣传统，自觉做好各项拥政爱民工作。各部队在完成自身教育训练和战备执勤等任务的同时，积极参加西部大开发，投身地方经济建设和社会公益事业建设，参与扶贫帮困，承担急难险重任务，维护社会稳定。省军区、武警贵州总队、消防总队，切实把拥政爱民工作列入重要议事日程，纳入目标管理。各部队层层签订责任书，明确拥政爱民责任制。目前，仅省军区系统（包括各军分区和人武部）就组织民兵预备役部队支援地方工程建设项目达120多项，其中省以上重点工程12项，修建等级公路40多公里，兴修水渠130公里，修建提灌站16个，架设输变电线900多公里，完成坡改梯6200余亩，植树造林45万余亩。省军区协调有关部门，落实各类帮扶项目51个，项目资金600多万元。全区已重点帮扶70多万贫困群众解决了温饱。武警贵州总队出动8000余人次，车辆407台次，直接参与了安顺虹山水库重点工程建设、“关兴公路”、“清镇公路”等国家大型公路建设，成为开发贵州的一支生力军。驻军某部还成立了下岗工人再就业培训基地，无偿为下岗工人进行培训，并帮助协调解决了40多名待岗人员的就业问题。驻黔各部队在出现洪涝、山体滑坡、火灾等自然灾害的关键时刻挺身而出，奋勇抢险救灾，驻军、武警、消防等部队全年共出动兵力17万人（次），车辆机械1万多台（次），救助和转移遇险群众1.3万人，抢救国家和人民财产近3亿元。武警贵州总队共出动7000余人次，完成各类勤务526起，先后确保了党和国家领导人来黔视察、重要外宾来访，以及“黄果树瀑布节”、“红枫湖旅游节”、全国“甲A篮球邀请赛”、“龙子之心慈善义演”、全国汽车拉力赛等各类重大活动的绝对安全，打掉带黑社会性质的犯罪团伙3个，抓获各类犯罪嫌疑人57名，进一步展示了人民军队威武之师、文明之师的光辉形象。近年来，驻黔各部队还坚持“扶贫先扶智”的方针，积极帮助贫困地区失学儿童重返校园。目前省军区和省武警总队已兴办“春蕾”女童班9个，资助2200多名失学儿童重返校园，为扶贫攻坚做出了重要贡献。

云南省二〇〇五年双拥工作总结

2005年，我省双拥工作在省委、省政府、省军区的正确领导下，坚持以“三个代表”重要思想为指导，认真贯彻党的十六届五中全会精神，全面落实全国双拥工作会议精神，以构建社会主义和谐社会为主要目标，以增强经济实力、国防实力和民族凝聚力为主要任务，深入开展创建双拥模范城（县）活动，进一步巩固和发展了“同呼吸、共命运、心连心”的新型军政军民关系，促进了全省经济发展、社会稳定、民族团结、边疆巩固和驻滇部队全面建设。

一、主要工作情况

（一）强化领导抓双拥，完善机制促发展

各级党政军领导把双拥工作作为巩固国防、促进发展、稳定社会、增强民族凝聚力的一件大事来抓，把双拥工作写进了各级党委、政府文件和政府工作报告，切实做到高起点谋划，高标准要求，高效率运转，高质量落实。一年来，无论地方领导和部队首长如何调整，人员怎样变动，对双拥工作的重视程度、领导力度始终不减，党政军领导亲自挂帅，并将双拥工作纳入当地社会经济发展和部队建设总体规划，纳入党委政府和军队重要议事日程，纳入干部政绩考核内容，纳入评比先进的重要标准，纳入年度财政预算，统一组织，统一部署，做到每年有计划、有安排，平时工作经常化，年终有检查、有评比、有奖惩、有总结，形成了以双拥工作领导小组为龙头，以各有关职能部门和乡（镇）为主体，以基层群众性双拥服务组织为基础的社会化网络和党政军齐抓共管、共创共建的工作格局，推进了双拥工作的创新与发展。对涉及双拥工作的重大事项和问题，军地领导及时沟通协调，认真研究解决，有力地促进了双拥工作的顺利开展。各级党委政府高度重视双拥办建设，在编制紧缺、经费紧张的情况下，各县（市、区）双拥办基本保证了1～2个行政或事业编制，曲靖、临沧等市新增人员编制1～2人；香格里拉将双拥办设在县委宣传部，抽调人员充实双拥办，形成抓双拥工作的整体合力；昆明、曲靖、楚雄、开远、江城等县（市、区）坚持从驻军抽调人员到双拥办帮助工作，实行军地合署办公制度。

（二）国防教育持续开展，双拥观念深入人心

今年以来，全省各级党委、政府以爱国主义教育为核心，以拥军优属拥政爱民为主要内容，多渠道、多层次地开展内容丰富形式多样的国防和双拥宣传教育，不断优化双拥环境，扩大双拥工作影响。各地结合纪念中国人民解放军抗日战争暨世界反法西斯战争胜利60周年，普遍采取举办报告会、座谈会、书画展等多种形式，广泛开展了以“勿忘国耻、固我国防”为主题的系列活动，强化了全民国防观念和双拥意识。精心安排、严密组织中国人民抗日战争胜利60周年纪念章的发放工作，共为394名抗战老战士、老同志颁发了纪念章。鼓励军地积极撰写反映全省军爱民、民拥军的典型事迹材料，现已编发了12期《双拥工作简报》7200份，12万多字，分发省内外交流，扩大了我省双拥工作的宣传效果。“八一”前夕，曲靖市举办双拥成果展览，共组织全市140块双拥成果展板，党政机关、驻军部队和社会各界群众10万余人踊跃参观展出。通过展示活动，扩大了双拥工作的影响，激发了广大军民爱国拥军、爱民奉献的政治热情。同时，积极开展理论研究活动，共向全国双拥办推荐10余篇反映我省军地双方在新形势下怎样做好双拥工作的理论文章，4篇理论文章荣获全国双拥工作理论研讨会论文奖。

（三）落实会议深入扎实，双拥创建再掀热潮

根据全国双拥工作领导小组关于《双拥模范城（县）命名管理办法》和《云南省双拥模范城（县）评比细则》，今年底我省将进行第七届双拥模范城（县）命名评比表彰活动。年初，省双拥办对开展评比表彰工作进行了部署，下发了通知。4月份，在玉溪市召开全省双拥优抚工作会议后，全省各地掀起了又一届创建热潮。军地各级党委政府高度重视创建工作，普遍把创建双拥模范城（县）活动看成是维护政治稳定、促进社会进步的重要内容，纳入经济社会发展和部队建设的总体规划，进一步明确任务，完善措施，积极开展争创工作。全省各地围绕争创工作的“六条”标准，在全面落实优抚安置政策的同时，加大工作力度，投入大量的人力、物力、财力，注重发现和解决广大军民普遍关心的重点、难点问题，努力打造自己的双拥“品牌”，创建工作呈现了你追我赶、争先创优、各具特色的良好发展态势。曲靖市以争创全国双拥模范城（县）为目标，决心大，措施有力，在狠抓组织领导、宣传教育、资金投入、落实责任、政策法规“五个到位”上下工夫，扎扎实实开展争创活动；大理市紧密结合实际，进一步完善制度措施，动员全市军民，积极开展争创活动。9月初，省双拥办组成了4个军地联合检查考核组，分赴全省14个州、市对拟争创第七届省级双拥模范城（县）的31个县（市、区）进行了检查考核，帮助各地查找薄弱环节，不断提高创建质量，推动了全省双拥工作向前发展。为总结近3年来双拥工作经验，部署今后一个时期的双拥工作任务，进一步推动全省双拥工作健康深入地开展，充分调动广大军民全面建设小康、构建社会主义和谐社会的积极性和主动性，经省委、省政府、省军区批准，12月召开了云南省第七届双拥模范城（县）命名表彰大会，对

在双拥工作中做出优异成绩的50个双拥模范城（县），18个双拥先进县、20个模范单位、50个先进单位和50名先进个人予以命名表彰。

（四）与时俱进拓思路，双向奉献办实事

一年来，各级党委、政府高度重视和关心国防建设，充分发挥地方保障优势，把支援部队建设、科技强军作为大事来抓，积极支持部队完成军事训练、战备执勤、营区建设、后勤保障等各项任务，为部队办实事，解难题。今年6月以来，成都军区某部到马龙县进行实兵演习，为保证部队圆满完成驻训任务，马龙县及时成立了由县委书记任组长，县长任副组长，各相关部门、单位、乡镇主要负责人为成员的“5·10”工程拥军协调领导小组，先后投入经费687万余元，对道路、用水、用电及通讯等基础设施进行了全面改造，为驻训部队提供了良好的训练条件，受到驻训部队的一致好评。玉溪市红塔区先后拨出经费1600多万元帮助部队解决营房建设、后勤保障、装备设施等方面的困难。安宁市投入1000万元，完成市人武部办公楼整体建设和搬迁，投入100万元用于基层武装部正规化建设。西山区军粮供应站按时按质按量供应部队粮油、水电、燃料和日常生活必需品，主动为偏远基层连队送粮，2005年被评为“全国十佳军粮供应站”。陆良军用机场扩建需征用大面积农田，县委、县政府组成工作组，耗时3个多月，深入村寨，登门入户，向征地农民及周边群众做思想工作，妥善解决了征地过程中各种矛盾和问题。元旦、春节前夕，省民政厅、双拥办以省委、省政府的名义组成4个慰问团，分赴8个州市向驻边防一线的解放军和武警官兵，代表省委、省政府和全省各族人民向他们表示节日的问候，赠送电脑34台，慰问品1.2万份；“八一”前夕，省委、省政府还召开了军地座谈会，共叙军民鱼水情谊，共商双拥大计。每逢元旦、春节、“八一”等重大节日，各州、市、县、区都要组织走访慰问基层连队、军干所、军烈属、伤残军人，送去党和政府的温暖。大理市、楚雄市连续3年组织慰问团到四川省西昌市慰问野外驻训部队。各地以双拥共建为纽带，积极开展“援建军营图书室、共建学习型军营”活动，共投入经费68万元，购书169套9.5万余册，援建了169个连队图书室。同时，对部队反映的转业退伍军人安置、随军家属就业培训、军事设施保护、处理军地遗留问题等，省双拥办十分重视，积极协调。先后3次派专人深入到峨山县、马龙县调研，积极会同有关部门逐项进行研究，提出解决方案。目前，峨山县军事设施内采矿问题已得到圆满解决，马龙县军民饮水问题正在协调省市县有关部门积极解决。

驻军在完成战备训练任务、加强自身建设的同时，模范执行各项政策法规，严格遵守群众纪律，尊重当地少数民族的宗教信仰和风俗习惯；积极参与地方经济建设，在完成抢险救灾、植树造林、扶贫济困、捐资助学等急、难、险、重任务中发挥了生力军和突击队作用，积极协助地方做好应对各种突发事件、维护社会稳定的工作，有力地促进了民族团结、经济繁荣、社会稳定和边防巩固。尤其是今年面对26年一遇的严重旱灾，驻滇人民解放军和武警部队积极响应省委、省政府的号召，急灾区群众所急，想灾区群众所想，主动协助地方有关部门，组织官兵紧急投入抗旱救灾，全力保护春耕生产、人畜饮水安全，受到了灾区群众的高度赞誉。据统计，驻滇解放军和武警部队共投入抗旱一线官兵近60万人次，出动车辆2万余台（次），投入经费500余万元，为全省夺取抗旱保春耕做出了积极贡献。今年以来，我省先后遭受了严重的雪灾、地震、风雹、干旱、洪涝、泥石流、滑坡等自然灾害，造成较大的人员伤亡和民房倒损，为帮助灾区群众战胜灾害，渡过难关，重建家园，驻滇人民解放军和武警部队党委积极响应省委、省政府的号召，于10月15日至31日组织所属部队广泛开展了“扶贫济困送温暖”捐助活动，在短短半个月中，各级领导带头踊跃捐款捐物，广大官兵慷慨解囊。据不完全统计，这次捐助活动，驻滇部队共捐款667141元，捐赠衣物48190件（套）。严冬时节，驻滇部队党委心系灾区、困难地区群众生产生活，坚决响应胡锦涛总书记倡导，积极开展向困难群众捐款捐物送温暖、献爱心活动，共计100余万元。目前，驻滇部队还在踊跃开展捐款捐物活动。

（五）着眼长远强基础，政策落实重实效

各级党委、政府从巩固国防大局出发，始终把优抚安置工作作为稳定军心、巩固国防的一项政治任务来抓，结合实际，修订完善了《拥军优属规定》、《退役士兵接收安置管理实施细则》、《创建双拥模范城（县）实施方案》、《重点优抚对象抚恤补助标准自然增长机制》等一系列配套政策和规章制度，切实维护了广大官兵和优抚对象的合法权益。抓住重点，着力解决优抚对象“三难”问题。各地广泛开展“爱心献功臣行动”，采取国家、社会、个人相结合筹措资金的办法，较好地解决了在乡老红军失散人员、烈属、伤残军人、老复员军人的生活、住房和医疗困难。楚雄市开展“爱心献功臣行动”扎实有效，有214个单位2万余名干部职工和社会各界群众共捐款103万元，较好地解决了1192户重点优抚对象“三难”问题；大理市按照“三个一点”的办法，每年解决6～8户重点优抚对象特困户的住房问题；全省重点优抚对象没有发生因政策不落实、“三难”问题未得到解决而上访的情况。突破难点，抓好军转干部、退役士兵安置和义务兵家属优待金落实工作。由于各级党委、政府高度重视，截止7月29日，全省完成了1735名计划分配的转业干部和350名自主择业军转干部的安置任务，荣获全国13年连冠，受到国务院军转安置工作小组的表彰，并在全国转发了安置经验；今年我省积极探索退役士兵安置改革路子，在全国率先推行“双考”安置办法，全面推进退役士兵安置改革，初步建立了安置与自谋职业相结合的安置工作新机制，今年共接收安置退役士兵12815人，其中符合在城镇安排工作的4389人。截止8月31日，共安置退役士兵12746人，占接收退役士兵总数的99.46%；安置城镇退役士兵4320人，占城镇退役士兵接收安置总数的98.43%。在接收复退转军人安置任务中，一些地方还总结出了不少好的做法和经验。陆良县对安置到改制企业的退役士兵，按自谋职业退役士兵的补助标准给予了经济补偿，其中50%划拨给企业为其缴纳五保费用，50%补给退役士兵，这一做法得到了省安置办的充分肯定，并在全省推广。义务兵家属优待金纳入财政转移支付后，各地义务兵家属优待面达到100%。随着社会经济的不断发展，优待金标准也大幅度提高，昆明市官渡区达到了户均4218元的优待标准，并全部足额及时兑现。除此之外，军队离退休干部和无军籍职工的政治生活待遇得到较好落实，军人子女入托入学享受到各种优惠政策。各地在财政并不宽裕、自身就业压力大的情况下，还想方设法解决部队实际困难，积极安置随军家属就业。古城区积极挖掘就业渠道，千方百计安置随军家属，军人家属实行指令性安置，无职业的在用工单位招工时积极推荐优先录用，受到驻军部队的一致好评。

（六）军民共建广泛深入，军政军民关系融洽

一年来，各县（市、区）把双拥工作及军民共建摆在重要位置，常抓不懈，把培育“四有”新人作为军民共建活动的根本任务，把道德建设作为军民共建活动的重要内容，牢固树立“爱国必须拥军，卫国必须爱民”的思想，倾力抓双拥，积极搞创建，党政军领导始终做到主动沟通、相互信任、相互支持，做到有事无事常来往，大事小事好商量，共同解决急难问题。一年来，军地间无历史遗留问题，军地地界清晰，无大的军地纠纷，呈现出“军爱民、民拥军，军民团结一家亲”的良好氛围。许多地区和部队还积极开展“双拥八进”、“六联六建”、“八千里文明边防线”、“三卡一信”等群众性双拥活动，探索行业双拥、“两新组织”拥军等路子，进一步扩大双拥工作的群众基础。军民共建活动主题鲜明，内容丰富，重点突出，形式多样，富有时代特色，军地互办实事成效显著，推动了双拥工作的深入发展。全省共有4116个军民共建点，74%以上被县（团）级以上评为先进单位，有力促进了“两力”提高和三个文明建设，涌现出一批富有时代特色的先进典型。“八一”前夕，云南省第二人民医院、武警云南总队德宏支队，以及开远市民政局长杨惠兰等军地9个单位和7名个人被全国

双拥工作领导小组、中宣部、中央文明办、民政部、总政治部表彰为全国军民共建社会主义精神文明先进单位和个人。麻栗坡县军民共建小康示范村、蒙自军分区援建的希望小学等一批军民共建点已成为共建典范；驻临沧77266部队73分队与临沧客运公司连续保持16年的共建历史，客运公司开辟一条"拥军专线"，为官兵外出、家属上下班、子女上学提供了便利。

二、存在的主要问题

一年来，全省双拥工作取得了很大成绩，但也存在一些问题和薄弱环节。主要表现在：一是双拥工作发展不平衡，一些地方的整体工作水平还不够高；二是学习贯彻全国、全省双拥优抚工作会议精神，有的州市重视不够，不能很好地结合本地实际，研究制定有针对性的对策措施，成绩不够明显；三是对双拥工做出现的新情况、新问题的研究缺乏深度，抓双拥工作的思路不开阔，创造性地开展双拥工作措施办法不多，具有时代特色和边疆省份特点的双拥"精品"不多，挖掘、总结、推广先进典型不够有力；四是抓双拥工作缺乏整体合力，表现在各部门尤其是双拥工作领导小组成员单位之间协调配合不够，一些部门甚至还认为双拥工作主要是民政部门的事，主动性不强。

西藏自治区二〇〇五年双拥工作总结

2005年，西藏自治区双拥办在全国双拥办和自治区双拥工作领导小组的正确领导下，在驻藏部队，各部门、单位，社会各界和各族人民群众的大力支持配合下，按照全国和全区双拥工作要点和全国双拥工作会议精神要求，开拓进取，与时俱进，较好地完成了双拥工作任务，取得了一定的成绩，现总结如下：

一、完成了"三大节日"拥军优属慰问活动

每年元旦、春节、藏历新年来临前夕，自治区党委、政府都成立元旦、春节、藏历新年双拥慰问总团，慰问总团下设办公室，办公室设在自治区双拥办，负责组织协调安排各项双拥慰问活动。我们根据实际情况制定了"元旦、春节、藏历新年拥军优属、拥政爱民慰问活动日程安排表"，并多次拟定单项活动方案，使得各项活动主题突出，内容丰富，使各项活动有序进行，圆满完成了各项慰问任务，得到自治区党委、政府领导的充分肯定。

2005年，自治区"三大节日"拥军优属慰问总团组成慰问组分赴拉萨市、城关区、日喀则、阿里、山南、昌都等地（市），深入边防哨卡，走村串户，对守卫在边防第一线的驻藏官兵和优抚对象等进行了走访慰问。各地（市）也组成慰问团（组）开展了组织军民联谊联欢活动、组织军民服务小组等内容丰富、形式多样的拥军优属慰问活动。据不完全统计，近两年"三大节日"期间，全区共慰问基层部队325个，慰问驻军伤病员280余人，慰问优抚对象1320人（次），召开了各级各类军政军民座谈会80余次，落实慰问活动资金320万元。

二、双拥工作

（一）加强领导、健全制度，促进双拥工作社会化、制度化、经常化。西藏军地各级领导和广大军民，始终从"讲政治"的高度认识双拥工作的重要性，始终站在维护祖国统一，捍卫民族团结的立场上，广泛开展争创双拥模范城（县）和军民共建活动，全区军民同心同德，携手并肩，顾全大局，共同奋斗，努力维护安定团结的政治局面，不断促进经济社会发展，全面推进部队建设，推进了我区双拥工作健康发展。截至目前，全区共充实和完善双拥组织机构81个，建立基层拥军优属服务组织974个，拥政爱民工作组、为民服务队2600余个。为了使各项决策落到实处，使双拥工作走上社会化、制度化、经常化轨道，全区各地各部队普遍建立了双拥工作定期会议制度、基层定期汇报制度、节日军警民联欢座谈制度、慰问互访制度、双拥共建公约等，做到部署工作重视双拥，总结表彰不忘双拥，在全区形成了党政军警民讲双拥、学双拥、促双拥的良好局面。

（二）深入开展国防教育和双拥宣传教育，努力营造军民团结的良好氛围。全区各级党委、政府和驻藏部队，高度重视国防教育和双拥宣传教育，成立了国防教育领导小组和办公室，把国防教育和双拥宣传教育纳入了国民教育体系和部队教育计划，有针对性地开展以爱国主义为核心的国防教育和双拥光荣传统教育。充分利用元旦、春节、藏历年、清明节、“八一”建军节等节日，集中宣传学习《国防法》、《兵役法》、《军事设施保护法》、《中华人民共和国军人抚恤优待条例》、《退伍义务兵安置条例》等法律法规。驻藏部队把深入开展党的民族宗教政策、军纪军风和拥政爱民教育作为部队思想政治工作的一项基本内容，切实提高了广大官兵和人民群众的法律法规意识。同时，把每年的1月和8月定为双拥活动月和国防教育宣传月，大力宣传双拥典型和先进事例，加深军民鱼水关系，以广播影视、英烈墓地等为载体，在全区广大军民，特别是青少年中广泛开展爱国主义、国防观念和革命传统教育，不断增强广大军民爱国意识和国防意识。各地各部队采取召开党政军警座谈会和开设国防教育课的形式，开展经常性双拥教育活动。通过多年来坚持不懈的宣传教育，广大军民的国防观念和双拥意识明显增强。2005年全区开设国防教育课800余课时，受教育中小学生1.5万余人（次），民兵2万余人（次），群众6万余人（次），部队官兵普遍受到了教育。通过广泛深入的教育，“无军不安、无军不稳”，“军队离不开各族人民、各族人民离不开军队”的思想深入人心，爱国拥军、爱民奉献成为良好的社会风尚。

（三）多渠道、多形式开展拥军优属活动，大力支持部队全面建设。全区各级党委、政府和人民群众，把拥军优属、支持部队建设作为义不容辞的责任。继承和发扬优良传统，结合实际，积极探索，不断创新，多渠道、多层次、多形式地开展拥军优属活动，为西藏局势稳定、经济建设和军队建设服务，为广大优抚对象服务，取得了显著成绩。

据不完全统计，2005年，西藏各级党委、政府和人民群众为国防公路、部队营房设施、通讯设备、交通工具、文化器材建设等，累计投资1000多万元；接收安置转业干部、士官、退役士兵1300余人，为义务兵家属发放优待金100余万元；地方教育部门多形式、多渠道选拔培养部队150余名优秀班长、优秀士兵到地方大中专院校学习深造，既为部队士兵解决了退役就业的后顾之忧，又充实了基层政权人才建设。截至目前，在部分县（区）建立健全了维护军人军属合法权益机制，建立维权法庭8个、维权法律咨询站13个，妥善解决了军人及其亲属涉法问题。

（四）积极参加地方建设和抗险救灾，努力推动西藏经济社会发展。驻藏人民解放军和武警部队官兵按照江主席“五句话”的要求，时刻牢记党和人民的重托，认真履行我军宗旨，牢固树立“三个离不开”的思想，坚持党的民族宗教政策，尊重当地民族风俗习惯，把驻地当故乡，视人民为亲人，在促进西藏经济发展、社会稳定、边防巩固、民族团结以及奋勇抢险救灾和各项社会事业中做出了突出贡献。据不完全统计，2005年，驻藏部队参加各种抢险救灾数十次，抢救遇险群众0.5万人（次），抢运各种物资数百吨；向贫困地区和灾区群众捐款200多万元，捐衣物折款30多万元。驻藏部队大力开展科技扶贫和智力扶贫活动，积极帮助群众脱贫致富，截至目前，共建立扶贫联系点980个，扶持了3万多群众走上致富道路，共举办科技、文化培训班720多期，受训人数4.1万多人（次），较大地提高了人民群众的科学文化知识，增强了致富本领，改善了生产生活条件，有力地支持了地方的经济建设。

（五）大力弘扬社会主义先进文化，军警民共建精神文明取得明显成效。全区各级党委、政府和驻藏各军警部队，根据建设中国特色社会主义文化的要求，组织军警民共学科学理论、共讲优良传统、共树文明新风，共育四有新人，加强思想、道德、文化等领域的交流与合作。军地双方把学习宣传邓小平理论和“三个代表”重要思想作为共建活动的主题，搞好“三互”活动。围绕创建文明城市、文明村镇、文明行业，认真贯彻《公民道德建设实施纲要》和《军人道德规范》，全区军警民共建活动不断深入发展，在群众性精神文明创建活动中发挥了示范带头作用。2005年“八一”前夕，全国双拥工作领导小组、中央宣传部、中央文明办、民政部、总政治部召开电视电话会议，表彰了一批军民共建社会主义精神文明先进单位和先进个人。我区拉萨市公安交警支队等6个先进单位和自治区司法厅政治部副主任卓嘎等3名先进个人受到表彰，成为我区军民共建社会主义精神文明的表率。

（六）深入开展创建双拥模范城（县）活动，双拥工作整体水平明显提高。全区各级党委、政府、驻藏各军警部队以争创双拥模范城（县）和军民共建活动为动力，不断掀起双拥热潮。截止目前，全区已有8个全国双拥模范城（县），34个自治区级双拥模范城（县）。在这些地方，双拥氛围浓厚，军政军民关系融洽，双拥模范城（县）创建活动已成为加强军政军民团结、促进经济社会发展的重要载体和有效途径。

甘肃省二〇〇五年双拥工作总结

2005年，我省双拥工作坚持以邓小平理论和“三个代表”重要思想为指导，全面贯彻落实科学发展观，以保持共产党员先进性教育活动为动力，以增强经济实力、国防实力和民族凝聚力为目标，以支持部队做好军事斗争准备、完善双拥法规制度体系、落实优抚安置政策为重点，深入开展拥军优属、拥政爱民活动，进一步巩固发展了“同呼吸、共命运、心连心”的新型军政军民关系，为构建和谐社会和加强部队全面建设做出了新的贡献。

一、以纪念中国人民抗日战争暨世界反法西斯战争胜利60周年为契机，深入扎实地开展国防教育和双拥宣传，全民的国防观念进一步增强

今年以来，各级党委、政府和军事领导机关认真贯彻《国防教育法》，把国防教育与双拥宣传纳入国民教育体系和部队政治教育计划，有计划、有组织、有重点地抓好落实。各地、各部队突出爱国主义这个核心内容，引导广大军民把市场与战场、致富与思危、稳定与发展结合起来，认清没有强大的军队，就没有国家的安康；没有人民的支持，就没有巩固的国防。各市、县普遍制定了《国防法》、《国防教育法》宣传教育提纲，广泛深入地开展了“双拥创建月”、“双拥活动周”、“国防教育日”、“全民国防教育月”等活动，适时开展军营一日、学生军训等活动。许多地方坚持把国防教育从“娃娃”抓起，采取寓教于学、自办专栏、有奖征文、演讲比赛等多种形式，宣传教育的内容丰富多彩，方法灵活多样，取得了显著效果，进一步增强了广大青少年的双拥意识和国防观念。特别是进入下半年以来，各地以纪念中国人民抗日战争暨世界反法西斯战争胜利60周年为契机，充分利用各种新闻媒体宣传双拥，广泛深入地开展了多种形式的纪念活动，普遍召开了各种类型的座谈会和大型宣传活动，以爱国主义为核心的民族精神更加深入人心。省委、省政府在兰州召开党政军领导和各界群众参加的纪念大会，苏荣书记作了重要讲话，回顾了抗战胜利的重大意义和陕甘宁边区人民为抗战胜利做出的巨大贡献，号召全省军民发扬老区精神，进一步做好新形势下的双拥工作。庆阳市委、市政府召开老干部、老战士座谈会，重温抗战历史，畅谈自己的亲身经历，讲述人民战争的伟大力量和可歌可泣的英雄壮举。华池县举办了一系列纪念活动，通过“抗战英雄讲历史”、“抗战体裁书画展”、“军民读书演讲会”等形式，使广大军民受到了一次深刻的民族精神和生动的国防教育。张掖市以“爱我中华、强我国防”为主题，通过举办弘扬民族精神大型图片展、双拥创建成果展、人防知识宣传展、西路红军血战河西走廊展、“红色旅游”产业规划展、少年军校军训成果展和红军长征胜利 70 周年专题文艺晚会等一系列宣传教育活动，大力弘扬抗战精神和长征精神，教育广大军民牢记历史、不忘过去、珍爱和平、爱我中华、强我国防、开创未来，把国防教育和双拥宣传推向了一个新的高潮。特别是“神舟六号”的发射成功，又一次极大地鼓舞了全省军民的斗志。各地采取了多种形式的庆祝活动，“飞天”的故乡酒泉市锣鼓喧天，一片欢腾，秧歌队、彩旗队、社火队、欢呼声、鞭炮声响彻城乡大地，城区 5 万多名群众走上街头，欢庆“神六”发射成功。同时，市里还举办了“万众百歌颂酒泉”、“名人书画祝神舟”等活动，肃州区、金塔县、敦煌市也以形象生动的航天成果展、“我心目中的航天城”演讲会、小学生“飞天”书画作品展等形式，宣传我国航天事业取得的伟大成就，激发了人们的拥军热情，也使广大群众和中小学生受到了一次深刻的爱国主义教育。省委宣传部在省政府礼堂举办了费俊龙、聂海胜事迹报告会，并进行了现场直播，省直机关和各市州及部门都组织干部职工收看，进一步激发广大军民爱国拥军的热情。

二、以支持部队做好军事斗争准备为牵引，拥军优属工作的力度不断加大

各级党委、政府把支持部队做好军事斗争准备作为义不容辞的政治责任，动真情、办实事，千方百计地帮助部队解决战备训练、营房建设、生活设施等方面遇到的困难和问题，推动了拥军优属工作向深层次发展。今年以来，全省各级财政和企事业单位积极筹措资金 7000 多万元，划拨土地 500 多亩，帮助驻军开辟新的训练场地、修筑营区道路、维修营房、完善基础设施建设。尤其是围绕驻军做好军事斗争准备，各地及时调整拥军工作重点，不断加大了科技拥军的力度。全省国防科工系统的一大批军工和民品配套单位，参与了多项科研任务，“神舟六号”载人飞船的发射成功，就凝聚了全省 16 家科研、生产单位工作人员的心血。其中航天 510 所就承担了飞船大系统的仪表与照明分析等 5 个系统、15 项课题研制任务。兰州市注重提高双拥工作的层次和水平，支持部队着力提高打赢能力，主动与南海舰队建立了共建关系，已安排 150 万元专项资金，支持舰队提高信息化作战能力，并与南海舰队协商命名了一艘“兰州舰”，这对于提升兰州市的双拥水平，实现跨区域军民共建具有重大的意义。天水市在土地资源十分紧张的情况下，划拨土地 40 多亩，用于武警、消防、预备役旅的训练场地和营地建设，先后投入资金 116 万元帮助部队解决技术革新、文化生活方面的难题 140 多件，建起了 17 个科技拥军基地，全市 7 个县（区）人武部正规化建设全部达标，工作、生活环境有了很大改观。各地还把支持部队搞好战备训练作为重点工作来抓，部队在哪里有行动，那里就有拥军的热潮。今年 9 月初，驻平凉武警某部赴青海实施较大规模的军事演习，沿途定西、白银、兰州三市和崆峒、静宁、会宁等县（区）立即召开会议，专题研究部署拥军慰问和道路保障通行工作，沿途悬挂拥军横幅 60 条，书写张贴标语 200 多张，组织群众 2000 多人夹道欢迎。广大群众怀着对人民子弟兵的深情厚谊，自发地、争先恐后地给过往部队送去了水果、鸡蛋、矿泉水等慰问品，老年秧歌队也身披“拥军优属”、“军民鱼水情、国防在我心”的绶带，扭着秧歌、敲锣打鼓，热情迎送人民子弟兵，使广大官兵受到了极大的鼓舞。各地还把落实优抚安置政策作为打牢双拥工作基础、支持国防建设的关键环节来抓。义务兵家属的优待标准逐年提高，普遍达到了上年农民人均纯收入的平均水平，在乡老复员军人的定补达到了省长规定的标准。重点优抚对象的“三难”问题得到了较好的解决。通过重点扶持和灾民建房途径，全年共扶持重点优抚对象 1500 多户，建起了近 5000 间新房。对所有伤残军人全部换发了新证。对原 8023 部队的 2400 多名退伍军人全部进行了体检，充分体现了党和政府对他们的抚恤和关怀。尤其是普遍加强了对退役士兵安置工作的领导，各地认真贯彻国务院国发 23 号文件精神，各级党委、政府将此纳入重要议事日程，专题研究部署。各有关部门加大工作力度，采取积极有效措施，千方百计地协调落实具体安置任务。全省已妥善安置当年和往年退役的士兵近6000人就业，还有3000多人自谋职业、经济补助工作正在实施中。

三、以联片创建活动为载体，三条双拥文明线的创建工作取得了显著成效

今年以来，各地各部队认真贯彻《河西千里双拥模范走廊创建工作座谈会议》精神，紧紧围绕“推动联片创建，发展特色双拥”的总体思路，积极探索新形势下联片创建活动的新路子、新办法和新举措，进一步巩固发展了点面结合、区域联片、整体推进、各具特色的联片创建工作新模式。河西五市始终把“创建千里双拥模范走廊”作为巩固河西战略要地、加快地方经济社会发展、增进军政军民团结的重大举措，普遍制定了新的创建工作规划，明确提出了双拥共建活动的具体目标和措施，有力地促进了双拥联片创建活动广泛深入地开展。酒泉市、嘉峪关、金昌市坚持把创建“千里兰新铁路文明线”、“千里312国道文明线”、“千里河西旅游文明线”与创建文明单位、治理生态环境、增强卫生健康意识、加强双拥共建、实施文明窗口建设紧密结合起来，使军民共建活动有了新的“抓手”和平台，促进了各项创建任务在基层的落实。张掖、武威市注意发挥驻军较多的优势，积极开展军民共建文明新村、着力开发高新农业技术、实施防风固沙、大规模营造国防林、生态园等群众性的创建活动，一批双拥路、连心桥、军民共建点得到有效开发利用，并产生了广泛的社会影响力。“兰天”双拥文明线的创建工作起步良好，效果明显。沿途三市党政军领导高度重视，周密部署，狠抓各项创建工作任务的具体落实。定西市市委、市政府坚持“兰天”双拥文明线的创建工作作为兴市富民的重要载体来抓，周密研究制定了创建工作规划，建立了县区、部门落实创建任务责任制，极大地调动了全社会参与创建工作的积极性，使创建工作步入了良好的发展态势。天水市紧紧围绕创建工作的目标和任务，积极组织三县两区开展了以绿化造林、扶贫帮困、文明窗口建设为重点的双拥创建活动，初步取得了较好效果。安定区、榆中县结合“绿色通道”建设，组织军民因地制宜实施荒山荒坡绿化、退耕还林还草和助民帮困活动，重点规划创建了一批“国防林”、“双拥林”、民兵绿化基地等。同时，组织动员广大军民积极参与文明线路、文明村镇、文明行业和文明家庭的创建活动，进一步完善了各项规章制度和乡规民约，在城乡形成了爱国拥军、爱岗敬业、团结奉献、争当模范的良好社会风尚。“兰郎”双拥文明线的创建工作，始终以促进民族团结、维护社会稳定为根本，两州一市围绕主干线的生态绿化和安全畅通，加大了工作力度，增加了资金投入，实行分级负责、包干治理的责任制，对公路沿线的脏、乱、差进行了彻底整治。目前，全线的面貌发生了根本性的好转，军地联片创建、共驻共建、共同发展的良好局面已经形成，有力地促进了民族地区的稳定和发展。

四、以开展群众性的双拥共建活动为重点，进一步拓宽了基层双拥工作的领域

各地、各部队着眼于形势发展的要求，始终把双拥创建活动的重点放在基层，不断拓宽共建领域，创新活动载体，丰富共建内容，着力提高基层双拥工作的水平。

一是加强了督导调研工作。省双拥工作领导小组党政军主要负责同志高度重视督导调研工作，多次深入城乡基层和部队官兵之中，了解情况，听取意见，开展督导调研工作。今年八月份，省军区副政委、省双拥工作领导小组副组长丁德福带领调研组，历时21天，先后深入到陇南、天水、武威、白银、兰州市和所属八县、区进行督导调研，总结发现了许多新的经验和典型，分析提出了双拥工作创新发展的思路和举措。各地也把督导调研工作摆上重要位置，先后派了200多个工作组，深入基层，加强督导，狠抓落实，普遍收到了较好的效果。

二是不断创新活动载体。各地、各部队在深入开展群众性“双四好”和“六进”活动的基础上，省双拥工作领导小组在天水市召开了“全省军民开展‘双四好’活动经验交流会”，总结交流了3年来“双四好”活动的经验和成果，推出了一批先进典型。天水市采取“走出去、请进来”，与舟山市建立了双拥友好城市，在军地开展了“三抓三树立”和“两个面向”、与“战士孤儿结亲”等活动，使全市的双拥工作在创新求实中有了新的发展。白银市按照军企共建、军地受益的原则，建成了千亩高效农业科技示范园、一批千亩双拥林、一条百公里双拥风情线和300多个基层双拥共建点。这些新的活动载体，对促进全市双拥整体水平的提高发挥了积极的作用。

三是努力推进社区双拥社会化。各地注重把社区作为平台，适时把双拥工作融入蓬勃兴起的社区建设之中，做到社区建设有双拥位置，社区服务有双拥内容，社区考核有双拥要求。为丰富社区双拥工作内容，各地普遍建立完善了基层双拥工作制度，坚持每月有安排，每周有活动，经常组织开展各种形式的联谊会、读书演讲会、体育比赛和文艺演出，进一步增强了社区的凝聚力和吸引力。兰州市以抓巩固、求发展，抓经常、创特色，抓基层、重实效为切入点，充分发挥社区在双拥工作的主导地位，全市332个社区普遍建立了双拥机构和服务组织，500多个军民共建对子常年活跃在街道、社区，为基层的双拥工作注入了新的活力。

四是“两新组织”开辟了爱国拥军的新路子。新的经济组织和新的社会阶层，发展经济不忘国防建设，发家致富不忘爱国拥军。他们已经成为新时期拥军优属工作的一支重要力量。继兰州市出台了《关于进一步组织动员全市民营企业和非公有制经济组织，积极开展双拥创建活动的意见》之后，各地注意加强引导、不断挖掘和培养先进典型，进一步调动了“两新组织”开展拥军优属活动的积极性。他们自觉地将潜在的民族情感和爱国热情转化为拥军优属的实际行动，在全社会叫响了“国防建设我有份，爱国拥军我出力”的口号，许多“两新组织”提出了年度拥军优属目标任务，在服务窗口提出了“军人优先、军车免费”等标牌，自觉地加入到了拥军优属的行列。据不完全统计，全省已有近万名“两新组织”人员经常活跃在拥军优属活动之中。

五是积极开展了“援建军营图书室”活动。各地以双拥共建为纽带，以建设军营图书室、创建学习型军营为目标，丰富部队精神文化生活，积极动员社会各界援建军营图书室，全省共完成援建图书260套。其中兰州市、临夏州、白银市就落实了128套，为军地开展共建学习型军营读书系列活动创造了良好条件。

五、以构建和谐社会为目标，驻甘部队在全面建设小康社会中发挥了积极作用

驻甘人民解放军和武警部队牢记我军的宗旨，在完成战备训练任务的前提下，积极参与西部大开发，并在维护社会稳定、完成急难险重任务、参加生态环境治理和扶贫济困、捐资助学等活动中，发挥了带头、骨干和生力军的作用，以实际行动为当地经济发展、民族团结、社会稳定做出了积极贡献。今年以来，驻甘部队共投入兵力3万多人次，完成义务劳动日25万个，出动机械车辆15万多台次，积极援建城镇基础设施建设、小流域治理、国道省道改扩建施工、农田水利等120多项重点工程建设。主动承担治理荒山荒坡绿化任务10多万亩，植树造林15万株。建成了一大批国防园、双拥林和民兵绿化基地等示范工程。驻兰部队积极投身了南北两山和环刘家峡库区生态绿化建设，为保护母亲河、改善生态环境做出了不懈的努力。驻甘部队积极响应党中央的号召，积极组织官兵为贫困群众捐款、捐物、献爱心，共捐款120多万元，衣被6万多件。全省人武系统派出了一批干部驻点挂职扶贫，重点帮扶贫困户和优抚对象8000多户，近千名部队干部开展“手拉手”、“一帮一”扶贫助学活动，捐资30多万元，帮扶贫困学生1250名。部队各大医院和门诊部，发扬救死扶伤的革命人道主义精神，积极为当地群众送医送药下乡200多次，义务治病150多万人次，培训医护人员600多人次。尤其是各部队主动承担急难险重任务，先后参加抢险救灾活动50多次。无论是面对突如其来的洪暴灾害，随时可能发生的仓库、商场失火，还是交通肇事造成的重大伤亡事故，人民子弟兵总是冲锋在前、舍生忘死，全心全意地为人民群众排忧解难、帮助渡过难关。这些都充分体现人民子弟兵高尚的思想品德和坚强的柱石作用。最近，兰州军区从所属部队调集450多名官兵和一大批机械车辆，积极援建兰州市南河道综合治理工程。全体官兵安营扎寨，不畏严寒，加班加点，苦干实干。许多基层连队每天的工作时间超过了十几个小时，挖运砂石、淤泥和垃圾近百万立方米，以实际行动有力地支援了南河道的疏浚工程和综合治理。兰州军区还从所属部队抽调了30多台车，给环县干旱的群众拉水到户，解决了当地群众吃水的困难，切实做到了急人民群众所急，帮人民群众所需，为灾区社会稳定做出了新的贡献。

总之，一年来，我们在省委、省政府、省军区的正确领导下，在军地双方的共同努力下，全省的双拥工作在继承中不断创新，在探索中不断前进，在改革中深入发展，各方面都取得了很大的成绩，进一步密切了同呼吸、共命运、心连心的新型军政军民关系，巩固发展了军政军民团结的大好局面，为甘肃的改革、发展、稳定做出了积极的贡献。

但是，我们也要清醒地看到，双拥工作中还存在着不少薄弱环节和不足，主要是各地的工作发展很不平衡，对双拥工作中出现新情况、新问题研究不够，政策法规建设相对比较滞后。一些地方和部门受市场经济的影响，对双拥工作重视不够，支持国防建设的热情不高，抓工作、抓落实的力度不大。有的市州对双拥模范城（县）创建工作抓得不紧，没有纳入党委、政府工作的重要议事日程，创建工作既无规划、也无具体安排，双拥宣传教育不落实，工作缺乏主动性、自觉性和创造性。有些地区优抚安置政策落实不够好，标准偏低、投入偏少，重点优抚对象的“三难”问题仍然比较突出，尤其是对退役士兵的安置和军嫂就业工作重视不够，措施不力，进展比较缓慢。部分市、县双拥工作机构不落实，既无单设机构和编制，也无经费保障，工作处于瘫痪半瘫痪状态。这种状况，很难适应新形势、新任务的需要，我们要引起高度重视，切实采取有力措施，在今后的工作中，认真加以纠正和改变。

青海省二〇〇五年双拥工作总结

2005年，在省委、省政府、省军区的正确领导和全国双拥办的指导下，我省双拥工作坚持以邓小平理论和“三个代表”重要思想为指导，全面贯彻落实科学发展观，以保持共产党员先进性教育活动为动力，以维护社会稳定、促进经济社会发展和支持部队建设、完善双拥法规制度体系、落实优抚安置政策为重点，深入开展拥军优属、拥政爱民活动，狠抓工作落实，进一步巩固了“同呼吸、共命运、心连心”的新型军政军民关系，为构建和谐社会和加强部队建设做出了新的贡献。

一、深入扎实地开展国防教育，切实加强双拥文化建设

2005年，我省各地区、各有关部门和驻青部队进一步加大了双拥工作的宣传力度，积极营造浓厚的双拥文化氛围，开展了以“牢记使命、心系国防”、“勿忘国耻、强我国防”、“国防连着你我他”、“我为新世纪中国献真情”等为主题的全民国防教育大型宣传活动。

一是在全社会广泛开展双拥宣传教育工作。各地区、各部门及双拥办结合实际积极开展宣传教育活动，省委宣传部制定印发了《关于进一步加强双拥宣传的意见》，省内各主要媒体都制定了双拥宣传计划，开设了双拥宣传栏目。一年来，各地各部门印发宣传资料6000多份，宣传画板200块，张贴宣传图片、海报2500份，举办双拥文艺演出5场次，各新闻媒体共组织刊发各类双拥宣传稿件

40 多篇，充分发挥了双拥宣传教育和示范的主渠道作用。

二是结合保持共产党员先进性教育活动，切实抓好双拥典型的培养和宣传。在我省树立了果洛军分区党委先进性教育活动的典型，并积极向中宣部、总政治部推荐宣传了果洛军分区党委的先进事迹。在全国宣传报道了藏族复员干部德才加带领牧民艰苦创业奔小康的先进事迹，取得了良好的宣传效果。

三是组织开展了多种形式的双拥宣传教育活动。省双拥办在青海大学等省内高等院校举办了国防教育知识讲座，组织 8000 多名大专院校和中学的学生开展军训活动，设立了 5 所少年军校，增强了国防教育对在校学生的吸引力和感召力；在清明节、建军节、国庆节、纪念中国人民抗日战争暨世界反法西斯战争胜利 60 周年期间，举办了多期纪念活动，组织党政干部和青年学生缅怀先烈伟绩，开展党性教育；在全省举办了“爱我中华、心系国防”电视演讲选拔大赛，激励爱国斗志。

通过各种宣传教育活动的开展，使国防教育和双拥文化建设成为感染熏陶、激励鼓舞广大军民自觉弘扬双拥传统，维护军政军民团结的强大精神力量。

二、大力支持部队建设，积极协调帮助部队解难题办实事

各地区、各部门积极支持部队建设，千方百计解决部队建设中存在的困难。省委召开议军会议，专门研究了军队建设问题，对涉及部队通信、营区道路建设、转业干部和退役士兵安置等 15 个需要解决的问题，协调、督促各有关部门尽快给予解决。目前，已有 13 个问题得到了解决，其余 2 个问题正在解决之中。如，针对部队提出的希望在部队编制体制调整期间加强军队转业干部、退役士兵和随调家属安置的问题，经省军转安置部门研究，制定了进一步妥善安置军转干部、退役士兵和随调家属安置的措施，加大了安置工作的力度。2005 年，国家下达我省的 569 名军队转业干部全部得到妥善安置，其中计划分配 214 名、自主择业 355 名、随调配偶 29 名；全省接收的 1568 名退役士兵，安置 1493 名，安置率 96%，使安置政策得到比较好的落实。再如，年初春季发生在贵德县尕让乡部分农民抢种青藏兵站部原贵德农场 330 亩耕地的纠纷问题，省双拥办和当地政府本着既照顾当地群众利益，又维护部队权益的原则，从维护军政军民团结的大局出发，会同部队领导积极稳妥地进行了调处，使这一矛盾纠纷及时得到妥善解决。

三、加强检查指导工作力度，促进双拥模范城（县）创建活动和军民共建活动

我省各地区和驻青部队继续广泛深入开展双拥模范城（县）创建活动和军民共建活动，省双拥办进一步加大了对创建活动和共建活动的检查指导力度。为迎接全国军民共建会议的召开，省双拥办与省文明办共同组织开展了军民共建先进单位和先进个人评选活动，经考核评定，我省推荐的 4 个先进单位和 2 名先进个人得到了全国双拥工作领导小组、中央文明办和总政治部的表彰奖励。对我省已经荣获国家级双拥模范城（县）的 6 个县（市），省双拥办主动进行检查指导，查找不足，帮助完善有关措施，巩固双拥成果和质量。为使《青海省拥军优属暂行规定》落到实处，省双拥办积极协调有关地区和部门，先后两次组织检查组进行督促检查。6 月份与省委、省政府督察室联合组成检查组，重点对部分地区旅游景点执行军人优待政策的情况进行了督办，对违反规定向现役军人收取门票、停车费等问题提出了限期整改要求，对个别还没有彻底整改的单位，省双拥办会同省政府办公厅正在进行督促落实。同时，加强了双拥理论的研究工作，省双拥办组织军地从事双拥工作的干部深入基层，开展调查研究，撰写双拥理论研讨文章，向全国双拥办推荐了 3 篇论文，其中，《关于新时期正确处理军地矛盾纠纷的实践与思考》文章，在去年 11 月召开的全国双拥理论研讨会上荣获优秀论文奖。

四、认真履行双拥职责，拥军工作成效显著

2004 年底，省双拥工作领导小组制定和完善了各成员单位的职责分工，进一步明确了各单位的工作职责和任务。从 2005 年的落实情况看，各成员单位认真履行双拥职责，创造性地开展工作，确保了各项任务的完成。主要表现在：

一是宣传、新闻、文化部门通过建立“三项制度”，即：完善双拥宣传统一管理制度，建立完善双拥宣传通报和新闻发布制度、建立繁荣双拥文艺创作和演出制度，促进了双拥工作的宣传，确保了双拥宣传工作的正确导向和正面效应。

二是财政部门积极筹措资金，帮助驻军部队完善部队营房、训练场地、换防等基础设施建设，为优抚对象排忧解难，提高有关待遇。面对当前转业干部和退役士兵安置工作越来越困难的形势，组织、人事、民政部门克服困难，比较好地完成了年度转业干部、退役士兵的安置任务；完成了全省残疾军人新证的换发；围绕贯彻实施《军人抚恤优待条例》，继续完善抚恤补助标准自然增长机制，不断调整和提高优抚对象的生活待遇；着力探索和解决优抚对象看病难的途径，省政府制定印发了《建立全省重点优抚对象医疗保障制度的意见》，形成以农村新型合作医疗、城镇职工基本医疗保险为依托，与城乡困难群众医疗救助相结合，以建立优抚对象大病医疗救助基金为重点，国家、社会和个人合理负担，充分体现对优抚对象优待的医疗保障制度。同时，把重点优抚对象纳入城乡社会救助体系和社会保障范围，在生活、医疗、住房、取暖、交通、游览等方面优先享受优惠政策。

三是教育、劳动保障、工商、国税和地税等部门认真落实优抚对象及其子女和退伍军人教育优待办法，认真做好随军家属就业和培训工作，落实部队随军家属、转业复员退役军人从事个体经营的优惠政策，符合税费减免政策规定的一律给予减免，使各项优惠政策切实落到实处。

四是交通、铁路、通信部门全力保障军事交通运输和通信联络畅通；科技、卫生等部门加大科技拥军力度，投入人力、物力和资金，帮助部队完成了有关军事科研项目的评审和鉴定工作，对部队科研有功单位和个人进行了表彰奖励。

五是工青妇等群众团体发挥各自的优势，积极探索爱国拥军的新路子，与部队结成对子广泛开展双拥共建活动，积极引导各界群众将潜在的民族感情和爱国热情转化为拥军优属的实际行动。

五、以构建和谐社会为目标，各驻青部队积极支持和参与地方经济建设

各驻青部队牢记我军的宗旨，在完成战备训练和军事任务的同时，积极参与西部大开发和地方经济建设。

一是承担了全省重点工程、生态环境治理等工作中的一些急难险重任务，发挥了生力军作用，涌现出许多感人的事迹。2005年，驻青部队分别承担了西宁南北山、贵南黄沙头和三江源绿化任务，全年完成植树造林4600亩、21万余株，建成了一批国防林、双拥林、民兵绿化基地等示范工程。青藏兵站部、兰州军区联勤第二十五分部所属部队发挥部队专业门类多、车辆机械装备优势和突击能力强的优势，积极参加支援青藏铁路和驻地市政建设等重点工程，免费为铁路施工单位提供水、电、就医等方便，救治伤病人员187人次，并为格尔木机场道路改扩建无偿支援柴油50吨，出动车辆100台次，拉运土石方4000立方，进一步密切了军政军民关系。

二是积极响应各级党委和政府的号召，组织官兵开展抢险救灾工作。省军区先后出动民兵预备役人员2400人，执行抢险救灾任务20次，抢救群众1100名；武警海西州支队、玉树州支队在驻地发生洪灾，人民生命财产受到严重威胁的时刻，紧急出动，解救被困群众47人，牲畜350头（只），抢运粮食1.3万公斤，为群众挽回经济损失30余万元。驻青部队广大官兵还积极开展向受灾和贫困群众捐款捐物献爱心活动，去年共捐款59.9万余元，衣被8881件，重点帮扶贫困户和优抚对象137户，通过开展“一帮一”扶贫助学活动，帮扶贫困学生561名，发扬和巩固了“军爱民、民拥军”的优良传统。

三是协助地方公安部门全力维护社会稳定。武警青海总队在执行处置去年玉树地区因采挖虫草引起的群体性纠纷事件过程中，与当地政府和公安部门密切配合，坚持把执行任务与拥政爱民工作结合起来，在维护社会治安秩序的同时，帮助群众解决生产生活困难，既圆满完成了任务，又展示了部队的优良作风和良好形象。省军区先后出动民兵预备役人员协助公安部门抓获犯罪嫌疑人34人。海东地区综治委专门在海石湾民兵铁路护路队召开现场观摩会，总结推广了民和县人武部“发挥民兵作用，维护社会治安”的经验。

六、完善双拥工作政策措施，推动双拥工作的规范化和法制化建设

为推动双拥工作的持续健康发展，加快依法开展双拥工作的进程，逐步构建与市场经济相衔接、与国防建设相适应、与法律规范相协调、与优良传统相承接的双拥工作政策制度体系，省双拥办和有关地区、部门加大了双拥工作规范化和制度化建设力度，对双拥工作的有关制度进行了修订和完善。

一是修订完善了《省双拥工作领导小组职能和工作制度》、《省双拥工作领导小组办公室职责和工作制度》，提高了省双拥工作领导小组的组织指导能力和水平。

二是为扩大双拥工作的群众基础，引导和规范民营企业和非公有制经济组织开展双拥活动，省双拥办制定了《关于在民营企业和非公有制经济组织中开展双拥创建和争当双拥模范个人活动的意见》和《关于进一步加强国防和双拥宣传工作的通知》，西宁市政府制定了《社区双拥工作实施意见》，进一步增强了全社会的国防观念和双拥意识。

三是针对新时期双拥工作的新任务和遇到的新问题，研究制定了《关于建立预防和处理军警纠纷机制的意见》，修订完善了《驻军部队拥政爱民若干规定》。

通过健全和完善有关制度规定，进一步健全了双拥工作的组织协调机制，推动了我省双拥工作的蓬勃发展。

2005年，我省双拥工作在各级党委、政府、驻青部队和有关部门的共同努力下取得了一定的成绩和进展，但也存在一些问题，突出反映在三个方面：一是部分地区双拥创建活动的内容还不够丰富，活动层次比较低，双拥工作的特色不够突出，缺乏工作创新。二是双拥领导小组个别成员单位缺乏工作主动性，工作中协调沟通不够，情况反映不及时；一些地区双拥办的工作人员普遍存在业务素质低、协调能力弱的问题，自身建设还有待进一步加强。三是部分地区双拥政策没有得到很好地落实，特别是在去年检查中发现的军人优待政策不落实的问题，有些单位纠正不彻底，行动迟缓，省内个别旅游景点没有严格执行省政府关于军人优待的政策规定，部队反映强烈，影响了我省的整体形象。这些存在的问题，需要在今后的工作中认真研究解决。

宁夏回族自治区二〇〇五年双拥工作总结

2005年，是我国保持经济社会良好发展态势的关键一年，也是完成“十五”计划目标的重要一年。全区双拥工作坚持以邓小平理论和“三个代表”重要思想为指导，把“团结发展稳定”作为第一要务。以纪念抗日战争暨世界反法西斯战争胜利60周年为契机，牢固树立科学发展观，紧紧围绕服务全面建设小康社会和中国特色军事变革，深入贯彻落实十六届四中、五中全会精神和全国双拥工作会议精神，与时俱进、锐意进取，抓落实、造氛围、树形象、展新风，全区双拥工作呈现出许多新特点、新变化、新发展、新局面。

一、国防教育和双拥宣传力度大、氛围浓

今年是中国工农红军长征胜利70周年，也是全区军民大力开展拥军优属、拥政爱民活动最具特殊意义的一年。配合纪念中国人民抗日战争暨世界反法西斯战争胜利60周年各项活动的开展，各地充分发挥革命烈士纪念地和国防教育基地作用，开展国防和双拥宣传教育方法活、内容新、氛围浓。自治区专门成立“全区慰问抗战老战士、老同志及抗日将领或其遗属工作领导小组”，认真做好调查摸底工作，广泛宣传抗战英雄事迹。在此基础上，“八一”期间，自治区双拥办以“军民心连心，共谱和谐曲”为主题，与自治区民政厅、文化厅、文明办、宁夏军区政治部、武警宁夏总队政治部、华兴时报社联合举办大型双拥晚会。自治区党政军领导，驻宁部队官兵，参加抗日战争、解放战争的老复员军人及社会各界人士聚集一堂，奏响了军民“同呼吸、共命运、心连心”的美妙乐章。结合党员先进性教育活动，自治区四套班子领导到六盘山红军长征纪念亭、宁夏军区机关官兵到大武口烈士陵园开展纪念活动，“勿忘国耻、固我国防”系列宣传在各地广泛开展，双拥电视专栏更是红红火火。以“同唱一首双拥歌，共叙军民鱼水情”广场晚会为平台，充分调动各方面积极性，请老红军做革命传统报告，组织部队与老红军、老八路、老党员、老退伍军人举办联欢晚会，召开军民座谈会等。各地还纷纷举办庆“八一”篮球、足球等邀请赛，利用有利时机，看望、邀请老同志和部队官兵参加纪念活动，强化了全区军民国防观念和双拥理念。一年来，对老同志及抗日将领或其遗属及部队官兵共送去慰问金210余万元，军训学生8万余人次，进行国防知识竞赛320余场次，并在全国举办的国防知识电视大奖赛中取得了组织奖第二名的好成绩。

二、各项双拥法规政策落实好、影响大

依法双拥，走法制化道路，双拥工作才能稳定健康发展。今年，全区各地着力在依法双拥上想对策、寻突破。自治区《拥军优属拥政爱民若干规定》下发后，全区各地各部队依据驻地实际，进一步修订完善本地区有关规定，有针对性地提出了许多具体落实措施。银川市从今年5月1日起，市内公交车对现役军人实行乘车免票，市属各旅游景点对现役军人免收门票；贺兰县建立党政军“三位一体”上下贯通工作体系；青铜峡市坚持定期为军嫂进行体检；中卫市制定《双拥工作八项制度》、《双拥工作先进单位评选标准》、《基层双拥组织活动内容及其基本要求》等。各地普遍把《军地联席会议制度》、《军地领导走访制度》、《领导干部国防教育制度》等，作为依法双拥的重要突破口。为进一步加大创建双拥模范城（县）工作力度，切实把各项任务落到实处，分别制订《争创双拥模范城（县）实施方案》、《双拥工作目标责任制》、《双拥工作领导小组成员单位职责》、《双拥办公室工作制度》等，并对双拥工作领导小组各成员单位工作职责落实情况进行全面检查。在一年来双拥实践中，全区做到了工作上有规章、行为上有规范、落实上有措施、检查中有标准，使双拥工作在促进“三个文明”建设中迈出了新的步伐。

三、军地团结协作谋发展方法活、成效大

为了适应改革开放、发展社会主义市场经济和推进中国特色军事变革的新形势，各地、各部队积极开展双拥共建活动，尽力在军地团结协作谋发展上用气力。紧紧围绕培育“四有”公民和军人的目标，“三大创建”活动力度不断加大，军民共建社会主义精神文明活动更加深入。“八一”前夕召开的全国军民共建社会主义精神文明电视电话表彰大会上，自治区人民医院、68211部队等6个单位和西夏区民政局局长奚杏芳等2名个人受到了表彰。积极开展“援建军营图书室，共建学习型军营”活动，全区双拥模范城、县、区共为驻宁部队14个基层单位图书室送去价值6万余元书籍7000册。大幅度提高伤残军人、重点优抚对象及其他伤残优抚对象伤残抚恤标准。按民政部要求，对全区8900余名伤残对象分步骤换发了新证件，并为原8023部队20名退伍军人进行核辐射体检，提出相应的处理意见。为做好“神州”六号飞船在我区经过的有关服务保障工作，军地共同成立领导小组，加强组织协调，开展宣传教育，及时搞好场地清理、群众疏散转移、装备器材征用租用、试验品回收、应急搜救等保障工作，确保了飞行试验在我区的顺利进行。针对部队特点，各地一些职业技能培训学校，专项为部队干部、战士和下岗军嫂开办汽车驾驶、电子产品维修、种植养殖等专业技能培训班。银川市还投入巨额资金为军区门前修通6车道马路800米。各部队积极支援驻地经济建设，倾心为群众办实事、解难事、做好事。在开展社会捐助活动中，共计为贫困地区群众捐款捐物72万余元、2.4万件。5月上旬，驻宁部队5000余名官兵响应总政治部投资100万元在吴忠市黄河岸边建成“解放军青年林”的号召，成建制、大规模植树5000余亩40余万株，为改变宁夏生态环境做出了突出贡献。军民鱼水情意深，11月10日，黄河平罗段堤岸塌陷，直接威胁群众生命财产。宁夏军区920名官兵战严寒、筑堤坝、固黄河、树形象，迅速控制了险情，以实际行动谱写了军爱民的乐章。

四、探索双拥工作特点规律更广泛、更深入

我国正处在经济社会转型期，也是各种矛盾和困难的凸现期，为双拥工作带来了许多新情况和新问题。今年，针对全区双拥工作面临的现状与问题，在去年调研的基础上，我们进一步用科学发展观统领和指导双拥工作，调查研究工作更加深入。3月份，对双拥工作组织运行机制、法规政策的落实等方面，有针对性地进行了调研，形成了质量较高的9篇调研文章上报全国双拥办。8月中旬，为发挥革命烈士纪念地应有作用，自治区双拥办对全区16个优抚事业单位（主要是烈士纪念建筑物及光荣院和福利院等）进行了调研。针对烈士陵园现状和问题，从构建和谐社会内在要求出发，提出了改造完善烈士纪念地的可行性报告，将烈士褒扬和烈士陵园建设列入议事日程。在今、明两年，拟投资经费800余万元，分期分批完成修缮改造工作，对树立党和政府的形象，促进国防和军队建设，推动社会主义物质文明、政治文明和精神文明建设起到积极作用。各地各部队开拓性开展双拥工作，牢固确立双拥工作新理念，围绕发展抓双拥，抓好双拥促发展。站在新的起点，瞄准新的目标，开拓新的领域，赋予新的内涵，探索新路子，搭建新平台。中卫市等单位把驻地部队随军未就业家属纳入城市生活最低保障范围；贺兰县等单位为抗战老同志送温暖、献爱心，组织老同志进行体检；全区注重把双拥共建工作从初始抓起，结对共建共育新风活动蓬勃发展；各部队把扶贫帮困与军民共建有机结合，注重治根治本，“千村扶贫”由物质援助逐渐转化到支持帮扶村党支部建设上来等，创新了工作，拓展了双拥工作视野。

新疆维吾尔自治区二〇〇五年双拥工作总结

2005年，在全国双拥工作领导小组的指导下，在自治区党委、政府和新疆军区的正确领导下，各地、各部队坚持以邓小平理论和“三个代表”重要思想为指导，树立和落实科学发展观，认真贯彻党的十六届三中、四中、五中全会精神，按照全国双拥办主任会议的要求，紧紧围绕促进社会生产力，提高部队战斗力和增强军政军民团结的凝聚力开展工作，为自治区经济发展、社会稳定和部队全面建设做出了新的贡献。

一、广泛深入开展全民国防教育，不断夯实双拥工作的群众基础和思想基础

去年，我区各地各部队广泛开展了以爱国主义为核心的双拥宣传和全民国防教育，采取作报告、忆传统、参观部队史馆及革命烈士陵园和举办《国防法》讲座、军民联欢、国防知识竞赛等形式，对广大军民特别是青少年广泛进行了国防教育和双拥宣传，使广大军民进一步增强了国防观念和双拥意识。各地组织基层双拥工作人员4100多人次深入机关、农村、学校、连队、企业、社区进行十六大精神的宣讲，受教育群众达176万多人次。全区有400多所乡镇以上党校在干部培训中开设了国防教育课，进一步增强了各级领导干部的国防观念。全区各级教育部门将国防教育纳入学校德育教育和教学工作体系，目前90%以上的大专院校和普通高中、95%以上的中专、技校开展了国防教育，75%的中小学校开设了军训课，广大青少年的国防意识和爱国拥军意识不断增强。各新闻媒体充分发挥舆论导向作用，开设了“领导干部话双拥”、“双拥之声"、"国防天地"、"共建园地"、"第二故乡"等专题、专栏，大力宣传新形势下做好双拥工作的重要意义，宣传人民解放军进疆55周年的丰功伟绩和重要作用，宣传双拥工作中涌现出来的先进典型。一年来，全区共在各类报刊、电（视）台刊播双拥稿件近2760篇，有9个市（县）的双拥工作事迹在中央媒体播放，在全社会产生了较好的宣传教育作用。各地还十分重视加强国防教育和双拥宣传的基础建设，在服务行业、窗口单位、城乡公共场所、交通要道等地方设立了3200多处双拥标志（牌），对60多处宣传教育阵地和双拥展室进行了充实和完善。哈密市、石河子市、库尔勒市、喀什市、奎屯市等地新建了74所少年军（警）校，受训人员新增近5万人次。克拉玛依市筹建了全区第一家双拥网。

二、紧紧围绕保持边疆社会政治稳定开展双拥工作，为地方和军队改革发展创造了良好环境

保持社会政治稳定，是党中央始终高度关注的重大问题，也是双拥工作的一项重要任务。尤其是我区，处在西方敌对势力渗透破坏和反分裂、反恐怖斗争的最前沿。因此，自治区各级党委、政府和驻疆部队始终把维护社会政治稳定作为双拥工作的首要任务。去年我们主要抓了五项工作：

一是紧紧围绕维护祖国统一、维护边疆稳定、维护军政军民团结和民族团结开展双拥工作。各级采取多种形式对各族干部、群众进行马克思主义民族观和党的民族宗教政策教育，进一步增强抓大事、想大事的意识，真正肩负起维护社会稳定的政治责任。在开展创建双拥模范城（县）和争创双拥先进单位、模范个人活动中，把社会政治稳定、军政军民团结和民族团结作为首要条件，实行一票否决制，极大地增强了各级领导和群众的责任感、使命感。驻疆部队干部、战士以《民族团结手册》、《新疆两千年》、《新疆历史百问》等书籍为教材，坚持每周一个晚上的学习制度。通过开展"三个离不开"教育，广大官兵更加热爱新疆，更加热爱新疆各族人民，在各族群众中树立了文明之师、威武之师的良好形象。各地还注意做好民族宗教人士的工作，充分发挥他们在维护社会政治稳定和军政军民团结中的特殊作用，南疆5地州在民族宗教人士中开展的"热爱祖国、热爱共产党、热爱人民军队"的教育，产生了积极作用。

二是针对"9·11"事件后我周边地区面临的现实威胁，各地各部队充实了军事斗争准备中双拥工作方案，普遍建立了军地联席会议、情况通报制度，制订了预防暴乱、处置突发事件预案，做到一声令下，拉得出、用得上、打得赢。特别是各地各部队结合部队演习，积极探索边疆民族地区反分裂斗争中双拥工作的有效途径，为进一步做好反分裂斗争奠定了坚实的基础。

三是加强了民兵组织信息情报网建设，锻炼和培养了一大批基层群众工作骨干，做到了敌动我知，敌未动我先知，为我区社会政治稳定做出了积极贡献。

四是狠抓了基层政权组织建设。各地把军民共建对子由过去的党政机关、企事业单位逐步扩展到了社区和贫困乡、村，全区军民共建党支部3150多个，共建文明村镇800多个，共建文明窗口5100多个。通过共建基层党支部活动，进一步加强了基层政权建设。

五是狠抓了军（警）兵民联防。一年来，我区大力加强军警兵民联防，积极组织反恐演练，严厉打击民族分裂活动，有力地保证了祖国的安全统一和区内的社会政治稳定。全区450多个军（警）民联防组织在维护稳定中发挥了重要作用，协助公安机关抓获犯罪分子270人次。同时，驻疆部队又与自治区、生产建设兵团一起，开展了"军民共建万里文明边防线"和"军兵警民共建南疆千里铁道文明线"活动，初步形成了"军管线、警管点、兵（团）戍边、民（兵）包片"的军民联防新格局，使万里边防线和千里铁道运输线成为边疆稳定的安全线，传播新风尚的文明线，民族团结的连心线。

三、积极支持军队建设，为军队"打得赢"提供强有力的服务和保障，促进了部队战斗力的提高

各地各部门把关心国防和军队建设，推进中国特色军事变革作为重要政治任务，围绕军事斗争准备需要做好各项拥军工作。去年，新疆军区和武警等部队都进行了野外驻训和演习，巴州、伊犁、阿克苏、喀什、克州、乌鲁木齐等地积极开展拥军活动，及时提供电力、通信、生活物资等服务，做好场地征用、卫生防疫、群众损失赔偿等工作，保障部队圆满完成任务。为支持部队信息化建设，各地拨出 1000 多万元专款，帮助驻疆部队团级单位改善作战、通信、机要、文化等基础设施。乌鲁木齐、石河子等地充分挖掘科技、信息、教育资源潜力，深入开展各种形式的拥军活动，组织大专院校和科研机构与部队进行共建，签订人才培养、技术服务协议，帮助培养高素质新型军事人才 620 名，解决训练演习中的科技难题 30 个，技术革新 18 项。据不完全统计，我区各地去年用于国防和军队建设的经费达 2100 多万元，乌鲁木齐、库尔勒、喀什等地把战场建设纳入地方建设规划，积极为军事斗争准备创造条件。富蕴县投入 60 多万元为边防某部援建了一个综合训练馆。在部队体制编制调整改革中，各地按照特事特办的原则，协助做好单位交接、营房换建、人员安置和军事设施保护等工作，帮助解决涉及房地产、债权债务等问题。去年，全区 90％的县市农村义务兵家属优待金达到了当地群众上年度纯收入水平，72 个县市区城镇义务兵优待面达到了 100％。各地在安置与接收矛盾日益突出的情况下，接收退役军人 3800 多人，安置城镇退伍义务兵 1800 多人，解决了 600 多名军人家属就业，为 1500 多名军人子女解决了入学入托，减免了各种跨学区费 370 多万元。各地组织力量对各项优抚安置政策落实情况进行了检查，保证了重点优抚对象的各种抚恤、补助按时按量发放。各县市积极为重点优抚对象排忧解难，投入了 1200 多万元，帮助他们解决生产、生活中存在的困难和问题。为在乡老复员军人建房 495 户。元旦、春节和“八一”建军节期间，全区各级党政领导和各族群众，都开展了形式多样的拥军慰问活动。自治区党委、政府的主要领导，亲自率团上高原、穿戈壁、走大漠，慰问驻疆部队官兵和重点优抚对象。在兰州军区“专业技术大比武”和新疆军区高炮“西部—05”演习期间，乌鲁木齐、昌吉等地州发动各行各业，筹措经费 300 多万元，对演习部队进行了多次慰问，极大地鼓舞了参演部队官兵的练兵热情，保证了演习任务的顺利完成。

四、大力弘扬拥政爱民光荣传统，驻疆部队踊跃参加地方三个文明建设

驻疆部队着眼统筹经济社会可持续发展，牢记全心全意为人民服务的宗旨，积极参加和支援小康社会各项建设事业。按照军委、总部的统一部署和推进区域协调发展要求，各大单位研究制订具有综合效益的援建规划，支持西部大开发。各部队先后出动官兵 10 万多人次，投入劳动日 40 多万个，机械车辆 4000 多台次，援建柯柯牙、雅玛里克、东山、库鲁克、老风口绿化和乌鲁木齐创业园等 70 多项生态环境治理和重点工程建设项目，为国家节省了大量资金。各部队后勤部门拓展医疗卫生帮扶的范围和方式，推动部队医院对口支援县乡医院发展。按照城乡统筹发展的要求，认真做好以支援“三农”为重点的扶贫帮困工作。新疆军区、武警新疆总队、总装二十一基地、驻疆空军、武警兵团指挥部、武警新疆边防、消防总队、武警 8660 部队、武警交通二总队等师旅以上单位心系贫困群众，广泛开展扶贫帮困活动，积极宣传党的富民政策，传播科学知识，培训技术骨干，提供致富信息，承包贫困户，采取定点、挂钩、对口扶贫等形式，巩固和新建扶贫点 1000 多个，培训农牧业技术人员 1.87 万多人次。使 1.39 万多户贫困户脱贫致富。为各族群众防病治病 18 万多人次，义务植树 100 多万株。踊跃开展捐款助学和为“希望工程”捐款 265 万元，援建希望小学 25 所，援助物资折价 200 多万元，使 2000 多名失辍学儿童重返校园。特别是在伊犁、阿勒泰等地冰凌灾、雪灾等抢险救灾中，部队官兵当先锋、打头阵，为保护国家财产和人民群众生命安全做出了贡献，为国家和人民群众挽回经济损失近亿元。

五、注重研究新情况、解决新问题，双拥工作改革创新持续深入发展

以研究新情况、解决新问题为突破口，推动双拥工作创新发展，是去年我区双拥工作的鲜明特色。各地各部队根据面临的新任务新要求，研究修订工作规则，调整充实成员单位，颁布《领导小组成员单位双拥工作职责》，建立年度双拥工作汇报制度，为双拥工作深入发展提供制度依据和保障。各地州市都先后召开了领导小组成员会议或双拥工作会议，专题研究发挥成员单位职能作用问题，促进双拥工作在各部门、各系统、各行业的落实。自治区双拥办结合实际修订工作规则，完善军地合署办公的程序规定，保证各项工作有序运转。许多地区和部队还把加强机制建设作为重要途径，推动双拥工作创新发展。乌鲁木齐、石河子、哈密、沙雅双拥办从完善工作机制入手抓好自身建设，指导和开展双拥工作取得显著成效。昌吉、吐鲁番、拜城、乌苏等地通过健全军地关系协调机制，较好解决了部队建设和军民关系中的重大问题。疏勒县、库车县、伊宁市等地与驻军部队建立完善信息通报、定期走访等制度，在国防教育、军民共建、抢险救灾等方面，形成了齐抓共管的整体合力，为把群众性双拥活动引向深入，各地各部队还积极探索富有时代特色的活动方式和载体。乌鲁木齐、阿克苏、克拉玛依等地采取教育引导、政策保障、典型激励等方式，指导“两新组织”与部队开展双拥活动，进一步扩大双拥工作的社会基础。塔什库尔干、伊吾、轮台、青河、裕民等县充分利用和依托社区，组织军民开展生动活泼的共建活动，推动了基层双拥工作的发展。乌鲁木齐、石河子、克拉玛依、库尔勒、和田等地把加强未成年人思想道德建设作为共建的重要内容，在群众性精神文明创建活动中发挥了示范带头作用，促进了三个文明建设协调发展。

一年来，自治区双拥工作取得了很大成绩，但也存在一些问题和薄弱环节：一是有的单位对全国和自治区双拥工作会议精神的学习贯彻抓得不深入，成效不够明显；二是少数双拥模范城（县）命名后工作有所放松，存在重名誉、轻创建的现象；三是一些地区双拥组织机构人员不落实、经费无保障、业务不熟悉的问题还不同程度地存在；四是双拥理论研究滞后于实践，影响和制约了双拥工作整体水平的提高。这些问题都要认真研究，切实加以解决。

在新的一年里，我们要继续高举邓小平理论和“三个代表”重要思想伟大旗帜，深入贯彻党的十六届三中、四中、五中全会精神，认真落实科学发展观，按照全国和自治区双拥工作会议要求，锐意进取，开拓创新，切实抓好双拥各项任务落实，更好地为全面建设小康社会和推进中国特色军事变革服务，为自治区的改革发展稳定服务。

组 织 机 构

全国双拥工作领导小组及办公室组成人员

组　长： 回良玉　国务院副总理

副组长： 李学举　民政部部长
唐天标　总政治部副主任
樊士晋　中央办公厅副主任
张　勇　国务院副秘书长
沈跃跃　中组部副部长
胡振民　中宣部副部长
罗平飞　民政部副部长

成　员： 李盛霖　发展改革委副主任
张保庆　教育部副部长
李学勇　科技部副部长
张华祝　国防科工委副主任
牟本理　国家民委副主任
孙明山　公安部政治部主任
胡泽君　司法部副部长
肖　捷　财政部副部长
戴光前　人事部副部长
王东进　劳动和社会保障部副部长
孟宪来　国土资源部党组成员
刘志峰　建设部副部长
何洪达　铁道部政治部主任
翁孟勇　交通部副部长
李雪莹　信息产业部党组成员、纪检组组长
翟浩辉　水利部副部长
齐景发　农业部副部长
张志刚　商务部副部长
赵维绥　文化部副部长
朱庆生　卫生部副部长
王瑞祥　国资委副主任
钱冠林　税务总局党组副书记、副局长
李东生　工商总局副局长
赵　实　广电总局副局长
谢作炎　总参谋部政治部主任
常生荣　总政治部群众工作办公室主任
孙思敬　总后勤部政治部主任
殷方龙　总装备部政治部主任
贾润兴　武警部队副政委
董　力　全国总工会党组成员
赵　勇　共青团中央书记处书记
沈淑济　全国妇联副主席、书记处书记
张龙之　全国工商联副主席
孙绍骋　民政部优抚安置局局长

办公室主任： 罗平飞（兼）

副　主　任： 常生荣（兼）
董华中　民政部优抚安置局副局长
李　辉　总政群工办副主任

秘　书　处： 李桂广　处长
牛淑荣　调研员
戴建军　总政群工办副团职干事
解亚兰　总政群工办副师职干事

政　研　处： 邹　波　处长
蔡永琦　总政群工办副团职干事
于朝运　主任科员
吴传俊　总政群工办副团职干事

河北省双拥工作领导小组及办公室组成人员

组　长：白克明　省委书记

副组长：季允石　省委副书记、省政府省长

张　力　省委常委、秘书长、省直工委书记

张连仁　省军区政委

柳宝全　省政府副省长

成　员：刘福连　66267部队政委

黄嘉祥　66393部队政委

杜恒岩　66455部队政委

陈金健　石家庄陆军指挥学院政委

于庆田　军械工程学院政委

徐立贵　炮兵指挥学院政委

张世瑗　武警学院院长

任宗清　省军区副政委

陈　进　武警河北总队政委

魏东普　石家庄机械化步兵学院政委

梁　军　省军区政治部副主任

俞定海　省公安厅厅长

王国发　省委副秘书长

赵国昌　省政府常务副秘书长

张志平　省委宣传部副部长

夏玉祥　省民政厅厅长

齐守印　省财政厅厅长

宋太平　省委组织部副部长、省人事厅厅长

刘志金　省劳动和社会保障厅厅长

周明省　省国土资源厅厅长

焦彦龙　省交通厅厅长

王玉梅　省卫生厅厅长

马　静　省粮食局局长

钱晓钟　省工商行政管理局局长

程鸿飞　省民政厅副厅长

办公室主任：赵国昌（兼）

常务副主任：夏玉祥（兼）

副　主　任：程鸿飞（兼）

副　主　任：梁　军（兼）

内蒙古自治区双拥工作领导小组及办公室组成人员

组　长：杨利民　自治区党委副书记

副组长：郭子明　自治区政府副主席

孙忠泰　军区副政委

庞　启　自治区民政厅厅长

成　员：李万忠　自治区党委副秘书长

武开乐　自治区党委组织部副部长

阿古拉　自治区党委宣传部副部长

盖文山　自治区政府副秘书长

刘　俊　自治区发展改革委员会副主任

高锡亮　自治区民政厅副厅长

张志强　自治区人事厅副厅长

张雅茹　自治区劳动和社会保障厅副厅长

翟贵文　自治区司法厅副厅长

阿斯林　自治区公安厅副厅长

云宗元　自治区财政厅副厅长

张　礼　自治区交通厅副厅长

明　锐　自治区文化厅副厅长

何成保　自治区教育厅副厅长

刘树涛　自治区卫生厅副厅长

张德斌　自治区民族事务委员会副主任

包锐锋　自治区科学技术厅纪检组长

苏　和　自治区国防科工办主任

郭战英　自治区国土资源厅副厅长
李振东　自治区建设厅厅长
王守陆　自治区农牧业厅副厅长
戈　锋　自治区水利厅副厅长
高　云　自治区商务厅副厅长
王　增　自治区广播电影电视局副局长
李　彦　自治区工商行政管理局副局长
邢鸣九　自治区国有资产监督管理委员会党委委员、纪委书记
王月仙　自治区国家税务局副局长
云　飞　自治区地方税务局副局长
朱惠刚　呼和浩特铁路局副局长
耿利君　自治区通信管理局纪检组长
刘志全　内蒙古军区政治部副主任
莫德勒图　武警内蒙古总队副政委
韩毅顺　自治区总工会副主席
张晓兵　自治区团委副书记
曹艳荣　自治区妇联副主席
斯琴高娃　自治区工商业联合会副会长

办公室主任：高锡亮（兼）

副　主　任：苏　权　自治区民政厅副巡视员兼优抚（双拥）处处长
杨宏斌　内蒙古军区政治部秘书群联处处长

工 作 人 员：贺海龙　自治区民政厅优抚（双拥）处主任科员

吉林省双拥工作领导小组及办公室组成人员

组　长：王　珉　省政府省长

副组长：唐宪强　省委副书记
张福才　省委常委、省军区政委
李　斌　省政府副省长

成　员：于守臣　省委副秘书长
刘长生　省政府副秘书长
朱克民　省民政厅厅长
牛其林　省军区副政委
王　平　65301 部队副政委
闫保生　空军航空大学副政委
李　冲　63850 部队副政委
王彦忠　武警吉林总队副政委
常显玉　省委组织部常务副部长
陈　蔷　省委宣传部副部长
彭永林　省发展和改革委员会副主任
李守田　省经济委员会副主任
姜光子　省民委副主任
孟繁芝　省农委监察专员
秦利明　省公安厅副厅长
刘鹏伟　省司法厅政治部主任
孙玉刚　省财政厅副厅长
高　枫　省人事厅副厅长
乔　斌　省劳动和社会保障厅副厅长
石国祥　省建设厅副厅长
胡时明　省交通厅副厅长
车秀兰　省教育厅副厅长
张伯军　省科技厅副厅长
侯明山　省卫生厅助理巡视员
曹玉春　省商务厅副厅长
尹俊明　省文化厅副厅长
尹希铁　省国土资源厅监察专员
武东风　省信息产业厅助理巡视员
谢万库　省防汛抗旱指挥部副总指挥
孙宝海　省政府国资委副主任
高乃民　省粮食局副局长
姜　立　省广播电影电视局副局长
关景富　省工商局副局长
张瑞利　省地税局副局长
李元才　省中小企业发展局副局长
张立志　省电力有限公司副总经理
王树华　省总工会副主席
李晓杰　团省委副书记

綦远方　省妇联副主席
陶广海　省工商联党组副书记、副会长
办公室主任： 朱克民　（兼）
副　主　任： 王有志　省军区政治部副主任
张　晶　省民政厅副厅长
李　轩　省民政厅优抚处处长
刘忠民　省民政厅优抚处副处长
李喜芳　省财政厅社保处副处长
王景龙　省军区政治部秘书处副团职干事

黑龙江省双拥工作领导小组及办公室组成人员

组　长： 张左己　省委副书记、省政府省长
副组长： 栗战书　省委副书记、省政府副省长
周同战　省委副书记
肖玉国　省委常委、省军区政委
王东华　省政府副省长
曹志斌　省委副秘书长
成　员：（按姓氏笔画排序）
卜显奎　省委组织部副厅级部务委员
王珍珍　省文化厅副厅长
王权省　农垦总局军事部政委
王广学　省国资委党组副书记
王云海　武警黑龙江总队副政委
王柯林　武警黑龙江森林总队副政委
王悦华　省总工会主席
王晓明　93163 部队副政委
王润增　省民政厅副厅长
王惠文　省公安厅消防局政委
王相英　省司法厅副厅长
王　振　省商务厅纪检组长
刘春华　省农业委员会副主任
关立卓　省民族事务委员会副主任
刘殿龙　武警黄金第一总队副政委
孙　尧　省科技厅厅长
来克勤　省工商局副局长
吴国成　哈尔滨铁路局副局长
李继纯　省财政厅厅长
李子民　省国税局副局长
李豪岩　团省委副书记
谷文义　省信息产业厅副厅长
沈玉成　省民政厅厅长
陈　英　省公安厅副厅长
陈　望　省电力有限公司副总经理
陈永芳　省委宣传部副厅级部务委员、省精神文明办副主任
陈宏敏　省工商联副会长
杜东晏　省国防科工办副主任
吴学明　省广播电视局副局长
陈泽贵　65426 部队副政委
金连弘　省卫生厅厅长
孟凡杰　省教育厅副厅长
庞光明　省经济委员会副主任
杨占报　省建设厅副厅长
郑丽萍　省发展和改革委员会助理巡视员
赵文洲　省政府副秘书长
赵希文　省编办助理巡视员
赵勤义　省委宣传部副部长
段余应　省委组织部副部长、省人事厅厅长
段明山　省交通厅副厅长
胥信平　省水利厅副厅长
修海峰　哈尔滨铁路局军事代表处政委
贾英飞　省军区政治部副主任
高洪斌　省边防总队副政委
徐福和　省国土资源厅厅长
崔　军　省公安厅政治部现役办副主任
龚夏梅　省妇联副主席
梁成军　省粮食局副局长
程仁双　省劳动和社会保障厅副厅长

办公室主任：曹志斌（兼）
副　主　任：赵文洲（兼）
沈玉成
段余应
贾英飞
王云海（兼）
王润增
宿滨跃　省民政厅优抚处处长

安徽省双拥工作委员会及办公室组成人员

主　　　任：杨多良　省委副书记
第一副主任：何闽旭　省政府副省长
副　主　任：曲　文　省军区副政委
周光全　省委副秘书长
张秋保　省政府副秘书长
李宏塔　省民政厅厅长
陈文华　省民政厅副厅长
刘加莹　省军区政治部副主任
成　　　员：刘　莉　省委组织部副部长
张苏洲　省委宣传部副部长
马永铸　省高级人民法院副院长
柴学友　省人民检察院机关党委书记
朱先发　省发展和改革委员会主任
虞志方　省教育厅副厅长
严洪华　省科学技术厅巡视员
李成聪　省公安厅政治部主任
张恩水　省司法厅党委委员、纪委书记
汪建国　省财政厅副厅长
赵　勇　省人事厅副厅长
陈晓玲　省劳动和社会保障厅副厅长
陈良纲　省国土资源厅副厅长
李玉华　省建设厅副厅长
周　明　省交通厅副厅长
谈国平　省信息产业厅纪检组长
肖桂兰　省文化厅副厅长
严中亚　省卫生厅副厅长
陶成群　省地方税务局副局长
马　雷　省广播电影电视局副局长
刘昭玉　省工商局副局长
孙良龙　省粮食局副局长
张　宏　省邮政局副局长
马新民　省军区副参谋长
申康林　省军区后勤部副部长
舒贵发　省武警总队副政委
陈　华　省边防总队政委
程　玉　省消防总队副政委
陶　海　省警卫局党委副书记、副局长
郑　鑫　省总工会副主席
王　宏　团省委副书记
赵景玉　省妇联副主席
办公室主任　陈文华（兼）
副　主　任　刘加莹（兼）
程仁德
李方好

山东省双拥工作领导小组及办公室组成人员

组　　　长：高新亭　省委副书记
副　组　长：谢玉堂　省政府副省长
张秉德　省军区政委
幸胜标　省军区副政委

刘忠泉　省委副秘书长、办公厅主任
刘玉功　省委组织部常务副部长
朱茂民　省政府副秘书长
杨金镜　省民政厅厅长
石贤芹　省民政厅副厅长
成　　员： 王红勇　省文明办副主任
朱志明　省发展改革委副主任
杨国良　省经贸委副主任
黄　琦　省教育厅副厅长
翟鲁宁　省科技厅副厅长
苏兴珍　省民委副主任、省宗教局副局长
周玉华　省高级人民法院副院长
王献增　省公安厅副厅长
初晓燕　省司法厅政治部主任
阮凤英　省财政厅副厅长
杨照亮　省人事厅副厅长
管世隆　省劳动保障厅副厅长
周莲英　省国土资源厅副厅长
杜松义　省建设厅助理巡视员
王　辉　济南铁路局党委副书记
胡志明　省交通厅副厅长
石明泉　省信息产业厅副厅长
李新华　省水利厅副厅长
于风华　省农业厅副厅长
宋修武　省海洋与渔业厅厅长
周艺省　省文化厅副厅长
包文辉　省卫生厅副厅长
张德志　省国税局副局长
吕凤强　省地税局副局长
孙国丽　省工商局副局长
王　模　省广电局巡视员
张翠玉　省粮食局副局长
朱长富　山东电力集团公司董事长、党委书记
万功民　济南军区政治部副秘书长
种道闽　北海舰队政治部秘书处处长
刘岐山　济南军区空军政治部秘书处处长
王学章　省军区政治部副主任
张兴华　省武警总队副政委
王祝玉　省总工会副主席
孙爱军　团省委副书记
孙秀丽　省妇联副主席
王晓炜　省工商联副会长
办公室主任： 杨金镜（兼）
副　主　任： 石贤芹（兼）
王红勇（兼）
王学章（兼）
庞守连
陈建玉
陈　平　省军区政治部秘群处处长
杨国林　省民政厅优抚处处长

河南省双拥工作领导小组及办公室组成人员

组　　长： 李清林　省委副书记、省纪检委书记
副　组　长： 祁正祥　省委常委、省军区政委
刘新民　省政府副省长
成　　员： 陈江河　省委副秘书长
王树山　省政府副秘书长
王笑南　省委组织部常务副部长
常法武　省委宣传部副部长
权红军　省精神文明办公室专职副主任
孙培新　省民政厅厅长
张大卫　省发展和改革委员会主任
朱振华　省政府国有资产监督管理委员会副主任
崔炳建　省教育厅副厅长

孟少辉　省科学技术厅副厅长
刘国庆　省公安厅副厅长
张中华　省民政厅副厅长
刘　荃　省财政厅副厅长
王　平　省人事厅厅长
史虎高　省劳动和社会保障厅副厅长
冯　光　省国土资源厅副厅长
张德成　省建设厅副厅长
张战伟　省交通厅纪检组长
袁其法　省信息产业厅副厅长
李连栋　省水利厅副厅长
张明进　省农业厅纪检组长
赵战平　省商务厅副厅长
刘清俭　省文化厅巡视员
夏祖昌　省卫生厅厅长
孙廷喜　省地方税务局副局长
高世铭　省广播电影电视局巡视员
米剑峰　省工商局局长
于前锋　省粮食局纪检组长
赵运龙　省电力公司副总经理
王延安　郑州铁路局常务副局长
刘春辉　省军区政治部副主任
郝高潮　省军区后勤部部长
李光金　71320部队副政委
郭守苓　71521部队副政委
温子和　96251部队副政委
魏秋雁　解放军信息工程大学政治部副主任
刘廷松　洛阳解放军外国语学院副政委
张训彩　解放军防空兵指挥学院政委
樊双来　武警河南总队副政委
马露霞　省总工会副主席
李　亚　团省委书记
杜　芮　省妇联副主席

办公室主任：张中华（兼）

副　主　任：石儁伟　省政府办公厅七处处长
张遂安　省民政厅优抚处处长
周玉山　省军区政治部秘群处处长

湖北省双拥工作领导小组及办公室组成人员

组　长：陈训秋　省委副书记

副组长：刘勋发　省委常委、省军区政委
蒋大国　省政府副省长
曾求腾　省军区政治部主任
傅德辉　省民政厅厅长

成　员：黄兆林　省委副秘书长
李元江　省政府副秘书长
吕有勤　武警湖北总队副政委
焦随东　省军区政治部副主任
黄顺森　95829部队政治部副主任
武清海　省委组织部副部长
李以章　省委宣传部副部长
肖安民　省发展和改革委员会副主任
李祠金　省经济委员会副主任
毛菊元　省人大和计划生育委员会副主任
胡以然　省教育厅助理巡视员
张兆本　省委组织部副部长、省人事厅厅长
王华新　省财政厅副厅长
余　琳　省民政厅副厅长
文国运　省劳动和社会保障厅副厅长
张儒芝　省文化厅副厅长
张感山　省水利厅副厅长
杨传权　省公安厅政治部主任
徐佑林　省交通厅副厅长
匡杰锋　省农业厅纪检组长
胡菊萍　省卫生厅副厅长
李成林　省国土资源厅副厅长

唐德生　省工商局副局长
沈桥梁　省粮食局副局长
张良成　省广播电视局副局长
梅昌新　省国家税务局副局长
王文童　省地方税务局副局长
褚　玲　省总工会副主席
肖菊华　团省委副书记
袁军晶　省妇女联合会副主席
丁孔信　武汉铁路局副局长
叶方新　省征兵办公室副主任

办公室主任：余　琳（兼）
副　主　任：易水根（专职）
邓　宏　省民政厅优抚处处长
李三权　省军区政治部秘群处处长

广西壮族自治区双拥工作领导小组及办公室组成人员

组　长：马铁山　自治区党委副书记
副组长：孙　瑜　自治区人民政府副主席
黄深根　广西军区副政委
赵存生　75100部队副政委
谭　勇　自治区党委副秘书长
方声坤　95072部队政委
张智礼　武警广西总队副政委
成　员：庞栋春　自治区人民政府副秘书长
唐　华　自治区党委宣传部副部长
张廷登　自治区民政厅厅长
邱祖强　自治区发展和改革委副主任
郑作广　自治区教育厅副厅长
奉明芳　自治区科技厅纪检组组长
黄　苹　自治区民委副主任
陈耀远　自治区公安厅政治部主任
何　军　自治区民政厅副厅长
关　礼　自治区财政厅副厅长
岑可成　自治区人事厅副厅长
于祖毅　自治区劳动与社会保障厅副厅长
张勤铭　自治区国土资源厅副厅长
陈富芳　自治区交通厅纪检组长
张留现　自治区商务厅纪检组长
陈映红　自治区文化厅副厅长
许亚南　自治区卫生厅副厅长
吴殿禄　自治区地税局副局长
苏新生　自治区广电局副局长
黄有权　自治区工商局政治部主任
梁雨祥　自治区粮食局局长
银友明　自治区边防办副主任
苏耀南　自治区双拥办副主任
钱进强　自治区物资集团副总经理
刘清书　广西军区政治部副主任
吴汉时　广西军区政治部秘书群联处处长
郭云疆　武警广西总队政治部副主任
韦典宣　武警广西总队政治部秘书群联处处长
贺发生　桂林空军学院副政委
孙立军　武警广西边防总队政委
陈　贤　武警广西消防总队政委
林维克　武警广西警卫局副局长
王　军　武警水电一总队政委
王砚秋　95072部队政治部副主任
赵联文　75100部队政治部副主任
周海洋　75100部队政治部秘书群联处处长
李若杰　76140部队副政委
郭留记　91832部队副政委
杨建新　自治区总工会副主席
全桂寿　团区委副书记
班美月　自治区妇联副主席
王建设　柳州铁路局武装部部长
唐开义　自治区国税局副局长
叶满青　自治区民政厅安置办主任
冯学贵　自治区民政厅优抚处处长

廖陆柒　自治区财政厅社保处处长

办公室主任：张廷登（兼）

副　主　任：何　军（兼）

刘清书（兼）

苏耀南（专职）

海南省双拥工作领导小组及办公室组成人员

组　长：卫留成　省委副书记、省政府省长

副组长：贺贤书　省委常委、海南省军区政委

江泽林　省政府副省长

成　员：王盛雄　省委副秘书长

周公卒　省政府副秘书长

周洪晋　省委宣传部副部长

陈川民　省民政厅厅长

张子连　省高级人民法院副院长

刘平治　省财政厅副厅长

杨志成　省公安厅副厅长

高荣海　省人事劳动保障厅副厅长

王宏良　省农业厅副厅长

叶章和　省商务厅副厅长

王炳林　省文化广电出版体育厅副厅长

陈邦基　省交通厅副厅长

林玉强　省民族宗教厅副厅长

支小纪　省教育厅副厅长

隋枝叶　省卫生厅副厅长

李建飞　省建设厅副厅长

赵莉莎　省发展和改革厅副厅长

陈永希　省农垦总局副局长

冯所兴　省粮食局副局长

李植明　省工商局局长

郝振声　省总工会副主席

唐剑光　团省委书记

何云霞　省妇联副主席

常辅棠　海南日报社总编

符宣国　省广播电视台副台长

苑战军　海军南航部队副政委

崔世雄　海军榆林保障基地副政委

赵北臣　武警海南总队政委

陈新中　武警海南边防总队政委

仲健省　武警海南消防总队政委

潘　密　省警卫局局长

办公室主任：周公卒（兼）

副　主　任：苏远洋　省民政厅副厅长

黄建才　省军区政治部副主任

工 作 人 员：吉嘉松　省民政厅优抚处处长

陈继春　省民政厅优抚处副处长

陈达清　海南省双拥办主任科员

谢池春　海南省双拥办主任科员

范　彬　武警海南省总队政治部干事

四川省双拥工作领导小组及办公室组成人员

组　长：张中伟　省委副书记、省政府省长

副组长：周光荣　省委常委、省军区政委

张作哈　省政府副省长

成　员：敖玉明　省政府副秘书长

张为人　省委办公厅副主任

姜保山　省民政厅厅长

汪学鑫　省军区副政委

殷建忠　省委宣传部副部长

朱明龙　省直机关工委副书记

王雨顺　省发展计划委副主任

汪风雄　省教育厅副厅长
汤留生　省公安厅副厅长
李　钢　省民政厅副厅长
高仁全　省财政厅副厅长
陈其金　省人事厅副厅长
陈　璞　省劳动和社会保障厅副厅长
陈宗清　省国土资源厅机关党委书记
马志强　省建设厅纪检组长
陈庆礽　省交通厅副厅长
王西安　省农业厅机关党委书记
胡继先　省文化厅副厅长
赵万华　省卫生厅副厅长
唐其良　省军区政治部副主任
吴万锦　武警四川省总队副政委
于忠省　省广播电视局副局长
黄习省　省工商局机关党委书记
王琪敏　省地税局机关党委书记
谭嘉林　省粮食局副局长
张国力　成都铁路局副局长
张家林　省总工会副主席
吴　旭　团省委副书记
李泽影　省妇联副主席

办公室主任：李　钢（兼）
副　主　任：龙　梅
杨一平
工 作 人 员：曹　伟
张华德
冯　岩

青海省双拥工作领导小组及办公室组成人员

组　长：白　玛　省委副书记
副组长：沈　何　省委常委、省政法委书记
邓本太　省政府副省长
林建忠　省军区副政委
克　保　省民政厅厅长
成　员：高存福　省委副秘书长
解　源　省政府副秘书长
郭汝琢　省委组织部常务副部长
周贤安　省委宣传部副部长
沈传立　省发展和改革委员会副主任
葛元璋　省经济委员会党组成员、省国资委副主任
杜小明　省教育厅厅长
马义才　省民委副主任
左建民　省公安厅政治部主任
辛秉虎　省司法厅政治部主任
陈有珍　省民政厅副厅长
肖玉海　省财政厅副厅长
马继双　省人事厅副厅长
纪仁风　省劳动与社会保障厅副厅长
宋建国　省国土资源厅副厅长
师宪朝　省建设厅纪委书记
张克让　青藏铁路公司副总经理
杨伯让　省交通厅副厅长
袁瑞青　省通信管理局局长
丹　果　省水利厅副厅长
多杰才让　省农牧厅副厅长
王新宇　省商务厅副厅长
牛惠民　省卫生厅副厅长
饶　勇　省国税局副局长
娄新年　省地税局副局长
格泽彭措　省科技厅副厅长
杨自沿　省文化厅副厅长
高大伟　省广电局副局长
高　煜　省工商局副局长
赵付森　省军区政治部副主任
范云杰　96351部队政治部副主任
曾宪斋　武警青海总队政治部副主任
李海乾　62201部队政治委员
张　恒　68060部队政治委员

傅军刚　武警青海消防总队政治委员
张中义　省警卫局局长
张玉娥　省总工会常务副主席
尼玛卓玛　团省委书记
张永琦　省妇联副主席
于兴国　省工商联副会长
办公室主任：高存福（兼）
副　主　任：解　源（兼）
陈有珍（兼）
赵付森（兼）

新疆维吾尔自治区双拥工作领导小组及办公室组成人员

组　长：王乐泉　中共中央政治局委员、自治区党委书记
副组长：司马义·铁力瓦尔地　自治区党委副书记、自治区政府主席
努尔·白克力　自治区党委副书记
符　强　自治区党委常委、自治区纪检委书记、自治区党委秘书长
陈　雷　自治区党委常委、自治区政府常务副主席
田修思　自治区党委常委、新疆军区政治委员
华士飞　自治区党委常委、新疆生产建设兵团司令员
肖开提·依明　自治区党委常委
贾帕尔·阿比布拉　自治区政府副主席
买买提·艾山　新疆军区副政治委员
成　员：刘建星　新疆军区政治部副主任
王振荣　总装备部21基地政治委员
徐田有　武警新疆总队政治委员
白志杰　自治区党委副秘书长、办公厅主任
闫　勤　自治区政府副秘书长、办公厅主任
阿不力孜·吾守尔　自治区政府办公厅副主任
宋　浩　自治区党委组织部常务副部长
马木提·托依木利　自治区党委宣传部副部长
张炳科　自治区党委统战部副部长、自治区工商联党组书记
刘晏良　自治区发展计划委员会主任
莫　涓　自治区民政厅党组书记
吾买尔江·米孜艾合买提　自治区民政厅厅长
沙塔尔·沙吾提　自治区教育厅厅长
顾家马俞　自治区科技厅党组书记、厅长
阿比孜·尼亚孜　自治区民族事务委员会主任
买买提·肉孜　自治区公安厅副厅长
哈斯木·马木提　自治区司法厅厅长
李学军　自治区财政厅厅长
尼加提·马合木提　自治区人事厅厅长
艾拉提·艾山　自治区劳动和社会保障厅厅长
田建荣　自治区国土资源厅党组书记
徐国华　自治区建设厅党组书记
穆铁礼甫·哈斯木　自治区交通厅厅长
王世江　自治区水利厅厅长
艾则孜·克尤木　自治区农业厅厅长
吕家传　自治区文化厅党组书记
买买提明·牙生　自治区卫生厅厅长
王记文　自治区国有资产监督管理委员会主任
蒋立勋　自治区国税局党组书记、局长
吴琪林　自治区地税局党组书记
伊力汗·奥斯曼　自治区广播电影电视局局长

王新怀　自治区工商行政管理局党组书记
阿不都克里木·阿西木　自治区粮食局局长
宋德玺　乌鲁木齐铁路局局长
关武平　民航新疆管理局党委书记、局长
李志敏　自治区总工会党组书记、副主席
吐逊江·艾力　自治区团委书记
王建玲　自治区妇联党组书记
李德林　空军乌鲁木齐指挥所政治委员
崔亚洲　武警新疆边防总队政治委员
廉　钰　武警新疆消防总队政治委员
张国华　武警交通第二总队政治委员
李哲训　武警新疆森林总队政治委员

办公室主任：莫　涓（兼）

副　主　任：王　有　自治区民政厅副厅长

杨传鹏　新疆军区政治部群工处处长

张巨辉　自治区双拥办专职副主任

工 作 人 员：古丽拜尔

命名表彰决定

中共河北省委　河北省人民政府　河北省军区关于命名新一届省级双拥模范城（县）的决定

（2005年7月27日）

近年来，我省各地和驻冀部队、武警官兵，高举邓小平理论和“三个代表”重要思想伟大旗帜，认真贯彻党中央、国务院、中央军委关于加强军政军民团结的指示精神，发扬优良传统，紧密结合军队建设和地方经济社会发展的实际，围绕科技强军、质量建军，发展社会生产力、提高部队战斗力目标，深入扎实地开展拥军优属、拥政爱民工作，取得了显著成绩，涌现出一批先进典型，进一步巩固和发展了军政军民团结。为表彰先进，树立榜样，不断把双拥工作引向深入，省委、省政府、省军区决定：授予石家庄市等25个市“双拥模范城”荣誉称号，授予井陉县等37个县“双拥模范县”荣誉称号。

被命名的省级双拥模范城（县），要珍惜荣誉，发扬成绩，再接再厉，开拓创新，进一步续写双拥工作的新篇章。各地要向受表彰的双拥模范城（县）学习，学习他们认真实践“三个代表”重要思想，讲政治、讲大局、讲团结，积极做好双拥工作的自觉性和坚定性；学习他们以支持部队建设为己任，抓重点、破难点，动真情、办实事的求真务实作风；学习他们为保持双拥工作旺盛生命力，不断研究新情况、解决新问题的锐意改革、开拓创新的精神，继续广泛、深入、持久地开展创建双拥模范城（县）活动，在全社会进一步营造军爱民、民拥军、军民团结如一人的良好氛围。

各级党委、政府和驻冀部队、武警官兵，要继续坚持以邓小平理论和“三个代表”重要思想为指导，贯彻落实科学发展观，紧紧围绕构建社会主义和谐社会和推进中国特色军事变革，扎实做好双拥工作，进一步增进军政军民团结，为促进我省经济社会全面发展和军队现代化建设做贡献。各级党委、政府和有关部门，要着眼推进军事斗争准备，把支持部队训练演习和战备设施建设作为拥军重点，为提高部队战斗力提供有力支持。驻冀部队和武警官兵要积极投身地方“三个文明”建设和和谐社会建设，为驻地人民群众做好事、办实事，为改革发展稳定大局做贡献，树立人民军队的良好形象。要积极探索和建立协调顺畅的工作机制，对涉及军民切身利益、涉及军民关系的重大问题要及时研究解决，确保双拥各项工作落到实处，不断开创全省双拥工作新局面。

附件：1. 新一届省级“双拥模范城”名单

2. 新一届省级“双拥模范县”名单

附件1

河北省新一届省级“双拥模范城”名单

（共25个）

石家庄市、承德市、张家口市、秦皇岛市、唐山市、廊坊市、保定市、沧州市、衡水市、邢台市、邯郸市、辛集市、藁城市、晋州市、鹿泉市、遵化市、迁安市、霸州市、涿州市、安国市、高碑店市、黄骅市、冀州市、沙河市、武安市

附件 2

河北省新一届省级“双拥模范县”名单

（共 37 个）

井陉县、正定县、平山县、承德县、平泉县、滦平县、丰宁满族自治县、宣化县、张北县、蔚县、怀来县、昌黎县、抚宁县、滦县、乐亭县、玉田县、香河县、文安县、满城县、涞水县、徐水县、涞源县、雄县、青县、海兴县、盐山县、饶阳县、安平县、故城县、邢台县、临城县、临西县、成安县、涉县、磁县、广平县、馆陶县

辽宁省双拥工作领导小组办公室关于表彰拥军优属模范社区和拥政爱民模范连队的通知

辽拥办［2005］5 号

近年来，全省各地把基层军民共建作为双拥工作的一项重要内容，广泛深入地开展了多种形式的双拥活动，并取得了可喜的成绩，形成了良好的军民军政团结的氛围。特别是基层双拥工作按照“组织健全、活动经常、政策落实、关系融洽”的要求，各项活动空前活跃，为全省双拥工作打下了坚实的基础，涌现出一批先进的拥军优属模范社区和拥政爱民模范连队。为了表彰先进，推动全省基层双拥工作的深入开展，决定授予沈阳市和平区中山街道八一社区等 100 个社区“拥军优属模范社区”称号；授予 96101 部队后勤部汽车二连等 20 个连队“拥政爱民模范连队”称号。希望受表彰的单位再接再厉，开拓进取，保持荣誉，不断取得新的成绩，各地各部队要以这些先进社区和连队为榜样，学习他们的特点，动真情，办实事，解难题，扎实开展双拥工作，为构建和谐辽宁和老工业基地的振兴做出新的贡献。

附件：1. 辽宁省“拥军优属模范社区”名单

2. 辽宁省“拥政爱民模范连队”名单

附件 1

辽宁省“拥军优属模范社区”名单

沈阳市

和平区中山街道八一社区
沈河区皇城街道翠生社区
铁西区兴工街道九委社区
大东区辽沈街道大北桥社区
皇姑区崇山街道御花社区
苏家屯解放街道公园西社区
东陵区马官桥街道东大营社区
新城子区新城子街道站前社区
辽中县辽中镇北街建设社区
法库县法库镇晓东社区
康平县康平镇矿山社区

大连市

西岗区站北街道团结社区
西岗区人民广场街道桥东社区
中山区桃源街道舰院社区
沙河口区星海湾街道星南社区
沙河口区南沙街道海建社区
甘井子区机场街道蓝天社区
旅顺口区市场街道蓝天社区
庄河市城关街道广场社区
长海县獐子岛镇沙包子社区
金州区先进街道聚鑫社区
普兰店市丰荣街道孛兰社区
瓦房店市岭东街道爱民社区

鞍山市

海城市海州管理区合力社区
铁西区共和街道驻军社区
千山区汤岗子镇泉东社区
立山区灵山街道灵西社区
岫岩县岫岩镇北门社区
铁东区长甸街道荣誉社区
台安县台安镇西郊社区

抚顺市

抚顺县石文社区
新抚区东公园街道凤翔社区
望花区田屯街道青台子社区
顺城区抚顺城街道锁阳社区

本溪市

溪湖区河东街道河沿社区
溪湖区河东街道站前社区
溪湖区彩北街道彩北社区
明山区东兴街道八一社区
明山区金山街道塔南社区
南芬区南芬街道细河社区
南芬区南芬街道铁东社区

丹东市

振兴区站前街道二三〇社区
振兴区永昌街道永昌社区
元宝区七道街道仁忠社区
振安区鸭绿江街道太平社区
东港市大东街道向阳社区
东港市大东街道新华社区
凤城市通远堡镇胜利社区
凤城市凤凰城街道聚宝社区

锦州市

北宁市北镇街道万紫山社区
锦州市古塔区站前街道民族社区
黑山县黑山镇龙兴社区
凌海市大凌河街道站前社区
锦州市凌河区正大街道军政社区
锦州市凌河区铁新街道松坡园东社区
锦州市太和区凌西街道平和社区
义县义州镇站前街社区

营口市

西市区五台子街道建新社区

站前区建丰街道兴胜社区

老边区老边街道康乐社区

鲅鱼圈区海星街道神井子社区

大石桥市石桥管理区军民社区

盖州市鼓楼街道民胜社区

阜新市

阜新县城区西关街道国胜社区

彰武县彰武镇东门社区

海州区新兴街道爱民社区

细河区东苑街道东风社区

太平区红树街道金剑社区

新邱区街基街道兴隆社区

清河门区清河街道清河社区

辽阳市

白塔区卫国街道青年社区

太子河区新华街道人兴社区

宏伟区新村街道龙顶山社区

白塔区星火街道石牌楼社区

辽阳县胜利街道幸福社区

灯塔市铧子镇花家社区

文圣区武圣街道福民社区

铁岭市

清河区红旗街道金澜社区

开原市新城街道转盘社区

银州区岭东街道工农社区

银州区工人街道南立交桥社区

银州区红旗街道沈后社区

朝阳市

双塔区燕园社区

双塔区铁路社区

龙城区中山社区

北票市北大街社区

凌源市红山社区

建平县永和社区

喀左县健康社区

朝阳县锰矿社区

盘锦市

大洼县大洼镇站前社区

兴隆台区创新街道商东社区

双台子区建设街道南迁社区

葫芦岛市

连山区化工街道明化社区

龙港区望海寺街道望海社区

连山区化机街道五里河社区

龙港区龙湾街道腾飞社区

兴城市温泉街道首阳社区

绥中县绥中镇兴隆社区

南票区九龙街道新兴社区

附件 2

辽宁省“拥政爱民模范连队”名单

沈阳市

中国人民解放军 96101 部队后勤部汽车二连

沈阳军区空军汽车营运输一连

大连市

中国人民解放军 65044 部队通信二连

中国人民解放军 93159 部队汽车连

鞍山市

中国人民解放军 65549 部队 77 分队

中国人民解放军 93056 部队导航连

抚顺市

中国人民解放军 65639 部队雷锋连

本溪市

中国人民解放军65559部队摩步7连

丹东市

中国人民解放军93279部队汽车连

中国人民解放军65735部队90分队

锦州市

中国人民解放军65659部队74分队

空军第三飞行学院装备部修理厂特设车间

营口市

中国人民解放军65539部队78分队

阜新市

中国人民解放军65667部队汽车连

辽阳市

中国人民解放军65583部队68分队

铁岭市

中国人民解放军65056部队76分队

朝阳市

武警8621部队93分队

盘锦市

武警8610部队直属队警卫连

葫芦岛市

中国人民解放军92313部队飞行四中队

中国人民解放军91851部队33分队

安徽省双拥工作委员会　安徽省人事厅
安徽省民政厅　安徽省军区政治部
关于表彰全省爱国拥军模范个人和拥政爱民模范个人的决定

皖人发［2005］88号

近年来，在省委、省政府、省军区的领导下，我省拥军优属、拥政爱民工作，坚持以邓小平理论和“三个代表”重要思想为指导，认真贯彻党中央、国务院、中央军委关于加强军政军民团结的指示精神，为增进军政军民团结，促进我省改革发展稳定和军队现代化建设做出了积极贡献，涌现出一批适应形势要求、具有时代特色的先进个人。他们中既有机关部门的负责同志，又有基层单位的领导；既有企业人员、教师，又有普通退休干部。为表彰先进，树立典型，进一步推动拥军优属、拥政爱民工作广泛深入持久地发展，省双拥工委、省人事厅、省民政厅、省军区政治部决定，对周常庆等20名爱国拥军模范个人和魏治安等15名拥政爱民模范个人予以表彰。爱国拥军模范个人享受市（厅）级劳动模范待遇；拥政爱民模范个人在军队服役期间的待遇，按部队规定执行，转业到地方后，享受市（厅）级劳动模范待遇。

爱国拥军模范个人和拥政爱民模范个人，是全省双拥工作的优秀代表，是广大军民学习的榜样。希望受表彰的同志戒骄戒躁，发扬成绩，再立新功。全省军民要学习他们讲政治、顾大局，自觉维护军政军民团结的思想觉悟；学习他们热爱党、热爱祖国、热爱人民军队的崇高境界；学习他们无私奉献，自觉为国家和军队分忧、为人民群众造福的高尚品德；学习他们与时俱进、创造性开展工作的进取精神，进一步巩固和发展我省军政军民团结大好局面，为做好新形势下的拥军优属、拥政爱民工作做出新的更大贡献。

附件：全省爱国拥军模范个人和拥政爱民模范个人名单

安徽省爱国拥军模范个人和拥政爱民模范个人名单

一、全省爱国拥军模范个人（20 名）

周常庆（女）合肥市教育局办公室副主任
焦　艳（女）滁州市妇联组宣部部长
里新华　亳州市民政局副主任科员
尹　萌（女）宿州市优抚科科长
谢洪军　蚌埠市民政局双拥联络科科长
张更生　阜阳市双拥办副主任
罗中良　安庆市军休干部
时培江　淮南市潘集区民政局局长
王素芹（女）马鞍山市双拥办公室干事
王　飞　宣城市第三中学校长
朱德田　淮北市杜集区双拥办主任
尤云春　巢湖市民政局优抚科科长
陈良春　六安市裕安区民政局党组书记
赵敏华　芜湖市财政局办公室主任
阮优根　池州市贵池区双拥办主任
王新涛　省民政厅调研员
解立卫　省财政厅人事教育处处长
王思甜　安庆市岳西县民政局局长
何凤花（女）黄山市屯溪区阳湖镇民政办主任
武连华　铜陵市有色金属（集团）公司干部

二、全省拥政爱民模范个人（15 名）

魏治安　中国人民解放军 73671 部队政治处正营职干事
贾　伟　肥东县人民武装部政治委员
刘长勤　淮北市相山区人民武装部副部长
陈家义　亳州军分区政治部副团职干事
刘永俊　滁州军分区后勤部部长
姚定范　芜湖军分区政治部原主任
张贤才　宁国市人民武装部政治委员
薛学林　铜陵军分区政治部副团职干事
刘忠勇　池州市贵池区人民武装部政工科长
王志义　桐城市人民武装部部长
蒋钰钟　中国人民解放军 94857 部队场务连政治指导员
汪义宇　中国人民解放军 96172 部队政治委员
阮进兵　汽车管理学院政治部组织科副科长
徐　震　武警芜湖市支队繁昌县中队副政治指导员
谢道新　武警芜湖市消防支队政治处主任

安徽省关于命名表彰全省双拥模范城（县）、模范单位的通报

（2005 年 12 月 28 日）

近年来，各地、各部队以邓小平理论和“三个代表”重要思想为指导，认真贯彻落实党中央、国务院、中央军委关于做好新时期双拥工作、进一步加强军政军民团结的指示精神，积极适应改革开放、发展社会主义市场经济和落实新时期军事战略方针的新形势，广泛深入地开展创建双拥模范城（县）活动，不断巩固和发展我省军政军民团结的大好局面，对促进我省经济建设和国防建设协调发展，维护国家和军队的稳定，起到了十分重要的作用。为表彰先进，树立典型，进一步推动我省创建

双拥模范城（县）活动的深入发展，省委、省政府、省军区决定，命名合肥市、当涂县等40个单位为双拥模范城（县）、命名合肥市双拥办公室等30个单位为拥军优属模范单位、解放军73042部队等30个单位为拥政爱民模范单位。

希望被命名表彰的单位，发扬成绩，戒骄戒躁，再接再厉，与时俱进，在双拥工作中不断取得新的成绩。希望各地各单位更加广泛深入地开展拥军优属、拥政爱民活动，争创双拥模范城（县）、模范单位，进一步增强军政军民团结，为促进我省经济社会发展和驻皖部队建设做出新的更大的贡献！

附件：全省双拥模范城（县）、模范单位名单

全省双拥模范城（县）、模范单位名单

一、双拥模范城（19个）

合肥市、马鞍山市、蚌埠市、芜湖市、池州市、安庆市、滁州市、宿州市、淮南市、铜陵市宣城市、巢湖市、淮北市、黄山市、六安市、桐城市、明光市、界首市、亳州市谯城区

二、双拥模范县（21个）

当涂县、岳西县、泾县、芜湖县、繁昌县、肥东县、肥西县、绩溪县、固镇县、怀宁县、定远县、青阳县、祁门县、寿县、灵璧县、无为县、庐江县、泗县、砀山县、霍邱县、舒城县

三、拥军优属模范单位（30个）

合肥市双拥办公室

合肥市军粮供应站

淮北矿业（集团）有限责任公司

淮北市濉溪县民政局

蒙城县民政局

宿州市埇桥区褚兰镇

蚌埠市劳动和保障局

蚌埠市五河县民政局

阜阳市太和县民政局

淮南市第三中学

淮南市凤台县民政局

淮南市国投新集能源股份有限公司

滁州市地税局

滁州实验中学

六安市金寨县民政局

马鞍山市马钢（集团）控股有限公司

巢湖市居巢区民政局

芜湖市民政局

芜湖市南陵县双拥办

铜陵市建设委员会

池州市民政局

安庆市宿松县民政局

黄山市城市管理执法局

省司法厅白湖监狱管理分局

省教育厅体育卫生艺术教育处

省人事厅军转办

省劳动保障厅就业处

省荣军康复医院

省粮食局军粮供应办公室

省广播电影电视管理服务中心

四、拥政爱民模范单位（30个）

中国人民解放军73042部队

中国人民解放军73066部队

中国人民解放军73091部队50分队

中国人民解放军73266部队

中国人民解放军73822部队

中国人民解放军73823部队

中国人民解放军73849部队

怀远县人民武装部

临泉县人民武装部

凤台县人民武装部

六安市金安区人民武装部

含山县人民武装部

黟县人民武装部
预备役师高射炮兵团
安徽省军区 62 分队
南京军区丹阳湖管理处
中国人民解放军 05 单位 529 部安徽物资供应站
中国人民解放军 91034 部队
中国人民解放军 94701 部队
中国人民解放军 96163 部队 50 分队
中国人民解放军电子工程学院训练基地
中国人民解放军炮兵学院院务部汽车队
蚌埠坦克学院教练团
武警宿州市支队
武警黄山市支队
武警安徽省警卫局警卫队
武警芜湖市边防检查站
武警合肥市消防支队
中国人民解放军第 105 医院
中国人民解放军第 532 医院

中共福建省委关于命名表彰双拥模范单位和个人的决定

近几年来，全省各地、各部队以邓小平理论和“三个代表”重要思想为指导，认真贯彻党中央、国务院、中央军委关于加强军政军民团结的指示精神，进一步贯彻落实全国双拥工作会议精神，紧紧围绕海峡西岸经济区建设和推进中国特色军事变革需要，深入开展拥军优属、拥政爱民活动，巩固和发展了军政军民团结的大好局面。全省各级党政军领导机关把双拥工作纳入经济社会发展和部队建设的总体规划，加强领导，常抓不懈；采取多种形式，开展生动活泼的国防教育和双拥宣传教育，拥护和支持军队、尊重和爱护人民的观念日益深入人心；紧紧围绕反“台独”军事斗争准备的需要，大力支持部队军事演习和野营训练，及时帮助入闽部队和调防部队搞好“安居工程”，广泛开展科技拥军活动，加强国防动员和战场建设，保护军事设施；继续扶持驻闽部队的基础设施、训练设施、文化设施和菜篮子工程建设，进一步改善部队的战备、执勤、训练、工作和生活条件；采取优惠政策和灵活措施，妥善安置军转干部、退役士兵和随军家属；以高度政治责任感做好优抚工作，落实各项优抚政策，健全抚恤补助标准自然增长机制，积极帮助优抚对象解决生产生活等实际问题；进一步完善双拥政策法规建设，加强双拥执法检查，为深化双拥工作创造良好的法制环境。驻闽部队和武警官兵在参加抢险救灾、支援重点工程建设、扶贫帮困、捐资助学、军民共建和治理环境等方面，做出了重要贡献，为人民立了新功。新时期双拥工作的伟大实践，不断激发了广大军民爱国拥军、爱民奉献的政治热情，军民携手、团结协作蔚然成风，涌现出一大批适应形势要求、具有时代特色的先进集体和先进个人。为表彰先进，宣扬典型，推动拥军优属、拥政爱民工作持续深入发展，经研究，决定授予福州市等 55 个单位为双拥模范城（县）称号；授予厦门市双拥办等 72 个单位为爱国拥军模范单位称号；授予 73305 部队等 29 个单位为拥政爱民模范单位称号；授予杨婷婷等 45 名同志为爱国拥军模范称号；授予马晓毅等 23 名同志为拥政爱民模范称号。

希望被命名表彰的单位和个人要珍惜荣誉，发扬成绩，再接再厉，争取更大的光荣，在全省军民中起模范表率作用。全省各地、各部队要以这次双拥工作会议为新的起点，以模范单位和模范人物为榜样，深入贯彻邓小平理论和“三个代表”重要思想，与时俱进，开拓创新，进一步加强对双拥工作的领导，及时研究解决双拥工作的新情况、新问题，不断推进双拥工作的深入发展，巩固和发展军政军民团结的大好局面，为全面建设小康社会，推进中国特色军事变革和海峡西岸经济区建设做出新贡献！

双拥模范城（县）单位（55 个）

福州市、长乐市、平潭县、闽清县、闽侯县、罗源县、永泰县；厦门市、厦门市思明区、厦门市同安区、厦门市集美区、厦门市湖里区、厦门市翔安区、厦门市海沧区；漳州市、龙海市、漳州市芗城区、东山县、漳浦县、长泰县、诏安县、南靖县；泉州市、晋江市、石狮市、南安市、泉州市鲤城区、泉州市丰泽区、泉州市泉港区、泉州市洛江区、惠安县、永春县；三明市、永安市、沙县、将乐县、建宁县、宁化县；莆田市、莆田市荔城区、莆田市城厢区；南平市、南平市延平区、武夷山市、邵武市；龙岩市、龙岩市新罗区、漳平市、长汀县、连城县、永定县；宁德市、宁德市蕉城区、福鼎市、霞浦县。

爱国拥军模范单位（72个）

福州市蔬菜科学研究所
福州市图书馆
福清市自来水公司
长乐市梅花镇
闽清县电力公司
福州市军粮供应站
福州市铜盘中心小学
连江县军粮供应站
厦门市双拥工作领导小组办公室
厦门市委文明办
集美大学
国家海洋局第三海洋研究所
厦门市地方税务局
厦门市交通战备办公室
厦门电信分公司同安电信局
厦门市翔安区大嶝镇
厦门市集美区灌口镇
漳州市支前双拥办公室
漳州市教育局
龙海市程溪镇
漳浦县广播电视局
东山县广播电视局
长泰县武安镇
诏安县桥东镇东霞村
南靖县万利达集团有限公司
泉州市科学技术局
晋江市女企业家拥军联谊会
石狮市人民法院维护军人军属合法权益合议庭
南安市军粮供应站
惠安县嘉惠中学
泉州汽车运输总公司安溪分公司
永春县桃城镇
德化县实验小学
南安市梅山镇
三钢（集团）有限责任公司
三明市梅列区人民法院
三明市教育局
大田县民政局
永安市燕北街道办事处
清流县林畲乡
莆田市财政局
莆田市城厢区地方税务局
莆田市荔城区西天尾镇
莆田市涵江区江口镇
莆田市涵江区三江口镇
南平市教育局
南平市延平区科学技术局
南平电业局
邵武市民政局
光泽县鸾凤乡
永定县教育局
漳平市民政局
上杭县古田镇
连城县文亨乡
长汀县大同镇红星村
武平县平川镇
漳平电业局
中国建设银行宁德分行
霞浦县海岛乡北霜村党支部
古田县凤埔乡
福安市城阳中心小学
福鼎市电脑学校
宁德市蕉城区实验小学
中共福建省委组织部
福建省发展和改革委员会

福建省经济贸易委员会
福建省公安厅指挥中心
福建省财政厅
福建省农业厅
福建省双拥工作领导小组办公室
福建省军队转业干部安置工作领导小组办公室
福建省职业介绍服务中心

拥政爱民模范单位（29个）

中国人民解放军73305部队
中国人民解放军73336部队
中国人民解放军73331部队72分队
宁德市蕉城区人民武装部
中国人民解放军73123部队
中国人民解放军73133部队
中国人民解放军73141部队
中国人民解放军73151部队
中国人民解放军91274部队
中国人民解放军92674部队50分队
中国人民解放军92504部队
中国人民解放军94620部队
中国人民解放军94921部队
中国人民解放军94647部队
中国人民武装警察部队福建省总队直属支队
中国人民武装警察部队三明市支队
中国人民武装警察部队宁德市支队
中国人民解放军73892部队
中国人民解放军第九十二医院
中国人民解放军73635部队
中国人民解放军73501部队政治部
中国人民解放军73702部队
中国人民解放军南京军区福州总医院
中国人民解放军73661部队530分队
中国人民解放军94683部队
中国人民解放军96167部队
中国人民武装警察部队8714部队
中国人民武装警察部队福州市边防支队
中国人民武装警察部队龙岩市消防支队

爱国拥军模范（45名）

福州市蔬菜科学研究所副所长、助理研究员陈铣
平潭县个体医生翁训国
长乐市营前镇镇长蒋发荣
福州市鼓楼区洪山镇人民武装部部长张明国
罗源县双拥办主任林良梁
福州市仓山区民政局副局长叶土盛
福州市凤岭干部休养所军队退休干部林锦春
厦门市政府副秘书长、市双拥办主任卓锦绵
厦门市集美区区委书记曾晓民
厦门市湖里区区长李栋梁
厦门市农科所所长彭国良
厦门市人事局培训与军转处副主任科员陈静如
厦门市海沧区民政局副主任科员余小军
漳浦县民政局副局长、支前双拥办主任高文贵
东山县陈城镇西岐村民兵营长陈安顺
漳州市芗城区支前双拥办副主任陈进华
诏安县桥东镇西霞村党支部书记沈水生
龙海市教育局局长陈文福
长泰县第一中学校长姚悦生
平和县民政局副局长叶水珠
泉州市鲤城区民政局优抚安置股股长刘晓明
泉州市丰泽区丰泽街道办事处丰泽社区党支部书记、居委会主任杨婷婷
泉州市泉港兴通船务有限公司董事长陈兴明
晋江市公共巴士公司经理李克清
泉州市普星电子有限公司董事长林琴
石狮市永宁镇沙堤村村民龚秀训
永安市委副书记汤俊生
建宁县交通局局长童浩
将乐县双拥办专职副主任林可荣
沙县汇源贸易有限公司总经理万松青
三明市梅列区列西街道办事处北山社区居民魏红霞
莆田市秀屿区南日镇村民蔡银治
莆田市民政局社区办主任姚淑蓉
莆田市建设局局长吴祖汜
南平市延平区西芹镇党委书记邹戈
邵武市广播电视局局长唐永亮
建瓯市林业木材检查站退休工人李金凤

龙岩市民政局副局长邓剑波

漳平市人民政府市长刘远

长汀县民政局局长谢先梅

武平县财政局副局长王春英

上杭县临城镇党委书记何祥椿

霞浦县海岛乡北礵村村民郑瑞英

福鼎市国土资源局桐山土地所职工钱宝英

宁德师范附属小学校长郭正光

拥政爱民模范（23 名）

福建省军区 73325 部队副政治委员钟艳庆

晋江市人民武装部副部长兼政工科科长王三华

闽侯县人民武装部部长梁继伟

中国人民解放军 73156 部队副政治委员马晓毅

中国人民解放军 73146 部队政治部群联干事赖万林

中国人民解放军 73117 部队班长杨克旭

中国人民解放军 92985 部队副政治委员魏振海

中国人民解放军 91792 部队 71 分队副班长牛献坤

中国人民解放军 94816 部队政治部秘群办主任金希根

中国人民解放军 94816 部队三级士官钱宏伟

中国人民武装警察部队莆田市支队政治委员马运根

中国人民武装警察部队福建省总队政治部秘书、群联处干事陈忠德

中国人民解放军 73630 部队政治部保卫科副科长艾郁郁

中国人民解放军 73501 部队宣传保卫科科长林建业

中国人民解放军 73702 部队部队长曾小平

中国人民解放军南京军区福州总医院政治部组织科干事李秀英

中国人民解放军第一八Ｏ医院眼科主任李学喜

中国人民解放军 94755 部队 51 分队政治教导员苏建明

中国人民解放军 96167 部队政治委员何骏

中国人民解放军 73661 部队政治部副主任钟东

中国人民武装警察部队 8713 部队部队长刘继敏

中国人民武装警察部队宁德市边防支队三都派出所副政治指导员殷延智

中国人民武装警察部队三明市消防支队特勤中队队长胡建峰

中共山东省委　山东省人民政府
关于表彰“和平使命－2005”中俄联合军事
演习拥军支前先进单位和先进个人的通报

（2005 年 8 月 30 日）

2005 年 8 月，“和平使命－2005”中俄联合军事演习在山东成功举行。演习期间，全省特别是有关市、县（市、区）党委、政府认真贯彻落实中央关于做好演习支前保障工作的重要指示精神，把大力支持演习作为一项严肃的政治任务和义不容辞的光荣职责，精心筹划，周密组织，掀起了拥军热潮。各级领导干部带头拥军支前，深入演习一线走访慰问参演部队，认真研究解决演习保障中的重大问题，有力地保证了演习的顺利进行。有关部门和单位将演习保障作为工作的重中之重，全力以赴，积极做好交通、通信、水电、饮食、卫生、文化、设备、场地和安全警卫等保障服务工作，千方百计

为参演部队官兵排忧解难。演习地域的党员干部群众发扬拥军支前的光荣传统，主动配合部队做好演习地域清障和人员疏散撤离工作，不提条件，不讲价钱，充分展现了山东人民顾全大局、心系国防、无私奉献的良好精神风貌，为演习的圆满成功做出了贡献，涌现出一大批先进单位和先进个人。对此，胡锦涛总书记和中央军委首长给予了充分肯定，中外参演部队广大官兵给予了高度评价。为表彰先进，经研究决定，对在“和平使命－2005”中俄联合军事演习拥军支前工作中做出突出成绩的青岛市委办公厅等104个先进单位和蔡伦斌等106名先进个人予以通报表彰（受表彰的先进个人不与有关待遇挂钩）。

希望受到表彰的先进单位和个人珍惜荣誉，再接再厉，争取更大成绩。全省各地和广大党员干部群众要以先进为榜样，学习他们讲政治、顾大局，自觉维护国家利益和军政军民团结的高度政治觉悟；学习他们热爱党、热爱祖国、热爱人民军队的崇高思想境界；学习他们无私奉献，自觉为国家和军队分忧的高尚道德情操；学习他们艰苦奋斗、顽强拼搏、干事创业的开拓进取精神，进一步提升我省双拥工作水平，巩固和发展军政军民团结的大好局面，为建设“大而强、富而美”的社会主义新山东而努力奋斗。

附件：

“和平使命－2005”中俄联合军事演习拥军支前先进单位和先进个人名单

一、拥军支前先进单位（104个）

青岛市委办公厅
青岛市政府办公厅
青岛市委宣传部
青岛市民政局
青岛市双拥办公室
青岛市公安局
青岛市公安局警卫处
青岛市公安局交警大队
青岛市公安局市南分局
青岛市公安局治安大队
青岛市交通委员会
青岛市经济贸易委员会
青岛市粮食局
青岛流亭国际机场有限公司
中国民航青岛空中管理站
青岛供电公司
青岛市人民防空办公室
青岛海关
国家海洋局北海分局
青岛港集团有限公司
中国网通（集团）有限公司青岛分公司
青岛市卫生局
青岛市海事局
青岛市文化局
青岛市交通战备办公室
青岛市海洋与渔业局
中共胶南市委
胶南市人民政府
胶南市民政局
胶南市公安局
胶南市海洋与渔业局
胶南市琅琊台度假区管理委员会
胶南市琅琊镇党委
胶南市国土资源局
胶南市畜牧服务中心
青岛市市南区民政局
青岛市市北区民政局

青岛市李沧区民政局
青岛市崂山区民政局
胶州市民政局
中共潍坊市委
潍坊市人民政府
潍坊市民政局
潍坊市交通局
潍坊供电公司
潍坊昌大建设集团有限公司
潍坊市卫生局
潍坊市粮食局军粮供应中心
潍坊市公安局警卫处
潍坊市国家安全局
潍坊市歌舞剧院
潍坊市财政局
潍坊市公路管理局
潍坊市渔政监督管理站
潍坊市民航局
济南铁路局潍坊车务段
中共昌邑市委
昌邑市龙池镇党委
昌邑市民政局
昌邑市公安局
诸城市民政局
诸城市公安局
潍坊市寒亭区民政局
潍坊市寒亭区公安局
潍坊市奎文区民政局
潍坊市潍城区民政局
寿光市民政局
寿光市田柳镇党委
潍坊市坊子区双拥办公室
青州市双拥办公室
安丘市双拥办公室
高密市双拥办公室
临朐县双拥办公室
昌乐县双拥办公室
莱州市人民政府
烟台海事局
交通部北海救助局
烟台市海洋与渔业局
日照市双拥办公室
日照市公安局交警支队直属大队
济南铁路局日照站
济南市双拥办公室
中共济南市市中区区委
济宁市双拥办公室
嘉祥县人民政府
威海市人民政府
文登市人民政府
威海市民政局
省经济贸易委员会经济运行局
山东省公安厅
山东省民政厅
山东省财政厅行政政法处
山东省交通厅
山东省无线电管理办公室青岛管理处
山东省海洋与渔业厅
山东歌舞剧院
山东省卫生厅
山东省粮食局
山东海事局
山东省双拥办公室
中国网通（集团）有限公司山东省分公司
民航山东安全监督管理办公室
济南铁路局调度所

二、拥军支前先进个人（106名）

蔡伦斌　青岛市委副书记
臧爱民（女）青岛市政府副市长
姜永河　青岛市委办公厅接待办副主任
隋虹玄（女）青岛市委办公厅接待办调研员
韩松涛　青岛市委研究室综合处处长
姜正轩　青岛市委宣传部副部长、市国防教育办公室主任
徐子芳　青岛市政府办公厅助理巡视员
李　刚　青岛市政府办公厅接待办主任

张成荣　青岛市国防教育委员会交通战备办公室处长
赵明国　青岛市经贸委副处长
杨春水　青岛市民政局助理调研员
张国胜　青岛市双拥办主任
招继亮　青岛市双拥办助理调研员
马增信　青岛市双拥办助理调研员
刘洪华（女）青岛市双拥办副主任科员
曹　岩　青岛市财政局干部
王继常　青岛市外办监察室主任
杨新民　青岛流亭国际机场副总经理
汪明杰　青岛流亭国际机场国防动员办公室主任
王　勇　青岛流亭国际机场机务保障部部长
孙拥军　青岛民航空中交通管理站航务部副主任
谢　虹（女）青岛海天大酒店营销部经理
崔　杰　青岛府新大厦副总经理
王永清　青岛太平湾宾馆部门经理
高福等　青岛八大关宾馆副总经理
刘振东　青岛香格里拉大饭店保安部经理
陈　康　青岛港公安局治安管理支队支队长
郭凤学　青岛市公安局副局长兼警卫处处长
赵玉滨　青岛市公安局办公室副主任
张大勇　胶南市委书记、市人大常委会主任
王君庭　胶南市委副书记、市长
李曙光　胶南市委副书记
于东明　胶南市副市长
王福升　胶南市民政局局长
丁振武　胶南市琅琊台旅游度假区工委书记、管委会主任
密德生　胶南市琅琊镇党委书记
王明思　胶南市民政局党委副书记、市双拥办主任
隋　刚　胶南市公安局局长
徐爱国　胶南市海洋与渔业局副局长
刘圣文　胶南市国土资源局副局长
王玉忠　胶南市畜牧服务中心副主任
毕善军　胶南市供电公司副经理、工会主席
崔福来　胶南市城乡建设局局长、市房产管理中心主任
张传林　潍坊市委书记
张新起　潍坊市委副书记、市长
王治华　潍坊市委副书记、纪委书记
黄潍连　潍坊市政府副市长
刘桂臻　潍坊市委副秘书长
张桂昌　潍坊市政府副秘书长
孟祥志　潍坊市民政局局长、双拥办主任
高瑞华（女）潍坊市民政局副局长
刘清华（女）潍坊市民政局优抚科科长
张慕昌　潍坊市民政局办公室主任
焦学田　潍坊市交通局工程科科长
宿来堂　潍坊市交通局交战办主任
李国兰（女）潍坊市粮食局野战军供站主任
王乐庆　潍坊市粮食局军粮供应中心科员
王　峰　潍坊市公安局交警支队交管科副科长
王平海　潍坊市公安局治安大队副主任科员
赵东伍　潍坊市公安局机场分局科员
王志刚　潍坊市财政局副局长
张树琛　潍坊市公路局局长
桑保华　潍坊市公路局副局长
韩文顺　潍坊市海洋与渔业局海洋管理科科长
陈白峰　昌邑市委书记
马跃启　昌邑市委副书记、市长
于大海　昌邑市副市长
徐学珍（女）昌邑市副市长
葛天伟　昌邑市供电公司总经理
张好清　昌邑市交通局局长
赵忠臣　昌邑市龙池镇瓦东村村民
翟徐州　诸城市副市长
韩　鹏　诸城市艺术团团长
王秀英（女）诸城市民政局优抚安置科科长
史云锦　潍坊市寒亭区泊子乡党委副书记
李善光　潍坊市寒亭区泊子乡党委副书记
李洪勤　潍坊市奎文区区委副书记
李言良　潍坊市潍城区民政局局长

王智初　莱州市副市长
王长虎　烟台市海洋与渔业局副局长
徐百祥　交通部北海救助局人武部部长
孙正堂　日照市交通局副局长
林　栋　同三高速公路日照管理处处长
杨金镜　省民政厅厅长、双拥办主任
石贤芹（女）省民政厅副厅长
阮凤英（女）省财政厅副厅长
张翠玉（女）省粮食局副局长
丁志强　省经贸委经济运行局助理调研员
闫希军　省公安厅治安警察总队副总队长
张师伟　省国家安全厅十处科长
宋　杰　省财政厅经济建设处助理调研员
孙发臣　省交通厅交战办助理调研员
秦　春　省交通厅交战办副主任
齐光友　省无线电管理办公室副主任
孙明壮　省渔政监督管理处烟台渔政管理中心站站长
徐少华　省话剧院副院长
法毅明　省军粮供应中心主任
王来鹏　山东海事局海上巡查执法支队海事业务科科长
庞守连　省双拥办副主任
陈建玉　省双拥办副主任
唐　亚　省双拥办调研员
崔鹏程　省双拥办干部
楚俊国　中国网通（集团）有限公司山东省分公司党组书记、总经理
辛天彤　民航山东安全监督管理办公室市场处处长、交战办主任
刘家斌　济南铁路局潍坊车务段段长
程慈源　山东电力调度中心主任

山东省妇联　省民政厅　省军区政治部关于命名表彰山东省第四届“十佳好军嫂”和第三届“十佳兵妈妈”的决定

多年来，全省广大妇女发扬拥军优属光荣传统，心系国防，支持军队建设，为维护国家安全和社会稳定做出了积极贡献。广大军人的妻子和母亲，勇挑家庭生活重担，认真做好本职工作，全力支持丈夫、子女献身国防现代化建设事业，为巩固国防发挥了重要作用。她们识大体、顾大局，视国家和军队的利益高于一切，在平凡的工作岗位上做出了不平凡的成绩，涌现出一大批爱国拥军模范。为表彰先进，省妇联、省民政厅、省军区政治部决定，授予金学娟等10名同志为山东省第四届“十佳好军嫂”荣誉称号，授予乔淑民等10名同志为山东省第三届“十佳兵妈妈”荣誉称号。省妇联同时授予她们为省“三八”红旗手荣誉称号。

希望受表彰的“十佳好军嫂”、“十佳兵妈妈”，珍惜荣誉，再接再厉，继续支持国防建设。全省广大妇女要向她们学习，学习她们爱国拥军、无私奉献的高尚情操；学习她们奋发有为、自强自立的进取精神；学习她们扶危济困、乐于奉献的优秀品质，以她们为榜样，继承和发扬优良传统，增强国防意识，积极参与拥军优属工作，争做自尊、自信、自立、自强的时代新女性，为和谐山东建设做出应有的贡献。

山东省第四届“十佳好军嫂”名单

金学娟　济南市历下区区委党校总务处主任
赵春燕　青岛市市北区政协副主席
刘霞高　青县黑里寨镇卫生院医生
张秀敏　烟台冰轮塑业有限公司主管设计师
翟　辉　泗水县柘沟中学教师

李　雯　泰安市岱岳区广播电视局记者
苗晓静　威海市小商品批发市场个体经营者
刘培珍　莒县果庄乡前果庄村村民
李丽宁　惠民县商业总公司统计科科长
韦香兰　单县谢集乡朱江楼村村民

山东省第三届“十佳兵妈妈”名单

乔淑民　莱西市河头店镇岚子村村民
司桂兰　淄博市淄川区东坪镇河湾村村民
刘桂兰　广饶县广饶镇申盟亭村村民
邹美华　长岛县大钦岛乡小浩村妇代会主任
韩孝俊　昌乐县唐吾镇高镇村村民
焦秀芹　莱芜市莱城区大王庄镇白炭坡村村民
杨敏英　蒙阴县常路镇蒋家坪村村民
张书莲　德州市德城区黄河崖镇齐庄村村民
刘希珍　茌平县人民法院审判员、工会主席
迟国英　省人大常委会研究室综合处处长

广东省关于表彰军民共建社会主义精神文明先进单位和先进个人的决定

（2005年7月6日）

近年来，各地各部队高举邓小平理论和“三个代表”重要思想伟大旗帜，认真贯彻党中央、国务院、中央军委关于加强社会主义精神文明建设的指示要求，全面落实科学发展观，积极适应发展社会主义市场经济和推进中国特色军事变革的新形势，深入扎实地开展军民共建社会主义精神文明活动，有力地促进了社会主义物质文明、政治文明、精神文明协调发展，为构建社会主义和谐社会、实现全面建设小康社会的奋斗目标做出了积极贡献，涌现出一大批军民共建社会主义精神文明先进单位和个人。为表彰先进，树立典型，推动我省群众性精神文明创建活动深入扎实地开展，经各地级以上市双拥工作领导小组和驻粤部队各大单位推荐，决定对广州市银河烈士陵园管理处等100个军民共建社会主义精神文明先进单位和李羽玲等100名军民共建社会主义精神文明先进个人予以表彰。

希望受表彰的单位和个人，再接再厉，开拓进取，谋求新发展，创造新佳绩，把军民共建社会主义精神文明活动进一步引向深入。各地各部队要以他们为榜样，认真践行“三个代表”重要思想，继续深入扎实地开展军民共建社会主义精神文明活动，促进“三个文明”协调发展，巩固和发展新时期新型的军政军民关系，为建设社会主义精神文明做出新的更大的贡献！

附：

广东省军民共建社会主义精神文明先进单位和先进个人名单

一、先进单位100个

广州市银河烈士陵园管理处
广州市越秀区环保局
广州市东山区黄花岗街
广州市荔湾区沙面街翠洲社区
广州市芳村区冲口街
广州市花都区卫生局
广州市番禺区沙湾镇

广州恒运企业集团股份有限公司
深圳市罗湖区东门街道办事处
深圳市福田区香蜜湖街道办事处
深圳市南山区文化局
深圳市盐田区民政局
深圳市宝安区龙华街道办事处
深圳市龙岗区南澳街道办事处
珠海市香洲区湾仔街道办事处
珠海信禾运输集团有限公司
珠海市新海利实业发展有限公司
汕头旅游（集团）公司
广东移动通信有限责任公司汕头分公司
汕头市澄海区凤翔街道办事处
南澳县南澳中学
佛山市供水总公司
佛山市广东佛陶集团股份有限公司
佛山市禅城区普君街道办事处
佛山市顺德货柜码头有限公司
佛山市南海区罗村街道办事处
广东省韶关监狱
韶关市曲江区电信局
始兴县风度中学
河源市烟草专卖局
河源市公路局
梅州市双拥办公室
丰顺县祥旭家具有限公司
惠州市第八中学
惠州市惠城区富绅服装有限公司
惠东县港口镇人民政府
博罗县长宁镇
龙门县交通局
汕尾市城区逸挥基金医院
海丰县民政局
东莞市民政局
东莞市樟木头镇人民政府
东莞市广东丰泰集团有限公司
中山市华宇乐颐养院
中山市教育局
江门市大长江集团有限公司
开平市汽运集团有限公司开平汽车总站
鹤山市雅图仕印刷有限公司
阳西县民政局
阳东县人民政府
吴川市塘㙍镇
徐闻县海安港务局
湛江市第八小学
遂溪县遂城第四小学
湛江海洋大学信息学院
广东电网公司茂名供电局
茂名市广播电视台
广东高州中学
肇庆市端州区城东办事处
肇庆市鼎湖区建设局
清远市新北江小学少年军（警）校
清远市城市假日酒店有限公司
韩山师范学院
潮州市湘桥区桥东街道
揭阳市广东康美药业股份有限公司
揭阳市广东榕景实业有限公司
广东省云浮发电厂
新兴县温氏集团公司
广东省人民医院
广东省科学院综合办公室
中国人民解放军机关门诊部
中国人民解放军防化技术大队
中国人民解放军 76349 部队
中国人民解放军 76166 部队
南海舰队 91526 部队 165 舰
南海舰队 91561 部队
南海舰队 92509 部队 72 分队
南海舰队 91431 部队
中国人民解放军空军 95364 部队
中国人民解放军空军 95084 部队
中国人民解放军空军 95007 部队
中国人民解放军空军 95137 部队
中国人民解放军空军 95259 部队

中国人民解放军75212部队

中国人民解放军75221部队

中国人民解放军75232部队

中国人民解放军75250部队64分队

珠海警备区97分队

广州市荔湾区人民武装部

广东省梅县人民武装部

广东省军区74分队

武警广东省总队中山市支队

武警广东省总队肇庆市支队

武警广东省总队珠海市支队一中队

广东省公安边防总队广州海警专业兵训练基地

广东省公安边防总队阳江市边防支队河北边防派出所

湛江市公安消防支队雷州中队

惠州市公安消防支队惠阳中队

武警第126师712团

二、先进个人100名

广州市共建文明珠江办公室副主任李羽玲

广州市购书中心党支部书记余德廷

广州市海珠区双拥共建办副科长李红华

广州市天河区双拥共建办副主任李智明

广州市白云区民政局局长杜绍年

广州市黄埔区个体私企拥军协会会长秦鉴洪

从化市食品企业有限公司董事长陈青

深圳市人事局军官转业安置处处长邱富荣

深圳市劳动和社会保障局就业管理处副处长宋献华

深圳市民政局优抚安置处主任科员林立平

深圳市福田区民营企业家联谊会秘书长王理宗

深圳市宝安区观澜街道办事处党工委书记周格机

珠海市民政局双拥科副主任科员夏四海

珠海市香洲区教育局副局长何庆平

珠海市万山海洋开发试验区桂山镇党委书记王景坚

珠海市东方外语学校校长朱春波

汕头市工人文化宫企业文化部部长陈洁

汕头市对外劳务业余学校校长曾欣奉

汕头市新乡小学校长张国林

汕头市林百欣中学附属小学校长纪胜辉

汕头市澄海区服装玩具厂厂长蔡启昌

佛山市南海区副区长莫结茹

佛山市顺德区民政局副局长吴钍金

佛山市三水区西南街道人大联络处副主任骆桂恒

佛山市高明区民政局副局长区广贤

韶关学院党委书记张达辉

韶关市浈江区潮州菜馆经理陈汉忠

河源市力信水泥制品有限公司总经理古和平

河源市工商联干部季广雄

连平县连平中学校长温小洪

梅州市梅江区民政局局长刘璋基

兴宁市民政局副局长刘火坤

梅县南口镇党委书记刘敏

惠州市民政局副局长、市双拥办副主任刘知顺

惠州市广东华达集团有限公司经理李冠玉

惠东县政府办公室副主任、双拥办主任邹俊峰

博罗县副县长罗仕良

汕尾市城区民政局优抚安置股股长石道峰

陆河县民政局局长罗伦国

中国人寿保险东莞分公司总经理叶炯炫

东莞市黄江镇党委书记伦锦洪

中山市民政局优抚安置科科长梁少波

中山市古镇镇永安汽车运输有限公司总经理苏彩明

中山市火炬开发区社会事务办主任郑丽瑜

江门市新会区车辆维修质量监督检测中心有限公司董事长陈奕洪

开平市三同电脑有限公司经理张乃林

恩平市银星大酒店董事长莫剑雄

阳江市民政局优抚安置科副科长李小丽

阳江市一中校长梁晓

阳春市民政局局长陈菊英

廉江市政府办公室主任李启明

湛江市赤坎区民政局局长孙日奎

遂溪县黄略镇许屋村党支部书记许康妹

湛江海洋大学信息学院组织部副部长朱建云

湛江市第七小学副校长张丹妮

茂名市民政局副局长黎汉

茂名市电白汉山锁业集团公司董事长兼总经理黄德明

肇庆市人民政府副秘书长黄杰新

广东嘉耀木业发展有限公司怀集分公司经理邓育林

四会市万隆医院董事长苏建珍

清远市民政局优抚安置科副主任科员唐爱武

清远市新北江小学分校校长朱健宁

潮州市广东康辉集团公司总经理郭然

饶平县美豪服装有限公司总经理吴明文

揭阳市民政局优抚安置科副科长林雄波

揭阳市榕城区新兴街道办事处居民张舜芳

云浮市民政局优抚科科长云静

新兴县县委书记黄伙有

广东省人事厅人才管理开发处处长袁志忠

广东省农垦集团公司燕岭大厦联合公司总经理赵威

广州军区政治部生产生活服务中心主任刘锡辉

中国人民解放军76349部队部队长罗绍元

广州军区某部干事王鹏

广州军区某部总医院政治部干事刘志才

南海舰队某部干事王京剑

中国人民解放军91640部队政治委员李明强

中国人民解放军91227部队副政治委员李政

中国人民解放军92841部队政治委员王爱国

中国人民解放军91356部队政治委员刘井良

中国人民解放军95100部队政治部保卫科干事李占友

中国人民解放军95154部队政治委员王德生

中国人民解放军95022部队43分队队长王建国

中国人民解放军95112部队部队长朱康

中国人民解放军75240部队卫生队副队长林金波

中国人民解放军75738部队政治委员杨小平

中国人民解放军75203部队副政治委员史美君

中国人民解放军75206部队政治处主任周勇

中国人民解放军75407部队政治委员任志才

中国人民解放军75403部队政治处副主任王楚辉

惠州军分区政治部副团职干事戴德洪

广东省军区预备役高炮师政治部秘群科副科长袁敏

武警广东省总队佛山市支队政治处副主任郑志书

武警广东省总队东莞市支队一中队中队长靳尚勋

武警广东省总队河源市支队四中队副中队长兰益锋

广东省公安边防总队第六支队十三中队指导员刘家顺

广东省公安边防总队第七支队十一中队指导员梅海江

韶关市公安消防支队政治处主任陈景光

湛江市公安消防支队雷州大队大队长李土恩

武警第126师政治部副主任夏章元

军事体育进修学院政治部组织科科长蒋伟宏

四川省双拥工作领导小组关于表彰双拥工作先进市（县、区）的决定

（2005年3月3日）

在全面建设小康社会的伟大进程中，全省军民高举邓小平理论和“三个代表”重要思想的伟大旗帜，

认真贯彻党中央、国务院、中央军委关于加强军政军民团结的指示精神，紧紧围绕促进社会经济发展和中国特色军事变革，研究新情况、解决新问题、探索新规律，广泛深入地开展双拥创建活动，涌现了一大批成绩突出、特色鲜明的双拥工作先进市（县、区）。为表彰先进，不断推进我省双拥工作深入开展，四川省双拥工作领导小组决定表彰内江市等37个市（县、区）为“四川省双拥先进市（县、区）”。

一、双拥先进市（7个）

内江市、南充市、达州市、江油市、华蓥市、万源市、简阳市

二、双拥先进县（24个）

蒲江县、郫县、大邑县、新津县、合江县、青川县、沐川县、仪陇县、筠连县、岳池县、武胜县、邻水县、渠县、南江县、通江县、石棉县、荥经县、天全县、安岳县、乐至县、康定县、雅江县、黑水县、越西县

三、双拥先进区（6个）

自贡市贡井区、德阳市旌阳区、乐山市金口河区、达州市通川区、巴中市巴州区、资阳市雁江区

希望受表彰的市（县、区）珍惜荣誉，发扬成绩，加倍努力，争取更大的进步，推动双拥工作再上新的台阶。

四川省双拥工作领导小组关于表彰拥军优属和拥政爱民先进单位及个人的决定

（2005年3月3日）

2001年以来，各地、驻川各部队高举邓小平理论和“三个代表”重要思想的伟大旗帜，认真贯彻党中央、国务院、中央军委关于加强军政军民团结的指示精神，紧紧围绕促进国家改革发展稳定和中国特色军事变革，深入开展拥军优属、拥政爱民活动，增强了全民国防观念和双拥意识，促进了优抚安置政策的全面落实，军地相互支持更加有力。广大军民自觉投身双拥工作实践，不仅增进了军政军民团结，而且推进了四川跨越式发展和军队的全面建设，涌现出了一大批先进集体和先进个人。为表彰先进，树立典型，推动我省拥军优属、拥政爱民活动广泛深入持久地开展，四川省双拥工作领导小组决定表彰成都市体育局等111个单位为拥军优属先进单位，表彰中国人民解放军78029部队等52个单位为拥政爱民先进单位，表彰张宁生等44名同志为拥军优属先进个人，表彰丁德奎等53名同志为拥政爱民先进个人。

希望受表彰的单位和个人珍惜荣誉，再接再厉，开拓创新，为双拥工作做出更大的贡献。各地各部队要以他们为榜样，着眼于国家和军队现代化建设，大力弘扬军爱民、民拥军的光荣传统，积极投身双拥工作的伟大实践，努力做好新形势下的拥军优属、拥政爱民工作，进一步巩固和发展军政军民同呼吸、共命运、心连心的大好局面，为全面建设小康社会和推进中国特色军事变革做出新的贡献。

一、拥军优属先进单位（111个）

成都市体育局

双流县华阳镇人民政府

成都市武侯区建设局

成都市龙泉驿区民政局

成都市金牛区民政局

自贡市国税局

自贡市大安区凤凰乡人民政府

荣县双拥办

东方锅炉（集团）股份有限公司

自贡市贡井区建设镇人民政府

攀枝花市市委宣传部

攀枝花市财政局
攀枝花市劳动和社会保障局
攀枝花市总工会
攀钢（集团）公司
泸州市教育局
泸州市老窖有限公司
泸县嘉明镇
泸州市公共交通有限公司
德阳市市委宣传部
东方电机厂
绵竹市民政局
什邡明珠电力有限责任公司
中江县民政局
四川长虹电子集团有限公司
四川九洲电器集团有限责任公司
绵阳市涪城区民政局
绵阳市游仙区民政局
三台县民政局
广元市建设局
广元市妇女联合会
广元市市中区民政局
广元市苍溪县陵江镇
广元市旺苍县民政局
遂宁市民政局
射洪县民政局
遂宁市安居区民政局
遂宁市船山区民政局
遂宁市船山区南津路办事处
隆昌县民政局
内江市第三职业中学
内江发电总厂高坝电厂
威远县严陵镇东街社区居委会
内江市东兴区西林街道办事处
乐山市国税局
乐山市电业局
乐山市五通桥区竹根镇人民政府
乐山市沙湾区太平镇太平社区
峨眉山市双神福镇人民政府
南充市高坪区民政局
南充市嘉陵区民政局
阆中市民政局
营山县民政局
南充市顺庆区北城街道办事处
宜宾市民政局
宜宾市五粮液集团公司
宜宾市电视台
宜宾市第二人民医院
宜宾县柏溪镇人民政府
广安市民政局
四川爱众投资控股集团有限公司
岳池县人民政府办公室
华蓥市双河镇清溪路社区
武胜县城南小学
达州市民政局
大竹县民政局
达县南外镇人民政府
达州钢铁集团有限责任公司
达州市通川区西城荷叶街社区
巴中市民政局
中国农业银行巴中市分行
通江县双拥办
南江县南江镇春场坝社区居委会
巴中市巴州区第四小学
雅安市雨城区民政局
雅安市民政局
名山县黑竹镇人民政府
雅安市粮食局
石棉县民政局
眉山师范学校附属小学
洪雅县洪川镇人民政府
彭山县公安局
四川省用九工业有限公司
丹棱县林业局
资阳市民政局
安岳县民政局
乐至县交通局

资阳市雁江区雁江镇
简阳市财政局
道孚县民政局
理塘县民政局
炉霍县民政局
雅江县双拥办
甘孜州民政局
马尔康县旅游文化体育局
马尔康县双拥办
中国农业银行金川县支行
阿坝县民政局
黑水县民政局
凉山州民政局
越西县委办公室
西昌市建设局
冕宁县林业局
会理县红旗区工作委员会
四川省委宣传部
四川省人事厅
四川省妇女联合会
四川省劳动和社会保障厅
四川省交通厅
成都铁路局峨眉机务段
四川省水利厅地方电力局

二、拥政爱民先进单位（52个）

成都军区司令部直工部组织处
中国人民解放军78029部队
中国人民解放军78155部队
中国人民解放军78086部队
成都军区政治部办公室群工处
成都军区政治部三洞桥干休所
成都军区联勤部政治部组织处
中国人民解放军78511部队
陆军42医院
成都军区总医院
中国人民解放军78565部队
成都军区装备部直工部政工处
中国人民解放军78609部队
中国人民解放军95607部队
中国人民解放军95486部队
中国人民解放军77159部队
中国人民解放军77118部队
中国人民解放军63791部队
中国人民解放军63837部队
中国人民解放军63833部队
中国人民解放军总参谋部57研究所
四川省军区政治部秘书群联处
攀枝花军分区
广安军分区
凉山军分区
资阳军分区
乐山陆军预备役步兵旅
自贡市贡井区人民武装部
马边县人民武装部
壤塘县人民武装部
仁寿县人民武装部
隆昌县人民武装部
营山县人民武装部
甘孜军分区独立营
武警成都指挥学院
武警四川总队三支队
武警阿坝州支队
武警广安市支队
武警宜宾市支队
武警甘孜州支队
武警成都市支队都江堰市中队
武警乐山市支队峨眉山市中队
武警四川省消防总队
武警广安市消防支队
武警绵阳市消防支队
武警遂宁市消防支队
武警德阳市消防支队
武警成都市消防支队
武警眉山市消防支队
武警攀枝花市森林支队攀枝花大队
武警8740部队

武警8742部队

三、拥军优属先进个人（44名）

中共都江堰市委书记张宁生（女）

成都市成华区青龙街道办事处副主任陈道勇

自贡市人民政府原市长罗林书

自贡市自流井区民政局局长陈永德（女）

攀枝花市东区民政局副局长肖学

米易县民政局副局长罗大明

古蔺县石宝镇望合村六组村民项润香

叙永县民政局优抚安置股股长曾令奎

德阳市双拥办主任科员阳仕良

什邡市民政局优安股股长李信德

九洲电器集团公司武装部副部长陈忠明

绵阳市涪城区人民政府副区长吴军

广元市民政局副局长马荣辉

广元市市中区宝轮镇副镇长袁晓清（女）

遂宁市民政局局长杨建中

遂宁市安居区人民政府区长李文学

资中县人民政府县长王和平

威远县向义镇人民政府助理李平（女）

夹江县民政局优安股股长罗华清

南充市嘉陵区民政局副局长郑启生

阆中市天燃气公司经理欧素华（女）

宜宾市民政局办公室副主任张峻峰

珙县玉和苗族乡村民李宗秀（女）

广安市民政局副局长雷胜才

岳池县民政局优抚股股长滕彩华

宣汉县民政局优安股股长严朝忠

开江县回龙镇民政助理员周盛莉（女）

平昌县民政局优安股股长孙秀乾

巴州市巴州区上八届镇民政服务中心主任杨智中

雅安市民政局优安科副科长张雅红（女）

雅安市雨城区人民政府区长蒲忠

洪雅县民政局优安股股长陈锡如

仁寿县禾加区工委委员叶建文

简阳市民政局副局长张俊辉（女）

乐至县民政福利肉食品冷冻厂厂长陈炳华

中共道孚县委书记益西达瓦

甘孜州民政局优安科科长杨锦平

阿坝州人民政府副州长扎柯（女）

阿坝县人民政府县长王树云

西昌市民政局副局长马卫

越西县民政局副局长熊开敏（女）

四川省委副秘书长、办公厅主任曾省权

四川省卫生厅疾病预防控制中心党办主任张爱民

四川省公安厅政治部人事处工资优抚表彰科副处级民警谢茂森

四、拥政爱民先进个人53名

成都军区某部副部长丁德奎

中国人民解放军78120部队政委陈怀远

中国人民解放军78166部队政治处主任黄治能

成都军区机关第一门诊部副主任李恩平

中国人民解放军78108部队政委梅健

成都军区战旗文工团二级演员朱春生

成都军区政治部军事监狱二级士官陈永忠

中国人民解放军78528部队副政委张宜

中国人民解放军78511部队政治部组织科干事陈凌云

中国人民解放军78465部队一分库副主任李川

中国人民解放军78438部队政治部组织科干事伍洲

成都军区总医院政治部保卫科干事胡杰

成都军区房地产管理局四川分局党总支书记李再武

成都军区联勤部某处干事许玉红

成都军区峨眉疗养院院长张智佳

成都军区都江堰疗养院政委邵建超

中国人民解放军78618部队政委舒斌

中国人民解放军78638部队政委马泽万

中国人民解放军95538部队政治处主任金中

中国人民解放军95405部队政委王广金

中国人民解放军95786部队65分队班长燕刚

中国人民解放军77123部队医院院长严真伟

中国人民解放军77113部队政治教导员梁恩

中国人民解放军 77105 部队政委陈辉平

中国人民解放军 77156 部队政治部主任王东方

中国人民解放军 63790 部队政治部副主任范益民

中国人民解放军 63831 部队政治部干事何守都

中国人民解放军 63839 部队政治部副主任洪安

西藏军区驻川办事处政治部副主任李克勤

巴中军分区政治部主任吴洪林

泸州军分区后勤部部长郭华

名山县人武部政委久成

旺苍县人武部部长罗毅

射洪县人武部政委陈立润

四川陆军预备役步兵师第三团政委吴健

达州军分区医疗所所长肖化石

南溪县人武部副部长梅有宏

成都警备区政治部干事郑国生

绵阳军分区政治部干事傅晓英

德阳军分区政治部干事李家勇

武警绵阳市支队盐亭县中队政治指导员李继锋

武警自贡市支队沿滩区中队政治指导员王建

武警泸州市支队泸县中队政治指导员熊万银

武警四川总队二支队政治处干事兰旺

武警凉山州支队政治处保卫股股长田能江

武警达州市支队政委徐超

武警成都市消防支队科长郭古平

武警内江市消防支队中队长韩登权

武警南充市消防支队政治指导员帅雄

武警达州市消防支队支队长张清伦

武警阿坝州森林支队松潘中队班长吴庭明

武警水电第三总队政治部秘群科科长田渝

武警 8740 部队政治部秘群科科长李学伦

中共四川省委　四川省政府　四川省军区

关于命名全省双拥模范城（县、区）的通报

（2005 年 3 月 18 日）

拥军优属、拥政爱民是我党我军我国人民的优良传统，是改革开放和现代化建设顺利推进的重要保证。

我省新一届双拥模范城（县、区）创建活动开展以来，各级党委、政府和驻川部队坚持以邓小平理论和“三个代表”重要思想为指导，认真贯彻党的十六大及十六届三中、四中全会精神，不断巩固和发展军政军民团结的大好局面，双拥模范城（县、区）创建活动取得了显著成绩。为表彰先进，推动我省双拥活动更加广泛、深入、扎实地开展，省委、省政府、省军区决定：

授予成都市、绵阳市、自贡市、攀枝花市、泸州市、广元市、乐山市、宜宾市、广安市、巴中市、资阳市、都江堰市、彭州市、邛崃市、崇州市、绵竹市、什邡市、广汉市、峨眉山市、阆中市、西昌市“双拥模范城（县）”荣誉称号。

授予双流县、三台县、荣县、米易县、泸县、中江县、罗江县、苍溪县、旺苍县、射洪县、隆昌县、键为县、夹江县、营山县、珙县、宜宾县、南溪县、长宁县、大竹县、宣汉县、平昌县、名山县、宝兴县、洪雅县、彭山县、道孚县、理塘县、炉霍县、马尔康县、阿坝县、金川县、冕宁县、会理县“双拥模范县”荣誉称号。

授予成都市锦江区、武侯区、金牛区、成华区、青羊区、龙泉驿区、新都区、青白江区、温江区，绵阳市涪城区、游仙区，自贡市自流井区、大安区，攀枝花市仁和区、东区，泸州市纳溪区、江阳区、龙马潭区，广元市市中区、朝天区，遂宁市

安居区、船山区，乐山市市中区、五通桥区、沙湾区，南充市顺庆区、高坪区、嘉陵区，宜宾市翠屏区，广安市广安区，雅安市雨城区，眉山市东坡区“双拥模范区”荣誉称号。

希望被命名的双拥模范城（县、区）珍惜荣誉，发扬成绩，再接再厉，不断取得双拥工作的新成绩。各地、各部门和驻川部队要以省级双拥模范城（县、区）为榜样，坚持不懈地抓好拥军优属、拥政爱民工作，为实现四川发展新跨越、全面建设小康社会和推进军队现代化建设做出更大的贡献！

大 事 记

二〇〇五年双拥工作大事记

1月

8日　为纪念红军长征胜利70周年，共和国百名将军、名人书画展在上海市城展馆开幕。这次书画展由上海市双拥办、上海警备区政治部、上海市拥军优属基金会、黄浦区人民政府、深圳市共和国老将军档案专馆联合主办，上海市拥军优属基金会资助。当年亲历过二万五千里长征的老红军，参加过抗日战争、解放战争的老将军、老干部，驻沪三军、武警部队官兵，上海社会各界的代表共300多人参加开幕式。

14日　河北省委、省政府为驻冀部队赠送了价值100万元的慰问品；省民政厅为困难优抚对象赠送了价值150万元的药品、羽绒服、棉衣和床上用品。

14日　河南省双拥工作领导小组第十三次会议在省国防教育基地召开。会议总结了2004年全省双拥工作情况，研究部署了2005年双拥工作任务。

14日　贵州省委在革命历史名城遵义召开座谈会，隆重纪念遵义会议召开70周年。座谈会由省委副书记、省长石秀诗主持。省政协主席王思齐，省委副书记、省双拥工作领导小组组长孙淦，省委副书记曹洪兴、王富玉，省委常委、省军区政委谌宏昌，省武警总队政委陈伯春等出席。

15日　上海市民政局、上海市双拥办举办2005年军政迎春座谈会。市委、市政府有关领导，驻沪部队各大单位军政主官出席座谈会，市委副书记刘云耕，市委常委、副市长冯国勤，市委常委、上海警备区政委戴长友少将，副市长周太彤出席座谈会并讲话。

15日～16日　由宁夏回族自治区党委、人大、政府、政协主要领导带队，分成4个组，分别对驻宁部队团以上单位进行了慰问，并对军休干部、困难军转干部、伤病官兵分别进行了慰问。共送去慰问金132万元。

17日　河北省委议军会议在石家庄召开。省委书记、省军区党委第一书记白克明，省委副书记、省长、省国防动员委员会主任季允石出席会议并讲话。

17日　内蒙古自治区双拥工作领导小组会议召开，36个成员单位全部出席了会议。会议由自治区副主席、双拥工作领导小组副组长郭子明主持，自治区党委副书记、双拥工作领导小组组长杨利民出席会议并讲话。会上由民政厅副厅长、双拥办主任高锡亮传达了全国省市区双拥办主任会议精神，汇报了自治区2004年双拥工作情况。讨论通过了《2005年全区双拥工作要点》、《内蒙古自治区双拥工作领导小组成员单位双拥工作职责》，确定建立成员单位联络员制度。

17日　安徽省领导高福明、徐立全、赵培根和省军区副司令员王明礼、参谋长吕录庭率省暨合肥市有关部门领导，分两路走访慰问省军区、解放军电子工程学院、炮兵学院等部队官兵，代表省委、省政府和全省人民向他们致以节日的问候和美好的祝福。

19日　广东省双拥办、省民政厅在广州大厦召开驻穗部队各大单位有关业务部门领导及省双拥工作领导小组联络员迎春座谈会，征求部队对地方意见，进一步密切军政军民关系。

20日～29日　内蒙古自治区组成9个党政慰问团，分赴12个盟市对重点优抚对象、贫困户、驻区部队进行慰问。

25日　中共中央政治局委员、天津市委书记张立昌，市长戴相龙等市领导同志带领市双拥工作领导小组成员分 7 路走访慰问驻津部队和武警部队指战员，并向基层连队赠送了价值 240 万元图书，为 4500 户烈属赠送了电气压锅等慰问品。

25 日　海南省、海口市举办 2005 年党政军春节团拜会。

27 日　在天津市大剧场召开 2005 年天津市春节军民联欢晚会。中共中央政治局委员、天津市委书记张立昌，市委副书记、市长戴相龙等市领导同志，市双拥工作领导小组成员、天津警备区、武警天津市总队和驻津各部队官兵代表，军队离退休干部、转业复员退伍军人、革命伤残军人和烈军属等优抚对象代表出席晚会。

27 日　山东省在济南举行迎新春军民联欢晚会。山东省五大班子主要领导和驻济部队首长参加。

30 日　安徽省双拥办组织召开安徽省暨合肥市党政军负责同志春节座谈会。

1 月　福建省领导走访慰问了南京军区和驻闽部队领导机关及部分基层部队，并赠送慰问金 450 万元。

30 日～2 月 1 日　广西壮族自治区春节慰问团分 13 个分团，分赴 4 个地级市走访慰问烈属、军属等，并送去了慰问品和慰问金。

31 日　河南省委副书记支树平、副省长刘新民率慰问团，赴济南走访慰问济南军区部队。济南军区领导与慰问团座谈。

31 日　四川省委副书记、省长张中伟，省人大副主任张宗源、省政府副省长张作哈等省、市有关部门领导带领慰问团，分别到四川省革命伤残军人休养院、四川省革命伤残军人大邑休养院和省武警成都医院进行慰问，并赠送了慰问金和慰问品。

元旦、春节、“八一”期间，青海省党政军慰问团分别由省委书记赵乐际、省长宋秀岩，省委副书记白玛、刘伟平、骆惠宁，副省长邓本太、省政法委书记沈何等带队，深入驻青部队慰问官兵，看望坚守工作岗位的基层执勤连队和重点优抚对象，并为官兵和重点优抚对象送去价值 5 万余元的电脑、衣被等慰问品。

2 月

1 日　中共内蒙古自治区委员会、内蒙古自治区人民政府在《内蒙古日报》和内蒙古人民广播电台刊播了《致全区驻军和武警部队指战员的慰问信》。

1 日　安徽省委书记郭金龙同志带领省委、省政府、省人大、省政协、省军区几大班子领导前往南京军区机关进行慰问。

1 日　河南省委、省人大、省政府、省政协主要领导携带慰问金和慰问品，走访慰问驻豫部队(武警)。

1 日　重庆市副市长陈光国同志带队慰问重庆市革命伤残军人康复医院。

3 日　在荔园山庄举行了广西壮族自治区党政军迎春座谈会，自治区四家班子主要领导，自治区双拥工作领导小组成员、驻邕部队领导参加了座谈会。座谈会由陆兵主席主持、曹伯纯书记和广西军区领导分别讲话。

4 日　吉林省副省长李锦斌先后来到驻吉 65301 部队、省军区、省武警总队慰问。李锦斌对广大官兵为吉林省经济建设和各项社会事业发展所做出的贡献表示感谢。李锦斌说，驻吉部队、省军区及省武警总队官兵与全省人民“同呼吸、共命运、心连心”，自觉服从和服务于地方改革发展稳定大局，紧紧围绕吉林老工业基地振兴，广泛深入地开展扶贫帮困、捐资助学等军民共建活动，特别是在完成急难险重任务方面，发挥了重要的作用，为吉林省的经济发展和社会稳定做出了突出贡献，以实际行动赢得了各级党委、政府和广大人民群众的高度信赖和赞誉。

5日　黑龙江省双拥办组织协调省委书记宋法棠，省双拥工作领导小组组长张左己，及栗战书、王东华等省领导走访慰问省军区、省武警总队等部队。

5日　根据中宣部的安排，中央电视台、人民日报、解放军报等中央级各大新闻媒体集中宣传时代先锋、山东省民政厅石贤芹副厅长的拥军先进事迹，在全省乃至全国引起强烈反响。

5日　由重庆市委、市人大、市政府、市政协的主要领导带队，对驻渝部队官兵进行了慰问。

5日　四川省人民政府副省长张作哈到四川省复员退伍军人医院、成都市百花干休所和成都军供站慰问。

5日　由贵州省委书记、省人大常委会主任钱运录，省委副书记、省长石秀诗，省政协主席王思齐等领导组成的省拥军优属春节慰问团，来到省军区、省武警总队、省消防总队驻地和省军区第五干休所进行慰问。

5日　贵州省委副书记、省双拥工作领导小组组长孙淦，省委常委、常务副省长王正福，省人大常委会副主任刘思培，省政协副主席相小青一行慰问走访了贵州预备役师、省军区第一干休所、省警卫局和省边防总队。

5日　贵州省党政领导与驻筑部队官兵在省军区礼堂举行迎新春联谊会，共叙鱼水情谊。省委副书记孙淦出席并讲话，省领导王正福、谌宏昌、陈庆云、蒋崇安、刘思培、马文骏等观看了演出。

6日　2005年广东省军政座谈会在广州珠岛宾馆举行，广东省和广州军区等驻粤部队领导同志，与来自全省各地的爱国拥军模范和拥政爱民模范、优秀军转干部、知名烈军属、抗美援朝老战士、荣誉军人、部队英模代表，省双拥工作领导小组成员，地方和部队有关部门的领导同志等200多人欢聚一堂，同庆新春佳节，互叙军民鱼水情谊，共商双拥工作大计。中共中央政治局委员、广东省委书记张德江，广州军区司令员刘镇武上将，广东省委副书记、省长、省双拥工作领导小组组长黄华华，广州军区政委杨德清上将等出席。

2月上旬　内蒙古自治区党政慰问团深入12个盟市，对优抚对象、驻军进行慰问。

18日　民政部优抚安置局孙绍骋局长一行20人来山东省蒙阴，在山东省民政厅杨金镜厅长、石贤芹副厅长及双拥办的陪同下，一起开展活动。民政部优抚安置局和省民政厅先是分别举行了向蒙阴老区优抚对象捐款仪式，然后分9个组进村入户走访了118户优抚对象，了解他们的生活、住房、医疗等情况，赠送了慰问金，并在优抚对象家中与他们一起吃了农家饭。

21日　湖南省杨泰波副省长一行慰问省军区老干部。

23日　山西省双拥工作领导小组制订下发《山西省双拥工作领导小组成员单位双拥工作职责》，主要对省双拥工作领导小组成员单位双拥工作职责进行了补充和修改。

26日　在江苏省南京市双门楼宾馆二楼紫金厅召开驻宁军事院校双拥工作座谈会，共商在新形势下进一步做好双拥工作大计。各驻宁军事院校院（校）长、政委、政治部领导、省双拥工作领导小组及办公室领导、省双拥工作领导小组部分成员单位领导出席会议，各军事院校领导发了言，省委副书记张连珍、副省长王湛、省军区副政委杨森出席会议并作重要讲话。

3月

18日　四川省委书记、省人大常委会主任张学忠签发《中共四川省委四川省人民政府四川省军区关于命名全省双拥模范城（县、区）的通报》。

21 日　著名抗日英雄、狼牙山五壮士之一的葛振林老人因病在湖南衡阳逝世。得知消息后，河北易县党政军民万分悲痛，在全县开展了“上英雄山、走英雄路、做模范人”的主题教育活动。3 月 25 日，保定军分区、易县人武部的官兵与当地干部群众到狼牙山五壮士纪念塔前，深切缅怀葛振林的丰功伟绩。

23 日　广东省双拥办在省政府二号楼迎宾厅承办召开了省双拥工作领导小组第十九次全体会议。副省长、省双拥工作领导小组副组长李容根主持会议。省委副书记、省长、省双拥工作领导小组组长黄华华和省军区政委蔡多文就如何做好今年双拥工作作了重要讲话。会上，省民政厅厅长杨华维传达了全国双拥工作领导小组第十七次全体会议精神，省双拥办副主任曾志军传达了全国省区市双拥办主任会议精神，省民政厅副厅长、省双拥办副主任范俊龙代表省双拥办总结了 2004 年广东省双拥工作情况，提出了今年的双拥工作任务。省双拥工作领导小组各成员单位的负责同志出席了会议。

23 日～24 日　福建省属区市双拥办主任会议在晋江市召开。会议通报了去年全省双拥工作情况，部署了今年全省双拥工作任务。

23 日～25 日　青海省双拥工作领导小组副组长、副省长邓本太深入驻军部队调研双拥工作，协调省内各有关部门解决了部队提出的落实军人优惠政策、转业复员安置、家属就业等 15 个方面的难题。

24 日　天津市召开了双拥工作领导小组扩大会议。会上由 4 个市双拥工作领导小组成员单位汇报了双拥工作，审议通过了《天津市 2005 年双拥工作安排意见》和《天津市 2004 年双拥工作报告》。市委副书记、常务副市长、市双拥工作领导小组副组长黄兴国同志出席会议并讲话。

25 日～29 日　广东省民政厅副厅长范俊龙带领双拥办的同志到汕头市对开展“三个一百”活动进行了调查摸底和督导，与 8 名孤儿进行了接触，实地察看了 6 座革命烈士纪念建筑物和 9 个敬老院，并召开了 3 个座谈会，征求了对厅党组及其成员的意见和建议。双拥办将督导情况在民政网上进行了宣传报道。

29 日　山西省双拥工作领导小组召开全省双拥工作会议，省政府副秘书长、省双拥办副主任王茂设传达回良玉同志在全国双拥工作领导小组第十七次全会上的讲话精神。省军区政治部副主任、省双拥办副主任张瑞祥传达全国省市双拥办主任会议精神。省委副秘书长、省双拥工作领导小组副组长、省双拥办主任马景龙做了工作报告。各市双拥办交流了经验及汇报今年双拥工作重点要办的实事。省委常委、常务副省长、省双拥工作领导小组副组长范堆相同志在会议上作了重要讲话，并对 2005 年的双拥工作应当如何开展提出了指导性意见。各市双拥办、军分区副政委和分区政治部副主任、驻晋部队秘群处长参加了会议。

29 日　贵州省双拥工作领导小组全体会议在贵阳召开。省委副书记、省双拥工作领导小组组长孙淦出席会议并讲话。会议由副省长、省双拥工作领导小组副组长肖永安主持。

30 日　天津召开了全市拥军优抚安置工作会议，会议通过了《2005 年全市拥军优抚安置工作要点》。要点指出，在新的一年里，全市拥军优抚安置工作的总体要求是：以邓小平理论和“三个代表”重要思想为指导，继续深入贯彻党的十六届四中全会精神，坚持“以民为本，为民解困”的工作宗旨，以贯彻实施新的《军人抚恤优待条例》为契机，与时俱进，开拓创新，扎实工作，构建与完善拥军优抚安置保障体系，全面提升拥军优抚安置工作水平，为促进社会和谐稳定，推进国防和军队现代化建设做出更大的贡献。

30 日　海南省双拥办组织海南省驻海口市 500 名官兵观看“先进性见行动”大型广场音乐会。

31 日　海南省双拥办组织召开海南省军区、海口市和省军供站规划协调会。

3 月　辽宁省筹备召开全省双拥办主任会议。

4月

4日 河北省石家庄市平山县上观音堂乡境内发生山林大火。驻地部队和民兵等4130人，在平山县干部群众的支持与配合下，经过3昼夜奋力扑救，共扑灭火场8处，扑灭着火点10余处，设置隔离带10000余米，清理过火面积1500亩，发现并扑灭暗火500余处，圆满完成了灭火任务。省委书记白克明，省委常委、秘书长张力等领导，对部队反应迅速、组织严密、科学扑救的做法给予了高度评价。

6日 黑龙江省双拥办出台了《黑龙江省双拥模范城（县）考核标准细则》（黑拥字［2005］2号)，制定了千分制考核办法，首次实施了动态管理的年度双拥工作考核机制。并组织军地有关人员对12个地级市双拥工作进行了年度考核，使双拥模范城（县）创建活动干在平时、比在平时、争在平时成为全省上下的自觉行动，推动了全省社会拥军活动的深入开展。

6日～7日 广东省双拥办召开全省地级以上市双拥办主任会议。会议由省民政厅厅长杨华维主持。会上，省军区政委蔡多文少将和省政府副秘书长罗欧同志作了重要讲话；省民政厅副厅长、省双拥办副主任范俊龙同志代表省双拥办作了双拥工作报告。省双拥办副主任曾志军作了会议总结讲话。与会代表学习了全国双拥工作领导小组第十七次全体会议、全国省区市双拥办主任会议的主要精神和黄华华省长、蔡多文政委在省双拥工作领导小组第十九次全体会议上的讲话精神；各地级以上市双拥办主任、地级以上市民政局分管副局长以及双拥(优抚）科（处）长、驻粤部队大单位群工部门负责人和作典型发言的代表出席了会议。

7日 武警河北省总队2000名官兵，与石家庄市军地领导一起，在省会滹沱河北岸500亩河滩栽下了20000株速生杨，并命名为“警民共建林”。这是近年来驻石部队在滹沱河畔继“八一林”、“卫士林”、“军校林”建成后，进行的又一项大规模的义务植树活动。

10日 天津市双拥工作领导小组下发了《天津市双拥工作领导小组职能和工作制度》和《天津市双拥工作领导小组办公室职责和工作制度》文件。

4日～14日 上海市双拥办、上海市拥军优属基金会举行《托起心中的长城——上海市拥军优属基金会成立十周年》文艺晚会。市委常委、副市长冯国勤观看演出并讲话，民政部致电表示热烈的祝贺。

12日～19日 广东省双拥办专职副主任陈瑞峰带领省双拥办的同志，到东莞、深圳、珠海、中山、惠州、河源五市，围绕加强双拥理论研究、深入开展军民共建活动、加强对双拥模范城（县）动态管理等问题，开展了双拥工作调研活动，取得了一定的调研成果。

16日～18日 驻宁部队5000余名官兵成建制、大规模在吴忠市黄河岸边建成“解放军青年林”5000余亩，植树40余万株。

中旬 驻冀66455部队组织12000名官兵，出动1500台车次，参加宣化县黄洋滩“万人植树大会战”、“丹拉高速公路绿化工程”和张家口市“增绿添彩”工程建设，共植树1200余亩。

19日 吉林省民政厅、省双拥办慰问团前往前郭县东三家子乡，慰问了参加“万亩民兵林”暨荒漠化治理工程大会战的省军区官兵，带去慰问金5万元。集中了6个地区、8个单位、5000多名民兵预备役骨干力量，共植树120万株。

20日 天津市召开了首期驻津部队攻读硕士研究生座谈会。天津市首期驻津部队南开大学硕士研究生班得到了有关部门的大力支持，市委副书记、市长、市双拥工作领导小组组长戴相龙，市委副书记、常务副市长、市双拥工作领导小组副组长黄兴国和警备区副政委、市双拥工作领导小组副组长李德顺同志都亲自作了批示。

21 日　四川省双拥模范城（县、区）命名电视电话会议在蓉召开。四川省委书记、省人大主任张学忠，成都军区副政委屈全绳中将出席会议并作重要讲话。四川省委副书记、省长张中伟主持会议，四川省政协主席秦玉琴、省人大副主任徐世群、副省长张作哈、成都军区空军副政委龚德宏少将、四川省军区副政委肖明惠少将，武警四川省总队副总队长陈明乐大校和四川省双拥工作领导小组全体成员、驻蓉部队（武警）官兵以及成都市干部群众代表共计 220 余人出席了四川省成都主会场会议。会上，四川省军区副政委肖明惠宣读了全国双拥办发来的《贺电》，四川省副省长张作哈宣读了省委、省政府、省军区和省双拥工作领导小组命名（表彰）四川省双拥模范城（县、区）及双拥先进市（县、区）、双拥先进集体（个人）的通报（决定）。

23 日　山东省菏泽市委、市政府、军分区召开新时期双拥工作座谈会，总结工作，交流经验，部署任务。总政治部群工办李辉副主任、全国双拥办于文俊处长、济南军区政治部刘林副秘书长、山东省军区幸胜标副政委、山东省民政厅石贤芹副厅长出席会议。

25 日～27 日　武警贵州省总队第三次代表大会在贵阳召开。贵州省委书记钱运录到会并作重要讲话。省委副书记、省长石秀诗，副省长、省双拥工作领导小组副组长肖永安出席会议。

28 日　青海省双拥工作领导小组召开第十三次全体会议，总结了 2004 年全省双拥工作，研究部署了 2005 年的双拥工作任务，省双拥工作领导小组组长、省委副书记白玛同志在会上作了讲话。强调了抓好全年工作落实需要注意的几个问题。

4 月　辽宁省筹备召开全省第十七次双拥工作领导小组会议。

5 月

9 日　福建省双拥工作领导小组召开第二十五次全体会议。会议听取了省双拥办《关于筹备召开福建省拥军优属拥政爱民工作会议方案》的汇报；审议并原则通过了《福建省双拥模范城（县）创建命名管理办法实施细则（送审稿）》、《省级双拥模范单位和个人评选推荐办法》。

10 日～13 日　省双拥办副主任曾志军、专职副主任陈瑞峰组织省社科院精神文明研究中心、省精神文明学会专家学者、广州军区、南海舰队的研究员，按照公平、公正、保密的原则打分，对各地各部队上报的 59 篇广东省非公经济组织和社会组织双拥共建工作理论研讨论文集中进行了评审。

13 日　为体现吉林省委、省政府和广大人民群众对参加野外训练的驻吉 65301 部队的深切关怀和支持，省委副书记唐宪强、省委副秘书长于守臣、省民政厅副厅长张晶、省优抚处处长李轩、副处长刘忠民等一行，前往吉林市慰问了部队全体官兵，带去慰问金 5 万元。

13 日　甘肃省双拥工作领导小组召开第十七次全体会议。副省长、省双拥工作领导小组副组长罗笑虎，省军区副政委、省双拥工作领导小组副组长丁德福，领导小组全体成员出席了会议。会议分析了双拥工作面临的形势和任务，对深入扎实地做好新形势下的双拥工作进行了部署和安排。

19 日　安徽省双拥工作委员会召开第二十一次全体会议。省委副书记张平主持会议并作了重要讲话，省双拥工委第一副主任、副省长徐立全，省双拥工委副主任刘玉尧、张秋保、李宏塔、陈文华，省军区政治部副主任刘加莹等双拥领导小组成员和有关厅局负责同志共 40 余人出席了会议。会议听取并审议通过了陈文华所作的《安徽省2004年双拥工作情况和2005年双拥工作安排》；讨论并通过了刘加莹所作的《2005年全省双拥模范城（县）、模范单位、模范个人命名表彰方案》。

10日～28日　河北省双拥办组成3个检查组，分别由省双拥办常务副主任、省民政厅厅长夏玉祥，省双拥办副主任、省民政厅副厅长程鸿飞，省双拥办副主任、省军区政治部副主任梁军带队，采取听汇报、召开座谈会、查阅资料、走访慰问等方法，先后对63个申报省级双拥模范城（县）的市、县的双拥工作进行检查验收。

23日～24日　广东省双拥办在深圳组织召开了广东省非公经济组织和社会组织双拥共建工作理论研讨会。省双拥工作领导小组副组长、副省长李容根作了重要的书面讲话；省双拥工作领导小组成员、省民政厅厅长杨华维，全国双拥办副主任、民政部优抚安置局副局长董华中作了重要讲话；省双拥办副主任、省民政厅副厅长范俊龙代表省双拥办作了会议总结讲话。获得一、二、三等奖的优秀论文，在大会上进行了交流。与会代表围绕研讨内容，紧密结合各自实际，对非公经济组织和社会组织双拥共建工作的理论与实践问题进行了认真研讨。大会给40名获奖优秀论文作者颁了奖。出席研讨会的还有军地相关部门领导以及非公企业、社会组织的一些代表等共90多人。

27日　重庆市民政局组织军队离退休干部开展“手牵手、看战友、扶贫帮困”活动，帮助老复员军人、重点优抚对象解决生产生活上的困难。

28日　驻石家庄66267部队、武警河北省总队等单位，出动官兵300余人，车辆30台，帮助石家庄市桥西区清理建筑、生活垃圾1500余方。

5月　根据全国双拥办《关于对双拥工作进行集中调研的通知》精神，广西壮族自治区双拥办会同民政厅优抚处分3个小组对南宁、桂林、柳州、北海、梧州、贵港、防城港、桂平、靖西9个全国双拥模范城（县）进行了检查，并形成综合报告报全国双拥办。

6月

2日　天津市双拥工作领导小组举办了双拥工作领导干部培训班。为了更好地学习、借鉴兄弟省市双拥工作好的做法、好的经验，天津市分两路去湖南、贵州学习，并邀请了两省双拥办的领导交流双拥工作情况，进一步推动天津市双拥工作的深入发展。天津市双拥工作领导小组成员，区县双拥工作领导小组组长或副组长，区县双拥办主任、副主任92人参加了培训和学习考察。

2日　吉林省副省长李斌、省民政厅厅长朱克民、优抚处处长李轩等一行，前往吉林市参加了65301部队某团举行的“赴利比里亚维和工程兵大队成立大会”。李斌副省长代表省委、省政府讲了话。

2日　重庆市双拥办组织召开了全市双拥工作理论研讨会。

6日～7日　国家民政部副部长、全国双拥办主任罗平飞、全国双拥办政研处处长马飞雄一行5人，到吉林省调研双拥工作。

6日　重庆市双拥办发出通知，要求在全市范围内评选推荐一批全国军民共建社会主义精神文明先进单位和先进个人，上报全国双拥工作领导小组、中央宣传部、中央文明办、民政部、总政治部联合表彰。

7日　山东省召开“和平使命—2005”中俄联合军事演习保障任务部署会。谢玉堂副省长、济南军区政治部副主任穆振河、省军区谈文虎司令员分别作了重要讲话。省民政厅杨金镜厅长就做好支前慰问工作作了汇报。

7日　根据《2005 年全国双拥工作要点》精神，湖南省双拥工作领导小组组织湖南省 10 个全国双拥模范城（县）进行了自查。

9日　河北省委书记、省人大常委会主任白克明，省政府省长季允石，省委常委、常务副省长郭庚茂，省委常委、宣传部长张群生，省委常委、秘书长张力，省委常委、省总工会主席臧胜业，在省委常委、省军区司令员钟志明，省军区政委张连仁陪同下，慰问北京军区某集团军防空旅，并赠送了 80 万元慰问金。北京军区副司令员高中兴等专程到部队陪同慰问。

9日　四川省双拥办召集四川省精神文明办、四川省军区政治部有关同志开会，研究贯彻国拥［2005］5 号文件，商定军民共建社会主义精神文明先进集体（个人）的上报名单。会后，四川省双拥办军地人员就抽查四川省内国家级双拥模范城县工作进行了分组布置。

13日　天津市民政局等 6 个部门联合下发了关于贯彻落实《军人抚恤优待条例》有关规定的通知。就“残疾军人、现役军人乘坐市内公共汽车、轻轨交通工具，游览公园、博物馆、名胜古迹享受优待”等进行了规定。

13日～24日　由四川省民政厅和四川省军区政治部组织的联合工作组，对新命名的四川省内 6 个全国双拥模范城（县）进行抽查和调研。

15日　吉林省机构编制委员会下发（吉编［2005］21 号）《关于调整吉林省双拥工作领导小组成员的通知》。

16日　湖南省双拥工作领导小组第十七次全体会议在民政厅五楼会议室召开，会议回顾 2004 年双拥工作的主要成绩，审议推荐全国军民共建社会主义精神文明表彰大会表彰对象，部署 2005 年双拥工作任务。

30日　山东省拥军慰问团赴青岛市，慰问济南军区战役集训领导指挥机关。张高丽书记、韩寓群省长、高新亭副书记、谢玉堂副省长及省有关部门的领导参加了慰问。张高丽书记、济南军区刘冬冬政委分别作了重要讲话。下午，谢玉堂副省长、省军区谈文虎司令员等走访慰问了军委总部导演组。

6月　天津市双拥办协调了市教委、南开大学、天津大学、天津师范大学等院校，就举办驻津部队军官攻读在职硕士研究生事宜进行了调研，并下发了《关于驻津部队军官攻读在职硕士研究生的通知》。有 70 名驻津部队军官报名参加考试。

6月　安徽省双拥办向全国双拥工作领导小组推荐表彰军民共建社会主义精神文明先进单位 3 个和先进个人 3 名。

6月～8月　安徽省双拥办开展“援建军营图书室、共建学习型军营”活动，全省共投入 128 万元，购买 320 套图书，援建 172 个图书室。

6月～10月　驻闽部队先后参加“泰利”、“海棠”、“龙王”等强台风和特大暴雨、山林火灾等突发灾害的抗灾救灾，出动 10 多万人次（含民兵预备役官兵）、机械车辆 1800 多台次、冲锋舟和船艇 300 多艘次，共营救和转移遇险群众 2.1 万多人，清理路面卫生 35 公里，清除垃圾淤泥 2500 多吨，组织转移船只 4500 多艘，搬运沙包 20 多万袋，加固、封堵海堤 2300 多米，抢运物资 2 万多吨，为群众送水 4100 多吨。赠送慰问金 300 多万元。

6月　根据民政部《关于在全国开展“援建军营图书室，共建学习型军营”系列活动的通知》（民函［2005］113 号）精神，广东省民政厅、省双拥办联合下发了通知，对开展“援建军营图书室，共建学习型军营”系列活动进行了部署。目前各地级以上市都做出了援建方案，省本级援建 10 个军营图书室。

6月　广西壮族自治区普降暴雨，桂江、浔江、西江等水位迅速上涨，全区 69 个县（市、区）受灾，汛情十分严峻。危难时刻，广西军区、武警等部队和民兵预备役人员共 5 万多人，日夜奋战在梧州、贺州、柳州、百色、桂林等抗洪一线。自治区党委曹伯纯书记、自治区政府陆兵主席、广西军区刘晓琨司令员等党政军主要领导亲临抗洪救灾一线指挥。

7月

6日　河南省双拥工作领导小组召开第十四次全体会议，研究确定省双拥模范城（县）的命名表彰工作。

8日　广西壮族自治区在南宁市召开自治区双拥工作领导小组第十六次全体会议，专题研究推荐全国军民共建精神文明先进集体和先进个人，部署下一阶段的双拥工作。会议由广西军区政治部副主任刘清书主持，区党委副秘书长谭勇在会上讲了话，38名领导小组成员单位的代表参加了会议。会议决定推荐自治区军粮供应中心等6个单位为全国军民共建社会主义精神文明先进单位，自治区军转处处长周红3名个人为全国军民共建社会主义精神文明先进个人。

9日　吉林省副省长李斌、省民政厅厅长朱克民、副厅长张晶、优抚处处长李轩、副处长刘忠民等一行，在长春机场参加第三批赴利比里亚维和工程兵大队出征欢送大会。李斌代表省委、省政府讲了话。

13日　福建省双拥工作领导小组召开第二十六次全体成员会议。会议听取了省双拥办《关于省级双拥模范单位、模范个人推荐申报与考评情况的汇报》、审议了《全省双拥工作会议方案》和《关于2005年“八一”期间开展双拥活动的意见》。

13日　广东省政府下发《关于“八一”建军节期间开展拥军优属活动的通知》，要求各地级以上市人民政府，各县（市、区）人民政府，省政府各部门、各直属机构在中国人民解放军建军78周年期间，要广泛深入地开展以爱国主义为核心的国防和双拥宣传教育，广泛开展形式多样、内容丰富的双拥活动，认真落实拥军优抚安置政策。

15日　河南省委副书记支树平、省军区政委祁正祥、副省长刘新民率慰问团专程赴山东省，慰问“和平使命—2005”演习部队。

18日　天津警备区副政委、市双拥工作领导小组副组长李德顺同志带领市双拥办和部分区县分管领导、民政局长到贵州、昆明等省（市）学习考察双拥工作。

18日　河北省民政厅会同省委宣传部、省文明办、省发展和改革委员会、省财政厅、省文化厅、省总工会、共青团河北省委员会、省妇联联合下发《关于加强和改进爱国主义教育基地工作的实施意见》。

18日　“爱心献功臣医疗队”出发仪式在吉林省民政厅举行。这次“爱心献功臣”活动，由各医疗队所在医院负责解决价值1万元以上的老年病人常用药品；各医疗队所到的县（市）政府也配了1万元药品；省慈善总会为驻长部队医疗队捐助4万元药品。

18日　广州军区第二届“国防之星”表彰大会隆重召开，广西壮族自治区玉林市市委书记高雄、南宁市市长林国强、防城港市市长范晓莉、靖西县县委书记黎志敏、东兰县县委书记廖昌军、北海市银海区区委书记罗诗汉等6人，被广州军区授予第二届“国防之星”光荣称号。

20日　在纪念中国人民抗日战争胜利60周年之际，天津市委、市政府向在乡抗日老战士、抗日老烈属赠送价值55万元的慰问品。

21日～22日　山东省王军民副省长、省军区黄辉道副政委率省慰问团赴日照慰问驻军部队官兵。

22日　上海警备区老红军、老八路举行纪念抗日战争胜利60周年大会。上海警备区副政委张龙少将及警备区机关干休所100多名老红军、抗日老干部，部分老干部家属、遗属出席纪念大会。座谈会上，一批德高望重的老红军、老八路分别回顾了抗日战争的峥嵘岁月，追忆了抗日军民的英勇事迹。

22 日　山东省妇联、省民政厅、省军区政治部联合下发通报（妇发字［2005］21 号），表彰山东省第四届“十佳好军嫂”和第三届“十佳兵妈妈”。

22 日　广东省双拥办、省民政厅在广州大厦召开了 2005 年广东省军地双拥业务部门“八一”座谈会，征求部队对地方意见，进一步密切军政军民关系。座谈会由省双拥办专职副主任陈瑞峰主持，省双拥办副主任、省民政厅副厅长范俊龙介绍了去年“八一”以来我省双拥工作情况，广州军区政治部副秘书长、省双拥工作领导小组成员郎波代表部队单位作即席讲话，省双拥办副主任曾志军致祝酒辞。省民政厅副厅长骆招群，驻穗部队大单位政治部领导，群工、军务、动员、运输、干部、老干等部门负责人及其分管领导，省双拥工作领导小组成员单位联络员等 130 多人出席了座谈会。

25 日～27 日　受广东省委、省政府委托，省政府副秘书长、省双拥办主任周炳南，省民政厅厅长、省双拥工作领导小组成员杨华维，省民政厅副厅长、省双拥办副主任范俊龙等率领 8 个省“八一”拥军慰问团，在部队领导的陪同下，分别慰问了省武警总队二支队、75215 部队、91760 部队、95112 部队 52 分队、清远市公安消防支队、省边防总队海警第一支队、武警 8730 部队等，向部队官兵赠送了慰问品、慰问金。

26 日　重庆市政府副秘书长夏祖相同志带队慰问九龙坡区军队离退休干部第二休养所。

27 日　在全国军民共建社会主义精神文明先进单位先进个人电视电话表彰会议后，天津市对该市被评为全国军民共建社会主义精神文明先进单位先进个人进行了表彰。市委副书记、常务副市长、市双拥工作领导小组副组长黄兴国同志和天津警备区副司令员崔立学同志就贯彻落实全国电视电话会议精神，深入开展军民共建社会主义精神文明活动作重要讲话。

27 日　河北省双拥办组织省双拥工作领导小组各成员单位领导、驻石部队师级以上单位领导，在石家庄市参加全国军民共建社会主义精神文明先进单位先进个人电视电话表彰会议。

27 日　全国军民共建社会主义精神文明先进单位、先进个人电视电话表彰会议后，吉林省举行了分会场会议。会议由省双拥工作领导小组副组长、省委副书记唐宪强主持，省双拥工作领导小组组长、省长王珉作了重要讲话。省双拥工作领导小组副组长、省委常委、省军区政委张福才，省双拥工作领导小组副组长、副省长李斌，省政府秘书长刘润璞，省双拥工作领导小组成员，省文明办、双拥办和驻军部队有关领导，以及受全国表彰的先进单位代表和先进个人参加了会议。

27 日　吉林省委、省政府“八一”慰问团慰问了 65571 部队、95926 部队官兵，并带去背投电视、体育器材等慰问品。参加慰问的有省委副书记唐宪强、副省长李斌、省委副秘书长于守臣、省民政厅厅长朱克民、省民政厅副厅长张晶等。

27 日　黑龙江省双拥办在哈尔滨组织召开省双拥工作领导小组成员单位领导及联络员会议。回顾总结了近年来省双拥工作领导小组成员单位工作情况，研究部署了下一步工作任务。省双拥办主任、省委副秘书长曹志斌主持。省双拥工作领导小组副组长、副省长王东华作重要讲话。省双拥办副主任、省民政厅厅长沈玉成，省双拥办副主任、省民政厅副厅长王润增参加了会议。

27 日　黑龙江省双拥办组织了全国军民共建社会主义精神文明表彰先进单位先进个人电视电话会议黑龙江分会场。黑龙江省双拥工作领导小组副组长、省委副书记周同战到会并接见受表彰代表。会上本省有 4 个单位被授予全国军民共建社会主义精神文明先进单位和先进个人称号。

27 日　在全国军民共建社会主义精神文明先进单位先进个人电视电话表彰会议上，上海市 10 个单位和 3 名个人榜上有名。上海分会场设在市政府多功能厅，市委副书记、市双拥工作领导小组副组长刘云耕讲话，市委常委、副市长冯国勤主持了上海分会场的会议。上海警备区副政委张龙、市委副秘书长陈旭以及市委宣传部、市文明办、驻沪部队各大单位政治部负责人和市民政局徐麟局长、叶兴华副局长出席了会议。

27 日　山东省双拥办组织了全国军民共建社会主义精神文明先进单位先进个人电视电话表彰会山东分会场，省委副书记高新亭出席会议并讲话，张昭福副省长主持。军地有关人员共 105 人出席会议。

27 日　全国电视电话表彰会议结束后，广东省接着召开了会议，会议由省双拥工作领导小组成员、省民政厅厅长杨华维主持，省双拥办主任、省政府副秘书长周炳南宣读了广东省军民共建的表彰决定，对广州市银河烈士陵园管理处等 100 个单位和广州市共建文明珠江办公室副主任李羽玲等 100 名个人进行了表彰，常务副省长汤炳权作了重要讲话。广州军区政治部副主任熊焰少将、省民政厅副厅长、省双拥办副主任范俊龙，省双拥办副主任曾志军、专职副主任陈瑞峰等军地领导，以及省双拥工作领导小组成员单位领导、先进单位和先进个人代表等 80 多人出席了会议。

27 日　在广西壮族自治区人民政府会议楼，自治区双拥工作领导小组 29 个厅局委办和 11 个师以上部队成员单位、以及受表彰的先进单位和个人代表共 85 人参加了全国军民共建社会主义精神文明先进单位、先进个人电视电话表彰会议。

27 日　重庆市委副秘书长聂连文同志带队慰问重庆市革命伤残军人康复医院。

27 日　四川省副省长柯尊平、成都军区政治部副主任田义功、成都军区空军政治部副主任孙世云、四川省军区副政委肖明惠、武警四川省总队政治部主任傅万选、四川省政府办公厅副秘书长唐建军、四川省民政厅厅长黄明全、四川省文明办以及四川省双拥工作领导小组各成员单位领导在四川分会场出席了全国双拥工作领导小组、中宣部、中央文明办、民政部、总政治部召开的全国军民共建社会主义精神文明先进单位和先进个人电视电话表彰会议。

27 日　全国军民共建社会主义精神文明先进单位和先进个人电视电话表彰会在北京举行。贵州省委副书记、省双拥工作领导小组组长孙淦，副省长吴嘉甫，省军区司令员邱型柏少将、省军区政治部主任朱新民少将和省双拥工作领导小组全体成员及部分被表彰的先进单位、个人参加了贵州分会场会议。

27 日～28 日　贵州省委副书记、省双拥工作领导小组组长孙淦，省委常委、省军区政委蒋崇安少将率省慰问团赴毕节地区纳雍县慰问基层部队及优抚对象。

28 日　中共中央政治局委员、天津市委书记张立昌同志到天津警备区听取对天津经济发展的意见，还听取了天津警备区副政委、天津市双拥工作领导小组副组长李德顺同志的双拥工作汇报。要求扎扎实实搞好双拥工作，认真抓好创建双拥模范城（县）的活动。

28 日　内蒙古自治区组成党政慰问团，分成两个组，分别由自治区党委副书记杨利民、自治区副主席郭子明带队，对驻呼部队、武警官兵和抗战老战士进行了走访慰问。自治区党委办公厅、政府办公厅、民政厅、劳动和社会保障厅、人事厅、财政厅等有关部门的负责人参加了上述活动。

28 日　吉林省委副书记唐宪强，省委常委、省公安厅厅长聂文权，副省长李斌，在省委副秘书长于守臣、省政府副秘书长刘长生、省民政厅副厅长张晶等陪同下，慰问了省武警总队官兵，并带去 6 台微机等慰问品。

28 日　广东省民政厅厅长、省双拥工作领导小组成员杨华维、省民政厅副厅长、省双拥办副主任范俊龙率领“八一”慰问团，亲切慰问了广东省荣誉军人康复医院的荣军和医务人员。省荣康医院院长程德清介绍了荣康医院建设情况，荣军代表在发言中对省委、省政府和社会各界对荣军的关怀和爱护抒发了由衷感谢，并表示将珍惜荣誉，为建设和谐社会积极贡献。会后，杨厅长、范副厅长还深入荣军病房看望住院荣军，向他们赠送慰问品、慰问金，并致以节日亲切问候。

28 日　结合纪念中国人民抗日战争暨世界反法西斯战争胜利 60 周年各项活动的开展，宁夏回族自治区双拥办以“军民心连心，共谱和谐曲”为主题，在宁夏人民会堂，与自治区民政厅、文化厅、文明办、宁夏军区政治部、武警宁夏总队政治部、华兴时报社联合举办庆“八一”大型双拥晚会。参加晚会的自治区党政军主要领导、驻银部队官兵及社会各界群众共计3000余人。

29日　吉林省政协主席王国发，省委副书记唐宪强，省委常委、省军区政委张福才，在省委副秘书长于守臣、省民政厅厅长朱克民等陪同下，前往吉林市慰问了预备役47师官兵，带去慰问品5台笔记本电脑。

29日　为纪念中国人民抗日战争胜利60周年暨庆祝中国人民解放军建军78周年，吉林省委、省政府于29日下午在省宾馆举行慰问演出，省各界人民群众和驻军部队代表近千人观看了舞蹈剧《嘎子》。省委书记王云坤、省长王珉、省委副书记唐宪强等省领导及省军区政委张福才少将、65301部队部队长关凯少将等部队领导观看了演出。

29日　福建省拥军优属拥政爱民工作会议在福州召开。会议总结12年来全省双拥工作的基本情况和基本经验，部署了今后一个时期双拥工作的主要任务，命名表彰了一批双拥模范单位和个人。

29日　河南省委、省政府、省军区在郑州隆重召开全省双拥模范城（县）军民共建先进单位和先进个人命名大会，授予郑州市等64个市（县）为“双拥模范城（县）”，授予郑州市民政局等100个单位为“军民共建先进单位”，授予耿少周等38名同志为“河南省军民共建先进个人”。省党政军主要领导出席了会议。

29日　在湖南九所大会议室召开了湖南省庆祝中国人民解放军建军78周年军政座谈会。省委书记、省人大主任杨正午，省政协主席胡彪，省军区司令员郑治栋，省人大副主任吴向东，副省长杨泰波及驻湘师以上军事单位军政主官和民政厅、人事厅主要负责同志参加。杨正午书记作了重要讲话。

29日　广西壮族自治区举办了以“爱我中华、心系国防”为主题的广西国防教育电视演讲大赛和自治区烈士陵（碑）园、纪念馆、爱国主义教育基地、革命胜地等单位的讲解员演讲大赛，弘扬抗日救亡的民族精神。

29日　为庆祝中国人民解放军建军78周年，在南宁饭店举行庆“八一”茶话会，驻邕师以上部队政治部领导、分管双拥的业务处（科）长、干事共60人参加，广西壮族自治区民政厅副厅长、自治区双拥办副主任何军在会上致辞，广西军区政治部副主任、自治区双拥办副主任刘清书代表部队讲话。

29日　重庆市双拥工作领导小组在渝州宾馆举行“重庆市庆祝‘八一’建军节暨建军78周年座谈会”。

29日　四川省委、省政府在成都金牛宾馆举行庆“八一”军地领导联谊活动。四川省委书记、省人大常委会主任张学忠，省长张中伟，省政协主席秦玉琴，成都军区司令员王建民参加活动。

29日　纪念中国人民解放军建军78周年，进一步促进党管武装制度落实，大力推进军政军民团结和全民国防教育广泛深入开展，宁夏回族自治区党政军领导及国防动员委员会委员在武警宁夏总队参加军事日活动。这次活动主要有武警特警分队反恐课目表演、反恐装备展示、观摩武警总队信息化指挥系统，同时邀请国防大学教授为各位领导作国家安全形势报告，最后观看了武警文工团文艺演出。

30日　河北省委、省政府、省军区在秦皇岛市召开河北省庆祝“八一”建军节暨新一届省级双拥模范城（县）命名大会，省双拥工作领导小组成员单位，各市主管双拥工作的副书记（副市长）、双拥办军地领导、民政局局长，被命名的新一届省级双拥模范城（县）代表共150多人参加了会议。省委书记白克明、省长季允石、省军区司令员钟志明、省军区政委张连仁、省人大常委会副主任王加林、省政府副省长柳宝全、省政协副主席王建忠等领导，以及驻冀部队和院校领导出席会议。省委常委、秘书长张力主持会议。省长季允石、省军区政委张连仁和省委常委、秘书长张力分别就进一步做好新形势下的双拥工作、如何贯彻落实好会议精神讲了具体意见。副省长柳宝全作了工作报告。

29日　贵州省副省长、省双拥工作领导小组副组长肖永安、省军区司令员邱型柏率慰问团前往清镇慰问基层部队官兵及优抚对象，代表省委、省政府向他们致以节日问候。

30日　在天津大剧场以市双拥工作领导小组名义举办天津市纪念中国人民解放军建军78周年电影晚会。市领导、市双拥工作领导小组成员、天津警备区、武警天津市总队和驻津各部队官兵代表，军队离退休干部、转业复员退伍军人、革命伤残军人和烈军属等优抚对象代表，约2000人出席了电影晚会。

30日　内蒙古自治区党委办公厅、政府办公厅和内蒙古军区政治部在呼和浩特市举行了“纪念中国人民解放军建军78周年暨抗日战争胜利60周年座谈会”。自治区党委副书记、自治区主席杨晶，自治区党委副书记杨利民、副书记巴特尔、自治区党委常委秘书长任亚平、自治区党委常委宣传部长莫建成，内蒙古军区司令员黄高成、政委张金柱等领导同志出席了座谈会。杨晶主席在座谈会上讲了话，杨利民副书记主持会议。

30日　吉林省副省长李锦斌带领慰问团，在省民政厅副厅长张晶等陪同下，前往白城市慰问了某部官兵，并送去慰问金3万元。

30日　以辽宁省双拥工作领导小组的名义在全省范围内表彰100个拥军优属模范社区和20个拥政爱民模范连队。

30日　安徽省副省长何闽旭、省政协副主席刘光复在省直有关部门负责人的陪同下，专程赶到省荣军康复医院慰问荣军，向休养员和抗日老战士致以节日的祝贺。

7月下旬　湖南省民政厅代表省委、省政府慰问了省军区、省武警总队、省边防局、163医院等单位。

30日　广东省委、省政府在广州珠岛宾馆隆重举行“广东省纪念中国人民解放军建军78周年暨抗日战争胜利60周年军政座谈会”，广东省和广州军区等驻粤部队领导同志，与来自全省各地的爱国拥军模范和拥政爱民模范、优秀军转干部、抗战老战士、知名烈军属、荣誉军人、部队英模代表等欢聚一堂，共庆建军节，互叙鱼水情。中共中央政治局委员、省委书记张德江，广州军区政委杨德清上将，省委副书记、省长、省双拥工作领导小组组长黄华华等出席座谈会。座谈会由副省长、省双拥工作领导小组副组长李容根主持，黄华华、杨德清先后在会上讲话。出席座谈会的还有地方和部队有关部门的领导同志等。

30日　四川省暨成都市“八一”拥军优属慰问团分别在王怀臣、张作哈副省长的带领下，到成都军区某独立营和四川省武警总队成都市支队七中队等部队进行慰问，并赠送了慰问品。

31日　广西壮族自治区双拥办会同贵港市和梧州市委、市政府组成自治区慰问团，给75130部队抗洪官兵送去了慰问品、慰问金和精彩的文艺慰问演出，举行了庆“八一”双拥茶话会，军地领导在热烈欢快的气氛中交流感情，加深了解，增进了友谊。

31日～8月2日　重庆市委副书记姜异康同志带队慰问赴云南马龙县参加外训的77100部队官兵。

31日　为扎实做好庆“八一”各项活动的开展，宁夏回族自治区双拥办向各市、县（区）及驻宁部队下发《关于认真做“八一”建军节期间双拥工作的通知》。《通知》要求，庆祝中国人民解放军建军78周年，要结合中国工农红军长征70周年和中国人民抗日战争暨世界反法西斯战争胜利60周年开展各项纪念活动。在大力开展宣传教育，努力营造浓厚的双拥氛围中，各地广泛开展以“勿忘国耻、固我国防”为主题的系列活动。结合党员先进性教育活动，自治区四套班子领导到六盘山红军长征纪念亭，宁夏军区机关官兵到大武口烈士陵园开展纪念活动。

8月

1日　为庆祝中国人民解放军建军78周年，上海市委宣传部、市文明办和市双拥办联合举办庆“八一”专场慰问演出，驻沪三军、武警部队官兵、军烈属、残疾军人和军队离退休干部等7000余人观看了由总政歌舞团排演的大型音乐舞蹈《一个士兵的日记》。市委常委、宣传部长王仲伟，市委常委、上海警备区政委戴长友等一同观看了演出。

“八一”期间，江苏省委、省政府主要领导李源潮书记、梁保华省长、张连珍副书记、王湛副省长等亲自带领拥军慰问团到基层部队和抗洪抢险主力部队进行走访慰问。

1日　四川省民政厅厅长黄明全，副厅长高康健，机关党委书记张家玉，副巡视员程永信等厅领导到四川省革命伤残军人休养院与残疾军人、离退休老同志及职工共庆“八一”建军节。

四川省民政厅在成都蜀兰大酒店召开“八一”拥军座谈会，民政厅长黄明全出席会议并讲话。中国人民解放军和武警驻蓉部队师以上机关领导及部门同志以及四川省民政厅优抚处和安置处工作人员共160人参加座谈会。

3日　内蒙古自治区主席杨晶会见中央军委委员、总装备部部长陈炳德一行，杨利民副书记、连辑副主席和自治区政府副秘书长、庞启厅长、高锡亮副厅长参加了会见。

4日　吉林省省委书记王云坤、省委秘书长李申学、副省长杨庆才，在省政府副秘书长刘长生、省民政厅厅长朱克民、副厅长张晶等陪同下，前往位于公主岭市的省第一荣军医院，看望了参加过抗战的老战士。

11日　贵州省委书记钱运录，省委副书记、省长石秀诗，省委副书记孙淦、曹洪兴、王富玉，省委常委、常务副省长王正福在冠洲宾馆会见成都军区政委刘书田上将一行。省委常委、省军区政委蒋崇安，省军区司令邱型柏，省军区政治部主任朱新民参加会见。

12日　在江苏省委二楼常委会议室召开省双拥工作领导小组成员会议。（1）省政府副秘书长、省双拥办主任徐国柱同志通报近年来全省双拥工作情况和下一阶段工作安排；（2）省委组织部常务副部长、省双拥办副主任刘国中同志通报省级双拥模范城（县、区）评选工作准备情况；（3）省民政厅厅长、省双拥办副主任赵顺盘同志通报纪念抗日战争胜利60周年活动的情况；（4）研究审核省级双拥模范城（县、区）评选标准和实施细则；（5）省委副书记、省双拥工作领导小组组长张连珍同志讲话。

12日　山东省在济南市南郊宾馆召开纪念抗战胜利60周年及回乡老战士座谈会，山东省政府赵克志副省长、山东省军区幸胜标副政委、山东省民政厅宋晓兵副厅长出席会议。

13日～21日　全国双拥办副主任、总政治部群工办副主任李辉带领全国双拥办双拥工作调研组，赴广东省广州、东莞、珠海、江门、湛江等市开展双拥工作调研。省双拥办专职副主任陈瑞峰就非公经济组织和社会组织双拥共建、开展创建双拥模范城（县）、双拥组织机构建设等专题，向调研组汇报了我省的工作情况，分析了存在的问题和薄弱环节，提出了具体的意见和建议，并与双拥办的同志全程陪同调研。

22日～23日　民政部和河北省人民政府组成慰问团，由李学举部长、柳宝全副省长带队，到革命老区安新县走访慰问抗日老战士、老烈属，向他们赠送慰问金和慰问品，并与部分抗日老战士、老烈属进行了座谈。李学举部长和柳宝全副省长在座谈时分别作了讲话。

23日　河北省委常委、组织部长付志方，省军区政治部主任高义勋带领有关部门负责同志，代表省委、省政府到清苑县走访慰问部分抗日老战士，并向每名老战士赠送200元慰问品。

25日 内蒙古自治区双拥办向各市、县（区）下发了《关于在双拥模范城（县、区）开展“援建军营图书室、共建学习型军营”活动的通知》；9月底，各援建单位分别向结对共建单位送去了图书。自治区14个单位与驻边远艰苦地区、文化基础设施建设较差的14个基层连级和武警中队以上单位实施了结对共建。共为部队送去书籍7000册价值6万余元。

27日 河北省安新县“民兵战斗英雄”孙革、怀来县“民兵英雄”许会月、临城县“民兵杀敌英雄”丁神保参加了全军纪念抗日战争胜利60周年老战士座谈会，受到了胡锦涛总书记和解放军总政治部主任李继耐的亲切接见。

29日 河北省委党史研究室、省民政厅、省委宣传部在华北军区烈士陵园举行“英雄河北——抗日英烈事迹展览”开幕仪式，省会各界上千名群众观看了展览。省委常委、宣传部长张群生出席开幕式并讲话。

29日～30日 内蒙古自治区双拥工作理论研讨会在阿拉善盟召开。全国双拥办政研处马飞雄处长应邀亲临指导，阿拉善盟副盟长巴图朝鲁出席会议并致辞，高锡亮副厅长在会议结束时作总结讲话，全区各盟市双拥办主任和内蒙古军区政治部秘群处负责同志及军地双方的论文作者等共40多人参加了会议。

31日 山东省委、省政府召开“和平使命—2005”中俄联合军事演习拥军支前工作总结表彰大会，表彰了104个先进单位和106名先进个人。韩寓群省长主持会议，谢玉堂副省长宣读表彰通报，省委书记张高丽、济南军区副政委陈章元讲了话。出席会议的有省委副书记、省纪委书记赵春兰等军地领导。民政厅厅长杨金镜、副厅长宋军继参加了会议。

31日 广西壮族自治区党委宣传部副部长唐华、民政厅机关干部、自治区烈士陵园干部职工以及抗日战争老战士代表、驻邕武警部队和学生代表近300人，参加了自治区抗日战争纪念馆开馆仪式。纪念馆以丰富详实的图片资料，首次向世人全面再现了广西各族人民可歌可泣的抗日战争历史，激发了军民热爱祖国、支持军队、关心国防的热情。

8月 在开展“援建军营图书室，共建学习型军营”系列活动中，广西壮族自治区450个援建单位（或个人）为连级（中队）受援单位，赠送了价值70多万元共计90000多册图书，大大丰富了基层战士文化生活，促进了争做学习型公民、创建学习型军营、共建学习型社会等活动的深入开展。

9月

1日～4日 河北省双拥办组织保定籍的11名抗日老战士，代表全省近8万名抗战老战士，赴京参加全国纪念抗日战争暨世界反法西斯战争胜利60周年纪念大会。

2日 驻沪三军和武警部队600多名官兵代表，参观由中共中央宣传部等单位主办的《伟大胜利——纪念中国人民抗日战争暨世界反法西斯战争胜利60周年大型主题展览》，上海市委常委、上海警备区政委戴长友少将等和官兵们一起参观了展览。官兵们纷纷表示，要珍惜和维护来之不易的和平，更好地弘扬抗战精神。

2日 江苏省双拥工作领导小组颁布修改后的《江苏省双拥模范城（县、区）标准》和《江苏省双拥模范城（县、区）评分细则》。

2日 广西壮族自治区八届党委常委会举行第一〇八次会议，听取了广西军区刘晓琨同志汇报《提交自治区党委常委议军会讨论的问题》，研究了广西军区提出的有关问题，议定了关于自治区国防动员委员会机构建设等3个方面的问题。

2日　贵州省委、省政府在贵阳举行颁发抗战胜利60周年纪念章仪式和歌咏大会，隆重纪念中国人民抗日战争暨世界反法西斯战争胜利60周年。省委书记钱运录出席并作重要讲话。省委副书记、省长石秀诗主持会议。省政协主席王思齐，省委副书记孙淦，省武警总队政委陈伯春，省军区政治部主任朱新民等出席颁发仪式和歌咏大会。

3日　河北省委办公厅、省委宣传部、省文化厅等单位在省体育馆联合举办《英雄河北》大型文艺晚会，热情讴歌英雄的土地、英雄的人民、英雄的军队。省双拥办组织14名抗战老战士到晚会现场观看了文艺节目。

3日　内蒙古自治区民政厅副厅长郝勇陪同自治区党委副书记杨利民、自治区副主席郭子明赴四子王旗视察乌兰花至红格尔回收场站道路修筑情况。

3日　吉林省委宣传部在南湖宾馆组织了“吉林省纪念抗战胜利60周年座谈会”，会上省委书记王云坤、省长王珉等省领导为抗战老兵代表颁发了纪念章。省民政厅厅长朱克民出席了会议。

3日　上海市隆重举行中国人民抗日战争胜利60周年纪念章转授仪式。上海市委副书记、市长韩正主持仪式，并与市领导龚学平、蒋以任、罗世谦、殷一璀一同为在沪代表转授纪念章。仪式上，团员青年向出席仪式的老战士、老同志及抗日将领遗属代表敬献了鲜花。

3日　纪念中国人民抗日战争胜利60周年，为体现党和政府对在乡抗日老战士和抗战时期烈士遗属的关怀，江苏省对21000多名抗日老战士和近万名烈士遗属进行走访慰问，每人发放慰问金1000元，全省共发放慰问金3175.2万元，并为抗日老战士发放了由胡锦涛总书记题写“纪念抗日战争胜利60周年”纪念章，受到抗日老战士的高度评价。根据民政部的要求，本省组织了7名在抗日战争时期立过战功的老战士赴北京参加纪念抗日战争胜利60周年庆祝活动。

6日　全国双拥工作领导小组发出《关于表彰山东等地支持“和平使命—2005”中俄联合军事演习的通报》（国拥［2005］10号）。通报指出：“山东等地各级党委、政府和广大人民群众发扬拥军支前的光荣传统，大力支持演习，积极帮助参演部队做好各项保障工作，为演习安全、顺利、高质量举行做出了重要贡献”。

11日～13日　由江苏省双拥办副主任、省民政厅副厅长陶礼仁带队，代表省委、省政府和省双拥工作领导小组，对2004年光荣入伍的1505名进藏义务兵进行了走访慰问，并向每一位进藏义务兵赠送了一台MP3，供他们学习娱乐之用。

13日　为了歌颂革命先辈的丰功伟绩，弘扬主旋律，展示精湛的军旅文化艺术，上海市双拥办、市政法委、上海文广集团邀请空政文工团来沪演出国家舞台艺术精品工程剧目之一的大型现代舞剧《红梅赞》。上海市人大常委会主任龚学平，市委副书记刘云耕，市委常委、常务副市长冯国勤，市人大常委会副主任包信宝，市政协副主任左焕琛，空军副政委黄新、政治部副主任宋琨和驻沪部队各大单位军政主官出席观看。本市烈军属、伤残军人、军休干部以及驻沪部队官兵代表1400余人一同观看了首场演出。

14日　神舟六号飞船内蒙古落区军地协调会在呼和浩特新城宾馆召开。总装备部李栋恒副政委及基地的领导，内蒙古自治区党委副书记杨利民、政府顾问周德海、内蒙古军区副司令员王建欣以及相关部门、盟（市）和旗（县）的负责同志共60多人参加了会议。自治区政府顾问周德海主持会议，总装备部王家胜副主任宣布成立神舟六号飞船内蒙古落区军地协调领导小组；乌兰察布市市委常委、副市长李建国同志在会上发言，内蒙古军区副司令员王建欣讲话，自治区党委副书记杨利民、总装备部副政委李栋恒分别作了重要讲话。高锡亮副厅长、苏权助理巡视员参加了会议。

14日　鉴于广西壮族自治区双拥工作领导小组部分成员工作变动，自治区党委印发了桂委会［2005］214号文件《自治区党委、自治区人民政府、广西军区〈关于调整自治区双拥工作领导小组成员的通知》》。调整后的小组成员由29个厅委办局和11个驻桂师以上部队组成，共53人。

14日　山东省双拥办赴莱阳慰问了维和任务部队的工兵和运输分队官兵。

14日～15日　贵州省民兵预备役部队基层建设观摩活动在安顺举行。成都军区副司令员范晓光，贵州省委副书记、省双拥工作领导小组组长孙淦，省委常委、省军区政委蒋崇安，副省长、省双拥工作领导小组副组长肖永安，省军区司令员邱型柏，省军区参谋长王武强，省军区政治部主任朱新民等出席活动。

15日　总装备部李栋恒副政委一行赴四子王旗卫星回收场站视察工作。内蒙古自治区党委副秘书长刘建禄、政府副秘书长盖文山、内蒙古军区副司令员王建欣及民政厅副厅长高锡亮、助理巡视员苏权陪同前往。

15日　受山东省高新亭副书记和谢玉堂副省长的委托，省民政厅厅长杨金镜、副厅长宋军继率领省双拥办到济南军区总医院看望赴苏丹担负维和任务的部队医疗分队官兵，并带去了慰问品。

27日　长春警备区、长春市劳动和社会保障局、长春市民政局、长春市双拥办公室在人力资源市场联合举办了“驻长部队随军家属就业招聘会”。吉林省民政厅副厅长张晶、长春市副市长安莉出席了招聘会。

27日　在江苏省扬州市召开的江苏全省双拥办常务主任会议：（1）各市双拥办分别汇报近年来本地双拥工作的主要亮点；（2）传达学习省第三次双拥工作领导小组成员单位会议精神；（3）部署第八届省级双拥模范城（县、区）创建相关工作。

9月　河北省民政部门、卫生部门组织为5万多名在乡抗战老战士进行了免费体检；各级民政部门多方筹措资金，为每人发放了不少于100元慰问品。

9月　为纪念中国人民抗日战争暨世界反法西斯战争胜利60周年，弘扬伟大的抗战精神，上海市拥军优属基金会出资200余万元，向驻沪部队离休的抗日老干部，以及本市参加抗日战争牺牲的烈士持证家属、残疾军人、在乡复员军人和民政部门管理的军休干部等3219名抗战功臣，送去了慰问金和慰问信。

9月　湖南省5名抗战老战士赴北京参加了中国人民抗日战争暨世界反法西斯战争胜利60周年纪念活动。

10月

1日　由上海市双拥办、上海警备区政治部、上海双拥艺术团主办，有关区双拥办、上海警备区文工团、武警上海市总队文工团和武警上海市消防总队文工团承办的国庆广场文艺演出，分别在静安寺地铁站下沉式广场、杨浦沪东工人文化宫和嘉定博乐广场拉开序幕。市委常委、上海警备区政委戴长友少将，市双拥办副主任、市民政局副局长叶兴华等在静安寺地铁站下沉式广场观看了演出。

5日　山东省委书记张高丽、省长韩寓群向武警总部吴双战司令员、隋明太政委发出慰问电，对武警福州指挥学校遇难学员表示沉痛哀悼，向遇难学员家属表示亲切慰问，表示一定按照中央首长和武警总部首长的要求，主动配合武警部队做好山东籍失踪学员家属工作，积极支持武警部队建设。

5日～16日　由山东省政府副秘书长朱茂民、省民政厅巡视员李吉忠带队的省政府工作组一行5人，赴福州处理武警福州指挥学校山东籍遇难学员善后工作，取得良好效果。10月21日，韩寓群省长在山东赴闽工作组《关于武警福州指挥学校山东籍遇难学员善后工作率先圆满结束的情况报告》上批示：工作小组的工作做得很好，同志们很辛苦，谢谢大家。如这些牺牲的学员家庭还有什么困难，请民政厅和当地政府给予关心照顾。

8日　针对“10·2”特大山洪袭击导致武警福州指挥学校两幢楼房垮塌并造成重大人员死亡情况，河北省双拥办派出骨干力量，会同武警河北省总队积极协助部队妥善处理了5名遇难的河北籍武警学员的善后事宜。

11日　重庆市双拥办从市民政局优抚处单列出来，成为一个独立的业务处室，编制2人，实行军地合署办公。

14日　内蒙古自治区党委、政府在四子王旗召开神舟六号任务内蒙古落区军地协调会。杨利民副书记、郭子明副主席、王建欣副司令员和总装备部及西安卫星测控中心的领导出席会议，自治区军地协调领导小组成员单位、乌兰察布市和四子王旗有关部门负责同志共50多人参加了会议。

17日　神舟六号载人航天飞行圆满成功。航天员在内蒙古自治区四子王旗杜尔伯特草原安全着陆后，内蒙古自治区党委、政府在毕克旗机场举行了简短而热烈的迎送仪式。自治区党委书记储波、副书记陈光林等党、政、军领导和有关部门负责同志参加，200多名中学生手持鲜花、国旗热烈欢迎费俊龙、聂海胜遨游太空凯旋归来。

18日　解放军总装备部向内蒙古自治区党委、政府发来感谢电，感谢内蒙古自治区广大军民长期以来对载人航天事业给予的大力支持。19日，内蒙古日报、内蒙古人民广播电台、内蒙古电视台全文刊播。

19日　贵州省委副书记、省双拥工作领导小组组长孙淦出席贵州陆军预备役步兵师第一届委员会工作报告和纪律检查委员会会议。

20日　天津市双拥工作领导小组审定同意了市双拥办起草的“十一五”期间天津市双拥工作规划。

20日　黑龙江省双拥办与省军区联合摄制了长度为19分钟的《黑龙江双拥谱新篇》（龙江涌动双拥潮）电视专题片，主要反映近5年来黑龙江省军政军民紧密团结，在促进经济发展、社会稳定和部队全面建设等方面所取得的主要成就。该专题片在省、市电视台等4家宣传媒体播放，受到社会各界的好评。

21日～11月4日　为推动广东省双拥工作的创新发展，学习、借鉴兄弟省份双拥工作的经验和做法，省双拥办由省政协常委程良洲同志和省双拥办副主任曾志军、陈瑞峰同志带队，组织广州、珠海等10个荣获全国双拥模范城（县）荣誉称号的市（县）双拥办工作人员。

24日　武警司令员吴双战、政委隋明太致电山东省委书记张高丽、省长韩寓群，对山东各级关心支持武警部队建设，协助妥善处理“10·2”牺牲学员善后工作表示感谢。

25日　河北省委常委、唐山市委书记张和，省军区政委张连仁，省政府副省长付双建，率省直有关部门负责人，代表省委、省政府、省军区慰问了正在唐山市演习的北京军区某部队，并赠送了价值30万元慰问品。付双建副省长作了讲话。

29日　天津市双拥办制定下发了《天津市创建双拥模范城县（单位）活动实施办法》。

31日　黑龙江省双拥办主任、省委副秘书长曹志斌，省双拥办副主任宿滨跃、省军区秘群处处长郭立昌参加了全国双拥理论研讨会。会上，省双拥办撰写的《论双拥工作在构建和谐社会中的重要作用》、佳木斯市双拥办撰写的《创千里双拥水道实践与思考》，分别获得二等奖和三等奖，省双拥办获得理论研讨会优秀组织奖。

10月　兰州军区调集官兵500多人、机械设备200多台，苦战三个月，积极援建造福于民的“民心工程”，在市区共清理垃圾淤泥95立方米，开挖河道2800米，修筑河堤5600米，为兰州经济发展、改善生活环境做出了重要贡献。

11 月

4日　内蒙古自治区党委副书记杨利民听取了民政厅厅长、双拥工作领导小组副组长庞启同志关于近期双拥工作安排情况的汇报，并就相关问题作了指示。

4日　河南省双拥工作座谈会在栾川召开。

7日　解放军总装备部政委迟万春率团赴内蒙古自治区进行慰问。内蒙古自治区党委、政府在呼和浩特新城宾馆召开解放军总装备部、内蒙古自治区领导同志座谈会，解放军总装备部政委迟万春、自治区党委书记储波分别作了重要讲话，自治区主席杨晶主持会议，代表内蒙古自治区党委、政府和内蒙古军区对总装备部政委迟万春一行的看望和慰问表示热烈的欢迎和衷心的感谢！军地双方互赠纪念品并合影。

8日　全国双拥办安排《中国社会报》记者到天津采访了解双拥工作。11月23、24、28日连续在《中国社会报》以“军地和谐的津门式表述、无声的爱丈量军民深情、来自民间的拥军呼声”进行了报道。

西安卫星测控中心王明升政委一行在自治区副主席郭子明、内蒙古军区副司令员王建欣的陪同下，先后赴四子王旗、乌兰察布市和包头市进行看望和慰问，与当地的党政军领导和四子王旗落区牧民群众代表及包头市的企业代表进行座谈，并赠送了纪念品，表达了西安卫星测控中心参试部队对内蒙古人民的深情厚谊。自治区民政厅厅长庞启、副厅长高锡亮陪同随行。

8日　重庆市委召开了第六次议军会议。

10日　由于黄河河床改道造成宁夏回族自治区平罗县高仁乡上八顷地村黄河堤岸塌陷，给农田和群众生命财产造成严重威胁，情况十分紧急。宁夏军区接到险情后，立即派出520名官兵奔赴出险现场，在隆冬季节抢险救灾，迅速控制了险情扩大。为了感谢人民子弟兵保护人民生命财产的英勇行为，14日下午，受自治区政府副主席刘慧嘱托，民政厅组成慰问工作组，由副厅长魏艳华率员前往抢险一线，为正在夜以继日与河水搏斗的宁夏军区官兵送去了20只羊、100箱牛奶，表达了人民群众对子弟兵的慰问。

15日　内蒙古自治区党委副书记、双拥工作领导小组组长杨利民同志主持召开了自治区双拥工作领导小组会议，自治区双拥工作领导小组副组长、内蒙古军区副政委孙忠泰和民政厅厅长庞启及双拥工作领导小组成员30多人参加了会议。会议专题审议了自治区双拥办提交的《内蒙古自治区支持载人航天工程暨庆祝神舟六号圆满成功总结表彰大会方案》和拟表彰的85个支持载人航天工程先进单位和102名先进个人名单，并就近期的双拥工作进行了安排部署。

15日　甘肃省双拥工作领导小组在天水召开了全省军民开展“双四好”活动经验交流会。会议总结交流了近几年全省军民开展“双四好”活动成效和经验，对巩固扩大“双四好”活动创建成果、推动基层双拥工作深入发展做出了安排部署，提出了新的要求。

18日　根据《全国双拥工作理论研讨会》（国拥办［2005］9号）的通知，山西省双拥办公室副主任、民政厅副厅长郭小平参加了研讨会。山西省共有25篇双拥论文参加理论研讨，山西省委常委、常务副省长范堆相，山西省军区政委李国辉分别获特别奖，山西省太原市双拥办获优秀奖。

21日　根据人事变动和工作需要，山西省双拥工作领导小组及时进行调整充实，山西省委组织部下发（晋组干字301号）关于《调整山西省拥军优属拥政爱民工作领导小组组成人员》的通知。

22 日　内蒙古自治区支持载人航天工程暨庆祝神舟六号圆满成功总结表彰大会在自治区政府礼堂隆重召开。全国双拥办发来贺电。解放军总装备部副部长等领导同志应邀专程前来参加会议。自治区党政军领导储波、杨利民、任亚平、陈朋山、莫建成、王凤岐、乌兰、盖山林、桑杰扎布、陈运火、郄国严出席大会。自治区副主席郭子明主持会议。自治区党委常委、秘书长任亚平宣读了自治区党委、政府、内蒙古军区《关于表彰支持载人航天工程先进集体和先进个人的决定》，与会领导向先进单位和先进个人颁发了奖牌和证书。张建启副部长在讲话中代表总装备部对内蒙古自治区为载人航天事业的大力支持给予了高度肯定。自治区党委副书记杨利民回顾和总结了十多年来军地合作共揽“神舟”的光辉历程和经验，表示在今后的工作中，一如既往地支持祖国航天事业的发展，为部队建设和航天科研任务的全面完成做出新的更大的贡献。

26 日　应总装备部的邀请，内蒙古自治区党委副书记杨利民、副主席郭子明、内蒙古军区副司令员王建欣率自治区民政厅、公安厅、交通厅及乌兰察布市、四子王旗、额济纳旗的负责同志赴京在人民大会堂参加“庆祝神舟六号载人航天飞行圆满成功大会”，大会聆听了胡锦涛总书记的重要讲话，并向总装备部发去贺电。

28 日　天津市双拥工作领导小组下发了《关于元旦、春节期间广泛开展拥军优属拥政爱民活动的通知》。要求全市各单位要以邓小平理论和“三个代表”重要思想为指导，深入贯彻党的十六届五中全会和市委八届八次会议精神，围绕构建和谐社会，推进中国特色军事变革和维护社会政治稳定，扎实开展各项双拥活动，进一步巩固和发展同呼吸、共命运、心连心的新型军政军民关系，为推进滨海新区开发开放，实现天津更快更好发展做出贡献。

28 日～12 月 6 日　内蒙古自治区组成以杨利民副书记为团长、郭子明副主席和孙忠泰副政委为副团长的党政军慰问团，行程数千公里，先后慰问担负神舟六号发射和回收任务的部队，向担负神舟六号参研参试任务的官兵和科技人员献上自治区 2380 多万各族群众的崇高敬意，随行的慰问演出团还在所到之处进行了慰问演出，受到了部队指战员的热烈欢迎。自治区民政厅厅长庞启、助理巡视员苏权及有关盟（市）、旗（县）的负责同志陪同慰问。

28 日～30 日　全国双拥工作领导小组在成都召开全国双拥工作理论研讨会。山东省民政厅厅长杨金镜出席会议，并在会议上宣读了荣获一等奖的论文《关于中俄联合军事演习拥军支前的实践与思考》。山东省共有 14 篇论文获奖，省双拥办获得优秀组织奖。

28 日　重庆市双拥办参加全国双拥工作理论研讨会获优秀组织奖，重庆市有 1 篇理论研讨文章获二等奖，3 篇获优秀奖。

29 日　全国双拥办在成都召开全国双拥工作理论研讨会。河北省有 3 篇论文获奖，其中，民政厅厅长夏玉祥撰写的《从民营企业家群体拥军实践看双拥工作的体制创新》论文获二等奖，民政厅优抚处处长郑晓铭撰写的《对设立双拥节日的断想》和唐山市委、市政府《对新世纪新阶段做好部队训练演习保障工作的实践与思考》获优秀论文奖。

29 日　全国双拥工作理论研讨会在成都召开。吉林省双拥办副主任、民政厅副厅长张晶，双拥办副主任、优抚处副处长刘忠民，双拥办副主任、省军区秘书处干事王景龙参加了会议。吉林省双拥办撰写的《用科学发展观指导双拥工作应注重强化“五个观念”》获三等奖，长春市双拥办撰写的《长春市科技拥军新发展研究》获优秀奖。

29 日～30 日　全国双拥工作理论研讨会在四川省成都市召开。四川省民政厅副厅长李钢在会上作了《以科学发展观为指导做好双拥工作》的论文交流。四川省双拥办荣获“全国双拥工作理论研究优秀组织奖”。

29 日　江苏省双拥办参加全国双拥工作理论研讨会，报送论文 21 篇，其中一篇获二等奖，两篇获三等奖，省双拥办荣获优秀组织奖。

28日～30日 安徽省双拥办参加在四川成都召开的全国双拥工作理论研讨会，会议主要研讨新时期双拥工作，双拥联络处的理论文章获三等奖。

11月 福建省委、省政府开展科技拥军、支持部队信息化建设，拨款600万元支持驻闽部队57个科研项目。拨款700万元帮助驻闽部队建设“两中心一基地”项目13个，帮助基层连队建设“四个一好”项目75个。

12月

5日～8日 河北省双拥办及有关市、县双拥办配合空军专机部队家访慰问团慰问河北籍飞行员家属。慰问团分5个家访小组，到全省10个设区市的21个县（市、区），走访慰问了26名飞行员家庭。慰问小组给每个飞行员家庭送去了慰问品，带去了飞行员生活工作情况的影碟。

6日～7日 根据市委领导批示要求，上海市双拥办会同市委组织部、市财政局、市人事局、市劳动和社会保障局等单位有关负责人分别走访了上海警备区等驻沪部队大单位，征求部队首长和人大代表对做好双拥工作的意见和建议，与各部队进行了沟通和交流，并形成专题报告报市委、市政府领导。

9日 山西省民政厅、省军区政治部、省双拥办联合下发《关于做好2006年元旦春节期间双拥工作的通知》。通知要求省双拥工作领导小组成员单位、驻晋部队切实做好“两节”期间的双拥工作。

9日 安徽省双拥工委举行第二十二次全体会议，省委副书记、省双拥工委主任杨多良主持会议并作了重要讲话。副省长、省双拥工委第一副主任何闽旭，省军区副政委、省双拥工委副主任曲文，省双拥工委副主任周光全、李宏塔、陈文华、刘加莹和双拥工委成员及有关厅局负责同志共40余人出席了会议，会议听取并审议通过了由陈文华所作的《关于对各市、各部队推荐双拥模范城（县）和模范单位检查考核情况的汇报》；讨论并通过了刘加莹所作的《安徽省双拥模范城（县）、模范单位命名表彰大会方案》。

10日 河北省欢送新兵入伍大会在石家庄火车站广场隆重举行。省和石家庄市军地领导张连仁、柳宝全、方文平、吴显国、信真、马玉文等出席欢送大会。副省长柳宝全和石家庄市市长吴显国分别作了讲话，接兵部队领导、新兵代表和新兵家长分别发了言。市委常委、石家庄警备区司令员刘瑞新主持大会。

23日 内蒙古自治区党委办公厅、政府办公厅下发了《关于自治区党委、政府领导同志春节前夕赴基层慰问活动的通知》，对自治区党委、政府领导同志春节前夕慰问部队、优抚对象和城乡困难群众做出了安排部署。

26日 广西壮族自治区召开了各市双拥办主任和优抚科长参加的全区双拥优抚工作会议，表彰了69个先进双拥办和111名先进双拥工作者，总结2005年工作，分析双拥工作形势，部署2006年各项任务，集中研究了如何加强各级双拥办自身建设等问题。

29日 安徽省双拥办组织召开全省双拥模范城（县、区）、模范单位和模范个人的命名表彰大会。共命名表彰双拥模范城19个，双拥模范县21个，拥军优属模范单位30个，拥政爱民模范单位30个，拥军优属模范个人20名，拥政爱民模范个人15名。

12月 驻甘部队积极响应党中央、胡锦涛总书记关于开展为困难群众送温暖捐赠活动的号召，共捐款120多万元，衣被6万多件，及时有效地帮助民族地区群众解决了过冬御寒问题，以实际行动展示了人民军队爱人民的良好形象。

图书在版编目（CIP）数据

2005年全国双拥工作年鉴/全国双拥工作领导小组办公室编. —北京：中国社会出版社，2007.1

ISBN 978－7－5087－1628－2

Ⅰ.2… Ⅱ.全… Ⅲ.①拥政爱民－工作－中国－2005－年鉴②拥军优属－工作－中国－2005－年鉴 Ⅳ.E225－54

中国版本图书馆CIP数据核字（2007）第004109号

2005年全国双拥工作年鉴

全国双拥工作领导小组办公室编

※

中国社会出版社出版发行

（北京二龙路甲33号新龙大厦·邮编100032）

中国电影出版社印刷厂印刷

全国各地新华书店经销

*

开本285mm×210mm 1/16 字数850千字 印张32

2007年4月第1版 第1次印刷

定价：180.00元